Pão e circo
sociologia histórica de um
pluralismo político

FUNDAÇÃO EDITORA DA UNESP

Presidente do Conselho Curador
Mário Sérgio Vasconcelos

Diretor-Presidente
Jézio Hernani Bomfim Gutierre

Superintendente Administrativo e Financeiro
William de Souza Agostinho

Conselho Editorial Acadêmico
Danilo Rothberg
Luis Fernando Ayerbe
Marcelo Takeshi Yamashita
Maria Cristina Pereira Lima
Milton Terumitsu Sogabe
Newton La Scala Júnior
Pedro Angelo Pagni
Renata Junqueira de Souza
Sandra Aparecida Ferreira
Valéria dos Santos Guimarães

Editores-Adjuntos
Anderson Nobara
Leandro Rodrigues

Paul Veyne

Pão e circo
sociologia histórica de um pluralismo político

Tradução
Lineimar Pereira Martins

© 1976 Éditions du Seuil
© 2014 Editora Unesp
Título original: *Le pain et le cirque: sociologie historique d'un pluralisme politique*

Fundação Editora da Unesp (FEU)
Praça da Sé, 108
01001-900 – São Paulo – SP
Tel.: (0xx11) 3242-7171
Fax: (0xx11) 3242-7172
www.editoraunesp.com.br
www.livrariaunesp.com.br
atendimento.editora@unesp.br

CIP – Brasil. Catalogação na publicação
Sindicato Nacional dos Editores de Livros, RJ

V662p

Veyne, Paul
　Pão e circo: sociologia histórica de um pluralismo político / Paul Veyne; tradução Lineimar Pereira Martins. – 1.ed. – São Paulo: Editora Unesp, 2015.

　Tradução de: Le pain et le cirque: sociologie historique d'un pluralisme politique
　ISBN 978-85-393-0606-0

　1. História antiga. 2. Civilização romana 3. Sociologia política. I. Martins, Lineimar Pereira. II. Título.

15-25611　　　　　　　　　　　　　　　　　　　　　　CDD: 937
　　　　　　　　　　　　　　　　　　　　　　　　　　　CDU: 94(37)

Cet ouvrage, publié dans le cadre du Programme d'Aide à la Publication Universitaire – PAP Universitaire (Consulat général de France à São Paulo), bénéficie du soutien du Ministère français des Affaires étrangères et du Développement international.

Este livro, publicado no âmbito do Programa de participação à publicação universitária – PAP universitário (Consulado geral da França em São Paulo), contou com o apoio do Ministério francês das relações exteriores e do desenvolvimento internacional.

Editora afiliada:

À agulha verde

Que tos cel banhe ma cara,
Serai pur (lavatz me leù)
E vendrai mai blanc
encara
Que l'almussa de ta neù[*]

---

[*] "Que o céu banhe meu rosto e eu serei puro (lava-me rápido), e eu me tornarei ainda mais branco do que o almuce [espécie de veste eclesiástica]) de tua neve". (N. E.)

Sumário

O tema deste livro   1

I   Os agentes e as condutas   7
   1. O dom na sociedade romana: um pouco de história narrativa   7
   2. O que é o evergetismo?   14
   3. A magnificência   24
   4. Invariantes e modificações   36
   5. Evergetismo e caridade cristã   39
   6. "Redistribuição"   65
   7. Sociologia do dom   73
   8. *Panem et circenses*   82
   9. *Conspicuous consumption*   93
   10. A cidade helenística e romana   103
   11. O regime dos notáveis   111
   12. Trabalho, lazer   119
   13. O evergetismo e o espírito do capitalismo   131
   14. Análise econômica das despesas suntuosas   146

II   O evergetismo grego   173
   1. Antes do evergetismo: Atenas clássica   174

2. A oligarquia dos notáveis   193
   3. As origens do evergetismo   203
   4. O evergetismo helenístico: visão global   228
   5. O detalhe dos fatos   282
   6. Inveja, legitimação, distância social   326

III A OLIGARQUIA REPUBLICANA EM ROMA   359
   1. O governo da oligarquia   363
   2. Por que os magistrados oferecem jogos   377
   3. Presentes simbólicos   399
   4. A "corrupção" eleitoral   414
   5. Evergetismo político, e não social   437
   6. O pão do Estado e a ordem moral   458
   7. O mecenato de Estado   490

IV O IMPERADOR E SUA CAPITAL   519
   1. Autonomia e heteronomia   520
   2. Submissão ou opinião pública   524
   3. O soberano pelo direito subjetivo   536
   4. A divinização dos imperadores e a noção de carisma   545
   5. O imperador é proprietário e patrono?   580
   6. As beneficências do príncipe   622
   7. Para que serve a ideologia e como acreditar nela   677
   8. A expressão da majestade   695
   9. O circo e a politização   731

Índice histórico   767
Índice sociológico   771

O tema deste livro

Panem et circenses: por que o dom à coletividade, o mecenato de apoio à cidade, ocupa um espaço tão significativo na vida antiga, sobretudo na época helenística e depois na época romana, aproximadamente entre os anos 300 antes da nossa era e os anos 300 depois? Todo notável municipal deve, por uma espécie de moral de classe, ser generoso com o povo, e o povo espera isso dele; os senadores romanos, por sua vez, senhores do mundo, oferecem jogos à plebe da cidade de Roma, distribuem presentes simbólicos a seus partidários e a seus soldados, praticam abertamente uma espécie de corrupção eleitoral; o próprio imperador garante pão barato e oferta combates de gladiadores à cidade de Roma, e seus súditos geralmente afirmam que ele é o primeiro evérgeta de seu Império. Esses dons que um indivíduo concede à coletividade são o que chamamos de evergetismo. Sua dimensão foi tão expressiva que, em uma cidade grega ou romana cujas ruínas os turistas visitam na Turquia ou na Tunísia, a maioria dos edifícios públicos foi doada à cidade por nobres locais; imaginemos que, na França, a maior parte das prefeituras, escolas, ou mesmo barragens hidroelétricas se devesse à generosidade do capitalismo regional que, além de tudo, teria oferecido aos trabalhadores a cerveja ou o cinema.

A explicação desse fenômeno é delicada e – afirmemos logo – não tem nada a ver com a proverbial "despolitização"; a realidade é geralmente mais sutil do que os provérbios. Três casos devem ser destacados: o dos considerados notáveis [*notables*], cuja riqueza ou influência os posiciona como dirigentes das cidades; o dos senadores, membros da oligarquia romana, classe governante ou dirigente do Império; o do próprio imperador, enfim, que dá o pão a Roma e faz que a cidade ofereça o circo; a explicação adequada será diferente para cada caso.

No presente volume será plenamente tratado o caso do imperador e o da oligarquia romana; no que diz respeito aos notáveis, somente foram estudados os das cidades gregas, tanto na época helenística, quanto durante os séculos em que o mundo grego reduzia-se ao estatuto de província do Império Romano. Pois queríamos que este volume fosse acessível a um público de não especialistas em Antiguidade: é importante não entediar demasiadamente esses leitores; excluímos, então, por enquanto, alguns episódios, como a vida municipal no Império Romano, nos quais o componente referente à erudição teria consideravelmente superado a estruturação da narrativa histórica por meio da conceitualização sociológica. Este livro é um ensaio de história sociológica: não seria possível haver nele nenhuma outra história.

Meu reconhecimento por sua grande ajuda dirige-se, acima de tudo, a Raymond Aron e a Louis Robert. Digamos, corroborando Stendhal, que encontramos em Raymond Aron uma inteligência superior, maneiras igualitárias (que são agradavelmente diferentes dos modos da clássica universidade) e uma generosidade sem limites. As seguintes linhas, redigidas por Aron em 1971, parecem-me todas preciosas:

> A narrativa da aventura vivida pelos homens parece ser a ambição suprema do historiador como tal; mas essa narrativa exige todos os recursos das ciências sociais, até mesmo os recursos desejáveis mas não disponíveis. Como narrar o futuro de um setor parcial, de uma entidade global, nação ou império, sem um esquema, se não uma teoria desse setor ou dessa entidade? Para ultrapassar o economista ou o sociólogo, o historiador deve ser capaz de conversar com eles em pé de igualdade. Eu me pergunto até se o historiador, indo de encontro à vocação empírica que lhe é normalmente atribuída, não deveria flertar com a filosofia: aquele que não busca sentido na existência também não o encontrará na diversidade das sociedades e das crenças.

Devo às aulas de Louis Robert no Collège de France e na École des Hautes Études o que pude aprender sobre a epigrafia grega e quase tudo o que sei sobre a Antiguidade em geral; devo-lhe, também, o fato de ter visto com meus próprios olhos do que é capaz um autêntico sábio, como os maiores dentre eles. Um sábio, e não apenas um erudito: quem quer que já tenha ouvido falar de Louis Robert sabe como tão ampla é sua visão e quão profundo é seu conhecimento.

Devo o que pude aprender sobre epigrafia latina à ciência e à amizade que tenho por Hans-Georg Pflaum, que sabe mais sobre as inscrições do que qualquer outra pessoa no mundo; tive a sorte de passar duas semanas com *sir* Ronald Syme, durante as quais aprendi mais do que em dois anos de estudos solitários e que foram, além disso, prodigiosamente agradáveis.

Devo a M. William Seston o fato de ter sido membro da Escola Francesa de Roma. Recebi o extremamente significativo incentivo dos senhores Jacques Heurgon, Pierre Boyancé, Paul Lemerle e Georges Duby. O senhor Boyancé não poderá, talvez, aprovar tudo o que consta nos argumentos deste livro, que não se reivindica humanista e propõe apenas descrever, por pura curiosidade histórica, sociológica ou etnográfica, os costumes ao mesmo tempo muito exóticos e cotidianos de uma civilização abolida. Mas será que os argumentos alteram muita coisa no conteúdo? Como prova: nas celeumas universitárias misturam-se, como sabemos, conflitos entre pessoas, instituições, ideologias políticas e algumas vezes entre a própria concepção da ciência. Ora, sobre esse último ponto, sempre tive a impressão de que o senhor Boyancé era um filólogo que estava certo no que se refere a Epicuro ou Lucrécio.

Esta obra, que teve complicados aperfeiçoamentos e três redações sucessivas que pouco se pareciam umas com as outras, não se encaixa no academicismo universitário, com exceção de dois aspectos: a segunda versão foi defendida como tese de doutorado em Aix, sob a orientação de meu amigo Jean-Pierre Cèbe, a quem não coube me nomear doutor por este dossiê. Em seguida, a presente versão foi redigida graças ao tempo que meu amigo Albert Machin, presidente da Unidade de Latim e Grego da Universidade de Aix, concedeu-me. Meus agradecimentos privados vão, primeiramente, para Hélène Flacilière, aos numerosos amigos, historiadores ou filósofos, a quem agradeço nas páginas que se seguem, e a meu velho camarada Pierre Vidal-Naquet, porque ele sabe tudo, porque ele pensa por conceitos e porque mais de uma vez ele agiu como eu gostaria de ter agido e não tive a coragem de fazê-lo.

Este é um livro de história sociológica se atribuirmos à sociologia o mesmo sentido dado por Max Weber, que considera essa palavra um cômodo sinônimo de ciências humanas ou ciências políticas. Podemos dizer algumas coisas sobre o conhecimento histórico; a principal é que não existe método de história; um fato histórico somente pode ser explicado (e consequentemente contado) com a ajuda da sociologia, de teorias políticas, da antropologia, da economia etc. Poderíamos nos perguntar, em vão, qual poderia ser a explicação histórica de um evento que fosse diferente de sua explicação "sociológica", de sua explicação científica, de sua explicação verdadeira. Do mesmo modo que não existe explicação astronômica dos fatos astronômicos: essa explicação cabe à física.

Portanto, um livro de astronomia não se parece com um livro de física e um livro de história não é nada igual a um livro de sociologia (mesmo que essa diferenciação seja menor do que a história tradicional afirma): a *Sociologia das religiões*, de Weber (que, apesar do título, é um livro de história), não se parece em nada com *Economia e sociedade*. É que a diferença entre sociologia e história não é material, mas puramente formal; ambas explicarão os mesmos eventos do mesmo modo, mas a primeira tem como objeto as generalidades (conceitos, tipos, regularidades, princípios) que servem para determinada explicação do evento, enquanto a história tem como objeto o próprio evento que explica pelas generalidades que constituem o objeto da sociologia. Em outras palavras, um mesmo evento, contado e explicado do mesmo modo, será, para um historiador, seu legítimo objeto, enquanto, para um sociólogo, será somente um exemplo usado para ilustrar tal regularidade, tal conceito ou tal tipo-ideal (ou foi usado para descobri-lo ou construí-lo).

A diferença, como vemos, é ínfima no que concerne à maioria dos pontos: de um lado, o evergetismo explicado e conceitualizado pelos tipos-ideais da ciência política; do outro, esses mesmos tipos-ideais ilustrados ou descobertos através de um exemplo, o do evergetismo. O sabor é o mesmo, os leitores potenciais são os mesmos e, sobretudo, os conhecimentos exigíveis do historiador ou do sociólogo são os mesmos, com uma pequena diferença no que se refere à divisão prática dos trabalhos. Como os "fatos" não existem (eles existem somente por e sob um conceito, correndo o risco de não serem concebidos), um sociólogo deve ser capaz de constituí-los e um historiador deve saber orientar-se na sociologia, julgando-a e fabricando-a, quando houver necessidade. A história permite que haja descobertas sociológicas e a sociologia resolve antigas questões históricas, e levanta novas questões.

Em um aspecto particular, contudo, a diferença entre história e sociologia é considerável; é o que dá à história sua especificidade. Para um sociólogo, os eventos históricos são apenas exemplos (ou "cobaias"): ele não precisa enumerar todos os exemplos, exaustivamente, para ilustrar uma das generalidades que são o verdadeiro objeto de sua ciência. Se ele constrói o tipo-ideal da monarquia pelo direito subjetivo, ele alegará, talvez, dois ou três exemplos (Roma, o Antigo Regime), mas não todos: ele não precisa citar também a Etiópia. Para o historiador, em compensação, os eventos não são exemplos, mas o próprio objeto de sua ciência: ele não pode negligenciar nenhum, como um zoologista que faz o inventário completo de todas as espécies vivas e um astrônomo que não pode deixar passar a menor galáxia. Será preciso, então, falar da Etiópia, haverá historiadores especializados na história desse país;

eles falarão sobre tal tema nos mesmos termos que um sociólogo falaria caso tratasse disso, enfim, de qualquer modo, vão abordá-lo.

Encontraremos igualmente neste livro a história sociológica (dentre as quais as noções de carisma, de expressão, de profissionalização etc. que servem para explicar eventos ou pelo menos para organizá-los sob um conceito), e também a sociologia histórica (cujas noções de carisma, de profissionalização etc. são ilustradas com exemplos que tomamos emprestados principalmente da Antiguidade); meu objetivo seria alcançado se o leitor, em sua leitura, conseguisse eliminar essa distinção um pouco pedante.

I
Os agentes e as condutas

Explicaremos, primeiro, o que se pode e o que não se pode entender por evergetismo [*évergétisme*]: não se trata de redistribuição, nem de ostentação, nem de despolitização; diremos também a quais temas é preferível tentar associá-lo. Analisaremos, em seguida, dentre os diferentes benfeitores públicos ou "evérgetas", um tipo particular, o dos notáveis municipais: os outros agentes como, por exemplo, os senadores romanos ou o imperador, serão analisados mais tarde.

1. O dom na sociedade romana: um pouco de história narrativa

As condutas de dom

Sabemos o quanto o dom era importante na sociedade romana;[1] sua importância era tão grande quanto nas sociedades em que se pratica o

---

[1] Ver, por exemplo, A. Alföldi, *Die Kontorniaten*, p.40; o ministro das Finanças do imperador um dia será chamado de Conde das Generosidades. J. Michel, em *La gratuité en droit romain*, Universidade Livre de Bruxelas, 1962, opõe o salário à gratuidade e distingue uma gratuidade pura, que permanece a exceção, de uma gratuidade lucrativa, na qual o dom engendra um contradom ou uma satisfação positiva, uma vantagem social; a esfera do salário implica o contrato formal, do "mercado", diria Max Weber, e a da gratuidade lucrativa implica a convenção e a clientela. – Remetemos, de um modo geral, a um antigo clássico: R. Von Jhering,

potlatch,* ou naquelas em que as obras de caridade ocupam lugar central, ou ainda, naquelas de tributação redistributiva, ou na ajuda ao Terceiro Mundo: pão e circo, gratificações, "presentes" que o imperador oferece aos funcionários públicos, propinas institucionalizadas (na perspectiva de um viajante europeu do século XIX ou XX, o Império Romano seria visto como o triunfo da corrupção, como os impérios turco ou chinês), banquetes para os quais toda a cidade era convidada, testamentos nos quais se designavam antigos empregados domésticos, amigos e o imperador como legatários... É um conjunto indigesto de condutas heteróclitas (os presentes concedidos aos funcionários públicos e as propinas são um tipo de remuneração) adotadas pelos mais diversos motivos: carreirismo, paternalismo, estilo monárquico, corrupção, consumo ostentatório, patriotismo local, prazer em rivalizar, desejo de manter sua posição social, submissão diante da opinião pública, medo de desonra pública, munificência, fé em ideais.

Todas as camadas da população beneficiavam-se dos dons. Os pobres recebiam-no por caridade ou clientelismo, ou a título de cidadãos livres, e os escravos, por filantropia ou paternalismo. Os camponeses, rendeiros dos ricos, tinham o pagamento de impostos (*reliqua colonorum*)[2] facilitado, sob a condição de não abandonarem seus senhores, o que significava, para os proprietários, um meio de manter os colonos sob sua dependência; os advogados, enquanto sua vocação não fosse reconhecida como profissão e lhes fosse proibida remuneração por seu trabalho, eram contemplados com

---

Der Zweck im Recht, reimpresso em 1970, Olms, v.I, p.76-88, sobre a gratuidade e a caridade em Roma; p.214-226, sobre o dom e a policitação; p.365-370, sobre as fundações.

* Potlatch refere-se a um comportamento cultural que era frequentemente expresso em uma cerimônia praticada pelos indígenas da América do Norte, entre outros povos. Consiste em um sistema não mercantil de ofertas de bens e riqueza vinculado quase sempre à obtenção de prestígio. (N. E.)

2 Essa *reliqua colonorum* é mencionada como uma evidência e parece ser uma regra (*Digeste*, Tables Alimentaires de Trajano, Agronomes Latins). Comparar com Khieu Samphân, *L'économie du Cambodge et ses problèmes d'industrialisation*, tese de Direito, Paris, 1959, p.48; os camponeses do Camboja endividavam-se perpetuamente, sem que o agiota reivindicasse a dívida: no final, o camponês trabalhava somente para o agiota. Em Roma, o agiota era o próprio proprietário (os nobres detinham o papel de agiotas). O proprietário não podia demitir seu arrendatário, a quem ele se apegava por laços pessoais: as prestações acumulavam-se. Encontramo-nos em uma sociedade na qual os laços sociais são mais fortes que a lei de mercado. Além disso, em épocas em que o problema era investir seu dinheiro, era mais interessante ter um camponês que trabalha do que uma soma de dinheiro que se podia somente acumular; ver G. Roupnel, *La ville et la campagne au XVII siècle*, reimpresso em 1955, A. Colin, p.231: "Ser reembolsado por seu devedor era uma aventura extremamente incômoda"; P. Goubert, *Cent mille provinciaux au XVII siècle*, p.205, 214 e 378. Uma conta fica permanentemente aberta entre o proprietário e o arrendatário, ela nunca será fechada.

presentes de seus clientes a título de honorário. Os ricos transmitiam seus bens uns aos outros, doando-os com particular generosidade quando se tratava de outros ricos, fazendo que seus bens circulassem entre si. As corporações constituídas também recebiam dons; desde o início do Império, dar ao Estado romano é um privilégio reservado somente aos imperadores; em compensação, as cidades e as vilas municipais ganhavam dons da nobreza de Estado (ou ordem senatorial), da nobreza regional (ou ordem equestre), de notáveis que formavam a nobreza municipal (ou ordem dos decuriões) e dos ricos libertos. É bem verdade que os notáveis possuíam o privilégio de governar as mesmas cidades que eles proviam com suas próprias doações; mas seu interesse de classe não seria suficiente para explicar por que eles não eram menos generosos ao doar aos "colegas" profissionais ou de culto, às associações privadas de qualquer outro tipo nas quais a plebe vinha buscar um pouco de calor humano. As províncias do Império, de certa maneira, também recebiam dons; essas províncias representavam o lugar privilegiado para a constituição de associações de culto das cidades (as "assembleias provinciais," ou o que se costumava chamar assim), que se reuniam para realizar festas públicas e celebrar o culto monárquico obrigatório ao imperador; os grandes notáveis que presidiam essas associações arruinavam-se para embelezar a festa ou para oferecer um templo de culto imperial ou um anfiteatro à província.

O dom tinha uma considerável importância quantitativa; ele não se reduzia a um pequeno presente ou a uma esmola, a um remédio simbólico ou a um gesto moral. Edifícios tão característicos do gênio romano, como os anfiteatros, são, ainda nos dias de hoje, o vestígio material da importância do dom; todos, ou quase todos, foram, efetivamente, oferecidos como presentes pelos nobres ou pelos notáveis municipais ou provinciais. A doação também não era uma conduta de milionários ou mecenas cuja riqueza ou idealismo os posiciona em um lugar de destaque; ela não era reservada a um Herodes Ático ou àqueles que eram tão ricos quanto ele. Até os pobres doavam, mesmo que fosse de modo simbólico; pois, como em muitas sociedades "arcaicas", oferecer presentes constituía um rito; os rendeiros, por exemplo, além do valor do aluguel, levavam solenemente produtos da fazenda para seu senhor,[3] deixando explícita a relação de dependência e lembrando que

---

[3] Falaremos demoradamente adiante sobre esses presentes de praxe, que ainda existem nos dias de hoje; chamamos a atenção somente para o fato de que os atos de pagamento das dívidas na arte funerária romana devem assim ser interpretados; faz-se alusão a isso na nona *Bucólicas* de Virgílio, no verso 6 (*hos illi, quod nec vertat bene, mittimus haedos*: esses cabritos serão sacrificados para virar carne de açougue, ver *Bucólicas* 1, 33); ressaltamos também

as terras que cultivam não lhes pertencem. Cada uma das ordens da sociedade possui o direito de fazer determinadas doações; os ricos libertos dos municípios reúnem-se no colégio dos servos agostinianos para financiar com recursos próprios o culto monárquico municipal; às vezes, um dentre eles também recebe, privadamente, a autorização para oferecer um espetáculo de gladiadores para todos os seus concidadãos, sobretudo para homens livres.

O dom como valor

Os homens livres e ricos que povoam diferentes ordens de nobreza, senadores, cavaleiros e decuriões devem, naturalmente, doar mais que os outros; não somente porque possuem os recursos materiais para isso, mas porque, em sua qualidade de homens que são homens de verdade, assumem o dever de serem sensíveis a todos os ideais humanos: eles consideram-se o protótipo da humanidade; essa ideologia é apenas uma variante daquela através da qual eles se consideram um estrato superior à média da humanidade, atribuindo-se tantos deveres de Estado quanto os que a nobreza de sangue o faria. Sendo senador ou simples decurião (diríamos: conselheiro municipal), um notável romano, ao tornar-se magistrado em Roma ou em sua cidade, assume o dever de oferecer ao povo esplêndidos espetáculos na arena, no circo ou no teatro. Ele se mostra generoso para com seus libertos e seus clientes; coloca suas finanças e sua influência a serviço de sua cidade ou mesmo de sua província (enquanto, por sua vez, o imperador exerce o mesmo patronato sobre a cidade de Roma). Ele inclui seus amigos em seu testamento, protege as artes e as letras. Enfim, ele presta serviço, individualmente e em diversas ocasiões, aos plebeus de sua cidade: esse patronato a favor "de todos e de cada um", como dizem as inscrições latinas, é pouco conhecido em detalhe, mas as inscrições fazem frequentes alusões a ele, mesmo que, em nossa opinião, sejam muito vagas.

A frequência e a variedade do dom, e mais amplamente, da beneficência, constam nos textos filosóficos como um dado evidente; abordando as virtudes de generosidade ou de *beneficia*, tais textos apresentam-nos, involuntariamente, o quadro de uma sociedade na qual as livres relações de dom e de beneficência ocupam o lugar que em nossa sociedade é ocupado pelo mercado econômico e pela regulamentação (esta última seria protetora e

---

que uma admirável descrição moderna da cena encontra-se em um romance italiano, *Les barons*, de G. P. Callegari, p.160; é o melhor comentário dos relevos funerários romanos; ver S. Eitrem, *Extra payments*, em *Symbolae Osloenses*, XVI, 1937, p.26-48; J. Dölger em *Antike und Christentum*, VI, 4, 1950, p.300.

caridosa). Como este livro falará tanto do evergetismo helênico quanto do evergetismo romano, o último sendo a continuidade e a imitação do primeiro, tomarei como exemplo um texto do início da época helenística, a *Ética a Nicômaco*, de Aristóteles. No início do livro IV, Aristóteles trata das duas virtudes relativas ao dinheiro, ou seja, a liberalidade, que é a arte de dar e de receber, essa liberalidade sendo mais esplêndida do que a magnificência. Ele trata desse assunto mais longamente do que nós faríamos; não entraríamos tanto no detalhe, por exemplo, da diferença entre o verdadeiro liberal e aqueles que pecam pelo excesso, pródigos ou indivíduos que são, ao mesmo tempo, avarentos e gananciosos, muito apegados ao seu dinheiro:

> O pródigo pode ser considerado preferível àquele que é muito apegado ao seu dinheiro, pois a idade e a pobreza poderão melhorá-lo e trazê-lo ao justo equilíbrio que é a liberalidade; ele já possui, com efeito, algumas características da liberalidade: ele sabe dar mais do que receber, mesmo que não o faça conveniente e utilmente. Mas se o hábito ou alguma outra razão o fizer mudar, ele poderá tornar-se um liberal; ele dará quando tiver que dar e receberá de quem é conveniente receber.[4]

Esse drama não diz respeito a nós; Aristóteles fala de presentes dados ou recebidos, quando nossa preocupação se concentraria nos lucros e nos salários; falaríamos menos de liberalidade e mais de justiça, de caridade ou de significação social. Quando a casuística do filósofo considera os ganhos, ele se refere aos ganhos vergonhosos do jogador de dados e do agiota: a nossa trataria, antes de tudo, do salário justo ou do lucro legítimo. O mundo helenístico apresenta-se como uma sociedade de "amigos" e de cidadãos, não de trabalhadores assalariados, empreendedores ou funcionários públicos que estão submetidos a uma regulamentação universalista e à lei de ferro do mercado de bens e de trabalho.

O retrato aristotélico do liberal é ainda verdadeiro e, ao mesmo tempo, ultrapassado; é um eterno impasse que não é, ou não é mais, nossa realidade presente; ele evoca por contraste esse outro tipo humano igualmente verdadeiro e ultrapassado, o avarento (o mesmo de Molière) que os moralistas encontraram durante tantos séculos na nobre estrada que leva ao coração humano, até que os empresários e os *managers* viessem suceder aos agiotas. Quanto ao liberal, ele é o contrário do avarento: ele não é mesquinho; ele não negligenciará sua fortuna, pois precisa dela para colocá-la a serviço do próximo, mas não se preocupará em aumentá-la; ele não gosta do dinheiro em

---

4 *Ética* IV, 1, 30 (1121 A 20).

si, mas do que o dinheiro pode proporcionar; ele acha que controlar minuciosamente suas contas é vulgar. É assim que se exprime a *Ética*.

Nós veremos, no final deste capítulo, que, ao observarmos os fatos, a oposição entre o liberal e o que nós chamaríamos de burguês ou puritano é mais teórica do que real: não são necessariamente os homens que se opõem uns aos outros, mas as finalidades, que podem muito bem coexistir no mesmo homem. O fato é que o retrato aristotélico do liberal ou do magnífico revela uma verdade flagrante para a Antiguidade grega e romana. Consideremos, quatro séculos depois de Aristóteles, o senador Plínio, o Jovem. Suas *Cartas* são e ambicionam ser um manual do perfeito senador romano apresentado como exemplo; elas não são somente testemunhos autobiográficos, mas pretendem ser também didáticas, exemplares: elas dão a falsa impressão de que seu autor parece muito satisfeito consigo mesmo. Plínio nos explica, então, que comprou uma terra de 100 mil sestércios para sua velha ama de leite. Uma outra vez, ele dá 300 mil sestércios a um de seus amigos e protegido que, como ele, vinha de Como: esse amigo já era decurião em Como e possuía 100 mil sestércios do censo exigido para a função de conselheiro municipal, passou a possuir, a partir de então, uma fortuna que lhe permitiria ascender à ordem equestre, cujo censo era de 400 mil sestércios (como, infelizmente, números como esses aparecerão frequentemente em nosso livro, permitimo-nos dar um conselho prático ao leitor: quando ler "100 mil sestércios", imagine estar lendo Balzac e que encontrou as palavras "50 mil francos": o mundo romano, pelo nível e estilo de vida[5] e pela estrutura econômica, parecia-se muito mais com o mundo pré-capitalista, pré-industrial, agrário e

---

5 É a grande questão: pode-se comparar o valor da moeda, quer dizer, as satisfações que ela proporciona, somente em duas sociedades que possuem interesses comparáveis e que satisfazem tais interesses pelos mesmos canais. Uma viagem de trem custa menos e leva menos tempo que uma viagem em diligência; então, viaja-se com mais frequência, gosta-se mais de viajar e, para isso, renuncia-se a outros prazeres; em compensação, as peregrinações se tornam obsoletas: ora, elas satisfaziam o turismo, tanto quanto a devoção. As necessidades mudam, a maneira de satisfazê-las se altera, mas há um custo diferente. Sobre essas aporias bem conhecidas, ver Simon Kuznets, *Modern Economic Growth*, Yale University Press, 1966, p.21-23; J. Marczewsky, *Comptabilité nationale*, Dalloz, 1965, p.504. Um sestércio valia 12 contos do franco de Germinal, quer dizer, aproximadamente 1 meio-franco de Balzac; enfim, 1 franco de Balzac vale 3 ou 4 francos em 1973; teoricamente, 1 sestércio valeria então 2 francos. De fato, digamos uma vez por todas que essas comparações não fazem sentido; a diferença de rendas entre ricos e pobres era ainda bem maior do que nos dias de hoje, e os preços relativos dos bens eram diferentes: a alimentação e a habitação eram muito menos onerosas do que hoje (é bem verdade que os pobres alimentavam-se ainda pior), mas os produtos manufaturados, a começar pelas roupas, eram muito mais caros (existia um importante comércio de roupas usadas, o que torna a comparação difícil).

usurário descrito em *A comédia humana*, do que com o mundo do século XX; além disso, muito aproximadamente, 1 sestércio equivale ao meio-franco de Balzac; pode-se haver um erro de um a dois, mas não de um a dez). Além dos 300 mil sestércios oferecidos a esse amigo, Plínio multiplica, a favor de seus protegidos, as cartas de recomendação que lhes proporcionarão o acesso à nobreza que prestava serviços ao imperador mediante um salário. Como proprietário de terras, ele também se mostra liberal com seus rendeiros e com os comerciantes que compram suas colheitas; certa vez ele havia vendido sua colheita de uvas a comerciantes antes mesmo de tê-las colhido, porém a qualidade do produto ficou pior do que o previsto: Plínio reembolsou, então, os compradores de uma parte do preço que eles haviam pagado. Pois é digno da nobreza: a generosidade é uma virtude dos grandes senhores; três séculos depois de Plínio, quando a aristocracia romana se torna cristã, ela fundará as *piae causae*, libertará os escravos e legará bens aos pobres no mesmo espírito "de classe". Mas é sobretudo para com sua pequena pátria de Como que o pagão Plínio se mostra generoso: ele oferece a seus compatriotas uma biblioteca, subvenciona uma escola e instituições de caridade; durante os onze anos que cobrem sua correspondência, ele gasta quase 2 milhões de sestércios com a cidade. Através de seu testamento, ele lega à cidade termas, rendas anuais para um banquete público aos plebeus de Como e pensões a seus próprios libertos. Constatamos a importância relativa que as liberalidades possuem diante da pequena pátria que é a cidade; como afirmou Dill,[6]

---

[6] S. Dill, *Roman Society from Nero to Marcus Aurelius*, Meridian Books, 1957, p.231. – Citemos mais dois textos do século II que mostram bem o papel do dom na vida dessa época. Primeiramente, *Fronton*, Ad Verum, II, 7 (p.127, Van den Hout): Frontão tem um jovem senador como cliente de quem é muito amigo; "se minha fortuna fosse maior, meu pecúlio estaria à disposição para que nada lhe faltasse e que ele pudesse exercer tranquilamente seus deveres de senador (munia); eu não o deixaria ir além-mar para tratar de negócios. Infelizmente, a mediocridade de meu patrimônio, assim como sua pobreza (*paupertas artior*) levaram-me a enviá-lo, contra minha vontade, a Síria, para ali receber legados deixados, por testamento, por alguém que tinha uma grande amizade por ele" (sabemos que em latim "amizade" é uma lítotes para "clientela"). Citemos, também, Apuleio, *Apologie*, 23: "Declaro que meu pai deixou, para mim e para meu irmão, quase 2 milhões de sestércios, e que esse patrimônio foi um pouco desfalcado pelas minhas longas viagens, meus estudos prolongados e minhas liberalidades frequentes. Pois eu ajudei um grande número de amigos, mostrei meu reconhecimento a meus numerosos mestres, favorecendo, inclusive, a filha de alguns dentre eles". O pai de Apuleio era um ilustre de Madaura e o próprio Apuleio era decurião dessa cidade (*Apologie*, 24, 9). A notar que o censo para um decurião, que valia pelo menos em algumas cidades, 100 mil sestércios, cuja soma era frequentemente (mas nem sempre) ultrapassada; de fato, o pai de Apuleio tinha um patrimônio que era o dobro do censo de um senador. É bem verdade que 1 milhão de sestércios não era suficiente para cobrir toda a carreira de um senador, que exigia que se pudesse gastar quantias consideráveis ao oferecer

"não existiram muitas épocas na história nas quais a fortuna pessoal tenha sido mais geralmente considerada como uma sorte de fideicomisso, como uma posse sobre a qual toda a comunidade tinha direitos"; é precisamente isso que chamamos de evergetismo e é esse o assunto do presente livro. O evergetismo são as liberalidades privadas a favor do público.

2. O que é o evergetismo?

A palavra evergetismo é um neologismo – ou melhor, um conceito – que devemos a André Boulanger e Henri-I. Marrou;[7] ela foi forjada nos moldes da minuta dos decretos honoríficos helenísticos, através dos quais as cidades enalteciam aqueles que, por sua fortuna ou sua atividade pública, "ajudavam a cidade" (εὐεργετεῖν τὴν πόλιν); em geral, uma beneficência era uma evergesia. Nenhuma palavra da Antiguidade corresponde perfeitamente ao evergetismo; *liberalitas* não se dizia somente das liberalidades para com o público, cidade ou "colégio", mas também sobre qualquer liberalidade; φιλοτιμία também é muito ampla e enfatiza, principalmente, as razões do evergetismo, a virtude que o explica: um nobre desejo de glória e de honras.

As duas variedades de evergetismo

Pouco importa: mesmo se falta a palavra, a coisa constitui um campo de estudos vasto e bem definido. Afinal, a palavra *religião* não existe em latim nem em grego...[8] O evergetismo consiste no fato de que as coletividades

---

espetáculos à plebe de Roma, como era de praxe para qualquer magistrado; para tal, calculava-se seu patrimônio, seus dons e legados de seus protetores – sobre Plínio, o Jovem, ver R. Duncan-Jones, "The finances of the younger Pliny", em *Papers of the British School at Rome*, 32, 1965, p.177-188.

7 A. Boulanger, *Aelius Aristide et la sophistique dans la province d'Asie*, De Boccard, 1923, p.25; H. I. Marrou, Histoire de l'éducation dans l'Antiquité, Seuil (desde 1948), índice dos *notabilia* e p.405. Em grego moderno, o uso de "evérgeta", no sentido de benfeitor público, de mecenas, é muito comum: de fato, a palavra evergetismo vem do grego moderno, no sentido de mecenato dos escritos de Boulanger, que foi membro da Escola Francesa de Atenas: chamavam-se evérgetas, por volta dos anos 1900, os ricos negociantes gregos que, do Egito ou da Anatólia, fundavam escolas ou edifícios públicos em seu país natal.

8 Em latim, "religião" se diz "os deuses e as cerimônias sagradas", do mesmo modo que o estudo da "acústica" se diz estudo dos "sons" e que o título do poema de Lucrécio significa precisamente "Sobre a física". – Veremos mais tarde que uma palavra cômoda para evergetismo seria *megaloprepeia*, "magnificência" ou "munificência": é designar o fato total do evergetismo pela virtude que inspira os evérgetas. Infelizmente, *megaloprepeia* não vem da linguagem filosófica: a língua falada dizia, antes, *megalopsychia*, limitando, assim, o

(cidades, colégios...) esperam que os ricos contribuam com seus próprios recursos para as despesas públicas, e que suas expectativas sejam atendidas: os ricos contribuíam com as despesas públicas espontaneamente ou de bom grado. Suas despesas a favor da coletividade eram dirigidas principalmente a espetáculos de circo e de arena, mais amplamente a prazeres públicos (banquetes) e à construção de edifícios públicos: em resumo, a prazeres e a construções, a *voluptates* e a *opera publica*. Algumas vezes as evergesias eram oferecidas por notáveis fora do contexto de suas obrigações definidas (o que chamaremos de evergetismo livre), outras vezes, elas eram oferecidas no momento de sua eleição a uma "honra" pública, uma magistratura ou uma função municipal; nesse último caso, falaremos de evergetismo *ob honorem*; e esse evergetismo era moralmente ou até mesmo legalmente obrigatório.

Para falar honestamente, a distinção é superficial. Primeiramente, o evergetismo livre pode ser às vezes (mas não sempre, nem mesmo frequentemente) o resultado de uma doce violência, de uma desonra pública, de uma luta de classes latente ou oculta; em seguida e sobretudo, o evergetismo obrigatório seria apenas a continuação e a codificação do evergetismo livre na época romana, que surgiu no mundo grego bem no início da época helenística e que foi, logo depois, imitado pelos notáveis das cidades romanas. Mas paralelamente a esse evergetismo *ob honorem*, o evergetismo livre continuou a existir até o fim da Antiguidade; diríamos ainda que vários notáveis, ao serem eleitos magistrados, nem sempre se contentavam em pagar o que deviam à coletividade, mas pagavam espontaneamente mais do que deviam e transformavam, assim, sua evergesia *ob honorem* em uma evergesia livre. Evidentemente, devemos a um livre mecenato desse tipo, exercido em momentos de honra ou independentemente dessa ocasião específica, os mais suntuosos edifícios. Na evolução do evergetismo, a liberalidade espontânea foi e continua sendo o fato principal. Poderíamos, então, traçar dois quadros contraditórios do evergetismo: em um, veríamos notáveis rivalizando em suas liberalidades e inventando refinamentos de munificência dificilmente imagináveis; em outro, veríamos homens pressionados pela plebe, ou por seus pares que têm medo da plebe, a satisfazer o povo em seus prazeres. Os dois quadros são verdadeiros; tudo é questão de circunstância e de caráter individual. Essa dualidade é, justamente, o nó da questão.

É ela também que explica por que o evergetismo ainda não havia sido estudado: antes de tudo, era preciso inventar o conceito. Na História Antiga,

---

sentido da palavra magnificência que significa mais amplamente "magnanimidade, generosidade, orgulho, força e grandeza da alma e do caráter"; voltaremos a falar sobre *megalopsychia* no Capítulo II.

pouquíssimos assuntos ainda dispõem de uma documentação literária e epigráfica tão grande, e que ainda esteja tão virgem assim. Isso não quer dizer que os especialistas em Antiguidade não saibam que o evergetismo exista;[9] isso se deve, principalmente, ao fato de que o estudo e até mesmo a ideia do estudo teriam sido discutidos entre setores diferentes, perdendo, assim, sua unidade. Sendo, ao mesmo tempo, uma conduta espontânea, uma obrigação moral e uma obrigação legal, o evergetismo não pertencia plenamente nem aos especialistas das instituições, nem aos da civilização e da vida cotidiana; ele se dispersava em anedotas edificantes (o generoso doador) ou fúteis (a loucura dos espetáculos); ele foi estudado, principalmente, em fragmentos de temas recorrentes: assistencialismo e caridade no mundo romano[10] (é o assunto de um belo livro de H. Bolkestein). Podemos dizer também que muitos de seus aspectos nunca foram estudados, eles simplesmente passaram despercebidos. Pois, para complicar a unidade do conceito, uma evergesia é um "fato social total": ela é um hábito ou mesmo um aspecto de direito escrito, uma atitude e um fenômeno de mentalidade; ela tem um alcance político-social (o pão e o circo não deveriam despolitizar a plebe?), um alcance dinástico: os notáveis formam uma nobreza hereditária de fato, ou de direito; os aspectos econômicos e fiscais são uma evidência disso, mas os aspectos religiosos e culturais também: na Antiguidade, tudo o que é público é religioso, ou quase, e as festas e espetáculos públicos, que associaríamos ao folclore, tinham um aspecto ou um pretexto religioso. Direito, economia, sociedade, cultura, religião e assistencialismo equivalem ao número de capítulos através dos quais poderíamos segmentar nosso tema.

A noção de bens coletivos

Mas esse tema possui uma unidade. Que ele seja senador de Roma, imperador ou simples notável local, um evérgeta é um homem que ajuda a coletividade com seu pecúlio, é um mecenas da vida pública; o que o leva, então, a dar em vez de guardar seu dinheiro para si? Diversas particularidades tornam seu caso ainda mais singular do que possa parecer à primeira vista. Seus dons, ou evergesias, são feitos à coletividade, e não a alguns indivíduos, a

---

9 O texto mais detalhado é, sem dúvida, o de U. Kahrstedt, *Kulturgeschichte der römischen Kaiserzeit*, 2.ed., Berna, 1958, p.63-68 e 223-230; e os de H. Last em *Cambridge Ancient History*, v.XI, p.462-467; de J. Gagé, *Les classes sociales dans l'Empire romain*, 2.ed., Payot, 1971, p.165-169; e já podemos incluir os de L. Friedländser, *Petronii Cena Trimalchionis*, 2.ed., reimpresso em 1960, p.50-59, e o de O. Seeck, *Geschichte des Untergangs der antiken Welt*, 2.ed., reimpresso em 1966, p.157-160 do segundo volume.

10 H. Bolkestein, *Wohltätigkeit und Armenpflege im vorchristlichen Altertum*, Utrecht, 1939.

seus protegidos, aos pobres, o que é suficiente para distingui-lo do mecenas comum: as evergesias são bens coletivos. Um evérgeta não se parece nem um pouco com a concepção que temos de um funcionário público e, portanto, ele também não é um senhor: mesmo que fosse imperador, o Império não lhe pertence, nem mesmo em seus discursos. Acharíamos suspeito que um funcionário público pague por seus encargos: ele é um servidor público, e não é proprietário de sua repartição; ele não tem a obrigação de contribuir mais do que os outros contribuintes, pois ele também não pode receber mais em troca: o homem e sua função devem manter-se estoicamente separados. Com certeza, em mais de uma civilização, permitiu-se aos funcionários de alto escalão, aos governadores de província, o acesso às receitas e aos gastos; o governador, tendo sido deixado financeiramente independente, era um verdadeiro senhor. Ele financiava, assim, com os rendimentos públicos que ele pouco distinguia de seu próprio pecúlio privado, as despesas inerentes ao governo do domínio senhorial ao qual dedicava seu tempo e seus recursos e que lhe pertencia como se fosse sua coisa.[11] Mas a cidade, a República ou o Império nunca foram a coisa dos evérgetas; nunca um magistrado grego ou romano teve as receitas públicas a sua disposição livremente. Portanto, insatisfeitos por não receberem nem a remuneração nem a indenização por sua função de magistrado (todas as funções públicas eram exercidas voluntariamente, sem retribuição financeira, com pouquíssimas exceções, como os procônsules, que justamente não comportavam o evergetismo), nossos mecenas contribuem com suas economias aos gastos públicos: eles oferecem bens coletivos no lugar do tesouro público ou oferecem bens coletivos que o tesouro público nunca teria oferecido. Estranha justaposição entre o setor público e o privado.

O evergetismo implica então que as decisões relativas a determinados bens coletivos, dos quais o mecenas assume as despesas, escapam à soberania do Estado e são assumidas pelos próprios mecenas. Ora, o caráter coletivo das evergesias traz importantes consequências. Denominamos bens ou serviços coletivos[12] às satisfações que, por sua externalidade, estão à disposição de todos os usuários, como o rádio ou a defesa nacional, sem que, a princípio, constituam um objeto de rivalidade entre eles: se brigam por um

---

11 Ver Max Weber, *Le savant et le politique*, tradução francesa Freund, p.104-108; *Religionssoziologie*, v.1, p.271.
12 Sobre os bens e serviços coletivos e sobre a dificuldade em alcançar, nessa área, uma eficiência de Pareto, nem que fosse através dos mecanismos de mercado, ver Guy Terny, *Économie des services collectifs et de la dépense publique*, Dunod, 1971, p.96-99 e passim; também lemos *Les biens collectifs*, de A. Wolfelsperger, PUF, 1969, e *Welfare Economics and the Theory of the State*, de W. J. Baumol, London School of Economics, 1965.

lugar nas arquibancadas de um anfiteatro muito pequeno, é por culpa do evérgeta que não cumpriu o seu dever adequadamente. Ele o teria feito se o consumo que cada indivíduo faz desses bens não levasse a uma diminuição do consumo dos outros: se o banquete público é o que deve ser, há comida suficiente para todo mundo. A principal característica dos bens coletivos é que, uma vez oferecidos sem distinção a todos aqueles que o desejam, a melhora que trazem é a mesma para todos, independentemente de quem tenha se sacrificado para oferecê-los à comunidade: para que um espetáculo de gladiadores seja visto por todos, é melhor para cada um que deseja assistir a ele deixar que os outros paguem. Cada um então leva certa vantagem ao deixar os outros se sacrificarem pelo bem público. Em outras palavras, o "mercado", ou seja, a ação de agentes econômicos isolados, que atuam egoisticamente e livremente, não pode assegurar os bens coletivos de modo satisfatório; não pode se aproximar de uma eficiência de Pareto. Para realizá-la, é necessário, por um lado, uma cooperação leal (instituindo-se, por exemplo, uma rotatividade), ou uma coerção imposta por uma autoridade ou pela opinião pública ou, por outro lado, a devoção de um mecenas. Veremos mais tarde que o evergetismo foi imposto pela opinião e pela autoridade pública, mas que sua origem foi também o resultado da devoção de alguns cidadãos; precisaremos mais tarde quais eram esses ideais. Se o evérgeta tal qual o definimos presta serviços coletivos, será que ele não estaria usurpando, assim, uma função que normalmente depende da competência do Estado? É uma opinião: não é uma evidência. O número de funções públicas que são exercidas através do que se chama Estado[13] e o próprio reconhecimento do caráter público dessas funções variam de uma sociedade para outra; não existe nenhum serviço público, da justiça à previdência social, passando pela proteção das artes e das letras, que um aparelho de Estado não tenha tido a oportunidade de assegurar; inversamente, não existe uma única função pública que, em qualquer época da história, não tenha sido assumida pelo Estado. Existem civilizações nas quais a justiça é feita por árbitros privados ou vingadores de aluguel e nas quais ela não é considerada como um serviço público, mas como uma questão privada da vítima ou da sua família; existem povos nos quais a defesa nacional e a guerra de conquista são exercidas por um

---

13 Uma coisa é admitir que existe uma essência no político, outra coisa é acreditar que o Estado é uma essência. Nominalismo necessário aos etnógrafos ou aos historiadores: pode-se falar de um Estado nuer ou zande? De um Estado feudal? Convenciona-se, logo, tomar como critério de Estado o monopólio da violência legal, como o fez Max Weber. Para uma crítica da noção de Estado, ver J. Schumpeter, *Impérialisme, classes sociales*, edição J.-C. Passeron, Éditions de Minuit, 1971, p.236 e 249-252; Max Weber, *Économie et société*, v.I, p.58; S. Landshut, *Kritik der Soziologie*, Luchterhand, 1969, p.261.

rico mecenas. Poderíamos conceber uma sociedade na qual todos os serviços públicos seriam assegurados por diferentes organismos ou indivíduos que não estivessem reunidos em um "aparelho", do mesmo modo que as diferentes profissões se encontrariam em um regime empresarial livre; indo ainda mais longe, começamos a falar de Estado somente quando homens ou organismos que asseguram diversos serviços públicos começam a se reunir e a se organizar entre si e, a partir de então, formar uma massa. Questão de tamanho, em suma. Suponhamos uma sociedade na qual os guerreiros partem de vez em quando em expedição definindo um chefe no grupo, como fariam os excursionistas, e na qual os indivíduos, quando têm alguma contestação entre eles, dirigem-se espontaneamente a um idoso que se beneficia da confiança de todos, a ponto de solicitarem sua arbitragem naturalmente: só começaríamos a falar de um aparelho de Estado se o papel do juiz e o do chefe de guerra fossem exercidos pelo mesmo homem, que receberia, sem dúvida, o título de rei.

A noção de sistema fiscal deve ser abordada com tão pouco preconceito quanto a de Estado. Toda sociedade precisa de recursos para financiar os bens e os serviços (glória militar, estradas, cuidados médicos...) cujos custos ela não pode ou não quer individualizar entre os utilizadores e cuja própria lista varia consideravelmente na história. Afinal, no decorrer dos séculos, os agrupamentos humanos inventaram cinco maneiras principais de obter recursos.[14] Eles podem explorar terras, minas ou empresas como um simples indivíduo o faria; eles podem repartir contribuições diretas ou indiretas; eles podem também atribuir a uma coletividade ou a um indivíduo uma determinada prestação sem contrapartida: é o sistema da liturgia (por exemplo, no Egito romano, o abastecimento das tropas de passagem ou a manutenção das estradas não eram repartidos por toda a população pelo mecanismo do imposto, mas eram incumbidos aos residentes da estrada ou a algumas cidades sujeitas a eles devido a um antigo uso); eles podem impor a indivíduos ou a coletividades uma determinada tarefa em troca de um privilégio; enfim, eles podem viver do mecenato, pelo menos parcialmente: chama-se evergetismo ou mecenato um sistema de contribuições que são pagas, espontaneamente ou pelo menos sem obrigação formal, por pessoas que possuem um interesse qualquer, material ou espiritual, na busca de um objetivo que essas contribuições permitem atingir. Acrescentamos, de imediato, que esse mecenato não exerce o papel do imposto, o qual pode existir paralelamente, e não se justapõe ao imposto; pois a escolha dos objetivos coletivos, sendo confiada aos próprios mecenas, pode resultar em evergesias mais próximas

---

14 Max Weber, *Économie et société*, v.I, p.205 e 364.

das vontades dos mecenas do que da vontade da coletividade, que ganha coisas supérfluas quando precisa de coisas necessárias.

Por que considerar o evergetismo estranho? O imposto é um sistema mais racional ou mais altamente elaborado do que a liturgia ou o mecenato ou do que a indistinção entre o funcionário e o homem privado: as soluções mais pobres são naturalmente as mais difundidas; não seria mais simples pegar o dinheiro onde ele se encontra? Mas os homens de hoje estão muito distantes dessa simplicidade antiga: o evergetismo é dificilmente concebível em uma sociedade industrial, burocrática e universalista (todos os homens sendo iguais perante a lei). Se, por uma remota possibilidade, um milionário ou uma grande empresa se oferecesse para regularizar por conta própria o curso de um rio e ali construir barragens, argumentaríamos que um Estado moderno não funciona com espasmos de boa vontade, que essas coisas são decididas em comum; sobretudo suspeitaríamos que o mecenas tem objetivos obscuros, veríamos nisso uma tentativa de controle do grande capital sobre o Estado, e estaríamos certos: quando o mecenato deixa de ser uma escolha individual (como é o caso dos milionários americanos) e, como o evergetismo, torna-se o dever de Estado de toda uma classe, esse é o indício de que a sociedade em questão não é mais universalista e que os ricos, como tais, veem-se reconhecidos de uma superioridade natural ou de um direito subjetivo de comandar. A ideia de que os bens e serviços coletivos devem ser assegurados pelo Estado é tão fortemente ancorada em nós que muitos discordam das campanhas pela luta anticâncer; a noção moderna de justiça social dispensa aqueles que possuem para dar; se, apesar disso, eles dão, é em função de uma escolha individual que vai além da justiça.

Uma utopia: ressuscitar o evergetismo

E, portanto, até mesmo em nossa sociedade, o desenvolvimento de um evergetismo não é totalmente impensável e pode ser instrutivo continuar a pensar sobre isso, nem que seja de brincadeira. Vários autores sérios alimentaram o sonho de ver renascer um mecenato em nossa sociedade; citemos Marcel Mauss, na conclusão de seu *Ensaio sobre o dom*, ou Alfred Marshall, que gostaria que os empresários capitalistas ingleses deixassem de ser interesseiros e assumissem um papel mais cavalheiresco, mais social; e também Wicksell, o "Marshall do Norte", que em seu *Habilitationsschrift* mostrou as vantagens de um sistema de impostos semivoluntário.[15] Nos dias de hoje,

---

15 Marshall, Social Possibilities of Economic Chivalry, em *Memorials of A. Marshall*, editado por A. C. Pigou, 1956, p.323; conheço as memórias de Wicksell através de Schumpeter, sem

apesar da racionalização, do universalismo e do mercado, muitos ficariam contentes caso um novo evergetismo fosse instaurado: seria, portanto, necessário determinar em que condições gostaríamos que isso acontecesse.

1. Poderia ser, primeiramente, não em uma sociedade global, mas em um subgrupo, um clube de futebol ou o Rotary Club. Pois em um agrupamento que não seja a nação, que não é "autárquico" no sentido de Aristóteles, um mecenas não usurparia uma superioridade global; pela sua generosidade, ele não se colocaria como pertencendo a uma classe superior em relação aos outros cidadãos; suas evergesias permitiriam atingir os estreitos objetivos que interessam também aos outros membros do clube; esses lhe seriam gratos e, ao nomeá-lo presidente, não sacrificariam em nada seus direitos de homem e de cidadão; as consequências políticas e sociais das evergesias não ultrapassariam o contexto limitado do clube.

Na Antiguidade helenística e romana, na qual o fenômeno associativo era muito difundido, desenvolveu-se, assim, um evergetismo de clube de repercussões restritas e sobre o qual falaremos incidentalmente.

2. Um evergetismo muito particular poderia desenvolver-se também junto aos funcionários de alto escalão. Sabemos que o Estado é uma pessoa moral que não se confunde com seus servidores; pois o Estado é uma empresa que persegue seus fins continuamente: é necessário que um tratado internacional assinado por um cônsul comprometa também o cônsul que lhe sucederá no final do ano; a mesma lógica encontra-se na origem da pessoa moral das empresas capitalistas: as despesas privadas do empreendedor e o caixa da empresa permanecem separados; os herdeiros sucedem-se e a empresa não muda. Mas, se levarmos essa lógica até o fim, será que ela não se voltará contra os fins que ela mesma persegue? Para ser funcionário público basta ser homem; será que alguém teria o estado de espírito de um bom servidor do Estado se não se sentisse, ao menos simbolicamente, um pouco parte do Estado? Com certeza o bom funcionário não fará dons em dinheiro ao erário público: nossas instituições financeiras são pouco isentas e as gigantescas despesas dos Estados modernos estão muito além da escala dos recursos privados; o presente simbólico de nosso funcionário se perderia como uma gota d'água no oceano; mas nosso funcionário tem uma saída, não menos simbólica, porém mais visível: ele fará horas extras, ele ficará em seu escritório depois do fechamento do ministério. A tal ponto que um dia serão necessárias instruções ministeriais para estigmatizar esse "esnobismo das horas extras".

---

nunca tê-lo tido em minhas mãos; M. Mauss, *Sociologie et anthropologie*, p.258; Le Play, op. cit., capítulo II, n.158.

Isso é suficiente para nos fazer pressentir três coisas. *Primo*, a política não é uma profissão como as outras e as relações entre o homem público e o homem privado não são simples; *secundo*, quando relações são complicadas podemos recorrer, para resolver as tensões, a gestos simbólicos; *tercio*, alguns acusariam o funcionário de ficar em seu escritório depois das seis horas da tarde para despolitizar o povo francês ou para compensar o fato de que ele espolia esse povo do direito de se autoadministrar. Nós nos lembraremos desses três pontos quando estudarmos o evergetismo *ob honorem*.

3. Será que um evergetismo poderia, por outro lado, desenvolver-se como conformismo de classe na sociedade global, e não como caridade individual? Façamos um pouco de ficção sociológica: tiraremos dessa aventura lições úteis para o estudo do evergetismo livre.

Em Provence, nos dias de hoje, existe um vilarejo de 20 mil habitantes, conhecido por seu teatro antigo. A prefeitura, que tem mais de 300 funcionários, é a maior empresa do município; nunca faltam voluntários (que têm lazeres, mas não necessariamente os melhores salários) para exercer quase gratuitamente as funções de prefeito ou de adjunto, simplesmente porque isso os interessa. Há menos de um século, um notável citadino, culto e mecenas, esbanjou sua fortuna organizando apresentações públicas nas ruínas do teatro; atualmente o déficit do festival de teatro antigo é compensado pelo orçamento municipal. Suponhamos que se tente, nessa cidade, uma experiência de imposto semivoluntário conforme o modelo de Wicksell: o valor real das rendas de cada um seria exposto publicamente e a cada um, diante de todos, seria atribuída livremente a quantia que se considerar justa como imposto; um evergetismo poderia ressuscitar graças a essa artimanha infernal?

Distinguo. Por um lado, o produto desse imposto semivoluntário seria destinado não à própria cidade, mas ao Tesouro do Estado francês: nesse caso, após alguns ligeiros escrúpulos, todos concordariam em pagar somente uma quantia simbólica (do mesmo modo os evérgetas antigos, que se arruinavam por sua cidade, relutavam em pagar o imposto do Império, que era portanto menor). Por outro lado, o produto do imposto seria usado exclusivamente para as necessidades municipais. Mas que necessidades? Elas podem ser necessidades sociais, ruas, creches, subvenções etc.; mas podem também se referir ao próprio festival.

Se forem necessidades sociais, acontecerão duas coisas. Primeiramente, a metade da cidade entrará em conflito com a outra metade e, nesse vilarejo, que está de acordo com os desejos dos filósofos gregos e das cidades da Idade Média italiana, pois todo mundo ali se conhece de vista, haverá manifestações, troças e toda uma guerrilha social para pressionar os que pagam pouco. Não obteremos um mecenato, mas uma luta de classes; não teremos o evergetismo, mas redistribuição de renda. E ninguém será grato aos grandes contribuintes, pois onde existe obrigatoriedade não existe gratuidade: o povo os forçará a pagar em nome da justiça, e não da caridade. O evergetismo antigo consistia em um mecenato, e não em redistribuição; no limite, a redistribuição assumia às vezes a aparência de mecenato. E poderia ser vista assim, em nosso vilarejo, se alguns dos grandes contribuintes começassem a raciocinar assim:

> Eu quero muito pagar, já que é meu dever, mas eu não quero que meu dinheiro fique à disposição dos funcionários da prefeitura que vão fazer o que quiserem com ele; eu também não quero que ele se perca anonimamente na massa. Prefiro pagar uma quantia diretamente às escolas: ao menos eu saberei para que serve o meu dinheiro e receberei algum reconhecimento por isso.

Mas e se o imposto voluntário se destinar exclusivamente ao festival? A cidade tem orgulho e fica feliz com essa festa anual (ela assume o déficit, pois o festival não acrescenta grande coisa ao comércio local); mas os habitantes não entrariam em uma luta de classes pelo teatro antigo. Sobram, então, duas possibilidades: o mecenato individual ou um conformismo de classe. Porém, como esse conformismo poderia se instaurar, se a grande maioria dos indivíduos que compõem a classe em questão não tivesse (seja a título individual ou como membro de uma entidade coletiva) os mesmos motivos para aceitar ou se conformar? Seria, então, necessário que eles tivessem motivações de classe que fossem, além disso, variadas, estendendo-se do mais maquiavélico dos cálculos ao mais inútil ou inoportuno esnobismo. O mecenato distinguiria a classe como tal, nem que fosse somente segundo sua própria maneira de ver, e seus membros teriam algum interesse, mesmo que fosse por pura vaidade, em exercer seu ruinoso dever de Estado. A sociedade deixaria de ser universalista e a classe mais alta teria deveres e direitos que não são os mesmos para todos.

Sem dúvida se reproduziria uma evolução inesperada: a sociedade seria cortada em dois campos, as elites e o povo, e seria admitido, ali, que o povo não pagasse nada enquanto a elite assumisse todas as despesas do festival; a descontinuidade substituiria o contínuo. Pois quando o valor de uma contribuição não se calcula mais administrativamente centavo por centavo, mas segundo as leis do coração, é mais simples e afetivamente menos frustrante raciocinar de acordo com o tudo ou o nada em vez de raciocinar com o mais ou o menos; as sociedades menos racionalizadas também teriam um gosto pronunciado pelas organizações menos segmentadas, pelas ordens, pelas liturgias.

Conclusão. O paradoxo do evergetismo é que ele se impôs a toda uma classe quando não era obrigatório; das diferentes formas de obrigação social (a violência, a lei, o mercado, o comando pessoal, a pressão informal da opinião pública), o evergetismo, durante a maior parte de sua história, sofreu somente a última. Ele também não é redistribuição exercida sob a pressão da luta de classes ou destinada a prevenir essa luta; as sociedades antigas tiveram uma redistribuição semelhante (falaremos sobre isso), mas o evergetismo só se confunde com a redistribuição marginalmente. Ele possui uma outra singularidade: é cívico, e não religioso, enquanto os homens, no decorrer de sua história, mostraram mais frequentemente alguma facilidade em doar a favor de seus deuses. Enfim, também não poderíamos dar crédito a uma mentalidade primitiva qualquer e interpretar o evergetismo como o *potlatch* greco-romano: o evergetismo surgiu no século III antes de nossa era, ou seja, em uma das épocas mais iluminadas da história universal, quando a noção de Estado, de cidade, era perfeitamente elaborada. O que levava, então, os evérgetas a doar? Seria um valor, uma virtude, ou uma característica bastante humana como a vaidade ou a magnificência?

3. A magnificência

A questão etnográfica

Existem muitos exemplos através da história nos quais os dons à coletividade são considerados um sistema. Nos dias de hoje, no México e em alguns países andinos, o sistema de *cargos*[16] ressuscitou um evergetismo. Nos vilarejos desses países, as festas litúrgicas da Virgem e dos santos são celebradas com uma grandiosidade excepcional pelos camponeses pobres, absorvendo, dizem, um terço de sua atividade. Em cada vilarejo, o financiamento dessas onerosas festas é feito por um sistema de instituições bem complexo; todo ano a coletividade, ou melhor, as autoridades do vilarejo designam um certo número de indivíduos que recebem títulos honoríficos (*mayordomo* ou *capitán*), com a condição de assumirem as despesas de uma dessas festas; esses encargos ou *cargos* são ordenados em ciclos e os mais honoríficos levam à ruína ou, pelo menos, ao empobrecimento durável o dignitário que hipotecará suas terras, ou levará a vida de um operário migrante durante alguns anos: as despesas dos *cargos* são uma das razões que fazem com que os

---

16 A. Métraux, *Religion et magie indiennes*, Gallimard, 1966, p.240 e 267; F. Cancian, *Economics and Prestige in a Maya Comunity*, Stanford University Press, 1965.

camponeses abandonem seu vilarejo para se instalarem na costa do Pacífico, para trabalhar nas minas ou nos canteiros de obras públicas. Na verdade, um detalhe essencial foge ao profano que sou: esse sistema seria um tipo de tontina na qual cada membro do vilarejo se arruína pelos outros, a tal ponto que no final ninguém ganha e ninguém perde, ou seria uma elite de camponeses ricos, dotada de poder ou prestígio, que se sacrifica pelo resto do grupo? Dizem, em todo caso, que se o dignitário designado não aceitasse o encargo que a coletividade lhe impõe, ele seria "o alvo de críticas severas e objeto de reclamações de uma opinião pública impiedosa; é uma grande vergonha não ter assumido ao menos uma vez em sua vida um encargo religioso". Além dessa sanção moral, as funções públicas ficariam definitivamente fechadas ao recalcitrante: ninguém pode candidatar-se às funções de prefeito ou de fiscal se nunca foi *mayordomo* ou *capitán*; "nessas pequenas sociedades rurais, como na Roma antiga, é ao arruinar-se que se ascende ao poder, consequentemente os chefes dos vilarejos são recrutados dentre os indivíduos mais ricos". As autoridades civis, por sua vez, submetem-se a outras obrigações litúrgicas menos devastadoras, como convidar seus colegas e os dignitários religiosos a um banquete durante a festa de um determinado santo. Mas, no que diz respeito aos *cargos*, as prestações são bem mais pesadas: recitar a missa, decorar a igreja e o altar do santo, fornecer as vítimas do sacrifício (essas religiões praticam uma mistura curiosa de cristianismo e de paganismo) e, acima de tudo, fazer que todo o vilarejo festeje fornecendo-lhe álcool e coca; como nas manifestações de júbilo popular da Antiguidade, o sacrifício vale, sobretudo, pela festança que lhe sucede. Esse é o princípio; no detalhe, as coisas são menos lógicas e alguns encargos adquirem um prestígio tradicional que é muito superior ao custo moderado das despesas exigidas. Entre os dignitários domina, enfim, uma rivalidade que se traduz pelos esforços para se anularem mutuamente, para se ultrapassarem em dons: "a vaidade é, efetivamente, o ponto fraco do caráter indiano". Pressão da opinião e vaidade, os dois fenômenos correspondem a exterior e interior, essa seria a explicação do evergetismo andino.

Mas como o sistema se mantém? Como não levantar a mesma questão que Malinowski[17] levantou quando descrevia a circulação dos dons de seus caros trobiandeses? "Quais são as forças legais, sociais ou psicológicas que levam um homem a despojar-se espontânea e liberalmente de uma parte de seus pertences?" A explicação de Malinowski era a mesma:

---

17 *La vie sexuelle des sauvages du Nord-Ouest de la Mélanésie*, Payot, 1930, p.133.

Responderemos (e para muitos outros leitores essa resposta parecerá estranha e pouco crível) que se deve ao costume tribal e à vaidade pessoal. Não existe punição para aqueles que se subtraem de seus deveres; mas aqueles que os negligenciam caem na estima pública e são oprimidos sob o peso do desprezo geral.

Essa resposta parece, em si, convincente. É claro, efetivamente, que se eu não assassino meu vizinho cujo barulho da televisão me incomoda ou se os exércitos de 1916 mantiveram-se nos arredores de Verdun, não o faço diretamente por medo da polícia ou do conselho de guerra; estes teriam muito trabalho se o senso moral não interiorizasse as proibições e não fosse, geralmente, suficiente para manter as pessoas no caminho certo. Esse senso moral pode surgir sob a forma do medo que os membros do vilarejo têm do que os outros vão dizer: é uma questão de sociologia da vida moral. Ele pode, também, manifestar-se sob a forma desse pudor sobre o qual Alain fala referindo-se a Verdun: "Os homens voltavam para o perigo movidos por essa ideia poderosa de que não é justo deixar para outros, sejam eles livres ou forçados, o peso dos mais difíceis deveres". Sem dúvida, mas se esses homens não tivessem sido dominados pelo dever patriótico, será que teriam agido assim com seus camaradas? Será que também não poderiam ter tacitamente se reunido para fugir do dever? Alain escreveu, além disso, que a burguesia francesa dava facilmente seu sangue à pátria, mas não o seu dinheiro; por que os romanos sentiam-se obrigados a sacrificar seu dinheiro por dever para com o público, enquanto os franceses não se sentem assim e não hesitam em fraudar os impostos transferindo os encargos fiscais para seu próximo? Em resumo, a pressão da opinião, a vergonha diante do próximo, não explicam nada: esse impulso funciona somente se o indivíduo é dominado por um sentimento de dever. E fica faltando compreender por que o indivíduo se sente orgulhoso ao cumprir tal dever em determinadas épocas e outros deveres em outras épocas; o orgulho e o senso moral sempre existiram, o peso da opinião também; mas por que, algumas vezes, eles adotaram as evergesias como objeto?

Aristóteles: o conceito de magnificência

Aristóteles deu a essa pergunta uma resposta que ficou famosa: o evergetismo seria a manifestação de uma "virtude ética", de uma propriedade do caráter que é a magnificência; pode-se afirmar, efetivamente, que a análise da magnificência em *Ética a Nicômaco* não é nada mais do que uma análise do que chamamos hoje de evergetismo: "em todo seu estudo sobre a magnificência, Aristóteles tem constantemente em vista as liturgias" e o sistema das evergesias que se encontrava ainda em seu início nas décadas em que o filósofo ensinava.[18] Ficaríamos surpresos com o conteúdo datado de sua doutrina moral: a descrição das qualidades do caráter nos livros III e IV da *Ética* consiste totalmente em uma "galeria de retratos, a descrição de uma série de personagens construídos em tipos pela linguagem comum". Uma espécie de "método das variações eidéticas permite determinar empiricamente o conteúdo de um núcleo semântico", o ponto de partida sendo o uso linguístico, considerado como uma forma de manifestação das próprias coisas;[19] Aristóteles examina a história das palavras, ou pelo menos de parte das palavras, ou de algumas palavras, para distinguir e especificar, nem que seja convencionalmente, algumas atitudes. Sob o nome de magnificência, o evergetismo será explicado pela virtude assim designada. A explicação pode parecer sedutora porque ela é, ao mesmo tempo, histórica: explicamos os gregos por um valor simultaneamente grego e humano. A magnificência seria ao mesmo tempo uma disposição antropológica que é universal (os gregos eram evérgetas porque, em geral, os homens o são) e um traço de caráter conforme o gênio nacional helênico: reconhecemos ali o gênio grego, os gregos eram bem assim. Podemos desse modo respeitar simultaneamente os textos e o homem eterno. Da palavra magnificência passaremos aos valores: os gregos tinham um grande apego ao valor de magnificência, o que basta para explicar adequadamente particularidades de sua civilização; esse valor atraía todos, pois constituía seu caráter nacional a ponto de vê-lo se manifestar em ocasiões bem diferentes e em indivíduos ou grupos muito diversos. Vemos o quanto a magnificência aristotélica é equívoca: valor histórico ou traço antropológico? Qualidade de uma elite de indivíduos ou tendência coletiva? Somente os gregos, e todos os gregos, estariam dispostos à magnificência?

Comecemos pelo começo. Sob o nome de magnificência ou *megaloprepeia*, o uso comum designava as motivações que impulsionam as liturgias da Atenas clássica, esses ancestrais dos nossos evérgetas; todos os exemplos que Aristóteles fornece dessa virtude são a prova de tal afirmação, assim como a própria definição dessa virtude; pois apenas seus objetos, que são bens coletivos, distinguem-na, aos olhos do filósofo, de outra qualidade que parece bem próxima dela, a liberalidade.

É importante saber que no início do livro IV, Aristóteles analisa duas virtudes relativas à arte de gastar e de receber adequadamente: a liberalidade e a

---

18 J. Tricot, nota em sua tradução de *Ética a Nicômaco*, Vrin, 1967, p.133. O ideal de munificência não é, então, a mesma coisa que o antigo ideal aristocrático, apesar de W. Jaeger, *Paideia*, v.1, p.29.

19 J. Aubenque, *La Prudence chez Aristote*, PUF, 1963, p.37.

magnificência.[20] Que diferença as separa? Ela é conceitualmente fraca: "a magnificência, diferentemente da liberalidade, não se estende a todas as ações que têm o dinheiro como objeto, mas somente àquelas que concernem aos gastos, e nessa área, ela ultrapassa a liberalidade em grandeza";[21] assim, a magnificência gasta mais que a simples liberalidade, ela é somente a arte de dar, enquanto a liberalidade consiste também em saber receber presentes com dignidade. De fato, como os exemplos de Aristóteles o mostram, a diferença é mais histórica do que filosófica: a magnificência é a variedade de liberalidade que diz respeito aos dons à coletividade: o magnífico, ele próprio, é um tipo social: é um rico notável.

Suas magnificências são, primeiramente, liturgias (o filósofo cita a trierarquia, a coregia, a arquiteoria). O magnífico "também tem muitos gastos privados", daqueles "que fazemos uma vez na vida como, por exemplo, para um casamento": voltaremos a falar dessas cerimônias privadas, casamentos ou funerais, para as quais toda a cidade era convidada. O magnífico também tem um gesto generoso "para o que interessa a toda a cidade ou às pessoas de alto escalão, ou ainda para com a recepção ou a partida de hóspedes estrangeiros": sua sala de estar, diríamos, é uma sala diplomática e política, e ele, um homem público. O caráter coletivo de sua generosidade é ressaltado: as despesas magníficas "serão aquelas que dizem respeito aos deuses, como as consagrações de oferendas (*anathèmata*), os sacrifícios ou os edifícios" (é importante saber que nessa época os edifícios, mesmo os profanos, que os indivíduos ofereciam à sua cidade eram verbalmente consagrados "aos deuses e à cidade"); são também magníficos os atos de generosidade "que representam uma honra quando feitos para a coletividade, como as coregias brilhantes, as trierarquias, as festanças cívicas". Resumindo em poucas palavras, "o magnífico não gasta para si, mas para o interesse de todos, e seus dons possuem alguma semelhança com as oferendas consagradas aos deuses"; entendemos que ele dá sem receber presentes em troca: ele dedica sua fortuna a valores superiores, cívicos ou religiosos e não inclui suas generosas doações em um sistema de troca de bons ofícios que caracteriza a virtude mais modesta de liberalidade.

O magnífico é um notável; ele é rico e ocupa um lugar elevado na estima de todos.

> Um homem pobre não poderia ser magnífico, pois não possui recursos para realizar as grandes despesas como deveria; qualquer tentativa nesse sentido seria

---

20 *Ética a Nicômaco*, tradução de Tricot (às vezes modificada), IV, 4-6 (1220 A 20 e seguintes), de onde foram tiradas todas as nossas citações; ver 1107 B 15.
21 Ibid., 1122 A 30.

um erro de julgamento de sua parte, pois ele gastaria além do que se espera dele e além do que ele pode, e um ato é virtuoso quando é feito adequadamente. Os gastos magníficos convêm somente àqueles que têm recursos, sejam eles provenientes de seus ancestrais, de seu próprio trabalho ou de seus próximos; esses gastos convêm também às pessoas bem-nascidas, às pessoas famosas etc., em resumo, a todo aquele que possui distinção e grandeza.

Dezesseis séculos mais tarde, São Tomás encontrará dois problemas na doutrina aristotélica: seu conteúdo muito histórico e o caráter "de classe" da virtude. As liturgias de Atenas estavam muito distantes: o doutor tentará, então, definir formalmente a magnificência. Ele a transformará em uma variedade de magnanimidade, quer dizer, de orgulho (qualidade que o santo cobre de elogios hiperbólicos):[22]

> O magnífico mostra seu orgulho através de um edifício, de uma festa, de uma obra qualquer, pois a magnanimidade é um orgulho que diz respeito não ao agir, mas ao fazer; ela não consiste em se comportar corajosamente, por exemplo, mas se exterioriza em um produto. O orgulho basta para explicar o caráter coletivo das despesas magníficas: o homem orgulhoso quer fazer coisas grandiosas, mas tudo o que é individual é pequeno em comparação ao culto divino ou aos negócios públicos; o magnífico não pensa em si mesmo; não porque ele não se importa com seu próprio bem-estar, mas porque aí não existe algo grandioso.

O evergetismo será, assim, um orgulho que conduz às obras coletivas; esse orgulho tem materialmente um caráter de classe do qual São Tomás tenta se consolar de um modo bem aristotélico: "Nem todo liberal é magnífico em atos se lhe faltam recursos, mas ele possui o *habitus* da magnificência se não em atos, ao menos em uma disposição próxima".[23] Esse é um trecho dessas páginas admiráveis (a doutrina da virtude forçada é uma das

---

22 *Suma teológica*, Secunda secundae, qu. 134, ver 129: "As características do magnânimo não são criticáveis, mas extremamente louváveis (*superexcedenter laudabiles*) [...]. O magnânimo mostra-se desprezível com aqueles que ambicionam honra e prosperidade, mas modesto com as pessoas de média condição; ele elucida o vulgar através de uma pequena fresta humilde (*ironia*), a fim de esconder seu orgulho; ele não quer viver com ninguém, no que isso representa que ele é familiar somente aos seus amigos". Todo esse trecho, que interpreta Aristóteles com a maior indulgência possível, é, muito provavelmente, um autorretrato; sabe-se que nos textos de São Tomás, a virtude da humildade possui uma importância muito mais modesta que na tradição agostiniana. Sobre a magnanimidade, nos interessamos por U. Knoche, *Magnitudo animi*, Philologus, Supplementband XXVII, 5, 1935, e R.-A. Gauthier, *Magnanimité: l'idéal de grandeur*, Bibliothèque thomiste, XXVIII, Vrin 1951.
23 Ibid., Secunda secundae, qu. 129, art. 3, ver art. 6.

mais belas partes da *Suma teológica*); conforme afirmou Gilson, a *megaloprepeia* grega, sem renegar-se, estava prestes a se tornar a virtude histórica de um rei muito cristão ou de um Lourenço, o Magnífico. A doutrina da magnificência é uma excelente descrição e uma definição tão boa quanto o evergetismo; mas seria uma explicação que "se aplica com exatidão"?

Isso não quer dizer que o método da *Ética a Nicômaco* esteja ultrapassado: ainda hoje a história, mesmo que saiba e queira saber ou ignore, tende naturalmente a resgatar ou distinguir invariantes, traços trans-históricos do homem e das coisas, que cada contexto histórico modifica de um jeito quase imprevisível; sob o evergetismo existe uma ou existem várias invariantes, mas quais? Seria a magnificência? Não, pois essa é uma noção equívoca, que nos obriga a ampliar a análise se quisermos atribuir-lhe um sentido mais definido. Não se pode ver, efetivamente, se a magnificência é um traço antropológico universal, se ela é somente uma virtude histórica coletiva dos gregos ou se ela é, enfim, para os gregos e para nós, a qualidade de caráter de alguns indivíduos. Na primeira hipótese, a magnificência é uma invariante que se encontrará, atrofiada ou completa, sob milhares de modificações históricas através de milênios: todos os homens procuram ser magníficos. Na segunda interpretação, a doutrina grega da magnificência é o autorretrato de uma civilização: forças sociais tornavam os gregos magníficos. Na terceira, a magnificência é apenas uma virtude que, como tal, distingue os indivíduos que são providos dessa característica do resto de seus semelhantes; se afirmamos que o contexto social antigo educava todo mundo a praticar essa virtude, não estaremos errados, mas levantaremos assim um mundo de problemas históricos e sociológicos; como e por que os gregos eram educados para isso? Como e por que se produz um fenômeno chamado educação ou socialização que faz que um grupo humano não se pareça com nenhum outro? Não se pode falar indefinidamente de todo um povo como se ele fosse um indivíduo virtuoso; a lei dos grandes números proíbe-nos de fazer como se os magníficos fossem numerosos pelo acaso das disposições individuais. Ou a magnificência é uma invariante e então a explicação sociológica e histórica de sua difusão deve ser ainda descoberta; ou, ainda, ela é uma virtude coletiva ou individual e, nesse caso, devem-se distinguir suas invariantes.

As coisas e o véu das palavras

Aristóteles tem, para nós, a vantagem de ser um filósofo: ele não estuda a palavra magnificência, mas uma coisa, que ele analisa e designa convencionalmente como um nome propagado, transformando-a em conceito; ele não persegue o estudo do vocabulário como seguimos um mapa sabendo que seu traçado revela o verdadeiro relevo do país que se quer descobrir; pois as palavras não se colam às coisas; não existe um véu linguístico que possa aderir ao relevo do real, como não existe um "véu monetário" que possa esconder com sutileza a verdadeira realidade dos bens que a moeda permite trocar ou economizar. Tanto em termos de vocabulário quanto em termos de moeda o "véu" não é neutro, mas comporta efeitos de distorção. Por exemplo, se nos dirigíssemos ao estudo do evergetismo romano seguindo a pista da palavra *liberalitas*, que lhe corresponde grosseiramente, chegaríamos a um resultado vago e incoerente, a uma inflação conceitual, flagelo fatal de noções mal delimitadas (pensamos, infelizmente, na expressão *homo ludens*...). Os romanos qualificam de liberal um imperador que paga o soldo de seus legionários, um oligarca que, candidato ao consulado, suborna eleitores que de qualquer forma teriam votado nele, ou um notável que oferece à sua cidade um edifício com o qual ninguém se importava; inversamente uma mesma evergesia, por exemplo, um combate de gladiadores, que é uma liberalidade, pode ser doada por motivos muito diferentes se o seu doador é um notável municipal ou um candidato ao consulado. É por tudo isso que seria interessante descobrir o que o "valor" de liberalidade não nos ensina: ele nos ensina somente que se reconhecia em todos esses gestos a cortesia (ou que, no caso dos soldos dos legionários, fingia-se monarquicamente reconhecê-los como tal).

Se as palavras não são um véu que bastaria levantar para encontrar as coisas, é porque as sociedades não se conhecem muito bem, e não devemos acreditar em suas promessas; parece natural não nos preocuparmos em conceituar corretamente as coisas: preferimos viver e dizer coisas boas sobre nós; mas não é fácil: é ciência; as sociedades não se preocupam em se conhecer; para elas, basta "se compreender". Os candidatos a cônsul não sabem expressamente por que pagam os eleitores que votam neles, mas eles sentem que existe uma boa razão para isso. No final do ano escolar posso oferecer à professora do meu filho chocolates ou um "livro de arte", mas sinto que não seria adequado lhe oferecer flores, dinheiro, um "presente útil" ou a obra de um escritor que admiro pessoalmente; alguns instantes de reflexão são suficientes e necessários para dizer por que as coisas são assim: antes dessa reflexão, eu aplicava as regras que regem esses presentes sem ter consciência delas e de sua razão de ser.

Ainda não é esse o método adequado para estudar as sociedades, "compreendê-las", ver através de seus olhos; sua conduta é, às vezes, menos original do que as justificativas que elas fornecem sobre si, ela é frequentemente diferente de tais justificativas. Afirma-se que somente o amor permite compreender; e o ódio, então! Com que "simpatia" hiperlúcida ele não seria capaz de mimar internamente um objeto que o obceca! De qualquer forma, não basta repetir as frases de um papel que se interpreta; muito frequentemente, as sociedades enganam-se sobre o que elas fazem e agem como se não enxergassem; elas ignoram suas próprias regras do dom. Contudo, elas agem com segurança; elas sabem muito bem que presentes são apropriados ou não.

A gramática é inconsciente ou implícita?

As regras do dom, que se desdobram objetivamente em nossas condutas, e são explicitadas pelo observador lógico, não são conscientes para nós; mas também não estou querendo dizer que são inconscientes. Existe uma infinidade de coisas que parecem alheias à nossa consciência e que, com certeza, nosso inconsciente ignora. Está na moda dizer que a gramática de uma língua é inconsciente e que, consequentemente, a análise do que implica uma língua ou um texto nos permite ver como o espírito humano funciona. Isso parece inexato ou confuso; a gramática não é inconsciente, mas é, no mínimo, preconceitual, como tudo o que a reflexão consegue acrescentar à consciência; quanto ao inconsciente do locutor, ignoramos como é feito e o que está contido nele tem poucas possibilidades de se parecer com uma gramática. O problema merece reflexão; as páginas que se seguem devem muito à minha amizade com Elisabeth Ravel. Não é absolutamente a ideia da existência de um inconsciente que nos parece difícil: ela é tão óbvia que mesmo Descartes não a ignorou por completo. A maior parte da nossa conduta não é consciente, nos parecemos com o sonolento que puxa as cobertas para si ou que resolve um problema durante o sono e encontra a solução em sua consciência ao acordar; a maior parte de nossa própria consciência está sempre desatualizada; sua estrutura é preestabelecida; a atividade consciente é a parte menos considerável da mente, cujas tendências, funcionamento e conteúdo nos escapam quase por inteiro; de São Tomás (que fala de "consciência inconsciente") a Leibniz e Husserl, ninguém duvidou disso, correndo o risco de não tirar conclusões e de reduzir de modo reconfortante esse inconsciente ao que é implícito. Um historiador ou um sociólogo sentem-se à vontade no estudo das condutas e das mentalidades somente quando se instalaram, conceitualmente ou não, na tranquila convicção de que a consciência de um indivíduo ou de uma sociedade sobre sua conduta não tem a menor importância.[24]

---

24 Sobre o inconsciente nos escritos de São Tomás, ver F. Brentano, *Psychologie du point de vue empirique*, tradução Gandillac, Aubier, 1944, p.135, n.2. Já para Santo Agostinho, o inconsciente é reconhecido nas lembranças latentes: "A alma é muito estreita para possuir a si mesma, ao ponto de perguntarmo-nos onde se encontra a parte de si mesma que ela não

Que tipo de existência possui as regras dos presentes que oferecemos à professora, que são aplicadas caso a caso sem que se saiba enunciá-las, ou as regras de uma língua que se fala fluentemente sem nunca se ter aprendido sua gramática? Qual a realidade das abstrações de um historiador sobre uma sociedade que não foi pensada nos mesmos termos? Respondamos logo: essas abstrações são preconceituais. Diferenciamos o não probatório, o preconceitual e o inconsciente, e deixamos de confundir este último com o implícito dos lógicos.

1. As regras do dom seriam não probatórias, "evidentes", *selbstverständig* [razoáveis], *fraglos* [inquestionáveis]? Não creio. O que Husserl chama de não tematizado pode passar por tético de um minuto ao outro e inversamente; é um estado de consciência, não é uma qualidade associada duravelmente a alguns conhecimentos. Por exemplo, se eu vendo um livro e o comprador me paga em dinheiro, eu o aceitarei sem problemas, pois eu "sei" sem pensar, não teticamente, que a moeda remete à existência de outros homens que também a aceitariam; dois minutos depois, se eu começo a procurar um desses homens, eu tematizarei sua existência. Mas eu nunca tematizo a teoria das funções da moeda, nem as regras abstratas do dom para a professora (é esta última, bastante concreta, que eu tematizo ou não). Em resumo, a consciência está orientada para ações e submete, sistematicamente, dados acessórios: o que não tem nada a ver com o preconceitual. O alfaiate, mesmo sabendo que seu cliente não é um corpo bruto, mas um *alter ego*, trata-o provisoriamente como um pacote quando toma suas medidas para um terno, mesmo que seja necessário tratá-lo como um ser humano quando se questiona se a expressão do cliente é a de um consumidor satisfeito; nem por isso ele está conceitualizando que "o outro é para mim um ser sobre o qual eu sei imediatamente que ele tem uma consciência como eu, mesmo se eu não sei imediatamente o que ele pensa concretamente": o que é uma frase de filósofo, não de alfaiate.

2. O uso da língua implica o preconceitual que, graças à sua reflexão, pode tornar-se uma gramática, a da academia francesa ou mesmo a gramática perfeita que uma máquina de traduções exigiria, acredito; isso supõe,

---

contém" (*Confissões* X, 8); ver E. Gilson, *Introduction à l'étude de Saint Augustin*, p.86, n.1; p.135, n.2 e p.293. Devido ao fato de encontrar sua origem na repulsão, o inconsciente dos psicanalistas não é outra noção do inconsciente: a repulsão é apenas um mecanismo do inconsciente dentre outros. Já há muito tempo os filósofos reconheceram que o inconsciente não se satisfazia em fazer o que a consciência não faz (automatismo psíquico): ele também faz o que ela acredita fazer; queríamos somente desejar que ele fizesse coisas tão razoáveis quanto ela o faz, e que ele se limitasse em fazer, por ela, em silêncio, uma parte da sua tarefa, como uma empregada que ajuda a sua patroa e não é uma patroa-empregada.

inclusive, um funcionamento inconsciente: falamos "sem pensar" e sem hesitar, como telecomandados por algo desconhecido que sabe o caminho a ser tomado.

Se a gramática dependesse do inconsciente, o inconsciente seria insuficiente. Quando uma criança diz instintivamente "jornal" e "jornais" como ouviu seus pais dizerem, o mecanismo que lhe permitiu aprender e aplicar esse uso é inconsciente e, além disso, ainda praticamente desconhecido; quanto à regra dos plurais das palavras que terminam em *al*, por sua vez, seria no máximo preconceitual, pois a consciência encontra-se abaixo da formulação conceituada de sua própria atividade: não encontra imediatamente as palavras adequadas para descrevê-la. "Você não pode oferecer um Nerval* à professora. Você não pode dizer *jornals*": (depois de um momento de reflexão:) "quando uma palavra termina como *jornal*, dizemos *jornais* quando existem vários": eis o estágio a que chegou a gramática de Pāṇini e da Índia antiga. "Sim, mas por que dizemos: 'ele está mal e eles estão mal?'" O mais simples seria responder: "Você sabe muito bem que é assim que se deve dizer", pois, para ir além, seria preciso conceituar; seria necessário, com a gramática estoica, distinguir substantivo, sintaxe, universais da linguagem.

Podemos achar estranho falar de um jeito que implique objetivamente regras, sem que essas regras estejam necessariamente em nosso inconsciente ou em nossa consciência, até que a reflexão gramatical as resgate da inexistência preconceitual; antes disso, essas regras não se encontram em lugar algum, nem mesmo nas margens da consciência: elas encontram-se logicamente implicadas em nossas frases, e isso é tudo. A maior dificuldade não se encontra aí; pois se essas regras fossem somente subconscientes, mas conscientes no modo inconsciente (segundo a representação mais popular do inconsciente), a dificuldade seria simplesmente adiada: essas regras, por sua vez, exigiriam outras regras como fundamento e assim sucessivamente; ora, o fato é que em uma ou outra etapa, nosso consciente aventura-se a falar e a agir sem qualquer fundamento.

3. Para isso, a gramática é telecomandada pelo inconsciente; contudo, ignoramos como ele funciona; o inconsciente pode agir de várias maneiras e existem poucas possibilidades de que atue como um doutorando que estuda o latim aplicando as regras de sua gramática, ou mesmo de uma gramática matematicamente perfeita. Inconsciente e implícito não se misturam; o inconsciente não faz obrigatoriamente a mesma coisa que logicamente faria a consciência se ela estivesse em seu lugar. Para usar um exemplo bastante anódino, mas suficientemente claro, sabe-se que nas populações primitivas

---

* Gérard de Nerval, escritor e poeta francês. (N. T.)

os pastores que não sabiam contar notavam, imediatamente, a falta de um único animal no rebanho, em meio a centenas de cabeças de gado. Será que seu inconsciente sabe contar por ele? Não, pois ele pode fazer de outra forma; em vez de contar as cabeças, ele pode agir por eliminação e confrontar cada um dos animais presentes, cabeça por cabeça, com a lista dos animais que tem em sua memória inconsciente. E é certamente assim que ele procede, pois eu tenho o mesmo dom: eu vejo, à primeira vista, se alguém pegou um livro na minha biblioteca; ora, eu não vejo se está faltando um livro do total, mas qual livro está faltando. Encontramo-nos, aqui, diante de uma dificuldade epistemológica bastante conhecida: um modelo formal que "protege os fenômenos" estaria portanto de acordo com uma realidade?

A confusão do implícito e do inconsciente é característica das concepções filosóficas do inconsciente antes de Nietzsche e Freud; o inconsciente era muito razoável naquela época: acreditávamos, diz o 11º aforismo da *Gaia ciência* (divertido saber), que a consciência "é o âmago do homem, o que existe de permanente, de eterno, de derradeiro, de mais original". Mesmo para Leibniz, de certo modo: suas "pequenas percepções" são meninas perfeitas; já que nossa consciência deve perceber todas as notas, uma a uma, para que ouçamos uma sinfonia, nosso inconsciente deve perceber todas as harmônicas, vibração por vibração, para que ouçamos a nota que elas compõem. E o prazer da música vem, inconscientemente, do fato de contarmos e reconhecermos que os intervalos respeitam a cadência. O estudo das atividades e das obras humanas revelaria, então, como o espírito humano funciona.

Se fosse assim, teríamos que supor que um motorista que faz uma ultrapassagem no alto de uma colina age como se estivesse, em seu lugar, uma calculadora de pilotagem automática; ele integraria inconscientemente três ou quatro diferenciais. E um estudante que fizesse uma adição teria, em seu inconsciente, o conjunto de axiomas da aritmética de Peano ou a álgebra como "teoria das quatro operações". De qualquer forma, o inconsciente não contém regras a menos que seja consciente, pois as regras são representações (nós as pensamos, as dizemos, as lemos), e uma representação não poderia ser inconsciente; uma calculadora elétrica não pode ser representada através de regras, um código ou uma gramática: ela obedece aos traços inscritos em seu programa. Nosso inconsciente trabalha com esses traços, ou forças, ou com um não sei o quê, sem nome em língua alguma.

A existência do inconsciente talvez seja o mais extraordinário obstáculo que as ciências humanas encontram; uma vez assumido isso, contornamos esse obstáculo covardemente, sem nem mesmo tomá-lo como implícito. Encontramo-nos, assim, diante de três tarefas distintas que podem ser assumidas respectivamente por um sociólogo, um antropólogo e um historiador.

Sobre as condutas ou representações de uma sociedade, o pesquisador pode em primeiro lugar conceituar as regras ou perceber, nelas, regularidades; o que ele distingue será ou não consciente em relação aos próprios agentes, estará de acordo ou não com as regras que eles imaginam respeitar: mas isso não faz diferença para os argumentos.

Uma proposta diferente seria estudar as regras, os códigos, "os valores" que os próprios agentes professam, de resgatar ali os axiomas implícitos etc.; também propomos, sem dúvida, verificar, naquele momento, se esses valores correspondem devidamente às condutas.

Uma terceira proposta seria estudar o funcionamento do espírito, que é, em grande parte, inconsciente. Por exemplo, a psicolinguística estuda os mecanismos psíquicos da locução, que são inconscientes e que não se parecem com nenhuma gramática. Essas três propostas são bem distintas; as conclusões científicas do observador, as representações que os agentes possuem deles próprios e o funcionamento do inconsciente são três coisas diferentes. Não é verdade que os valores e as doutrinas sejam sempre as verdadeiras considerações que explicam as condutas, também não é verdade que a análise das condutas ou das obras revele o verdadeiro funcionamento da mente; essas duas inverdades são tributárias de uma mesma ilusão dualista com a qual ainda esbarraremos outras vezes.

Para explicar o evergetismo não levaremos ao pé da letra o que os romanos dizem ou pelo menos não o faremos sistematicamente; pois eles eram como nós: algumas vezes se enganavam na concepção que tinham de si próprios, outras não.

4. Invariantes e modificações

Será que associaremos o evergetismo a um determinado valor histórico? Será que acreditaremos que os antigos eram diferentes de nós e tinham gestos mais generosos? "Isso exige reflexão; sem isso, nós veríamos os acontecimentos sem entendê-los e, sem compreender muito bem a diferença das situações, acreditaríamos observar, ao ler a história antiga, homens muito diferentes de nós."[25] Devemos, então, resgatar elementos recorrentes, temas, através das modificações que os afetam no contexto de cada época; tudo é histórico a partir do momento em que tudo é sempre modificado e que, para citar Foucault, não encontramos em lugar algum temas "em estado selvagem".

---

25 Montesquieu, *Grandeur et décadence des romains*, 3.

Propomos, provisoriamente, vincular o evergetismo a dois ou três temas que especificaremos ou, pelo menos, exemplificaremos no decorrer deste livro. Um deles, que convencionalmente chamaremos de mecenato, corresponde grosseiramente ao evergetismo livre; não é nada além do que a tendência que os homens têm em engajar-se, em atualizar todas as suas possibilidades. O segundo tema, que corresponde mais precisamente ao evergetismo *ob honorem*, é o das complicadas relações que os homens estabelecem com a função política. Esses dois temas colocados juntos ocasionaram algumas explicações do evergetismo que acreditamos ser errôneas ou confusas, mas que ficaram famosas; uma delas é a despolitização, a outra é a ostentação ou *conspicuous consumption*: falaremos sobre isso em breve. Fica faltando, talvez, um terceiro tema, o desejo de eternidade, a preocupação com o além, a "memória"; muitas evergesias eram oferecidas, efetivamente, por testamento; a continuidade do estudo nos dirá se esse tema merece manter sua especificidade ou se as atitudes dos antigos diante da morte não se limitam de preferência aos dois temas precedentes por mais estranho que isso possa parecer; citando Aristóteles,[26] "pode-se dizer que existem coisas boas e ruins que são as mesmas para os mortos e para os vivos, embora eles não as sintam evidentemente dessa forma, que são as honras e a reprovação".

Essas seriam as duas ou três "invariantes" provisórias que vamos tentar identificar. Com certeza, essas invariantes não existem em "estado selvagem"; o evergetismo é a flor rara e quase única de apenas uma cultura. Mas se nunca encontramos em estado selvagem a planta que, ao ser modificada, resulta em nosso milho, isso não quer dizer que essa planta não exista. Em cada época, toda doença mental é modificada pelo meio social que a aceita, reprova, agrava, multiplica ou transforma; a doença é uma modificação: ela existe, e não é o simples produto do contexto; podemos dizer a mesma coisa sobre todos os seres sociais e até mesmo sobre todos os seres vivos e sobre tudo o que se associa a eles: eles são sempre modificados, começando pelos próprios organismos; é necessário então que ao mesmo tempo eles existam por si próprios para que o meio tenha ao menos alguma coisa para modificar.

Os valores a partir dos quais os indivíduos querem se distinguir são geralmente os que a sua sociedade coloca em primeiro plano ou, de preferência, esses mesmos valores são modificados por ela: a caridade não é a mesma coisa que a magnificência. Contudo, quaisquer que sejam as excelências que elas cultivem com predileção, todas as sociedades são sensíveis, em algum grau, a todas as excelências; bastou, nos Estados Unidos, que milionários tenham sido abordados por um hábil antiquário propondo-lhes o exemplo

---

26 *Ética*, I, 10, 3-5 (1100 A 15); I, 11 (1101 A 20); I, 7, 6 (1097 B 10); IX, 9; 3 (1169 B 15).

dos príncipes italianos do Renascimento, e também que a Receita Federal tenha se mostrado compreensiva, para que o mecenato renascesse, apesar do seu puritanismo. A magnificência segundo Aristóteles não é mais a virtude histórica de nossa civilização; isso não nos impede, quando lemos sua *Ética*, de compreender esse valor a partir dos nossos próprios, mesmo que nos custe um certo esforço de transposição e de considerá-la louvável; podemos também distinguir essa virtude de suas imitações: a magnificência e o consumo ostentatório são bem diferentes um do outro.

Mas praticamente a ideia de uma natureza humana permanece tão extremamente inabordável quanto inutilizável; parece-me útil e menos custoso afirmar a existência de uma natureza humana, já que ninguém nunca pôde dar a essa natureza um conteúdo determinado; não conseguimos fixar com certeza os limites do que é historicamente possível e, na prática, encontramos esses limites ordinariamente mais distantes do que acreditávamos. A partir de então, como escrever a história? Pelo método das aproximações; eu não asseguraria que a noção de mecenato ou de distância social sejam conquistas definitivamente adquiridas pela antropologia, mas me pareceu que, com base em fatos, essas noções representavam um progresso em relação ao consumo ostentatório, à redistribuição ou ao interesse de classe.

Sabemos suficientemente bem: não existe ciência das coisas humanas, com exceção de algumas áreas privilegiadas como a economia ou a política (mais exatamente a teoria da organização), na qual adotamos um ponto fixo que permite desenvolver o fio dos raciocínios; a partir da raridade de bens e da pluralidade das consciências, podemos deduzir leis ou, pelo menos, normas racionais às quais seja possível confrontar a conduta efetiva dos homens. Fora isso, o homem é uma matéria oscilante, e nós não somos ainda capazes de julgá-lo com preceitos definitivos.

Logo, se a história deseja, portanto, colocar-se acima dessa constatação e fazer mais do que a narração, ela deve agir como o direito romano ou o direito inglês em oposição ao método dedutivo de nossos civilistas: não deduzir seus julgamentos a partir de um código, não partir de uma "grande teoria", mas proceder pela diferenciação, e não pela dedução, confrontar casos concretos que parecem próximos para elaborar uma jurisprudência e um tópico; isso com vistas a um horizonte que sempre recua, um saber sistemático que nunca será alcançado. A conceituação histórica ou sociológica definirá, desse modo, invariantes sempre provisórias, nunca sistemáticas, nunca separadas de casos concretos a partir dos quais elas foram elaboradas; as classificações serão incessantemente questionadas, assim como as regras, e a definição valerá sempre menos que o definido, pois como lemos em *Digeste*, "toda definição é perigosa e prestes a ser refutada", ao ponto de "o direito não dever ser retirado da regra, mas, ao contrário, a regra dever ser retirada do direito".[27] Esse método que tateia e diferencia permitirá escrever a história com conceitos, mesmo se, na história, não encontremos temas em seu estado selvagem, mas somente modificações. Não se trata de bons conceitos históricos, mas existem alguns que são melhores que outros: não é necessário mais que isso para a análise, já que a análise volta-se indefinidamente para elementos primordiais em vez de ir buscar adiante. A superioridade da análise sobre a síntese é que ela tende à atenuação indefinida dos erros por aproximações sucessivas; enquanto a síntese tende à sua agravação, a menos que um milagre faça que o autor de uma "grande teoria" alcance, logo de início, a verdade derradeira do homem e da sociedade.

5. Evergetismo e caridade cristã

Uma das vantagens da análise é pôr um fim nas falsas continuidades históricas. *Ensaio sobre o dom,* troca e estruturalismo, desperdício de prestígio, a parte do morto (*Totenteil*) e "a parte maldita": como seria possível o evergetismo não nos fazer pensar nisso tudo? Será que uma mesma força misteriosa conduz as sociedades a desperdiçar ou a doar seus excessos? *Potlatch*, evergesias, obras piedosas e caritativas seriam as modificações de uma mesma espécie, a redistribuição? Quem quer que veja de um avião uma cidade da idade barroca e as ruínas de uma cidade romana, separadas por dezesseis séculos, fica tentado a acreditar nessa ideia; na cidade barroca, vê-se espalhado por toda a cidade o teto de conventos, hospitais, estabelecimentos caritativos; nas ruínas romanas, os edifícios públicos construídos pelos evérgetas parecem cobrir mais o espaço do que as casas. O observador acredita ver com seus próprios olhos que uma mesma função de redistribuição através dos séculos agiu nas duas cidades ao constatar que suas manifestações, aqui e lá, apresentam a mesma escala.

Pura ilusão. O evergetismo e as obras piedosas e caritativas diferenciam-se por sua ideologia, seus beneficiários, seus agentes, as motivações de seus agentes, assim como por suas condutas; o evergetismo não tem relação direta com a religião; a própria palavra religião não possui o mesmo sentido quando a aplicamos ao ritualismo pagão e a uma religiosidade ética como o cristianismo; as relações das duas religiões com a moral também se diferenciam, diríamos que a palavra moral não quer dizer exatamente a mesma coisa nos

---

27 *Digeste,* 50, 16, 203 e 50, 17, 1.

dois casos. A análise de tudo isso exigiria muitas páginas; limitemo-nos a um esboço narrativo.

Moral popular e moral sectária

A história da caridade é um tanto estranha. Vemos convergir nela uma virtude que o povo judeu prezava, o amor pela obediência, que proíbe a reivindicação de seu direito e que faz da esmola um dever; a moral popular pagã, para a qual o amor pela clemência também tinha sua importância, tão natural para os humildes do mundo inteiro; e enfim, a solidariedade que unia os membros da seita cristã entre si como os de qualquer outra seita. As modalidades e os limites dessa convergência reservam-nos algumas surpresas.

"Você dará aos pobres", diz *Deuteronômio*; do mesmo modo, no *Livro dos mortos* egípcio, o defunto se prevalece de ter dado pão a quem tinha fome. Do *Livro da aliança*, no *Êxodo*, à utopia deuteronômica, a caridade apresenta um desenvolvimento cada vez mais sistemático que prediz uma sociedade patriarcal na qual a comunidade familial e de vizinhança possuem uma grande importância[28] e na qual o clero era atento às reclamações do Justo sofredor. A esmola, que se tornará uma estrita obrigação, é o dever do Justo, que não ignora que ele próprio pode cair na mendicância e que aprendeu a pensar colocando-se no lugar do seu próximo. "Você não oprimirá os estrangeiros", diz um verso surpreendente do Êxodo, "pois você também sabe o que é a vida de um estrangeiro, já que você foi estrangeiro no Egito";[29] teria sido impressionante ver um cidadão ateniense colocar-se no lugar de um estrangeiro! O *Eclesiástico* é muito consciente de que existem ricos e pobres e coloca-se junto a estes últimos: "Quando o rico se perde, muitos vêm ajudá-lo; dizem besteiras, concordam com ele; quando o humilde se perde, ele é alvo de recriminação e, mesmo se mostra certa inteligência, nem assim lhe dão espaço".[30] Existem ricos e existem pobres: o cristianismo nunca se esquecerá desse grande contraste; um cidadão de Atenas não pensava muito nisso e as palavras do *Eclesiástico* teriam tirado-lhe a voz. As literaturas pagãs são repletas de um orgulho cívico ou patrício; esse ambiente pesado é o do evergetismo, que oferece edifícios e prazeres aos cidadãos em vez de dar esmola aos pobres. Com certeza a gentileza para com os escravos ou o mendigo também existia ali; em *Odisseia*, os pretendentes perderam crédito ao acolher Ulisses vestido

---

[28] Max Weber, *Le judaïsme antique*, tradução francesa Raphaël, Plon, 1971, p.80-84; 346, 484-485.
[29] Êxodo XXII, 20 e XXIII, 9.
[30] Eclesiástico, XIII, 22; ver VIII, 2; XIII, 18 e 21.

como um mendigo sem nenhuma cortesia; "tratem Cassandra bem, pois um deus olha pelos fracos", diz Agamemon a Clitemnestra.[31] Quem sabe com certeza se o homem livre não será escravo um dia? Mas o orgulho patrício e uma certa seriedade política afastavam essa emotividade com frequência; pensar muito nos humildes e em uma possível virada das condições de vida é politicamente desmoralizante. Um cidadão livre não se rebaixará enaltecendo a clemência; ele deixará esse elogio aos pobres que precisam convencer seus senhores de tratá-los bem e somente podem encontrar algum reconforto nas orações; eles sabem o que é a miséria, pois estão bem próximos dela; quanto ao cidadão, ele se sente solidário com seus concidadãos; ele se protege através de uma atitude altiva. Isso mudará um pouco somente sob o Império, quando o cidadão se tornará um súdito fiel de seu príncipe; aqui e lá, em epitáfios da época imperial, surpreendemo-nos ao ler que o defunto "amava os pobres" (linguagem reveladora de uma moralidade popular pagã) ou tinha piedade de todos.[32] Para os intelectuais, mesmo os aristocratas, a enrijecida dureza se dissipava: o estoicismo imperial possui contornos de filantropia que lembram a moral popular e o espírito evangélico.[33]

Moral popular e também moral judaica: eis o que constitui a moral evangélica. Esqueçamos as construções filosóficas e teológicas frequentemente admiráveis que serão construídas em torno da noção de caridade; interessemo-nos pelos evangelhos sinópticos, que nos fornecem um retrato do Cristo já um pouco banalizado sobre o qual o cristianismo construirá a imagem oficial de Jesus. Dizemos frequentemente: o ideal evangélico que valoriza tanto essa imagem foi a parte menos original dos ensinamentos do Cristo, aquela na qual sua dívida para com seu povo é a mais alta; esse ideal era o bem comum do judaísmo naqueles tempos. Cristo não tinha como não adotá-lo para si: nenhum pregador popular teria conseguido se fazer ouvir se não fizesse isso.

---

31 Ésquilo, *Agamemnon*, 914; ver R. Hirzel, *Themis, Dike und Verwandtes*, p.272-273; ver São Paulo, *Carta aos Coríntios*, IV, I.

32 Dessau, *Inscriptiones latinae selectae*, n.7602; Buecheler, *Carmina epigráfica*, n.74. *Inscriptions latines de l'Algérie*, v.2 (Pflaum), 820. Ver os comentários de Bolkestein, *Wohltätigkeit und Armenpflege*, p.473 e de M. Mac Guire, Epigraphical Evidences for Social Charity in the Roman West no *American Journal of Philology*, 1946, p.126-150. Essa ênfase, que contrasta com a dureza cívica, encontra-se alhures: sabemos o quanto a clemência do Antigo Testamento aproxima-se da do Egito, onde, nos anos 2000 a.C., um nobre defunto diz sobre si em seu epitáfio: "Eu era um pai para os órfãos, eu cuidava das viúvas"; ver por exemplo E. Suys, *Vie de Petosiris, prêtre de Thot à Hermoupolis-la-Grande*, Bruxelas, Fundação de egiptologia Rainha Elizabeth 1927, p.127, 134, 144.

33 Além do Epitete, ver Musônio, 19; sobre o luxo, p.108, Hense.

Mas como ele poderia não ter retomado esse ideal? Ele mesmo era apenas um homem do povo, um membro dessa multidão que olha de baixo, com admiração, para "aqueles que, em seus palácios, vivem vestidos de glória e luxo". Dessa multidão, cujo olhar não vai muito longe e ignora o vasto mundo; "eu vim para salvar o cordeiro de Israel", ele mesmo dirá à mulher de Canaã. Se lermos os evangelhos abstraindo-nos da interpretação dada pela tradição cristã, não haverá dúvidas: o universalismo de Jesus não existe. Será que ele quis se apresentar como profeta nacional judeu? Nem isso: ele nem mesmo considerou ser ou não ser, pois sua visão pouco ultrapassava as fronteiras de seu país; um samaritano, uma cananeia, alguns soldados, esse era, para ele, o vasto mundo; nem universalista nem conscientemente nacionalista: o dilema o ultrapassava. E certamente ele sabia e dizia que todos os homens descendem de Noé, que todos são seus irmãos e filhos de Deus; ele sabia também amenizar todos os princípios e todos os direitos de exclusão [*jus exclusivae*], até mesmo os nacionais: o universalismo cristão resulta logicamente dessas atitudes, e devemos reconhecer a árvore pelos seus frutos; porém, historicamente, é verdade que o próprio Jesus não seguiu essa lógica, e não devemos procurar o fruto na raiz. Teoricamente, todos os homens são irmãos, mas Jesus praticamente conhecia, e somente queria conhecer, os cordeiros de Israel: é contraditório, mas por que não seria? E por que Jesus teria percebido essa contradição? No entanto, ela não poderia ter passado despercebida diante dele no dia em que encontra a mulher cananeia: primeiramente ele se surpreendeu e hesitou; finalmente, no segundo movimento, agiu com firmeza. A mulher cananeia havia lhe dito: "Tenha piedade de mim, pois minha filha está possuída"; os discípulos aconselharam-no a expulsar a estrangeira, e ele mesmo havia primeiramente lhe respondido que ela não era um cordeiro de Israel; mas a mulher suplica-lhe tanto que no final conseguiu uma migalha, como quando se joga restos aos cachorros sob a mesa.[34]

O mesmo ocorre com a moral evangélica e com o universalismo: não devemos fazer-lhes perguntas que um homem do povo, por mais inteligente que seja, não possa fazer a si mesmo. A caridade deve transformar a ordem política? Ela não seria um refúgio espiritual? Seria uma ética de convicção ou de responsabilidade? Jesus não se questionava tanto: somente os grandes desse mundo podem se questionar assim, pois possuem o controle de todas as coisas. Jesus não se submete deliberadamente à ordem estabelecida para que isso sirva de lição aos homens; ele dá a César o que é de César, afinal,

---

34 Sobre o episódio da cananeia, seguiremos Harnack, *Mission und Ausbreitung*, v.I, p.39-48; A. D. Nock, *Essays*, v.I, p.69, n.72 fala do "universalismo que se encontra implícito nas condutas de Jesus".

como um homem do povo se colocaria contra César, a não ser pela resistência organizada? A ordem estabelecida é sólida como a natureza; os humildes podem somente se submeter a ela. O que lhes resta fazer? Ajudarem-se uns aos outros, tratarem-se como irmãos de miséria, suplicarem àqueles entre eles que são modestos agentes dos poderosos para não abusarem de sua parcela de poder. Soldados e fiscais perguntaram-lhe um dia o que eles deveriam fazer. Seriam capazes de pedir para trocarem de profissão? Eram humildes como eles e os humildes não são heróis. Ele os aconselhou a ganharem sua vida sem zelo excessivo aos seus senhores e sem abusarem de seu poder. Poderiam prever, então, que a Cidade terrestre teria suas contingências, com a qual a caridade deveria conviver? Não, pois ele não podia prever o que a Igreja o faria dizer um dia; ele sabia apenas que todo mundo devia viver e manter seu ganha-pão.

Ética extremamente "irresponsável" pela simples razão de ter sido feita por um homem e por homens que não possuem nenhuma responsabilidade no que diz respeito à redistribuição: seu único recurso é de se convencerem uns aos outros a atenuar, em troca de vantagem mútua, uma ordem e leis que não criaram nem de fato nem por consentimento. Essa ética popular não desenvolverá princípios abstratos; ela se exprimirá em frases e exemplos típicos. Amar seu próximo como a si mesmo (não se trata, aqui, da solidariedade nacionalista do antigo Israel guerreiro, mas da solidariedade entre humildes). Dar a outra face em vez de pedir a retaliação contra um irmão de miséria; pois não se deve reivindicar seu direito em qualquer circunstância: mesmo quando temos razão, devemos conceder alguma coisa ao adversário; senão o que um pobre homem ganharia ao pleitear diante dos poderosos? Em geral, os humildes não devem se sentir controlados pelas regras, como as do direito de exclusão [*jus exclusivae*], essa camisa de força na qual eles se encontram presos quando chegam ao mundo social e na qual os poderosos os mantêm para aplicarem a disciplina em nome dos princípios, mesmo que os homens importem mais do que as leis e as proibições. Existe, enfim, um dever que se impõe a todos os judeus como um emblema de todos os outros: dar esmola; qualquer um que dê esmolas suaviza a dura lei da ordem econômica e coloca-se no lugar dos humildes com os quais se solidariza.

A moral popular da ajuda mútua e da esmola se tornará também uma moral sectária. Antes de se tornar uma religião na qual se nasce, como se nasce francês ou suíço, o cristianismo foi, durante muito tempo, uma seita que se escolhia: as práticas de ajuda mútua e a doutrina do amor cresceram nessa atmosfera de estufa que resultaria em uma intensa afetividade. Fechada sobre si mesma, separada do mundo, a seita tem como único cimento a solidariedade dos seus membros; em vez de fazer evergesias, escreve Tertuliano, damos a nossos pobres, a nossos órfãos, a nossos idosos; "essa prática do amor nos faz suspeitos aos olhos da multidão; vejam, dizem, como eles se amam entre si";[35] pois essa franco-maçonaria exclusiva preocupava a sociedade como se fosse uma ameaça.

A solidariedade sectária vem do próprio Jesus, de acordo com o testemunho do *Evangelho segundo São João*, que nos dá uma imagem de Jesus tão próxima, tão violenta e tão pouco convencional (muitos outros pensadores, por solidariedade à vulgata sinóptica, consideram esse testemunho tardio e suspeito, apesar de ele ser evidentemente autêntico). Mais uma vez, Jesus foi a Jerusalém para tentar impor sua mensagem, mas pressente que essa viagem será a última: "meus filhos", diz a seus discípulos, "não ficarei com vocês por muito tempo; dou-lhes um novo mandamento: amai-vos uns aos outros como eu vos amei; nisso todos saberão que vós sois meus discípulos".[36] Dessa vez o mandamento não se dirige a qualquer homem, mas somente aos discípulos: que se mantenham juntos, que permaneçam solidários depois do desaparecimento de seu senhor; que criem uma seita para perpetuar seu ensinamento. A assistência mútua será um dos efeitos dessa solidariedade que era tradicional nas seitas judaicas; um dos manuscritos essênios do Mar Morto, o *Documento de Damasco*, prescreve um imposto para constituir um fundo comum que permitirá ajudar os pobres e os idosos.[37] Contudo, a Igreja cristã, desde pelo menos o século II, não se contentará em incitar os fiéis ao benefício privado; ela institucionalizará essa prática, fundará um caixa (*arca*) para socorrer a viúva, o órfão, o pobre, o idoso, o doente, o cativo, e outorgará sua gestão aos superiores hierárquicos.[38]

Ética professada e ética praticada

Quando as populações do Império se converteram em massa, ou pelo menos trocaram de etiqueta, e a seita tornou-se uma Igreja, as práticas

---

35 Tertuliano, *Apologétique*, 39, 7; *Épitre à Diognète*, I; Minucius Félix, 9, 2, ver 31, 8.
36 *O evangelho segundo São João*, XIII, 34-35 e XV, 12 e 17; ver a Primeira epístola de São João, II, 7; a Primeira de Pierre, II, 17: "respeitem a todos, amem a fraternidade, temam a Deus, venerem o Imperador". No Quarto evangelho, além do apêndice da Vida de Jesus de Renan, consultamos os trabalhos de Loisy, Bultmann, H. Odeberg, O. Cullmann, C. H. Dodd e J. Blinzler. Existe um círculo hermenêutico entre a historicidade que atribuiremos ao *Evangelho de João* e a imagem que temos de Jesus.
37 A. Dupont-Sommer, *Les écrits esséniens découverts près de la Mer Morte*, 3.ed., Payot, 1968, p.75; ver J. Daniélou, *Philon d'Alexandrie*, Fayard, 1958, p.49.
38 Harnack, *Mission und Ausbreitung*, v.I, p.178-183. Dois textos característicos: a carta de Dionísio de Corinto ao papa Sotero em Eusébio. *Histoire écclésiastique*, 4, 23, 10; Aristides, *Apologie*, XV, 6-7 (C. Vona, *L'Apologia di Aristide*), Lateranum, XVI, 1950, p.108 e 116).

caritativas continuaram a fecundar porque elas encontraram na ética popular pagã um terreno onde plantar suas sementes. O cristianismo levou, consequentemente, ao "restabelecimento" da moral popular no interior da moral aristocrática romana (desde o início da helenização de Roma as duas morais haviam se diferenciado); pensemos em Rousseau introduzindo, junto à nobreza de seu século, práticas ou proibições da moral burguesa. A aristocracia romana aceitou a nova moral como parte dos princípios assumidos e respeitados e colocou em prática o que podia – veremos em breve exatamente o quê. Seita rigorista, o cristianismo fez o que as seitas fazem frequentemente: impõem a seus membros uma moral que não difere da moral de seu tempo e, como simplesmente não imaginam outra, impõem-na com muita energia; elas também tornam obrigatórias algumas cláusulas que não eram vistas como um dever pela moral comum; ou então elas assumem por conta própria a moral popular, mais severa que a moral aristocrática sob diversos aspectos (a moral popular pagã levava muito a sério o cristianismo, assim como as boas maneiras e o suicídio). O cristianismo, por outro lado, é uma religião do Livro que não hesitou em impor inovações ou práticas vindas de fora, como a esmola, simplesmente porque elas estavam prescritas nas Escrituras.

Com que sucesso elas foram impostas? Será que o rigorismo e o espírito evangélico transformaram, não digo a estrutura social e as grandes instituições, mas as relações cotidianas e o gênio nacional? Essa questão é delicada, pois realidades tão impalpáveis são inacessíveis nas fontes; então seremos breves, e não concluiremos nada. Existem vários exemplos na história que mostram que uma ética da gentileza [*éthique de la douceur*] se expandiu um certo dia por algumas categorias sociais ou por povos inteiros, e modificou as relações humanas na vida cotidiana; os efeitos do budismo são perceptíveis em mais de uma nação da Ásia central e dizem que o lamaísmo transformou, há alguns séculos, os mongóis. No caso do Ocidente, é difícil dizer o que ele deve ao cristianismo; o paganismo já continha, em si, alguma delicada atenção relativa à equidade, à gentileza, à ajuda mútua e tudo o que chamaríamos de espírito evangélico, ou será que o Ocidente deve ao cristianismo a sua fisionomia cotidiana? Na verdade, deveríamos começar pelas distinções. O estilo das relações desiguais, entre mestre e subordinado ou entre juiz e litigante, que pode ser autoritário, legalista, paternalista, difere muito das relações entre iguais, mesmo que sejam brutais, concorrenciais, distantes ou amáveis; a atitude para com aqueles que se encontram no exterior da sociedade, crianças, animais, mendigos, doentes, loucos, deficientes, constitui um espaço à parte na maioria das vezes; as atrocidades institucionais ou ritualizadas, suplícios públicos ou sacrifícios humanos são, geralmente, um mundo à parte, e as atrocidades militares também; do mesmo modo, os hábitos de decência ou a civilidade pueril e honesta possuem pouca relação com o rigorismo ou o laxismo nos costumes.

A caridade é uma moral estrangeira que se aculturou em Roma, a moral é uma seita que se tornou Igreja, uma moral popular que se impôs a todos em nome de princípios religiosos. O sucesso dessa empreitada foi muito desigual. Vamos distinguir cuidadosamente a ética que uma sociedade pratica, independentemente de ser consciente ou implícita nas condutas, e a ética que essa sociedade professa; essas duas éticas possuem pouco em comum. Grupos sociais diferentes podem praticar a mesma moral em nome de profissões de fé inimigas: os princípios que orientavam Juliano, o Apóstata, e os cristãos se distinguiam muito pouco; a moral professada nunca foi descreditada porque ela não se traduz em atos; é muito difícil perceber quando seus princípios não são colocados em prática; o importante é que esses princípios não sejam contestados. O mesmo ocorreu com a caridade. Sob alguns aspectos, tornou-se moral praticada; ela sucedia as antigas condutas ou era usada como objeto por diversos interesses ou, ao contrário, ocupava livremente uma área considerada indiferente. Sob outros aspectos, manteve-se como ética preconizada, que seria indecente renegar ou que se acreditava sinceramente colocada em prática em todos os lugares.

A caridade ou, em geral, as condutas piedosas estão na origem de três novas práticas. A aristocracia romana tinha condutas de pompa [*apparat*] e de responsabilidade social; ela era evergética e mandava construir edifícios civis; e mandaria, a partir de então, construir igrejas. O interesse que os indivíduos demonstram por seu destino no além multiplica as liberalidades piedosas e os legados à Igreja, cuja abundância dá a impressão de uma obsessão pela salvação. Enfim, e sobretudo, as práticas caritativas ocupam livremente, entre os interesses políticos ou sociais, o que chamaríamos de parcela caritativa e obtiveram resultados que devem ser levados a sério.

Liberalidades e legados à Igreja

No século IV, os aristocratas de Roma e os notáveis municipais continuavam a ser evérgetas; "eles dilapidam seu patrimônio em um jogo de *quem dá mais* para ornamentar sua cidade", escreve o pagão Símaco;[39] efetivamente, a vida municipal mudou tão pouco que os padres da Igreja grega são uma fonte

---

39 Símaco, *Epistulae*, I, 3: "*Deos magna pars veneratur; privatam pecuniam pro civitatis ornatu certatim fatigant*".

extremamente abundante da história do evergetismo.[40] Os notáveis cristãos não ficaram atrás daqueles que permaneceram pagãos, já que as mesmas obrigações formais ou morais pesavam sobre todos. Mas com diferenças. Não poderíamos esperar que um evérgeta cristão construísse um templo; no século IV, as construções profanas são cada vez mais raras na África romana; no máximo restauram-se edifícios que estão caindo em ruínas, pois o imperador e o governador assim o desejavam. Crise econômica, declínio do espírito de munificência? Seria esquecer que nesse mesmo momento a África cobre-se de adornos com as basílicas cristãs; o evergetismo mudou de objeto; outras vezes ele muda de intenção: Santo Ambrósio recomenda aos ricos distribuir pão aos pobres por caridade,[41] e Santo Agostinho opõe o evergetismo pagão, que distribui prazeres, à caridade, que supre os interesses reais dos necessitados.[42] As esmolas sucederão às evergesias; São Cipriano as compara a um espetáculo público dado por um evérgeta, mas que teria Deus e os anjos[43] como espectadores; seria melhor dar aos pobres o dinheiro destinado aos jogos, escrevia Santo Agostinho.[44] O rigorismo moral e a caridade condenam esses espetáculos.

Os notáveis cristãos são caridosos e constroem igrejas; os bispos, antes mesmo da Paz da Igreja e do triunfo da nova religião, herdam responsabilidades sociais dos notáveis além daquelas que lhes são próprias; tornado bispo, São Cipriano arruína-se no exercício de sua função, abre sua porta a qualquer um que venha lhe pedir conselho e oferece sua ajuda aos humildes contra a insolência dos poderosos.[45] Essas disposições satisfatórias dos notáveis ultrapassavam as expectativas do povo que não esperava tanto deles. A multidão esperava dessa nova religião ética as mesmas satisfações que havia encontrado no paganismo: festas e banquetes; conhecemos, no fim da Antiguidade, a moda dos banquetes funerários em memória dos mártires. Às

---

40 Louis Robert, *Hellenica*, XI-XII, p.569; tanto sobre o evergetismo pagão quanto o cristão na África do século IV, ver P.-A. Février em *Bulletin d'archéologie algérienne*, I, 1962-1965, p.212.
41 Santo Ambrósio, *De officiis ministrorum*, III, 36-44; ver J.-R. Palanque, *Saint Ambroise et l'Empire*, p.340, n.80.
42 Santo Agostinho, *Cidade de Deus*, 2, 20 ver 5, 15; esses textos são edificantes.
43 São Cipriano, *De opere et eleemosynis*, 21-22.
44 W. Weismann, *Kirche und Schauspiele: Die Schauspiele im Urteil der lateinischen Kirchenväter*, p.164.
45 *Cypriani opera*, ed. Hartel, v.3 (*Corpus* de Viena), *Vita*, p.XCIV: "*contemptis dispendiis rei familiaris*"; sobre as construções de igrejas pelos bispos, ver o epitáfio do notável M. Julius Eugenius, bispo de Laodiceia Combusta na segunda metade do século III, citado por Harnack, *Mission und Ausbreitung*, v.2, p.616 e 774 (melhor texto publicado por W. M. Calder em *Klio*, 1910, p.233). – Notemos, nessa ocasião, que os *tituli* de Roma são as fundações privadas: Harnack, v.2, p.855.

vezes, as coisas vão mais longe ainda; em *La vie de Porphyre de Gaza* [A vida de Porfírio de Gaza], vemos o bispo que, para celebrar a consagração da igreja, "não economiza em nada" (era a fórmula usada para falar da munificência dos evérgetas) e faz que toda a população participe dos banquetes, clero, monges e laicos, em uma festança que dura todos os dias da Santa Páscoa.[46] Os evérgetas pagãos também ofereciam um banquete para a inauguração dos edifícios profanos; e o reconhecimento público que a cidade lhes conferiria também não deixava de enumerar as categorias da população que haviam sido convidadas e o número de dias que havia durado a folia.

Os notáveis cristãos arruínam-se patrocinando obras piedosas e caritativas porque são notáveis; seu poder lhes confere uma responsabilidade em todas as áreas da vida social; e também os obriga a exibir um certo aparato; sua riqueza faz que realizem, através de sua própria pessoa, o ideal humano mais elevado aos olhos de seus contemporâneos, já que essa mesma riqueza lhes fornece os recursos para tanto: se não realizassem essa possibilidade, seriam considerados inferiores a si mesmos e desprezíveis a seus próprios olhos.

Mas eles também se arruínam dessa forma porque são cristãos; um pagão teria procurado realizar por si próprio outro ideal além daquele da alma piedosa e caridosa. Uma nova prática, a das liberalidades piedosas e dos legados à Igreja, deve quase tudo ao conteúdo das crenças religiosas e quase nada à ostentação social e ao farisaísmo do rico, pronto a acreditar, no entanto, que sua alma vale mais do que a dos pobres.

Os legados dos evérgetas pagãos de antigamente e as liberalidades piedosas se parecem somente pela enormidade de seus efeitos: quantidades consideráveis de bens foram oferecidas às cidades ou dedicadas à Igreja; as motivações são, por outro lado, quase opostas. Os evérgetas doam para manter uma distância social ou por patriotismo e espírito cívico; em todos os casos, por interesse pelas coisas desse mundo. Os legados à Igreja são, por outro lado, destinados a pagar os pecados do falecido em detrimento dos interesses de seus herdeiros; eles são feitos para o outro mundo.

Eu acredito nisso; eu acredito até que, mais do que o medo do além, o amor pela Igreja foi a principal motivação desses legados; mas me permitam, antes de tudo, certificar-me dessa crença e, para isso, deixar o advogado do diabo falar; a história das religiões é uma arte difícil, sobre a qual é melhor não ser muito voltairiano e na qual não se deve acreditar ingenuamente.

Seria então suficiente – diria o advogado do diabo – que uma religião afirmasse com convicção que existe uma vida futura para que uma multidão

---

46 Comentado por L. Robert, *Hellenica*, XI-XII, p.13, n.1; ver também *Hellenica*, X, p.200.

acreditasse nisso e colocasse sua crença em prática? Sob outros aspectos, as religiões parecem muito impotentes em modificar o velho homem. Além disso, a crença comporta várias modalidades; nenhuma testemunha viu o além com seus próprios olhos, cuja existência é de outra natureza ontológica, muito diferente da do mundo no qual vivemos; não poderíamos, então, acreditar no além como acreditamos na existência das cidades que testemunhas viram com seus próprios olhos em terras distantes, mas reais. Admitimos também, com Gabriel le Bras, que a cristandade nunca existiu: sob uma ortodoxia escondem-se sempre os incrédulos, mais numerosos do que possamos acreditar, até mesmo na Idade Média.[47] Podemos ir ainda mais longe: acreditamos somente no que temos interesse em acreditar. Existem ortodoxias que encontram uma adesão unânime, mas que vivem em um mundo espiritual à parte, o das afirmações consideradas nobres ou sagradas, que não entram em confronto com outras afirmações nem com os interesses de outros mundos; além disso, aquele que ousaria contestar provocaria um protesto geral: poderíamos atribuir sua contestação a um ódio gratuito do bem e do sagrado, a um tipo de perversidade. Se fosse assim, como explicar que tantos falecidos tenham sacrificado tanta riqueza por medo do além e negligenciado, para isso, os interesses ontologicamente muito consistentes do mundo real? A explicação é muito simples: muitas dessas liberalidades piedosas são testamentárias; elas entrarão em vigor quando o autor do testamento não estiver mais ali para gozar de seus bens; ele não tem assim nada a perder em subscrever um seguro para a remota eventualidade de outra vida: é mais fácil para ele do que se tivesse que reformar sua vida dia após dia. Ele paga seus pecados como quem não quer nada e sem se privar de seus bens. Já foi dito que testemunhos relatam o caso de autores de testamento que esperaram o momento em que acreditavam ser o último para fazer um legado à Igreja e revogar seu testamento quando sua saúde melhorou?[48]

O advogado do diabo tem razão em parte (as modalidades de crença são múltiplas), mas não completamente. Os homens se interessam pelo que acontecerá depois de sua morte; eles podem morrer voluntariamente por uma causa cuja vitória nunca verão, eles podem comprometer o futuro de sua alma, mas se interessam pelo futuro de seus herdeiros e de sua casa; eles dão à Igreja apesar desses interesses futuros, e não por indiferença final. Eles pagam todos os seus pecados em vez de reformar sua vida, como fariam se acreditassem piamente no além? Isso prova, simplesmente, que eles superestimam os bens presentes com relação aos bens futuros; diríamos o

---

47 G. Le Bras, *Études de sociologie religieuse*, PUF, 1955, v.2, p.564.
48 Ibid., p.573.

mesmo do bêbado e do fumante inveterado; o bêbado e o fumante conhecem a realidade da cirrose e do câncer de garganta. Será que preferem legar seus bens à Igreja em vez de os doar ainda vivos? Mas quem não calcularia nem que fosse um pouco? Que rico não pensaria em trapacear, que pessoa lógica não tentaria especular o desinteresse por Deus?[49] É bem verdade que, para todos os homens, a ideia do além é sempre um pouco irreal e que mesmo para os crentes mais fervorosos (pensemos em Bernanos), ela permanece obliterada pelo medo da morte. Desse modo, seria o amor pela Igreja, e não o medo da morte, que motivaria as liberalidades piedosas, testamentárias ou não.

A redenção de seus pecados e a vida futura são apenas oportunidades às quais o fiel se agarra e para os quais instituições já prontas se apresentam diante dele. Não imaginamos esse fiel como um incrédulo que seria bruscamente confrontado com a perspectiva do inferno e que se perguntaria se realmente acredita e quanto vai apostar; também não o imaginemos como alguém prestes a negligenciar todos os seus interesses para a salvação de sua alma: ele vai tentar acomodar tudo isso. Mas dentre os grandes interesses resta um amplo espaço de vida cotidiana; nesse âmbito, a religião pode se embrenhar por todos os cantos, se entrelaçar em todas as condutas, modelar os gestos, as inflexões da voz, se associar a muitas alegrias, impor sua presença. E fazer que se ame a Igreja. Alguma coisa era deixada a um servidor amado ou a uma antiga ama de leite; algo também era deixado à Igreja que se amou e se respeitou e, acima de tudo, esses legados representavam um contrato de garantia para o além.

A esmola como compromisso

A esmola também é isso: garantia para a vida no além e sobretudo efeito da piedade em relação aos desfavorecidos – piedade que é um sentimento natural quando o experimentamos, mas que sociedades podem passar milênios sem nunca experimentá-lo e, de qualquer forma, só o fazem quando os grandes interesses o permitem.

Nas histórias que foram escritas sobre a assistência pública ao longo dos tempos, a caridade dá continuidade ao evergetismo e retoma a função por ele exercida. Parece-me desnecessário dizer que é uma falsa continuidade.

---

49 Ibid., p.574. Sobre os legados à Igreja, além dessas duas páginas bastante densas de Le Bras, ver J. Gaudement, *L'église dans l'empire romain*, Sirey, 1958, p.294-298; ver p.167-168 e E. F. Bruck, *Kirchenväter und soziales Erbrecht*, Springer-Verlag, 1956. Falaremos do *Totenteil* mais tarde.

Em um belo livro,[50] Bolkestein mostrou muito bem qual era a oposição entre a assistência cívica na Antiguidade pagã e a caridade cristã em relação aos pobres. A palavra pobre é própria do vocabulário dos judeus e dos cristãos; o paganismo ignora essa noção. Na Grécia ou em Roma, o que chamaríamos de assistência, redistribuição ou evergetismo, destinava-se ou devia destinar-se ao povo como tal, à universalidade dos cidadãos e somente a ela; a princípio os escravos eram excluídos desse grupo, exceto em casos de excepcional generosidade. Leis agrárias, evergesias, distribuição de pão barato eram medidas cívicas; era o povo romano que tinha direito ao trigo gratuito, era para os cidadãos que as colônias eram fundadas.

Devemos desse modo levar o vocabulário ao pé da letra? Ou devemos, ao contrário, nos perguntar se os pagãos eram tão caridosos quanto todo o resto sem, contudo, adotar a linguagem da caridade? Afinal, mesmo que a conceituação da época tenha dissolvido a categoria social dos pobres no universalismo cívico da lei, não eram eles os únicos a se beneficiar das leis agrárias ou a emigrar para novas colônias. Quando um pagão instituía um fundo destinado à educação dos cidadãos (cidadãos pobres, obviamente), os juristas romanos não sabiam sob que denominação classificar essa fundação; decidiam considerá-la evergética e destinada a honrar a cidade.[51]

Quem diz a verdade, a história das palavras ou a crítica das ideologias? Nem uma nem outra, pois a linguagem nem sempre é verdadeira. A verdade é que o paganismo socorreu alguns pobres sem nomeá-los; e socorreu outros tidos como miseráveis (às vezes um evérgeta beneficiava os escravos com sua generosidade, ressaltando que isso era resultado de sua rara benevolência);[52] mas também existiram muitos pobres que nunca foram socorridos. Se fizermos um balanço, o paganismo mostrou-se muito menos caridoso em seus atos do que o cristianismo, mesmo que por pouco. O que é compreensível. A atitude caridosa é amplamente desenvolvida por algumas religiões, mas não foi inventada por elas. No paganismo, ela coexiste com outro tema, o do patrimônio cívico.

Leis agrárias, colônias: como Claude Vatin me mostrou, essas instituições fundam-se na ideia de que um cidadão desprovido de patrimônio não poderia ser um verdadeiro cidadão; os Gracos vão distribuir terras aos

---

50 Ver n.10. Como os imperadores cristãos transformam as liberalidades imperiais tradicionais em obras de caridade: H. Kloft, *Liberalitas principis*, 1970, p.171-175 (sobre Constantino); D. Van Berchem, *Les Distributions de blé et d'argent ala plebe romaine*, p.103 (o *panis gradilis* do Baixo Império é uma obra de caridade).
51 *Digeste*, 30, 122 pr.
52 Por exemplo, Dessau, *Inscriptiones latinae*, n.6271: "*sine distinctione libertatis*". Ver L. Robert, *Études anatoliennes*, p.388, n.2.

cidadãos pobres de Roma para fundar a sociedade, e não para socorrer a miséria. Cada coletividade "possui seus pobres"; os do paganismo eram os cidadãos sem patrimônio; para os cristãos, o pobre é todo homem que precisa de esmolas. O paganismo conhece o pobre somente sob sua forma mais corriqueira, a do mendigo que encontramos na rua; "o sábio", afirmou Sêneca,[53] "dará uma moeda ao mendigo sem deixá-la cair desdenhosamente como o fazem aqueles que são caridosos somente para se mostrar". A moeda dada ao mendigo constituía parte das realidades cotidianas, mas as instituições de caridade não, elas serão inventadas pelos cristãos. Os atos filantrópicos dos quais se valem um Demóstenes ou um Cícero[54] consistem em pagar o resgate de um cidadão prisioneiro ou de oferecer um dote a órfãos de cidadãos: a filantropia só é elevada se socorre problemas elevados. A esmola era um gesto cotidiano, mas não um dever de Estado nem uma ação de alta moralidade; os filósofos falam pouco sobre isso.

Tudo muda com o cristianismo, quando a esmola passa a ser associada à nova religiosidade ética; a caridade, tendo se tornado uma conduta altamente significativa, é digna de ser o dever de Estado da alta classe no lugar da munificência. Por sua importância material, seu alcance espiritual e as instituições que engendra, a caridade se torna a nova virtude histórica.

A esmola é o imperativo central da nova moral religiosa, seu *Kerngebot*, segundo Max Weber.[55] De todos os mandamentos de gentileza, a esmola é o que mais geralmente se realiza; os outros imperativos prescrevem, de preferência como deve ser, em resposta a situações particulares. Ela também é uma garantia de desinteresse e a prova mais simples que um fiel pode oferecer da sinceridade de sua fé; ela se parece ainda mais com um ato simbólico quando o crente pode colocar, sem grandes custos, suas ações conforme suas palavras e multiplicar as provas de sua sinceridade ao dar pouco a cada vez, mas com frequência: nossos ricos, afirma São Justino, dão o que querem, quando querem.[56] De todas as ações meritórias, é essa a que apresenta um custo psicológico mais baixo; ela permite pagar os pecados de toda uma

---

53 Sêneca, *De la clémence*, 8; ver Pohlenz, *La Stoa* (tradução italiana), v.2, p.82; outros textos são citados por H. Pétré, *Caritas, étude sur le vocabulaire latin de la charité chrétienne*, Louvain, 1948, p.223.

54 Ver mais tarde, Capítulo II, n.162. Como a sociedade constituía-se de trocas de "benefícios", os pobres permanecem no exterior do circuito, pois eles não podem assumi-las; ver J. Kabiersch, *Untersuchungen zum Begriff der Philanthropia bei Kaiser Julian*, Harrassowitz, 1960, p.31.

55 Max Weber, *Religionssoziologie*, v.I, p.495. A página inteira opõe a dureza cívica à caridade popular.

56 São Justino, *Première Apologie*, 67; Tertuliano, *Apologétique*, 39; "*Nemo compellitur, sed sponte confert*". Era importante para os apologéticos enfatizar essa liberdade: as esmolas não

vida de uma vez. A esmola é desejada por Deus e é um mérito junto a ele; ela também será rapidamente considerada um dom feito ao próprio Deus, uma troca e um resgate. A *Epístola aos Hebreus* diz que a beneficência é um "sacrifício"[57] e São Cipriano vê, ali, o único meio que o homem tem para pagar os seus pecados depois do batismo[58] (seria necessário especificar que o sacramento do penitente ainda não existia?).

As obras piedosas e caridosas estabelecem finalmente um compromisso entre a ascese e a vida mundana. Renunciar aos bens desse mundo? Agora que toda a população do Império é cristã, o cristianismo não é mais apenas "a religião dos pobres e dos escravos": isso foi dito e talvez excessivamente dito; é sobretudo uma religião na qual nascemos, e não mais uma seita. Fugir do mundo? Isso só seria exigível de voluntários. O que se tornam aqueles que nascem ricos e cristãos, se para eles a entrada no Paraíso é tão estreita quanto o buraco de uma agulha? Desde o século III, um realista e moderado pensador, Clemente de Alexandria, professa que o importante não é a riqueza, mas o modo de usá-la; em um tratado intitulado "Como o rico pode ser salvo?", ele aconselha os ricos a serem estoicos diante de sua riqueza: as coisas externas, que não dependem de nós, não são nem boas nem ruins, elas se tornam uma coisa ou outra pelo uso que fazemos delas. Deus, escreve esse autor alhures,[59] permitiu o uso de todos os bens, mas prescreveu um limite, que é a necessidade; o pecado é desejar infinitamente a riqueza pela riqueza, e não pela necessidade que se tem dela; a esmola e o espírito pelo qual ela é dada são as melhores garantias de uma atitude sã para com os bens desse mundo. Chegamos, desde o século IV, a uma dupla moral:[60] os cristãos perfeitos fogem do mundo e da carne, outros cristãos, mais numerosos, permanecem no mundo; esses últimos pagarão por sua alma com a esmola e legados à Igreja.

A esmola não é somente um compromisso com o ideal ascético em uma religião que não concebe meio-termo entre a pobreza e a danação; ela também é uma consequência desse ideal. No Novo Testamento, a esmola tinha pelo menos duas origens; a moral popular, como dissemos, mas também um ideal ascético, sobre o qual deveríamos falar por mais tempo. Ora, se

---

deveriam se parecer com as cotizações dos membros de um *collegium*, obrigatórias para os membros desse colégio, pois todo colégio devia ser autorizado pelo poder imperial.

57 *Epístola aos Hebreus*, XIII, 16, citada por Harnack, *Lehrbuch der Dogmengeschichte*, v.I, p.227, 231, 465.
58 *De opere et eleemosynis*, 1, citado por Harnack.
59 Clemente de Alexandria, *Pédagogue*, 2, 12, 5 (edição Harl-Marrou-Matray-Mondésert, v.2, p.229).
60 Bruck, *Kirchenväter und soziales Erbrecht*, p.69.

agravamos as coisas, estimaremos que a ascese não possui nada em comum com a filantropia. Aquele que dá seus bens aos pobres para fugir do mundo preocupa-se mais em se livrar de seus bens pela salvação de sua alma do que em socorrer seu próximo. A passagem se fará assim, tranquilamente, da ascese a uma "moral de classe" no final da qual a esmola é um mérito do rico que se mostrou dócil ao mandamento divino, mas não um direito dos pobres. Deus aconselhou o rico a dar: ele não quis que os pobres deixassem de ser pobres. No mais, fica subentendido que o rico dá se quiser e o que quiser.

A margem caridosa

A esmola era, humana e socialmente, o único dos mandamentos da caridade que foi plenamente aplicável; com o triunfo do cristianismo, a moral evangélica, "irresponsável" por ser popular, tornava-se ética professada em vez de ética praticada. Exceto no que diz respeito aos pobres, para quem as consequências práticas foram consideráveis.

No paganismo, a mansidão para com os pobres e os miseráveis era considerada um mérito, porém menor, para o ornamento de uma bela alma; não era uma virtude canônica. Adivinhamos facilmente que, se essa virtude tivesse se expandido excessivamente, teria levantado preocupações políticas; o próprio evergetismo será frequentemente condenado pela mesma razão: não é ele o sintoma da classe dirigente que cede covardemente aos clamores dos indigentes? O cristianismo provou aos pagãos por meio de fatos que seus temores eram exagerados e que eles podiam se tornar afáveis sem destruir as bases da sociedade. Efetivamente, ele transformava os pobres em uma categoria natural, na qual os direitos e deveres eram definidos. O Grande e o Pobre são dois personagens da epopeia divina e nelas se revela o verdadeiro sentido de um mundo onde dominam os contrastes, onde o mal se sente em casa; eles precisam um do outro e existem somente um para o outro.[61]

Assim reconfortada, toda uma civilização pôde descobrir a existência da miséria na qual nunca havia pensado. No entanto, ela poderia tê-lo feito antes: a caridade se limita a esse plano de ações politicamente indiferentes que uma coletividade sempre pode se permitir sem estremecer suas fundações. Ela se permite ou não tais ações pelas mais contingentes razões; é assim

---

61 B. Groethuysen, *Origines de l'esprit bourgeois en France: l'Église et la bourgeoisie*, Gallimard, 1956, p.167. Contra o que esse livro possui de injusto teologicamente (ou historicamente) e contra a falsa oposição da justiça e da caridade, cf. E. Gilson, *Introduction à l'étude de Saint Augustin*, p.179. A atitude autêntica de Jesus diante da pobreza é explicada por E. Troeltsch, *Gesammelte Schriften*, reimpresso em 1966, Scientia Verlag, v.4, p.122.

que, nesse espaço, as ideias nuas, as crenças, a persuasão, sem nenhum outro suporte, possuem uma grande eficácia, pois elas encontram poucos obstáculos, a não ser conceituais. Sem nenhuma outra arma além do texto das escrituras, a caridade pôde conquistar esse espaço e determinar condutas, sem ter que buscar muitos arranjos com a fé.

Era muito. Pois para que uma sociedade se atribua, assim, a inofensiva elegância de ser afável com seus pobres, é preciso que ela se sinta antes de tudo segura no que diz respeito a seus medos sociais quiméricos e que ela renuncie à dureza exagerada de seus princípios; mas é também preciso simplesmente que ela pense nisso ou que a façam pensar. Ora, não é natural pensar nas desgraças alheias; a sensibilidade aos sofrimentos dos outros é um aspecto do caráter individual que se encontra somente em uma minoria. O que nos traz um problema sobre o qual, graças a um Wölfflin ou a um Foucault, os historiadores atuais são totalmente conscientes: o problema da viscosidade dos sistemas de pensamento que possuem seu próprio ritmo, sua história autônoma; o que retira o ilimitado e o imediatismo da conduta e da mentalidade dos agentes, em resumo, a soberania que prevê um racionalismo excessivo; o pensamento sofre tanto quanto age. Ele é amplamente prisioneiro de estruturas de pensamento, de posições de problemas, de estilos de expressão; muito frequentemente, ele não se dá conta das grades de sua prisão, e é o historiador que deve explicitar sua existência.

O exemplo da caridade o demonstra brilhantemente. O Império pagão do século III poderia ter cultivado essa virtude da mesma forma que o Império cristão do século seguinte: nenhum interesse o impedia de fazê-lo, e ele dispunha de toda a margem de indiferença necessária; melhor ainda, era carregado de boas intenções filantrópicas e evergéticas. Contudo, ficou prisioneiro do sistema de pensamento que dissolve a categoria social do pobre na universalidade cívica da lei; nem percebia o pobre. Para que ele tivesse se tornado caridoso, seria necessário, não que tivesse sido motivado pelas melhores intenções (que ele nem imaginava possuir), mas que seus antolhos tivessem caído sozinhos por sua própria história; ao começar a reparar no pobre, ele poderia ter se tornado caridoso. É por essa razão que um historiador não pode se contentar em compreender os homens, em atribuir tudo o que fazem a seus valores, supondo que uma conduta estranha responda necessariamente a valores externos aos nossos; toda a cegueira filosófica, social ou artística, não é intencional, nem tudo é significativo, mas existe opacidade no pensamento. A Antiguidade não começou a reparar no pobre porque se tornou caridosa, mas foi o inverso; e por que ela não o notou antes? Porque ela simplesmente não pensava nele, nem mais nem menos; foi preciso que a Escritura, os dogmas, a imitação de uma moral exótica a fizessem pensar nele: dentro da margem de indiferença, os sistemas de pensamento tiveram sua evolução autônoma (e até mesmo, nessa ocorrência, um pouco livresco).[62]

Viscosidade do pensamento: Wölfflin e Foucault contra Panofsky

O pensamento não é comparável ao perfeito mercado do racionalismo econômico; não possui a mesma transparência nem a mesma fluidez; é prisioneiro de seus hábitos, cujos limites e viscosidade evocam alguma coisa de mais corporal do que espiritual. As estruturas de pensamento não adotam a realidade com a mesma rapidez que mudam os cursos da Bolsa de Valores. Para dizer a verdade, toda a história é composta de subsistemas autônomos que são ligados por laços puramente contingentes e que conservam, cada um, sua história e ritmo próprios; somente quando os subsistemas considerados são mentais, estruturas ideológicas, estilos artísticos etc. relutamos em admitir que eles impõem sua autonomia ao nosso pensamento, que tem seus próprios limites. E, no entanto, nenhuma sociedade é a própria sociedade, nenhuma ciência é a ciência, nenhuma pintura é toda a pintura possível.

Nem por isso devemos concluir que cada sociedade exclui ou rechaça ideias mais amplas do que aquelas que possui, nem mesmo que repele seus pobres e seus malditos; não foi por um tipo qualquer de autocensura que Newton não viu que o postulado do tempo universal era apenas uma hipótese arbitrária; ele não interrompeu a fala de um Einstein que teria dentro de si; simplesmente não pensou nisso. O não pensamento não é impensado, do mesmo modo que o não consciente não é inconsciente; as descobertas que os eruditos e os revolucionários farão no futuro não estão flutuando

---

[62] O exemplo que se tornou clássico é aquele dado por François Jacob no início de *La logique du vivant*: as descobertas microscópicas não revolucionaram a biologia antiga como se poderia acreditar; foi preciso, ao contrário, uma transformação autônoma dessa biologia para que os dados microscópicos, conhecidos há um século, pudessem ter sido integrados à ciência. Não se deve ser mais monarquista que o rei: a biologia sofria de sua própria restrição e ignorava tal fato; ela não o constituía como seu projeto e não devemos imputar-lho como valor. Do mesmo modo, uma alma cristã que recebe a graça da cooperação ou sofre a graça operante não deve se imputar os efeitos dessa graça, que não lhe pertencem, mas pertencem a Deus. Não se deve também atribuir forçosamente aos Antigos suas próprias condutas, sua própria retórica, suas próprias doutrinas etc., que eles aceitavam mais do que escolhiam. De um célebre arabizante, cuja generosidade e coragem merecem um profundo respeito e que, fervoroso cristão, tomou a defesa do Islã contra o colonialismo francês, dizia-se, maldosamente, que, não tendo podido converter os árabes ao cristianismo, queria convertê-los ao islamismo e que talvez fossem menos muçulmanos que ele próprio.

agora em torno de nós, esperando que paremos de lhes recusar a palavra.[63] Não existe o saber do saber, dizia Platão, e também não existe o discurso do discurso futuro. Não há problemas prontos à espera de um pensamento no futuro que se apresentará para resolvê-los, mesmo que um pouco de generosidade crítica possa antecipá-los; a humanidade não enxerga mais longe do que a ponta do seu nariz e levanta uma questão somente sobre algo que encontra casualmente.

Prisioneira do sistema de pensamento cívico, a humanidade pagã não podia antecipar nada sobre a caridade porque a caridade é tão limitada quanto qualquer outro pensamento e porque não existia uma maior necessidade de encontrar esse pensamento em vez de outro. Também não estamos sugerindo que se deva reconhecer uma atividade exclusivamente dentro dos sistemas de pensamento, que seriam os únicos agentes da história, e negar a existência do agente humano, reduzindo-o a uma pura passividade; contudo, parece-nos menos urgente desconfiar dessa esquerda (que "aqueles que apresentam lacunas de vocabulário", como diz Foucault, chamam de estruturalismo) do que da direita, devido à extrema virulência dos retornos ofensivos do academismo: a ideia de que as obras e atividades humanas não são inteiramente significativas ou intencionais lhes é insuportável.

O academismo pode admitir, por exemplo, que o artista é limitado por sua matéria ("para cada matéria associam-se diversas formas", afirma São Tomás), mas somente sob a condição de o artista, em troca, informar qual é essa matéria do início ao fim e de voltarmos, assim, a um dualismo reconfortante; neste caso, a matéria (convenções pictoriais, prosódia etc.) torna-se somente um "desafio", um chão resistente que permite ao artista se elevar a um patamar mais alto ao triunfar sobre as resistências, até que a obra reflita o artista. Wölfflin[64] chega a afirmar que as coisas não são assim? Ele mostra que os pintores do século XVII, quaisquer que sejam seus estilos pessoais,

---

63 M. Foucault, *L'ordre du discours*, Gallimard, 1971, p.54: "Que existam sistemas de rarefação não quer dizer que acima deles ou além deles reine um grande discurso ilimitado, contínuo e silencioso, que se encontraria, através deles, reprimido ou rechaçado, e que teríamos a tarefa de reerguer, restituindo-lhe, enfim, a palavra. Não é necessário imaginar um não dito ou um impensado que percorre e entrelaça o mundo com todas as suas formas e todos os seus acontecimentos, o qual teríamos de articular ou de, enfim, pensar". Foucault parece combater, aqui, um tipo de malebranchismo: as verdades que dizemos não são percebidas nas coisas, elas são preditas na infinidade de Deus.

64 Toda a obra de Wölfflin é a progressiva descoberta dessa autonomia da visão, desde sua dissertação, em 1887 (tradução em francês por Gallimard, *Renaissance et Baroque*), até aos *Principes fondamentaux de l'histoire de l'art* (tradução com esse título por Plon, em 1952), passando pelas últimas páginas de *L'Art classique* (tradução por Stock, 1970).

tão diferentes, e os conteúdos tão distintos de suas obras, possuem em comum certo número de particularidades (forma aberta, desvalorização da linha em benefício da mácula...) que os opõem aos pintores do século precedente; que compõem a fisionomia a partir da qual reconhecemos que um quadro que vemos pela primeira vez "deve ser do século XVII" e que são o que há de mais visível em uma obra, sendo ao mesmo tempo o que ela possui de menos pessoal e significativo? Que essas particularidades, filhas de seu século, "são evidentes" para esses pintores, não tendo sido escolhidas por eles e que se edificam ou se sucedem ao longo de uma história da visão que era autônoma? Logo Panofsky, talvez sem identificar adequadamente a originalidade de Wölfflin, replicava que essas particularidades contribuíam para a expressividade da obra (como não o fariam já que são particularidades expressivas?); que a forma aberta, por exemplo, ajudava ou atrapalhava a expressão desejada pelo artista tanto quanto os traços de estilo pessoal do pintor. O dualismo estava salvo: tudo na obra era expressivo. Panofsky parece não ter compreendido que o problema de Wölfflin era saber quais traços expressivos o pintor escolheria, que particularidades expressivas o influenciavam; ele escreve uma frase na qual, contradizendo-se, concede a Wölfflin o essencial: "Que um artista *escolha* a linha em vez da mácula significa que ele *se limita*, frequentemente *sob a pressão de um desejo de época todo-poderoso* do qual ele não tem consciência, a determinadas possibilidades de representação".[65] Dessa forma, a mácula ou a forma aberta contribuem para constituir finalmente o que o quadro exprime, mas sem terem sido escolhidas pelo pintor e talvez até limitando o que ele teria exprimido; em outras palavras, o que se exprime em um quadro não é somente o reflexo do que o pintor queria exprimir: o homem existe como agente, mas não é o agente completamente, ou pelo menos não é o único agente. Do mesmo modo que, aos olhos dos cristãos, as ações do justo abençoado são feitas em conjunto por Deus e por ele, o "desejo de época todo-poderoso" é um coautor do quadro. Segundo uma célebre frase, os homens fazem sua história, mas não exatamente a história que querem; estamos dispostos a admitir essa verdade quando se trata de uma atividade como a política; mas quando se trata de obras e sobretudo de expressões, nos agarramos desesperadamente ao dualismo de um significante que se colaria ao significado em todas as circunstâncias. Que um

---

[65] E. Panofsky, *La perspective comme forme symbolique*, Éditions de Minuit, 1975, p.183-196: "O problema do estilo nas artes plásticas"; nesse artigo, publicado em 1915, Panofsky, parece-me se referir não aos *Princípios fundamentais*, mas a uma tese de Wölfflin que havia sido publicada no mesmo ano e que foi retomada em *Gedanken zur Kunstgeschichte* de Wölfflin, Basileia, Schwabe and Co., 1947.

artista não possa expressar o que quiser através de qualquer coisa, admitimos isso sem problema: o mesmo pintor, com a mesma sensibilidade, querendo exprimir a mesma "mensagem", não chegará à mesma expressão, e não dirá a mesma coisa se ele se exprimir através de uma forma aberta ou não; seu quadro será mais ou menos expressivo, desajeitado, talvez até danificado: a linguagem modifica a mensagem, ela não é neutra, mensagens não podem traduzir-se em outra língua qualquer sem alteração. Admitimos isso sem nenhuma oposição. O que temos mais dificuldade em admitir é que a escolha, feliz ou infeliz, da linguagem não seja inteiramente imputável ao pintor, que o pintor se sujeite a sua época e que a forma aberta, por exemplo, por mais expressiva que seja, expresse melhor um século, e não um artista.

Só aparentemente nos distanciamos da caridade; formalmente o problema é o mesmo: no caso do evergetismo e da caridade, agarramo-nos a outro dualismo que não é muito diferente desse, o das obras e das intenções. É o que nos permite escrever histórias sobre "o" benefício ou sobre "a" caridade através dos tempos. Mas de que forma reconheceremos essas virtudes através de suas mudanças milenares? Onde se situa a invariante? Ela será encontrada nas obras da misericórdia? Ou nas intenções que animam seus autores, em suas disposições benevolentes? A solidariedade cívica pagã reservava os benefícios da ajuda mútua, da assistência, a todos os cidadãos e somente a eles, quer dizer, praticamente aos cidadãos pobres; ela nem mesmo via os pobres que não eram cidadãos. Julgaremos suas obras por esse esquecimento? Não, pois o esquecimento não é imputável aos próprios agentes, mas à estreiteza da ótica cívica, essa herança da província antiga que se manteve por viscosidade; não são as intenções insuficientemente boas e caridosas que limitam essa ótica, mas a ótica que limita "objetivamente" as intenções: de fato, nossa capacidade de emancipação intelectual é limitada. Essa ótica tem sua história própria, que as almas carentes não controlavam nem mesmo percebiam.

Seria preferível então sondar os corações? Sem as obras, sobre as quais os agentes não têm inteira responsabilidade, reconheceremos a benevolência por um estado de alma caridoso, distinto de sua ótica e de suas representações? Em uma inclinação psicológica que percebemos nas almas caridosas de nossa época, quem seria mais esclarecido, porém não mais bem-disposto? É igualmente impossível; com certeza, podemos dizer coisas vagas de todas as ações no plano eterno: que são nobres ou vulgares, justas ou injustas, bonitas ou feias. Mas as motivações do indivíduo, por sua vez, visam a um objetivo que é histórico: ele será caridoso ou somente evérgeta e cívico. Só existe "psicologia" quando existe história: as reações de um filantropo na História Antiga, que é tão sensível quanto nós diante da desgraça de um concidadão, mas que mantém os olhos secos diante dos trapos de um estranho, não seriam as nossas: não é nossa própria maneira de ser, ao mesmo tempo, generosos e "racistas"; vemos aí um estranhamento psicológico tão desconcertante quanto a atitude de uma outra alma benevolente e piedosa, Marco Aurélio, diante dos combates de gladiadores e dos suplícios dos condenados na arena: ele se entediava, pois achava que esse tipo de espetáculo era sempre a mesma coisa.[66] Os valores, o Nobre ou o Justo, são talvez ao mesmo tempo eternos e materiais: seria desconcertante se os objetivos que nos motivam fossem históricos.

A caridade: falso conceito e religiosidade real

Podemos agora abrir espaço para o que existe de irredutivelmente religioso na caridade cristã e compreender como essa religiosidade pôde adquirir uma eficácia histórica; mas podemos também compreender que a relação entre a virtude da caridade e as obras de misericórdia não é tão direta nem coerente quanto poderíamos acreditar.

A caridade revolucionou a história autônoma da ótica cívica não tanto por sua sublimidade própria, mas quando associamos a moral à religião. Não que os deuses pagãos tenham ficado indiferentes à moralidade de seus fiéis: cem textos provariam o contrário; mas eles eram sujeitos morais como os próprios homens, e não necessariamente como os legisladores. Eles eram pessoas como os homens e compartilhavam suas fraquezas, suas indignações e seu senso moral; pois nenhum ser razoável, seja ele mortal ou imortal, poderia ficar indiferente à moral. Somente os deuses pagãos, assim como os homens, eram algumas das poucas criaturas que povoavam o cosmos: eles não eram o Criador. Eles não tinham a responsabilidade de cuidar do cosmos; eles reconheciam a existência da ordem moral, mas não tinham a obrigação de governá-la. Através das leis sagradas dos templos, eles contentavam-se em fechar aos seres impuros as portas do lugar que consideram sua casa, ou seja, seus santuários. Quanto ao Deus cristão, ele é o criador e legislador; a condição da salvação é obedecer a sua lei que prescreve doações à sinagoga,

---

[66] Marco Aurélio, VI, 46. Os espetáculos da arena incluíam combates de gladiadores (ou caças de felinos por um tipo de gladiador caçador), por um lado e por outro, execuções de condenados que eram sacrificados diversamente, oferecidos aos felinos ou decapitados pelos gladiadores que interpretavam, então, o papel de carrasco e não lutavam mais entre si. Além disso, alguns criminosos podiam ser condenados a um tipo de trabalho forçado para se tornarem gladiadores e combater como tal, se eles tivessem as qualidades exigidas para essa arte. Ver Mommsen, *Strafrecht*, p.925, n.3, e p.953-954; Friedländer, *Sittengeschichte Roms*, v.2, p.89-92. Opor Marco Aurélio a Santo Agostinho, *Confissões*, VI, 8.

por exemplo, e amar o próximo. Os combates públicos de gladiadores serão condenados porque são um espetáculo cruel contrário ao amor ao próximo, e também porque eles são, como o teatro ou o circo, um espetáculo fútil que distrai, desvia a atenção do amor a Deus. Em compensação, os suplícios públicos de criminosos continuarão, pois corrigir as pessoas é uma caridade, como Santo Agostinho costumava dizer.

Mas qual é a relação entre o amor de Deus e o amor ao próximo? Perder-se na delicada contemplação do divino não é a mesma coisa que amar outros homens. Com certeza, o verdadeiro amor de Deus não é isso: ele consiste em participar do plano que Deus criou para toda a humanidade, em se apaixonar pela empresa divina da salvação universal; o cristianismo é um militantismo prosélito, uma *militia Christi*. Mas apaixonar-se pela salvação do próximo é uma coisa, interessar-se pelas suas desgraças terrestres é outra; todos os homens amam-se uns aos outros porque eles amam o mesmo Deus e querem que Ele os ame:[67] contudo, o cristianismo não é uma empresa de *Welfare State*, uma vez que o *Welfare State* não se propõe a garantir a salvação metafísica dos cidadãos. Certamente, o homem é um todo; como se interessar pela alma de um futuro escolhido sem se interessar também por seu corpo? O fato é que a salvação importa mais diretamente do que as misérias transitórias desse mundo. Ficamos com a impressão de que a noção de caridade reúne, verbalmente, sob uma palavra imprecisa, dois blocos históricos que não se apresentam logicamente relacionados, mas se associam psicologicamente: de um lado, participar da realização dos desígnios espirituais de Deus para a humanidade, de outro, praticar as obras de misericórdia vindas desse judaísmo que proclamava: "Bem-aventurado aquele que se preocupa com os pobres e com os miseráveis! No dia do juízo final, Jeová o salvará, e o fará viver feliz na terra".[68] Podemos reunir sob um mesmo conceito o zelo para com o plano de Deus e a ajuda temporal ao próximo somente de duas maneiras: ou ele se contenta com uma noção muito evasiva de amor, de gratuidade ou desinteresse, ou consideramos a esmola como uma prova de obediência a esse Deus que amamos e que manda amar a seu próximo. Infelizmente, se ficarmos na noção imprecisa, acabaremos por batizar ideologicamente a "caridade" no percurso do mundo político--social da seguinte forma: "caridade" significará "caráter teleológico das condutas"; o que permitirá confundir a norma racional das condutas (maximizar o bem-estar do próximo) com nossas motivações (desejo de mandar,

---

[67] Santo Agostinho. *Da doutrina cristã*, I, 30 (29). Ver E. Troeltsch, *Augustin: Die christliche Antike und das Mittelalter*, reimpresso em 1963, Scientia-Verlag, p.86.
[68] Salmo 40 (41), 2.

reprimir, obter segurança etc.). A caridade não pode explicar nem constituir o mundo: cada vez que ela saiu de sua margem caridosa, ela tornou-se verborragia; os poderosos sempre disseram, cristãos ou não, que coagiriam os povos por amor ao povo. A frase tristemente célebre "ame e faça o que quiser" de Santo Agostinho serviu-lhes como justificativa para perseguir caritativamente os cismáticos.[69]

Em compensação, se a lógica abre espaço para a psicologia religiosa, a relação dos dois blocos históricos torna-se compreensível. 1) O sentimento religioso, refiro-me ao sentimento da insignificância das coisas humanas em comparação com as coisas divinas, pode indubitavelmente desviar as almas dos cuidados desse mundo e de seus irmãos; mas ele gera também a humildade, que quebra o orgulho cívico e torna os poderosos mais acessíveis: o que torna a misericórdia possível. 2) A participação de todos no plano divino leva a reconhecer em cada homem um propósito eminente, pois Deus tem um projeto para todos; "é por esse caminho que o amor caridoso se estende, mesmo aos nossos inimigos, que amamos visando a Deus, objeto primeiro da caridade".[70] 3) O projeto comum de salvação gera solidariedade entre irmãos que não podemos limitar, com certo pedantismo, a apenas interesses espirituais, pois o homem é um todo; "aquele que possui os recursos desse mundo, vê as necessidades de seu irmão, e não lhe abre seu coração, como o amor de Deus pode permanecer nele?"[71] 4) A modesta obediência aos mandamentos de Deus e o desejo de salvação fazem que se obedeça literalmente, por submissão, ao mandamento de amor ao próximo, que assume a forma canônica das sete obras de misericórdia.[72] 5) O amor de Deus leva a oferecer algo a Deus e, através dele, ao seu próximo; pois pelo menos nessa terra não se pode amar sem sacrificar alguma coisa de si; o amor será gratuito somente no Paraíso. Eis aqui uma excelente sociologia do dom: a esmola e o dom em geral consistem em sacrificar um interesse material por uma relação pessoal ou redimir-se ao trocar esse interesse pela salvação. 6) A adoração do Deus que sacrificou seu filho por amor torna-se o desejo de imitar Deus: "Aquele que assume o fardo de seu próximo e quer usar sua superioridade sobre o seu semelhante para se tornar evérgeta; aquele que oferece

---

69 Santo Agostinho, *Comentário da primeira epístola de São João*, Agaësse (Sources chrétiennes), VII, 8 e introdução, p.80.
70 São Tomás, *Suma teológica*, Secunda secundae, qu. 23.
71 *Primeira epístola de São João* 3, 17.
72 *Suma teológica*, Secunda Secundae, qu. 32, artigo 2: dar comida a quem tem fome, bebida a quem tem sede, vestir os que estão nus, ser hospitaleiro, visitar os doentes, liberar os cativos, enterrar os mortos.

aos indigentes o que recebeu de Deus; esse homem torna-se um deus para aqueles que ajuda e é um imitador de Deus".[73]

Efeitos históricos da caridade

Se fizermos um balanço geral, a caridade possui duas realizações históricas em seu ativo: o fim da ótica cívica e do universalismo, e as obras de misericórdia. O que resolve um pequeno problema sociológico divertido. Constatamos que, em algumas áreas (religiosidade, sensibilidade às atrocidades, ciúme amoroso talvez...), as lacunas são grandes de um indivíduo a outro, qualquer que seja a sociedade em questão, sem que uma sensível maioria se destaque em um ou outro sentido: nessas áreas, não encontramos um acordo quase geral em uma mediocridade generalizada, que apenas deixaria duas finas bordas virtuosas nas duas extremidades da curva; mas encontramos, em vez disso, dois partidos que se posicionam face a face (ou que se posicionariam assim, se o conformismo dominante não forçasse um dos dois ao silêncio); um desses partidos é, sem dúvida, majoritário, mas o outro não é muito inferior em número. Isso apresenta algumas consequências: às vezes é um desses partidos que domina, outras vezes é o outro; o partido vencedor impõe a toda a sociedade sua sensibilidade particular ou sua própria dureza. De acordo com o partido vencedor, uma coletividade será muito diferente da outra; existem povos cruéis, povos devotos, povos ciumentos.

O triunfo da religião cristã permitiu que uma forte minoria sensibilizasse uma sociedade inteira sobre a pobreza. Essa minoria nunca teria chegado a isso se ela tivesse pregado a caridade pelo amor à caridade; mas a esmola era apenas o corolário de uma fé à qual a maioria se converteu. Daremos esmola por obediência ao mandamento divino. Foi assim que Roma se aculturou à moral popular dos judeus, que já haviam conquistado sua própria margem caritativa e transformado a esmola em uma instituição obrigatória (como faria um dia a Inglaterra com a *poor tax*).

As consequências desse triunfo foram muito sensíveis. O paganismo abandonava, sem muito remorso, os afamados, os idosos ou os doentes; asilo de velhos, orfanatos, hospitais etc. são instituições que surgiram somente na época cristã; além disso, essas palavras em latim e em grego são recentes.[74]

---

[73] Epístola a Diogneto, X, 6, comentada por A. D. Nock, *Essays*, v.1, p.145, n.51; sobre o tema "ser um deus para alguém", ver nosso Capítulo IV, n.62.

[74] "*Xenodochium, orphanotrophium, ptochotrophium, gerontocomium, brephtotrophium*": basta percorrer o título I, 2 do *Código Justiniano* relativo às igrejas e a seus privilégios. Sobre a

Os pagãos deixavam escravos doentes em alguns templos, mas era principalmente para se livrarem decentemente deles confiando-os ao deus. O paganismo ignorava tanto as instituições de caridade que, quando Juliano, o Apóstata, quis lutar contra o cristianismo (que ele chamava de ateísmo) com suas próprias armas, ele teve que construir tudo. "Não vemos o que mais contribuiu para se erguer o ateísmo?", afirma; "é a filantropia voltada aos estranhos, é a atenção que eles dão ao enterro dos seus mortos" (foi o cristianismo, efetivamente, que fez que os homens fossem enterrados com alguma cerimônia, qualquer que fosse seu *status* social; para os pagãos, os corpos dos escravos e dos miseráveis deviam ser jogados na rua). "Como nossos padres não se preocupavam, e não cuidavam dos miseráveis", continua Juliano, "os ímpios Galileus tiveram a ideia de praticar essa forma de filantropia para popularizar sua execrável empreitada".[75] Aos olhos do purista que é Juliano, "filantropia" é uma palavra grega mais apropriada do que "caridade", que constitui o vocabulário do jargão partidário.

Se pensarmos na grande quantidade de miseráveis que normalmente existia nas sociedades pré-industriais (no século XVII, na França e na Inglaterra, 5% ou 10% da população recebiam ajuda),[76] a sociedade pagã devia representar um espetáculo terrível. O mesmo que o Império chinês oferecia ao Padre Huc há um século:[77]

> A multidão de pobres é assustadora. Os chineses mais abastados dão facilmente algumas sapecas como esmola, mas eles não possuem o sentimento de caridade que desperta o interesse pelo pobre; dá-se ao doente, ao desgraçado, uma moeda ou um punhado de arroz unicamente para livrar-se dele. Os chineses, tão hábeis e tão experientes para organizar diferentes tipos de associações, não conseguiram criar sociedades caritativas para os pobres e doentes; observamos, em algumas localidades, irmandades que fornecem caixões gratuitamente aos mortos que não possuem parentes capazes de assumir as despesas de seu funeral.

---

importância dessas inovações na história da civilização, ver J. Daniélou e H.-I. Marrou em *Nouvelle Histoire de l'Église*, Seuil, 1963, v.I, p.369.

75 Juliano, *Cartas*, editora Bidez, n.89, 305 BC; n.84, 430 C.
76 Na Inglaterra, em 1688, na célebre estatística de Gregory King, ancestral dos contadores nacionais, mais de 1 milhão de pobres, em uma população de 5 milhões, receberia ocasionalmente uma *poor tax*. Em Beauvais, no século XVII, nos melhores anos, o Escritório dos Pobres ajudava 6% da população da cidade (a caridade ignorava o campo); ver P. Goubert, *Cent mille provinciaux au XVII siècle*, p.339.
77 *Souvenirs d'un voyage dans la Chine*, Ardenne de Tizac, v.2, p.228.

Os romanos, precisamente, eram mais hábeis que os chineses para organizar irmandades de qualquer tipo, conhecemos bem o regulamento interno de um bom número de associações; as cotizações que os membros devem pagar e o destino dos fundos recolhidos são cuidadosamente especificados. Constatamos que nenhuma dessas associações usou esses fundos para ajudar seus membros carentes ou doentes.[78] Caridade e evergetismo possuem um ponto em comum: a atitude responsável e ostentatória da classe dirigente, ou seja, o fato de que a sociedade na Antiguidade era desigual. Talvez também seja pouco esclarecedor subsumir a esmola e as evergesias sob o conceito de redistribuição, associando-as ao dom, ao *potlatch* e à previdência social francesa.

6. "Redistribuição"

É necessário falar um pouco sobre a redistribuição, pois essa noção está na moda atualmente. Para dizer a verdade, é uma noção um pouco confusa que se refere a duas realidades diferentes. Primeiramente, existe a redistribuição no sentido da contabilidade nacional, cuja palavra designa as rendas de transferência; veremos mais tarde que a noção tomada nesse sentido é distinta e útil. Em um sentido bem diferente, a redistribuição deve sua notoriedade a um historiador das economias antigas, Karl Polanyi;[79] o que ele fala sobre isso é verídico; seria novo? Seria utilizável? Historiadores ou etnógrafos poderiam, a partir de então, ignorar a antiga economia clássica, boa apenas para as economias de mercado nas quais o dom e as prestações habituais não têm nenhuma importância?

Mercado ou dons

Polanyi constata que, antes da era industrial, as economias não eram organizadas conforme o mercado (ou o projeto), mas segundo redes de reciprocidade ou de redistribuição. A reciprocidade é simétrica: A dá um presente a B, que lhe será devedor de um modo ou de outro; a redistribuição irradia-se a partir de um ponto central: um homem poderoso compartilha as riquezas reunidas em suas mãos com diversos beneficiários.[80]

---

78 Waltzing, *Étude historique sur les corporations romaines*, v.I, p.32; G. Boissier, *La religion romaine d'Auguste aux Antonins*, v.2, p.334.
79 K. Polanyi, *Primitive, Archaic and Modern Economy*, ensaios editados por G. Dalton, Beacon Press, 1968.
80 Ibid., p.18 e 148.

Eis aqui o exemplo de primitivos que, na volta de uma caça ou de uma colheita, dividem seus produtos com aqueles com quem moram; até aqui a ideia de reciprocidade prevalece; quem dá hoje receberá uma compensação amanhã. Porém, em outras tribos surge um intermediário que é o chefe; é ele quem recebe os produtos e os distribui, em particular quando esses bens podem ser estocados; eis a redistribuição propriamente dita.[81]

O sistema funciona graças à instituição e ao costume, e não por meio de mecanismos econômicos. Constata-se, aqui, a diferença entre Polanyi e Marcel Mauss. O autor de *Ensaio sobre a dádiva* adota uma ótica microeconômica; ele descreve indivíduos que trocam dons e contradons [contre-dons]. A visão de Polanyi é macroeconômica; ele trata do conjunto dos bens e agentes traçando o esquema das redes de circulação nas quais os bens circulam através do corpo social. Não seria preciso que uma sociedade, efetivamente, assegurasse de um modo ou de outro a satisfação das necessidades de seus membros? O que seria a economia senão o modo de garantir essa satisfação? Com essa última pergunta começam, para nós, as dificuldades da teoria.

Polanyi tem o mérito de nos lembrar, implicitamente, três verdades. Em todas as sociedades conhecidas, os bens são repartidos desigualmente, sem isso um único homem não poderia evidentemente redistribuir com outros. Os agentes econômicos não vivem completamente para subsistência, mas possuem um excedente e podem trocar uma parte dele ou de sua subsistência. Enfim, o mercado, esse sistema de alta cultura, assumiu toda a sua extensão apenas recentemente (chamamos extensão do mercado o conjunto das espécies de bens que podemos adquirir: existem bens que não estão à venda). Com certeza, é provável que nunca tenha existido economia sem trocas, mas existem economias sem mercado, esse é o caso da maioria das sociedades que conheciam somente o escambo; o mercado só existe de verdade se ocorre comparação livre e constante dos termos sob os quais um grande número de trocas foi concluído, de tal modo que um preço uniforme se estabeleça, e que o que vale cem bois aqui e agora não custe cinquenta no vizinho. A extensão do mercado é um fenômeno recente e burguês; não está muito longe a época na qual o comércio e o assalariado eram menos difusos que a ajuda mútua e o clientelismo, na qual os humildes se ajudavam mutuamente prestando serviço uns aos outros e na qual os poderosos alimentavam muitos fiéis que viviam sob sua dependência, sem mesmo negociar possivelmente seu esforço físico e também sem fazer escândalo por uma trégua eventual.

---

[81] Ibid., p.13.

Sobre isso, encontramos uma página vibrante e sóbria nos escritos de Adam Smith que nos parece adequado citar integralmente:[82]

> Em um país onde não existe comércio exterior nem grandes fábricas, um grande proprietário, não tendo como trocar a maior parte do produto de suas terras quando a produção excede a subsistência dos plantadores, consome a totalidade de sua colheita em sua própria casa em um tipo de hospitalidade rústica. Ele encontra-se, assim, o tempo todo cercado de uma multidão de clientes e de pessoas que chegam umas atrás das outras, não tendo nada equivalente para oferecer em troca de sua subsistência, mas sendo completamente alimentados por sua beneficência, estão sob suas ordens pela mesma razão que um soldado se encontra sob as ordens do príncipe que os paga... Um chefe de Tártaros, que recupera ao aumentar o seu rebanho uma renda suficiente para manter um milhar de pessoas, possui pouca margem para empregar essa renda de outra maneira que mantendo mil pessoas. O estado agreste dessa sociedade não lhe oferece nenhum produto manufaturado pelo qual ele possa trocar essa parte de seu produto bruto que excede o seu consumo. As mil pessoas que dependem inteiramente dele para sua subsistência devem necessariamente ir à guerra sob suas ordens e submeter-se a seu julgamento em tempos de paz. Em uma sociedade civilizada e opulenta, um homem pode gozar de uma fortuna bem maior, sem precisar, por conta disso, ter uma dúzia de pessoas sob suas ordens. Mesmo que o produto de seu bem seja suficientemente importante para manter mais de mil pessoas, mesmo que, enquanto isso, ele as mantenha, como essas pessoas pagam por tudo o que recebem dele e como ele não dá praticamente nada a quem quer que seja sem receber o equivalente em troca, não há quase ninguém que se veja absolutamente sob sua dependência, e sua autoridade não vai além de alguns criados.

O historicismo alemão não ignorava que a extensão do mercado era um fenômeno recente. Quando Mauss, por sua vez, descrevia o dom como origem da troca, ele se lembrava, sem dúvida, de Augusto Comte, que, como me disse Raymond Aron, enumera o dom, a troca, a herança e a conquista como fontes da propriedade. Notemos, sobre esse assunto, que antes de se associar ao dom, a troca associara-se à pilhagem; "o comércio", afirma Benjamin Constant, "não é nada além de uma homenagem prestada à força do possuidor por aquele que aspira à posse; a guerra é, assim, anterior ao comércio".[83] Especifiquemos, enfim: se a extensão do mercado aumentou (os assalariados sucederam aos vassalos), se uma lista e um volume mais extenso de bens

---

82 *Richesse des nations*, 3, 4 e 5, I; citamos a tradução de Blanqui.
83 B. Constante, *De l'esprit de conquête*, I, 2.

são trocados no mercado, aí está o crescimento ao mesmo tempo absoluto e relativo: se trocamos mais é, em parte, porque produzimos mais; possuímos tantos bens que continuamos a transferir gratuitamente uma parte deles.

Crítica de Polanyi

Existirá redistribuição desde que exista troca e enquanto não existir mercados por toda parte; a redistribuição ficará para sempre. Polanyi pode então enumerar, como centros de redistribuição, um templo na Suméria, uma sociedade tribal com seu *big man*, um senhor, um palácio do Oriente Antigo, o Baixo Império romano, a União Soviética.[84] Compreendemos por que a redistribuição se encontra em todos os lugares: é uma noção sobretudo negativa; ela envolve tanta coisa que acaba não envolvendo nada. Existe redistribuição onde não existe mercado, do mesmo modo que um bárbaro é qualquer homem que não seja grego; acontece que os gregos são uma única espécie, enquanto uma espécie bárbara não se parece com nenhuma outra. O mercado é um e a redistribuição é múltipla.

De tal modo que, se estudássemos a redistribuição através dos séculos, reescreveríamos a maior parte da história econômica. E até mesmo da história geral. Eis aqui uma sociedade que ultrapassou o nível de simples subsistência; seu excedente se acumula nos sótãos de alguns *big men*. Como o apetite desses últimos acaba encontrando seus limites, resta-lhes gastar seu excedente ou doá-lo.[85] Mas a vida social e cultural de um grupo determinado será completamente diferente dependendo de para quem se doa: a todo o vilarejo, aos mendigos, aos palhaços, a um templo, aos guerreiros ou aos escravos.

Sociologicamente, sob o conceito de redistribuição, misturam-se escambos interesseiros, presentes simbólicos, fantasias ideológicas. Um rico que alimenta guerreiros que lutarão por ele realiza um escambo que, sob uma forma sumária, resulta da racionalidade do "consumidor egoísta": troca seus bens por serviços usando um índice orçamentário. O mesmo rico apresenta uma conduta simbólica quando, sem a preocupação egoísta de uma contrapartida, convida o vilarejo inteiro ao seu casamento para compartilhar sua felicidade. Quanto ao homem poderoso que recebe de seus subordinados "dons gratuitos" que ninguém ousaria recusar, ou que distribui a seus bons servidores moedas de ouro que são o "penhor" de sua satisfação, ele dispõe

---

84 Polanyi, op. cit., p.31-32.
85 Max Gluckman, *Politics, Law and Ritual in Tribal Society*, Blackwell, 1965, p.119-121.

de um sistema fiscal e de empregados assalariados sob a cobertura ideológica da gratuidade; ele redistribui porque exerce um poder político.

Economicamente, a noção de redistribuição é mal delineada. Passa pelo escambo e pela troca monetária, que, entretanto, se distinguem apenas por pequenos detalhes. Esqueçamos os casos em que a reciprocidade ou a redistribuição são condutas simbólicas ou ideologias para considerar, a partir de agora, somente os casos nos quais as condutas são egoisticamente racionais. O escambo se situaria do lado do mercado ou do lado da redistribuição e da reciprocidade? Voltemos aos nossos ricos que trocam comida pelos serviços que seus empregados lhes prestam; é um escambo, e Polanyi veria nele redistribuição. No entanto, o princípio desse escambo é o mesmo que o do mercado: aumentar a satisfação de cada um desses dois parceiros, ambos ganham nessa transação ao trocarem paradoxalmente bens de valor igual (o que é possível, pois o valor não se funda no trabalho implícito em um bem, mas em sua utilidade subjetiva); cada parceiro se separa do que possui em excesso para adquirir o que estava lhe faltando. Entre esse escambo e a troca, a diferença é apenas de grau: segundo a análise de Michèle Saint-Marc,[86] no escambo existiria mais ignorância e mais incerteza. Eis o exemplo de um indivíduo que não sabe o que fazer com seus lingotes de estanho e que precisa de um tecido de seda; ele não tem certeza nenhuma de encontrar alguém que precise de estanho e possua tecidos dos quais quer se livrar. Se tiver a sorte de encontrar o seu homem, ele ficará tão feliz que não complicará muito os termos da troca; ele ignora ainda a que taxa, em outros casos como o seu, o estanho e a seda foram trocados. Sem ter uma referência para comparar e sem nenhuma concorrência, os termos da troca serão diferentes entre uma troca e outra; eles não convergirão para um preço de mercado uniforme.[87] Apesar disso, o escambo e o mercado possuem a mesma racionalidade.

Contudo, se desconhecermos essa racionalidade, veremos no escambo somente um costume, uma instituição. A origem dessa ilusão pode se adivinhar; no escambo, aquele que solicita a troca tem pouca escolha, como acabamos de ver, ele não tem como fazer comparações; sua elasticidade no que diz respeito aos termos da troca será ainda menor do que seria em um mercado abastecido, ele aceitará as condições que lhe serão feitas. É essa pouca elasticidade o que provavelmente enganou Polanyi: ela sugere falsamente que a firmeza de uma instituição seria suscetível ao escambo. Imaginemos um empregado que procura um senhor a quem se dedicar; ele não negociará seus serviços sob as mesmas condições que em um "mercado de trabalho",

---

[86] *Monnaie, espace, incertitude*, Dunod, 1972.
[87] M. Saint Marc, op. cit., p.31-32.

mas trocará sua fidelidade junto ao senhor que se interessará por ele e que o alimentará melhor ou pior que um e outro; ele se submeterá ao senhor que encontrou, assim como, por falta de escolha, submetemo-nos às instituições de nosso país e aos males de nossa época.

Dessa forma, instaura-se um sistema orçamentário no qual a racionalidade das condutas parece desaparecer cada vez mais por trás de um aspecto relacionado aos costumes. Dois camponeses que são vizinhos se ajudam mutuamente durante as recoltas; alternadamente, cada um ajuda o outro na colheita; é possível que um possua mais terras que o outro e que os serviços mútuos não sejam, assim, equivalentes; mas os camponeses não verificarão isso tão detalhadamente; o importante para eles é o fato de serem vizinhos, o que facilita a troca de serviços; ao se ajudarem mutuamente, eles parecem obedecer a um imperativo do costume; a verdade é que eles se contentaram em calcular as coisas grosseiramente. Eles não a mediram na escala de cálculo e de margem; sua conduta é econômica à medida que transfere materialmente serviços ou bens e é exatamente nesse aspecto que se mostra interessada; mas não é econômica à medida que não é inteiramente racional, e não calcula suas vantagens de um modo exato.

Os três sentidos da palavra "economia"

Percebemos, então, o que nos incomoda na teoria de Polanyi: apesar de ela ser o que é, ele misturou um pouco os três sentidos da palavra "econômico", que quer dizer "material", "interessado" ou "racional".

Um fenômeno é econômico quando tem materialmente uma relação com bens ou serviços; o trabalho, o desperdício, a vida contemplativa e as belas artes são competência da economia, pois eles estão, cada um a seu nível, em relação com a matéria econômica; nesse primeiro sentido, não existe nada mais importante do que a economia, e a história inteira é econômica já que existem poucas ações humanas que não se constroem com riquezas. Podemos também dizer que toda a história é mentalidade ou linguagem, já que agimos raramente sem que a mentalidade ou a palavra sejam equivalentes às matérias da ação; no entanto, a economia será considerada a mais importante, pela dupla razão de os bens econômicos serem raros por definição (parece-nos mais fácil encontrar ideias ou palavras do que bens) e de os bens raros também poderem ser usados como bens finais e meios para outros fins; o que representa muito. Em resumo, os fatos humanos são fatos sociais totais nos quais a economia, a política, a religião etc. articulam-se e os bens "materiais" são quase sempre presentes, pelo menos no que diz respeito aos materiais para a composição desses fatos.

Em um segundo sentido, relativo à causa final, e não mais à causa material, uma conduta é econômica quando ela é interesseira e quando ela visa diretamente adquirir bens e serviços; a produção, o escambo ou a troca são interesseiros, mas a caridade não.

Em um terceiro sentido, uma conduta é econômica quando ela corresponde à norma racional: a troca calcula com mais justeza do que a reciprocidade e é mais racional. O homem é economicamente racional porque apresenta uma tendência confusa em economizar seus recursos quando persegue seus fins, sejam esses interesseiros ou não; além disso, a ciência econômica é, ao mesmo tempo, normativa e descritiva.

Alimentar um vassalo para não fazer nada porque um dia poderemos precisar dele é uma ação econômica do ponto de vista material e final, mas não completamente do ponto de vista racional. Esbanjar por prazer ou fazer uma caridade são condutas materialmente econômicas. Suponhamos que uma caridade bem organizada, ou um Estado-providência, distribua sua ajuda a fim de igualar as utilidades marginais de seus benefícios, ponderadas em relação às misérias que precisam socorrer, e que dessa forma todos os miseráveis consigam adquirir um mesmo grau de alívio a partir de infortúnios diferentes: tal redistribuição será econômica por suas matérias e por sua racionalidade, ou por seus fins, que continuam desinteressados. A economia, diz-se comumente, ocupa em nossa civilização um lugar distinto daquele que ocupava nas antigas sociedades; isso chegou a ser escrito em romances históricos desajeitados nos quais a economia e a religião eram empilhadas uma em cima da outra, como dois silhares, ambas ocupando o alto da pirâmide de acordo com a época considerada. Não devemos, portanto, acreditar que os homens de antigamente eram mais desinteressados do que os de hoje, ou que no passado era menos inevitável que a ação humana comportasse bens raros entre seus pertences; simplesmente hoje em dia as condutas econômicas interesseiras são mais racionalizadas do que antigamente e, assim, mais autônomas, como veremos mais tarde.

Será que Polanyi distinguiu suficientemente bem os sentidos da palavra "economia"? Segundo sua definição, é econômico o que se refere à produção e à repartição de riquezas; o *potlatch* ou a vida monástica não serão, portanto, mais econômicos do que o mercado. Por que não? Para irmos mais longe, devemos então começar a fazer, nesse vasto programa, as inevitáveis distinções econômicas e sociológicas: Polanyi não se detém muito nisso e se contenta em distinguir reciprocidade e redistribuição, se a rede é bipolar ou central, e se os agentes são dois ou mais de dois; um historiador de arte estudaria as obras em mármore, independentemente de tais objetos serem deuses, mesas ou vasos, e os distinguiria de acordo com sua forma redonda ou pontuda? A redistribuição assume o escambo, que tem um fim econômico, e o legado de um moribundo à Igreja para salvar sua alma, que possui somente uma matéria econômica; a reciprocidade e o mercado parecem se excluir como dois sistemas alternativos, mas na realidade a reciprocidade é, na maior parte das vezes, um mercado nascente e, quando não é, quando é troca simbólica de bons procedimentos e convites para jantar, não é adequada como solução alternativa ao mercado.

Com certeza Polanyi distingue claramente o sentido material e o sentido formal da palavra economia: a economia não é tudo o que é econômico. Teria ele tirado todas as consequências dessa afirmação? Ele usa sua distinção para condenar o mito do *homo œconomicus*. Talvez. Mas já que nem toda a economia é econômica, ela deve necessariamente ser outra coisa, por exemplo, política, cultural ou religiosa. Tomando a economia conforme a sua materialidade, Polanyi quer conceituá-la tal como é, correndo o risco de reescrever a história universal; no entanto, existe muito mais a ser dito sobre um monastério do que reconhecer nele uma instituição de redistribuição. A economia, afirma, é muito mais instituição do que mercado. Com certeza, os monastérios funcionam para seus próprios fins utilizando bens como materiais, e sendo, além disso, instituições, pois as instituições, religiosas ou outras, não são raras na história. Contudo, o melhor recurso para explicar a instituição monástica, inclusive sob o ângulo econômico, talvez seja não considerá-la sob esse ângulo; não seria melhor se perguntar como objetivos religiosos, autênticos ou pretensos, encontraram recursos econômicos que conduziram a determinadas consequências econômicas? Se observarmos como formalmente econômicos os fenômenos que são somente materialmente econômicos, não existe mais nada a dizer; o evergetismo é redistribuição já que não constitui um mercado e coloca vários plebeus em torno de um só evérgeta: nosso livro estaria terminado.

Se a humanidade fosse uma espécie viva cuja única atividade fosse trabalhar para sobreviver, como os animais que são absorvidos pela procura de alimentos, então a economia preencheria uma única função: *primum vivere*; ela seria "o que existe de mais importante na história", não existiria nada além e serviria apenas para um único fim; seu aspecto material se confundiria com sua finalidade. Ou pelo menos os outros fins seriam, digamos, ontologicamente inferiores, superestruturas menores. Mas se a ação humana dependesse de mais de um princípio? Polanyi, que não é marxista, seria o último a negá-lo. Ele mesmo preconiza que a economia não é tudo o que é econômico. Tiremos as consequências dessa afirmação: esqueçamos a redistribuição e concentremo-nos tanto na sociologia quanto na economia do dom e, para esse último estudo, contemos com a ciência econômica clássica.

7. Sociologia do dom

Quando trocamos, damos e recebemos bens, nem sempre visamos aos próprios bens ao fazer isso: podemos visar à relação humana que essa troca implica. O dom possui efetivamente duas componentes, a coisa dada e o ato de dar. A coisa dada é um bem que pode proporcionar alguma satisfação em si; o ato de dar, por sua vez, pressupõe a existência de uma relação entre dois indivíduos, pode ser decorrente dessa relação, criado ou simbolizado por ela. Relação que pode ser muito diversa. A satisfação que o bem proporciona e a satisfação que esse bem oferece ao beneficiário da ação, assim como o ato de dar em si, possuem uma importância relativa que varia muito em cada caso; na troca, o bem é o que conta mais; em compensação, quando o dom é apenas uma homenagem simbólica, o objeto dado reduz-se na maioria das vezes a um bem sem valor e o fato de dar vale mais do que o que se dá.

Para tentar organizar um pouco melhor as condutas de dom, distinguiremos a troca, na qual os agentes visam à satisfação material do bem; o presente, quando eu sacrifico alguma satisfação material egoísta em troca da satisfação que uma relação com o beneficiário me proporciona; a homenagem, quando eu me sacrifico para simbolizar a existência da dita relação; e a prestação, na qual eu me vejo obrigado pela violência ou pela autoridade em transferir bens a meus semelhantes sem obter dessa redistribuição qualquer satisfação pessoal nem, evidentemente, material. Deveríamos acrescentar que essa classificação nem sempre corresponde à do vocabulário ou à da ideologia? Existem dons que se chamam trocas e prestações que se disfarçam em dons gratuitos.

Troca, presente, homenagem, prestação: um latinista reconhece, aqui, os quatro sentidos da palavra *munus* e de sua raiz indo-europeia. Digamos logo que o evergetismo era, sobretudo, presente ou homenagem simbólica; raramente equivalia à redistribuição.

Dom ou troca, mas nunca os dois

Na troca, seja ela monetária ou de produtos, que se assume como tal ou que se esboça ou se dissimula em uma sucessão de dons e de contradons, cada parte aumenta a satisfação proporcionada pelos próprios bens; é o que os economistas chamam de "renda do consumidor". No jogo da troca, o resultado algébrico da soma é nulo; depois da troca, o total das satisfações que os bens trocados trazem é superior ao que era antes; cada um ganha nessa troca sem que o outro perca; as curvas de indiferença também sobem: senão, ninguém perderia seu tempo fazendo a troca.

E isso nos permite distinguir as verdadeiras trocas daquelas que são somente simbólicas; se dois lares "trocam" convites para jantar e as respectivas anfitriãs servem aos convidados assados de valor equivalente, as satisfações materiais não aumentam, nada se parece mais com um assado do que outro assado, e as curvas de indiferença permanecem estáticas. Por outro lado, o que aumentou foi a satisfação que os dois lares tiveram em suas relações pessoais; não se trata de troca, mas de dons. Indo ainda mais longe, suponhamos que na mesa dos convidados, de acordo com o costume, as pessoas conversem; a "troca", ali, seria apenas uma metonímia, exceto se os convidados trocassem informações desconexas como se estivessem conversando: cada um transmite ao outro uma informação que teria sido provavelmente útil manter em segredo se ele não tivesse considerado ainda mais útil obter, em troca, os segredos do outro ou sua cumplicidade. Suponhamos, enfim, que tudo isso termine em casamento, um dos convidados casa-se com a irmã do outro. De duas, uma: ou a proibição do incesto já teria sido instaurada e, neste caso, o casamento equivaleria a uma troca indireta, pois, não podendo casar-se com sua própria irmã, decide deixá-la para outra pessoa, a fim de estabelecer com essa outra pessoa relações pessoais; temos, então, um dom, e não mais uma troca, ou o dom explica a proibição e temos um dom, e não uma troca; ou a proibição explica a troca, que não é um dom.

O dom, o presente, não visa à obtenção de bens; ao contrário, ele sacrifica uma satisfação material para satisfazer uma relação pessoal. Mesmo se esse sacrifício obriga o outro moralmente a se sacrificar, por sua vez, a me devolver meus presentes ou a me proporcionar uma satisfação material, trata-se de um dom autêntico, e não de um escambo disfarçado, se os laços que tenho ou que estabeleço com o parceiro contam mais do que seu contradom. É em virtude desses laços que dou meu presente; o ato de dar é somente um episódio nessas relações nas quais sacrifico uma satisfação material pelos sentimentos que meu parceiro me inspira. Tenho afeição por ele, devoção, admiração, benevolência; o verdadeiro dom é o episódio de uma relação de amizade, deferência, proteção, respeito...

Relações variadas, como se pode ver. O dom se move de baixo para cima e também de cima para baixo ou de igual para igual; o rei distribui presentes a seus súditos e os súditos oferecem presentes a seu monarca: em Roma também. O presente será modesto, condescendente, igualitário ou presunçoso. Contudo, quando é oferecido e aceito, não se sabe muito bem quem fica com o benefício moral, se aquele que ofereceu ou aquele que aceitou. Pois, quaisquer que sejam as variações das relações, cujo presente é um episódio, todas possuem em comum o fato de serem relações pessoais; se o rei oferece dons, é porque governa com paternalismo; se seus súditos lhe oferecem presentes, é porque eles devem obedecer filialmente, e não por puro respeito pela constituição do reino; eles sacrificam riquezas pela satisfação pessoal de seu potentado, em vez de se sacrificar pelo dever, pelo bem ou pelo regulamento. Ao contrário, quando uma relação é regulamentar ou coerente com valores superiores, éticos ou religiosos, não haverá mais dom: senão, seria simonia ou presunção; parecerá que quero comprar o empregado ou insinuar que obedeço a meu chefe somente porque gosto de obedecer.

Da mesma forma, o escambo não é troca, mas simples sucessão de dons recíprocos desde que seja uma conduta improvisada ou simbólica, ou que não exista o hábito comercial com suas regras e suas sanções formais ou informais. Sem esse costume, até que possamos confiar em um desconhecido, o dom se apresenta como a primeira forma de troca e o escambo será a troca de presentes ou pelo menos será assim na aparência, para tentar obrigar o desconhecido a tratar seu parceiro como um homem a quem ele acaba de se juntar pessoalmente. O dom como primeira forma de troca tem como longínquo descendente o que chamamos, nos dias de hoje, de amizade profissional;[88] ao oferecer o produto que queremos trocar como um presente, matamos dois coelhos com uma só cajadada; colocamos uma mercadoria no mercado e estabelecemos com o eventual comprador uma relação pessoal que é a única garantia de uma troca leal.

Em resumo, cada presente implica uma relação pessoal, qualquer que seja. Eu dou porque o interesse que tenho nessa relação é maior do que o interesse que tenho pelo bem que estou dando. Também não me parece estranho que o dom seja uma conduta tão difundida: a única preocupação dos homens não é obter bens diretamente; eles querem também o poder, a glória e muitas outras coisas; os generais querem ganhar batalhas mesmo se não se apropriarão dos bens saqueados. Os interesses dos homens são múltiplos; por interesse, quero dizer tudo o que possa interessar às pessoas de acordo com o que transparece de suas condutas mais ainda do que de suas palavras. "Interesse" não é aqui uma explicação, como quando falamos de interesse de classe, mas uma simples constatação e, podemos dizer, uma tautologia, como seu velho sinônimo, o bem; por definição, as pessoas buscam somente seus interesses ou seu bem, assim como tudo em que Midas tocava transformava-se em ouro. Os homens são, assim, egoístas, já que fazem somente o que lhes interessa, e altruístas, já que não se interessam sistematicamente pela

---

[88] Existe um bom livro sobre as amizades profissionais, *L'Amitié des affaires: essai de sociologie économique sur la corrélation des affinités et des intérêts dans les échanges*, por Edmond Rogivue, Marcel Rivière, 1939.

materialidade dos bens e podem se interessar pelos interesses e pelo prazer de seu próximo tanto quanto pelo seu próprio.

Presentes simbólicos e índices.
Duplo sentido da palavra "simbólico"

Episódio de uma relação sempre pessoal, o dom é, nesse sentido, um índice como qualquer outro sobre o caráter pessoal da relação. Ora, do índice ao símbolo, a distância não é grande. A fumaça é um episódio do processo de combustão; vista de longe, ela é um índice que prova que o fogo está queimando ao longe. Os pintores poderiam, então, concordar em adotar a fumaça como símbolo do fogo; o índice prova, o símbolo afirma. Do índice que era naturalmente, o dom torna-se símbolo se oferecemos um presente, não porque temos uma ligação pessoal com alguém, mas para afirmar o caráter pessoal da relação.

Sejamos cautelosos, então, com o adjetivo "simbólico", que é perigosamente ambíguo; é importante, para a continuidade deste livro, que distingamos seus dois significados. Tomemos o exemplo de um país onde reina um monarca poderoso; sua autoridade atrai para si homenagens sinceras de seus súditos e as oferendas que se acumulam aos pés de seu trono são o índice verídico de sua autoridade aos olhos de um observador estrangeiro. Seu sucessor é um fraco, murmura-se que uma camarilha governa às escondidas e, para dizer a verdade, não se sabe muito bem quem governa atrás das portas bem fechadas do palácio; as oferendas continuam a se multiplicar a fim de afirmar simbolicamente, por respeito à realeza e à ordem pública, uma autoridade monárquica cuja realidade se tornou duvidosa. Essas oferendas, dirão, são presentes simbólicos; mas dirão também que o poder do rei preguiçoso é apenas simbólico. Não que esse poder remeta a um poder simbolizado, como o fazem precisamente os presentes que o simbolizam, mas nesse sentido ele não é mais do que a sombra de um poder verdadeiro; ele se reduz a seus próprios símbolos. "Simbólico" quer dizer tanto o que "simboliza outra coisa" quanto "aquele que é platônico", pelo menos aos olhos de um racionalismo que se dispõe a considerar como platônicas as satisfações de vaidade ou de orgulho, as relações com a consciência do próximo.

Resta saber como é possível que o simbólico, ou mesmo o platônico, tenha um lugar tão importante na vida social; eles podem substituir o real? A condição para a possibilidade de um simbolismo próspero é o fato de a vida coletiva não ser transparente; é realmente o rei que governa atrás das portas do palácio? O simbolismo encontra-se por toda parte porque a hesitação e a suspeita estão por toda parte; o rei quer se assegurar do amor de seus súditos, que se sentem menos desconfortáveis em manifestar-lhe tal amor através de um gesto ritual, de um dom automático, do que através de uma declaração de amor improvisada.

Mas teríamos o direito de supor, com isso, que a presa e a sombra possuem o mesmo valor? Que todo fato social pode existir sob dois modos, um real e outro simbólico (ou platônico)? Sim e não; isso não pode ser feito em qualquer circunstância; o símbolo não é o oposto perfeito do real; o dualismo não funciona. Os presentes simbólicos têm o privilégio de suplantar a realidade somente em casos determinados e explicáveis. Eis aqui três exemplos.

É possível, por um infeliz acaso, que a realidade política seja diferente dos grandes princípios que subsistem. A Roma republicana, província democrática, era governada por uma oligarquia; a Roma imperial, que normalmente deveria ter a participação do Senado na metade de seu governo, é um Império dirigido pelo imperador ou por seu Conselho. Então, as evergesias que os candidatos oligarcas fazem a seus eleitores, assim como as atitudes republicanas dos "bons" imperadores, afirmam simbolicamente que os princípios permanecem, que a oligarquia gosta de seu povo e que o imperador conserva uma modéstia republicana. A afirmação não é vã: se a desgraça do tempo impede o soberano de se comportar de um modo tão republicano quanto ele gostaria, pelo menos a lembrança simbólica dos princípios seria, por sua vez, uma promessa de não ir além do que essa desgraça exige, não se tornar um "mau" imperador, não se tornar um César.

Pode acontecer de a realidade das coisas ser dificilmente apreciada. O senhor é poderoso e pode fazer o que quiser; mas será que ele faz tudo o que pode pelo bem-estar de seus fiéis? Esses últimos se questionam sobre isso. Estamos em Roma ou em cem outros lugares, eis um patrão que é paternalista com seus clientes: que patrão não é? Os presentes que distribui simbolizam seus sentimentos. Mas ele é realmente tão paternal quanto afirma? Ele poderia fazer ainda mais? É difícil saber; os clientes renunciaram a tal empreitada; por que o fariam se, diga-se de passagem, é impensável trocar de patrão? Eles estão dispostos a acreditar em tudo, já que não têm escolha. Nessa situação incerta, um belo gesto simbólico do patrão seria suficiente para fazer a balança pesar do seu lado e criar um preconceito favorável; o presente suplementar fará que a decisão lhe seja favorável porque é o único critério de que os clientes dispõem. Aqui, o símbolo é o começo de prova. A hipótese contrária o mostra claramente; se um patrão recusava qualquer presente, concluía-se, corretamente, que, no fundo, ele não era paternalista; senão, como explicar que fosse deliberadamente detestado por sua avareza?

Existe, enfim, uma área na qual o símbolo é quase a realidade porque, nessa área, "fazer é dizer" e tudo acontece na cabeça dos agentes. Por exemplo, o desprezo e os símbolos do desprezo. O desprezo é uma coisa que existe inteiramente na cabeça de alguém que despreza o outro; o desprezado sofre não pelo que fazem com ele (talvez não lhe façam nada), mas pelo que pensam dele. Ora, como lhe provar que é desprezado? Dizendo-lhe: não é necessário mais que isso. Desprezar consiste em dizer "eu o desprezo" ou em fazer um gesto simbólico que o diga. Do mesmo modo, o respeito existe pelos sinais exteriores de respeito que não são vãos, já que ninguém pode mentir do início ao fim sem se engasgar durante sua fala. Qualquer afirmação pública que fazemos nos compromete diante de nós mesmos, a ponto de nos preocuparmos em conciliar nossos atos e nossos pensamentos a nossas palavras.[89]

Vemos, então, em que casos os símbolos possuem o estranho poder de substituir as realidades simbolizadas; isso acontece quando são, simultaneamente, outra coisa; eles são promessa, começo de prova ou sinal exterior de respeito. Nunca a codificação, em seu papel de codificação, vale tanto quanto a mensagem, e não basta pronunciar a palavra para fazer surgir, por magia, a realidade que ela designa. Quando uma satisfação simbólica parece ser suficiente para nos contentar, não é porque tomamos a sombra como realidade, mas porque o próprio gesto de exibir um símbolo possui uma realidade que nos basta; se eu, rei preguiçoso, me satisfaço platonicamente com as homenagens simbólicas que prestam ao poder que não tenho, é provavelmente porque o prestígio do poder tem mais atrativos, para mim, do que seu exercício que encanta, em compensação, minha eminência parda.

No total, isso representa muito espaço para o simbolismo na vida social. Seria por essa razão que os presentes simbólicos e o evergetismo ocupavam um lugar tão grande na sociedade antiga? Não exatamente, pois a explicação é necessária, mas não é suficiente; seria ainda preciso que a sociedade antiga optasse pelo dom, entre tantos outros símbolos possíveis. Em si, o simbolismo é antropológico: todos os homens são sensíveis aos sinais exteriores de desprezo ou de respeito, quaisquer que sejam; todos se contentam com começos simbólicos de prova quando não encontram nada melhor. Mas, como símbolo, o dom não é tão antropológico quanto pensamos: ele é extremamente convencional, histórico. A sociedade antiga poderia ter considerado os presentes não como homenagens, mas como esmolas ofensivas ou tentativas de corrupção; por meio de símbolos de respeito, ela poderia ter-se contentado com os salamaleques. Nos dias de hoje, um embaixador exige

---

89 Fazemos alusão à teoria dos enunciados performativos de J.-L. Austin (ver É. Benveniste, *Problèmes de linguistique générale*, p.269) e à teoria da "redução da dissonância" por Festinger (ver mais tarde Capítulo II, n.396 e 397).

respeito; no mundo helenístico, ele aguardava e aceitava presentes, os *xenia*. Parece-me perfeitamente concebível que, em duas sociedades, social, política e economicamente comparáveis, o dom tenha uma importância muito desigual.

Resumindo: o dom vale tanto pela coisa dada quanto pelo episódio ou símbolo de uma relação pessoal, caso a sociedade em questão o tenha adotado como símbolo. Para o estudo do evergetismo, surgem então dois problemas, o primeiro seria anedótico e o segundo, capital: de onde vem o fato de a sociedade antiga ter credenciado o dom como símbolo? De que relação pessoal os evérgetas eram episódios ou símbolos? Agora que sabemos qual abismo separa o dom e a troca, disfarçado ou não, nos encontramos, com o evergetismo, no extremo oposto do dom como forma primitiva de troca; o evergetismo era uma questão de relação pessoal entre o evérgeta e a plebe; nas evergesias, o ato de dar talvez fosse mais importante do que o valor material do que se dava.

As transferências

Mas e se o evergetismo não fosse nem dom nem símbolo, mas redistribuição? Dessa vez, não adotaremos a palavra redistribuição no sentido usado por Polanyi, mas no sentido empregado na contabilidade nacional, que indica as transferências de renda entre os lares como, por exemplo, as transferências efetuadas pela seguridade social francesa. Se procurássemos no passado um equivalente dessa instituição de nosso século, qualificaríamos também de redistribuição a célebre *poor tax* da antiga Inglaterra. Poderíamos comparar o evergetismo a essa taxa? E, primeiramente, o que é a redistribuição? Um gênero sociológico ou uma instituição histórica?

Ela não é nem um dom, nem uma troca, nem um símbolo, mas do ponto de vista dos indivíduos, uma prestação. As cotizações para a seguridade social ou a *poor tax* são obrigatórias, sob pena de sanções legais; elas são pagas sem nenhuma contrapartida direta. Simetricamente, o beneficiário da transferência não é forçado a nenhuma prestação em troca do que lhe é dado. Os que cotizam não têm nenhuma motivação pessoal na transferência de uma fração de sua renda; são contribuintes, não mecenas ou filantropos. A redistribuição é imposta pela lei, que cumpre o que os egoísmos e os mecanismos econômicos não conseguem assegurar.

À primeira vista, a redistribuição é um gênero sociológico. A contabilidade nacional permite distingui-la das outras transferências obrigatórias, principalmente dos impostos, e também da caridade privada; do lado do contribuinte, ela assume como critério o caráter obrigatório da prestação;

do lado do beneficiário, o caráter individual do consumo. De um primeiro ponto de vista, impostos e cotizações sociais são reunidos a título de transferência, pois tanto uns quanto os outros são deduzidos obrigatoriamente da renda disponível daquele que paga. Do ponto de vista do beneficiário, em compensação, imposto e redistribuição se distinguem claramente: a redistribuição é acrescentada à renda disponível do beneficiário, enquanto os impostos permitem às administrações prestar serviços públicos que não são transferidos nem consumidos individualmente; esses serviços se somam ao produto nacional, e não geram o pagamento por cada uso que se faz dele. A redistribuição é uma transferência obrigatória que se dirige ao benefício particular de alguns indivíduos. Ela é diferente da caridade privada, que é um dos empregos que os indivíduos podem fazer de seus recursos disponíveis depois da dedução das transferências obrigatórias; a caridade faz parte do consumo. Os contadores nacionais, por sua vez, se preocupam muito pouco com essa questão, pois as transferências voluntárias representam uma fração negligenciável da renda disponível da maioria dos agentes econômicos.[90]

Essas distinções vão além de um alcance contábil? A noção de redistribuição é coerente ou seria impossível delimitá-la sem levar em conta suas origens históricas? Parece-nos facilmente observável que a noção é convencional e histórica.

Primeiramente, entre os serviços públicos, seria necessário distinguir aqueles que são intermediários e os finais; os primeiros são serviços que a administração pública presta às empresas gratuitamente, no sentido de que não os vendem caso a caso e a justo valor; esses serviços integram o produto nacional como as produções das empresas. Os serviços finais, por sua vez, melhoram o bem-estar dos consumidores; ensino, espetáculos gratuitos, jardins públicos, quadras de esporte;[91] são vantagens sociais que, por serem bens ou serviços coletivos, somam-se aos recursos individuais; eles deveriam integrar a renda nacional a título de transferências.[92] A razão dessas inconsequências é histórica; a administração pública foi criada na época do Estado liberal, a segurança social é uma inovação; ela foi criada na era do *Welfare State*.

Em seguida vem o salário. Sabemos bem que os índices dos salários não são determinados pela margem de utilidade final do trabalho, mas que esse

---

90 J. Marczewski, *Comptabilité nationale*, Dalloz, 1965, p.309. Sobre a "parcela caritativa" na redistribuição da renda nacional, ver J. Marchal e J. Lecaillon, *La répartition du revenu national*, v.2, Génin, 1958, p.367-379.
91 Marczewski, ibid., p.164, 168, 260, 270, 300.
92 A. Barrère, *Théorie économique et impulsion keynésienne*, Dalloz, 1952, p.342.

índice é "institucional", fixado por lei, pelo costume, pela ação sindical; trata-se de uma variável independente: somente as empresas que podem se comprometer em aplicá-lo contratarão empregados; as outras fecharão suas portas ou aperfeiçoarão suas ferramentas. Mas se o salário mínimo é fixado por lei, não se deveria falar de redistribuição? Não seria, em parte, uma transferência obrigatória que se soma às rendas individuais? Com certeza. Mas não se pode pedir a ninguém, contador ou mesmo economista, para calcular que fração do salário adquire um caráter de transferência, ou seja, comparar o salário tal como é ao que seria em um outro universo econômico. Às dificuldades contábeis e teóricas somam-se, talvez, escrúpulos ideológicos: na economia de mercado, a lei não deve ter a reputação de pilotar a economia; no mínimo, ela retifica a sua marcha espontânea.

A definição contábil da redistribuição não é historicamente transponível; ela foi cortada sob medida para uma conquista recente, a seguridade social. Pouco importa, na realidade, se as rendas individuais melhoraram com os reembolsos da seguridade social, com um salário mínimo garantido por lei, um índice de reajuste dos salários, as vantagens sociais ou as evergesias. Deslizamos, assim, para uma concepção ética da redistribuição: em nome da justiça, da caridade, do civismo, da solidariedade, algumas necessidades (diferentes para as diversas sociedades) devem ser supridas quando os recursos pessoais dos indivíduos não são suficientes; essas necessidades, efetivamente, são consideradas indispensáveis. No fundo da ideia de redistribuição, está a ideia de restabelecer, por qualquer circuito que seja, por transferências ou outros meios, um mínimo de justiça entre os membros da sociedade.

E com razão. Que uma economia seja escravagista ou de dom, ou de mercado, ou de projetos, ela conduz a uma partilha das rendas que não satisfaz mais os interessados nem os ideais de justiça. Essa partilha pode, contudo, ser aceita a partir do momento em que as pessoas têm a impressão de que devem a sua sorte a seu destino ou a seu mérito; mas quando se revela que na realidade as rendas dos indivíduos estão amplamente relacionadas à força da pressão dos diferentes grupos sociais a que pertencem, a submissão à ordem estabelecida é substituída por uma luta para se obter mais.[93] Pois não existe critério imputável a todos que permita dizer, *a priori*, qual deve ser a partilha (o cálculo pela margem constituindo somente o meio de tirar o melhor partido da partilha existente).

Como distinguir a redistribuição da distribuição? O que justifica esse prefixo? A distinção não é possível nem cronologicamente, nem logicamente. O mesmo que ocorre com a partilha das rendas, ocorre também com a divisão

---

93 Joan Robinson, *Hérésies économiques*, tradução alemã, Rowohlt, p.166.

de fronteiras: a qualquer momento, as fronteiras das nações são aquelas que o passado delimitou. Elas podem ser estáveis durante muito tempo; porém, se um conflito ou uma negociação conduzirem à transferência de uma província de um Estado a outro, essa inovação mudará o *status quo ante*. A nova e a antiga fronteiras se distinguirão somente pela data: elas não são de tipos diferentes. Definiremos, então, a redistribuição de um modo convencional e formal; diremos que existe redistribuição em uma sociedade se algumas transferências são obrigatórias e sem contrapartida e se o objetivo dessas operações é assegurar a seus desfavorecidos, quem quer que sejam, a satisfação de necessidades que a sociedade em questão considera como indispensáveis; o prefixo assume, assim, um sentido ético: restabelecer um pouco de justiça contra a natureza social. Quanto ao conteúdo da noção, ele será sempre histórico: o que será redistribuição em uma determinada época constituíra, em outra época, a partilha tradicional das rendas.

Existe redistribuição se existem, ao mesmo tempo, obrigação e ideal de justiça. A caridade cristã, nesse sentido, não era redistribuição, mas doação livre. E a *poor tax* elisabetana? O ideal de caridade foi uma das causas que ela defendeu, mas também o medo social que as hordas de mendigos exercem, a prerrogativa da Coroa que queria impor a seus súditos a prática de todas as virtudes cristãs e, enfim, o desejo de enquadrar como caso de polícia os vagabundos. Quanto ao evergetismo, ele é quase inteiramente alheio à redistribuição. Concessões sociais arrancadas dos possessores pela luta de classes? Na Antiguidade, essa situação é muito conhecida, como veremos, mas o evergetismo não é isso. Obrigação? Doce violência, no máximo; o evergetismo não consistia em professar que algumas necessidades, coletivas ou não, supérfluas ou não, deviam ser absolutamente supridas, mas que deviam ser supridas por mecenas que, mesmo ao fazerem a si mesmos uma doce violência, tinham motivações pessoais muito poderosas para se mostrarem magníficos.

É verdade que podemos também observar o evergetismo com outros olhos; podemos ver nele não reivindicações impostas aos privilegiados pelo povo, mas uma tentativa de corrupção do povo pelos privilegiados.

8. *Panem et circenses*

"O povo romano, que em outros tempos distribuía magistraturas, ligas, legiões, tornou-se mais modesto: seus desejos ansiosos não exigiam nada mais do que duas coisas, seu pão e seu circo."[94] Nesses versos famosos,

---
[94] Juvenal 10, 81.

Juvenal lamenta que Roma, há muitos anos uma província-Estado pretensamente governada por seus cidadãos, seja simplesmente a cidade capital de uma monarquia. Esses versos tornaram-se proverbiais em um sentido diferente, ou diríamos até, em dois sentidos; o pão e o circo teriam sido dados a Roma em troca do poder da classe dirigente ou em troca de privilégios da classe proprietária; é a confusa ideia de despolitização.

Despolitização

Em um sentido direitista, o de Juvenal, as satisfações materiais mergulham o povo em um materialismo sórdido no qual ele esquece a liberdade; em um sentido esquerdista, satisfações incongruentes ou ilusórias desviam as massas da luta contra a desigualdade. Em um caso ou em outro, podemos imaginar, além disso, que o poder ou a classe proprietária oferecem prazeres ao povo por um cálculo maquiavélico. Podemos ler em um *best-seller* sociológico:

> As teorias segundo as quais os prazeres populares e as diversões de massa constituem uma maquinação montada pelas classes dominantes contra o povo são muito antigas e se resumem no ditado *panem et circenses*; uma explicação mais profunda é a de Veblen: as massas americanas modernas mantêm classes dominantes somente para serem perpetuamente consideradas em estado de narcose, graças à produção industrial dos prazeres.[95]

Essa afirmação seria, para nós, um julgamento normativo, e não uma explicação. Segundo ela, o ideal humano é o de ser um cidadão autônomo; todo homem deveria fazer política, e não deixar o governo agir sem ele. Ora, acontece que os homens não correspondem a esse ideal; se a culpa não é deles, é de uma maquinação governamental.

A explicação seria admissível se todos os homens se interessassem apaixonadamente pela política em vez de a confiarem, majoritariamente, a especialistas, como confiam a confecção de seu pão ao padeiro. Deveríamos também supor que os homens consideram a igualdade uma questão de princípio, e que eles não admitem a desigualdade como admitem, por exemplo, a violência. Essas duas suposições são infelizmente falsas;

> parece que a apatia política é um estado natural na maioria dos homens; dessa maneira, seria um tanto ilógico desejar que cada indivíduo manifestasse um

---

95 D. Riesmann, *The Lonely Crowd*, tradução alemã, Rowohlt, p.166.

interesse profundo pela política em vez de se apaixonar pela música clássica, eletrônica ou pelo beisebol.[96]

O interesse político consiste mais frequentemente em desejar que o governo faça uma boa política do que em desejar que cada um a faça.

Como muitos provérbios, o ditado de Juvenal identifica inadequadamente uma verdade cruel. O circo não é, evidentemente, o instrumento de uma maquinação governamental e o ditado se engana na escolha de seu culpado; também não se despolitiza um proletariado fazendo-o ler romances água com açúcar: se esse tipo de literatura não existisse, as leitoras se entediariam e não militariam mais ou menos por causa disso; elas também podem ler tais romances e militar politicamente. Mas é bem verdade que a política, do ponto de vista dos governantes, consiste em fazer que os governados se interessem o mínimo possível pelo que ocorre a sua volta; mais exatamente (e tudo reside nessa nuance), o governo consegue ser o único a ter o controle das coisas porque os governados são, eu não diria condicionados, mas espontaneamente dispostos a deixar as coisas públicas nas mãos dos governantes; claro que uma precondição pode ser exigida: existem Estados mais policiados e mistificadores que outros. Mas a despolitização que as ditaduras tanto prezam não é nada além do que uma cultura forçada e um apolitismo natural.

"Apolitismo" significa dizer que as pessoas não se interessam apenas pela política, de um lado, e são governáveis e se deixem governar do outro. O provérbio ressalta cruelmente que, com essa natureza das coisas, um dos dois lados, o dos dirigentes, tira um grande proveito do outro: as posições dos governantes e dos governados não são simétricas. Certo dia, o ator Pílades ousou replicar quando o imperador Augusto o recriminava de agitar o público em suas cabalas teatrais: "É de seu interesse, César, que o povo passe seu tempo entretido conosco";[97] era uma falsa audácia: Pílades falava como um súdito fiel; no mínimo, exagerava seu poder. Já que as pessoas dão mais importância a seus prazeres do que ao que é realmente importante, o governo pode governar mais ou menos como quiser.

Is fecit cui prodest: já que os governantes são os que se aproveitam mais do apolitismo, não seriam eles os autores de tal plano? Não são eles que oferecem o circo? Equivale a estabelecer uma consequência visível da despolitização augustiana por sua causa. Um longo período de guerras civis acaba

---

96 H. Mac Closky, citado em *Textes de sociologie politique*, P. Birnbaum e F. Chazel, A. Colin, 1971, v.2, p.223.

97 Dião Cássio, 54, 17, 5; Macróbio, *Saturnales*, 2, 7, 19.

de terminar; aproveitando-se do cansaço geral, uma monarquia autoritária retoma suas funções. Acaba por expulsar as massas da arena política e prepara a opinião geral; cada um sente que, a partir daquele momento, é inútil tentar acalentar ambições, pois o governo pretende ser o único a fazer política. A vida cotidiana assume um contorno pacífico e fútil; o circo é a única paixão que o povo ainda pode ter: não se fala mais sobre política, mas se continua a falar sobre os espetáculos. Previdente, o governo talvez promoverá espetáculos a fim de despertar o amor do povo, mostrando que seus prazeres são levados em conta pela solicitude paternalista do monarca. Contudo, não afirmarei que o número de frequentadores dos espetáculos tenha aumentado; talvez, durante a revolução romana, o circo tenha tantos frequentadores quanto hoje; porém, como os clubes políticos também não esvaziavam, ninguém ousava transformar a ida aos espetáculos em um estereótipo satírico destinado a envergonhar os cidadãos por seu apolitismo. Esse estereótipo toma a forma canônica de uma troca, pela homenagem inconsciente à norma do contrato social: o povo trocou sua cédula de voto por uma entrada para o circo, como Esaú cedeu seu direito de progenitura por um prato de lentilhas, e nessa troca, o governo sai vencedor; por conseguinte, o povo é enganado.

Esse mito da troca é bastante natural. Queremos acreditar que a sociedade é fundamentalmente justa, constatamos também que o povo se submete, com uma obediência muito parecida, a regimes políticos diferentes que lhe permitem usufruir de satisfações diferentes; podemos supor, então, que o povo trocou os prazeres de antigamente pelos de hoje; transação impiedosa, contrato injusto, mas, ainda assim, contrato.

Às vezes, por um momento, podemos ver com nossos próprios olhos o circo perseguir a política, e que essa substituição não seja uma ficção explicativa, mas que aconteça no tempo real. Revoluções poderiam ser interrompidas em nossa sociedade durante um final de semana. Em suas *Istorie fiorentine*, Maquiavel conta que, em 1466, como as dissensões dos florentinos ameaçavam levar a República à guerra civil:

> Alguns dos que detestavam as discórdias civis quiseram tentar parar essa agitação crescente ocupando o povo com novas festas públicas, pois a ociosidade seria a principal causa das sedições. Eles tentaram acabar com isso e desviar a atenção dos negócios públicos levando-a alhures. Eles encomendaram duas festas, as mais magníficas já vistas em Florença; uma representava os reis magos chegando do Oriente, ela foi feita com tanta magnificência que toda a cidade trabalhou vários meses nos preparativos.

Contudo, concluiu Maquiavel, "quando a festa terminou, as mesmas preocupações voltaram a agitar as mentes: cada um se agarrou à sua opinião com mais ardor que nunca". É lógico: os homens não são monomaníacos, possuem interesses diversos, várias ideias ao mesmo tempo, raramente eles são captados por um único grande sentimento; além disso, a vida é vivida cotidianamente. Eles conciliam seus centros de interesse fazendo que se sucedam.

Apolitismo

O que compreendemos por despolitização não é isso; seria, ao contrário, uma aceitação vergonhosa, pelos cidadãos, de um regime autoritário e astuto que corrompe o povo; ele oferece prazeres em troca de sua passividade. Se essa ficção fosse crível, ela demonstraria o oposto do que se quer demonstrar, pois seria necessário concluir que a transação era honesta, já que foi aceita; se julgarmos o valor dos prazeres trocados de acordo com as "preferências reveladas", chegaremos à conclusão de que o circo valia exatamente uma cédula de voto. Mas as coisas não são assim: a ficção é apenas uma ficção; trocar a cédula de voto pela entrada do circo ou por prazeres? Sob que condições? A escolha não é gratuita, tanto que as "preferências reveladas" dos consumidores permanecem desconhecidas de todos e, antes de tudo, deles próprios. A política não é um contrato que os governados podem aceitar ou recusar: eles se submetem a ela, a não ser que se revoltem contra ela. Não existe reciprocidade entre o Estado e o cidadão; é o governo que escolhe para o povo entre o prazer e o ativismo. Cabe aos governados se adaptarem a tal escolha. Eles se adaptam profundamente a ela, pois a autoridade possui a virtude de obter a adesão do povo até mesmo em pensamento; a trajetória das mentes segue naturalmente a direção dada pelo governo. É a própria definição da autoridade: é o fato de poder fazer que os homens façam o que se quer deles sem o uso da violência (com exceção, talvez, da "violência simbólica", quer dizer, uma violência que não é física) e sem precisar convencê-los sistematicamente. Em resumo, os homens são governáveis. Por que são condicionados a isso? Temos que nos entender sobre esse aspecto. Ou decidimos que o condicionamento e a violência simbólica são julgamentos de valores (afirmação da qual, no que me diz respeito, eu assino embaixo) que querem dizer que tudo isso é injusto e que é lamentável que os homens sejam assim. Ou decidimos que são julgamentos de fato: nesse caso, o condicionamento e a despolitização encontram-se por todos os lugares, ou seja, em lugar nenhum; existirá despolitização enquanto existir um poder político; a despolitização é coextensiva à história universal. Mas, nesse caso, o pão e o circo não são necessários para explicá-la: bastaria que Roma tivesse sido uma sociedade política.

A explicação da submissão dos homens à autoridade não é grandiosa ou misteriosa. A sociedade existente goza de uma posição de monopólio; para os serviços indispensáveis que ela presta, não podemos nos dirigir a outro fornecedor; também não podemos fugir de suas obrigações em outro universo. Somos submetidos, assim, em ampla medida, a aceitar suas condições; melhor ainda: transformamos a necessidade em virtude, como sempre, e nos sentimos solidários a essa sociedade (a não ser que nos chamemos Max Stirner). Por exemplo, a sociedade que cada um encontra em seu estado nascente é como um bolo já cortado em partes desiguais; é possível que, frequentemente, nos resignemos a essa injustiça, que até a achemos natural por não enxergar nenhuma outra alternativa visível. Não temos certeza, nesse caso, que uma redistribuição de um pequeno pedaço da fatia do vizinho seja exigida em todas as sociedades e que o pão e o circo sejam uma necessidade universal.

Mas já que o apolitismo decorre do monopólio da sociedade e pressupõe algum consentimento, ele não é ilimitado como seria se fosse imputável somente à ação governamental, que o povo aceitaria sem problemas, tão passivamente quanto a marca deixada por uma impressão digital na cera. É verdade que frequentemente os governados alinham até mesmo seus pensamentos aos estados de fato, mas acontece que não é possível fazê-los aceitar tudo, a menos que se recorra à violência em seu sentido próprio: contudo, o circo não é precisamente a violência. Para que as massas americanas vendam seu direito de primogenitura ao grande capital contra as delícias da sociedade de consumo, é preciso que gostem disso; para que "líderes" tenham a adesão do proletariado, é preciso que este tenha boas razões para ouvi-los. A fraqueza da interpretação maquiavélica não é o fato de apresentar como um plano pensado o que na realidade não é exatamente isso, ou o que se faz instintivamente, mas supor que se pudesse ser capaz de despolitizar como em um passe de mágica. A autoridade não é todo-poderosa; ela não existiria se a natureza humana comportasse a possibilidade de dizer a si mesma "aqueles homens ainda não estão maduros". Uma causa eficiente, burguesa ou condutora, não pode modelar a matéria; ela obtém uma forma que já se encontrava em ebulição. Ocorre, também, que as sociedades são ao mesmo tempo injustas e relativamente estáveis: os desfavorecidos esforçam-se nem que seja para fugir da angústia de não se submeterem a nenhuma autoridade. A ideia de despolitização é muito contraditória; começa pela idealização das pessoas: a autonomia política estaria inscrita em sua essência; depois as derruba completamente: basta propor-lhes o circo para desnaturá-las; ela as ressalta imputando-lhes sua alienação com a varinha de condão do tirano. Por um sonho de autonomia política, nega-lhes sua autonomia antropológica.

Duas modalidades da disciplina

No que se refere ao apolitismo e à autoridade, todos os homens e todos os regimes se equivalem; toda sociedade política implica a dissimetria entre Estado e cidadão. As diferenças começam em seguida: todo regime é autoritário, mas existem várias modalidades possíveis de autoridade. Na Antiguidade, o evergetismo encontrava-se, precisamente, no centro das discussões sobre a autoridade. Não que os filósofos tenham desenvolvido teses sobre esse assunto (para Aristóteles, por exemplo, a autoridade e o poder de quebrar a resistência dos cidadãos caminham juntos, mas ele quase não aborda essa questão);[98] mas doutrinadores ou pensadores tinham suas opiniões sobre ele. Os próprios governantes haviam condensado sua experiência ou seus preconceitos em máximas que se transformavam de geração em geração; era o que fazia a oligarquia romana.

O que as doutrinas antigas viam no pão e no circo não se parece nada com o que nós vemos; elas se faziam a seguinte pergunta: deve-se conceder prazeres ao povo? O povo tem direitos próprios ou somente deveres para com a província? Alguns diziam que se deveria permitir que o povo desfrute de seus prazeres, outros, que estes lhes deveriam ser recusados, mas ninguém preconizava que tais prazeres deveriam ser doados (segundo o costume, ele já possuía prazeres); e também ninguém ensinava que se deveria despolitizar o povo. Apresentaremos, agora, sistematicamente, essa variedade de doutrinas cujos fragmentos ou variantes encontraremos na continuidade deste livro.

1. Uma primeira política concebível é controlar os governados reprimindo-os em todas as áreas, em nome de uma ideologia patriótica usada para dar boa consciência aos dirigentes, e não para mistificar o povo, para que eles exerçam sua autoridade sem fraquezas; circo e evergetismo seriam somente uma demagogia que torna o povo impertinente fazendo que acredite que não se deve viver somente por seus deveres para com a pátria.

2. Mas pode-se também estimar que o melhor meio de fazer reinar a disciplina é controlar o povo quando necessário e, em seguida, conceder-lhe prazeres tradicionais e até mesmo demonstrar-lhe que seus chefes concordam em se interessar pelos prazeres populares; essa foi, em termos de circo, o adágio da oligarquia republicana em Roma.

---

98 G. Jellinek, *Allgemeine Staatslehre*, 4.ed., 1922, p.221.

3. Existe, enfim, uma antiga receita monárquica: manter as populações na ignorância, agradar o povo reconhecendo-lhe o direito de se interessar pelo circo, e não lhe impor uma ideologia que deva ter muita importância para ele; a única coisa que o poder tem para fazer é não irritar a população com um zelo excessivo (Pôncio Pilatos não recusou a morte de Cristo ao patriarcado de Jerusalém para não cometer excessos desse tipo).[99] Foram assim os séculos de ouro do Império Romano; a receita monárquica era abandonar o povo a seu apolitismo natural. O rei quer que seus súditos se sintam confortáveis; o que não quer dizer que ele lhes dará os meios para adquirir tal conforto (como isso seria feito em épocas pouco economistas?), mas ele deseja sinceramente que a boa natureza lhes traga isso, sem apresentar nenhuma objeção de princípio; ele os deixa dançar e ir ao circo, sem pretender que nada do que acontece fora da vontade do soberano deva interessá-los.

Os políticos antigos respondem assim à questão sobre a possibilidade de governar apesar do circo; podemos deixar o povo ter outros interesses além do bem público ou seria preciso forçá-los a abandonar seu apolitismo para se submeter à virtude cívica? A primeira e a terceira doutrinas parecem optar pelos termos opostos da alternativa, e a doutrina republicana parece ser a que propõe o meio caminho entre uma e outra; podemos ficar tentados, efetivamente, em interpretá-las assim: a primeira doutrina é oligárquica e a terceira é monárquica. Ora, uma província oligárquica precisa do apoio do seu povo; ela tem um grande exército de cidadãos; sem virtude cívica, ela desabaria. Ao contrário, em uma monarquia que possui um exército profissional e um corpo de funcionários, o povo pode usufruir de seus prazeres. É bem verdade que uma oligarquia possui outros meios que um reino não possui; os notáveis que a dirigem vivem em contato com seus arrendatários ou seus clientes; eles podem enquadrar assim toda a população e instituir uma ordem moral; com eles, o Estado é onipresente.

Quimeras; a realidade cotidiana não é muito diferente em uma oligarquia e em uma monarquia burocrática; senador ou imperador, o índice de apolitismo varia muito pouco e a massa do povo não era menos amorfa sob a República do que sob o Império. E o povo tinha circo em ambos os regimes. Somente os excessos de linguagem de alguns doutrinários, Políbio ou Cícero, nos fariam pensar o contrário, eles são os únicos representantes da primeira doutrina e têm a mesma agressividade contra o evergetismo que

---

99 E. Bickermann, "Utilitas crucis", na *Revue de L'Histoire des Religions*, CXII, 1935, partic. p.209. Em narrativas de processos de mártires, foi frequentemente a multidão, furiosa, que conseguiu que o governo, visivelmente desejoso de agradar o pobre coitado, condenasse os acusados.

Vilfredo Pareto tem contra o covarde humanitarismo de uma burguesia que não sabe mais ser firme com seu proletariado. A política antievergética desses doutrinários, aliás, nunca foi uma realidade: as recreações coletivas eram instituições imemoráveis na Grécia e em Roma.

República ou monarquia, a questão não é saber qual possuía menor dissimetria entre dirigentes e dirigidos, mas saber sob que condições o apolitismo dos dirigidos será vivenciado e que concepção seus senhores possuem da autoridade; desse ponto de vista, a diferença separa a utopia dos doutrinários, de um lado, e as práticas republicanas e monárquicas, de outro.

A questão é a seguinte: seria verdade que a obediência é total ou inexistente? Que um homem pode, por exemplo, obedecer a seu príncipe apenas nas causas políticas e à sua consciência na escolha de uma religião? Dependendo da resposta, os direitos individuais e o circo surgirão como uma brecha que põe em risco a sustentação da província, ou como uma indispensável câmara de descompressão. O triunfo de uma ou outra dessas políticas não depende das infraestruturas ou das grandes opções, mas de muito menos que isso: dos preconceitos e hábitos do príncipe ou da oligarquia. Uma religião de Estado não se impõe para ser usada como ideologia e para justificar a ordem monárquica: ela se impõe quando o potentado nem imagina que seus súditos possam não se submeter a ele em tudo, como se fossem bons filhos; ela não é um instrumento simbólico de dominação, mas a consequência de uma concepção de autoridade segundo a qual a disciplina deve ser total.

Concepção que consiste em querer obter, diante do risco e da incerteza, margens de segurança muito grandes e, até mesmo, ilusórias. Ela é bastante comparável com a preferência pelas decisões unilaterais em política externa. Cada vez que as relações com parceiros, súditos do rei ou potências estrangeiras comportam incerteza, ou seja, sempre, tem-se a escolha entre duas soluções: ceder a fim de garantir o essencial, compartilhando a autoridade ou a segurança com seus parceiros (esse compromisso garante uma meia segurança no cotidiano), ou então tomar tudo para si, imaginando que assim conseguirá escapar do risco: ao exercer uma disciplina total, o rei imagina que não correrá mais o risco de ser excedido por seu povo.

Essas modalidades são contingentes

Evidentemente a disciplina total não garante ao soberano uma segurança maior que a disciplina parcial ou funcional; mas ela pode lhe parecer mais gloriosa ou mais cômoda. Com muita frequência, os regimes fortes são autoritários menos com o objetivo de impor os interesses políticos ou sociais e mais pela única vantagem de serem obedecidos comodamente e sem discussão: eles não conseguem admitir que a autoridade pode ser exercida de outra forma. E esse modo de exercício da autoridade pode exasperar os governados, mesmo quando não representa uma ameaça para seus interesses. Em outras palavras, a natureza de um regime levanta três perguntas:[100] "quem comandará?", pois a partilha do poder também é, em si, um objeto de disputa; e assim classificaremos os regimes em monarquias, oligarquias e democracias. "O que será comandado?", pois os decretos do poder possuem um conteúdo que diz respeito aos interesses dos governados; e classificaremos os regimes de acordo com a classe social que tem seus interesses favorecidos. Por último, "como serão comandados?"; no estilo paternalista, do tipo igualitário, ou no estilo despótico? Qual será a modalidade de disciplina?

A terceira pergunta distancia-se das duas primeiras; as três variáveis não estão ligadas. Com certeza, a variável "modalidade" posiciona-se em relação às duas outras para fazer de cada regime o que ele é; uma disciplina total pode ajudar momentaneamente um governo a triunfar nos interesses sociais ou a se manter no poder; mas ela pode também não servir para nada disso, não sendo, também, a sequência necessária das duas outras variáveis.

Efetivamente, a modalidade de disciplina é uma técnica de autoridade que comporta várias receitas diferentes ("arrocho" ou câmara de descompressão) cujos efeitos são amplamente equivalentes: elas podem com frequência servir aos mesmos interesses. Contudo, cada receita possui sua lógica interna, suas próprias exigências, que vão além dos interesses a que se pretende servir; aquele que quer comandar unilateralmente por medo de uma revolta perseguirá os protestantes sem que isso traga vantagem à sua autoridade; aquele que pretende manter a plebe sob seu controle se recusará a jogar, pelo menos no papel, se não tiver nada a ganhar com isso. A autonomia de toda técnica empurra os regimes para além do que imaginavam. Mas, por outro lado, a equivalência das técnicas é tanta que frequentemente basta uma mudança de reino para que o estilo disciplinar mude completamente. Tudo isso contribui para dar à história mais descontinuidade pitoresca e contingência do que se levássemos em conta apenas interesses.

Apesar do caráter de seriedade, normalmente são as pequenas razões que definem as opções entre as diferentes modalidades de disciplina: as preferências pessoais do mestre, o peso do passado nacional... Uma parte da grande ou da pequena burguesia gosta dos regimes fortes por medo da desordem e pelo seu sentimento secreto de dúvidas referentes à sua própria incapacidade em comandar. Potentados querem comandar despoticamente para sua glorificação ou porque eles se sentem desconfortáveis com o grande animal popular

---

100 Raymond Aron, *Études politiques*, Gallimard, 1972, p.335-341.

que devem dirigir. Para os pensadores, o gosto da disciplina total pode ser um dogmatismo de intelectuais que esquecem que a vida é cotidiana, e que imaginam que são os grandes sentimentos que animam a sociedade global e a grande política; eles impediriam o povo de dançar porque o amor pela dança é um sentimento pequeno.

Em compensação, aqueles que possuem verdadeiramente o sentido do comando, como a oligarquia romana, não têm esse preconceito; todas as marinhas militares do mundo conheceram esse mistério: a política dos oficiais para com os marinheiros se parece com a política romana em termos de circo. Uma disciplina de ferro domina a bordo, mas chegando a terra os homens fazem o que quiserem; os marinheiros, mesmo que sejam capazes de se revoltarem, são apolíticos; depois que voltam a bordo do navio, serão recuperados pela autoridade da sociedade global e pelos coletivos.

É nesse ponto que se situa o nó do problema da disciplina e do circo; uma sociedade subsiste graças à virtude dos indivíduos? Ela se situa no nível das consciências individuais ou no dos coletivos que pesam em nós e nos identificam por nossos contornos? Devemos confessar que não são nossas boas intenções que fazem que uma sociedade dure, pois com frequência não pensamos em nada e reclamamos e, quando passamos a pensar, as coisas não ficam necessariamente mais firmes diante de nós.

Com certeza, a ordem estabelecida funciona mais ou menos bem segundo a virtude dos indivíduos, mas essa virtude não é desejada e também não pode ser inculcada aleatoriamente; além do mais, a supervisão dos subgrupos conta tanto quanto a da sociedade global. Diz-se que professores, prussianos ou franceses, transformaram povos inteiros em patriotas; não seria tomar a parte pelo todo? A supervisão dos homens em subgrupos, no contexto militar da guerra, certamente teve sua contribuição; e também, naquela época, a ameaça do estrangeiro era vivenciada como real; soma-se a isso o orgulho nacional: o mais humilde dos beligerantes sabia que pertencia a uma nação que exercia um papel importante na cena mundial. Sem isso, as lições dos professores teriam entrado por uma orelha e saído pela outra (como lembro que faziam por volta de 1938). Se a vida social, então, não funciona no nível das consciências, pode-se permitir que a plebe romana vá ao circo sem temer que ela transforme essa licença em um precedente e a generalize: na saída do circo, a plebe será recuperada pelos coletivos.

Conclusão: o governo não concedia o circo ao povo para despolitizá-lo; mas, com certeza, ele teria sido politizado caso o governo tivesse recusado o circo. O pão e o circo não eram concedidos ao povo em função de uma eterna necessidade de equilíbrio do contrato social, mas em função de um pacto histórico que é próprio da sociedade antiga, como veremos. Esse pacto é apenas o resultado de toda a evolução do evergetismo; ele não é a origem nem a explicação do evergetismo.

9. *Conspicuous consumption*

Doar ou consumir é quase a mesma coisa: nos dois casos, é preciso ser rico e o prestígio que se obtém com isso é da mesma ordem; o dom ostentatório, quando há ostentação, equivale ao desperdício ostentatório. Despesas suntuosas e mecenato constituem deveres de Estado que pesam sobre as altas classes; são deveres da nobreza.

"O luxo, quando significa a recusa em orientar racionalmente o consumo, não é absolutamente algo supérfluo para uma classe senhorial feudal", afirma Weber; "é um dos meios que ela possui para se afirmar socialmente".[101] Sob o nome de generosidade (a principal das virtudes medievais), de caridade, de munificência ou de mecenato, sempre ficou claro que qualquer um que pudesse ter gestos generosos devia fazê-lo, caso contrário, decepcionaria. Somente os objetos da liberalidade, os beneficiários e as justificativas variam. Deve-se gastar e doar, mas como? Tendo-se tornado dono do castelo de Salmigondin, Panurge hesita: "será que ele vai dilapidar sua fortuna em fundações de monastérios, erigindo templos, construindo colégios e hospitais", ou "gastar em milhões de pequenos banquetes e festejos alegres abertos a todos?" O dilema ainda se impunha à *gentry* nos tempos de Adam Smith.[102] Era mais fácil devorar sua fortuna do que não tocar nela; pode-se levar uma vida festiva recebendo cotidianamente vinte convidados, iniciar a construção de um castelo que os herdeiros concluirão e que os arruinará ou deixar para a posteridade a prova de sentimentos elevados ao fundar obras piedosas, caritativas ou culturais.

Ostentação e narcisismo

Em uma sociedade desigual, a alta classe tem prestígio e só o mantém se gasta ou doa. Podemos então ser tentados a estender ao evergetismo uma célebre teoria, a do consumo ostentatório segundo Veblen, da *conspicuous consumption*:[103] a aquisição, a destruição ou o dom ostentatório de artigos caros serviriam para provar que o consumidor ou o mecenas dispõem de uma

---

101 Max Weber, *Wirtschaft und Gesellschaft*, p.750.
102 *Richesse des nations*, 2, 3, tradução para o francês Garnier e Blanqui, v.1, p.434 e 437.
103 Th. Veblen, *Théorie de la classe de loisirs*, tradução para o francês Evrard, Gallimard, 1970.

riqueza suficiente para se permitir tal despesa; pelo consumo ostentatório, o rico exibe sua riqueza; sua satisfação provém da elevada posição que o valor do objeto lhe confere, e não do objeto consumido; "ressaltar o consumo de artigos caros é um método de honorabilidade para o homem de lazeres".[104]

A prova disso é, sem dúvida, o fato de os bens e serviços onerosos nem sempre proporcionarem uma satisfação maior do que o que ele obteria por um preço menor; é necessário, assim, que sua principal vantagem seja provar a riqueza de seu proprietário. O cúmulo do consumo ostentatório seria a destruição pura e simples dos bens; isso foi feito algumas vezes. Sabemos que os *potlatchs* de vez em quando comportam a destruição de riqueza (placas de estanho são afundadas em um lago de atol); em *A sociedade feudal*, Marc Bloch narra uma competição de desperdício que ocorreu no Limousin: um cavaleiro enterrou pequenas peças de prata em um campo arado, outro, "por puro esnobismo", mandou matar trinta dos seus cavalos.[105] O lazer em si, a ociosidade, caros a essas "classes de lazer" que são, segundo Veblen, ostentadoras, são pura perda de tempo; ora, tempo é dinheiro.

A teoria de Veblen é daquelas que devem ser especificadas ou limitadas, mas cuja essência é considerada adequada. Admite-se que a ostentação responda, frequentemente, a um cálculo de classe, porque o luxo oneroso constitui uma barreira ao modo de ser do latim e das boas maneiras, ou porque o prestígio que ela proporciona serve para impressionar as classes oprimidas; o próprio Veblen não diz isso, mas parece-nos que não há problema algum em completar seu pensamento dessa forma. Em seguida, a *conspicuous consumption* interessou aos economistas, que geralmente lhe dedicam um parágrafo; os bens de luxo, constatam, são frequentemente uma exceção à lei que exige que a demanda seja uma função decrescente do preço; ou pelo menos que sua elasticidade-preço seja fraca. A onerosidade parece atrair compradores, ou pelo menos não os afugenta. Esse "efeito Veblen" seria uma exceção à racionalidade econômica; algumas mercadorias são estimadas somente porque não estão ao alcance do pobre; os ricos as adquirem por ostentação, para obter a imagem de quem faz grandes despesas. A questão é saber se todo o luxo pode ser associado ao efeito Veblen, se também não existem outras razões e se a análise do prestígio social que a riqueza confere não deve ser ainda mais aprofundada.[106]

---

104 Ibid., p.51.
105 Marc Bloch, *La société féodale*, v.2, p.44.
106 Sobre o efeito Veblen, ressaltaremos um efeito cujas motivações são diferentes: alguns produtos onerosos (televisores, geladeiras...) podem ser preferidos diante de produtos menos caros, porque se considera seu preço baixo uma presunção de má qualidade. Sobre o efeito

Os ricos, afirma Veblen, não se contentam em ser ricos, eles querem também mostrar que são ricos. Mas por que então eles ganham efetivamente prestígio e atingem dessa forma seus objetivos? Seria preciso que os espectadores também estivessem convencidos de que a riqueza é admirável; como diz Raymond Ruye:[107]

> O consumo ostentatório só pode se manter como instituição porque responde a uma necessidade não somente daquele que ostenta, mas também do espectador. Os espectadores esperam e impõem a festa, o *potlatch*, a fartura. A aparência do luxo anuncia o rei, o rico, a aristocracia, mas o espectador para quem é dirigida também tem seu interesse na transação.

O rico se julga admirável como também os outros o julgam admirável.

Para dizer a verdade, Veblen não detalha muito bem sua teoria; ele amplifica sua sátira e exemplifica sua doutrina, mas raras são as passagens de ideias, como as que levantam implicitamente mais de um problema:[108] "Para atrair e conservar a estima dos homens, não basta simplesmente possuir riqueza ou poder; é preciso também ressaltá-los, pois é somente sua visibilidade que proporciona a estima"; assim, a vida senhorial comporta uma parte de representação, de aparato; além disso, o gozo solitário dos bens materiais não é a única satisfação que a riqueza traz; ela traz também prestígio, que parece contar tanto quanto a satisfação material. "Ao colocar a riqueza em destaque", continua Veblen, "não somente se expõe sua importância aos outros, mas também, de modo menos útil, se consolidam e se preservam todas as razões de autossatisfação"; dessa forma, o rico se vê em seu próprio esplendor. O que Veblen qualifica de ostentação poderia também se chamar narcisismo; em todo o seu livro, poderíamos facilmente usar essa palavra no lugar da outra, pois Veblen não considera em momento nenhum a reação do espectador, trata somente de ostentação, que aparece em seus textos como

---

Veblen, ver, por exemplo, P. A. Samuelson, *Fondements de l'analyse économique*, p.168; W. J. Baumol, *Théorie économique et analyse opérationnelle*, Dunod, 1963, p.148, 176, n.1, e 179; acontece que a função da demanda de um consumidor não é independente das funções das demandas dos outros: W. J. Baumol, *Welfare Economics and Theory of the State*, p.128; o que resulta no efeito de externalidade que impede a eficiência de Pareto (Henderson e Quandt, *Microéconomie: formulation mathématique élémentaire*, p.212 e 223).

107 R. Ruyer, "La nutrition psychique et l'économie", em *Cahiers de l'Institut de Science Économique Appliquée*, n.55, maio-dez. 1957, p.7. Em *Ética a Nicômaco*, o consumo ostentatório chama-se *banausia*: ele incita a fazer grandes despesas, "não por um motivo nobre, mas para mostrar sua riqueza, acreditando, assim, conquistar a admiração" (IV, 6, 1123 A 25).

108 Veblen, op. cit., p.27.

algo curiosamente solitário que brilha no deserto. Veblen talvez tenha feito uma teoria da ostentação apenas porque a palavra narcisismo não existia em sua época. O ostentador é o primeiro a saborear o prestígio da riqueza; a ostentação não é, então, uma ação que o rico exerce sobre o espectador, como uma serpente fascina o pássaro; ambos são fascinados por uma terceira coisa que pertence a um, e não a outro.

Excelência da riqueza e aparato

Sob o nome de ostentação, Veblen reconheceu e misturou duas verdades: que a riqueza, além das satisfações materiais, traz prestígio porque ela é unanimemente considerada como uma excelência que confere superioridade a seu detentor; que toda superioridade deve respeitar um certo aparato, e o luxo constitui uma parte desse aparato. Como o aparato é uma instituição que visa ao próximo, Veblen detecta nisso a ostentação; ele atribui ao prestígio e à riqueza o mesmo traço de caráter, já que o prestígio é sensível ao outro; considerando que ambos são satisfações platônicas, "simbólicas", que ocorrem no cérebro, Veblen vê, em tudo isso, somente vaidade.

O luxo, afirma Weber, é a recusa em orientar racionalmente o consumo. Racionalmente em relação a que objetivos? Com relação a um ideal puritano de poupança e de investimento produtivo? Devemos convir, então, que todo luxo é irracional, pois persegue outros fins que são, por sua vez, múltiplos, a ostentação sendo somente um entre eles. Racionalmente os bens consumidos trazem satisfação material? Nesse caso, reservaremos o nome luxo à ostentação ou ao aparato, que se distinguem do efeito Veblen: mas isso significa se recusar a chamar de luxo a maior parte do que sempre identificamos sob esse nome. O luxo, o dom ostentatório, o mecenato, o prestígio da riqueza constituem um conjunto confuso no qual muitas coisas devem ser discriminadas.

1. Confessamos candidamente que o luxo e a riqueza agradam, antes de tudo, porque é agradável viver em meio à riqueza e sem fazer nada. Além do mais, existe aculturação à riqueza e a aculturação exclui o narcisismo ostentatório; os ricos deixam muito rapidamente de se surpreender por viver em meio à riqueza, do mesmo modo que os persas não se surpreendiam por ser persas. Imagino que continuem a se considerar superiores às outras nações, como fazemos todos; contudo, eles não se vestem mais ao modo persa para expor essa superioridade, mas para viver como eles se acostumaram a fazer.

2. Os ricos também se julgam superiores ao resto da humanidade, que concorda com isso. Seu narcisismo e o sucesso que o espetáculo da riqueza, ostentatória ou não, encontra junto aos espectadores provam que a vida

rica é considerada uma excelência, assim como a vida heroica, a vida devota e outras vidas mais. A ostentação, se ela existe, é uma homenagem prestada por um capricho individual a uma excelência geralmente reconhecida. Como um bom puritano, Veblen interpreta a magnificência como pose ou esnobismo, como a burguesia acreditava que o artista romântico vivia como artista para surpreender os burgueses e cujos gostos os contemporâneos de Oscar Wilde atribuíam à presunção (*"posing as sodomist"*).

Sua confusão é compreensível; passar da excelência à ostentação dessa excelência é fácil. Não é possível possuir uma vantagem admirável, riqueza, heroísmo ou gênio sem se tornar também admirável. Vivendo no esplendor, o rico atualiza a possibilidade de magnificência que seu dinheiro lhe proporciona e que é objetivamente admirável (admiramos os grandes edifícios particulares que se tornaram monumentos históricos). Eu não gostaria de deixar de viver de um modo que considero admirável e admirava em outra pessoa; dessa forma, eu admiro a mim mesmo e os outros também me admiram. Como diz São Tomás:

> A grandeza da alma se funda em duas coisas: no prestígio, sua matéria, e na construção de grandes obras, seu fim. Ora, os bens de fortuna contribuem para ambos. Então, já que as excelências são prestigiosas, não somente aos olhos dos sábios, mas também aos olhos da multidão quando ela considera os bens externos como os melhores, acontece que aqueles que são ao mesmo tempo virtuosos e ricos possuem mais prestígio do que aqueles que são apenas virtuosos.[109]

Então "devemos incluir entre as boas atividades, os bens externos, pois é impossível realizar boas ações quando se é desprovido dos recursos necessários".[110] A riqueza é invejável pelos prazeres que proporciona, pelas possibilidades que abre e pelo prestígio que decorre das duas vantagens precedentes; Hume[111] conclui disso que "nada traz mais estima a alguém que seu poder e suas riquezas, ou mais desprezo que sua pobreza e sua mediocridade." Isso acontece tanto com a riqueza quanto com o mérito pessoal, esse outro filho do acaso do nascimento, a virtude ou a inteligência. Existe desigualdade quando essas diferentes vantagens são desigualmente distribuídas de acordo

---

109 *Suma teológica*, Secunda secundae, qu. 129, art. 8, ad primum.
110 *Ética a Nicômaco*, I, 9 (1099 A 30).
111 *Traité de la nature humaine*, traduzido para o francês por Leroy, Aubier-Montaigne, v.2, p.461-470 e 744, ver 702 e 741; Hume vê ali o efeito de uma identificação do espectador com o possuidor dessas vantagens; mesma explicação em Max Scheler, se minha memória for boa.

com os indivíduos e quando as excelências se tornam superioridades, em vez de serem reduzidas a um papel funcional.

O rico é admirável, admira-se e é admirado. Estamos diante da ostentação e do narcisismo? Sim, em dois casos: quando, por um capricho individual, um rico se torna ridículo por sua vaidade, ou quando um sociólogo, por uma metonímia satírica, atribui a esses fenômenos universais, que são o prestígio e o aparato, o nome de um capricho individual, a ostentação. Esse capricho é alternadamente uma perversão e um excesso; ele é perversão quando um homem se porta admiravelmente para ser visto como admirável e tem como objetivo o prestígio, que nada mais é do que a consequência da excelência; a ostentação é excesso quando o homem superior exibe um aparato desproporcional à sua superioridade. O que Veblen interpretou como ostentação e capricho individual seria, assim, esse aparato, que é um tipo de instituição.

3. A partir do momento que uma excelência é aceita como superioridade e que um homem domina no lugar de exercer uma função, esse homem, qualquer que seja sua superioridade, exibe o aparato para tentar justificar o que, em sua superioridade, ultrapassa a sua função. Supomos que, até então, toda excelência, quase sem exceção, teve que exibir um certo aparato, do mesmo modo que, até então, todas as sociedades eram desiguais.

Nem todo luxo é aparato, muito pelo contrário; uma grande casa dedica uma parte determinada de sua política familiar às despesas suntuosas.[112] O rico vive como um rico, como o leão vive como um leão, mas, além disso, ele deve manter sua posição. Isso acontece com todas as entidades superiores, Igrejas ou Estados. O aparato, através do luxo, ressalta a riqueza, mas ressalta também outras superioridades que representam uma parte e um índice de riqueza, sejam políticas, sociais ou religiosas. O luxo não é, contudo, o

---

112 Ver sobre o direito de progenitura uma vibrante página de Sismondi, *Nouveaux principes d'économie politique*, editora Weiller e Dupuigrenet-Desroussilles, Calmann-Lévy, 1971, p.220: "Um irmão mais velho, em um país no qual herda todos os bens, olha para seus jovens irmãos como seu objetivo para envolver-se em carreiras ativas e lucrativas. Mas ele acredita ter cumprido sua tarefa suficientemente bem se cuidar do patrimônio que seus pais lhe deixaram [...]. Alguém deixa a entender que, enquanto seus irmãos procuram diversas maneiras de constituir sua fortuna, cabe a ele a honra de manter o esplendor antigo de sua casa [...]. Os serviçais, os artesãos que dependem dele, os parasitas que se agarram a ele correm para contar-lhe por quanto luxo seu pai, seus ancestrais tornaram-se dignos, em sua juventude, da consideração que lhe transmitiram; o quanto suas festas eram magníficas, o quanto seus móveis eram elegantes e de bom gosto, sua mesa, sua vida doméstica. Nenhum outro tipo de glória é proposto ao herdeiro de uma grande fortuna, nenhuma outra reputação parece estar ao seu alcance, além da que ele adquirirá por suas extravagantes despesas".

único canal do aparato; o cerimonial ou os bons modos exercem o mesmo ofício. Enfim, o aparato interpreta o papel de barreira que permite reservar privilégios àqueles que os detêm de antemão; isso já é bastante sabido para que seja necessário insistir.

Por que essa necessidade de aparato? Toda superioridade que não se exibe torna-se suspeita; estaria ela sendo usurpada? O consumo ostentatório serve para manter a estima dos outros, e não para atraí-la, como afirma Veblen; deve-se "manter" sua posição; o aparato não acrescenta muito aos sentimentos do espectador que não tinha muitas expectativas, mas sua ausência o decepcionaria. O aparato é um tipo de instituição que responde a uma expectativa geral.

As condutas do aparato não são nada além do que as próprias condutas superiores; para exibir o aparato de sua fortuna, o rico precisa simplesmente se portar como um rico. É por essa razão que a ausência de aparato decepcionaria: veríamos ali o índice de uma ausência da própria superioridade. Aparato ou superioridade, a conduta a manter é a mesma e somente as intenções são diferentes. Seria incômodo também distinguir o aparato da excelência. O aparato é a grandeza que se mostra, e que, se for autêntica, agrada primeiramente a si mesma; um senhor veste-se com belas roupas para corresponder à imagem ideal que tem de si mesmo, e Robinson exibiria toda pompa, talvez por narcisismo, mas que para o espectador seria aparato e para Veblen, ostentação. Reparemos, além disso, que o fausto quer tanto agradar a si próprio que não mede esse efeito sobre o espectador: ele vai longe demais ou se torna difícil de decifrar; sua linguagem simbólica é frequentemente obscura porque ele se preocupa mais em se expressar do que em se comunicar com seu próximo. No que concerne ao mecenato dos evérgetas, falaremos quase sem distinção neste livro de autorrealização, de ostentação, de aparato e de expressão de superioridade, pois não procuramos distingui-los em cada caso. Deus reconhecerá os seus filhos.

O mecenato

É um raro heroísmo se comprazer em suas obras dispensando todo aparato e todo reconhecimento de outras consciências. As condutas suntuosas possuem várias motivações ao mesmo tempo, entre elas, o aparato; o mecenato também comporta sua especificidade, mesmo que impura; ele sacrifica bens materiais para fins alheios ao mecenas, que é sensível a esses fins ou que se mostra sensível a eles.

Quando um proprietário manda pintar o exterior de sua casa ou quando um locatário coloca flores em sua janela, eles fazem isso para anunciar sua riqueza ou para contribuir com um urbanismo quase instintivo? Quando uma mulher se veste com elegância, ela anuncia a riqueza de seu marido ou quer oferecer um agradável espetáculo?[113]

Se o rico é mecenas, ele paga valores mais elevados de uma cota, afinal, tem condições de pagá-los, e, já que pode pagá-los, deve fazê-lo se quiser atualizar todas as suas potencialidades; ele demonstraria certa estreiteza de alma caso não expusesse todas as possibilidades de sua personalidade. O mecenato admite ao mesmo tempo algum interesse "desinteressado" por valores e a tendência para que uma pessoa se desenvolva amplamente.

Qualquer pessoa, seja física ou moral, tem tendência a se expor assim e essa tendência pode entrar em conflito com o desinteresse. O mecenato, às vezes, leva a realizações que são inúteis, com exceção talvez aos olhos do próprio mecenas, e que servem somente para mostrar a capacidade de seu autor; um evérgeta pode oferecer a seus concidadãos um presente que agrada mais a ele mesmo do que àqueles a quem foi oferecido. Uma empresa capitalista tem como função obter lucro ou ampliar seu campo de ação, mas também é uma pessoa, que participa da tendência em se atualizar como qualquer outro ser vivo; ela fará mecenato empresarial, apesar de sua racionalidade econômica.[114] O Estado, enfim, é uma pessoa ao mesmo tempo em que exerce uma função; ele poderá construir obras não funcionais, como o metrô de Budapeste ou a ponte Salazar. Todo mecenas mata dois coelhos com uma cajadada só; ele é o autor de uma despesa suntuosa que tem uma utilidade mais ou menos grande para outros indivíduos; essa despesa é o prestigioso índice da grandeza da alma do seu autor; enfim, esse índice pode ser buscado deliberadamente como símbolo e contribuir assim para o aparato do mecenas.

Compreendido dessa forma, o mecenas situa-se no oposto da "porção maldita". É uma conduta de fuga: o rico não ignora que a atitude dos homens diante da riqueza é ambivalente; ela oscila entre a admiração sobre a qual falamos, e o desejo, sobre o qual falaremos algumas páginas adiante. O rico se sente, então, desconfortável; seu dinheiro queima em suas mãos;

---

113 R. Ruyer, ver n.107.
114 Uma firma aproxima-se tanto de uma pessoa física que ela procura mais perpetuar-se em seu ser do que em fazer lucros. Senão, as firmas menos prósperas deveriam, em nome da racionalidade econômica, encerrar sua atividade e investir todo seu fundo na aquisição de ações das firmas mais prósperas. Ver Joan Robinson, *Hérésies économiques*, p.179.

ele tenta escapar do incômodo dedicando esse dinheiro a objetivos desinteressados, altruístas ou elevados. Frequentemente isso se reduzirá a um gesto simbólico. A moral popular contrapõe o mau rico, que come e bebe sua riqueza ou a gasta para seu aparato, e o bom rico, que funda monastérios e hospitais.

A porção maldita é uma conduta da vida cotidiana; o ganhador da loteria oferece uma rodada aos amigos menos sortudos. Dessa experiência cotidiana, nasceu uma verdade proverbial: deve-se receber o perdão por sua riqueza sacrificando uma parte mais ou menos simbólica dela. É daí que vem a ideia difundida de que, pelo evergetismo, a classe elevada fazia que seus privilégios fossem perdoados. Infelizmente, as coisas não são tão simples; o evergetismo é uma síntese complicada e datada que não se pode explicar por um provérbio; é necessário um livro inteiro. O mecenato também não se pode explicar assim; ele não é um sacrifício que se faz quando se bem entende, mas uma conduta positiva e egocêntrica, orientada para valores ou para a personalidade do mecenas. Isso é verdade para um aristocrata que sacrifica sua renda na proteção das letras e das artes ou na melhoria de uma raça de cavalos; essa conduta vale também para um engenheiro ou um alto funcionário público que sacrificam suas horas de lazer por uma profissão de que gostam. Identificar-se a uma grande causa, com ou sem narcisismo.

Contudo, falaremos do mecenato somente se a causa pela qual o mecenas se sacrifica não é de seu interesse ou pelo menos não inteiramente. Um empresário que sacrifica seu lazer pela sua empresa não é um mecenas, muito menos quando oferece um casaco de visom a sua esposa; os presentes de um *patronus* a seus clientes não são mecenato. A partir de que momento uma grande causa é exclusivamente minha? Tendo-se tornado único senhor da guerra, Wallenstein ainda seria um mecenas da guerra?

Inversamente, a causa em questão também não deve ficar restrita aos mecenas eventuais; não deve ser estatizada. A história do mecenato é o inverso da história da estatização das atividades; as letras e as artes foram assumidas pelo Estado em um menor grau do que a política ou a arte da guerra, já os mecenas protegem os artistas mais frequentemente do que sitiam a província de Veios por Roma ou subornam o exército de Ferdinando II da Síria. Em cem papéis diversos, os homens fazem mais do que seria seu dever; um mecenas não faz mais, mas o faz em um setor que não está ocupado pelo Estado; se nacionalizássemos um mecenas como faríamos com uma empresa, nomeando-o general ou ministro, ele não se chamaria mecenas, mas grande servidor do Estado; não diremos mais que ele é magnífico, mas que cumpre seu dever. A partir de que momento uma atividade é inteiramente estatizada? Até o século passado, os altos funcionários públicos eram ainda um pouco mecenas da política; eles renunciavam a seus pagamentos ou arruinavam-se por conta própria a serviço de seu príncipe.[115]

Todo mecenas atualiza suas potencialidades; mais precisamente, as potencialidades de seu papel social: o mecenas é senhor, ministro, eminente... por isso as transformações históricas do mecenato. Nos períodos em que a riqueza tem o dever de se mostrar, o mecenato será ostentatório. Os mecenas do Renascimento exibiam uma pompa principesca enquanto o patriciado dos comerciantes expunha sua riqueza somente sob o pretexto da piedade e decorava as igrejas, pois o serviço de Deus exige certo esplendor. Um milionário americano, em compensação, é apenas um cidadão igual aos outros e é superior aos seus pares somente pela virtude cívica; ele coloca sua fortuna a serviço do bem público. Um senhor tinha o direito de opinar sobre tudo e sua autoridade natural se estendia a todas as atividades sociais; ele protegia Racine ou Pradon pelo seu direito geral de mandar. A ideia de autoridade é frequentemente presente no mecenato; se gostamos de pintura sem ter a menor ideia do papel social que exercemos, compraremos quadros, mas não nos sentiremos autorizados a proteger a pintura e a nos posicionar como mecenas. É por essa razão que tantos mecenas mantêm uma relação frequentemente autoritária e passional com os artistas que protegem; os mecenas de antigamente eram os "protetores" dos artistas. O mecenato é assim indefinidamente modificado pelos papéis dos mecenas em suas sociedades respectivas. Por que, por exemplo, um notável grego ou romano, membro da classe dirigente de sua cidade, sentia-se suficientemente responsável pela vida dessa cidade para se tornar evérgeta?

---

115 Em *La chartreuse de Parme*, um marquês declara a seu soberano: "Vossa Alteza concede 30 mil francos a seu enviado à corte de Viena, o qual, com essa soma, é obrigado a economizar e dar uma imagem medíocre. Se ele me honra concedendo-me este lugar, eu aceitarei 6 mil de salário. Minha despesa na corte de Viena não ultrapassará 100 mil francos por ano. Meu objetivo é fazer a casa brilhar, ainda nova, e ilustrá-la por uma das grandes cargas do país." Eis aqui, ao contrário, uma reação de burguês; Goldoni acaba de ser nomeado cônsul de Gênova em Veneza: "Eu pensava, primeiramente, em ser digno da benevolência da República que me honrava com sua confiança; aumentei meu doméstico, minha mesa, meu estilo: acreditava não poder fazer nada diferente disso. Ao escrever, certo tempo mais tarde, ao secretário de Estado, eu justificava meu pedido de remuneração. Eis aqui aproximadamente o que ele fez a honra de enviar-me: meu antecessor, o Conde de Tino, havia servido a República durante vinte anos sem renda; o governo considerava justo que eu fosse recompensado, mas a guerra da Córsega colocava a República na impossibilidade de arcar com tal despesa, na qual ela havia há muito tempo deixado de pensar" (*Mémoires*, primeira parte, capítulo 43).

10. A cidade helenística e romana

O evergetismo seria incompreensível fora do contexto da cidade antiga; os evérgetas, que são notáveis, são chefes naturais da população cívica, o que explica o primeiro tema de seu evergetismo, que é o livre mecenato; além disso, esses nobres moram em localidades que se constituíram em cidades: dotadas de um corpo político e providas de um território independente. Como dirigentes políticos, os notáveis devem supostamente pôr em prática o segundo tema que distinguimos, o evergetismo político ou *ob honorem*.

Como agrupamento de homens livres, a cidade é a principal esfera de manifestação do evergetismo livre; como cidade, ela é a razão inicial do evergetismo político. É bem verdade que os papéis de mecenas eram exercidos em outras esferas: na província, com suas assembleias provinciais e suas festas de culto imperial, ou nas associações privadas, tenham elas vocação cultual ou profissional; mas o estudo dessas esferas teria um alcance mais monográfico; vamos nos limitar, então, ao evergetismo citadino.

Durante todo o período considerado neste livro, o quadro da vida social não foi a nação, mas a cidade, quer seja uma cidade independente, uma "cidade-Estado" nos moldes das cidades da Grécia clássica e de um certo número das cidades helenísticas, ou uma simples comuna autônoma em um reino helenístico ou uma província do Império Romano. Nossos evérgetas são os benfeitores de uma determinada cidade, geralmente onde exercem sua cidadania. Quanto aos Estados, naqueles tempos, ou eles eram muito pequenos, e nesse caso eram precisamente cidades, ou eram muito grandes, reinos ou Impérios, e nesse caso seu tecido era constituído majoritariamente de células que são cidades autônomas, como Atenas no Império Romano, ou Pompeia. Pelo menos, esse era o caso nas regiões civilizadas, na medida em que outras regiões ascendiam à civilização e se helenizavam, também passavam a se organizar em cidades. O sistema da cidade expandiu-se, assim, pela maior parte do Mediterrâneo oriental e do Próximo Oriente, na época helenística, e logo depois, na época romana, por quase todo o Ocidente latino, do Reno e do Danúbio ao Saara. O que levanta um curioso problema, o da dimensão absoluta dos agrupamentos humanos na história; antigamente, cidade, nação nos dias de hoje, a diferença de escala é enorme: a cidade se mede por milhares de habitantes, a nação por milhões. Em cada época, a rivalidade e o exemplo contribuem, sem dúvida, para a generalização de um tamanho padrão.

A cidade pré-industrial

A cidade é ao mesmo tempo um fato urbano, unidade política ou administrativa, e estrutura da vida social; urbanização, autonomia local (digamos até autarquia, já que não podemos dizer soberania) e espírito municipal, essas são as suas formas constitutivas. Mas, primeiramente, por que cidades e por que viver na cidade? A economia espacial e a geografia dos lugares centrais respondem à primeira pergunta e a história, à segunda; a economia não responde a nenhuma delas, apesar do que se diz. O fenômeno urbano, o viveiro vagamente regular das cidades sobre a face da Terra no centro de regiões que constituem seu território geográfico, explica-se pelas diferentes funções que uma cidade exerce em seu território e pela necessidade de receber sua subsistência desse mesmo território.[116] As obrigações técnicas e econômicas que pesam sobre os transportes, a curta distância na qual a cidade pode prestar serviços e a opacidade da informação recortam a superfície terrestre em regiões que correspondem às circunferências da teoria de localização de Thünen.[117] Ora, cada região terá seu espaço central, que é a cidade. Certamente, os indivíduos cujas funções se estendem por toda a região – notáveis, padres, artesãos, lojistas – poderiam viver espalhados por todo o território; mas (e situa-se ali a essência do fato urbano) eles têm a tendência a se agrupar, a morar juntos, pois essa proximidade lhes permite aperfeiçoar suas inter-relações e lhes traz economias externas. Todos se aproveitam do contexto urbano e de suas comodidades; os artesãos vivem perto dos notáveis, que são seus principais clientes, os notáveis gostam de viver entre si para sua glória e seu conforto; os camponeses, quando vão à cidade, vão olhar as vitrines das lojas.

A cidade é, então, uma solução racional; mas somente a história dirá se uma determinada sociedade se submeterá à razão. Nem todas as classes dirigentes escolhem necessariamente a coabitação; é comum contrapor a nobreza do campo na França de antigamente à nobreza citadina na Itália medieval e moderna.[118] Inversamente, os camponeses podem preferir a cidade em detrimento dos vilarejos; ainda hoje, no mezzogiorno italiano, algumas cidades são enormes vilarejos de onde saem filas de carroças de

---

116 Sobre a geografia da cidade e dos espaços centrais, lemos o artigo de Paul Claval, "A teoria das cidades", na *Revue Géographique de l'Est*, VIII, 1968, p.3-56, de uma rara riqueza; e de Cl. Ponsard, *Histoire des théories économiques spatiales*, A. Colin, 1958.

117 *Der isolierte Staat*, J. H. Von Thünen, foi reimpresso em 1966 pela Wissenschaftliche Buchgesellschaft; as publicações e reedições sobre a teoria espacial multiplicam-se nesse momento, folheamos algumas delas.

118 Sobre a nobreza das cidades, Sombart, *Der Moderne Kapitalismus*, v.1, part. 1, p.151.

manhã rumo a um lote de terra situado bem longe às vezes. A coabitação do grupo é um fato histórico, "arbitrário" no sentido de Mauss.

As funções da cidade não são necessariamente econômicas. A cidade pré-industrial responde a uma tradição de coabitação; ela é o espaço central da classe dirigente ou proprietária, mas tem pouca atividade produtora e é raramente um lugar comercial: nem todas as cidades podiam pretender ser um centro de comércio como Gênova ou Veneza. Sua função é social, e não econômica; ela é provida de tudo o que é necessário à vida em comum, política, religiosa e de lazer; na cidade erigem-se edifícios públicos, sejam profanos ou cultuais.[119]

A história antiga tem muito a aprender com uma discussão entre medievalistas sobre a origem das cidades medievais, na qual Sombart contradiz Pirenne. Sabemos que, para Pirenne, as cidades medievais "são obra dos comerciantes; elas existem para eles";[120] a cidade nasce do mercado e marca o início do capitalismo comercial. Sombart recrimina essa visão, se não me engano, clássica na França, que ignora as ordens de grandeza: o comércio é uma fonte de renda que não se situa na escala de uma população urbana inteira. Sombart afirma em seu estilo vivo e às vezes altivo, "o não especialista (e a maioria daqueles que escreveram sobre a origem das cidades não são especialistas em economia) não representa claramente por que o volume de mercadorias que entra e sai de uma cidade não alimentaria um único passarinho";[121] tudo o que a cidade ganha com esse volume se reduz ao lucro dos comerciantes, que, mesmo elevado, não poderia custear uma cidade inteira. A cidade medieval, conclui Sombart, não nasce com o comércio; ela vive do comércio somente quando já é formada, e para suprir as necessidades de seus habitantes. Esses são, antes de tudo, rendeiros de suas terras ou chefes políticos (reis, senhores laicos ou eclesiásticos) que dispõem da renda do campo ou dos impostos de suas localidades; são eles que fixam, na cidade, os artesãos que lhes prestam serviços e os lojistas que prestam serviços aos artesãos. O rei da Inglaterra sozinho sustentava dez ou trinta vezes mais homens do que alguns centros de comércio, cidades hanseáticas como Lübeck ou Reval.

---

119 Gideon Sjoberg, *The Preindustrial City: Past and Present*, Free Press Paperbacks, 1965.
120 H. Pirenne, "L'origine des constitutions urbaines", na *Revue historique*, v.LVII, p.70. A obra de Sombart é raramente citada em estudos históricos de língua francesa.
121 Sombart, *Der Moderne Kapitalismus*, v.1, part. I, partic. p.131, 142, 156, 160, 168, 173, 175, 230. Comparar, por exemplo, J. Weulersse, *Paysans de Syrie et du Proche-Orient*, Gallimard, 1946, p.88.

As ordens de grandeza são tão imperiosas na Antiguidade quanto na Idade Média. No centro de uma circunferência de algumas dezenas de quilômetros de diâmetro, uma cidade antiga é povoada por alguns milhares de habitantes, às vezes de algumas dezenas de milhares. Esses habitantes são, acima de tudo, notáveis locais que vivem tradicionalmente na cidade e gastam ali as rendas de suas terras; em torno deles, há os artesãos que eles sustentam e também uma numerosa domesticidade, geralmente servil, que forma talvez a maioria dos habitantes. Os nobres, seus serviçais e os artesãos que trabalham para eles: era assim que Cantillon representava uma cidade.[122] Pompeia era feita de três tipos de edifícios: as construções públicas, os hotéis particulares, que formam a maior parte da cidade, e as lojas. Algumas cidades muito grandes eram capitais políticas ou centros de comércio que obtinham lucros comerciais ou fiscais de lugares que se situavam muito além dos limites de sua auréola; no entanto, parece difícil acreditar que o tráfico marítimo ou as caravanas da Ásia central tenham sido suficientes para a subsistência dos agrupamentos de homens da Antioquia ou Alexandria; eles deviam viver, antes de tudo, das rendas de suas terras. O que ocorre com seu célebre comércio é o mesmo que acontece hoje com a pesca na Bretanha: é a parte visível e característica de sua economia, mas se observarmos os números, não é suficiente para a subsistência de muita gente. Enfim, em torno dos notáveis e de seus escravos, aglutinam-se, às vezes, um *Lumpenproletariat* de camponeses sem terra, que vinha para a cidade porque podia encontrar ali mais facilidades de sobrevivência sem um patrimônio do que no campo.

A cidade

Era assim uma cidade pré-industrial. Mas nem toda cidade pré-industrial é uma comunidade política independente, longe disso. Pois mesmo que a classe proprietária e socialmente dominante se encontrasse reunida na cidade, ela não constitui necessariamente uma classe dirigente de senhores ou de notáveis. A cidade, antes de se tornar uma comunidade política independente, nascida do excedente do campo e não do comércio, reunia rendeiros de terra; ela só será uma cidade propriamente dita quando esses rendeiros se tornarem uma classe política. Mas também podem não constituir uma; a China antiga se parece com o Império Romano em diversos aspectos (estrutura do poder central, política externa isolacionista imperialista, economia de trocas inter-regionais) e distingue-se dele pelo fato de as cidades não serem comunidades políticas independentes. Em suas célebres páginas, Max

---

122 *Essai sur la nature du commerce en général*, parte 1, cap.5.

Weber[123] contrapõe as cidades autônomas da Antiguidade ocidental às cidades da China e da Índia; na China, afirma, as cidades não possuem autonomia, elas são a residência dos mandarins, órgãos do poder central: são os vilarejos que têm autonomia, e não os mandarins.

Em compensação, no Ocidente antigo, o vilarejo quase não é considerado: através de nossa documentação, conhecemos bem menos nomes de vilarejos do que de cidades. Como o vilarejo poderia ser considerado se não havia ali um padre nem grandes senhores? Mero agrupamento de casas, não havia nenhum papel administrativo a menos que fosse uma cidade nascente, provida de um embrião de instituições autônomas. O espaço rural era constituído essencialmente de grandes propriedades.[124] Representamos muito vagamente como esse espaço era povoado; onde estavam os vilarejos? A moradia dispersa era o caso mais frequente? Quando os imperadores aposentavam seus legionários veteranos, eles os instalavam em lotes de terra, não os dispersavam em vilarejos; fundavam uma cidade para eles, uma colônia, ou então os instalavam em uma antiga cidade que recebia o honroso título de colônia como compensação pelas terras perdidas; esses soldados, ao se tornarem camponeses, não eram considerados moradores de vilarejos, mas citadinos. Os grandes proprietários rurais exercem as magistraturas sobre toda a cidade indistintamente; a respeito disso, o traço essencial do sistema municipal romano era a união do campo e da cidade.[125] Cidade no estilo pré-industrial ou comunidade política independente? Com base nos fundamentos econômicos que podem ser idênticos, a escolha que as diferentes sociedades fazem é política: optam ou não pela autonomia local? Se a resposta é sim, o poder político cai nas mãos dos homens notáveis regionais.

Independente ou simplesmente autônoma com relação ao poder central, a cidade era a estrutura derradeira da vida social, mesmo quando o Império era a estrutura derradeira da vida política. A cidade era o centro de decisão para todas as coisas cotidianas, o lugar de referência para a distância social; as comparações eram feitas de uma cidade para outra. Era em sua cidade que os evérgetas brilhavam por sua munificência, era sua cidade que eles queriam fazer resplandecer em detrimento das cidades vizinhas, construindo ali os mais belos monumentos "*ad aemulationem alterius civitatis*", como diz o *Digeste*.[126] Socialmente, psicologicamente e pelo menos

---

123 *Religionssoziologie*, v.1, p.291-295, 380-385; Weber é corroborado por um sinólogo, E. Balazs, *La bureaucratie celeste*, Gallimard, 1968, p.210.
124 Fustel de Coulanges, *L'Alleu et le Domaine rural*, p.38-42.
125 Id., *La gaule romaine*, p.238.
126 *Digeste*, 50, 10, 3.

administrativamente, a cidade basta a si mesma: ela é autárquica no sentido de Aristóteles. Quando um romano ou um grego, súditos do imperador de Roma, falam da pátria, a palavra *patria* designa sua cidade e nunca o Império. Não existia uma burguesia romana, mas uma burguesia pompeiana, ateniense ou de Éfeso; os artesãos inscritos em suas associações profissionais não eram membros de uma internacional ou de um sindicato: havia somente associações locais e membros do "colégio" dos carpinteiros de Lyon ou dos padeiros de Setif.[127]

A cidade era o horizonte pelo qual se arruinavam, brigavam ou se envaideciam. As cidades podiam se multiplicar como células vivas ou se subordinar a uma entidade superior, reino ou império, mas nunca se fundir entre si, o que era tão difícil quanto fundir vários indivíduos ou várias nações entre si. A pátria devia estar ao alcance dos olhos, afinal era possível reagrupá-la fisicamente em uma praça pública (na Grécia clássica, aconteceu, inclusive, de cidades literalmente se mudarem para outros lugares). Naqueles tempos, era na cidade que "todo mundo se conhecia", como dizemos hoje a respeito de um vilarejo.[128] Era assim nessas sociedades onde todo mundo se conhecia, de vista ou de nome, nas quais todo mundo compartilhava as mesmas preocupações – e à sua volta havia uma atmosfera de grande arquitetura graças aos evérgetas.

Uma página de *Da democracia na América*, na qual Tocqueville enaltece o *self-government*, deixa a entender muito bem o que pode ter sido uma cidade antiga e merece sua transcrição para o leitor:

> A comuna é a única associação tão natural que, onde quer que haja homens reunidos, forma por si só uma comuna. Foi o homem que constituiu reinos e criou repúblicas; mas a comuna parece sair diretamente das mãos de Deus. O governo central confere o poder e a glória àqueles que o dirigem, mas os homens para quem é dada a influência sobre o destino de outros homens são em número extremamente pequeno; a ambição não pode ter essas altas funções como objetivo permanente de seus esforços. É na comuna, no centro das relações ordinárias da vida, que vêm se concentrar o desejo da estima, a necessidade de interesses reais, o gosto pelo poder e pelo burburinho. Apegamo-nos à cidade por uma razão

---

127 Mommsen, *Römisches Staatsrecht*, v.2, p.887.
128 O melhor que poderia acontecer para um vilarejo é que todos os cidadãos se conhecessem e que o grupo fosse concreto: Platão, *Leis*, 738 E; Aristóteles, *Política*, IV, 4 (1326 A 25) e III, 3 (1276 A 25); ver J. Moreau, Les théories démografiques dans l'Antiquité grecque, em *Population*, 1949, partic. p.604; ver também Isócrates, *Antidosis*, 172. A ideia era também difundida nas repúblicas italianas da Idade Média.

analógica àquela que faz que os moradores das montanhas gostem de seu lugar: para eles, a pátria possui traços marcantes e característicos; tem uma fisionomia mais familiar que qualquer outro lugar.

Soberania ou autarquia

A cidade é autárquica, por isso pouco importa se é independente ou apenas uma comuna autônoma, ou ainda se faz a grande política ou apenas a política municipal: ela é autossuficiente, completa, que é o que mais importa para a sua definição do que ser a única anfitriã da casa. Para os notáveis das cidades gregas, obedecer ao imperador romano não significava se submeter a uma potência estrangeira, já que não significava se submeter a outra cidade. No século I de nossa era, o publicista grego Dião de Prusa era, ao mesmo tempo, convictamente nacionalista e adepto incondicional do poder imperial; ele desejava passionalmente que a etnia helênica conserve sua originalidade e recupere seu orgulho; mas no que diz respeito à soberania romana, sua lealdade política de rico notável era indubitável e compreensível.

Autarquia sem soberania: a coisa pode nos parecer estranha, pois estamos acostumados a definir o Estado pela soberania; nosso nacionalismo sombrio desqualifica a simples autonomia. Mas e se a realidade fosse menos monolítica e o Estado não fosse uma essência? Ao estudar o pensamento político de Aristóteles, Hermann Rehm[129] mostrou que, aos olhos do filósofo, a dependência e a ausência de soberania não entravam em contradição com a autarquia, único critério verdadeiro do Estado. O ideal do Estado aristotélico se baseia sobretudo na independência, mas esse desejo deriva de sua autarquia: para uma individualidade que se basta, é melhor ser livre do que dependente; mas a dependência não impediria a individualidade de ser completa. Mesmo que fosse somente autônoma, a cidade teria uma existência completa e isso não é uma abstração; nenhuma outra coletividade é mais completa do que ela (o imperador é apenas um pouco mais do que um especialista da política externa); os subgrupos, as associações de qualquer tipo, referem-se somente a estratos da existência. Ao destacar a política externa, a "grande política" que pressupõe a soberania nacional ou, ao contrário, ao destacar a autarquia, diremos que a época helenística foi testemunha da decadência da cidade, ou que ela se caracterizou por sua difusão triunfal (e, consequentemente, pelo triunfo do fenômeno urbano: o Oriente helenizado cobre-se de cidades a partir da época

---

129 H. Rehm, *Geschichte der Staatsrechtswissenschaft*, reimpresso em 1970, Wiss. Buchgesellschaft, p.91; G. Jellinek, *Allgemeine Staatslehre*, p.436.

helenística e o Ocidente urbaniza-se sob o Império). Novas ou antigas, as cidades não tinham um grande peso quando os reinos helenísticos se colocavam na balança; no panorama internacional, com uma ou duas exceções, as cidades conservavam alguma importância somente quando se organizavam em confederações. A era da cidade soberana terminou. Mas como entidade autárquica, a cidade triunfa na época helenística e mais ainda sob o Império, no qual o mundo mediterrâneo, desde então urbanizado, vive sob o regime de autonomia local.[130] Quando C. B. Welles exprimiu pela primeira vez a ideia de que, em certo sentido, o grande período da cidade começava depois das conquistas de Alexandre, disseram que era um paradoxo. É bem verdade que o contexto social e mental da vida não era o reino ou o Império, mas a pequena pátria; durante meio milênio a existência de dezenas de milhões de homens se resumia assim: submissão resignada aos longínquos poderosos que dirigem o reino ou o Império, e interesse passional pelos negócios da cidade. Acima de tudo, o poder imperial, por ser uma soberania estrangeira, não era nem mais nem menos um estranho para os habitantes das cidades do que os nossos governantes, mesmo os nacionais, são para os governados nos dias de hoje.

No estreito círculo da cidade onde todo mundo vive junto, uma dinâmica de grupo encerra os indivíduos cujo equivalente, atualmente, seria a empresa ou o escritório. Como nos ensinou Louis Robert, não devemos dizer que a época helenística é a era do individualismo ou do universalismo e que os homens se sentiam perdidos em reinos muito grandes. Devemos, ao contrário, admirar o fato de que a vida cultural e religiosa naquela época tenha podido ultrapassar completamente os contornos da vida municipal, tão penosos em outros aspectos; a comunidade linguística nos parece, sem dúvida, ser suficiente como explicação.

Contudo, mesmo se a soberania não é essencial, mesmo se a grande política não é tudo, aqueles que fazem essa grande política acreditam geralmente que ela é tudo e se constroem em função dessa crença. Assim sendo, o evergetismo será completamente diferente, se tiver como palco uma cidade autárquica ou um Estado soberano e hegemônico como Roma. A jurisdição da grande política não é a mesma do face a face cívico; um senador de Roma e um magistrado municipal doam, tanto um quanto outro, pão e circo, mas por razões totalmente diferentes. Reservaremos o nome de oligarcas aos grupos

---

130 Sobre esse vasto assunto, remetemos simplesmente a D. Nörr, *Imperialism und Polis in der hohen Prinzipatszeit*, C. H. Beck, 1966; e para as vilas municipais romanas, remetemos a Marquartdt, *Römische Staatsverwaltung*, v.1, p.52-53 e 88; Mommsen, *Staatsrecht*, v.3, parte I, p.811, n.2. O estudo de C. B. Welles foi publicado no *Studi in onore di Calderini e Paribeni*.

dirigentes que fazem a grande política; para as elites das cidades autônomas, a alcunha notável convém perfeitamente.[131]

11. O regime dos notáveis

O tipo político ideal do notável, segundo Weber, é esclarecedor para todo o período considerado aqui, se o estendermos ao social.

Poder político dos notáveis

Politicamente, os notáveis são pessoas que, graças a sua situação econômica, têm condições de dirigir uma coletividade qualquer como atividade secundária, sem receber salário ou recebendo um salário simplesmente simbólico; a direção do grupo lhes é atribuída porque gozam da estima geral, qualquer que seja seu título. Um notável vive para a política, e não da política; para tanto, é necessário que tenha outra renda, seja como proprietário de terras ou de escravos, ou que exerça uma profissão liberal, quer dizer, uma atividade socialmente valorizada. Ele exerce suas funções públicas gratuitamente e até mesmo paga por elas: "Os meios materiais de direção lhes são fornecidos pelo agrupamento, ou ele utiliza até mesmo seus próprios bens para isso".[132]

Independentes ou autônomas, as cidades helenísticas e romanas eram dirigidas por notáveis, por uma classe ou uma ordem de indivíduos ricos e de prestígio que viam na política um dever de Estado, e não uma profissão ou vocação. O que o sistema tem de surpreendente para um moderno é que a classe proprietária era também a classe governante; na França de hoje, os capitalistas não são os mesmos homens que os parlamentares; aqui a política é uma profissão. Quanto ao notável, ele é um amador que dedica seu lazer a uma atividade não remunerada, no que se distingue tanto do profissional quanto do funcionário público. Ele não é necessariamente um privilegiado ou um nobre, pois não existe nenhuma disposição formal, escrita ou não escrita, que lhe atribua essa atividade e exclua o seu acesso aos plebeus. Tanto é que muitos dos grupos que têm um notável como líder são oficialmente democráticos.

---

131 Notemos, enfim, que podemos imaginar dois tipos de *self-government*; em um, a administração local é um dever exercido por funcionários; em outro, é um direito dos governados; praticamente, a "participação" torna-se, nesse caso, um privilégio dos notáveis.
132 Weber, *Économie et société*, v.1, p.298; essa página é de uma rara densidade.

Em resumo, um regime de notáveis tem como condição formal o livre acesso de todos os cidadãos à política e como condição material a riqueza de alguns, e somente eles terão acesso a ela. Quando as coisas acontecem assim, duas outras eventualidades são possíveis. Ou a repartição das rendas é tanta que o acesso à política é aberto somente a uma pequena minoria de ricos, e é exatamente assim que se manifesta o regime de notáveis; ou as rendas são divididas igualmente, tão bem que os políticos poderiam ser numerosos; então a política é praticada somente pelos indivíduos que se interessam por essa atividade: nesse segundo caso, temos um governo de profissionais. Em uma palavra, quando todo mundo tem o direito de fazer política, os que a praticam são os que podem ou os que se interessam por ela.

O regime dos notáveis é particularmente adaptado ao sistema da cidade, pois é viável, sobretudo, nas coletividades restritas, na administração local ou nos minúsculos Estados. Ele pressupõe, efetivamente, que as tarefas de direção não sejam muito absorventes; as funções devem ser de curta duração para evitar a formação de um grupo especializado que ofenderia outros notáveis; ou, simplesmente, para não desmotivar os amadores. Enfim, a competência dos magistrados deve ser limitada pela competência da assembleia dos notáveis que pretendem governar, e não se deixar tiranizar por alguns de seus pares; nas cidades romanas, os quatro magistrados que se encontravam na direção da cidade eram nomeados por um ano entre os membros do conselho municipal, que contava, geralmente, com uma centena de notáveis; todas as decisões importantes deveriam constituir um decreto do conselho.[133]

Esse tipo de regime só funciona se a continuidade de uma política não for exigida e se as tarefas não forem muito técnicas. Os notáveis são amadores que dirigem a cidade porque eles têm tempo para isso e porque sua superioridade social faz com que tenham a estima geral. Eles têm assim duas atividades (nenhuma das quais é considerada trabalho ou profissão), sua atividade econômica que lhe permite uma vida de riqueza e sua atividade política que é considerada como sua verdadeira função; seu dever de Estado é dedicar sua atenção e sua fortuna à direção da cidade, ao *bios politikos*; eles devem fazer política (*politeuesthai*), a palavra política sendo tomada em seu sentido inglês *"politics"* em oposição à *"policy"*: não se trata de optar por um partido, mas de cuidar dos negócios públicos em vez de não fazer nada. Ao se tornarem senhores exclusivos das cidades, os notáveis passam do estatuto

---

[133] Sobre as relações entre o conselho e os magistrados anuais, Mommsen, *Juristische Schriften*, v.1, p.226 e 254; Marquardt, *Staatsverwaltung*, v.1, p.193; ver, por exemplo, em *Corpus*, inscrições latinas, v.2, o n.5221 e v.10, o n.4842, linhas 37 e seguintes (edição de Augusto para o arquiduque de Vénafre).

de classe ao de ordem, formal ou informal: de tanto ver a direção da cidade em suas mãos, a opinião pública passa a admitir que é legítimo, que as coisas são assim e que esse comando não deveria pertencer a mais ninguém. Esse privilégio político torna-se uma parte do interesse da classe dos notáveis. De fato, quando uma classe, um grupo ou um indivíduo impõe uma distância social, ele começa a se interessar convictamente por todos os aspectos e por todas as formas dessa distância (inclusive, evidentemente, pelos meios e eventuais aspectos de ordem econômica, mas não exclusivamente, nem prioritariamente; por que deveria ser assim?).

Ao se tornarem senhores exclusivos das cidades, os notáveis, como todos os privilegiados, fazem da distância social um dever e uma doutrina; eles expressam um intenso patriotismo pela cidade, que é sua coisa, exaltam os deveres que têm para com os colegas, obrigam-se mutuamente a cumprir seus deveres de Estado, querem reservar seu privilégio ao menor número de participantes possível e julgam-se indispensáveis para a defesa dos valores. A autonomia local é o limite de sua distância social.

Autoridade social e mecenato

Deve-se acrescentar o seguinte: os notáveis estão no poder por seu prestígio, que vem de sua riqueza; ora, a mesma riqueza que lhes dá autoridade política, sobre a qual fala Weber, lhes confere poder em todas as outras áreas. Um homem que possui mil acres é material e moralmente o senhor de todo o distrito; a vida cotidiana comporta também o fenômeno de autoridade e a distinção entre governantes e governados. O poder político dos notáveis é somente um dos aspectos de sua autoridade social em geral. Essa autoridade explica seu evergetismo livre.

O livre mecenato dos notáveis (desta vez, no sentido social da palavra) é um fato quase universal. No século XIX ainda existiam, na Europa, governos municipais confiados a uma elite de proprietários de terra. Eis aqui com que entusiasmo Taine (o Taine posterior à Comuna) descreve a vida pública nos campos ingleses:[134]

> Não existe necessidade de eleição nem de designação vinda do alto: o burgo encontra um chefe pronto e reconhecido junto aos proprietários importantes, antigo habitante da região, poderoso para seus amigos, seus protegidos, seus fazendeiros, interessado mais do que ninguém pelos negócios locais por seus importantes bens, especialista nos interesses e forças que sua família manipula

---

134 *Histoire de la littérature anglaise*, v.4, p.7-13.

há muitas gerações, mas capaz, por sua educação, de dar bons conselhos e, por sua influência, de gerenciar adequadamente a empresa comum.

Taine acrescenta uma precisão que se aplicaria também aos gregos notáveis, que eram homens de cultura, e aos romanos notáveis, que frequentemente sabiam grego: "Além do mais, diferentemente de outras aristocracias, eles são instruídos, liberais, viajaram com frequência, sabem o grego, conhecem a literatura, a retórica, escrevem regularmente". E eles são evérgetas: "Fulano construiu uma ponte com seus recursos próprios, beltrano construiu uma capela, uma escola; em resumo, eles dão aos ignorantes e aos pobres a justiça, a administração e a civilização com seus recursos privados".

Assim, conclui Taine, "acima da constituição legal está a constituição social, e a ação humana entra necessariamente em um molde sólido que já está pronto." Mas de onde vem esse molde? De onde vem o fato de que, principalmente nas sociedades pré-industriais, o poder político e social fica nas mãos dos proprietários de terras? "Aqueles que há muito tempo fundaram nossas instituições", escreve o imperador Justiniano, "julgaram necessário agrupar em cada cidade notáveis (*nobiles viros*) e formar, com eles, um conselho que administraria com ordem os interesses comuns";[135] no Império Romano, os grandes proprietários formavam a ordem dos funcionários públicos e consequentemente a ordem judiciária também. O aparelho de Estado expressa a relação de força dos grupos sociais, mas através de que processo ele a expressa?

O poder dos proprietários deriva de suas vantagens "materiais", parece claro (os meios econômicos são materiais raros e quase sempre indispensáveis), mas as razões dessa derivação são múltiplas. A riqueza permite dispor de mais tempo livre; os notáveis são homens ociosos, pois seus camponeses (escravos e, com mais frequência, arrendatários) trabalham para eles. Eles têm competência (Taine insiste nesse aspecto) e sobretudo têm a arrogância de quem sabe dar ordens; sua principal superioridade é terem aprendido ainda jovens que tinham o direito de mandar: Gaetano Mosca atribuía a duração das aristocracias políticas ao fato de que era mais fácil inculcar às crianças um traço de caráter como o sentido do comando, do que lhes transmitir qualidades intelectuais. Além do mais, os notáveis aprenderam os negócios, não através do ensino escolar, mas da aprendizagem familiar, como os artesãos. Contudo, não seriam os únicos a poder governar: em uma cidade romana, os escravos municipais (funcionários experientes, os únicos que conheciam bem seus dossiês) ou os capatazes das grandes propriedades

---

[135] *Novelles* de Justiniano, 4, 17.

também eram perfeitamente capazes. Porém, por serem ricos, os notáveis querem o governo para eles, pois o consideram uma função digna, e possuem os meios de reservar esse poder para si. Uma cidade antiga é constituída de tal forma que tanto os arrendatários no campo e os domésticos e artesãos nas cidades, que são a maioria da população, dependem, todos, das ordens ou dos mandos dos notáveis; cada notável exerce poder somente sobre aqueles que dependem efetivamente dele, mas o conjunto de notáveis tem um poder bem maior do que a soma das partes, pois sabemos que são capazes de se unir.

Além disso, como seu poder não é funcional, mas se estende a toda vida social e reúne todas as excelências, ele se reveste de prestígio; não são os ricaços que abusam de seu dinheiro para tiranizar setores nos quais o poder do dinheiro é ilegítimo: é uma elite em todos os pontos de vista, ele é mais respeitado do que temido; o rico será um ser de extração superior enquanto a divisão do trabalho permanecer sumária e as escalas de prestígio não forem múltiplas. O prestígio, em si, bastaria para que lhes fosse concedido o poder político em nome de sua riqueza, mas não sob o efeito material dessa riqueza. Em todo agrupamento cuja organização não é estritamente funcional, é o homem mais vigoroso, mais inteligente ou o mais rico que é tomado por chefe, desde que seja garantido um mínimo de imparcialidade, quer dizer, de homogeneidade dos interesses individuais; nos vilarejos de viticultores provinciais, categoria orgulhosa e independente, o prefeito é frequentemente um dos mais ricos proprietários entre todos; seus pares, que não dependem dele em nada, reverenciam nele o triunfo de sua própria excelência. Ser governado por aquele que é funcionalmente o mais competente é uma ideia da alta cultura; nos tempos da inocência, as pessoas são menos racionais; queremos ser governados pelo melhor e a excelência à que somos mais comumente sensíveis é a riqueza (em outros contextos, a dignidade da vida privada, a cultura humanista ou confuciana, a celebridade científica etc.). O prestígio, em si, resulta em efeitos não funcionais e na desigualdade: examina-se de baixo para cima o homem prestigioso, e não se vê, nele, um simples agente. Não se admira sua excelência como se admiraria um belo quadro: vê-se nele uma superioridade que dá direitos ao homem prestigioso.

A falta de distinção das escalas de prestígio ou de competência, combinada com os meios de pressão econômica, confere aos notáveis uma autoridade que não se limita à política, mas se estende à vida social inteira, pela mediação de seu prestígio. A vida social pressupõe por mil circunstâncias a iniciativa e a autoridade: o homem prestigioso terá sozinho o direito de iniciar ou de legitimar. Deve-se decidir sobre a instalação de uma bacia em um rio, a organização da construção de um caminho vicinal graças ao trabalho voluntário dos proprietários das bordas do rio, sobre um ponto de cerimonial, organizar uma festa pública, decidir se uma inovação é pertinente ou ridícula? Os homens são animais normativos; desde que alguma coisa possa ser feita de diversas maneiras mais ou menos equivalentes, uma única será considerada a certa, mas qual delas? No vilarejo ou na cidade, será o notável que o dirá; ele sabe e os outros só têm de ouvir. Uma iniciativa é aguardada; quem ousará tomar a liderança? Somente o notável pode fazê-lo sem suscitar ciúmes. Esse *leadership* social o levará com frequência a colocar a mão em sua bolsa de moedas; já que possui o direito e os meios de intervir, ele é responsável por tudo o que acontece no distrito.

Ora, nos limites do nosso horizonte, tudo o que acontece, mesmo a indivíduos que não são nada para nós, nos interessa se isso põe em risco os valores que são universais; tratando-se de política ou de religião, as ideias que outros carregam em sua mente nos escandalizam, mesmo que permaneçam platônicas. Além do mais, se existe mais miséria do que o admissível sob o teto de uma casa perdida no campo, essa ofensa à caridade é um escândalo público no qual o notável deve intervir, já que ele pertence ao universo daqueles que agem e não daqueles que se posicionam como vítima. É mais fácil para ele intervir nos mais variados casos do que para os funcionários públicos, que são limitados em suas ações pela lista tradicional das tarefas do Estado. O que nos levaria a uma explicação funcionalista do mecenato e do evergetismo caso fôssemos suscetíveis a humores finalistas: o evergetismo se explicaria por seu objetivo; ele é levado a fazer o que o Estado não faz.

O mecenato confiado aos notáveis dura enquanto as pessoas não se organizam entre si, como fazem os americanos, e enquanto o poder central, esplêndido e distante, dirige-se ao imaginário no lugar de intervir na vida cotidiana. Em outros contextos, as iniciativas são tomadas por padres ou militantes; ou então somente o governo tem o direito de tomá-las sem violar os sentimentos igualitários.

As três origens do poder

Se pensarmos nesse poder social dos notáveis, chegaremos à ideia orleanista de uma sociedade que subsistiria sozinha, sem aparelho de Estado, graças a seus "chefes naturais"; se não me engano, é também uma ideia maurrassiana, e sabemos que o maurrassianismo é um resquício pré-industrial (até na composição social de seus partidários: proprietários de terra, profissionais liberais). Chefes naturais, dizíamos; se meus cálculos estiverem certos, podemos chegar à autoridade por pelo menos três vias, duas das quais conduzem ao evergetismo.

1. Pode-se deter o poder por simples delegação; o eleito do povo soberano ou o primeiro-ministro escolhido por seu rei possuem a realidade da autoridade durante o tempo em que lhe for delegada, e a inevitável dissimetria entre governantes e governados se aplica em favor deles, povo soberano ou não (a eleição serve muito pouco para designar um mandatário que reflete a vontade de todos, pois nada é mais arbitrário e falso do que os processos eleitorais, mas ela impede os mandatários de se considerarem como os proprietários de sua autoridade). Aquele que foi designado não pode se manter no poder conforme a sua vontade, assim que o soberano retira sua delegação, ele não é mais nada; a autoridade delegada nunca é cercada de uma auréola carismática; também não tem caráter pessoal: o indivíduo deve desaparecer por trás de sua função. Esse homem não será nunca evérgeta.

2. Pode-se deter o poder como um rei hereditário, que o possui por direito subjetivo, como diriam os juristas. O rei deve assumir o poder para o bem de todos, mas ele o possui como possuiria um campo ou uma casa; é ele quem manda e ninguém mais: é assim porque é assim; os governados são apenas objetos desse direito. O dono de seu próprio reino comanda pessoalmente, e não é o servidor de uma função mais elevada por trás da qual ele desapareceria; ele está cercado de uma auréola carismática. É o que ocorre com o imperador romano, que será evérgeta à sua maneira.

3. A autoridade pode, enfim, cair nas mãos de "chefes naturais", com a mesma naturalidade que uma fruta madura cai da árvore; não devemos arrancá-la nem dá-la a outros. Eles devem tal autoridade a causas objetivas, por seu poder econômico, por seu prestígio, e até mesmo por seu talento político (quer dizer, seu carisma em um sentido diferente do da palavra perigosamente ambígua). O chefe natural não se vê delegar a responsabilidade de seu canhão ou de sua cidade: tem essa responsabilidade de fato. Não o designaram para uma função na qual ele deveria se isolar, recebendo os meios, financeiros ou outros, para executá-la: o distrito é seu negócio e ele deve fazer tudo o que for necessário, já que a própria realidade lhe dita o que tem a fazer. Ele é conduzido: deve ser um evérgeta.

Acúmulo das superioridades ou especialização

A responsabilidade social dos notáveis ultrapassa tão amplamente seu poder político que este se torna uma simples consequência, ela pode existir até mesmo sem esse poder. Nessa mesma China que ignorava o sistema da cidade autônoma, os notáveis eram mecenas das obras públicas: a irrigação era sua obra, e não dependia do despotismo imperial, contrariamente ao que diz Wittfogel;[136] a *gentry* chinesa controlava a gestão dos negócios locais e, quando os fundos públicos eram insuficientes ou haviam sido desviados pelos burocratas, era ela quem pagava; as monografias locais forneciam, aparentemente, exemplos muito numerosos de sua participação nas obras públicas; como foi atestado tanto no século XI quanto no século XIX.[137] Responder à expectativa geral, sob pena de perder prestígio, eis a motivação desse evergetismo livre. Nas épocas em que toda superioridade se encontra nas mãos dos ricos, apenas eles têm os recursos, o direito e o dever de zelar pelos interesses coletivos.

Reconhecemos aí uma ideia de Robert Dahl: nas sociedades pré-industriais, as superioridades são cumulativas; quem quer que detenha a propriedade das terras detém também o poder, a cultura e, como vimos, a influência. Quando, com o desenvolvimento econômico, as vantagens são mais bem repartidas e mais diferenciadas, e a especialização é mais desenvolvida, o acúmulo chega ao fim.[138] Nas sociedades antigas, a desigualdade tem uma relação direta com a propriedade do solo e a posição social; nas sociedades modernas, ela tem uma relação direta com a divisão do trabalho. Antes da industrialização, as sociedades eram plutocráticas;[139] a nobreza pressupõe a riqueza, que impõe respeito através de funções. A primeira classe proprietária que não governará será a burguesia; na França, estabeleceu-se certa separação entre riqueza, poder, prestígio e influência; nossas assembleias soberanas não são compostas pelos principais proprietários de terra.

Mas por quê? Porque chega um momento em que o acúmulo de papéis se torna esmagador para os atores; aí então, as atividades se especializam e as escalas de prestígio se multiplicam; quem sairá vencedor, um ministro ou um presidente de uma grande empresa? Não se podem exercer as duas carreiras ao mesmo tempo, são duas atividades difíceis que ocupam o tempo integralmente; não se pode mais aspirar a todas as superioridades, como no passado, quando um nobre sabia tudo sem tê-lo aprendido. Quando as diferentes atividades se tornam absorventes, destroem mecanismos muito complicados, elas se separam e as atividades correspondentes deixam de se estabelecer por função para se tornar especialidade; cada um se contentará em ter destaque em sua própria escala de prestígio. Uma atividade somente

---

136 D. Twichett, "Some remarks on irrigation under the T'ang", em *T'oung Pao*, XLVIII, 1960, partic. p.193.

137 L. S. Yang, *Les aspects économiques des travaux publics dans la Chine impériale*, Collège de France, 1964, p.7-13.

138 R. Dahl, *L'analyse politique contemporaine*, R. Laffont, 1973, p.163-166; *Après la révolution: l'autorité dans une société modèle*, Calmann-Lévy, 1973, p.159.

139 Visconde de Avenel, *Découvertes d'histoire sociale*, 1910, p.236.

pode ser mantida por título se for uma sinecura ou, no mínimo, uma tarefa de amador. Função ou especialidade? Os próprios interessados às vezes hesitam; se é uma função, ela só pode ser concedida ao notável, senão se sentirá diminuído; se é uma tarefa desgastante, ela pode, ao contrário, ser delegada a um homem comum, que algumas vezes tem a vantagem de ser competente. Os antigos notáveis tomavam como um dever de Estado o fato de se engajar nos negócios públicos para não deixar para outros a menor função que fosse; se em sua época a economia tivesse permitido a existência de verdadeiras profissões, eles poderiam ter se especializado e abandonado a direção da cidade a uma classe política.

A mais recente de todas as profissões é a economia, a mais antiga talvez tenha sido a profissão militar; a atividade política foi durante muito tempo uma simples função; todo notável supostamente devia se dedicar à política, pois essa não era a profissão de ninguém. Era, por outro lado, uma função e mandar tinha prestígio; um notável antigo nunca teria se preocupado em dizer, em seu epitáfio, que ele havia sido *gentleman-farmer* ou um importante negociante, mesmo se o tivesse sido; em compensação, ele não deixaria de dizer que foi antigo administrador de sua cidade. Daí vem a aparente obsessão política da sociedade antiga; daí vem essa outra forma de aparência que consiste em dizer que os notáveis eram pessoas de lazer.

12. Trabalho, lazer

Estamos, assim, no meio de um monte de problemas confusos.

Um notável é um homem de tempo livre e se orgulha disso; dedica-se à política. Mas o que quer dizer "trabalhar"? Todo notável tem uma atividade econômica mais ou menos invasiva; será que ele a despreza em sua altiva posição de senhor? Mentalidade senhorial e mentalidade burguesa seriam compatíveis? O desprezo pelo trabalho e pelo lucro não teria freado a economia? Haveria maior compatibilidade entre mentalidade evergética e mentalidade burguesa? Um capitalista poderia ser um mecenas? Como conciliar o dom com a racionalidade econômica? Aquele que oferece um presente espera um contradom, ao menos na forma de reconhecimento e prestígio; ele "conta com" o tempo, mas esse tempo é qualitativo, elástico e incerto; apenas o usurário, que não é um senhor, sabe contar os anos e manipular os riscos aumentando as taxas de juros...

O leitor reconhece uma problemática que lhe é familiar; ela constitui, em parte, a obra de Sombart, não em *Der Moderne Kapitalismus* [O capitalismo moderno], obra-prima de vigor teórico, de amplitude e de clareza, mas em seu pequeno livro *Le Bourgeois* [O burguês]. Não sabemos quase nada sobre como viviam os notáveis homens na Antiguidade; seus epitáfios e as inscrições honoríficas gravadas na base de suas estátuas não o dizem, e os textos literários falam muito pouco sobre isso. Sem dúvida sua principal fonte de renda era a propriedade imobiliária, mas teria sido a única? Do silêncio das fontes e do desprezo quase universal pelos ganhos comerciais, devemos concluir que os notáveis nunca se misturavam com o comércio e que a agricultura era, a seus olhos, a única maneira de não trabalhar? As representações sociais, o desprezo pelo trabalho e a função unicamente política teriam freado, dizem, o capitalismo antigo; existem, afirma Sombart,[140] "dois tipos fundamentais, o homem que gasta e o homem que economiza, o temperamento senhorial e o temperamento burguês"; o senhor seria "indiferente aos bens externos que ele repele, pois é consciente de sua própria riqueza, enquanto o segundo acumula esses bens". Um senhor ou um notável visa, dizem, não à busca indefinida dos ganhos, considerada como o critério do espírito capitalista, mas à grandeza política de sua casa.

> Não só a aristocracia antiga, que desprezava o trabalho, era dominada pela ideia de que o rico não devia se interessar pelas coisas econômicas, mas as fortunas eram expostas a uma rápida diminuição devido às despesas de representação; as classes que vivem de renda e que as recebem sem fornecer nenhum trabalho produtivo tendem a desaparecer.[141]

Tudo isso é mais confuso do que inexato: o esboço é aproximativo, a anatomia é vagamente conhecida, os cantos e recantos da história são mal distinguidos ou mal compreendidos; tentemos retificar algumas inflexões e especificar as relações existentes entre a ideia de lazer e o trabalho; veremos mais tarde se é verdade que um senhor não pode ser um empresário e que um burguês dificilmente pode ser um mecenas.

Essência, atividade, função, profissão

O que um observador, com um cronômetro na mão, teria visto os homens fazerem no decorrer dos dias tem pouca relação com o que eles são

---

140 W. Sombart, *Le bourgeois: contribution à l'histoire morale et intellectuelle de l'homme économique moderne*, Payot, 1928, p.192. Mas ver um protesto de Wilamowitz contra a ideia que a mentalidade econômica grega tenha sido diferente da nossa, em *Staat und Gesellschaft der Griechen und Römer*, p.193.
141 G. Salvioli, *Le capitalisme dans le monde antique*, p.246.

reputados a fazer; não é necessário lembrar que sob a alcunha trabalho não se designa uma atividade, mas tarefas pouco remuneradoras da massa da população. "Lazer" não é sinônimo de *farniente* nem mesmo de nobre vagabundagem, mas seria mais próximo de riqueza; "despreze o trabalho" não significa "negligencie seus interesses econômicos", mas "seja independente graças a sua fortuna". Devem-se distinguir aqui seis ou sete noções. Cada notável tinha objetivamente uma atividade que lhe permitia ser rico e que o absorvia talvez nas mesmas proporções que um trabalhador, mas que não era um trabalho; pois a essência do notável é a mesma de um homem de lazer, independente e plenamente homem; um estereótipo pretendia que sua atividade poderia ser somente a agricultura. O notável podia escolher, além disso, realizar-se em uma profissão; ele podia se tornar retórico, filósofo, poeta, médico ou atleta. Ele geralmente exercia uma carreira política, que era sua única função, e conquistava, através dela, títulos socialmente reconhecidos, os únicos que eram inscritos em seu epitáfio. Esqueçamos o caso dos indivíduos que estavam afastados da vida social para dedicar-se a uma missão, provisória ou não, a serviço do imperador. Um notável tem uma essência de homem de lazer, uma atividade econômica, uma função política e eventualmente uma profissão cultural; o oposto do comerciante que, naqueles tempos, tem como essência sua atividade econômica, que não é uma profissão socialmente reconhecida, mas uma simples especialidade.

Somente aquele que tem o lazer como essência pode se considerar plenamente homem e cidadão. Afirma Platão

> Qual seria o regime a ser estabelecido para que os homens obtenham em quantidade suficiente as coisas necessárias para sua existência, enquanto a outros seria confiada a prática de profissões, e os trabalhos agrícolas abandonados aos seus servos, que ofereceriam uma parte significativa de alimentos aos homens que levam uma vida mansa?

Essa é a meia utopia das *Leis*.[142] É assim que os moralistas realistas julgam tal adágio; se devemos dizer onde se encontra a felicidade, afirma Aristóteles, alguns tipos de vida não seriam nem mesmo levados em consideração; são aqueles que abraçamos somente para enfrentar as necessidades da existência. Escravos, camponeses, artesãos e lojistas não poderiam ser felizes, mas somente aqueles que possuem os recursos para organizar sua vida de

---

[142] Platão, *Leis*, 806 DE (ver 881 C, 832 D, 846 D); é efetivamente necessário distinguir os senhores e os escravos (777 B). O objetivo dessa utopia é "produzir o máximo de lazer possível" (832 D).

acordo com a sua vontade. Constatamos, então, que eles escolhem entre três espécies de existência: a vida de prazeres, que não dá um objetivo ideal à existência, a vida política e a vida filosófica, que os transformam em homens de cultura.[143] Apenas os homens de lazer são cidadãos por excelência; "a perfeição do cidadão não qualifica o homem livre, mas somente aquele que se libertou das tarefas indispensáveis exercidas pelos servos, artesãos e serviçais; estes, por sua vez, não serão cidadãos em uma constituição na qual as honrarias públicas são dadas pela virtude e o mérito, pois não é possível se entregar à prática da virtude quando se leva uma vida de operário e de serviçal".[144] Tais ideias eram aceitas como critérios de decência até o início da era industrial, Kant ou Hegel também se expressavam assim.[145]

Lazer querendo dizer independência econômica, o elogio antigo da agricultura é o elogio da posse de terras.[146] Não existe grande família sem grande fortuna; ser notável pressupõe um mínimo de riqueza, e não se pode viver

---

143 Aristóteles, *Ética a Eudemo*, I, 4, 2 (1215 A 25); ver R.-.A. Gauthier e J. Y. Jolif, *Ética a Nicômaco*, v.2, *Commentaire*, parte I, p.34, com outras referências.

144 Aristóteles, *Política*, III, 5, 5 (1278 A 20). Em *L'Ecclésiastique*, a mesma declaração encontra-se, com tristeza, na boca do Eclesiástico (XXXVIII, 24-34). As palavras de Platão, *República*, 590 C, são ainda mais desdenhosas; pois existe um pouco de aristocracia em Platão e até mesmo um certo esnobismo (*Teeteto*, 175 E-176 A; mas como isso não se encontraria também em Platão? A "mônada mais completa que jamais existiu" não é Goethe, com certeza, mas Platão).

145 Machiavel, *Discorsi*, I, 54; G. Lebrun, *Kant et la fin de la métaphysique*, A. Colin, p.394 ; Hegel, *Sur les méthodes scientifiques dans le droit naturel*, tradução para o francês de Kaan, Gallimard, 1972, p.125. Dionísio de Halicarnasso também afirma que essas ideias eram de Rômulo (*Antiquités romaines*, 2, 28).

146 Cf. estudo sobre o trabalho segundo Cícero, O. Neurath, em *Jahrbücher für Nationalökonomie*, XXXII, 1906, p.600. A nobreza supõe a riqueza e não sobrevive a ela por muito tempo; Juliano, *Constance ou de la royauté*, 25: "Que um homem, descendente de ancestrais bem-nascidos, caia em uma posição oposta a seu estilo de vida, e ele não teria mais o direito de reivindicar seus ancestrais?"; Juliano se indigna com esse absurdo dominante. – Eu não preciso dizer que a nobreza não é o reflexo, nem a máscara da riqueza: as relações dessas duas entidades são mais complicadas do que esse dualismo (qualificaríamos esse dualismo de dialética). Quando se trata de uma aristocracia, a riqueza conta principalmente com o aparato que ela permite; a riqueza é recurso e sinal, e não proeza que qualifica. Consequentemente, um nobre pode preferir a nobre penúria à perda de sua nobreza; contudo, a nobre penúria é somente um expediente provisório; no final de uma ou duas gerações, a nobreza arruinada perde-se obscuramente na plebe, pois a falta de recursos econômicos o impedem de manter os traços dos hábitos e do caráter dos nobres, impede-o de exprimir sua nobreza pelo aparato (ora, toda superioridade que não se exprime torna sua autenticidade suspeita), impede-o, enfim, de exibir, dentre outras excelências, a riqueza (ora, os homens esperam de um homem elevado que ele exiba todas as excelências possíveis, e a riqueza é uma excelência).

muito tempo simplesmente gastando. Mas já que as superioridades eram cumulativas e que as escalas de prestígio eram pouco repartidas, a riqueza é apenas um meio de impor a distância social; não é o sinal de um sucesso em uma hierarquia profissional. Ela permite pertencer a essa classe de notáveis que não tem a aparência de uma plutocracia, pois reúne também as outras excelências. Quem quer que pertença a essa classe não trabalha, pois trabalhar quer dizer trabalhar manualmente, como um servo, ou trabalhar para outro como um capataz.[147] Não que o notável seja ocioso, mas quando ele supervisiona a gestão de seu patrimônio ou exerce a atividade que lhe garante a independência, ele o faz sem a angústia do futuro; não se trabalha quando não se depende economicamente das coisas ou dos outros. A atividade do notável não era uma profissão, uma vez que a economia não era reconhecida como tal, e também não era uma especialidade, pois não pertencia à essência do notável; sua essência não se define por isso, ele era Sócrates ou Críton, e não armador ou produtor de azeitonas.[148]

A atividade não essencial através da qual cada notável garante sua independência é apenas uma necessidade sem valor biográfico, como a necessidade de comer ou respirar, as fontes falam pouco sobre isso, a menos que a atividade escolhida seja particularmente pitoresca ou engenhosa; o mesmo ocorre na França dos dias de hoje nas biografias de nossos escritores ou artistas. A atividade dos notáveis é mais frequentemente agrícola, ela é às vezes secundária ou terciária; existiram, através da história, banqueiros patrícios, comerciantes patrícios. Os nobres fenícios comerciavam com tanta iniciativa e aplicação que se tornaram piratas. Acrescentemos a isso os lucros ocasionais do *Gelegenheitshandel*,[149] cuja importância sempre foi grande nos recursos

---

[147] Trabalhar para os outros: Aristóteles, *Metafísica*, A, 2 (982 B 25); *Política*, VIII, 2 (1337 B 15); *Retórica*, I, 9, 27. Os textos sobre o trabalho na Grécia e em Roma são reunidos por G. Kühn, *De opificum Romanorum condicione*, p.5-14.

[148] A melhor ilustração desse ideal de independência é a teoria da crematística de Aristóteles, *Política*, I, 8-11, que é mais ideológica do que filosófica: Aristóteles racionaliza os preconceitos de seu tempo. A atividade econômica deve-se limitar às necessidades, que não são infinitas, pelo menos se quisermos "viver bem" e não simplesmente "viver" (1256 B 30 e 1257 B 25 e 40). Mas qual é o limite das necessidades e onde começa a crematística? Um grande agricultor vive certamente acima de suas necessidades, pois ele vive mais ricamente que a massa da população que sobrevive com menos despesas; ora, Aristóteles não o acusa de crematística e não pergunta qual é o exato tamanho de seu patrimônio; em compensação, ele qualifica de crematística as atividades de necessidade e servis, as do negociante e das profissões manuais (1258 B 20-25).

[149] Sobre o comércio ocasional, a empresa ocasional, ver o índice do *Moderne Kapitalismus* de Sombart, S. V. "Gelegenheitshandel" e "Gelegenheitsunternehumung". Encontraremos exemplos desses textos neste livro, Cap. II, n.30 e 40; Cap. III, n.190 e 443; Cap. IV, n.443.

das altas classes; negócios devem ser feitos, mas não se deve estar nos negócios, afirmou um dia Tocqueville em Beaumont. Nas épocas em que a atividade econômica era pouco organizada, os grandes procuravam por todos os lados as oportunidades mais inesperadas para ganhar dinheiro (que se apresentavam com frequência); o que na França dos dias de hoje é considerado coisa de vigaristas.

Além de sua atividade, o notável tem uma função, que é a política; ele é senador romano ou conselheiro municipal vitalício e exerce três ou quatro vezes, em toda a sua vida, magistraturas anuais ou sacerdócios, títulos que gravará em seu epitáfio. Podemos falar em função quando uma atividade admite não somente o reconhecimento social, como fazem os profissionais, mas as instituições públicas. Função que pode ser exercida em tempo integral (não a qualificaremos, portanto, de profissão, pois seu aspecto de responsabilidade pública eclipsa a ideia de escolha individual); ela é exercida com mais frequência por amadores. Na França, quando lemos "antigo ministro" em um anúncio fúnebre, podemos presumir que o defunto foi um profissional da política; na Antiguidade, as palavras "antigo arconte" querem dizer que o defunto, um grande negociante, foi arconte durante um ano; ele ia ao conselho municipal como iríamos a um clube, enquanto seu negócio ocupava a maior parte de seus pensamentos.

Não existia nenhuma outra escala de estima social além da política, com exceção de atividades culturais que eram profissões: "filósofo platônico", "retórico", padre particular de uma divindade qualquer. Por mais que o homem de lazer tenha atividades econômicas e políticas, pode lhe sobrar algum tempo livre, que ele usará, talvez, em uma das profissões que sua sociedade reconhece, em vez de se contentar em gozar de sua honorável independência. A profissão é livremente escolhida sem contrariedade econômica; pouco importa que essa profissão seja, por acaso, uma atividade econômica que garanta a independência do notável ou, ao contrário, que não lhe acrescente nada e que o obrigue a encontrar recursos em outro lugar: o importante é que a profissão seja reconhecidamente honorável para que não se presuma que foi a necessidade que o levou a exercê-la; também é crucial que ela permita viver na independência trazendo uma renda significativa.

"Estilo de vida", classificação, estereótipo

O notável evitará escolher como profissão uma especialidade não reconhecida socialmente. Até o século XIX, a economia era uma atividade não essencial ou uma simples especialidade que não permitia a um homem de negócios subir na sua escala à mesma altura que os senhores. É bem verdade que, mesmo que um notável fizesse algum comércio, ainda assim não seria conhecido como comerciante, pois o comércio seria, no seu caso, uma anedota não essencial; ele não exerceria tal atividade a título profissional. Não é uma questão de estilo de vida nem de qualificação das diferentes atividades, mas de classificação dos próprios indivíduos.[150]

Os antigos epitáfios dão uma ideia errada das atividades reais exercidas e uma ideia justa das representações coletivas. Raramente mencionam as profissões, mesmo para as pessoas do povo; enumeram apenas títulos políticos que bastavam para indicar que o defunto era um notável. Uma mesma atividade econômica será qualificada de especialidade ou considerada não essencial de acordo com o homem que a exerce, se é ou não classificado como notável. Na França, um metalúrgico é apenas metalúrgico enquanto um duque, que exerce a profissão de metalúrgico, continua a ser essencialmente um duque, pois a escala das performances econômicas sobe menos do que a da nobreza. Na sociedade helenística e romana, o homem da rua não teria dito sobre um notável: "É um armador", mas: "É um dos primeiros personagens da nossa cidade", mesmo se acrescentasse mais tarde: "Ele arma os navios". Os Médici eram considerados nobres que viviam da renda do banco, e não como banqueiros; não é por causa de seu estilo de vida, como afirma Max Weber, pois nesse caso os teríamos simplesmente considerado banqueiros que viviam nobremente. É uma pura questão de classificação, fundada nas representações coletivas; veremos mais tarde que o desenvolvimento econômico revolucionou a sociedade moderna multiplicando as escalas de classificação sobre as quais os indivíduos se apoiavam, mais até do que uma mudança interna de sua mentalidade econômica. Para que um antigo notável não passe nem de longe por um produtor agrícola, o que ele realmente era, não era necessário que tivesse um estilo de vida nobre ou que tratasse com certo desdém aristocrático a atividade agrícola que a sua sociedade respeitava: ele teria conseguido apenas que o considerassem desajeitado nos negócios, o que não era um elogio na boca de ninguém. Para não passar por um produtor agrícola, bastava ser notável. Em compensação, um vulgar liberto será definido por sua profissão, a de produtor agrícola.

Mas o que acontece se um dia um rico trabalhador entrar no conselho municipal e se tornar notável? Nessa sociedade plutocrática, é possível que ele consiga. Além disso, naqueles tempos, durante os quais a barreira social não era a nobreza de sangue, mas uma representação existencialista, evitava-se desdenhar das atividades econômicas que traziam muito lucro; "o

---

150 Sobre o "estilo de vida", Weber, *The City*, tradução para o inglês de Martindale, Free Press, 1958, p.155.

comércio", afirma Cícero, "é desprezível se é pequeno, mas se é praticado em grande escala não merece ser desprezado".[151] Contudo, acrescenta apressadamente, "de todas as fontes de renda, nenhuma é mais digna de um homem livre do que a agricultura". Com certeza, como essa economia se limitava quase que totalmente ao setor primário, a maioria dos homens livres, leia-se: notáveis, garantia sua independência com a posse de terras. Por essência, qualquer notável viverá presumidamente das rendas das terras: seria até desnecessário lembrá-lo.

Mas e se um notável não agisse assim? E se ele retirasse seus recursos dos negócios ou de uma atividade industrial qualquer? Nossas fontes não falaram muito sobre isso por outra razão: a classificação dos indivíduos vai ser introduzida como estereótipo; já que nosso homem é notável, ele negocia somente a título anedótico, o que não poderia descreditar a essência dos notáveis como tal, nem mesmo nosso homem, o que quer que ele faça, não pode deixar de ser o que é.

Os modernos concluíram, algumas vezes, que os notáveis possuíam somente uma fortuna imobiliária. Ao ler Libânio em seu excelente livro, afirma Paul Petit, os notáveis de Antioquia são apenas proprietários de terra.[152] Mas seria prudente acreditarmos nos silêncios de Libânio, que é um

---

151 Cícero, *Dos deveres*, I, 42, 150; texto comentado por Mommsen, *Römische Geschichte*, v.3, p.520; por Pöhlmann, *Soziale Frage*, v.2, p.359; por Bolkestein, *Wohltätigkeit*, p.322. Cícero denuncia não uma doutrina filosófica, mas a opinião comum em Roma (tal é o sentido do termo "*hoc fere accepimus*", que corresponde à helenística *paralambanein*; ver W. Spoerri, *Späthellenistische Berichte*, p.34; n.1 e p.163, n.15).

152 Paul Petit, *Libanius et la Vie municipale à Antioche*, Geuthner, 1955, p.33 e 330 ; contestado por J. H. W. G. Liebeschuetz, *Antioch: City and Imperial Adminstration in the Later Roman Empire*, Oxford, 1972, p.38. Libânio evita cuidadosamente dizer que seus pares são comerciantes e industriais; ele o confessa em um único caso, no qual tem mais razões de dizê-lo do que calá-lo: seu secretário, Talássio, que era fabricante de armas (e grande fabricante, acrescenta Libânio, que o compara nobremente ao pai de Demóstenes; disc. XLII, 21, citado por P. Petit, p.31 e 37), era ameaçado de ser forçado ao Senado de Antakya e tentava escapar desse encargo fugindo para cima; ele queria entrar no Senado de Constantinopla, do qual foi repelido sob o pretexto de que sua atividade era industrial, o que o entristeceu. – Os historiadores do Baixo Império citam o caso de um *duumvir de Aptungi*, Ceciliano, que tinha uma fábrica de fio de linho (Optat de Milev, App. 2, em *Corpus script. eccl. latin*, v.26). – Em alguns dos trabalhos relativos a Juliano ou a Antakya que eu li, não encontrei nenhuma alusão a uma frase de Misopogon, 20 (350 AB), que diz que "os conselheiros de Antakya gozavam de uma dupla renda, como proprietários de terra e como comerciantes". Juliano vangloria-se de tê-los impedido de ter por mais muito tempo uma dupla renda; poderíamos compreender, através disso, que ele os submeteu à *collatio lustralis*; acredito que Juliano tenha defendido os curiais de manter lojas, o que deve ser associado a uma lei que surgiu mais tarde (*Código Justiniano*, IV, 63, 3): Juliano quer forçá-los a conformarem-se a sua

esnobe, defensor de sua casta e da respeitabilidade de seus pares? Outras fontes, literárias ou dos epitáfios, são mais prolixas. A agricultura antiga não vivia do autoconsumo, muito pelo contrário; alguns terrenos eram especializados na exportação, levando em conta a escala de sua produção. Parece evidente que os proprietários de terras vendiam, eles próprios, a negociantes especializados, os produtos de sua terra ou o excedente desses produtos (uma carta do senador Plínio o mostra, pessoalmente, em ação); além do mais, algumas produções, como as minas e pedreiras ou a cerâmica, eram consideradas atividades anexas da agricultura, porque usavam matérias-primas extraídas da fazenda, bem como o tempo morto dos trabalhadores agrícolas.[153] Sobretudo, fazer e ser não são a mesma coisa; podemos fazer negócios sendo, ao mesmo tempo, agricultor; as rendas da terra eram investidas em empresas secundárias ou terciárias e o notável não precisava buscar capitais muito longe. Já falamos sobre o *Gelegenheitshandel*; os proprietários de terra empregavam as rendas da terra de um modo polivalente.[154] Existiam ainda notáveis que se especializaram nos negócios e os praticavam como uma profissão habitual e contínua. O riquíssimo Proclus de Naucratis, ateniense por adoção e homem de cultura, aumentava sua fortuna já imensa graças à importação de produtos do Egito: "Ele recebia do Egito incenso, marfim, mirra, papiros, livros e muitos tipos de mercadorias que revendia aos amantes desse tipo de coisa".[155] Enfim, uma cidade antiga não se parecia

---

    própria ideologia. Citemos, enfim, uma lei de Juliano, *Código de Teodósio*, XII, 1, 50 e XIII, 1, 4: "*nisi forte decurionem aliquid mercari constiterit*".

153 *Digeste*, 33, 7, 25, 1: "Alguém possuía em sua fazenda fábricas de cerâmica e empregava artesãos para trabalhar na terra durante a maior parte do ano". Nas minas, carreiras e ateliês de cerâmica como anexos da propriedade rural, ver *Digeste*, 8, 3, 6 pr. e 1: Se temos ateliês de cerâmica onde se fabricam os recipientes que servem para expedir a produção da fazenda, como acontece frequentemente para as ânforas que servem para enviar o vinho da fazenda..."; *Digeste*, 18, 1, 77; D., 23, 5, 18 pr.; D., 7, 1, 9, 2-3; D.; 23, 3, 32, D.; 24, 3, 7, 13-14; D., 24, 3, 8 pr. Ver adiante n.187 e acima n.149.

154 *Anthologie palatine*, XIV, 72: "Oráculo ordenado a Rufino que perguntava como fazer seu patrão do navio prestar sermão"; ora, esse Rufino foi identificado por Louis Robert como um consular, evérgeta de Efésios no século II (*Comptes rendus de l'Académie des inscriptions*, 1968, p.599: "aprendemos que o muito rico Rufino tinha inclusive uma empresa de comércio marítimo"). Na coletânea das agradáveis histórias intitulada *Philogelös* (editora Thierfelder: Philogelôs, Der Lachfreund, Tusculum-Bücherei), que L. Robert datou no século III de nossa era, o herói dessas pequenas histórias, um notável, de cultura, distraído e ridículo, empresta dinheiro a um dono de navio (n.50; eu não resisto à tentação de citar o n.57: "O Distraído tem um filho com uma escrava; seu pai o aconselha matar a criança"; segue uma boa palavra). Ver Diógenes Laércio, VI, 99 e VII, 13.

155 Filóstrato, *Vies des sophistes*, 2, 21, p.603, Olearius.

com nenhuma outra, existiam cidades como Aquileia ou Palmira,[156] que eram grandes praças comerciais; ali a alta classe havia se especializado nos negócios, como um dia farão os patrícios de Veneza ou de Gênova. Esqueçamos os negociantes de profissão e os que se apresentam como tal, que se tornaram notáveis em sua cidade, segundo o testemunho de algumas inscrições.[157] A divisória entre os notáveis e o setor secundário e terciário não era impermeável; ela deixava passar as atividades e os homens, e até mesmo os princípios, de um lado para o outro.

Pois os princípios subsistiam, verbalmente. De Proclus de Naucratis, aprendemos que "ele nunca se mostrava ganancioso nem iliberal; ele não buscava lucros exagerados, não reclamava dos juros e se contentava com o capital"; Proclus defendia sua honra de notável, como vemos. Plínio também defende sua honra; ele protesta dizendo que é conciliativo e pouco avaro quando trata com os negociantes que compram sua colheita.[158] A partir disso, não vamos concluir apressadamente que uma mentalidade senhorial freava o reflexo capitalista, pois esses testemunhos são muito edificantes para serem instrutivos; o tipo oposto ao grande senhor, que é muito educado exceto quando se trata de dinheiro, também coexistia naquele contexto e sem dúvida se aproxima ainda mais da realidade. Vamos concluir apenas que os notáveis se expressavam pomposamente para conciliar sua conduta efetiva com seu estereótipo senhorial; afinal de contas, existia um senhor jordano que dava mercadorias a seus amigos em troca de dinheiro.

O desdém pelos negócios

Um segundo estereótipo deve ser acrescentado, o desdém pelos negócios e pelos negociantes; os notáveis compartilhavam esse desdém principalmente pelo fato de os negociantes serem seus rivais na riqueza. Desdém já milenar, que se perpetuará até que o desenvolvimento econômico permita que os setores secundários e terciários não sejam mais minoritários e se

---

156 P. Collart, "Quelques aspects de la vie économique à Palmyre à la lumière des découvertes récentes", em *Mélanges d'histoire économique et sociale*, e A. Babel, Genebra, 1963, v.1, p.37-46.
157 Dittenberger, *Sylloge inscriptionum Graecarum*, 3.ed., n.838; *Corpus* das inscrições latinas, v.VI, n.3387 (um *omnibus honoribus et muneribus functus* de Miseno, que é *negociator*); v.XIV, n.4142 (Dessau, n.6140): "*decurio adlectus, [...] mercator frumentarius*". Ver também *Corpus*, v.V, n.785 (Dessau, n.7592).
158 Plínio, o Jovem, *Cartas*, 8, 2.

tornem a principal fonte de riqueza.[159] A desvalorização universal das atividades mercantis é um curioso fenômeno que já intrigava Platão.[160]

> É fato que o comércio de revenda não pode causar o menor prejuízo às cidades, por sua própria natureza; ao contrário, como poderia não ser um benfeitor o homem que uniformiza em proporção a existência de bens de todos os tipos que não tinham uniformidade nem proporção? Acrescentamos que a função da moeda é obter esse resultado, papel que também é desempenhado pelo próprio negociante. O que aconteceu para que esse papel não tenha boa reputação e seja desprovido de prestígio?

As respostas são várias. A agricultura vive da natureza, o comércio depende de outros para viver. A empresa agrícola não é essencialmente especulativa (pode viver em autoconsumo ou vender somente seu excedente), enquanto o comércio é especulativo em sua essência: um comerciante não é um homem que revende objetos que tem em excesso. Cultiva-se a terra para viver, enquanto no comércio, essa exploração do homem pelo homem, o objetivo é ganhar dinheiro, os fins justificam os meios; "a vida de lucro não é natural, pois a riqueza não poderia ser o bem que buscamos; é somente uma coisa útil, um meio para atingir outros fins".[161]

Para ganhar dinheiro, o comerciante altera o valor das coisas. Ele vende o espaço, entidade sem corpo e que não lhe pertence. O tempo também não pertence a ninguém, e é por isso que é desonesto emprestar com juros; o comércio também é desonesto. Além do mais, o comerciante, graças a sua posição de intermediário, aumenta os preços na trajetória: é dali que retira seu lucro; estamos convencidos, efetivamente, de que o intermediário é o autor da onerosidade da qual tira proveito. Sabemos que as coisas não são tão simples; os marginalistas nos ensinaram que a raridade e o mercado são os únicos responsáveis pelo valor dos bens. Com exceção do monopólio ou do cartel, o intermediário tira benefício do nível elevado dos preços na etapa

---

159 Um impressionante testemunho é o Capítulo 6 do *Principes de politique* de Benjamin Constante (*Oeuvres choisis*, Biblioteca da Pléiade, p.1115-1118); nas vésperas da revolução industrial, vemos Constante, nesse tratado que é um texto de uma rara lucidez, expor em boa consciência os argumentos mais sofisticados para reservar os direitos políticos aos proprietários de terra e recusá-los aos "industriais" (essa palavra sendo tomada no sentido de negociante e industrial): poucos textos, e com isso pretendo dizer textos razoáveis, mostram tão bem a força, sobre nós, dos estereótipos e da crença nas "verdades eternas".
160 *Leis*, 918 B. Mas Platão diz alhures que nas cidades marítimas os homens tornam-se gananciosos e covardes: *Leis*, 704 B-707 B, ver 842 D.
161 Aristóteles, *Ética a Nicômaco*, 1095 B 15.

final, não é ele quem os aumenta no caminho; pois o valor não sobe do produtor ao devedor, ao contrário, cai nas etapas de distribuição e de fabricação: produz-se e vende-se somente o que encontrará um comprador, ao preço adequado a ele. Baixado ao nível que convém ao intermediário, o valor dos bens já é menor, pois que comprador pagaria mais caro por bens que ele mesmo teria de viajar para buscar? Essa diferença de valor é a base do lucro do comerciante, que é quem tira proveito da onerosidade e da escassez, mesmo não sendo o autor de tais manobras. Mas a consciência ingênua não vê as coisas dessa forma; para ela, o comerciante não transita na distância que separa os valores intermediários, mas seria o próprio responsável por ela. Pois a consciência ingênua acredita que o valor aumenta por baixo: ela acredita no valor-trabalho; e poderia admitir que basta fabricar bugigangas sem a menor utilidade, desde que "se verifique um enorme trabalho" para que tenham muito valor. Somente o valor-trabalho fundaria o *justum pretium*; o comerciante altera o preço justo, pois ele o aumenta sem incorporar ao objeto nenhum trabalho suplementar. É certo que o comerciante não é inativo, mas o esforço que ele fornece é suspeito: ele viaja, é um instável, e seu esforço não modifica o objeto, que incorpora somente o cansaço do honesto artesão; paradoxalmente, ele não é rico.[162]

Além disso, a desonestidade do comerciante não lhe proporciona nem mesmo independência, que é o único critério estimável. Eles dependem de sua clientela e vêm lutar incessantemente contra seus concorrentes que ameaçam sufocá-los; exploradores dos outros, eles são também seus escravos. Todos os seus pensamentos são dirigidos à sua sobrevivência; poderíamos dizer o mesmo sobre o pensamento dos animais. Na agricultura, ao contrário, as empresas inframarginais não abrem falência: o proprietário viverá em autoconsumo, só isso. Um agricultor não tem que manter uma posição forçada no mercado; basta-lhe organizar fisicamente a produção e

---

162 Sobre a noção de *justum pretium* (que, mesmo no *Digeste*, é ética e não jurídica), ver E. Albertario, *Studi di diritto romano*, v.3, Milão, 1936, p.403; P. de Franciscis em *Studi Paoli*, p.211. Sobre o papel do espaço e do tempo no preço dos bens, P. Oertmann, *Die Volkswirtschaftslehre des Corpus juris civilis*, reimpresso em 1971, Scientia Verlag, p.110. A noção de preço justo faria sentido somente se os preços, em vez de flutuarem de acordo com o mercado ao qual os bens chegam, fossem vistos na representação ingênua das coisas, determinados no início pelos custos e o trabalho incorporado; A. Sauvy, *Histoire économique de la France entre les deux guerres*, v.2, Fayard, 1967: "O preço final resulta de seu próprio mercado e é ele que determina os preços na origem; a ordem das operações de fabricação parece falsamente determinar a formação dos preços: é uma clássica ilusão de ótica social"; ver J. A. Schumpeter, *The Theory of Economic Development*, p.142, 204, 207. A teoria do valor-trabalho é normativa e não descritiva; não se pode julgar sem parecer absurdo que um preço de mercado é injusto, mas pode-se legitimamente julgar injusto que o preço seja feito pelo mercado.

esperar o que a natureza vai se dispor a lhe dar. O valor de uma mercadoria depende do mercado, quer dizer, dos outros, enquanto o valor físico dos frutos da terra é sensível àquele que se alimenta deles. O agricultor é sempre senhor de seu destino; o comerciante, por sua vez, parece um jogador ou aquele que gosta de beber; levado pela concorrência, ele é obrigado a ganhar cada vez mais, pois não pode deixar a mesa de jogo, senão corre o risco de se arruinar definitivamente; ele é no fim escravo de sua própria profissão.

Essas condenações três vezes milenares nunca impediram os negociantes de negociar, nem mesmo os notáveis de comercializarem; não puderam "frear a economia de troca". Da mesma forma que outras condenações também não impediram os governos de governarem e as polícias de se excederem. O famoso antigo desdém pelo trabalho não desviou os pobres da necessidade de trabalhar para viver. A palavra trabalho mistura, como vimos, várias espécies bem diferentes, nas quais algumas são simplesmente falsas aparências e outras toleram acomodações com a útil realidade. Com certeza, o desdém pelo trabalho manual e o respeito pela propriedade se manifestam em diferentes épocas; acontece que cada sociedade classifica as atividades à sua maneira, que a relação dessas classificações com a realidade é duvidosa e que o próprio princípio da classificação não é sempre igual; desdenhamos o trabalho, mas sem atribuir significação ao lazer, mesmo que nosso respeito pela riqueza deva envolver outro princípio além do antigo ideal de independência.

Mas outros problemas subsistem. Quando uma atividade econômica não é socialmente reconhecida, quando é praticada quase em silêncio, como era o caso da empresa agrícola, não seria inevitavelmente negligenciada? E quando um proprietário de terra é, ao mesmo tempo, notável e evérgeta, podemos esperar que ele seja um empresário aplicado ou, se preferirmos, um capitalista ganancioso?

13. O evergetismo e o espírito do capitalismo

Em outras palavras, podemos ser simultaneamente senhor e burguês? E podemos ser burguês e mecenas? Para responder, devemos primeiramente saber como se constrói um burguês; o espírito do capitalismo seria ascetismo puritano? Seria "desejo de lucro, ligado ao racionalismo econômico", segundo a definição de Sombart?[163] A palavra racionalismo não poderia ter sido mais bem colocada. Em compensação, em vez de "desejo infinito de

---

163 *Der Moderne Kapitalismus*, v.I, parte 1, p.310: *Gewinnstreben im Zusammenhang mit ökonomischem Rationalismus*; ver p.319, 329; v.2, parte I, p.102.

lucro", vamos escrever "autonomia que trata o racionalismo econômico como especialização"; talvez estejamos assim mais perto da verdade; em todo caso, veremos que isso muda tudo no que diz respeito às relações do notável, do burguês e do mecenas.

O capitalismo não tem idade

Primeiramente, uma constatação se impõe: o racionalismo econômico e o espírito empresarial, em suma, o gênio do capitalismo, não são o raro privilégio do Ocidente moderno e não bastam para explicar seu singular sucesso; eles aparecem e desaparecem por todos os lugares, através dos séculos, e pelo mundo afora.

Quando os notáveis, que têm a ambição de ser e de aparecer, exercem também a atividade empresarial, o rendimento é com certeza menor do que nas épocas nas quais a divisão do trabalho e a estima social fizeram da economia uma especialidade que se tornou uma profissão reconhecida; os notáveis se interessarão menos que os outros por uma atividade que não se encontra no centro de sua vida social. Nos países subdesenvolvidos, os herdeiros das classes ricas tornam-se advogados ou políticos, e não *managers*. Dito isso, existe uma grande margem entre uma nobreza que cuida de seus interesses e vigia seus capatazes e uma nobreza que vive na penúria ou em total descaso.

Ora, esse último caso está longe de ser a regra; a nobreza francesa que fingia desdenhar a questão do dinheiro seria mais uma exceção. Além disso, deve-se considerar uma parte desse fingimento. Quando Aristóteles escreve que a arte da gestão não tem nada de admirável e que a maioria dos senhores deixava uma parte dessa gestão aos cuidados de seus intendentes para se dedicar à política ou à filosofia, ele retrata seus pares como supostamente seriam e se autorretrata como era.[164] Quando Tocqueville alega que "as atenções que os nobres dão incessantemente aos grandes negócios públicos os desviam dos pequenos cuidados que o comércio e a indústria exigem", ele idealiza sua casta; poucos nobres metiam-se em grandes negócios; alguns se interessavam por bons vinhos, pela caça e pelas moças das fazendas, outros vigiavam de perto a produção de sua propriedade.

Esse último caso é frequente na história. Vemos em diversos lugares a economia do *oikos* aristocrático virar uma empresa burguesa e enérgica, que produz para vender, e não se limita a revender seu excedente; notáveis helenísticos e oligárquicos romanos faziam transações e falavam de negócios sem medo de derrogar; o talento do produtor que sabia administrar o seu negócio

---

164 Aristóteles, *Política*, 1255 B 30.

era muito estimado. Na Europa central, há alguns séculos, a nobreza deixou de exercer uma função guerreira para se dedicar a duas atividades, os encargos do novo aparelho de Estado e a gestão de suas propriedades; ao sistema da grande propriedade agrícola corresponde o tipo do aristocrata empresarial para o qual, afirma Schumpeter, a administração de seus bens torna-se um objetivo em si.[165] Até mesmo na França, enquanto a velha nobreza vivia longe de suas terras e se deixava roubar por seus capatazes, a nobreza de toga estimava que a terra devia trazer lucro e vigiava sua propriedade; isso não a impedia de exercer sua função no parlamento de Paris, de Aix-en-Provence ou de Dijon.[166] Na Antiguidade, a classe dos notáveis evérgetas permitiu que províncias romanas da Ásia e da África prosperassem inacreditavelmente, é o que revelam as ruínas urbanas e rurais e a fotografia aérea de territórios antigos; a Tunísia e a Turquia atuais provavelmente não recuperaram esse nível de riqueza. Essa classe de notáveis não era, certamente, composta de mecenas distraídos.

Devemos concluir, a partir dessas afirmações, que o conceito de capitalismo, segundo Sombart, deve ser ponderado, pois a realidade é inesgotável? Não creio; com certeza, todo tipo ideal simplifica, mas é justamente por isso que não há nada para ser ponderado; ele não estiliza os detalhes, mas também não os comenta; o conceito de cachorro não afirma se esse animal é preto, e não cinza, diz somente que o cachorro é um mamífero, e não diz nada sobre sua cor. Não se pondera um conceito em nome do impressionismo histórico, mas devemos retificá-lo porque é falso. E se ele é falso, não é porque foi mal recortado, mas porque se acomoda em um julgamento errôneo. A definição do capitalismo, segundo Sombart, não é falsa por ser mal enquadrada e envolver muitas exceções em suas margens; é falsa porque Sombart atribuiu o espírito empresarial a uma instância inapropriada, o que lhe retira a possibilidade de interpretar tanto a regra quanto a exceção.

A história mostra isso: castas que não tinham a atividade econômica como ideal e que se preocupavam principalmente em conservar sua distância social através dos privilégios e de despesas suntuosas foram, com frequência, motivadas por um espírito empresarial; mas isso não aconteceu outras vezes; elas se contentaram em retirar de seus capatazes dinheiro suficiente para manter seu estilo de vida e, de resto, deixavam metade de suas terras abandonadas. É necessário então que o espírito capitalista tenha a estranha

---

165 J. H. Schumpeter, *Classes sociales, impérialisme*, p.208; Max Weber, *Economie et société*, v.I, p.408, sobre a evolução do *oikos*.
166 G. Roupnel, *La ville et la campagne au XVII siècle: étude sur les populations des pays dijonnais*, reimpresso em 1955, A. Colin, p.306-315.

propriedade de se desenvolver por si só, independentemente dos objetivos dos agentes ou de seu estilo de vida, e que os fatores exógenos, até mesmo simples acasos, sejam suficientes para decidir se ele se desenvolverá ou não.

Racionalismo e autonomia

Será assim se admitimos que o espírito capitalista se explica por outra coisa além dos fins sociais ou de uma atitude existencial, desejo de poder, ascetismo ou ganância. Esse espírito é unicamente a atualização de uma tendência universal que nos leva a fazer tudo racionalmente, seja a guerra, o governo, a filosofia, o esporte ou o jogo de xadrez. Tendência que não tem nenhum outro objetivo que não seja satisfazer a si própria e que não se explica nem mesmo pelo desejo de sucesso. Ora, em todas as áreas, a racionalização dos meios tem como consequência atribuir aos meios uma autonomia relativa aos fins: terminamos por fazer a administração pela administração e cultivar a arte militar independentemente de seus fins políticos a que deveriam supostamente servir. A ganância, que Sombart interpretou como um traço de mentalidade, não é nada além dessa autonomia dos meios que, com a mutação econômica do século XIX, se tornará um dia a profissionalização da economia. O espírito capitalista, empresarial, que encontramos em todo lado através dos séculos, explica-se pela capacidade que as atividades racionalmente ligadas têm de progredir indefinidamente com sua lei interna de desenvolvimento; não é a ganância infinita. Não pretendo afirmar que o grande capitalismo do século XIX explica-se assim; veremos, ao contrário, que ele é uma novidade absoluta, ou até mesmo que outro elemento entrou em jogo. Mas o gosto de fazer as coisas racionalmente em vez de fazê-las de qualquer jeito basta para explicar pequenas parcelas do espírito empresarial que pontilham o passado. Esse espírito é um fato banal; não é o produto de um período histórico determinado; ele aparece e desaparece irregularmente. O mesmo ocorre em outras áreas da racionalidade; Alfred Marshall dizia que os romanos empregavam certas qualidades para a conquista que seriam as mesmas do capitalismo moderno.[167] Do mesmo modo, a ideia de autonomia e de continuidade do Estado também aparece e desaparece irregularmente; Carlos Magno ou os Abássidas a tiveram, mas os pequenos Carolíngios ou os Seljúcidas, não.

Se o espírito empresarial tivesse o lucro como motivação, teria matado o mecenato e as condutas gratuitas. Consequentemente, quando víssemos

---

[167] A. Marshall, *Principles of Economics*, 8.ed., p.730; reimpresso em 1966, MacMillan Papermacs, p.607.

um comerciante medieval, no fim da vida, dar à Igreja uma parte de seu capital em vez de reinvesti-lo, concluiríamos que esse comerciante ainda não era totalmente capitalista: seu coração estaria dividido. O capitalismo teria o lucro como único fim; Polanyi celebra Aristóteles, "que faz do homem o objetivo da produção, em comparação com o mundo moderno, no qual o homem é a produção."

Será? Os poucos empresários capitalistas que tive a oportunidade de encontrar não me pareciam movidos pela ganância; com certeza bem menos do que o Avarento de Molière, do que Shylock, do que uma prostituta ou outras figuras pré-capitalistas. Os empreendedores pareciam procurar, sobretudo, uma conquista profissional; eles nem mesmo tentavam maximizar seus lucros, mas guardar um volante de tesouraria e reembolsar seus investimentos em prazos razoavelmente curtos, e não muito incertos. Eles se preocupavam, em suma, em "não se afogar"; eram técnicos prudentes, e não heróis balzaquianos. Na ausência de paixão pelo lucro, podia-se facilmente imaginar que um entre eles fundasse um centro cultural, restaurasse uma abadia, tentasse se eleger deputado ou perdesse dinheiro em um jornal diário ou com uma amante extravagante.[168] Do mesmo modo, a vida do comerciante medieval era dupla; em cena, era um especialista em economia, e na vida social era uma criatura que seu Criador julgaria como se estivesse vivendo seus últimos dias. Os fins extraeconômicos são hoje tão prestigiados como eram nos tempos de Aristóteles e talvez até muito mais, já que existe muito mais dinheiro e esse dinheiro deve ir para algum lugar.

Já que o gênio do capitalismo se reduz à autonomia de recursos, ele deixa correr livremente o coração dos homens e os fins da sociedade, que continuam a ser extraeconômicos, como o são por definição. O que caracteriza o mundo moderno não é tratar a produção como um fim, mas não mais deixar os que produzem cuidar dos fins para se concentrarem nos recursos e nos métodos. É a divisão do trabalho. Não se substitui o mecenato, a política ou as obras piedosas e caritativas pela voracidade de produzir e ganhar: limita-se a uma tarefa parcial, produzir, sem se preocupar com os fins, e poderão continuar a ser piedosos, políticos ou ostentatórios. O capitalismo é um pedante que produz por produzir com o automatismo de todos os especialistas, tão maquinalmente quanto um funcionário que aplica o regulamento e o toma como um fim em si. Acontece que, ao aplicar sistematicamente

---

168 Corroboro Weber, *Religionssoziologie*, v.I, p.4: "A pesquisa do lucro mais alto não tem absolutamente nada a fazer no capitalismo; essa pesquisa encontra-se nos cafeteiros, nos médicos, nos cocheiros, nos artistas, nas cocotes, nos funcionários corruptíveis, nos soldados, nos salteadores, nos cruzados, nos suportes de círculos de jogo e nos mendigos".

os métodos, o rendimento torna-se muito alto, a ponto de fazer que muito dinheiro fique disponível para o reinvestimento e para fins não econômicos. Em resumo, quando se quer saber se um comerciante medieval era capitalista, não se deve perguntar se ele deixava seus bens à Igreja, mas se tinha racionalizado seus métodos.

Interesse, desejo de poder, ascetismo ou jogo

Autonomia da economia e, desde o século passado, profissionalização: isso quer dizer que o capitalismo deixa de ser movido pelo interesse no sentido cotidiano da palavra; um presidente de uma empresa não é interesseiro, ele se interessa pelo seu sucesso profissional. O que seria então uma conduta interesseira efetivamente? Pode ser uma conduta que visa a uma utilidade final: eu procuro obter recursos; pode ser uma conduta racional: eu me interesso em manter minha tesouraria em uma posição sempre confortável; pode ser, enfim, a infinitude do desejo: eu acumulo avaramente minha riqueza. As profissões econômicas se interessam pelo segundo sentido (são racionais), e também por um quarto sentido: se interessam por seu próprio sucesso.

Ora, esse não era o caso de um antigo notável que, mesmo se organizando racionalmente, não era um profissional da economia; ele se interessava por sua finalidade, pois precisava das rendas de suas terras para manter ou elevar sua posição social; mas não retirava nenhuma vaidade profissional por ter sido bem-sucedido em sua produção; tal sentimento teria sido indigno de um homem livre. Os produtos de sua terra serviam para que fosse bem-sucedido em outras atividades, políticas ou culturais, que constituíam sua profissão ou sua função, ou permitiam que vivesse com independência, conforme a sua essência. Um negociante profissional, por sua vez, visa com certeza a sua utilidade final: vive de seu comércio, e vive bem; mas também visa ao sucesso comercial, com todas as satisfações morais que isso comporta. Nisso, ele não é diferente de outros especialistas, burocratas ou generais, que colocam um interesse totalmente profissional em poupar os denários do Estado ou ganhar batalhas para seu príncipe e sua glória.

É essa busca do sucesso profissional que consideramos como um desejo de poder; atribuímos ao capitalismo a honra de lhe imputar esse desejo. É muita honra, pois os construtores de impérios são exceções, tanto na economia quanto na política; mas o "desejo de poder" encerra, a partir dessa noção, três verdades, inadequadamente é fato. O capitalismo pode parecer irracional quando é autônomo diante das necessidades e quando é mais complicado do que o desejo; a empresa se desenvolve por si só e sua política é tão complexa quanto a dos Estados; e isso não consiste apenas em empilhar o máximo de dinheiro possível: as amizades profissionais ou a imagem de marca também contam. E, além disso, os *managers* gostam de dar ordens a seus subordinados, como todo mundo ou quase; a esse respeito, cada escritório, paróquia, universidade ou *kolkhoz* teria um herói nietzschiano como chefe. Enfim, a lei do mercado oferece frequentemente ao capitalismo um ar de selva; mas nem sempre: o oligopólio de combate não é a regra e as empresas preferem ordinariamente a paz à guerra.

Sobretudo, devemos distinguir o exercício de uma atividade e seus efeitos; algumas atividades geram poder e exigem, para seu exercício, faculdades mais delicadas do que o desejo de poder. Da empresa, profissional ou não, cada um retira o prazer que pode: obter sucesso, ser considerado, ficar rico, dominar rivais, manipular subordinados, lutar contra os homens ou contra as coisas. Mas a origem do capitalismo (e também do socialismo) é a tendência humana em desenvolver capacidades racionais assim que descobre que uma área qualquer é complicada o suficiente para permitir esse tipo de desenvolvimento. Resumindo em poucas palavras, a profissão de *manager* é interessante, do mesmo modo que jogar xadrez ou consertar motores de carros (sabemos que o trabalho de mecânico é um dos menos entediantes e que é vivenciado como se fosse o antípoda do trabalho em cadeia).

Toda atividade racional proporciona prazer. A busca pelo sucesso não se encontra na origem da racionalização, muito pelo contrário; a racionalização de um comportamento implica uma verdadeira conversão. A adoção de uma nova técnica isolada que se revela imediatamente recompensadora é outra coisa; a racionalização, por sua vez, não é imposta pela competição; modifica suas regras. O simples desejo de sucesso não vai tão longe assim; ele impulsiona sempre para frente, em linha reta, por um caminho banal, e sem olhar para os lados; ele não percebe o desvio de seu método, o espaço dos encadeamentos racionais que lhe abririam para um novo reino com seus próprios tronos. Mas será que ele gostaria disso? Todo desvio de produção paga seus futuros sucessos com um atraso inicial e investimentos onerosos; é melhor ganhar *hic et nunc* jogando as regras do jogo. Quando a racionalização se impôs apesar de tudo, apenas os que buscavam sucesso se interessaram por ela, agora que a competição os leva a serem tão metódicos quanto os outros, correm o risco de lamentar que tenham estragado a profissão.

Como um estalo, uma conversão ao método prova que existe "jogo" nas engrenagens da história; toda racionalização se faz com um estalo. Pode-se percorrer durante milênios a estrada da Sapiência, ou a da sabedoria bíblica ou a de Hesíodo, sem olhar na direção do conceito: contudo, somente essa conversão fundará a filosofia. Condição insuficiente da racionalização, a busca pelo sucesso também não é necessária; os inovadores consideram o método "como um jogo", porque, como todas as diversões interessantes, ele é complicado e racional. O adjetivo "lúdico" é extremamente fácil de usar, tenho consciência disso; ele assume uma infinita extensão quando quer dizer "não natural", pois que fim será natural aos olhos de um espírito sem preconceito? Somente a animalidade será natural. Mas "lúdico" pode significar também que uma atividade proporciona satisfação por si só; além do objetivo a que se propõe; a guerra é lúdica quando seus objetivos políticos contam menos do que as proezas guerreiras que, teoricamente, deveriam ser apenas um canal da política. Todo trabalho em que o indivíduo não submete nada a ninguém é indiscernível do jogo, a não ser convencionalmente. As satisfações que a empresa proporciona não são o suprimento de uma necessidade insatisfeita, a supressão de um "menos"; elas são o prazer de se atualizar como ser racional. Pois o prazer pode ser um "a mais" e consistir no desdobramento de nossas faculdades, sendo ou não uma necessidade. A racionalização é um jogo. E não um ascetismo.

É por essa razão que o vínculo entre o capitalismo e o puritanismo, segundo a famosa tese de Weber, pode parecer acidental e talvez coloque a carroça antes dos bois. A empresa não é mais ascetismo do que desejo de ganho ou desejo de poder; um capitalismo puritano não é um puritano disciplinado ao capitalismo por sua fé, é um capitalista que se converteu a um puritanismo comodamente interpretado. Se as relações entre o capitalismo e o puritanismo foram estreitas (pelo menos nas regiões onde ambos se encontravam face a face), é porque o capitalismo deve ter encontrado conciliações com as crenças puritanas ou serviu-se delas para costurar trajes para sua própria glorificação. O puritano diz a si mesmo: "Investir é minha vocação: é a vontade de Deus", mas essa "vontade de Deus" não permite equívoco; será que ele realmente quer dizer: "nos forçamos a economizar e investir por puro ascetismo"? Será que ele não queria dizer: "Essa profissão de investidor que tive prazer em exercer é santa e abençoada; façamos, então, com seriedade o que faríamos por prazer?" Os homens de negócios piedosos adaptaram o calvinismo ao capitalismo e o calvinismo mudou muito para conseguir se adaptar, até se tornar um individualismo econômico quase utilitarista.[169] Todo um povo se transformou em cavaleiros da Triste Figura, duros com eles próprios e também com o próximo, considerando que a esmola é um prêmio dado à preguiça; o puritanismo não gerou o capitalismo, mas o agravou. Ascetismo inútil, pois as atividades racionais não exigem tanta tensão voluntarista; as obrigações objetivas e os fins bastam para disciplinar os agentes e lhes ditam

---

[169] R. H. Tawney, *La religion et l'essor du capitalisme*, tradução francesa, Marcel Rivière, 1951, partic. p.197-211, 218, 226.

sua conduta; a empresa impõe uma maior exigência de continuidade para com eles do que eles para com ela.

A mutação: a economia como profissão

Mas se o capitalismo é somente racionalidade e a racionalidade é uma virtualidade que pode se atualizar em qualquer século, não estaremos confundindo todas as épocas da história? Não estaríamos minimizando os mais violentos contrastes? Não teria diferença entre um burguês do século XIX e um notável romano que se dedicaria a aumentar o rendimento de suas terras? Existe uma diferença considerável, mas que não se refere a sua mentalidade nem mesmo ao capitalismo propriamente dito; ela se refere a um segundo fenômeno que não deve ser confundido com o capitalismo, que é o desenvolvimento econômico do século XIX. Sejamos resolutamente materialistas quanto a isso: a diferença não se deve às mentalidades, ela é objetiva, vem das coisas e dos outros; notáveis e burgueses podem se entregar a suas atividades econômicas metodicamente, tanto um quanto o outro: essas atividades possuem um estatuto diferente em seus séculos respectivos.

O século XIX deve sua absoluta novidade a um fenômeno de crescimento que atingiu uma escala sem precedentes, que no Ocidente multiplicou por vinte o produto para uma população que apenas triplicou, e que fez, sobretudo, que os setores secundários e terciários, até então embrionários, ocupassem a maior parte do terreno social; o que revolucionou a estrutura das atividades e a escala de prestígio. A classe superior não é mais a dos proprietários de terra e, sobretudo, as superioridades deixaram de ser acumulativas. Existe especialização: a atividade econômica é muito envolvente para se acumular a outras, ela se torna uma especialidade, como a política. Essa especialidade torna-se uma profissão socialmente reconhecida: surge a profissionalização. Em qualquer época, podem ter existido proprietários de terra que cultivavam racionalmente; em qualquer época, existiram comerciantes especializados. Mas os primeiros não demonstraram um grande orgulho profissional no cultivo e os segundos não eram socialmente estimados. Agora o sucesso profissional nas profissões econômicas é socialmente valorizado. Logo, impõe-se a multiplicação das escalas de avaliação; a dignidade política ou a essência do homem de lazer não são mais os únicos prestígios. É a partir dessa época que se grava "diretor de empresa" nos epitáfios ou nos anúncios fúnebres e isso soa tão bem quanto "antigo ministro" ou quanto o silêncio que nas antigas sociedades anunciava o homem de lazer, que em si é uma forma de apresentação, quando não se vê nada mencionado ao lado de seu nome em seu epitáfio.

Essas inovações sociais não têm nada a ver com o espírito do capitalismo; elas são as consequências do desenvolvimento econômico, que tem suas próprias causas e sobre as quais nos questionamos (elevado excedente agrícola, revolução técnica etc.). Logo, o problema das origens capitalistas do século XIX não se impõe mais: apenas uma ilusão retrospectivam nos faz considerar os comerciantes medievais como ancestrais; eles são somente um dos núcleos de racionalidade econômica que se encontram por toda parte na história. Não existiu, desde o século XI, uma lenta ascensão do capitalismo que triunfaria finalmente no século passado; mas existiu, no século passado, um encontro entre o espírito capitalista e esse desenvolvimento explosivo cujas causas são exógenas. Um modesto negociante com um espírito metódico e aplicado ganha, um belo dia, o grande prêmio da loteria, o que revoluciona sua vida e a escala de seus negócios; a causa dessa revolução é efetivamente o prêmio, e não seu espírito metódico.[170]

O desenvolvimento econômico revolucionou a sociedade por uma razão de ordem quantitativa: os setores secundário e terciário deixaram de ser minoritários; ora, tanto na economia quanto na política, as minorias são frequentemente oprimidas. Desde o século passado, o setor econômico é

---

[170] Nos tempos de Max Weber e de Sombart, representava-se, talvez com menos clareza que hoje, qual foi a amplidão, única na história, do crescimento econômico desde os anos 1820, com seu índice médio de 33% por ano; podiam-se ver, então, sobretudo os aspectos mentais do fenômeno. O desconhecimento da escala da revolução explica a ilusão retrospectiva através da qual projetamos, antes do século XIX, a multissecular "subida de uma burguesia" (Balzac é considerado como tendo desenhado o triunfo do capitalismo!); ele também explica que acreditamos em um privilégio imemorial do Ocidente e de seu racionalismo. De fato, no século XVII, a renda nacional da Índia e da Inglaterra, ou da China e da França, era, conforme toda a aparência, da mesma ordem de grandeza. O que faz a originalidade única do Ocidente com relação à Antiguidade e com relação ao resto do mundo é o acidente histórico que foi o crescimento do século passado. O racionalismo foi, é claro, um dos fatores desse crescimento; mas os fatores decisivos foram algumas imprevisíveis descobertas (a rotação, o estrume, o vapor...), e sem dúvida também o fato de uma "massa crítica" ter sido atingida, ao ponto de tudo ter bruscamente conspirado contra tudo, e que a conjuntura de crescimento "funcionou" (quando questionamos os homens de negócios sobre os fenômenos de crescimento, como o crescimento francês desde 1953 ou o crescimento espanhol desde 1960, eles sempre falam de uma conjuntura na qual tudo começa, espontaneamente, a funcionar e na qual tudo conspira com tudo). Podemos comparar esse fenômeno com o nascimento da física no século XVII e a partir de então. A física não é filha somente do racionalismo, pois os gregos não eram desprovidos de racionalismo: o fator decisivo foi a descoberta de um tesouro, a saber, o cálculo diferencial. Se esse cálculo tivesse sido inventado somente no século XX e que, em compensação, o século XVII inventasse os prodígios da álgebra "abstrata" e da topologia, o século XVII teria sido um século de racionalismo triunfante: mas nós não teríamos ainda a ciência física, pois racionalismo ou não, não pode haver física sem cálculo diferencial e integral.

enorme e complicado, é como um verdadeiro exército que acampa entre nós; como recusar a essa enorme massa, poderosa e rica, o direito de existir integralmente e ter sua própria escala de prestígio? Os comerciantes romanos eram um punhado de pessoas isoladas que cultivavam sua especialidade, cada um em um canto; os empreendedores do século XIX são os oficiais de um imenso exército; no espírito do público, eles usam o uniforme desse exército com as insígnias de sua patente. Não é necessário acrescentar que esse exército, que deposita seu orgulho em seu sucesso profissional, trata a atividade que exerce como um fim em si; e isso explica essa autonomia da economia sobre a qual falamos acima.

Tudo isso nos permite, em contrapartida, ter algumas ideias mais claras sobre a economia antiga. Afirma-se com frequência que, nas sociedades antigas, o progresso econômico foi bloqueado por representações coletivas, pelo desdém ao trabalho, pela valorização das atividades políticas, pela busca de posição social, pelas despesas de cerimônias luxuosas... Afirmações mais confusas do que exatas. As sociedades antigas, nas quais a economia ainda não atingiu certo nível de especialização e de autonomia, representam o estado normal; é a sociedade industrial que oferece uma originalidade a esse respeito. A "economia", ou o fato de a autonomia da economia se encontrar nas mãos de especialistas é uma inovação, um evento que ainda não havia sido produzido. Ainda não existia nenhuma representação coletiva em que um sucesso profissional na atividade econômica fosse algo glorioso; não podia existir, já que ainda não havia tido o desenvolvimento explosivo que faria da economia um imenso exército com sua própria escala de avaliação. Para que a economia e as representações sociais pudessem realizar um combate corneliano nos corações, teria sido necessário que a economia fosse uma tendência sem idade, que fosse o amor eterno pelo lucro que luta com outras tendências em um coração avarento ou de um mecenas.

Devido a um tipo de anacronismo em atos, imaginemos um conflito artificial entre a economia e as representações, quando tentamos levar velhas sociedades do Terceiro Mundo para outra economia, a nossa, que pertence a uma idade diferente da deles. Constatamos, então, que essas velhas sociedades rejeitam o enxerto e não conseguem se entusiasmar pelas profissões econômicas. Para que adotassem a nova economia, teria sido necessário que se transformassem e que os senhores se tornassem homens de negócios; mas eles relutam contra a metamorfose e preferem viver como estavam acostumados. Com essa teimosia, uma vez instalada em suas mentes, podemos acusar suas "representações sociais". Economia e representações são abstrações que tratamos como coisas; elas não podem ser abatidas, mesmo no papel, pois são dois aspectos (duas "causas", no sentido de Aristóteles) de um mesmo e único processo: toda sociedade tem certas atividades que são econômicas por seus efeitos materiais, e mentais pelas motivações e fins de seus agentes.

Todo mal vem da palavra "econômica", que é ambígua, sabemos disso, e quer dizer, em cada caso, material, interesseira ou racional. O fato de que, nos dias de hoje, um negociante trate racionalmente seus bens materiais não implica necessariamente que ele seja mais interesseiro que um negociante da antiga Atenas; ele persegue fins como a distância social, o sucesso profissional etc., que não são mais econômicos do que os de um notável ateniense quando se tornava retórico ou se arruinava em evergesias. A economia nunca é um fim. O que faz que uma economia seja mais ou menos desenvolvida não é o fato de as pessoas perseguirem outros fins que não sejam econômicos, pois eles sempre agirão assim: é o fato de racionalizarem ou não seus métodos.

Senhor, burguês e mecenas

Chegamos agora ao fim de nossos esforços e podemos resolver o conflito entre o senhor, o burguês e o mecenas. Nosso grande erro foi nos esquecermos de que o cotidiano é um aspecto essencial da realidade humana. Senhor ou burguês são imagens tradicionais e ingênuas, certamente, mas quando é que essas imagens existem? Quando imaginamos que uma sociedade tem um eixo principal, que se define por uma atividade essencial e que um mesmo *habitus* informe suas atitudes em todas as áreas. Existem poucos erros tão difundidos. Na realidade, toda sociedade, mesmo a mais totalitária, tem um cotidiano porque é essencial para o homem ter, a qualquer momento, interesses múltiplos que são mais ou menos conciliáveis e mais ou menos prementes; o homem nunca pensa em apenas uma coisa. O mais violento desespero não nos impede de sentir uma dor de dente; do mesmo modo, o desejo de ser essencialmente um homem de lazer não anula a necessidade de dinheiro ou uma sensibilidade pela racionalidade econômica em si; essa racionalidade, por sua vez, não impede uma sensibilidade às questões sociais ou à beleza do mecenato, principalmente porque a própria economia não é nunca um fim. Discutimos muito sobre a verdadeira atmosfera dos anos 1940-1944; discussão mal engatilhada, pois tudo começou com a inevitável ilusão retrospectiva que anula o cotidiano; logo, a ingênua redescoberta desse cotidiano leva a conclusões exageradas no sentido oposto e conduz cineastas a fabricarem mais uma vez, para nós, com as melhores intenções do mundo, uma ocupação de opereta.

Em nome da humana mediocridade, existiram, em determinadas épocas, notáveis que tiveram o espírito empresarial e outros não; existiram empreendedores, notáveis ou não, que se comportaram como mecenas e outros não, pois uma época nunca é igual à outra. Os antigos notáveis eram empreendedores e mecenas. Não vemos nisso nem incompatibilidade nem uma associação habitual, como mostraremos.

1. A fim de conservar sua distância social, um notável antigo será magnífico e deverá ser rico; mas ele era impelido a desenvolver sua empresa? Será que ele não parava quando havia atingido o nível que bastava para impor sua distância social?

Talvez tenha ocorrido dessa maneira se ele fosse livre para parar, se o nível de suficiência fosse claramente definido e se a organização da existência, no decorrer dos dias, não fosse feita mais frequentemente para vantagens menores do que para grandes interesses. A vida cotidiana é cheia de pequenas técnicas e de disciplinas que se encontram nos pequenos prazeres do dia. Todo dia um notável dedica duas ou três horas vigiando suas terras como se fosse sua ginástica cotidiana; acreditamos que ele não coloque nesse ato um grande ardor profissional, mas pode colocar seu amor-próprio e uma atenção particular. Foi assim que viveu, dia após dia, a classe proprietária; não era necessário mais do que isso para enriquecer quando se tinha um patrimônio.

Mas isso não é tudo; os fins que os notáveis propunham a si mesmos são indefinidos aos seus próprios olhos. Ele quer assegurar sua segurança material e a grandeza de sua família; mas ninguém é suficientemente grande, pois os outros podem crescer e a segurança nunca é total. Além disso, uma vez que a máquina foi lançada não se tem mais controle para pará-la nem mesmo para regular o seu consumo. Não se pode desinvestir. Se a empresa é agrícola, também não se pode prever a colheita futura ; não se pode fazer nada além de preparar a terra para o plantio, garantindo as margens de segurança, e esperar para ver o que a terra dará. Como o cálculo econômico é impossível, deve-se ir o mais longe possível para não correr o risco de ser deixado para trás.[171]

---

[171] Em outros termos, a simples racionalização dos meios basta para desencadear um desenvolvimento indefinido da empresa, no qual o apego ao lucro não tem nenhum influência. Deixemos, então, aqui o apego ao lucro: Aristóteles e Sombart atribuíram a um traço individual, virtude ou vício, o que, na realidade, é uma estrutura coletiva, carregada pelos outros ou pela natureza das coisas, ou seja, a autonomia das condutas racionais, por um lado, e as necessidades da concorrência, por outro lado. O apego ao lucro existe somente para alguns avarentos. Um rico tem desejos decorrentes da fortuna que já possui; se ele começa a ganhar mais, será sempre bem-vindo; se ele quiser ganhar mais, é para manter sua posição, a distância para com seus rivais, garantir a segurança ou a grandeza de sua casa. Quanto ao negociante, ele exerce a profissão que por acaso é a sua e que comporta não o gosto subjetivo do ganho, mas a necessidade objetiva da rentabilidade e de uma posição garantida no mercado. Precisamente Max Weber não deixou de opor-se a Sombart (sem dizer o seu nome claramente) e de caracterizar o capitalismo não pelo apego ao lucro, mas por esse

E tem mais. Uma empresa racionalmente organizada é constituída de tal modo que é difícil mantê-la sem desenvolvê-la. Pois um patrimônio não se conserva por inércia; o estoque existente de bens capitais é o resultado de um processo histórico acidental; o estoque se gasta e deve ser renovado. Ora, não se renova o estoque sem melhorá-lo ou aumentá-lo; para substituir um campo esgotado, é preciso trabalhá-lo; não se reconstrói um estábulo mal concebido com a mesma fidelidade que se restaura um monumento histórico. A simples conservação do capital, se feita com cuidado e método, exige investimentos que pouco se distinguem do crescimento.

racionalismo que seria, segundo ele, a característica do Ocidente e a causa do triunfo da economia do século XIX (ver o prefácio do v.I de *Religionssoziologie*). Weber recusa, então, a oposição que Sombart faz entre a economia de suficiência e a economia do lucro. Em compensação, Weber faz uma outra distinção muito interessante, pois ela opõe duas atitudes econômicas, não a partir das necessidades, mas a partir das estratégias: de um lado "a administração de um patrimônio que visa à consolidação e ao aumento do patrimônio e das receitas"; e do outro lado, "a empresa capitalista com fins lucrativos, que visa à consolidação e ao aumento da rentabilidade e da posição de força no mercado". Essa distinção seria "indispensável para a compreensão da evolução econômica na Antiguidade e dos limites do capitalismo tal qual ele existia naquela época" (*Économie et Societé*, v.1, p.98-99). Eis aqui uma afirmação que merece uma discussão. O próprio Weber reconhece que a passagem de uma atitude para a outra é frequente e que a distinção é frequentemente evanescente. Digamos, primeiramente, que a gestão patrimonial não é característica da Antiguidade, na qual observamos duas atitudes: como o mostrou Rostowtzeff, as grandes propriedades helenísticas eram empresas a fins lucrativos e não patrimônios de segurança. Se formos mais longe: acabamos de constatar que é impossível racionalizar uma gestão sem desenvolver seus negócios; a distinção das duas atitudes, ou melhor, a do patrimônio e do capital, anula-se completamente quando existe racionalização da gestão. Em outras palavras, a verdadeira questão seria: "Existe rotina ou racionalização?" De um lado, um capital ou uma empresa lucrativa devem ser gerados "como por um bom pai de família" e a racionalidade proíbe que se assumam muitos riscos, pois uma empresa quer, primeiramente, manter-se (ver n.114). Do outro lado, gera-se mal um patrimônio quando se negligenciam as oportunidades de lucro e de investimentos: mesmo os escravos sobre os quais o Evangelho fala têm o dever de emprestar com juros os valores que seus senhores confiam-lhe em sua ausência (ver n.172). Um patrimônio bem administrado deve trazer lucro como um capital, e um capital bem administrado também deve ser tão seguro quanto um patrimônio. Pois, nos dois casos, a racionalidade exige que se ganhe o máximo de dinheiro possível: não é nem a necessidade nem o apego ao lucro que prescrevem maximizar, mas a racionalidade, efetivamente. O fato de que o proprietário de um patrimônio possa interessar-se, antes de tudo, por suas ambições políticas ou sociais não o impedirá nunca de maximizar seus ganhos econômicos, por uma simples razão: nunca um ganho econômico suplementar se pagará com um custo social ou político; em vez de "limitar seus lucros econômicos a suas ambições sociais", o proprietário racional sabe que ele não tem nada a perder e tudo a ganhar em ser o mais rico possível. Quanto à necessidade que Aristóteles quer impor-lhe como limite, é uma noção indiscernível, a não ser para baixo: quando não se tem mais necessidade, é porque ele se encontra além da necessidade, na infinitude do

2. Quanto ao mecenato e ao evergetismo, a atitude racional não poderia se contrapor a eles, a não ser que os recursos do notável não fossem inesgotáveis. Certamente, avareza e mecenato seriam incompatíveis, mas o homem racional não é avarento. A classe proprietária vive na riqueza, então é fácil passar do luxo e da ostentação ao mecenato.

Le Play, Mauss, Wicksell ou Marshall lamentaram o egoísmo do mundo contemporâneo que perdeu o significado do dom; teria realmente perdido ou a gratuidade simplesmente mudou de objetos e de modalidades? Em todo caso, se houve perda, o culpado não é o espírito capitalista. Seguramente, a concorrência obriga a reinvestir os capitais; a separação das rendas privadas e da tesouraria da empresa limita as despesas suntuosas; o mais comum é quando os *managers* são simples gestionários e a empresa não lhes pertence; ora, não temos o direito de fazer liberalidades em detrimento daqueles cujos interesses administramos, já que estamos encarregados de defender seu dinheiro, e não sua reputação.[172]

---

desejo, e ultrapassou-se o limite caro a Aristóteles, que ultrapassou a ele próprio, já que ele não vivia na miséria como um camponês da Índia. Uma vez que deixou de sentir fome, não há mais nenhuma razão de não ser mais muito rico em vez de rico, pois já é muito ser rico, ou então não se é suficientemente rico; não existe mais nenhuma referência. Finalmente, parece-me que a distinção feita por Weber entre patrimônio e capital não é a mesma das duas atitudes alternativas, mas a de duas espécies diferentes de instituições econômicas e até mesmo a de duas épocas históricas. A empresa lucrativa é a empresa comercial e o banco moderno; o patrimônio é a empresa agrícola que não tem como defender sua posição de força no mercado contra os concorrentes. A empresa lucrativa tem um caráter bem moderno; é o banco e a sociedade de ações. E tem mais: Weber escreve que "quando o patrimônio do empresário coincide com seu direito de dispor livremente de seus meios de produção e que suas receitas identificam-se com seus lucros, é difícil perceber a mínima diferença" entre patrimônio e empresa. O que mostra que a empresa tem como característica a separação da personalidade moral da empresa e da pessoa física de seu proprietário ou de seus capatazes: a tesouraria de uma empresa digna desse nome pertence à própria empresa e não aos homens que a possuem ou a administram. Precisamente, essa separação é como o símbolo do que chamamos a autonomia da economia, consequência da racionalização. Concluamos que a noção de empresa para Weber reporta-se a dois fatos: a racionalização em questão, que é intemporal, e o desenvolvimento econômico do século XIX, que diminuiu a importância relativa das empresas agrícolas e multiplicou, em compensação, novas instituições econômicas. O único fato realmente novo é esse desenvolvimento, com suas consequências institucionais e sociais; em compensação, racionalismo, "espírito capitalista", empresa lucrativa são possibilidades de todos os tempos e lugares.

172 Um tutor é levado a maximizar os lucros de seu pupilo, que seria pessoalmente menos severo quanto aos lucros, provavelmente: é um dever fazer frutificar o dinheiro de outro; com o *trustee* surge, fatalmente, a mentalidade capitalista. No direito romano, o tutor não deve manter os valores de seu pupilo improdutivos; ele é punido caso se recuse a emprestá-lo sob o pretexto de conservá-lo para esperar uma boa ocasião de investi-lo na compra

O mecenato capitalista existe. Os bilionários são generosos como estetas, cristãos ou cidadãos. Existe também um mecenato das grandes firmas por duas razões; a firma é uma pessoa e tende a desenvolver essa personalidade e a ostentá-la; a firma possui uma racionalidade econômica, que exige que ela cultive sua imagem de marca e suas amizades profissionais. A mesquinhez encontra-se praticamente nos simples administradores de bens que geram com justeza os patrimônios que lhes são confiados; o homem de negócios, por sua vez, desempenha o papel de uma personagem muito mais complicada.

O verdadeiro recuo do mecenato tem razões que não são capitalistas. As despesas suntuosas diminuíram porque as margens de renda foram reduzidas relativamente e, sobretudo, porque o universalismo político proíbe às classes superiores exibir sua superioridade como se fosse legítima; o luxo egoísta triunfa, assim, sobre a magnificência; somente o Estado pode doar sem humilhar seus beneficiários. Enfim, a religião, desde o fim do século XVIII, faz que a fé, a moralidade e a decência venham antes das obras ostentatórias; é por essa razão que os negociantes cristãos não legam mais seus bens à Igreja, e não porque eles têm mais espírito capitalista que seus ancestrais do século XV.

Ninguém produz por produzir, mas para comer, para se vestir, para doar ou para ter sucesso na produção. A partir de então, se não existe conflito entre fins econômicos e fins sociais, pode haver, em compensação, conflito entre esses fins e os meios econômicos. Um notável com alma de empreendedor também pode ter uma alma de mecenas, mas se ele faz muitas evergesias não poderá mais investir. Levantamos uma nova questão: o evergetismo é conciliável com a racionalidade econômica?

14. Análise econômica das despesas suntuosas

O evergetismo ou, na maior parte das vezes, as despesas suntuosas, o "desperdício", teriam sido impossíveis sem crescimento econômico; a época helenística e o Alto Império Romano são os períodos mais prósperos da Antiguidade; as ruínas de cidades antigas com seus monumentos bastariam

---

de uma terra (*Digeste*, 26, 10, 3, 16). Do mesmo modo, os escravos do Evangelho têm o dever de investir o dinheiro de seu senhor (Mateus XXV, 27; Lucas XIX, 23). É uma regra constante em matéria de *trustee* e também de *leadership*; ver P. H. Wicksteed, *The Common Sense of Political Economy*, editora Robbins, v.1, p.175; W. H. Riker, *The Theory of Political Coalitions*, Yale University Press, 1962, p.24-27.

para indicar isso. Durante o meio milênio que separa a morte de Alexandre, o Grande, da crise imperial do século III e da difusão do cristianismo, o mundo mediterrâneo teve um nível de vida que reencontrará somente séculos mais tarde. Esse crescimento permitiu suntuosidades e evergesias; como explicar tal crescimento? E, inversamente, as despesas suntuosas o teriam favorecido ou freado?

Para responder a essas duas questões, dever-se distinguir os séculos e as regiões; teria sido necessário que a história econômica da Antiguidade tivesse sido escrita. Então, o que fazer, senão tratar os dois problemas *ex hypothesi*? Não improvisaremos a história econômica de meio milênio: vamos nos limitar a lembrar quais são os diferentes caminhos possíveis para um crescimento pré-industrial e qual influência as despesas suntuosas podem ter sobre o crescimento; como não sabemos como a economia romana cresceu, especificaremos como ela pode ter crescido. Por pura gentileza, previno os leitores que possuem certo conhecimento em economia que não aprenderão nada nas páginas que seguem.

O desperdício e a focalização

"O problema fundamental da história do Império Romano", escreve Gilbert-Charles Picard,[173] "foi a mediocridade das possibilidades de investimentos criadores, que o obrigou a viver dia após dia gastando seus lucros sem se preocupar"; é verdade que, nesse aspecto, "a situação do Império não era fundamentalmente diferente da situação do conjunto das sociedades humanas até o século XVIII", que, assim como os romanos, "fixaram seu excedente em um conjunto de monumentos que, do ponto de vista econômico, aparece somente como magnífico, mas estéril epifenômeno". As ocasiões de investimentos teriam sido tão raras quanto afirmam essas penetrantes linhas? Nem mesmo pensamos em investimentos industriais: até o século XVIII, a agricultura permanece o elemento motor do crescimento. Ora, a agricultura antiga tinha muitas ocasiões para investir; o mundo romano encontrava-se ainda coberto de florestas e prados (alguns dos quais se tornaram deserto desde então), e não os valorizou. Em todo caso, essas possibilidades, se eram realmente possibilidades, não foram aproveitadas; os romanos preferiram desperdiçar seu excedente sob a forma do epifenômeno de monumentos sobre o qual fala nosso autor.

Estaríamos diante de julgamentos de valor? Com certeza, "desperdiçar" pode querer dizer muita coisa: não utilizar uma fonte de riqueza, empregá-la

---

[173] *La civilisation de l'Afrique romaine*, Plon, 1959, p.98-99.

de um modo menos produtivo que outro, consumi-la em vez de investir, empregá-la para usos ou fins que não consideramos justificados... Ora, que fim seria justificado? Ninguém nunca pôde definir univocamente a renda nacional: se uma coletividade atribui uma importância muito grande às práticas religiosas ou consideram as vacas animais sagrados, teríamos o direito de dizer que as catedrais ou um vasto estoque de rebanho improdutivo são desperdício?[174] Felizmente não é necessário evocar essa dificuldade: não nos perguntaremos se as pirâmides eram legitimamente indispensáveis aos olhos dos egípcios, mas nos limitaremos a constatar que uma pirâmide permite produzir outra coisa, nem que seja outra pirâmide, e que ela teria, por outro lado, uma utilidade aos olhos de seus construtores ou de seu faraó: isso já basta para o economista que não julga as utilidades finais.

Entenderemos por desperdício o fato de as classes ricas consumirem muito mais do que investirem seu excedente. Podemos, assim, falar de epifenômeno: como consequência das defasagens de renda, uma grande parte do excedente concentrava-se nas mãos da classe proprietária; ora, esta última a usava em magnificências que são apenas uma amostra representativa do nível de prosperidade que o conjunto da sociedade havia atingido. Em poucas palavras: rendas muito desiguais e mais consumo do que investimentos.

O que não nos surpreende; ainda nos dias de hoje, os países mais pobres são aqueles nos quais a classe proprietária vive mais suntuosamente; as defasagens de renda são relativamente maiores nos países do Terceiro Mundo do que nos Estados Unidos ou na Europa. Essa concentração das rendas em uma economia com fraca produtividade não leva a um movimento acumulativo de crescimento, mas a fortes desigualdades no consumo das diferentes classes sociais; enquanto a maioria da população ultrapassa muito pouco o nível de autoconsumo, os ricos empregam suas rendas consideráveis em um consumo de luxo, em despesas com luxo. Somente uma pequena parte é dedicada a despesas produtivas; os países subdesenvolvidos que investem fazem isso não na poupança privada, mas nos créditos públicos ou graças ao autofinanciamento das empresas.[175]

A desigualdade conduz a um efeito de localização, a um epifenômeno enganador; quando uma fração, mesmo reduzida, da renda global de toda uma sociedade se concentra em um determinado objetivo, conjunto de monumentos ou armamento atômico, os resultados parecem gigantescos na escala individual, mesmo se a sociedade em questão é camponesa e pobre. Gigantismo enganador: é muito menos oneroso edificar o que arqueólogos

---

174 S. Kuznets, *Modern Economic Growth: Rate, Structure and Spread*, Yale University Press, 1966, 21.
175 Denis-Clair Lambert, *Les Économies du Tiers Monde*, A. Colin, 1974, p.297.

e turistas chamam de alta cultura rica em monumentos, do que dar comida a uma população que tem fome; tudo depende da classe proprietária, que reúne o excedente e que decide, além disso, onde vai ser aplicado esse excedente. O próprio esplendor dos monumentos levanta suspeitas; mesmo os edifícios para uso ordinário possuem um aspecto imperecível, que é um índice de seu irracionalismo; tudo é construído para a eternidade, quer dizer, tudo é muito sólido para sua função; o menor viaduto torna-se um empreendimento de prestígio que revela que uma classe de notáveis fez um uso vertiginoso de seus recursos. O evergetismo funda-se na desigual repartição do excedente e no poder desigual de decidir sobre o seu uso.

A focalização é mais fácil para as sociedades antigas do que para nós, que somos obrigados a reinvestir para amortizar um enorme capital de ativos reprodutíveis, moradias, infraestruturas, fábricas e estoques. A riqueza das antigas civilizações não parece desproporcional em relação à nossa se a julgarmos pelo seu luxo e obras culturais, porque enquanto elas consumiam quase tudo, nós consumimos e reinvestimos. A amortização é, além disso, uma das menores preocupações das sociedades antigas, muito pobres para se precaver. Boas colheitas, ou a repentina generosidade de um evérgeta, caem do céu; rapidamente, decide-se construir um teatro ou um aqueduto; depois falta dinheiro e o edifício nunca será terminado. Caso ele seja terminado, faltará dinheiro para mantê-lo; se pudéssemos voltar no tempo e visitar o Império Romano, constataríamos, sem dúvida, que o conjunto monumental era mal conservado, que ele se degradava, que os muros eram leprosos.

Mas o que quer dizer excedente? A palavra não implica julgamento de valor. Evitaremos definir o luxo, distinguir o necessário do supérfluo; a distinção não teria, assim, nenhum interesse econômico. Vamos contrapor apenas o consumo à poupança e ao investimento e, no consumo, distinguiremos os bens de subsistência e o excedente, independentemente de este último ser empregado em usos luxuosos ou modestos. Será reconhecido como excedente tudo o que ultrapassa o mínimo de alimentos que permite à espécie subsistir.

Subsistência, excedente, crescimento

Primum vivere: para que uma sociedade possa se dedicar a atividades que não estejam relacionadas à sobrevivência, para que ela tenha chefes, guerreiros, ociosos e artesãos, os agricultores devem produzir mais do que é necessário para seu autoconsumo; de que viveriam os ociosos e artesãos? A partir de um momento na história, os agricultores produziram mais do que era necessário para subsistir, o que lhes permitiu fabricar coisas não comestíveis.

A existência de culturas elevadas deve-se a uma pequena defasagem numérica: cada agricultor alimenta três ou quatro pessoas, quer dizer, ele e sua família, ou pode alimentar cinco ou seis? Nada substitui os bens de subsistência e é por isso que os fisiocratas diziam que somente a terra proporciona um produto líquido. Esses tempos estão distantes de nós, mas no Japão, em 1880, ainda eram necessárias quatro famílias de agricultores para alimentar uma família não agrícola; em 1940, era necessário menos de meia família.[176]

Atualmente, na França, o crescimento consiste em fazer produzir mais objetos manufaturados para uma sociedade cuja subsistência está garantida; o excedente faz o excedente aumentar e os investimentos do segundo e terceiro setores ocorrem quando se desvia uma fração dos produtos desses mesmos setores do consumo. Nas economias antigas, o crescimento consistia em aumentar o produto agrícola para liberar mão de obra e investimentos que se destinavam aos dois outros setores. A agricultura é efetivamente a fonte de todas as riquezas; somente ela permite multiplicar o produto total aumentando seu próprio rendimento, e permitindo aos outros setores acrescentar sua própria produção à dos agricultores. O leitor reconhece, aqui, o *Tableau économique* [Quadro econômico] de Quesnay, imagem fiel das macroeconomias pré-industriais; o nível de vida das antigas sociedades depende diretamente ou indiretamente apenas da produtividade da terra. Seu crescimento consiste em produzir no primeiro setor mais bens de subsistência do que o necessário. Na França dos dias de hoje, ao contrário, o crescimento acontece no segundo setor e é delicado; o excedente é trocado pelo excedente, o que pressupõe ajustamentos entre a produção e o consumo; uma economia tão delicada torna possível o ciclo econômico.

Não é impossível estimar qual foi o nível de vida nas diferentes épocas da Antiguidade; temos textos, ruínas e até mesmo dados numéricos. Em termos de país, quando passamos do século de Péricles, antes do início do evergetismo, ao século dos Antoninos, quando o evergetismo está em seu apogeu, é como se, em valor absoluto, passássemos do século de São Luís ao de Luís XIV. Resta-nos desejar que um dia um economista, um agrônomo, um especialista do desenvolvimento tenham a fantasia de visitar os sítios antigos da Ásia Menor ou da África romana, de passear pelas ruínas da cidade e também perceber, ao observar o solo ou fotografias aéreas, qual era a densidade da ocupação dos terrenos. Nosso especialista estaria acostumado em estimar o custo das realizações; ele conheceria um grande número de países desigualmente desenvolvidos e o aspecto de suas cidades se associaria, para ele, ao número correspondente à renda nacional respectiva; ele não ignoraria quanta

---

176 R. Badouin, *Économie rurale*, A. Colin, 1971, p.305.

pobreza pode se esconder por trás das fachadas brilhantes e desconfiaria instintivamente das involuntárias "cidades de Potemkin" representadas pelos restos arqueológicos (o que resiste ao tempo não é uma amostra representativa do passado, mas o que foi feito com materiais imperecíveis). O especialista poderia, assim, proporcionar o que mais nos falta, cuja ausência fez que a Antiguidade flutuasse no exterior do real e do tempo relativo: uma escala absoluta do produto nacional ou, o que seria a mesma coisa, equivalências entre os séculos antigos e um ou outro país subdesenvolvido de hoje (ou entre um tal século antigo e um tal século moderno). É bem mais urgente do que escavar mais um sítio.

Quando pronuncio, quase emblematicamente, os nomes de São Luís e de Luís XIV, estou fazendo o que posso: eu indico que o desenvolvimento do evergetismo não teria sido produzido se ele não tivesse se desenvolvido paralelamente ao crescimento econômico. Como explicar esse crescimento?

Um fato econômico depende de duas explicações que se completam; uma é endógena, representada por um modelo, e a outra é histórica ou sociológica. Por exemplo, o modelo explicará um crescimento pelo fato de que a taxa de aumento da população não foi superior ao quociente da propensão em poupar pelo coeficiente do capital; faltará, então, explicar por quais razões sociais e mentais a propensão em poupar foi efetivamente essa ou aquela. Um país subdesenvolvido decolará se atinge o índice mais favorável de poupança que seu modelo determina e se as classes ricas ou o governo estão efetivamente dispostos a garantir esse índice.

O crescimento pressupõe, em qualquer lugar e em qualquer época, que uma parte do consumo ou do tempo perdido seja poupada para ser investida no capital produtivo ou no trabalho; nos lugares onde a maioria da população ultrapassa um pouco o nível de subsistência, a poupança se constituirá apenas em detrimento do consumo dos notáveis e de suas despesas suntuosas. Diante de um processo de crescimento, onde quer que aconteça, pensamos primeiramente nas explicações clássicas: a sociedade considerada investiu uma fração importante de seu excedente, a proporção da população ativa aumentou, a função de produção melhorou; investimentos, diminuição dos gastos da "fortuna dormente", desbravamento e pressão demográfica, progresso dos métodos de cultura...

Um paradoxo: crescer sem investir

Antes de estender esse esquema à Antiguidade como se fosse o único possível, vamos tentar imaginar a possibilidade de um crescimento que se produzisse sob hipóteses menos fortes; como a de um crescimento paradoxal, sem melhorias nas taxas de poupança, na demografia ou na técnica. Podemos pensar, então, em uma melhor alocação dos homens e dos recursos, em aperfeiçoamento de gerenciamento, e não necessariamente de técnica, e em investimentos em produtos no tempo ocioso. As possibilidades exógenas são a autoridade do homem sobre o homem, a aplicação ao trabalho e as consequências econômicas do imperialismo. Essas hipóteses superficiais poderiam ser suficientes para uma melhor apreensão de mais uma forma de crescimento na história.

1. Uma melhor repartição do *input* e da população para igualar os rendimentos marginais. A ocupação de terras virgens, as expulsões e massacres de populações vencidas ou a colonização dos países conquistados levam frequentemente a um crescimento absoluto do produto em benefício do grupo vencedor através de uma alocação mais "racional" da população ativa. Esses benefícios da conquista são certamente muito mais elevados do que os da pilhagem. A repartição da população ativa conforma-se, então, à localização dos recursos naturais, e não se explica mais somente pela história do povoamento. Colonização do Oriente grego depois das conquistas de Alexandre, povoamento italiano no país celta, na Espanha e na África romana, colonização chinesa no sul da Mongólia e da Manchúria desde o início da dinastia Manchu.

No plano nacional, a alocação dos recursos é melhorada através da autoridade do homem sobre o homem quando os agricultores são obrigados a explorar as terras mais férteis em vez de se limitarem àquelas que são mais fáceis de serem cultivadas; pois, apesar de Ricardo, inicia-se o trabalho pelas terras fáceis, e não pelas terras férteis. O trabalhador é mais sensível à produtividade por hora de trabalho no solo fácil, que é elevada durante as horas que ele passa ali, do que à produtividade por unidade de área;[177] ele prefere economizar seu esforço do que aumentar sua renda ou a de seu senhor.

Sobre a melhor alocação dos fatores, podemos associar a divisão regional do trabalho de acordo com as vantagens comparadas e o progresso das trocas, que conduzem ao acréscimo do produto das duas regiões consideradas.

2. Sem necessariamente transformar a técnica, podemos aumentar a produtividade com melhorias do tipo "gerencial",[178] que são imputáveis ao racionalismo: para isso, é necessário pensar um pouco antes de iniciarmos tal tarefa. Economizar esforço, racionalizar as técnicas do corpo, agrupar a propriedade, dispor as construções agrícolas de um modo mais funcional

---

177 Ibid., p.302 e 367.
178 J. D. Gould, *Economic Growth in History: survey and analysis*, Methuen, 1972, p.295-298, 319, 363-365.

para eliminar a perda de tempo, utilizar ferramentas mais bem concebidas, mas não mais caras, utilizar ferramentas ou construções de melhor qualidade. Sabemos a importância que os antigos agrônomos davam a essas melhorias. A noção de pleno emprego somente faz sentido em uma economia muito racionalizada; nas sociedades antigas, existe perpetuamente uma situação de inatividade, pois se poderia fazer melhor com o que se tinha, sem investimento suplementar de tempo nem de dinheiro.

3. Esforço é o bem que mais faz falta; a história do crescimento é, no essencial, a do trabalho e a da obrigação. A capacidade de trabalho é histórica e varia muito de um povo para outro; os americanos são mais eficazes que os russos, e os alsacianos mais que os occitanos. Intensificar o trabalho, fazer que os homens trabalhem tanto quanto as mulheres, que geralmente é oprimida de tanto trabalho, essa é a história do crescimento até os dias de hoje (isso poderia ser a primeira fase de um Manifesto do partido feminista).

A intensificação do trabalho pressupõe uma obrigação durante gerações e a intensidade do trabalho é inconsciente para os agentes. Isso se aplica também à utilização do tempo ocioso e ao desemprego parcial na agricultura. Os braços não empregados são, como sabemos, a grande riqueza inexplorada do Terceiro Mundo.[179] Além disso, uma má alocação da mão de obra obriga a sustentar especialistas indispensáveis, mas subempregados; o ferreiro do vilarejo não tem trabalho suficiente, mas é preciso ter um ferreiro no vilarejo; ele é sustentado para não fazer nada. O marginalismo é um luxo que não se pode ter mais; os Antigos, afirma Sismondi,[180] empregavam o excedente das produções venais para sustentar os trabalhadores cujo trabalho não se vendia, e a edificar monumentos públicos.

Os tempos ociosos de trabalho agrícola permanecem como o grande recurso; não se pode fazer crescer plantas mais rápido, mas se pode levantar pirâmides durante as férias da natureza. Ou então desbravar terras virgens ou até mesmo fabricar peças de relojoaria; pirâmides e desbravamentos afetarão com muita desigualdade o nível de vida.

A racionalidade dessas melhorias é muito particular. Quando um proprietário impõe sacrifícios a si mesmo e a seus empregados, pagando seu trabalho com futuras vantagens em mercadorias, ele lhes pede mais ainda do que parece; os custos psicológicos da mudança são de ordem qualitativa e as vantagens futuras também não são redutíveis a um tipo de "taxa de lucro"

---

179 R. Nurkse, *Problems of Capital Formation in Underdeveloped Countries*, Blackwell, 1966, p.33 e seguintes.
180 *Nouveaux Principes d'économie politique*, reimpresso em 1971, Calmann-Lévy, p.360.

dos inconvenientes que se apresentam; a comparação monetária é impossível: deve-se mudar de modo de vida e de atitude diante do trabalho.

Qualidades distintas são exigidas de um capataz que melhora suas terras e de um empresário; sua tarefa não é técnica nem estratégica: ele deve manter seus homens trabalhando e organizá-los;[181] seu poder econômico é apenas um apêndice de seu poder político e social. Ele decide, por exemplo, economizar uma parte da colheita para alimentar trabalhadores que desbravarão novas terras em vez de cultivar o solo para substituir o trigo que consomem. O crescimento econômico se faz pela combinação de produtos já existentes: o chefe decide empregar alguns bens de um modo diferente do que até então era feito.

O antigo elogio do luxo

O excedente sempre considerável que o crescimento gera permanece nas mãos da classe proprietária e dirigente que o gasta em suntuosidades ou em outros investimentos. Resta saber se essas despesas suntuosas têm, como retorno, um efeito positivo ou nefasto sobre o crescimento; o evergetismo freou o crescimento? Ou, ao contrário, completou parcialmente a insuficiência dos investimentos? É o velho problema do luxo que existe desde a *Fábula das abelhas* de Mandeville e que Keynes renovou em nossa época. Evergesias, pirâmides e catedrais arruinaram ou enriqueceram as sociedades que as construíram?

Ao modo do século XVIII, o elogio do luxo se desenvolveria em três pontos: as suntuosidades permitem que os artesãos e os comerciantes vivam, elas valem mais que a acumulação e impedem que o preço da terra suba demasiadamente. Esse foi, durante muito tempo, o *nec plus ultra* da ciência; portanto, as duas primeiras afirmações são especiosas e a realidade é mais complicada.

1. Se os ricos não fossem evérgetas, o preço do solo aumentaria: efetivamente, é certo que os preços relativos são modificados quando o excedente serve principalmente para adquirir uma determinada espécie de bens. Ora, tudo fazia o preço do solo aumentar: a pressão demográfica, a busca da distância social, o desejo de segurança. As poupanças de toda uma geração eram dedicadas à aquisição das terras de um vizinho para completar as posses da família. O resultado disso era uma troca recíproca de bens e de fundos entre os diversos detentores do solo. O preço da terra devia-se mais à sua raridade

---

181 Schumpeter, *The Theory of Economic Development*, p.138-140; Sombart *Le Bourgeois...*, p.63. Sobre os investimentos não monetários, Gould, *Economic Growth...*, p.124 e 153.

do que à renda que ela proporcionava e era superior ao seu valor capitalizado;[182] uma fortaleza valia mais do que o que sua renda proporcionava. O solo era, assim, colocado em um circuito econômico à parte e os recursos dos ricos eram destinados à aquisição desse único bem. A temida consequência desse processo era a concentração da propriedade nas mãos daqueles que já eram suficientemente ricos para adquirir um bem tão oneroso. Alguns Estados tentavam lutar contra esse perigo social aumentando autoritariamente as taxas de juros, pois se supunha que essa taxa e o preço do solo variavam em sentido inverso um do outro:[183] ao tornar o empréstimo com juros mais atrativo, os recursos dos ricos desviavam-se da aquisição imobiliária.

As consequências também seriam bem-sucedidas se os ricos se arruinassem em suntuosidades; a propriedade imobiliária seria acessível aos menos ricos e seria mais igualmente repartida.

2. O outro grande argumento dos apologistas do luxo respondia a outra preocupação social: sem as suntuosidades dos ricos, comerciantes e artesãos morreriam de fome. Pois a classe opulenta é a única que dava trabalho para essa categoria de trabalhadores;[184] os agricultores, que alimentavam todo mundo, conservavam para si apenas o suficiente para se alimentarem. Os trabalhadores das cidades precisam do excedente que os ricos tiram da

---

[182] Cantillon, *Commerce en général*, capítulo 10 da segunda parte: como a propriedade de terras oferece uma posição ao Estado, o preço da terra será mais alto que a capitalização das taxas de juros; por exemplo, o juro será no último vinte e a terra nos últimos vinte e cinco. Ver Wicksell, *Lectures on Political Economy*, v.1, p.132 e 145, ver 120; Marshall, *Principles*, p.237-238 (Papermacs, p.197); para dizer a verdade, o método de capitalização é inadequado: o proprietário de terras é como um proprietário de escravos, ele vende o trabalho dos escravos e da terra, e não os próprios escravos ou a terra; se amanhã uma lei proibisse vender e comprar a terra, a renda imobiliária não subsistiria; ver Schumpeter, *Economic Development*, p.166-167.

[183] Suetônio, *Augusto*, 41: quando o tesouro Ptolemaico foi transportado para Roma, teve uma tal abundância de recursos que a taxa de juros diminuiu tanto quanto aumentou a da terra; Tibério, 48: deve-se compreender, nesse difícil e célebre texto, que Tibério força os que emprestam a adquirir bens e fundos, esperando através disso que as taxas de empréstimos diminuam; Swift, *Bref Exposé sur l'état de l'Irlande*: "A fraca taxa de juros, sinal de prosperidade em qualquer outro país, é, na Irlanda, uma prova de miséria, aquele que empresta não tendo nenhum negócio em vista; essa fraca taxa, e somente ela, provoca o aumento do preço das terras, que são o único investimento para a poupança possível"; Padre Huc, *Souvenirs d'un voyage en Chine*, v.2, p.83: "Seremos, talvez, curiosos em saber a que objetivo propôs-se o governo chinês ao levar os juros do dinheiro a 30%; segundo Tchao-yng, escritor renomado no Império Celeste, o Estado quis impedir que o valor dos bens e dos fundos aumentasse e que o do dinheiro diminuísse devido à mediocridade dos juros. Ao levar os juros a uma taxa considerável, ele tenta fazer que a distribuição de bens e fundos seja proporcional ao número de famílias e a circulação do dinheiro mais ativa e mais uniforme" – Citemos ainda Bacon, *Essays*, XLI: Of Usurie.

[184] Ver, por exemplo, Cantillon, parte I, capítulo 5.

terra; os camponeses já possuem a sua parte: aparentemente, o excedente se perderia não se sabe onde se não voltasse para os artesãos. Desde 1662, William Petty justificava "as festas, os espetáculos suntuosos, os arcos do triunfo", argumentando que o custo caía no bolso dos donos de bares, alfaiates, sapateiros e outros mais.[185] Em Atenas e em Roma, Péricles ou Vespasiano eram reputados por terem dado trabalho ao povo, fazendo-os construir monumentos da Acrópole ou o anfiteatro do Coliseu.[186]

Vejamos o raciocínio: artesãos e comerciantes são uma categoria da população cuja existência é dada e, por essência, é o que é: no lugar dos artesãos, não poderia haver outros trabalhadores. A composição do produto nacional formada por diferentes categorias de bens é tão fixa quanto a da população ativa: sem as despesas dos ricos, os artesãos morreriam de fome e a produção artesanal não existiria, a ponto de o produto nacional ser menor do que é; a sociedade seria mais pobre. Graças ao luxo, a situação não é essa. Pois "a demanda de bens é demanda de trabalho":[187] os artesãos já se encontram ali com suas ferramentas; eles não teriam trabalho se os ricos acumulassem seu excedente sob a forma de recursos monetários ou de objetos preciosos. Em resumo, o antigo elogio do luxo extrapola do curto ao longo prazo; se em um determinado ano a classe opulenta desperdiçasse menos do que no ano precedente, os artesãos teriam ficado mais pobres; concluímos então que existem sempre artesãos, e que serão pobres sem os ricos. Veremos mais tarde que a economia clássica comete o paralogismo inverso.

Sobre essa argumentação, os adversários do luxo, pois existiam muitos, admitiam que o produto nacional era invariável, assim como o número de braços; mas negavam que a composição do produto e da população ativa fosse fixa. Sustentar os artesãos é tirar braços da agricultura; fazer construir edifícios é diminuir a produção de trigo e tirar o pão dos pobres. Ainda em

---

185 Citado por Keynes, *Théorie générale*, p.372 e 375.
186 Suetônio, *Vespasiano*, 18 e 19 (Vespasiano recusa-se em empregar máquinas para não retirar o pão do povo); Plutarco, *Péricles*, 12, 5. O texto de Plutarco é característico das ideias desse autor; a autenticidade das intenções que ele atribui a Péricles é outro negócio.
187 "Demand for commodities is demand for labour", sobre esse enigmático princípio, ver Marshall, *Principles*, apêndice J; F. A. Hayek, *Pure Theory of Capital*, Routledge e Kegan Paul, 1962, p.433-439; Wicksell, *Lectures*, v.1, p.100 e 191; Schumpeter, *History of the Economic Analysis*, p.643-644. – Para o desenvolvimento do luxo e, em todo caso, do artesanato, e para o uso polivalente das rendas do solo pelo proprietário imobiliário (ver acima, n.153), ver uma observação capital que Paul Bairoch fez em seu excelente livro publicado sob o enganador título *Le tiers monde dans l'impasse*, Gallimard, 1971, p.56: nas sociedades pré-industriais, o capital necessário para incluir um ativo no trabalho na agricultura é muito superior àquele que é necessário para empregar o mesmo homem na indústria; é mais barato mandar construir um forno de ceramista do que desbravar terras virgens.

1789, Sénac de Meilhan afirmava que o luxo restringia a oferta de bens de subsistência e deixava o povo com fome;[188] se não existisse luxo, haveria mais camponeses no lugar de artesãos.

Partidários e adversários eram vítimas de suas ilusões: eles consideravam o produto nacional como invariável ou tratavam-no como um dado fornecido pelo enunciado do problema, e acreditavam poder tirar conclusões da escala microeconômica à escala macroeconômica, ou melhor, não distinguiam as duas escalas.

Um rico faz compras em uma joalheria, ele troca moeda por bens; sem ele, o joalheiro não teria trabalho. Mas, vendo as coisas do alto da escala macroeconômica, para um joalheiro que começaria a ficar desempregado, um alfaiate que até então não tinha trabalho voltava a trabalhar; pois o dinheiro do rico deve ir para algum lugar. Mesmo se o rico acumula em vez de gastar, ele ou seus herdeiros utilizarão o dinheiro um dia, de um modo ou de outro; e, quando o tesouro ficar enterrado no solo à espera de futuros arqueólogos, o nada terá sido transformado em nada: os bens, cuja espécie poderia ter sido a contrapartida, também não subsistem. O resto da população trocará esses bens servindo-se, para tanto, de um número de dinheiro ligeiramente reduzido, o que não tem a menor importância; no pôquer, pode-se jogar muito usando um número reduzido de fichas; basta modificar convencionalmente o valor das fichas. O importante é compreender que as fichas de pôquer são apenas um subterfúgio que encobre exatamente a verdadeira moeda. Do mesmo modo, nossa moeda é somente um subterfúgio que encobre os bens; na escala macroeconômica, todas as trocas são escambo; não se dá um bem por dinheiro, mas todos os produtos são trocados por todos os produtos por intermédio de espécies monetárias que circulam. O acúmulo das espécies não tem a virtude de destruir os bens; se um joalheiro ou um alfaiate não obtém sua fração desses bens, essa indestrutível fração terminará nas mãos de um camponês e ficará ali.

---

188 *Considérations sur les richesses et le luxe*, Amsterdam, 1789. O raciocínio de Sénac de Meilhan parece correto; de fato, ele disfarça ideias morais: se as falsas necessidades fossem retiradas, as despesas inúteis, a corrupção, se todo mundo trabalhasse a terra, todo mundo teria comida. É uma ideia antiga: "trabalhem, esforcem-se, é o fundo que menos faz falta"; a agricultura precisa de braços, ela não precisa de fundos, mas de solo para cultivar. Historicamente, Sénac deve ter razão: no século XVIII, não devia faltar nobres proprietários absenteístas que deixavam suas terras no abandono e deixavam, consequentemente, os camponeses de seu cantão passar fome. Mas por acaso ele tem razão: ele não se perguntou se um dia faltariam terras, ele também não se perguntou se os rendimentos do solo não diminuiriam. É característico das teorias edificantes em economia esquecer a noção da raridade unicamente em benefício da noção do trabalho.

A economia clássica e o luxo

Quando se dissipa a ilusão microeconômica, mas persiste a ilusão segundo a qual o produto total é um dado, chegamos à "lei dos mercados": são os produtos que se trocam por todos os produtos. Essa lei é o fundamento da macroeconomia, ou melhor, da contabilidade nacional (produto nacional e renda nacional são os dois lados da mesma moeda);[189] ela também é o fundamento da teoria quantitativa: a moeda é um véu neutro que recobre a realidade do escambo sem introduzir nele outras distorções além daquelas que o uso das fichas introduz nas arriscadas somas do pôquer.

Em virtude da lei dos mercados, a economia clássica não recrimina nem aprova o luxo: não pode dizer nada. Ela recorre à macroeconomia somente para a moeda a fim de desobstruir o terreno para o estudo do mercado; mas se esquece da macroeconomia social de Quesnay. Ela não pode nem mesmo distinguir bens excedentes e bens de subsistência; os produtos são trocados por outros produtos, apenas isso, sejam eles luxuosos ou não; cabe ao consumidor saber do que precisa. A quantidade de bens trocados dessa maneira é um dado; certamente tudo depende de tudo em economia, e os clássicos, que são os primeiros a estudá-la, não ignoram isso; mas é preciso tomar o problema por uma de suas extremidades e é pelo produto que o tomamos. O produto sendo a qualquer momento o que é, a análise se desenvolve fora do tempo.

Quando a análise atingiu esse estágio ainda abstrato, foi dado um grande passo: as despesas suntuosas têm como efeito a modificação da repartição da população ativa e a repartição do produto; as catedrais não arruinaram nem enriqueceram a Idade Média, elas alimentaram artesãos em detrimento dos camponeses ou fizeram que os artesãos pudessem existir; no conjunto macroeconômico, os argumentos contra e a favor do luxo se anulam: uns ganham o que os outros perdem. O tamanho do bolo, por sua vez, não seria afetado por isso, pois é indispensável que o desenrolar de um problema possa modificar o enunciado.

Descreveremos duas sociedades bem diferentes; a primeira vive no luxo; a segunda, ao contrário, é austera e parcimoniosa. Qual será a mais rica? Preferimos não tirar conclusões, pois nunca procuramos saber que relação poderia existir entre a dimensão do bolo nacional e os outros fatores econômicos; também decidimos aceitar essa dimensão do jeito que ela é. Tudo o que podemos garantir é que em cada instante essa dimensão é idêntica: os

---

[189] Ver Bernard Schmitt, *L'analyse macroéconomique des revenus: révision des multiplicateurs keynésiens*, Dalloz, 1972, p.167-172 e 307-308; J. Marchal e J. Lecaillon, *Les flux monétaires: historie des théories monétaires*, Cujas, 1967, p.33; Schumpeter, *History*, p.615-625.

produtos são trocados por produtos. A economia clássica é atemporal e abstrata porque é uma teoria de cada instante.

3. Em uma escala macroeconômica e a cada instante, a acumulação, temido flagelo das antigas economias e às vezes de seus historiadores, também é uma ilusão.

Um indivíduo acumula e retira de circulação uma fração de sua renda; mas como os bens dos quais ele se priva não são destruídos, aqueles que não acumulam obtêm mais com seu dinheiro e dividem entre si a fração daquele que acumula. Então, é como se nada tivesse acontecido. Também nada acontece se, no lugar do instante, considerássemos um tempo que se constitui, não a partir de flutuações da conjuntura, mas de uma sequência de instantâneos: pouco importa se um avarento gasta um milhão por ano ou acumula um milhão por ano, e no final de trinta anos, ele ou seus herdeiros parem de acumular e gastem trinta milhões de uma só vez; eles estarão somente retomando, naquele momento, as frações de consumo que haviam postergado.[190]

Do ponto de vista monetário, a acumulação macroeconômica existe a cada instante: uma fração da massa monetária se mantém permanentemente congelada, mesmo que os indivíduos que a congelam não sejam nunca os mesmos e que uns poupem enquanto outros gastam; o jogo das trocas de bens se fará com menos fichas; os preços nominais diminuirão, e isso é tudo. Acumular é como queimar cédulas de banco: o indivíduo que queima as suas sofre com isso, mas a coletividade não é afetada. Nada distingue um pecúlio enterrado durante muitos anos das quantias que as pessoas têm provisoriamente em seus bolsos, em cada instante, para suas compras, com exceção da velocidade de circulação (a velocidade, que é o derivado do momento, é uma grandeza instantânea). Não existem tesouros, mas somente recursos monetários que circulam mais ou menos rápido; acumular será equivalente a passar para um circuito de rotação lenta o dinheiro em circulação que gravitava em um circuito mais rápido.[191] Uma fração desses recursos circula, permanentemente, em menor velocidade que as outras; a velocidade média do conjunto é afetada, mas o único resultado obtido é que uma mesma quantidade de bens será trocada com uma menor quantidade de recursos. A equação geral dos preços relativos é homogênea de grau zero com relação à moeda disponível: é tão indolor quanto contar em novos francos em vez de contar em antigos francos.[192]

---

190 Wicksell, *Lectures*, v.2, p.11.
191 P.-M. Pradel, *L'épargne et l'investissement*, PUF, 1959, p.19-22.
192 Ver, por exemplo, Henderson e Quandt, *Microéconomie: exposé mathématique élémentaire*, p.140-145.

A economia clássica e o tempo

Pouco importa se um indivíduo começa a acumular, já que no mesmo instante outro vai gastar, de tal modo que o total acumulado fique igual. Mas e se em um determinado ano a acumulação aumentasse? E se fosse maior do que no ano precedente? A conjuntura econômica não seria afetada e nosso clichê instantâneo não nos mostraria um bolo nacional menor? Não queremos saber, já que convencionamos em considerar o bolo como um enunciado, não fazer comparações entre clichês e não nos perguntarmos, por definição, como a ação do tempo, verdadeira causa da mudança, religava os instantâneos entre si e explicava suas diferenças.

Resumindo: quando o excedente dos ricos é usado para comprar terras, o resultado dessa transação seria um aumento do custo relativo do solo com relação a outros bens; quando o excedente é inteiramente consumido, o resultado dessa transação é uma modificação na divisão do produto nacional em benefício dos setores secundário e terciário; quando o excedente é acumulado, não há resultado: o valor absoluto dos preços e dos salários baixa uniformemente e suas relações permanecem inalteradas. Isso no caso de nos apoiarmos nas hipóteses instantaneístas que adotamos até aqui. Ao tentar ultrapassá-las, como faremos agora, não seremos levados a retomar as superstições da sabedoria das nações sobre o luxo e a acumulação: simplesmente, qualquer previsão se torna impossível e a solução geral do problema, indeterminada; existem somente casos de espécie, como veremos. Os processos econômicos são infinitamente mais bem concebidos, mas não podemos concluir nada a partir deles; temos mais noções, mas não mais verdades.

Para o pensamento clássico, o produto nacional é determinado. Mas o que o determina? Por que a quantidade de produtos trocados entre si é isso ou aquilo? Com certeza, é admirável que tudo se adapte tão exatamente sendo a renda nacional necessariamente igual ao produto nacional. Uma criança ficaria igualmente maravilhada ao constatar que todo dia existem eventos suficientes para preencher as páginas dos jornais. Mas por que os jornais têm um determinado número de páginas, e não outro? Será que os redatores não diluiriam as notícias? Não as condensariam se surgissem em excesso? E se a pressão dos acontecimentos fosse muito grande, será que acabariam decidindo publicá-los em um maior número de páginas? A informação depende do número de páginas, que depende da informação; isso é bastante complicado e, para raciocinar, é cômodo partir de um ponto fixo: a economia clássica considerava um número determinado de páginas, qualquer que fosse, dia após dia; e constatava então que a informação e o número de páginas estavam em equilíbrio, exceto em caso de acidentes puramente exógenos que rompiam com essa ordem.

Abandonaremos qualquer ponto fixo e nos perguntaremos por que o produto é o que é. Ao longo dos anos, bons ou ruins, o produto é o resultado de todo o passado da economia; esse passado é sempre conjuntural e nunca encontra um ponto de equilíbrio. A produção depende do consumo e do investimento, que depende da produção; o valor da moeda depende da quantidade de produtos, que depende do impacto monetário. Supondo que tenhamos bolas de bilhar em um recipiente muito largo e que coloquemos tudo na calçada de uma grande via periférica de Paris; todas as bolas se apoiam umas contra as outras, todas se agitam por um tremor permanente provocado pela circulação de automóveis e todas, de acordo com as vibrações, deslocam-se em bloco para o fundo do recipiente. Podemos dizer primeiramente que, a cada instante e onde quer que as bolas estejam, a posição de cada uma depende de todas as outras, sem que nenhuma tenha prioridade para definir sua posição em relação às outras; podemos afirmar também que ficar imóvel no fundo do recipiente seria a posição de equilíbrio de todas as bolas. Sobre isso, podemos rebater dizendo que essa posição de equilíbrio é apenas uma ficção, pois as vibrações nunca param, e essas vibrações explicam onde as bolas se encontram já que, no decorrer do tempo, elas sobem mais ou menos para o alto na borda do recipiente.

A economia dinâmica (que deveria se chamar temporal) ainda não existe: está em gestação. Seu pai e sua mãe talvez sejam Keynes e a teoria do crescimento. Já sabemos o suficiente para compreender como o produto nacional é determinado e pode crescer, mas sabemos também que, em geral, nada é verdadeiro; algumas vezes a demanda aumenta a produção, outras vezes ela aumenta somente os preços; uma queda brusca e geral na acumulação estimula a produção ou conduz à inflação. Para que o consumo de luxo contribua para aumentar o produto nacional, é necessário que os produtores queiram responder à demanda e que a poupança lhes dê meios para investir. O período helenístico foi uma época de crescimento e o evergetismo foi um dos seus sintomas; certamente seria importante que os frutos desse crescimento tivessem sido consumidos ao invés de poupados, pois isso teria estimulado os negócios, caso tenha havido homens de negócios dispostos a aproveitar a oportunidade; mas também teria sido importante que esses homens tivessem poupado, pois o investimento é a condição necessária do crescimento. O luxo e o evergetismo são o melhor e o pior das coisas; ao consumir, induzem o investimento, quando o induzem, e devem ser louvados por isso; mas para investir, deve-se consumir menos e poupar mais. Para os primitivos da economia, o luxo era totalmente bom ou totalmente ruim; para os clássicos, é indiferente; para os modernos, é bom ou ruim, dependendo da conjuntura, afinal existe apenas a conjuntura, outro nome para o tempo.

Keynes e as pirâmides

De acordo com a conjuntura, os homens de ação encontrarão oportunidades para fazer tanto o elogio da poupança quanto, como faz Keynes, o dos gastos privado ou público. Na Inglaterra dos tempos de Keynes, era oportuno reagir contra uma tendência exclusiva de enaltecer a poupança como fonte de prosperidade e contra uma política que consistia em enxugar, a qualquer preço, as finanças públicas, se a situação inglesa exigisse.[193]

Para convencer seus compatriotas a restaurar o pleno emprego com mais leveza, Keynes recorre a seus ancestrais, cita William Petty, finge retomar como se fosse seu o antigo elogio do luxo chegando até a louvar o desperdício faraônico. Conhecemos os trechos famosos:[194]

> Gastos com fundos emprestados podem, mesmo quando inúteis, enriquecer definitivamente a coletividade. A construção de pirâmides, os terremotos e até as guerras podem contribuir para o crescimento da riqueza se a educação dos homens de Estado nos princípios da economia clássica se opõe a uma melhor solução; para dizer a verdade, seria mais sensato construir casas ou algo útil, mas se dificuldades políticas ou práticas se opõem a isso, o meio precedente ainda vale mais do que nada. O Egito antigo tinha o dobro de privilégio que explica, sem dúvida, sua riqueza fabulosa, que consiste em possuir dois tipos de atividades, a construção de pirâmides e a extração de metais preciosos, cujos frutos, por serem úteis às necessidades do homem sem serem consumidos, não se aviltam por sua abundância; a Idade Média construía catedrais e cantava os cânticos. Enquanto os milionários tiverem prazer em construir vastas mansões para morar durante sua vida e pirâmides para abrigar seus restos mortais ou, lamentando seus pecados, edifiquem catedrais e ornamentem os monastérios, a época na qual a abundância do capital se opõe à abundância da produção pode recuar. Cavando buracos no solo com recursos da poupança, aumenta-se não somente o emprego, mas a renda nacional real em bens e serviços.

---

[193] Keynes reage à afirmação unilateral de Adam Smith: *"Parsimony, and not industry, is the immediate cause of the increase of capital"* [Parcimônia, e não indústria, é a causa imediata do crescimento do capital. – N. E.]; ver Schumpeter, *History*, p.324.

[194] Keynes, *Théorie générale de l'emploi, de l'intérêt et de la monnaie*, trad. francesa Payot, 1942, p.146-149 e 236.

Uma teoria econômica temporal não faria abstração da conjuntura, nem diferenciaria instantâneos teóricos e períodos curtos, crescimento e equilíbrio, mas integraria todos os movimentos, inclusive as vibrações; ela compreenderia a posição do sistema ao longo do tempo. Keynes constrói uma doutrina sobre o curto prazo que, indiretamente, aborda o tempo econômico real: mesmo se não tenta explicar a posição do sistema a todo momento, questiona ao menos por que, em alguns momentos, o sistema se encontra em uma determinada posição, a do subemprego; questiona também que forças poderiam, no curto prazo, recuperar a posição de pleno emprego. Da "retomada" econômica no curto prazo ao crescimento em longo prazo, o intervalo é grande, mas não intransponível: as forças que restabelecem o pleno emprego na conjuntura são parecidas com aquelas que garantem o crescimento e até mesmo com aquelas que, a todo momento, tornam o produto nacional o que ele é, explicando todos os movimentos do sistema no decorrer do tempo. A grande descoberta foi não mais considerar o produto como um dado do enunciado; podemos, a partir de então, sonhar com o dia em que a teoria do crescimento, a teoria do equilíbrio e a teoria do ciclo sejam unificadas e ultrapassadas por uma teoria da economia em tempo real.

Enquanto esse dia não chega, Keynes libertou a análise econômica da tirania do equilíbrio e do instante; mas, ao mesmo tempo, os problemas econômicos não comportam mais respostas determinadas. Voltemos, efetivamente, às pirâmides e às catedrais. Como uma coletividade pode se tornar fabulosamente rica desperdiçando seu excedente? Keynes responde: graças aos salários suplementares que distribui para construir edifícios (nosso autor pensa no desemprego na Inglaterra dos anos 1930). Aceitemos esse ponto de partida. Acontece que, para que as despesas, produtivas ou não, façam que haja crescimento e multiplicação, tais condições devem ser reunidas, e o otimismo de Keynes, que é o produto da Inglaterra em seu tempo, não pode ser mostrado sem precaução em outros tempos e lugares. O investimento de um aparelho produtivo já deve ter sido feito, esse aparelho deve circular provisoriamente devagar e os mecânicos devem pedir apenas que ele ande mais rápido; é necessário que exista uma indústria potente e uma mentalidade capitalista; senão, o suplemento de gasto destruirá o investimento e multiplicará apenas os preços.

As "incidências" da construção das catedrais

Vamos distinguir alguns casos concretos. Um evérgeta decide, um belo dia, mandar construir, por sua conta, um templo em sua cidade. Para pagar os salários dos construtores, em dinheiro ou em trigo, ele retira um certo valor da poupança, fruto de uma longa economia, ou esvazia seus celeiros; supondo que esses salários sejam ligeiramente superiores ao mínimo de subsistência. Nosso evérgeta certamente enriqueceu os trabalhadores de sua cidade. Mas, nesse ínterim, em uma cidade vizinha, um futuro evérgeta economiza para um templo que mandará construir em dez anos e deixa seus fornecedores habituais sem trabalho. Uma coisa compensa a outra e no total o nível de vida não é afetado: certo índice de acumulação e uma média anual de novas construções integram a vida econômica desse período; os operários do primeiro evérgeta consomem o que os futuros operários do segundo ainda não consomem.

Mas supondo que a moda das evergesias se estenda e comece a construir anualmente mais edifícios do que antes; ou ainda, supondo que em outro século a França cubra, em pouco tempo, as novas igrejas de um adorno branco. A taxa média de acumulação diminuirá e essa diminuição na poupança geral não equivalerá a um consumo atrasado, mas à criação de uma nova moeda: será necessário, efetivamente, que a produção aumente para responder a uma nova oferta monetária. Talvez a cunhagem não tenha aumentado e o número de moedas seja o mesmo, mas sua velocidade de circulação aumentou: todos os recursos circulam agora na órbita rápida. Qual será o efeito desse novo ritmo no nível de vida? Os operários vão tentar comprar mais comida que seus pais ou trocarão por roupas o trigo que lhes restará quando sua fome terá sido saciada; mas onde encontrarão essa comida ou essa roupa suplementar? Templos foram construídos: não foram desbravadas terras virgens nem se investiu na indústria têxtil.

Contudo, o espetáculo da construção de numerosos templos pôde dar aos notáveis ou aos tecelões a ideia de que uma era de prosperidade estava se abrindo e de que eles teriam dinheiro a ganhar, pois quando a construção vai bem, tudo vai bem. Mas eles também não tiveram de se preocupar com isso. Supondo que tenham se preocupado. No curto prazo, começaram empregando plenamente seu capital produtivo já investido e dando trabalho aos escravos que alimentavam para não fazer nada. Logo depois, no "longo prazo", precisaram desbravar novas terras, investir as poupanças na compra de novos teares. Aí começa o crescimento. Mas se, ao contrário, notáveis e artesãos não tiverem a ideia de ganhar dinheiro, se sua produtividade for baixa, sua produção inelástica, suas poupanças inexistentes, então o adorno branco das igrejas conduzirá somente a uma inflação, a uma batalha de compradores brigando, com suas carteiras na mão, por um punhado de bens disponíveis.

Inflação ou crescimento, tudo depende da sociedade em questão; além disso, o consumo não pode substituir o investimento como fator de crescimento: ao contrário, ele o pressupõe ou o induz. Se irrigamos um país subdesenvolvido ou seu governo com créditos, os créditos desaparecerão em inflação ou em importações de produtos de luxo pela falta de elasticidade da produção. Como diz Bernardo Schmitt,[195] o elogio keynesiano das pirâmides e a teoria do multiplicador apoiam-se na confusão, provavelmente deliberada, das grandezas realizadas e das grandezas previstas. A construção de uma pirâmide permite prever um aumento da atividade produtora; seria ainda necessário que os produtores realizassem o aumento esperado. Pois a produção é um processo humano que tem como causa a demanda prevista pelos produtores que calculam o futuro e desenvolvem sua produção em função da demanda prevista. Caso a desenvolvam. As pirâmides não desenvolvem nada, mas podem incitar os interessados a desenvolverem algo.

Enfim, o efeito incitador do consumo ocorre somente se há troca, se os operários são pagos acima do mínimo de subsistência. Mesmo se no Egito tivesse existido um capital produtivo e uma classe de empreendedores à procura de oportunidades, a "demanda derivada"[196] da construção das pirâmides teria sido nula em pelo menos três casos: se os faraós tivessem dado trabalho aos camponeses durante a estação ociosa; se tivessem dado trabalho aos escravos que teriam sido alimentados de um modo ou de outro; se tivessem empregado novos operários oferecendo-lhes um salário mínimo suficiente apenas para sua subsistência. Esse mínimo é elástico: pode-se comer para saciar sua fome ou não; se os operários comerem até a saciedade, o trigo terá sido inteiramente consumido e nenhuma outra fração de trigo restante terá circulado como moeda de troca. Nos dias de hoje, quando empregamos operários em um determinado país subdesenvolvido, mesmo que seja somente para fazer escavações arqueológicas, eles devem ser alimentados antes de começar a trabalhar senão não terão forças para cavar. O trigo que os operários do faraó terão consumido foi retirado do prato dos camponeses, e não terá induzido nenhum aumento da produção artesanal.

O consumo pode deslanchar psicologicamente o investimento, mas não o substitui realmente; esse é também o sentido da famosa teoria do multiplicador de Keynes, que equivaleria ao milagre da multiplicação dos pães, se o interpretássemos de outra forma.[197] Já que não há substituto para o

---

195 *L'analyse macroéconomique des revenus*, p.1-4 e 232. Tive a sorte de corresponder-me com B. Schmitt sobre o problema do multiplicador keynesiano, mas o momento não é apropriado para falar disso, eu o agradeço calorosamente por essa troca.
196 Sobre a demanda derivada, F. A. Hayek, *The Pure Theory of Capital*, p.433-439.
197 Sobre o multiplicador, ver o livro de Bernard Schmitt citado acima; G. Haberler, "Mr. Keyne's Theory of the Multiplier: a Methodological Criticism", *Readings in Business Cycle Theory*, American Economic Association, The Blakiston Company, 1944, p.193. O clássico

investimento, qualquer elogio incondicional do consumo suntuoso seria retórico. Um economista fez a defesa das catedrais (que se defendem totalmente sozinhas) em nome de Keynes: "Uma economia que vai além do interesse não é necessariamente improdutiva", afirma,[198] sem explicar talvez suficientemente o que se deve entender por interesse.

> Através disso, continua, pode-se compreender o paradoxo de que a loucura das catedrais tenha coincidido com a prosperidade da Idade Média, assim como as grandes obras de Pisistrátidas e de Péricles tenham sustentado a fortuna de Atenas e de Roma no Alto Império.

Deixemos ao autor a responsabilidade sobre essas afirmações históricas; mas será que podemos acreditar que "essas despesas, aparentemente paradoxais, juntam-se à teoria econômica contemporânea"? Parece-me que não; Keynes tem humor e deve ser lido com humor.

As "repercussões" da construção das catedrais, efeito multiplicador ou não, apenas animaram a vida econômica respeitando um grande número de condições: que os salários tenham entrado no circuito de trocas, que os lucros tenham sido reunidos em mãos dispostas a poupá-los, que essa poupança tenha virado investimento... Todo gasto suplementar pode ter mais ou

---

enunciado de Samuelson, *L'économique*, edição de 1972, v.I, p.329-335, deixa dúvidas no espírito do leitor cândido e ignorante. Uma despesa inicial de investimento de 1.000 dólares, diz Samuelson, traduzir-se-á em 666 dólares de bens de consumo e 334 dólares de poupança, se a propensão marginal em poupar é de um terço; por sua vez, os 666 dólares nas mãos dos produtores de bens de consumo se dividirão em 444 e 222 dólares, esta última quantia sendo a poupança e assim sucessivamente; precisamos, então, como o sabe qualquer estudante de primeiro ano, calcular o resultado da cadeia "um, mais dois terços, mais dois terços dos dois terços, mais dois terços dos dois terços de dois terços", cuja soma é 3, pois, felizmente, para a teoria, a série é convergente. Demonstra-se assim elegantemente que o multiplicador é igual a 3; 1.000 dólares de despesas suplementares traduzem-se finalmente em 3.000 dólares de despesas. Existe apenas um problema para a teoria: se os proletários que recebem os 1.000 dólares não têm a bondade de poupar, se eles devoram todo o seu salário (o que é a hipótese mais provável), então a série não será mais convergente e o multiplicador... terá um valor infinito: ele engendrará 1.000, mais 1.000, mais 1.000 e assim infinitamente. A suspeita ronda o espírito do leitor que, sob o nome de multiplicador, designa, sem sabê-lo, a cadeia das transações, que evolui infinitamente, todos os bens e todas as rendas trocando-se contra todos os bens e todas as rendas até o Juízo Final.

198 André Piettre, *Les trois ages de l'économie*, Fayard, 1964, p.170 e 383 ; o autor critica, aparentemente, o artigo de R. S. Lopez, "Économie et architecture médiévale: ceci aurait-il tué cela?", em *Annales, Économies, Sociétés*, 1952, p.533: para M. Lopez, a construção de imensas igrejas na época do estilo extravagante desviou os capitais do comércio e da indústria.

menos quatro efeitos: aumentar o preço de alguns bens, se esses bens são naturalmente limitados ou se sua produção é pouco elástica, expandir a área de trocas monetárias em detrimento do escambo, incitar a produção agindo sobre a demanda, aumentar a produtividade estimulando o investimento. Tudo isso representa um número tão grande de condições que teria sido mais seguro desbravar terras virgens do que construir catedrais se a proposta tivesse sido aumentar o nível de vida, e não glorificar a Deus.

Sociologia do investimento

Mas isso não é tudo. Teria sido necessário que os investimentos provenientes das "repercussões" tivessem sido aplicados principalmente no setor primário. Pois naqueles tempos não havia nenhum substituto para o investimento agrícola, já que a terra era a fonte de outros investimentos. Caso contrário as subsistências teriam faltado e o luxo, por sua vez, teria se esgotado com a terra, não proporcionando mais capital para o setor secundário. Para as economias antigas, uma divisão conveniente das rendas e do investimento entre a "classe produtiva" e a "classe estéril" era, sem dúvida, uma questão de vida ou de morte.[199] Se na Roma antiga tivessem existido economistas e o Conselho do príncipe tivesse pedido a um deles para construir um modelo de crescimento para o Império, teriam advertido a esse economista para elaborar um modelo a dois setores.

Ora, os fatos são reveladores: o crescimento econômico na época helenística é um fato, o adorno monumental e o evergetismo, outros; o primeiro tornou o segundo possível, e esse, por sua vez, não o destruiu. Teria sido necessário que a divisão do excedente tenha sido convenientemente realizada entre os dois setores e também que a economia helenística e a romana tenham seguido o "caminho crítico" que passa entre o investimento e o excesso de aparato público e privado. Um certo número de condições sociais e mentais foi consequentemente reunido; segundo a ideia central de Keynes, o aumento do investimento e do consumo foi compatível.

O investimento e a poupança são iguais *ex post*; mas de acordo com cada sociedade, aqueles que investem e aqueles que poupam não são os mesmos. Pode haver crescimento se aqueles que produzem e detêm o excedente são também investidores; haverá também crescimento se eles consomem tudo, mas a transferência de renda que acompanha esse gasto, suntuoso ou não, beneficia os agentes cuja propensão para investir é superior à dos consumidores de artigos de luxo. O que importa, efetivamente, é não seguir Keynes

---

199 Ver Quesnay, *Tableau économique*, ed. Lutfalla, Calmann-Lévy, 1969, prefácio de Lutfalla, p.32 e 38.

quando ele trata a demanda ou o investimento como quantidades globais, sem distinguir as categorias sociais de consumidores ou de investidores. Existem sociedades nas quais os efeitos indutores são desiguais de uma categoria social a outra. Não nos pronunciaremos, então, contra ou a favor das catedrais (ou das paróquias), mas perguntaremos, ao contrário, como as profissões da construção se organizavam (os carpinteiros e os pedreiros eram seus próprios fornecedores de materiais, e os artesãos se contentavam em prepará-los?);[200] perguntaremos quem pagava tais construções (seriam os bispos e os cônegos ou um senhor eclesiástico ou laico). A análise econômica *ex hypothesi* deve, assim, abrir espaço rapidamente para a história social. Na época helenística, os mesmos homens, oligarcas ou notáveis, detêm o excedente do produto nacional, o poder de aumentar a produção agrícola com investimentos ou melhorias "gerenciais", e decidem quase tudo o que diz respeito ao consumo que não é de subsistência, inclusive os adornos monumentais e as evergesias. Eles são produtores, investidores e evérgetas, gente do povo condenada a consumir a totalidade de seus ganhos sem se tornar sujeito ativo da economia.

Otimizar ou satisfazer

Ora, os sujeitos ativos têm, *a priori*, a escolha entre duas atitudes: contribuir para o crescimento ou repercuti-lo, ou seja, otimizar ou satisfazer.[201]

---

200 É o caso mais frequente na Idade Média: Sombart, *Kapitalismus*, v.I, parte I, p.223-225; Th. Rogers, *Interprétation économique de l'histoire*, tradução francesa, 1892, p.31: "Na Inglaterra, há cinco ou seis séculos, os empregadores forneciam, por sua conta, matérias-primas como o ferro, o aço, a cal, o chumbo, a pedra e a madeira de construção a seus artesãos, como na Índia moderna". Por essa razão, no direito romano distingue-se cuidadosamente a *locatio operis faciendi* e a compra de materiais: se um pedreiro não constrói a casa que ele devia construir fornecendo ele mesmo os materiais, dever-se-ão abrir dois processos diferentes contra ele, um para o trabalho não realizado (no qual o contrato de locação não foi respeitado) e outro para os materiais não fornecidos (no qual o objeto vendido não foi cedido ao comprador).

201 É a distinção feita por Max Weber (*Économie et societé*, v.I, p.98-99) entre a gestão de um patrimônio (no qual se propõe conservar o que se tem e tirar o máximo proveito disso) e a exploração de um capital (empresa a fins lucrativos); Weber, sem dizê-lo, opõe essa distinção à teoria de Sombart, que é insustentável: Sombart distinguia a economia que procura somente suprir as necessidades de um indivíduo (a de um modesto artesão em sua venda) e a que procura ganhar dinheiro: o modo *Bedarfsdeckung* opor-se-ia ao modo *Gewinnstreben*, que seria exclusivamente capitalista; o amor por sua teoria levou Sombart a negar que os lucros e o volume do grande comércio medieval podem ter sido grandes (ver os protestos de H. Pierre, *Histoire économique de l'Occident médiéval*, Desclée de Brouwer, 1951, p.304).

Vamos apresentar os agentes econômicos e suas necessidades;[202] para obterem o que lhes é necessário, seguem um certo número de procedimentos, um "caminho", e sua busca tem um certo custo, pelo menos psicológico. A partir do momento em que os ganhos proporcionados pelo caminho traçado são superiores ao custo, podem se considerar satisfeitos: eles não procuram necessariamente o caminho mais favorável. Durante o percurso de seu caminho rotineiro, buscam recursos e, quando suas necessidades são satisfeitas, é possível que parem sem procurar maximizar seus ganhos. Eis o que talvez os agentes façam se forem ricos: eles não procurarão aumentar ainda mais seus ganhos. Se forem pobres, eles não poderão fazer isso; por mais que seu caminho rotineiro lhes proporcione o suficiente para viver, a busca de um caminho melhor exigiria deles investimentos impossíveis.

Na história existiram sociedades ricas e sociedades pobres, seria aceitável que o destino desigual de cada uma tenha dependido de uma escolha muito simples: tentar crescer ou nem mesmo pensar nisso, o que é uma questão de sim ou de não. Na França, a escolha foi traduzida por um sim, tanto que o crescimento nos parece ser uma questão de mais ou de menos; comparamos taxas o tempo inteiro, as do investimento, as da poupança, as do crescimento. Investimos mais ou menos, mas investimos; algumas categorias sociais e algumas entidades transformaram tais decisões em profissão e instituições foram criadas para isso. Mas outras sociedades nem pensam em crescer; seguem a rotina e se satisfazem com o que têm. São levadas pela necessidade, mas precisamente a necessidade não impulsiona o luxo, que é a otimização.[203]

---

202 H. A. Simon, "Rational choice and the structure of the environment", em *Psychological Review*, LXIII, 1956, partic. p.129-132.

203 Reproduzimos, aqui, trechos de um estudo no qual Kaldor reage ao preconceito da industrialização prioritária que, há vinte anos, dominava os planos de desenvolvimento do Terceiro Mundo; essas páginas são essenciais para compreender a economia antiga: "As três principais características do desenvolvimento econômico são o crescimento da população, o progresso da técnica e o acúmulo de capital. As recentes tentativas que foram feitas para formular uma teoria dinâmica do crescimento contentam-se em analisar que relações devem existir entre os movimentos desses diferentes fatores para que sejam compatíveis entre si" (Kaldor pensa visivelmente no "caminho crítico" do modelo de Harrod-Domar). "Contudo, considerações desse tipo não nos permitem responder a uma questão fundamental: por que algumas sociedades, em alguns períodos, tiveram um índice de crescimento mais rápido que outras em outros períodos e que outras sociedades no mesmo período? Nem a acumulação de capital, nem as inovações técnicas podem ser consideradas como variáveis independentes. Na minha opinião, o desenvolvimento econômico acelerado dos dois últimos séculos somente pode ser explicado por uma mudança nas atitudes humanas diante do risco e do lucro; ele foi o resultado da substituição de unidades econômicas governadas em uma perspectiva rotineira por *business enterprises* dirigidas por homens que tinham como principal interesse na vida tomar riscos e ganhar dinheiro". Até

Razões sociais podem fazer que a sociedade se contente com um caminho simplesmente satisfatório. A empreitada econômica é uma fonte de enriquecimento muito sábia, muito indireta e menos divertida do que os lucros da guerra e da política ou da poupança, simplesmente. Se quisermos nos sentir seguros quanto ao futuro, afirma o chanceler Bacon, devemos poupar um terço de nossa renda, mas se quisermos enriquecer devemos poupar a metade.[204] Em todos os lugares, existiram famílias nobres que viviam em uma sórdida avareza; elas acumulavam para aumentar suas posses, os muros nus de seu castelo eram seu único aparato; sua economia lhe trazia riqueza em detrimento dos camponeses e relativamente de outros nobres, mas sem aumentar o produto nacional; esse caminho era satisfatório para elas: bastava-lhes manter seus concorrentes à distância e garantir uma margem de segurança considerada suficiente. Todas as classes proprietárias não tiveram o espírito empresarial ou a mentalidade capitalista dos notáveis homens antigos.

Nas sociedades antigas, quando o investimento é uma prerrogativa dos proprietários, e não o trabalho de profissionais que contam com o suporte de instituições, o crescimento se apoia somente em bases psicológicas: ele dependerá do que acontece na cabeça dos notáveis. Será possível, por exemplo, que um problema político tenha as mesmas consequências econômicas que as que ocorrem hoje, na França, pelo medo de uma recessão. Notáveis e empreendedores são o mesmo homem e os temores do primeiro influenciarão a conduta do segundo. O que explica algumas curiosidades. Nas fronteiras, a guerra contra os bárbaros não conseguiu alcançar um sucesso decisivo e se eternizou; os diferentes exércitos, descontentes com o resultado, voltam-se contra o poder imperial e multiplicam os pronunciamentos. Essa agitação política não ameaça a vida econômica em nada: os bárbaros estão longe, o Estado está distante; nos campos, os agricultores continuam a colheita, como na França durante os verões de guerra. Mas os notáveis esperam dias melhores; como um homem ordinário que, na França, desista de construir

---

aqui tudo vai muito bem, mas a continuação nos interessa ainda mais: "Essa explicação através das mentalidades é contudo insuficiente, creio, já que nos dias de hoje a empresa a fins lucrativos estendeu-se por toda a superfície da Terra. Precisamos, então, introduzir uma segunda consideração, capital para o problema do desenvolvimento, ou seja, que o crescimento exige uma expansão equilibrada dos diferentes setores da economia. Penso, aqui, na divisão entre a agricultura e a indústria, que é decisiva. O crescimento da produção industrial supõe necessariamente o crescimento da produção agrícola; ela supõe a capacidade de cada trabalhador agrícola produzir o suficiente para alimentar dez famílias, em vez de uma família e um quarto" (N. Kaldor, *Essays in Economic Stability and Growt*, Duckworth, 1960, p.233-242).

204 Bacon, *Essays: Of Expense*.

sua casa quando a situação internacional se torna obscura, os notáveis não desbravam mais terras, não faziam melhorias, não plantavam mais e também não construíam mais (o monumento será interrompido durante alguns anos ou algumas décadas). Crise econômica? Não, crise moral. As evergesias serão as primeiras a serem atingidas se os notáveis começarem a acumular por medo do futuro político.

Incidência do evergetismo

Notáveis e empreendedores são, finalmente, os mesmos homens, mas notáveis e evérgetas também. Será que suas evergesias não morderam parte de seus investimentos? A resposta depende de um certo número de hipóteses.

1. Se o evérgeta tem a impressão de que tudo o que ganha lhe é arrancado pelo povo que pede pão e circo, ele ficará desestimulado a aumentar o rendimento de suas propriedades, pois nesse caso o evergetismo é interpretado como uma taxa sobre a produção.

2. Se, ao contrário, o evérgeta tem a impressão de decidir sobre suas próprias evergesias e de que elas lhe permitirão melhorar de posição ou aumentar a distância social, ele tentará aumentar suas rendas, sendo a riqueza a condição da sua notoriedade. O evergetismo terá um efeito indutor inicial.

3. Contudo, não haverá efeito indutor se o evérgeta considerar a generosidade, que depende somente de sua própria iniciativa, uma ostentação que lhe permite manter a posição entre seus pares no lugar de colocá-lo como um meio para elevar-se a uma posição superior à de seus concorrentes. Pois para manter sua posição, basta dedicar o excedente, eventualmente, às despesas ostentatórias; assim, a ostentação será automaticamente proporcional à riqueza que indica. Não é a mesma coisa que tentar obter mais bens supérfluos do que se tem para superar seus rivais, mostrando-se, através de presentes, mais digno do que eles em uma posição que ainda não se tem.

4. Em vez de um efeito indutor, o evergetismo conduzirá, ao contrário, a uma redução da poupança e do investimento se as evergesias forem consideradas como um tipo de imposto, distinto das despesas de consumo, e sendo acrescentada a essas despesas. Se, por outro lado, em vez de serem obrigatórias, as evergesias tivessem as mesmas motivações que as despesas voluntárias, elas constituiriam o consumo habitual, cujos outros componentes serão reduzidos para lhe abrir espaço, sem que a poupança seja reduzida para manter o nível de vida. Em resumo, as evergesias serão imputadas ao consumo, e não à poupança.

5. O caso menos grave, ao menos para a coletividade, seria se as evergesias fossem percebidas como obrigações que surgem de um modo imprevisível (tenta-se fazer isso sem saber se é possível) e em datas também imprevisíveis, como as doenças ou os acidentes. Nesse caso, seu uso não será previsto nem em detrimento do consumo, nem em detrimento da poupança: quando a desgraça chegar, encontra-se uma solução vendendo uma terra.

Segundo as épocas, os lugares e os indivíduos, o evergetismo deve ter tido alguns desses efeitos; a documentação não menciona nada sobre questões desse tipo, evidentemente. Esperamos que a análise *ex hypothesi* supra, de alguma forma, esse decepcionante silêncio de ideias, já que não temos acesso aos fatos.

Nosso objetivo terá sido alcançado se pudermos resgatar as condições de possibilidade do seguinte paradoxo: o evergetismo, esse desperdício, parece contradizer a prosperidade que ele pressupõe. A sociedade helenística e romana é paradoxal aos nossos olhos modernos: ela oferece o espetáculo de uma prosperidade sem burguesia, sem profissionais da economia; o problema outrora muito discutido do capitalismo antigo é, em suma, esse que apresentamos. No mundo antigo, são reunidos traços que parecem contraditórios: um nível de vida que pôde atingir o mesmo nível do nosso século XVII, e até mesmo, em algumas épocas e regiões, o nível de vida do século XVIII; condutas de evergetismo cuja importância e arcaísmo, pelo menos à primeira vista, são tão difundidos que pensamos alguns instantes na mentalidade primitiva, e ficamos tentados a falar de *potlatch*; uma classe de notáveis que garanta essa prosperidade seria impensável se ela não tivesse sido motivada pelo espírito empresarial econômico; e, portanto, essa mesma classe, evergética por dever e por prazer, recusa-se a se definir pelas atividades econômicas exercidas, desdenhando-as: tanto que, quando Rostovtzeff a chama de burguesia, a palavra soa falso.

II
O evergetismo grego

Vimos que o evergetismo era muito diferente do dom como primeira forma da troca; ele não permite a obtenção de bens e serviços por meio de uma troca informal. Ele pertence a outra categoria, a dos dons políticos, que se referem, de certo modo (este capítulo especificará), à autoridade (sem esquecer que essas relações são, ao mesmo tempo, relações de prestígio); quando se fala de dom político, fala-se de dom simbólico.

Vimos também que o evergetismo podia ser associado a três temas, em relação aos quais ele constitui uma modificação histórica. Primeiramente, o mecenato, que Veblen qualificaria satiricamente de ostentação e que seria o efeito de uma tendência que os indivíduos ou os grupos possuem em atualizar suas possibilidades e também em expressar suas superioridades, nem que fosse, na ausência de um público, para sua própria satisfação. O segundo tema é o que chamamos de evergetismo *ob honorem*: todo magistrado ou dignitário deve oferecer uma evergesia à cidade no exercício de seu cargo; seria para pagar a função pública que ele assume? Seria para consolar o povo da perda de seus direitos políticos, pois a plebe das cidades havia abandonado o governo nas mãos de notáveis e todos os evérgetas sobre os quais falaremos neste capítulo eram notáveis? Ou será que a explicação deve ser menos proverbial? O terceiro tema que levantamos provisoriamente (e esse caráter provisório terminará no decorrer deste capítulo) é a preocupação com o além; muitas evergesias consistiam, efetivamente, em fundações testamentárias, e poderíamos ficar tentados, por um instante, a compará-las aos legados feitos à Igreja cristã.

O capítulo que vamos ler analisará o evergetismo grego na época helenística e, em seguida, na época em que a Grécia e o Oriente grego estavam submetidos à hegemonia romana e integravam o Império; é um intervalo de tempo que começa aproximadamente no ano 350 antes da nossa era e termina em torno do ano 400 da nossa era. O cenário do drama é a cidade grega independente ou autônoma, e os protagonistas, notáveis citadinos. Para explicarmos melhor o que é o evergetismo, mostraremos primeiramente o que ele não era e, para isso, começaremos falando da Atenas clássica, onde o evergetismo era desconhecido. Se considerarmos a evolução que acompanhará sua materialidade, a gênese do evergetismo pode ser classificada sob três categorias: passamos da oligarquia ou da democracia direta a um regime de notáveis; o evergetismo veio se somar a um sistema fiscal arcaico, que é a liturgia; enfim, de uma sociedade dividida em classes, passamos a uma sociedade em que, formal, informal ou simbolicamente (graças a um sistema de "honras aos evérgetas"), os notáveis compõem uma ordem; a opinião pública reconhece o seu direito de governar e o seu dever de ser mecenas, o que o direito público ratificará durante o domínio romano.

Meus agradecimentos por este capítulo vão para Raymond Aron, cujas observações no Centro da Sociologia Histórica me levaram a refazer a análise política com a qual termino este texto; e para meu mestre Louis Robert, cuja vigorosa crítica me levou a reformular a terceira seção. O evergetismo não compensa a ausência de tributação direta e também não é redistribuição; preciso dizer que ele também não era usado para "despolitizar" um povo que já era despolitizado? O que era, então, o evergetismo?

1. Antes do evergetismo: Atenas clássica

Em Atenas, nos tempos de seu esplendor político e cultural, do ano 500 a aproximadamente o ano 350 antes da nossa era, o futuro sistema evérgeta não existe, mas é anunciado. Constatamos, em um primeiro momento, a existência de dons à coletividade parecidos com aqueles que sabemos existir na maioria das sociedades "primitivas": presentes dos ricos e festanças coletivas. Percebemos, sobretudo, na organização política e fiscal, particularidades que abrem caminho para o evergetismo; enfim, a existência de uma instituição, a liturgia, prefigura a oligarquia: ela ratificava a divisão da cidade democrática em pobres e ricos e revelava uma mentalidade de evérgetas nos ricos. Se acrescentarmos a isso a despolitização da massa de cidadãos, a passagem à oligarquia dos notáveis evérgetas será feita quase que automaticamente. Seria lamentável que nossa argumentação se limitasse ao exemplo ateniense: nenhuma cidade grega se parecia muito uma com a outra, e Atenas era apenas uma entre muitas; mas é a única suficientemente conhecida. Um trecho de *Econômico* de Xenofonte[1] nos fornece um inventário quase completo das variedades de dom à coletividade no mundo grego na época clássica; tua riqueza não te basta, diz Sócrates ao jovem Critóbulo:

> Primeiramente, vejo-te forçado a oferecer com frequência grandes sacrifícios, senão seria mal visto pelos deuses e pelos homens,[2] creio; em seguida, convém-te receber muitos hóspedes estrangeiros com magnificência;[3] enfim, deves oferecer jantares a teus concidadãos e prestar-lhes serviços, senão não terias ninguém a teu lado.

Estamos aqui diante de uma primeira espécie de dons que, devido a sua banalidade, encontramos praticamente em qualquer civilização "primitiva": hospitalidade, banquetes que os membros de um mesmo grupo oferecem alternadamente a seus concidadãos,[4] presentes e proteção dos *big men* aos pobres. Um segundo tipo de dons será, por outro lado, muito mais característico: as liturgias: "Além disso", prossegue Sócrates,

> eu observo que a cidade te impõe desde já grandes despesas: criar cavalos, manter um coral, organizar festas gímnicas, bancar altos encargos;[5] e se a guerra estourar, sei que vão te impor o armamento dos trirremes ou o pagamento das contribuições extraordinárias, despesas que terias dificuldade em arcar.

Hipotrofia,[6] coregias, festas gímnicas, trierarquias, sem mencionar a *eisphora* extraordinária, são algumas das obrigações impostas como contribuição dos ricos, com sua pessoa ou com seu dinheiro, para as festas públicas de Atenas ou para a defesa nacional. Essas liturgias devem ser cumpridas como

---

1 Xenofonte, *Econômico*, 2, 5-6.
2 O sacrifício também é um dom aos mortais: veremos mais tarde que todo sacrifício era seguido de um banquete durante o qual se comia a carne das vítimas, dar aos deuses era também dar aos homens; essa devoção pouco se distingue da virtude de generosidade.
3 Do mesmo modo, para Aristóteles, a virtude de magnificência (*megaloprepeia*) leva a fazer coisas esplendidamente "para a recepção ou a partida de hóspedes estrangeiros" (*Ética a Nicômaco*, IV, 5, 1123 A 3); é uma alusão à proxenia.
4 Alusão a *hestiasis*, na qual um litúrgico oferecia um banquete a sua tribo; ver *Ética a Nicômaco*, IV, 5, 1122 B 20.
5 Uma nota de Chantraine especifica que *prostateia* quer dizer, nesse caso, um "alto encargo" em geral, como em *Memoráveis*, III, 6.
6 Sobre a hipotrofia, liturgia pouco conhecida, ver A. Boeckh, *Staatshaltung der Athener*, edição Fraenkel, 1886, reimpresso em 1967, De Gruyter, v.1, p.318, n.d; v.2, n.755, v.1, p.585, n.d.

uma honra, e não como um imposto; é necessário um estado de espírito particular para cumpri-las, o de um notável, que é mais suscetível a gastar, qualquer que seja o valor da despesa, do que a economizar:

> Se deres a impressão de não cumprir essas obrigações como se deve, os atenienses, sei disso, te punirão tão severamente como se tivesse sido surpreendido roubando seus próprios bens. Além disso, vejo que acreditas ser rico, que te desinteressas em ganhar dinheiro, que pensas somente nas histórias dos jovens, como tua condição parece permitir.

Filantropia "primitiva", liturgias democráticas; essa é a sina do rico ateniense.

Generosidades arcaicas

Generosidades atemporais: elas sempre existiram no mundo grego e sempre existirão; elas não se dirigem à cidade, mas a um agrupamento humano mais restrito e mais íntimo, a tribo ou o demo; nessas antigas subdivisões da cidade, as realidades sociais, ricas e pobres, chefes naturais e pessoas do povo, importavam mais que as instituições; foi preciso renunciar à divisão das magistraturas urbanas entre os demos através de sorteios porque os demóticos as vendiam.[7] Nas tribos, sobrevivia o costume das festanças periódicas que os ricos ofereciam rotativamente, e que se tornará uma verdadeira liturgia, a *hestiasis*.[8] Contudo, o nome antigo dessa função é revelador: *phylarchie*;[9] aquele que convidava para a festança havia sido designado como chefe da tribo. Conhecemos, em vários lugares do mundo, festas de entronização desse tipo, e frequentemente o papel efetivo do chefe limita-se a oferecer comida[10] com seus recursos próprios: ele foi nomeado para isso. Não há nada de mais comum, com ou sem chefe, do que essas festas camponesas: festas flamengas, para as quais cada produtor rural convidava, alternadamente, todo o vilarejo, pois todos se conheciam, e jantares em que o padre convidava, uma vez por ano, todos os camponeses da paróquia.

---

7 Aristóteles, *Constituição de Atenas*, LXII, 1.
8 Boeckh, v.1, p.554; v.2, n.756 e 779; A. M. Andreades, *Storia dele finanze greche*, Padova, CEDAM, 1961, p.348.
9 Esse é, efetivamente, o sentido da palavra em *Econômico* do Pseudo-Aristóteles, II, 2, 4; ver Boeckh, v.1, p.534; 585; v.2, n.810. B. A. Van Groningen, *Aristote, le second livre de l'Économique*, Sijthoff, 1933, p.73. Ver também Teofrasto, *Caracteres éticos*, X, 11: *hestiasis* dos membros do demo; XXX, 16, dos membros de uma irmandade.
10 Ver por exemplo Louis Molet, "La cérémonie d'intronisation à Madagascar et ses implications économiques", em *Cahiers Internationaux de Sociologie*, XXIV, 1958, p.80-87.

Ao menos três razões explicam a frequência dessas espécies de tontinas, nas quais os membros de um grupo (ou ao menos todos os ricos) participam cada um na sua vez, e são as mesmas razões subentendidas em muitas das atribuições do evergetismo que descreveremos no resto deste livro. Primeiramente, a exiguidade do grupo faz que os mais afortunados dificilmente resistam às reivindicações dos mais pobres que tentam tirar deles uma parte de seu supérfluo; a palavra reivindicações é, no mínimo, mal adaptada, pois, por vergonha ou prudência, o rico se previne contra ela para evitar um encontro explícito desagradável com a pobreza. A mesma exiguidade do grupo faz que o sistema de tontina, no qual se designam vítimas sucessivas, seja mais simples de se estabelecer do que um sistema de contribuições no qual se somaria a cota-parte de cada um. Administrativamente, o imposto é mais complicado do que a liturgia e, psicologicamente, o rico paga com mais facilidade quando vê para onde vai seu dinheiro, quando produz uma construção, um edifício ou uma festa, para que seja uma obra associada a seu nome. Enfim, em um pequeno grupo, até mesmo em uma cidade (mas não em uma grande nação), o comportamento de cada cidadão é visível e previsível diante de seus concidadãos;[11] cada um tem o sentimento de que sua contribuição tem uma influência sobre a atitude dos outros. Tentar evitar a trierarquia ou a festa da tribo era dar o mau exemplo e destruir a ordem social (nas nações modernas, não se tem o sentimento de destruir a ordem social quando se fraudam os impostos); aceitá-las é, ao contrário, obrigar os outros a retribuir um dia, fazendo a mesma coisa. Essa transparência torna a cooperação voluntária, e a negociação que leva a ela, mais simples do que em grupos maiores.

O desconforto do encontro explícito explica outro fenômeno que deve ter tido uma importância maior do que os textos deixam transparecer, uma vez que dependia de cada um: os empréstimos a fundo perdido entre iguais. O Presunçoso de Teofrasto,[12] "em tempos de penúria, gastou mais de 5 talentos em pagamentos a favor de cidadãos que passavam necessidade"; sem dúvida, ele estava registrado em uma lista de inscrições voluntárias (*epidosis*) no que se refere à quantia em questão, pois, como sabemos, existiram muitas desde o início da época helenística; essa era uma forma organizada de ajuda mútua. Mas o Presunçoso gastou também 10 talentos em empréstimos de amizade (*eranos*); pois, "ele não sabe dizer não". "Por que desejar ser rico", afirma

---

11 Mancur Olson, *The Logic of Collective Action: Public Goods and the Theory of Groups*, Harvard University Press (esgotado): tradução de *Die Logik des kollektiven Handelns*, Tübingen, Mohr, 1968, p.60.
12 *Caracteres éticos*, XXIII, 5-6.

um poeta cômico, "se não for para poder ajudar seus amigos e semear a boa semente do reconhecimento?"[13]

Gostaríamos de saber mais sobre isso. Ao menos temos ciência da existência de sociedades amigáveis de empréstimo chamadas *eranoi*, que eram uma espécie de tontinas cujos membros reuniam seus recursos para terem acesso a empréstimos sem juros quando precisassem; uma instituição desse tipo, cujo equivalente existe em diversos países pobres, possui, indubitavelmente, um valor sintomático. Atenas devia ser uma dessas sociedades nas quais todo mundo, um dia ou outro, precisava tomar dinheiro emprestado, nas quais cada um é moralmente obrigado a emprestar e nas quais todo mundo deve alguma coisa a todo mundo, o que restabelece um tipo de igualdade e sugere a cada interessado ser tão generoso com seu devedor quanto gostaria que seu credor fosse com ele; ninguém devolve o que tomou emprestado a não ser quando é convidado a fazê-lo; se ele paga, é porque isso lhe foi pedido um certo número de vezes. É pura justiça: presume-se que aquele que se mostrou mais duro nas suas exigências ou na sua recusa era o que mais precisava do dinheiro; ora, conforme a indulgência e a equidade, o mais pobre deve ter vantagem em situações desse tipo. Se em Atenas as coisas aconteciam assim, em boas condições, poderíamos resgatar ali uma lição útil para o assunto que abordamos: nessa sociedade, os agentes econômicos não levavam suas ações até o fim; eles não solicitavam integralmente o que lhes deviam.

Existe outro tipo de dom não datado cuja escassez de documentação nos parece ainda mais lamentável: as generosidades dos poderosos que alimentavam muitos clientes. Lemos, na *Constituição de Atenas*, de Aristóteles, essas significativas linhas:

> Péricles foi o primeiro a pagar uma indenização aos cidadãos que ocupavam cargos nos tribunais para contrabalançar a demagogia que Címon exercia graças a sua fortuna; é importante ressaltar que Címon, que possuía uma riqueza digna do filho do tirano que ele era, cumpria magnificamente suas liturgias e, além disso, alimentava muita gente de seu demo: todo cidadão de seu demo que desejasse podia vir diariamente se encontrar com ele e obter dele o suficiente para sua subsistência; além disso, nenhuma de suas terras era cercada para que quem quisesse pudesse se servir de suas frutas. Péricles, cuja fortuna não estava à altura de tais dádivas, mandou distribuir ao povo tudo o que lhe

---

13 Antífenes, em *Comicorum Atticorum fragmenta* de Kock, v.2, p.111, n.228. Distinguiremos o "aproveitador" do parasita: sobre este último, ver uma página de K. Beloch, *Griechische Geschichte*, 2.ed., v.IV, 1, p.411.

pertencia, já que sua fortuna pessoal era insuficiente: ele instituiu, assim, a indenização dos juízes.[14]

O aristocrata Címon comporta-se como um digno representante de sua casta:[15] alimentar as pessoas e também oferecer uma esplêndida hospitalidade aos estrangeiros,[16] essa era a antiga moral dos nobres. Nosso leitor pôde ver, no capítulo anterior, como Adam Smith soube analisar admiravelmente essas manifestações de generosidade dos *big men* que alimentam os homens na palma da sua mão. A democracia ateniense constituiu-se fora dessa rede de clientelismo e – como comprova nosso texto – contra isso. Podemos supor, apesar do silêncio dos documentos, que essas redes nunca deixaram de existir, e que o futuro evergetismo é frequentemente seu disfarce em trajes cívicos.

Dizemos disfarces, pois em um ponto decisivo, o evergetismo é diametralmente oposto a essas generosidades arcaicas que são oferecidas aos estrangeiros, aos amigos, a clientes ou a qualquer um que chegue; as evergesias são, ao contrário, oferecidas a toda a cidade e somente a ela; elas são cívicas. O evérgeta não mantém uma clientela: ele presta homenagem à cidade, quer dizer, ao conjunto de seus concidadãos. O evérgeta, veremos, é um magistrado que dá, usando seus próprios recursos, provas de seu desprendimento, ou então é um notável que exerce funções públicas para obter honrarias, ou ainda pode ser o membro de uma ordem para a qual governar a cidade é um direito e um dever; nos três casos, o evérgeta tem deveres para com a cidade; se sua evergesia fosse destinada apenas a alguns cidadãos, seria considerada corrupção ou compra de clientes. Isso é muito visível em Roma: no direito público da República Romana, existe corrupção eleitoral se um candidato faz evergesias durante sua campanha eleitoral ao convidar somente uma parte do conjunto de cidadãos para a festa, se distribui convites individuais (*viritim*); em compensação, se convida todo mundo para o banquete ou para o espetáculo que oferece, não há mais corrupção. É por isso que a cidade, Roma ou Atenas, não tem vergonha em aceitar os presentes que lhe são oferecidos: não existe nenhuma conexão pessoal entre o menor cidadão e o evérgeta. Como ninguém duvida que a totalidade de cidadãos seja superior

---

14 Aristóteles, *Constituição de Atenas*, XXVII, 3; Plutarco, *Vida de Címon*, 10, depende de Aristóteles, que ele cita claramente.
15 Ver L. Gernet, "Les nobles dans la Grèce antique", em *Annales d'Histoire Économique et Sociale*, 1938, p.39.
16 Outras festanças célebres eram as do lacedemônio Licas, que deixava a mesa aberta para os estrangeiros que estavam hospedados em Lacedemônia para assistir às Ginopédias (Xenofonte, *Memoráveis*, 1, 2, 61; *Helênicas*, 3, 2, 11; ver Tucídides, 5, 51).

a um dos cidadãos, seja ele o mais rico de todos, as evergesias são percebidas não como vindas de cima, mas como uma homenagem que se presta à cidade; o evergetismo conservará um estilo cívico, ou mesmo deferente, até o fim da Antiguidade, de baixo para cima; como a maneira de doar vale mais que o próprio dom, um evérgeta deve evitar a arrogância e o esnobismo: ele é acima de tudo um cidadão.

As liturgias e as liberdades

À primeira vista, não há nada mais cívico do que as liturgias, essas obrigações que os ricos têm de contribuir, com sua própria pessoa e com seus recursos, para as festas públicas ou para a defesa da cidade; diremos também que não há nada de menos evergético: as liturgias são obrigatórias e os litúrgicos não são mecenas; nós os consideraríamos como contribuintes que possuem mais obrigações que os outros cidadãos pela legítima razão de serem mais ricos. O problema é justamente que os gregos não tinham a menor ideia do que eram contribuições e contribuintes; nas cidades gregas nas quais, segundo pretendem os modernos, os cidadãos deviam se dedicar totalmente à cidade, o imposto direto permanente teria sido considerado uma intolerável tirania; ninguém contribuía para as despesas comuns, embora os ricos tivessem suas liturgias. Eles construíam, dessa forma, uma alma de mecenas, de evérgetas, em vez de contribuintes. Retomemos então o princípio das coisas: a liturgia foi primeiramente uma tarefa cívica que, por não poder se passar por um imposto, foi percebida como a honra de uma elite, o que é muito pouco cívico. Então, por que ela não pôde ter sido percebida como um imposto, se pôde ter sido percebida como uma tarefa? Porque a democracia ateniense pode distribuir algumas tarefas a uns que não distribui a outros: essa democracia vive no imediatismo, sem formalismo jurídico, que faz que a autoridade pública não seja uma entidade; a autoridade em questão existe, mas ela não foi nomeada como tal. E a liturgia não se tornou contribuição porque a autoridade não poderia permitir a si mesma a instituição de contribuições permanentes: as liberdades existiam na Grécia antiga, mas elas não eram chamadas assim, e essas liberdades também não eram as mesmas que as nossas.

Um imediatismo que evoca o frescor da infância: um grupo de homens estabelece leis e não considera, em nenhum instante, que a cidade seja outra coisa além de seu grupo; a cidade não é uma pessoa moral distinta de seus membros, uma entidade ou um Estado, mas o conjunto de cidadãos. A pátria é a imagem ideal e sentimental que os cidadãos fazem de si mesmos e de seu país, como essas velhas famílias que cultuam a si mesmas e à sua moradia. A autoridade pública existe, certamente, e a obrigação também; os governantes e os governados são distintos e todos os dias os atenienses obedeciam aos mandamentos públicos e interpretavam seu papel em uma política que não aprovavam nem um pouco. Mas eles preferiam não pensar nisso, e não tinham teóricos do direito público que pensassem por eles; quanto a seus filósofos, eles se contentavam em deduzir a vida social da natureza humana; evidentemente não ignoravam que essa vida não era idílica e que a obrigação existia, da mesma forma que a autoridade pública, mas isso tudo parecia-lhes evidente. Os atenienses podiam fingir acreditar que a própria autoridade se confundia com a vontade de cada cidadão, e não emanava dos cidadãos como um todo: a alternância compensava a lacuna nessa democracia direta. "Nossa cidade não se encontra sob o poder de um único homem, ela é livre, seu povo é seu senhor, pois os magistrados mudam a cada ano; a riqueza não predomina; ao contrário, existe um equilíbrio entre ela e a pobreza": é assim que Teseu se expressa em *Suplicantes*.[17] Em uma democracia perfeita, os cidadãos são iguais porque eles obedecem e comandam alternadamente;[18] são tão intercambiáveis que o processo mais simples para repartir as funções públicas é através de um sorteio. Quanto à lei, ela não se distingue necessariamente por um critério formal; ela é tudo o que os cidadãos quiserem como lei; as "leis da cidade" são leis no sentido estrito da palavra, mas são também leis não escritas, ou seja, os costumes.[19]

---

17 Eurípedes, *Suplicantes*, 404-407; ver P. Lévéque e P. Vidal-Naquet, *Clisthène l'Athénien*, Les Belles Lettres, 1964, p.27-32; R. Goossens, *Euripede et Athènes*, 1962, p.423 e 435.

18 *Política*, VII, 9 (1329 A 1) e 14 (1332 B 10); mas os livros VII e VIII de *Política* são uma utopia ao modo de Platão; sabemos que quando ele quer falar de um regime político realizável que convenha à maioria dos povos, Aristóteles recomenda uma república governada pela classe média, onde o censo não seja muito alto.

19 *Política*, VI 5 (1319 B 40), tradução para o francês de Tricot, que cita na nota Michel de Efésios: "As leis não escritas são provavelmente os costumes comuns a qualquer sociedade". Não pensamos, aqui, nas "leis não escritas" de Antígona e dos filósofos, tampouco em um direito consuetudinário que, em Atenas, nunca teve poder de lei: na realidade, Aristóteles refere-se às cidades que, como Esparta, tinham um direito que se apoiava essencialmente em uma tradição oral; ver H. J. Wolff, "Gewohnheitsrecht und Gesetzrecht in der griechischen Rechtsauffassung", em *Zur griechischen Rechtsgeschchte*, E. Berneker, editor; Wiss. Buchgesellschaft, 1968, partic. p.101; sobre o papel dos *anagrapheis* no fim do século V (Andócides, 1, 82-87), U. Kahrstedt em *Klio*, 31, 1938, p.31. Sobre os dois sentidos de "lei não escrita" nos textos de Aristóteles (direito natural ou direito oral), E. Weiss, *Griechisches Privatrecht auf rechtsvergleichender Grundlage*, reimpresso em 1965, Scientia, v.1, p.73-77. Os gregos têm, com os romanos, a particularidade de ser um povo que possui um direito, o que os distingue da maioria dos povos; eles vivem sob leis que se aproximam muito do que chamamos hoje de direito público e direito privado (para uma cidade grega, a independência consistia em viver "segundo suas próprias leis" ou "suas leis ancestrais",

O que é desnecessário dizer seria melhor se fosse dito, e o espírito jurídico pressupõe a conceitualização. Os gregos não diferenciaram em todos os pontos a cidade do conjunto de cidadãos; eles também não enunciaram sistematicamente os direitos e deveres do cidadão, da mesma forma que não pensamos em definir os deveres de cada membro de uma família unida. Nada é mais simples do que um ateniense que se dedica a Atenas e faz mais do que os outros? Será somente na época helenística que diremos que um cidadão foi evérgeta de sua própria cidade; antes, o título de evérgeta, de benfeitor público, era atribuído somente a estrangeiros; Temístocles era o evérgeta de

> compreendia-se também através disso o direito privado: um belo exemplo em Cícero, *Cartas a Ático*, 6, 1, 15). É raro que um povo tenha um direito: sob o nome de direito, muitas sociedades antigas ou não ocidentais cultivam, na realidade, especulações sobre o costume, que são obras de eruditos e que não recebem aplicação prática: os tribunais os ignoram; essas especulações são atividades intelectuais totalmente comparáveis à filosofia ou à sabedoria e possuem, algumas vezes, um caráter utópico ou de "messianismo revolucionário" (*Deuteronômio*). Quanto aos tribunais, eles se contentam em aplicar o costume e exercer uma "justiça de Salomão" ou, como dizem os sociólogos do direito, uma "justiça do cadi". Isso é verdade, de um certo modo (não queremos entrar no detalhe que encontramos em qualquer tratado de direito comparado), no direito islâmico e também no darma indiano: esse último é somente uma especulação desenvolvida gratuitamente por especialistas do sagrado (especulação inspirada mais por pedantismo de especialistas, por piedade e também por uma sincera curiosidade de explicar o costume do que pelo desejo de justificá-lo por uma cobertura ideológica). A maioria dos países orientais apresenta ou apresentava o seguinte tríptico: a maior parte da vida é ditada pelo costume; o direito público reduz-se às regras repressivas que são aplicadas mais ou menos arbitrariamente (*la coercitio* do magistrado romano é ainda um exemplo dessas regras) e às regras de administração; enfim, os doutos elaboram para seu prazer um direito teórico que os tribunais ignoram e que não é nada além de especulações sobre o costume. Vemos o contraste com a Grécia e com Roma. Entre a Grécia e Roma, a única diferença, que é secundária, é que os romanos têm, além disso, uma "jurisprudência": um corpo de especialistas tomou o partido de especular sobre os precedentes e de refinar as regras, até suas especulações influenciaram efetivamente, primeiramente em fato, depois em direito, a conduta dos juízes. Essas especulações se inspiravam em um pedantismo de especialistas e também em um sentimento de que uma verdadeira justiça deve ser coerente com ela mesma e não contradizer as sentenças que precedentemente atribuiu; mas esse sentimento levou ao início de um processo cumulativo na elaboração do direito, que conduziu à concepção "científica" do direito que é a da civilização ocidental. Contudo, a elaboração sistemática do direito romano data somente dos séculos XII e XIII: o direito romano como origem do direito científico ocidental é uma obra da Idade Média... O direito romano clássico permanece muito mais próximo do que uma especulação acadêmica privada acreditaria e permanece uma casuística sem sistema; ele se constrói *paralelamente* à lei e não para interpretá-la. Ver Max Kaser, "Zur Methode der rö M. Rechtsfindung", em *Nachrichten der Akad in Göttingen*, phil.-hist. Klasse, 1962, n.2, p.72-78. Desde então a oposição muito marcada entre o espírito grego e o espírito romano se dilui: o direito romano é um fenômeno arcaico e não podemos nem mesmo dizer que os romanos inventaram a jurisprudência no sentido anglo-saxão e moderno da palavra.

Córcira,[20] e sabemos que esse título era atribuído por decreto simultaneamente à proxenia.

Já que a cidade é uma grande família, sua economia se parecerá, algumas vezes, com a economia doméstica, com um *oikos*. Os sifnos haviam descoberto no solo de sua ilha filões de ouro e de prata: todos os anos, os cidadãos dividiam entre si a renda dessas minas. Se a cidade tem supérfluos, ou se "aliados" lhe pagam tributos, por que deixar esse dinheiro nos cofres públicos? Veja com o que sonhava um ateniense médio: "Se os demagogos quisessem realmente dar ao povo do que viver, seria fácil: temos mil cidades que nos pagam tributos, ordenemos a cada uma delas que alimente vinte atenienses".[21] Algumas vezes, uma mentalidade predadora se apropria da família cívica, a ideia de preparar um golpe domina a todos e se torna a incrível aventura da expedição siciliana de Atenas. Se um Estado moderno dividisse suas rendas entre os cidadãos, veríamos nessa distribuição o reflexo de um direito objetivo, o efeito de uma decisão soberana, um tipo de favor vindo do alto. Os gregos com certeza não distribuíam sempre o excedente do Tesouro nacional: a cidade existia como entidade, mesmo se ela não tivesse sido plenamente concebida como tal; justamente porque não era uma entidade, os gregos teriam visto a distribuição de fundos públicos como uma simples instauração de um direito subjetivo que todos tinham sobre esses fundos: não era muito cedo para que esse direito se traduzisse em atos!

---

20 Tucídides, I, 136, I; ver E. Skard, *Zwei religiös-politische Begriffe: Euergetes*, Concordia, Oslo, 1931; esse estudo não trata do período helenístico. Dito por demagogos ou ambiciosos, "fazer o bem à cidade" é, por outro lado, uma fórmula comum; o mesmo dito por Cleón (Aristófanes, *Os cavaleiros*, 741 e 1153).

21 Heródoto, 3, 57; Aristófanes, *As vespas*, 706. Ver, de um modo geral, G. Cardinali, *Il regno di Pergamo; ricerche di storia e di diritto publico*, reimpresso em 1968, Bretschneider, p.259: no fundamento da cidade-Estado encontra-se a ideia de que "a pessoa e a felicidade do cidadão supõem, para o desenvolvimento ao qual eles têm direito, a liberdade, compreendida no sentido da participação de todos no governo"; mas, por outro lado, "os gregos não apreendem a ideia de Estado como algo superior à sociedade (quer dizer, resultando da simples justaposição das diversas unidades que são os indivíduos), ou seja, como uma coisa cujos interesses deveriam ser mais elevados e mais imperiosos que os interesses privados dos indivíduos. Ao contrário, os gregos sempre identificaram, ou melhor, não distinguiram os interesses universais do Estado e os dos indivíduos. E é precisamente esse aspecto de sua concepção política, no que eles consideravam o Estado como instrumento de utilidade privada, que é o centro de todo o desenvolvimento constitucional de seus diferentes povos e o que favorece constantemente, no âmago da ideia democrática, o desenvolvimento do princípio aristocrático". Sabemos que esse aristocratismo encarnava-se no predomínio do Conselho, mesmo na Atenas democrática. Sobre esse problema do Estado e sobre a sociologia do imposto, recomendamos "La crise de l'État fiscal", em *Impérialisme et classes sociales* de J. Schumpeter, ed. J.-C. Passeron, Éditions de Minuit, 1972, p.229.

A origem e a evolução da liturgia se explicam por essa imprecisão jurídica. As liturgias são precisamente tarefas que a cidade incumbiu a alguns cidadãos capazes de executá-las; nem por isso existe a preocupação de sistematizar e fundar o princípio de uma contribuição de todos os cidadãos à vida coletiva em função de suas capacidades. Eles não se preocupam nem mesmo em dividir de forma mais ou menos razoável as tarefas; é mais simples fazer que os ricos paguem. A cada ano, o povo ateniense distribuía centenas de liturgias aos cidadãos afortunados; como igualar o fardo? A que escala comum medir a contribuição de um trierarca, que arma e comanda um navio, já que sabe fazer isso, e a de um corego que monta um espetáculo teatral ou musical? Em um grupo unido, cada um faz o que pode, e não existem direitos nem deveres; a liturgia é uma tarefa exatamente como a magistratura; seria um direito ou um dever comandar? Nem um nem outro, mas um serviço público.

Infelizmente, mesmo sendo uma tarefa, as liturgias tornaram-se rapidamente impostos, sem receber esse nome, e pesavam exclusivamente sobre uma parte da população. Inicialmente, a liturgia era um serviço em espécie; o litúrgico organizava uma cerimônia ou dirigia a construção de um navio, e a cidade, com dinheiro público, dava-lhe os fundos necessários;[22] o litúrgico contentava-se em pagar com sua própria pessoa, *sômati*; nós diríamos: com seu tempo. Mas essas tarefas eram confiadas de preferência a notáveis, aos ricos, que tinham a experiência do mar, o hábito de mandar e de organizar, o gosto pelas festas e pela cultura, o desejo de se destacar. O povo sabia muito bem que, se os fundos públicos se revelassem insuficientes, com certeza o litúrgico buscaria fundos em seu próprio cofre, pois esse comportamento é digno de um nobre; o povo se acostumou, assim, a atribuir créditos muito insuficientes, ou mesmo simbólicos, e a expressão "liturgia devastadora" logo se tornou uma união consagrada de palavras.

Ora, enquanto as liturgias se tornam contribuições, mesmo sendo uma tarefa, o povo ateniense, que achava normal que cidadãos sacrificassem seu tempo e sua vida por sua cidade, não achava normal que sacrificassem seu dinheiro: seria impossível encontrar uma posição mais contraditória. Mas uma

---

22 Sobre o sentido próprio da palavra "liturgia", notemos seu emprego nos textos de Aristóteles, *Política*, 1272 A 19, no qual a palavra é usada no sentido de "serviço público" que, nessa circunstância, encontra-se garantido sobre os fundos públicos. Acrescentemos que o litúrgico ganhe dinheiro do Estado (Demóstenes, *Filípicas*, I, 36); podemos supor que a gênese das liturgias foi essa: os ricos tinham o dever moral de acrescentar uma quantia de seus próprios recursos aos créditos públicos; sobretudo, eventualmente os trierarcas podiam pagar pelo Estado o soldo de seus marinheiros (Tucídides, VI, 31; Sócrates, XVIII, *Contre Callimaque*, 60).

barreira moral intransponível o impedia de admitir o princípio de um imposto direto permanente que pesasse sobre os cidadãos; o imposto poderia ser apenas uma solução provisória, um expediente momentâneo em caso de crise grave; ou senão seria considerado um tributo que marca a submissão de um povo diante de outro povo, um estigma da escravidão. A cidade, assim como cada cidadão, deve viver de sua própria renda, oriunda das taxas e dos impostos indiretos, dos tributos dos súditos, do imposto que ela cobra dos não cidadãos residentes e da produção de suas propriedades. A ausência de imposto direto, curiosa para nós, deve-se a razões históricas, falaremos sobre isso mais tarde; mas essa ausência deve ser suficiente para nos alertar contra a ideia, ainda muito difundida, de que o cidadão deve tudo à sua cidade. Digamos que o limite de sua devoção e das intromissões da coletividade na esfera individual nunca era previamente fixado; como também não é nos dias de hoje; a ideia das liberdades é um princípio cujo conteúdo é puramente histórico. Digamos também que esse princípio existia na Grécia sem ter sido ali conceitualizado.

Os gregos não diziam que a cidade não tinha o direito de fazer tudo, mas, na realidade, a cidade não fazia tudo. Quando Benjamim Constant contrapunha a liberdade antiga, que segundo ele é participação na vida pública e devoção à comunidade, às liberdades dos modernos, ele pensava sobretudo na obrigação do imposto de sangue: para um liberal do início do século XIX, esse imposto que as cidades antigas reclamavam sem hesitação era uma exigência extrema e arcaica; hoje nós a julgaríamos de outra forma. Os gregos tinham suas liberdades, que não eram as nossas; no total, eles tinham mais liberdade do que temos atualmente. As cidades gregas não regulamentavam o ensino superior, nem as taxas de juros (pelo menos isso foi muito raramente documentado em nossas fontes); elas poderiam ter feito isso, com certeza: mas hoje, em nosso país, as limitações do Estado também são autolimitações que o Estado impõe a si mesmo. Se os gregos não tinham a ideia do que era liberdade, eles também professavam que a cidade devia proceder pela via geral da lei, que se impõe a todos, governados e governantes; como o cidadão moderno, o cidadão antigo dispunha de uma esfera de atividades livres e independentes do Estado e, em certo ponto (justamente em matéria de impostos), sua liberdade ia muito além do que o liberal mais convicto ousaria sonhar nos dias de hoje. A única diferença de princípio é que as liberdades modernas são expressamente reconhecidas pela lei, enquanto as antigas pareciam óbvias. Os gregos tinham um direito, mas não uma teoria do direito; e também não tiveram que especificar historicamente suas liberdades contra uma monarquia absoluta ou contra uma Igreja. Não confundamos, por isso, as palavras e as coisas, a noção de liberdade e sua realidade;

não confundamos também o princípio das liberdades e a lista sempre variável dessas liberdades.

Sociologia das liturgias: Platão

Mas já que Atenas não admitia o princípio das contribuições, como teria chegado a esse imposto direto sem lhe dar o nome de liturgia? Chegou a ele sem um princípio, por um deslize: os ricos estavam muito dispostos a pagar para que o povo não cedesse à tentação de intervir em seus negócios.

O sistema litúrgico recorre, efetivamente, a alguns dos recursos morais que serão idênticos aos do evergetismo: desejo de mostrar sua riqueza, de exprimir sua personalidade, de se valorizar para se destacar do povo (em particular, quando o rico se projeta em uma carreira de orador político), desejo de deixar sua marca através de uma obra, enfim, o espírito de competição. Levando-se em conta que apenas os ricos têm obrigações litúrgicas, a liturgia não é um imposto, mas uma missão; já que é uma contribuição feita através de atos ou objetos, o dinheiro da liturgia não se mistura à contribuição dos outros aos cofres públicos e, ao contrário, toda a cidade vê com seus próprios olhos a festa ou o navio cujo litúrgico é pessoalmente o autor, a liturgia é um mecenato. Tanto que, no geral, o sistema litúrgico tem um caráter ambíguo com o qual manobrará o evergetismo: algumas vezes por imposição, algumas vezes voluntariamente, pois não existe nada mais fácil nem mais difícil do que fazer o que a nobreza exige. Algumas vezes, os ricos atenienses tentavam evitar uma liturgia recorrendo ao *antidosis*, outras vezes essas honras arruinadoras eram voluntariamente aceitas; em um determinado ano no qual não se conseguiu designar um corego, quando o dia da festa se aproximava, e as brigas sobre o corego que ninguém encontrava estavam vivas na Assembleia, Demóstenes "sobe na tribuna e se oferece voluntariamente para realizar a coregia".[23] Existiam os especialistas da liturgia; um cliente do advogado Lísias podia vangloriar-se diante de seus juízes por ter gasto mais de 72 mil dracmas em nove anos em coregias trágicas, corais de homens, dançarinos nas Panateneias, corais cíclicos, trierarquias, ginasiarquias, coregias cômicas, contribuições de guerra extraordinárias etc.[24] Pois muitas liturgias eram, como acabamos de ver, concursos cujos prêmios eram disputados na base

---

23 Demóstenes, XXI, *Contra Mídias*, 13 e 156; "voluntariamente", essa palavra pertenceria ao vocabulário do evergetismo. Sobre a psicologia das liturgias, encontramos belas páginas em P. Guiraud, *La propriété foncière en Grèce*, 1893, p.531 e *Études économiques sur l'Antiquité*, 1905, p.112; em Wilamowitz (Kromayer – Heisenberg), *Staat und Gesellschaft der Griechen und Römer*, p.114.

24 Lísias, XVI, 1-5.

de grandes despesas: o apego grego pela competição, o "senso agonístico",[25] deleitava-se nessas práticas; "gastar para ser honrado, rivalizar – esse antigo sentimento grego – nas despesas e nas honras",[26] é uma das competências das liturgias, assim como do evergetismo.

Para dizer a verdade, mesmo se o amor pela competição não fosse um dos traços do caráter nacional dos helenísticos, o sistema litúrgico teria bastado para lhes inculcar tais características: não há nada mais frequente, através da história, desde as sociedades onde se pratica o *potlatch* até a nossa

---

[25] Sobre esse gosto pela glória, podemos ler belas páginas no antigo livro de Burckhardt sobre a civilização grega, v.2, p.353 e v.4, p.32; ver também H. W. Pleket, "Griekse Ethiek en de competitive society", em *Lampas*, 1971, n.4. Devemos levar muito a sério esse traço do caráter grego – como também devemos levar a economia e a aplicação puritanas também a sério, ou o espírito empresarial; o segredo do milagre grego encontra-se parcialmente ali, como o segredo da revolução econômica encontra-se em outras atitudes. A chave desse prazer em rivalizar está na união de três ideias: ter uma qualidade, uma excelência; prová-la vencendo seus rivais diante da coletividade e tirando benefício disso; ganhar consequentemente a glória ou as honras; é uma mentalidade de campeão, de herói ou de evérgeta; é *filotimia* (sobre essa palavra, ver as referências de Pleket, p.372). Basta citar Tucídides, VI, 31, 4 ou folhear as *Memoráveis* de Xenofonte, texto cuja mediocridade torna-se característica, no qual encontramos belos exemplos do gosto pela competição. Sócrates enalteceria, ali, a educação física? Será para especificar que aqueles que são vigorosos para a guerra podem, através disso, ajudar seus amigos, fazer o bem a sua cidade e obter como consequência notoriedade e honrarias (III, 12, 4). Um general quer discernir, em suas tropas, quais são os bons soldados? Sócrates responde: "Se fosse para pegar dinheiro, teria de dar o prêmio àqueles que mais gostam de dinheiro; quando se trata de enfrentar o perigo, deve-se dar a palma àqueles que mais gostam da glória e que estão prontos para correr riscos, a fim de serem louvados" (III, 1, 8). Um jovem entra na carreira política e sonha em subir na alta esfera do Estado: "Se conseguires, serás conhecido em todos os lugares, atrairás todos os olhares", mas "se queres ser honrado, deves ser útil a tua cidade" (III, 6, 2). Citaremos mais tarde um trecho no qual é um comerciante que revela um espírito de competição litúrgica (III, 4, 1). Terminemos com essa citação: "Quando formamos um coral que enviamos a Delos, nenhum coral ou nenhuma cidade pode rivalizar com o de Atenas. Se os atenienses são sempre vencedores, deve-se ao amor pela glória e não à beleza das vozes, deve-se a sua *filotimia*" seu desejo de ganhar (III, 3, 13). Sonhamos em escrever uma ficção-histórica da Grécia antiga, que ao entrar em contato com uma sociedade industrial se industrializaria, como o Japão de Meiji, graças a seu senso agonístico; leiamos, efetivamente, o surpreendente capítulo IX do Hierão, no qual Xenofonte propõe desenvolver a agricultura e o comércio introduzindo o espírito agonístico, criando prêmios e honrarias aos melhores agricultores e negociantes. Esse caráter competitivo da cultura grega relaciona-se a outros caracteres que também lhe dão um ar de liberdade que predomina: por exemplo, a ausência de medo dos mortos (poucas religiões são mais indiferentes aos temores noturnos que a grega); a pouca importância do tema pai-filho nessa sociedade que também ignorava a clientela ao modo romano (Zeus, apesar de ser "pai dos deuses e dos homens", é um deus muito pouco paternalista e o medo que sua ira pode inspirar não é o medo do superego).

[26] Louis Robert, *Les gladiateurs en Orient grec*, p.257.

Idade Média, do que a associação entre o dom à coletividade e o prazer em rivalizar; uma das causas do mecenato é o desejo de se destacar, com tanta ou mais frequência que o apego a determinados valores. E, além disso, não havia unidade na nação grega; é natural que a velha aristocracia sinta prazer em brilhar; para as camadas sociais que descendiam da democracia, a história é outra. Por também ser grega, a competição democrática não era, evidentemente, a herdeira da competição aristocrática. Mais precisamente, era um objeto de surpresa, para os contemporâneos, constatar que as democracias se igualavam às aristocracias no que se refere à competição e à magnificência; com certeza, Platão o ignorava: em *A República*, o prazer em rivalizar é apresentado como um traço de caráter aristocrático ou, para usar seu vocabulário, timocrático; mas Xenofonte constatou que mesmo os comerciantes podem ser mecenas.

Os livros VIII e IX de *A República* são uma sociologia, se designarmos convencionalmente, através dessa palavra, uma filosofia política que relaciona um regime político com a matéria social que ele informa; nesse livro, Platão relaciona semelhanças e causalidades recíprocas dos tipos de regimes e dos tipos humanos que correspondem uns aos outros.[27] A infinita diversidade das sociedades existentes pode ser associada a quatro tipos ideais: a aristocracia ou a timocracia, a plutocracia ou a "oligarquia" (para os gregos, a oligarquia é o regime no qual os ricos, como ricos, reservam o poder para si), a democracia e a tirania. Devemos, então, distinguir também quatro tipos humanos de base; a oligarquia corresponde ao homem oligárquico, que não tem interesse pela comunidade e vive somente pelo dinheiro; à timocracia corresponde uma personalidade autoritária que é gananciosa em concorrer para ganhar e ser honrada. À primeira vista, essa sociologia remete ao livro III do *Espírito das leis*; portanto, ela é muito diferente e ainda mais sociológica. Montesquieu se pergunta que traço psicológico particular é necessário para permitir o funcionamento de um determinado regime; por exemplo, na ausência de uma obrigação superior, uma democracia funciona somente se individualmente cada cidadão tem apego ao bem público; em uma aristocracia, ao contrário, o povo não precisa dessa virtude cívica, já que os governantes o controlam; em compensação, esses governantes precisarão de outra virtude para que se controlem a si mesmos. Quanto a Platão, ele não pensa em função, mas em causalidade, cada regime tentando produzir uma personalidade humana inteira à sua própria imagem; para Montesquieu, a virtude funcional pode estar ausente em uma determinada sociedade: como resultado, o regime simplesmente não funcionará; para Platão, não é possível

---

27 Platão, *A República*, 544 C a 576 B.

que um regime não crie um homem à sua própria imagem, que reproduzirá, por sua vez, o regime. Os regimes "são oriundos do caráter dos cidadãos que povoam os Estados" e, reciprocamente, os cidadãos "se formam em sua juventude à semelhança do Estado"; a criança se impregna do que ouve seu pai dizer à sua mãe, aos domésticos, aos outros. Mas se cada regime produz, assim, uma personalidade inteira e simplesmente não exige uma virtude particular, ele próprio não cria todos os traços dessa personalidade: ele se limita a informar as virtualidades da alma humana; efetivamente, a socialização ensina à criança a "se esforçar pelo que é honrado e negligenciar o que é desprezado" no regime no qual ela vive.[28] Por exemplo, em uma plutocracia, o apego às riquezas, que é natural em todos os homens, é reforçado na criança pelos argumentos daqueles que vivem à sua volta, que participam de toda a sua personalidade; as outras virtualidades subsistem, mas são mais ou menos reprimidas. É desnecessário dizer que esse "mais ou menos" criará tipos mistos e toda a diversidade de caracteres reais.

Voltemos ao mecenato ou à competição; que regimes favoreceriam tais tendências no homem? Somente a timocracia; "o que esse regime tem de mais aparente e cujo princípio é o ardor do sentimento, é o desejo de ganhar e de ser honrado (*filonikia, filotimia*)"; pois a timocracia, como vemos, permite o triunfo dessa virtualidade psicológica que é o ardor, o *thymos*. Por outro lado, não há nada de mais mesquinho do que a oligarquia; o plutocrata é um homem que bem ou mal reprime seus desejos, "pois ele teme pelos bens que possui"; ele é "dividido dentro de si, é um homem duplo, pois nele os desejos lutam contra os desejos". Ora, como as *Leis* ensinarão, "a paixão pelo enriquecimento nos impede de ter lazeres, de nos interessarmos por outras coisas que não sejam nossos bens pessoais; presos a esse objetivo, os cidadãos não poderão nunca se preocupar com nada além do ganho dia após dia, todo o resto representando, para ele, apenas derrisão". Consequentemente, o oligarca "será um medíocre concorrente no que se refere à vitória e ao desejo de ser enaltecido, de um modo geral; ele não consente em gastar dinheiro pela glória e concursos de glória, pois teme suscitar em si os desejos que o levariam a gastar e encontrar neles aliados para seu desejo de ganhar".[29] A oligarquia tem muito medo de se arruinar para ser magnífica, já que nesse regime o dinheiro é o que faz todas as distinções (a Constituição oligárquica é censitária), as crianças aprendem, ali, que é mais importante acumular do que brilhar. Quanto à democracia, ela nem mesmo sonha em rivalizar; esse regime permite o triunfo de outra virtualidade que não são nem o ardor nem

---

28 Ibid., 551 A.
29 Ibid., *Leis*, 831 C; *A República*, 555 A.

a avareza: é o desejo, ou melhor, uma multidão de desejos. Esse regime anárquico torna as almas anárquicas: como nenhuma ordem moral subsiste, o indivíduo não se obriga mais e gasta para satisfazer seu próprio apetite.

O senso agonístico seria, por conseguinte, uma propriedade inerente somente às aristocracias guerreiras, as "timocracias", pois ele exige que tenhamos um coração ardente (*thymos*); não seria uma virtude mercantil. Essa era a visão tradicional das coisas, na qual Platão se inspirava. Segundo ele, a socialização se opera no nível da sociedade global, do regime, e não no nível dos subgrupos nos quais cada homem nasce e vive; ele é mais sociólogo do que Montesquieu ao associar toda a personalidade ao regime, e menos ao explicar essa personalidade pelo regime, e não pela "condição" social dos indivíduos. O resultado disso, entre diversos resultados, é que o homem timocrático, independentemente de sua vontade, é, na realidade, o retrato de um simples subgrupo, da casta dirigente das timocracias: a educação e a personalidade do subgrupo dos governados eram necessariamente diferentes.

Ora, se levamos a análise aos subgrupos e à condição dos indivíduos, a possibilidade de uma virtude agonística nas democracias reaparecerá; bastará que um comerciante ateniense seja suficientemente rico para que assuma as obrigações de um litúrgico e seja sensível a isso. Foi o que reconheceu o Sócrates de Xenofonte: vários comerciantes atenienses se destacavam e se arruinavam por suas liturgias. "Uma indústria, a fabricação de farinha", diz Sócrates, "é suficiente para que Nausícides possa alimentar não somente seus serviçais, mas também um grande número de porcos e de bois, e ele poupa suficientemente para se encarregar com frequência das liturgias"[30] (vemos a extrema pobreza dessa civilização tão engenhosa, seu pobre luxo, seu luxo de pobre;[31] o contraste será grande com a rica época helenística e a muito rica época romana). Sócrates se exprime sobre nosso problema com maior clareza do que poderíamos desejar;[32] um comerciante pode comandar um exército? Um aristocrata que se encontrava ali duvidava; "os comerciantes, afirmava, são capazes de juntar dinheiro, mas são incapazes de dirigir soldados". "Mas", responde Sócrates,

---

30 Xenofonte, *Memoráveis*, II, 7, 6.
31 As tão apropriadas expressões "luxo de pobres", "pobre luxo" devem-se a uma estudante cujo nome não conheço e que havia feito uma monografia em 1943 sobre o luxo nas inscrições romanas sob a direção de André Piganiol (que citou essa expressão para mim, dizendo que ela o havia surpreendido). Essa estudante foi presa com uma amiga pela polícia alemã, porque sua amiga tinha vaiado as notícias alemãs em um cinema de Paris; quando o policial lhe perguntou se foi ela quem havia vaiado, ela respondeu: "Não, eu não sei vaiar". Ela morreu durante a deportação.
32 *Memoráveis*, III, 4, 1-5.

um comerciante também pode desejar ganhar, o que é uma qualidade de general. Não vês que um ou outro comerciante ganhou o prêmio cada vez que foi litúrgico de uma coregia? Consequentemente, se ele sabe encontrar e escolher os melhores soldados tão bem quanto soube selecionar os melhores coristas, podemos acreditar que ele também será vencedor na guerra; pois, podemos supor que ele estará ainda mais disposto a gastar para ganhar uma batalha com toda a sua cidade do que para ganhar um prêmio da coregia apenas com a sua tribo.

Os oligarcas

Mas, além dos democratas, havia em Atenas um partido cuja atitude em termos de liturgia era bem diferente e, de outro ponto de vista, será capital para a continuidade de nossa argumentação: são os oligarcas ou, como eles próprios se chamavam, os bons, os nobres, os ricos, em oposição aos maus, aos pobres, ao povo. Não pensemos aqui na personalidade oligárquica de Platão, ávida de riqueza; também não acreditemos que esses homens sejam os herdeiros da antiga nobreza ateniense, vítima da democracia. Eles também não se reúnem pela defesa dos interesses materiais de sua classe; o objeto de seus esforços era outra satisfação, o poder, que eles procuravam por si e que era o principal objetivo das lutas sociais naqueles tempos. Eles achavam odioso ou desastroso que todo mundo em Atenas quisesse governar; eles pretendiam obter uma parte de poder proporcional a sua riqueza e a sua influência, quer dizer, reservar para si o governo da cidade, ou tirar o governo do povo que decididamente se revelou incapaz de dirigir a política corretamente, para confiá-la a uma classe, a deles, que tinha capacidade para exercer o papel de dirigente. O princípio de seu combate era uma ideia própria às sociedades pré-industriais: que a riqueza dê direito à detenção do poder, que o poder deve pertencer aos ricos (pretensão que nos parece exorbitante, tanto que imaginamos que os oligarcas defendem apenas, e acima de tudo, seu interesse material de classe). E já que em Atenas os ricos não detinham o poder, os oligarcas se consideravam vítimas de uma injustiça permanente, como oprimidos por um círculo social; como os democratas violavam constantemente a justiça diante deles, o pacto social se rompe e eles acreditam não dever mais nada à cidade: "não aceitemos mais dessa gente nem injúrias nem honrarias, nós e eles não podemos coabitar".[33]

A atitude dos oligarcas diante das liturgias será consequentemente ambígua. Por um lado, elas são uma tirania a mais; por outro lado, constatam sarcasticamente que o povo não pode viver sem seus talentos e sua riqueza.

---

33 Teofrasto, *Caracteres éticos*, 26; 6.

"Quanta humilhação ter que se sentar na Assembleia ao lado desses mendigos sujos", diz o oligarca que Teofrasto retratou, e continua: "Quando finalmente cessaremos de nos deixar esmagar pelas liturgias e as trierarquias!" Não pensemos na avareza do oligarca segundo Platão; nosso homem estima simplesmente que, já que os mendigos lhe recusam injustamente o poder, ele não vai se arruinar por eles; veremos, em compensação, que quando a oligarquia dos notáveis chega ao poder, ela se arruinará com as evergesias. Enquanto isso não acontece, e como as liturgias não eram um imposto, pois não havia imposto, elas eram apenas um tributo ou uma honraria, dependendo se o próprio litúrgico era oprimido ou sensível às honras; um oligarca ficaria honrado em ser um litúrgico se ele mesmo e seus pares fossem reverenciados como uma elite. Pois governar é uma honra que cabe à elite: essa é a concepção do governo como direito de uma classe, este será o princípio do evergetismo.

Além disso, outras vezes, os oligarcas constatavam que, ao se tornarem litúrgicos, a democracia reconhecia sua superioridade. Com certeza, "os demagogos multiplicavam as afrontas aos notáveis (*gnôrimoi*) fazendo que destinassem seus recursos para a realização das liturgias",[34] mas, ao fazer isso, eles confessam que os notáveis são indispensáveis. Sob o título de *República dos atenienses*, chegou às nossas mãos, junto com as obras de Xenofonte, o panfleto de um oligarca desconhecido que viveu na época da Guerra do Peloponeso, um homem certamente talentoso (ele desenvolveu especialmente uma interessante teoria sobre a hegemonia pelo domínio do mar); nosso autor exercita seu espírito sarcástico sobre as liturgias:

> O povo de Atenas quebrou o poder dos aristocratas, daqueles que se dedicam à ginástica e à música; ele não aprecia essa bela educação: sabe que é incapaz de praticá-la. Por outro lado, no que diz respeito às coregias, às ginasiarquias e às trierarquias, ele reconhece que pertencem à esfera dos ricos: ele, o povo, se contenta em participar disso tudo sob as ordens dos ricos. Ganha, assim, um salário e faz que os ricos empobreçam. As funções que o povo procura são as que são exercidas para se obter uma indenização de presença.[35]

O sistema litúrgico prefigura o regime dos notáveis. Ele corta a cidade em dois grupos, os litúrgicos e os outros; é viável somente porque os litúrgicos

---

34 Aristóteles, *Política*, V, 5 (1305 A 5). As reclamações contra os encargos que oprimem os ricos não faltam: Isócrates, *Sobre a paz*, 128. Do mesmo modo, o oligarca cujos traços são desenhados por Teofrasto declara (XXVI, 6) que as liturgias e as trierarcas arruínam as pessoas de bem.

35 Corroboro o Pseudo-Xenofonte, *République des Athéniens*, I, 13 e 3.

têm uma mentalidade de notáveis ou de mecenas, e não de modestos contribuintes; os litúrgicos são um grupo que sabe e pode fazer o que a maioria dos atenienses é incapaz de fazer; através de sua riqueza e sua educação, somente eles podem praticar essa virtude de evérgeta que *Ética a Nicômaco* chama de magnificência. É natural que os ricos notáveis queiram exercer o poder, já que podem fazê-lo. Ora, veremos que o povo, por sua vez, vai deixar o poder deslizar de suas mãos por seu absenteísmo político. É assim que se estabelecerá em Atenas, ou continuará a existir em muitas outras cidades gregas, o regime que dominará a época helenístico-romana, que é a época do evergetismo: o governo dos notáveis. O retrocesso da democracia para a oligarquia foi possível porque, mesmo nas democracias, essas sociedades não eram universalistas.

2. A oligarquia dos notáveis

Como se estabeleceu o regime dos notáveis? "A democracia se transforma em oligarquia", escreve Aristóteles,[36] "quando uma classe rica é mais poderosa que a multidão e esta última se desinteressa pelos negócios do Estado"; por sua vez, Max Weber escreve:[37] "Toda democracia direta tende a se converter em governo de notáveis". Atenas, onde esse governo sucede à democracia, é um caso um pouco particular: é possível que a maioria das cidades gregas tenha sempre sido oligárquica. Mas isso pouco importa: as razões que explicam que os notáveis tenham tomado pouco a pouco o poder em Atenas explicam também por que eles o detinham naturalmente nas cidades nas quais o poder nunca havia pertencido ao povo. Acabamos de ver quais eram essas razões: toda democracia direta é onerosa e, além disso, como as desigualdades são cumulativas, a classe rica tendia naturalmente a ser classe dirigente.

Os notáveis

A antiga casta guerreira, a aristocracia dos cavaleiros, diluiu-se; a classe proprietária que foi então colocada diante da sociedade pela desigualdade econômica tinha uma fisionomia menos estereotipada; os historiadores da

---

[36] *Política*, V, 12 (1316 B 10).
[37] *Économie et societé*, v.1, p.298. Sobre a relação entre a gratuidade das funções e a oligarquia, ver também Tocqueville, *Démocratie en Amérique*, edição das *Obras completas*, Gallimard, 1961, v.1, p.211.

época helenística a chamavam geralmente de burguesia. Por todos os lugares, a conduta da política estava nas mãos dessa camada relativamente estreita, dessa classe dirigente e composta de pessoas conservadoras, moderadas – para citar os próprios termos de Maurice Holleaux.[38] Essa burguesia das cidades acha normal que ela mesma exerça o poder e que não seja ela própria o objeto de uma política feita por outros que considera menos hábeis ou socialmente menos elevados do que ela. Podemos dizer que ela o procura? Diremos, em vez disso, que o poder cai naturalmente em suas mãos: o poder dirige-se para as capacidades materiais e morais que por acaso são ordinariamente um privilégio da riqueza; e é precisamente isso que chamamos de governo de notáveis. A época da oligarquia militante que tentava arrancar o poder pela força ficou ultrapassada. As instituições não tinham nenhuma responsabilidade nisso, e tinham ainda menos a ferocidade dos ricos que teria barrado o acesso ao poder. As instituições diferiam de uma cidade helenística para outra, as diferentes cidades eram mais ou menos democráticas ou mais ou menos censitárias, mas suas constituições não respeitavam nenhuma evolução de grupo (a própria conquista romana não marcará nenhuma ruptura a esse respeito);[39] no máximo parece que por todo lado o Conselho ou o Executivo (*synarchiai*) se reforçam gradualmente em detrimento da Assembleia. Mas a fachada das instituições se manteria democrática (a oligarquia era uma ideia contrária ao clima geral daqueles tempos), mesmo se o funcionamento das instituições fosse, por sua vez, menos democrático. A política, como o mostrou Louis Robert, continuava a ser feita pelos oradores, como nos tempos de Demóstenes; ela era, por conseguinte, uma carreira aberta ao mérito. Eis aqui, no século I antes da nossa era, a cidade de Milasa, na Cária, que tinha um célebre orador, ao mesmo tempo professor de retórica e homem político;[40] um dentre eles, Eutidemo, "havia herdado uma bela fortuna e uma

---

38 *Rome, la Grèce et les monarchies hellénistiques au IIIè siècle*, p.221; ver *Études d'épigraphie et d'histoire grecques*, edição Louis Robert, v.5, p.376, 384-385, 398. J. Deininger, *Der politische Widerstand gegen Rom in Griechenland*, De Gruyter, 1971, p.17.

39 Um testemunho que ficou conhecido em Pausânias diz que Roma pôs fim em todas as democracias e estabeleceu regimes censitários (7, 16, 9); mas J. Touloumakos, *Der Einfluss Roms auf die Staatsform der Stadtstaaten dês Festlandes und der Inseln im ersten und zweiten Jhdt. v. Chr.*, Diss. Göttingen, 1967, p.11 e 150-154, mostrou que a realidade era muito mais atenuada e a evolução mais contínua; para o reforço do executivo ver p.151 e I. Lévy, "Études sur la vie municipale de l'Asie Mineure", em *Revue des Études Grecques*, XII, 1899, partic. p.266.

40 Estrabão, XIV, 24, p.659 C, texto sobre o qual L. Robert me falou. Hibreas não é absolutamente um homem do povo: ele pertence a uma família na qual a educação, a cultura e evidentemente os modos são tradicionais, mas era modesta ou falida; um simples camponês não teria tido a ideia de aprender a retórica, como um camponês francês do século XIX

bela reputação de seus ancestrais, a qual acrescenta seu próprio talento; ele se torna um homem importante na sua pátria, adquirindo, dessa maneira, uma reputação de primeira ordem por toda a Ásia". A história de outro orador, Hibreas, era bem diferente: ele teve que começar a adquirir, sozinho, algum dinheiro; "seu pai havia lhe deixado somente uma mula que transportava madeira e um escravo que a puxava, como ele mesmo confessava em sua escola, e que foi também confirmado por seus concidadãos; ele viveu assim por algum tempo, e depois foi seguir as aulas de Diótrefes de Antioquia, voltou e exerceu um ofício de menor importância junto aos magistrados da cidade; vivendo nesse ambiente e tendo ganhado um pouco de dinheiro, ele se lançou na atividade política e se aproximou dos advogados; sua reputação cresceu rapidamente e, depois da morte de Eutidemo, tornou-se senhor da cidade". Sem dinheiro não há lazer nem posição social que convenham ao homem político; o próprio evergetismo, que faz que não se possa virar magistrado sem pagar, aumentou ainda mais a barreira do dinheiro; como afirmou Louis Robert, "o regime da cidade grega subsiste, com modificações na prática da política que carrega cada vez mais o sistema de evergesias, de benfeitores que assumem cargos e magistraturas e acumulam as honrarias".[41]

também não teria pensado em cursar uma "grande escola". Hibreas estabeleceu ou restabeleceu sua fortuna por uma dessas empreitadas ocasionais (*Gelegenheitshandel*) características da alta classe, como vimos no Capítulo I. Sobre as empresas de transporte com mulas, ver Capítulo III, n.190. Não entendo muito bem o que ele fez junto aos magistrados (*agoranomion*): teria exercido a profissão de advogado para os pequenos processos no tribunal dos magistrados? Teria sido um ofício (*hyperesia*), retribuído ou contratado, nos serviços dos magistrados? Hibreas pôde ter sido fazendeiro da taxa do mercado, escriturário ou leiloeiro. Em todo caso, "*agoranomion*" não pode absolutamente significar "dignidade de magistrado" já que o texto diz que Hibreas entra somente *mais tarde* nas funções públicas. Empresa de segunda mão, acesso à cultura, enriquecimento por pequenos trabalhos públicos ou judiciários, é uma história de "pequeno burguês" de talento no mundo de Furetière ou de Balzac. A mula foi a ferramenta por excelência dos transportes terrestres até o século XIX.

41 Louis Robert em *Annuaire du Collège de France*, 1971, p.541. E, em *Opuscula minora selecta*, Hakkert, 1969, v.2, p.841: "Cada vez mais a evolução da sociedade retira os negócios da cidade da ação soberana da assembleia do povo e da democracia e os coloca nas mãos de uma minoria mais ou menos hereditária de notáveis que garantem com sua fortuna serviços essenciais ao Estado e recebem, em troca, honras cada vez mais numerosas e resplandecentes". Sobre a aristocracia ateniense, por exemplo, ver P. MacKendrick, *The Athenian Aristocracy (339-31 B.C.)*, Harvard University Press, 1969. Sobre a constituição das cidades helenísticas, não existe um bom enunciado do conjunto; ver os estudos rápidos de Wilamowitz em *Staat und Gesellschaft der Griechen und Römer*, 1910, p.172-179; de A. H. M. Jones, *The Greek City from Alexander to Justinian*, Oxford, 1940 e 1966 e sobretudo Claire Préaux, "Les villes hellénistiques", em *Recueils de la Société Jean-Bodin, VI: La Ville*, v.1, 1953. Sobre a "burguesia" dos notáveis, ver também M. Rostovtzeff, *The Social and Economic History of the*

Em resumo, a carreira política permanece aberta ao mérito; nem o sangue, nem o censo, nem a arrogância dos ricos a bloqueiam; mas é preciso lazer, cultura, evergesias, tanto que o mérito é acessível somente àqueles que herdaram algum conforto ou que o conquistaram. A democracia cai, assim, nas mãos dos notáveis. Ninguém luta por ela: o objeto da luta de classes não era mais a partilha do poder, o conflito dos democratas e das oligarquias, mas a supressão das dívidas e a redistribuição das propriedades de terra.

O regime dos notáveis é o destino normal de uma democracia direta, na ausência de uma tirania ou de uma casta aristocrática que exerça uma autoridade tradicional. A desigualdade social conduziria à desigualdade do talento, do lazer e do prestígio, as cartas tendo sido dadas. A diversidade dos regimes, diz Aristóteles,[42] deve-se à diversidade da matéria social que eles informam. Ora, em uma democracia direta, a desigualdade social tem efeitos muito mais profundos do que em uma democracia representativa, na qual a participação do corpo cívico na política conta com os cidadãos somente por alguns minutos a cada quatro ou cinco anos. Não somente a plebe das cidades gregas deixava seus notáveis governarem, mas também a participação política na democracia direta era pesada, sem trazer, com isso, aos indivíduos, satisfações sensivelmente superiores às de um eleitor em nossas sociedades.

Nenhuma participação

Além da desigualdade social, o sistema dos notáveis se explica pela lassidão política das massas. Em regra geral, a democracia direta e, na maior parte das vezes, toda espécie de "participação" são pesadas para os atores políticos, que cedo ou tarde abandonam o palco para os ricos amadores. "Os pobres, mesmo sem participar das honrarias, querem simplesmente que os deixem em paz, à condição que não usem a violência contra eles e que não os privem de seus bens. Eles acham mais agradável cultivar sua terra do que fazer política e ser magistrado".[43] Se quisermos julgar a democracia grega e a despolitização sem anacronismo, devemos pensar que um cidadão ativo era, sem dúvida, tão ocupado quanto um militante nos dias de hoje; nem todo mundo devia, por conseguinte, querer militar. Digamos que na Assembleia se encontrem sempre as mesmas caras; seria o rosto de cidadãos dedicados?

Hellenistic World, p.897. Sobre a época romana, ver os excelentes estudos de Isidore Lévy e de Touloumakos, citados na n.39. Lemos também H. Swoboda, *Die griechischen Volksbeschlüsse*, reimpresso em 1971, Hakket. Ver também mais tarde n.198.

42 *Política*, IV, 3 (1289 B 25).

43 Ibid., IV, 13 (1297 B 5); V, 8 (1308 B 34; VI, 4 (1318 B 14).

De amantes da política-espetáculo? Em todo caso, para uma maioria de cidadãos, a política era simples delegação, *trustee*; eles deixavam-na sob a responsabilidade de especialistas, através da divisão do trabalho.[44]

Em Atenas, a dificuldade, como sabemos, era conseguir reunir um número suficientemente grande de cidadãos na Assembleia; a proporção dos abstencionistas era de aproximadamente três quartos ou nove décimos; devia-se repelir para a Pnyx todos os ociosos que demoravam no mercado; isso era feito com uma corda com tinta vermelha fresca, o famoso σχοινίον μεμιλτωμένον: todo cidadão no qual se descobriam traços de tinta vermelha perdia sua ficha de presença. Existem duas razões para essa desafeição: a falta de lazeres e a falta de interesse.

A falta de lazeres, ou seja, a falta de dinheiro; "Nas democracias extremas, os cidadãos são numerosos, e é difícil para eles assistirem à Assembleia sem serem pagos para isso".[45] Querer, por espírito cívico, exigir a participação dos cidadãos sem pagá-los consistia em reservar essa participação aos ricos; como afirmou em algum lugar Maquiavel, "as poucas aptidões para provar as vantagens da liberdade têm necessariamente como fonte a extrema desigualdade". Péricles instituiu primeiramente uma indenização para os jurados; ao fazer isso, afirma Platão, "ele deixou os atenienses preguiçosos, covardes, tagarelas e gananciosos".[46] No início do século IV, outra indenização foi instituída para aqueles que assistiam às sessões da Assembleia do povo. Seria para motivar os cidadãos a assistirem as sessões, ou teriam criado um pretexto cívico para ajudar os pobres? Vemos, através das *Vespas*, de Aristófanes, que a indenização dos jurados era a principal fonte de renda de milhares de pobres. Pretexto ou verdadeira razão, esse canal era portanto necessário. Ele levantará, no entanto, vivas polêmicas, nas quais motivos nobres se misturam a outros menos nobres. Em vez de Sócrates, citemos Platão mais uma vez: sua fúria contra a indenização dos cidadãos tem o mesmo fundamento que a que ele tinha contra o ensino assalariado dos sofistas;[47] as artes que consistem em dar conselhos, como a arquitetura ou a medicina, merecem salário; em compensação, o professor de moral ou o homem político, por seus benefícios, pelas *evergesias* que fazem a seus discípulos ou a seus concidadãos, têm como salário apenas o reconhecimento.[48] Quanto ao ateniense

---

44 Sobre a política como *trustee*, ver por exemplo W. Hennis, *Politik als praktische Wissenschaft*, R. Piper, 1968, p.48.
45 *Política*, VI, 5 (1320 A 15); ver 1319 B 1.
46 *Górgias*, 515 D.
47 Ibid., 520 E; ver *Hippias majeur*, 282 C etc.
48 *Górgias*, 520 D-521 A.

médio, ou melhor, ao ateniense rico, sua fúria tinha razões mais simples: o peso da indenização para pagar os pobres recaía sobre os ricos sob a forma de imposto;[49] cúmulo de amargura, essa indenização era usada para apagar o fato de que somente eles, os ricos, tinham recursos e, consequentemente, o direito de se meter nos negócios públicos.

A indenização permitia atrair à Assembleia pessoas que não queriam ir; a verdadeira razão do abstencionismo era psicológica. Podemos supor que a desgraça da vida política ateniense foi o fato de sua Constituição ter sido uma Constituição feita em plena crise, durante a revolução de Clístenes; ela exigia uma grande participação dos cidadãos que não podia durar. Temos aqui um fato muito geral: "Dentro do contrato psicológico, geralmente implícito, que se estabelece entre o indivíduo e a organização, toda mudança que implicaria uma maior participação não é bem vista".[50] Distinguimos engenhosamente as razões de tal fato: o cidadão que participa em plena assembleia numerosa de uma democracia direta perde muito tempo e energia; mais ainda, ele é, a partir de então, responsável pelas decisões comuns, tomadas talvez contra sua própria opinião, e não terá nem mesmo o direito de amaldiçoá-las; em troca de seu esforço e dessa responsabilidade involuntária, ele obtém como satisfação somente o fato de ter participado e somado sua voz a tantas outras: ele não deixa sua marca pessoal nos resultados da deliberação.[51] Toda democracia direta será sempre ameaçada pela conjunção de oligarcas que querem reservar o poder para si e democratas sinceros, mas que têm um interesse pela vida pública menor do que a insatisfação criada pelo sentimento de sua impotência. Os atenienses manifestavam, assim, pouco entusiasmo em correr para as assembleias, uma volta da oligarquia censitária provavelmente não despertaria neles um grande remorso. Seria muito diferente nas democracias modernas: a coisa mais impossível para um governo seria substituir o sufrágio universal por um sufrágio censitário; pode-se suprimir pura e simplesmente o sufrágio universal, pode-se trapaceá-lo ou retirar todo o seu significado, mas não se pode restabelecer o princípio de ser reservado aos ricos; uma das razões é que a participação nas eleições demanda poucos esforços dos votantes.

Na Grécia, ao contrário, era a massa de cidadãos que abandonava progressivamente seus direitos políticos. Não havia possibilidade de voltar atrás. Podia-se até restabelecer expressamente uma oligarquia censitária; em Atenas, desde o fim do século V, durante a breve dominação dos Quatrocentos, a

---

49 *Política*, VI 5 (1320 A 20); ver Aristófanes, *As vespas*, 655.
50 M. Crozier, *Le phénomène bureaucratique*, Seuil, 1963, p.269.
51 Ibid.

dignidade de cidadão havia sido reservada "aos atenienses mais capazes de se tornarem litúrgicos".[52] No fim do século IV, na época de Demétrio de Faleros, estabelecer-se-á em Atenas uma democracia moderadamente censitária.[53]

Nenhum universalismo

Havia uma segunda razão, mais sutil, que explicava a impossibilidade de se voltar atrás; as sociedades gregas, mesmo as democráticas, não eram universalistas. Não pensemos aqui na existência da escravidão, pois essa relação privada entre dois homens era alheia ao direito público; queremos dizer que, aos olhos dos gregos, a cidade, ou melhor, o conjunto de cidadãos, era um grupo constituído, e não um grupo natural. Esse grupo podia, em muitas cidades, ser tão grande quanto o grupo natural dos homens livres que habitavam o país; também podia ocorrer que "aqueles que fossem cidadãos em uma democracia não o fossem nas oligarquias".[54] Acontece que, por todos os lugares, a cidadania era percebida como um privilégio reservado a titulares mais ou menos numerosos, e não como um estatuto inevitável da população local. Essa diferença entre a cidadania grega e a nossa deve-se a razões de ordem histórica; na França dos dias de hoje, o universalismo vem da monarquia (e não do universalismo cristão, como se pressupõe erroneamente): os cidadãos modernos sucederam aos súditos do rei, ora, como um homem que nasce em um reino, um reinícola, não seria o súdito de seu soberano e não pertenceria ao rebanho desse pastor real? A cidade grega, ao contrário, é um grupo de homens livres ou de hoplitas que se escolheram e se organizaram: esse grupo permanece livre na escolha de seus membros. Por razões que veremos mais tarde, as consequências práticas dessa diferença entre duas concepções de cidadania são frequentemente reduzidas (o que camufla a profundidade do mal-entendido), mas as consequências morais são consideráveis; como não era evidente que todo nativo pertencia ao corpo cívico (mesmo se ele pertencesse de fato), e que a cidadania existia "por convenção", e não "naturalmente", essa convenção era suscetível de mudança; podia expandir-se, mas também restringir-se: retornos à oligarquia censitária eram psicologicamente possíveis.

---

52 Aristóteles, *Constituição de Atenas*, XXIX, 5.
53 E. Bayer, *Demetrios Phalereus der Athener*, 1942, p.21-24, que mostra que esse regime censitário não é a obra do próprio Demétrio e que consequentemente ele não deve nada às doutrinas do Perípatos (p.23, n.1).
54 Aristóteles, *Política*, III, 1 (1275 A 3); ver 1275 B 4.

O que camufla a diferença dessas duas concepções é que nenhuma sociedade, até hoje, nunca foi verdadeiramente universalista; tendo partido de duas origens diametralmente opostas, os dois tipos de cidadania se reencontram em um ponto ou em outro do abismo que as separa; um cidadão grego privado de seus direitos políticos se parecerá muito com um cidadão passivo do século XIX. O único cidadão digno desse nome seria o cidadão ativo? Aristóteles se faz essa pergunta;[55] ele responde que sim: um moderno não teria ousado excluir a maioria dos originários do povo. Na França dos dias de hoje, o primeiro movimento é tomar toda a população como corpo cívico: o corpo cívico é um dado; se existem limitações, estão em segundo plano: é preciso estabelecer os princípios adequadamente. Por exemplo, nenhum cidadão votará; vão alegar que o voto é uma função que a nação confia a determinados cidadãos, e não um direito subjetivo de todo cidadão como tal. As diferentes nações têm diferentes Constituições, mas elas estão todas de acordo com uma concepção universalista dos súditos do soberano. Para os gregos, em compensação, era impensável que os estrangeiros e camponeses livres, mesmo instalados na cidade há várias gerações, virassem cidadãos; o rei Filipe V, que portanto não era precisamente um rei preguiçoso, teve uma grande dificuldade em obter uma transformação desse tipo em sua boa cidade de Larissa.[56] Eu me pergunto se o racismo *yankee* ou sul-africano não vêm da origem colonial dessas nações: o corpo cívico é um grupo de emigrados que escolheram uns aos outros desde o início. Do mesmo modo, para os gregos, o primeiro movimento é se perguntar quem será cidadão: o corpo cívico é uma instituição, não um dado; se é cidadão não pelo fato de ser nativo, mas pelo fato de ser filho de um cidadão: o corpo cívico é um grupo convencional, fechado e hereditário. Por essa razão, de uma cidade para outra, a dimensão desse grupo variava muito de acordo com a Constituição.

É nos escritos de Platão que o abismo que separa originalmente as duas concepções melhor aparece. Existe uma particularidade na utopia das *Leis* à qual, aparentemente, não se deu a devida atenção. Quando um moderno escreve uma utopia, ele parte de uma população que considera como dada e se pergunta como organizar todos os cidadãos; Platão, por sua vez, se pergunta quem será cidadão e relega à condição de trabalhador forçado, privado de toda personalidade jurídica, a maior parte da população. Parece que, para

---

55 Ibid., III, 1.
56 Essa carta (Dittengerger, *Sylloge*, n.543) pode ser lida agora nas *Inscriptiones Graecae*, IX, 2, 517; ver J.-M. Hannick, "Remarques sur les lettres de Philippe V à Larissa", em *Antidorum W. Peremans* (*Studia Hellenistica*, 16), Publications Universitaires de Louvain, 1968, partic. p.103; E. Szanto, *Das griechische Bürgerrecht*, 1892, p.36.

ele, o verdadeiro objetivo não é fazer que os homens vivam juntos, mas fabricar um Estado que seja o mais belo possível, triando o material humano para isso. Não há dúvidas de que Platão considerou o Estado como um fim em si e como se fosse totalitarista; mas nenhum homem, mesmo chamando-se Platão, rompe facilmente com os pressupostos da cultura que o socializou se ele não as conceitualizou; e, além disso, inconscientemente, quando cortamos os homens em duas partes segundo a nossa fantasia, nós mesmos nos colocamos na melhor parte ou na mais favorecida. Mas é aí que se encontra o fato: mesmo quando os pensadores antigos e modernos parecem falar a mesma linguagem, o gesto inicial através do qual sua teoria ou sua utopia começa é radicalmente diferente; os modernos começam reunindo sob seu comando todos os súditos do rei (ou todo o *populus christianus*, se preferirmos), enquanto os antigos começam triando e separando os cidadãos, os únicos que eles querem agradar.

A política como *"trustee"*

Assim, por falta de universalismo e de desejo em participar, a desigualdade social pôde transformar as cidades helenísticas em repúblicas de notáveis, mesmo aquelas que eram, outrora, democracias. Mas todo regime para subsistir deve se legitimar: não pode durar indefinidamente, ou pelo menos confortavelmente, pela contrariedade; pois, como dizia Tocqueville, "o princípio da soberania do povo reside no fundo de todos os governos e se esconde sob as instituições menos livres".[57] O homem é, de qualquer forma, um ser social; o objetivo das sociedades, afirma Aristóteles, não é propriamente fazê-lo viver socialmente, pois bastaria para isso deixá-lo livre, mas fazê-lo "viver bem": o Estado é uma obra suscetível de ser bem ou mal feita. Ora, o regime dos notáveis é um *trustee*; como os governados são apenas cidadãos passivos, os governantes deverão merecer sua confiança. Para isso, eles deverão saber se moderar, apesar da tendência que as oligarquias têm em abusar, no estabelecimento da solidariedade clânica e na repressão dos governados, com mais facilidade do que quando reprimem a si mesmos. Nas épocas em que os Estados não controlavam a economia e em que os cidadãos pagavam impostos diretos somente excepcionalmente (os governantes tinham poucas oportunidades para abusar de seu mandato e lançar sobre os mais desfavorecidos sua parte do fardo fiscal), uma política de classe era a coisa mais simples do mundo: consistia em pilhar os fundos públicos; era esse, segundo Políbio, o ponto fraco de todos os gregos.

---

57 Tocqueville, *Souvenirs*, 1942, p.220.

Aristóteles pretende impedir esses abusos:[58]

> As leis e as outras instituições devem ser ordenadas de tal modo que o serviço do Estado não possa nunca ser uma fonte de renda. A massa do povo não fica descontente em ser excluída do exercício do poder (fica até mesmo satisfeita quando lhe dão algum tempo para tomar conta de seus próprios negócios); o que mais a irrita é pensar que os magistrados saqueiem o Tesouro nacional, e é a partir de então que duas coisas motivam seu mau humor: sua exclusão das honras e sua exclusão dos lucros. A única maneira de fazer que a aristocracia e a democracia coexistam seria através da proibição de enriquecimento pelo exercício de uma função pública. Graças a essa proibição, seria possível satisfazer ao mesmo tempo os notáveis e o povo: por um lado, a acessibilidade de todos aos empregos públicos, o que será democrático, por outro lado, a presença dos notáveis no seio do governo, o que será aristocrático. Chegaremos a esse resultado somente se for impossível retirar uma renda das funções públicas; os pobres não vão mais querer exercê-las porque não terão nenhuma vantagem em perspectiva e vão preferir cuidar de seus negócios privados, e os ricos estarão aptos a exercê-las porque não precisam dos bens públicos além dos seus próprios bens.

A lógica do sistema exige, assim, que os notáveis aprendam a se moderar, a não abusar de seu poder, a exercer honestamente o *trustee* que lhes é conferido ou de preferência abandonado; será que eles realmente aprenderam? Seria muito bom. Em todo caso, essa lógica, como vemos, não exige em momento nenhum que sejam evérgetas, que eles deem pão e prazeres ao povo, ainda menos que doem seus próprios recursos em vez dos fundos públicos. Não pertence à essência de um governo, mesmo sendo oligárquico, que os governantes paguem os governados para governar. É necessário que o evergetismo seja externo à lógica política ou, ao menos, se um homem político se torna evérgeta, que isso seja um acessório da essência do político e que sua evergesia tenha apenas uma função simbólica. O evergetismo não seria um segredo eterno do governo já que é um fenômeno quase único na história; é constituído pelo agregado de um certo número de temas que, em outros períodos da história, encontramos sob diferentes modificações e em diferentes agregados; a isso somam-se a originalidade do passado grego e o peso de um certo número de convenções e de hábitos próprios a esse povo. O estudo detalhado do início do evergetismo no século IV começa a revelar isso.

---

58 *Política*, V, 8 (1308 B 30). Pilhar os fundos públicos era o pecado dos hábitos gregos, segundo Políbio, X, 22, 5 e VI, 56, 13. Ver *Cícero a Ático*, VI, 2-5.

3. As origens do evergetismo

O evergetismo é a reunião de três "temas": o mecenato, as generosidades mais ou menos simbólicas que os homens políticos oferecem com seus próprios recursos e a seu próprio encargo (*ob honorem*) e, enfim, as generosidades e fundações funerárias. Vamos descrever o início dessas práticas no mundo grego no decorrer do século IV e principalmente depois do ano 350; é na segunda metade do século que se descobre o evergetismo em seu estado nascente. Falando honestamente, não existem documentos que atestem a existência das fundações funerárias antes do fim do século,[59] voltaremos a falar sobre isso mais tarde; o evergetismo se manifesta por doações ou fundações caritativas, por monumentos corégicos para os quais um litúrgico se faz mecenas a fim de expressar e de perpetuar sua glória através de um edifício, pelas subscrições públicas (*epidoseis*) e pelas promessas públicas de dons, chamadas de policitações, e enfim pela generosidade de magistrados que assumem as despesas com seus próprios recursos ou oferecem generosidades pela honra de sua função.

Nascimento do mecenato

1. Os dons aos deuses sempre existiram. Como a cidade tinha seus deuses e cultos, assim como os indivíduos, participava-se das despesas públicas quando se contribuía pessoalmente com os gastos do culto da cidade, por caridade ou por um tipo de mecenato. Quando a ilustre família de Alcmeônidas construiu o templo de Delfos, que havia arrendado, o fez com mais esplendor do que pedia a especificação dos encargos,[60] como distinguir a devoção da vaidade aristocrática? Como distinguir a caridade e o patriotismo quando se vê nas contas do Partenon e da Criselefantina[61] que vários atenienses quiseram dar a sua modesta contribuição ao volume de fundos públicos, graças aos quais o povo de Atenas deu início às construções de sua Acrópole para poder glorificar sua deusa? Todos esses casos explicam que, sem dúvida mais cedo do que nossas fontes atestam, era esperado dos personagens públicos encarregados de uma função religiosa que acrescentassem alguma coisa de seus próprios recursos aos créditos públicos criados

---

59 Sobre a data, E. F. Bruck, *Totenteil und Seelgerät im griechischen Recht*, 2.ed., C. H. Beck, 1970, p.167, n.1.
60 Herodes, V, 62.
61 *Inscriptiones Graecae*, editio minor, v.1, n.348, linhas 65-66 e n.354, linha 8; ver E. Cavaignac, *Études sur l'histoire financière d'Athènes au Ve siècle*, 1908, p.XLIX e LXVII.

para tal fim, por caridade ou em nome dela. Consideremos, por exemplo, a procissão das Grandes Dionísias; ela era financiada por contribuintes de boa vontade, litúrgicos, e organizada por curadores;[62] teoricamente, um comissário não é a mesma coisa que um contribuinte: acontece que esses comissários "anteriormente arcaram com todas as despesas feitas para a procissão; agora o povo lhes dá (δίδωσιν) cem minas para a organização". Não é necessário dizer que a festa lhes custava muito mais; em nome da caridade, esses comissários agiam como verdadeiros litúrgicos e o faziam no exercício de sua função oficial: ou seja, são evérgetas *ob honorem*.

2. A caridade, assim como os concursos, tornou-se a escola do mecenato; como os italianos do pré-renascimento que deixaram seu nome na capela Bardi ou na dos Scrovegni, os gregos aprenderam que um edifício cultual ou um monumento agonístico faziam de seu doador um personagem público e perpetuavam seu nome. No fim da época arcaica, dinastas ou tiranos faziam que seu nome brilhasse através das esplêndidas oferendas que ofereciam ao templo de Delfos; os reis helenísticos ofereciam às cidades livres e às que estavam sob sua dominação construções religiosas ou profanas, a fim de obter a adesão das cidades livres à sua política e, mais ainda, para brilhar no palco internacional. No palco de sua cidade, os notáveis gregos aprenderam a fazer a mesma coisa; vários monumentos corégicos, construídos durante a segunda metade do século IV, mostram a passagem do ex-voto ao edifício, da *anathema* ao *ergon*.[63]

Os vencedores dos concursos costumavam dedicar aos deuses o prêmio que recebiam. Em Atenas, os litúrgicos vencedores ganhavam um tripé que dedicavam a Dionísio ou a Apolo, no Pítio ou na rua dos Tripés. "Como testemunhas das liturgias de vossos ancestrais", dizem os juízes atenienses ao advogado Iseu,[64] "tendes a ver os *anathemata* que foram consagrados como monumentos de sua excelência: tripés no recinto de Dionísio pelas suas vitórias nas coregias, *anathemata* do Pítio". O tripé era instalado ao ar livre em uma base que tinha gravado o nome do vencedor ou de sua tribo. Essa base, de um simples suporte, vai se tornar o ponto essencial e vai se desenvolver até atingir a dimensão de um monumento. Foi assim que a torre de

---

62 Por epimeletos; sobre tudo isso ver Aristóteles, *Constituição de Atenas*, 56, 4, e Demóstenes, XXI, *Contra Midias*, 15-18.

63 Os concursos também são uma das origens das generosidades evergéticas; assim, o poeta Íon de Quios, vencedor de um concurso trágico em Atenas, ofereceu vinho aos atenienses depois de sua vitória (*Athénée*, I, 3, citado por L. Robert em *Arkhaiologiké Ephemeris*, 1969, p.38, n.4).

64 Iseu, V, 41; esse trecho é muito parecido com um outro de *Gorgias*, 472 AB (no qual a menção de Pythium é uma correção de Boeckh, v.2, p.515).

Lisícrates, vencedora em 334, tornou-se uma rotunda de aproximadamente doze metros; os monumentos corégicos de Nícias e de Trasilhos, que foram ambos vencedores em 320, são respectivamente um pequeno templo dos quais apenas subsistem as fundações e um pórtico que é usado como fachada da gruta natural situada no alto do teatro de Dionísio. A consagração do tripé é, para o vencedor, apenas um pretexto para ilustrar seu nome, embelezando a cidade e fazendo em menor tamanho o que o povo, nos tempos de Péricles, fazia grandiosamente na Acrópole.

Foi também no ano 320 que se documentou provavelmente a primeira construção na qual fora gravado o nome de um evérgeta: a ponte sobre o Cefiso, entre Atenas e Elêusis. Existe, efetivamente, na *Anthologie grecque*, um pequeno poema assim concebido: "Oh iniciados, ides ao santuário de Deméter, ides iniciados sem mais temer o aumento das águas quando vem a tempestade: vedes o quanto é sólida a ponte que Xenocles colocou para vocês no vasto rio".[65] O epigrama é mais indicativo do que poético; ele seria até mesmo insípido se não tivesse sido realmente gravado na ponte para indicar aos viajantes (e em particular àqueles que se iniciariam nos mistérios de Elêusis) a que benfeitor eles deviam tal monumento; deve ser um "epigrama" (quer dizer, uma inscrição) real, e não uma ficção poética como a maioria dos "epigramas" que compõe a *Anthologie*. A ponte de fato existiu, Xenocles também, e um decreto foi encontrado em Elêusis no qual temos a comprovação de que ele foi honrado por ter mandado construí-la, assim como diversos outros documentos epigráficos que deixam entrever a personalidade desse evérgeta. Atenas helenística era governada por algumas famílias ricas que a transformaram em uma oligarquia de notáveis.[66] Xenocles

---

65 *Anthologie palatine*, IX, 147; os principais documentos epigráficos relativos a Xenocles estão em *Sylloge* de Dittenberger, n.334, linha 8; n.962, linha 299; n.1089, ver n.3. Sobre o epigrama, ver agora A. S. F. Gow e D. L. Page, *The Greek Anthology*, primeira parte: *Hellenistic Epigrams*, Cambridge, 1967, v.2, p.29-30. Nos manuscritos, ela é atribuída a Antágoras de Rodes: Xenocles teve que pedir a esse poeta conhecido para compor-lhe uma inscrição em verso para sua ponte. Eu não entrarei nos detalhes das dificuldades cronológicas e das correções do texto (a origem rodeana do poeta fez que fosse atribuída a Xenocles, em seus manuscritos, uma origem indiana). As referências epigráficas estão reunidas em *Inscriptiones Graecae*, II-III 2, n.2840; sobre um documento novo, J. E L. Robert, "Bulletin épigraphique", em *Revue des Études Grecques*, 1961, n.264.

66 Atenas é a *démocratie tory* sobre a qual W. S. Ferguson fala, *Hellenistic Athens*, 1911, p.287; ver P. MacKendrick, *The Athenian Aristocracy (399 to 31 B.C.)*, Harvard, 1969; na época helenística, "democracia" não se opõe à "oligarquia", mas ao termo pejorativo "monarquia": o fato de Atenas ser democrática quer dizer que ela não está submetida a um rei, seja ele ateniense ou estrangeiro; ela é uma cidade independente e não monárquica. Voltaremos a esse sentido da palavra em um estudo que será publicado sobre o imperialismo romano.

foi, em particular, ginasiarca e agonóteta (duas liturgias onerosas); é como magistrado dos mistérios de Elêusis que ele mostra seu orgulho e seu prazer em ser honrado e, continua o decreto em sua honra, "querendo que as imagens das divindades e os objetos sagrados fizessem seguramente e convenientemente o trajeto" de Atenas a Elêusis e que "a multidão dos peregrinos gregos que vêm a Elêusis e a seu santuário, assim como os moradores dos arredores de Atenas e os camponeses, não corresse nenhum risco, se constrói uma ponte de mármore, fazendo um adiantamento com seus recursos próprios";[67] ele provavelmente nunca reivindicou a restituição desses fundos mais tarde e é por essa razão que seu nome foi gravado na ponte. Veremos, assim, na época helenística, ricos, magistrados ou litúrgicos se colocarem no lugar da cidade, por patriotismo, para construir edifícios públicos, cultuais ou civis, à condição de verem seus nomes gravados neles.

Generosidade política

3. O patriotismo é o terceiro motivo dos evérgetas: eles doam por caridade, para serem honrados, mas também podem doar porque se interessam a uma causa. Os dons patrióticos são coisa antiga em Atenas e em outros lugares. A participação nas empreitadas coletivas era imediatamente percebida e os mecanismos do Estado eram suficientemente simples para que essa conduta, bem natural em si, não tenha encontrado obstáculo; a dimensão do Estado era muito reduzida, dessa forma os dons pessoais não eram desproporcionais diante das empreitadas coletivas e o doador não tinha a impressão de colocar uma gota d'água no oceano. O banqueiro Pasião doa, à sua cidade, mil escudos fabricados em seu ateliê;[68] outros dão dinheiro para alguma expedição militar;[69] Gellias, rico burguês de Agrigento, hospeda quinhentos cavaleiros.[70] Quando não se oferecem presentes à cidade, é

---

67 Dittenberger, *Sylloge*, n.1048. O verbo no presente "se constrói" mostra que a ponte estava em construção quando o decreto foi votado.
68 Demóstenes, *Contre Stéphanos*, 85. Outras liberalidades, como a do *Contre Phormion*, 38, seriam *epidoseis*.
69 Lísias, *Pour la fortune d'Aristophanès*, 43.
70 Diodoro de Sicília, XIII, 83, 2, que cita Timeu. O fato é anterior à tomada de Agrigento por Hamilcar em 406, na qual Gellias exerce um papel (Diodoro, XIII, 90, 2). Surge, aqui, um curioso problema de pesquisa de fontes. Foi através do aviso de Diodoro que Jacoby reconstituiu a narrativa de Timeu (Frag M. Griech. Hist., 3. Teil, Band B, p.605, n.566). Mas existe um outro autor que, sem mencionar a fonte, nos fala de Gellias com maiores detalhes: é Valério Máximo, IV, 8, 2, que enumera as evergesias de Gellias. Ora, esse texto de Valério Máximo não pode ser uma fantasia desse autor; a descrição das evergesias de Gellias tem um tom de autenticidade helenística (ou helênica) inegável; um detalhe como

conveniente não ter lucros quando negociar com ela: Andócides revende ao Estado ateniense madeira para fazer remos a preço de custo,[71] banqueiros e notáveis emprestam dinheiro às cidades sem juros.[72]

Nas vésperas da época helenística, essa atitude patriótica encontra um canal de expressão em uma nova instituição: as subscrições públicas ou *epidoseis*[73] semivoluntárias, que são o instrumento de um mecenato coletivo e organizado. Podemos afirmar que no século IV, no decorrer do qual Atenas não tem mais "aliados" para lhe pagar tributos, a cidade somente pôde conduzir uma grande política, fazer a guerra e construir, graças às contribuições extraordinárias e obrigatórias e às subscrições voluntárias; as únicas grandes construções do século IV, as obras do porto de Zea, o teatro de pedra e o estádio Panathinaikos foram erigidos, pelo menos em parte, graças às subscrições "para a fortificação do porto" e "para a edificação do estádio".[74] Pois toda *epidosis* tem um objeto determinado: uma campanha em Eubeia,[75] um momento de penúria,[76] a guerra; "que aqueles dentre os cidadãos e habitantes da cidade que queiram subscrever para a salvação da cidade e da defesa da região se inscrevam".[77] As *epidoseis* são voluntárias, pois são impostas somente pela consciência de cada um e pela opinião pública; "houve uma primeira subscrição para a Eubeia, Mídias não estava presente; uma segunda para Olinto,

---

"tudo o que Gellias possuía era como se fosse o patrimônio comum de todos" tem numerosos paralelos nos decretos helenísticos a favor dos evérgetas, em particular em Priene. Para falar francamente, a página de Valério Máximo parece a tradução latina de um decreto helenístico, que é suficiente para constituir um belo tema de exercício para um seminário de epigrafia grega. A partir de então, três coisas ficam claras; a fonte de Valério Máximo, como a de Diodoro, é Timeu: é Valério Máximo que, bem melhor que Diodoro, transmite o texto de Timeu; enfim Timeu havia fabulado e atribuiu evergesias à Gellias que são anacrônicas para o século V, mas que ele inventou a partir de decretos honoríficos da alta época helenística.

71 Andócides, II, 11.
72 Numerosos exemplos, como em Amorgos já em 357 (*Sylloge*, n.193). Ver Boeckh, v.1, p.688.
73 A. Kuenzi, *Epidosis, Sammlung freiwilliger Beiträge zur Zeit des Not in Athen*, Diss. Berna, 1923, que não aborda a época helenística.
74 *Inscriptiones Graecae*, II-III (2), n.835 e 351 (*Sylloge*, n.288). O texto diz: "para a fabricação do estádio e do teatro Panathinaikos(s)"; podemos supor que a ordem das palavras foi misturada e que se deve compreender "do estádio Panathinaikos e do teatro", ou então pensar que *theatron* designa, não o teatro de Dionísio, mas as arquibancadas do estádio. Sobre uma *epidosis* para a construção do teatro do Pireu, ver *Inscriptiones Graecae*, II-III (2), n.2334.
75 Demóstenes, *Contra Mídias*, 161.
76 Entre vários exemplos, ver *Sylloge*, n.304, ou *Inscriptiones Graecae*, II-III (2), 1628, 1, 384.
77 Ver *Sylloge*, n.491, linha 15.

ele também não estava";[78] "Diakaiogenes subscreveu somente com trezentas dracmas, menos do que Cleônimo de Creta!"[79]; "mau cidadão, tu não subscreveste, mesmo em uma circunstância nas quais aqueles que nunca haviam tomado a palavra na tribuna subscreviam pela salvação da cidade"; esse mau cidadão era Ésquines; ao recriminá-lo, Demóstenes[80] mostra que os homens políticos têm o dever moral de subscrever, talvez ainda mais do que qualquer outro cidadão, já que não eram simplesmente oradores, mas também ricos e evérgetas; digamos que um homem político deve, no mínimo, através de seus dons patrióticos, demonstrar a sinceridade de suas convicções.

4. Além disso, as *epidoseis* nos mostram uma das grandes instituições do evergetismo helenístico em seu estado nascente: as promessas de evergesias ou policitações (ἐπαγγελίαι, ὑποσχέσεις).

Na época helenística, muitas evergesias eram precedidas de um anúncio ou de uma promessa solene feitos na Assembleia ou no Conselho, e que se confirmava geralmente por uma carta que a cidade conservava cuidadosamente em seus arquivos como prova escrita da promessa, cuja execução podia, algumas vezes, demorar muito; essas declarações de intenção tornaram-se, assim, um tipo de rito um pouco teatral, realizado mesmo quando a evergesia devia acontecer sem interrupção. Sob o nome de *pollicitatio*, essa instituição será adotada pelo evergetismo romano. Ora, desde o início do século IV,[81] as *epidoseis* já apresentavam esse desdobramento de promessa e execução. Existia mais de uma razão para tal desdobramento. Primeiramente, centenas de promessas de subscrição eram condicionadas; em 330, enquanto Alexandre conquistava a Ásia Central, a Grécia ficou tentada em aproveitar a oportunidade para se liberar do jugo macedônio: uma *epidoseis* foi aberta em Atenas, na qual os subscritores se comprometiam a ajudar financeiramente "caso fosse necessário".[82] Mas a grande razão das policitações devia-se ao fato de as *epidoseis* serem propostas em forma de projeto de decreto em plena Assembleia, para que o efeito de surpresa e de multidão colocasse os ricos contra a parede;[83] sempre se encontrava um orador

---

78 Demóstenes, *Contra Mídias*, 161.
79 Iseu, V, 37.
80 Demóstenes, *Oração da coroa*, 312 (329).
81 A *epidosis* com policitação não cumprida sobre a qual fala Iseu V, 37-38 se situa em 393.
82 *Sylloge*, n.288, linha 14. Finalmente a guerra somente aconteceu alguns anos mais tarde, no momento da morte do conquistador.
83 Plutarco, *Alcibíades*, 10; Demóstenes, *Contra Mídias*, 161; do decreto *Sylloge*, 491, linha 15, transparece que os cidadãos que, ausentes na Assembleia, não puderam trazer suas subscrições ao Conselho, podiam também subscrever junto aos estrategistas. O costume dizia para fixar um teto inferior aos que praticavam as policitações, mas também algumas vezes

improvisado para interpelar o rico que tentava passar despercebido.[84] Ao se encontrar sob os olhos de todo um povo, como se recusar a pagar tal valor? Se não for com dinheiro (pois evidentemente ninguém tinha essa quantia consigo, talvez até mesmo fosse preciso desenterrar um tesouro ou vender uma terra para obtê-lo), que pelo menos seja com a promessa. Essa estratégia da Assembleia também parecia ter um belo futuro pela frente: o número de evergesias que serão arrancadas por semelhantes estratégias junto ao grupo é incontável. Mas também era possível que muitos daqueles que faziam a policitação, ao se encontrarem sozinhos, quisessem simplesmente esquecer sua promessa: quanto a isso, o povo não podia fazer nada além de expor na Ágora um quadro no qual se liam as seguintes infâmias: "Eis aqui os nomes daqueles que fizeram voluntariamente a promessa de dar dinheiro ao povo para a salvação da cidade e que não deram absolutamente nada".[85]

Generosidades "ob honorem"

5. Havia outra prática que parecia ter um futuro promissor: a dos magistrados ou curadores que cobriam com seus recursos próprios toda a despesa de suas funções ou parte dela; essa prática é confirmada pelo testemunho de Demóstenes, já que deu lugar a uma questão de direito no famoso processo pela Coroa. A obra de Demóstenes mostra também como ocorreu a passagem do homem de lazeres, litúrgico ou orador político, ao notável, político e evérgeta *ob honorem*.

Com certeza, encontramos nos discursos de Demóstenes o velho ideal ateniense: um homem político é um orador, um bom cidadão é um litúrgico; "Se me perguntarem o bem que fiz à cidade, eu poderia falar de minhas trierarquias, de minhas coregias, de minhas contribuições extraordinárias; eu também paguei o resgate de prisioneiros de guerra e fiz outras ações

---

superior, quando se visava a um grande número de pequenas contribuições em vez de uma generosidade isolada. Existem exemplos em Atenas; citemos um em Tanagra, para uma *epidosis* destinada à construção de um templo Deméter (Dareste-Haussoulier-Reinach, *Recueil des Inscriptions Juridiques Grecques*, reimpresso em 1965, Bretschneider, v.2, p.354; *Sylloge*, n.1185): "Será autorizado a toda mulher que quiser prometer e pagar nos próximos vinte dias, nas mãos dos comissários, uma quantia de 300 dracmas".

84 Iseu, V, 37: "No momento da queda de Lequeu (em 393), quando um outro cidadão solicitou (χληθείς), meu adversário subscreveu, acima da Assembleia, pela soma de 300 dracmas".

85 Iseu, V, 38: "voluntariamente", ἐθελονταί: ver, sobre essa palavra, nossa n.23. – Não acredito que, pelo menos em nossos documentos, tenha sido feito uso, contra aqueles que faziam as policitações recalcitrantes, do processo chamado προβολή, que permitia sobretudo atacar em justiça aqueles que não cumpriam as promessas que haviam feito ao povo; ver J. H. Lipsius, *Das attische Recht und Rechtsverfahren*, reimpresso em 1966, Olms, p.213.

filantrópicas"; contudo, acrescenta, o maior bem que fiz ao povo foi lhe ter dado somente bons conselhos e não ter sido demagogo.[86] O orador político, assim concebido, é um homem de cultura e de lazer, movido pelo desejo de ser honrado, pela *filotimia*, e considera as honras públicas sua verdadeira recompensa; lembremos o famoso trecho:[87]

> Foi-me dado, Ésquines, o privilégio de ter frequentado as escolas que convinha frequentar e ter possuído uma fortuna suficiente que me permitiu evitar atividades humilhantes; quando cresci, minha conduta correspondeu a minha educação: fui corego, trierarca, paguei contribuições extraordinárias; nem em minha vida pública, nem em minha vida privada, esmoreci quando tive a oportunidade de obter alguma glória: ao contrário, fui útil à cidade e a meus amigos. Quando decidi entrar na vida pública, escolhi uma política que me permitiu conceder muitas glórias por minha pátria e por muitas outras cidades gregas.

O evergetismo *ob honorem* do homem político é uma resposta à boa consciência do notável: aprendemos, à ocasião do processo sobre a coroa, que Demóstenes, ao ser nomeado inspetor das fortificações, havia recebido dez talentos dos cofres públicos, que esses dez talentos lhe haviam sido dados em mãos (de acordo com a prática financeira daqueles tempos) e que, para as fortificações, ele havia gasto mais de cem minas que havia retirado de seus recursos próprios e não tinha acrescentado às contas do Estado.[88] Essa conduta não era um caso isolado; ela tinha propensão para se tornar a regra; Demóstenes nomeia outros curadores e até mesmo magistrados e estrategistas que haviam sido generosos como ele: "Nausicles, como estrategista, foi frequentemente recompensado pelo povo por tudo o que ele havia sacrificado de sua fortuna pessoal por vosso interesse".[89] Demóstenes sacrifica suas cem minas consecutivamente a uma policitação: "Eu prometi ao povo um pagamento com minha própria fortuna e paguei o que havia prometido".[90] Teria ele prometido, quando foi proposto o decreto que o nomeava inspetor, assumir por sua conta os eventuais excedentes de créditos, sem se

---

86 Demóstenes, *Sobre as questões de Quersoneso*, 70.
87 Id., *Oração da coroa*, 257.
88 O dossiê do caso compreende *Oração da coroa*, 110-119 e o *Contra Ctesifon* de Ésquines, 17-31.
89 *Oração da coroa*, 114; Nausicles foi estratégico em 334-333.
90 *Oração da coroa*, 112. Em todo o trecho, os pagamentos que Demóstenes faz com seus próprios recursos e que se somam aos créditos públicos que foram abertos para ele são designados pelo verbo ἐπιδιδόναι, tomado em um sentido vago (dar à coletividade) que é tão frequente quanto seu uso no sentido preciso de subscrever: ver, por exemplo, Lísias, 30, 26.

pronunciar sobre a quantia, e sem solicitar um decreto que lhe concedesse créditos extraordinários? Ou teria ele se comprometido a pagar em qualquer circunstância um suplemento de cem minas, especificando essa quantia? Nos dois casos, temos outra razão pela qual as evergesias serão cada vez mais precedidas no tempo por uma promessa pública feita em seu nome: o futuro magistrado ou futuro curador anuncia oficialmente, no momento de ser eleito ou nomeado, ou logo depois, quais evergesias ele fará no decorrer de sua função. As policitações seriam, assim, uma espécie de programa ou de promessa eleitoral.

A vida política tende a ser, desde a época de Demóstenes, o apanágio dos notáveis. Um trecho bastante conhecido de *Oração da coroa*[91] revela que, no pensamento geral, a Assembleia, na qual todos os cidadãos são iguais, era na verdade hierarquizada pela riqueza e pelas liturgias. A cena se passa no momento fatal, quando Atenas é informada da tomada de Elateia; o povo, em pânico, corre para a Assembleia, mas quem terá coragem de assumir o poder em circunstâncias tão dramáticas? Ninguém se apresenta na tribuna; e, no entanto, diz Demóstenes, bastava um cidadão patriota e cada ateniense poderia ter se tornado o homem do dia;

> Se esse homem tivesse sido escolhido dentre os mais ricos, os trezentos contribuintes que mais pagam impostos seriam representados; se ele tivesse sido escolhido dentre os cidadãos ao mesmo tempo ricos e dedicados, os maiores subscritores das *epidoseis* teriam sido representados.

Mas se tivesse sido escolhido um homem ao mesmo tempo dedicado, rico e lúcido, havia somente Demóstenes. Vemos se esboçar o retrato de um novo tipo social: o evérgeta da alta época helenística que serve sua cidade graças a seu talento de orador político e também graças a sua fortuna. Logo, a massa de simples cidadãos se tornará, de fato, devedora dos notáveis. Assim – no decorrer do século III –, o título de evérgeta e o verbo correspondente, "fazer o bem" à cidade, serão empregados, no estilo dos próprios decretos, no que diz respeito aos concidadãos, e não mais somente aos estrangeiros e próxenos; um dos primeiros atenienses a ser assim qualificado em Atenas por sua generosa participação em uma *epidosis* será um certo Xenocles, que é o neto e homônimo do Xenocles que vimos inscrever seu nome na ponte que mandou construir nas proximidades de Elêusis.[92]

---

91 *Oração da coroa*, 171.
92 *Sylloge*, n.491, 1, 56. Ele é o neto ou bisneto de Xenocles. Sobre a evergesia, pura distinção honorífica que não implica nenhuma vantagem real, ver H. Francotte, *Mélanges de droit public*

6. Enfim, o século IV vê surgir outro tipo de liberalidade *ob honorem*: a generosidade dos magistrados por assumir a função ou em agradecimento por sua nomeação às honrarias. É através de uma página da *Política* de Aristóteles, no livro VI, que conhecemos sua existência; os fatos que ele enumera já possuem um sabor sensivelmente helenístico (concordamos, além disso, em transportar a redação do livro VI para a segunda estada de Aristóteles em Atenas, depois de 335). O filósofo descreve as concessões simbólicas dos magistrados como uma prática normal, mas não amplamente difundida; "ainda não", talvez seja melhor dizer assim. Achamos mais conveniente citar o trecho inteiro:

> no exercício das magistraturas mais elevadas, que devem permanecer nas mãos da classe dirigente, é necessário que sejam associadas as *liturgias*, para que o povo aceite que não pode ascender a tais funções e não pode ter nenhum ressentimento para com os magistrados ao vê-los pagar caro por seu cargo; convém ainda que, no momento em que assume sua função, os magistrados ofereçam sacrifícios suntuosos ou construam um edifício público para que o povo, participando dos banquetes e vendo a cidade ornada de oferendas sagradas e de edifícios, veja também com benevolência a manutenção da ordem estabelecida; além disso, será também útil aos notáveis ter monumentos de sua prodigalidade.[93]

Essa era uma das razões, sem dúvida acessória, da munificência *ob honorem*: elas permitem aos notáveis desenvolver seus instintos de mecenas e perpetuar a memória de seus méritos pessoais. A razão principal é lembrada implicitamente na continuação desse trecho:

> Infelizmente, nos dias de hoje, os oligarcas não se conduzem dessa forma, muito pelo contrário, pois buscam o lucro tanto quanto a honra; ademais, podemos dizer com razão, que são somente democracias simplificadas.

Os oligarcas gostam demais de dinheiro: é o traço dominante de sua personalidade; o que entra em contradição com o regime oligárquico, cuja lógica

---

grec, reimpresso em 1964, Bretscheneider, p.194-197. – Nos textos literários, dizia-se "evérgeta" sobre um concidadão há muito tempo; além de um trecho de Aristófanes, o qual mencionamos acima, citamos *Revenus de Xenophon*, 3, 11: a abertura de uma subscrição para melhorar o comércio marítimo de Atenas e os subscritores "são inscritos como benfeitores para sempre" na lista dos evérgetas de Atenas (essa expressão faz pensar nos "evérgetas perpétuos" da baixa época helenística: um "ginasiarca eterno" será um ginasiarca que fez uma fundação perpétua a favor da ginasiarquia e que deu, com isso, um exemplo de magnificência imperecível).

93 *Política*, VI, 7 (1321 A 30).

impõe ao grupo dirigente que compense seu monopólio de poder com dons; somente em uma democracia tal compensação seria inútil. Veremos mais tarde em que sentido podemos afirmar que uma generosidade compensa uma frustração; concluamos, por enquanto, que as liberalidades *ob honorem* sejam uma particularidade própria das oligarquias e que elas exercem um papel de compensações simbólicas, sem mencionar o mecenato.

Existem duas espécies dessas liberalidades. Primeiramente, como os cargos públicos tornaram-se onerosos, as "liturgias" são associadas ao exercício das magistraturas; não pensemos nas liturgias do tipo ateniense, que não eram em nada ligadas ao exercício das funções públicas: a palavra liturgia tem, aqui, o sentido que terá frequentemente na época helenística, que designa munificência e serviços públicos em geral; seria mais ou menos um sinônimo de evergesias. A "liturgia" de um magistrado consistirá, por exemplo, em fazer despesas no exercício de sua função com seus recursos próprios. Em segundo lugar, como os encargos públicos tornaram-se honrarias, o magistrado agradece a cidade que o glorifica oferecendo-lhe uma festança, a sequência normal de um sacrifício, ou então ele comemora a honra que lhe é feita dedicando um objeto de valor a um santuário ou mandando construir por sua conta um edifício público. Essas são algumas das antigas práticas gregas que as oligarquias perpetuam, porém modificando sua natureza e sua significação. O ano oficial começava regularmente por sacrifícios públicos, celebrados pelo Conselho da cidade, e por novos magistrados, que assumiriam a função; esses sacrifícios de entrada na função, ou *eisitêria*, eram naturalmente seguidos de um banquete no qual se comia a carne das vítimas. Nessa civilização tão pobre, comia-se carne somente em ocasiões solenes; esses sacrifícios públicos também despertavam certo interesse pelos pobres, não só por compaixão, e o Velho Oligarca, conhecido sob o nome de Pseudo-Xenofonte, confirma isso:

> Reconhecendo que não é possível para cada pobre celebrar sacrifícios e realizar banquetes... o povo imaginou um meio para fornecer essas vantagens; a cidade sacrifica uma grande quantidade de vítimas por conta dos cofres públicos e o povo participa do banquete dividindo as vítimas por sorteio.

O término das funções também era uma ocasião para banquetes em algumas cidades e apenas os magistrados que estavam deixando a função participavam de tais festas, embora pudessem vir acompanhados de cortesãs. Na lógica do sistema oligárquico, tal qual Aristóteles o descreve, os sacrifícios públicos celebrados pelo início do ano oficial se tornarão um pretexto para fazer que todos os cidadãos festejem e, sem dúvida, os novos magistrados comprarão as vítimas com seus próprios recursos a título de "liturgia".[94]

As oferendas aos deuses pelos magistrados e os edifícios públicos são outra antiga tradição. Em mais de uma cidade, os oficiais, ao deixarem suas funções, dedicavam um objeto de pouco valor a um santuário, uma taça ou uma estatueta, para agradecer aos deuses e sem dúvida também para atestar que eles tinham prestado corretamente contas de sua função e que a cidade havia aprovado sua gestão; mais tarde veremos sacerdotes dedicarem aos deuses suas próprias estátuas (segundo um costume grego muito conhecido) no fim do seu sacerdócio. Para estar de acordo com as prescrições de Aristóteles, bastava que os magistrados dedicassem oferendas ainda mais suntuosas, que enfeitam a cidade ao mesmo tempo em que agradam os deuses; eles podiam até mesmo dedicar-lhes edifícios profanos, úteis aos homens: teria sido suficiente que na inscrição de dedicatória ao monumento constasse que a construção era oferecida "aos deuses e à cidade", cujos diversos exemplos podem ser confirmados pela epigrafia.[95]

---

94 Voltaremos mais tarde sobre os oficiais que pagam por seus próprios encargos e banquetes de entronização. Sobre as *eisitêria*, devemos distingui-las, pois essa palavra, se não me engano, possui três sentidos bem diferentes, dentre os quais somente o primeiro nos interessa: (1°) Sacrifício público no início do ano civil (Demóstenes, *Sobre a Embaixada*, 190; *Contra Mídias*, 114; ver G. Busolt, *Griechische Staatskunde*, v.1, p.518 e n.1; P. Stengel, *Griech. Kultusaltertümer*, 3.ed., 1920, p.249; L. Deubner, *Attische Feste*, p.175); não parece que em Atenas as *eisitêria* tenham engendrado grandes festanças públicas, mas outros sacrifícios proporcionavam comida ao povo (Pseudo-Xenofonte, *República dos atenienses*, 2, 9). (2°) Festa de aniversário da instalação de uma divindade em seu santuário, no qual se instala a estátua de culto: como em Magnésia de Meandro (O. Kern, *Die Inschrften Von Magnesia*, n.100, Dittenberger, *Sylloge*, n.695, linha 25; M. Nilsson, *Griechische Feste*, p.248; *Geschichte der griech. Religion*, v.2, p.87, 388, 392; ver P. Herrmann, "Antiochos der Grosse und Teos", em *Anadolu* (Anatólia), IX, 1965, p.66 e n.33). (3°) Direito de entrada em uma função pública ou em uma associação (ver mais tarde n.276). Sobre os banquetes dos magistrados ou no fim de seu encargo, Xenofonte, *Helênicas*, v.4, 4 (sobre esse texto, ver a nota seguinte). Ver também a n.296.

95 As consagrações de fiéis ou de estatuetas ou estátuas no fim de um sacerdócio ou de uma função pública são bastante conhecidas no mundo grego; ver W. Rouse, *Greek Votive Offerings*, 1902, p.260; M. Holleaux, *Études d'Épigraphie et d'Histoire Grecques*, v.2, p.182; Ad. Wilhelm, *Neue Beiträge*, 5, Akad. Der Wiss. In Wien, Sitzungsb., 214, n.4, 1932, p.9-10; F. Sokolowski, *Lois sacrées de l'Asie Mineure*, De Boccard, 1955, p.155; L. Robert, *Hellenica*, XI-XII, 268-269; Bernard e Salviat, em *Bulletin de Correspondance Hellénique*, 1962, p.589. Ver também mais tarde, n.226, sobre um decreto de Sestos e n.319. Citemos como exemplos Platão, *Critias*, 120 B; *Inscriptiones Graecae*, editio minor, I, n.1215; II-III, n.2891-2931; Hiller von Gärtringen, *Inschriften von Priene*, n.113, linha 92. Em Paros, no século II antes de nossa era (*Inscriptiones Graecae*, XII, 5, 129, linha 44), um antigo agorânomo recebe o direito, por ter exercido adequadamente seu encargo, de instalar sua estátua de mármore

O evergetismo não é redistribuição

Terminamos de rever os fatos; o leitor pôde ver como começou o evergetismo e o quanto seus motivos eram variados. Ele pôde constatar, através disso, que o evergetismo não responde a uma causa ou a uma exigência de alta política: não era um imposto sem nome de imposto; também não garantia o equilíbrio social, a dominação dos oligarcas ou dos ricos, e não era um caso de redistribuição social, era alheio aos problemas e conflitos sociais da época helenística. Que sejamos claros: as evergesias puderam, em alguns casos, fazer o que rendas fiscais insuficientes não permitiam que a cidade fizesse; puderam, em alguns casos, proporcionar satisfações materiais aos pobres. Mas não serviram sempre e apenas para isso. As evergesias tinham os objetivos mais diversos: o evérgeta oferecia uma estátua ou uma festa à sua cidade, ou assumia despesas por sua conta; alguns desses objetos eram "sociais", outros podem ter sido ou deviam ter sido arranjados pela própria cidade sobre o produto das rendas fiscais. Dessa forma, o evergetismo preencheu, naquela ocasião, uma função fiscal ou redistributiva, mas apenas parcial e acessoriamente, do mesmo modo que exerceu algumas vezes uma

---

no *agoranomion* (Salviat, em *Bulletin de Correspondance*, 1958, p.328, n.4). O costume existe em Roma: na Mesa de Narbonne (Dessau, n.6964), o flâmine que deixa seu encargo recebe a autorização para construir uma estátua dele mesmo no recinto sagrado, e encontramos os traços de uma disposição similar para os sacertodes provinciais da África (D. Fishwick em *Hermes*, 1964, p.342 et seq.; sobre a Tarrasconesa, ver ao contrário P. Veyne, em *Les empereurs romanis d'Espagne*, Seminário do CNRS, 1965, p.121); sobre o costume grego segundo o qual um sacerdote dedica uma estátua sua no santuário, ver *Latomus*, XXI, 1962, p.86, n.3. F. Salviat relacionou os festejos de fim de função de alguns magistrados, que honram Afrodite (Xenofonte, *Helênicas*, V, 4, 4, citado antes), e dedicatórias a Afrodite de ginecômanos deixando seu encargo (*Bulletin de Correspondance*, 1966, p.460). Em Roma, o *jus imaginis ad posteritatem prodendae* dos magistrados é bastante conhecido (Plínio, *História natural*, XXXIV, 14, 30; Cícero, *Suplícios*, XIV, 36; Mommsen, *Staatsrecht*, index s.v. "Bildnisrecht"; v.2, p.437, n.4); em Pompeia, os ministros da Fortuna Augusta devem, por lei, dedicar uma estátua da Fortuna (*Corpus das inscrições latinas*, v.X, n.825-827); diremos as mesmas coisas dos *magistri Campani*, dos *magistri* de Miturnes e numerosas estátuas humanas e divinas construídas na Itália e em todo o Império por sacerdotes e magistrados a título de seus cargos: desde a época republicana, os exemplos são abundantes e mereceriam um estudo sistemático. Algumas vezes a série é excepcionalmente abundante: em Siros (*Inscriptiones Graecae*, XII, 5, n.659 et seq.), os estefaneforos anuais oferecem ao povo um sacrifício e um banquete com uma *largitio* e oferecem também uma dedicatória ao imperador por sua saúde: "que para ele", concluem as dedicatórias, "exista uma boa recolta, um bom ano e um ano são". Poderíamos multiplicar os exemplos dessas generosidades e consagrações de entronização ou de fim de função. Na Mesa de Tarento (Dessau, n.6086, linha 37), os magistrados podem, a sua escolha, usar o dinheiro das multas para seus jogos ou "para seu monumento" (*ceive ad monumentum suom in publico consumere volet*).

função religiosa. Com maior frequência, ornamentou cidades com estátuas inúteis ou deu o supérfluo a pessoas que não tinham o mínimo necessário; pois os evérgetas queriam primeiramente agradar a si mesmos; os motivos que tinham para doar não eram os mesmos que os de um contribuinte nem os de um empresário que faz um "trabalho social".

O evergetismo é alheio ao problema social em seus motivos, suas obras e seus efeitos. Na época helenística, os conflitos sociais têm tanta repercussão quanto a luta entre os democratas e os oligarcas pelo poder na época clássica; o objeto de sua luta é a abolição das dívidas e a redistribuição da propriedade imobiliária, sem mencionar as dificuldades da conjuntura, ou seja, a penúria (quando o trigo faltava ou estava muito caro, havia revoltas nas cidades).[96] As evergesias podiam remediar esses males apenas de forma frágil: uma longa fila de cidadãos podia subscrever a uma *epidosis* para fornecer grãos aos cidadãos pobres, ou um rico benfeitor podia vender a preços baixos o trigo de seu celeiro. Mas um problema social não se resolve com gestos mais ou menos simbólicos; para resolvê-lo, é preciso remédios de grande escala, uma escala proporcional à coletividade. Além disso, quando os "demagogos" tomavam o poder em uma cidade, era dos cofres públicos que retiravam o necessário para resolver a questão social, ou então confiscavam as terras dos ricos; foi assim que agiu um certo Molpágoras, em Quios, sobre o Propontida:

> Era um orador e um político hábil, mas suficientemente demagogo para satisfazer suas ambições; elogiando as pessoas sem nenhuma razão, suscitando a hostilidade da massa contra os cidadãos abastados, ele mandou executar alguns deles, e enviou outros ao exílio, confiscando seus bens e distribuindo-os ao povo.[97]

O evergetismo aparece somente nas margens do quadro que podemos esboçar sobre o problema social. Se o espírito evérgeta e a "demagogia" social estiveram relacionados algumas vezes, essa relação era apenas ideológica: aos olhos dos conservadores, partidários da autoridade e da firmeza, a política social e as evergesias tinham em comum o fato de serem ambas contrárias às sagradas tradições; assim, observamos um texto de Políbio que, de tão instrutivo em outros pontos de vista, merece ser inteiramente citado. A cena se passa em Beócia no início do século II de nossa era;[98] a demagogia

---

96 Políbio, XXI, 6, 2 (*Foceia*, 190 a.C.).
97 Id., XV, 21; poderíamos também citar IV, 17; VII, 10; XIII, 1.
98 Id., XX, 6-7, ver 4-5; citamos a tradução de M. Feyel, *Polybe et l'Histoire de Béotie au III*ᵉ *siècle avant notre ère*, De Boccard, 1942, p.16, modificando um detalhe, a tradução de *"léguer la*

predomina; o funcionamento da Justiça tornou-se impraticável, as cidades usam os fundos dos cofres públicos para suas liberalidades e os ricos que morrem sem filhos instituem fundações cujos beneficiários deverão organizar banquetes em sua memória:

> Os processos públicos dos moradores de Beócia chegaram a um limite miserável, a ponto de a justiça não ter sido feita em quase 25 anos, tanto em termos de contestações privadas quanto de casos que se referem ao Estado; pois, entre os magistrados, alguns convocavam tropas de guarda, outros ordenavam saídas em massa do exército; impedia-se, assim, a justiça de ser feita. E, entre os estrategistas, alguns iam até mesmo distribuir aos indigentes subvenções retiradas dos fundos públicos; como resultado, o povo aprendeu a confiar e a reservar as magistraturas somente àqueles que contavam com isso para não comparecer à justiça nem por seus crimes, nem por suas dívidas, mas para obter reconhecimento perpétuo quando deixassem de ser magistrados [...] e tudo isso foi acompanhado de uma outra moda ainda mais deplorável. As pessoas que não tinham filhos, ao morrerem, em vez de deixar sua fortuna a seus agnatos como era precedentemente o costume em Beócia, começaram a legar suas posses comuns a seus amigos para uma boa refeição ou para a bebedeira; e muitos daqueles que tinham descendentes começaram a reservar às comunidades de comensais a maior parte de sua fortuna, a ponto de muitos beocianos disporem de mais jantares do que podiam participar no decorrer de um mês.

A moda das fundações realizada pelos testadores em sua memória é colocada por Políbio no mesmo nível que a política social de redistribuição porque ambas dizem respeito a uma classe social que se abandona, cheia de complacência para consigo mesma e para com seu proletariado: a uma velha pobre sociedade, dirigida por uma oligarquia autoritária e rígida, sucede uma sociedade mais rica na qual o princípio de autoridade se regula, na qual a luta de classes arranca concessões sociais e na qual um uso fácil da riqueza permite o luxo, ou seja, o consumo ostentatório. A demagogia pode então dilapidar os fundos públicos em sacrifícios dos quais toda a população participa, através de banquetes e indenizações concedidos aos cidadãos que queriam participar das assembleias, que eram esmolas disfarçadas[99] (da mesma forma,

---

commune possession" ["legar as posses comuns"]; acreditamos, efetivamente, que *dietihento* designa um legado, uma fundação perpétua, o texto de Políbio faz alusão à voga das fundações em memória de um defunto, nós seguimos esse aspecto E. F. Bruck, *Totenteil und Seelgerät in griech. Recht*, p.276 e n.1.

99 Feyel, p.280-283; comparar por exemplo Políbio, XXIV, 7, 4.

isso era praticado em Atenas havia muito tempo, como veremos). A interrupção do exercício da justiça se explica também pela luta social: queriam impedir os tribunais de condenar os devedores insolventes e no geral não se confiava em uma justiça de classe; algumas páginas mais tarde,[100] Políbio conta que, nessa mesma Beócia, a vitória de Roma contra Antíoco, o Grande, "havia destruído as esperanças de todos aqueles que queriam uma revolução; a vida pública começa, então, a retomar seu rumo por todos os lugares [...]. Intensas controvérsias se sucedem, pois os que viviam sem conforto eram mais numerosos do que os abastados". Uma medida demagógica típica era, além disso, impedir os magistrados de prender os devedores insolventes.[101] A interrupção do curso da justiça não foi um fenômeno particular de Beócia; em todas as localidades, "no decorrer das crises sociais, os tribunais eram suspeitos de parcialidade e levados à paralisia".[102] O que explica uma das práticas mais curiosas da época helenística, o recurso aos juízes originários de outras cidades: como ninguém tinha mais confiança em seus compatriotas, desse grupo estreito que é a cidade, prefere-se recorrer à imparcialidade de juízes estrangeiros que outra cidade, a qual era solicitada tal benevolência, aceitasse enviar.[103]

A redistribuição

A luta de classes que bloqueia a justiça e arranca indenizações para dar aos indigentes pega o dinheiro onde ele se encontra: mais frequentemente nos cofres públicos, outras vezes nos cofres dos mais ricos que subscrevem uma *epidosis*, às vezes de bom grado, às vezes sob a ameaça de uma guerrilha de classes, ou melhor: de um charivari. "Um dia os atenienses pediram uma subscrição voluntária (*epidosis*) para fazer um sacrifício público, e todo mundo contribuiu; solicitou-se várias vezes a Focião", um rico político que tinha opiniões à moda antiga; "ele contentou-se em responder: peçam a alguém mais rico do que eu. Como continuavam a gritar, vaiando-o, ele respondeu: rosnem o quanto quiserem, não conseguirão retirar nada de

---

100 Políbio, XXII, 4, 1; a distinção dos "colaboradores" e dos "resistentes" na Grécia não coincidia em nada com a dos notáveis e das pessoas do povo; os partidos antirromanos tinham notáveis "resistentes" à sua frente; ver, sobre tudo isso e sobre os negócios de Beócia, o belo livro de J. Deininger citado na nota 38.
101 Comparar Políbio, XXXVIII, 11, 10.
102 L. Robert, em *Annuaire du Collège de France*, 1971, p.514; Feyel, p.274-279.
103 Id., "Les juges étranges dans les cités grecques", em *Xenion: Festschrift für P. J. Zepos*, Ch. Katsikalis Verlag, 1973, v.1, p.775.

mim".[104] Veremos que no evergetismo romano, o charivari será o recurso que o povo utilizará contra os ricos recalcitrantes.

Indenizações com dinheiro público, *epidoseis* com riquezas privadas: as primeiras eram uma tradição das cidades democráticas, e Atenas era uma delas. A cidade havia admitido há muito tempo que, em circunstâncias críticas (invasão persa, Guerra do Peloponeso),[105] a cidade devia distribuir trigo, carne e dinheiro aos cidadãos necessitados. Ela admitia também que a família cívica podia, em caso de necessidade, ou até mesmo sempre, dividir o excedente de suas rendas. Verifiquemos apenas um exemplo, o do *théôrique*:[106] na época dos espetáculos teatrais e das festas públicas, o excedente dos recursos de Atenas era dividido entre os cidadãos. Não entremos nos detalhes que são provavelmente inexatos, e retenhamos somente que, pelo menos a princípio, o *théôrique* não é assistência pública, caridade ou justiça social: em virtude de uma regra que se mantém inalterada durante toda a Antiguidade, essas distribuições não são feitas aos pobres, mas a todos os cidadãos, pobres ou não, e unicamente a eles; um homem rico e seus filhos recebem a mesma quantia, se concordar em recebê-la, que um pobre pai de família; estrangeiros e, evidentemente, escravos não tinham direito a nada. A assistência antiga não distingue a categoria social dos pobres, mas trata em bloco a totalidade dos cidadãos.[107] Os ricos nem sempre concordavam em receber sua parte.[108] Nos fatos, isso era assistência – já que todos os pobres, sendo mais numerosos que os ricos, eram os principais beneficiários; essa distribuição era também considerada assistência na consciência dos contemporâneos: quando Demóstenes[109] fala do *théôrique*, as palavras "cidadãos necessitados", "cidadãos pobres", aparecem incessantemente em seu discurso. O *théôrique* conduzia a uma vasta redistribuição das rendas no interior do corpo cívico:

---

104 Plutarco, *Fócion*, 9; *Conselhos aos políticos para bem governar*, 31 (*Moralia*, 822 D) ; *Apophtegmes des rois et des généraux, Moralia*, 188 A; *De la mauvaise honte*, 10 (533 A).

105 Em 480, quando o Ático foi evacuado antes da vitória de Salamina, cada emigrante recebeu 8 dracmas. Não entraremos no detalhe dos fatos que são bem conhecidos.

106 A. M. Andreades, *Storia dele finanze greche*, p.306-310; bibliografia de A. R. Hands, *Charities and Social Aid in Greece and Rome*; Thames and Hudson, 1968, p.165, n.116 e 117. Depois de Demétrio de Fálera, nossos textos não mencionam mais a *théôrique*; talvez tenha sido eliminado.

107 Os estrangeiros não têm direito aos *théôriques*, que eram distribuídos com base nos registros de cidadania (Boeckh, *Staatshaushaultung*, v.1, p.279). De um modo geral, os estrangeiros não recebem nenhum *misthos* do Estado (Xenofonte ou Pseudo-Xenofonte, *As rendas*, II, 1). A ideia de que a assistência antiga é cívica e não possui a categoria do pobre é central no belo livro de H. Bolkestein sobre o assistencialismo antigo.

108 Pseudo-Demóstenes, *Quarta Filípicas*, 38, p.141.

109 Demóstenes, *Oração da coroa*, 107 (262) ou 311 (329).

os ricos pagavam pelos pobres quando os excedentes da cidade integravam o *théôrique* no lugar de usar esse recurso para aliviar os ricos contribuintes e os litúrgicos;[110] esse era o pacto que "cimentava"[111] a democracia.

Os ricos eram totalmente conscientes desse mecanismo e proclamavam, em sua fúria, que se tornaram verdadeiros pobres: Xenofonte era excelente quando desenvolvia esse tipo de tema;[112] ele procurava desesperadamente novas fontes de renda para Atenas, para que a cidade pudesse, a partir de então, aliviar os pobres sem empobrecer os ricos[113] e para que estes últimos não precisassem mais pagar impostos. Os democratas replicavam dizendo que a cidade era uma grande família;[114] propunham à democracia ateniense um compromisso entre ricos e pobres: os primeiros toleram a existência do *théôrique*, os segundos admitem que uma parte dos excedentes destinados a essas distribuições fosse usada na diminuição dos impostos dos ricos.[115] Era esse o problema social do momento: nas democracias, "os demagogos alocavam indenizações à multidão e impediam que se pagassem aos trierarcas as somas que lhes eram devidas", constata na *Política*;[116] era como proceder a uma redistribuição de rendas "sob uma forma disfarçada":[117] quando se pagam indenizações ou um *théôrique* ao povo, a única maneira de se obterem as somas necessárias é instituindo um imposto sobre o capital.[118] A partir de então, uma democracia que se apresenta como moderada e durável estabelecerá o seguinte pacto: os ricos contribuirão com o pagamento da assistência e serão, em troca, liberados das liturgias que eram mais devastadoras do que úteis.[119]

---

110 Lembremos que as liturgias recebiam fundos do Estado; mas esses fundos eram muito insuficientes; além disso, os litúrgicos deviam ultrapassá-los pelo senso agonístico. Enfim, os ricos pagavam uma pesada *eisphora*.
111 Segundo uma palavra famosa usada pelo orador Dêmades, citada por Plutarco, *Quaest. Plat.*, IV, 4, p.1011 b: a cola da democracia.
112 Xenofonte, *Banquete*, IV, 30-33.
113 Id., *As rendas*, VI, I (ou o Pseudo-Xenofonte).
114 É a imagem que a *Quarta Filípica* desenvolve, 40-41; o orador fica constrangido pela conotação paternalista da imagem da família; ele também diz desajeitadamente que o "pai" dessa família é o corpo cívico.
115 *Quarta Filípica*, 35 sqq.
116 Aristóteles, *Política*, V, 5 (1304 B 25); ver 1305 A 5.
117 Id., Ibid., V, 8 (1309 A 15).
118 Uma *eisphora*: acabamos de parafrasear a *Política*, VI, 5 (1320 A 15). A palavra *eisphora* designa sempre uma contribuição extraordinária (pelo menos em teoria).
119 *Política*, VI, 5 (1320 B 1); sobre as liturgias inúteis, ver V, 8 (1309 A 15). Para dizer a verdade, Aristóteles aborda aqui outro problema: a multiplicação das liturgias que eram usadas para oferecer festas ao povo; nessa época os lazeres coletivos, os prazeres populares eram coletivos e essas festas equivaliam um pouco às prestações sociais de nossa época ou às férias remuneradas. Os oligarcas e os moralistas reclamavam delas como sendo um

Pauperização e guerrilha de classes, quer dizer, impossibilidade para os ricos fugirem de uma redistribuição de rendas; falta dinheiro público para fazer isso, quer dizer, impossibilidade de realizar essa redistribuição autoritariamente e pela via fiscal; essas duas dificuldades serão as dificuldades da época helenística; os notáveis deverão alimentar os pobres, distribuir trigo e carne, sem mencionar as festas, eles cumprirão tais deveres através de uma espécie de imposto semivoluntário: assim se explica, senão o evergetismo, pelo menos parte do evergetismo que tem como causa a pressão social, e não o espírito de mecenato e o desejo de perpetuar seu nome.

O pão gratuito é uma das instituições mais conhecidas das cidades helenísticas; não poderia haver melhor exemplo para levantar a questão do evergetismo. "Os habitantes de Rodes", diz Estrabão, "preocupam-se com o povo, mesmo que a cidade não seja democrática: mas ela quer que o pobre povo se mantenha apegado a ela; o povo recebe rações e, em virtude de um costume ancestral, os ricos alimentam os indigentes"; as liturgias, em Rodes, dividiam-se, por conseguinte, entre o sustento dos pobres e as necessidades da cidade, em particular as da frota. Uma célebre inscrição nos mostra, com alguns detalhes, como o serviço do pão gratuito era organizado em Samos;[120] no decorrer do século II, foi aberta uma subscrição na qual mais de uma centena de ricos samoanos se inscreveram sem nenhuma expectativa de retribuição, com somas que iam de 100 a 1.000 dracmas; um fundo pôde assim ser constituído, com o qual se concediam empréstimos sem juros: era essa a maneira mais normal de fazer que o dinheiro frutificasse na Antiguidade;

---

desperdício demagógico. Atenas, no século V, havia feito seus cidadãos viverem com conforto graças ao tributo que seus "aliados" pagavam (ver Aristófanes, *As vespas*, 655): esse recurso tendo se esgotado no século IV, são, a partir de então, os ricos que devem contribuir com o sustento e com os lazeres dos pobres. – Sobre a reorganização financeira de Atenas por Demétrio, ver E. Bayer, *Demetrios Phalereus der Athener*, p.46-47 e 70-71, que prova que a transformação do regime das liturgias por Demétrio não tem nada de particularmente peripatético; Aristóteles e Demétrio traduzem simplesmente as condições e as dificuldades de sua época e as exprimem no estilo da oligarquia moderada; além disso, Demétrio celebrava suntuosamente as festas públicas (Plutarco, *Préceptes pour les hommes d'État*, 24, p.818 D). Sobre o verdadeiro espírito das medidas de austeridade de Demétrio, ver Bayer, p.47, n.1, sobre Cícero, *De officiis*, II, 60.

120 Estrabão, XIV, 2, 5, p.653, sobre Rodes; Wiegand e Wilamowitz, "Ein Gesetz Von Samos über die Beschaffung Von Brotkorn aus offentlichen Mitteln", em *Sitzungsberichte der Akad*, Berlim, 1904, p.917-931 (não incluído em *Kleine Schriften* de Wilamowitz). O texto é reproduzido integralmente em J. Pouilloux, *Choix d'inscriptions grecques*, Les Belles Lettres, 1960, n.34; em parte em Dittenberger, *Sylloge inscriptionum graecarum*, 3.ed., n.976. A instituição era perpétua, pois o fundo permanecia e somente os juros eram usados para a compra do trigo. Ver também G. Busolt, *Griechische Staatskunde*, p.434.

os juros eram usados para comprar trigo, que era distribuído "gratuitamente aos cidadãos" mensalmente, até o esgotamento do estoque. Em outras cidades, o pão barato ou o pão gratuito não eram garantidos com um fundo perpétuo; mas nos anos de penúria, a cidade abria uma lista de subscrição ou recorria à generosidade de um evérgeta: certo ano, em Priene,[121] "não houve fornecimento de trigo", então um cidadão chamado Moschion "era tão dedicado que, ao ver que a situação era urgente e sem esperar que o povo pedisse, apresentou-se espontaneamente diante da Assembleia e, em seu nome e em nome de seu irmão", distribuiu trigo por quatro dracmas a porção (o que era um preço mais que moderado naquela época); ele fez o que se chamava uma *paraprasis*, uma venda caridosa com preços baixos. Em outro ano, o mesmo Moschion e seu irmão "doam trigo à cidade sem esperar retribuição, como confirmam os documentos públicos" (o redator desse decreto honorífico enfatiza esse detalhe para que o personagem homenageado não reclame o preço do seu trigo). Em um terceiro ano, no qual mais uma vez "não houve fornecimento de trigo, Moschion, querendo apresentar-se como modelo e vendo que a situação era urgente, encarregou-se de fornecer o trigo que estava faltando e fez, além disso, a promessa" (a policitação, para usar um termo mais técnico) de vender aos cidadãos durante vários meses, a um preço abaixo do mercado, para que o povo inteiro fosse salvo, "incluindo mulheres e crianças". Talvez esse evérgeta tenha comprado trigo dos comerciantes pelo preço de penúria para revendê-lo a preços baixos; ou talvez tenha estocado o trigo em seus próprios celeiros (era uma conduta comum)[122] e tenha distribuído a preços baixos para evitar que o povo se revolte contra ele.

---

121 Hiller Von Gärtringen, *Inschriften Von Priene*, 1906, reimpresso em 1968, De Gruyter, n.108, linhas 42, 57 e 68. Ver, no geral, H. Francotte, "Le pain à bon marche et le pain gratuit dans les cites grecques", em *Mélanges Nicole* (1905), p.143-154 (retomado em *Mélanges de droit public grec*, de Francotte, 1910, p.291); Ad. Wilhelm, "Sitometria", em *Mélanges Glotz*, v.2, p.899-908; sobre o fornecimento de trigo durante os anos normais, ver L. Robert, *Bulletin de Correspondance Hellénique*, LII, 1928, p.426-432 (retomado em suas *Opuscula minora selecta*, v.1, p.108).
122 Nas economias pré-industriais, os proprietários de terra estocam trigo em seus celeiros a fim de especular (eles esperam a alta), ou para garantir simplesmente sua subsistência; esses estoques são conservados em casas na cidade, e não no campo. Estudaremos, até mesmo, os textos do *Digeste* sobre a estocagem do trigo; citemos também, no *Antigo Testamento*, *Provérbios* XI, 26: "Aquele que guarda seu trigo", para vendê-lo durante a penúria, "é execrado pelo povo, mas aquele que o vende é abençoado". No que se refere à *paraprasis*, L. Robert, *Études Anatoliennes*, p.346, 347 e n.3, 547; J. e L. Robert, *La Carie*, v.2, p.322; J. Triantaphyllopoulos em *Acts of the 5th International Congress of Greek and Latin Epigraphy*, Oxford, 1971, p.65. Comparar com uma inscrição da África romana (*Corpus*, VIII, 26121): "exigente

O evergetismo não é um imposto

Assim, em circunstâncias extraordinárias, o evergetismo individual ou coletivo podia suprir as insuficiências da cidade; uma *epidosis* ou uma evergesia individual garantiam esse abastecimento de grãos que as cidades sempre haviam considerado como uma das tarefas normais do Estado, ao qual elas alocavam frequentemente um fundo especial gerado pelos magistrados especiais. O evergetismo, nesse caso, substitui ou completa os recursos públicos. Além disso, anualmente, as munificências *ob honorem* dos novos magistrados tornavam-se um recurso normal que se somava às outras rendas do Tesouro. Como não ficar tentado em concluir que o evergetismo exerce a função de um sistema de contribuição? Seria um erro ceder a essa tentação, como veremos; porém, essa interpretação funcional do evergetismo, mesmo sendo falsa, tem o mérito de ressaltar um contraste: é mais fácil recorrer a um evergetismo do que estabelecer um sistema de contribuições, pois se ninguém nunca desejou pagar impostos, é possível que queira eventualmente fazer evergesias; e isso apresenta um certo interesse para a teoria e a história do imposto.

O evergetismo não é um quase-imposto; evergetismo e sistema fiscal não se articulam em função um do outro; nem por seus motivos, nem pela alocação dos recursos que produz, nem pelo volume desses recursos, o evergetismo não equivale a contribuições diretas. Ele não substitui recursos públicos insuficientes; ao contrário, quanto mais rica é uma cidade, maiores são seus recursos e, ao mesmo tempo, maior é o número de evérgetas. O que se arrecada em evergesias não é comparável ao que se arrecadaria através de um imposto de repartição ou proporcional; essa arrecadação era incerta e variável: remediava, de vez em quando, as dificuldades de conjuntura, trazia economias inesperadas (quando um magistrado assumia as despesas de seu encargo), ou então acrescentava à cidade um excedente mais ou menos inútil. O evergetismo não era proporcional às necessidades da cidade; ele trazia a quantidade de dinheiro que, por motivos que lhe diziam respeito, os evérgetas permitiam que se retirassem deles e o alocassem onde bem entendessem. Um caso à parte é o das festas religiosas cujas despesas eram oficialmente feitas, em parte ou na totalidade, por um sacerdote (o mesmo acontecia com o culto imperial sob o Império): o evergetismo serve para dar festas. Mas, quando se trata de coisas sérias, de guerra, volta-se a um modo de financiamento mais coercitivo do que o mecenato; em suas posses externas, o Egito

---

annona, frumenta quantacumq(ue) habuit populo, multo minore pretio quam tunc erat, benignissime praestitit".

ptolemaico obtinha navios impondo às cidades sob seu domínio uma liturgia, a trierarquia;[123] em 146, quando Acaia, que havia sido durante muito tempo o suporte da hegemonia romana, acabou se revoltando contra seus senhores estrangeiros, os "demagogos" no poder recorreram, para alimentar a guerra, a receitas já conhecidas: uma contribuição extraordinária (*eisphora*) e a promessa (*epangelia*) de subscrever a uma *epidosis*.[124] Em compensação, as festas e concursos que se multiplicavam na época helenística têm o suporte dos benfeitores: na Beócia, o "movimento agonístico" que se desenvolve no fim do século III dura somente graças à generosidade de mecenas locais e de reis estrangeiros; um grande concurso como os Mouseia de Thespies, que é estefanita e pan-helênico, sobrevive graças aos dons.[125]

É muito difícil medir a proporção das evergesias na renda de uma cidade, mas nos parece que com certeza o valor da renda pública variava muito de uma cidade para outra: havia, entre as cidades, as que eram ricas e as que eram pobres, e as pobres viviam apenas do mecenato: o evergetismo proporcionava-lhes, de vez em quando, um edifício, uma estátua, um banquete, permitia-lhes celebrar outra vez um concurso interrompido há muitos anos, ou não interromper o aquecimento das termas públicas ou ainda reformar (ἐπισχευάζειν) os edifícios que precisavam de conserto. Mas a renda das cidades ricas podia ser considerável; os evérgetas contribuíam ainda mais para o luxo público, feito de festas e edifícios, multiplicando pequenos monumentos, símbolos de honrarias públicas que haviam exercido. A repugnância grega ao imposto direto é uma curiosidade instigante a nossos olhos, ela nunca levava à privação de recursos das cidades; a principal fonte de renda era, como hoje na França, os impostos indiretos;[126] algumas cidades tinham a sorte de possuir vastos terrenos, minas ou então retirar um tributo de suas posses continentais. Se esses diversos recursos fossem insuficientes, passava-se por cima de toda repugnância e recorria-se a um imposto direto ordinário: esse recurso parece, dessa maneira, ter sido muito menos excepcional do que poderíamos acreditar.[127] Em Atenas, a *eisphora* era um imposto, a princípio extraordinário, que tendia a se tornar ordinário: foi empregado

---

123 Claire Préaux, *L'économie royale des Lagides*, p.41 e 294, de acordo com um papiro de Zeno (Edgar e Hunt, *Select Papyri, public document*, n.410).
124 Políbio, XXXVIII, 15, 6 e 11.
125 Feyel, *Polybe et L'Histoire de Béotie*, p.256-262.
126 O estudo fundamental é o de G. Busolt, *Griechische Staatskunde*, v.1, partic. p. 612.
127 Sobre o imposto direto real, acima de tudo Busolt, p.609-611, que mostra que esse imposto não tinha nada de extraordinário; ver também H. Francotte, *Les finances des cités grecques*, p.49; Ad. Wilhelm, em Akad. *Der Wiss. In Wien, pil.-hist. Klasse*, Sitzungsberichte, 224, 4, 1947: *Zu den Inschriften aus dem Heiligtum des Gottes Sinuri*, p.17; B. A. Van Groningen, *Aristote*,

durante muitos anos consecutivamente, durante os períodos de guerra. Contudo, a *eisphora* manteve-se fora do orçamento normal; ela sempre recebeu uma alocação determinada e uma justificação de circunstância: a guerra ou a construção de um arsenal; pagá-la era um mérito e também um dever: nos argumentos dos oradores áticos, o acusado ou o defensor se prevalecia de suas *eisphorai* como de suas liturgias e as duas palavras caminhavam juntas. Poderíamos dizer o mesmo da *epidosis*.[128]

Evergetismo de um lado, *eisphora* ou *epidosis* do outro; contribuições e subscrições públicas tinham a vantagem, diante das evergesias, de serem decididas visando a um interesse coletivo, o que não era sempre o caso das evergesias. Não devemos superestimar os méritos do evergetismo; ele conduzia frequentemente ao "desperdício", quero dizer, a despesas menos úteis que outras, e transformava o indivíduo, o mecenas, em árbitro que tomava decisões referentes às escolhas dos bens coletivos. Mas é precisamente porque o evérgeta faz, em grande parte, o que quer, que um evergetismo é geralmente menos difícil de instaurar do que um sistema de contribuição, e até mesmo do que uma subscrição pública (na qual a decisão deve ser tomada por um grande número de pessoas e na qual o papel de cada um se perde na multidão).

Origens do imposto

Iremos ainda mais longe: o imposto, solução racional, é, no entanto, historicamente improvável, exceto se for instaurado por uma autoridade superior; parece muito difícil que uma coletividade possa impor contribuições a si própria se decide democraticamente seu destino, e se o imposto não é, a seus olhos, envolvido de uma *aura* de normalidade que faz que se imponha como a solução apropriada (normalidade que pode provir apenas de uma longa tradição). A coletividade democrática sempre prefere que esse fardo recaia sobre um voluntário ou uma vítima designada, um evérgeta ou um litúrgico. O "mercado", quero dizer, a ação de agentes históricos isolados que agem livre e egoisticamente, não pode mais garantir ao Estado as receitas coletivas de um modo satisfatório, como também não pode garantir os serviços coletivos, como vimos no capítulo precedente; nem pode conduzir à solução mais racional, o imposto; de preferência, resigna-se a ver a coletividade vivendo penosamente com os recursos públicos, ou então age por meio de

---

Second livre de l'Économique, p.143 ; H. W. Pleket em *Bulletin of the American Society of Papyrology*, 1972, p.46.

128 R. Thomsen, *Eisphora, a Study of Direct Taxation in Ancient Athens*, 1964.

requisição: a liturgia. A ideia de contribuição é uma ideia de alta cultura; por mais que a ideologia proclame que o indivíduo deve se dedicar à coletividade, cada indivíduo prefere reivindicar esse nobre princípio para o melhor, e não para o pior, em detrimento do próximo, e não em detrimento de si próprio.

Ora, quais são as diferenças que separam o evergetismo de um sistema de contribuições? Primeiramente, as evergesias não são exigíveis em direito e sua recusa não é sancionada por uma autoridade pública: elas são impostas pelo costume, ou seja, pela moral pessoal e pela opinião pública. Em um sistema de contribuições, todos os notáveis teriam pago ao mesmo tempo uma pequena quantia; no sistema evérgeta, um punhado de notáveis paga muito a cada ano, e o montante de sua evergesia não é fixado uma vez por todas: esse valor é discutido entre eles e a coletividade; o evergetismo é um jogo que se joga em função das circunstâncias. Se observarmos o resultado obtido alguns anos mais tarde, todos os notáveis tiveram que se sacrificar sucessivamente, ou quase; alguns deram mais, outros, menos; no final, tudo se compensa. Mas esse ponto de vista agregativo não corresponde ao dos interessados, nem mesmo ao da classe social em seu conjunto. Pois, em um jogo em que um joga na sequência do outro, cada indivíduo pode esperar escapar de sua jogada, pode também esperar ser mais hábil que o vizinho e acreditar que conseguirá se deixar impor menos obrigações que os outros. Diante da lei fiscal, todos os cidadãos têm um direito idêntico de contribuir; em compensação, diante da opinião, cada um conserva todas as suas oportunidades. Se um mecenas quer pagar mais do que a tradição o exige, ele aliviará os outros na mesma proporção. Cada evérgeta eventual espera imputar aos outros uma parte do fardo comum. O evergetismo é preferível ao imposto porque se parece com uma loteria: nele, pode-se ganhar.

A classe rica, em seu conjunto, tem outra boa razão para preferir o evergetismo ao imposto. O evergetismo não é, como o imposto, um dever legal, mas um simples dever moral; é admirável ser evérgeta, mas não é um crime não sê-lo. Os notáveis não são legalmente obrigados a satisfazer todas as novas necessidades coletivas que o desenvolvimento econômico criou; os pobres não têm o direito de exigir nada deles: não se exige um presente como se fosse uma obrigação, ou pelo menos o doador mantém suas possibilidades e pode discutir. Com certeza, os notáveis pagarão as despesas do enorme desenvolvimento de bens e serviços coletivos com seus próprios recursos: eles pagarão as festas e os edifícios da época helenística. Mas sem dúvida eles teriam pago ainda mais se tivessem escolhido o imposto às evergesias e se lhes tivessem negado a possibilidade de discutir caso a caso; eles provavelmente raciocinaram como os liberais do século XIX: não existe direito dos pobres, dizia Thiers, existe apenas um dever moral que os ricos têm de fazer caridade. Em outras palavras, a plebe das cidades gregas não tinha o direito subjetivo de obter evergesias: essas eram apenas o reflexo de uma instituição objetiva, o mecenato dos notáveis.

Até o fim da Antiguidade, as cidades helenístico-romanas pagarão impostos a uma autoridade superior, a dos reis, pelas cidades gregas que dependiam das monarquias helenísticas, ou a dos imperadores romanos. Pois o imposto pode se estabelecer no interior de um grupo somente por uma autoridade superior a esse grupo. Essa verdade de bom senso deve, no entanto, ser completada por outra: os costumes estabelecidos e as receitas consagradas se beneficiam de um tipo de inércia histórica; quando certa técnica, por exemplo o imposto, for aplicada durante muito tempo para resolver um problema, ela logo será considerada normal e justa; além disso, o horizonte intelectual se restringe e, em caso de necessidade, recorre-se maquinalmente à técnica já conhecida, sem pensar que se poderia inventar uma melhor. O evergetismo vivenciará, assim, seis séculos de inércia, e o imposto, por sua vez, um período ainda maior. Se a tradição do imposto pôde se estabelecer na Europa, foi pelo acaso da conquista romana: os romanos, tendo submetido numerosos povos, impuseram-lhes um tributo, símbolo de submissão, e o hábito do imposto foi assim assimilado em uma grande parte do Ocidente; esse hábito permaneceu mesmo quando a lembrança da conquista já havia desaparecido e a Idade Média o manteve. O que explica um curioso fato: as repúblicas urbanas da Idade Média italiana não vivenciaram o evergetismo; os florentinos tinham o mesmo patriotismo e a mesma magnificência que os gregos e os romanos, mas seus magistrados nunca foram evérgetas *ob honorem*; quanto à magnificência dos indivíduos comuns, ela dirigia-se à Igreja. A razão disso foi a democracia florentina ter conservado a tradição do imposto. Para resumir em duas frases tudo o que dissemos desde o início deste capítulo, toda democracia direta tende a se transformar em um governo de notáveis e toda comunidade governada por notáveis solicitará recursos que são necessários ao evergetismo, exceto se uma tradição de impostos existir previamente.

Para a continuidade da história, a raridade do imposto direto nas cidades teve uma grande consequência. Esperava-se tudo dos notáveis, já que a cidade era sua coisa; esperava-se que eles abrissem suas carteiras quando faltassem os recursos públicos, e eles não podiam, então, responder: "Mas nós já pagamos em nosso nome pessoal, como contribuintes; afinal, as finanças públicas são uma questão muito séria, racional, que vive de contribuições, e não de esmolas".

4. O evergetismo helenístico: visão global

Não existe virtude mais nobre do que ser generoso ou, como se dizia, ter uma grande alma;[129] sob a condição de que o donatário também seja grande; não um escravo, um miserável, um desconhecido que passa, mas um deus, um povo estrangeiro ou a cidade. Contudo, o exercício dessa virtude só é compreensível se, entre seus motivos e a escolha de seus objetos, levarmos em conta a condição política e o papel social dos diferentes tipos de doadores; senão, acreditaríamos que os homens daquela época não eram como nós, e que o desprendimento era menos excepcional naquela época do que na nossa.

Os dons dos reis

Os reis têm uma grande alma, tão grande ou até maior que a dos notáveis, mas por razões diferentes. Doar é o gesto real por excelência, cujos

---

129 Na língua falada e tardia, efetivamente, *megalopsychia*, a grandeza da alma, a qualidade do magnânimo, acabou designando a liberalidade e até mesmo *uma* liberalidade; o mesmo ocorre com *magnanimitas* em latim. Assim se explica uma frase do *Satíricon*, 45, 5, no qual se diz sobre um evérgeta, *magnum animum habet*, o que não quer dizer "ele vê grande", mas "ele tem o gesto amplo". Sobre *megalopsychia*, acrescentaremos às referências já assinaladas, Ptolomeu, *Tetrabiblos*, IV, 3, 177; os astros de Júpiter e de Vênus predispõem ἐπὶ χάρισι καὶ δωρεαῖς καὶ τιμαῖς καὶ μεγαλοψυχίαις. O sentido da palavra foi estabelecido no momento das discussões em torno de um célebre mosaico de Antakya: ver Gl. Downey, "Pagan virtue of magalopsychia", em *Proceedings of the American Philological Association*, 76, 1945, p.279-286 (que vê na *megalopsychia* a coragem), e E. Weigand, em *Byzantinische Zeitschrift*, 35, 1935, p.428 (que reconheceu nela a generosidade do evérgeta); sobre isso Doro Levi, Antioch *Mosaic Pavements*, v.1, p.339, e P. Petit, *Libanius et la Vie municipale à Antioche*, 1955, p.142, n.5 e p.382, n.5 e 10. Sobre *magnanimitas e magnitudo animi* em latim, ver J. Qymard, "La mégalopsychia de Yakto e la magnanimitas de Marc Aurèle", em *Revue des Études Anciennes*, 55, 1953, p.301-306, a respeito de um trecho de *Histoire Auguste*; Aymard dá outras referências (Símaco, *Código Justiniano*). Ressaltamos um trecho de grande interesse: *la Seconde Lettre de Salluste à César*, 5, 5, referência observada por R.-A. Gauthier, *Magnanimitas, l'idéal de grandeur dans la philosophie païenne et dans la théologie chrétienne*, Bibliothèque thomiste, XXVIII, Paris, Vrin, 1951, p.167, n.4 e p.170, n.4. Sobre *magnitudo animi* nos textos de Tácito, ver R. Syme, *Tacitus*, p.417, n.2. Poderíamos multiplicar as referências (o *Thesaurus linguae latinae* não sendo, aqui, de nenhuma ajuda); assim a inscrição CIL, VIII, 27382, na qual *majore animo* equivale à *ampliata pecunia* ou *ampliata liberalitate*; Plínio, *História natural*, VII, 26: César *magnanimitatis perhibuit exemplum* por seus espetáculos e suas distribuições; em Plínio, o Jovem, *Cartas*, IV, 13, 9, no qual o evérgeta tenta inspirar em seus pares os mesmos sentimentos de liberalidade que o inspiram, deve-se provavelmente traduzir: "sejam generosos, de acordo com meu próprio gesto", *majorem animum ex meo (animo) sumite*.

primeiros beneficiários são os cortesãos e os soldados do rei.[130] Quanto aos dons que os reis helenísticos faziam às cidades e aos povos estrangeiros, um capítulo não seria suficiente para enumerá-los: monumentos sagrados e profanos, moedas cunhadas, cargas de trigo...[131] Digamos apenas que esses presentes têm três razões principais: estabelecer relações políticas úteis, manifestar gratuitamente o esplendor da monarquia, simbolizar uma relação de dependência. Lê-se, no livro IV de Políbio, que Átalo de Pérgamo "havia oferecido aos etólios quantias necessárias para construir" as muralhas de sua poderosa fortaleza de Elaos; compreendemos o porquê disso ao ver, no livro IX, Átalo e os etólios aliados contra Filipe V da Macedônia;[132] mais simples ainda, um rei fornece dinheiro ou trigo a um Estado amigo para sustentar a guerra e pagar os mercenários;[133] dois grandes dramas políticos, a liberação de Sicião por Arato e a retirada da guarnição macedônia que ocupava Atenas tornaram-se possíveis graças ao dinheiro que vinha de fora; Arato e Cleômenes de Esparta foram sustentados durante certo tempo pelas finanças ptolemaicas.[134] Mas, frequentemente, os dons dos reis e dos povos são

---

130 Por exemplo Teócrito, *Elogio de Ptolomeu*, 106: em vez de guardar suas riquezas, Ptolomeu as distribui aos deuses, aos monarcas, às cidades e à suas cortesãs.
131 O estudo da generosidade dos reis helenísticos exigiria um volume inteiro somente sobre isso; ver as referências reunidas por C. Préaux, "Les villes hellénistiques", em *Recueils de la Société Jean-Bodin*, VI: *La Ville*, v.1, 1953, p.119, n.1 e p.122, n.1. Remetemos somente a Políbio, V, II, 88-90 (dons dos reis e monarcas a Rodes depois do terremoto), e a Tito Lívio, XLI, 20 (segundo Políbio; as magnificências de Antakya Epifânio). O texto de Tito Lívio é interessante; "Sob dois pontos, honoráveis e resplandecentes, Antakya, diz, "tinha a alma verdadeiramente real: os dons às cidades e o culto dos deuses"; interessante testemunho sobre os contatos entre as oferendas religiosas e os presentes évergetas. Além disso, os dons aos templos se distinguiam pouco dos dons às cidades, já que as cidades dispunham dos tesouros dos templos: dar a Atenas, era dar a Atenas; uma estátua ou um edifício sagrado é ao mesmo tempo uma oferenda a um deus e ornamento para a cidade; festas, concursos e sacrifícios são homenagens aos deuses ao mesmo tempo que alimentavam e distraíam os homens. As consagrações dos edifícios públicos mostram bem o equívoco. Por exemplo, a sala do Conselho de Mileto, criado por duas cortesãs de Antakya Epifânio (Roehm, Milt, I, 2, *Das Rathaus*, inscrições 1 e 2 e p.95), é dedicada a Apolo, a Héstia Conselheira e ao Povo (de Mileto)": oferenda sagrada aos deuses e presente para a cidade (até relógios solares) ao deus da cidade, à própria cidade (ou a seu povo) e também, mais tarde, ao imperador, ver P. Veyne em *Latomus*, 1962, p.66 e 82; G. F. Maier, *Griech, Mauerbauinschriften*, v.2, *Quelle und Meyer*, 1961, p.26.
132 Políbio, IV, 65, 6-7 e IX, 30, 7; E. V. Hansen, *The Attalids of Pergamon*, 2.ed., Cornell University, 1971, p.46 e 292; R. B. Mac Shane, *The Foreign Policy of the Attalids of Pergamon*, University of Illinois, 1964, p.101 e 109.
133 Édouard Will, *Histoire politique du monde hellénistique*, v.I, *Annales de l'Est*, 1966, p.162, n.1.
134 Ver, entre outros, Will, v.1, p.289, 290, 329, 363; procuramos índices desses dons na circulação monetária; T. Hackens, em *Antidorum* W. Peremans, *Studia hellenistica*, 16, partic. p.82-90.

desinteressados: a sociedade internacional também tinha seu evergetismo; Tebas, destruída por Alexandre, o Grande, foi reconstruída através de uma verdadeira *epidosis* da qual toda a Grécia participou;[135] fala-se erroneamente de propaganda, o que parece subentender um cálculo: mas a necessidade de brilhar, de exprimir seu esplendor, é tão natural nos grupos sociais quanto nos indivíduos; se Heron II era, em relação aos gregos, extremamente pródigo em seus benefícios e preocupado com sua notoriedade",[136] não foi porque, em sua longínqua Sicília, esperasse deles grandes serviços: mas para que, devido à distância, não se esquecessem dele. Algumas cidades, neutralistas ou muito independentes, Atenas ou Rodes, são usadas como "vitrines" para a ostentação internacional, mas os grandes santuários o são ainda mais, onde os reis exibem os troféus de suas vitórias e as estátuas de seus servos ou aliados.[137] Enfim, os presentes vindos de fora podem ser símbolos de dependência; o povo que os aceita não se vende a esse preço, mas sua aceitação tem o significado de uma promessa de obediência, deve ser respeitada por uma razão qualquer. Os habitantes de Acaia não queriam aceitar os dons de alguns reis: ou sacrificaremos nossos interesses em favor dos interesses desses reis, diziam, ou passaremos por ingratos se contrariarmos os desejos daqueles que nos pagam.[138] Recusar um dom é recusar uma amizade que pode ser invasiva; Focião recusou os presentes de Alexandre que mandou lhe dizer, furioso, que não considerava verdadeiros "amigos" aqueles que não queriam receber nada dele; Focião, de fato, não queria ser um amigo incondicional;[139] aceitar um presente e não obedecer em tudo era o mesmo que não manter sua palavra. Como símbolo, o dom pode tomar o caminho inverso, de baixo para cima, na direção de um protetor; Prúsias de Bitínia considerou trágico o fato de Bizâncio não ter construído as estátuas que lhe havia prometido e não ter enviado a embaixada sagrada à festa religiosa da monarquia bitiniana;[140] ele pretendia exercer sobre Bizâncio um tipo de protetorado negativo, de "finlandização", no término do qual a cidade não se aliaria aos inimigos de Bitínia e não imporia taxas de navegação nos estreitos; a descortesia dos bitinianos tinha uma significação de alta política. Em resumo, os presentes de um Estado para outro Estado eram ora influência gratuita ou everge-

---

135 Holleaux, *Études*, v.1, p.1-40.
136 Políbio, VII, 8-6.
137 Sobre Rodes, ver n.131; sobre Atenas, H. H. Thompson, "Athens and the Hellenistic princes"; em *Proceedings of the American Philosophical Society*, 97, 1953, p.254-261; sobre os grandes santuários, Will, v.1, p.14 e n.1, 206-207, 218, 292, 364; v.2, p.242.
138 Políbio, XXII, 8, 7; ver XX, 12, 5-7.
139 Plutarco, *Fócion*, 18.
140 Políbio, IV, 49 (comparar XXVII, 18, 1).

tismo internacional, ora símbolos de dependência ou de protetorado; como distinguir? Era preciso tato para não deixar pairar nenhum equívoco quando se aceitava um dom, e esse tato os habitantes de Rodes tiveram eminentemente; após sua ilha ter sido devastada por um terremoto, pediram socorro a todos os povos, mas seus embaixadores souberam fazê-lo com tanta nobreza e dignidade que todos compreenderam, através de suas atitudes, que Rodes pretendia receber ajuda sem se comprometer com nada.[141]

Os notáveis e a obrigação de dar

Voltemos a nossos notáveis e a suas cidades. Como os reis, eles oferecem presentes tanto para brilhar gratuitamente (é o evergetismo livre ou mecenato) quanto a título simbólico (é o caso, veremos por que, de suas evergesias *ob honorem*). Porém, sua magnificência tem um caráter muito particular que justifica que se tenha forjado a palavra evergetismo com seu sufixo em *ismo*: ela é ao mesmo tempo espontânea e forçada, livre e obrigatória; toda evergesia se explica simultaneamente pela generosidade do evérgeta, que tem seus próprios motivos, e pela obrigatoriedade que pesa sobre ele, representada pela expectativa dos outros, a opinião pública e o "papel" o qual o evérgeta deve desempenhar. Esse duplo caráter faz do evergetismo uma coisa mais ou menos única; se existisse somente a obrigação, as evergesias seriam um tipo de imposto ou de liturgia; se existisse somente a espontaneidade, nada distinguiria um evérgeta antigo de um mecenas americano, que doa se quiser, sem que seu mecenato seja uma obrigação moral. No evergetismo, existe ao mesmo tempo o prazer de dar e o dever moral de fazê-lo: a cidade espera que os ricos doem generosamente. Como a espontaneidade e a obrigatoriedade se conciliam? Quando a obrigatoriedade é informal: ela não estabelece nem regulamentação nem sanção determinada, mas uma reprovação e eventuais represálias. Para uma cidade, o evergetismo consiste em tirar vantagem das atitudes generosas que uma classe social manifestava espontaneamente e transformá-las em dever, mas um dever puramente moral, informal, para não destruir o desejo de dar que os ricos tinham, o que seria matar a galinha dos ovos de ouro; se o evergetismo foi mais fácil de se instaurar do que um sistema de contribuições, como vimos acima, é porque os notáveis tinham predisposições para o dom ostentatório: a resistência cedeu porque tocou o ponto fraco, já que os notáveis estavam mais dispostos a doar do que um corpo cívico a pagar contribuições. Se as disposições para doar não tivessem existido, o evergetismo não teria

---

141 Id., V, 88, 4 e 90, 5.

existido; se uma obrigação informal não tivesse sido acrescentada a essas disposições, teriam existido atos de mecenato isolados, como acontece em todas as sociedades, mas não um sistema permanente, uma fonte abundante e perene de bens coletivos.

A obrigação informal, a expectativa dos outros, distingue-se de outra obrigação, a luta de classes, no que ela estimula os notáveis a terem uma generosidade que já possuíam originalmente: o evergetismo é somente meia obrigação; é por isso que as evergesias se confundem apenas parcialmente com os objetivos e interesses da luta de classes: um evérgeta pode vender trigo a preços baixos, mas não distribui suas propriedades imobiliárias nem destrói seus créditos. A luta de classes arranca dos notáveis, como concessões sociais, somente o que eles estão dispostos a dar como mecenas e em virtude de suas atitudes generosas; em uma sociedade na qual os ricos doam de bom grado, seus celeiros não são pilhados: pede-se que doem generosamente seus grãos; tudo vai bem enquanto se recorre ao mecenato dessa forma; mas as coisas teriam sido menos idílicas se tivessem atentado contra seu direito de propriedade. A obrigação evergética exige dos ricos os mesmos tipos de presentes que eles se dispunham espontaneamente a oferecer, nada além disso: ela evita mexer em seus interesses de classe. Tanto que o evergetismo nunca foi usado como paliativo nas lutas sociais, que continuaram como se ele não existisse.

Mas se os ricos são espontaneamente levados ao mecenato, por que introduzir uma obrigação mesmo que informal? Porque, no plano individual, a expectativa dos outros garante ao mecenas um suplemento de satisfação e, no plano coletivo, o mecenato torna-se dever de Estado; espontaneidade e obrigatoriedade coabitam pacificamente, e não são redundantes: elas se articulam mutuamente. É raro, de fato, que um mecenas tenha uma vocação tão imperiosa que sua alma não fique dividida entre o prazer de brilhar e o prazer de guardar seu dinheiro, e que ele não superestime o bem presente do dinheiro que possui em relação ao bem futuro da glória que terá se doar; um pouco de obrigatoriedade ajuda a superar essa difícil etapa, depois disso ele fica feliz em ter feito o que estava hesitando em fazer: a obrigatoriedade o forçou a agir de acordo com seu coração;[142] no fim da Antiguidade, São

---

142 São João Crisóstomo, *Sur la vaine glorie et l'éducation des enfants*, ed. Malingrey (*Sources chrétiennes*, n.188), p.75-83 ; ver Louis Robert em *Comptes Rendus de l'Académie des inscriptions*, 1968, p.585. Os filósofos pagãos condenam a glória vã; para os Epicurianos, estátuas e honras são o tipo de prazer que não é nem natural nem necessário (escólio em *Kyria Doxa* 30 nos *Epicurea de Usener*; comparar Lucrécia, 3, 78); sobre os Estoicos ou os Cínicos, citemos Dião de Prusa, LXVI, 1-3): "Quando se busca a glória e que se é munificente, quer-se que todos o saibam. Na multidão, cada um abençoa esse tipo de doença e se diz que ela é totalmente

João Crisóstomo descreve com muita vivacidade o verdadeiro triunfo de um evérgeta diante de toda a cidade, que o embriaga de clamores e o deixa feliz e arruinado. Se existiram mais mecenas na Antiguidade do que existem hoje, mesmo nos Estados Unidos, é porque no Ocidente moderno o papel da coletividade limita-se a facilitar a espontaneidade (nos Estados Unidos, o mecenato permite uma diminuição dos impostos) ou a fornecer oportunidades já prontas para agir (por exemplo, abrindo subscrições ou fundando associações de caridade); na Antiguidade, impunha-se aos mecenas uma violência em relação a uma parte de seus votos secretos. Além disso, cada evérgeta sentia-se obrigado por todos os outros: a expectativa coletiva havia feito do mecenato o dever de Estado de toda uma classe; como a cidade esperava atitudes generosas da classe dos notáveis, um notável avarento teria traído essa imagem ideal que a própria classe queria passar, teria comprometido seus pares e atraído sobre ele a reprovação; então, os notáveis adotaram um comportamento que consistia em se obrigar uns aos outros.

O mecenato dos notáveis

Espontaneidade multiplicada pela obrigatoriedade, o evergetismo, seja ostentação gratuita ou pagamento simbólico *ob honorem*, possui duas características permanentes: é cívico, feito em benefício da cidade ou do conjunto de cidadãos, e é atribuído a uma classe, a dos notáveis, que doam porque se consideram superiores ao povo; isso é essencial: o evergetismo é a expressão de uma superioridade política; a cidade é dividida em dois campos, os que recebem e os que dão. Toda superioridade tende a se exprimir não por um cálculo maquiavélico qualquer, mas por um tipo de brilho natural; o evergetismo tem como condição essencial e necessária o estabelecimento do regime dos notáveis; ostenta-se somente quando se considera superior aos outros. Na democracia ateniense, essa superioridade era individual; Alcibíades expressava sua

---

proveitosa; e, oficialmente, quase todas as cidades inventaram armadilhas de todos os tipos para os idiotas: coroas, primazias, proclamações de honra (honras para o arauto). Chegam ao ponto de arruinar pessoas sem prometer-lhes nada de extraordinário, mas fazendo-os andar com uma rama de folhas, como os animais, ou jogando-lhe uma coroa ou faixas sacerdotais. E o interessado que teria podido, se ele quisesse, ter a esse preço milhares de coroas de oliveiras ou de carvalho, vendeu frequentemente sua casa e suas terras; depois disso ele se torna um simples vagabundo mal vestido (como um mendigo)"; como vemos, Dião, segundo a tradição da diatribe cínica, ataca os costumes de seus contemporâneos: o evergetismo e, alhures, a pederastia e os concursos atléticos; o que não o impedia, como notável de Prusa, de conduzir-se como um evérgeta. Sobre essa contradição entre a filosofia e os notáveis, H. Von Arnim, *Dio von Prusa*, p.340.

excelência pessoal ou a dignidade de um grupo em via de extinção, a velha aristocracia a que pertencia, quando cumpria tão magnificamente a coregia, deixando seus concidadãos enciumados, ou quando mandava sete carros de guerra correr em Olímpia.[143] Nas cidades helenísticas, o evergetismo revelava a superioridade da classe dos notáveis em sua totalidade: era um dever de toda uma classe. A particularidade histórica de sua época é que a distância social o obriga a se expressar não através de um consumo ostentatório, mas através de um mecenato ostentatório: eles gastarão individualmente para fins coletivos. E esses fins em si serão cívicos: as evergesias serão dons à cidade, e não, por exemplo, a favor dos pobres ou das artes e das letras. A classe que ostenta a sua superioridade dessa forma se conduz como uma classe política: os notáveis se definem por sua participação no governo. A apresentação de alguns documentos, decretos honoríficos celebrando a generosidade de um evérgeta, nos trará a prova dessa afirmação. Vejamos, então, os notáveis em ação.

Através desses decretos, o evérgeta helenístico aparece como um homem político completo que faz bem a sua cidade graças a seus conselhos, a suas altas relações e a sua riqueza. Um decreto de Mileto[144] descoberto há quinze anos confirmou os conhecimentos que tínhamos sobre um desses políticos, o rico Irênias, líder do partido pró-pergamoniano e intermediário necessário entre sua cidade e o rei Eumenes de Pérgamo. Já seu pai havia lhe dado o exemplo da munificência (conduta de classe, o evergetismo é fatalmente uma

---

143 Tucídides, VI, 16, 2-5.
144 P. Hermann, "Neue Urkunden zur Geschichte Von Milet", em *Istanbuler Mitteilungen*, XV, 1965, p.71-117; sobre o decreto Didyma n.142 (citado por Hermann, p.77), ver L. Robert em *Gnomon*, 31, 1959, p.663; agora em *Opuscula minora selecta*, v.3, p.1628: Irênia "levou" o rei a dar seu trigo; προτρεψάμενος: ver, sobre essa palavra, nossa n.265; voltaremos a falar sobre isso mais tarde; sobre o rei que assume o custo das honras que lhe são dedicadas, ver n.215 (e, para a época romana, um decreto de Pagai: ver P. Veyne em *Latomus*, 1962, p.65, n.1). Os 160 mil médines equivalem a 6 mil ou 7 mil toneladas de trigo; como o explica o editor que cita Políbio, XXX, 31, 1, esse trigo era destinado a ser vendido e o produto da venda seria emprestado com juros pela cidade: o ginásio seria edificado com esses juros e a cidade seria proprietária do capital produzido pela venda do trigo. Um rei, dizem os *Econômicos* de Pseudo-Aristóteles, deve se perguntar "se ele tem que pagar suas despesas em dinheiro ou em mercadorias de valor equivalente". Para um outro bom exemplo de grande evérgeta que ajuda sua pátria através de suas relações, ver o decreto n.4 em Dittenberger, *Orientis Graeci inscriptiones selectae*; para os evérgetas que ajudam sua pátria graças a suas relações não com os reis helenísticos, mas com os romanos, ver L. Robert, em *L'Antiquité classique*, XXXV, 1966, p.420 e em *Comptes rendus de l'Académie des inscriptions*, 1969, p.43; sobre os serviços prestados às cidades pelos financeiros, L. Robert, em *Revue des études grecques*, 70, 1957, p.374, agora em *Opuscula minora seleta*, v.3, p.1491.

tradição familiar). Ele mesmo soube provocar a generosidade do rei Eumenes conforme afirma o decreto:

> Irênias dedica incessantemente um grande zelo aos interesses de nossa cidade e proporciona cada vez mais brilho e notoriedade à nossa pátria; tendo obtido uma entrevista do rei Eumenes, ele levou o rei, que o escuta com atenção, a doar a nossa cidade (6 mil tonas de) trigo para a construção de um ginásio, com a madeira necessária para isso; o povo, tendo então concedido ao rei as honras que tais gestos de generosidade mereciam, encarregou Irênias de transmitir-lhe a notícia.

Irênias conseguiu obter de Eumenes não somente o aumento da liberalidade prometida, mas também que assumisse o custo das honras que Mileto havia lhe concedido. Essas reviravoltas de magnificência eram inerentes ao estilo político daqueles tempos. De sua parte, Irênias era liberal para com a sua cidade e seus concidadãos, emprestava dinheiro sem juros ou mesmo a fundos perdidos "nos momentos de dificuldade desse período".

Um evérgeta socorre o Tesouro público, alimenta e distrai a população. Na Ágora de Priene, longos decretos honoríficos eram exibidos sobre todo o muro do pórtico norte; eles formavam um conjunto selecionado que escapa dos acasos de conservação desigual dos documentos; um desses decretos refere-se a esse Moschion que vimos por três vezes dar trigo a seus compatriotas ou vendê-lo a preços baixos. Mas Moschion podia se valer de muitos outros benefícios; "ele via sua fortuna pessoal como pertencendo a todos os seus concidadãos";[145] ele viveu como homem piedoso para com Deus, irrepreensível com seus pais, seu amigos e seus concidadãos, justo e ávido de notoriedade para sua pátria,[146] em poucas palavras, digno do mesmo valor e

---

145 F. Hiller Von Gärtringen, *Inschriften Von Priene*, 1906 ; reimpresso em 1968, De Gruyter, n.108, 1, 91.
146 Observemos esse uso da palavra πατρίς, que nas inscrições pertence à baixa época helenística; ver B. Laum, *Stiftungen in der griechischen und römischen Antike*, 1914, reimpresso em 1964, *Scientia Verlag*, p.44 e 162. Essa fraseologia, como ouvimos Louis Robert ensinar nos Altos Estudos, aplica à cidade um vocabulário familiar: uma fórmula que será muito frequente é "minha muito doce pátria", parecida com "minha muito doce mulher" que lemos nos epitáfios; um evérgeta dirá, por exemplo: "Eu dou e ofereço tal propriedade a minha muito doce pátria"; dirão também τῇ κυρίᾳ πατρίδι, "a Senhora minha pátria" (como nas inscrições de Lícia. O mais impressionante exemplo de ἡ γλυκυτάτη πατρίς encontra-se nos Atos dos Alexandrinos: o ginasiarca Apiano, condenado à morte, ouve seus companheiros lhe dizerem que sua glória será ter morrido por sua muito doce pátria (H. A. Musurillo, *The Acts of the Pagan Martyrs*, Oxford, 1954, p.66). Do mesmo modo, o vocabulário da *ágape* é aplicado na cidade (Dião de Prusa, XLIV, 6); ver A. D. Nock, "A Vision of Mandulis Aion",

da mesma notoriedade que seus ancestrais. No mínimo, por quatro vezes, as finanças públicas encontraram dificuldade, ele adiantava ou dava dinheiro à cidade; além dessas distribuições de trigo, ele distribuiu 1 mil dracmas pela honra de sua mãe.[147] Ele contribuiu para a construção de um ginásio; como a cidade não tinha fundos para terminar o edifício (pois os reis que haviam prometido dinheiro tinham mudado de ideia ou perdido o trono), Moschion salvou mais uma vez a situação. O santuário de Alexandre, o Grande, precisava de conserto: Moschion adiantou o dinheiro. Mesmo não exercendo as funções de governo (nunca seria um estrategista), ele assumia, em compensação, encargos onerosos: foi nomeado embaixador sagrado três vezes e, nessas ocasiões, ofereceu sacrifícios públicos com seus próprios recursos e devolveu à cidade os gastos feitos durante sua missão. Ele assumiu, enfim, o sacerdócio de Zeus olimpiano, uma honra suprema, pois, em Priene, os anos eram datados a partir do nome desse sacerdócio (chamado *estefaneforia*): nessa ocasião, Moschion ofereceu um vinho suave[148] a todos os habitantes de Priene, incluindo estrangeiros e escravos, para festejar o início de suas funções e o início do ano; em seguida, oferecia um banquete aos cidadãos todo mês, depois do sacrifício mensal que oferecia a Zeus.[149]

Os evérgetas socorrem, dessa forma, as finanças públicas nos momentos de dificuldade, sobre os quais se fala em mais de uma inscrição;[150] eles dão ao povo prazeres que assumem um caráter que chamaríamos de folclóricos; assumem toda ou parte das despesas públicas relativas a suas funções; enfim, deixam na cidade uma construção como monumento de sua atividade política. Um último decreto que emana da cidade de Sestos, sobre o Helesponto,

---

em *Harvard Theological Review*, 1934, p.67 (*Essays*, v.1, p.368). Esse vocabulário familiar foi decalcado pelos romanos: "Dê a vossa cara pátria um pouco de vosso ouro", diz Horácio a um rico avarento (Sátiras, 2, 2, 105).

147 Linha 66, restituída por Wilamowitz.

148 Um γλυχισμός. Sobre o sentido dessa palavra, ver, em último caso, L. Robert, em *Studi Clasice*, X, 1968, p.84 e *Arkhaiologiké Ephemeris*, 1969, p.35, n.4. Os romanos imitarão esse uso: seus evérgetas distribuirão *mulsum*. – No dia em que o estefaneforo passa a valer é ao mesmo tempo o primeiro dia do ano; o γλυχισμός ofertado por Mosqueão lembra, então, a generosidade que, segundo Aristóteles, os magistrados ofereciam no momento de início ao mesmo tempo, ele equivale a *esiteria*, sacrifícios oferecidos no início do ano.

149 O que implica que ele comprava, evidentemente com seus próprios recursos, um número significativo de vítimas; Comparar o decreto n.113, na própria Priene, 1, 61, no qual se deve restituir [πάνδ]ημον εὐωχία[ν]; ver L. Robert, em *Hermes*, 1930, p.115, agora em *Opuscula minora seleta*, v.1, p.663.

150 Assim *Inschriften Von Priene*, n.108, 1, 43, 48, 70; *Sylloge*, n.570, 1, 12; n.569, 1. 5, *Supplementum epigraphicum graecum*, v.I, n.336 (J. Pouilloux, Choix, n.3), 1, 37; Dittenberger, *Orientis Graeci inscriptiones selectae*, n.339, 1. 24 e 54.

nos convencerá disso.[151] O evérgeta Mena, desde pequeno, considerava que nada era mais nobre do que ser útil a sua pátria; para isso, ele não se abstém de nenhuma despesa, de nenhuma forma de generosidade; considera, por exemplo, negligenciáveis os perigos e a perda de dinheiro que uma embaixada provoca: tudo isso lhe parecia secundário diante da notoriedade que sua dedicação lhe proporcionava; o importante, a seus olhos, era adquirir o reconhecimento do povo, para ele e para seus descendentes. Assumiu, então, uma parte das embaixadas. Em seguida, foi sacerdote, encarregado de prestar culto ao rei Átalo, e sustentava despesas onerosas durante esse sacerdócio: de fato, sua generosidade considera não somente cidadãos, mas todos os residentes e os estrangeiros de passagem, o que levou a cidade a conquistar boa notoriedade junto aos estrangeiros. Foi também ginasiarca e mandou construir termas para seus efebos. De modo geral, em todas as magistraturas e liturgias, ele foi fiel a si mesmo e ao que o povo esperava dele. Último requinte: a cidade concede uma estátua de bronze a Mena, mas como ele está consciente das restrições das finanças públicas, assume o custo de sua própria estátua.[152]

Esses exemplos[153] bastarão para dar ao leitor o sentimento do caráter habitual dessas evergesias; a própria fraseologia é significativa por seu aspecto estereotipado. O estilo epigráfico, ou mesmo o estilo de chancelaria, exprime-se por fórmulas consagradas, que se repetem mais ou menos textualmente de um decreto para outro; essa bela prosa helenística, clara, sábia e sem exageros (o estilo barroco dos decretos da época imperial será bem diferente),[154] é cheia de fórmulas que "entram em série" tanto quanto nossas fórmulas de bons modos. O objetivo dessas prosas é honorífico e didático. A fala de cada evérgeta era medida, considerando os precedentes, para dosar exatamente a honra que lhe era merecida; as frases prontas definem uma concepção do evergetismo, impõem uma norma. A seriedade e a aplicação

---

151 Dittenberger, *Orientis Graeci inscriptiones selectae*, n.339; ver A.-J. Festugière, *La Révelation d'Hermès Trismégiste*, v.2, *Le Dieu cosmique*, p.305, n.2. Tive a sorte de ouvir L. Robert explicar esse decreto nos Hautes Études.

152 Era frequente ver uma personagem honrada liberar a cidade do custo das honras e esse hábito se verificará tamém em Roma, onde numerosas bases honoríficas levam a fórmula *honore contetus impensam remisit*; ver B. Laum, *Stiftumgen*, v.2, p.35, n.5; W. Liebenam, *Städteverwaltung im römischen Kaiserreiche*, reimpresso em 1967, Bretschneider, p.128, n.1. Ver n.144 e 215.

153 Poderíamos ter citado também o decreto de Istros para Aristágoras (*Sylloge*, n.708), o de Mantineia para um casal de evérgetas, marido e mulher (n.783), o de Samos para Bulágoras (Pouilloux, *Choix*, n.3).

154 Sobre o estilo das inscrições, ver E. Norden, *Die antique Kunstprosa*, p.140 e 443; L. Robert em *Revue des Études Anciennes*, LXII, 1960, p.325, agora em *Opuscula Minora Seleta*, v.2, p.841.

com as quais foram redigidos tais decretos mostram que as evergesias eram uma questão de Estado e o evento local do ano.

Redigidos sob os olhos do Conselho, quer dizer, dos notáveis, os decretos trazem a concepção que essa classe faz dela mesma e dos deveres de Estado que ela se impõe. Devemos confessar ao leitor uma dificuldade relativa a nossa documentação. O estilo dos decretos gregos é bem mais cívico do que oligárquico e o mesmo poderá ser percebido no estilo dos documentos romanos; a cidade não se humilha diante do evérgeta; o elogio que ela lhe dedica vai de cima para baixo, e o cidadão, mesmo merecedor, é apenas uma parte da cidade; os decretos gregos e latins, mesmo na época imperial, conterão mais exageros do que banalidades. Mas será que essa dignidade cívica não dissimularia realidades sociais próximas do clientelismo? Consideremos o grande decreto de Olbia pela honra de seu benfeitor Protógenes.[155] A cidade de Olbia, às margens do Mar Negro, não muito longe da foz do Boug, tinha uma existência precária sob a ameaça dos bárbaros e de seu rei Saitafernes, a quem pagou um tributo;[156] no decreto, constatamos que a cidade sobrevive somente graças à generosidade do cidadão Protógenes, que paga, ele mesmo, o tributo ao rei, obtém trigo a preços baixos quando os movimentos dos bárbaros impediam qualquer abastecimento, conserta as muralhas quando a ameaça de uma incursão celta torna-se iminente; o povo recorre habitualmente a sua generosidade, cuja enumeração tomaria várias páginas. Na medida em que avançamos na leitura do decreto, compreendemos que Protógenes é mais rico do que toda a sua cidade, é seu senhor absoluto como Cosme de Médici era senhor de Florença graças a sua riqueza, ele a sustenta com seus recursos próprios como um senhor feudal sustenta seu domínio; mas nada na redação do decreto trai essa dependência: se julgássemos unicamente pelo estilo (excluindo o conteúdo), a coletividade enaltece um benfeitor que simplesmente se conduziu como um bom cidadão.

Razão desse mecenato

Olbia é um caso particular ou até mesmo radical, mas em todos os lugares do mundo grego, em todas as épocas, os textos revelam aqui e lá a

---

155 *Sylloge*, n.495; ver E. H. Minns, *Scythians and Greeks*, reimpresso em 1965, *Biblo and Tannen*, v.2, p.462 et seq.
156 Vemos pelo decreto que esse tributo consistia em presentes mais ou menos suntuosos: quando o rei queria ou precisava desses presentes, ele vinha visitar a cidade, que lhos oferecia durante essa visita; se o rei estimava que os presentes eram insuficientes, ele ameaçava zangar-se e dar a ordem de ir embora: situação que permitia prever terríveis retaliações de sua parte.

existência de relações de dependência econômica e moral, que são o clientelismo sem o estilo e sem a apelação.[157] Que relações sociais o evergetismo subentendia? Podemos supor tudo. Que o leitor seja paciente para que possamos proceder a uma experiência do pensamento. Há um pouco mais de um século, Frédéric Le Play, ao descrever a vida social de um vilarejo do Morvan, de seu tempo,[158] esboça um belo retrato de evérgeta cuja generosidade lembra algumas vezes as evergesias antigas:

> O principal proprietário do lugar atribui, por uma tolerância fundada em antigas tradições, diversas subvenções. Ele autoriza gratuitamente que as cabras leiteiras pastem em sua propriedade. Ele doa a madeira morta e os detritos da exploração espalhados pelas florestas. Ele autoriza a colheita em suas terras e nas propriedades que explora. Ele subvenciona três freiras de São José que lecionam gratuitamente no ensino regular e religioso para as meninas do vilarejo.[159] Ele socorre a população local quando advêm doenças, desemprego e inflação de produtos alimentares. Ele intervém de duas maneiras: pode tanto ajudar diretamente quanto mandar executar trabalhos de terraplenagem cujo valor real atinge raramente dois terços da despesa necessária para realizá-los.[160]

---

157 Ver também D. M. Pippidi, *Epigraphische Beiträge zur Geschichte Histrias in hellenistischer und röm. Zeit*, Akademie-Verlag, Berlim, 1962, p.29.
158 Frédéric Le Play, *Le manoeuvre-agriculteur du Morvan*, em sua pesquisa sobre os operários europeus, 1868. A continuação do texto (que nos lembra um capítulo de Tocqueville, *Démocratie en Amérique*, v.2, sobre a evolução dos alugueis e arrendamentos nas sociedades democráticas) se expressa como segue: "O autor dessas subvenções conserva então, nessa localidade, o benefício dos antigos hábitos de proteção e assistencialismo. Esse regime, mantido até esse dia pela tradição, impõe ao patrão encargos que, em nosso direito, ficam sem compensação positiva"; ou seja, o igualitarismo do Código de Napoleão passou por ali; "ele garante a este último, é verdade, o gozo moral que é de um grande valor para as naturezas da elite; mas esse prazer é cada dia menos apreciado na França. Ele está se tornando, ali, mais difícil de se obter, no meio de sentimentos de antagonismo que a oposição de interesses desenvolve incessantemente. Do ponto de vista material, essa organização se resume em uma diminuição considerável do produto que obteria um proprietário que administraria reclamando todas as vantagens garantidas pelo direito comum. Não há razões para se surpreender que este último vestígio da mentalidade de um outro tempo torne-se cada dia mais raro em nossa sociedade".
159 Falaremos mais tarde das fundações evergéticas helenísticas e romanas a favor do ensino.
160 A ideia de que as obras públicas davam trabalho à plebe era familiar aos Antigos; ver Suetônio, *Vespasiano*, 18: Vespasiano recusa-se em utilizar máquinas para a instauração das colunas do capitólio, pois ele queria "que o povo pudesse ganhar a vida" (*plebiculam pascere*); Plutarco, *Péricles*, 12, 4-5: Péricles teria mandado construir os monumentos da Acrópole para dar trabalho aos atenienses e para fazer que as indústrias prosperassem.

Que nobre decreto helenístico à honra de um cidadão evérgeta poderíamos compor a partir desse trecho!

Bastaria dar uma pequena ajuda em três pontos. Primeiramente, modelaríamos as realidades sociais em estilo cívico: os modos e o tom gregos sempre tiveram um toque igualitário e democrático, facilmente observável se os compararmos aos modos romanos. Em seguida, evitaríamos abordar o fato de que nosso evérgeta do Morvan era "o principal proprietário do lugar" e de que era normal que sustentasse a região já que era o seu senhor.[161] Enfim, o contexto das evergesias não seria mais os campos, mas a cidade, o município: o decreto parabenizaria nosso bom cidadão por sua devoção para com a *polis* e, nos fatos, o evérgeta teria distribuído socorros não somente a seus fazendeiros, mas também aos moradores do vilarejo, mesmo os que não dependiam diretamente dele. Ele teria sido o benfeitor de toda a cidade como tal, e teria se colocado a seu serviço com seus conselhos políticos e seus recursos. Benfeitor da cidade, e não dos pobres; com certeza, entre os cidadãos existem pobres e algumas evergesias davam mais vantagens a eles do que ao resto dos cidadãos; mas existem miseráveis que não são cidadãos – esses não receberão nada – e, apesar disso, os cidadãos abastados são os que melhor aproveitarão as evergesias supérfluas; o afamado, o idoso e o doente aproveitam apenas as "repercussões" do evergetismo. A magnificência, afirma a *Ética a Nicômaco*, não consiste em gastar adequadamente nas pequenas ou médias coisas e em poder dizer: "Dei frequentemente esmolas ao vagabundo"; Cícero também pensa assim: convém que as casas *ilustres* se abram para hóspedes *ilustres*.[162] A Antiguidade não ignorou a caridade nem a esmola, mas o dever dos notáveis era a magnificência.

O tipo do notável cuja munificência exprime a distância que o separa do povo mostra-se, agora, em toda a sua estatura, e a razão de seu livre evergetismo emerge: um rico não tem apenas vocação política, tem a responsabilidade de tudo o que é coletivo porque, nas sociedades antigas, não se separa a função política do restante da vida social; a autoridade dos notáveis é global como a de um pai: espera-se sua iniciativa, como por exemplo, seu conselho ou sua ajuda em todas as áreas. Ainda nos dias de hoje, em um determinado vilarejo francês, um camponês vai naturalmente pedir conselho ao prefeito

---

161 Tocqueville, *Démocracie en Amérique*, v.2, p.195: "Um homem que possui um cantão e cem arrendamentos compreende que se trata de ganhar ao mesmo tempo o coração de milhares de homens; isso lhe parece merecer investimento. Para atingir um objetivo tão grande, ele faz sacrifícios facilmente".

162 Aristóteles, *A Nicômaco*, IV, 4 (1122 A 25), citando a *Odisseia*, XVII, 420, e Cícero, *Deveres*, II, 57; citados por E. F. Bruck, *Ueber römisches Recht im Rahmen der Kulturgeschichte*, Springer--Verlag, 1954, p.124: "*Liberalitas und Animus donandi*".

ou ao seu deputado, vai fazer diversas perguntas, se ele sabe onde investir seu dinheiro ou se sua mulher o engana: o poderoso é aquele que sabe tudo e que os outros devem ouvir, criando-lhe, assim, deveres. Na Grécia, todos esperavam que o notável se interessasse por todos e por tudo, disponibilizando seus recursos próprios se necessário; para responder a essa expectativa, o rico investia no mecenato a tendência em atualizar as possibilidades e a expressar as superioridades, que é natural aos seres sociais. Chefe político, todo notável era também um organizador e um animador da vida coletiva; ele emprestava dinheiro, ajudava a todos e a cada um, interessava-se por uma criança do povo talentosa, era o patrono das festividades às quais todos eram convidados, e se apresentava por todos os lugares como tendo autoridade. O evergetismo livre se explica pela não especialização da autoridade dos notáveis: ela não era mais diferenciada do que a própria sociedade; nos dias de hoje, a autoridade nas esferas sociais, religiosas e culturais é muito mais dividida ou atribuída ao governo: não existem mais notáveis.

Podemos supor, então, que um notável evérgeta no exercício de sua autoridade social também atraía descontentamento, idêntico ao que ocorre com aqueles que exercem uma autoridade política; ele doou um edifício ao povo quando o povo teria preferido uma festa, ofereceu uma festa muito pouco resplandecente e tem muito orgulho do brilho da festa que deu; não se pode decidir pela escolha dos bens coletivos e agradar a todos; no lugar de acalmar as tensões sociais, o evergetismo faz que tais tensões se dirijam ao evérgeta. Enfim, um evérgeta doa para agradar o povo, para responder às expectativas de todos: ele não doa para salvar sua alma, por exemplo, ou porque pertence a um círculo literário; o que nos permite prever que tipos de bens coletivos serão escolhidos, e que tipos de bens serão negligenciados por ele.

Patriotismo?

Tanto na Antiguidade como também nos tempos modernos, costuma-se explicar o mecenato de outra forma: pelo patriotismo, pelo sentimento de solidariedade, tão vivo nos helenos de antigamente como nos de hoje. A explicação é parcialmente verdadeira: para alguns, "patriotismo" é sinônimo, talvez um pouco mais vago, de tudo o que acabamos de ver: para outros, é uma interpretação cordial ou uma cobertura ideológica.

Certamente, os decretos helenísticos atribuem as seguintes virtudes à evergesia: a emulação ou competição (*filotimia*) dos bons cidadãos que querem se destacar e ser honrados por terem prestado qualquer serviço relacionado à cidade e por seu patriotismo e sua boa disposição em relação à coletividade. E, com certeza, um notável que considera a cidade como sua coisa, e também dos seus pares, somente pode se sentir bem disposto diante dela. Mas sabemos que essa noção de patriotismo recobre atitudes muito diferentes; uma coisa é a atitude do governo que se identifica com uma grande causa, a de sua cidade, e que confunde sua vaidade pessoal com o nacionalismo tão vivo das cidades gregas; outra coisa é o sentimento do "nós" que todos os cidadãos podem ter, humildes ou poderosos, em relação a uma coletividade que é unânime em um momento crítico ou triunfante; outra coisa ainda é a condescendência de um pai do povo para com seus filhos dóceis pelos quais se sente responsável. O estandarte do patriotismo recobre mercadorias bem diversas; forma vazia, o patriotismo comporta tantos tipos de relações e de interesses diferentes que um indivíduo pode estabelecer com a coletividade. Se, por conseguinte, atribuíssemos obrigatoriamente aos notáveis o sentimento de solidariedade, o patriotismo do "nós", estaríamos abusando da ambiguidade do estandarte para cometer um erro psicológico.

Oficialmente, o patriotismo grego é o do bom cidadão, par entre seus pares, que se distingue dos outros somente por uma devoção maior ao bem público: os decretos e argumentos dos oradores áticos enfatizam tal afirmação. O ideal desse patriotismo do "nós" seria, em suma, o momento de unanimidade e de emulação que foi o ponto de partida da expedição de Atenas contra Siracusa; assim, afirma Tucídides, "todo mundo, sem distinção, ficaria apaixonado por essa empreitada" e "para cada um, na função que lhe teria sido atribuída, uma verdadeira competição estaria engajada". Nesse dia, o mais modesto cidadão podia se sentir um evérgeta.

Porém, essa unanimidade não é o único tipo de patriotismo; ela não é nem mesmo seu ideal ou seu limite. O sentimento do "nós" é realmente percebido em grupos que, momentaneamente ou por seus objetivos, são confrontados com uma tarefa ou um perigo definido e sensivelmente igual para todos os membros; é a unanimidade das cordas dos alpinistas; eu mesmo ouvi de um mineiro a explicação de que esse é, cotidianamente, o sentimento daqueles que descem na mina; apesar dos perigos, meu interlocutor conservava a nostalgia desse estado de anarquia no qual a tarefa é suficiente para criar a concórdia, e no qual a ação da justiça é inexistente. Mas esse unanimismo é próprio de grupos especializados; no agrupamento mais geral, como a nação, ele pode existir apenas em alguns instantes. O tamanho absoluto do grupo não exerce nenhuma influência nisso e, sobre esse ponto, não teria fundamento opor as cidades antigas, onde os cidadãos viviam face a face, aos grandes Estados; o que importa é a existência de uma distinção entre a classe dirigente e os outros, e os efeitos de externalidade. Existirá unanimidade, existirão voluntários para as missões perigosas e onerosas, se o perigo público ameaça cada indivíduo da mesma forma que o corpo social como tal; ninguém, então, pode esperar flutuar no naufrágio geral, ninguém fica tentado a deixar os outros se dedicarem acreditando que os efeitos da devoção acabarão recaindo sobre si.

Esse "nós", porém, é próprio às circunstâncias em que existem igualdade e individualização do perigo: essas não são circunstâncias políticas normais. No cotidiano político, cada indivíduo pode se esconder na multidão, e a distinção entre governantes e governados domina tudo; o patriotismo não possui o mesmo conteúdo de acordo com o campo, entre os governantes e governados, a que cada um pertence. Lembremo-nos das liturgias da democracia ateniense: a versão oficial baseava-se na devoção patriótica, mas os oligarcas, com uma amarga satisfação, reconheciam nisso a confissão de sua superioridade social e só se tornavam mais amargos ao constatar que essa superioridade não bastava para lhes trazer também o poder político.

Evitemos, contudo, fazer que os homens sejam mais mentirosos do que o são realmente; a ideologia do "nós" admitia também um pouco de tonalidades locais autênticas; era mais nostálgica do que maquiavélica. Certamente, ao dissimular a distância social, protegia o orgulho da cidade diante de um rico benfeitor; mas também traía o sentimento de que a possibilidade da unanimidade estivesse próxima nesses grupos ameaçados que eram as cidades; a política internacional era suficientemente agitada para que todo cidadão tivesse a oportunidade de sentir o "nós" pelo menos uma vez em sua vida; a evocação desse unanimismo proporcionava fatalmente reconforto ao coração do evérgeta.

Pois o evérgeta é um patriota que, a seu modo, é um notável; responsável por sua cidade, ele é muito sensível ao orgulho nacional; porém, não é esse patriotismo que o torna evérgeta. Como nacionalista, ele deseja que sua cidade tenha grandeza ou, ao menos, independência, ou autonomia se não conseguir nada melhor, mas não vai, por isso, oferecer um banquete a seus concidadãos. Por sua intensidade, esse nacionalismo é igual ao patriotismo do "nós" e ao paternalismo dos pais do povo, mas distingue-se por seus efeitos e pela proporção que adquire na multidão de cidadãos. O orgulho patriótico da Atenas helenística produzia todos os seus efeitos no cenário internacional; a cidade antiga tentava colocar as grandes monarquias em competição e procurava, de preferência, alianças poderosas, mas distantes; pela nostalgia de sua grandeza (de sua *polypragmosynè*, diria Tucídides), recusava-se a aderir às ligas de cidades, seus semelhantes e seus vizinhos, dentre os quais teria conservado sua independência, mas não a possibilidade de gravar sua marca pessoal nos eventos; criava um papel para si mesma na proporção de suas possibilidades: era um centro de cultura e, como outros concedem prêmios Nobel, distribuía, através do mundo, decretos pomposos que irritavam Políbio e que eram certificados de boa conduta ou de filelenismo. Essa era uma das ideias de patriotismo.

Mas quando os notáveis oferecem um banquete ou um edifício a seus concidadãos, trata-se de outro patriotismo. O sentimento do "nós" com certeza explica as subscrições voluntárias, as *epidoseis*, as quais, algumas vezes, milhares de cidadãos subscrevem para salvar a pátria ou para construir a muralha que será seu abrigo comum; mas as evergesias individuais são outra coisa. O evérgeta é um *big man* que diria "os meus" em vez de "nós"; a multidão é sua família, e ele gosta tanto dela que a controla. Confessemos, contudo, que ainda aqui existem tonalidades locais autênticas na linguagem dos decretos: a magnificência é a virtude histórica dos gregos notáveis, que eram mais benevolentes com a multidão de seus concidadãos do que o foram outros notáveis. Acontece que eles eram benevolentes em seu papel de notáveis: para se sentir no dever com todos, deve-se ter uma alta ideia de si mesmo e de sua missão; altruísmo e tendência em atualizar seu papel são indiscerníveis aqui, já que esse papel comporta precisamente o altruísmo: faz parte dos deveres de um notável. E garantidamente, para ser diferente do "nós", essa relação entre um indivíduo e sua coletividade é uma das formas do patriotismo: existem tantas!

O evergetismo funerário

O contraste é vivo em relação às obras caritativas do mundo cristão, com a enorme massa de legados à Igreja e a fundações caritativas. É esse contraste precisamente que deve ser, para nós, a oportunidade, agora que estamos falando do mecenato cívico, e antes de explicarmos as evergesias *ob honorem*, de analisar uma instituição pagã que tem algumas relações superficiais com as fundações caritativas do cristianismo e outras relações com o evergetismo: as fundações testamentárias cuja importância era muito grande; vimos, acima, que na cidade de Beócia muita gente, para o gosto de Políbio, legava uma parte de seus bens a sociedades de bebedores que organizavam banquetes em sua memória. Mecenato póstumo, cívico ou não? Preocupação com o além acima de tudo? Será necessário multiplicar as distinções em uma matéria muito delicada. Meu profundo reconhecimento dirige-se, aqui, a Philippe Ariès: o grande historiador me deu a honra de falar de seus trabalhos atuais sobre as atitudes diante da morte no mundo cristão.

Estabelecemos, primeiramente, a arquitetura dos lugares. *Primo*, um evérgeta pode doar enquanto estiver vivo, ele também pode legar por testamento benefícios a sua cidade (os legados a uma cidade, qualquer que seja seu motivo, são atestados desde uma alta época).[163] Os legados podem ser feitos a uma pessoa determinada que fará uso deles como bem entender; mas um testador pode também legar um fundo a uma pessoa indeterminada (a um grupo de homens e a seus herdeiros perpetuamente, ou a uma associação) e destinar esses fundos a um objetivo determinado e durável: nesse caso, trata-se de uma fundação perpétua. Evidentemente, um evérgeta também pode instituir uma fundação enquanto estiver vivo, se considerar oportuno recorrer a esse instrumento jurídico; parece-nos menos evidente, nem todas as fundações são evergéticas: muitas possuem um destino religioso, são as mais antigas; muitas outras não são instituídas em benefício de uma cidade, mas de uma associação. As fundações evergéticas começam a se multiplicar desde a alta época helenística. Quando um casal de evérgetas institui um fundo cujas rendas permitirão instituir um concurso de música pela glória de Dionísio e cujo cuidado é confiado à cidade de Córcira, essa obra piedosa rejubilará tanto os homens quanto os deuses.[164] Desde o século III, que foi um século tão belicoso quanto qualquer outro, cidadãos patriotas consagram à sua cidade, por testamento ou mesmo enquanto vivos, um capital cuja renda é destinada à manutenção das muralhas.[165] Na mesma época surgem fundações de caráter mais "social": fundos são instituídos ou legados para que o clube dos jovens cidadãos (*neoi*) tenha o óleo indispensável para a higiene, de acordo com as ideias daquele tempo, ou para que depois de sua ginástica os *neoi* possam tomar um banho quente.[166] Mas as fundações mais conhecidas (mesmo que não sejam as mais típicas) são feitas para a manutenção ou melhoria do ensino;[167] por exemplo, um benfeitor de Teos deixa por testamento, como execução de uma de suas policitações, um capital que será usado para a educação dos meninos e das meninas que nascerem livres e que representará "o mais belo monumento de seu amor pela notoriedade"; as rendas anuais desse capital garantirão o salário de professores de redação,

---

163 Tucídides, II, 13, 1. Sobre as fundações na Grécia, ver E. F. Bruck, *Totenteil und Seelgerät im griech. Recht*; B. Laum, *Stiftungen in der griech. Und römischen Antike*, reimpresso em 1964, Scientia-Verlag; M. Nilsson, *Geschichte der griech. Religion*, 2.ed., v.2, p.113-119; H. Bolkestein, *Wohltätigkeit und Armenpflege im vorchristlichen Altertum*, 1939, p.232-235.

164 Laum, *Stiftungen...*, v.2, p.3, n.1; ver v.1, p.90 e p.24, n.1. Uma fundação pela honra de um deus pode ser confiada a uma cidade que recebe e gera os fundos (Laum, v.1, p.156); por outro lado, quando um evérgeta institui um fundo para sacrifícios, ele proporciona, através disso, uma festa aos habitantes da cidade (assim Laum, op. cit., v.2, n.21; ver Nilsson, op. cit., p.114).

165 Laum, op. cit., v.2, n.46.

166 Ibid., v.1, p.89 e 105; v.2, n.68 e 62. Marrou, *Histoire de l'éducation dans l'Antiquité*, p.178 e 500. Não pude ler *Aus dem griech*, de Ziebarth, Schulwesen, 1914.

167 Laum, op. cit., v.1, p.105; v.2, n.90; Marrou, ibid., p.161.

de música e de ginástica. O sistema jurídico da fundação deixa um grande espaço para a invenção e permite aos mecenas assegurarem serviços públicos para os quais não existiam estruturas institucionais. As inscrições nos mostram o que motiva esses benfeitores: o patriotismo, o apego à notoriedade e o desejo de deixar uma grande lembrança;[168] um milanês, autor de uma fundação educacional que instituiu ainda vivo por policitação, "tomou o partido de fazer o bem ao povo e deixar para sempre a melhor lembrança de seu apego à notoriedade".[169] Sob o Império, o título de "ginasiarca eterno" ou de "agonóteta eterno" será a recompensa das liturgias que, no contexto de sua função, terão estabelecido uma fundação para garantir ou melhorar perpetuamente o exercício de sua liturgia; por exemplo, se um certo Leônidas institui como agonóteta um concurso local dotado de prêmio para os vencedores (*themis*), ele receberá oficialmente o título de agonóteta eterno e o próprio concurso levará seu nome: será o *"têmis leonidiano";*[170] o próprio capital também receberá o nome do fundador.[171] Assim, o evérgeta que quer garantir perpetuamente o serviço público, promover o futuro dos valores aos quais se afeiçoa (pois a área de nossos interesses não para nos limites de nossa vida), conduz também a perpetuar sua própria memória, pois a cidade lhe será grata por seu benefício e exprimirá seu reconhecimento através de honrarias perpétuas; o evergetismo leva à imortalização.

Mas, *secundo*, por um movimento inverso, a preocupação com o além conduziu, desde a alta época helenística, ao desejo de imortalizar sua memória e de praticar evergesias funerárias. Um mortal quer garantir algum cuidado para a sua alma no além. Na Grécia clássica, seus descendentes têm o dever de retribuir o culto consagrado aos mortos, oferecer sacrifícios anualmente

---

168 Laum, op. cit., v.1, p.40-45.
169 Ibid., v.2, n.129. O desejo de se tornar imortal era, em última análise, a grande razão das fundações, afirma A. D. Nock, *Conversion: the Old and the New in religion from Alexander to Augustine*, Oxford, 1933, p.229.
170 Laum, op. cit., v.1, p.47 e v.2, n.151. Em 182, um certo Alquesipos funda, para honrar Apolo e a cidade de Delfos, um sacrifício que se chamará alquesipeia (Laum, op. cit., v.2, n.27). Sobre as fundações destinadas a cobrir as despesas de uma liturgia ou de um sacerdócio, Laum, op. cit., v.1, p.97 e v.2, n.162, por exemplo: para garantir perpetuamente o exercício da ginasiarquia, um ginasiarca institui um fundo que cobrirá as despesas dessa função; mas se um futuro ginasiarca quer assumir ele mesmo essas despesas, as rendas dos fundos inutilizadas voltarão para a cidade que as empregará na aquisição de terras para o cultivo do trigo. Aquele que faz que uma função seja perpétua, "eterna", dá, através disso, um exemplo também eterno de generosidade e torna-se um ginasiarca "eterno"; ver Heberdey e Wilhelm, *Reisen in Kilikien*, p.153; Laum, op. cit., v.1, p.46 e 97; L. Robert, na *Revue des Études Anciennes*, LXII, 1960, p.294 e na *Revue de Philologie*, XLI, 1967, p.42-43.
171 Laum, op. cit., v.1, p.133 e n. 3.

ou libações em seu túmulo; o destino dos defuntos depende, efetivamente, não de seu comportamento nesse mundo, mas do cuidado que os vivos têm com ele.[172] Além disso, colocam-se junto do cadáver objetos que o acompanharão em sua vida de além-túmulo; a abundância e a riqueza dessa mobília funerária variam consideravelmente, mais em função das épocas e das regiões do que da variável riqueza do defunto.[173] A esses costumes mais ou menos universais acrescenta-se, a partir dos anos 300 no mais tardar, uma nova prática que se expande na alta classe: as fundações funerárias; constitui-se um capital cujas rendas permitirão oferecer um sacrifício anual para honrar o defunto; o morto pode receber esses sacrifícios, pois é heroicizado ou associado a deuses (o que não era nada chocante na época helenística, na qual a oposição entre os imortais e os mortais torna-se menos brutal porque a nova piedade pressente o divino em todos os lugares). Aos sacrifícios acrescentam-se uma recepção[174] ou um banquete[175] para os membros da associação a qual o fundo foi confiado, que ficam encarregados de retribuir ao defunto o culto que fundou. Essa associação pode ter sido constituída pela própria fundação: ela não é constituída por ninguém além da família do defunto e sua futura descendência, ou por um grupo de amigos escolhidos pelo fundador;[176] as fundações funerárias assumem, desse modo, a continuidade do culto familiar aos mortos. Mas o defunto também pode confiar os fundos a um agrupamento já existente; será a própria cidade, para os mais ricos; para os outros, somente uma parte da cidade, por exemplo, o Conselho ou o clube dos idosos (*gerousia*):[177] o costume será esse pelo menos na época imperial; a fundação pode também ser confiada a uma associação profissional:[178] um agrupamento de lojistas ou artesãos honrará a memória do defunto e receberá do fundador os fundos cujas rendas lhes permitirão banquetear em memória do morto. Se o fundador for muito rico, a gestão e os benefícios da fundação cabem à cidade inteira e todos os cidadãos participarão do banquete anual; isso se pratica desde a época helenística: no século II antes da nossa era, um certo Critolau constitui um fundo em benefício da cidade de

---

172 Bruck, *Totenteil*, p.166; E. Rohde, *Psyché, le culte de l'âme chez les Grecs*, p.178-209.
173 Bruck, op. cit., p.119-145.
174 Recepção ou *dexiôsis*: Laum, op. cit., v.1, p.70 e v.2, n.45, cujo texto deve ser consultado em Dittenberger, *Sylloge*, n.1106 com a n.23.
175 Banquete ou *hestiasis*: Laum, op. cit., v.1, p.72 e v.2, n.50.
176 As três mais antigas fundações (Possidónios em *Halicarnace*, Diómedon em *Cos e Epiteta* em Terá) são familiares (Laum, op. cit., v.2, p.117, 45 e 43).
177 Laum, op. cit., v.1, p.160-161 e 248-249.
178 Ibid., v.1, p.160 e 249.

Egialeia[179], que, como agradecimento, heroiciza, por decreto, o filho que ele havia perdido. As rendas permitirão celebrar anualmente tudo o que compõe um culto na Grécia: uma procissão, um concurso, um banquete e um sacrifício (não sabemos a quem ele será oferecido). Culto dos deuses ou dos mortos? Religião ou evergetismo? Para o espírito helenístico não há equívocos. Outro sacrifício, através do qual se abre o concurso, é oferecido ao filho heroicizado diante de sua estátua (*agalma*); todos os cidadãos participarão do banquete, assim como os estrangeiros residentes e não residentes, os romanos residentes (estamos no início da baixa época helenística) e até mesmo as mulheres. As prescrições para o banquete são muito mais detalhadas que as que se referem ao sacrifício; o regulamento especifica quais os pratos que serão servidos e quanto será gasto.

Critolau de Egialeia garantiu um culto perpétuo a seu filho do qual participará um grande número de pessoas; o evergetismo é usado como meio, como prêmio, para um culto funerário. Pode também ser usado para a memória de um morto, ou mesmo para o culto. No fim do século III, o filósofo Lícon, sucessor de Aristóteles e de Teofrasto à frente da seita peripatética, certifica em testamento as rendas de algumas terras que devem ser usadas para fornecer óleo para as crianças nas escolas, "para que, graças à utilidade da coisa, a minha memória permaneça como convém".[180] O essencial não é mais o culto aos mortos, mas a fundação que visa somente proporcionar agentes para executar os ritos: o que importa é a lembrança que os beneficiários conservarão do defunto e de sua generosidade. Na época imperial, numerosas fundações são feitas para garantir anualmente a uma cidade, a seu Conselho, ou a alguma associação, um banquete e uma distribuição de moedas de dinheiro que ocorrem no túmulo do fundador ou diante de sua estátua, no dia de seu aniversário.[181] Vimos, acima, mecenas tornarem-se inesquecíveis porque tinham criado uma fundação; aqui, os mortais criam uma fundação para se tornarem inesquecíveis; uma conduta condiz com a outra e, quando os fundos são confiados a uma cidade, ambas condizem com o evergetismo.

Seria um acaso ou a analogia entre as fundações funerárias e o evergetismo seria mais profunda? A resposta depende da concepção que se terá da

---

179 Ibid., p.72 e v.2, n.50; sobre o equívoco entre o culto dos mortos e dos deuses, Nilsson, ibid., v.2, p.116-117.
180 Diógenes Laércio, V, 71 (Laum, op. cit., v.2, n.16); ver Bruck, ibid., p.159, n.8. Sobre a imortalidade "cultural" dos filósofos e para o culto das Musas, remetemos uma vez por todas a P. Boyancé, *Le culte des muses chez les philosophes grecs*, De Boccard, 1937.
181 Laum, op. cit., v.1, p.74, 98 e 103.

gênese das fundações; com Bruck, avaliamos que elas eram a continuidade do antigo culto familiar aos mortos, mas com as cidades ou as associações substituindo os descendentes, a quem ninguém ousaria mais confiar muito, pois o declínio do sentimento religioso fazia que o culto aos mortos fosse muito frequentemente negligenciado: é a explicação que Bruck desenvolveu em um belo livro;[182] ou então, estima-se que as fundações eram uma inovação que provava menos o declínio da religião e mais uma transformação geral da mentalidade, sobre a qual o gosto pelo luxo e a sensibilidade ao outro teriam exercido alguma influência.

As atitudes diante da morte

"A origem das fundações funerárias é o culto periódico aos mortos",[183] escreve Bruck; ao criar uma situação de direito, o fundador quer assegurar as mesmas homenagens rituais que antes lhe eram asseguradas pelo respeito ao costume ; a razão dessa mudança é "o ceticismo helenístico": os futuros defuntos não confiam mais em seus herdeiros e contam somente consigo mesmos; pois, apesar do ceticismo, cada um continua a ter medo da morte quando se trata de si; as antigas crenças subsistem: nada de mais comum na história do que essas *"eschatologische Inkonsequenzen"*. Acrescenta-se a isso uma razão mais positiva: o "individualismo helenístico"; o indivíduo tem consciência de seu próprio valor, e não se confunde mais com os outros no interior de sua coletividade; ele quer deixar marcas.[184] Essa é, desde Bruck, a doutrina clássica.

Mas isso estaria certo ou será que não deveríamos procurar em outro lugar a origem das fundações? Não é verdade que o antigo culto familiar admitisse frequentemente sacrifícios sangrentos (reduzia-se ordinariamente a oferendas e libações); quanto aos fundadores, eles inovam ao instituírem sacrifícios, ou mesmo banquetes e concursos; além disso, existe um detalhe que, para nós, será revelador, eles sempre associam deuses a seus cultos funerários, ou melhor, eles simplesmente associam-se a deuses: a fundação funerária não deriva do culto aos mortos de antigamente, mas de antigas fundações para o culto aos deuses propriamente ditos; enfim, não temos a impressão de que eles desconfiem de seus herdeiros: sua preocupação seria tornar o culto funerário mais suntuoso do que era no antigo costume (precisamente as leis suntuosas limitavam e continuarão a limitar o luxo dos

---

182 Bruck, *Totenteil*, p.157-276; ver *Ueber römisches Recht*, p.57.
183 Ibid., p.173, 179, 181.
184 Ibid., p.194, 200, 201-212.

funerais e dos túmulos). Tomemos uma das mais antigas fundações, a da Epiteta.[185] Essa senhora de Terá confia sua fundação a sua própria família erigindo-a em associação, nomeia seu neto como sacerdote e, depois dele, o mais idoso dos seus descendentes; o santuário onde o culto será realizado é consagrado às musas, que recebem o sacrifício conjuntamente com a fundadora heroicizada por seus próprios cuidados; o banquete não é esquecido. Heroicização, luxo, mas não se percebe nenhuma desconfiança sobre os seus descendentes. Além disso, as mais antigas fundações funerárias sempre contornam o caminho de uma fundação para a glória de um deus; Diómedo de Cós[186] também transforma sua própria família em uma associação que adorará Héracles, que será conhecido como Héracles de Diomedonteio para honrar seu fundador; o sacrifício irá para Héracles, Dionísio, Afrodite e para alguns outros deuses; o mais velho dos descendentes será o sacerdote do culto; para si mesmo, Diómedo contenta-se em prescrever que sua própria estátua seja coroada durante o sacrifício aos deuses; o banquete contará com a presença do próprio Héracles, que jantará com os membros da associação: será uma theoxenia, xenismos.

A origem das fundações funerárias, assim como a mudança de mentalidade que revelam, fica mais clara se partirmos da mais antiga fundação conhecida para a glória dos deuses; o seu autor foi Nícias, um homem político de Atenas conhecido por sua caridade, e data da Guerra do Peloponeso; em missão em Delos, Nícias "compra um terreno por 18 mil dracmas que ele consagra e cuja renda os habitantes de Delos deveriam usar para os sacrifícios e banquetes, pedindo aos deuses para conceder favores a Nícias".[187] Esse seria o ponto de partida das fundações funerárias. Outro personagem também notável, Xenofonte, dedica, um dia, uma terra a Ártemis: o sacrifício era seguido de um banquete "do qual todos os cidadãos de Cilonte participavam". [188]

Nícias pertencia a um século no qual ainda se acreditava nos deuses como pessoas reais, tão substanciais quanto os indivíduos humanos; ele confiava na virtude dos ritos: o culto tradicional dos mortos bastava-lhe, sem dúvida; enfim, ele "sabia quem era", quer dizer, não ignorava que era simplesmente um mortal; não pretendia ser igual aos deuses, mesmo depois de sua morte, e se contentava em pedir que orassem aos imortais para

---

185 Laum, op. cit., v.2, n.43; ver *Inscriptiones Graecae...*, v.XII, *Supplementum*, p.85. O estudo fundamental sobre a fundação de Epiteta deve-se a P. Boyancé, *Le culte des musses...*, p.330 et seq.
186 Laum, op. cit., v.2, n.45; ver, de preferência, Dittenberger, *Sylloge*, n.1106.
187 Plutarco, *Nícias*, 3, 7, tradução francesa Flacelière.
188 Xenofonte, *Anabase*, V, 3, 9; ver Laum, op. cit., v.2, n.12 e 3.

conceder-lhe favores nessa vida. Tudo muda na época helenística; tanto os mortos quanto os deuses formam, juntos, um gênero superior, o divino, e é por isso que as fundações caritativas também podem se tornar funerárias e os defuntos podem ser heroicizados. Progresso da incredulidade e do individualismo? A noção de individualismo, herdada de Burckhardt, não é muito precisa e é por essa razão que encontramos uma certa variedade de individualismo em todas as épocas, durante o Renascimento, mas também na medieval; na época helenística, mas também na do fervoroso Aquiles. Progresso da incredulidade? Nem tanto; a passagem da antiga religião grega para uma religiosidade mais "moderna" não é uma perda do senso religioso, mesmo se for cercado de margens de incredulidade; a nova religiosidade permitiu a eclosão do cristianismo. Ela não confiava mais na virtude automática dos ritos e exigia sentimentos vivenciados (a memória dos vivos, garantida por uma fundação, parece-lhe mais satisfatória do que gestos ritualizados); e ela era menos mitológica do que as antigas crenças: um deus não era mais uma pessoa imaginária semelhante aos seres fictícios nos quais as crianças acreditam; era uma força, uma proteção, uma meia-abstração, mais racional e também mais estimulante, pois como seria possível existir o sentimento difundido de que o divino pode ser encontrado em todos os lugares, em um homem, em uma ideia ou em um deus, se não fosse acompanhado de fervor? Quando esse fervor quase poético desdobra-se em uma ausência de confiança nos ritos, que são apenas o significante dos sentimentos que o fiel manifesta por trás de seus gestos, a distinção entre o culto e a veneração ou a homenagem tende a se diluir: os mortos, os deuses, as grandes ideias, as forças misteriosas, os grandes homens, todos estarão no mesmo plano e poderão também receber sacrifícios e um culto, porque o culto é apenas o sinal do fervor; a sociedade divina é revirada, as posições misturam-se e as antigas fórmulas de boas maneiras, que outrora distinguiam as posições, são agora empregadas um pouco ao acaso porque os fiéis desprezam essas formas vãs e dão importância somente ao sentimento que se exprime através delas. Começamos pedindo aos deuses sua proteção para o mortal, autor de uma fundação; quando esse mortal morre, não seria também um divino? Ele é assim, heroicizado, oferecem-lhe um culto ao mesmo tempo que aos deuses.

Mas os deuses ou os mortos precisam dos homens; se eles não são mais substância, se não existem mais em si como os seres mitológicos, precisam que se pense neles para existirem; os defuntos querem viver através da piedade daqueles que ficam e o automatismo ritualista não lhes basta: eles precisam viver nas memórias. É a primeira razão das fundações; existe uma segunda, mais prosaica: o desejo de luxo. Não negligenciemos a ideia de que uma fundação custava caro e garantia um culto suntuoso ao morto; o autor de uma fundação teria podido também mandar construir um oneroso túmulo; preferiu viver na memória de um grupo de homens; além disso, o espírito evérgeta estimulava a preferência pelo dom ostentatório em detrimento do consumo ostentatório, o mecenato com luxo egoísta.

Desejo de memória, dom ostentatório: o leitor surpreende-se, talvez, em ver uma prática funerária ser explicada por outra coisa que não seja a religião; nossa primeira reação não seria associar todos os hábitos fúnebres de um povo a suas crenças sobre o além? Mas, diz Philippe Ariès, estaríamos enganados em acreditar que a religião é coextensiva à cultura; uma parte das atitudes diante do além varia conforme as crenças, mas somente uma parte; a fé na imortalidade pessoal não impedia os cristãos de também quererem viver através de seus descendentes; ela também não excluía outra "vaidade", o esplendor dos funerais: evento metafísico, a morte também era um evento social; sob nosso Antigo Regime, o que acontecia no quarto onde "o rico agricultor" esperava "sua morte iminente" e recebia os sacramentos era muito diferente da parte pública, a ostentação funerária; mas mesmo sendo ostentatórios, os funerais não impediam a religiosidade: encontravam-se, ali, duas partes tematicamente distintas de um evento global, de um Todo confuso no qual se deve introduzir distinções que, apenas elas, nos permitirão interpretar as *eschatologische Inkonsequenzen*. Sem poder distingui-las, correríamos o risco de, por exemplo, levantar um diagnóstico global de descristianização por causa de um luxo ostentatório que é apenas um dos numerosos temas funerários (e um daqueles em que a religião não é levada em conta); se acreditamos que a religião é onipresente, passaremos a acreditar que ela será expulsa de todos os lugares.

Para desvendar o Todo confuso das atitudes funerárias, parece-me que devemos distinguir nesse caso pelo menos quatro temas, os únicos que podem ter a pretensão de se candidatar à dignidade de "objetos históricos" verdadeiros. Um octogenário pode, ao mesmo tempo, plantar uma árvore para seus netos, acreditar na imortalidade da alma, desejar o paraíso somente o mais tarde possível, morrer com a resignação de um pobre coitado, desejar viver na memória da posteridade, ordenar que um objeto a que tem apego o acompanhe em sua última morada, acertar o aparato de seu funeral com a pompa que convém a sua posição, manifestar, através de seus legados, uma ausência de egoísmo que se desconhecia nele quando ele próprio gozava de tais bens, falar dos falecidos somente através da multiplicação de eufemismos, mas manter seu séquito com suas últimas disposições e com o fasto de seu túmulo sem nenhum constrangimento e sem constranger ninguém, enfim, ter ou não ter medo da morte dos outros (ele pode ou não passar a noite que segue a morte de um parente sem ter lâmpadas acesas no quarto) conforme crenças mais ou menos profundas que dizem que a morte é uma passagem para um lugar melhor. Distingamos, então, o "desejo de imortalidade"[189] ou melhor, a ausência do sentimento de um limite temporal que bloquearia nossos interesses, a morte como evento metafísico ao qual se referem crenças contraditórias que coexistem apesar de sua inconsequência, a morte como evento social e, enfim, o eventual constrangimento dos outros diante do que Philippe Ariès chama de obscenidade da morte.

1. Ninguém diz "depois de mim, o dilúvio"; pode-se morrer por interesses ou valores cujo triunfo não será visto; quando consideramos o futuro, não percebemos os limites de nossa vida, da mesma forma que não vemos o início de nossa vida consciente quando olhamos para o passado, e nossos próprios olhos também não percebem as bordas do nosso campo visual. Torna-se evérgeta a título póstumo pelos mesmos motivos que se decidiu sê-lo em vida; morre-se notável exceto quando se é ainda mais generoso para com seus herdeiros; a enorme massa de dons do evergetismo pagão se explica pela ostentação que os notáveis fazem de sua superioridade política; a massa também enorme de legados à Igreja cristã se explicará por uma ostentação análoga, mas também pela maior facilidade que se tem em ser generoso a título póstumo.

2. Ela se explicará também e primeiramente, seria até desnecessário dizer, por uma crença relativa na morte como evento metafísico. Eu talvez deva dizer "uma das crenças". Temos experiências diversas e contraditórias sobre a morte metafísica nas quais podemos acreditar simultaneamente porque as modalidades dessas crenças são diferentes: acredita-se no Paraíso através da fé do outro ou de uma experiência interior que não é a mesma experiência de nossos olhos diante de cadáveres; também não é a mesma que a impossibilidade de nossa consciência em pensar sua não existência de outra forma que não seja como um simples sono; nossa sensibilidade é incapaz de se desinteressar pelo que não veremos porque não estaremos mais ali para ver. Somente a primeira dessas quatro modalidades recebe o impacto das crenças religiosas; mas, mesmo para um povo que acredita na Ressurreição, as três outras experiências subsistem; o que explica a "inconsequência" aparente que surpreende Bruck:[190] por trás da variação das crenças sobre o além, ou mesmo por trás do ceticismo helenístico, o culto dos mortos permanece imperturbável. Acredita-se no Paraíso, tem-se medo de se tornar cadáver, sente-se a futura morte como um sono, ninguém quer ser negligenciado ou

---

189 Sobre o desejo de imortalidade, lembremos a célebre passagem de Platão, Leis, 720 BC. Sobre os estoicos, Sêneca, *A Lucilius*, carta 102.
190 Bruck, op. cit., p.201 e 204.

esquecido como um cão. "Todas as doutrinas que floresceram no mundo sobre a imortalidade da alma", escreve Santayana,[191] "afetaram muito pouco o sentimento natural do homem diante da morte"; mais precisamente, elas afetaram uma de suas quatro modalidades. Santayana acrescenta: "Em detrimento das tradições verbais, raramente consideramos um mito no mesmo sentido que consideramos uma verdade empírica". Não que a crença nas fabulações míticas seja de má-fé: mas ela se funda somente em uma experiência parcial, que outras experiências ou outras crenças contradizem sem conseguir apagá-las; o indivíduo não pode pensar o seu próprio fim até o último dia, mesmo com a experiência que tenha diante de cadáveres; continua a pensar que sofrerá depois da morte por estar morto e ser esquecido, mesmo que sua razão lhe diga que esse pensamento é contraditório. Colocar-se-á, então, ao lado dos mortos, objetos que sabemos que os cadáveres não usarão; a crença na vida depois da morte em sua última morada é apenas uma metáfora que extrai toda a sua realidade do sentimento de que um cadáver é ainda um homem. As fabulações que racionalizam esse sentimento poderão variar sem que os sentimentos e os gestos se alterem; qualquer que seja a religião dominante, um cadáver é um morto que se respeita, e não um corpo sem alma, e ninguém se resigna a cair no esquecimento. O que explica os túmulos guarnecidos com uma rica mobília funerária ou ornadas de pintura que nenhum olho vivo nunca verá, o que explica as fundações para a memória de um defunto; o futuro morto não pode imaginar que ele próprio verá essas pinturas e saberá que se lembram dele, mas ele imagina ainda menos o contrário.

3. A pompa dos funerais é ainda outra coisa; a morte também é um evento social. Os funerais são, no fundo, o último aparecimento do vivo como vivo, pode ser até mesmo o maior dia de sua vida; o aparato que o carrega e a última morada que o aguarda devem exprimir o que ele foi como homem e como membro de sua coletividade; isso é consumo, e não dom ostentatório.

4. Se dessa forma uma sociedade admite que os mortos atuem para que se fale deles e que o ato de morrer e os funerais respeitam um ritual, o pensamento da morte torna-se controlável; não sendo mais perturbadora, ela não é mais vivida como uma proibição obscena. A sociedade helenístico-romana, através de eufemismos, falava muito dos mortos; as cidades não tinham um jeito melhor de agradecer a um evérgeta do que fazer que ele saiba com os maiores detalhes as honras públicas que lhe serão prestadas

---

191 *Reason in Religion*, p.52, citado por Raymond Ruyer, *Dieu des religions, dieu de la science*.

quando seu cadáver estiver sobre a pira funerária, que perfume seria exalado, à custa do Estado, durante a incineração.[192]

A socialização e a ritualização da morte eram defesas contra o medo dos mortos, bem conhecido dos etnógrafos, que não é o medo da morte, mas do sobrenatural.

Concluamos essas observações sobre as fundações funerárias. No início deste livro, associamos provisoriamente o evergetismo a três "temas": a ostentação ou mecenato, o tormento diante do além, as responsabilidades políticas. Acabamos de constatar que, no paganismo, o segundo tema refere-se ao primeiro. A atitude diante da morte é um falso objeto histórico no qual é possível distinguir vários conceitos, que são evidentemente misturados na realidade (por exemplo, os funerais constituem a socialização da morte, mas também a morte metafísica, pois eles também são uma ritualização, geralmente religiosa, da passagem para o além). Ora, diferentemente das fundações piedosas e caritativas do cristianismo que geralmente são ligadas à religião, as fundações pagãs devem pouco à morte metafísica; um pagão não deixa legados testamentários por causa da morte e para salvar sua alma; diríamos que, em vez disso, ele deixa legados apesar da morte: ele projeta-se em um futuro indefinido, sem discernir, ali, no pensamento dos limites de sua vida terrestre, os mesmos interesses e a mesma sensibilidade à opinião que faziam que os notáveis se tornassem evérgetas em vida.

O evergetismo "ob honorem"

O terceiro tema, o da responsabilidade política, ou, em outras palavras, o evergetismo *ob honorem* sobre o qual falaremos agora, é uma outra história, e não se associa à ostentação; o evergetismo *ob honorem* é um subproduto da essência do político e se inscreve na seguinte questão: governar pode ser um *métier* em que se pode exigir um salário?

Governar pode ser um dever, um direito ou uma profissão; dificilmente uma especialidade remunerada, pois não se poderia confiar a missão de governar a pessoas movidas somente pelo interesse de ganhar. Em compensação, governar pode ser um dever, uma tarefa que um grupo democrático confia a um de seus membros ou que o soberano confia a um de seus súditos; nesse caso, seria pouco provável que um evergetismo *ob honorem* fizesse sua aparição: não é habitual que se pague nem se dê gratificações para se exercer uma tarefa. Governar pode ser também uma profissão, uma atividade que um indivíduo escolhe livremente porque a considera interessante

---

[192] L. Robert, na *Revue des Études Anciennes*, LXII, 1960, p.324.

em si, e a coletividade tira proveito dessa vocação desinteressada; o profissional evidentemente não recebe salário para exercer a atividade que queria exercer (ele receberá no máximo uma indenização) e espera-se dele que prove seu desprendimento através de gestos de generosidade ou em não reclamar o que lhe é devido. Enfim, governar pode ser um direito, um direito subjetivo comparável ao direito privado; uma dinastia ou uma ordem de notáveis se considera proprietária do poder e esse direito lhe é reconhecido pelos governados: a coisa não é rara, os notáveis helenísticos, precisamente, encontravam-se nesse caso; os governados acreditavam que era legítimo serem dirigidos por ricos ociosos cultos. Com o regime dos notáveis, a política, que era primeiramente uma profissão liberal escolhida por alguns indivíduos que tinham recursos para exercer sua vocação, torna-se o direito subjetivo de uma ordem.

O evergetismo *ob honorem* é um subproduto da política como direito subjetivo. Pois governar também pode ser dificilmente um direito ou uma especialidade; mesmo o povo mais respeitoso de seus senhores quer, no entanto, acreditar que o pastor exerce seus deveres para com seu rebanho, e todo poder deve se legitimar pelo menos em palavras. Entre o direito de reinar e os deveres do encargo de rei, subsiste um intervalo em que afetos secundários se rompem, e que deverão ser reduzidos simbolicamente. O evergetismo *ob honorem* interpreta esse papel simbólico; não paga as funções públicas: representa uma forma de gratificação. Se governar é um direito subjetivo, o poder torna-se a propriedade, o privilégio e a honra da classe ou da ordem que o exerce; é normal que um proprietário assuma as despesas de sua empresa, que um privilégio mereça uma compensação, e que uma honra implique algum presente. Esse é o conteúdo verdadeiro da ideia confusa segundo a qual as evergesias consolam o povo da perda de seus direitos políticos, provocam ou compensam uma despolitização e são o preço das honrarias públicas. Vejamos tudo isso mais em detalhe:

1. "Profissão"? Sim: a política é uma profissão, como médico, padre ou "professor"; é uma atividade liberal que se exerce por dinheiro. Seja político ou filósofo, aquele que faz que paguem por seus conselhos, diz Górgias, será sempre suspeito de tentar agradar aqueles que o pagam, e de não lhes dar os melhores conselhos. É por isso que, até a era industrial, não existiram verdadeiros funcionários públicos que trabalhassem pelo interesse comum para ganhar sua vida; era preciso uma razão muito pura para considerar o presidente dos Estados Unidos como um trabalhador que exerce sua função. É paradoxal pagar para ser comandado; não se compra a autoridade e a possibilidade de ter confiança em um chefe; é esperado que o chefe se dedique inteiramente, e não dê somente aquilo para que foi pago. Léon

Duguit escrevia que a "remuneração" do menor funcionário público não era o salário de seu trabalho, mas uma soma que o Estado pagava-lhe para permitir que mantenha sua posição de um modo conveniente à sua função; os funcionários públicos eram, então, pagos demasiadamente ou muito pouco: ou eles recebiam uma remuneração suntuosa, como o de um marechal de Napoleão ou de um general soviético, ou então entendia-se a função pública como algo a ser exercido gratuitamente por notáveis cujo trabalho era gratuito e que recebiam somente uma indenização ou uma ajuda de custo.

A política, missão de confiança aos olhos da cidade, é uma profissão aos olhos daquele que a exerce; as funções públicas referem-se à gratuidade, e não à troca, e a cidade não deve nada a um indivíduo que exerce sua vocação, a não ser um valor puramente simbólico, a honra. Em 1427, conta Maquiavel em suas *Istorie fiorentine*, os florentinos decidiram reformar o conteúdo dos impostos e começaram a organizar discussões entre notáveis e simples burgueses. Os primeiros estimavam que "aqueles que deixavam seus negócios pelos negócios da República deviam ter menos impostos que os outros cidadãos; que era preciso se contentar em fazê-los pagar com sua própria pessoa e que era injusto que fossem obrigados a dedicar à República seus bens e seu tempo"; os partidários da igualdade diante dos impostos replicam essa afirmação dizendo que, "se não fosse do interesse dos Grandes suportar algum sacrifício pela República, eles deviam simplesmente não se meter mais nos negócios públicos, e não mais se indisporem, pois a própria República não teria dificuldades em encontrar cidadãos dedicados que não se importariam em servi-la com seu dinheiro e com sua sabedoria; as vantagens e as distinções que o governo proporciona deveriam bastar-lhes, sem querer, além disso, isentarem-se dos impostos públicos".

Esses argumentos eram sólidos. Em termos políticos, a troca é apenas um mal menor; um funcionário vende seu trabalho em troca de um salário quando a cidade não pode encontrar notáveis que cumpram por prazer uma missão de confiança; o funcionário não tem que agradecer à cidade, afinal, ela precisa dele, e a cidade não tem que honrá-lo, pois só se honra o que é gratuito. Existe troca somente quando existem funcionários públicos: um notável não troca o privilégio de governar por evergesias e não paga para ser honrado. Não é verdade que o dom atrai, em si, um contradom: os homens aceitam sem o menor constrangimento os serviços prestados que desejam lhes prestar; eles se deixam alimentar, proteger e governar gratuitamente e estimam, com razão, que aqueles que os governam pelo prazer são suficientemente pagos com esse prazer.

A política como profissão e empreendimento

Quem quer que exerça uma profissão o faz gratuitamente e não deve desmentir, com sua conduta, seu desprendimento. É assim que acontece com o médico e com o advogado. Sabemos que em Roma a ideia de que um advogado pudesse receber honorários provocou um escândalo durante muito tempo, e que a jurisprudência levou muito tempo para aceitar tal fato; quanto ao médico, os *Preceitos* do *corpus* hipocrático recomendam "não ser ganancioso demais, ser sensível à situação financeira do doente, até mesmo prodigar cuidados gratuitamente";[193] o médico deve socorrer principalmente os pobres pois "onde se encontra o amor pelos homens, encontra-se o amor pela arte". Em muitas sociedades existe um papel de homem desinteressado no qual confiamos nos mais diversos casos graves; nos Estados Unidos, o padre católico exerce esse papel mesmo junto aos protestantes. Muitas sociedades primitivas, nas quais a organização e a autoridade política não são garantidamente coisas desconhecidas, não possuem, apesar disso, aparelho de Estado nem um soberano: quando uma questão política é levantada, os chefes de família fazem reuniões informais e encontram um acordo sobre a conduta a ser adotada. Existe um chefe, ou pelo menos um homem que a administração colonial considerava como tal, mas ele tinha apenas uma autoridade moral: os chefes de família dirigiam-se a ele, em desespero de causa, quando estavam diante de um conflito insolúvel ou irredutível que somente uma autoridade respeitada por todos podia resolver; esse chefe carismático era consultado apenas em casos extremos, como um oráculo no qual depositamos nossa confiança porque é preciso encontrar uma solução. A condição necessária, se esse chefe quisesse conservar sua autoridade e ser reconhecido como homem de confiança, era que fosse generoso, presenteasse os pobres, oferecesse tabaco aos idosos e até mesmo renunciasse a seu direito de vingança se um dos seus próximos fosse assassinado. Ele não trocava seu poder por tabaco: oferecia garantias de desprendimento.[194]

---

193 *Preceitos*, 6 (Littré, *Oeuvres complètes d'Hippocrate*, v.9, p.259).
194 Bertrand de Jouvenel, *De la politique pure*, p.195. Citemos, sobre esse assunto, o retrato que o historiador e filósofo Nicolas de Damasco faz de seu pai, um notável de Damasco; nele misturam-se traços "semíticos" (a obediência bíblica, o elogio da benevolência e da justiça) e expressões helenísticas: "A família era ilustre em Damasco pela sua moderação e por seu grande brilho; apesar de excepcionalmente ricos, eles não eram orgulhosos por isso, mas não eram inferiores a ninguém no que se refere a sua reputação e não eram tão apegados a sua riqueza. Em particular Antipatros, o pai do historiador, que era, além disso, eminente por sua eloquência, nunca prejudicou ninguém, ao contrário, prestou serviços numerosas vezes graças a sua eloquência, não somente à coletividade, mas também a muitos de seus concidadãos em particular. Pois, honrando a justiça, se algum homem a tenha honrado,

A ideia pouco filosófica de garantia é preciosa para vários filósofos; um afirma que um verdadeiro responsável deve ser capaz de morrer por uma causa; outro, que ninguém deve criticar um partido político se ele não se sente solidário, antes de tudo, a esse partido. O evergetismo começa como garantia: César e sua mulher devem ser, ambos, insuspeitáveis. Um profissional não deve receber nada da cidade; também não deve, literalmente, fazer-lhe doações: em compensação, é difícil que lhe recuse alguma coisa, pois recairia sobre ele a suspeita de ser interesseiro. Demóstenes, que queria uma política de defesa nacional, contribui com seus recursos próprios para a construção das muralhas de Atenas, a fim de colocar seus atos em conformidade com suas palavras. Começa-se não podendo recusar nada e termina-se doando; sobretudo quando se considera proprietário do poder que detém, e não mandatário dos cidadãos.

2. Demóstenes considerava o exercício do poder uma profissão liberal que ele exercia porque era pessoalmente rico, culto e consequentemente honorável; mas, ao aceitarem, uma vez por todas, que a política é um assunto para os notáveis, o seu dever de Estado, e que o poder lhes é garantido definitivamente sem a possibilidade de retorno, os notáveis tornam-se, em bloco, os proprietários do governo; a cidade é o seu negócio. Eles assumirão, então, quando necessário, as despesas de sua função, como um empresário que assume as despesas do que lhe pertence. O evérgeta deve dar mais garantias de seu desprendimento: paga o que se deve pagar para fazer funcionar a máquina que lhe pertence, e conta-se com ele para isso.

Da vocação individual ao dever de Estado e da garantia às despesas de função, a evolução é insensível, mas quase inevitável: o evergetismo existe, pelo menos em seu estado emergente, na maioria dos regimes de notáveis, no Morvan da época de Le Play e nos condados ingleses dos tempos de Taine. No ponto de partida, os encargos públicos não são providos de remuneração, mas o notável também não paga nada: o Tesouro público cobre as despesas da função e talvez até mesmo o notável recebia uma indenização pelo tempo que não poderia mais se dedicar a seus negócios pessoais; em resumo, ele não ganha nem perde. Começará a perder sem se dar conta: se, ao tornar-se magistrado, não puder contar com serviços contábeis e de pagamento bem organizados, será mais simples que tire uma moeda do seu bolso para remediar as milhares de dificuldades inesperadas que surgirem a qualquer

---

ele apazigua com sua mediação inúmeras brigas entre concidadãos e também entre sua pátria e os dinásticos das vizinhanças; e todos o honravam. Concederam-lhe também muitas embaixadas e curatelas, ele assumiu sucessivamente todas as dignidades de seu país" (Jacoby, *Fragmente der griech. Historiker*, 2, Teil, A, p.420, n.90, fr.131).

momento; são deveres inerentes à nobreza. Correlativamente, não se pode esperar para ver tal homem distinguir escrupulosamente suas próprias finanças das finanças do Estado; ele recorrerá indistintamente aos cofres públicos e ao seu próprio cofre. Demóstenes pagava com seus recursos próprios uma parte das muralhas de Atenas e fazia pagamentos usando os tesouros de Hárpalo como se fossem dele; basta reler os discursos de Demóstenes e de Esquine sobre o processo para a Coroa[195] para constatar que, a partir do momento em que um funcionário se comportasse como evérgeta em seu cargo, a cidade não se preocupava mais em verificar suas contas. O evergetismo se entende bem com a concussão e com a corrupção; em 169, Arconte, estrategista da confederação arcontiana, não ousa apoiar um decreto pela honra dos Atálidas, por medo de que pensassem que isso era receber uma propina de Eumênio, "levando-se em conta a grande quantidade de dinheiro que havia gasto pela sua magistratura".[196] Outros eram certamente menos escrupulosos. Acontece que o povo era espontaneamente dócil e confiante no que se refere aos notáveis, que podiam desde então considerar a cidade como sua empresa. Essa mutação da mentalidade social e política surge bem cedo no caso de certos indivíduos favorecidos que se tornavam presidentes ou protetores de sua cidade; já falamos de Protógenas de Olbia; podemos associar a ele a história de Polídamas, que foi, por volta dos anos 375, o senhor de Farsala, cuja acrópole e as finanças estavam sob seu controle. Esse Polídamas

> tinha uma grande reputação em toda a Tessália e seus concidadãos o consideravam tão honorável que, ao entrarem em dissensão, haviam restabelecido sua acrópole em suas mãos e lhe haviam confiado a percepção das rendas e o agendamento das despesas inscritas na lei para os sacrifícios e a administração em geral. Graças a sua renda, ele podia manter e conservar a acrópole para seus concidadãos e administrava todos os negócios prestando contas a cada ano. Caso faltassem fundos, ele acrescentava com seus recursos próprios e retomava seu

---

195 Ésquines (que, evidentemente, tem razão sobre esse ponto aos olhos dos racionalistas que somos) deve se esforçar desesperadamente para fazer que o povo ateniense compreenda que não basta que um funcionário tenha prometido acrescentar alguma coisa de seu bolso aos fundos públicos para que a cidade não tenha mais direito de verificar as contas que ele lhe deve (*Contre Ctésiphon*, 17-23): ainda assim seria preciso primeiramente que ficasse estabelecido, diz Ésquines, que esse evérgeta realmente gastou uma quantia superior à que ele recebeu; e mesmo se o funcionário tivesse recusado todo crédito público, a prestação de contas teria ainda assim uma razão de ser: o funcionário deveria atestar por escrito que ele não recebeu nada nem gastou dos fundos públicos (*Contre Ctésiphon*, 22).
196 Políbio, XXVIII, 7, 7.

dinheiro quando havia um excedente nas receitas. Ele era, além disso, hospitaleiro e magnífico como podem ser os tessalianos.[197]

Podemos supor que, em caso de necessidade, Polídamas anteciparia o dinheiro sem esperar um retorno para continuar a exercer um poder que se tornou sua coisa; o regime dos notáveis, uma vez aceito pela opinião e legitimado, é a propriedade coletiva de uma elite que impõe, a si mesma, sacrifícios financeiros necessários ao bom funcionamento da cidade que se tornou sua empresa privada. Percebe-se também que os notáveis não possuem o poder em troca de suas evergesias: não pagam para governar, mas porque eles governam, e governam porque o poder caiu em suas mãos pelas razões analisadas acima.

A política como privilégio honorífico

3. A primeira condição do evergetismo era então esse grande fato da história helenística: o estabelecimento, nas cidades, de um regime de notáveis que consideram a função pública como sua coisa e que, prisioneiros de seu próprio sistema, dão garantias ou pagam o preço necessário para isso. Mas para que o evergetismo se desenvolva até o fim, para que a função política possa ser considerada também como uma honra e um privilégio, o que obrigará seus detentores a pagarem ainda mais, uma segunda condição é necessária, outro grande fato da época: a decadência das cidades no plano internacional, que faz que as funções tenham com mais frequência responsabilidades somente em uma escala municipal e se tornem sobretudo onerosas distinções sociais. Além disso, com a decadência internacional ou não, a maioria dessas funções tem uma importância reduzida, equivale aos mecanismos administrativos do condado na Inglaterra de Taine. Com uma pequena diferença: os notáveis do condado inglês são nomeados pelo rei (com exceção do legista, que é eleito), enquanto os dignitários gregos são designados pela própria cidade; eles são devedores da cidade que os enaltece e não assumem tarefas vindas de cima.

Podemos imaginar, por outro lado, que as funções das cidades gregas equivalham a ministérios, ou então que exista uma situação política grave, na qual a cidade se encontre diante de uma escolha trágica da qual depende sua sobrevivência: nesse caso, o esnobismo das dignidades municipais não é mais concebível, nem o evergetismo, que seria sua continuidade em grande parte.

---

[197] Xenofonte, *Helênicas*, VI, 1, 2; G. Busolt, *Griechische Staatskunde*, v.1, p.360; comparar o poder de Protógenes em Olbia (Busolt, p.484, n.1).

Não se adquire um ministério com uma estátua ou com um banquete de entronização, pois a seriedade da função é mais importante que seu aspecto decorativo; basta que os Partas, Pompeu, Brutus e Otávio profiram ameaças para que o destino da cidade fique suspenso, e a política volte a ser levada a sério, exercida pelos oradores: volta o tempo de Demóstenes; ora, não se pedem gratificações a um salvador; nas épocas agitadas, o evérgeta ajuda a cidade com seus conselhos e sua influência, mas também com seu dinheiro (como ocorreu com Teófano de Mitilene, que proporciona à sua cidade a proteção de Pompeu fazendo que devolva sua autonomia).[198] No entanto, nem todas as épocas são tão agitadas nem todas as funções importantes; quanto mais medíocre se torna a política, mais o evérgeta se torna um homem que faz o bem à cidade essencialmente pela disponibilização de seus recursos. A relação entre o evergetismo e a escala municipal das funções torna-se clara quando comparamos o Senado romano com os dignitários das cidades gregas; nas cidades municipais romanas certamente existia um evergetismo muito comparável ao dos gregos. Mas, em Roma, os senadores não tinham nada de evérgetas; eles têm condutas de dom, mas eram muito diferentes (trata-se, por exemplo, de "corrupção" eleitoral). Mas senadores, cônsules e pretores, chefes de uma imensa cidade, senhores da raça italiana que partem em missão para governar vastos territórios e exercer uma hegemonia informal sobre as duas outras raças, cartagineses e gregos, e sobre as três partes do mundo, não se importam com dignidades honoríficas e evergesias: eles têm o poder real, são eles que dominam.

Sejamos claros; mesmo se as cidades não possuem mais, de um modo geral, certo peso internacional ou mesmo que sejam apenas municípios autônomos, a cidade permanece psicologicamente a principal esfera da vida, e é precisamente por essa razão que o evergetismo tem tanta importância; para a massa da população, o grande negócio não é a política externa, a independência, mas a totalidade da vida cotidiana, a autarquia, para a qual uma simples autonomia é suficiente e na qual as evergesias produzem seu efeito material ou moral; para os notáveis, as funções públicas são as que criam distância social: eles não eram nobres pelo sangue, mas *politeuomenoi* que se distinguem dos plebeus pela participação na política local; seus interesses

---

198 Na época helenística e até mesmo na época romana, a política das cidades continua a ser exercida por oradores, como nos tempos de Demóstenes (Dião de Prusa é um tipo de conselheiro pan-helênico); "é a palavra e as adjurações políticas que contam", escreve L. Robert em *Laodicéee du Lycos, le Nymphée*, De Boccard, 1969, p.306; ver também L. Robert, *Monnaies grecques*, Droz 1967, p.25; "Les juges étrangers dans la cite grecque", em *Festschrift für*, P. J. Zepos, v.I, p.778; "Théophane de Mytilène à Constantinople", em *Comptes Rendus de l'Académie des inscriptions*, 1969, p.42: "*La cite grecque n'est pas morte à Chéronée*".

de classe (ou melhor, de ordem) mais poderosos estavam, assim, ligados ao sistema da cidade.

Ora, as dignidades públicas importam apenas, para a maioria ou com maior frequência, em escala municipal; são dignidades de que qualquer diletante daria conta. A profissão política não pressupõe talentos ou vocação pessoal; as funções são a continuidade natural de uma superioridade social, distinguem os notáveis que seriam intercambiáveis entre si, e é por isso que representam honras. Uma função torna-se uma honra quando é reservada a uma elite e quando não tem um alcance muito amplo; as funções públicas eram tarefas, frequentemente modestas, sem dúvida, e não honras, a ponto de as democracias gregas confiarem essas funções sem exclusividade a todos os seus cidadãos. Poderíamos facilmente acrescentar outras condições a essas duas que acabamos de analisar. Primeiramente, a dignidade não pode sancionar um mérito pessoal, como uma cadeira na academia francesa. Também não deve ser o direito de nascimento da nobreza de sangue, cujo único trabalho é nascer para encontrá-la em seu berço como um direito subjetivo. Enfim, é preciso que o poder que confere a honra não seja superior ao novo dignitário ou a seus pares; os notáveis dos condados ingleses são evérgetas, mas eles não são evérgetas *ob honorem*. São mecenas, benfeitores locais por ostentação de distância social, mas eles não têm o dever de dar gratificações para sua designação; eles não escreveriam o que os notáveis gregos escrevem: "Exerci a primeira magistratura em troca de uma distribuição de moeda", ou até mesmo (exceção que confirma a regra, e cujo interessado se prevalece de uma honra excepcional): "fui estrategista por nada"; ou seja, a cidade me fez a honra de me designar gratuitamente. As condições para um evergetismo plenamente desenvolvido são, dessa forma, numerosas, e é por isso que esse fenômeno é raro, ou único, na história.

O evergetismo como contra-afeto simbólico

Ora, quando uma função é uma dignidade um pouco oca, atribuída por seus pares a privilegiados intercambiáveis que não têm pessoalmente direito a ela, deve-se pagar por isso: foi assim que nasceu o evergetismo *ob honorem*; deve-se pagar na medida em que isso acarrete subprodutos psíquicos que devem ser compensados simbolicamente: a função é um privilégio e uma honra, implica, dessa forma, uma gratificação. Certamente os notáveis são espontaneamente generosos, mesmo fora de qualquer função pública; mas aqui surge um fato novo: para as funções públicas, a gratificação se torna obrigatória. O evergetismo foi, em um primeiro momento, nos tempos de Demóstenes, não o preço de uma profissão política, mas sua consequência; agora o evergetismo se torna não o preço, mas a condição para honras públicas.

Uma honra não tem preço sob pena de não ser mais uma honra; por outro lado, admite uma gratificação se o personagem honrado for intercambiável: "tal dignidade não me é devida, cem outros a mereciam tanto quanto eu; eu não poderia pagar uma tão grande honra a seu justo valor e isso seria, além disso, injuriá-los; mas sofram para que eu faça um gesto simbólico em agradecimento à escolha que caiu graciosamente sobre mim". Quanto mais supérflua for a evergesia, maior será seu simbolismo; algumas evergesias serão presentes úteis ou agradáveis, mas outras serão sobretudo gestos nobres. As cidades gregas e romanas se encherão de estátuas construídas *ob honorem*; é por essa razão que na França, nos dias de hoje, oferecemos flores em troca de um serviço que não podemos pagar a seu justo valor, pois o benfeitor não está à venda. Em resumo, existe honra e agradecimento simbólico quando uma dignidade é um privilégio reservado a uma classe cujos membros são, também, intercambiáveis. A Grécia clássica honrava os cidadãos que tinham feito mais que seu dever; o mundo helenístico considera o próprio dever político uma honra, pois ele distingue os notáveis dos simples cidadãos; mas se os notáveis estiverem no poder, resta saber quem seria esse notável: o nascimento ou a riqueza não bastam para que tal decisão seja tomada e a cidade enaltece aqueles que designa graciosamente.

4. As honras públicas são também privilégios. Ora, esses privilégios são "pagos", dizem, com as evergesias; por isso a ideia de que o pão e o circo são usados como moedas de troca para a despolitização das massas. Essa ideia é apenas um *quase* aproximativo que não é nem verdadeiro nem falso, até que se consiga especificá-lo; dizer precisamente como um privilégio se "paga" é estabelecer um fato, um fato positivo, assim como é um fato a exata restituição de uma inscrição grega; e como a restituição de uma inscrição não é um simples exercício de tema grego e nem tudo é restituível, do mesmo modo não se pode escrever qualquer coisa sobre a exata relação estabelecida entre um privilégio ou uma honra e seu pagamento.

Para Aristóteles, lembremo-nos disso, as evergesias não são uma moeda de troca, mas servem para desativar afetos: fazem que "o povo aceite o fato de não poder ascender às magistraturas e não tenha nenhum ressentimento para com os magistrados ao vê-los pagando caro por seu encargo". O evergetismo *ob honorem* não tem nada em comum com a venalidade dos ofícios, ou quando se compra um título de contas do papa, o preço que se paga não serve para desativar os afetos do rei ou da Santa Sé. Mas, por outro lado, os gestos nobres não bastariam para desativar uma insurreição e o ressentimento de um povo faminto. A vida cotidiana nos ensina que afetos são desativados pelos símbolos. Se um buquê de rosas é suficiente para pôr fim a uma briga conjugal, é a prova de que a relação é sólida, apesar de algumas pequenas brigas continuarem; se um homem ganha na loteria, seus amigos vão dizer que o regulamento é justo esperando um dia ganhar o prêmio também, provavelmente, eles sentem um pequeno desejo de que o vencedor os satisfaça oferecendo uma bebida, o que basta para provar que seus amigos simplesmente não querem ficar zangados com ele. Existe afeto secundário quando um gesto simbólico é suficiente para reduzir o mal-estar; em nome da sociodiceia e mais geralmente da praxeologia, não existe solução perfeita para nenhum problema social, do mesmo modo que não existem máquinas sem atrito; as fricções inevitáveis explodem em afetos secundários se os interessados estiverem de acordo com o princípio de sua solução. Uma boa parte das condutas irracionais ou simbólicas que a etnologia estuda se explica, creio, pela redução desses afetos (outras se explicam pela segurança).

Não existe nada mais difundido nas sociedades primitivas do que a obrigação de oferecer, em algumas circunstâncias, presentes sem valor comercial, ou que consistam em um objeto determinado conforme o costume; ocorre, em particular, que a compra de alguns bens ou de alguns serviços seja feita através de dois pagamentos, um em dinheiro líquido e outro em produto. Na Antiguidade, como também nos dias de hoje, as dívidas dos rendeiros eram de dois tipos: o arrendamento e alguns presentes tradicionais em produto e de pouco valor, geralmente produtos da fazenda (um barril de vinho, um ganso) que o arrendatário oferecia solenemente a seu proprietário. Por que tais presentes? Alguns juristas os consideram como os símbolos da dependência do arrendatário ou da propriedade do senhor sobre a terra; mas o costume ainda persiste atualmente e, nesse caso, o aspecto jurídico torna o simbolismo inútil. Os presentes seriam, então, uma simples subsistência? Não, pois, ainda nos dias de hoje, eles proporcionam um prazer específico ao proprietário; a introspecção basta para ensinar que prazer é esse: o proprietário que aluga sempre lamenta por sua terra e seus produtos; mesmo que receba dinheiro em contrapartida, essa equivalência é muito racional para satisfazê-lo completamente. O arrendatário o faz, então, provar uma amostra dos incomparáveis produtos de sua terra e esse pagamento totalmente simbólico basta para acalmar o seu lado sentimental. Em nossos bares, a gorjeta paga o que não teria preço, o lado inter-humano e personalizado do serviço. O mesmo acontece com os presentes de entronização nas associações; se um agrupamento, além dos fins a que se destina, proporciona a seus membros o prazer ou o esnobismo por fazer parte dele, esses membros só aceitarão um novo integrante com reticência, mesmo que os novatos paguem a cotização; uma ânfora de vinho seria suficiente para satisfazer esse afeto.[199]

A política é *trustee* e as funções públicas não estão à venda: elas são outorgadas; não existe pagamento principal. O evergetismo é um pagamento secundário, um tipo de gratificação; ele não é o preço das dignidades públicas e também não paga a renúncia do povo a seus direitos políticos: ele reconforta o povo no que diz respeito ao desprendimento de seus guias e aos seus sentimentos de reconhecimento. As evergesias proporcionam, assim, uma satisfação simbólica, uma vez que os notáveis as oferecem com seus recursos

---

199 O evergetismo não é redistribuição social, compensação política, consequência das rivalidades políticas ou sociais, mas contra-afeto de uma dinâmica de grupo para funções politicamente não decisivas; ele pertence à área das *human relations* e dos gestos simbólicos. E é por isso que ele também existe nas associações privadas, nos colégios cultuais helenísticos ou nos colégios cultuais e profissionais do mundo romano (e do Egito romano; ver F. Poland, *Geschichte des griech. Vereinswesen*, reimpresso em 1967, Leipzig, p.495-498; M. San Nicolo, *Aegyptisches Vereinswesen zur Zeit der Ptolemäer und Römer*, 2.ed., C. H. Beck, 1972, p.156. É dessa forma que a suma honorária das cidades romanas e gregas (ver mais tarde) assemelha-se ao direito de entrada dos colégios: ela é um tipo de direito de entrada ao conselho; os magistrados dos colégios exercem frequentemente suas funções com seus próprios recursos, como os magistrados das cidades (ver por exemplo Dittenberger, *Sylloge*, n.1101, linha 14); mecenas fazem bem aos colégios e às cidades ou instituem fundações em sua memória junto às cidades e aos colégios. Em uma palavra, o evergetismo não é um fenômeno político, mas mais amplamente um fenômeno organizacional. Como a cidade, o colégio obtém um público através do qual o mecenas pode valorizar-se; ele constitui uma organização que líderes farão funcionar com seus próprios recursos para ter, ali, o prazer de dirigir e de organizar; ele é o *locus* de uma dinâmica de grupo na qual cada um assume deveres para com seus colegas e tem algum pudor em não se sacrificar quando outros o fazem; enfim, como a cidade, o colégio busca valores que podem interessar um mecenas. Pelas mesmas razões, o evergetismo encontra-se nessas associações muito particulares que são as sinagogas judaicas: o arconte ou o geronte da sinagoga oferecem presentes ou pagam uma quantia honorária (J. Juster, *Les Juifs dans l'Empire romain*, v.1, p.441; L. Robert em *Revue de Philologie*, 1958, p.41), e é por essa razão que o título de geronte pode ser atribuído a uma mulher, do mesmo modo que as dignidades das cidades gregas podiam também ser atribuídas a mulheres se elas pagassem (ver mais longe, n.261; Juster, v.1, p.441, n.8; ver E. Schürer, *Geschichte dês jüdischen Volkes im Zeitalter Jesus Christi*, 1909, v.3, p.95). Para os cristãos, sabemos, por exemplo, que Marcião, que cometeria uma heresia, notável e rico armador de Sínope, vai à Roma, introduz-se na comunidade cristã dessa cidade e lhe faz um dom de uma importante quantia, que lhe foi devolvida quando ele foi excluído (Tertuliano, *Ad Marcionem*, IV, 4; *De praescriptione*, 30; ver Harnack, *Mission und Ausbreitung des Christentums*, v.1, p.177, n.1 e p.180). Como podemos ver, o sistema evérgeta encontra-se em todos os lugares no mundo helênico-romano, tanto no oriente grego como no ocidente latino ou na Diáspora, tanto nas cidades quanto nas associações privadas; sua difusão explica-se, então, por dois tipos de causas: suas causas próprias, e a imitação: ele tornou-se um sistema de financiamento, uma receita técnica que se imita em todos os lugares porque nesses lugares tem-se o exemplo diante dos olhos e não se consegue imaginar outra receita.

próprios, além da satisfação substancial que são o pão e o circo (satisfação que teria sido a mesma se a despesa tivesse sido feita com fundos públicos). O povo, podemos ver, contentava-se com gestos nobres e não formulava reivindicações para uma partilha equitativa dos direitos políticos; mas será que ele se dava por satisfeito de bom grado ou se dava por vencido? Isso é outro caso que examinaremos mais tarde.

As honras aos evérgetas

Funções, evergesias: os dois termos caminham juntos e caracterizam os notáveis. Poucos notáveis não expressam seu pertencimento à alta classe através do mecenato ostentatório, do evergetismo livre; não existem notáveis que não exerçam funções públicas, magistraturas ou liturgias, e que não sejam, por isso, evérgeta *ob honorem*. Não basta ser rico para pertence à elite: é a vida pública que caracteriza a alta classe, e não a riqueza ou o nascimento; um rico que se afastasse da política viveria uma vida diminuída, não manteria adequadamente sua posição. Esse ideal político era inevitável a partir do momento em que o sistema administrativo, mesmo nos reinos e nos impérios, era a autonomia local: o governo local estando vago, a alta classe se enfraqueceria se ela o deixasse para outros e não pretendesse ter uma importância política que fosse proporcional à sua importância social. Sabemos que o povo lhe confiou, ou seja, abandonou definitivamente o poder em suas mãos. Ora, não existe poder sem evergesias; a cidade divide-se, assim, em dois campos, o campo dos que dão e o campo dos que recebem. Ao lermos os epitáfios de uma cidade grega sob o Império, a população se divide em duas classes, os notáveis e os outros (ou em três classes, se acrescentarmos os que seguem uma carreira a serviço do imperador). Os epitáfios dos notáveis são os mais numerosos (o resto da população não tem dinheiro ou a autoestima necessária para perpetuar sua memória), e o que elas mencionam? Não as atividades do defunto ou suas particularidades individuais quaisquer que sejam, mas uma única coisa: suas funções públicas e suas evergesias. A distância social encontrava-se ali; o epitáfio as menciona como, em outras épocas, eram mencionados os títulos de nobreza.

Funções, evergesias: devemos acrescentar um terceiro termo, as honras públicas aos evérgetas, que vamos estudar agora, e depois disso o círculo será fechado. Em troca de suas benfeitorias, os evérgetas recebem, por decreto, distinções diversas: elogios públicos, coroas, estátuas etc. Ora, o volume que essas honras prestadas pelas cidades a seus evérgetas ocupam em nossa documentação e a importância que elas tinham na mentalidade daquele tempo são tão consideráveis que, com certeza, elas são mais do que parecem ser; são um mecanismo no sistema, mas que mecanismo? Elas não se limitam a recompensar indivíduos merecedores e a suscitar alguma emulação, como distinções honoríficas em nossas democracias ou na Grécia clássica; elas sancionam o pertencimento à ordem dos notáveis e expressam a superioridade dessa ordem; criam uma barreira simbólica de classe sob as cores de honra de um evérgeta. Por seu volume, por sua flama e por essa barreira ideológica, podemos compará-las à obsessão dos símbolos nobiliários no Antigo Regime na França, aos brasões, pinhões, cataventos, privilégios; o rico vaidoso sobre o qual São João Crisóstomos fala, que se arruína em evergesias a fim de ser aclamado solenemente, é o equivalente a um campesino, a um fidalgo envaidecido por seus títulos, pois não lhe bastou apenas ter nascido.

O estudo detalhado das honras aos evérgetas exigiria um livro para tratar somente desse assunto: nada seria uma prova maior da inventividade humana do que as distinções simbólicas. E, portanto, antes do estabelecimento do regime de notáveis, as honras não tinham o estilo extravagante que adotaram mais tarde; elas não assumiam uma significação "de classe", recompensavam indivíduos, benfeitores públicos, que os gregos honravam como honramos aqueles que chamamos heróis ou grandes homens. "A virtude e a *evergesia* têm a honra como recompensa", diz *Ética a Nicômaco*;[200]

> É assim que acontece nas organizações políticas: não se honra ali quem não proporciona nenhuma vantagem à coletividade; pois o que pertence ao grupo é dado àquele que oferece algum benefício à coletividade, ora, a honra é coisa coletiva; não se pode tirar da coletividade ao mesmo tempo dinheiro e honra [...].

"Atribui-se honra àquele que diminui seu patrimônio" a favor da coletividade, pois tudo deve ser compensado. "As honras", constata a *Retórica*,[201] "são o indício de uma reputação de evérgeta", ora, "a evergesia se aplica à salvação do próximo ou a tudo o que permite viver, riqueza e outros bens, cuja aquisição é difícil". Por que tantas honrarias para a evergesia, para a beneficência? Porque, aos olhos do homem comum, a quem os oradores se dirigem, "as maiores virtudes são fatalmente aquelas que são mais úteis ao próximo, já que a virtude é a capacidade de fazer o bem". E a *Retórica* enumera ou exemplifica as honrarias: "Compreendem os sacrifícios, os epitáfios em verso ou em prosa, os privilégios honoríficos, os recintos sagrados, as primazias, os

---

200 *Ética a Nicômaco*, VIII, 16 (1163 B 3); aqui "evergesia" designa a benevolência em geral para com um indivíduo ou uma coletividade.
201 Aristóteles, *Retórica*, I, 5, 9 e I, 9, 6 (1361 A 27; 1366 B 4).

funerais (públicos), as estátuas, as refeições do Pritaneu".[202] Dentre tantas honras, muitas eram fúnebres e atribuídas não a simples mecenas, mas aos cidadãos mortos pela pátria, que a cidade sepultou com grande fausto, ou a evérgetas heroicizados, fundadores de cidades, aos quais era prestado um culto público.[203] Aos evérgetas médios que servem a cidade com seus conselhos, suas embaixadas ou seus recursos, são atribuídas honras mais simples, elogios, estátuas ou coroas que são concedidas por decreto; essas honras multiplicam-se no decorrer do século IV. É sobretudo sobre elas que devemos falar. Nós as reencontraremos alguns séculos mais tarde, bem longe da antiga Grécia; um exemplo entre mil, em uma certa cidade indígena e helenizada de Carie, pode-se ler, na base de uma estátua construída nas proximidades do início de nossa era: "O povo honrou Apolônio, filho de Márcias e neto de Apolônio, com um elogio, uma coroa de ouro, uma estátua dourada e com a primazia em todos os concursos, por ter sido seu salvador e seu maior evérgeta e também por ter doado quantias necessárias ao fornecimento da segunda unção de óleo".[204]

Elogio, coroa e estátua são distinções em si e comportam ainda outras marcas de honra: a coroa é proclamada oficialmente pelo arauto no teatro ou na Assembleia, diante dos cidadãos ou até mesmo diante dos estrangeiros que vieram assistir às representações teatrais.[205] O decreto que confere as honras menciona, em suas considerações, em termos estereotipados ou circunstanciados, os méritos do benfeitor; as considerações são retomadas ou resumidas na inscrição gravada na base da estátua. Por modéstia cívica e humana, essa estátua não é dedicada ao próprio grande homem como será o costume entre os romanos e os modernos; ela é um objeto consagrado para a divindade, um *anathèma*, que se erige em um santuário ou lugar público: "A cidade dedicou (a estátua de) fulano a Apolo" ou, sem maiores precisões, "aos deuses" em geral (já que o contorno religioso era apenas uma cláusula

---

202 Os privilégios ou *gera* são associados a uma função; os recintos sagrados encerram tumbas de mortos ilustres e honrados, tombados em Maratona ou em Termópilas; lemos, ali, um epitáfio em verso.

203 Sobre o culto propriamente dito dos grandes evérgetas e fundadores aos quais a cidade oferecia sacrifícios e que eram sepultados, não fora da cidade, mas na ágora ou no ginásio, ver, aqui mesmo, Capítulo III, n.4; L. Robert, *Études Anatoliennes*, p.45; e em *Bulletin de Correspondance Hellénique*, 1926, p.499; em *L'Antiquité Classique*, 1966, p.420-422; em *Comptes Rendus de l'Académie dês inscriptions*, 1969, p.60, n.1.

204 J. e L. Robert, *La Carie*, v.2, p.109, n.11. Em geral, sobre as honras na época romana, W. Liebenam, *Städteverwaltung im römischen Kaiserreiche*, reimpresso em 1967, Bretschneider, p.121-133.

205 Em oposição à Assembleia, reservada somente aos cidadãos, os espetáculos tinham "todos os gregos" como espetadores (Esquine, *Contre Ctésiphon*, 43).

de estilo).[206] A fraseologia dos decretos honoríficos era tão bem ancorada nos hábitos que Platão se diverte em satirizá-la no início de *Hípias Maior*;[207] o sofista Hípias acabou de dizer: "Estive diversas vezes na embaixada de vários países e, sobretudo, em Lacônia, para tratar de negócios numerosos e importantes", e Sócrates abunda no que se refere ao sentido: "A título privado, conseguiste devolver à juventude, de quem recebes quantias importantes, um serviço mais importante do que esse dinheiro, e ao mesmo tempo, na vida pública, conseguiste ser um benfeitor de teu próprio país"; ambos falam como um decreto, cada palavra e a própria cadência das frases evocam uma forma de paródia que lemos ainda hoje nas inscrições do século IV. É no decorrer desse século que os decretos honoríficos, em vez de ficarem enterrados nos arquivos públicos, são cada vez com mais frequência gravados em um material resistente, para que sua cópia seja exibida em lugar público por decisão da cidade ou pelos cuidados do próprio bem-aventurado que será glorificado; no decorrer desse mesmo século, as coroas são atribuídas cada vez mais frequentemente – bons espíritos a deploram[208] – e, precedentemente folheadas, são agora regularmente feitas de metal precioso.[209] Quanto às estátuas, que apareceram isoladamente no início do século,[210] são extremamente numerosas no final: 360, dizem, para Demétrio de Faleros.[211] Tudo isso conforme o espírito da época; a partir do século IV, a vida política nacional e internacional é cada vez mais refinada e cheia de salamaleques.

---

206 P. Veyne, "Les dédicaces grecques et latines», em *Latomus*, XXI, 1962, p.84-94. De um modo geral, parece que na Grécia as honras aos homens derivam das honras aos deuses; a mais antiga espécie de honra pública parece ter sido essa: a cidade doa a um cidadão merecedor uma quantia determinada e o encarrega de agradecer aos deuses oferecendo-lhes sacrifícios ou *anathemata* com essa quantia; o cidadão que tem o mérito de ter uma empresa bem-sucedida encarrega-se de agradecer, ele mesmo, aos deuses por esse sucesso público, e a cidade lhe dá a soma necessária para isso. Do mesmo modo, quando uma cidade dedica aos deuses a estátua de um general, ela honra esse general agradecendo aos deuses por sua vitória. Sobre tudo isso, ver Ésquines, *Contre Ctésiphon*, 187 e 46.
207 Platão, *Hípias Maior*, 281 BC.
208 Ésquines, *Contre Ctésiphon*, 187; ver Busolt e Swoboda, *Griech. Staatskunde*, v.2, p.953-954.
209 Ésquines, op. cit. As honras acabam sendo estereotipadas e hierarquizadas: atribuir-se-ão a um cidadão ou a um estrangeiro merecedor as "primeiras honras", as "segundas honras", as "primeiras e as segundas" e assim sucessivamente até as sextas (Liebenam, *Städteverwaltung*, p.132). Sobre a gravação dos decretos (distinguir de sua publicação por exibição em um quadro), ver Wilhelm, *Beiträge*, p.259.
210 São estátuas de Conon (Pausânias, I, 3, 2; Demóstenes, XX, 69), de Cábrias, de Timóteo e de Ifícrates (Ésquines, *Contre Ctésiphon*, 243).
211 Estrabão, IX, p.398 C; Plínio, *Histoire naturelle*, XXXIV, 27; Diógenes Laércio, V, 75, 77, 82.

A hipertrofia das honrarias

Evérgetas, no sentido limitado em que a palavra foi convencionada, são aqueles que ajudam a cidade com seus próprios recursos e serão os principais beneficiários das honrarias; uma cidade grega, sob o Império, honra com uma estátua (ou "consagra uma estátua a") três tipos de pessoas, o imperador regente, os governadores de províncias (*hêgoumenoi*) e os benfeitores públicos,[212] em outras palavras, os notáveis, ou alguns notáveis. Certamente nem todo notável recebe honras públicas; não basta, para ser distinto, ter "exercido todas as magistraturas e todas as liturgias" de sua cidade, segundo a fórmula consagrada que lemos, sob o Império, em grego ou em latim, em diversos epitáfios de notáveis, da Ásia à África romana; é preciso ter feito mais, e, efetivamente, muitos faziam mais, proporcionalmente à sua própria fortuna pessoal e à importância de sua cidade. É bem visto que um notável assuma um ato de mecenas uma vez em sua vida, construa um edifício público ou ofereça uma festa à população; ele será reverenciado, pois o costume não o obrigava necessariamente a isso; ele será reverenciado também se, ao ser designado para uma função pública ou for voluntário para assumi-la, aproveite essa oportunidade para fazer seu ato de mecenas e dê, *ob honorem*, uma gratificação mais alta ou mais engenhosamente imaginada do que aquela que o costume prescrevia. Livre mecenato, escalada no valor da gratificação obrigatória: são alguns dos títulos para obter coroas e estátuas, e é cada vez mais exclusivamente para títulos desse tipo que as cidades têm a ocasião de decretá-los. As honras não são prostituídas e desvalorizadas, permanecem uma distinção e uma incitação; mas muitos notáveis as merecem e somente notáveis se preocupam em merecê-las. Além disso, pouco importa saber (supondo-se que se possa saber) que proporção exata de notáveis fazia mecenato: o evergetismo era típico da alta classe, como em outras épocas, os deveres de caridade, e é o que conta. Sabemos bem, pensamos a vida social por tipos, por essências, o que gera preconceitos nacionais, raciais ou sociais;[213] é um erro, sem dúvida, que acarreta consequências bem reais. Que "o" notável seja evérgeta e reverenciado faz que todo notável deva ou devesse sê-lo e que as honras recompensem aqueles que as mereceram, uma generosidade que é típica de sua classe. Evergesias e honrarias tornam-se a matéria de uma ideologia, de uma crença que leva a condutas; ao decretar estátuas e coroas, a cidade, ou seja, a corporação de notáveis, sob o pretexto de homenagear

---

212 Friedländer, *Sitlengeschichte Roms*, v.3, p.65-69.
213 Sobre esse pensamento por tipos ou essências, G. Jellinek, *Allgemeine Staatslehre*, 3.ed., 1922, p.36; Husserl, *Expérience et jugement*, tradução francesa Souche, PUF, 1970, p.233.

um dentre eles, lembra a todos os outros que a generosidade é um dever de Estado, para a melhor reputação de toda a corporação; ao aclamar um evérgeta, o povo incita e até mesmo obriga os outros a imitá-lo; ao reverenciarem os mecenas, os notáveis fazem que o povo conheça os méritos daqueles que integram sua corporação como um todo, e ensinam que ela é essencialmente honorável. As honras mostram a todos qual é a ordem estabelecida.

Os dois campos tendo, assim, interesse nesses salamaleques, uma bela carreira se abre à engenhosidade de ambos. A elevação de uma estátua torna-se o pretexto para trocas de cortesias e para novas evergesias. As cláusulas do decreto que atribui uma estátua estabelecem mil refinamentos possíveis; a cidade pode decidir expressamente que estátua será erigida "no lugar mais frequentado" ou até mesmo deixar a escolha da locação para o próprio evérgeta: que fará que seja instalada "onde ele quiser".[214]

Acontece que uma estátua custa caro; um evérgeta de bom-tom aliviará as finanças públicas assumindo as despesas de sua própria estátua; ou então se contentará com a honra representada por um pergaminho ou apenas mandará gravar o texto do decreto no mármore, dispensando o povo da obrigação de construir efetivamente sua efígie.[215] Se a estátua é construída,

---

[214] "No lugar mais frequentado": ver, por exemplo, Dittenberger, *Sylloge*, n.711 L 40; "onde ele quiser": por exemplo Wilhelm, *Neue Beiträge*, IV (*Akad. Wiss. In Wien, Sitzungsberichte*, 179, 6, 1915), p.44, e em *Jahreshefte der österreich. Akad.*, X, 1907, p.17; no grande decreto do *koinon* da Ásia pela honra de Menógenes que foi descoberto em Sardes, Menógenes recebe o direito de construir seu retrato na cidade da Ásia de sua escolha. Era uma honraria suplementar deixar, assim, a escolha da localização ao personagem homenageado (Plínio, *Cartas*, X, 8, 2). Lemos, em Plínio, o Velho, *História natural*, XXXIV, 11, 25, que a vestal Gaia Trácia (heroína de uma lenda que é a duplicata da de Aca Laurência) "recebeu uma estátua com o direito de construir onde ela quisesse, *ut poneretur ub vellet*": esse texto é suficiente para denunciar a invenção de um historiador helenístico. Como as honrarias públicas romanas, desde o último século da República, são o decalque muito fiel das honrarias helenísticas, é frequentemente questão nos textos romanos de estátuas construídas *celebri loco* ou *ubi vellet*; Cícero, *Contre Pison*, XXXVIII, 93; Plínio, o Velho, *História natural*, XXXIV, 2; Plínio, *Cartas*, VIII, 6, 14; Apuleio, *Flórida*, XVI, 36 (assinalemos o grande interesse desse texto para o mecanismo de honrarias públicas: ele mereceria um completo comentário epigráfico).

[215] O fato é familiar aos epigráficos latinos que conhecem, além disso, o texto *honore contentus impensam remisit*; mas, como a maioria dos fatos em epigrafia latina, ele é de origem helenística: citamos acima (n. 144 e 152) o caso de Irênia e do rei Eumênio; citemos também um decreto de Pagai (Wilhelm, em *Jahreshfte der österr. Akad.*, X, 1907, p.17), um decreto de Pérgamo (Hepding, em *Mitteilungen des deutschen archäol. Institus, Athen. Abteil.*, XXXII, 1907, p.264 e 271), o decreto de Sestos pela honra de Mena (Dittenberger, *Orientis Graeci inscriptiones*, n.339, linha 42). O interessado podia assumir a estátua por sua conta ou dispensar a cidade de erigir a estátua para ele e também não a construir, mas se contentar com o decreto que lhe concede a estátua que, em si, é prova de seus méritos (comparar

o dia da inauguração será a ocasião de uma jubilação pública, oferecida mais uma vez pelo evérgeta.[216] Novas honrarias são inventadas, colorindo a vida daqueles tempos ou revelando a realidade social. Para sua vinda à cidade, o benfeitor público pode ser oficialmente recebido por toda a população local, que o aclama, e sua chegada se parece com a entrada solene de um monarca.[217] O povo inventa aclamações inéditas para seus benfeitores ou para aqueles de quem quer arrancar benefícios:[218] "Provedor!", quando o personagem aclamado alimentou (ou deve alimentar) a população; "Oceano!",

---

com Plínio, *Cartas*, VII, 29, 2, a conduta do liberto Palas: ele recebeu uma recompensa do Senado de 15 milhões de sestércios e recusou a quantia, contentando-se da honra que ter sido escolhido representava). Ver Dião de Prusa, *Discours rhodien*, XXXI, 114-115. A própria cidade pode conceder uma estátua e prever créditos para isso, ou simplesmente autorizar por decreto um personagem que construa sua própria estátua: em ambos os casos, o personagem homenageado pode se contentar pela honra do decreto, ou seja, dispensar a cidade de construir a estátua sem também construí-la, ou então assumir as despesas da estátua pela cidade, ou não construir a estátua para a qual ele tem autorização de construir. Quando uma cidade concede uma estátua e está decidida a pagar por ela, ela pode devolver o dinheiro ao interessado, que poderá empregá-lo na construção de uma estátua ou guardá-lo ou fazer um outro uso qualquer: o imperador Vespasiano, ao saber que uma cidade tinha acabado de conceder-lhe uma estátua por um preço considerável, estendeu sua mão aberta aos embaixadores e disse-lhes: "Eis aqui a base: levantem-na imediatamente" (Suetônio, *Vespasiano*, 23). Eventualmente, um homem notável assumia a despesa de uma estátua atribuída a uma terceira pessoa (L. Robert, *Hellenica*, IV, p.141, n.2); e também um personagem glorificado podia usar o dinheiro para levantar, não sua própria estátua, mas a de um deus (sobre o qual fala um epigrama de *Anthologie*, XVI, apêndice de Planudes, 267; comparar Dião Cássio, LIV, 35: Augusto, sobre o dinheiro de uma coleta, não se constroem estátuas, mas erigem-se pela Concórdia e pela Paz). Um caso muito diferente é o de estátuas construídas por subscrição; por exemplo, em Rodes, a estátua de um ginasiarca foi construída por mais de quinhentas pessoas (*Inscriptiones Graecae*, XII, 1, n.46); no que se refere à área romana, o mais belo exemplo é, sem dúvida, a base de Sulpício Félix em Sala, construída por seus *amici* (J. Carcopino, *Le Maroc Antique*, p.200).

216 Ver mais uma vez o Decreto de Pagai, citado nas notas 214 e 215 (Wilhelm, *Jahereshefte des österr. Inst.*, X, 1907, p.28-29).

217 Vimos evérgetas aclamados por toda a população no teatro ou em sua entrada na cidade (n.142 e n.218) e veremos a população aclamar um notável para induzi-lo a oferecer presentes (n.303). Em Apuleio, *Metamorfoses*, X, 19, um cortejo acolhe um notável na entrada da cidade. Plínio escreve que uma cidade da qual ele é senhor "celebra suas chegadas, *adventus celebrat*" (*Cartas*, IV, 1, 4). Uma inscrição de Maratona revela uma entrada solene de Herodes Áticos (Svenson em *Bulletin de Correspondance Hellénique*, 1926, p.527). Isso engendrava um decreto "de recepção" (magnífico exemplo: *Sylloge*, n.798, linhas 15-fim).

218 Ver n.274; comparar Dessau, *Inscriptiones latinae selectae*, n.5062: um notável de Minturnes assume um espetáculo de gladiadores "que o povo lhe havia pedido no momento da celebração do seu cortejo", *postul(ante) populo q(uando) process(us) editio celebrata est* (trata-se do cortejo ou *processus* dos novos magistrados municipais ou *duumviri*, que é comparável ao *processus* dos novos cônsules, sobre os quais ver H. Stern, *Le Calendrier* de 354, p.158).

quando ele é ou deve ser um inesgotável oceano de benefícios, outros diziam "um rio"; esses clamores do povo podem ser imitados pelos decretos honoríficos que, na virada de uma frase, atribuem ao evérgeta o título oficial de provedor, fundador ou refundador, patriota, ornamentador da cidade, primeiro personagem local e até mesmo pai, mãe, filho ou filha da cidade, segundo sua idade e seu sexo: essa adoção verbal mostra como o vocabulário afetivo da família expande-se pelo vocabulário cívico a partir da baixa época helenística.[219]

---

219 Sobre o vocabulário afetivo familiar que é aplicado à cidade, ver nossa n. 146. Sobre os títulos dos evérgetas, em particular o de "provedor", L. Robert, *Hellenica*, XI-XII, p.569-576. O próprio nome evérgeta é um título oficialmente atribuído (ver, por exemplo, a lista dos evérgetas de Pérgamo constituída por Chr. Habicht em *Instanbuler Mitteilungen*, IX-X, 1959-1960, p.118, n.2). Sobre o título de "filho da cidade", ver agora L. Robert em *Laodicée du Lycos, le Nymphée*, p.317, n.4 (*filius publicus*, traduzido Apuleio, *Metamorfoses*, IV, 26); conhecemos também títulos tais quais "mãe da metrópole" ou, em Esparta, "Héstia da cidade". Sobre "provedor", L. Robert, *Monnaies Grecques*, Droz, 1967, p.66. "Provedor e fundador", lemos na colônia de Parlais (L. Robert, Hellenica, VII, p.78); um fundador, sob o Império, é um evérgeta que conquistou a proteção ou a graça do imperador para a cidade (J. E L. Robert, *La Carie*, v.2, p.163) ou que mandou construir edifícios públicos (*Hellenica*, XI-XII, p.575); encontramos na colônia de Sínope a tradução latina desse título, *conditori patriae* (*L'Année Épigraphique*, 1916, p.339, n.120). Um "fundador" é um homem que "ornamenta a cidade", um *kosmopolis* (L. Robert, *Études anatoliennes*, p.349), o que tem um equivalente em Tripolitana, onde os evérgetas usam o título de *ornator patriae* (essas inscrições são bilíngues, latim e neopúnicas: elas têm uma origem grega; o neopúnico é uma tradução do latim, que é uma tradução do grego). Sobre a exclamação "Oceano!" ou "Nilo", J. e L. Robert, *Bulletin épigraphique*, em *Revue des Études Grecques*, 1958, p.207, n.105; em *La clé des songes de Artemidore de Daldis*, que sonha que um rio será evérgeta (p.147 2-7 Pack) e será, ao mesmo tempo, o chefe da sua cidade. Precisamente um outro título de honra é "primeiro da cidade", ou "primeiro da ilha" (em Malta, em *Inscriptiones Graecae*, XIV, 601, com uma aproximação com *Les Actes des Apôtres*, 28, 7) assim como "primeiro da província" ou (na Ásia) "primeiro dos gregos" (Dittenberger, *Orientis Graeci inscriptiones*, n.528; L. Robert em *Annuaire des Hautes Études*, 1964-1965, p.180; ver P. Veyne em *Bulletin de Correspondance Hellénique*, 1966, p.150, n.2). Digamos a esse respeito que o estudo do patronado da cidade no mundo romano deve ser retomado: o patronado não é uma função que obriga a exercer atividades definidas, é um título, o de *patronus*, que é atribuído em agradecimento a benfeitores; é uma palavra (e não uma coisa) comparável a "filho da cidade" ou a "fundador"; o título de *patronus* pode ser concedido pelos méritos mais diversos, e o estudo desses méritos não é o do "patronado de cidade", mas o dos benefícios que se podia oferecer às cidades romanas; do mesmo modo que estudar, na França, nossa decoração ou a *Légion d'Honneur* não é a mesma coisa que estudar as razões muito diversas pelas quais um homem pode ser condecorado, o que seria o mesmo que estudar uma boa parte do funcionamento da sociedade francesa.

A qualificação de notável não era hereditária por direito, já o dissemos (o grande negócio era conseguir preencher o conselho com pessoas ricas e capazes de suportar as liturgias se essas pessoas tiverem origem modesta e dedicadas ao negócio); mas, através da herança, a notabilidade era na maioria das vezes hereditária de fato, e a baixa Antiguidade fabricará o título de *patroboulos*,[220] homem cujo pai já era conselheiro. Não era raro que um pai pagasse com seu dinheiro as evergesias de seu filho ainda adolescente e iniciasse, através disso, sua carreira; desde a alta época helenística, muitos decretos honoríficos dizem, sobre um evérgeta, que ele seguiu os traços de seu pai e manifestou a mesma benevolência para com a cidade. Assim nasceu essa variedade de decretos honoríficos que são os decretos de consolação;[221] se uma família de notáveis perde um filho, o decreto o consola pela perda de um filho que já dava esperanças à cidade.

As instituições das cidades na época romana são cada vez mais moldadas pela questão do dinheiro, ou melhor, pelo evergetismo; a democracia, como dizem, desaparece não porque os notáveis espoliaram o povo de tal sistema, mas porque não se questionava mais sobre quem dirigiria a cidade e quem, se notáveis ou homens do povo, escolheria esse homem: a dificuldade é, ao contrário, encontrar pelo menos um homem que possa se sacrificar nessa função devastadora. Portanto, ainda é possível que se consulte a *vox populi*: para que todo o povo aclame um decreto à honra de um benfeitor público; desde a baixa época helenística, no século II antes da nossa era, havia a transcrição, sobretudo no fim dos decretos honoríficos, do número de sufrágios populares para votar as honrarias.[222] Depois, só se votará por aclamações e

---

220 L. Robert, "Sur une liste de Courètes à Éphèse", em *Arkhaiologikè Ephemeris*, 1967, p.131: um *patroboulos* é um filho de membro do conselho, sucessor designado por seu pai e como tal associado desde a adolescência aos trabalhos do conselho. Ver J. Declareuil, *Quelques problèmes d'histoire des institutions municipales*, 1911, p.188.

221 Sobre os decretos de consolação, E. Norden, *Die antique Kunstprosa*, v.1, p.448; L. Robert, *Hellenica*, III, p.15; e em *Laodicée du Lycos*, p.324, assim como em *L'Antiquité Classique*, XXXVII, 1968, p.407, n.6; eu não pude ler O. Gottwald, "Zu den griech. Trostbeschlüssen", em *Commentations Vindobonenses*, 3, 1938, p.5-19. Esse *topos* a partir do qual Menandro, o Retor, constrói sua teoria está resumido em Plínio, *Cartas*, II, 7, 5; ele é usado para a memória do defunto, para a consolidação dos familiares e para dar o exemplo; é uma variante do decreto de testemunho honorífico, como vemos na XIVª *Filípica* de Cícero, XI, 31. Como exemplos, citemos, em grego, o decreto *Sylloge*, n.889 e, em latim, um decreto de Sica, *Corpus*, VIII, n.15880. Sobre os funerais públicos, ver um decreto de Cápua, *Corpus*, X, n.3903, e numerosos exemplos gregos (Atenas, Epidauro, Amorgos, Afrodisias, Olbia, Odessa...); ver J. e L. Robert, *La Carie*, v.2, p.176, sobre um tipo de inscrição híbrida, ao mesmo tempo funerária e honorífica.

222 Por exemplo, em dois decretos honoríficos de Magnésia do Meandro (O. Kern, *Inschriften Von Magnesia*, n.92 A e B e n.94). Sobre a indicação do número de vozes no fim dos decretos,

a assembleia cívica se tornará um público popular cuja presença ressaltava o brilho da cerimônia; um decreto de uma cidade de Eubeia no século III de nossa era é um exemplo muito vivo disso.[223] Era na época em que os países gregos eram ameaçados pelas invasões góticas: os Hérulos pressionarão um dia suas incursões até Atenas e Esparta; para garantir sua defesa, as cidades deviam contar primeiramente com elas mesmas. Ora, em Calces de Eubeia, o sacerdote perpétuo da cidade mandou cercar o santuário de sua deusa com uma muralha e acrescentou, junto a ele, construções feitas para a ornamentação e a caridade; ele pedia, em troca, poder usar o título de sacerdote "eterno" e transmitir seu sacerdócio a seus descendentes como uma espécie de título de nobreza. Concederam-lhe o que queria e, para realçar e confirmar essa concessão, o Conselho e o povo votaram-na, ambos, cada um no seu canto; foi assim que a coisa aconteceu. Um dos primeiros conselheiros, Pânfilo, apresentou a proposição de tornar o sacerdócio hereditário na família do evérgeta; "os outros conselheiros exclamaram: 'Viva a proposta de Pânfilo! Que assim seja!'" O secretário colocou, então, a proposta para votação sugerindo que a unanimidade era desejável: "Que todos aqueles que decidam que essa honra deva ser transmitida também aos descendentes, segundo a vontade de todos e conforme a proposta de nosso colega Pânfilo, levantem a mão!". Os conselheiros exclamaram: "Adotado!". A cena se repete, então, diante do povo. O primeiro magistrado declara:

---

ver Wilhelm, Neue Beiträge, VI, *Akad. Wiss in Wien, Sitzungsberichte*, 183, n.3, 1921, p.5; L. Robert em *Revue des Études Anciennes*, 1963, p.304 e no *Annuaire du Collège de France*, 1963-1964, p.365.

223 *Sylloge*, n.898. Na parte latina do Império as coisas se passavam do mesmo modo que nesse documento grego: para os decretos honoríficos, e somente para eles, o povo era associado ao conselho e seu voto era feito por aclamações; o que a epigrafia latina, sempre mais econômica em precisões (e preocupada em economizar a despesa de gravar textos longos), expressa por simples palavras decreto *Ordinis et populi* (ou às vezes *Ordo censuit consentiente populo*, Dessau n.6530; *succlamante pópulo*, n.6113). Sobre o voto dos decretos honoríficos por aclamação popular, ver Isidoro Lévy, "Études sur la vie municipale de l'Asie Mineure", em *Revue des Études Grecques*, VIII, 1895, p.208, 212, 214. É o momento de dizer que a famosa fórmula S.P.Q.R., "o Senado e o povo romano" (ou melhor, "romanos", pois o adjetivo qualifica os dois substantivos, já que lemos em Salústio *populus senatusque Romanus*), não tem um sentido muito diferente: ela surge em epigrafia no início do Império, não antes, ou seja, em uma época na qual o povo havia acabado de ser despojado de todo papel político, a não ser nas representações que tribos urbanas interpretavam em Roma o papel de brigada das aclamações; a fórmula S.P.Q.R. significa que a partir de então o Senado bastará para representar o povo e que seus decretos supostamente representarão a vontade popular; ver Mommsen, *Straatsrecht*, v.3, p.1258, n.4.

Seria bom que vós pratiqueis o bem pelo bem àqueles que o merecem e transmitais suas honras a seus filhos, em vez de apenas conferi-la a eles; será somente dessa maneira que poderemos levar outros a fazerem muito por nós; o Conselho já se precipitou em votar nesse sentido; se vós também decidíeis assim, levantais as mãos!

O povo exclama: "Adotado! Vida longa a todos esses sacerdotes!". Mas é possível que, de todas as honrarias, a que atingia mais diretamente os sentimentos dos evérgetas fosse a gravação do decreto que lhes era conferido, e não a honraria em si, pois dessa forma a honraria ficaria para a posteridade. Quando, nos dias de hoje, caminhamos nas ruínas de uma cidade antiga ou de um vilarejo moderno construído sobre as ruínas de uma cidade antiga, podemos ver as bases, colunas, epitáfios ou arquitraves ainda ali, ou reaproveitados na construção dos muros modernos, que apresentam os nomes gravados dos evérgetas de antigamente; e ficamos surpresos em ver repetidamente os mesmos nomes: em Perge, no sul da Ásia Menor, lemos em todos os lugares o nome dos Plancii e, em Sepinum, nos Abruzos, o nome dos Nerati. O efeito era ainda mais eloquente para o andarilho antigo. Nossa documentação não deforma as perspectivas: as inscrições ocupavam, na mentalidade daquele tempo, um lugar tão importante quanto o que ocupam hoje na coleção de nossos documentos. Uma grande família devia ter seu nome estampado em diversos lugares de sua cidade e, se um decreto em sua honra estivesse exposto em um lugar público ou no túmulo familiar, com certeza seria lido. Para os antigos, efetivamente, a inscrição tinha uma dignidade equivalente à de um livro: gravura (*epigraphè*) e edição eram dois modos de publicação equivalentes; da mesma forma não se gravavam "documentos" se tomarmos essa palavra como equivalente de nossos cartazes ou papéis burocráticos, mas monumentos[224] para serem lidos na posteridade; e havia leitores para isso: quando um grego ou um romano queria ler um pouco, podiam entrar em uma biblioteca ou caminhar em um santuário, em uma praça pública ou ao longo de uma estrada cujos corredores eram usados como cemitérios, para ler[225] os ex-votos, os decretos, as bases de estátuas ou

---

224 Louis Robert, "Épigraphie", em *Encyclopédie de la* Pléiade: *l'Histoire et ses méthodes*, p.8-10 de uma tiragem suplementar; L. Wenger, *Die Quellen des römischen Rechts*, 1953, p.61, n.1. É o momento de dizer, mais uma vez, tudo o que devemos ao ensino de Louis Robert nos Hautes Études.

225 Ler em voz baixa e não ler com os olhos; na Antiguidade, não se lia nunca com os olhos, ou melhor, ler com os olhos era considerado uma façanha acessível somente às mentes superiores. O que explica o alcance da fórmula que tanto se lê nas tumbas antigas: "Viajante, pare e leia"; a leitura em voz baixa reanimava o epitáfio e era efetivamente em voz alta que

epitáfios. Como um grande senhor tal qual Petrônio pôde conhecer os hábitos do povo que descreve com tão lúcida condescendência? O *Satiricom* contém a resposta para essa pergunta: foi misturando-se a ele, sem dúvida alguma, mas também foi lendo as inscrições dessa gente, como nós mesmos fizemos.

Fazer que todos os que foram coroados benfeitores sejam lidos era, assim, tão enaltecedor quanto a própria coroação. Também existem duas maneiras de honrar alguém; uma consiste em glorificá-lo, conferir-lhe uma coroa ou uma estátua, a outra consiste simplesmente em dizer ao interessado "eu te glorifico". Dentre os decretos honoríficos, alguns concedem, por exemplo, uma estátua com uma inscrição honorífica em sua base, e outros decidem, além disso, que uma cópia do decreto seja transcrita em uma coluna e exposta em lugar público: é a própria cópia que lemos hoje; também é possível que seja o próprio personagem glorificado que tenha mandado gravar o decreto. O que os epigrafistas chamam, para ir mais rápido, de "decretos" gregos (ou romanos) são, na realidade, cópias um pouco abreviadas (o original, transcrito em um material perecível, sendo conservado nos arquivos da cidade). Não é evidente que um decreto seja gravado, e devemos sempre nos perguntar por que ele o foi, pois a resposta é sempre significativa; nove em cada dez vezes, o decreto é honorífico e sua gravura uma honraria a mais. Se ele é gravado por decisão oficial, o decreto será lido em uma coluna construída, por exemplo, na ágora, no ginásio ou em um santuário; se o interessado mandou gravar por sua própria decisão privada, será lido em seu túmulo. A gravura oficial é um "testemunho" (*martyria, testimonium*) dos méritos do evérgeta e do reconhecimento público.[226] Existirá até mesmo,

---

o leitor pronunciava o adeus que o epitáfio pedia-lhe também para pronunciar; além disso, o leitor pronunciava também o nome do defunto e o fazia reviver através de sua voz; ver A. D. Nock, *Essays on Religion and the Ancient World*, v.1, p.359; C. Jullian, *Histoire de la Gaulle*, v.6, p.253, n.6; E. Norden, *Die antike Kunstprosa*, v.2, p.451; H.-I. Marrou, *Histoire de l'éducation dans l'Antiquité*, p.124, 215, 270. E também Dião de Prusa, XVIII, 6: "É melhor fazer que leiam do que ler, pois o prazer é maior quando nos livramos da tarefa da leitura".

226 O emprego de *martyria* sobre um texto epigráfico se lê em Demóstenes, *Contre Leptine*, 149: os decretos gravados nos santuários são "testemunhos" a favor do povo. Um decreto honorífico faz duas coisas: ele prova os méritos de um homem (*martyria*) e atribui uma homenagem (*timé*) a esse homem; o testemunho, em si, é no fundo um primeiro grau de recompensas, de honrarias; ele é até mesmo a única honraria que se podia receber das autoridades supremas, do imperador e do governador da província, que não atribuíam outros além desses e contentavam-se em entregar por cartas alguns tipos de certificados: as inscrições da tumba de Opramoas, sobre a qual falaremos mais tarde e, no Ocidente latino, o Mármore de Thorigny, são alguns exemplos. Existe um segundo tipo de quase-honra: o fato de mandar gravar o testemunho em vez de deixá-lo dormir nos arquivos da cidade. Evidentemente, todo personagem homenageado pode mandar gravar, se quiser, um decreto que

na baixa época helenística, um tipo de decreto no qual a honra será reduzida à frase "eu te glorifico" e a atestar os méritos do interessado, sem lhe conferir marcas de honrarias particulares; esses tipos de certificados se chamarão decretos de testemunho.[227] Quando uma cidade glorifica um atleta internacional ou juízes estrangeiros, ela comunica à pátria do atleta ou do juiz o texto das honrarias que lhes foi concedido, atestando, através disso, seus méritos e os divulgando. As cidades não são as únicas a atribuir certificados; o governador da província, ou até mesmo o próprio imperador, pode testemunhar, por uma carta, os méritos de um homem que apreciaram. Sob o Império, grandes evérgetas, como esse Opramoas sobre o qual falaremos,

    o homenageia e cuja cidade comunicou-lhe o texto: ela mandará gravar em sua tumba, por exemplo; mas a quase-honra consiste em que uma cidade possa decidir mandar gravar em um local público (enquanto um particular, mesmo homenageado, não tem evidentemente o direito de mandar gravar um texto em um lugar público); a cidade também pode mandar gravar o texto em uma mesa de bronze que ela remeterá ao interessado (*Sylloge*, n.889, linha 36). Isso se chama *epigraphè*: essa palavra designa toda inscrição que reverencia um homem (pode ser um decreto que a cidade mandou gravar; ou o direito que ela concede a um evérgeta de fazer que seu nome apareça nas inscrições monumentais de um edifício público que ele mandou construir com seus recursos próprios, ver n.319; ou, enfim, o direito que ela concede a um magistrado ou liturgia merecendo mencionar seu nome nas *anathemata*, fiales ou estátua, autorizado por ela, depois de prestação de contas, a dedicar aos deuses para agradecer-lhes por sua bem-sucedida e leal gestão; ver n.95: por exemplo, no decreto de Sestos, *Sylloge* n° 339, linhas 40 e 94 com a n.20, o evérgeta Mena poderá mandar gravar seu nome nos *imagines clipeatae* que ele dedicará aos deuses no final de seu encargo). Daremos um exemplo, ao acaso, da quase-honra e da gravura; será o decreto *Sylloge*, n.721: a cidade de Creta de Cnossos atribui honrarias e privilégios a um estrangeiro, a um literato de Tarso que tinha escrito um livro à glória de Cnossos; ela decide também mandar exibir o mesmo decreto em seu santuário do grande deus de Cnossos, Apolo Delfidios e também pedir aos atenienses de Delos para exibir o mesmo decreto em seu santuário de Delos; além disso, ela comunica uma cópia do decreto à cidade de Tarso, para que os compatriotas do literato saibam que glória ele possui. – Evidentemente, os romanos imitaram todos esses usos; por exemplo, o Senado romano podia decidir a exibição em bronze de um *senatus consultum* honorífico (Plínio, *Cartas*, VII, 6, 13-14); o Senado tinha evidentemente conhecido todos esses usos helenísticos através de decretos gregos cuja cópia lhe havia sido comunicada, ou ainda por ter visto os provinciais: Cícero não ignora que, na província de Sicília, as cidades glorificam um evérgeta enviando-lhe uma cópia em bronze do decreto em sua honra (*De signis*, LXV, 145) ou ainda exibindo uma cópia do decreto na parede da sala do Conselho (*De praetura Siciliensi*, XLVI, 112). São algumas das maneiras de testemunhar os méritos do personagem homenageado: o latim *testimonium* é a tradução consagrada de *martyria* em Cícero e essa palavra designa um decreto ou um senátus-consulto honorífico – Além de *martyria* e *epigraphè*, uma outra palavra para ser estudada seria *hypomnêma*.

227 Sobre os decretos de testemunho, L. Robert, *Opuscula minora seleta*, v.1, p.617; *Hellenica*, III, p.123 e XIII, p.207; e em *L'antiquité classique*, XXXVII, 1968, p.409. Sobre Opramoas, ver mais tarde n.353.

mandarão transcrever em seu túmulo monumental verdadeiros dossiês epigráficos, compostos de todos os decretos e cartas honoríficas que mereceram durante sua vida de mecenas; um túmulo que oferece tanta coisa para ser lida valerá uma fundação funerária.

Ao glorificar um dentre eles ou ao glorificarem a si mesmos, os notáveis, autores dos decretos, honram sua ordem como tal. A democracia ateniense estimava que a proclamação pública das coroas era um instrumento de educação: "Todos aqueles que assistem à cerimônia estão ali porque querem beneficiar a cidade".[228] Valor educativo? Melhor dizer obrigação moral, exercida pela ordem dos notáveis que a compõem. Os decretos honoríficos terminam regularmente pelo que os epigrafistas chamam de fórmula hortativa: a cidade, diz o texto, glorificou seu evérgeta para mostrar que não ignora o reconhecimento, que sabe prestar homenagens aos bons cidadãos, para que os cidadãos tenham muitos imitadores, para exortar cada um a fazer como eles e para levá-los a ser ainda mais devotos no futuro.[229] Na aparência, o que poderia haver de mais cívico do que esse estilo? A cidade não agradece humildemente um poderoso benfeitor, age como sendo superior a todos os cidadãos, mesmo os notáveis e evérgetas; ela espera que cada cidadão faça o melhor e glorifique os bons da mesma forma que pune os maus; ela mantém o controle. Sim, sem dúvida, nesse sentido os notáveis que a governam pressionam uns aos outros, no interesse de toda a sua ordem. Para encontrar um estilo mais deferente, deve-se ler os decretos através dos quais as cidades glorificam, não um de seus cidadãos, mas as autoridades imperiais; quando se trata de um notável, mesmo sendo o mais rico de todos, os outros notáveis o tratam como igual e as aparências cívicas são assim respeitadas.

A verdadeira razão para tantas honrarias

No fim dessa longa enumeração, não vamos tapar o sol com a peneira; eram as honrarias que transformavam um notável em alguém honorável ou seria a dignidade do notável que constituía o verdadeiro valor das honrarias? Analisadas individualmente, as diversas honrarias parecem exercer o mesmo papel que as distinções honoríficas, onde quer que as encontremos, na Grécia clássica ou em Roma, ou até mesmo na França dos dias de hoje; mas, se considerarmos o efeito de massa, a analogia termina fazendo surgir um fato

---

[228] Demóstenes, *Sobre a coroa*, 120 (267); Esquine, *Contre Ctésiphon*, 246.
[229] Sobre a cláusula hortativa, L. Robert, *Annuaire de l'école des Hautes Études*, 1968-1969, p.165; os romanos não deixaram de decalcar essa cláusula em seus senátus-consultos (assim Plínio, *Cartas*, VIII, 6, 13) e em seus decretos municipais.

histórico original. Tantas honrarias não poderiam ser usadas para designar os cidadãos merecedores, elas distinguiam uma ordem como tal, como os títulos de nobreza; mesmo na França dos dias de hoje, uma placa sobre um traje de embaixador não permite distinguir o indivíduo a ser glorificado; ela homenageia a dignidade do corpo diplomático e é esse corpo que cria o valor das honrarias.

Basta percorrer as inscrições de uma cidade grega sob o Império para constatar que funções, evergesias e honrarias envolviam e distinguiam dois campos entre os cidadãos, os que as possuíam e os que não as possuíam. Se essas honrarias muito numerosas não tivessem distinguido uma classe honorável em si, elas teriam rapidamente perdido seu valor pela inflação e seriam apenas títulos de cortesia ou fórmulas de civilidade: muita gente as tinha; mais precisamente, todos os que pertenciam a uma ordem de respeito, ao concedê-las a si mesmos, expressavam apenas, aos olhos de todos, sua reconhecida superioridade; e reciprocamente, por serem uma distinção de classe, as honrarias foram se multiplicando e se sofisticando.

Essa distinção existia, então, em detrimento das aparências universalistas, e é por essa razão que as honrarias feitas aos evérgetas não são uma simples curiosidade epigráfica, mas um dos grandes fatos políticos da época helenística e romana: marcas de honras teoricamente cívicas feitas para recompensar indivíduos, permitiram introduzir sub-repticiamente uma distinção de prestígio que isolava as ordens de notáveis no interior do corpo de cidadãos. O privilégio do qual gozavam os notáveis por estar na liderança da cidade era bem aceito na opinião pública, mas nem tanto no direito público, que não o sancionava; esse privilégio não contradizia a igualdade dos cidadãos perante a lei (o pertencimento à ordem dos decuriões será hereditário de fato, nunca de direito); além disso, o igualitarismo cívico proibia que se tirasse vantagem dessa superioridade de fato, diferentemente, em outros tempos, da superioridade de nascimento da nobreza sobre a plebe. As honrarias aos evérgetas permitiram contornar a dificuldade, criar uma igualdade de prestígio e satisfazer as necessidades que os grupos humanos possuem de expressar sua superioridade, mesmo que seja através de símbolos. O caráter irracional e simbólico dessa superioridade (uma ordem, sinais de honra) marca uma ruptura, temos que admiti-la, com o habitual racionalismo da política antiga; não foi na Antiguidade que nos habituamos a atribuir tanta importância ao que é arbitrário e palpável, como os privilégios e seus símbolos. A notabilidade dos notáveis era um tipo de nobreza não hereditária e as honrarias aos evérgetas eram títulos de nobreza que cada geração precisava merecer para obter; o rebento de uma família de notáveis sabia que ficaria faltando alguma coisa em sua dignidade se ele não conseguisse fazer que lhe atribuíssem honrarias públicas que atingiriam também seus pares, e fazia o que fosse necessário para isso: um ato de livre mecenato ou uma gratificação *ob honorem* acima do normal.

Seria andar na contramão a tentativa de explicar o evergetismo pela incitação às honrarias e associar essa incitação a um traço da psicologia humana ou nacional, à vaidade ou até mesmo ao gosto pela competição; o amor que os gregos tinham pelas coroas não explica nada e também deve ser explicado. Afinal, não basta exortar as pessoas para que sejam ouvidas nem propor honrarias para torná-las desejáveis à sociedade inteira: com exceção de um punhado de esnobes, os gregos poderiam ter sido indiferentes a isso. A explicação não poderia ser psicológica; quando a "vaidade" não designa mais um traço de caráter individual, mas um fenômeno social, ela tem apenas o nome em comum com uma ocorrência característica e sua razão é sociológica: então somente assim horarias podem parecer desejáveis a todos, vaidosos ou não. Se as honrarias não tivessem sido muito mais que honrarias, elas teriam produzido somente efeitos anedóticos, como aqui na França; mas elas eram uma peça do sistema de distanciamento social; os gregos apreciavam-nas não porque gostavam da competição, mas porque o regime dos notáveis cortava a cidade em dois campos: assim, a questão estava muito além do prazer pela vaidade. As pessoas prontas para perder todo o dinheiro, a fim de serem condecoradas, não teriam sido mais numerosas junto aos gregos do que aqui na França, mas a questão vai muito mais além: tratava-se de manter sua posição; em vez de explicar o evergetismo, o apego pelas honrarias se explica pelo evergetismo.

5. O detalhe dos fatos

A maioria dos fatos que vamos descrever agora, com certo detalhe, situa-se na época imperial, que é incontestavelmente a idade de ouro do evergetismo; o apogeu econômico do Oriente grego se situa efetivamente sob o Alto Império.

Podemos distinguir três tipos de evergesias. Por um lado, as reivindicações populares obtêm dos ricos presentes sobre os quais todos os plebeus geralmente concordam, ou seja, festas, espetáculos e prazeres. Por outro lado, os dirigentes das cidades, para impulsionar a máquina, são levados a assumir as despesas públicas com seus recursos próprios, independentemente da destinação dessas despesas: ao prazer do povo ou a um uso utilitário; consequentemente, toda função pública tende a se tornar uma liturgia: paga-se para governar. Logo a função não será mais que um pretexto para fazer que paguem: governa-se para pagar. Acontece que são os ricos que governam e que esses ricos são habitualmente mecenas: para serem homens políticos ou figuras públicas, eles consideram sua vida inteira como uma liturgia e sacrificam uma parte de sua fortuna para deixar uma lembrança de seu desempenho. Como consequência, em breve, será impossível distinguir o evergetismo livre do evergetismo *ob honorem*, ou as magistraturas das liturgias; governar e doar são a mesma coisa.

Das despesas do encargo ao preço da honra

O ponto de partida encontra-se no fato de que os magistrados, desde a alta época helenística e cada vez com mais frequência, exerceram seu ofício com seus próprios recursos, ἐξ ἰδίων δαπανημάτων, segundo a fórmula que reaparece em numerosas inscrições;[230] outra liberalidade da mesma ordem acontecia com os embaixadores, que renunciavam voluntariamente a suas indenizações de viagem,[231] e com muitos funcionários voluntários – os secretários do Conselho, por exemplo – que renunciavam a seus emolumentos.[232] Para compreender corretamente o mecanismo dessas evergesias, é importante conhecermos o sistema fiscal das cidades gregas.[233] Cada magistrado

---

230 Essas inscrições são decretos honoríficos ou até mesmo cópias de decretos; bases de estátuas construídas para dignitários em virtude de um decreto honorífico (na época romana, essas bases tornam-se mais numerosas que as cópias de decretos); epitáfios de notáveis que se prevalecem de suas evergesias (sobretudo na época romana); edifícios ou obras de arte consagradas oferecidas à cidade inteira por um magistrado a título de evergesia. As fórmulas variam: ἐκ τῶν ἰδίων, ἐξ οἰχείων ἀναλωμάτων ou δαπανημάτων ou ainda οἴχοθεν (*Inscriptiones Graecae*, editio minor, II-III, n.3592, 3687, 3669 e referências; Ad. Wilhelm, *Beiträge*, p.101-102; L. Robert em *Revue des Études Anciennes*, LXII, 1960, p.321; agora em *Opuscula minora seleta*, v.2, p.321; ver um magnífico exemplo da palavra em *Lydus Magister*, que opõe o consulado, onde os presentes são obrigatórios, e a prefeitura urbana, que é gratuita: *De magistratibus*, 2, 8, p.173, Bekker); ou αὐτόθεν (*Inscriptiones Graecae*, V, I, n.536). Ver em geral Ad. Wilhelm, *Attische Urkunden*, 5, Teil, p.115. – Mesmo fenômeno nas associações privadas, cujos dignitários exercem funções com seus próprios recursos; ver F. Poland, *Griech. Vereinswesen*, 1909, p.496.
231 Numerosos exemplos. Quando um embaixador renuncia, assim, a suas indenizações (ἐφόδιον ou, menos frequentemente μεθόδιον), a embaixada torna-se προῖχα ou δωρεάν, gratuitamente; é o *legatio gratuita* do evergetismo romano; para um exemplo grego precoce de embaixada gratuita, citemos o decreto de Samos para Bulágoras (Pouilloux, *Choix*, n.3) e o de Araxa para Ortágoras (n.4).
232 Wilhelm, *Attische Urkunden*, 5. Teil, p.116. Conhecemos na Pereia de Rodes, um "governador sem emolumentos", *hâgemôn amisthos* (*Sammlung der griech. Dialektschriften*, n.4275).
233 Exposição do conjunto por H. Francotte, *Les finances des cités grecques*, reimpresso em 1964, Bretschneider, p.129-156, que ressalta as diferenças com o sistema fiscal dos modernos: a lei fiscal grega não é anual; o princípio de unidade fiscal não existe e o orçamento se compõe de

recebia uma quantia determinada para exercer suas funções, do mesmo modo que cada ministro na França (a diferença é que, na França dos dias de hoje, a autorização das despesas ou de um máximo de despesas é votada anualmente, enquanto para os gregos era fixada por uma lei que permanecia em vigor, exceto por modificações feitas por decreto); por exemplo, os fundos que um ginasiarca tem a autorização de utilizar e são chamados de γυμνασιαρχιαὰ χρήματα[234] podem chegar, em uma ou outra cidade, a 15 mil denários (aproximadamente 30 mil francos Balzac).[235] O valor sendo assim fixado, é tentador para o magistrado mantê-lo intacto; o limite máximo de despesas sendo fixado, ele fica tentado a ultrapassá-lo por sua conta.[236] Eis aqui um ginasiarca que "distribuiu óleo para sua muito digna pátria, por sua conta, sem ter recorrido aos fundos pagos pelo Tesouro, que eram de um valor de 15 mil denários"; o pai do mesmo ginasiarca já havia recebido a mesma autorização de despesa e havia tido a mesma generosidade: havia[237] "presenteado a cidade com os fundos pagos por ela ao ginasiarca, segundo o costume, no valor de 15 mil denários". Acrescentemos que, frequentemente, quando uma tarefa pública era confiada a um curador, este devia pagar a despesa e ser reembolsado pela cidade se suas contas fossem aprovadas... e se ele insistisse.

As inscrições que acabamos de citar datam do Império; nessa época, exercer funções públicas "por conta própria" tinha a tendência de virar regra e era, em todo caso, o ideal;[238] é o fim de um processo cujo início descrevemos nos tempos de Demóstenes. Bem cedo, as cidades se acostumaram a

---

diversos pequenos orçamentos separados; o princípio de unidade de caixa e de não afetação das despesas a receitas determinadas também não existe. – Estudamos, nessa ocasião, *Les finances publiques*, de L. Trotabas, Dalloz, e o *Traité de la science des finances*, de Leroy-Baulieu, 1879. Sobre as despesas extraordinárias, E. Szanto, *Ausgewählte Abhandlungen*, p.112. Sobre τὸ γυμνασιαρχιχόν, Ad. Wilhelm, *Neue Beiträge*, V, p.44; sobre a διοίχησις e a antecipação de fundos, *Neue Beiträge*, VI, p.69; sobre o ἐξαιρούμενον, *Attische Urkunden*, V, p.110-114.

234 L. Robert em *Arkhaiologiké Ephemeris*, 1969, p.28; *Monumenta Asiae Minoris*, v.VI, p.87, n.180.
235 Essa quantia representa, então, talvez, 120 mil francos – supondo-se que as relações de preços e utilidades sejam as mesmas na Antiguidade e em nossa época e que o tamanho de um "orçamento" grego seja comparável à enormidade dos orçamentos modernos, mesmo municipais.
236 προσαναλίσχειν ou προσδαπανᾶν. Também *Sylloge*, n.691, 5: antes do ano 130 a.C., um ginasiarca "fez uma despesa suplementar com seus próprios recursos para distribuir óleo, além de uma quantia que lhe havia sido atribuída (πρὸς τὸ μερισθέν)". Sobre μερίζειν, Francotte, *Finances*, p.236.
237 L. Robert em *Laodicée du Lycos, le Nymphée*, Universidade Laval, *Recherches archéologiques*, De Boccard, 1969, p.314.
238 Citemos, por exemplo, em Ataleia de Lídia, a inscrição *Athenische Mitteilungen*, XXIV, 1899, p.221, n.55: um homem "que ama sua pátria e evérgeta", "exerceu com fausto e

esperar que os ricos adiantassem despesas públicas, adiantamento que lhe seria reembolsado quando a cidade pudesse fazê-lo ou que poderia ser deduzido de seus impostos.²³⁹ Frequentemente, as cidades não tinham dinheiro. O que decorria, em uma pequena proporção, de sua técnica fiscal malfeita; a não unicidade do orçamento e a multiplicação de orçamentos especiais dificultavam a visão de conjunto de suas rendas e as pressionavam em viver dia após dia; a afetação de uma receita para uma determinada despesa colocava as cidades em uma situação constrangedora quando a receita prevista não chegava; enfim, o orçamento extraordinário era uma montanha de tropeços; uma necessidade inesperada surge, o Tesouro fica vazio: resta-lhe somente recorrer aos ricos, que são também os magistrados.²⁴⁰ Porém, mais ainda que uma falta de organização ou de receitas, trata-se de um excesso de gastos: as cidades acham normal viver na dependência de seus magistrados.

Ficando evidente que um bom magistrado deve assumir as despesas de sua função ou, como se dizia, de sua "honra", a cidade eventualmente lhe pedirá para dedicar uma soma que ele teria de qualquer forma investido em sua magistratura a uma necessidade mais urgente ou a um prazer público maior. A cidade precisa enviar um embaixador a Roma? O estrategista fará a viagem por sua conta, pela honra de sua função.²⁴¹ A cidade precisa ou deseja um edifício qualquer? Um sebastofante²⁴² "oferece à cidade o dinheiro dos fundos da sebastofantia para um edifício, em vez de usar esse fundo para o óleo, como seus predecessores haviam feito".²⁴³ Foi através desse desvio que

---

honoravelmente, com seus próprios recursos, a estratégia, a hiparquia, a nomofilácia, a agoranomia e a sitônia".

239 Ver um trecho muito claro de Eneias, o Tácito, XIII, 1-4. Sobre os empréstimos sem juros, ver por exemplo *Orientis Graeci Inscriptiones*, n.46 e Ch. Michel, *Recueil d'Inscriptions Grecques*, n.456: na alta época helenística, são os empréstimos sem juros que permitem Halicarnasso construir um pórtico e um ginásio. Mais geralmente, ver E. Szanto, *Ausgewählte Abhandlungen*, 1906, p.11-73: *Anleihen griechischer Staaten*.

240 Assim, aproximadamente nos anos 274, na Eritreia, os estrategistas pagam εχ των ιδιων, quantias necessárias para a manutenção de mercenários que vinham ocupar a cidade (*Sylloge*, n.410).

241 L. Robert em *Laodicée du Lycos*, p.359.

242 Sobre os sebastofantes que cuidam do culto imperial (a palavra é formada a partir do modelo de Hierofante), ver L. Robert em *Revue des Études Anciennes*, 1960, p.321, agora em *Opuscula minora selecta*, v.2, p.837; H. W. Pleket, "An Aspect of the Emperor Cult: Imperial Mysteries", em *Harvard Theological Review*, 58, 1965, p.338.

243 L. Robert em *Laodicée du Lycos*, p.314, n.10. Do mesmo modo, em Atenas, sob o Império, não era raro que em vez de organizar e financiar as festas que comportavam um concurso, como era seu ofício, os agonótetas consertassem as estradas ou equipassem um navio (D. J. Geagan, *The Athenian Constitution after Sulla*, Princeton, 1967, p.133). Mesmas transferências de liberalidades no evergetismo romano. Ver nosso Capítulo IV, n.416-422.

se instaurou pouco a pouco a ideia de que todo magistrado devia dar alguma coisa à cidade, essa alguma coisa não tendo mais nenhuma relação com a função exercida, mas sendo um tipo de gratificação: todo ano as cidades decidiam que presentes pediriam àqueles que eram glorificados com um encargo público; as evergesias mais variadas correspondiam às funções mais diferentes; a única regra era que uma função não fosse gratuita. Não se exerce mais uma função, mesmo em detrimento de si mesmo: compra-se uma honra,[244] ou vê-se forçado pela cidade a comprá-la.

A isso soma-se uma evolução quantitativa: a cidade atribui-se um direito das evergesias de um magistrado junto aos sucessores desse magistrado, enquanto, por sua vez, esses sucessores consideram importante não fazer menos que seus predecessores, ou fazer mais. Os decretos nos dizem frequentemente que um evérgeta se mostrou generoso porque não queria ficar atrás de ninguém, queria seguir os passos de seus ancestrais ou queria levar a liberalidade a seu limite;[245] às vezes eles dizem ainda mais: tal ginasiarca assumiu "por sua conta um fornecimento e uma despesa considerável, pois insistia em não fornecer menos que seus predecessores".[246] O estilo agonístico com o qual as inscrições falam dos concursos gímnicos e dos *recordmen* pode também ser empregado para os evérgetas:[247] sobre ambos dirão que foram "os primeiros e os únicos desde sempre" a garantir, com seus próprios recursos, as despesas de aquecimento de um pórtico ou conquistar no Olímpio tal vitória esmagadora. Propensão aos presentes e propensão à escalada levam, conjuntamente, a uma cascata de dons, segundo o seguinte esquema estereotipado: o evérgeta assume uma honraria pela promessa de um presente, doa mais do que havia prometido e, consequentemente, recebe da cidade a honra de uma estátua, assume as despesas da construção da

---

244 Acrescenta-se a isso outra evolução: os magistrados oferecem com predileção um edifício ou um elemento de edifício para que seja o monumento de sua função; por exemplo, os agorânomos oferecem alguma coisa que sirva como equipamento do mercado ou sua decoração: bancos, mesas, pórticos, lojas, medidas de capacidade, estátuas de divindades como a Justiça ou a Abundância (L. Robert em *Laodicée du Lycos*, p.259). A razão da existência dessas oferendas era sobretudo levar o nome do magistrado: o desejo de inscrever seu nome levava, assim, à multiplicação de construções e estátuas. O mesmo ocorrerá na África romana, onde a estátua torna-se um tipo de mania.

245 Levar a liberalidade a seu limite, μηδεμίαν ὑπερβολὴν χαταλιπεῖν ou ἀπολιπεῖν: ver Dunant e Pouilloux, *Thasos*, v.2, p.105, n.1. Em Filóstrato, *Sofistas*, a fórmula é usada para as liberalidades de Herodes Áticos (p.552, início) e de um próstato dos concursos fíticos (II, 27, p.616).

246 L. Robert, *Monnaies antiques en Troade*, Droz, 1966, p.26. "Prover" traduz χορηγεῖν (Ad. Wilhelm, *Neue Beiträge*, V, p.46; L. Robert, *Hellenica*, XI-XII, p.123, n.2).

247 L. Robert em *Laodicée du Lycos*, p.268.

estátua e oferece uma festa pública para celebrar a consagração.[248] Acrescentamos que esse esquema se encontra absolutamente idêntico no evergetismo romano – no qual encontramos, além disso, quase todas as particularidades do evergetismo grego.

De tudo isso, resultaram dois fatos: impossibilidade de distinguir, a partir de então, magistraturas e liturgias, inutilidade em distinguir evergetismo livre e evergetismo *ob honorem*.

Toda função pública implica, doravante, uma evergesia, feita ou prometida. Os estrategistas ajudam a cidade em caso de dificuldades financeiras; os sacerdotes e os estefanóforos oferecem festas ao povo; os agonótetas constroem estátuas de atletas vencedores com seus recursos próprios;[249] os ginasiarcas distribuem óleo necessário ao banho para os frequentadores do ginásio ou a todos os amadores de termas, a menos que, levando-se em conta o esplendor de seu ofício, eles construam um edifício público; os agorânomos vendem trigo com preços baixos para o povo, ornamentam os mercados ou consertam edifícios públicos. Nem mesmo os arcontes ou os demiurgos exercem suas funções gratuitamente, não mais que os estrategistas; as inscrições não os glorificam apenas por terem cumprido seus deveres "escrupulosamente" (ὁσίως), "irrepreensivelmente" ou "bondosamente", mas também "generosamente", "magnanimamente" (φιλοτίμως), "brilhantemente", todos advérbios que evocam o brilho do ouro. Ao menos eles exerceram seu encargo com seus próprios recursos. Finalmente, sob a influência romana, a própria entrada no Conselho, o título de conselheiro, será considerada uma honra e se pagará em consequência. Nessas condições, não é mais possível distinguir magistraturas e liturgias.[250]

O que aconteceu, efetivamente, com o sistema da Atenas clássica na qual as magistraturas eram gratuitas e na qual as liturgias eram prestações impostas a particulares ricos? A partir de então, as magistraturas exigem prestações pecuniárias (mesmo as magistraturas de comando, como a estratégia, o arcontado, a pritania), enquanto velhas liturgias ainda exigiam uma parte de atividade direta: um agonóteta organiza o concurso atlético que financia parcialmente, um ginasiarca dirige a educação dos adolescentes; consequentemente, magistraturas e liturgias tornaram-se indiscerníveis: os historiadores não sabem se um ginasiarca helenístico deve ser qualificado de magistrado

---

248 Dentre numerosos exemplos, citemos o decreto de Pagai pela honra de Sóteles, comentado por Ad. Wilhelm em *Jahreshefte des österr, arch. Institus*, X, 1907, p.28-29.
249 L. Robert em *Revue de Philologie*, XLI, 1967, p.43.
250 Ver, por exemplo, o quadro das magistraturas e das liturgias de Atenas sob o Império, e prestações correspondentes em D. J. Geagan, *The Athenian Constitution after Sulla*, p.128.

ou de litúrgico e os gregos também não poderiam responder.[251] Algumas vezes eles o designavam pelo nome de magistrado; inversamente, autênticas magistraturas eram frequentemente chamadas de liturgias:[252] as duas palavras tendem a se tornar sinônimas desde que a classe governante começou a se confundir com a classe proprietária. As liturgias helenísticas, ginasiarca e agonotesia, tornam-se etapas de qualquer carreira política ao lado das velhas magistraturas: os mesmos homens, os notáveis, assumem ambas.

Essa é a realidade da evolução. Ensina-se, às vezes, que as liturgias desapareceram no início da época helenística durante a qual Demétrio de Fálera as suprime de Atenas. Não é exato: na época helenística e na época romana existem liturgias, em Atenas e por todos os lugares;[253] Demétrio suprimiu a trierarquia, caso essa liturgia não tenha desaparecido por si devido à poderosa política de Atenas, mas reorganizou os concursos teatrais financiando-os com os fundos públicos e fazendo com que fossem organizados por um comissário, o agonóteta; mas esse último comprometeu-se orgulhosamente em acrescentar algo de seu próprio bolso aos créditos públicos.[254] Assim,

---

251 As inscrições qualificam a ginasiarquia algumas vezes de liturgia, outras vezes de magistratura; ver o grande artigo *"gymnasiarchos"* da *Encyclopédie* de Pauly e Wissowa, por J. Oehler, coleção 1975-1976 e 1981; qualificam-na também de *philotimia* (1985), ou seja, munificência. – Sobre a transformação das magistraturas em liturgias, ver, por exemplo, U. Wilcken, *Einführung in die Papyruskunde*, v.I, p.342 e 350; Isidoro Lévy, "Études sur la vie municale en Asie Mineure", em *Revue des Études Grecques*, 1899, p.256; E. P. Wegener, "The Boule and the Nomination to the Arkhai in the Metropoleis of Roman Egypt", em *Mnemosyne*, 1948, p.15 e 297: "Já no segundo século, os ἀρχαί não eram mais que *honores*, no sentido em que a elite social das metrópoles eram forçadas a se sacrificarem de bom ou mau grado, a diferença entre ἀρχαί e λειτουργίαι desaparece".

252 Filóstrato, *Vies des Sophistes*, II, 20, p.600, escreve: "As liturgias que são consideradas as maiores em Atenas, o arcontado epônimo e a estratégia dos hoplitas..."; eram as duas magistraturas supremas. Do mesmo modo, II, I, p.550: Herodes Áticos exerce a liturgia de arconte epônimo. Voltaremos sobre a questão ao estudarmos, em Roma, a distinção entre *honores*, *munera* e *munera sordida*.

253 Sobre a transformação das liturgias por Demétrio ou na época de Demétrio, ver W. S. Ferguson *Hellenistic Athens*, 1911, p.55, 99, 290, 473; E. Bayer, *Demetrios Phalereus der Athener*, 1942, p.47, 70-71; P. Roussel, em *Histoire grecque*, da coleção Glotz, v.4, primeira parte, p.327. Atenas helenística tem uma outra liturgia que é monetária: liturgias garantiram a cunhagem "estefanefora" ("do novo estilo"), como ficou brilhantemente estabelecido por Margaret Thompson, *The New Style Silver Coinage of Athens*, The American Numismatic Society, Nova York, 1961.

254 Sobre a agonotesia, o documento é a inscrição *Sylloge*, n.1809. O agonóteta começou a assumir os encargos das coregias, diz Beloch, *Griechische Beschichte*, v.4, primeira parte, p.148, n.3. Por exemplo, Euríclides, todo-poderoso em Atenas nos tempos da Guerra Demetríaca, gasta 7 talentos para sua agonotesia (*Sylloge*, n.497). Mas já na Atenas clássica, esperavam dos comissários, nas festas, que eles contribuíssem, por caridade, para o seu esplendor

desaparecida há pouco tempo, a liturgia ressuscita; na realidade, na época helenística, todos os personagens oficiais, magistrados ou comissários, são litúrgicos.

Começa, então, a grande reviravolta que será o palco no qual o destino da cidade antiga será decidido: as funções públicas serão consideradas apenas um pretexto para fazer que os ricos paguem; torna-se mais importante suscitar mecenas que queiram assumi-las do que designar, entre eles, aqueles que têm algum talento de administrador. Consequentemente, observa-se uma degradação da vida pública.[255] Os sacerdócios e as estefaneforias,

---

(Boeckh), *Staatshaushltung*, p.273. Assim, em Atenas, das duas velhas grandes liturgias, uma, a coregia, ressuscita sob a forma helenística de agonotesia, a outra, a trierarquia, desaparece obscuramente; enfim, a evolução dos hábitos torna uma velha liturgia secundária muito importante, a ginasiarquia (ver mais adiante). Sobre as liberalidades pessoais de um agonóteta, citamos uma inscrição de Lebadeu na qual, no século II antes da nossa era, um agonóteta de um concurso federal instituído pela honra de Zeus declara: "Eu devolvi às cidades a totalidade da contribuição que elas me haviam dado para o concurso; paguei pessoalmente todas as despesas para os sacrifícios e para o concurso; não considerei nem as somas pagas ao pessoal e ao subsecretário, nem a preparação da coluna, nem a transcrição dos vencedores, nem a gravação das contas, dos decretos e dos outros textos; a receita que entrou [...], eu a transmiti ao agonóteta que me sucedeu, depois de ter deduzido o suficiente para construir uma *fiale* consagrada a Zeus" (*Nouveau Choix d'inscriptions grecques par l'Institut Fernand-Courby*, Les Belles Lettres, 1971, n.22).

255 Uma segunda razão, mais grave ainda, da degradação da vida pública é que os notáveis estão também desmoralizados pela responsabilidade coletiva que pesa sobre eles no que diz respeito ao imposto imperial: as funções públicas não são mais que um pretexto para evergesias e impostos, o que, moralmente, mais até que financeiramente, esvazia o sistema da cidade de seu sentido. – Sobre o evergetismo como destruidor da vida pública, bastará citar uma página de um orador itinerante da *Segunda Sofística* que dispensa comentários e cuja vigorosa linguagem se explica pela tradição dos arengues políticos e diatribe cínica (Dião de Prusa, XXXIV, *Second Tarsique*, 28-32): "Direis então que nossos concidadãos não são capazes de ver o que acreditas nos ensinar e dar conselho? – Como acreditar nisso? Se nas cidades a elite que governa fosse capaz de encontrar a boa solução, tudo terminaria bem para todos e nada de ruim aconteceria, exceto em caso de absoluta tragédia (ἄλλως) imprevisível. Na realidade, parece-me que, hoje como sempre, teriam acontecido mais tragédias nas cidades por ignorância do que era bom, e pela culpa dos chefes enviados pela divindade ou por puro acaso. Pois alguns são incapazes de se darem conta da boa solução e não seriam apenas aptos a tomar conta de si mesmos – eu nem mesmo digo governar convenientemente um vilarejo; é pura e simplesmente (ἄλλως) sua riqueza ou sua nobreza que lhes serve de recomendação para meter-se com a política. Outros imaginam que, para ser um administrador, bastaria ter como única superioridade saber construir frases e dizê--las um pouco mais rapidamente que a média. O cúmulo é que se eles procuram coroas (de estefaneforo), primazia e trajes purpúreos (de sacerdote dos imperadores), não é pelo bem público e por amor a sua cidade, mas para sua notoriedade, suas honras, para serem mais poderosos que os outros: como é isso que os interessa, é a isso que estão apegados, eles fazem e dizem apenas o que lhes dará a impressão de serem alguém. Podemos, então,

lamenta um governador romano, são "vendidos como em um leilão e recorre-se a qualquer pessoa para vendê-los; não se escolhem os mais dignos de usar convenientemente as coroas das funções, só há a preocupação em vendê-las o mais caro possível".[256]

Essa venda das funções públicas introduziu-se tão profundamente nos costumes que as inscrições a mencionam em fórmulas tão comprimidas que elas parecem, às vezes, uma língua difícil: tal notável, dizem, foi arconte epônimo "após distribuição" ou, ao contrário, decorou um edifício "por nada"; ou seja, por uma evergesia livre, feita enquanto ele não ocupava nenhuma função pública.[257] As funções públicas são consideradas sob o ponto de vista

---

ver muitos, nas diferentes cidades, que usam a coroa, oferecem sacrifícios em público ou se apresentam em trajes purpúreos. Mas um caráter nobre e informado, que se preocupa autenticamente com sua pátria, que pensa e diz a verdade e que fará que uma cidade que acredita nele seja mais bem governada ou obterá alguma vantagem: eis o que não se encontra todos os dias. Em certo sentido, é inevitável: quando se imagina que, porque um homem foi litúrgico ou deve sê-lo, ele também deve lhes dar conselhos políticos e que os discursos devem ser feitos exclusivamente por aqueles que são ginasiarcas ou demiurgos ou então, grandes deuses!, aqueles que chamamos de 'oradores', é como se fizéssemos vir à tribuna somente indivíduos frívolos, ávidos de notoriedade, que se realizam no tumulto popular".

256 F. K. Döner, *Der ERL ASS des Statthalters Von Asia Paulus Fabius Persius, Disert.* Greisfwald, 1935, p.8, texto IV, linha 14. As vendas de sacerdócios na época helenística são outra coisa: os sacerdócios dos imperadores eram funções gloriosas e arruinadoras, enquanto os sacerdócios dos deuses eram para seus detentores uma fonte de benefícios, já que os fiéis deixavam aos sacerdotes, em forma de taxa, uma parte da vítima sacrificada. Sobre as vendas de sacerdócios, ver M. Nilsson, *Geschichte der griech. Religion*, 2.ed., v.2, p.77 e 99. – Sobre a venda do direito de cidade, ver L. Robert na *Revue de Philologie*, 1967, p.29; haverá, na Grécia e em Roma, evergesias executadas como preço do direito de cidade: L. Robert em *Bulletin de Correspondance Hellénique*, 1936, p.196, agora em *Opuscula minora selecta*, v.2, p.903.

257 "Após distribuição", ἐπ ἐπιδόσει χρημάτων (na época helenística tardia e na época imperial, ἐπίδοσιξ designa correntemente uma distribuição, uma *divisio nummorum*); sobre esse uso do dativo de condição, citemos uma inscrição de Atenas, *Inscriptiones Graecae*, editio minor, II-III, 3546; a mesma personagem foi arauto do Conselho e do povo ἐπὶ δηναρίσις δυσί, ao preço de uma distribuição de dois dinares por cabeça. Ver Ad. Wilhelm, "Inschrift aus Pagai", em *Jahreshefte des österr. arch. Institus*, X, 1907, p.29; "Zu neuen Inschriften aus Pergamon", em *Sitzungsberichte preuss. Akad.* Berlim, 1933, p.854; Louis Robert, em *Anatolian Studies Buckler*, p.237, agora em *Opuscula*, v.I, p.621; em *Revue de Philologie*, 1959, p.204; *Études Anatoliennes*, 1937, p.340, n.8. Empregamos também o dativo sem preposição: γυμνασιάρχος ἐλαίου θέσει. Uma evergesia é feita "por nada", ἀντ οὐδενός, sem receber nenhuma dignidade em retribuição: L. Robert em *Bulletin de Correspondance Hellénique*, 60, 1936, p.197, agora em *Opuscula*, v.2, p.904 (Wilhelm, *Jahreshefte*, 1907, p.25, compreendia: "na ausência de outro candidato para a função", em uma outra inscrição). Outras fórmulas: a evergesia foi feita "a título do encargo", ὑπὲρ ἀγορανομίας (L. Robert, *Hellenica*, I, p.49; na *Revue de Philologie*, 1958, p.662; agora na *Opuscula*, v.3, p.1480 e 1627); "em vista do encargo", ἀγωνοθεσίας ἕνεχεν (J. Vanseveren, "Inscriptions de Amorgos e de Chios", na *Revue des Études Grecques*,

de seu custo; são enaltecidos os méritos daqueles que são suficientemente magníficos para assumi-los em um período no qual as despesas foram mais elevadas do que normalmente, devido à estada de um imperador na cidade, à passagem das tropas, à presença de um governador, à sua continuidade e à dos litigantes no momento do processo judiciário.[258] Alguns encargos são tão devastadores que deixam de ser anuais: subdividem-se em funções semestrais, mensais,...[259] O aspecto financeiro das coisas domina doravante no direito público. A ponto de as magistraturas serem assumidas ocasionalmente por deuses, mulheres, crianças, mortos e soberanos: por falta de candidatos, a cidade conseguia, de vez em quando, convencer o clero de um templo a pagar evergesias com o tesouro do deus e esse deus era nomeado magistrado; as crianças tornavam-se magistrados quando seu pai pagava a fim de prepará-las para uma vida política brilhante; os pais de um jovem morto faziam que o nomeassem para uma função pública para que seu nome fosse inscrito para sempre nos faustos;[260] enfim, os reis helenísticos e os

---

1957, p.335); "em troca do encargo", ἀντὶ τῆς ἀρχῆς (L. Robert em *Bulletin de Correspondance Hellénique*, 1936, p.196, agora em *Opuscula*, v.2, p.903); em *Laodicée du Lycos*, p.264, n.3 e p.359, n.2; *Études Anatoliennes*, p.414, n.7); o genitivo sozinho tem o mesmo valor: γυμνασίου, "a título da ginasiarquia" (L. Robert, *Études anatoliennes*, p.414, n.7; *Hellenica*, XI-XII, p.479, n.5). Ou então dirão somente que o evérgeta fez sua benfeitoria no decorrer do ano de seu encargo (I. Lévy, "L'honorarium municipal à Palmyre", na *Revue Archéologique*, 1900, v.1, p.128). – Os advérbios que expressam o fato de uma função ter sido exercida "com munificência" são πολυτελῶς, μεγαλοψύχως, φιλοδόξως, φιλοτίμως, λαμπρῶς etc.

258 Sobre uma epidemia do imperador, ver *Orientis Graeci inscriptiones*, n.516-517; Keil e Premerstein, *Zweite Reise in Lydien* (*Denkschriften Wiener Akad.*, LIV, 1911), n.116; ver L. Robert na *Revue de Philologie*, LX, 1934, p.278, agora em *Opuscula*, v.2, p.1177 (daí C. B. Welles em *Gerasa, City of the Decapolis*, p.425, n.144). Outro belo exemplo em Éfesio: *Jahreshefte*, XLIV, 1959, Beiblatt, p.258, n.3. Sobre a passagem das tropas e o *conventus juridicus*, L. Robert em *Laodicée du Lycos*, p.314. Desde o século III antes de nossa era, fica especificado que um notável de Atenas foi estrategista no ano das Grandes Eleusínias, o que levaria a uma grande reunião de estrangeiros, quando ele ofereceu belos sacrifícios (*Sylloge*, n.457).

259 L. Robert em *Laodicée du Lycos*, p.262; D. J. Geagan, *The Athenian Constitution after Sulla*, p.129. – No Egito, uma função muito particular, a ginasiarquia, que consistia somente em garantir o aquecimento das termas públicas e fornecer óleo, acabou sendo garantida: os ginasiarcas se distribuíam em diferentes dias do mês (G. Méautis, *Hermoupolis-la-Grande*, diss. Neuchâtel, 1918, p.103). Em Chalcis, em circunstâncias financeiras difíceis, nomeiam-se ginasiarcas mensalmente: Wilhelm, *Neue Beitrage*, IV, 1915, p.52.

260 Era muito importante ter seu nome inscrito nos faustos ou nos monumentos oficiais que, na "lei" de Ílion contra a tirania (*Orientis Graeci inscriptiones*, n.218, 1.120), ficou decidido que, dentre as medidas de depuração que seguirão uma tirania, os nomes dos discípulos do tirano serão apagados dos monumentos públicos e que a cidade venderá a localização onde estavam gravados esses nomes que o comprador substituirá pelo nome de sua escolha. Ver também n.319.

imperadores romanos assumiam, algumas vezes, a magistratura suprema de uma cidade que eles enchiam de favores nessa ocasião.[261] Contudo, nem sempre era possível encontrar mecenas, e as magistraturas permaneciam vazias: era preciso se resignar a um ano de "anarquia".[262]

Chegou-se a criar novas honrarias para vendê-las. Os gregos datavam anos mais tarde os nomes de um determinado magistrado; assumir essa magistratura epônima era altamente honorífico. Na época helenística, essa eponimia era ordinariamente atribuída ao sacerdote de um grande deus local, que usa a coroa de seu deus como símbolo de sua eponimia (o que explica o título de porta-coroa, de estefanóforo); em contrapartida, ele deve oferecer festanças ao povo ou mostrar-se magnífico de qualquer outra forma. A estefanoforia era, assim, uma liturgia imposta à vaidade dos ricos.[263]

---

261 Magistraturas das mulheres: O. Braunstein, *Die politische Wirksamkeit der griechischen Frau*, Diss. Leipzig, 1911, não entendia que as magistraturas femininas sempre se explicavam por motivações financeiras (por exemplo, sobre as mulheres ginasiarcas no Egito, ver G. Méautis, *Hermoupolis*, p.100-103); um exemplo em Priene, antes ou depois de nossa era: uma senhora "foi a primeira mulher" (em Priene, que sejamos claros) "a ser estefaneforo" e ela ofereceu à cidade uma fonte com um lago e água canalizada (*Inschriften Von Priene*, n.208); outro exemplo: em Pogla, ao morrer, um pai deixa herança para sua filha para que ela promova distribuições públicas de dinheiro; para essas repartições, sua filha é nomeada demiúrgica (V. Bérard em *Bulletin de Correspondance Hellénique*, XVI, 1982, p.425). Sobre os menores magistrados, ver L. Robert, *Hellenica*, XI-XII, p.560, n.6. Sobre os defuntos (os "heróis": a palavra não significava nada demais) que eram magistrados, L. Robert, *Hellenica*, XIII, p.207 (o defunto havia feito uma fundação para cobrir as despesas da estefanoforia); em *L'antiquité classique*, 35, 1966, p.389, n.4; em *Comptes Rendus de l'Académie des inscriptions*, 1968, p.581, n.4. Sobre os deuses magistrados epônimos, J. e L. Robert, *La Carie*, v.2, p.210, n.1; em Esparta, sob o Império, Licurgo é epônimo naquele momento (*Inscriptions Graecae*, v.5, 1, n.45). Sobre os reis helenísticos que são magistrados epônimos de uma cidade, L. Robert, *Études Épigraphiques et Philologiques*, p.143-150.

262 P. Graindor, *Athènes de Tibère à Trajan*, Le Caire, 1931, p.73: "Antigamente, esses anos sem arconte eram a consequência de problemas externos"; sob o Império, "eles tiveram uma causa econômica: nenhum candidato havia se apresentado às eleições" (porque nenhum arconte havia se interessado), uma vez que ninguém consentia em "enfrentar as pesadas despesas da *joyeuse entrée*, impostas pela tradição". – Quando as cidades não podiam encontrar ginasiarcas ou agonótetas, os substituíam por comissários que dedicavam sua atividade à cidade e assumiam as despesas do ginásio e dos concursos com recursos públicos.

263 Wilamowitz Kromayer-Heisenberg, *Staat und Gesellschaft der Griechen und Römer*, p.182. Exemplo: o decreto para Aristágoras (*Sylloge*, n.708), no qual se vê como, por evergetismo, o cidadão de Istros usa várias vezes a "coroa de deus" e multiplica os presentes nesse momento: o texto seria para toda a cidade. A multiplicação dessas funções onerosas levou, a partir da baixa época helenística, a duplas epônimas: L. Robert, *Revue des Études Anciennes*, 1960, p.344, agora em *Opuscula*, v.2, p.860.

"Levar" a pagar

As funções públicas tornam-se mercadorias que são vendidas através de negociações[264] nas quais os compradores nem sempre estão com pressa de concluí-las e nas quais deve-se frequentemente praticar uma sutil violência para "levá-los" a pagar; toda a questão se resume a isso: "levar", *protrepein*,[265] é a grande palavra, e entende-se por quê: o evergetismo não é um direito que a cidade tem para os ricos, mas um dever moral que os ricos têm com a cidade; a cidade não pode obrigar os ricos, mas os ricos não podem se recusar abertamente a cumprir seu dever: eles devem encontrar pretextos para isso. O resto vem naturalmente; o fato de tais pretextos serem mentirosos não tem importância nenhuma, a cidade sabe disso e os ricos sabem que a cidade sabe; o importante é conseguir sair pela tangente: não recusar abruptamente, mas também não mentir descaradamente. A estratégia do partido adversário será confinar o rico na necessidade, ou ele mente descaradamente ou aceita a liturgia. Todas as negociações são autorizadas: o rico não deve defender integralmente seu direito de não ser magistrado, pois esse legalismo seco seria descortês para seus concidadãos; ele deve sacrificar uma parte de seu direito, colocar-se a meia distância de seu adversário para salvar a paz de todos e facilitar a concórdia: ninguém deve se colocar contra a opinião pública; mesmo estando no seu direito, ele deve sacrificar a seu próximo uma parte desse direito.

---

264 E não a preço fixo, sob o nome de "quantia legítima" ou "quantia honorária".
265 Sobre a palavra *protrepein*, ver L. Robert em *Anatolian Studies Buckler*, p.237, agora em *Opuscula*, v.1, p.621: "A exortação devia ser muito premente, sem dúvida pouco agradável para os interessados". Em uma inscrição do santuário de Zeus Panáramos, está escrito que uma estátua foi construída pelos dois curadores "levados a isso pela cidade" – o que quer dizer, suponho, que eles não se ofereceram espontaneamente para essa curatela: o Conselho, que dita soberanamente o texto da inscrição, não quis que o leitor pudesse acreditar que os curadores tivessem mostrado uma generosidade excepcional (Le Bas e Waddington, n.743; ver Ad. Wilhelm, *Neue Breitrãge*, VI, 1921, p.74). No *papyrus de Oxyrrhunque*, n.1416, 1.5, que resume os assuntos sobre os quais o Conselho deliberou, aprendemos que ele deliberou em particular "para levar um dos que foram nomeados às magistraturas a assumir a agonotesia": a lista das vítimas já está formada, mas não sabemos ainda qual será o decorrer da situação. Ver A. K. Bowman, *The Town Councils of Roman Egypt*, Hakkert, 1971, p.103, 106, 110. Em Lindos (Sokolowski, *Lois sacrées des cites grecques, Supplément*, n.90, p.157), os epístatas do culto ficam encarregados de levar os sacrificadores a exercer suas funções gratuitamente. – Ressaltemos, enfim, o uso do verbo *protrepein* referente às homenagens prestadas aos evérgetas: as estátuas honoríficas servem para "levar" ao evergetismo os que veem como a cidade honra os evérgetas (Latyschev, *Inscriptiones Ponti Euxini*, v.1, n.22); do mesmo modo que a palavra *protrepein* é usada por Demóstenes, *Coroa*, 120, p.267, sobre a "cláusula hortativa" dos decretos honoríficos.

O acaso de algumas aproximações de documentos fez que chegasse a minhas mãos uma amostra dessa arte protréptica, repleta de alusões eruditas. Quando era preciso nomear um magistrado ou um litúrgico, a escolha, na época imperial, limita-se aos membros do Conselho municipal e esse mesmo Conselho decidia. Ora, esse Conselho tinha também a responsabilidade sobre o imposto que os proprietários da cidade pagavam ao Estado: o que confirma que todos os conselheiros tinham uma ideia bem exata do patrimônio de cada um entre eles; além disso, essas cidades são, na maioria das vezes, simplesmente grandes vilarejos onde todo mundo se conhece. O Conselho sabe muito bem quem são os mais ricos, quem deveria se sacrificar primeiro, mas a decência proíbe que se diga isso abertamente; em vez disso, faz-se alusão à prosperidade na qual o Império vive sob o reino do bom imperador que é atualmente o nosso; essa evocação da riqueza geral é uma delicada alusão à riqueza particular do interlocutor; seria uma estratégia para obrigar um rico a distribuir óleo para as termas? A felicidade de todos sob Trajano será celebrada; trata-se de designar um exegeta? Será feita fortemente alusão à prosperidade do reino atual. É bem verdade que o rico tinha uma réplica possível que o dispensava de mentir com muita afronta: "Apesar de minha aparente fortuna, eu sou pobre e, se vocês me obrigarem a oferecer dons, eu corro o risco de me tornar um vagabundo".[266] Em oposição a esses evérgetas, que não escolheram sê-lo, não deixaremos de exaltar aqueles que, ao contrário, se candidataram "voluntariamente", ou "espontaneamente".[267] Esses candidatos modelos, por sua vez, não deixarão de se prevalecer de sua espontaneidade em seu epitáfio, no qual resumem sua carreira política, ou

---

[266] Fundos para a distribuição de óleo: *Inschriften Von Magnesia*, n.116, 1, 6-8. Não se pode recusar em ser exegeta sob um reino tão próspero: *papyrus Rylands*, II, 77, 1.35. Ver também o pap. Oxy., XII, 1413. "Sou pobre, corro o risco de me tornar um errante": petição de Apolinário, pap. Oxy., VI, 899. O que explica que esse tema pôde servir para alusões pérfidas, mas cordiais, é que ele era tradicional: os imperadores e os altos funcionários nunca deixavam de celebrar a prosperidade do Império sob o presente reino; ver, por exemplo, o edito de Ti. Julius Alexander (*Orientis Greaeci inscriptiones*, n.669, 1.4), o *senatus consultum* de Herculano (*Corpus des inscriptions latines*, v.X, n.1401), ou o edito de Nerva citado por Plínio, o Jovem (*Cartas*, X, 58).

[267] R. Von Jhering, *Das Zweck im Recht*, reimpresso em 1970, Olms, v.1, p.141. – O evérgeta ainda pode, com a autorização da cidade, prevalecer-se de sua espontaneidade na consagração gravada no edifício que ele mandou construir com seus próprios recursos. – Sobre as funções assumidas por um "voluntário" (ver n.23) ou αὐθαίρετος (L. Robert, em *Bulletin de Correspondance Hellénique*, LIX, 1935, p.447, n.2, agora em *Opuscula*, v.I, p.288), os exemplos são numerosos; em determinados momentos eram designados por expressões feitas, tais quais "ginasiarca espontâneo" (*Orientis Graeci inscriptiones*, n.583). Citemos também o *papyrus de Oexyrrhynchus* III, n.472, 1.3: "ginasiarca voluntário".

na inscrição que será gravada na base da estátua através da qual a cidade os homenageará, e para a qual ela terá ditado ou autorizado o texto.

Quando um rico finalmente se deixa convencer a assumir uma função pública, a comédia não termina aí, pois as evergesias que tiraram dele, em um primeiro tempo, existem apenas em promessas, em policitações: a vítima não tinha dinheiro líquido, ou então o presente prometido será oferecido durante uma festa que será organizada, ou ainda o objeto prometido é um edifício que não se constrói em um dia. A maioria das evergesias *ob honorem* apresenta-se como policitações negociadas e obtidas pela cidade no dia da nomeação; tanto que alguns dignitários, como, por exemplo, os sacerdotes de Zeus Panamaros, eram designados por uma expressão cuja densidade é significativa, como "sacerdotes por policitação".[268] Resta saber se o policitador cumpriria sua promessa e não adiaria indefinidamente sua execução; afinal, como qualquer sanção era pouco aplicável e não prevista em direito,[269] nenhum prazo era fixado para a execução dessas promessas. A única garantia que a cidade tinha era a declaração oficial que o evérgeta fazia de sua policitação à cidade, cujo texto a cidade inscrevia nos arquivos; em Priene, um policitador "prometeu, desde o dia das nomeações, e por escrito"; o autor de uma fundação até mesmo "o informou, pela presente carta, que sua promessa não fique sem testemunho ou sem prova escrita".[270] Contudo, com muita frequência, uma policitação podia ser feita pelo pai e ser executada somente pelo filho ou pelos herdeiros.[271] Já era excelente quando o evérgeta executava sua promessa ainda no mesmo ano em que exerceu sua função pública.[272] Celebrava-se com um particular ardor o benfeitor que executasse sua policitação imediatamente,[273] ou seja, aquele que fez que a evergesia deixasse de assumir a forma de uma policitação.

---

268 Ver as inscrições publicadas por G. Cousin em *Bulletin de Correspondance Hellénique*, 1904; L. Robert, *Études Anatoliennes*, p.549.
269 Veremos adiante que o direito romano tentou introduzir uma sanção pública às policitações.
270 *Inschriften Von Priene*, n.113, 1.37; L. Robert, *Études Anatoliennes*, p.378, que comenta: "Percebemos que as negociações entre (o policitador) e sua pátria foram trabalhosas; por uma vez, adivinhamos as realidades e as negociações que esconden tantas inscrições honoríficas". – Em geral, sobre as policitações gregas, ver B. Laum, *Stiftungen*, p.118-120 e 244.
271 O ato escrito havia sido usado para retirar a execução da promessa, com ou sem a intervenção do governador romano da província. Ver, por exemplo, *Inscriptiones Graecae*, IV, n.593; O. Kern, *Inschriften Von Magnesia*, n.92; L. Robert, "Inscription d'Adalia", em *Revue de Philologie*, 55, 1929, p.122 e n.4, agora em *Opuscula*, v.2, p.1088. Do rei Antíoco Epifânio, Tito Lívio escreve, XLI, 20: "A grande brevidade de seu reino o impede de executar muitas de suas policitações".
272 L. Robert, *Études Anatoliennes*, p.549.
273 Sobre as promessas seguidas de efeito imediato, Ad. Wilhelm em *Jahreshefte des österr. Archäol. Instituts*, 10, 1907, p.28; B. Laum, *Stiftungen*, p.119; J. Robert, "Inscriptions de

"Levar" ou não um rico a pagar, fazê-lo pagar em espécie ou não; esses eram os dois problemas. Vamos vê-los em cena em um documento que esclarece tudo. A cena aconteceu no Egito, em Hermópolis, em 192 antes de nossa era. A população local reuniu-se em uma Assembleia (pois as cidades do Egito ainda não tinham Conselho nessa data) na presença do estrategista que se encontrava à frente de todo o nomos e estava prestes a nomear um cosmeta encarregado de dirigir o ginásio e os efebos.[274] "Os habitantes da cidade que se encontravam ali gritavam: "Coroemos Aquiles como cosmeta! Faças como teu pai, esse munificente e venerável senhor". Mas Aquiles declara: "Para obedecer a minha pátria, aceito a dignidade de exegeta porta-coroa, pelo valor de uma contribuição anual de 2 talentos e à condição de me livrar da responsabilidade das terras públicas que estão alugadas".[275] Para compreender sua escolha, é importante saber que era mais brilhante ser exegeta do que ser cosmeta, e que também devia ser menos oneroso: além disso, não faltavam candidatos à exegese; mas a manobra de Aquiles vai fracassar:

> Então Olimpiodoro tomou a palavra: "A Fortuna de nosso senhor imperador permite-nos, a todos nós, assumir magistraturas e desenvolver a riqueza de nossa cidade; como poderia ser de outra forma quando Laércio Menor é um prefeito do Egito que agrada profundamente seus súditos? Assim, já que Aquiles quer ser coroado exegeta, que assim seja, mas que pague os direitos de entrada

---

Carie», em *Revue de Philologie*, 66, 1940, p.243. Protógenes, no grande decreto de Olbia que resumimos acima, carrega e paga imediatamente o dinheiro que havia prometido para a compra de trigo. – Sobre as policitações feitas e executadas, não somente imediatamente, mas improvisadamente, L. Robert, *Études Anatoliennes*, p.343.

274 *Papyrus Rylands*, II, 77 (reproduzido em *Select Papyri* de Hunt e Edgar, v.2, n.241); ver G. Méautis, *Hermoupolis-la-Grande*, p.117-125; A. K. Bowman, *The Town Councils of Roman Egypt*, p.16, 43, 122.

275 Dois talentos representam aproximadamente 25 mil francos Balzac ou 100 mil novos francos. A responsabilidade das terras públicas (imperiais ou municipais?) devia ser, é bem verdade, ruinosa, pois seu responsável precisava pagar asseguradamente com seus próprios recursos pelos aluguéis que não recebiam. A preferência pela exegese pode ser explicada ainda de outra forma: Aquiles está pronto para pagar muito por uma função que representa um fim de carreira e depois da qual não se pode mais decentemente pedir-lhe para assumir outro encargo. Estabelecia-se, nessa época, que um notável podia ser chamado para assumir sucessivamente todas as dignidades (*omnibus honoribus* e *muneribus fungi*, diz a epígrafe latina em uma fórmula cuja tradução literal também não é rara em uma epigrafia grega). Comparar Dessau, n.6821 (*ob honorem aedilitatis intermissae*) e n.6570 (*aedilitate intermissa duumvir*); o *Digeste* faz alusão ao caso dos notáveis que prometiam uma evergesia para serem dispensados de exercer uma honra pública, o que representava pular um dos degraus da carreira (50, 4, 16 pr. e 50, 12, 12, 1).

em função imediatamente.[276] Senão, ele será designado, pela sua recusa, à cosmetia que o ameaça!"

Percebemos a manobra: recusar uma simples policitação e exigir o pagamento em dinheiro. Aquiles não sabia o que responder: "Eu aceitei a exegese por 2 talentos; a cosmetia, não posso aceitar". Segue uma discussão confusa; um dos assistentes reclama ter levado um tapa de Aquiles; outros tentam alegar um édito imperial. Enfim, um antigo cosmeta assume coroar autoritariamente Aquiles como cosmeta, sob sua própria responsabilidade: ele pagará caso Aquiles se recuse a fazê-lo; sem dúvida, ele tinha meios de forçar Aquiles a pagar. Compreendemos a agressividade dos assistentes: se Aquiles não tivesse assumido a cosmetia, ela teria sido atribuída a um dentre eles.

Vemos como se exercia a pressão sobre os notáveis para arrancar-lhes liberalidades; eram os notáveis que, entre si, tentavam imputar o fardo uns aos outros ou impedir que outros o transferissem. Entre os próprios notáveis existe esse constrangimento do face à face, que já era bastante presente quando transcorria entre os grandes e o povo. Constrangimento que se negociava, de acordo com o momento, em milhares de espécies: vergonha de não se sacrificar quando seus pares o fazem, vergonha de fazer que um semelhante se sacrifique em seu lugar, desejo de obter a estima dos seus pares (pois as satisfações da estima, o desejo de ser reconhecido, contam tanto quanto as do poder, do dinheiro ou da distância social); dever de ser modesto, de não estar acima de seus pares, de não lhes mentir descaradamente, de não lhes recusar o que eles consideram verdadeiro e bom, de não se colocar à parte; condescendência que leva a fazer espontaneamente o que eles pedem, proibição de ferir os sentimentos dos outros, mesmo quando tais sentimentos não são compartilhados; enfim, medo específico de sanções difusas e medo vago de sanções precisas que o futuro pode reservar.

A "quantia legítima"

Mas já que as desavenças eram tão presentes, não teria sido mais cômodo introduzir um regulamento, colocar um pouco de ordem, ou seja, instituir, por um lado, um revezamento, e por outro, uma tarifa para as evergesias

---

276 O direito de entrada, *eisitêrion* (sobre os outros dois sentidos dessa palavra, ver a n.94): a palavra é atestada no sentido de "taxa de entrada" nas associações privadas (H. Hepding em *Athenische Mitteilungen*, XXXIII, 1907, p.301; F. Poland, *Geschichte des griech. Vereinswesens*, p.547). Sobre o sentido da palavra em nosso papiro, ver S. Le Roy Wallace, *Taxation in Egypt*, Princeton, 1938, p.278: "aparentemente uma taxa paga pelo exegeta que entra em função para um sacrifício"; A. K. Bowman, *The Town Councils of Roman Egypt*, p.26, 41, 171.

ob honorem (como os romanos o farão)? Foi precisamente o que se fez, conforme as aparências: as gratificações *ob honorem* foram tarifadas, sua quantia foi fixada em um valor definido uma vez por todas; essas evergesias obrigatórias e tarifadas correspondem ao que os romanos chamavam, em seu próprio sistema evérgeta, a "quantia honorária", que todo novo dignitário paga à cidade para agradecê-la pela honra que ela lhe concede, ou a "quantia legítima", porque a lei criou a obrigação de pagá-la e determina o seu valor (que certamente não é proibido ultrapassar quando se tem uma alma de mecenas).

Existiam, assim, conforme as aparências, dois tipos de prestações *ob honorem*, tanto no mundo grego quanto no Ocidente romano: a quantia legítima, sobre a qual os documentos pouco falam, e os excedentes voluntários desse valor, os únicos que faziam que o novo dignitário merecesse as honrarias públicas, tanto que somente esses excedentes excepcionais são conhecidos por nós, e sabe-se muito pouco sobre a regra. Portanto, parece-nos que essa regra existiu, que ela se difundiu a partir do século I da nossa era, em parte pela ação das autoridades romanas, desejosas de codificarem o costume por uma questão de competência administrativa; em latim, a determinação de tarifas para a gratificação se chama *taxatio*, "fixação", e em grego, *timêma*, "estimação".[277] O que era então fixado ou estimado a um valor determi-

---

[277] Sobre a quantia honorária na Grécia, ver Ad. Wilhelm, "Zu einer Stiftungsurk unde aus Iasos", em *Neue Beiträge*, IV, 1915, partic. p.43 e 49-52 (pode ser útil ressaltar ao leitor que o resumo desse estudo de Wilhelm que D. Magie faz em uma nota sobre a quantia honorária, *Roman Rule in Asia Minor*, v.1, p.650 e v.2, p.1519, n.52, é bastante inexato); I. Lévy, "La vie municipale de l'Asie Mineure", na *Revue des Études Grecques*, XII, 1899, partic. p.259-262; do mesmo autor, "L'honorarium municipal à Palmyre", na *Revue Archéologique*, 1900, I, p.128 e o artigo *"honorarium* (nas cidades gregas)", do *Dictionnaire des Antiquités de Daremberg*, Saglio e Pottier (todos os estudos são citados por L. Robert no *Bulletin de Correspondance Hellénique*, LX, 1936, p.196). T. R. S. Broughton, "Roman Asia Minor", em Tenney Frank, *An Economic Survey of Ancient Rome*, v.IV, p.802-803; A. H. M. Jones, *The Greek City from Alexander to Justinian*, Oxford, 1940, p.247. Sobre *timêma*, ver uma inscrição lidiana citada por Wilhelm, p.49; nesse sentido de *timêma* também é atestado em um papiro publicado por N. Lewis, "Leitourgia papiri: documents on compulsory public service in Egypt under Roman Rule", em *Transactions of the American Philosophical Society*, LIII, 9, 1963, p.19, n.8, no qual o editor compreende por essa palavra "as despesas de exegese" (uma petição é endereçada ao prefeito do Egito a favor de um órfão menor de idade, rico herdeiro, a quem o prefeito fez assumir a evergesia; o editor organiza, nesse momento, uma lista de exemplos de crianças designadas para funções municipais no Egito). Ressaltaremos que, no *Digeste* (50, 4, 16 pr.: "aestimationem honoris aut muneris in pecunia"), a palavra *aestimatio*, tradução do grego *timêma*, designa uma quantia honorária. Sobre *taxatio*, Wilhelm, p.50, a palavra aparece em várias inscrições africanas que foram discutidas em última instância por A. Beschaouch, *Mustitana: recueil de nouvelles inscriptions de Mustis*, Klincksieck, 1968, p.38-42; observaremos também, nos glossários, que *taxatio* é interpretada como *nominatio, designatio* (*Corpus glossariorum latinorum*, v.VII, Groetz, *Thesaurus grecques emendatarum*, s.v. "taxatio").

nado de uma vez por todas? As gratificações *ob honorem*, deixadas até então à livre apreciação de cada novo dignitário, quando não haviam sido objeto de uma negociação entre o interessado e o Conselho. Três coisas vão acontecer. Depois de tarifada, a gratificação não é mais associada ao evergetismo: em seus epitáfios, os notáveis não se aproveitam mais do fato de tê-la pago (do mesmo modo que, no Ocidente romano, a quantia legítima é pouco mencionada quando é ultrapassada); de acordo com a lógica do evergetismo, uma gratificação não será exigida somente dos magistrados e dos sacerdotes: a obrigação será estendida até aos simples conselheiros, e para tornar-se membro do conselho da cidade, ou seja, para ser qualificado como notável, será preciso pagar uma quantia legítima; enfim, mal expulsamos o evergetismo pela porta da frente, ele volta pela porta de trás: depois de fixada, a quantia honorária é frequentemente ultrapassada pelos generosos notáveis, o que prova que a espontaneidade e a obrigação sempre caminharam juntas no coração dos evérgetas. A quantia legítima representará apenas um mínimo legal.

Como esse mínimo havia sido determinado? Será que representava, como pudemos supor, o montante das despesas públicas relativas às diferentes funções, e que os dignitários assumiam frequentemente por sua conta, como sabemos? Não creio; assumir os encargos de uma função foi apenas uma etapa, agora ultrapassada, do desenvolvimento do evergetismo. Um novo princípio nasceu: todo privilégio honorífico merece gratificação; a quantia legítima não será, assim, proporcional às despesas da função, mas ao seu brilho. Em um decreto de Istros, uma simples sacerdotisa de Cibele é louvada por ter oferecido presentes que eram superiores ao que se estava acostumado a receber e que se assemelhavam às generosidades que se faz "a título das grandes honrarias".[278] Também considerado como uma honraria, o encargo de conselheiro é designado pela quantia legítima, apesar de não comportar despesas públicas. Paga-se pela honra de ser notável.

Infelizmente, os documentos, cujo caráter é com maior frequência honorífico, raramente tratam desses pagamentos; quando mencionam o pagamento de uma quantia à cidade, não se referem à quantia legítima: por uma mesma função, ela difere entre um e outro dignitário e, em geral, não é um número redondo, como seria certamente o caso se o montante tivesse sido fixado uma vez por todas pelo legislador.[279] Para os magistrados, o montante

---

[278] Decreto citado por J. e L. Robert, "Bulletin épigraphique", na *Revue des Études Grecques*, LXXV, 1962, n.239.

[279] Em Sebastópolis de Carie, um notável, antes de tornar-se *argyrotamias* por 4 mil denários, foi três vezes *apodocheus* por 11,2 mil denários: ora, esse valor não é divisível por três (J. e L. Robert, *La Carie*, v.2, p.317, n.168). Em Telmessos, um notável dá "a título de ginásio",

da quantia legítima é praticamente conhecido apenas nos simples vilarejos: era uma evergesia somente aos olhos dos habitantes daquele lugar; no vale de Caistros, em Lídia, no século III antes da nossa era, tornar-se o primeiro magistrado de um vilarejo custava 1 mil sestércios.[280]

Parece-nos bastante claro que as autoridades romanas favoreceram o estabelecimento de tarifas para as gratificações *ob honorem*. Um papiro nos

---

56.058 dracmas: não pode se tratar de uma quantia fixada antecipadamente, mas de um montante dos gastos reais (*Tituli Asiae Minoris*, v.2, 1, n.15; para os "dracmas de pequenas notas" sobre os quais esse documento fala e que valem um sexto da dracma normal e do denário, comparar *Sylloge*, n.1109, n.48; *Orientis Graeci inscriptiones*, n.484, n.14; *Inscriptiones Graecae*, v.II-III, editio minor, n.2776, comentário, *ad finem*. Ver John Day, *An Economic History of Athens under Roman Domination*, p.221). Em compensação, quando, por uma mesma função, o mesmo valor redondo é assegurado em duas cidades vizinhas, pode-se pensar que ele representa uma quantia honorária, uma das cidades tendo imitado a outra na determinação do valor da quantia; é assim que a quantia honorária da *dèmiourgis* é a mesma, ou seja, 1 mil denários, em duas cidades de Cilicia, Olba (*Monumenta Asiae Minoris Antiqua*, v.3, n.103) e Cestros (segundo J. e L. Robert, "Bulletin épigraphique", na *Revue des Études Grecques*, LXXVIII, 1965, n.428).

280 Um dos vilarejos do vale do Caistro é Apateira, que dependia de Efésio. Em 206-207, os lojistas, chamados "ao preço de uma única liberalidade", foram "levados a pagar a mais" 250 denários pelo conserto das termas (Keil e Von Premerstein, *Bericht über eine dritte Reise in Lydien*, p.86, n.116; ver L. Robert em *Anatolian Studies Buckler*, p.237, n.6. A data 206-207 e não 170 explica-se pela era de Farsale, usada na região ao lado das de Sila e de Atium; ver P. Hermann, *Neue Inschriften zur histor. Landeskunde Von Lydin*, p.9; "a mais" se diz aqui *exôthen*: ver Robert, *Hellenica*, XIII, p.205); aproximadamente na mesma época, um outro lojista paga a mesma quantia de 250 denários, que é usada no pagamento do *aurum tironicum* (Keil e Premerstein, p.87; sobre o *aurum tironicum*, Rostovseff em *Journal of Roman Studies*, 1918, p.26; J. e L. Robert na *Revue de Études Grecques*, LXIII, 1960, p.170, n.230, sobre *Inscriptiones Graecae in Bulgaria de Mihailov*, v.2, n.517). Temos em Apateira uma terceira inscrição de lojista, mas o valor da quantia honorária não está legível ali (referências em Robert, *Hellenica*, XI-XII, p.18, n.4 e 5). – No mesmo vale, um vilarejo de Hipaipa tem comarcas em sua liderança. Ver Keil e Premerstein, p.66 e 78-79; Fontrier em *Mouseion kai Bibliothèke de Smirna*, 1885-1886, p.88 (na Biblioteca Nacional de Paris). As comarcas pagam uma quantia honorária ao vilarejo, "tradicionalmente" e "segundo o decreto da comunidade"; cinco inscrições nos mostram o aumento do montante da quantia honorária no decorrer do século III, por saltos de 250 denários que evocam ao mesmo tempo a inflação e a fixação autoritária de uma tarifa em números redondos. Em 213-214, a quantia é de 250 denários (Fontrier; após a era Farsale; o evérgeta tem M. Aurélio como gentílico: em 213-214, a *Constitutio Antoniniana* já produziu seus efeitos onomásticos; antes o evérgeta havia pago 50 denários para o conserto das termas; sobre *tacheion*, "antes", nessa inscrição e na inscrição de 272-273, ver Robert, *Hellenica*, XI-XII, p.18). Em 225-226, a quantia é de 500 denários (Keil e Premerstein, p.78, n.109); em uma data desconhecida, 750 denários (p.79, n.110); em 272-273, de 1 mil denários (p.79); em uma data desconhecida, ela é de 1mil denários (Fontrier). Ver também H. V. Pleket, "Nine Greek inscriptions of the Cayster-valley, a republication", em *Talanta*, 2, 1970, p.80.

permite imaginar, por analogia, seus motivos e a trajetória de sua ação.[281] No fim do reino de Trajano, os arcontes de Hermópolis, conforme uma ordem do prefeito do Egito, indicam ao epistrategista que economia seria possível fazer nas despesas da ginasiarquia: graças à redução dessas despesas, diz o texto, os futuros ginasiarcas suportariam o fardo de seu cargo com maior zelo, ou seja, a cidade terá menos dificuldade em encontrar candidatos (ouvimos com frequência esse desejo ser expressado naqueles tempos). Consequentemente, o prefeito fixou autoritariamente o novo montante das despesas futuras. Os motivos são evidentes; esse alto funcionário não tem nenhuma teoria preconcebida a favor da uniformização do Império ou contra a autonomia local; muito pragmaticamente, ele quer que as finanças da cidade pela qual é responsável estejam em ordem, e ele faz o que é necessário para isso: regulamenta e estabelece tarifas.

Além disso, as autoridades preferem um pagamento líquido, de que a cidade poderá dispor como bem entender, a uma evergesia com monumentos ou estátuas, que será provavelmente um presente pouco útil; aos olhos dos representantes do imperador, a quantia legítima aparece cada vez mais como uma das rendas ordinárias das cidades e eles fazem tudo para que essa fonte jorre com a maior abundância possível. O que explica a quantia legítima para a entrada no Conselho. A dignidade de conselheiro era muito procurada e, para a eleição ou a nomeação de novos conselheiros, as brigas nos clubes, as "eterias", eram, às vezes, bastante vivas;[282] o bem-sucedido eleito poderia não manifestar ativamente seu reconhecimento? Esse novo conselheiro oferece à cidade um verdadeiro edifício "em troca do Conselho".[283] No decorrer do século II, no mais tardar, a quantia legítima é obrigatória em todas as cidades; querendo recompensar um navegante que o serviu adequadamente, o imperador Adriano o nomeou conselheiro da metrópole da Ásia, Efésio, e o recomendou às autoridades locais nos seguintes termos: "Eu permito que o recrutem; se não houver nenhum impedimento e se ele vos parece digno dessa honra, sou eu quem pagará, por sua nomeação, a quantia que os membros do Conselho normalmente pagam".[284] Uma honra excepcional seria, assim, ser "conselheiro gratuitamente".[285]

---

281 *Papyrus Amherst*, 2, n.70, em U. Wilcken e L. Mitteis, *Grundzüge und Chrestomathie der Papyruskunde*, v.1, 2, p.175, n.149.
282 Dião de Prusa, *Discours*, XLV, 8.
283 Inscrição de Laodiceia sobre o mar, hoje no museu de Toulon: L. Robert, no *Bulletin de Correspondance Hellénique*, LX, 1936, p.192.
284 Dittenberger, *Sylloge*, n.838.
285 Um "conselheiro gratuitamente" é mencionado em uma inscrição bilíngue de Galácia no ano 145 (*Corpus inscriptionum latinarum*, III, 282, linha 49): devemos ver nisso um fato de

O evergetismo havia se desenvolvido em torno das funções públicas, magistraturas, liturgias ou sacerdócios; ao se estender à dignidade de conselheiro, ele vem confirmar que a atividade política é apenas um sinal de distinção social; paga-se para entrar no Conselho como se pagaria para entrar em um colégio, o dos notáveis.[286] Como as quantias legítimas dos conselheiros tornaram-se um recurso ordinário, as autoridades procuram fazer que o pagamento seja feito pelo maior número de pessoas possível; em Bitínia, pela lei de Pompeu, os membros do Conselho eram nomeados pelos censores e não pagavam nada; sob Trajano, como algumas cidades haviam recebido a autorização de criar conselheiros supranumerários, esses felizes privilegiados tiveram que pagar para entrar e suas quantias legítimas foram usadas como exemplo para mandar construir termas públicas; "em seguida, em algumas cidades, o governador mandou pagar quantias aos conselheiros que também foram regularmente nomeados pelos censores":[287] o privilégio conduziu a um

---

influência romana (os *decuriones gratuiti* não são raros nas inscrições latinas). Não conheço nenhum outro caso.

286 Sobre a suma honorária dos membros dos Bulai, L. Robert em *Bulletin de Correspondance Hellénique*, LX, 1936, p.197, n.6. Sobre as cotizações e as taxas de entrada nas associações, F. Poland, *Vereinswesen*, p.492 (o mais belo exemplo é o regulamento dos hinodes de Pérgamo, em M. Fränkel, *Inschriften Von Pergamon*, v.2, n.374, por exemplo, lado D, linha 13, p.262; reproduzido em L. Ziehen e I, Von Prott, *Leges Graecorum sacrae e titulis collectae*, v.I, n.27). – Um outro documento, infelizmente obscuro, sobre a quantia honorária dos buletas é o *papyrus d'Oxyrrhynchus*, XII, n.1413: durante os debates no Conselho de Oxirrinco em 270-275, aborda-se a questão de uma taxa chamada *steptika* que os buletas e os exegetas pagam; essa taxa, desconhecida alhures, parece ser uma quantia honorária (A. H. M. Jones, *The Greek City from Alexander to Justinian*, p.247, n.70; A. C. Johnson, "Roman Egypt" em *An Economic Survey*, v.2, p.576; S. Le Roy Wallace, *Taxation in Egypt from Augustus to Diocletian*, Princeton, 1938, p.281); mas não se sabe se tratava-se de nomear os buletas para exegeses e se a quantia honorária era a dos exegéticos (assim P. Jouguet, "Les boulai egyptiennes à la fin du IIIe siècle", em *Revue égyptologique*, I, 1919, partic. p.67), ou tratava-se de nomear novos buletas cuja quantia honorária seria paga pelo Senado (E. P. Wegener, "The Boulè and the nomination to the rachai in the metropoleis of Roman Egypt", em *Mnemosyne*, I, 1948, partic. p.21).

287 Plínio, o Jovem, *Cartas*, 10, 112, 2; em Bitínia, devido à lei de Pompeu, os conselheiros não pagavam quantia honorária, eles eram nomeados, ao modo romano, por censores ou *timêtai* (sobre eles, ver L. Robert, em *Bulletin de correspondance Hellénique*, LII, 1928, p.411; F. K. Dörner, *Bericht über eine Reise in Bithynien, Denkschriften Akad. Wien*, LXXV, 1, 1952, p.13, n.5; e "Vorbericht über eine Reise in Tithynien", em *Anzeiger der Akad. Wien*, 1963, p.137; L. Vidman, *Étude sur la correspondance de Plínio avec Trajan, Rozpravy Ceskoslovenské Akademie ved*, 1960, 14, p.66-69; A. N. Sherwin-White, *The Letters of Pliny, a historical and social commentary*, Oxford, 1966, p.669); mas, em seguida, as cartas de Plínio nos ensinam que as cidades foram autorizadas, para obterem rendas, a nomear conselheiros em excesso; estes eram eleitos e não nomeados pelos censores, e pagavam uma quantia honorária: alguns edifícios públicos eram construídos pelas cidades graças a essas rendas, e Plínio, governador

abuso que a administração tende a transformar em regra. No fim, a regra torna-se geral; Antonino, o Piedoso, ao fundar uma cidade na Macedônia, determina em sua carta de fundação o número de conselheiros e a quantia que eles deverão pagar.[288] Os conselheiros são a vaca leiteira das cidades, não somente graças às taxas de entrada que devem pagar, mas também porque, para o resto de suas vidas, deverão ser os futuros magistrados e futuros litúrgicos; conceder a uma cidade o direito de criar novos conselheiros é lhe conceder novos recursos; a prosperidade de uma cidade se mede pela prosperidade de seus conselheiros e, antes de fundar uma nova cidade, os imperadores asseguravam-se de que os ricos eram suficientemente numerosos na região para compor um Conselho que permitisse à nova cidade viver.[289]

---

da província, sentia-se comprometido em verificar se as quantias honorárias eram efetivamente pagas, no interesse das finanças das cidades (Plínio, *Cartas*, 10, 39); ainda aqui, os novos buletas eram as vacas leiteiras das cidades. Sobre esse assunto, não deixaremos de notar que esses membros excedentes da bulé são também mencionados nos discursos dos habitantes de Bitínia de Dião de Prusa, o que nos faz questionar a verdadeira data desses discursos: Dião procura o direito de ter, em Prusa, aparentemente, até cem membros da bulé que pagassem uma quantia honorária (H. Von Arnim, *Leben und Werke des Dio von Prusa*, p.327 e 334-339; ver *Discours*, XLV, 7, aproximado de XL, 14; XLVIII, 11). Ora, eleições ocorreram naquele momento e os novos buletas não foram nomeados pelos censores (Dião, XLV, 7-10); então, os discursos em questão devem ser anteriores ao governador sobre o qual Plínio fala e que se contenta de estender aos buletas normais, nomeados pelos censores, a obrigação de pagar uma quantia honorária que havia sido, primeiramente, imposta somente aos membros excedentes; esse governador se chamava Anício Máximo; infelizmente, a data de sua legação é, se não me engano, ainda desconhecida. – Sobre a lei de Pompeu em Bitínia, ver sobretudo G. Vitucci, "Gli ordinamenti costituvi di Pompeo in terra d'Asia"; em *Rendiconti dell'Academia nazionale dei Lincei*, 1947, v.2, p.248. A lei de Pompeu ainda estava em vigor no século III (Dião Cássio, XXXVI, 20, 2) e o *Digeste* (50, 2, 3, 2 e 50, 2, 11), assim como o *Código de Teodósio* (12, 1, 5 com a nota de Godefroy), fala sobre isso e também Gaio, *Institutes*, I, 193.

288 Inscrição de Sveti Vrac, no vale do Struma: D. Detschew, "Ein neuer Brief des Kaisers Antoninus Pius", em *Jahreshefte des österr. arch. Inst.*, XLI, 1954, p.110; ver J. e L. Robert, "Bulletin épigraphique", na *Revue des Études Grecques*, 1956, n.159; J. H. Oliver, "A new letter of Antonius Pius", em *American Journal of Philology*, LXXXIX, 1958, p.52 : "Que tenha em sua cidade 80 conselheiros", escreve o soberano, "e que cada um deles pague 500 (dracmas) áticos, para que a importância do Conselho atraia uma boa reputação e que as quantias que os conselheiros pagarão sejam uma fonte de renda para vocês". Sobre a identificação da cidade, que é sem dúvida Particópolis, L. Robert, *Hellenica*, XI-XII, p.253, e F. Pagazoglou, em *Bulletin de Correspondance Hellénique*, 1963, p.535-544.

289 Como prova, havia um certo número de cartas imperiais relativas às fundações ou às refundações de cidades, nas quais o soberano faz que o número de decuriões seja suficientemente alto para que a cidade tenha recursos suficientes; assim, a carta relativa à Timando (Dessau, n.6090; *Monumenta Asiae Minoris antiqua*, v.4, n.236, linhas 14 e 35), a carta de Constantino relativa à Orcisto (Dessau, n.6091, linha 11) e a carta de Antonino sobre

Mas a quantia legítima é apenas um mínimo legal; ela não coloca um ponto final na história do evergetismo que, possuindo seus próprios motivos, vai além desse mínimo ou, como o livre mecenato, subsiste paralelamente à quantia legítima. Certamente, para um bom número de dignitários, o estabelecimento de tarifas, ou até mesmo uma indenização, era um meio de limitar sua despesa; em um decreto de Iasos,[290] um certo Canínio Sinalassão faz a policitação para tornar-se estefanóforo e "paga 5 mil denários por todos os gastos da estefanoforia"; é o eco de uma discussão que deve ter sido ardorosa no Conselho: terminou-se transigindo em 5 mil denários, mas Canínio deixou explícito que não pagaria nada além disso, mesmo se as despesas ultrapassassem as previsões; essa não era uma quantia legítima fixada uma vez por todas, mas uma simples indenização e, sem dúvida, no ano seguinte, houve uma outra discussão sobre dinheiro com o novo estefanóforo; as palavras "por todos os gastos" não indicam em momento nenhum que a quantia honorária seria o estabelecimento de tarifas para os gastos de uma função pública, mas simplesmente que Canínio especificou que não pretendia ser a vaca leiteira de todos os seus concidadãos durante o ano inteiro. Mas outros dignitários eram mais magníficos que ele; iam além do mínimo, e são naturalmente aqueles que conhecemos melhor; por exemplo, "além dos gastos de sacerdócio", um casal de sacerdotes de Zeus Panamaros "mandou cobrir o chão do templo de Hera de mosaicos e prometeu mandar cobrir o muro de um pórtico com incrustações".[291]

Edifícios públicos

De modo geral, o livre mecenato subsiste como antes, inclusive atingindo seu apogeu no século II, quando a quantia legítima se generaliza; é bem verdade que esse século é incontestavelmente a idade de ouro do Oriente grego. O mecenato mostra-se tão variado quanto as tendências individuais dos diferentes evérgetas; contudo, alguns presentes são muito mais difundidos que outros; são os prazeres e os edifícios. Lucien traça em algum lugar o retrato de um sonhador que constrói castelos na Espanha imaginando o que ele faria com seu dinheiro se fosse rico: ele adquiriria bens imobiliários

---

Particópolis (nota precedente); citemos também um decreto de Trieste (Dessau, n.6680, seção 2, linha 8). Ver também Juliano, *Misopogon*, 40, p.367d; Plínio, *Cartas*, X, 39, 5.

290 Citado por Wilhelm, *Neue Beiträge*, IV, p.43, segundo Th. Reinach, na *Revue des Études Grecques*, 1893, p.159. Sobre o nome próprio de *Synallasson*, ver L. Robert na *Revue des Études Grecques*, 1957, p.362, n.2.

291 G. Cousin, em *Bulletin de Correspondance Hellénique*, XXVIII, 1904, p.45; sobre as incrustações, L. Robert, *Nouvelles inscriptions de Sardes*, p.50.

tão extensos quanto o Ático, teria clientes ricos e os mandaria esperar na antecâmara, ele seria servido por dois mil escravos; "quanto à cidade, eu reservo-lhe favores excepcionais: todos os meses, uma distribuição de 100 dracmas para cada cidadão, e 50 para cada estrangeiro; e teatros e termas de admirável beleza".[292] Distribuição ou banquetes, por um lado, edifícios profanos ou sagrados, por outro, são os objetos favoritos do mecenato na baixa época helenística e na época romana; seria conveniente acrescentar a evergesia mais ambiciosa, a *filotimia* suprema: as grandes festas do culto imperial, célebres por toda a província, nas quais um dignitário, que é também sacerdote, asiarca ou grande sacerdote dos imperadores,[293] oferece pela honra dos soberanos o prazer mais devastador que existe, um espetáculo de gladiadores. A sobrevivência de um mecenato espontâneo explica por que não se instituiu, paralelamente à quantia honorária, uma alternância regulamentada: os menos generosos sempre tinham a esperança de deixar o fardo para os mais generosos.

Os mecenas constroem edifícios públicos para exprimir sua grandeza; eles oferecem prazeres ao povo porque o povo solicita tais prazeres, e porque podem expressar sua grandeza ao se apresentarem como os reis da festa. Dessa forma, oferecem banquetes a seus concidadãos, proporcionando-lhes gratuitamente ou a preços muito baixos o óleo necessário ao banho,[294] ou distribuem simplesmente dinheiro a tantos denários por cabeça. Esses presentes têm diversas origens. A piedade sempre exigiu que um sacerdote ou um comissário manifestassem sentimentos relacionados à sua missão e que não fossem avarentos com os deuses; por exemplo, eles compravam com seu próprio dinheiro a vítima para o sacrifício.[295] Outros presentes são folclóricos e

---

292 Luciano, *Le Navire ou les Souhaits*, 24; 1 dracma valia aproximadamente 2 francos Balzac.
293 Sobre as assembleias provinciais, J. Deininger, *die Provinziallandtage der römischen Kaiserzeit*, C. H. Beck, 1966; sobre os espetáculos, L. Robert, *Les Gladiateurs dans l'Orient grec*. Sobre a identidade do grande sacerdote e da asiarca, ver algumas referências em *Bulletin de Correspondance Hellénique*, 1966, p.151, n.3; e sobretudo Deininger, p.41-50.
294 Sobre as distribuições de óleo, J. e L. Robert, *La Carie*, v.2, p.320; L. Robert, *Hellenica*, VI, p.127. O óleo para o banho e o banquete estão juntos quando os prazeres são enumerados; ver, por exemplo, o terceiro papiro de Giessen relativo a uma festa pública que celebrava as "boas novas" da subida de Adriano ao trono (O. Weinreich, *Ausgewählte Schriften*, v.I, Grüner, 1969, p.282); sobre as "evangelia", que eram as boas novas, vitórias ou eventos e sobre o júbilo público, ver uma página expressiva de L. Robert, em *Laodicée du Lycos, le Nymphée*, p.274: "O povo estava prestes a votar a instituição de um dia de festa, já que seria o sinal da generosidade dos ricos cidadãos para aumentar a euforia".
295 Essa evergesia não é rara por parte dos dignitários mais diversos; ver Dittenberger, *Orientis Graeci inscriptiones*, n.764, n.61; L. Robert, *Hellenica*, XI-XII, p.120: na procissão que leva ao sacrifício, "cada um caminha com a vítima que oferece pessoalmente a título de

se explicam pelas relações de face a face em uma coletividade concreta (como aqui na França quando "oferecemos uma rodada geral" ou quando "convidamos todos os assistentes"); os novos dignitários, ao se apresentarem pela primeira vez ao público, convidavam todo mundo para se divertir por sua conta;[296] os notáveis convidavam para suas festas de família todos aqueles que consideravam como um dos seus, ou seja, a cidade inteira.[297] Em Bitínia, o costume dizia que se devia convidar o Conselho da cidade e um bom número de cidadãos, e distribuir dinheiro em quatro circunstâncias: quando se adquiria a toga viril, quando se casava, quando se assumia uma magistratura e quando se inaugurava um edifício público;[298] desde a baixa época helenística, os decretos honoríficos são cheios de descrições condescendentes de banquetes públicos;[299] algumas vezes, os cidadãos eram os únicos convidados, outras vezes os estrangeiros residentes ou de passagem também eram,

---

magistrado"; ver M. Holleaux, *Études*, v.2, p.101. A título de documento, eis aqui a tradução de um decreto de Amorgos, no século III antes de nossa era (*Inscriptiones Graecae*, XII, 7, n.241); "Esperou que Epinômides, filho de Teógenes, tivesse exercido a mais alta dignidade para a festa dos Itônia, dedicou todo o zelo desejável para que a deusa tivesse o mais belo sacrifício e procissão possíveis e cuidou com grande generosidade daqueles que vieram assistir à festa (ver Ad. Wilhelm, *Griechische Königsbriefe*, Klio, Beiheft, 48, 1943, p.37 e 61); depois de ter doado ao colégio demiurgos para as construções dos santuários, juros que recebia das taxas (*pelanoi*) pagas à deusa e que, até então, financiavam os sacrifícios; e depois de ter pago com seu próprio dinheiro o custo da vaca para o sacrifício e todas as outras despesas, ele não recebeu nenhuma contribuição dos que vieram assistir à festa e que eram aproximadamente quinhentos [...], estimando que nada era maior ou mais bonito que observar a devoção que se deve ao povo e a piedade que se deve aos deuses" etc.

296 Sóteles de Pagai, no decreto já citado várias vezes (reedição e comentário por Wilhelm em *Jahreshfte des österr. Arch. Inst.*, 1907), oferece prazeres para sua primeira aparição pública como dignitário. No santuário de Zeus Panámaros, uma série de quatro dias de festa marcava a entrada em função do sacerdote de Zeus (Jeanne Robert, na *Revue de Philologie*, 1940, p.239). Ver também n.94.

297 Diodoro, XIII, 84; Hiller von Gärtringen, *Inschriften von Priene*, n.109, linhas 162-168; Plínio, *Cartas*, 10, 116.

298 Plínio, *Cartas*, 10, 116; a menção da toga viril, que surpreendeu comentadores, explica-se: uma forte minoria de notáveis bitinianos tinha a cidadania romana.

299 L. Robert, *Décrets d'Acraphia*, agora em *Opuscula*, v.2, p.279; *Hellenica*, XI-XII, p.569; *Hellenica*, XIII, p.244; para um exemplo tardio, no ano 251 de nossa era, Dittenberger, *Sylloge*, n.851. É revelador que a palavra grega *philothytês* (literalmente, aquele que se sacrifica de bom grado) não designa um devoto, mas um anfitrião. Para uma comparação com os hábitos romanos em termos de consumo de carne e de sacrifícios, ver as esclarecedoras páginas de E. Fraenkel, *Elementi plautini in Plauto, La Nuova Italia*, 1960, p.124, 239, 408-413. L. Robert, *Hellenica*, XIII, p.224: "O essencial, nos sacrifícios, é o banquete que vem depois". Também levavam pão nas procissões sacrificiais (Athénée, III B); deixavam-se aos deuses somente as partes não comestíveis do animal (Tertuliano, *Ad nationes*, I, 10, 35).

em outras, ainda, os próprios escravos também faziam parte dos banquetes, pelo menos sob o Império; as mulheres dos cidadãos também podiam ser convidadas ou pelo menos havia uma refeição para elas.

O mais simples é traduzir um documento extremamente dinâmico, um decreto de Acrefia, da miserável Beócia do início da nossa era. O rico notável Epaminondas,

> tendo assumido, por sua vez, a magistratura suprema, não deixa de mostrar sua magnificência; tendo sacrificado um touro para os imperadores, ele oferece, com isso, uma festança de um dia inteiro à cidade, tanto que nas cidades dos arredores, assim como em nossa própria cidade, todos admiravam o caráter desmedido e ininterrupto de suas despesas.
>
> A festa e o concurso dos Ptoia haviam sido interrompidos havia trinta anos; Epaminondas, ao ser nomeado presidente do concurso, aceitou o encargo com muita prontidão e colocou sua honra para restabelecer esse antigo concurso, tornando-se assim o novo fundador do concurso dos Grandes Ptoia Cesárea; logo que assumiu a função em questão, ele começou a executar as ordens do oráculo dos deuses, oferecendo cinco suntuosos jantares anuais aos magistrados e aos conselheiros, assim como um almoço aos cidadãos no decorrer de seus quatro anos de função, sem nunca postergar um sacrifício ou uma despesa. No oitavo ano, durante o concurso, ele distribuiu alimentos para todos os cidadãos, para os metecos e para aqueles que tinham trazido benefícios para o lugar, para a cidade ou para a festa que ocorreria em breve, oferecendo (dez litros) de trigo e (um quarto de litro) de vinho por homem; além disso, celebrou piedosamente as grandes procissões tradicionais e as danças tradicionais das *sirtes*,[300] e depois de ter sacrificado um touro para os deuses e imperadores, também distribuiu carne, ofereceu almoços, degustações de vinho suave e jantares; além disso, do dia 20 ao dia 30 do mês, sua mulher deu almoço todo dia, por categoria, aos filhos dos cidadãos, aos escravos adultos, às mulheres dos cidadãos, às moças e mulheres escravas adultas. Epaminondas também não negligenciou os peregrinos que acampavam e que realçavam com sua presença o brilho da festa; ele os convidou para almoçar por uma proclamação especial do criador público, o que ninguém havia feito antes dele: ele não queria que ninguém deixasse de receber sua parte de filantropia. Durante os espetáculos, ofereceu ao teatro uma colação a todos os espectadores e àqueles que tinham vindo das cidades vizinhas, e jogou balinhas[301] para os espectadores, tanto que, mesmo nas cidades vizinhas, falou-se muito de

---

[300] A coisa e a palavra são desconhecidas.
[301] Lançamentos de balinhas ou de moedas de dinheiro para a multidão de espectadores, ou ῥίμματα: essa palavra, decifrada na pedra por M. Feyel, foi interpretada por L. Robert em

seus gastos; durante a celebração do concurso, depois do jantar oferecido a todos, ele refez a mesma despesa totalmente, e distribuiu 11 denários por cada cama de refeição,[302] e além disso, com o resto do dinheiro, deu uma jarra de vinho e 6 denários por prato preparado; depois de realizar tudo isso, Epaminondas descia do santuário para a cidade, onde os cidadãos se encontravam numerosamente reunidos para manifestar plenamente sua prontidão e sua gratidão; e então, para confirmar sua magnificência, sacrificou um touro para Zeus e fez que todos os que vieram para lhe agradecer festejassem abundantemente.[303]

Fome, piedade, gosto pela pompa e pela solenidade, prazer em estar junto sob qualquer pretexto, concentrar por um curto período um pouco de supérfluo do qual se dispõe para obter um máximo de prazer efêmero: tudo isso explica o ritmo explosivo da vida coletiva nas sociedades pobres e o espaço considerável ocupado pelos banquetes; a festa nessas sociedades era uma verdadeira instituição, presente em todos os arranjos, e a religião era usada como o motivo principal ou o pretexto para tudo isso.[304] Em algumas sociedades come-se carne somente nos dias de festa ou, então, festejam-se os dias em que se come carne; preocupam-se em banquetear com

---

Arkhaiologiké Ephemeris, 1969, p.34-39: já nos tempos de Aristófanes, lançavam-se balinhas aos espectadores: a moda dos *missilia* romanos é de origem grega.

302 Seriam aproximadamente 20 francos Balzac para três pessoas. – Era uma magnificência a mais mandar preparar camas de refeições para os banquetes públicos; significava fazer que os pobres comessem em móveis de ricos.

303 *Inscriptiones Graecae*, VII, n.2712 (linhas 22-27: ver M. Holleaux em *Bulletin de Correspondance Hellénique*, 1935, p.446, ver 443, 1. 48; Ad. Wilhelm em *Neue Beiträge*, III, p.45). Sobre o contexto histórico, ver L. Robert em *Bulletin de Correspondance Hellénique*, 1935, p.447, agora em *Opuscula*; v.1, p.288: "Vemos o quanto é restrito o círculo de ricos evérgetas que podem ser vacas leiteiras da república; os mesmos devem assumir ao mesmo tempo todas as magistraturas essenciais [...]. Miséria geral de onde emergem algumas raras fortunas cujos possessores são os únicos a suportar os encargos da administração da cidade". Ver U. Kahrstedt, *Das wirtschaftliche Gesicht Griechenlands in der Kaizerzeit, Dissertationes Bernenses*, VII, 1954, p.82. Nero tentará, louvável e razoavelmente, aliviar essa Grécia tão pobre ao isentar o Estado de imposto. – Sobre algumas palavras difíceis do texto, como διάδομα, ver L. Robert, *Hellenica*, XI-XII, p.472; para θεωρία, *Études Anatoliennes*, p.318; para εἰς φιλόπατρις, H. Seyrig, *Antiquités syriennes*, v.1, p.119; ver L. Robert, *Hellenica*, XIII, p.215.

304 Seria necessário lembrar que uma religião não existe em si, mas na alma de seus fiéis, que o que existe nas almas é inevitavelmente individual e que a atitude de dois indivíduos não é a mesma? Que, além disso, as religiosidades de rito são religiosidades de festa, de satisfação popular e que não devem ser vistas por olhos puritanos (Nilsson, *Geschichte der griech. Religion*, v.2, p.827)? Enfim, que o prazer dos homens e a honra dos deuses caminham juntos, a piedade consistindo em regozijar-se na festa, cujos deuses retiram o mesmo tipo de prazer que os homens, dos quais eles seriam os excedentes, literalmente, os convidados? A piedade consistiria então em passar um dia agradável na companhia desses convidados.

tanta intensidade quanto se preocuparam com o mercado negro na França durante a guerra (muitos franceses da minha geração se lembram de ter pensado incessantemente que sentiram fome de 1941 a 1945; ora, economistas calcularam que, durante a guerra, o nível de vida havia caído ao que era em 1850, no início da era industrial:[305] isso permite compreender a mentalidade das sociedades pré-industriais). Outro prazer consiste no fato de os banquetes fazerem uso de uma certa pompa: os evérgetas colocam camas para refeição à disposição dos convidados; assim, nesse dia, os pobres jantam deitados como os ricos, que possuem uma mobília apropriada. Enfim, em uma coletividade concreta, existem certa satisfação e algum interesse em estar junto: as pessoas não vivem com modos burgueses fechados em sua intimidade, e a coletividade inteira é, ao mesmo tempo, atriz e espectadora: é assim que as crianças pobres que não têm brinquedos divertem-se entre si, tomando uns aos outros como seus brinquedos. Mas, para saborear sem constrangimento o prazer de estar junto, seria ainda necessário ter um pretexto que permitisse manter uma certa postura, e não ter que confessar mutuamente esse prazer; o banquete permite contornar essa confissão intimidante (a mesma complicação da afetividade explica a difusão generalizada do leito conjugal e das instituições de sociabilidade como as termas públicas ou os bares).

Na época helenística e romana, a religiosidade verdadeira se desvia cada vez mais da religião coletiva e se refugia nas seitas. Os gregos tinham consciência de que seus sacrifícios públicos eram sobretudo pretextos para fazer que os homens banqueteassem; os sacerdotes ou os comissários que lhes ofereciam tais momentos, dizem os decretos, podiam simultaneamente venerar os deuses e satisfazer os homens, demonstrando ao mesmo tempo piedade e patriotismo.[306] Quanto ao evérgeta, ele tem o prazer de ser aplaudido. Um dia, o filósofo Peregrinos se apresenta em Paros, diante da assembleia do povo, e "declara aos assistentes que lhes deixava a fortuna que seu pai havia

---

305 De acordo com R. Aron, *Dix-huit leçons sur la société industrielle*, p.177.
306 O paganismo, escreve um historiador de religiões, "unia no mesmo sentimento todas as emoções que ultrapassavam a monotonia do cotidiano" (B. Groethuysen, *Origines de l'esprit bourgeois en France*, p.23). Uma religião ritualista é o contrário de uma religião vazia de sentimentos: ela combina sentimentos heterogêneos e não quebra, por racionalismo ou fervor, a pluralidade de prazeres. Citemos, para demonstrar nossa síntese, o decreto traduzido n.295, os decretos *Sylloge*, n.783, linha 40 e 900, linha 13 ("ele exerceu seu sacerdócio, no decorrer do ano, com devoção para com os deuses e com munificência para com os homens"); o decreto do Ptoion, *Inscriptiones Graecae*, VII, n.4148 ("ele proporcionou contínua e brilhantemente seus sacrifícios aos deuses e seus banquetes aos cidadãos"). Aos banquetes podem acrescentar-se distribuições de dinheiro: em Siros, o arconte estefaneforo e sua mulher oferecem um sacrifício com banquete público e distribuição de moedas de dinheiro (*Inscriptiones Graecae*, XII, 5, n.659-668).

lhe deixado; depois dessas palavras, o povo – pobres coitados que bocejavam após as distribuições de dinheiro – gritava que Peregrinos era único como filósofo, único como patriota".[307]

As generosidades tornam-se o essencial de muitas dignidades públicas; um exemplo bastará, o da ginasiarquia, cuja história pode sem dúvida ser resumida como segue: originalmente, o ginasiarca era encarregado de dirigir o ginásio e de supervisionar a instrução e a educação dos efebos; os pais esperavam que fosse capaz de instituir uma verdadeira disciplina e ensinar boas maneiras aos jovens súditos; ainda lemos vários decretos[308] que, em um estilo elegante, atribuem elogios a ginasiarcas que cumpriam devidamente suas tarefas. Um ginásio era apenas um terreno de esporte com algumas construções que serviam para o ensino e para alguns exercícios físicos ou cuidados corporais[309] como, por exemplo, um banho em uma terma: um dos deveres do ginasiarca era garantir o aquecimento da piscina dos efebos e o óleo necessário ao banho. Ora, na época helenística, a moda dos banhos se difundiu e nesse meio-tempo todos os tipos de dignitários passaram a assumir cada vez com maior frequência as despesas de sua dignidade.[310] Logo o verbo "ser ginasiarca" não significará mais "ser diretor de ginásio", mas "garantir, com seu próprio dinheiro, o aquecimento das termas públicas e fornecer óleo, não somente aos efebos, mas a toda a população", inclusive aos idosos, se o ginasiarca for generoso;[311] sob o Império, a palavra *gymnasion* não vai significar

---

307 Luciano, *A passagem de peregrino*, 15, com as observações de Louis Robert, *Hellenica*, XIII, p.215, n.4. – Peregrino se apresenta diante da assembleia para anunciar solenemente sua policitação: assim tinha-se o hábito de fazer, para comprometer-se; voltaremos a isso no Capítulo IV.

308 A principal palavra desses decretos é *eutaxia*, disciplina.

309 H.-I. Marrou, *Histoire de l'éducation dans l'Antiquité*, p.180 ; ver, no mesmo volume, as excelentes páginas sobre o financiamento evérgeta dos ginásios, p.160-164. Suponho que a evolução se explica da seguinte maneira: por um lado, os ginásios comportavam banheiros para os alunos, aos quais o ginasiarca fornecia frequentemente o óleo necessário; por outro lado, os ginásios não eram fechados como nossas escolas e colégios: eles exerciam um papel de "segunda Ágora", de acordo com um texto de Louis Robert; além disso, a população vinha ao ginásio assistir aos concursos dos efebos, ao sacrifício, ao banquete, à coroação dos vencedores; os banheiros dos ginásios acabam tornando-se banheiros públicos para a cidade; enfim, outros banheiros, sob o nome de *gymnasion*, foram construídos fora dos ginásios para a população cívica, e a liturgia que fazia distribuições de óleo (os *gymnasia*) podia também receber o nome de ginasiarca.

310 Um ginasiarca honrado com cleruquias em Salamina "gastou seu próprio dinheiro, além dos créditos que lhe haviam sido abertos para o óleo" (*Inscriptiones Graecae*, editio minor, II-III, n.1227, 1.8). Τὸ ἀνάλωμα πεπλήρωχα, escreve um outro (pap. Oxy., XII, n.1418, linha 21).

311 As inscrições da época imperial fornecem informações suficientemente precisas sobre esses pontos que constituiriam matéria para um livro; ver L. Robert, *Hellenica*, VI, p.128-130;

sempre "ginásio", mas também "termas públicas",[312] e *gymnasia* (a palavra em latim será transmitida com esse sentido) significará distribuição de óleo.[313] Os ginasiarcas assumirão sua dignidade por períodos de dez dias, ou seja, eles aceitarão pagar dez dias de aquecimento das termas e o fornecimento de óleo. Essa função era tão devastadora quando exercida anualmente e a população grega dava uma importância tão grande às termas que os ginasiarcas são considerados, no Egito, os maiores dignitários de uma cidade,[314] sobre o que existe um divertido testemunho: em uma fábula de Esopo, o jacaré, animal egipciano, vangloria-se de ser descendente de uma família de ginasiarcas.[315]

Edifícios públicos

Torna-se evérgeta por família uma vez que, pelo jogo das heranças, o notável transmite isso a seus descendentes; a tendência é se tornar uma nobreza quase hereditária de fato. Sob o Império, os decretos celebram regularmente os ancestrais de um benfeitor, dizendo que este herdou seus valores ou que segue seu exemplo.[316] Já que existem dinastias de evérgetas, o

---

J. Robert, na *Revue de Philologie*, 1940, p.241; L. Robert, ibid., 1943, p.115 ("os banheiros públicos são considerados um espaço de primeira necessidade"); J. e L. Robert, *La Carie*, v.2, p.320.

312 Ver P. Veyne, em *Latomus*, 1967, p.744.
313 O fato já havia sido reconhecido por Isidoro Lévy. *Revue des Études Grecques*, XIV, 1901, p.371. A palavra latina *gymnasium*, "distribuição de óleo", aparece em uma inscrição de Aïn Nechma publicada por S. Lancel em Líbica, VI, 1958, p.143 (*L'Année épigraphique*, 1960, n.214). – As termas, a sauna, também eram tradicionais nesses países da Antiguidade até os dias de hoje; mostraram-me a tradução de um artigo publicado em 1974 pelo jornal turco *Yuruyus*; lemos, nele, que, para conter o êxodo rural, o líder do Partido da Salvação Nacional pensava em mandar construir uma sauna em cada vilarejo. O que dificultava era a falta de água, a falta de combustível (como consequência do desflorestamento, são estrumes secos que são usados como combustível, como na Ásia central e na China), e enfim a falta de créditos; será preciso mandar construir saunas nos vilarejos pelo Estado e confiar a gestão dessas saunas ao setor privado? Nenhum desses três aspectos (a adução da água, o aquecimento com madeira, pois a Antiguidade tinha menos madeira que os modernos, e a origem dos créditos) que sejam ilustráveis pelas inscrições gregas.
314 B. A. Van Groningen, *Le Gymnasiarque des métropoles de l'Égypte romaine*, Groningue, 1924; J. G. Milne, em *Journal of Roman Studies*, XVI, 1926, p.132 ; id., "Pap. Oxy. 1416 and the history of the gymnasiarchy", em *Actes du cinquième Congrès international de papyrologie*, 1937, p.505. – Até mesmo as atividades antigas dos ginásios continuam e os efebos, em Oxirrinco, ainda empenhavam-se nisso no ano 323. Eles são dirigidos por cosmetas.
315 *Fabulae Aesopicae*, n.37, Halm, citado por van Groningen.
316 Decreto de Olbia (Latyschev, v.I, n.42): "Calístenes, descendente de ilustres ancestrais conhecidos e estimados pelos imperadores e que fundaram a cidade" (eles se aproveitaram de suas relações com os soberanos para prestar um serviço excepcional a sua cidade; sobre

evergetismo não deve somente se traduzir pelos presentes de um dia; ele precisa de monumentos duráveis; a todas as razões pessoais que levavam os mecenas a estabelecerem ou restabelecerem um concurso, a instituir uma fundação perpétua ou construir um edifício público,[317] acrescenta-se uma outra: enraizar a dinastia na cidade; pois o concurso, o edifício e a fundação (e até mesmo as rendas da fundação) levam o nome do evérgeta, que ficará conhecido na posteridade; seus descendentes concluem, consertam ou aumentam as construções de seus ancestrais (ἔργα προγονιχά) e acrescentam as suas próprias.[318] Do mesmo modo que o castelo do senhor domina durante séculos o vilarejo e a paisagem local, que os hotéis das principais famílias em Florença, Roma, Dijon e Aix são monumentos dinásticos como as capelas Bardi ou Médici, toda família de notáveis devia ter seu edifício público na cidade ou em um grande santuário da cidade em Mileto ou em Dídimos, Estratoniceia ou em Panamara.

Uma família de notáveis deve deixar, nos contornos da cidade, uma marca proporcional a sua posição na sociedade local; é importante que,

---

esses "fundadores", ver L. Robert em *L'antiquité classique*, 1966, p.420) "e fizeram-lhe muito bem em circunstâncias urgentes; sendo descendente de tais ancestrais, tendo herdado sua fortuna e também sua excelência [...]". Decreto de Istros (*Sylloge*, n.708): "Aristágoras, nascido de um pai estimável e de ancestrais evérgetas que foram sacerdotes dos mais diversos deuses, querendo imitar e seguir seus passos [...]". Decreto de Mantineia (*Sylloge*, n.783): "Eufrosino, nosso concidadão, que assumiu a continuidade da devoção de seus ancestrais para com a pátria [...]". Citemos o decreto de uma cidade de Lícia (*Tituli Asiae Minoris*, v.III, n.838): Tésicles, "nosso concidadão, que se encontra nos altos escalões de nossa cidade por seu nascimento e sua dignidade, distinto também na nação (liciana), de uma brilhante família distinta e que se encontra nos altos escalões de nossa cidade, oriundo de ancestrais brilhantes e distintos que deram muito à cidade", é ele mesmo "um ornamento a mais para as qualidades e a notoriedade de seus ancestrais, e os supera".

317 Corroboro Menandro, o Retor (*Rhetores Graeci*, v.3, p.413, Spengel): se elogiamos uma pessoa muito jovem e rica, poderemos sempre prever "que ela será munificente para com a cidade, que instaurará concursos, que ornamentará (monumentos) grandes santuários (πανηγύρεις), e assim sucessivamente".

318 Sobre ἔργον no sentido de *opus*, edifício ou parte de edifício, ver L. Robert, *Hellenica*, IV, p.12, n.1; para ἔργοις ἰδίοις τε χαὶ προγονιχοῖς. J. e L. Robert, "Bulletin épigraphique", na *Revue des Études Grecques*, 1958, n.476 (ver *Hellenica*, XI-XII, p.478, n.6). As palavras alotrópicas ἔργα προγονιχά se leem em Tuga: *Corpus inscriptonum latinarum*, VIII, n.26602: *avita opera*; ver VIII, 26616 e Cagnat-Merlin, *Inscriptions latines d'Afrique*, 538: *avita et paterna o(pera)*. Estudaremos demoradamente, em um outro livro, essas superposições semânticas entre o grego imperial e o latim: podemos dizer que, no Império Romano, existe uma "língua imperial" em duas versões, a grega e a latina. – Sobre a ideologia dos monumentos ancestrais, Cícero, *De signis*, XXXVI, 79: "Em nosso país, os monumentos de seus ancestrais são uma tradição ancestral que cada um defende tanto quanto os seus próprios, e não os deixamos nem mesmo serem decorados em nome de uma terceira pessoa".

espalhados pela cidade, monumentos levem seu nome (então não conseguiríamos crer na importância que tinha o direito de inscrever seu nome na dedicatória de um edifício, direito evidentemente reservado a seus construtores, nem nas jurisprudências ou nas disputas que foram criadas por isso).[319] Em uma grande cidade, Éfésio, o nome do grande evérgeta Védio podia ser lido no templo de Adriano, cuja policitação para construí-lo havia sido feita em um amplo "ginásio", em um odéon;[320] um de seus familiares, Damiano, célebre erudito, construiu o "ginásio do leste" (cujas escavações permitiram descobrir sua estátua e a de sua esposa)[321] e vários edifícios profanos e sagrados.[322] Éfésio ficou tão acostumada a ver ricos particulares construírem edifícios públicos que, ao construir, excepcionalmente e por sua conta, o teatro com fundos públicos, a cidade especifica na dedicatória que foi ela quem mandou construí-lo "com seus fundos particulares".[323] O antigo ideal grego do fundador de cidade, da *oikiste*, ainda está vivo; "ornamentar a cidade", ser um *cosmopolis*, é um pouco fundá-la ou refundá-la, é merecer o título de χτίστης,[324] de fundador.

Ornamentar a cidade é o dever dos notáveis e seu direito exclusivo; as pessoas em geral teriam certamente achado presunçoso que um plebeu pretendesse que seu nome fosse lido nas dedicatórias.[325] A grandeza dos

---

319 Sobre o direito de inscrever seu nome em um monumento, ver por exemplo Dittenberger, *Sylloge*, n.277 (Alexandre, o Grande) e 756; Plutarco, *Péricles*, 14 (a ser explicado por *Orientis Graeci inscriptiones*, n.339, n.20; ver aqui mesmo n.226). Essa casuística será transmitida a Roma. Ela encontrará sua formulação definitiva em *Digeste*, 50, 10, 3, 2: "É proibido inscrever em um edifício público outro nome que não seja o do príncipe ou de alguém que tenha mandado construir o edifício com seus próprios recursos"; ver 50, 10, 2 pr.; 50, 8, 6 (4) fim.
320 Védio Antônio mereceria, sozinho, uma monografia; ver F. Miltner, *Ephesos*, Viena, 1958, p.42, 60, 68, 74. Éfésio havia-lhe concedido o título honorífico de "fundador", χτίστης.
321 J. Keil em *Jahreshefte*, XXVII, 1932, *Beiblatt*, p.25; e XXVIII, 1933, *Beiblatt*, p.6.
322 Ver sua enumeração e o retrato de Damião que Filóstrato retraça, *Sofistas*, II, 23, p.605, com os detalhes de sua eloquência e sobre suas propriedades imobiliárias.
323 *Orientis Graeci inscriptiones*, n.510, n.8: ἐχ τῶν ἰδίων. A explicação é que, desde a língua helenística, ἴδιος equivale ao possessivo; a expressão quer dizer "a cidade, com seus próprios recursos" e não "com recursos privados".
324 Sobre χοσμόπολις e χοσμεῖν, ver L. Robert, *Études anatoliennes*, p.349, n.1. Fala-se também de αὐξάνειν para uma cidade (o que é, por exemplo, o fato de um governador romano que lhe concede um favor): sobre esse verbo, ver Ad. Wilhelm em *Mélanges Glotz*, v.2, p.902. – Sobre o florescimento monumental do oriente grego na época imperial, pode-se percorrer as listas de edifícios realizadas por T. R. S. Broughton (*"buildings, gifts and foundations, wealthy families"*) em *An Economic Survey de Tenney Frank*, v.4, p.715-734 e 746-797; ver também D. Magie, *Roman Rule in Asia Minor*, v.1, p.582. Sobre o importante papel dos ginasiarcas nessa atividade construtora, L. Robert, *Études anatoliennes*, p.77.
325 De Demétrio de Faleros, Diógenes Laércio diz que ele aumenta a dignidade de Atenas através de suas construções, "apesar de ser humilde pelo seu nascimento" (5, 75). Parece

notáveis se exprime através dos edifícios públicos: as construções respondem a uma necessidade de simbolização de sua própria grandeza; não se dirigem a interlocutores plebeus. Elas traem a psicologia de classe, e não são usadas para os interesses de classe: elas não podem ser usadas para tornar os notáveis populares junto ao povo (este último preferia prazeres), e arruínam a família do mecenas.

Pode-se reivindicar coletivamente bens individuais?

Ao construírem edifícios ou oferecerem prazeres, os evérgetas procuram agradar a si mesmos e também ao povo, esses dois objetivos sendo mais ou menos conciliáveis, como veremos. O evergetismo é um fato de folclore e de psicologia de classe: os notáveis querem deixar sua marca nos contornos da cidade ou ser os reis da festa, e o povo os incentiva nessas boas predisposições através de um charivari, quando necessário. O evergetismo não tem função, e também não é um fator de equilíbrio social; não tem como essência a redistribuição de bens aos grupos desfavorecidos nem o exercício de tarefas coletivas que a coletividade não assume; ele o faz apenas parcialmente, e na medida em que isso coincide com suas próprias motivações. E essas motivações são com muita frequência banais; as evergesias com motivações elevadas, fundações de escolas, constituições de um fundo destinado a proporcionar um dote a moças de famílias pobres,[326] são excepcionais comparadas com as festas e os edifícios, e sua frequência absoluta é provavelmente da mesma ordem que o mecenato no mundo anglo-saxão nos dias de hoje: fundar um museu, uma universidade ou um hospital é uma prática aceita e estimulada, mas não implica uma vocação individual do mecenas, um traço de caráter ou um interesse pessoal por valores nobres; não é, como o evergetismo, um fato de psicologia de classe reforçado por uma obrigação informal e pela expectativa popular. Os próprios antigos percebiam bem a diferença entre as evergesias elevadas e as outras; Plínio, o Jovem, prometeu, em Come, estabelecer um fundo de assistência em favor dos filhos de cidadãos pobres, observando, com condescendência, que sua policitação é daquelas cujo autor pode legitimamente se vangloriar: não teria sido a mesma coisa

---

evidente que, quando o mecenato se torna um dever de classe, aqueles que não pertencem a essa classe não têm mais o direito moral de ser mecenas: em Roma, Marcial ironiza o povo que se improvisa na doação de espetáculos de gladiadores (3, 16 e 59; ver Juvenal, 3, 36).

326 A mulher de Antíoco, o Grande, a rainha Laodiceia, promete a Issos uma doação de trigo para ser usada como dotes para moças de famílias indigentes: L. Robert em *Annuaire du Collège de France*, 1971, p.516.

se tivesse prometido doar jogos ou um espetáculo de gladiadores.[327] Esses últimos representam o que a maioria dos evérgetas oferecia. O rico glorioso mencionado por Jean Crisóstomo arruína-se para ser, por um dia, o rei da festa; no decorrer dos milênios, numerosos notáveis ou nobres arruinaram-se pela mesma razão; dar uma festa sempre foi um dos consumos ostentatórios mais comuns e, para os notáveis gregos, isso ocorria tão frequentemente quanto nas *Memórias* do príncipe de Ligne... ou dos Guermantes. A duquesa de Guermantes com certeza gastava muito mais para suas festanças do que para suas boas obras ou para proteger as artes e as letras.

A busca pela distância social e a expressão da ambiciosa ideia que os notáveis tinham de si mesmos e de seus deveres conduziam na maioria das vezes a uma banal busca de popularidade.[328] Ora, os desejos do povo coincidiam com essa tendência; os favores dos notáveis tornaram-se um dever, e o povo os exigia como uma obrigação. "Aqueles que compram sua popularidade com grandes gastos", escreve Plutarco,[329] "tornam a multidão poderosa e ousada, deixando-lhe acreditar que a popularidade é um bem precioso, e que ela é mestra em retirar-lhes e atribuir-lhes tal bem". Se necessário, o povo recorre a um charivari para obrigar os notáveis a se conformarem a seu próprio ideal de munificência ostentatória: os textos que ilustram essa forma de guerrilha de classes são abundantes.[330] No Ocidente romano, a plebe pedia gladiadores a título de espetáculo funerário quando um notável morria.[331] Um dia, em Pollentia, ela bloqueia o comboio fúnebre de um oficial na praça pública e libera o bloqueio somente depois de ter extorquido um espetáculo de gladiadores dos herdeiros do defunto.[332] "A avareza da alta

---

327 Plínio, *Cartas*, I, 8, 10.
328 Plutarco, *Qu'il ne faut pas emprunter à usure*, 7 (*Moralia* 830 F): "Doamos em penhor de terras, escravos, mulas, camas, mesas, e somos pródigos de liberalidades a favor das cidades, procurando adquirir uma boa reputação pelos presentes (*philotimiai*) que não nos trarão nem lucros nem reconhecimento".
329 Plutarco, *Conselhos aos políticos para bem governar*, 29 (*Moralia* 822 A).
330 Lucien, *Le Songe ou le Coq*, 22.
331 Plínio, *Cartas*, 6, 34, 1-2. Comparar, por exemplo, *Corpus inscriptionum lutinarum*, X, 6012; *L'Année épigraphique*, 1927, n.124.
332 Suetônio, *Tibère*, 37. Sobre a justiça popular do charivari na Itália antiga, ver o célebre estudo de Usener, "Italische Voksjustiz", em *Rheinisches Museum*, LXI, 1900, p.1 (retomado em suas *Kleine Scriften*, v.4, p.356); ver J. M. Kelly, *Roman Litigation*, Oxford, 1966, p.20; A. W. Lintott, *Violence in Republican Rome*, Oxford, 1968, p.8; E. Fraenkel, "Two poems of Catullus", em *Journal of Roman Studies*, LI, 1961, p.51. Cena de charivari em Tácito, *Histoire IV*, 45: um senador, em uma pequena cidade, é maltratado por ordem dos magistrados locais; ele é cercado, ainda vivo, de lamentações fúnebres e de todo o aparelho funeral, com inventivas e ultrajes. Talvez lhe pedissem gladiadores para o funeral de um de seus próximos? – Em

classe"[333] era motivo de motins. Na África romana, o costume dizia que se distribuía dinheiro ao povo nos casamentos e na tomada de uma toga viril (vimos acima que o costume era o mesmo em Bitínia); um rico viúvo que tinha acabado de gastar 50 mil sestércios para o casamento de seu filho preferirá, para seu próprio segundo casamento, celebrar a cerimônia no campo para não ter que distribuir dinheiro outra vez.[334] Essas exigências populares eram um dos flagelos da época contra o qual publicistas e reformadores reagiam; é preciso, dizia um deles,[335] que o imperador "contenha as paixões do povo e não o deixe agir com violência contra as pessoas, obrigando-as a atos e a despesas acima de seus recursos", mesmo se o pretexto de tais gastos é uma cerimônia de culto imperial. Os juristas acabaram decidindo que a lei Julia, que reprimia a violência pública, permitia processar os que usavam a força para arrancar uma promessa de alguém, como oferecer um espetáculo ou dar dinheiro a uma cidade.[336]

Eventualmente, o povo não pedia espetáculos, mas pão, e as evergesias tornavam-se um objeto da luta de classes; em um ano de penúria e de pão caro, o orador de Dião de Prusa, notável e evérgeta, quase foi linchado ou pelo menos quase teve sua casa incendiada: sabia-se que era rico e que

---

Plutarco, *Pompeu*, 48, a cena também tem um ar de charivari. Na Grécia, Fraenkel reconheceu cenas de charivari em Aristófanes, *As nuvens*, 909 e 1328 (*Elementi plautini in Plauto*, p.380, n.1) e encontra-se uma espécie de charivari em Políbio XXX, 29.

333 Um motim estoura em Pozuoli contra a avareza dos magistrados e da alta classe: Tácito, *Annales*, XIII, 48.

334 Apuleio, *Apologia*, 87.

335 Dião Cássio, LII, 37, ver 30, que considera, ali, o que se passava em sua pátria grega, fazendo referência às rivalidades das cidades em relação à posse de títulos pomposos, tais quais o de metrópole (37), e à dispensa de impostos locais concedida aos vencedores estefanitas (30). No trecho citado, Dião Cássio também faz alusão a outro problema daqueles tempos: os proprietários de terras em uma cidade sem, portanto, serem cidadãos da mesma cidade (havia muitos com posses distribuídas em regiões distantes), viam-se frequentemente obrigados a assumir parte dos encargos e das liturgias da cidade na qual possuíam terras, embora já assumissem sua parte dos encargos na sua cidade de origem; o *Digeste* tem o cuidado de especificar que não basta possuir uma terra ou uma casa no território de uma cidade para ser obrigado a assumir parte dos encargos locais (50, 1, 17, 5 e 13); mas sem dúvida as cidades tentavam tratar todos os detentores como litúrgicos (o que explica uma rápida referência de Plutarco, *Conselhos aos políticos para bem governar*, 24, *Moralia* 818 C: um bom magistrado deve impedir o povo de "confiscar bens estrangeiros"). Diocleciano explica que a simples posse não cria o dever de assumir parte dos encargos locais (*Código Justiniano*, X, 40 (38), 4; ver *Código de Teodósio*, XII, I, 52); ver também J. Declareuil, *Quelques problèmes d'histoire des institutions municipales*, p.165, n.5.

336 *Digeste*, 48, 6, 10 pr.; ver também 4, 2, 9, 3 (policitação arrancada por ameaças).

tinha se recusado a subscrever uma *epidosis* destinada à compra de trigo.[337] Tais exemplos são a exceção, e não a regra: muito frequentemente, a violência popular pede prazeres em vez de pão, e isso não é um acaso. O povo não luta contra a classe rica quando pede prazeres: ele faz que o rico assuma um dever graças a seu próprio gosto pelo mecenato; ele exige prazeres tradicionais: não há nada de mais conservador; é diferente de tentar arrancar dos ricos algo que eles não querem dar de jeito nenhum. O próprio trigo era, como vimos, um objeto tradicional de evergesia. Se as pessoas do povo concordam em reivindicar com mais frequência prazeres, é porque os prazeres, por sua natureza coletiva, as reúne; fazer uma coalizão para a defesa de interesses individuais seria menos confortável, e fica difícil imaginar que uma multidão de homens faça um charivari para exigir que um notável faça caridade aos pobres; as satisfações coletivas eram a reivindicação que agrupava as massas mais facilmente, sobretudo se essas satisfações fossem júbilos através dos quais o mecenas teria o consolo de interpretar o papel do rei da festa, o que o tornava mais flexível.

Por essa razão, o povo pedia com mais frequência aos notáveis o que naturalmente o reunia e o que eles estavam predispostos a oferecer; era assim que pediam banquetes gratuitos: em compensação, o povo não se permitia reivindicar funerais gratuitos nem pedia que os notáveis assumissem as despesas de enterros populares. Esse paralelo entre as festas e os funerais pode parecer absurdo, mas somente em aparência: as duas grandes preocupações populares nessa época eram festejar e conseguir garantir um enterro decente; o cristianismo ainda não havia chegado, pois com ele a morte se tornará um evento religioso: o cristão não morrerá mais como um cão; basta que ele tenha uma alma. O paganismo não conhecia essa democracia da morte: esta não era alheia às questões de dinheiro; os cadáveres dos escravos e dos pobres eram jogados na sarjeta; nenhum aspecto religioso envolvia a morte, e a pompa dos funerais era a única solenidade possível. Consequentemente, quando um homem do povo podia assumir as necessidades mais urgentes, como a do pão cotidiano, as duas necessidades mais imperiosas que surgiam logo em seguida eram a dos banquetes, porque ele encontrava ali um pouco desse supérfluo material e moral já pronto, sem o qual a vida não é humana, e a da sepultura.

Precisamente, essa dupla necessidade fornece uma verdadeira explicação sobre outro grande fato de nosso período, o fenômeno associativo, a

---

337 Assim podemos compreender a frase 8 do discurso XLVI: "Mas (recriminam-me), enquanto empresto dinheiro, recuso-me em fornecer dinheiro para a compra de trigo". O *Digeste* não quer que os decuriões sejam forçados a vender trigo acima do preço de mercado (50, 1, 8).

multiplicação das associações ou "colégios" dos mais diversos tipos; sob títulos religiosos ou profissionais (colégio dos adoradores de um determinado deus, colégios dos carpinteiros), essas associações eram usadas para fins diversos, na maioria das vezes autenticamente religiosos, algumas vezes políticos, que eram diferentes de seu objetivo oficial: a plurifuncionalidade é o caráter mais frequente das associações, sabemos disso, porque seus membros se inscrevem nelas com sua inteira personalidade e com todas as suas necessidades;[338] mas as duas funções, declaradas ou latentes, que os colégios exerciam mais frequentemente, eram oferecer a seus membros a oportunidade de banquetear juntos, e assegurar-lhes funerais decentes graças a um sistema mutualista. As evergesias, por outro lado, tratavam de proporcionar ao povo a primeira satisfação, que beneficia sua vaidade, mas com menos boa vontade a segunda: os funerais de um pobre morto não ofereciam a um notável a oportunidade de brilhar, e o povo não se encontrava naturalmente reunido no momento de uma morte como o fazia para uma festa pública. Existem, efetivamente, através de todo o Império, algumas raras fundações destinadas a oferecer funerais gratuitos, mas esses evérgetas tinham a competência para o nobre mecenato, o qual, como dissemos, dependia das escolhas individuais de uma elite; essas fundações não se contam nem mesmo nos dedos de uma única mão (tanto que, pelo acaso dos encontros, ainda não descobrimos nenhum exemplo disso na parte grega do Império)[339] em centenas e centenas de banquetes ou edifícios. Nessas condições, restava às pessoas do povo, que em sua grande maioria precisavam garantir uma sepultura, a possibilidade de aderir a uma das numerosas associações que reuniam minorias com o objetivo oficial de adorar um deus ou de reunir aqueles que exercem a mesma profissão (pois o carpinteiro se relacionava com o carpinteiro e o sapateiro compartilhava coisas com o sapateiro). Se os Antigos parecem ter tido a necessidade de garantir alguma homenagem a seus restos mortais, não é porque sua mentalidade se diferenciava da nossa sobre esse ponto, mas simplesmente porque essa necessidade não era garantida automaticamente por sua religião.

Ora, as associações cultuais e profissionais também parecem predestinadas a proporcionar festas e funerais a seus membros; eles experimentam um

---

[338] Sobre a plurifuncionalidade das associações, lembramos que o livro de base é o célebre estudo de Thomas e Znaniecki sobre os camponeses poloneses emigrados nos Estados Unidos. Sobre o aspecto político das associações, os textos clássicos são os capítulos 4 e 135-137 de *In Flaccum* de Filo de Alexandria.

[339] Sobre as fundações funerárias romanas, ver nosso Capítulo III, fim da n. 43. Sobre sua ausência na Grécia, A. D. Nock em *Classical Weekly*, XXXVII, 1944, p.65.

vivo sentimento de confraternidade, e têm prazer em se encontrar sob o pretexto material de beber; eles também não podem deixar um colega defunto partir para sua derradeira viagem sem manifestar seus sentimentos de ajuda mútua. Era assim que ocorria, por exemplo, na cristã Florença no final da Idade Média: as irmandades religiosas, reunidas em torno de um culto da Virgem ou de um santo, expandiam-se junto ao povo; elas celebravam com muita pompa os funerais de seus membros, acompanhando o corpo até um túmulo coletivo que a associação havia mandado construir; elas também eram reputadas, nos diz Davidsohn,[340] por seu amor imoderado pelos banquetes, frequentemente destinados a comemorar a lembrança de fundadores que haviam deixado dinheiro para a irmandade para que banqueteassem em sua memória. Diremos o mesmo sobre "colegas" helenísticos e romanos: eles tinham maior tendência em viver por viver do que em exercer sua função declarada, em fazer que seus membros vivenciem momentos importantes juntos e, em particular, garantir-lhes que não morram como cães; dessa forma, era inevitável que muita gente, talvez inconscientemente, aderisse a essas associações para usufruir dessa mutualidade que se tornava a função latente desses grupos. Estabelece-se, assim, um grande número de colégios religiosos ou profissionais que reúnem minorias em torno de uma necessidade manifesta pela grande maioria; isso não nos surpreende: parece difícil, ao pensarmos nisso, que uma única associação possa reunir a imensa multidão daqueles que sentem uma necessidade qualquer, já que essa necessidade é universal; dificilmente imaginamos um agrupamento que reunisse todos os contribuintes, por exemplo, ou todos aqueles que querem se relacionar com seu semelhante, pois, senão, como seria possível abranger um grupo tão vasto? Como lutar contra essa fragmentação? Nesses casos, se formarão pequenos grupos cujo tamanho será artificialmente limitado por um objetivo oficial que triará os membros: o que aumentará ainda mais a plurifuncionalidade de tantas associações ou, se preferirmos, sua falsa funcionalidade.[341]

Em resumo, acabamos de encontrar, no que diz respeito às associações, a dificuldade que ressaltamos acima com relação às evergesias: quando uma reivindicação refere-se a um bem individual, a sepultura, e não a um bem coletivo, fica difícil instaurá-la, mesmo se ela corresponde a uma necessidade

---

340 R. Davidsohn, *Storia di Firenze*, v.7, p.182 e 192 et seq. Na Grécia, ler a lei sagrada do colégio dos Iobacchoi (*Sylloge*, n.1109); o sacerdote começava recitando uma "teologia" (linha 115), mas as linhas 72-90 contêm prescrições de bom desempenho que nos fazem pensar mais em uma reunião de bêbados do que em uma convenção de devotos.
341 Do que resulta que nenhum grupo que se recruta por livre adesão terá uma total adesão ou sufrágios; e que um grupo que reúne todo mundo (a nação) comporta pelo menos uma parte de obrigação ou de passividade.

muito geral; para garantir um túmulo, o povo buscava, em um grupo restrito, um sentimento mutualista que se diluiria em um círculo mais amplo; ele não poderia se reunir em uma imensa mutualidade de futuros defuntos. Nem em um grupo de pressão destinado a extorquir túmulos de um evérgeta qualquer. O evergetismo proporcionará, dessa forma, bens coletivos, o que convém até mesmo à vaidade do mecenas.

Infelizmente, o mecenas quer agradar a si mesmo: os bens coletivos que ele proporcionará não serão aqueles que o povo teria preferido; ele mandará construir edifícios para corresponder à imagem ideal que tem de si mesmo e de sua cidade; ao fazê-lo, imporá a seus concidadãos, algumas vezes, edifícios que o povo não queria, pois teria preferido prazeres públicos. Para transformar os contornos monumentais de Prusa conforme suas ideias, Dião conduz-se como um tirano e atrai a inimizade de seus concidadãos;[342] Védio gasta seu dinheiro ornando monumentos que mandou construir em Efésio em vez de oferecer espetáculos ao povo ou distribuir moedas, e entra em conflito com sua cidade. Ele deve sua vitória somente a uma intervenção pessoal do imperador.[343] Deixar o mecenas decidir não é sempre a melhor maneira de otimizar a escolha dos bens coletivos; a crônica local das cidades é cheia de histórias complicadas nas quais fundações, policitações ou fundos públicos recebem uma outra atribuição diferente daquela inicialmente prevista, porém conforme as necessidades da cidade, os desejos do povo ou a vontade do evérgeta.[344] O evergetismo não é sempre o paraíso terrestre, é frequentemente o reino da malandragem.

---

342 Além disso, misturava-se ali um complicado negócio de policitação; ver H. Von Arnim, *Leben und Werke des Dio Von Prusa*, p.340-358.

343 Dittenberger, *Sylloge*, n.850.

344 Ver, por exemplo, L. Robert, *Études anatoliennes*, p.315. Em Cibira, o autor de uma fundação prevê que se o próprio ginasiarca assume as despesas de seu encargo, as receitas da fundação serão usadas para comprar trigo (Laum, *Stiffungen*, v.2, n.162). Em Ancira, um sebastofante investiu os créditos de sua função em um edifício (*Orientis Graeci inscriptiones*, n.544, linha 20). Em Pérgamo, um litúrgico emprega outros créditos para o conserto de um edifício (H. Hepding em *Athenische Mitteilungen*, XXXII, 1907, p.360, n.116). Em tal caso, o dignitário fazia evidentemente as despesas de sua função com seus próprios recursos. Outras vezes, o dignitário investiu a quantia que ele devia gastar a título de seu encargo em um outro objeto que a tradição lhe ditava; um profeta de Dídimos manda decorar um "ginásio", ou seja, as termas, como despesas de sua dignidade como profeta e assume, além disso, outros gastos normais de sua dignidade: ele pagou assim duas vezes (A. Rehm e R. Harder, *Didyma, die Inschriften*, n.84). Um outro caso é aquele no qual a cidade assume a consagração das rendas de uma fundação a um outro uso, apesar do objetivo que o fundador ou o policitador havia-lhe indicado; ver Ed. Cuq, "Une fondation em faveur de la Ville de Delphes en 315", na *Revue de Philologie*, XXXV, 1911, p.183; ver *Digeste*, 50, 8, 6 (4); Suetônio, *Tibère*, 31.

Papel, seleção e "perfeição"

De modo geral, mesmo que os evérgetas exprimam sua grandeza através de suntuosidades, que eles se tornem populares pelos presentes que oferecem ou que estimulem com seus próprios recursos o empreendimento político, o evergetismo é a expressão espontânea da distanciação social e um efeito secundário do regime dos notáveis; mas as generosas predisposições dos notáveis são incentivadas e forçadas pelas expectativas de opinião. Como resultado, o evergetismo torna-se um papel, uma seleção e uma perfeição; um papel no qual será preciso manter um equilíbrio delicado entre o interesse do indivíduo, que não deve se arruinar com presentes, e os deveres de sua condição de notável; alguns virtuosos do mecenato escolhem, então, distinguir-se ao se dedicarem totalmente a esses deveres, tornando-se perfeccionistas do evergetismo; enfim, como subproduto da política, esses dons tornam seus autores populares, e são um critério de recrutamento dos homens políticos, o que talvez não seja a melhor seleção que se possa imaginar.

1. Vimos o caminho que foi percorrido desde o início do evergetismo: uma série de condutas que no século IV ainda eram anedóticas e objetos de uma escolha individual (tal magistrado doa aos créditos públicos, tal sacerdote compra a vítima do sacrifício) convergiu para virar um único e mesmo papel, e o dever de Estado dos notáveis. Seria então inútil, do ponto de vista do notável, distinguir entre evergetismo livre e evergetismo *ob honorem*; todo notável deve ser generoso e todo notável será magistrado ou litúrgico. Um gesto de livre mecenato poderá desempenhar o papel de uma evergesia *ob honorem*; um evérgeta livre pagará o imposto de Estado quando a cidade estiver insolvente[345] ou, sem que ele próprio seja dignitário, estabelecerá uma fundação destinada a suprir as despesas de uma dignidade, para que essa dignidade não permaneça vaga por falta de candidatos.[346] As carreiras

---

345 J. e L. Robert, *La Carie*, v.2, p.175 ; L. Robert, *Documents de l'Asie Mineure méridionale*, p.52, n.3. Um evérgeta paga o que a cidade devia "à muito sagrada receita", ou seja, à receita imperial (Le Bas e Waddington, n.1637); um outro paga a convocação militar (*Supplementum epigraphicum graecum*, v.1, n.276) ou o *aurum tironicum* (Rostovseff em *Journal of Roman Studies*, VIII, 1918, p.26; ver J. e L. Robert em *Revue des Études Grecques*, LXIII, 1906, p.170, n.230). No *Pro Flacco* de Cícero, XV, 35, um evérgeta paga pela sua cidade 206 mil dracmas ao governo romano. – Um outro tipo de evergesia é emitir moedas pela cidade com seus recursos privados (L. Robert, *Monnaies antiques en Troade*, p.85-86).

346 Sobre as fundações cujas rendas permitem o exercício de uma magistratura ou de uma liturgia, ver B. Laum, *Stiftungen*, p.97. Em Nisse, um evérgeta deixa dinheiro para a estefaneforia, "para que, quando algum dos cidadãos com tal função se encontre na possibilidade de fazê-lo, essa liturgia não pare" (M. Clerc, em *Bulletin de Correspondance Hellénique*, IX, 1885, p.128).

municipais, cujo detalhe e sucessão cronológica conhecemos,[347] não são associadas a um percurso idêntico para todos, elas misturam magistraturas, liturgias, recompensas honoríficas, presentes *ob honorem* e livre mecenato, como se tudo isso fosse um todo; não seria nem mesmo possível comparar as fundações e liberalidades dos magistrados e as dos não magistrados, pois a generosidade de um particular pode ser calculada em função de uma dignidade cobiçada e, apesar disso, dispensar qualquer nova prestação quando a função tiver sido obtida.[348]

Deve-se, então, gastar muito para manter sua posição de notável, e deve-se também economizar o suficiente para deixar a seus descendentes os recursos para que façam o mesmo; é preciso um garantido senso do equilíbrio entre a poupança bem administrada e as doações efetuadas em momentos oportunos.[349] "Meu avô", escreve Dião de Prusa,[350] "não foi precisamente a vergonha da nossa cidade e não podemos dizer que ele não tenha gasto nada de seus bens: ele gastou a fortuna que havia recebido de seu pai e de seu avô em munificências até seu último tostão e, em seguida, reconstruiu uma fortuna graças a sua cultura e à proteção dos imperadores"; vamos traduzir essa epopeia familiar nos seguintes termos: esse avô restringiu seu patrimônio com as evergesias e recuperou uma parte de suas prodigalidades graças à generosidade dos imperadores e a sua atividade de professor de retórica.

2. Ora, a partir do século II da nossa era, existiram, no mundo grego e no Ocidente latino, alguns mecenas cujas liberalidades eram tão grandes que não poderiam ser explicadas por essa política de equilíbrio, nem mesmo por um apego individual ao mecenato, esses especialistas do evergetismo formam certamente uma espécie particular.[351] Em vez de Herodes Ático,[352]

---

347 Eu escolhi um exemplo entre cem de tais carreiras (Le Bas e Waddington, n.647): a cidade homenageia com uma estátua um "antigo bularca e estrategista, tendo pago (40 mil sestércios) a título de agoranomia e (20 mil sestércios) a título de uma colação de vinho quente" (caso esse seja o sentido da palavra πέψις, por sinal desconhecida) "de quinze dias, antigo hiparco, sitoneus, panegírica e nomofilácto, tendo pago para a construção da entrada monumental da basílica, a título do grande sacerdote (200 mil sestércios), tendo também pago com seu próprio dinheiro o que falta à Muito Sagrada Receita Imperial".
348 I. Lévy, na *Revue des Études Grecques*, 1899, p.262.
349 A. Aymard, em Aymard e Auboyer, *Rome et son empire*, PUF, 1954, p.344.
350 Dião, XLVI, 3-6; ver Armin, *Dio*, p.122.
351 No Ocidente latino, o exemplo seria o de Gamala de Óstia, que localizamos no século II de nossa era. Os astrólogos conhecem esse tipo de profissional: Fírmico Materno, *Mathesis*, 3, 4, I.
352 Sobre Herodes Ático, P. Graindor, *Un milliardaire antique: Hérode Atticus et sa famille*, Le Caire, 1930; John Day, *An Economic History of Athens under Roman Domination*, reimpresso em 1973, Arno Press, index s.v.

tomaremos como exemplo Opramoas de Rodiápolis.[353] O nome do primeiro já era muito conhecido na Antiguidade como o de um mecenas bilionário, tão famoso por seus conflitos com seus compatriotas atenienses quanto por seus dons para todos os gregos e seus ares de potentado. O segundo é conhecido pelos epigrafistas modernos como campeão do evergetismo. A tumba desse Opramoas, que viveu na primeira metade do século III, foi encontrada em uma pequena cidade da Confederação de Lícia; os muros do edifício são cobertos de inscrições (elas ocupam vinte páginas *in-folio* em nossas edições) que louvam a generosidade e a honra desse riquíssimo mecenas: cartas do imperador e dos governadores demonstram seus méritos e os decretos honoríficos da Confederação; Opramoas mandou gravar em seu túmulo todo esse dossiê epigráfico como prova de sua vocação de evérgeta durante toda a sua existência. A soma dessas benfeitorias cria confusão: mais de um milhão e meio de sestércios (aproximadamente um bilhão de antigos francos), e ainda assim devemos considerar que nos faltam muitos números na sequência das lacunas da inscrição. No entanto, Opramoas tinha filhos: ele priorizou sua vocação.

Para explicar esse caso de tamanha virtuosidade, devemos partir, creio, de uma frase reveladora de Marco Aurélio:[354] quando eu era jovem, escreve o filósofo coroado, nunca fiquei tentado a brincar de asceta nem de evérgeta. O que nos mostra que, por volta do século II de nossa era, existiam ideais de "perfeição" (no sentido que essa palavra terá na teologia cristã) e que o evergetismo era uma dessas perfeições. Um grande personagem fazia-se evérgeta e sacrificava seu patrimônio nessa atividade; ele também podia se converter ao pitagorismo ou ao neoplatonismo e levar uma vida ascética. Do mesmo modo que um cristão entrará nas ordens ou se tornará terciário de São Francisco; um duque, no século XVIII, será maçom e imitará as virtudes de Tamino em *A flauta mágica*. Uma perfeição não é a mesma coisa que uma profissão, a de filósofo, de retor etc.; essa última é uma especialização, enquanto a perfeição é um modelo para qualquer homem: ela realiza o que todo homem deveria se tornar. Todo fiel é chamado à santidade,[355] todo homem digno desse nome deveria ser evérgeta, ou deveria viver como um asceta. Uma perfeição seria, assim, um ideal religioso ou moral, já que os valores ético-religiosos são os únicos considerados como obrigatórios universalmente (em compensação, ninguém se sente obrigado a ficar fascinado

---

353 *Tituli Asiae Minoris*, v.2, fascículo 3, n.905.
354 Marco Aurélio, I, 7, 2. Ver mais tarde Capítulo IV, n.315.
355 Todos os cristãos, sem exceção, devem almejar a santidade, escreve Pio XI em uma encíclica do dia 26 de janeiro de 1923 sobre São Francisco de Sales.

pelas belas letras). Contudo, constatamos que, na prática, somente um punhado de virtuosos tem a vocação de dedicar sua vida à perfeição; Opramoas foi um desses.

"Regular" do evergetismo, Opramoas seria então o evérgeta por excelência; os outros notáveis seriam apenas simples devotos ao fazerem, eventualmente, uma evergesia livre, ou seriam carreiristas quando uma função pública os obriga a alguma evergesia *ob honorem*. O círculo se fecha: no início da época helenística, um mecenas podia se contentar com um único presente e um magistrado fazia que falassem dele ao acrescentar algum dinheiro de seu bolso aos fundos públicos; agora todo mundo é evérgeta; para se destacar, é preciso se tornar evérgeta por vocação.

3. Porém, o espaço da vida municipal estava ocupado por uma profissão, a política; evergetismo e política podem caminhar juntos? Eles foram forçados a se unir: as evergesias tornaram-se a condição de toda carreira política; ora, a atividade política tem sua lógica própria, pois existe uma tarefa a ser exercida, governar. Não é certo que um bom governo seja sempre compatível com uma política de presentes, nem que a munificência ou o gosto pela popularidade sejam as virtudes que permitam selecionar com segurança os bons políticos; Dião de Prusa[356] ou Plutarco sentiram rapidamente essa dupla dificuldade. Plutarco a percebeu profundamente porque tinha interesse em percebê-la; esse platônico, partidário, como Políbio, de uma política de autoridade e de ordem moral (não se deve deixar enganar por sua aparente bonomia), era hostil às evergesias por uma questão de princípio. Mas Plutarco não ignorava que era praticamente impossível, em sua época, governar sem oferecer benefícios ao povo; nosso filósofo procurou, por conseguinte, os termos de um compromisso e, por outro lado, desenvolveu em sua *Vida de Péricles* um mito consolador. Veremos no próximo capítulo que Cícero, a partir dos mesmos princípios, chegou ao mesmo equilíbrio.

Plutarco sabia muito bem disso: nas cidades, a maioria dos ambiciosos recomenda a si mesmo ao povo oferecendo-lhe festanças e presentes,[357] distribuições, combates de gladiadores e espetáculos diversos.[358] No entanto, a carreira deveria estar aberta aos notáveis de fortuna medíocre; eles deveriam poder agradar ao povo simplesmente com sinceridade e lealdade.[359] Dessa forma, a vida pública seria comparável ao banquete de Platão: haveria espaço para os

---

356 Ver n.255.
357 Literalmente, *"hestiaseis* e coregias" (*Conselhos aos políticos para bem governar*, 31, Moralia, 822 F).
358 *Conselhos aos políticos para bem governar*, 5 (802 D) e 29 (821 F).
359 Ibid., 31 (822 F).

evérgetas, mas o público ouviria Sócrates, que não paga nada.³⁶⁰ Esse ideal era raramente realizado e o evergetismo levava a uma distorção do recrutamento político; como diz Max Weber, quando se propõe apreciar um sistema social, qualquer que seja, deve-se examiná-lo, entre outras coisas, sob o seguinte ângulo: o recrutamento de que tipo de homens é facilitado por esse sistema?³⁶¹

Até o homem político, mesmo talentoso, deve oferecer presentes, e já que deve fazê-lo, precisa ao menos salvar sua honra atribuindo pretextos nobres a suas evergesias sem transigir sobre certos princípios. Ele deve compreender que a multidão deve ser levada como os cavalos e as crianças, com indulgência aos pequenos erros para que possam resistir a eles, mas contê-los quando se afastam muito do caminho; deve-se saber soltar as rédeas no momento oportuno, e conceder ao povo sacrifícios, concursos e espetáculos teatrais de bom grado,³⁶² até mesmo distribuição de moedas, se uma festa religiosa ou um culto de um deus forem pretexto para isso: era assim que fazia o próprio Péricles.³⁶³ Pois esses são "pretextos hábeis e honráveis; as homenagens prestadas a um deus incitam a multidão à caridade, sobretudo quando ela vê aqueles que respeita e considera como grandes homens rivalizarem em munificência e zelo pela divindade".³⁶⁴ Mas não se transigirá sobre o princípio segundo o qual as evergesias não são um direito do povo; a distribuição dos fundos públicos será assim recusada.³⁶⁵

O sonho seria poder fazer como Péricles: em um primeiro tempo, ganhar os favores populares através de presentes, depois, quando a multidão estiver sob controle, soltar as rédeas. Em *A vida de Péricles*,³⁶⁶ o homem de Estado ateniense é visto como uma espécie de imperador romano, um construtor e distribuidor de prazeres, e torna-se o herói de uma fábula sobre o uso correto do evergetismo: agradeço a meu amigo Pierre Vidal-Naquet, que chamou minha atenção para esse aspecto do texto. Rei sem coroa, Péricles apoia-se primeiramente no povo contra a oligarquia dos plutocratas; nesse primeiro tempo, "ele solta mais que nunca os arreios do povo e governa para lhe agradar, imaginando incessantemente panegíricas, banquetes, procissões"; embeleza a cidade para que das construções "surjam indústrias de todos os tipos e necessidades variadas, pois despertando todas as artes e ocupando todos os

---

360 Ibid., 31 (823 DE).
361 Max Weber, *Essais sur la théorie de la science*, tradução francesa Freund, p.443.
362 *Conselhos aos políticos para bem governar*, 24 (818 B).
363 Ibid., 24 (818 CD).
364 Ibid., 30 (822 B).
365 Ibid., 24 (818 C). Mesma linguagem em Cícero.
366 Plutarco, *A vida de Péricles*, 11 e 12.

braços, essas indústrias forneceriam salários a quase toda a população".[367] Em seguida, quando seu poder se estabelece, "ele não é o mesmo: não se mostra mais tão condescendente com o povo", mas "endurece o governo e transforma essa democracia flexível e, às vezes, displicente como uma música suave e lânguida em um regime aristocrático e real".[368]

Mas por que o poder de "Péricles", o poder dos notáveis, era tão docilmente aceito pelo povo? As evergesias contribuíam para sua legitimação? E que "interesse de classe" os próprios notáveis encontravam ao governar sua cidade a esse preço?

6. Inveja, legitimação, distância social

Essa é a primeira explicação do evergetismo, ou melhor, a primeira maneira de fundá-lo: o povo é um animal irrequieto que deve ser dirigido ou controlado desde que as rédeas sejam soltas de vez em quando; nessa concepção autoritarista, o evergetismo combate a parte irracional e indócil da natureza popular. Percebemos, *en passant*, nos textos de Políbio, uma variante ainda mais autoritária dessa doutrina: não se deve soltar as rédeas em momento algum, pois o menor descuido seria interpretado pelo perverso animal como um indício de fraqueza; a besta se imaginaria tendo direitos, quando teria apenas o dever de obedecer.

Existia outra interpretação do evergetismo que obteve muito sucesso junto aos modernos: em vez de ser uma artimanha contra a perversa natureza do povo, as evergesias seriam prazeres concedidos aos direitos imprescritíveis dos indivíduos ou dos grupos; elas redistribuiriam as vantagens sociais entre a classe governante e a dos governados, e garantiriam assim o equilíbrio da coletividade; o povo recebe bens coletivos que compensam a desigual repartição da riqueza e do poder. A teoria da despolitização é uma variante satírica e maquiavélica dessa doutrina de redistribuição equilibrante.

As duas doutrinas têm em comum o postulado segundo o qual o evergetismo seria uma peça da máquina política e social e exerceria nesse contexto uma função, a de moderar ou de redistribuir. Vamos ver que não é nada disso, que o evergetismo não garantia o poder aos notáveis nem a tranquila posse

---

[367] A. Wardman, *Plutarch's Lives*, Paul Elek, 1974, p.138: Plutarco pôde imaginar essa mudança de caráter, ou mesmo de política, em Péricles, porque tinha duas imagens pouco conciliáveis sob seus olhos de homem de Estado ateniense, a de um demagogo, que vinha de Platão, e a de um rei sem coroa, que vinha de Tucídides.

[368] *A vida de Péricles*, 15, 1.

de seus bens aos proprietários; o regime dos notáveis, o poder dos ricos, é totalmente independente do evergetismo, que é simplesmente uma curiosa particularidade, ou até mesmo um esnobismo; o regime dos notáveis teria funcionado bem sem ele, os notáveis não tinham nenhum interesse em oferecer presentes ao povo; pois a noção de equilíbrio social é apenas uma metáfora enganadora, e a do interesse de classe é excessivamente rígida.

Os interesses dos indivíduos

Discutiremos esse funcionalismo e tentaremos especificar o que cimentava uma cidade helenística e se o evergetismo era esse cimento. Primeiramente, precisamos mostrar sob que aspecto as duas doutrinas que acabamos de resumir se opõem: o lugar atribuído ao indivíduo. A doutrina autoritária é formalista: a justiça deve bastar para constituir uma sociedade benfeita (é o "totalitarismo" de Platão); a doutrina do equilíbrio pressupõe, ao contrário, que a justiça se aplica a um conteúdo diferente de si mesma, ou seja, se aplica aos interesses dos indivíduos; a justiça tenta fazer que os homens vivam juntos concedendo-lhes, de uma forma ou de outra, os egoísmos; ela regulamenta a sociedade, e não a constitui.

1. Vamos expor uma classe de notáveis que controla a sociedade e que saboreia a distância social que os separa do povo; o respeito espontâneo da plebe dirige-se à elite e, da altura de onde essa última observa, ela constrói uma representação da plebe como sendo uma eterna insignificante que se deve ter ao seu alcance. Tem uma atitude de chefe que quer que a ordem predomine em todas as camadas e, para isso, nenhum indivíduo deve afirmar interesses que se confundam com o bem coletivo: para ela, a disciplina é total ou inexistente; os indivíduos são apenas instrumentos e devem simplesmente obedecer. Toda aspiração que não se refere ao bem comum seria um sinal de autonomia e um sintoma de indisciplina. O evergetismo incentiva essa indisciplina pelo simples fato de não ser exercício da autoridade, permitindo pensar que exista algo além da autoridade; dá um mau exemplo. Ele é recuperável somente se o considerarmos como uma folga que o chefe concede a seus homens. Outra maneira de recuperar o evergetismo, que recebe os favores de Plutarco, é usá-lo para a caridade; Plutarco pode se reivindicar discípulo de seu mestre Platão, que associava o jogo e a festa ao culto dos deuses e dizia que os homens eram simplesmente brinquedos, marionetes, nas mãos da divindade: quando parecem se divertir por si mesmos, estão na realidade se agitando para agradar o deus. É verdade que Plutarco não diz precisamente que os evérgetas preferem as festas para que os deuses recebam suas devidas homenagens: eles o fazem para educar o povo

e ensinar-lhes a caridade. Não que Plutarco seja um incrédulo como Políbio, que considerava a religião uma artimanha louvável, através da qual se educa o espírito do povo;[369] Plutarco é, ao mesmo tempo, um homem piedoso e um homem de autoridade e, ao ensinar a caridade ao povo, pretende ganhar dos dois lados.

Se para os notáveis toda manifestação de individualismo é uma ameaça de indisciplina, então eles encontrarão na filosofia de Platão a cobertura ideológica desejada. Na cidade de Platão, onde uma multidão de escravos trabalha em favor de uma elite de cidadãos que vive por sua vez para o Todo, não temos a imagem de uma sociedade injusta, mas de uma sociedade onde reina a justiça: nesse caso, não se levam absolutamente em conta os interesses individuais, os egoísmos. Essa cidade totalitária, na qual o inferior existe somente para o superior, é uma imagem formal da justiça; ela não tem conteúdo individual e os indivíduos participam dela não por seu próprio interesse, mas para realizar essa bela imagem, como os cubos de um mosaico que ocupam não o lugar eventualmente desejado, mas o lugar exigido pela obra de arte.

2. Contra o formalismo de Platão, a mais vigorosa afirmação da materialidade social, dos interesses individuais, deve-se a um pensador original e incisivo, Carnéades, que foi um dos maiores filósofos da época helenística.[370] O elogio que ele faz da injustiça nos leva a pensar em alguns aspectos do elogio do Único, do egoísmo, feito por Max Stirner, que suscitou os mesmos contrassensos escandalizados; Carnéades queria simplesmente dizer que são os egoísmos que constituem a sociedade, e que a justiça apenas regula, com o menor estrago possível, a pluralidade desses egoísmos, pelo interesse desses próprios egoísmos. É por essa razão que Carnéades pode afirmar duas coisas que são contraditórias apenas aparentemente: a justiça encontra-se frequentemente em conflito com a sabedoria prática, que persegue interesses egoístas, e apoia-se nesses mesmos interesses (Carnéades não o diz: leva aos mesmos interesses egoístas); em sua fraqueza, os homens recorrem à justiça para se livrarem da opressão; a justiça pesa sobre eles e, ao mesmo tempo, não podem viver sem ela. Carnéades não se cansa de multiplicar os exemplos que mostram o quanto o exercício da justiça custa à sabedoria egoísta, ao desejo de viver que os indivíduos possuem.

---

369 Políbio, VI, 56; X, 2; XVI, 12.
370 Carnéades encontrou um defensor e ilustrador entusiasta em Victor Brochard, *Les sceptiques grecs*, reimpresso em 1959, Vrin; contudo, Brochard quase não menciona a teoria da justiça, que parece incomodá-lo. Mas essa teoria foi estudada por Jeanne Croissant em seu belíssimo estudo "La morale de Carnéades", na *Revue Internationale de Philosophie*, I, 1939, p.545-570.

Posicionamento profundamente original para sua época; não há nada de mais alheio à ética aristocrática dos gregos do que a ideia do Justo sofredor, que a sabedoria popular judaica conhecia muito bem; os gregos não pensavam que era preciso, na maioria das vezes, renunciar a alguma vantagem caso se quisesse conquistar algum mérito. O eudemonismo helênico confundia, sabemos disso,[371] o que chamamos de problema moral com o problema da felicidade: a moral antiga é um método de felicidade, a prática da virtude sendo apenas um dos componentes (ou às vezes o único) da felicidade. Para compreender essa confusão, estranha a nossos olhos, é preciso ler, em vez de "virtude", a palavra "excelência" e, no lugar de "feliz", a palavra "invejável": um homem feliz é invejável, mas não invejaremos um monstro feliz; seria preferível ressuscitar na pele de um judeu morto na câmara de gás do que na pele de Eichmann, e ninguém dirá que Eichmann, mesmo tendo escapado da forca, era um homem feliz e invejável. Os paradoxos estoicos (o Sábio é feliz sob tortura) devem precisamente seu caráter paradoxal a essa estranha posição do problema: os estoicos, que continuam a pensar conforme os limites contextuais implícitos de sua época, questionam a moral dentro do contexto do problema da felicidade.

Normalmente, um grego pensará que uma sociedade justa e uma sociedade feliz são a mesma coisa. Ora, essa equação pode ser interpretada assim: fabriquemos uma sociedade que seja apenas justiça: como essa sociedade não seria também reputada como feliz? A confusão entre o problema do eudemonismo e o problema ético pode levar a sacrificar, dessa forma, a felicidade pela justiça. É contra esse pressuposto implícito que Carnéades afirma que a moral e a vantagem pessoal são distintas: quem quiser ser feliz deverá ser injusto, e somente voltará a ser justo pela sua felicidade. Os homens vivem em sociedade em busca de seus interesses, e não pelo prazer de serem justos; a sociedade é uma *concordia discors* de egoísmos e, se eliminamos os indivíduos e sua vontade de poder, a vida social e a própria justiça tornam-se inexplicáveis; a justiça manterá sua especificidade (ela não será confundida com o interesse e também não será uma mistificação), mas perderá seu objeto e sua razão de ser, ou seja, a pluralidade dos egoísmos; ficará suspensa no vazio.

3. Vamos admitir que, mesmo antes de conhecermos todos os elementos, os indivíduos cuidam racionalmente de seus interesses e esperam que a sociedade os satisfaça: poderíamos acreditar que eles só vão se declarar satisfeitos se as vantagens forem divididas de forma justa; sua atitude será comparável à dos acionários de uma empresa. Assim, poderemos supor que

---

[371] Victor Brochard, *Études de philosophie ancienne et moderne*, reimpresso em 1954, Vrin, p.491 et seq.

o evergetismo exerce uma função indispensável: ele redistribui as vantagens para poder assegurar uma repartição equilibrada entre os participantes; graças a esse reequilíbrio, a sociedade poderá permanecer unida. Reconhecemos aqui uma interpretação clássica do evergetismo.

Jhering[372] deu-lhe sua forma mais definitiva:

> A razão profunda da liberalidade era para que as classes proprietárias tivessem o dever social de restabelecer o equilíbrio com a classe desfavorecida, apagando a superioridade que a ordem estabelecida lhe proporcionava. Isso explica por que os presentes eram endereçados a uma classe inteira e explica por que eram considerados como se dependessem formalmente de um *dever de Estado*, do qual era vergonhoso fugir. A liberalidade era essencialmente usada para completar o sistema de circulação de riquezas. O interesse próprio das altas classes exigia essa liberalidade como um meio essencial de firmar sua posição, instaurando uma atitude autenticamente aristocrática que era imposta ao povo e que eliminava a *inveja*.

Vamos explicar por que essa interpretação funcional nos parece simples demais e muito falsa, mesmo que seja uma das mais interessantes (será preciso criticar a inveja e o dever de Estado). Será também preciso confessar que ela se assemelha às explicações que os próprios Antigos davam sobre o evergetismo: digamos que é uma racionalização que se apresentou à sua mente tão naturalmente quanto à nossa... Não conheço nenhum texto grego ou romano no qual essa racionalização tenha sido exposta sistematicamente, mas encontramos partes dela dispersas por todos os lugares. Um homem rico, lemos em *Clé des songes* [A chave das ilusões],[373] "será chefe dessa cidade, e em sua munificência gastará muito para o bem público"; pois, explica o filósofo,[374] "todas as cidades, sobretudo as grandes, precisam de ricos para assumir, por meio da munificência, suas despesas habituais". Em troca, os ricos são glorificados: "Nas democracias, muita gente paga de bom grado, por meio da munificência, grandes quantias a fim de receber homenagens em troca"; por democracia, o autor subentende cidades que se opõem às monarquias, ou seja, neste caso, à monarquia imperial: ele opõe as evergesias feitas às cidades que recebem homenagens ao imposto pago ao imperador, que

---

372 R. Von Jhering, *Geist des römischen Rechts*, reimpresso em 1968, *Scienta Verlag*, v.2, Abt.1, p.250.
373 Artemidoro, *Onirocritique*, 22, 27, p.149, 2 Pack.
374 Dião de Prusa, XXXVIII, em *Nicomédia*, 2. Ver também Fírmico Materno, *Mathesis*, 3, 2, 10 (p.99, 25 Kroll-Skutsch).

é sem contrapartida.³⁷⁵ E as cidades são governadas pelos ricos: "Pessoas de Tarso", exclama um orador,³⁷⁶ "em sua cidade, os que vêm falar na Assembleia não são os primeiros que chegam, mas os notáveis, os ricos e aqueles que realizaram brilhantemente suas liturgias". Quando houver ricos, eles governarão, eles pagarão: esse era o pacto social; se não pagarem, seus privilégios serão considerados ilegítimos: "Esses homens se apropriaram das terras públicas; detentores enriquecidos de nossos bens, nunca os vimos exercer uma função pública: eles nunca devolveram à cidade a mínima parte do que pegaram dela";³⁷⁷ ao se recusar a pagar, eles suscitam a hostilidade, a "inveja", mais pelo desprezo que sua recusa causa do que pelo que deixariam de ganhar: "Uma cidade execra muito mais um rico que não doa nem um pouco suas riquezas do que um pobre que rouba o Tesouro imperial; pois ela atribui a conduta do rico ao orgulho e ao desprezo".³⁷⁸

A sociedade não é um mercado perfeito

No entanto, isso é apenas uma vulgar racionalização. O equilíbrio seria garantido, os povos felizes e as sociedades estáveis se os benefícios fossem distribuídos ou redistribuídos de forma justa; e se fosse o contrário, não seriam? Se acontecesse dessa forma, se a estrutura social fosse tão simples e lógica assim, revoltas e revoluções teriam razões transparentes e seriam certamente previsíveis; apenas subsistiriam as sociedades justas, e aquelas que não fossem justas se assemelhariam a sociedades com evidentes roubalheiras ou com um banditismo puro e simples: não existiriam regimes ambíguos; na longa duração, a justa divisão de benefícios sempre acabaria acontecendo. Resta uma questão difícil: que proporção de sua fortuna os ricos devem redistribuir? Um valor fixo, uma pincelada simbólica ou todo um evergetismo? Quem decidiria tal quantia, quem faria o cálculo e como? Quem não vê que o problema nunca foi colocado dessa forma?

A teoria da redistribuição é somente uma ficção segundo a qual a vida social se parece com uma sociedade por ações; os homens seriam lúcidos

---

375 Dião Cássio, LII, 6 (discurso de "Mecenas" a "Augusto") e LIV, 29: Agripa era "monarquista" enquanto servia Augusto e "democrata", como evergética de Roma; esse vocabulário perpetua a antiga oposição helenística dos reinos e das cidades (Políbio, XXI, 22-23), "monarquias" e "democracias" (esta última palavra designando não as cidades não oligárquicas, mas sim mais geralmente as cidades independentes, que pertencem a seu próprio povo e não a um monarca estrangeiro; ver M. Holleaux, *Études*, v.3, p.153).
376 Dião de Prusa, XXXIV, *Second Tarsique*, I.
377 Ibid., XII, *Euboïque*, 28.
378 Plutarco, *Conselhos aos políticos para bem governar*, 30 (*Moralia* 822 A).

egoístas e se pareceriam com acionistas: deliberariam sobre seus interesses antes de aderir à sociedade, estudariam os estatutos, julgariam se são justos e não receberiam ordens. Mas e se não fosse assim? E se os homens não escolhessem a sociedade na qual nascem? Se não pudessem nem mesmo conhecer os estatutos e os balanços que não estão escritos em lugar algum? Se não pudessem dar uma olhada perspicaz no todo da sociedade para julgar sua justiça, mas vissem as coisas do chão e do canto, onde o acaso do nascimento os colocou? E se seus egoísmos obedecessem ao que já está estabelecido ou por respeito? Se eles se resignassem a pensar com frequência que o jardim da justiça é muito verde e se acomodaria, de uma forma ou de outra, com a partilha que o destino lhes preparou?

A visão que cada um de nós tem da sociedade é comparável à que nós temos da superfície terrestre: não a vemos do exterior e também não vemos sua totalidade, exceto se formos cosmonautas, mas, a partir do ponto em que cada um de nós está colocado e até os limites do horizonte a que nosso olhar alcança, nós ocupamos o centro por definição. Não nos perguntaremos se a nossa sociedade é benfeita, se as massas que se encontram nela são bem repartidas, mas se nossa própria posição não é muito desconfortável e se a vizinhança de um rico não a torna muito frustrante pela comparação que fazemos entre seu destino e o nosso. As revoluções não estouram quando o todo social é mal repartido (senão a revolução seria permanente), mas quando o modo como nosso destino é vivenciado nos parece intolerável; ele não é intolerável quando é injusto aos olhos do entendimento, mas quando é vivenciado como tal.

Mas é raro o vivenciarmos como tal: toda sociedade até os dias de hoje foi injusta, mas a maioria delas foi mais ou menos aceita, legitimada; pois foi permitido que os egoísmos se impusessem (é o segundo ponto da doutrina de Max Stirner já citada); cada um se diz: "eles estão muito verdes" e a tendência natural é pensar como age ou como está sendo obrigado a agir, assim "reduz-se a dissonância" entre o que se desejaria e o que se pode; a obrigação torna-se assim livre obediência, todo regime estabelecido tende a ser vivenciado como legítimo; na ausência de revoltas, como distinguir uma sociedade equilibrada e uma sociedade injusta? As teorias do contrato social e do equilíbrio são ficções racionais com valor normativo, do mesmo modo que a teoria do mercado com perfeita concorrência na economia; seria muito bom se os homens fossem agentes sociais tão perfeitamente informados e tão coerentes em seu egoísmo quanto os agentes econômicos ideais; dessa forma, conduzidas pela famosa "mão invisível", todas as sociedades através da história acabariam sendo levadas a um justo equilíbrio, como o mercado perfeito o faz (essa é precisamente a doutrina de Stirner, que foi considerado um anarquista, sem que o parentesco de seu pensamento com o de Adam Smith tivesse sido reconhecido).[379]

Mas tudo isso é somente uma ficção muito otimista. Os homens podem viver sem o equilíbrio: eles conhecem apenas seu próprio horizonte e tentam se adaptar a ele. Acontece que o evergetismo não tem como função restabelecer um equilíbrio que os homens ignoram e que não reivindicam em momento nenhum, e sobre o qual eles não julgam o destino que lhes é atribuído. Os diferentes tipos de redistribuições através da história também se explicam por razões diferentes em cada caso (a caridade não é o evergetismo); e essas razões não se parecem com grandes leis: a cada vez são alguns dos numerosos pequenos recursos da natureza humana; por exemplo, vimos que uma função pública exige não um pagamento, mas uma gratificação, se esta for uma sinecura, no caso de alguém não ter sido nomeado por uma autoridade superior etc. A cultura não é mais simples que a natureza; somente uma física e uma sociologia arcaicas a reduziriam a um pequeno número de grandes leis, belas e inteligentes, como um sistema filosófico.

Análise da inveja

Uma coisa específica confirma que os homens não fazem do equilíbrio ou da igualdade uma questão de princípio, mas vivenciam sua situação concreta: é a virtude que numerosos textos atribuem ao evergetismo, a de acalmar a inveja. Ora, a inveja não é um julgamento sobre o desequilíbrio de uma sociedade vista de cima, mas apenas uma reação psicológica a mágoas que cada um sente em seu canto diante da arrogância dos ricos; pelo menos esse era o desejo dos ricos, que suas evergesias tivessem essa virtude reconfortante, mas esqueciam que seus presentes podiam suscitar mágoas que seriam apaziguadas por outro lado. Eles queriam acreditar que gestos de munificência ou de abstenção (não mostrar sua riqueza) eram uma panaceia; não se tratava, para eles, de resolver o fundo da questão, mas simplesmente mostrar algum tato, saber demonstrar alguns gestos simbólicos; e é por essa razão

---

[379] Se todos os homens decidissem ser egoístas, sem se deixar mistificar e também sem se tornar fanáticos por seus próprios interesses, um verdadeiro equilíbrio e uma sociedade justa se estabeleceriam: Max Stirner indica claramente essa parte positiva de sua doutrina (*Oeuvres complètes*, tradução para o francês de Gallissaire, Lausane, *L'Age d'homme*, 1972, p.230, 254, 275, 290); contudo, como Gérard Lebrun chamou amigavelmente minha atenção, ele não a desenvolve e nem mesmo tenta prever qual seria esse equilíbrio: comportaria ainda a autoridade, a obrigação, o Estado, ou seria uma anarquia? Ele não o diz e é a única parte crítica que interessa realmente.

que o cálculo da quantia real da redistribuição a ser operada era uma pergunta que não se fazia, como vimos acima.

A riqueza desperta com frequência uma hostilidade difusa, a inveja,[380] que o povo representava como uma vontade desencarnada, como uma "boa ventura",[381] e não como a realidade ou uma divindade pessoal. Hostilidade suscitada pela exibição que os ricos faziam de sua riqueza e os sentimentos que consequentemente lhes eram atribuídos, e não necessariamente pela própria riqueza: eles são suspeitos por se acharem superiores aos outros cidadãos. Existe um texto de Demóstenes tão revelador que seria interessante citá-lo integralmente;[382] nele, percebemos que o meio correto encontrado para desarmar a suspeita era se mostrar munificente para com a coletividade cívica. "Onde está a munificência, onde estão as liturgias, as despesas públicas suntuosas das quais meu adversário se gaba?", pergunta o orador;[383]

> eu não vejo nada: ele mandou construir para si mesmo, em Elêusis, uma casa tão grande que esconde todas as outras, ele leva sua mulher aos Mistérios e por todos os lugares em um carro com dois cavalos; ele incomoda todo mundo na praça pública com seus três ou quatro homens de escolta; ele não para de falar de taças, vasos e rítons, e tão alto que é para ser ouvido por todos os passantes. Eu não vejo em que pode ser útil, a vós que sois numerosos, o que meu adversário compra para seu luxo pessoal; por outro lado, vejo bem a arrogância que inspira esse luxo, ao respingar sobre vós, quando vós vos encontrais em seu caminho. Não, não existe ali nada de glorioso ou admirável; a grandeza não consiste em possuir uma casa, muitos escravos, um rico mobiliário; o brilho autêntico se manifesta melhor diante de bens aos quais a coletividade que formeis possa compartilhar.

O tato ensinará então a não deixar respingar; o homem notável exemplar, segundo os votos de Plutarco,[384]

> evita chocar ou atravancar o caminho quando se dirige à multidão com um grande número de escravos, ocupando espaço no teatro; sua roupa, sua

---

380 Sobre o igualitarismo, a inveja, a nêmesis, ver R. Hirzel, *Themis, Dike und Verwandtes*, reimpresso em 1966, Olms, p.299-308.
381 Sobre esse tipo de "vontades", Bergson, *Les Deux Sources de la morale et de la religion*, p.130 e 152 ; H. Usener, *Götternamen, Versuch einer Lehre von der religiösen Begriffsbildung*, reimpresso em 1948, Schulte-Bulmke, p.366-372.
382 Demóstenes, *Contra Mídias*, 158.
383 Comparar Iseia, 5, 43.
384 Plutarco, *Conselhos aos políticos para bem governar*, 31 (*Moralia*, 823 B).

existência, a educação de seus filhos, os trajes de sua mulher são simples, e se parecem com os de todo mundo; ele não se afasta da multidão e não se posiciona em um plano superior.

A segunda regra que ele observará será a de ser evérgeta; "eu gasto menos para mim do que para as minhas liturgias", deverá poder dizer; "é justo que se louvem aqueles que, como eu, são mais econômicos em sua vida privada do que em relação aos interesses públicos".[385] O povo romano, dirá Cícero, exige que os grandes sejam generosos ; "ele detesta o luxo privado e gosta da magnificência para o público".[386]

Se esses sentimentos difusos tivessem sido sistematizados, sua cobertura ideológica teria sido, sem dúvida, a seguinte: a sociedade sendo tão estável quanto a natureza, a riqueza nacional teria um nível mais ou menos fixo e, consequentemente, o sistema social seria um jogo estratégico com uma soma algébrica nula: alguns ganhariam o que outros perderiam; se o bolo a ser repartido não tiver mais possibilidade de crescer, alguns só terão um pedaço maior em detrimento dos outros. Se as coisas fossem assim, o ideal seria dividir igualmente o bolo entre todos os cidadãos; uma única pessoa tem o direito de ser mais rica que as outras, e essa pessoa seria a própria cidade; do mesmo modo que a cidade é todo mundo. Em uma comédia de Aristófanes, Pluto, deus da riqueza, renuncia louvavelmente a morar na casa de um ou outro cidadão: o Tesouro público será a partir de então sua única moradia, pela modesta felicidade de todos.[387]

Essa utopia de Aristófanes é usada para consolar os atenienses imaginariamente por uma desigualdade a que se resignam como se fosse uma fatalidade natural. Não é verdade que Atenas era uma sociedade onde liturgias e evergesias estabeleciam a concórdia acalmando a inveja; a desigualdade de riquezas não obtinha perdão com presentes, pela simples razão de que não há o que se perdoar: a desigualdade teria sido muito bem tolerada sem evergetismo, como é muito frequentemente tolerada na história. A inveja surge somente se uma desigualdade não parece irremediável, pois ninguém lamenta a lua; ela é assim, historicamente condicionada, em função do "contrato histórico" de cada sociedade; ela não é nunca uma exigência de justiça

---

385 Isócrates, *Sobre a troca*, 158.
386 Cícero, *Pour Muréna*, XXXVI, 76.
387 Aristófanes, *Ploutos*, 1191, citado por Édouard Will, *Le monde grec et l'Orient*, v.1: *Le Vᵉ Siècle*, v.2, p.196, citado por Will, p.674) e um fragmento de Archytas (*Diels*, v.2, p.196; ver H. Bolkestein, *Wohltätigkeit und Armenpflege*, p.130, 170, 460).

(não é verdade que nunca invejamos o mérito);[388] ela não é suscitada pelo fato macrossociológico da própria desigualdade (essa última sendo ou não justificada), mas pode se explicar somente no nível microssociológico. Evergetismo e inveja não estão relacionados.

1. As reações diante da desigualdade vão da indiferença entre passantes desigualmente afortunados que se cruzam na rua à humildade do camponês que admira a riqueza do rajá e à comparação que oscila entre o ódio e o sentimento de participação. A desigualdade parece natural quando se mostra irremediável, e não quando é justa ou funcional; não é verdade que a riqueza das altas classes é aceita pelo povo quando os privilégios a justificam pelos serviços prestados, e quando não se trata de uma nobreza de traidores como a de 1789; os privilegiados tornam-se insuportáveis quando fazem concessões que, mesmo fazendo que esses privilégios sejam menos odiosos, revelam que não são invencíveis. Os ricos, por sua vez, consideram seus privilégios naturais e não acreditam ter o dever de justificá-los por méritos; o evergetismo não tinha como motivo um sentimento de responsabilidade social, mas a tendência em expressar a superioridade. A inveja é uma resultante e não constitui um princípio de justiça ou de igualdade; ela também varia de acordo com as classes e as sociedades. Nem toda classe social busca a distância social (a maioria teria dificuldades em pretendê-la) e nem toda classe pretende recusá-la a outros.

2. A inveja é, por conseguinte, uma atitude histórica. Na página de Demóstenes que lemos acima, manifesta-se uma tonalidade local; reconhecemos nela o espírito de uma democracia igualitária, que tem ciúmes do cidadão que acredita ser superior aos outros e que se sente mais incomodada pelo orgulho que circula na sua mente do que pela superioridade material em si. Outras democracias seriam menos igualitaristas; seu "contrato social histórico" admitiria algumas desigualdades. Veremos, no fim deste capítulo, que a inveja e também o evergetismo não são compreendidos pelos grandes princípios, mas por um contrato implícito que é o fruto dos acasos da história.

3. A inveja é uma reação microssociológica que se explica pelo desconforto de um papel social determinado, e não pela existência da desigualdade em geral. Esse desconforto nem sempre, e nem somente, depende da parte de satisfações materiais que nos é consagrada, mas de toda a estrutura desse

---

388 Sobre o problema da inveja que subsistiria em uma sociedade idealmente justa, ver o livro já célebre de John Rawls, *A Theory of Justice*, Oxford, 1971, p.144 e 530-541. A ideia do privilégio merecido se encontra em Tocqueville, *L'Ancien Régime et la Révolution*, fim do primeiro capítulo da segunda parte, ou em B. De Jouvenel, *The Ethics of Redistribution*, Cambridge, 1951, p.78, e *De la politique pure*, Calmann-Lévy, 1963, p.100.

papel; ele depende do lugar relativo na hierarquia social, sem dúvida,[389] mas também da segurança, da modalidade de dependência etc. Saber se as pessoas ficarão contentes com seu destino é sempre uma questão de detalhe: um fazendeiro orgulhoso do belo castelo de seu senhor,[390] um burocrata frustrado pelas regras de promoção mal concebidas.[391] A inveja nem sempre é o sintoma de uma crise geral; Aristófanes libera os atenienses de um mal-estar universal (toda sociedade, em seus sonhos, surpreende-se com a desigualdade), impedindo-os de pressentir a crise social helenística.

Não sendo geral nem baseada em princípios, a inveja é mais uma amargura, devido à impotência, do que um sentimento revolucionário; ela é ordinariamente motivada pela reprovação moral em virtude de nossa tendência em condenar moralmente o que nos faz sofrer ou nos coloca em situação desconfortável. O rico não é condenado por ser explorador, mas suscita o desgosto pelos seus hábitos corruptos (as revoltas do desespero são puritanas; quebram e rasgam belos objetos). O poeta cristão Comodiano,[392] bom intérprete dos sentimentos populares, bem sabe que o evergetismo pressupõe a desigualdade, e que o rico roubou dos pobres o que ele, em parte, lhes devolve; ele conclui, com isso, que os ricos são pecadores.

4. Não é verdade que o evergetismo, ao igualar as satisfações materiais, podia reduzir a inveja e contribuir com a paz social. O equilíbrio de direito não garante o equilíbrio de fato, a justiça e a paz social são distintas: a escravidão pode ser mais confortável que a independência, a igualdade é ofensiva pelo sentimento que cada um possui de sua superioridade. A questão reveladora do problema da inveja é que as "funções de utilidade" individuais não são independentes, o que cria problemas para matemáticos da economia do bem-estar. Se fossem independentes, se cada um fosse um consumidor "egoísta" que, como implica o próprio adjetivo, não se compara ao vizinho, uma eficiência de Pareto seria mais fácil de atingir: eu não ficaria preocupado se meu vizinho melhorasse sua posição, desde que não o faça em detrimento da minha. Mas as coisas não são assim: minha própria satisfação é feita, em parte, da distância que me separa do meu vizinho; se essa distância aumenta ou diminui, eu detestaria meus irmãos outrora inferiores ou eu invejaria meus antigos colegas, apesar de minha posição absoluta não ter mudado.

Como as utilidades individuais não são independentes, poderá existir inveja se não existir participação, se o criado não tiver o sentimento de

---

389 W. G. Runciman, *Relative Deprivation and Social Justice*, Pelican Books, 1972.
390 Ver, por exemplo, G. De Beaumont, *L'Irlande sociale, politique et religieuse*, 1842, v.2, p.141.
391 M. Crozier, *Le phénomène bureaucratique*, Seuil.
392 Comodiano, *Instructiones*, 2, 20 (24), p.59 da edição do *Corpus Christianorum*.

pertencer à família do senhor. A participação do humilde nos privilégios do poderoso não é amor (se amar quer dizer ficar feliz com a felicidade dos outros) nem mesmo identificação por simpatia; ela revela simplesmente que a noção de propriedade ou de privilégio é mais jurídica do que psicológica; o pobre, ao se envolver em uma organização, participa da riqueza que sobressai da organização inteira, mesmo se essa riqueza pertencer a apenas um homem em termos do código.

Ora, o evergetismo tinha a desvantagem de não estabelecer uma relação permanente e durável entre um evérgeta e a multidão de cidadãos. Esses últimos não se tornavam os clientes, os fiéis do mecenas. Um notável oferece um espetáculo uma vez e é aclamado; no mês seguinte, será outro notável que conhecerá o mesmo destino. Os notáveis constituem uma classe e é difícil ser o protegido, ser o cliente de toda uma classe.

Interdependência das satisfações, reações microssociológicas, ausência de participação: o resultado de tudo isso é a ambiguidade, ou uma sobredeterminação, existente na relação moral entre o povo e seus evérgetas. O povo hesita entre a inveja e a admiração pela riqueza; os notáveis, por sua vez, se dividem entre o consumo ostentatório e a generosidade ostentatória, esperando acalmar a inveja com os dons. Mas suas evergesias engendram apenas uma hesitação entre o reconhecimento e o ressentimento. Não imaginemos que os ricos sigam ao pé da letra os conselhos de Plutarco, e que o estilo de vida dos notáveis seja voluntariamente apagado; seu luxo pessoal era tão grande quanto seus presentes públicos. Pouca coisa seria necessário para que a *conspicuous consumption*, em vez de instaurar o respeito do povo, o faça sorrir ou ficar enraivecido, mas também não é preciso mais que isso para que a ostentação seja admirada como símbolo legítimo de uma superioridade reconhecida; a exibição de riqueza pode ser um instrumento de dominação das mentes tão eficaz quanto as evergesias. Os notáveis ofereciam, assim, presentes para se tornarem populares e, ao mesmo tempo, para ostentarem o fausto privado necessário para confirmar a ideia de sua superioridade no espírito do povo, que os teria desprezado se eles não tivessem conseguido manter sua posição.

Suas evergesias suscitavam ressentimento, mas ao mesmo tempo acalmavam a inveja do povo, pois tendo origem em uma classe superior, tais evergesias eram interpretadas como presentes caídos do céu; em Atenas, as liturgias muito esplêndidas de Alcibíades valiam-lhe a animosidade de seus concidadãos.[393] Um evérgeta tem uma boa imagem se oferece, por exemplo, um banquete, mas isso não faz que esqueçam que ele é rico, e quando advém

---

393 Tucídio, VI, 16.

uma penúria, detestam-no; também não esquecem que ele tem uma bela casa e belas roupas. Enfim, como seus próprios dons ressaltam a diferença de condições, provocam uma irritação secreta naqueles que tiram proveito deles, aqueles que esperavam que o rico sacrificasse seu orgulho, e não o seu dinheiro;[394] eles queriam poder lhe dizer: "não te devemos nada"; eles queriam poder lhe replicar o que um dos heróis de Petrônio replica a um notável que tinha acabado de oferecer um espetáculo de gladiadores: "Tu me destes um espetáculo, mas eu te aplaudi; faça a conta: pago-te mais do que recebi; uma mão lava a outra".[395]

Essa ingratidão não se deve ao lado obscuro do ser humano nem mesmo ao desconforto de não poder devolver um benefício muito grande; o povo estimava simplesmente que o evérgeta, em sua qualidade de notável, já havia recebido sua recompensa, e que sua generosidade era paga antecipadamente pela distância social da qual gozava; o povo não achava que devia ter, além disso, sentimentos afetuosos por seu benfeitor; ele aplaudia e não devia mais nada.[396] Ao contrário, um mecenas americano não fere o orgulho de seus concidadãos, pois é apenas um cidadão como qualquer outro. Se os evérgetas gregos esperavam receber algum afeto do povo por suas benfeitorias, eles se enganavam: ao dar, haviam apenas cumprido seu dever; e somente o caráter informal desse dever de Estado permitia-lhes imaginar que suas evergesias eram favores gratuitos, e exigir indevidamente um sentimento eletivo pelo valor de um presente que não fosse eletivo. É a fraude ordinária das relações de clientelismo.

Em outras palavras, o dom em si não tem qualificação: ele é homenagem de baixo para cima, esmola de cima para baixo ou generosidade de igual para igual, segundo a qualidade do doador e a do donatário; em vez de criar uma relação hierárquica, é qualificado por essa relação (ao menos simboliza essa relação, quando esta se estabelece, ou a confirma ao longo dos anos).

---

394 Corroboro Tocqueville, *Démocratie en Amérique*, v.2, p.111.
395 Petrônio, 45, 12; sobre o provérbio "uma mão lava a outra", comparar com o Pseudo-Platão, *Axiochos*, 366 C. Um belo exemplo de animosidade contra um evérgeta se vê em uma inscrição latina (*Corpus*, V, 5049, mas é melhor referir-se a Bücheler, *Anthologia latina*, Teubner, 2, *Carmina epigraphica*, n.417). Um patrono de uma cidade oferece um espetáculo de gladiadores e pão barato em um ano de penúria; a plebe agradece-lhe, atribuindo-lhe antecipadamente funerais públicos (o que não parece ter encantado o futuro defunto) e cotizando-se para construir uma estátua de bronze dourada em sua homenagem; estátua fatal: ela suscita uma violenta inveja contra ele, tanto que seus concidadãos tentaram expulsá-lo. O fim do texto está impreciso e muitos detalhes são duvidosos ou obscuros.
396 Comparar Festinger e Aronson, *Éveil et réduction de la dissonance dans les contextes sociaux*, em Cl. Faucheux e S. Moscovici, *Psychologie sociale théôrique et expérimentale*, Mouton, 1971, p.119, 137, 148.

Do mesmo modo, o consumo ostentatório atingirá o respeito das pessoas se a superioridade que ele exprime for considerada respeitável. As evergesias não criam a distância social dos notáveis; ao contrário, essa distância social confere às evergesias o seu caráter ostentatório.

Legitimação e relações materiais

Resumindo: já que a vida social tem como conteúdo os interesses dos indivíduos que a justiça tenta regular, poderíamos supor que o regime dos notáveis era estável e legítimo simplesmente porque, através do evergetismo, ele redistribuía satisfações para restabelecer o equilíbrio e acalmar a inveja. Mas se apenas as sociedades equilibradas ou reequilibradas fossem estáveis, então o evergetismo seria um fenômeno universal e a história seria um idílio no qual a maioria das sociedades seria justa, exceto se fosse uma grande confusão na qual nenhum regime duraria mais que alguns meses. Mas as coisas não são assim; fica faltando compreender o que cimentava o regime dos notáveis, já que o cimento não era o evergetismo. A explicação não vem da satisfação dos interesses pelo regime, mas da acomodação, universal, dos interesses aos estados de fato e às relações de dominação; os homens legitimam, em seu coração, o destino que lhes é reservado em vez de persistir lucidamente em seus interesses. Encontramo-nos aqui diante de um novo enigma, a legitimação; nada adianta invocar como explicação a materialidade das relações de força, o poder e a riqueza dos notáveis, pois o mistério é a forma de obediência consentida adotada pela submissão à obrigação; nem o material das relações sociais nem o peso do hábito bastam para explicar o respeito universal pela desordem estabelecida. Os notáveis fazem um mecenato ostentatório porque se sentem superiores ao corpo do povo: mas por que o povo considerava essa superioridade legítima?

O povo era espontaneamente submisso aos notáveis, considerava sua riqueza como um direito, e não disputava o poder com eles; esse regime durou a metade de um milênio; de onde vinha a sua autoridade? Por que a vida das cidades gregas não era como a de um país ocupado por um exército estrangeiro? É como se o povo tivesse se acomodado ao estado de fato, regulado seu pensamento à sua conduta, "reduzido a dissonância" entre suas aspirações e as obrigações, como afirma Leon Festinger;[397] esse fenômeno é extremamente humano: pelo menos sob certas condições, as

---

397 Lemos, desse autor, *A Theory of Cognitive Dissonance*, Stanford University Press, 1957, seus artigos e os de seus alunos foram reunidos e traduzidos por Faucheux e Moscovici, *Psychologie sociale théôrique et expérimentale*, p.107-204.

pessoas tendem a ajustar seus pensamentos aos atos que são induzidas a realizar, fazendo que fique difícil distinguir a obediência consentida e a dificuldade em desobedecer. O regime dos notáveis, como qualquer outro regime, era aceito de bom grado ou por lassidão? Os próprios interessados ignoravam as razões. A princípio, a obediência é consentida quando se obedece ao soberano, não porque ele é mais forte, mas porque é considerada legítima; assim, a força coercitiva exerce um papel comparável ao das reservas de ouro nos cofres dos bancos: sua existência no fundo dos cofres é suficiente para garantir as relações sociais, mesmo que nunca sejam usadas. Então, como distinguir a docilidade e o medo da repressão? Apesar do convicto otimismo dos teóricos do contrato social, nada é mais equívoco do que a autoridade, a força e a persuasão. A princípio, esses três termos se excluem: a autoridade é o misterioso poder de fazer que o outro faça o que querem que ele faça sem ter que persuadi-lo sistematicamente, e sem recorrer à coerção; mas o condenado à morte, que caminha para a forca, andando com suas próprias pernas sem ser carregado, obedece à autoridade ou previne a coerção?

O fenômeno da legitimação passa muito frequentemente despercebido: ele é tão geral que parece evidente e refere-se à forma da relação social, não ao seu conteúdo, que é mais visível; descreveremos então e sobretudo o conteúdo, falaremos do poder político e social da classe dirigente, de seu orgulho, de seu prestígio, das vias de sua ascensão e de sua reprodução. Mas a matéria não explica a forma, e o poder de uma classe não explica por que a obediência lhe foi concedida. Ocorre que, mesmo se o poder e a legitimação caminham frequentemente juntos, eles constituem dois fenômenos distintos: ceder à obrigação e obedecer na ausência de obrigação não são a mesma coisa; o segundo fenômeno poderia não ocorrer e, nesse caso, a história teria exercício permanente de força e confusão perpétua; para que a legitimação aconteça, como frequentemente aconteceu, é necessário um recurso particular, a redução da dissonância, que funciona sob certas condições que, às vezes, não são realizadas.

A redução da dissonância não é automática e depende do contexto; algumas instituições não são nunca aceitas ou deixarão de sê-lo um dia. Esse dia não é aquele em que elas deixam de ser justificadas por seus méritos, mas o dia em que a possibilidade de modificá-las aparece: assim, elas não são mais vistas como fenômenos naturais; se um dia a bioquímica tornasse a igualização dos dons naturais possível, a desigualdade natural pareceria injusta. Os homens não fazem que a igualdade e a justiça sejam condições *sine qua non*: eles colocam suas aspirações em consonância com o possível; a relativa estabilidade das sociedades entre o idílio e o caos não se deve a um justo equilíbrio eventualmente realizado entre seus membros, mas ao fato de que a humanidade levanta questões apenas quando pode resolvê-las. O regime helenístico dos notáveis durava não por causa da redistribuição evergética, mas porque, diante da desigualdade econômica, a multidão de plebeus dispersa e muito desigual entre si era tão incapaz de se aliar quanto uma multidão de camponeses desorganizados e desigualmente ameaçados é incapaz de sair de sua passividade secular diante dos transbordamentos de um rio: ela renuncia à briga pelo terreno com o flagelo – instalando-se, e esse detalhe é revelador, um pouco abaixo do limite das enchentes.

Sociedade hierárquica e mobilidade social

O poder e o prestígio não são a causa direta da obediência: ela passa por uma operação mental, a legitimação, que é um ajuste com o possível. As relações sociais reais também não se estabelecem no limite exato das relações de força; devido a essa operação mental, elas se confinam um pouco aquém ou vão um pouco além: às vezes reivindicamos, às vezes, ao contrário, exageramos na submissão. Esse exagero torna as sociedades hierárquicas possíveis, nas quais algumas vantagens não são apenas a propriedade de fato de um grupo, mas são reconhecidas formal ou informalmente como um privilégio legítimo desse grupo pelo resto da sociedade; "os notáveis são de uma essência superior à nossa", dizia a plebe das cidades. Essa humilde resignação caracteriza as sociedades nas quais a mobilidade social passa pelo clientelismo ou pela sorte pessoal, e não se constrói sobre critérios universalistas; temos a tendência então de evitar essa zona fronteiriça que se pode ultrapassar somente com uma sorte muito rara, e que é motivo mais de frustrações do que de esperanças; é preferível se confinar na condição recebida ao nascer e renunciar do que esperar o milagre. Essas sociedades com zonas fronteiriças moralmente evacuadas estão prestes a se tornar sociedades hierárquicas.

A sociedade helenística estava prestes a se transformar em uma sociedade hierárquica. Governar ali era considerado um direito dos notáveis; "nosso povo", escreve um retórico, "conduz-se como uma criança com seu pai, e nós nos conduzimos com ele como um pai com um filho".[398] Nessa sociedade, os ricos dirigiam-se ao povo sob um tom de tranquila superioridade que se torna compreensível a nosso entendimento quando detectamos

---

398 Libânio, *Discurso*, XI, 150-152, citado por P. Petit, *Libanius et la Vie municipale à Antioche*, p.220, n.1 e por J. H. Liebeschuetz, *Antioch: City and Imperial Administration in the Later Roman Empire*, Oxford, 1972, p.102; ver Veyne em *Mélanges d'archéologie et d'histoire de l'École de Rome*, 1961, p.264.

nele, não a inflexão de um privilegiado da fortuna, mas a de um chefe desprezando soldados e lembrando-lhes que a hierarquia é a principal força dos exércitos.[399] Essa relação heteronômica não impedia as revoltas, e vimos que Dião de Prusa quase foi linchado como aquele que deixou o povo faminto: como resultado, ele assumiu o tom de um oficial quando dá um sermão em seus rebeldes ao debelar o motim, misturando ameaças e incitações de cumprimento do dever:[400] ele estava convencido do direito que tinha de comandar e tratava os plebeus não como cidadãos que reivindicam, mas como pessoas que nasceram para obedecer. E não há dúvidas de que a plebe tenha tido, mesmo na revolta, uma atitude de respeito, e de que ela falava dos notáveis com humildade, afeto, confiança e admiração. Essa relação heteronômica, esse paternalismo, não era previsível somente diante das relações materiais entre as diferentes classes. Era compreensível que a plebe, por falta de tempo e de cultura, abandonasse o governo nas mãos dos notáveis; mas ela teria podido limitar-se a esse estado de fato e conservar o tom igualitário de um operário americano diante de seu *boss* na relação que estabelece com seu senhor; as relações materiais não poderiam prever essa infantilização. Tudo acontece como se a autoridade pudesse ser instaurada segundo duas modalidades, autonomia e heteronomia, e que a modalidade heteronômica tenha sido a mais difundida nas sociedades antigas. A superioridade dos notáveis era admitida como um fato natural; admitia-se que os homens podiam ser diferentes entre si, como o são duas espécies vivas. Sem dúvida cada um tentava melhorar seu destino, ou até mesmo mudar de condição: mas ninguém pensava em não confessar, até para si mesmo, sua condição, nem sofria na comparação com as classes superiores.[401] Poderíamos acreditar que a ausência de frustrações vem do fato de as sociedades hierárquicas oferecerem uma especialização das funções, em vez de uma hierarquia de classes, a ponto de os papéis se articularem, e não se compararem? Esqueçamos essas considerações edificantes; onde vimos que as sociedades são benfeitas e por que milagre as divisões sociais vindas da história coincidiriam com um organograma bem concebido? A ausência de frustração não

---

399 Sobre essa atitude paternalista, ver uma bela página de Stuart Mill, *Principles of Political Economy*, 1848, v.2, p.319.
400 Ver o discurso XLVI de Dião de Prusa: Dião sabia que era ameaçado, reduziu-se ao uso de astúcias e de justificativas, mas não duvida de seu direito.
401 Sobre a mentalidade das sociedades hierárquicas e sobre o tema rebatido da ausência de ressentimento, ver Max Scheler, *L'Homme du ressentiment*, nova tradução, Gallimard, 1970, p.31; L. Von Mises, citado por Bourdieu, Passeron e Chamboredon, *Le Métier de sociologue*, Mouton, 1968, p.186; P. Laslett, *Le monde que nous avons perdu*, Flammarion, 1970, p.191; ver Veyne em *Annales, Économies, Sociétés*, 1961, p.243.

se deve à divisão em camadas; seria, ao contrário, o caráter não universalista da mobilidade que levaria ao mesmo tempo ao ajuste com o possível, à renúncia às ambições frustrantes, à legitimação dos privilégios e à divisão formal ou informal em ordens. Uma sociedade hierárquica não se estabelece quando se quer.

Para que se estabeleça, não é necessário que a mobilidade seja reduzida de uma classe para outra ou que a composição de uma classe seja hereditária e pouco se renove; é necessário, ao contrário, que a ascensão social se faça por proteção, patronagem ou segundo critérios irracionais (tais como um privilégio geográfico que reservaria a alguns países o direito de abastecer os membros do governo ou algumas famílias); quanto mais o critério é absurdo, mais ele se assemelha a um fenômeno natural: a hereditariedade da função real é o mais belo exemplo disso. Uma sociedade hierárquica é, ao contrário, psicologicamente impossível se a ascensão se faz em virtude das leis do mercado ou conforme um regulamento ou de acordo com qualquer outro critério racional.

A redução da dissonância ou a resignação ao possível ocorrem somente se o critério não é racional. Se felizardos novos-ricos se introduzem na classe superior graças a algum favor principesco, eles são logo comparáveis a ganhadores da loteria; seu caso não é representativo; ele depende mais do acaso do que do possível. As condições sociais parecem, então, ter a evidência, o caráter imperturbável e o absurdo dos fatos naturais; nasce-se notável ou plebeu como se nasce moreno ou loiro, francês ou alemão. Assim se explicam, além da estabilidade das sociedades hierárquicas, a inércia dos subgrupos, das tradições familiares ou étnicas, ou até mesmo grupos nacionais. De onde vem o fato de que as nações, como as oliveiras, nunca morrem ou quase nunca? Do fato de nascermos franceses por acaso, e em momento nenhum ninguém nos pede para escolher nossa nacionalidade.

A partir do momento em que o povo considerava os notáveis como uma espécie superior e seus chefes naturais, a classe dos notáveis se tornava uma ordem informal; ninguém sofria pela condição adquirida na loteria do nascimento. Pois ninguém tem ressentimento por não ganhar na loteria; no mínimo renuncia-se a comprar bilhetes, ou seja, a tentar sair de sua condição graças a um favor ou um feliz acaso. O que importa, então, se o governo transforma nossa renúncia em uma proibição formal e nos proíbe de usar um direito de compra que não queremos mais? Não nos sentimos frustrados pela perda de um bem que nunca acreditamos possível adquirir. Foi assim que o governo imperial pôde transformar o regime de notáveis em uma ordem formal; sob o Império, os notáveis das cidades gregas são assimilados aos decuriões, aos *curiales* das cidades do Ocidente romano; como eles, os notáveis possuem o privilégio de governar e o dever de pagar por isso. Cidades gregas e romanas, apesar de diferenças no detalhe, são ambas moldadas no mesmo molde oligárquico. O evergetismo é a chave dessa oligarquia: somente governará aquele que é suficientemente rico para pagar. A obrigação de oferecer presentes exerce o papel de barreira, e permite aos notáveis reservarem para si o privilégio de governar, assim como a distância social que o poder político confere; por menos que um privilégio desperte o interesse das pessoas, maior é seu preço; os oligarcas sempre encontram nobres razões para permanecerem entre si.

Evolução pouco surpreendente. Todas as funções públicas tornaram-se liturgias, já que todas implicam obrigações financeiras. A eleição, onde existia, caiu em desuso, não porque sucumbiu à oligarquia do Conselho, mas porque perdeu seu sentido: não se escolhe mais entre candidatos, procura-se uma vítima em seu seio, já que os notáveis, por dever de Estado, atribuem-se mutuamente o dever de ser evérgeta; a assembleia do povo não é usada apenas como brigada de aclamações. Somente os ricos e seus herdeiros poderão pertencer ao Conselho. O povo abandona a favor dessa classe o direito de governar e o dever de pagar; sob o Império, o direito de propor decretos será reservado somente aos magistrados.[402] Ora, na mesma época e pelas mesmas razões, as instituições municipais do povo-rei, as constituições das cidades romanas, eram análogas no essencial; um sistema evérgeta desenvolveu-se ali, não sob a influência grega como se poderia acreditar, mas pela ação das mesmas causas que tinham produzido os mesmos efeitos: as cidades romanas eram cidades governadas por notáveis e nelas as funções públicas tinham uma importância somente municipal. A partir daí, os governadores romanos das províncias gregas poderão se dedicar plenamente ao prazer administrativo de uniformizar e aplicar, na Grécia, as instituições das cidades romanas, que eles conhecem bem; a analogia dos dois sistemas bastaria para lhes sugerir fazê-lo. Quando Adriano funda Antinópolis, ele oferece à cidade instituições romanas por trás de uma fachada helenística.[403]

O que explica uma progressiva unificação das constituições das cidades em todo o Império; o regime dos notáveis evérgetas modela as constituições gregas como as das cidades romanas; as antigas instituições herdadas da época helenística são apenas piedosas sobreviventes. Certamente, nunca os

---

402 A concentração do direito de proposição, do *jus agendi cum populo*, unicamente nas mãos dos magistrados, data somente da época imperial: H. Swoboda, *Die griech. Volksbeschlüsse*, p.185 et seq.

403 H. Braunert, "Griechische und römische Komponenten im Stadtrecht Von Antinoopolis", em *Journal of Juristic Papyrology*, XIV, 1962, p.73.

romanos impuseram às cidades de seu Império uma organização uniforme; cada cidade tinha e conservava sua constituição ancestral. Mas todas tinham evoluído pouco a pouco para o mesmo regime social e político; além disso, no fim da Antiguidade, as leis imperiais pressupõem visivelmente que existe uma analogia na estrutura de todas as cidades do Império, quer sejam cidades municipais do Ocidente latino, quer sejam as antigas *poleis* das províncias gregas.[404] Em todas elas, um mínimo de fortuna, um censo, era exigível de qualquer um que desejasse integrar o Conselho, obtendo, através disso, acesso às funções públicas; em todas elas apenas o Conselho nomeava a tais funções. A lei sanciona, assim, formalmente, o corte entre o povo e a ordem dos notáveis evérgetas, a dos *curiales*, como eram chamados pelos latinos, e esses *curiales* compõem o Conselho da cidade.[405] Esses conselheiros sofrem com suas obrigações financeiras, amaldiçoam essas obrigações, protestam que elas os arruínam, tentam fugir delas a título individual, deixando a cidade e indo morar em outras terras; mas no plano coletivo, por nada no mundo eles repudiariam seu oneroso privilégio, pois detestam compartilhá-lo com os recém-chegados; e sobretudo, as leis imperiais devem insistir incessantemente para que a ordem dos *curiales* abra-se aos plebeus ricos, que teriam facilmente sustentado a cidade com suas liturgias, mas que os notáveis não queriam ver no Conselho.[406]

Interesse de classe ou distância social?

Dessa forma, estamos diante de uma ordem formal ou informal de ricos notáveis que defendem ferozmente seu exclusivismo e estão prontos a pagar o preço que for para isso. Poderíamos dizer que eles pagam e governam por interesse de classe? O surgimento dessa expressão muito esperada seria,

---

404 Mitteis, *Reichsrecht und Voksrecht*, p.165 et seq.; F. Vittinghoff, "Zur Verfassung der spätantike Stadt", em *Studien zu den Anfangen des europäischen Städtewesen, Vorträge und Forschungen hrsgb, v. Institut f. gesch. Landesforschung des Bodenseegebietes in Konstanz*, IV, 1958, p.15-17.
405 Nas antigas polis oligárquicas, onde o acesso ao Conselho e às funções públicas era reservado a uma ordem hereditária que se distinguia da classe popular, essa ordem privilegiada se tornará a dos *curiales*; assim como os nobres de Delfos, os eugeneis: ver Vatin, "Ordres et classes dans les institutions delphiques", em *Recherches sur les structures sociales dans l'Antiquité classique*, colóquio de Caen, 1969, CNRS, 1970, 263.
406 *Código de Teodósio*, XII, 1, leis 13, 33, 53, 72, 96, 133, 140. Sobre o orgulho dinástico dos *curiales*, P. Petit, *Libanius et la Vie municipale à Antioche*, p.28: o Estado "concebe todos os *curiales* como um instrumento cômodo de servidão; Libânio o concebe como a origem de um legítimo e nobre orgulho"; ver também p.325. O tratado *Pour la noblesse* do Pseudo-Plutarco é uma prova desse estado de espírito: diferentemente dos simples ricos, os nobres formam uma casta que tem a vocação do serviço público.

para nós, como a de um animal do apocalipse que abre o último selo (fica parecendo que houve um último, e não um primeiro) da análise histórica? A resposta seria afirmativa se tomarmos a noção de interesse de classe em sentido vago e entendermos, com isso, que as classes defendem o que eventualmente as interessa; a resposta seria negativa se postularmos que os notáveis governavam e pagavam somente para defender as relações materiais de produção. No primeiro caso, falar de interesse de classe não compromete nada, ao mesmo tempo que permite que se acredite ser marxista: caberá a nós especificar pelo que os notáveis se interessavam. No segundo caso, advogamos que os homens não buscam essencialmente defender as relações de produção, mas a distância social, quando ela existe, e o que quer que se atribua a tal distância; os notáveis não eram magistrados e evérgetas para defender suas propriedades imobiliárias, mas porque a notabilidade os separava do povo. Uma vez mais, a interpretação funcionalista é falsa: o evergetismo não era usado para manter as relações de produção, nem para equilibrar a sociedade política.

Pois os notáveis não precisavam governar as cidades para defender essas relações. Se a cidade tivesse sido o Estado, poderíamos afirmar que ela era o instrumento da classe dominante; mas era apenas um município autônomo; era o lugar onde se adquiria e se instaurava a distância social, mas não onde se defendiam os privilégios "materiais" que constituíam a condição principal, senão a essência, dessa distância. Perguntava-se, em vão, que interesse material podia ser obtido através da liturgia e do magistrado municipal que defendesse uma categoria social cuja garantia era o imperador com suas legiões e o governador com seu tribunal; as relações de produção, em nosso país, dependem dos prefeitos e dos conselheiros municipais? Dião de Prusa, ameaçado de ser linchado como responsável pela fome, ameaça o povo, por sua vez, de recorrer ao governador romano.[407] A paz entre as cidades era perturbada por motins que reivindicavam trigo e por greves diante das quais os notáveis eram impotentes, pois quase não existia polícia naquele tempo; ela também era incomodada pelos charivaris, cujo objeto eram as evergesias; era importunada, enfim, pelo orgulho dos mais poderosos notáveis e pelas lutas de clãs comparáveis à famosa disputa dos Capuletos e Montecchios, sem falar dos conflitos entre cidades por questões de fronteira ou de primazia na

---

[407] Dião de Prusa, XLVI, 14; ver também Plutarco, *Conselhos aos políticos para bem governar*, 32 (*Moralia*, 824 A ad finem). Para um exemplo de repressão sangrenta de motins municipais, Suetônio, *Tibère*, 37. Sobre a polícia, ver O. Hirschfeld, *Kleine Schriften*, p.576: *Die Sicherheitspolizei im röm. Kaiserreich*.

assembleia provincial.[408] Tudo isso, incluindo as greves, era regulamentado ou reprimido pelas autoridades romanas; como o povo, os notáveis podiam somente suportar. Para resumir, como a cidade não era o Estado, os interesses dos notáveis como evérgetas e proprietários não se recortam de jeito nenhum. O único interesse "material" que os ricos poderiam ter em governar as cidades dizia respeito à prevaricação, e não às relações de produção: eles se apropriavam do dinheiro da cidade, não duvidemos disso, repartindo os mercados públicos e as fazendas;[409] e imputavam a maior parte de seu fardo de imposto imperial sobre os pobres.[410] Em compensação, as evergesias e liturgias custavam-lhes caro e, como afirmou P. Petit,[411] pesavam mais que o imposto do Império; no entanto, era esse imposto que mais suscitava descontentamento porque, diferentemente das evergesias, não conferia distância social.

A autonomia das cidades, insuficiente para torná-las campos de batalha social (esse campo teria sido o aparelho de Estado), era suficiente para aparelhar a cidade de um prestígio que os ricos não queriam deixar para outros, e que aumentava sua distância social. Os notáveis agarravam-se ferozmente a duas coisas: à sua riqueza e à direção da cidade; mas eles se agarravam à segunda somente para a defesa da primeira; seus interesses eram múltiplos, como vemos; por que o interesse de classe seria um deles, efetivamente? A política representava, assim, metade de seu interesse de classe, se entendermos pela expressão o objeto de interesse de uma classe, o que ela está pronta a defender ferozmente e o que ela justifica pelos mecanismos ideológicos mais engenhosos. Esse é efetivamente o fenômeno confuso e violento

---

408 Sobre as brigas de fronteiras ou de primazias, R. Mac Mullen, *Enemies of the Roman Order*, Harvard, 1966, p.163-191 e 336-350; sobre as greves e sua repressão, ver uma inscrição de Efésio publicada com as de Magnésia do Meandro (Kern, *Inschriften von Magnesia*, n.114) e comentada por Buckler em *Anatolian Studies Ramsay*, p.30. Sobre as lutas de clãs, Plutarco, *Conselhos aos políticos para bem governar*, 32 (*Moralia*, 824 F-825 D) e 19 (815 D). Sobre os potentados locais, os textos clássicos são os de Tácito, *Annales*, XV, 20 (ver Syme, *Tacitus*, p.467 e 556) e aqueles citados por J. H. Oliver, "The ruling power: The Romano ratio of Aelius Aristides", em *Transactions of the American Philosophical Society*, XLIII, 1953, p.929 e 954.
409 Plutarco, *Conselhos aos políticos para bem governar*, 13 (809 A).
410 Nos tempos de Cícero, na Sicília, "para as pessoas muito ricas, a taxa do censo havia sido reduzida e ela havia aumentado para os cidadãos mais pobres" (*De la préture de Sicile*, LIII, 131). Uma lei de 313 diz: "Os *tabularii* das cidades, por colusão com os poderosos, transferem o fardo fiscal para as pessoas modestas" (*Código Justiniano*, XI, 58 (57), 1). Ver o comentário de Godefroy sobre a lei XIII, 10, 1 do *Código Justiniano*. Em vão a lei ordenava que os *defensores civitatis*, encarregados de "defender a plebe contra as injustiças dos poderosos", não fossem criados com os decuriões (*Código de Teodósio*, I, 29, 1 e 3). Sobre a *superindicta*, E. Stein, *Histoire du Bas-Empire*, Palanque, v.1, p.76 e 346.
411 *Libanius et la Vie municipale à Antioche*, p.163.

que costumamos chamar de interesse de classe; preferimos falar de distância social para apagar a conotação muito diretamente e muito estreitamente econômica da expressão. A política era nessa época uma modificação do tema da distância. Essa distância não é, como o interesse segundo Marx, um verdadeiro instinto de conservação das relações de produção; ela é tudo aquilo pelo qual o contexto histórico faz que uma determinada classe, em uma determinada sociedade, se interesse.

Ninguém nega que essa distância se adquire com maior frequência ao preço de uma superioridade econômica (com algumas raras exceções, como, às vezes, as excelências culturais e religiosas, e ainda assim é muito raro!). Pois, primeiramente, a superioridade econômica é, em si, a essência mais comumente sentida (os notáveis também eram apegados a sua riqueza); em seguida, ocorre com a distância e com a excelência o mesmo que ocorre com quase tudo nesse mundo: elas exigem o uso de meios "materiais", de bens raros (para ser notável e governar a cidade era necessário ter recursos). Se esses truísmos bastam para ser marxista, quem não é? A riqueza é quase sempre a condição da distância; ela não é a distância. Se essa distinção fosse inútil, poderíamos acreditar que a riqueza é sempre buscada por si mesma, imaginaríamos que todo o resto também é buscado por si só, e eliminaríamos a possibilidade de compreender que em diferentes épocas as pessoas, através da mesma superioridade econômica, tenham buscado modalidades de distância diferentes: a notabilidade, as performances econômicas, a nobreza, a excelência religiosa, a política etc. Já faz muito tempo que o valor heurístico do marxismo se esgotara e tem sido usado apenas para esconder o vazio da análise. Não concedemos nem mesmo que a distância política dos notáveis seja uma satisfação simbólica, pois temos dificuldade em ver o que ela podia simbolizar. O poder é uma satisfação equivalente às vantagens "materiais" ou ao poder religioso, e não simboliza nada além de si mesmo.

Acontece que os homens, em sua imensa maioria, são sensíveis a um certo número de excelências, de riqueza, de poder ou de prestígio; que a posse de excelências colocada em primeiro plano na sociedade confere distância; que aqueles que possuem essa distância agarram-se a ela ferozmente. Nem todo mundo adquire essa distância; temos, majoritariamente, um modesto estatuto, vantagens medíocres que não nos distinguem da multidão: defendemos nossos humildes interesses, nosso pão cotidiano, mas não uma superioridade. Acontece também que aqueles que possuem essa superioridade têm uma curiosa tendência em expressá-la, em exibir fausto, consumo ou mecenato ostentatório para mostrar sua distância. Eles são, além disso, capazes de tudo para conservá-la; por exemplo, se para eles essa distância consistir em se colocar no topo de sua cidade e em que um dos numerosos recursos da natureza humana faça que uma sinecura pública implique uma gratificação simbólica, eles não se recusarão a pagar essa gratificação. Acabamos de explicar o evergetismo inteiro, seja ele livre mecenato ou *ob honorem*, com exceção de um detalhe: o evergetismo não era uma atitude individual, mas coletiva, um dever de Estado. Todo o resto: *potlatch*, redistribuição, sistema fiscal sem nome, artifícios para acalmar o animal popular, equilíbrio social, despolitização e interesse de classe, são explicações inadequadas, ou até mesmo racionalizações.

O interesse de classe é objetivo ou coletivo?

Na verdade, uma coisa atribui uma aparente pertinência à concepção objetiva do interesse de classe: esse interesse é realmente o da classe, e não se confunde com o dos diferentes indivíduos; parece, por conseguinte, que seu suporte é a classe como tal e o que a constitui, e não as consciências e seus benefícios, ou seja, as relações de produção conforme a definição canônica. Os burgueses com quem se conversa sobre política em um salão são uma coisa, a política da burguesia é outra coisa; uma classe pode sacrificar seus próprios membros, a burguesia deu seus filhos para a pátria capitalista em guerra. Os interesses não são subjetivos; Marx estabelece uma equivalência entre "uma situação comum" e "interesses comuns"; é bem verdade que a análise sociológica exige que o interesse não seja psicológico, e que se atribuam aos agentes atitudes que dependem de uma estrutura.[412] Porém, por não ser individual e subjetivo, o interesse não é, por isso, objetivo; ele é coletivo, o que não é a mesma coisa. Que a coletividade burguesa obrigue seus membros a se sacrificar por um dever de Estado é a simples verdade; que esse dever decorra automaticamente das relações objetivas de produção não é verdade; o dever de ser político e evérgeta não decorria necessariamente dos privilégios econômicos dos notáveis. É esse o dilema: um interesse não subjetivo decorre de um objeto trans-histórico, as relações de produção, ou seria o produto coletivo do contexto histórico considerado?

O interesse se refere a uma relação trans-histórica quando decorre necessariamente das relações de produção; qualquer que seja a época considerada, esse interesse será sempre reputado como previsível: dirão que ele consistirá em manter tais relações. O interesse de classe, para Marx, não é nada além do que as relações de produção ao modo do para si, da mesma forma que, para os materialistas antigos, o instinto era o para si do organismo:

---

412 O problema do interesse como objetivo e subjetivo é colocado por R. Dahrendorf, *Classes et conflits de classes dans la société industrielle*, Mouton, 1972.

para Epicuro, os animais receberam da natureza não somente garras e cascos, mas também o instinto para usá-los e o conhecimento sobre como fazer as coisas. A classe não se limita a ser: ela quer persistir no ser. Resta saber como um ser puramente atual pode querer durar; que A seja A enquanto for A, somente pode fazer que queira permanecer A; mas nenhum materialismo pode evitar tais golpes filosóficos; será preciso transformar o pensamento em meio material ou afirmar, como Marx, que "onde existe uma relação, ela existe para mim".[413] Em resumo, o interesse concebido dessa forma é, para a classe, o que o instinto de conservação é para os animais, e ele é infalível como o instinto; não é escolha e não tem que deliberar, já que ele é a própria classe, como seu próprio querer-viver; ele não pode nem mesmo se enganar já que A não pode, por engano, acreditar que é um B; Marx e Engels admiram o instinto infalível com o qual a classe dominante fareja de muito longe as ideias que ameaçam sua dominação; ele é coerente, pois A é apenas um; pode sofrer com as contradições objetivas nas quais a história o coloca, mas não pode se dividir entre vários centros de interesse: a religião ou a pátria serão, para ele, apenas recursos; finalmente ele não deixará de ser, antes de esgotar todas as possibilidades de continuar a ser, pois como A deixaria de ser A enquanto subsiste a menor parcela de substância?

A realidade dos fatos é menos monolítica, sabemos disso. O interesse não se situa no nível da classe e das relações de produção, mas no nível dos grupos ou dos papéis; a partir simplesmente das relações de produção, o que se poderia deduzir como interesse seria muito monótono, bastante vago e insuficiente. O próprio papel não é um papel, ele é feito de cruzamentos de interesses que não são homogêneos, e são raramente compatíveis; os do evérgeta, do mecenas, do político e do proprietário de terras, que compõem o papel do notável, não existem sem desavenças, como vimos. Não preciso também lembrar que, como a classe não é uma espécie, esses próprios interesses respondem também a questões de reação individual: em razão da mediocridade humana, a maioria dos detentores de um papel possui os interesses desse papel, mas existem também alguns indivíduos que são mais sensíveis a interesses menos banais ou mais altruístas. Enfim, como não há a finalidade e o automatismo que atribuímos aos instintos, o interesse pode não servir para nada (a expressão das superioridades é um gosto gratuito, mesmo se, com frequência, essa expressão seja conscientemente utilizada para tais efeitos); ele pode se enganar (Gramsci pergunta-se se uma classe social não pode se enganar sobre seu verdadeiro interesse) e deve deliberar (ordinariamente um grupo social hesita ou se divide sobre a linha política

---

413 Marx e Engels, *L'Ideologie allemande*, Éditions Sociales, 1968, p.60.

que seria mais vantajosa seguir). Em resumo, uma vez eliminada a concepção dogmática ou a definição arbitrária que funda as classes sobre as relações de produção, a noção de interesse será apenas uma tautologia, como a do Bem: noção puramente formal, o interesse de classe não nos ensina nada; se um grupo busca a distância social, por definição essa distância o interessa. Os notáveis defendiam ferozmente seu distanciamento, tal qual o povo defendia seu pão; essa classe, ou melhor, essa ordem privilegiada era movida pelo medo de reduzir-se ao nível comum. Pois os grupos não se sentem naturalmente iguais, da mesma forma que os indivíduos e, como já foi escrito,[414] a igualdade na diferença parece alheia aos seres sociais; a sociedade não vale mais que a natureza, ela não funciona como uma obra de arte benfeita na qual cada elemento é concebido para exercer um ofício diferente e indispensável; é nas ideologias que a audácia distribui ou redistribui aos membros as vantagens que todos eles igualmente contribuíram para produzir.

Deve-se explicar de uma vez por todas essa noção de interesse já que decidimos, neste livro, parar a análise histórica em uma instância chamada interesse individual, e não na do papel individual, por exemplo, ou de interesse coletivo, ou até mesmo objetivo.

A noção de interesse de classe, por sua vez, por mais confusa que seja, tem uma aparência violentamente convincente: em qualquer século que nos posicionemos, conseguiremos prever, com certeza, que a grande maioria das pessoas se interessará por bens materiais, dinheiro ou propriedade, que se referem à desigualdade das classes, e não brigarão necessariamente pelo amor à música ou por filantropia. Como a palavra "econômico" quer dizer tudo, e ela está presente em todos os lugares para designar as causas materiais ou os recursos raros, encontraremos economia por todos os lugares. Acrescentem-se a isso duas ingenuidades. Uma conduz verbalmente todos os interesses, até mesmo o amor pelo dinheiro ou pela vaidade, a um interesse econômico; a segunda, que ouso timidamente enunciar (mas devo fazê-lo, pois é mais comum do que se pensa), é que as "causas econômicas" são mais importantes na história do que as outras, por uma razão simples e evidente: antes de tudo, é necessário se preparar para a necessidade de comer. Em consequência, se um burguês defende a propriedade privada (quer dizer, uma das instituições mais arbitrárias e mais sofisticadas da história), ele será considerado como se estivesse dando continuidade ao animal que defende sua subsistência; quanto ao senhor que defende sua distância de casta contra os plebeus, bastará observar que essa distância implica meios materiais e pleitear que, no fundo, eles são o verdadeiro fim. Mais sutilmente, poderemos

---

414 R. Aron, *Histoire et dialectique de la violence*, p.127.

conceder que algumas estruturas sociais são, dessa forma, feitas somente de classes, por um tipo qualquer de perversão, e defendem, ali, interesses que são puramente simbólicos e que não possuem nada de econômico; bastará então acrescentar que, se a sociedade considerada é assim concebida, isso se deve a razões que, "em última instância", são, elas próprias, econômicas: depois de todo esse *nonsense*, o dogma estará salvo. Tudo isso se reduz a observar o seguinte: a frequência e a intensidade dos interesses são muito variáveis e os bens econômicos interessam fervorosamente a maioria das pessoas; o interesse por tais bens é tão difundido que reúne, sob o nome de burguesia, uma sociedade bem mais ampla do que a juventude musical na França. Vamos supor então que essa frequência revele um traço antropológico: o âmago da condição humana é econômico.

Em qualquer época que se posicione, podemos prever com certeza que os indivíduos se estruturam em classes objetivas e subjetivas em torno de interesses vulgares; infelizmente não podemos nunca prever tais interesses com mais precisão, pois não se pode prever que papéis serão criados pela história: a revolução industrial ou o estatuto do funcionário francês eram imprevisíveis. Podemos, contudo, prever que esses interesses não serão apenas econômicos: mesmo quando a raridade de bens conduza à abundância, as lutas sociais subsistirão, pois a pluralidade das consciências e sua relação interna subsistiriam, bem como as lutas pelo poder e o "prestígio". Os interesses ferozes são muitos; além disso, eles são sempre modificados: a história de toda sociedade, até os dias de hoje, nunca foi de luta de classes, mas de luta de papéis; a escravidão é uma relação jurídica, e não uma relação de produção, o feudalismo é bem mais que uma relação econômica, a relação entre o mestre artesão e seu companheiro é um simples papel; tanto que nem toda "classe" ou nem todo papel tem um interesse: o operário industrial tem um papel tão pouco *interessante* que seu único interesse é mudar de trabalho. A propriedade privada não é o centro do interesse burguês; é um dos meios que garantem ao burguês as satisfações variadas das quais ele goza e que o povo não tem; ele a defende ferozmente, não por sua importância constituinte, mas pelo seu valor estratégico: não tomemos a parte do recinto que está ameaçada pelo conjunto da cidade sitiada e pelos prazeres que encontramos ali.

Não podemos nem reduzir os interesses a apenas um único interesse, nem prever os papéis. Contudo, se alguém me fornecer a descrição detalhada de um papel, eu terei orgulho em prever qual será o seu interesse: o dinheiro, o poder, a vaidade, a segurança etc. Eu farei a distinção de que é melhor ser um notável do que um camponês. Um marxista confesso sabe tão bem quanto eu: nós dois sabemos que os homens não gostam da pobreza, da impotência, da humilhação etc. Em resumo, por trás das modificações históricas, que são concretas e imprevisíveis, é possível entrever temas antropológicos tão vagos que são formuláveis somente na linguagem da sabedoria das nações. Podemos afirmar tranquilamente que existe economia ali; predizê-lo ou simplesmente especificá-lo, ninguém o fez.

A noção de interesse individual sobre a qual escolhemos nos prolongar é, confesso, confusa e arbitrária; será que ela designa o tema ou suas modificações? E por que essa instância e não outra? Por que devemos parar em algum lugar, e o lugar no qual escolhemos nos demorar tem, sob si, toda a confusão que renunciamos a analisar. O interesse individual se situa além do "papel" (um papel é ou não é interessante) e vai além do interesse coletivo também, que é preciso surgir a partir dele, em vez de tomá-lo por um interesse objetivo.

Interesse coletivo, dever de Estado

O que atribui a aparência de objetividade ao interesse individual, que é a distância social, é o fato de se tornar coletivo: cada notável tinha interesse pessoal de ver seus pares exercerem seu dever de Estado; tanto que todos faziam pressão sobre cada um para que fosse exercido seu dever de Estado. O evergetismo não parece ligado aos interesses individuais; ele se assemelha a um ideal que exige sacrifícios e, em todos os momentos de sua história, é constituído de obrigação e de espontaneidade. Como é um ideal difícil a que todo um grupo se dedica por respeito a si mesmo, ele faz que sejam cultivados valores raros e altruístas a partir de motivos individuais que são muito menos raros, ou seja, o desejo de não ser rebaixado. E o povo, por sua vez, espera as evergesias como um dever que, no início, estava livre de munificências individuais. No término da evolução, quando se tornou dever de Estado de toda uma ordem, o evergetismo assume sua aparência legendária: ele se parece com um pacto de equilíbrio no término do qual uma classe governa e dá, enquanto a outra obedece e recebe.

Esse pacto nunca foi concluído, mesmo a título de ficção normativa. O povo não aceitou a troca porque a achava justa ou lucrativa, mas ele se acomodou ao estado de fato, ao poder dos notáveis; e estes estabeleceram que o mecenato individual era dever de Estado não para se obrigarem mutualmente a executar as cláusulas do contrato, mas para que todos conservassem um estado de fato que lhes garantisse uma superioridade agradável. Existe dever de Estado quando um grupo impõe a seus membros, pelo interesse de todos, sacrifícios individuais. Não se deve comparar a ordem dos notáveis a um grupo que trocaria vantagens ou privilégios com outro grupo, mas a um grupo que funciona pelo espírito corporativo, exército, universidade, corpo médico ou burocracia: o indivíduo que pertence a um desses agrupamentos não tem outra saída que não seja cumprir o dever de Estado, a consciência profissional, e ele executa fins ideais a partir de motivos pessoais (fazer carreira, não ser banido).[415]

No interior do grupo, o dever de Estado é uma coalizão de todos contra todos, que se forma por acomodação de todos para todos: cada um, conhecendo por experiência vaga o que seus pares estão dispostos a fazer, pode prever as reações da maioria dentre eles, e reforçar essa maioria conformando, por antecipação, sua própria conduta ao grupo. Deve ter havido uma época, talvez aproximadamente nos anos 200 a.C., na qual o evergetismo não tinha ainda se tornado definitivamente um dever de Estado: naqueles tempos, ainda havia notáveis que estigmatizavam os evérgetas como demagogos, recriminando-os por estragarem a função, recusando-se a oferecer presentes por sentimento de culpa; e então, chegou um belo dia no qual uma página havia sido virada, e no qual os argumentos enérgicos teriam sido considerados indecentes, desajeitados, descorteses para com seus pares. Esses processos de coalizão dão a solução para uma aporia aparente: já que o evergetismo passou para o estado de conformismo, e que o conformismo consiste em fazer o que deve ser feito, como um conformismo consegue se estabelecer? Como é possível fazer por conformismo o que ainda não se fazia? Depois que a coalizão evergética se formou, os motivos dos atores mudaram; as razões que fazem que o evergetismo dure não são as mesmas que o fizeram durar ao nascer, e muita gente nunca teria sido evérgeta se não tivesse ouvido falar do evergetismo. No início, mecenas fazem mecenato, mais tarde o mecenato faz os mecenas, respondendo àquele que lhes teria perguntado por que eles ofereciam presentes da seguinte forma: "Para manter minha posição" ou "Por que se faz".

Houve nos dois grupos uma redução das dissonâncias; o povo se acomoda com o governo e com as evergesias dos notáveis, e os notáveis interiorizam seu dever de Estado. O pacto evérgeta acaba parecendo justo porque,

---

415 Talcott Parsons, *Éléments pour une sociologie de l'action*, tradução para o francês de Bourricaud, Plon, 1955, p.245: "Esperamos do médico que ele coloque o bem-estar do doente acima de sua própria vantagem [...]. Assim o médico se vê privado de toda uma série de oportunidades de ganhar dinheiro [...]. Mas seria realmente do interesse do médico ignorar o código da profissão e acumular as vantagens financeiras? Tal conduta [...] chocar-se-ia ao mesmo tempo com os interesses e com os sentimentos de seus colegas; a consequência seria uma perda de prestígio profissional que não deixaria de produzir efeitos totalmente tangíveis para o interessado [...]. A consciência profissional constituiu-se como um conjunto de antecipações quanto ao comportamento e quanto às atitudes institucionalizadas. Assim, encontra-se resolvido o aparente paradoxo do interesse do médico de agir contrariamente a seu próprio interesse, pelo menos no imediato ou até mesmo no longo prazo".

nas condições da época, um pacto mais justo não teria sido politicamente possível; um plebeu que teria recriminado os ricos por oferecer presentes ao povo com o dinheiro ganho com seu suor teria ouvido de muitos irmãos de classe o seguinte questionamento: "E qual de nós terá dinheiro suficiente, sozinho, para oferecer presentes aos outros?"; um arrendatário que veio à cidade dizer à plebe que os evérgetas no campo eram impiedosos latifundiários teria ouvido a seguinte resposta: "Tuas histórias de fazendas não nos interessam; queremos que aqueçam as termas públicas ou que nos deem óleo".

Quanto aos notáveis, havia em cada um deles uma luta entre o egoísmo natural e o desinteresse que o evergetismo exigia; pois, se fosse do interesse de todos os notáveis que sua corporação como tal conservasse e mostrasse distância social, pagando o preço necessário para isso, também seria do interesse de cada notável não se sacrificar ao ideal e deixar que outros brilhem em seu lugar; toda a corporação tinha o interesse de que a obrigação de oferecer presentes constituísse uma barreira, e mantivesse a distância social ao grupo mais restrito possível, mas era do interesse de cada membro aumentar o número de notáveis para repartir o fardo por um número maior de cabeças: a história do evergetismo sob o Império é a história de suas brigas, arbitradas pelo poder central. Dentre os notáveis, alguns exercem seu dever de munificência com toda a saúde moral dos ambiciosos (Plutarco fala em seus *Conselhos aos políticos* daqueles que atingem a direção da cidade através de presentes); outros tentam evitá-los, como o banqueiro Crísero, mencionado em um romance latino adaptado ao grego;[416] esse financeiro era muito rico e usava muita engenhosidade para dissimular sua imensa fortuna, pois não queria ser chamado para as honrarias e submetido às evergesias e liturgias. Mas outros eram mais conscienciosos. "Quando chegamos a Plateia", diz o mesmo romance,[417] "ouvimos falar de um tal Demócares, que ia oferecer um espetáculo de gladiadores" (ou mais exatamente, como a continuação nos mostra, um espetáculo de caça aos felinos na arena ou no teatro); "oriundo de uma das primeiras famílias da cidade, ele era muito rico, extremamente liberal e oferecia júbilos públicos com um esplendor digno de sua fortuna". Esse homem fez tudo o que se deve fazer: é uma grande consciência. O papel de grande consciência é a antítese do profissional; esse último exerce uma função por escolha pessoal. A grande consciência, por sua vez, no fundo não dá mais que seus pares, pelo menos proporcionalmente, mas o faz visivelmente com um senso agudo do dever: ela evita as brigas pelo dever de Estado

---

[416] Apuleio, *Metamorfoses*, IV, 9. A fuga dos decuriões para o campo, para suas terras, ou *anachôrêsis*, já foi mencionada em Dião de Prusa, XX, 1.
[417] Apuleio, ibid., IV, 13.

interiorizando a obrigação de todos sobre todos; ela faz a mesma coisa que todo mundo, correndo o risco de perder seu valor exemplar que é, para ela, a principal satisfação de seu papel, mas o faz com seriedade, sem repugnância e sem prazer. Se chamarmos de redução da dissonância a tendência em ajustar seus sentimentos a seus atos, pode-se chamar de grande consciência todo homem que conseguiu confortavelmente se ajustar a seu dever de Estado.

O pacto histórico

Assim, o grupo daqueles que doam criou para si um dever e um prazer em dar, e o povo se acomodou ao regime de notáveis considerando seus benefícios um direito adquirido; seria muito longo mostrar que as próprias autoridades imperiais, no interesse da ordem pública, não hesitaram, no momento oportuno, em lembrar aos notáveis seu dever e em fazer que ser evérgeta fosse uma obrigação legal. Agora podemos concluir mostrando a verdadeira parcela contida no preconceito que diz que o evergetismo garantia o equilíbrio político ou social: ele acabou obtendo, ali, um contrato implícito entre os notáveis e a plebe, mas esse contrato era histórico; o contrato não decorre da essência política: vimos, no primeiro capítulo, que o evergetismo não era usado para assegurar o equilíbrio político e acabamos de ver que o equilíbrio social também é indeterminado. Mas o contrato também não se reduz às reações cotidianas; ao contrário, ele as explica e as limita, é seu pressuposto. Por exemplo, a plebe não se revolta contra o princípio da desigualdade social; mas ela fará um charivari se os ricos violarem a cláusula do pacto histórico que os obriga a serem generosos com o público; a "inveja" é função desse pacto implícito. Não nos surpreenderíamos com a existência desse grau intermediário em toda sociedade; a lista ideal das tarefas do Estado ou os fundamentos da política externa são também indeterminados e históricos. Vemos o que existe de verdadeiro e de falso quando se afirma que o evergetismo garantiu meio milênio de equilíbrio e de paz: ele o garantiu, pois como era uma das principais cláusulas do contrato, teria havido confusão se os notáveis a tivessem violado; em compensação, não é absolutamente certo que uma outra sociedade, essencialmente comparável ou até mesmo idêntica à sociedade grega, tivesse aceitado o mesmo contrato e tivesse se mantido pacífica a esse preço; pois esse contrato não essencial era o fruto das particularidades específicas da sociedade grega ou até mesmo de seu passado individual: a plebe grega acabou se acomodando com o destino que sua história lhe havia construído e com as pequenas vantagens oferecidas. Um povo que não tivesse tido a mesma história teria sido mais exigente ou mais flexível.

Os contratos históricos, que classificamos habitualmente na generalidade da ideologia, são geralmente preconceituais ou pelo menos seu caráter arbitrário não aparece. Certamente, na França, a natureza "ideológica" do contrato da Terceira República (nacionalismo, igualdade diante da lei, governo das novas camadas sociais, instrução pública garantindo a mobilidade social pelo "mérito") sempre foi conhecida porque esse contrato era contestado por uma oposição de direita e de extrema-esquerda; mas nos Estados Unidos, ainda recentemente, o acordo muito geral sobre os dogmas da obediência consentida e da livre concorrência das oportunidades individuais escondeu o caráter puramente local desse contrato, que pôde passar pela essência da democracia. O mesmo ocorria com o contrato evergético, tanto que, ainda hoje, os modernos acreditam facilmente que o pão e o circo garantiam a paz social, mas o fato é que eles simplesmente não a rompiam.

III
A oligarquia republicana em Roma

Oligarquia? A palavra é ambígua. Os notáveis das cidades helenísticas e, como eles, os notáveis das cidades romanas sobre os quais falaremos no próximo capítulo formavam uma espécie de ordem privilegiada em relação à massa de cidadãos; mas os grandes oligarcas de Roma, os senadores, senhores de Roma, da Itália e do mundo, não são uma ordem desse gênero, privilegiada pela riqueza, pela influência e pelo prestígio, no interior da qual se recruta o grupo dos governantes que se alternavam; essa ordem existe em Roma, são os cavaleiros.[1] Os senadores, por sua vez, são recrutados: eles não formam uma ordem dirigente, coextensiva, se preferirmos assim, a uma classe social, mas sim a um grupo dirigente de algumas centenas de pessoas, uma corporação de especialistas que, no fim da República, tornou-se

---

1 Na prática, os senadores são recrutados exclusivamente entre os cavaleiros, já que somente eles podem ser eleitos para uma magistratura; os filhos de senadores, antes de sua eventual entrada no Senado, são cavaleiros; os cavaleiros aspiram entrar no Senado; as famílias outrora senatoriais, agora sem membros no Senado, caem para a posição equestre: elas podem subir outra vez ao Senado se um de seus membros for eleito magistrado (é a história da família Sula). Os cavaleiros são uma ordem, os senadores são os antigos magistrados de origem equestre que formam o Conselho de governo. Mas uma coisa fez que o Senado se tornasse uma ordem oposta à ordem equestre: "o fechamento do Conselho" e o fato de a pertença ao Senado ter se tornado praticamente hereditária; fala-se, então, de famílias senatoriais, das quais pelo menos um membro, por ter assumido uma magistratura, pertence ao Senado e os outros membros são cavaleiros. Ver Mommsen, *Staatsrecht*, v.3, p.501 e 508; C. Nicolet, *L'Ordre équestre à l'époque républicaine*, v.1, p.253; P.-A. Brunt em *Annales, Économies, Sociétés*, 1967, p.1095-1096.

praticamente hereditária (os recém-chegados que conseguiram entrar nessa corporação podem ser contados nos dedos de uma única mão). O Senado não se define por seu pertencimento social como os notáveis (isso é necessário, embora não suficiente), mas efetivamente por sua função: ele constitui propriamente o conselho dos magistrados anuais em exercício, é composto de todos os antigos magistrados, e os futuros magistrados serão, na prática, recrutados entre os senadores ou seus filhos; o Senado é o governo de Roma (quando um grego, diz Políbio, pensava no Estado romano, ele o via como governado pelo Senado); mais exatamente, é uma corporação que controla os magistrados anuais lembrando-lhes, através da obrigação de lhe pedir conselho, que eles não poderiam se permitir negligenciar excessivamente a opinião ou os desejos de seus antigos e futuros colegas. O Senado encarna a solidariedade de uma casta governamental e até mesmo sua cumplicidade; do mesmo modo que é fácil para um governo aristocrático reprimir o povo, afirma Montesquieu, é difícil para ele reprimir a si mesmo.

Tudo isso traz consequências consideráveis para o evergetismo. Como o Senado é definido por sua função, e não pelo seu pertencimento social (um romano teria achado muito evidente e ao mesmo tempo inapropriado dizer que os senadores eram ricos), os senadores têm mais orgulho de sua função do que de sua riqueza. Um senador poderia ser um evérgeta de Roma? Ele se sentiria humilhado caso se desse conta disso: ele não seria evérgeta como senador, mas como simples homem rico. Contudo, o evergetismo senatorial teria apenas o nome e o conteúdo em comum com o evergetismo dos notáveis: suas motivações serão completamente diferentes; quando os senadores queriam ser magníficos, eles o eram a título privado, beneficiando os indivíduos, seus clientes, com quem tinham uma ligação pessoal.

Compreendemos que os senadores de Roma, esses cônsules e pretores que, de acordo com o protocolo daqueles tempos, caminhavam na mesma posição que um rei helenístico,[2] não tinham alma de notáveis munícipes; não eram levados por uma dinâmica de grupo restrito, não se sentiam desconfortáveis em um corpo a corpo com seus compatriotas, ou melhor, com os plebeus. Roma, a cidade de Roma, é sua capital ou sua arena eleitoral, e não unicamente o objeto de sua política: são homens de Estado que governam um Império. Seria inconcebível que a plebe sitiasse a casa desses oligarcas para arrancar, deles, jogos ou pão; a própria plebe romana, que era patriota e imperialista, via primeiramente, neles, homens de Estado e, apesar do que dizem, não os elegia julgando-os principalmente pelo esplendor dos jogos que lhes haviam proporcionado. Pois eles ofereciam jogos com seus recursos

---

[2] Matthias Gelzer, *Kleine Schriften*, Franz Steiner, 1962, v.1, p.134.

pessoais à plebe de Roma: se julgássemos pelas aparências, eles eram os evérgetas dessa cidade. Se julgássemos pela realidade, eles oferecem jogos ao povo por razões inerentes à alta política ou por considerações eleitorais, e eles o fazem com uma condescendência que teria provocado um escândalo na democracia ateniense. Não se tratou de uma guerrilha de classes, mas efetivamente foi uma verdadeira luta de classes que arrancou desses grandes senhores conservadores o pão do Estado.

Eles são grandes senhores, e não ricos burgueses: no decorrer da leitura deste capítulo, o leitor não deverá esquecer que nossos exemplos são tirados de espécies muito maiores que os notáveis do capítulo precedente. As oligarquias romanas formavam um grupo que, pela sua riqueza, tinha pouca equivalência no mundo helenístico e uma parte de seu orgulho vem daí: orgulho de procônsul, mas também orgulho de *lord* inglês do século XIX que viaja pela Espanha ou pelo Oriente. As evergesias do capítulo precedente eram calculadas majoritariamente em dezenas de milhões de francos antigos; as evergesias da oligarquia romana são calculadas em centenas de milhões de francos antigos ou em bilhões. A fortuna e a munificência dos membros da ordem senatorial são proporcionais a um Estado, e não a uma cidade.

O evergetismo dessa oligarquia republicana se inspira em vários motivos, bem diferentes daqueles que analisamos no capítulo precedente. Quando os oligarcas são magistrados, eles oferecem jogos ao povo para fazer que gostem deles e para facilitar o exercício de sua autoridade (veremos esse aspecto delicado em detalhe). Além disso, cultivavam uma clientela eleitoral, em Roma e na Itália romana, oferecendo-lhe prazeres sob os mais diversos pretextos. Eles podiam até mesmo mandar construir: quando comandavam um exército e triunfavam diante do inimigo, eles comemoravam sua glória construindo um edifício público e (em princípio) religioso. Isso seria mais ou menos tudo, com exceção de dois outros fenômenos muito particulares: o pão do Estado, que foi arrancando do governo oligárquico ou pelo menos dos oligarcas individualmente, e o mecenato de Estado. Pois no fim da República, conforme a monarquia imperial se aproxima a grandes passos, grandes senhores consideram cada vez mais os encargos públicos como sua empresa pessoal e assumem todas as consequências de tais funções; um dentre eles será mais sortudo, tornar-se-á o primeiro imperador sob o nome de Augusto e será verdadeiramente o mecenas do Estado. Definitivamente, a cidade de Roma nunca teve verdadeiros evérgetas comparáveis aos notáveis da Grécia ou da Itália romana; a oligarquia republicana e, em seguida, os imperadores multiplicaram as evergesias em favor da cidade, mas por razões de Estado ou pelas vias estatais.

O contraste é, assim, quase total entre Roma, capital do mundo, cidade-Império, e as cidades gregas estudadas anteriormente. Podemos esquematizá-lo como segue:

1. Vimos que um evergetismo se inicia quando o poder é considerado uma profissão e, sobretudo, propriedade dos políticos: eles se assemelham a dirigentes de empresa. Com certeza, Roma poderia ter conhecido, nessas condições, um início de evergetismo: os senadores romanos tinham profunda convicção de seu direito subjetivo de governar Roma e o mundo, e até mesmo de seu direito exclusivo em fazê-lo; dessa forma, eles estariam dispostos a usar seus recursos pessoais para isso. No entanto, eles praticamente não o fizeram por uma razão contingente: a República romana tinha muito dinheiro, graças ao Eldorado das minas da Espanha e à pilhagem dos vencidos, e os senadores estavam muito mais ocupados em usar os fundos dos cofres públicos para seu benefício pessoal, como veremos, do que para completá-los com seus próprios recursos. Acrescentemos que, em Roma, a vida pública era muito mais oligárquica do que realmente cívica; entre um senador e um plebeu, a distância era infinitamente maior do que entre um notável grego e um homem do povo; era difícil imaginar, assim, um senador com a necessidade de oferecer presentes para reconfortar o povo e justificar seu desinteresse profissional.

2. O evergetismo atinge seu pleno desenvolvimento quando as funções públicas são meros privilégios honoríficos e a política não é mais uma questão séria. Ora, nada era mais sério do que a política mundial de Roma; um senador tem realmente o poder, ele não precisa cultivar sua distância social; na escala da grande política, as questões de gratificação *ob honorem* desaparecem.

3. Pela mesma razão de escala, Roma não cultivará as honras aos evérgetas como a Grécia; um senador não tem mais nada a provar, não tem títulos de nobreza vitalício para adquirir; não o imaginamos se preocupando em receber uma estátua das mãos da plebe por ter lhe oferecido jogos; se ele aspira a alguma distinção, ele ambiciona recebê-la por méritos pessoais em termos da grande política: ele deseja triunfar ou eleger-se cônsul.

4. Finalmente, ele pode ser evérgeta somente para exprimir seu esplendor político (era nesses termos que os triunfantes ofereciam presentes à plebe) ou então para simbolizar relações de alta política: a "corrupção eleitoral" será a modalidade desses presentes simbólicos usados para marcar as relações de clientelismo.

1. O governo da oligarquia

Se acreditássemos nos poetas e publicistas gregos que, desde o início do século III antes de nossa era, romancearam os relatos da mais antiga história de Roma, os primeiros evérgetas das cidades teriam sido duas cortesãs, uma vestal e um tirano. A cada ano, no dia 23 de dezembro, os romanos celebravam, em plena cidade, uma festa chamada *Larentalia*, na tumba de uma velha divindade sobre a qual ninguém sabia mais nada, Aca Laurência: os gregos a transformaram em uma cortesã que havia legado suas terras ao povo romano;[3] essa passagem nos faz pensar no sepultamento em plena cidade dos fundadores e evérgetas das cidades gregas,[4] nas festas instituídas em sua memória e que levavam seu nome. O historiador helenístico, inventor da lenda, transformou a deusa em uma simples mortal, por evemerismo, e transmitiu à Roma arcaica os costumes de sua própria sociedade: a partir de alguns dados de fato e de seus próprios preconceitos, ele fabricou, por retrodição, uma "história verossímil" e quis, sobretudo, despertar o interesse de seu leitor. A história da segunda cortesã, que é simplesmente a deusa Flora,

---

3 G. Wissowa, *Religion und Kultus der Römer*, reimpresso em 1971, C. H. Beck, p.233 e 283; a fonte pode ser *Timeu* ou uma comédia fliácicas; a lenda já podia ser lida em Catão. Sobre esse legado mítico a uma *universitas*, remetemos somente a Max Kaser, *Römisches Privatrecht*, v.1, Beck, 1962, p.577, n.26. Macróbio, *As Saturnais*, I, 10, 16; Aulu-Gelle, VII, 7: "Ela fez que o povo romano fosse herdeiro de seus bens; devido a esse mérito, o sacerdote de Quirinos oferece-lhe um sacrifício em nome do Estado e um dia seu nome foi acrescentado aos faustos". Cícero, *Ad Brutum*, I, 15, 8, considera o culto de Aca como um culto heroico e pede as mesmas honrarias para Bruto. A tumba de Aca, em Vélabro, estava no interior do pomério (Mommsen, *Römische Forschungen*, v.2, p.4, n.7). Os romanos tinham adotado o costume grego de sepultamento heroico em plena cidade: Sulpício Rufo tentou sepultar Cláudio Marcelo em Atenas (Cícero, *Ad familiares*, IV, 12) e Catão enterrou seu irmão Cépio na ágora de Ainos (Plutarco, *Catão, o jovem*, 11): uma constituição imperial proibirá esse costume (Digeste, 47, 12, 3, 5; cf. L. Mitteis, *Reichsrecht und Volksrecht*, reimpresso em 1963, p.120, n.2). Sobre o pretenso sepultamento dos triunfantes em Roma, Mommsen, *Straatsrecht*, v.1, p.441.

4 Sobre o sepultamento dos fundadores na ágora, R. Martin, *Recherches sur l'agora grecque*, 1951, p.194 et seq. Sobre os evérgetas enterrados na ágora ou no ginásio, E. Rhode, *Psyché*, tradução francesa, p.542, n.2 e L. Robert, *Études anatoliennes*, p.49-50; em Tasos, no século I da nossa era, dois irmãos são enterrados à custa do Estado no interior de um pórtico que eles haviam construído e recebem os mesmos sacrifícios que Tasos oferece a seus heróis (C. Dunant e J. Pouilloux, *Recherches sur... Thasos*, v.2, 1958, p.93-98). Sobre o culto dos evérgetas, ver Ad. Wilhelm, *Neue Beiträge V* (*Sitzungsber. Akad. Wiss. Wien*, 214, 1932), p.9 e M. Nilsson, Gesch. *Griech. Religion*, v.2, p.183, n.1, de acordo com um estudo inédito de H. Hepding. Em geral, sobre o contexto religioso, Chr. Habicht, *Gottmenschentum und griechische Städte* (Zetemata, XIV; Munich, 1956), p.200-213 e L. Robert, *L'Antiquité classique*, XXXV, 1966, p.422, n.7, 421, n.2; 420, n.2.

carrega uma marca helenística ainda mais forte.[5] Não vamos falar da vestal.[6] Quanto ao tirano, é curioso que não se tenha percebido a que ponto sua história legendária é uma transposição do evergetismo helenístico. Ele se chamava Espúrio Mélio; simples cavaleiro, porém, riquíssimo, em 435, ele teria se aproveitado de uma penúria para comprar trigo com seu próprio dinheiro e oferecer presentes à plebe, esperando chegar, assim, à realeza.[7] Esses detalhes seriam anacrônicos mesmo na Atenas do século V, principalmente em uma cidade meio helenizada do Ocidente bárbaro; em compensação, serviriam perfeitamente – nosso leitor se lembra disso – à uma cidade helenística, ou ainda – como veremos no fim do presente capítulo – à Roma dos dois últimos séculos antes da nossa era, na qual os homens políticos do partido *popular* eram acusados, com ou sem razão, de aspirar à tirania quando ofereciam presentes à plebe.

O estudo cronológico do evergetismo é suficiente para dissipar esses fantasmas. Voltemos a realidades mais consistentes. O desenvolvimento de um evergetismo seria possível na cidade-Estado de Roma e de que maneira? Roma era uma *polis*, mas uma *polis* oligárquica, e sua classe governante tinha, em termos de magistraturas e de finanças públicas, algumas atitudes muito particulares mantidas até o fim da República.

A cidade e a oligarquia

A Roma arcaica é uma *polis*, um conjunto de cidadãos que participam das decisões e das tarefas comuns, um "povo" (*populus*): ela não se define a partir de um território[8] como os Estados modernos, mas a partir de um conjunto

---

5 Lactâncio, *Instituições divinas*, I, 20 (em um capítulo no qual ele cita inclusive Vérrio Flaco); o texto de Lactâncio copia o formulário das fundações testamentárias; *"certam pecuniam reliquit, cujus ex annuo fenore suus natalis dies celebraretur editione ludorum quos appellant Floralia"*. Lactâncio cita um fragmento de Cícero no qual o orador explica o culto das tumbas dos evérgetas pelo reconhecimento: os deuses e os heróis são antigos benfeitores divinizados; sobre esse evemerismo (já prefigurado em Aristóteles, *Política*, 1285 B 5, ver 1286 B 10), ver Robert, citado na nota 4.

6 Ela se chamava Caia Tarratia e doa ainda viva o Campo de Marte ao povo romano (Aulu-Gelle, VII, 7, 1, segundo Valério Antias; Plínio, *História natural*, 34, 11, 25).

7 Tito Lívio, IV, 13. Dionísio de Halicarnasso, XII, I, inventa detalhes muito helenísticos: Mélio acusa os patrícios de não doarem nada de seus recursos próprios à coletividade (ἐχ τῶν ἰδίων ἀναλίσχειν), dizendo que ele mesmo vendeu seu trigo a preços baixos (παφαπράσεις): nosso leitor se lembra dos *parapraseis* helenísticos. Portanto, Münzer, no artigo "Maelius" do *Pauly-Wissowa*, v.XIV, coleção 2395, persiste em acreditar na autenticidade dessas distribuições.

8 Ernst Meyer, "Vom griechischen und römischen Staatsgedanken", em *Eumusia: Festgabe fur E. Howald*, Zurique, Rentsch Verlag, 1947, p.33-34, cujas conclusões foram, na realidade,

de pessoas, os cidadãos romanos. Eles não são um conjunto de indivíduos, vivendo cada um em seu canto, de modo que um rei, ou um empresário privado ou mesmo um tipo de mecenas pudessem selecioná-los como mercenários para seu uso ou para defender o grupo; em Roma e na Grécia, trata-se de reunir um exército, os cidadãos são mobilizáveis e serão mobilizados por um magistrado. Pois todos os cidadãos têm o dever de participar das tarefas comuns ou *munera*[9] (encontraremos essa palavra com frequência, ela assumiu um grande número de diferentes sentidos no decorrer da história romana);[10] o imposto, que é excepcional, é um desses *munera*, o trabalho penoso

---

modificadas por nós. Ver F. Hampl. "Poleis ohne Territorium", em *Klio*, 32, 1939, partic. p.58: "Na Grécia não existia território nacional no sentido moderno da expressão: havia somente terras da cidade como tal e terras que pertenciam a diversos cidadãos".

9 Sobre os *munera*, Mommsen, *Staatsrecht*, v.I, p.9, 176, 468; v.3, p.224-239 e 803; sobre os trabalhos penosos, v.3, p.230, n.1, ver v.2, p.478, n.2.

10 Sobre *munus, munera, munia*, ver E. Benvéniste, "Don et échange dans le vocabulaire indo-européen", na *Année sociologique*, 1948-1949, p.7-20, retomado em seus *Problèmes de linguistique générale*, Gallimard, 1966, p.315-326; L. R. Palmer, "The Concept of Social Obligation in Indo-European", em *Hommages à M. Niedermann*, collection *Latomus*, XXIII, 1956, p.258-269; ver J. Manessy-Guitton, "Facinus et les substantifs latins en nus", na *Revue de philologie*, 38, 1964, partic. p.55; sobre a conservação do ditongo, antes de *munire* e *mutare*, M. Lejeune "Effets d'i-Umlaut en latin", na *Revue des études latines*, 29, 1951, partic. p.98-99; as duas raízes *mei* "trocar" e "diminuir" seriam apenas uma (ver o francês "aliéner" [alienar]) segundo G. Dumézil na *Revue des études anciennes*, 1954, p.142, n.1. Gostaríamos de dizer algo sobre a etimologia de *moenia*, "muralhas", a partir da mesma raiz *mei* de *munus, mutare, munire*. Em nossa opinião, uma sugestão de Mommsen que explicava que os *moenia* são os *munia* e devem seu nome ao fato de serem erguidos com trabalhos penosos (*Gesammelte Schriften, Jurist. Schr.*, v.1, p.215, ver p.236) é perfeitamente correta se a retificamos em um ponto, sob pena de cometer um erro. Mommsen partia de Festus, p.129 Lindsay: *moenia et muri et officia*; ele argumentava que na *lex Genetivae*, XCVIII, *munitio* é uma prestação executada pelos habitantes. O muro serviano também foi construído com trabalhos penosos, já que leva o nome de *moenia* (*Straatsrecht*, v.3, p.227, ver v.2, p.478, n.2); acrescentemos que o mais antigo Capitólio de Roma havia sido construído sem despesas para o *aerarium*; pois *publice coactis fabris operisque imperatis, gratis aedificari atque effici potuit* (Cícero, *De suppliciis*, XIX, 48); Mommsen cita Cícero, *Pro Fontelo* 8: *coacti sunt munire omnes* (*viam Domitian*); efetivamente, *munire* se diz não somente para muralhas (*duovir urbis moeniendae*, Dessau, n.2227), mas também para estradas (é a fórmula estereotipada que define os deveres dos conselheiros: *vias munire verrere reficere*): ora, Sículo Flaco nos diz, por exemplo, citado por Mommsen, os caminhos vicinais *muniuntur per... magistros pagorum qui operas a possessoribus ade as tuendas exigere soliti suni*. O verbo *munire* se diz então dos trabalhos penosos, através dos quais se construíam as estradas e as muralhas, estas últimas sendo propriamente "prestações" (*moenia, munia*, que é mais ou menos sinônimo de *munera*). Se renunciamos a essa excelente explicação, é primeiramente porque a relação entre as muralhas e os trabalhos penosos não nos pareceu exclusiva (muitos outros puderam ter sido executados com trabalhos penosos), em seguida porque quisemos explicar ao mesmo tempo *moenia* e *muri* (*moiri*): associamos então as duas palavras a uma outra raiz *mei* significando "reforçar" e

também. Trabalhos penosos que seriam suficientes para provar que Roma foi uma *polis* bem cedo; pensemos nas dificuldades que os reis de Israel, desde Salomão, tiveram para impor trabalhos penosos a seus súditos. Esses *munera* são as liturgias dos gregos. Os cidadãos não obedecem aos magistrados que têm o direito de comandar ou têm o *imperium*, mas esses magistrados são eleitos pela Assembleia do Povo, que também reserva para si as decisões mais importantes, relativas à paz e à guerra ou à execução de um cidadão romano condenado à morte e que pode exigir que um magistrado culpado se justifique.

Contudo, na prática, o domínio da oligarquia alterou esse esquema. Havia uma contradição permanente entre a soberania formal do povo e a soberania de fato da oligarquia senatorial. Em princípio, o povo era soberano e os magistrados obtinham seu *imperium* somente dele; essa teoria nunca foi esquecida e os juristas ainda a aplicavam sob o poder do príncipe durante o Império; o vocabulário oficial continuava a perceber o povo romano como um sujeito da política. Mas, nas realidades do governo, na atitude do próprio povo para com seus magistrados e na ideologia que a oligarquia difundia ou exprimia, as coisas eram diferentes: Mommsen tem boas razões para começar a abordagem, em seu *Direito público romano*, pelos magistrados, e não pelo povo. Detalhe revelador, pois enquanto *magistratus* tem um equivalente grego, que é ἀρχή, *imperium* não tem equivalente nenhum. Os magistrados romanos se consideravam e eram considerados como chefes, não como funcionários que recebiam um mandato da cidade; somente eles tinham o direito e o dever de decidir sobre as questões comuns: a Assembleia do Povo podia simplesmente aceitar ou recusar sua decisão quando era informada sobre o que foi decidido e quando sua opinião era solicitada: o povo lhe respondia sim ou não. Pois o povo romano não delibera como o povo ateniense: ele vem à Assembleia para ouvir seus magistrados e para que eles o façam votar; ele se mantém em pé diante dos magistrados, que ficam sentados (particularidade simbólica que surpreendia os gregos). Somente um magistrado tem o

---

que é representada em védico por *sumeka*, "bem fundado" ou *minoti*, "ele fortifica"; assim, Walde-Hofmann, *Latein etymol. Wörterbuch*, 3.ed., s.v. *communis*, I, 255 e *moene*, II, 100. Em nossa opinião, seria interessante distinguir *muri*, cuja etimologia é obscura (o sânscrito não apresenta o sufixo – ro – à raiz *mei* "fundar" e *moenia*, cuja etimologia no sentido de "trabalho penoso" parece-nos confirmada por uma particularidade: *munire*, "fazer a título de trabalho penoso", opõe-se à *pugnare*, "combater", na língua militar: *pugnare*, *munire*, toda a vida do soldado encontra-se ali. Ver efetivamente Tito Lívio, XXI, 11, 11, *suma vi muniunt et pugnant*: César, B.G., 1, 49, 2: *in armis esse... castra munire*; Tito Lívio, VII, 7, 5: *imunes coque operum militarium erant ut, in unum pugnae laborem reservati...*; ora, o que um soldado executa como trabalho penoso são principalmente as fortificações, *munimentum*.

direito de se dirigir ao povo, de determinar a ordem do dia, de propor um projeto de lei; em resumo, ele faz a lei e pergunta ao povo se ele a aceita ou não. Um jurista diria que o povo, ao eleger seus magistrados, decide quem terá o *imperium*, mas não delega àquele que foi eleito o *imperium* propriamente dito: do mesmo modo, ele não pode retomá-lo, pois é como se fosse a propriedade daqueles que assumiram a magistratura através de sua eleição. Seria como se o magistrado fosse o principal e o povo simplesmente um dos órgãos da magistratura, encarregado de sancionar e eleger. Obedece-se ao chefe porque é o chefe; o *imperium* é um direito subjetivo de seu detentor.[11] Na realidade, o povo inteiro divide-se conforme ordens: senadores, cavaleiros, plebeus e libertos são desiguais diante da lei. Os romanos consideravam a democracia grega uma anarquia, na qual todos eram iguais, cada cidadão deliberava sobre as questões públicas e os magistrados não se posicionavam acima de seus concidadãos por marcas de honra (as honras eram reservadas aos cidadãos merecedores e atribuídas pelo povo): "A igualdade é injusta", afirma Cícero, "já que ela não comporta diferenças de dignidade".[12] Roma é uma cidade dirigida autoritariamente por uma oligarquia guerreira e é caracterizada por um rigoroso espírito de disciplina.[13] Virgílio disse isso em versos, os quais estaríamos enganados em considerar como *cant*, o que um escritor grego não poderia ter escrito:

---

11 Ver, por exemplo, Ch. Wirszubski, *Liebertas als politische Ideei n Rom*, Wiss. Buchgesellschaft, 1967, p.24, n.48, ver p.16-17; L. Duguit, *Traité de droit constitutionnel*, v.1, p.372, 543, 595; v.2, p.19 e 35. Sobre a afirmação teológica da soberania popular sob o Império, ver nosso Capítulo IV, n.36. Sobre o conflito nunca resolvido nem regulamentado sob a República, entre a soberania de fato do Senado e a soberania teórica do povo, referências em M. Gelzer, *Cicero, ein biographischer Versuch*, Franz Steiner, 1969, p.64, n.40; E. F. Bruck, *Ueber römisches Recht im Rahmen der Kulturgeschichte*, Springer-Verlag, 1954, p.5-7; Chr. Meier, *Res publica amissa*, p.116-127. Sobre o papel legislativo reduzido do povo, C. Nicolet, "Le Sénat et les amendements aux lois à la fin de la République", na *Revue historique du droit*, 1958, p.274. – Nem *auctoritas* nem *imperium* possuem equivalente em grego (Mommsen, *Staatsrecht*, v.3, p.952, n.4).
12 Cícero, *República*, I, 43, citado por Ernst Meyer, *Römischer Staat und Staatsgedanke*, Artemis-Verlag, 1963, p.263-264. Comparar Plínio, *Cartas*, 9, 5, 3. A igualdade nunca foi um *slogan* da política romana; R. Hirzel, *Themis, Dike und Verwandtes*, reimpresso em 1966, Olms, p.231, ressalta o contraste entre o espírito grego e o espírito romano e o compara ao contraste entre os franceses e os ingleses. "Enquanto durou, a sociedade romana foi aristocrática", escreve Gelzer, *Kleine Schriften*, v.1, p.157 e poderíamos citar afirmações comparáveis de Ronald Syme ou de Chr. Meier. Cícero, *República*, I, 47, opõe duas ordens de cidadãos: os que votam e não governam e os que governam (citado por Gelzer, *Cicero*, p.13, n.100).
13 A. Alföldi, "Zur Struktur des Römerstaates im 5. Jahrh.", em *Entretiens sur l'Antiquité classique*, Fondation Hardt, v.13: *Les Origines de la République romaine*, 1967, partic. p.237.

Vê-se, frequentemente, em um povo nobre, estourarem motins; então, na multidão anônima, os espíritos são libertados, as tochas e as pedras não demoram a voar, a raiva é boa provedora de armas: mas basta que um homem, cuja seriedade e cujas ações passadas têm um certo peso, mostre-se para que o silêncio se restabeleça e todo mundo fique atento e ouça.[14]

A aglomeração romana seria equivalente à aglomeração inglesa no século passado diante do *establishment*. Devido a sua atitude para com seus magistrados, pode-se dizer que o povo romano era potencialmente monarquista, pois a monarquia é o regime que melhor convém à atitude heteronômica; o exímio ódio que Roma, ou melhor, sua oligarquia, tinha contra a realeza e o título de rei se explica muito bem: a oligarquia pressentia que a monarquia era um perigo ainda possível.

A dominação oligárquica apresenta três aspectos interessantes para a história do evergetismo:

1. Os ricos têm o direito moral de governar e são os únicos a possuir esse direito: mais ainda que um Estado de fato é uma realidade admitida pela opinião popular. Representemos essa oligarquia como um grupo de proprietários de terra e de guerreiros, bem diferente dos nobres da Grécia arcaica ou da Germânia, como um *Herrenvolk*: teremos, então, uma ideia mais justa disso do que se pensássemos em Cincinato.[15] Não existe salário para os servidores do Estado e somente os que vivem das rendas de terras podem se tornar magistrados ou senadores. A concentração do poder é extrema: pode-se dizer sem exagero que, no século II antes da nossa era, vinte famílias faziam a política de Roma.[16] Enquanto o sistema eleitoral daria vantagem à "classe média" (no sentido inglês da expressão), essa classe média não elegia mandatários em seu seio: ela votava nos oligarcas. Não existia classe governante de direito em Atenas nos tempos da democracia, mas existia em Roma. Em Roma, nunca veremos o equivalente da classe média que governou Atenas por um determinado período e cujos membros chegavam aos negócios graças à eloquência que adotavam diante da Assembleia do Povo: Cleón, rico curtidor; Lísicles, comerciante de ovelhas; Hipérbolos, fabricante de lâmpadas. O

---

14 *Eneida*, I, 148.
15 F. Hampl teve o mérito de esclarecer a história da República de seu *cant*: "Römische Politik in republikanischer Zeit und das Problem des Sittenverfalls", em *Historische Zeitschrift*, 188, 1959, partic. p.510-511.
16 M. Gelzer, *Kleine Schriften*, v.1, p.202. A ausência de salário para o exercício das funções públicas reservava a política a uma oligarquia de notáveis: M. Gelzer, "Die Nobilität der römischen Republik" (estudo fundamental), em *Kleine Schriften*, v.1, p.17-135, partic. p.38 (ler *"das Claudische Gesetz"* em vez de *"das Flaminische Gesetz"*).

Senado e os magistrados, de fato ou de direito, recrutavam-se exclusivamente nas fileiras da classe superior, que era chamada a ordem dos cavaleiros; essa oligarquia de ricos, esses *optimates*, tinha de fato o privilégio de governar; os outros cidadãos contentavam-se em votar. Mesmo os líderes do que os historiadores modernos chamam de partido popular eram recrutados entre os *optimates*: eram oligarcas ambiciosos, inteligentes ou generosos (as três espécies existiram), e não "demagogos" no sentido grego da palavra; honestamente, os romanos nunca falaram de um partido popular que se opunha ao da oligarquia: o nome *populares* designava não os membros desse pretenso partido, mas os homens de Estado, senadores como convinha, que recorriam à Assembleia do Povo contra o Senado.[17]

A questão de honra dos oligarcas

2. Para os oligarcas, assumir funções públicas não era absolutamente uma missão pública, mas, usando toda a força da expressão, uma questão de honra pessoal, tão exigente e *quixotesca* quanto a honra medieval; não devemos ver esses oligarcas como homens de deveres, grandes servidores da República: pela questão da honra política, eles massacraram Roma e levaram a República à beira do abismo.

Sua questão de honra consistia em atingir as mais elevadas magistraturas, fazendo que sua família contasse o maior número possível de cônsules e de pretores; pois, como o *miestnichestvo* da antiga Rússia, as distinções de posição no interior da oligarquia romana eram feitas pelas magistraturas que os ancestrais haviam assumido. De modo geral, a questão de honra de cada oligarquia era sua *dignitas*, ou seja, sua posição, seu prestígio na esfera pública; a *dignitas* não é a "dignidade", uma virtude burguesa, mas a glória (*decus*),[18] ideal aristocrático. Um oligarca romano é tão fascinado por sua *dignitas* política, quanto El Cid pela honra de sua casa. Contudo, a honra medieval consistia em não fracassar diante de algumas exigências mínimas (acima

---

17 Ver os artigos *"optimates"* (Strasburger) e *"populares"* (Chr. Meier) do Pauly-Wissowa, v.XVIII, 783 e Suplemento X, 555; R. Syme, *Sallust*, University of California Press, 1964, p.17-18; M. Gelzer, *Kleine Schriften*, v.1, p.170 e 199; L. Ross Taylor, *Party Politics in the Age of Caesar*, University of California Press, 1971, p.13; e as atenuações trazidas por P. A. Brunt, *Social Conflicts in the Roman Republic*, Chatto and Windus, 1971, p.95.

18 Sobre *dignitas*, P. Boyancé, "Cum dignitate otium", em seus *Études sur l'humanisme cicéronien*, coleção *Latomus*, 1970, partic. p.114-123; "preeminência na cidade", "prestígio"; H. Drexler, "Dignitas", em *Das Staatsdenken der Römer*, R. Klein editor, Wiss. Buchgesell., 1966, p.231-254; Ch. Wirszubski, "Cicero's cum dignitate otium: a reconsideration", em *Journal of Roman Studies*, 44, 1954, partic. p.12.

de tudo a de ser corajoso) às quais todo nobre deveria presumidamente satisfazer até que se provasse o contrário: uma honra se tinha ou se perdia; a *dignitas* romana, por sua vez, era adquirida, mantida e desenvolvida na medida em que a importância política de um senador aumentava. Assim ocorreu com Cícero:[19] durante toda sua vida ele pensou em sua *dignitas* como um senhor pensa em sua honra; no decorrer de uma carreira até então prodigiosamente hábil e triunfal, ele é exilado: se desespera, sua *dignitas* não tem mais razão de ser; é anistiado e volta do exílio: ele recupera sua *dignitas*. Compreende-se, assim, que esses oligarcas não exerciam sua função como modestos servidores do Estado: admitia-se que aquele que tivesse acesso à magistratura alcançasse a glória, e defenderia sua prerrogativa como um rei defende sua coroa. Essa fúria em defender sua *dignitas* encontrava junto à opinião pública uma justificativa portadora de absolvição; a opinião não pode recriminar verdadeiramente César por falar de igual para igual com o Estado, com a República, e por provocar uma guerra civil porque o Senado reduzia sua *dignitas*; será que ele não havia deixado suficientemente claro que preferia sua honra acima de tudo, até mesmo acima de sua própria vida?[20] Também não se pode recriminar El Cid por matar o melhor general que seu rei já teve: a honra assim o exigia. Compreendemos esse culto da *dignitas* política: as magistraturas romanas eram pouco numerosas; no decorrer do século II, anualmente, havia somente trinta magistrados, dos quais no máximo doze se disponibilizavam para comandar os exércitos e governar as províncias, os outros ficavam ocupados em Roma; Atenas, vinte vezes menor, tinha dezenas de cargos públicos. Além disso, esses trinta magistrados anuais não formavam um governo: cada um tinha seu domínio, sua "província", onde era quase um senhor; os magistrados eram uma pluralidade de soberanos.[21]

---

19 H. Drexler, "Die moralische Geschichtsauffassung der Römer", em *Gymnasium*, 61, 1954, p.174. Sobre a carreira política de Cícero, triunfal até seu exílio, H. Strasburger, *Concordia ordinum*, reimpresso em 1956, Hakkert, p.38.
20 César, *Guerra civil*, I, 9, 3: "Sibi semper primam fuisse dignitatem vitaque potiorem" (opor as palavras *dignitas patriae* na *Carta a Ático*, X, 4, de Cícero). Catilina também justificava sua conspiração pela preocupação com sua *dignitas*: Salluste, Catilina, 35, 3; ver D. C. Earl, *The Political Thought of Sallust*, reimpresso em 1966, Hakkert, p.95. Sobre o caráter estritamente privado, pessoal, da guerra civil de César, o problema é vigorosamente colocado por Christian Meier, *Entstehung des Begriffs Demokratiz*, Suhrkamp, 1970, p.70-75 e 121.
21 M. Gelzer, *Kleine Schriften*, v.3, p.23; *Caesar Politician and Statesman*, Harvard, 1968, p.5. Isso explica o aspecto surpreendentemente caótico da vida política romana que assusta os modernos, acostumados a um ritmo mais lento e a uma sucessão de períodos mais coerentes (sucessão de constituições, presidências, ministérios...). Com seus magistrados e suas tribunas que representam pequenos soberanos, a política romana se parece com um país em que os grupos rivais ou aliados formam guerrilhas: um grupo consegue um sucesso

O que explica as consequências contraditórias: eles colocaram sua honra na conquista de um Império e, por uma questão de honra, destruíram-no. A política da oligarquia era determinada, acima de tudo, pelos interesses pessoais de seus líderes. Falava-se do Estado com devoção, *res publica*, mas principalmente para manter, sob esse nome, o velho sistema que garantia a todos os membros da oligarquia sua parcela de *dignitas*, ou para recusar "concessões" à plebe, ou seja, terras e pão. Para o resto, Sertório, César, Antônio ou o velho Coriolano, que destroem ou atacam sua pátria, equivalem a um Temístocles ou Alcibíades, que se colocam a serviço do rei dos Persas; seria inútil opor o individualismo grego ao sentido romano de Estado. O velho Catão estimava que a política tinha como objetivo a *gloria* e a *honor* dos homens políticos.[22] A glória, para eles, consistia em capitalizar fasces, na antecâmara de seu hotel, símbolos de suas magistraturas e ornamentos de seus triunfos. Nos dias de hoje, os empreendedores capitalistas não se propõem a aumentar o bem-estar da população, mas a ganhar dinheiro; agindo assim, eles fazem que o nível de vida aumente. Os oligarcas romanos desejavam enaltecer sua casa e, ao fazê--lo, desenvolviam o Império ao mesmo tempo em que o arruinavam com boa--fé: por que uma facção governante, que reserva para si o monopólio do poder e que entra em disputas por rivalidades pessoais, não estaria convencida de que deve permanecer no poder pelo interesse do Estado?

Não pretendemos buscar as origens do sistema oligárquico em Roma nem esclarecer a genealogia dessa mentalidade, desse culto da honra; lembremos simplesmente que Roma foi, durante séculos, um Estado "imperialista" – um imperialismo tão interiorizado que se tornou bem-intencionado, e não se via como era. A política externa de um Estado não é determinada apenas pelas relações de força, mas também por uma necessidade animal de sentir que o mundo exterior não é hostil, mesmo se essa hostilidade for impotente e não constituir uma ameaça; é nesse nível que se situa o imperialismo inconsciente de Roma: ele consistia em uma hipersensibilidade às ameaças

---

local nas assembleias tributas, outro grupo rival ganha por sua vez nas assembleias das centúrias ou no Senado; em menos de dezoito meses, Cícero se exila, depois é anistiado: são dois golpes em sentidos opostos e não a consequência de uma inversão da política; pode-se até mesmo dizer que Roma não tinha política no sentido inglês de *policy*; ver Gelzer, *Kleine Schriften*, v.2, p.15. Somente o Senado representava a continuidade.

22 H. Strasburger, "Der Einzelne und die Gemeinschaft im Denken der Griechen", em *Historische Zeitschrift*, 177, 1954, partic. p.247; Catão, fr. 107 e 249 Malcovati. O direito de vingar sua *dignitas* era reconhecido em qualquer homem político e essa *vendetta* era um dever: A. W. Lintott, *Violence in Republican Rome*, Oxford, 1968, p.49-50; as guerras civis de César contra Pompeu e de Otaviano contra Antônio eram guerras privadas, contra os *inimici* e não contra *hostes*: A. von Premerstein, *Vom Werden und Wesen des Prinzipats*, p.37, n.1.

externas, em uma desconfiança e necessidade de segurança exacerbadas. Foi esse traço que provavelmente determinou a organização oligárquica de Roma e a mentalidade de sua oligarquia guerreira.

3. Em termos de finanças públicas, os romanos têm tanto ou mais senso de Estado do que os gregos: o Tesouro público não era o da oligarquia governante?

As oligarquias e o Tesouro público

Não é evidente que exista um Tesouro público. Na Grécia homérica, escreve Kurt Latte,[23] não havia imposto nem cofre público distinto do Tesouro do rei: o rei recebia dons "voluntários" que lhe permitiam viver, pagar seus guerreiros e exercer seus deveres de representação e, em particular, seus deveres de hospitalidade. Pois a hospitalidade e a esmola são as duas formas arcaicas do que se chamará um dia evergetismo, caridade, assistência, entreajuda social, redistribuição. Quando a época real chegou ao fim, esses dons cessaram e não existiu mais nada; as cidades não tinham dinheiro. Elas voltaram a ter quando começaram a saquear, a infligir multas, a confiscar os bens dos exilados ou dos traidores. Mas o que uma cidade fazia com esses ganhos inesperados? Os cidadãos dividiam esses ganhos entre si; "naqueles tempos", escreve Heródoto,[24]

> Sifnos era próspera; era a mais rica de todas as ilhas: ela tinha minas de ouro e de prata, tanto que pôde dedicar o dízimo de suas minas a Delfos sob a forma de um monumento votivo (*thesauros*); os habitantes de Sifnos repartiam entre si, anualmente, as rendas de suas minas.

Isso se chama patrimonialismo coletivo: o dinheiro da cidade pertence aos cidadãos. Em Creta, o dinheiro da coletividade era utilizado para as refeições comuns, que eram um costume na ilha:

> Uma parte da totalidade de frutas e dos animais que provinham do domínio público, assim como dos tributos pagos pelos servos, é destinada ao culto e às diversas liturgias, outra parte é destinada à refeição comum e todos, homens, mulheres e crianças, têm comida à custa da coletividade.[25]

---

23 *Kleine Schriften*, C. H. Beck, 1968, p.294-312: *Kollektivbesitz und Staatschatz in Griechenland*.
24 Heródoto, 3, 57, citado por Latte.
25 Aristóteles, *Política*, 2, 10 (1270 A 15) (Tricot), citado por Latte. A epigrafia de Creta mostra que, em plena época imperial, o costume desses banquetes sobrevivia realmente graças ao evergetismo.

Sabemos que em Atenas os cidadãos dividiam o produto das minas do Laúrio até que Temístocles colocou um fim a essas distribuições e destinou a renda das minas à construção de uma frota que deveria triunfar em Salamina; se quiséssemos levar as coisas à alegoria, poderíamos dizer que, no dia em que Temístocles conseguiu que construíssem a frota, a concepção ocidental do Estado nasceu.[26]

E em Roma? A tradição conservou implicitamente a lembrança de uma época em que o Tesouro, o *aerarium*, ainda não existia; de fato, ela sabe que primitivamente os cavaleiros recebiam seu equipamento diretamente das viúvas e dos órfãos,[27] que também ficavam encarregados de uma espécie de liturgia.[28] A instituição de um Tesouro e de uma administração financeira foi uma etapa essencial na formação de uma ideia de *res publica*, mas essa etapa pressupõe a existência de uma moeda no mínimo arcaica, os lingotes (o que se pode situar em uma data bem anterior ao século III, quando Roma teve suas primeiras verdadeiras moedas: desde os tempos de Josué, a Casa de Jeová tinha seu Tesouro, cheio de ouro, de prata, de cobre e de ferro, cujo peso era calculado em talentos e em siclos); durante o período em que as multas eram pagas ao Estado sob forma de gado com chifres, qual teria sido a tarefa dos responsáveis pela tesouraria, ou "questores"? O próprio nome *aerarium* deriva do bronze, *aes*. Fixar a data em que os romanos começaram a usar uma moeda propriamente dita ou ao menos começaram a cunhar a moeda que usavam é garantidamente importante para a numismática e a história política; não é tão evidente que essa data marque uma época na história econômica. A criação de um Tesouro deve coincidir com a instituição da questura, afirma mais uma vez Kurt Latte;[29] ela data, assim, de meados

---

26 Latte, *Kleine Schriften*, p.311.
27 Tito Lívio, I, 43, 9; Mommsen, *Staatsrecht*, v.3, p.256, n.4 e p.257, n.1.
28 C. Nicolet, *L'Ordre équestre à l'époque républicaine*, De Boccard, 1966, v.I, p.36-45; A. Alföldi, "Zur Struktur des Römrstaates im 5 Jahrh." em *Entretiens sur l'Antiquité classique*, Fundação Hardt, v.13, p.249, e em *Historia*, 17, 1968, p.455. Na sequência, os traços de liturgias são muito raros e se explicam por circunstâncias excepcionais; no fim da Primeira Guerra Púnica, Roma arma uma frota graças aos ricos, que, individualmente, ou agrupando-se em dois ou três, equiparam com seus recursos as quinquerremes, sob a condição de que as quantias assim adiantadas fossem reembolsadas depois da vitória (Políbio, I, 59); durante a segunda guerra púnica, os comerciantes submeteram-se a prestações análogas (ver o belo artigo de C. Nicolet, "Techniques financières et manipulations monétaires pendant la 2ème guerre punique", em *Annales, Économies, Sociétés*, 18, 1963, p.417-436); tudo mudará quando Roma dispuser desse Eldorado que foi, para seu imperialismo, a Espanha com suas minas de prata.
29 Latte, *Kleine Schriften*, p.359-366: "The Origin of the Roman Quaestorship". O início de uma cunhagem pode ser um evento cultural, político, administrativo ou fiscal: não é necessariamente uma virada econômica. Primeiramente, não se deve nunca esquecer que uma cidade

do século IV. O que provocou algum dano: a tradição lembra que, primitivamente, o saque pertencia ao general e aos soldados que o haviam conquistado; ela atribui a Camilo uma iniciativa decisiva: ele teria colocado o saque

> que não tem sua própria cunhagem usa moedas de cidades vizinhas que as relações econômicas ou políticas fazem afluir para sua cidade: toda moeda circula por todos os lugares e mesmo as cidades que cunham moeda não têm o monopólio da moeda sobre seu território (as exceções são raras e se explicam pela política fiscal: Pérgamo, o Egito ptolemaico ou a cidade de Olbia. Dittenberger, *Sylloge*, n.218); a questão é saber quais moedas estrangeiras os romanos usavam antes de possuir sua própria moeda e não quando começou a cunhagem em Roma. Em segundo lugar, o período da moeda cunhada é frequentemente precedido por um período de "autometalismo" e esse é o caso em Roma: um metal escolhido convencionalmente (nesse sentido, o metal já é uma moeda e não uma mercadoria) é usado como meio de troca, ou até mesmo como simples medida de valor, sem que esse metal se apresente sob a forma de espécie monetária, ou mesmo de lingotes, cuja forma seja convencional: deve-se então pesar o metal a cada vez (para o autometalismo, remetemos ao livro admirável e um pouco negligenciado de G. F. Knapp, *Staatliche Theorie des Geldes*, 1905, p.1-20). Em Roma, o denário e até mesmo o *aes signatum* (Alföldi, "Die Anfänge der eldprägung in Rom", em *Römische Mitteilungen*, 68, 1961, p.64-79) são ainda mais tardios do que se acreditava recentemente; mas desde o século V, pagamentos eram feitos em bronze não cunhados ou então mercadorias trocadas eram estimadas em seu valor em bronze (se um boi era trocado por trigo ou pago como multa, ele era estimado em libras de bronze, e o valor dele era especificado no peso do metal); ver Alföldi, *loc. cit.*, p.78 e *Zur Struktur des Römerstaates* (citado n.28), p.268. O que significa o surgimento de moedas cunhadas? Talvez seja um simples fato cultural: a cidade considerada seguiu o exemplo de outras cidades. Talvez seja um fato de política simbólica: por razões de prestígio, uma cidade quer ter sua própria moeda e colocar, nela, seu brasão (*charaktêr*): um célebre decreto de Sestos o mostra (Dittenberger, *Orientis Graeci inscriptiones*, n.339, linhas 44 e seguintes). Pode também ser um fato financeiro: o mesmo decreto mostra que a cidade também pretende tirar uma renda de sua cunhagem. Enfim, pode ser um fato administrativo; eu me lembro de ter lido, sob a escrita de Jean Marchal, que a moeda era não somente um poder de compra conferido aos agentes econômicos, mas também um instrumento de política governamental. Ela é frequentemente isso na Antiguidade: a cidade que cunha sua moeda tem o instrumento necessário para contratar os serviços de mercenários ou para enviar suas tropas em campanha longe do solo nacional. O que Esparta podia dificilmente fazer antes de ter uma cunhagem digna desse nome, ou seja, antes que Aréus I, por razões talvez sobretudo culturais, a dote de uma cunhagem de dinheiro. Como diz Políbio (6, 49), "enquanto os lacedemônios procuravam apenas reinar sobre seus vizinhos, eles puderam contentar-se com os recursos de seu solo; mas quando eles começaram a fazer campanha fora do Peloponeso, sua moeda de ferro e o sistema de escambo através do qual eles trocavam produtos de seu solo não lhes era mais suficiente: foi necessário doravante ter um numerário que fosse recebido por todos os lugares". Uma cidade cunha primeiramente numerário para suas necessidades públicas e, em especial, para as militares: os particulares usam-no acessoriamente em benefício próprio. Seria importante saber se as cidades aceitavam cunhar todo o metal que os particulares levavam ao ateliê monetário ("hilolepsismo", na concepção de Knapp, p.77) ou se elas cunhavam metal somente quando o Estado precisava delas:

da tomada de Veios, por volta de 391, à disposição do Senado.[30] Na maioria das cidades arcaicas, o solo conquistado é dividido entre os guerreiros ou os membros do grupo: em Roma, por mais longe que seja a origem da tradição, o solo conquistado pelos exércitos romanos pertence ao Senado, tornando-se solo público, *ager publicus*; apenas o saque é deixado à disposição do general.[31]

Como a República dispunha de um Tesouro, dois princípios se estabeleceram, que os gregos, por sua vez, também descobriram: a República deve viver com suas próprias rendas e cobrar impostos apenas excepcionalmente,[32] toda função pública deve ser paga pelo Tesouro. O imposto sobre as terras[33] foi cobrado irregularmente até 167 antes de nossa era; a partir dessa data, Roma, enriquecida pela pilhagem dos Estados helenísticos, não cobrará mais impostos de seus cidadãos italianos e viverá de seus domínios e dos tributos de seus súditos; a Itália se submeterá a um novo imposto sobre as terras somente alguns séculos mais tarde, no fim do Alto Império, sob Diocleciano. Todo gasto público é pago pelo Tesouro: quando um magistrado ou um comissário deve fazer um gasto para a República, o Tesouro lhe paga, antes mesmo que a despesa seja feita, a quantia correspondente em dinheiro; essa quantia permanece como propriedade do povo romano: as contas do magistrado não são separadas das contas do Estado, pois um questor do Estado é responsável pela gestão das contas, e as quantias não usadas são devolvidas ao Tesouro.[34]

Contudo, Roma é um Estado oligárquico. Duas consequências decorrem dessa condição: uma hostilidade aos "presentes" oferecidos à custa do Tesouro e a ausência de espírito litúrgico. A oligarquia considera que o *aerarium* pertence tanto aos cidadãos quanto aos seus magistrados, e que deve ficar à disposição de uma entidade, a República, sobre a qual a oligarquia senatorial tem a tutela; um tutor não tem o direito de oferecer presentes à

---

a cunhagem era um serviço público ou um simples instrumento de governo, os particulares se beneficiavam somente das "incidências" (do mesmo modo, por exemplo, que os correios e telégrafos foram instrumentos de governo antes de serem serviços públicos)? Ver K. Helfferich, *Das Geld*, 6.ed., 1923, p.430-433.

30 Tito Lívio, 5, 20 e 22.
31 Mommsen, *Staatsrecht*, v.1, p.241 e v.3, p.1109.
32 Ibid., v.2, p.424 e v.3, p.228. O imposto das terras é cobrado somente em casos de necessidade e teria sido escandaloso se ele tivesse sido um recurso ordinário; um texto muito claro pode ser lido em Cícero, *Sobre os deveres*, 2, XXI, 74.
33 Sobre esse imposto, P. Guiraud, *Études économiques sur l'Antiquité*, reimpresso em 1967, Hakkert, p.160-203.
34 Mommsen, *Staatsrecht*, v.2, p.998.

custa do patrimônio de seu pupilo:[35] do mesmo modo,[36] os magistrados e o Senado não devem gastar os denários públicos no que a oligarquia considerará como liberalidades demagógicas; será um dos pontos de atrito entre *optimates* e *populares*, esse será o problema do trigo público. O mais sólido fundamento de poder do Senado é que nenhum magistrado pode gastar os denários do Tesouro sem a sua autorização. Como sabemos, a mesma oligarquia considera uma questão de honra assumir as magistraturas, os *honores*, como era chamada: ela não assume sua *dignitas* para se arruinar em liturgias suntuosas; os *munera* também não terão o mesmo desenvolvimento resplandecente das liturgias atenienses; ao contrário, eles serão considerados obrigações um pouco sórdidas. Os *munera*, trabalhos penosos ou impostos, são infligidos pelos magistrados; são os *honores*, atribuídos pelo voto do povo, que distinguem um homem do outro.

De onde o evergetismo pôde surgir nessa oligarquia muito orgulhosa e pouco generosa? Desse mesmo orgulho e de alguns pontos de atrito entre o domínio público e o domínio privado. A *dignitas* das oligarquias faz que suas funções sejam consideradas uma honra pessoal, e não necessariamente uma missão pública;[37] como critério de honra, os oligarcas podem ser levados a se arruinar em seu cargo por sua glória ou simplesmente para garantir sua reeleição; como sua dignidade depende de seu sucesso político, ao triunfarem, não hesitarão em gritar sua vitória e mandar construir algum edifício que exprima e celebre seu triunfo; como as magistraturas são apenas passarelas para sua ambição pessoal, essa ambição pode transformá-los em mecenas de Estado, pois o Estado lhes pertence. Contudo, a existência de um Tesouro público abundante, graças às conquistas e às pilhagens, freará duplamente tais tendências: como o Estado e o grupo oligárquico governante são praticamente idênticos, por que os membros desse grupo usariam seus recursos próprios se os fundos públicos estão a sua disposição? E, além disso, se a plebe reclama pão e a oligarquia tem a possibilidade de satisfazer seus desejos com o dinheiro dos cofres públicos no lugar de fazer com seus próprios denários, esse pão se tornará um negócio de Estado, um problema político.

No século III antes da nossa era, a política romana ainda não havia atingido esse estágio, mas já havia três pontos sensíveis decorrentes do princípio

---

35 A liberalidade "deve ser deixada para a livre decisão do pupilo" (que fará o que quiser com ela quando crescer): o tutor não deve decidir por ele (Digeste, 26, 7, 12, 3).
36 Mommsen, *Staatsrecht*, v.1, p.240. Sobre o controle do Senado sobre o Tesouro, v.3, p.1143.
37 Gelzer, *Kleine Schriften*, v.1, p.132: "Os magistrados romanos se consideravam muito mais como os proprietários de uma soberania do que como os seus gerentes"; Chr. Meier, *Res publica amissa, eine Studie zu Verfassung und Geschichte der späten römischen Republik*, Franz Steiner, 1966, p.154-155.

segundo o qual o dinheiro do Estado não pertencia ao magistrado e inversamente provocava diversas dificuldades: em que empregar o produto das multas infligidas pelos magistrados? O que deve fazer um general a quem o Senado entregou uma parte do saque para usar livremente? Quando um magistrado recebe do Tesouro uma quantia para oferecer jogos ao povo, ele não poderia acrescentar algo de seus próprios recursos? Compreendemos que essas três perguntas podem ser constrangedoras. O produto das multas queima nas mãos do magistrado que as infligiu: ele deverá destinar esse montante aos deuses, ou seja, construir edifícios ou oferecer espetáculos, se não quiser que recaia sobre ele a suspeita de ter condenado um inocente para enriquecer o Tesouro; estudaremos isso com maiores detalhes no próximo capítulo. Quanto ao saque e ao dinheiro dos jogos, esses são os dois mais antigos pontos de partida do evergetismo; o saque também queima nos dedos do triunfante, que o dedica aos deuses em vez de guardá-lo para si; quanto aos jogos públicos, eles tinham tanta importância na mentalidade romana e na psicologia política que, como vamos ver mais demoradamente, os magistrados, nessa área, logo vão se metamorfosear em evérgetas.

2. Por que os magistrados oferecem jogos

Quem pagará os jogos?

A República romana celebrava, em datas fixas anualmente, com caráter oficial, festas religiosas realizadas em honra a algumas divindades, chamadas de jogos públicos; eram principalmente corridas de bigas no circo e representações teatrais. Esses jogos eram organizados e presididos por alguns dos magistrados do ano, ou seja, por razões de ordem histórica, pelos edis e também pelos pretores: os dois cônsules, por sua vez, não se submetiam a nenhuma obrigação desse tipo. Para exercer seu dever, edis e pretores recebiam uma quantia fixa do Tesouro,[38] porém essa quantia era completamente insuficiente: para que a festa fosse reluzente, e para se tornarem populares, os magistrados que "editavam" os jogos – era essa a expressão latina – deviam pagar grande parte das despesas com seus próprios recursos; desde o século II antes da nossa era, os jogos se tornaram uma obrigação devastadora à qual, no entanto, os magistrados se submetiam de bom grado ou até

---

38 Sobre as instituições, Mommsen, *Staatsrecht*, v.2, p.517-522; Friedländer em Marquardt, *Staatsverwaltung*, v.3, p.482-489; G. Wissowa, *Religion und Kultus der Römer*, reimpresso em 1971, C. H. Beck, p.449-467; Habel, artigo *"ludi publici"* do Pauly-Wissowa, Suplemento, v.5, col. 608-630.

mesmo com entusiasmo. Nossa tarefa é explicar o entusiasmo desses evérgetas, explicitar por que os romanos achavam normal ver seus magistrados editarem jogos, presidi-los pessoalmente, fazer com suas mãos o sinal da largada nas corridas de carruagens e se arruinarem por essas festas muito populares, pois hoje nos parece absurdo que um de nossos ministros se submeta à mesma gloriosa obrigação. As razões de tal comportamento são muitas e o caráter religioso dos jogos é somente a mais superficial delas. Também não invocaremos a despolitização: os jogos públicos não eram usados para resolver a crise agrária do século II ou o problema do pão do Estado; inversamente, se a plebe romana obtinha pão gratuito, esse pão não substituía o circo. E não compararemos a edição de jogos pelos magistrados romanos aos presentes *ob honorem* dos oficiais nas cidades helenísticas. Esses presentes, muito variados, eram o preço da honra que os oficiais deviam receber de seus concidadãos; não eram um dever de seu encargo; editar jogos era, ao contrário, uma das duas funções dos edis: esses ministros das obras públicas eram, ao mesmo tempo, ministros dos esportes ou dos cultos; eles nem mesmo imaginavam dar ao povo outros prazeres além desses jogos solenes, e nenhum romano nunca considerou que a edição de jogos fosse o preço da magistratura. O evergetismo dos magistrados romanos é um fato característico que se explica por uma convergência de diversas particularidades, entre as quais muitas são específicas da cidade de Roma.

Reconstituiremos primeiramente a evolução financeira. Os romanos tinham uma ideia muito clara dos fundos públicos: as quantias colocadas pelo Senado à disposição desses magistrados eram propriedade do Estado; mas esse princípio, de acordo com Mommsen, teve uma ou duas exceções, o dinheiro destinado aos jogos e os espólios.[39] O dinheiro dos jogos teria se tornado a propriedade do magistrado que o recebia, não era administrado pelo questor e não era objeto de prestação de contas. A coletividade considerava que o magistrado simplesmente tinha o dever de executar, com sua fortuna pessoal ampliada naquele momento, uma despesa correspondente à quantia que havia recebido: se gastasse menos, seria acusado de concussão. A que visa essa teoria tão lógica, mas que não se funda em nenhum texto? Ela quer justificar (sobretudo aos olhos de um moderno) o fato de que, para os jogos,

---

39 Mommsen não desenvolveu sua teoria no v.1 do *Staatsrecht*, p.241 ou 295, nem no v.2, p.517, mas mais tarde, no v.2, p.999, p.1000, n.2 e p.1129 (essas referências não aparecem no índex do *Staatsrecht*); foi em uma polêmica com Hirschfeld sobre o estatuto jurídico do *fiscus* imperial, assimilado ao *mutuum* do direito privado, que ele englobou os jogos republicanos nessa assimilação, sobre a qual nós voltaremos no Capítulo IV, Seção 5, n.127 e 134; ver Hirschfeld, *Die kaiserlichen Verwaltungsbeamten*, reimpresso em 1963, Weidmann, p.12, n.2, questiona a teoria de Mommsen.

os magistrados gastavam uma quantia superior àquela que haviam recebido do Tesouro: se o dinheiro do Estado se torna sua propriedade privada e se não precisam prestar contas, eles farão o que quiserem com esse dinheiro, e o fato de um homem público usar seu dinheiro pessoal para o exercício de suas funções deixará de ser estranho. Não me parece necessário dizer que a teoria de Mommsen é apenas uma ficção que responde a preocupações jurídicas que os romanos não tinham: eles não se constrangiam com escrúpulos ao verem seus magistrados pagarem por seus prazeres. Resta saber por que a generosidade dos oligarcas se destinava principalmente aos jogos e como, historicamente, eles começaram a gastar mais do que recebiam do Tesouro.

O detalhe da evolução é fácil de reconstruir se admitirmos, em oposição à teoria de Mommsen, que o que acontecia com os créditos destinados aos jogos era o mesmo que acontecia com outros créditos públicos: o magistrado que detinha tais créditos a sua disposição não era o proprietário de tais somas, eram os próprios questores do Tesouro que garantiam sua gestão. Ora, o que sabemos sobre os créditos para os jogos? Que o leitor nos perdoe pelos detalhes um pouco pedantes nos quais devemos entrar. As fontes nos informam primeiramente que, no que concerne aos jogos do circo, o fornecimento dos cavalos de corrida era arrendado pelo Tesouro:[40] sobre esse capítulo, sabemos então que o próprio Tesouro escolhia e pagava seus fornecedores. E para os jogos cênicos? Existe uma antiga palavra, *lucar*, que é documentada cinco ou seis vezes nos textos latinos que chegaram a nossas mãos e que acreditamos comumente designar os créditos que o Tesouro colocava à disposição dos magistrados encarregados de oferecer jogos públicos; os textos dizem, por exemplo, que um evérgeta de Óstia dispensa sua cidade do *lucar* que lhe havia sido atribuído para seus jogos,[41] ou que depois de um escândalo (um ator tinha exigido um cachê muito alto para trabalhar nos jogos públicos) o Senado de Roma havia fixado um teto máximo para o *lucar*.[42] Mas ao examinarmos melhor as fontes, percebemos que *lucar* designa

---

40 Referências em Mommsen, *Staatsrecht*, v.3, p.509, n.2: "*redemptos ab aerario vectigales quadrigas*" (*Asconius*); não podemos dizer que magistrado foi encarregado de arrendá-los para o Tesouro (*Staatsrecht*, v.2, p.426, 447, 555). – Em última instância, E. Badian, *Publicans and Sinners: Private Enterprise in the Service of Roman Republic*, Blackwell, 1972, p.16; C. Nicolet, *L'Ordre équestre*, p.330.

41 Inscrições gamalianas de Óstia (*Corpus*, XIV, 375; Dessau, n.6147): "*in ludos cum accepisset public(e) lucar, remisit et de suo erogationem fecit*".

42 Dião Cássio, 56, 47, conta que um ator que se recusava a interpretar "por determinado salário" viu os espectadores tomarem seu partido e os tribunos da plebe foram obrigados a pedir ao Senado a autorização de gastar mais para seus jogos daquilo que a lei o permitia (sabemos que Augusto havia fixado um máximo para as despesas que os magistrados

os cachês dos atores ou saltimbancos que participavam dos jogos cênicos: assim, o Tesouro não dava uma quantia aos magistrados sob o nome de *lucar*: é ele mesmo quem paga os cachês ou *lucar* aos atores ou ao empresário.[43] Então concluímos que, no início da evolução do evergetismo, o magistrado se contenta em presidir e organizar os jogos que se encontram em sua alçada, enquanto os atores e fornecedores são pagos pelo Tesouro; cabe ao Senado, como é a regra, autorizar o Tesouro a assumir a despesa: textos afirmam que, para cada jogo, a despesa em questão era fixada de uma vez por todas em 200 mil sestércios[44] – e às vezes em 333.333 sestércios, devido a uma superstição cuja origem grega foi demonstrada.[45] O magistrado não tem um tostão a pagar.

Mas isso não durará muito; logo ele pagará muito para oferecer a mais bela festa, e o Estado e os cidadãos contarão com isso; pois os jogos públicos eram cerimônias religiosas, ou seja, festas nas quais os homens se regozijavam

---

    podiam fazer com seus próprios recursos para seus jogos); Suetônio, *Tibère*, 34, diz, por sua vez, que o Senado viu-se obrigado a *recidere mercedes scaenicorum*; enfim, Tácito, *Annales*, 1, 77, diz que o Senado tomou medidas *de modo lucaris et adversus lasciviam fautorum*. O *lucar* seria o máximo que os magistrados podiam gastar? Seria sinônimo de *mercedes scaenicorum*?

43 Para a interpretação clássica de *lucar*, Mommsen, *Staatsrecht*, v.2, p.61 e 66, n.1; Wissowa, *Religion und Kultus*, p.451, n.6. A palavra aparece no senátus-consulto relativo aos jogos seculares de Cláudio ou de Domiciano (*Corpus*, VI, 32324: *de lucari ludorum*). O sentido de "salário dos atores" sai de sua interpretação (G. Goetz, "Thesaurus glossarum emendatarum", em *Corpus glossarum latinarum*, v.6, p.656), que explica *lucar* por μισθὸς θεατριχὸς ou μισθὸς απδφισχον (muitos jogos, sob o Império, dependem do imperador e de seus impostos) e de Tertuliano, *Scorpiace*, 8, 3: São João Batista teve a cabeça cortada como exemplo de *lucar* para a dançarina Salomé. O que complicou tudo foi a existência de uma outra palavra *lucar*, próxima a *lucus*, que quer dizer "madeira" ou "madeira sagrada" (*Corpus*, I, 2ª edição, 1730 e 401, ver p.720; Degrassi, *Inscriptiones liberae rei publicae*, n.504 e 556). Supomos então que o *lucar* dos jogos era um imposto ou uma fazenda que se paga para a exploração das madeiras sagradas e cujo produto era afetado para a despesa de jogos públicos; já os etimologistas antigos associavam *lucar* a *lucus*: "Por que chamar de *lucar* o dinheiro pago para os espetáculos? Não seria porque a renda dos *lucus* era usada para os espetáculos?" (Plutarco, *Questions romaines*, 88); outros textos em I. B. Pighi, *De ludis saecularibus populi Romani*, reimpresso em 1965, p.63. O Tesouro devia tratar em bloco com um empresário; *locator scaenicorum* um evérgeta de Bérgamo proporciona a seus concidadãos funerais gratuitos pagando por eles o *lucar Libitinae* que o Tesouro municipal havia tomado na fazenda; esse *lucar* não deve ser nada além do que os salários devidos aos agentes funerários e às choradeiras. Verificar uma evergesia do imperador Nerva que ofereceu funerais gratuitos à plebe de Roma (ver aqui, Capítulo IV, n.433); a explicação deve-se à Liebenam, *Römisches Vereinswesen*, p.251, e a B. Laum, *Stifungen*, v.1, p.114.

44 Sobre os números, Marquartdt, *Staatsverwaltung*, v.2, p.8 e v.3, p.488; Wissowa, p.451, n.7.

45 Tito Lívio, 22, 10 (ver Plutarco, *Vies*, edição Flacelière, v.3, p.237, nota), e as associações que Wilhelm faz, "Neue Beiträge VI", em *Sitzungberichte Akad. Wien*, n.183, 1921, p.48; ver também *Corpus*, III, 14195, 5 e 7.

tanto quanto os deuses. O que eram efetivamente esses jogos? Júbilos que a cidade oferecia aos deuses[46] porque ela tinha certeza de que eles se regozijavam como os homens; a cidade convidava os deuses aos festejos, oferecia sacrifícios enquanto os fiéis lhes consagravam objetos preciosos ou lhes dedicavam a renda equivalente a um dia de trabalho (um "dia feriado"). Já que os deuses se regozijavam nos jogos como os homens, eles também desejavam simplesmente que a festa se prolongasse o máximo possível: júbilo e piedade eram inseparáveis. Bastava encontrar um pretexto honesto qualquer para prolongar a festa sem sobrecarregar o Tesouro; encontraram dois.

Festa ou "religião"?

A "instauração" primeiramente. Quando uma cerimônia religiosa não era realizada segundo as regras, mesmo que involuntariamente, o que fazer para expiar esse erro? Obrigar o responsável a recomeçar tudo com seus próprios recursos; "instaurar" os jogos era recomeçar o dia ou os dias de festa durante o qual ou os quais as coisas não aconteciam como de costume, ou até mesmo recomeçar os jogos inteiros, quer dizer, prolongar ou dobrar sua duração, ou multiplicá-la; em uma religião ritualista, a falta mais insignificante é um pretexto suficiente; "Naquele ano", escreve Tito Lívio, "os jogos romanos foram instaurados três vezes e os jogos plebeus cinco vezes do início ao fim":[47] a tradição analística mantinha cuidadosamente a memória dessas particularidades que tinham sido excelentes lembranças para a plebe e que honravam o evergetismo do magistrado; este último, evidentemente, assumia as consequências da instauração, já que era responsável pelo decorrer dos jogos, do mesmo modo que somente ele podia decidir se devia recomeçar tudo. Não tenhamos uma visão voltairiana desses estratagemas: não existe hipocrisia nessa maneira de manusear a religião.[48] Não está provado aqui que a religião não era inteiramente um simulacro, mas apenas que o

---

46 G. Dumézil, *La Religion romaine archaïque*, Payot, 1966, p.545; sobre o caráter geralmente não mágico dos jogos, mesmo em datas muito antigas, H. Le Bonniec, *Le Culte de Cérès en Roma*, p.330.

47 Tito Lívio, 38, 35; sobre a instauração, Wissowa, *Religion und Kultus*, p.393, 423, 454; Friedländer em Marquartdt, *Staatsverwaltung*, v.3, p.485; ver Mommsen, *Staatsrecht*, v.3, p.1061 e p.1062, n.3.

48 Comparar o manuseio político dos ritos: um magistrado que presidia assembleias eleitorais e que temia que o resultado do voto não fosse conforme aos seus desejos utilizava o menor pretexto religioso para suspender o curso das eleições; ver L. Ross Taylor, *Party Politics in the Age of Caesar*, Capítulo IV: "La manipulation de la religion d'État". Mesma coisa na religião grega ("A *Pythie médise*" ou "*philippise*").

chamamos hoje de religião (e é particularmente verdadeiro para uma religião ritualista) exerce ordinariamente várias funções, que nem sempre são muito conciliáveis e possuem qualidades desiguais; a satisfação do sentimento propriamente religioso é apenas uma dessas funções: a religião romana era usada também para a segurança e a solenidade, por exemplo. Muitas brigas e inimizades entre historiadores das religiões (que se acusam mutuamente de não adotarem o sentido religioso ou, ao contrário, de aceitarem derivações vulgares como autênticos resíduos) são apenas mal-entendidos: estávamos errados ao tomarmos as coisas muito grosseiramente e termos ignorado a plurifuncionalidade das religiões; o religioso é apenas uma parte da religião. Não duvidamos que o religioso seja uma dimensão humana irredutível, e não uma derivação, uma sublimação ou uma projeção: negar a especificidade do religioso seria mutilar o homem ou fazer dele uma ideia mutilada. Mas as religiões, por sua vez, oferecem uma plurifuncionalidade raramente igualada. Não é exagerado dizer que, como todos os fenômenos históricos, a religião existe apenas sob uma forma modificada,[49] "historizada", tanto que seria impossível atribuir um conteúdo determinado ao religioso, predizer o que ele poderia se tornar, isso seria contradizer, por sua vez, sua misteriosa essência: podemos no máximo apostar na irredutibilidade do religioso, como acabamos de fazer. Mas ainda não significa nada e, afinal, a loucura, o Estado, o político e todas as coisas também existem apenas em um estado modificado. O mais importante é que a religião tenha, além disso, uma vocação particular em atribuir para si múltiplos usos, tais quais trazer segurança, como já foi mencionado,[50] ou, em Roma, solenizar os prazeres coletivos. Os jogos eram,

---

[49] Não a encontramos nunca em um "estado selvagem".
[50] Eis aqui um exemplo da psicologia muito particular da secularização. Max Weber chama de carisma (essa palavra tem, para ele, diversos significados) o hábito que alguns povos possuem de recorrer a confirmações religiosas (um oráculo, um profeta) quando tomam uma decisão política ou jurídica: um grego que vai fundar uma colônia consulta o oráculo de Delfos. Encontramos ali a necessidade de se atribuir garantias psicológicas contra os intervalos das incertezas; somos um pouco conscientes de nossa artimanha: além disso, se a coisa nos convém, professamos que o oráculo previu adequadamente ou que ele vendeu aos medos. Mas o mais simples seria a própria pessoa falsificar o oráculo. Em La Mort Sara, Plon, 1971, Robert Jaulin mostra como os saras decidiram adotá-lo "dando uma ajudinha" ao oráculo mágico que convém nesse tipo de consulta: a resposta do oráculo "é decifrada normalmente somente depois de no mínimo cinco minutos e pode frequentemente demandar horas de leitura. Mas, às vezes, o oráculo mal começava, e os consultantes se levantavam e declaravam a causa entendida e resolvida: não havia nenhuma contraindicação" à escolha anteriormente (p.86). Eu conheço um médico que, convencido de estar lidando com um doente imaginário, consultava o termômetro médico por cinco segundos para dar ao paciente a confirmação de que ele não tinha febre, já que

paralelamente, uma homenagem aos deuses e um prazer para os homens: a esse segundo título, eles eram suscetíveis à manipulação interessada, o que talvez chocasse as almas piedosas.

O segundo pretexto honesto para fazer que os magistrados paguem pelo Tesouro era organizar uma coleta. Eis aqui como isso era feito. Tito Lívio conta que, em 212, quando os Jogos Apolinários foram criados, o oráculo que prescrevia sua instituição ordenava também o seguinte: o Tesouro pagaria o sacrifício terminal e os espectadores se cotizariam para os espetáculos. Efetivamente, um senátus-consulto decidiu que, para o sacrifício, o pretor que os havia editado receberia 12 mil; o pretor, por sua vez, prescreveu ao povo uma cotização de acordo com as possibilidades de cada um.[51] Fundos públicos e coleta: a receita deve ter sido inspirada pelos gregos; em Amorgos, no século II antes da nossa era, a festa dos Itônia era financiada parcialmente pela cidade e parcialmente pela contribuição dos peregrinos; devemos acrescentar que um evérgeta "recusou as contribuições dos que vieram assistir à festa e que contavam, no mínimo, quinhentas pessoas".[52] É precisamente o que cada um esperava que o pretor romano fizesse: pois, na continuidade do tempo, não se trata mais desse tipo de coleta, ou melhor, nós veremos que, caso o costume não tivesse se perdido, seriam os próprios espectadores que, para honrar um magistrado, tomariam a iniciativa de ressuscitá-lo em ocasiões excepcionais. No fim da República, os Jogos Apolinários são financiados pelo Tesouro, que paga 380 mil sestércios, e pelos próprios pretores. Ademais, desde o ano 212, o pretor deve ter contribuído com seus próprios recursos: ele provavelmente teve que gastar mais que os 12 mil que o Tesouro lhe reembolsaria, já que ele sabia que o produto da coleta seria somado a isso, mas nada lhe garantia que a coleta traria o suficiente para cobrir seus fundos.

A partir desses dois estratagemas, ficou estabelecido o princípio que reina exclusivamente durante o último século da República: de um modo

---

não estava doente. Do mesmo modo, quando um empresário segue os índices mensais do PNB ou da *Fortune* e comanda seus negócios com base nisso, ele o faria por que os índices de evolução desses agregados são inatacáveis (o que se pode *a priori* questionar, pois se duvida de tudo), ou por que "deve-se" orientar por alguma coisa e que essa alguma coisa "é melhor do que nada"? Se esse empresário, em um mês de sua conveniência, dispensa a *Fortune* ou, ao contrário, baseia-se em números para recusar uma decisão que por outras razões ele não deseja, estaria sendo mais hipócrita do que quando acredita candidamente nos índices? Ele não estaria sendo mais hipócrita do que um general romano que aceita ou recusa um presságio ou que dispensa objetos divinatórios.

51 Ver sobretudo Tito Lívio, 25, 12 e Macróbio, *As Saturnais*, I, 17, 25. Não entrarei no detalhe da importância bibliográfica desses jogos, do rito grego, da profecia de Márcio.

52 *Inscriptiones Graecae*, XII, 7, 241 (ver XII, 7, 22). Em Roma, o mesmo recurso a uma *stips* para um *lectisternas* (Macróbio, I, 16, 13: Wissowa, op. cit., p.428, n.4 e 5). Ver também a n. 171.

geral e sem contornos, todo magistrado que oferece jogos deve gastar muito mais que seus créditos; se ele não prolonga a festa "instaurando-a", ele deve, no mínimo, deixá-la mais bonita com grandes gastos. Evergetismo ou caridade? Ambos. Como, por sorte, os deuses gostam tanto da festa quanto os homens e pelas mesmas razões,[53] três satisfações encontram-se aqui misturadas, a caridade, o júbilo e também a solenidade: poderíamos seriamente colocar tudo no crédito da primeira.[54] A caridade é garantidamente presente, algumas vezes, um acaso nos mostra tal satisfação isoladamente. Jean-Pierre Cèbe me contou amigavelmente uma anedota ocorrida em 211: nos Jogos Apolinários,[55] o povo assiste a uma representação cênica[56] na qual um mímico se apresenta; anuncia-se a chegada do inimigo.[57] A multidão corre para as armas, volta depois do alerta, reencontra o mímico que não havia deixado o palco e continuou a dançar sob a música do flautista; "tudo foi salvo", diz a multidão livre do escrúpulo ritual (*religio*) que teria ordenado uma interrupção dos jogos, e a mensagem transformou-se em provérbio.[58]

---

53 Por exemplo, não é óbvio que se institua uma corrida a pé pela honra dos deuses porque "a corrida e o pisoteio rápido do solo têm o poder mágico de evocar as forças subterrâneas de baixo da terra, a competição libera as eficácias mais absolutas e permite a melhor revigoração do divino" (J. Bayet, *Histoire politique et psychologique de la religion romaine*, p.135): seria porque os deuses, como os homens, gostam de olhar os corredores e são fascinados pela competição: em uma religiosidade ética, essa ideia seria degradante e laica; para uma religião de rito, ela *é* a própria caridade.

54 Como exemplo dessa seriedade, poderíamos citar Plutarco (*On ne peut vivir agréablement selon Épicure*, 21), Cícero (*Leis*, 11, 9), ou ainda os *topoi* da retórica; assim o inteligente Quintiliano, 3, 8: "Alguns retóricos afirmam que, em alguns casos, a deliberação refere-se apenas ao acordo; assim ocorre quando se delibera sobre a construção de um teatro ou a instituição de jogos; mas seria leviano e frívolo reduzir tudo isso a uma questão de acordo: não é possível que o prazer não traga outra coisa com ele; por exemplo, no que diz respeito aos jogos, trata-se de honrar os deuses; sobre os teatros, trata-se de proporcionar diversões que são úteis em si, pois permitem que descansemos; será preciso também enfatizar que esse teatro é uma espécie de templo dedicado ao deus que estaria sendo honrado através dos espetáculos dados".

55 Pois os jogos sobre os quais falam a anedota são presididos pelo pretor urbano; sobre o conjunto do episódio, Jean Gagé, *Apollon romani*, De Boccard, 1955, p.286-293.

56 Sobre o elemento cênico dos Jogos Apolinários, Wissowa em Marquardt, *Staatsverwaltung*, v.3, p.385; Wissowa, *Religion und Kultus der Römer*, p.295.

57 É o episódio de *Hannibal ad portas*; ver Tito Lívio, 26-9-11, e o "milagre das flechas" em Macróbio, *As Saturnais*, I, 17, 25.

58 Festus, p.326, Marx, 436, Lindsay. – A atitude do mímico que continua seu desempenho pela devoção para com o deus do qual ele é servidor faz pensar no fragmento 36 de *De superstitione*, de Sêneca, citado por Santo Agostinho, *Cidade de Deus*, 6, 10: "O chefe decrépito de uma tropa de mímicos entra em cena todo dia no Capitólio, como se os deuses apreciassem um ator que os homens não querem mais". Trata-se, aqui, na minha opinião, de

Os homens estavam ausentes e certamente pouco dispostos a se divertirem, mas pelo menos os deuses receberam sua parte.

Contudo, os homens não passam o tempo todo se divertindo como os deuses: eles celebravam o júbilo coletivo, que deve ser celebrado, pois tudo o que é coletivo e minimamente organizado, mesmo que seja uma festa, precisa de algum cerimonial; ora, o cerimonial usava materiais característicos da religião, que por sua vez estava presente em praticamente todos os lugares da vida pública e privada (a vocação das religiões com muitas funcionalidades explica o lugar considerável que a religião ocupa na maioria das sociedades). Uma festa coletiva inspira um sentimento de solenidade, uma convicção de participar de um empreendimento tão vasto que, garantidamente, seus objetivos profundos devem ultrapassar o prazer do espetáculo que cada um sente, com exceção de si mesmo, pois precisamos inventar fins que sejam proporcionais a nossos atos. Quando dez mil pessoas que querem se divertir organizam uma festa coletiva, em vez de cada uma se distrair em seu canto, o resultado é tão impressionante que é necessário um pouco de cerimonial para preencher o intervalo entre o resultado coletivo e a soma das causas individuais: cada um, um pouco confuso, se recusa a acreditar que despertou o Leviatã para sua diversão particular.

---

uma pequena história, ou melhor, de um traço autêntico comparável, na França, à pequena história do malabarista de Notre-Dame: o ator dedicou a Júpiter Capitolino, pela devoção pessoal para com esse deus, uma ou várias exibições de seus talentos; ele faz por devoção pessoal o que o mímico de 211 fazia por devoção profissional; as duas anedotas têm em comum a ideia de que interpretar para os deuses é uma conduta piedosa. Wissowa, *Religion und Kultus*, p.423, n.3, quer transmitir todo o trecho a uma teoxênia, o *epulum Jovis*. O texto é difícil: "Suba ao Capitólio e tu te envergonharás das extravagâncias que fazem naquele lugar [...]; um nomeia Júpiter aos deuses que vêm saudá-lo e o outro lhe anuncia que horas são [...]; Juno e Minerva têm duas cabeleireiras que, apesar de distantes da estátua e até mesmo do tempo, mexem os dedos como se fizessem tranças no cabelo das deusas [...]; essas imploram aos deuses para assistir ao processo, eles apresentam-lhes petições [...]". Trata-se evidentemente de fiéis com ingênua fé; sabemos, inclusive, que se selavam as estátuas dos deuses com as folhas das petições (Veyne, em *Latomus*, 1967, p.738, n.2). Quanto às cabeleireiras de nosso texto, ou são fiéis que, como o antigo mímico, dedicaram voluntariamente um dia de seu trabalho na execução de um pedido, ou trata-se de um culto oficial feito para as deusas e essas cabeleireiras são empregadas do templo; do mesmo modo, o homem que anuncia a hora para Júpiter (Trimalcião também tinha seu escravo que lhe servia de relógio vivo), talvez também seja um servidor de deus, comparável a *horologos* dos tempos do Egito (Porfírio, *De abstinência*, IV, 8, p.241), 1, Nauck). Sobre o fiel que dedica uma "demonstração" de seus talentos aos deuses, comparar os *epideixeis* produzidos pelos concursos gregos (L. Robert, *Études épigraphiques et philologiques*, p.38-45). Sobre o malabarista de Notre-Dame, A.-J. Festugière, *Personal Religion among the Greeks*, p.166, n.56.

Caridade, júbilo, solenidade, apresentam um equilíbrio das funções que não deixa de ser instável; será preciso muito tato para fazê-lo durar. Quando se quer manipular demasiadamente os ritos em benefício das duas últimas funções, quando se quer "instaurar" os jogos para agradar os homens mais do que satisfazer a caridade, a indistinção das funções torna-se impossível: os homens vão doravante ao espetáculo para se distrair, como se fossem a uma solenidade pública, a origem religiosa dos jogos não é nada além de um resquício ou um pretexto; as funções se separam, a caridade torna-se mais pura ao mesmo tempo que perde a maioria das raízes emaranhadas que a ligavam solidamente ao solo social. Durante os dois últimos séculos da República e mais ainda sob o Império, os jogos haviam perdido sua dimensão religiosa no espírito de seus organizadores e de todos os espectadores. Não concluímos com isso que uma caridade tivesse sido intensa no início e tenha se desgastado pouco a pouco; não projetamos *in illo tempore*, por um mito etnológico, um fervor que nunca foi atestado em uma época histórica e que seria o privilégio da alma primitiva: não se trata de uma intensidade que tivesse diminuído, mas de várias funções que se separaram. O sentimento primitivo não era uma posse da alma pelo sagrado, mas um candor que fazia que se aceitasse, sem escrúpulo puritano, a plurifuncionalidade do rito; quando essa multiplicidade de funções perde sua credibilidade, descobre-se que os jogos são mais um prazer para os homens do que um sacramento: a coisa chamada diversão foi assim conceitualizada, os romanos dizendo *laetitia*. Chama-se secularização a separação das funções de uma religião, ou esse seria um dos sentidos dessa palavra, que possui outros: ela designa também a separação de uma religião e do Estado (o Estado não tem mais religião pública, ou não tem mais o controle da religião em geral, ou então não impõe religião aos cidadãos); ela designa também a passagem de uma religião coletiva, que um povo inteiro percebe como "dominante", com a permissão da expressão, a uma religião *à la carte*, na qual cada um escolhe o Deus ou a seita que quiser (foi assim que aconteceu quando se passou da religião da Grécia clássica e da República romana à religiosidade helenística e à religiosidade do Império Romano, ou do bramanismo ao hinduísmo); ela designa, enfim, a passagem de uma "cristandade sociológica" a uma fé sem conformismo, já que os fiéis eram menos numerosos e tinham razões mais pessoais para acreditar.

Evergetismo

A secularização dos jogos romanos marcou o fim de sua plurifuncionalidade; a partir de então, os jogos não eram nada mais que um júbilo divertido e solene. Já que eles agradavam tanto aos homens, como seria possível o magistrado que os editasse não se tornar popular, se fosse generoso? Como seria possível não ser eleito quando se apresentasse a alguma outra magistratura mais elevada no curso honorífico? E como seria possível não ser derrotado caso se mostrasse avarento? O público dos jogos era um público de eleitores; o Senado podia impunemente não aumentar os créditos públicos destinados aos jogos: ele sabia que os magistrados buscariam recursos em suas próprias carteiras. Contar a história dos jogos romanos no fim da República é dizer como se tornaram cada vez mais onerosos e cada vez mais suntuosos. Para ser eleito, algumas vezes foi necessário e frequentemente suficiente ter oferecido jogos resplandecentes à plebe durante sua edilidade: o evergetismo torna-se o instrumento de uma carreira política. Desde o início do século II antes da nossa era, aqueles que não tivessem passado pela edilidade, que comportava a edição dos jogos mais onerosos, tinham poucas possibilidades de se elegerem pretores ou cônsules. O evergetismo contribui, assim, com o estabelecimento de um curso honorífico, no qual a edilidade, com seus jogos esplêndidos, e depois a pretura, que também comportava jogos, precedem obrigatoriamente o consulado.[59] Cada homem político procura, por conseguinte, "ultrapassar todos os seus predecessores no esplendor de seus presentes ao povo"[60] – pois eles adotaram uma mentalidade e uma linguagem de evérgetas: os jogos não eram mais considerados uma cerimônia pública, mas um presente de seu editor, um *munus*.[61] A princípio, era o colégio dos edis ou o dos pretores em bloco que organizava os diferentes jogos; os créditos públicos eram atribuídos ao colégio, e não aos magistrados separadamente;[62] mas cada magistrado podia evidentemente acrescentar a esses

---

59 G. De Sanctis, *Storia dei Romani*, v.4, I, p.493; W. Kroll, *Die Kultur der ciceronischen Zeit*, reimpresso em 1963, *Wiss. Buchgesellschaft*, v.1, p.98. Sabemos que Sula foi derrotado na prefeitura por ter tentado evitar a edilidade.
60 Cícero, *Pro domo* XLIII, 110: *muneris splendore*.
61 Devemos enfatizá-lo, pois às vezes os textos designam os *ludi* sob o nome de *munus* – apesar da oposição muito clara entre os jogos, *ludi* e os *munera* –, a palavra sendo tomada dessa vez no sentido muito particular de "espetáculos de gladiadores", quando os textos qualificam *ludi* de *munus* eles tomam esta última palavra em um outro sentido, o de "presente", dizia-se também *largitio* (Tito Lívio, 25, 2). Sobre *munus*, "presente", dito jogos públicos, ver Cícero, *Pro domo*, XLIII, 110; Tito Lívio, VI, 42, 12; Cícero, *Pro Murena*, capítulo xviii passim e XXVI, 53; *praetura probata in jure, grata in munere* (sc. *in ludis*); *De officiis*, II, capítulo xvi-xvii (*munere...sumptus aedilitatis*); Cícero parodia esse estilo, I Verr., XII, 36; *hoc munus aedilitatis meae populo Romano amplissimum polliceor* (para esse uso de *polliceri*, ver Asconius, *in toga candida*, p.88, Clark). Ver mais tarde n.283.
62 Mommsen, *Staatsrecht*, v.2, p.519, n.1; Suetônio, *César*, 10: *ludos et cum collega et separatim editit*; Plutarco, *Catão, o jovem*, 46. Temia-se ser edil ao mesmo tempo que um colega mais rico cujos jogos eclipsariam tudo (Célio em Cícero, *Cartas familiares*, VIII, 3). Para evitar a

fundos a quantia que quisesse e se mostrar mais generoso que seu colega: o público não ignorava o que cada um havia pago e distinguia muito bem qual deles havia sido o mais generoso. No que diz respeito aos jogos que Escauro e Hipsos, ambos edis, doaram juntos, a notoriedade reteve apenas o nome do primeiro.[63] Pois os anais conservavam cuidadosamente a lembrança das edilidades particularmente suntuosas (as de Escauro e as dos Lúculo permaneceram em todas as memórias).[64] As moedas do último século da República de vez em quando celebram a lembrança de tal edil do passado, ou segundo a lenda, que foi "o primeiro" a editar os Jogos Florais ou os Jogos de Ceres, de tal pretor que foi "o primeiro" a editar os Jogos de Sula, no mesmo ano em que foi criado.[65] Pois em termos de evergetismo, é muito importante ter sido o primeiro a doar alguma evergesia: gregos e romanos davam uma grande importância a esse tipo de prioridade.[66] Os magistrados se arruínam por esses esplendores: Milão poderá se vangloriar de ter deixado três heranças[67] em evergesias; uma das leis da amizade na classe senatorial era ser generoso com seus amigos quando eram edis.[68] Parece-me justo acrescentar que os editores de jogos também não hesitavam em extorquir dinheiro dos povos súditos e "aliados",[69] que um imposto especial cobrado na Ásia era empregado nos jogos dos edis[70] e, enfim, que ao se tornarem governadores de uma província, edis e pretores podiam muito facilmente aumentar seus fundos pilhando seus administrados e também devorando uma boa parte das rendas públicas com suas despesas de representação.[71] Humanamente, os motivos do evergetismo senatorial, o gosto pela popularidade e o

---

escalada entre colegas, Augusto decidiu que um pretor não poderia pagar mais que o outro por seus jogos (Dião Cássio, 53, 2).

63 Escauro e Hipsos haviam sido triúnviros monetários juntos; a moeda sobre a qual Mommsen fala (citada na nota acima) refere-se a sua conta comum triunviral, não a sua edilidade: E. Sydenham, *The Coinage of the Romam Republic*, Siuk and Son, 1952, p.151, n.912.

64 Lista sumária das edilidades faustosas em Marquardt, *Staatsverwaltung*, v.2, p.86 e v.3, p.488; Cícero, *De officiis*, 2, XVI, 57. Ver, ao contrário, Plutarco, *Catão, o jovem*, 46.

65 E. Sydenham, *The Coinage of the Roman Republic*, p.146, n.885; p.147, n.890; p.153, n.921.

66 P. Veyne em *Bulletin de correspondance hellénique*, 90, 1966, p.146-147; poderíamos multiplicar os exemplos; acrescentemos apenas Aristóteles, *Retórica*, I, IX, VI, 38: εἰς πρῶτον ἐγχώμιον ἐποίηθη.

67 *Tria patrimonia*, Cícero, *Pro Milone*, XXXV, 95; Asconius, *In Milonianam*, p.31, Clark.

68 Sêneca, *Des bienfaits*, 2, 21.

69 Friedländer em Marquardt, *Staatsverw*, v.3, p.488, n.6.

70 Cícero, *A son frère Quintus*, I, 1; IX, 26. Ver também Tito Lívio, 40, 44.

71 Dião Cássio, 48, 53: "Todos buscavam honrarias para tornarem-se promagistrados e gozarem, com isso, as honras e os comandos nas províncias em vez de a exercerem em Roma"; Cícero, *De la préture de Sicile*, LV, 138.

desejo de se eleger são facilmente compreensíveis; mas a própria estrutura do papel será, no entanto, difícil de explicar. Esse papel é duplo: um magistrado, edil ou pretor, exerce funções, "sérias" e oferece jogos ao povo.[72] Ora, eram os jogos, e não as funções, que lhe davam a possibilidade de agradar seus administrados e se distinguir de seus colegas; nem todo mundo tinha um processo ou uma fazenda pública, mas todo mundo assistia aos jogos; era ali que o magistrado podia se tornar popular ou, como dizíamos, adquirir o *favor populi*;[73] esse favor era medido pelo vigor dos aplausos que os espetáculos recebiam e que eram uma honra reconhecida como tal, concedida pelo público de um modo muito consciente e observado pelos homens políticos como um tipo de barômetro da opinião pública.[74] No dia seguinte dos Ides de Março, os jogos públicos tornaram-se um tipo de manifestação pública: Bruto tentou em vão transformar os Jogos Apolinários em manifestação pela República; Otávio conseguiu muito mais ao transformar os seus Jogos em manifestações a favor de César: verificou-se ali que o coração do povo era fiel ao ditador assassinado.[75]

Não explicamos, então, o gosto senatorial em se destacar por uma vaidade bastante humana. Nessa oligarquia autoritária, o gosto pela popularidade

---

72 Cícero, *Des supplices*, XIV, 36: "Nesse momento, fui designado para ser edil; tenho consciência do que o povo romano me atribuiu: devo celebrar com atenção e solenidade jogos muito veneráveis [...] tenho a responsabilidade dos edifícios públicos e da polícia de Roma; todos esses esforços trazem as seguintes vantagens: o direito de votar no Senado antes dos numerosos senadores, o direito de usar uma toga bordada, a cadeira curul, o direito de deixar meu retrato de lembrança para a posteridade". Sobre a edilidade de Cícero, H. Le Bonniec, *Le Culte de Cérès em Roma*, p.350.

73 Sobre *favor populi*, ver o *Thesaurus linguae latinae*, v.6, 386, 40, s.v. "favor"; J. Hellgouarc'h, *Le vocabulaire latin des relations et des partis politiques*, 1963, p.220; o "favor" se adquire pelos belos espetáculos ou também por congiários e outros presentes: Tito Lívio, 38, 45, 12; Florus, I, 47 (III, 12).

74 Sobre *plausus*, ver em particular Plutarco, *Sertório*, 4; Cícero, *Pro Sestio*, LIV, 115; ver L, 106: "A estima e as afinidades do povo romano se manifestam particularmente em três lugares: nas assembleias tributas, nas assembleias das centúrias, nos jogos e nos espetáculos de gladiadores"; *Philippiques*, I, XV, 36; *A Ático*, IV, 1, 5. Em vez de aplausos, o público jogava maçãs na cabeça do organizador de *muner* que lhes oferecesse um espetáculo medíocre (Macróbio, *As Saturnais*, 2, 6, 1).

75 Correspondência de Cícero, maio-julho de 44, em particular as *cartas a Ático*, XVI, 2; 4; 5; Plutarco, *Bruto*, 21. Na carta XVI, 2, de Cícero, uma frase faz pensar no *panem et circenses* de Juvenal: "O povo romano não usa suas mãos na defesa da República, mas sim para aplaudir o teatro"; Cícero é injusto: as manifestações no teatro eram conscientemente políticas; é verdade que o povo aplaudia mais Otaviano e os cesarianos do que Bruto; ver R. Syme, *The Roman Revolution*, p.116-117; Nicolas de Damas, *Vie de César*, conta que os Jogos de Vênus vitoriosa, instituídos por César, deram a oportunidade à multidão de aplaudir Otaviano freneticamente.

queria dizer gosto pelo comando; sabemos a enorme satisfação que um verdadeiro chefe sente quando, ao se misturar com seus homens, percebe que lhe são dóceis e que é amado, ele saboreia o sabor de sua potência. Porém, esse gosto era seletivo; os oligarcas buscam os aplausos de Roma em seus espetáculos, mas pouco se preocupam, nas províncias onde governam, em receber aplausos de seus súditos por sua justiça e seu desinteresse. Mas o povo romano não era totalmente um simples objeto da política; ele tinha um papel legislativo: reunido em assembleias tributas, ele era o instrumento dos tribunos da plebe que faziam que votassem suas leis; quanto às eleições, elas estavam nas mãos da "classe média", da ordem equestre, que controlava as assembleias das centúrias: mais precisamente a ordem equestre assistia aos jogos públicos e manifestava ali sua opinião, dando eventualmente o sinal dos aplausos.[76] Os jogos públicos não eram diversões populares: a ruptura entre as distrações plebeias e as distrações nobres ainda não havia acontecido; toda a população se interessava pelos espetáculos.[77]

Etnologia dos jogos

O que parece particularmente desconcertante para um moderno é o fato de os jogos serem uma questão de Estado cujas consequências políticas eram às vezes decisivas. Nosso puritanismo ou nosso racionalismo fica surpreso com isso: como um magistrado não arruinava sua imagem diante do povo ao se dedicar a suas funções de intendente de prazeres? Tentamos reduzir esse mal-entendido entre nós e os romanos, explicitando-o:

1. Como os cidadãos e todos os homens, livres ou não, a coletividade tem seus deuses, e ela também os adora; esses deuses da cidade não são necessariamente os mesmos que os dos indivíduos; os atenienses não adoram somente Atena e também não são os únicos gregos a adorá-la. Não é verdade que a religião antiga se inscrevia no contexto da cidade, e também não é verdade que a cidade era ao mesmo tempo a Igreja. O Estado tinha seus deuses como uma pessoa, e não como um soberano; corroborando Jellinek,

---

[76] Cícero, *Cartas a Ático*, II, 19, 3: "Quando César apareceu nos Jogos Apolinários, os aplausos foram fracos; Curião, em compensação, foi muito aplaudido. César ficou muito sentido com isso: ele e Pompeu ficaram pessoalmente zangados com os cavaleiros que se levantaram para aplaudir Curião". Os cavaleiros, no teatro, ocupavam os lugares de honra.

[77] Louis Robert, "Épigrammes satiriques de Lucilius", em *L'Épigramme grecque: entretiens sur l'Antiquité classique*, Fundação Hardt, v.XIV, 1969, p.201: "Esses espetáculos têm, na Antiguidade, maior penetração no conjunto da sociedade do que hoje na França o boxe ou até mesmo o futebol e o ciclismo"; Cícero, *Para Murena*, XIX, 38-40.

sua religião era pública no sentido social da palavra, não em seu sentido jurídico:[78] ele recorria à religião como recorria à língua grega ou aos serviços de artesãos e comerciantes, e os indivíduos faziam a mesma coisa. Mas o Estado tinha recursos bem superiores aos dos indivíduos e é por essa razão que o culto privado do Estado (poderíamos dizer assim) era mais magnífico do que o dos particulares. Um dos elementos desse culto eram as festas, os concursos ou jogos, que também são prazeres para os homens; o resultado disso é que os prazeres públicos se tornavam mais importantes do que os prazeres privados.

2. Foi assim que em Atenas, toda a cidade, como agregado de indivíduos e como entidade, honrava os deuses divertindo-se; as autoridades públicas participavam desses eventos através de um de seus numerosos magistrados da cidade ou de um comissário. Mas Roma não era uma democracia: os jogos públicos estavam sob o controle do grupo governante, da ordem senatorial, através de um dos membros dessa ordem que exercia um certo número de tarefas públicas naquele ano determinado, ou seja, através de um dos magistrados. Com certeza, os jogos são a festa da cidade, do povo romano; a multidão comparece a essas festas em trajes cerimoniais ou em trajes cívicos: ainda sob o Império, o uso da toga será exigido para ir ao circo.[79] Mas não é o povo que oferece jogos a si mesmo; são seus magistrados que os oferecem, os "editam", "fazem os jogos"; não era admissível deixar um simples comissário organizar um agrupamento de multidão tão importante: para isso era necessário o olho do senhor. A cidade é tomada sob tutela.

3. Diretamente em tutela: o magistrado fica presente em carne e osso e dirige a cerimônia com sua voz e seus gestos. Pois a autoridade dos magistrados republicanos não se exercia do interior de um escritório nem de um palácio, mas fisicamente, *coram populo*. Um romano tem um processo? Ele não se apresenta diante de qualquer tribunal: vai encontrar o próprio pretor, em pessoa. Magistrados querem fazer passar uma lei, realizar uma eleição? Eles convocam o povo e dirigem pessoalmente essa espécie de *meeting*; Pompeu está entre eles e eis que gritos ecoam na multidão: "Quem está deixando o

---

[78] Sobre a distinção entre a *obrigkeitliche* e a *soziale Tatigkeit* do Estado, G. Jellinek, *Allgemeine Staatslehre*, 3.ed., 1922, p.400 e 622; devemos também a Jellinek (p.301) a fórmula menos feliz: "O Estado antigo é também a Igreja" (sobre a noção de Igreja, p.235). A ideia de que os prazeres públicos eram mais importantes do que as diversões privadas é de R. Mac Mullen, *Enemies of the Roman Order: Treason, Unrest and Alienation in the Empire*, Harvard, 1966, p.168. Ressaltemos, portanto, a importância dos clubes masculinos, das associações com pretexto religioso ou profissional cujo grande negócio era, além dos funerais de seus membros, banquetear e se reunir sem as mulheres.

[79] Friedländer, *Sittengeschichte Roms*, v.2, p.9.

povo morrer de fome? É Pompeu!"; logo começa uma briga: segundo Cícero, "seguranças correm para nos expulsar da tribuna; então os nossos revidam; eu fugi, pois não queria que algo me acontecesse".[80] Cícero mandou condenar os cúmplices de Catilina à morte? Ele vai tirá-los de seu calabouço e, em pleno Fórum, ele mesmo entrega os condenados, um por um, nas mãos dos carrascos.[81] Na França, se um ministro preside um jogo, é precisamente a prova de que ele está ali somente a título representativo e de que não dá ordens; nos jogos, o magistrado romano estava ali para comandar, como um general de antigamente no campo de batalha. O caráter físico do poder

---

[80] *A son frère Quintus*, 2, 3, 1-2.
[81] Plutarco, *Cícero*, 22; Apiano, *Guerras civis*, 2, 6, 22. Existe em Cícero uma inegável parte de dureza, um temperamento fanático; a execução dos catilianos, em vez de impedi-lo de dormir, era para ele uma grande lembrança; e Bruto detestava isso, um assassino de tirano que, portanto, não gostava de sangue e que sentia o contraste entre a ostentação de Cícero e a lembrança duvidosa que ele mesmo havia guardado do assassinato de César; ele também sentia que havia uma relação entre a ostentação sangrenta de Cícero e a ingenuidade política desse mesmo Cícero: de acordo com a admirável carta 17 de Bruto, Cícero seria muito influenciado pelo terrorismo. A *Deuxième Philippique* termina com uma chamada pouco disfarçada para o assassinato de Antônio: era como dar o sinal das proscrições; ver também o difícil episódio relatado por Syme, *The Roman Revolution*, p.183. Sobre essa dureza de Cícero, ler as páginas delicadas e atenuadas de A. W. Lintott, *Violence in Republican Rome*, p.57 et seq. O caso de Cícero é, suponho, o de um intelectual pouco motivado pela ação e que gosta muito da política, sem verdadeiro talento para isso. Durante toda a sua vida, ele hesitou entre três sonhos do intelectual que tem saudades da ação: aconselhar o príncipe, ou o *princeps* Pompeu, observar um homem de Estado quando se olha no espelho, e poder dizer em seu leito de morte que pelo menos ele tinha governado uma vez em sua vida. Deve-se dizer em seu discurso que ele não tinha habilidade ou faro às vezes divinatório, mas sim desejo de poder; o que o tornou ingênuo ou desajeitado em suas relações de força, tirando-lhe todo o seu sangue-frio, tomava a política como um apêndice da metafísica ou da moral; a partir de então, o inimigo político não é mais um simples adversário, é um infame que se detesta e cuja existência mancha a humanidade; Cícero não quer ganhar e esquecer o adversário depois da vitória; ele quer extirpar o mal; desse nobre desinteresse até o terrorismo, a travessia é muito fácil. E, além disso, acrescenta-se um bovarismo de intelectual que forçou sua vocação: Cícero, tendo se tornado homem político, quer provar a si mesmo que a ação não o assusta, pois ele próprio não está totalmente convencido disso; que melhor prova existe do que ter sangue em suas mãos? É por essa razão que ele se vangloria desmedida e infinitamente de sua vitória sobre Catilina: pois ele se surpreendeu nessa circunstância e forçou seu temperamento. A partir de então, ele considerou que essa conquista devesse lhe ser indefinidamente atribuída e que a prova dada em 63 valhesse uma vez por todas. De fato, ele contentou-se com isso por muito tempo. Mas a velhice chegou e com ela o desespero de querer governar firmemente antes de morrer: ele acreditou que o momento havia chegado em 44 e foi por isso que colocou sua fé em Otaviano para a exasperação de Bruto, submerso em tanta cegueira. Compreende-se também a vaidade inocente de Cícero, um idealista que sonhava com uma coisa, a política, e que não tinha realmente os dons necessários para cumprir seu ideal: ele tentou convencer a si mesmo de que os possuía.

subsistirá em parte sob o Império; o príncipe não viverá sempre fechado em seu palácio, ele vai se expor frequentemente à multidão em seus espetáculos, nas cerimônias religiosas e no tribunal, por fidelidade à tradição republicana.

4. Nessa civilização relativamente ritualista, ninguém ficava constrangido em ver o que vemos somente raramente, um governante ou um soberano que gesticula. Nós esboçaríamos um pequeno sorriso ao ver um magistrado jogar um lenço no circo, com ares importantes, para dar a largada da corrida; também não assistiríamos sem horror a um combate de gladiadores. Para os romanos, nem sorriso nem horror.[82]

5. Já que a cidade recebe seus prazeres das próprias mãos de seus magistrados, em vez de ela mesma proporcionar tal prazer, os magistrados podem elaborar máximas de governo para dirigir sua ação ou para justificá-la; assim foi formulada a ideia de que a prudência política dizia que a autoridade pública devia conceder alguma coisa ao povo, que fosse condescendente com seus prazeres, largasse as amarras para que o povo, depois disso, obedecesse de bom grado a seus magistrados e que os amasse. Nessa sociedade controlada com firmeza, as festas surgiam como recreações concedidas à plebe por um poder tutelar. Péricles dizia "nós" quando justificava as festas religiosas de Atenas com argumentos utilitários: "Nós proporcionamos, pelo cansaço do espírito, diversos *reposoirs*, pois temos concursos e sacrifícios tradicionais o ano todo";[83] um romano veria, ao contrário, a coisa do ponto de vista do chefe, que pode conceder ou recusar.[84]

> Deve-se transigir em conceder pequenas coisas à multidão para poder ser firme diante das grandes e impedi-la de vaguear totalmente sem destino; se formos muito avarentos e exigentes em tudo, se não cedermos e nunca abrirmos mão de nada, induziremos o povo à agressividade e a tomar atitudes de oposição; é melhor baixar um pouco as velas em caso de tempestade em alto mar; devemos nos mostrar complacentes, condescendentes de bom grado com essas festas, com concursos e espetáculos; se a multidão, sob pretexto de celebrar um sacrifício ancestral usando as cores da honra de alguma divindade, deseja algum

---

[82] Acrescentemos que as relações corpo a corpo entre o povo e seus magistrados, bem como entre o povo e o imperador (em particular no momento dos espetáculos), são uma tradição em Roma; Plutarco, *Sula*, 6.

[83] Tucídides, 2, 38; Aristóteles, *Ética a Nicômaco*, 8, 9, 6 (1160 A 20); Sêneca, *Tranquilidade da alma*, 17, Quintiliano, citado em n.54.

[84] Maquiavel, *O príncipe*, 21: "Além do mais, deve, nas épocas próprias do ano, dar ao povo festas e espetáculos. E como todas as cidades estão divididas em artes ou corporações de ofícios, deve ocupar-se muito destas, procurando-as algumas vezes, dar provas de afabilidade e munificiência".

espetáculo, alguma distribuição um pouco devastadora, alguma representação teatral, em suma, algum favor inspirado por sentimentos de filantropia e de munificência, devemos deixá-la, nesse momento, respirar o perfume da liberdade e da abundância.[85]

Augusto também não faltava a nenhum jogo público, pois "ele estimava que era um ato republicano se misturar aos prazeres populares";[86] a plebe fica feliz, efetivamente, quando reconhece seus gostos nos grandes homens.[87] O próprio Catão de Útica, que tinha um vivo senso político, deixou um dia o teatro para não atrapalhar o júbilo popular: a plebe desejava, com efeito, que os atores se despissem, e não ousava pedi-lo por respeito a Catão.[88] Já que os jogos eram politicamente úteis, não se deixava de lembrar que estavam de acordo com o costume dos ancestrais, a justificação suprema.[89] Uma oligarquia cujos membros parecem simplesmente ser chefes naturais não pode se fechar no quadro estreito de suas funções: já que o chefe é primeiramente um homem antes de ser um funcionário, ele deve se mostrar humano; não deve conceber sua tarefa burocraticamente. A autoridade deve mostrar que não sabe somente contrariar, que não vê os plebeus apenas como contribuintes, conscritos ou criminosos, que apresenta aspectos mais amáveis e não é

---

85 Plutarco, *Conselhos aos políticos para bem governar*, 24 (*Moralia*, 818 A-E).
86 Tácito, *Annales*, I, 54: *civile rebatur miscrei voluptatibus vulgi*; diz-se também *populare*, democrático, demagógico no sentido grego (*Histoires*, 2, 91).
87 Tácito, *Annales*, XIV, 14.
88 Célebre anedota que se lê em particular em Valério Máximo, 2, 10, 8; ver Wissowa, *Religion und Kultus*, p.197, n.9. Catão celebrava os Jogos Florais de seu amigo edil Favônio (Plutarco, *Catão, o jovem*, 46). Sobre um baixo-relevo de Castel Sant'Elia que deve ter ornado a tumba de um serviçal e representa jogos cênicos, aparece uma dançarina nua: E. Ciotti em *Bollettino d'Arte*, 1950, p.I; C. Anti, "Rilievo teatrale romano", em *Festschrift Egger*, v.1, p.189; associaremos um baixo-relevo perdido de Brixelum a esse, que eu conhecia somente por uma má descrição reproduzida no *Corpus*, XI, 1030: o novo relevo de Castel Sant'Elia permite agora compreender essa descrição.
89 Tácito, *Annales*, XIV, 21; Cícero, *Para Murena*, XXXVI, 77; ver Plínio, *História natural*, 36, 2: *indulserint publicis voluptatibus*. Sobre a ideia da necessidade de presentes para o povo, citemos o *Pseudo-Dicéarco*, 1, 2: "Em Atenas, a frequência dos espetáculos e das festas compensa a penúria de alimentos para a classe pobre que esquece sua fome ao assistir aos concursos e às procissões" (F. Pfister, "Die Reisebilder des Herakleides", em *Oesterr. Akad. Wien, Sitzungsber*, n.227, 1951). Sobre as moedas imperiais, Hilaritas e Laetitia comemoram os espetáculos imperiais em Roma (o que atribui à *laetitia* um valor concreto: "uma festa"; *laetitia theatralis* quer dizer *ludi scaenici* em *Corpus*, XI, 5283; *ob utramque laetitiam epulatus est* (quer dizer *epulum dedit*) em *Corpus*, VIII, 25935, ver 15381. Em 409, o *Código de Teodósio* ordena oferecer festas "para que esse prazer desvie o povo da tristeza" (XII, 1, 169), "para não engendrar a tristeza" (XV, 6, 2); em Benevento, o consular de Campânia "acalma o longo tédio do povo", quer dizer que ele oferece jogos depois de uma longa interrupção devido à falta de dinheiro (*Corpus*, IX, 1589).

indiferente às aspirações e à vida do povo. Já que um magistrado não deve desprezar os prazeres populares e é mais rico do que as pessoas do povo, é normal que ele pague a festa que oferece.

6. Ele paga porque é um senhor, um chefe pessoal e natural: ele pode tratar o povo como subalterno. Natural porque nasceu na classe feita para mandar; pessoal porque seu poder depende apenas dele mesmo, e não de seus eleitores; um magistrado é primeiramente um membro da ordem senatorial, um grande senhor. Já que ele é o pai de seus administrados, não é humilhante receber presentes dele.

7. Ele não é um funcionário, exceto episodicamente, durante os anos em que exerce magistraturas; essencialmente, ele é um membro perpétuo do grupo governante, um senador. Se o "curso honorífico", questura, edilidade, pretura, consulado em Roma, tivessem sido uma carreira no sentido burocrático do termo, uma subsidiária administrativa, um organograma de funções articuladas ou emaranhadas, em resumo, se essa hierarquia fosse funcional, poderia nos surpreender que os ministros das obras públicas tivessem tido, além dos deveres de seu encargo, o dever de apresentar dançarinos de rua ao povo. Nós poderíamos considerar esse pitoresco dever como o preço de sua magistratura, ou então alegaríamos a tendência das sociedades arcaicas de envolver as funções públicas e privadas de cerimonial e de ritos. Esforço inútil: não se deve justificar um ilogismo arcaico qualquer, já que não existe lógica nenhuma no curso honorífico; era uma sequência de funções, frequentemente muito técnicas e modestas, que não tinham relação nenhuma entre si e que se sucediam em uma ordem convencional. Roma não era uma burocracia; mesmo os procuradores dos altos funcionários imperiais não se sucederão conforme um percurso lógico ou mesmo uniforme. Havia um certo número de tarefas públicas a serem cumpridas: fazer justiça, conservar os edifícios públicos, editar os Jogos Apolinários, governar uma província; essas diferentes tarefas foram agrupadas ao acaso sob um certo número de magistraturas (os acasos da história são os únicos responsáveis por esses agrupamentos). Magistraturas que se encontraram organizadas em uma sucessão convencional, as que eram consideradas como as mais gloriosas, situando-se no final, como convém; por que essa arrumação em "carreira"? Por duas razões: os pleiteantes "se agitavam nos portões", que eram bastante estreitos; o povo, que queria prazeres, forçou os pleiteantes a passar sucessivamente todas as portas e a entrar no consulado somente em fim de carreira, por não comportar jogos públicos.[90] O povo não vê um funcionário

---

[90] Sobre a ligação entre os jogos e o curso honorífico, Mommsen, *Staatsrecht*, v.2, p.137; ver sobretudo Plutarco, *Sula*, 5.

encarregado de tomar conta das feiras e mercados na pessoa de um edil que exibe dançarinas nos Jogos Florais, mas vê um membro da ordem senatorial, um chefe nato; aqueles que entraram uma vez por todas nessa ordem, brigam ou disputam todo ano, pelo intermédio de seus eleitores, por um certo número de tarefas consideradas gloriosas, como os membros de uma academia ou de um clube fariam, e geralmente eles assumem cada uma das magistraturas somente uma vez em sua vida.

8. Os jogos que eles oferecem neste momento são uma espécie de festa que organizam a si mesmos para celebrar uma nova etapa de sua "carreira" e para serem bastante aplaudidos no ano em que levam para sua família uma honra cujo brilho será transmitido a seus descendentes.

9. A oligarquia senatorial tinha uma razão a mais para aceitar de bom grado a pitoresca e devastadora tarefa de editora de jogos: os espetáculos eram, para os candidatos às magistraturas, um "muro de dinheiro" que barrava o acesso ao Senado de qualquer um que não fosse rico; mais exatamente, a oligarquia não era hostil aos jogos porque bastava ter dinheiro para ultrapassar esse muro, e não necessariamente mérito; os espetáculos eram uma barreira de classe, e não uma barreira individual; o Senado era acessível somente à oligarquia e a toda a oligarquia.

Os contemporâneos eram muito conscientes desse muro de dinheiro, algumas anedotas confirmam esse fato.[91] Podemos dizer que existe convencionalmente uma "barreira" para uma função, e essa função torna-se o monopólio de uma facção, quando o critério de acesso para tal função não é funcional, quando as pessoas não são julgadas por seu "mérito", por sua capacidade em exercer a função, mas por outras vantagens: virtude, riqueza ou cultura; critérios frequentemente mais indulgentes que o mérito para que toda a facção possa ultrapassar a barreira. O fenômeno é tão difundido que me parece inútil prolongar: obra-prima das corporações do Antigo Regime,

---

91 A tradição analística conta que a edilidade curula foi criada para garantir a edição dos Grandes Jogos que o Senado havia acabado de instaurar: com os edis da plebe recusando a liturgia (*munus*, diz Tito Lívio, 6, 42) desses jogos, patrícios aceitaram encarregar-se dos mesmos, se fosse criado para eles uma edilidade curula. Dião Cássio (48, 53) conta a história de Ópios, filho de proscrito, que "queria, por causa de sua pobreza, renunciar em ser edil": mas a plebe se cotizou para fornecer-lhe os recursos para exercer os deveres de seu encargo e impedi-lo de abdicar depois de sua eleição, antes do mês no qual ele devia oferecer os jogos. No fim da República, encontrava-se uma certa dificuldade em preencher o Senado: o curso honorífico assusta devido ao seu alto custo (Dião Cássio, 54, 26 e 60, 27; Horácio, *Satires*, 2, 3, 180-186). Sob o Império, Marcial sustentará que uma mulher de um senador queria se divorciar porque seu marido havia sido nomeado pretor (10,41). Ver Gelzer, *Kleine Schriften*, v.1, p.110-112.

vestibular, cultura dos eruditos chineses, bons modos aristocráticos. O critério é às vezes tão desconcertante que temos dificuldade em admitir seu absurdo e lhe atribuímos uma finalidade imaginária; a cultura dos eruditos chineses os preparava da pior maneira possível para suas funções, imaginaremos então que os chineses tinham uma ideia de administração bem diferente da nossa, mais mundana, mais humanista, e que eles haviam determinado o programa dos exames em consequência.[92] É melhor supor, talvez, que a facção dos eruditos, depois de constituída, tenha mantido o critério inicial para se perpetuar nela e que sua "concepção da administração" seja uma consequência, e não uma causa. Em Roma, conforme o caráter específico do lugar, a barreira dos jogos tinha como compensação outro critério um pouco menos irracional, o clientelismo: era um dever, na boa sociedade, ajudar os amigos com seus próprios recursos quando eles tinham que oferecer jogos;[93] o que equivalia a um tipo de cooptação da oligarquia.

Assim, nessa sociedade autoritária na qual a oligarquia tinha o poder de controle e comandava diretamente toda a vida social,[94] os jogos de Estado se pareciam com as "salvas" que um chefe militar que sabe comandar não deixa de conceder, de vez em quando, a seus homens; um oligarca era um grande senhor, um chefe nato, que podia se permitir oferecer ao povo presentes que chocariam se viessem de um simples mandatário de seus concidadãos; ele era um membro de uma classe que geralmente governava, e não

---

92 Sentimos que Weber hesita (*Religionssoziologie*, v.1, p.408-410): a relação entre a cultura literária dos mandarins e a que solicita uma administração sã permanece obscura aos olhos modernos, Weber tende a supor que os chineses não tinham a mesma concepção da administração que nós; do mesmo modo, o argumento de E. Balazs, *La bureaucratie céleste*, p.21, é atenuado, sentimos que o historiador entende primeiramente que a relação da cultura dos mandarins com suas funções é uma relação do meio ao fim, como poderia parecer natural pensar; simplesmente, os chineses representariam esses fins diferentemente de nós... E se não fosse nada disso? Se a explicação correta fosse uma ideia, quase universalmente difundida, que condicionou milênios de ensino, ou seja, a ideia de que os graus do conhecimento são os mesmos que os do objeto conhecido? Que conhecer nobres objetos, literários, é elevar seu espírito? De repente tudo se encaixa: um homem que comanda, um mandarim, deve ser socialmente elevado; se ele é socialmente elevado, ele deve ter o espírito elevado e, para isso, deve conhecer coisas elevadas. Os chineses não têm uma ideia exótica e surpreendente da funcionalidade administrativa: eles não têm ideia nenhuma; eles projetam apenas a dignidade social, que deve ser a de todo homem que comanda.
93 Plutarco, *Bruto*, 15; Políbio, 31, 28 (Cipião paga a metade dos gladiadores de Fábio Máximo); Sêneca, *De beneficiis*, 2, 21; Friedländer, *Sittengeschichte*, v.1, p.134.
94 Por exemplo, as associações profissionais ou cultuais eram submetidas a autorização e bem vigiadas; o negócio das bacanais ilustra muito bem essa mentalidade autoritária.

um indivíduo encarregado de determinadas funções;[95] além disso, os jogos podiam ser acrescentados facilmente a essas funções com a ajuda do candor ritualizado, tanto que tais funções não se articulavam burocraticamente; a oligarquia consentiu facilmente em deixar os jogos se somarem, dessa forma, a suas tarefas, pois essa obrigação devastadora confirmava essa ordem na detenção exclusiva do poder, ou até mesmo lhe deixava a faculdade de levantar e abaixar a barreira de acordo com a sua vontade.

Acrescentemos que, sob o Império, os jogos terão ainda mais importância aos olhos de seus editores do que sob a República, porque as magistraturas serão encargos honoríficos. A carreira senatorial, nessa época, compreende efetivamente funções efetivas, comandos de legiões, governo de províncias que se exercem fora da Itália e que se alternam com as antigas magistraturas exercidas na própria cidade de Roma, que são simplesmente representativas e cujos jogos são o apogeu: no Baixo Império, os dípticos de marfim que os cônsules mandam gravar para comemorar suas altas funções carregam, às vezes, como emblema de seu consulado, a imagem de seus jogos com o cônsul dando o sinal de largada;[96] reconhecemos o habitual candor romano em termos de tradições e de gestos cerimoniais.

A essas magistraturas gratuitas e onerosas, que são apenas sinecuras honoríficas, opõem-se as funções efetivas da prefeitura de Roma[97] aos procuradores, que recebem subsídios e não oferecem jogos. As magistraturas conservarão uma parte de seu prestígio graças à antiguidade de sua tradição e ao brilho social daqueles que as assumem, os jogos devastadores[98] serão o preço a pagar; jogos que perderam toda a importância eleitoral, já que não

---

95 Acrescentemos que ordinariamente são os diletantes que não entendem nada dos negócios e os aprendem, quando aprendem, de seus subordinados. "Os escriturários do Tesouro público, que tinham em suas mãos os registros e o texto das leis, aproveitaram-se da inexperiência e da ignorância dos jovens questores que precisavam de mestres para saber o que eles deveriam fazer; eles não o deixaram nenhuma autoridade, eles eram os verdadeiros questores" (Plutarco, *Catão, o jovem*, 16); ver Eduard Meyer, *Caesars Monarchie und das Prinzipat des Pompejus*, p.331, n.1.
96 Díptico de Boécio: R. Delbrück, *Die Consulardiptychen*, De Gruyter, 1929, n.7, p.103 e pl. 7; W. F. Volback, *Elfenbeinarbeiten der Spätantike und des frühen Mittelalters*, Mayence, 1952, n.6, p.24 e pl. 2; ver também H. Stero, *Le Calendrier de 354*, Geuthner, 1953, p.157.
97 Jean Lydus, *De magistratibus*, 2, 8 (p.173 Bekker): "A prefeitura governa toda a cidade sem pagar nada com seu próprio dinheiro (οἴχοθεν) e administrando, ao contrário, o Tesouro; o consulado, por sua vez, faz os cidadãos usufruírem de uma profunda riqueza que retira de seus próprios recursos".
98 Sobre o custo, Friedländer, *Sittengeschichte*, v.2, p.12; E. Kuhn, *Städtische und bürgerliche Verfassung*, 1864, v.1, p.204 et seq.

são realizadas eleições populares sob o Império e os magistrados são nomeados pelo Senado e pelo príncipe.

3. Presentes simbólicos

Existem presentes que são formas de cortesia: eles são um meio que um protetor possui para transmitir a seu protegido o sentimento de uma relação de igualdade; assim, o protegido aceita mais facilmente a proteção de seu senhor. Seria injusto concluir disso que os presentes eram o valor da compra de sua consciência. Injustiça que os antigos e os modernos algumas vezes cometem.

As consciências não estão à venda

Sob a República, os jogos e os presentes de todo tipo desempenham um papel capital, ou pelo menos aparente, nas eleições e em toda a vida política de Roma: devemos falar de corrupção? Ou invocar o *potlatch*? Seria ainda melhor dizer duas coisas mais precisas: 1°) Nas eleições, a "corrupção", os jogos, os presentes ou o clientelismo, os interesses individuais ou locais, desempenhavam um papel decisivo somente na ausência de interesses mais amplos ou mais urgentes; nessa ausência, era importante para cada candidato ser eleito, porém, para os eleitores, pouco importava que candidato seria eleito. 2°) Na vida política ordinária, os presentes não eram um preço de compra das consciências, mas um gesto simbólico cujo papel era comparável ao que exerce, na França, um buquê de flores ou uma joia nos relacionamentos galantes. Vamos ver, então, que os presentes tinham sobretudo um caráter simbólico.

A plebe romana era muito cobiçada: recebia presentes de todos os lados; os candidatos a uma grande carreira política não lhe declaravam suas pretensões sem antes oferecer um presente qualquer. Contudo, apesar de esses presentes serem necessários – ou quase –, eles não eram suficientes, levando-se em conta que quase nenhum aspirante estava dispensado de tal gesto; a plebe então acabava por consultar seu coração para atribuir sua preferência, a menos que relações de força lhe impusessem um senhor que lhe oferecesse presentes para ser obedecido de bom grado, e não contrariado. Em todo caso, a plebe não se vendia a quem oferecesse mais.

Lemos em *La Vie de César* [A vida de César], de Nicolas de Damas, o que o adolescente Otaviano fez no dia seguinte das Ides de Março. Na abertura do testamento do ditador assassinado, sabíamos que ele havia adotado um de seus sobrinhos, até então pouco conhecido, um jovem de 18 anos que se chamava Otaviano, deixando-lhe sua gigantesca fortuna, instrumento necessário e quase suficiente para uma carreira resplandecente, em uma época em que a monarquia pairava no ar e um punhado de magnatas brigava pelo poder absoluto. Esse jovem estudava então na cidade grega de Apolônia, na costa albanesa; ele decidiu agarrar seu destino com suas mãos, apesar dos conselhos de seu sogro, e ousou se arriscar em Roma, onde, com a habitual confusão da vida política nessa época, os magistrados, os tribunos, o Senado e os partidos travavam uma guerrilha política de todos contra todos.

Otaviano tinha um motivo e um pretexto, a vingança: ele tinha o dever de vingar o assassinato daquele que se tornou seu pai; sabemos que os oligarcas consideravam a vida política uma arena privada na qual eles defendiam sua honra. Otaviano podia, além disso, desejar "que a morte de César fosse vingada por todos aqueles que, vivos, haviam compartilhado sua fortuna, por aqueles que ele havia incentivado às honras e à riqueza"; esse partido cesariano, formado de antigos soldados do ditador, de muitos plebeus e de todos os vencidos em trinta anos de guerrilha política, também não separava a arena privada e o espaço público: o herdeiro do nome e da fortuna de César tornava-se, a seus olhos, seu chefe a título hereditário. Otaviano herdava virtualmente os corações dos cesarianos; faltava-lhe tomar posse dessa herança, fazer sua declaração ao povo romano. Os jogos públicos e suas manifestações políticas lhe dariam a oportunidade. Ele tenta em vão transformar os Jogos da Vênus vitoriosa em manifestação monarquista; ele consegue ao menos fazer que o aclamem:

> Quando penetrou no teatro, ele foi recebido pelos numerosos aplausos do povo e dos soldados de seu pai; esses aplausos, que se repetiram durante toda a duração do espetáculo, mostravam claramente as boas disposições da plebe para com ele. Ele mandou distribuir dinheiro ao povo, o que fez que ganhasse a aprovação geral.

Ele se esforçou muito para comprar o coração do povo: mas ele já o tinha sem pagar nada.

Temos então o partido de César com dois chefes à sua frente: o jovem Otaviano, herdeiro legítimo, e o hábil e brilhante Antônio, que deveria, em boa lógica, destruir seu rival antes que fosse tarde demais. Tendo refletido sobre isso, Otaviano "decidiu se refugiar junto aos colonos a quem seu pai, César, havia distribuído terras e nas cidades que haviam sido fundadadas para eles; ele planejava lembrar aos colonos as beneficências de César e, lamentando o triste fim desse grande homem e de seu próprio destino, encontrar, neles, auxiliares, conquistando-os com distribuição de dinheiro". Ele ganha, dessa forma, as cidades de Campânia, que "o receberam e o trataram com grandes honras, como o filho de seu evérgeta; no dia seguinte, ele fala francamente à população, contando-lhes a injustiça da morte de seu pai e todas as armadilhas com as quais tentavam interceptá-lo, e consegue o comprometimento dos soldados à sua causa. Enquanto ele falava, os notáveis do conselho municipal fingiam não ouvi-lo, mas a plebe lhe demonstrava extrema prontidão e benevolência; emocionada pela piedade, ela encoraja Otaviano, com repetidos clamores, e promete ajudá-lo e não negligenciar em nada para que ele recupere as honras de seu pai. Otaviano os convocou em sua casa e mandou distribuir 2 mil sestércios para cada um"; esse presente sela simbolicamente o contrato, mas não é o preço da devoção; escrever, como Plutarco o fez, que Otaviano "atraiu muitos veteranos de César para seu partido com presentes"[99] seria caricaturar a realidade.

Os presentes acompanham tradicionalmente as declarações e os acordos; como os envios de flores em nossa sociedade, eles possuem quatro funções: satisfação, anúncio, símbolo e indício; eles são, em si, um objeto que tem seu valor; anunciam que o doador tem algumas intenções; simbolizam a atitude generosa ou deferente que se manifesta em relação ao donatário e mostram que ele compartilha, nessa área, os princípios que os aspirantes rivais por sua vez também professaram; enfim, como o modo de se dar vale mais do que o que se dá, os presentes indicam parcialmente as particularidades individuais ou as preferências políticas do candidato. Os oligarcas romanos distribuíam, assim, de vez em quando, dinheiro à plebe e até mesmo, ao morrerem, deixavam como legado uma quantia que devia ser repartida entre todos os cidadãos de Roma.[100] Pois as relações de bons procedimentos mútuos não paravam com a vida, tanto que o costume previa que toda a oligarquia deixasse como legado quantias substanciais a todos os seus amigos; havia, assim, incessantes transferências de riqueza que praticamente se compensavam, cada família recebendo mais ou menos o tanto de legados que havia feito.[101]

---

99 Plutarco, *Bruto*, 22.
100 César legou ao povo de Roma 300 sestércios por cabeça e seus jardins além do Tigre (Suetônio, César, 83; *Res gestae*, 15, 1; *Fastes d'Ostie*, ano de 44; sobre os jardins, P. Grimal, *Les Jardins romanis*, p.121 e 196, e o fragmento dos faustos de Cupra Maritima estudado por G. V. Gentili em *Epigraphica*, X, 1948, p.136-142).
101 Encontraremos exemplos desse fato em Marquardt, *Staatsverwaltung*, v.2, p.294; Hirschfeld, *Verwaltungsbeatmten*, p.110; Friedländer, *Sittengeschichte*, v.1, p.135. Antônio recrimina Cícero, mentirosamente, dizendo que, por ser muito pouco amável, ninguém nunca lhe deixou legados (Cícero, *Philippiques*, 2, 16, 40); Cina, o conspirador agraciado, legará a

O que os presentes simbolizam

Os negócios eram realizados acompanhados de presentes simbólicos somente se as duas partes fossem independentes uma da outra; um eleito só podia oferecer presentes de modo decente a seus mandados se não os considerasse simplesmente como sua sombra: não vimos acima que os magistrados romanos não se consideravam mandatários de seus eleitores? Quando duas partes tratam somente do preço de um presente simbólico, uma considera que tem autonomia ou que seus interesses não se misturam com os da outra. Estaríamos errados em pensar que os presentes oferecidos aos eleitores eram, em Roma, uma homenagem ao povo soberano; era o inverso que ocorria; o candidato não teria oferecido presentes se não ficasse claro que sua autoridade lhe pertencia como uma espécie de propriedade privada, e que ele não era o servidor de seus concidadãos; o poder representava seu interesse pessoal, e não uma missão que ele exerceria para seus mandados: ele buscava o aumento de sua honra (*dignitas*), um título de glória. Pois o poder era um benefício que se recebia do povo romano, cujos sufrágios eram favores prestados ao candidato.[102] As duas partes eram independentes: o candidato poderia não ser eleito, pois o povo não lhe devia nada, mas se ele o fosse, o povo não teria direitos sobre ele. Já que as partes eram independentes, a eleição se parecia com uma negociação e é precisamente por isso que o solicitante vinha acompanhado de presentes simbólicos: esses presentes estabeleciam, em princípio, que em torno do tapete verde deveria reinar a deferência para ficar mais bem marcado que o negócio não será resolvido puramente conforme as relações de força. Então, os candidatos negociavam

---

Augusto todos os seus bens (Sêneca, *La Clémence*, 16); foi um tapa que Sula deu em Pompeu, a título póstumo, não lhe legando nada (Plutarco, *Sula*, 38; *Pompeu*, 15). O que explica o tema dos caçadores de testamento na sátira e a diatribe. Esses legados de vez em quando eram feitos com a condição de o legatário tomar o nome do testador (*A Ático*, VII, 8), o que explica sem dúvida algumas particularidades do sistema onomástico romano sob o Império. A consciência coletiva culpava muito a ingratidão de um defunto que não tinha legado nada àqueles a quem ele devia reconhecimento: os capítulos 8 e 9 do livro VII de Valério Máximo são esclarecedores a esse respeito. Sabemos como o direito fiscal exigia oficiais primípilos que legassem ao imperador, à "benfeitoria" da qual eles deviam seu progresso, sob pena de ver seu testamento invalidado por "ingratidão": ler precisamente a história de Mário de Urbino em Valério Máximo, VII, 8, 6 (9, 2); o personagem é conhecido (*Corpus*, XI, 6058; A. Von Premerstein, *Vom Werden und Wesen des Prinzipats*, p.105). Sobre os testamentos ingratos para com o imperador, Marquardt, *Staatsverwaltung*, v.2, p.294 (acrescentar Petrônio, 76, 2); Hirschfeld, *Verwaltungsbeamten*, p.110 e *Kleine Schriften*, p.516; J. Gaudemet, "Testamenta ingrata et peitas Augusti", em *Studi in onore di Arangio-Ruiz*, v.3, p.115; R. S. Rogers em *Transactions of the American Philological Association*, 1947, p.140.

102 Cícero, *Pro Cluentio*, 150; *Pro Plancio*, 12; *Sobre a lei agrária*, 2, 2; Salluste, *Jugurtha*, 85, 3.

gentilmente com seus eleitores, em vez de esperar estoicamente a decisão do povo soberano.

Essa relação estabelecida com o eleitorado se manifestava também com o povo inteiro: os presentes simbólicos atribuíam um estilo gentilmente condescendente às relações entre a oligarquia e a plebe. Fica faltando compreender por que os homens políticos, desde os simples candidatos até um César ou um Otaviano, pareciam dar tanta importância à plebe: que força política a plebe tinha então? É difícil responder a essa pergunta capital. Os meios e os fins da política se reduziriam às relações de força e aos interesses materiais? À procura de segurança, de prosperidade e dos meios de garantir ambos racionalmente?

Para os oligarcas, era naturalmente importante se tornar popular para que, nas assembleias tributas, os tribunos da plebe não pudessem manobrar a arraia-miúda contra eles, e que um tribuno aliado pudesse mais facilmente convencer que adotassem uma lei em seu favor. No último século da República, os magnatas que dominaram a vida política com sua riqueza, seu prestígio, seu clientelismo político, um Pompeu, um César, sonham apenas com comandos extraordinários no Império: as províncias, com as quais a oligarquia senatorial, com sua ótica estreitamente romana, se preocupava menos do que com os combates do Fórum, serviam, em compensação, de arena e de trampolim para os magnatas. Ora, é significativo que as leis que concedem poderes extraordinários à Pompeu (*lex Gabinia, lex Manilia, rogatio Messia*) e ao "primeiro triunvirato" (*lex Vatinia, lex Trebonia*) no Império tenham todas sido votadas nas assembleias da plebe sob proposições dos tribunos. Era importante, então, ganhar o coração da plebe.

Mas podemos acreditar que os homens políticos visavam somente a esse objetivo interessado com os presentes e o faziam com precisão? Que eles tentavam seduzir não todo o povo romano, mas apenas aqueles cujos sufrágios ou músculos eram relevantes nos votos ou nas brigas do fórum? Que eles não almejavam a popularidade em si, nem mesmo com os pobres coitados que não lhes podiam ser úteis, mas apenas queriam despertar admiração? Não é agradável, quando se tem ciência do próprio poder, ser hostilizado na rua por uma multidão assoviando, mesmo se o desprezo dessa multidão for impotente e, aos olhos de um espírito positivo, não tenha consequências. Em outras palavras, os presentes dos homens políticos visavam a uma satisfação irracional, se preferirmos assim, em todo caso irredutível, que não era o poder, mas o prestígio; o evergetismo permaneceria incompreensível se não admitíssemos que, dentre os possíveis conteúdos da distância social, o prestígio aparecesse a título tão irredutível quanto o poder ou os interesses de classe. O poder é pouca coisa sem o prestígio, pois governar não é somente obter do outro os resultados almejados: poucos homens são suficientemente positivos para se contentar com essa satisfação substancial; ainda se quer governar os sentimentos cuja obediência externa é apenas uma expressão, se quer reinar nos corações. Para Hume:

> Se admitíssemos a possibilidade de fabricar estátuas com um mecanismo suficientemente admirável para que elas pudessem se mover de acordo com os comandos de nossa vontade, sua detenção proporcionaria evidentemente prazer e orgulho, mas não no mesmo grau que a autoridade exercida sobre seres sensíveis e razoáveis.

Governar era convencer todo o povo romano, votante ou não, porque, como ator da política,[103] era ele que marcava legitimamente o coração dos admiradores. Os oligarcas eram evérgetas não por um cálculo maquiavélico, mas porque o outro não é um *aliud*, uma coisa, mas um *alter ego*. Ou melhor, o poder não é somente exercício, ele é também prestígio e relação com o outro.

O evergetismo em questão não era mesquinhamente racional em seus objetivos. Além disso, ele se realizava por vias simbólicas: os presentes não compravam a popularidade, não a ofereciam embrulhada como uma mercadoria corruptível, mas facilitavam a sedução e selavam ritualmente um acordo, como um aperto de mãos em uma negociação. Podemos dizer essas mesmas coisas sobre outros presentes simbólicos: os dons que os patrões faziam a seus clientes, as distribuições de dinheiro que os oligarcas faziam à plebe de Roma (os "congiários") ou a suas tropas (os *donativa*), e cuja tradição será mantida pelos imperadores. Talvez fosse conveniente estudá-los conjuntamente. Distinguimos cuidadosamente satisfações substanciais que às vezes a oligarquia sabia arrancar de si mesma: durante a conjuração de Catilina, Catão, vendo que César tentava incitar a população modesta, persuadiu o Senado a ressuscitar o pão do Estado instituído outrora pelos gregos: essa liberalidade, dizem, pôs um término à agitação.[104] Por que não? Ela satisfazia a plebe. Mas uma coisa é garantir mensalmente a perpetuidade do pão cotidiano a toda a população, outra é distribuir de uma vez só o equivalente a alguns meses do mínimo necessário ou dar ao povo alguns dias de

---

103 Exceto quando um oligarca, desinteressando-se da política que se faz no Senado e no Fórum de Roma, vai buscar aventuras no Império para encontrar, ali, uma arena e construir uma espécie de reino: a política filelênica de Lúculo deveria ser estudada sob esse ponto de vista. Os imperadores romanos, que são muito menos ligados a Roma e ao Senado do que os oligarcas, manifestarão um interesse muito mais direto nas províncias: a política de Lúculo é a prefiguração de tal fato.
104 Plutarco, *César*, 8; *Catão, o jovem*, 26; *Conselhos políticos*, 24.

espetáculo: esses presentes são simplesmente gestos. No entanto, parece, se nos basearmos nos textos, que tiveram uma grande eficácia: a literatura oligárquica insiste nisso, a plebe se vendia; afirmação que prova, no máximo, que a agressiva polêmica é mais difundida do que o seu sentido sociológico. Mas não vamos cair no excesso oposto; o fato de um presente simbólico ser provido de eficácia não nos permite concluir que os símbolos valem a realidade: as pessoas não estimulam o princípio do prazer até que ambos tenham o mesmo valor; concluímos simplesmente que o símbolo pode, na estrutura considerada, desempenhar um papel visível, mas ainda assim simbólico: o doador receberá em troca proporcionalmente o que doou, e não mais que isso.

Devemos distinguir dois casos: no primeiro, o doador e o beneficiário já são ligados por um laço qualquer: patrão e cliente, general e soldado, e, no segundo, eles ainda não têm nenhuma ligação, apesar de a possibilidade já estar esboçada em seus corações ou nas relações de força. Nesse segundo caso, o presente simplesmente propõe ou sela o estabelecimento dos laços: Otaviano firmou, assim, um acordo político com os veteranos a quem seu pai havia doado terras, que teriam as mesmas razões para desejar o triunfo do partido de César que os compradores de bens nacionais tiveram em desejar o sucesso da Revolução Francesa. No primeiro caso, os presentes não são o preço da ligação: um cliente não se vende eternamente a um patrão por 30 denários; eles simbolizam apenas o fato de que a autoridade do patrão não é incondicional e que as duas partes devem encontrar, nessa relação, um interesse comum.

> No momento das eleições, o candidato oferece à sua clientela presentes em forma de produtos ou de dinheiro líquido, mas o que seria corrupção em uma sociedade evoluída é aqui somente o efeito legítimo das relações de solidariedade pessoal que unem o chefe e seus clientes; o chefe não compra os votos: eles são adquiridos por ele.

Essas linhas não foram escritas em referência às eleições romanas, mas às eleições brasileiras de 1958, descrevendo o modo como aconteceram nas províncias onde predomina o "coronelismo" dos latifundiários.[105] Os pequenos presentes entretinham o clientelismo, que consistia frequentemente em uma troca de favores escalonados no tempo: para manter a obrigação de retribuir o favor recebido, era necessário instituir uma ligação de afeto entre o protetor e o protegido e que esse afeto fosse simbolizado por pequenos presentes que pareciam criá-lo, mas que simplesmente mantinham a amizade e a

---

105 J. Lambert, *Amérique latine: structrures sociales et institutions politiques*, PUF, 1963, p.211-213.

lembrança do favor à espera de sua recompensa. É somente quando eu pago à vista um favor prestado e não pretendo manter um negócio mais prolongado com meu parceiro que posso considerar que não lhe devo mais nada e que ele é não meu benfeitor, mas um vendedor. Um gesto nobre, mesmo pouco valorizado, parece criar, para mim, o dever de não ser ingrato e me obrigar a dar muito em troca ("ele me deu pouco, mas o fez tão gentilmente que não posso decentemente lhe recusar mais nada, senão parecerei um ingrato"); é pelo efeito de uma ilusão: esqueço que já tenho uma ligação duradoura com meu benfeitor que me proporciona satisfações mais substanciais; senão, eu acharia que meu pretenso benfeitor me considera um idiota. O presente simbólico acrescenta a essa ligação preexistente um suplemento de autoridade real, mas cujo valor permanece proporcional ao presente: o patrão que trata bem seus empregados pode pedir, de vez em quando, a sua secretária que fique meia hora a mais depois do fechamento dos escritórios, afinal, ela pode "fazer isso por ele".

O "donativum"

Em todo caso, o presente simbólico acontece apenas quando as duas partes possuem interesses independentes e uma não deve à outra uma obediência regulamentar. Foi assim que foram estabelecidas as relações entre os soldados romanos e seus generais desde o fim do século III antes da nossa era; a anedota é conhecida: enviado como questor junto ao general Cipião durante a campanha da África, o velho Catão percebeu que seu chefe implementava sua habitual prodigalidade e distribuía a suas tropas, de forma negligente, os denários do Estado; ele se zangou e lhe recriminou por prejudicar o moral das tropas e a disciplina.[106] No entanto, Cipião não comprava suas tropas: ele assumia simplesmente o fato de que seus soldados se sentiam fiéis a seu general, e não aos defensores da República, o que Catão não compreendia ou não queria compreender. Dessa forma, os exércitos de guerras civis dividirão o Estado, brigando entre si por seus respectivos generais; a ligação pessoal dos soldados com seus chefes ficará marcada por traços que pouco expressam a obediência passiva que se acreditaria ser a regra em termos de disciplina militar: os generais concedem *donativa* a suas tropas, deixando-as saquear as cidades.[107] Certa vez, algumas tropas se recusaram a marchar: então o general foi pessoalmente pedir a seus homens, barraca por barraca,

---

106 Plutarco, *Catão, o velho*, 3.
107 Id., *Bruto*, 46.

segurando suas mãos e chorando;[108] esse general havia cometido o erro "de ter investido muito pouco em fazer que seus soldados gostassem dele, convencido de que as complacências de um chefe para com seus subordinados desonravam e arruinavam sua autoridade".[109] Quanto aos *donativa*, essas distribuições de dinheiro aos soldados representavam a origem das recompensas militares; a partir da época de Cipião, elas perderam essa característica, multiplicando-se e tornando-se presentes do chefe para seus homens.

Tudo isso não quer dizer que os generais romanos tenham se tornado chefes de bando (são, ainda por um bom século, oficiais regularmente nomeados pela República, à qual eles obedecem fielmente), mas isso prova que os soldados não são mais cidadãos: eles têm uma sensibilidade de profissionais; a anedota do chefe que pede a seus homens é reveladora: ela não seria inacreditável nos exércitos napoleônicos. Entre profissionais, a obediência se situa além do alvará do regulamento; o soldado se casa com sua profissão; e já que todos, homens e chefes, têm a mesma profissão, o mesmo ideal do bem do serviço e a mesma linguagem, as recusas de obediência não ameaçam os princípios: elas não ultrapassam o ponto de detalhe a que se referem. Um general pode então suplicar a seus homens sem destruir sua autoridade, já que ela não é contestada, e os homens mantêm a confiança e a estima que os especialistas de todas as profissões sentem uns pelos outros e por seu chefe que chora.

Os soldados se tornaram profissionais, mas infelizmente eles viviam em uma sociedade em que não existia a noção de profissão assalariada e de funcionários: em compensação, os soldados exigiam esses presentes simbólicos, os *donativa*, responsáveis pela crença de que esses profissionais eram mercenários, o que é calunioso. A sombra das guerras civis não se desenha

---

108 Id., *Lucullus*, 35; *Pompeu*, 3. A disciplina militar daqueles tempos não se parecia nada com a nossa e não tinha nada regulamentado; os soldados dialogam com seu general e suplicam-lhe desesperadamente (*Pompeu*, 41). Os chefes suplicam a seus homens, distribuem-lhes presentes e também não hesitam em dizimá-los sem mais nem menos (Suetônio, *César*, 65-70; *Augusto*, 24), pois quem bem ama, bem castiga: para uma autoridade que era mais paternalista do que regulamentar, se fazer respeitar era se fazer amar. O mesmo ocorrerá, sob o Império, com as relações de Córbulo e suas tropas (Tácito, *Annales*). É característico que um chefe militar romano possa suplicar a suas tropas, ou deixar que elas lhe supliquem (Córbulo), sem perder sua autoridade; se isso acontecesse em um exército moderno, seria o sinal de que esse exército está em plena dissolução; em Roma, não era assim: a obediência tinha sempre algo de familiar.

109 Plutarco, *Lucullus*, 33; sobre a evolução dos *donativa*, da recompensa militar a um presente feito a seus soldados-clientes, J. Harmand, *L'Armée et le soldat à Rome* de 107 a 50; Paris, Picard, 1967, p.468; ver H. Delbrück, *Geschichte der Kriegskunst*, 3.ed., reimpresso em 1964, De Gruyter, v.1, p.389.

necessariamente por trás dos *donativa*; os soldados tinham uma relação pessoal com seu chefe e o chefe, por sua vez, conservava com o Estado uma relação regulamentar: as guerras civis serão testemunhas da alteração da segunda relação, e não decorrem da primeira. Os soldados não se vendem por dinheiro a qualquer um que aparece: eles recebem como chefe o senador que a República lhes envia; contudo, não compreendiam quando o chefe regulamentar não estabelecia uma ligação pessoal com eles. Inclusive, na época das guerras civis, eles preferiram frequentemente seus chefes às autoridades regulares; mas toda corporação fez a mesma coisa, com ou sem *donativa*: é como repetir, sob uma outra forma, que esses soldados eram especialistas, e não cidadãos mobilizados. Não vamos definir um fenômeno de estreiteza profissional, de pedantismo, como uma atitude de "clientelismo": da mesma forma que os soldados não se vendiam a quem oferecesse mais, não eram esses profissionais que escolhiam seu próprio chefe. Resta verificar de onde vinha essa profissionalização do serviço militar e por que a estrutura objetiva da profissão se duplicava com uma estrutura simbólica. Os especialistas da história militar e da demografia, Hans Delbrück e P. A. Brunt, mostraram muito bem: entre as cidades antigas, Roma distingue-se por um índice de mobilização excepcionalmente alto, que alcançara normalmente um décimo dos cidadãos adultos e chegara até mesmo a aproximadamente um quinto, durante o segundo século (equivalente ao da França napoleônica no que se refere à ordem de grandeza; sob nossos Antigos Regimes, ao contrário, o índice era somente de um quinquagésimo das pessoas do sexo masculino). Além disso, havia guerras quase o ano inteiro. Parece-me claro que deviam ser, a cada ano, sempre os mesmos homens que iam para a guerra: era de seu interesse, pois eles não tinham mais nenhuma outra profissão, e era também do interesse dos generais, que evidentemente preferiam recrutar homens já treinados. Uma primeira consequência dessa lógica foi a agricultura escravagista: escravos tomaram o lugar dos cidadãos que se tornaram soldados, e o sistema de plantação se desenvolveu em detrimento da grande propriedade. Uma outra consequência foi que as antigas legiões de cidadãos se tornaram legiões de semiprofissionais ou de profissionais; em outras palavras, não eram legiões de mercenários que alugavam seus serviços a um chefe sem consideração pela nacionalidade, mas legiões de funcionários que exerciam um serviço público que lhes permitia viver.

Contudo, a ideia de serviço público não existia, ou melhor, não havia a crença de que ele pudesse ser exercido por dinheiro: o Estado romano tinha magistrados a quem não pagava e escravos que havia comprado; os soldados são pagos e não querem passar por escravos. Quando o descontente Napoleão recebia seu salário, ele se considerava um homem livre: ele recebia o salário justo por seu esforço, pois ele e a pátria tinham, ambos, honrado seu contrato; o descontente podia ter uma boa autoestima. Os legionários romanos, para poder estimar a si mesmos, precisavam ser lembrados, através dos *donativa*, de que eles não eram escravos públicos.

Eleições, clientelismo, política, exército: os dons simbólicos estavam presentes por todos os lugares na civilização romana. Não que o dom tivesse a forma primitiva da troca; ao contrário, os presentes revelam que a troca, ou melhor, o mercado, tinha muito menos importância do que nos dias de hoje (o mercado de trabalho, em particular); o direito e o regulamento já não tinham tanta importância: as relações pessoais eram mais fortes. Por exemplo, veremos patrões terem como clientes um arquiteto ou um sapateiro, que dedicarão o melhor de seus cuidados ao senhor; "em troca", o senhor os alimentará todos os dias que os deuses permitirem. Talvez o senhor ganhe algo com isso, talvez, ao contrário, ele alimente seu arquiteto para não fazer nada; em todo caso, o alimento será o pagamento do trabalho do arquiteto, mas o senhor não compra esse trabalho pelo preço que teria pago no mercado: ele estabelece, entre ele e seu cliente, uma ligação pessoal afetiva para justificar a continuidade de suas relações e, de vez em quando, pequenos presentes mútuos simbolizarão esses laços e parecerão mantê-los.[110]

Duplo funcionamento da sociedade romana

O dom se encontrava por todos os lugares porque, sob a ficção da legalidade e do serviço do Estado, concebia-se a organização dos indivíduos somente sob a forma de relações interpessoais:[111] relações de parentesco, de

---

110 Quando a técnica é rudimentar e a produção é insuficiente, o produtor pouco produtivo ainda é necessário à subsistência da coletividade, mesmo se seu rendimento é baixo; o equilíbrio não se fixa na margem inferior e o produtor subprodutivo é alimentado por outros recursos além dos seus; ver K. Wicksell, *Lectures on Political Economy*, edição Robbins, v.1, p.143; N. Georgescu-Roegen, *La Science Économique*, Dunod, 1970, p.262 e 268; J. Ullmo, "Recherches sur l'équilibre économique", em *Annales de l'Institut Henri-Poincaré*, v.8, fascículo 1, p.6-7 e 39-40.

111 Preferimos falar de relações interpessoais, ou não regulamentares, em vez de clientelismo. O estudo fundamental é o de M. Gelzer, "Die Nobilität der römischen Republik", em seus *Kleine Schriften*, v.1, p.17-135, do qual existe uma tradução em inglês, *The Roman Nobility*, 1969. Sobre a amizade, ver a análise relativizada de P. A. Brunt, "Amicitia in the late Roman Republic", em *Proceedings of the Cambridge Philological Society*, XI, 1965, p.1-20. Poucos estudos são tão difíceis como os das relações interpessoais em Roma, pois: 1) os sentimentos induzidos e os sentimentos de eleição misturam-se nessas relações de um modo tão pouco higiênico quanto inextricável para os próprios interessados: "amizade" quer dizer, ao mesmo tempo, ou segundo as circunstâncias, amizade e clientelismo; 2) além das relações

amizade, laços formais de clientelismo, "clientelismo" no sentido vago da palavra, ou seja, troca de favores em uma determinada circunstância, ou laços de dependência habitual com um "cacique" local ou com um general etc. O leitor moderno que folheia a correspondência ou os argumentos de defesa de Cícero acreditaria ter sido transportado para a Córsega ou para a Sicília dos dias de hoje, onde, por trás da fachada institucional, a política e toda a vida social são comandadas por relações não legalizadas entre indivíduos ou grupos, carregadas de símbolos de afetividade devido a seu caráter não regulamentar, e na qual a ideia abstrata de legalidade é afirmada, até mesmo compreendida, mas muito pouco instaurada na prática no que se refere às eleições ou ao vestibular.

Os membros da oligarquia governante estavam incessantemente divididos entre o que deviam ao Estado e o que deviam a seus "amigos", entre seu dever de cidadão e seus deveres interindividuais, seus *officia*; nessa época, uma variedade do tipo epistolar era a carta na qual se pediam desculpas por ter sacrificado um dever pelo outro: "Em nossas guerras civis", escreve Cícero para um de seus correspondentes,

---

interpessoais, existem *também* conflitos de interesses políticos e sociais: os partidos ou os grupos não eram apenas uniões de interesses pessoais. É uma situação na qual o pior e o melhor caminham juntos: nobres pretextos estatais escondem cálculos pessoais e, inversamente, fins desinteressados devem, correndo o risco de ineficácia, compor com as combinações mais estranhas. E toda tomada de posição política acompanha-se de exceções pessoais: mesmo se a pessoa é *optimate*, ela pode abrir exceções para tal membro do partido oposto, por ele ser um amigo ou porque precisa dele para a carreira. No fim, os próprios interessados não se reconhecem mais nessas relações. Quem quer que tenha a menor experiência das lutas de clãs e das relações de clientelismo em um meio, qualquer que seja, cuja atividade vise a um objetivo supraindividual sem que um regulamento organize as relações interindividuais e as promoções, compreenderá isso muito bem (enfim, nunca foi dito que esse sistema de promoção, no qual se constrói uma carreira pela artimanha ou pela espada, é *sempre* o pior: efetivamente, as qualidades que podem permitir triunfar nessa luta podem ser as mesmas que permitem servir o fim ideal). Em todo caso, nessa área, tudo é verdade simultaneamente, tudo está na relativização e nenhum dilema ("ligas individuais" ou "partidos políticos") é categórico; e entende-se por que: Roma tinha tantos centros de interesse diferentes (interesses privados, luta de classes, opções políticas etc.), quanto as outras sociedades; contudo, todos esses interesses tomavam um mesmo e único veículo, as relações interindividuais, que se encontravam finalmente marcadas por uma extraordinária plurifuncionalidade: a própria vida econômica era absorvida, em parte, pelos laços interindividuais (como era em Nápoles, recentemente; quem quer que tenha vivido ali sabe que, se alguém precisasse de um colchão, obras de Croce ou de um táxi, podia obtê-los de duas maneiras: dirigir-se ao comerciante competente ou recorrer a suas próprias relações, essa segunda maneira sendo a mais onerosa e a mais distinta).

eu não fui um adepto de César: eu me contentei em não abandoná-lo como amigo, mesmo que o fundo da história tenha me desagradado; aceitei o cargo de comissário nos Jogos para Otaviano: mas esse é um serviço privado que eu prestei a ele e não tem nada a ver com a política.

Felizes são aqueles que, como Cícero, podiam, na pessoa de um herói como Pompeu, conciliar os cuidados de sua amizade e os da República![112]

A vida política romana tinha como atores algumas dezenas ou algumas centenas de pequenos soberanos, magistrados, tribunos e senadores; cada um deles, que permanecia livre para "agir", só podia durar ou simplesmente exercer seus poderes se recebesse o apoio de um certo número de seus pares, em troca de alguma compensação. Todo mundo dependia de todo mundo, tanto que as trocas de favores acabavam paralisando as relações legais, que somente Catão queria levar a sério; Pompeu tinha acabado de fazer que votassem uma lei contra a corrupção eleitoral e uma outra contra as tentativas de influenciar os tribunais, mas foi o primeiro a violá-las pública e deliberadamente:[113] mas será que ele poderia não ter ajudado seu sogro e um de seus protegidos? Para quem acabou de ler a correspondência de Cícero, as nobres frases que o autor escreve sobre o Estado em seus tratados filosóficos parecem irreais; pensamos nesses países do Terceiro Mundo que copiam instituições ocidentais em uma sociedade diferente e que, por isso, não podem funcionar.

Sejam simbólicos ou mais substanciais, os presentes provam, em todo caso, que a vida coletiva romana não funcionava conforme o regulamento e o mercado; e provam também que, nos últimos séculos da República, essa sociedade tinha se tornado menos autoritária: oligarcas e generais oferecem presentes porque seus eleitores e seus soldados não se encontram mais completamente sob sua proteção. Os eleitores não são mais clientes dos senadores, ou melhor, a palavra clientelismo muda de sentido porque a própria coisa se transforma; ela não designa mais uma ligação formal que conduz a obrigações determinadas, mas designa todas as formas concebíveis de dependência, na maioria das vezes informais, na maioria das vezes pagas com presentes ou seladas através de presentes: o evergetismo será um aspecto do clientelismo.

Podemos datar alegoricamente na época dos Cipiões essas transformações. Vimos o primeiro africano que conquistou o amor de suas tropas de um modo que desagradou a Catão; a maneira como soube agradar a seus eleitores não poderia ter sido mais conveniente: candidato à edilidade, "ele

---

112 Cícero, *Cartas familiares*, I, 9 e XI, 28.
113 Plutarco, *Pompeu*, 55.

contava com seu caráter evergético, com os presentes e com sua abordagem afável para atrair a simpatia da multidão".[114]

Assim nasceu o equívoco sobre o qual falamos acima: a sociedade romana se apoia doravante em dois sistemas de modo simultâneo, as instituições públicas e as relações interindividuais; de um lado, a República, as magistraturas, as legiões; de outro lado, esse novo clientelismo, as trocas de favores, os presentes. Estes últimos, interpretados de acordo com o segundo sistema, são simplesmente símbolos; mas, interpretados de acordo com o primeiro, confirmam a corrupção dos costumes, são o preço da compra das consciências; sempre que se trata de presentes, ou quase sempre, os autores antigos repetem, tranquilamente ou com indignação, que seu autor comprou os favores da plebe; interpretação um pouco injusta, sabemos disso, mas não condenável: os casuístas e os sociólogos ainda não tinham nascido. Duas espécies de homens serão os inimigos declarados do novo estilo de relações humanas e dos presentes que as simbolizavam: havia os que lamentavam que a antiga obediência não existisse *mais* e os que deploravam que o sentido da legalidade *ainda não* existisse. Entre os primeiros, citamos Lúculo (aquele que tinha medo de desonrar sua autoridade se fosse muito condescendente com os soldados) e, bem mais tarde, o imperador Galba, um retrógrado que, por não ter compreendido bem a sociologia do *donativum*, não queria distribuir dinheiro para seus soldados porque pretendia comandá-los, e não comprá-los: isso era, para ele, uma questão de princípio.

Entre aqueles que lamentavam que o sentido da legalidade ainda não existia (ou que pretendiam acreditar que ele já existia e se comportavam de acordo), o mais interessante é o estoico Catão de Útica; se nos fosse permitido caricaturar Weber, escreveríamos que o estoicismo foi o puritanismo da Antiguidade, que, aplicado à vida política, e não à atividade econômica, promoveu ali a racionalização; Salústio, que foi o primeiro pensador político de seu tempo e que estimulava o gosto pela imparcialidade a ponto de conseguir ser justo com Cícero, que ele pouco estimava, dizia que Catão era, com César, um dos dois maiores homens políticos da época. Quando os outros oligarcas falavam sobre servir o Estado e se imolar pelo interesse geral, vindo dele, isso era apenas uma fraseologia: um dia, perguntaram à Crassos se ele disputaria o consulado e ele, pouco se importando em responder, disse uma bela frase: "Sim, se isso for útil ao Estado, caso contrário, não".[115] Catão, por sua vez, levava muito a sério a ideia de as magistraturas serem missões; recusado para o consulado, ele não demonstrou nenhuma reação nem o menor

---

114 Políbio, 10, 5, 6.
115 Plutarco, *Crassos*, 15.

ressentimento: o povo não lhe devia nada; se o povo não o queria, ele devia então inclinar-se a essa posição; se o povo o tivesse escolhido, ele teria confiado a ele uma missão, e não concedido um favor.[116] E essa missão deve ser obtida somente através do mérito:[117] Catão recusava-se a corromper o eleitorado, não se esforçou nem realizou estudos sobre como ganhar o povo e nunca conseguiu chegar ao consulado;[118] ele mesmo recusava os presentes dos reis por vê-los como tentativas de corrupção,[119] e não gestos simbólicos que se tornaram habituais nas relações diplomáticas de sua época.[120] A política era, a seus olhos, uma atividade séria que exigia aplicação e método; desde jovem ele estava envolvido nos negócios[121] e foi um dos menos diletantes homens de Estado de seu século; a política era, para ele, um trabalho: passava dias inteiros diante de seus dossiês[122] e acompanhava regularmente as sessões do Senado[123] enquanto muitos eram absenteístas. Ele tinha uma certa tendência legalista[124] e até mesmo burocrática; feroz defensor das finanças públicas,[125] também mereceria um lugar na história da contabilidade e da papelada: sabia o quanto era importante manter seus registros atualizados com exatidão.[126] Se o puritanismo pode ser considerado o pai espiritual do capitalismo, então o estoicismo pode ser considerado o ancestral do Estado burocrático: como estilo de vida, o estoicismo atribuía o sentido do esforço metódico e lhe fornecia uma justificativa, engrandecendo-o. Catão de Útica foi, talvez, o único homem político de seu século para quem a qualificação de servidor de Estado não teria sido anacrônica. Como ele se recusava a jogar o jogo do clientelismo na política, Cícero, mesmo respeitando-o, considerava-o realmente pouco perspicaz e finalmente um pouco limitado.

Concluímos: se havia presentes, e se esses presentes não fossem equivalentes à coisa comprada, mas simples símbolos, Roma não era totalmente um Estado; magistrados, generais, plebe e exércitos eram, ou melhor, se

---

116 Id., *Catão, o jovem*, 50.
117 Cícero, *Para Murena*, XXXV, 74 et seq.
118 Plutarco, *Catão, o jovem*, 49-50 e 8.
119 Ibid., 15 e 11.
120 Ver, por exemplo, Plutarco, *Lucullus*, 3. Esses presentes para os embaixadores são os *xenia* (Mommsen, *Staatsrecht*, v.2, p.553, n.3; v.3, p.1153, n.2).
121 Plutarco, *Catão, o jovem*, 12 e 16; eles não negligenciavam os exercícios físicos: 5.
122 Ibid., 18.
123 Ibid., 18 e 19; ver J. Stroux, "Die Versaümnisbüsse der Senatores", em *Pilhologus*, 1938, p.85-101.
124 Plutarco, *Catão, o jovem*, 40.
125 Ibid., 18 e 38. Ao contrário, Cipião, o Africano, recusa-se a deixar o Senado verificar seus livros de contas e os rasgará (Políbio, 23, 14).
126 Ibid., 18, 36 e 38.

consideravam pessoas independentes que selavam relações de eleição. Eu digo "se consideravam": no essencial, os soldados e a plebe obedeciam à obrigatoriedade das coisas e das leis; Roma era uma cidade com suas instituições e seus poderes legítimos; apesar de Premerstein, ela não era uma pirâmide de clientelismo nem feudalismo. Os soldados obedeciam ao general, qualquer que fosse o general que o Senado tivesse escolhido: esse general não era uma espécie de aventureiro que recrutava fiéis; contudo, os soldados obedeciam de má vontade quando seu chefe não acrescentava uma camada de relações pessoais às relações hierárquicas. A originalidade sociológica de Roma situa-se nessa dualidade.

Por que esses dois laços, um legal e outro simbólico? Porque, psicologicamente, o povo romano sente-se apenas meio cidadão: as contrariedades das instituições são toleradas, e não aceitas. Roma é um Estado muito oligárquico: os plebeus, sobre os quais a literatura senatorial fala somente em termos de desprezo, são cidadãos apenas em teoria, pois os oligarcas os desapropriaram de sua pátria; os soldados não são mais os cidadãos combatentes: eles combateram muito sem ganhar nada com isso. A plebe, reduzida a viver sob tutela, não tem mais a impressão de que é representada pela cidade: ela tolera as instituições públicas. Se vermos de fato que Roma tenha sido um feudalismo, acrescentemos pelo menos que ela o era simbolicamente: para preencher o intervalo entre o pertencimento à cidade, que se tornou bem teórica, e as realidades do poder oligárquico.

Nas cidades gregas e, como veremos, nas vilas italianas desprovidas de toda independência nacional, o evergetismo nascia da desigualdade social e conduzia a uma redistribuição real das rendas. Em Roma, centro do Império e do poder, a política se impõe: é a grande desigualdade política que leva, para preencher simbolicamente esse intervalo, a gestos de generosidade. Esses gestos não despolitizavam a plebe, eles não tinham tanto poder assim; eles compensavam simbolicamente uma despolitização preexistente. Os presentes para a plebe e para os soldados começam aproximadamente na época de Cipião, quando Roma de *polis* torna-se Império, e sua oligarquia, tendo se tornado senhor de tantos povos, foi elevada tão acima da plebe que esta última não tinha mais a impressão de integrar a mesma cidade que seus senhores.

4. A "corrupção" eleitoral

Em Roma, podemos distinguir dois sistemas de dons. No interior da oligarquia, na qual as relações pessoais e as posições políticas se misturam ambiguamente, trocam-se favores ou "benefícios" entre si de acordo com o seu valor real, que é muito substancial. Mas entre essa oligarquia e a plebe, que se limitava a obedecer e não tinha nada além de sua dignidade para preservar, os presentes são simplesmente símbolos: seria mais fácil dizer que a dignidade em questão é estimada pelo pouco que vale. Fica faltando estudar um terceiro sistema que instaura uma discórdia entre os candidatos às magistraturas e o conjunto de seus eleitores; ali reinava, como dizem, a corrupção eleitoral. Perguntamo-nos se as coisas são tão simples assim.

Clientelismo e corrupção eleitoral: duas noções desconhecidas dos historiadores da Grécia[127] e totalmente familiares aos de Roma, onde os candidatos às magistraturas ofereciam festas à plebe, distribuíam dinheiro ou combates de gladiadores; é um dos traços mais pitorescos da vida romana no fim da República (pois, sob o Império, o príncipe reservará para si o monopólio desses presentes). Ora, antes de se tornar um meio de corrupção, banquetes e gladiadores tiveram sua origem na vida familiar da oligarquia romana; reconstituiremos essa curiosa evolução, depois mediremos o efeito dos presentes sobre os sufrágios, levando-se em conta o mecanismo muito particular das eleições romanas, que tinham em comum com o que entendemos por eleições apenas o nome; veremos, enfim, que devido a uma particularidade desse mecanismo desenvolveu-se um tipo de evergetismo senatorial, mas não em Roma: na Itália.

Origens folclóricas

No início, havia o costume, quase universal para os ricos, de convidar toda a população a seu casamento ou ao funeral de parentes. Os italianos conheciam esse costume, como o *Pro Cluentio* de Cícero o prova: a tragédia familiar que é evocada por ele, tecida de violências e veneno, traz alguns esclarecimentos estranhos sobre as realidades da vida italiana nessa época; mas encontramos também algumas observações humorísticas como, por exemplo, a visão desse casamento festejado por toda a população de um vilarejo: *cum in nuptiis more Larinatium, multitudo hominum pranderet*.[128] Era também assim que aconteciam os casamentos nas pequenas cidades francesas ou alemãs no início do século XX.[129] No casamento de Fígaro, o conde Almaviva também tinha convidado seus camponeses. Três séculos antes de Cícero, um

---

127 No mundo grego, a corrupção (δεκασμος, δωροδοκια) acomete a integridade dos juízes e dos embaixadores, mas não a dos eleitores, pois lá havia eleições: Mommsen, *Strafrecht*, p.869, n.1; Ch. Baron, "La candidature politique chez les Athéniens", na *Revue des études grecques*, 14, 1901, p.377; E. S. Stavely, *Greek and Roman Voting*, Thames and Hudson, 1972, p.109.
128 Cícero, *Pro Cluentio*, LX, 166.
129 M. Mauss, *Anthropologie et Sociologie: essai sur le don*, p.200-209.

dos cidadãos mais ricos de Agrigento "havia oferecido um jantar aos cidadãos para o casamento de sua filha nas respectivas ruas onde cada um morava";[130] um dos grandes decretos de Priene honra um evérgeta que recebeu em sua casa e cuidou de toda a multidão que havia acompanhado o cortejo nupcial.[131] Ora, das quatro grandes espécies de evergesias praticadas em Roma, edifícios, gladiadores, congiários e banquetes,[132] a segunda e a terceira eram também cerimônias familiares extensivas à cidade inteira; e também as mais usadas para conquistar sufrágios. A passagem da cerimônia familiar à corrupção eleitoral se fez do seguinte modo: os oligarcas atrasavam a celebração de um banquete funerário ou de espetáculos funerários de gladiadores até o ano em que eram candidatos.

Os banquetes públicos, dos quais todos os cidadãos participavam, eram um costume cívico muito difundido no mundo grego;[133] ele é muito menos difundido em Roma, onde a oligarquia senatorial se reserva o direito de banquetear com recursos do Estado (*jus epulandi publice*); ela tem suas mesas reservadas, nas quais a plebe não pode se instalar caso seja uma festa oferecida a toda a população.[134] As festanças do Senado e de alguns colegas sacerdotais eram célebres por seu refinamento gastronômico,[135] mas a plebe não participava. Nos sacrifícios públicos, a carne das vítimas não era distribuída à multidão dos espectadores, mas era verossimilmente reservada para os senadores.[136] Em compensação, os grandes personagens, a título privado, ofereciam comumente jantar aos plebeus: conduta mais senhorial do que cívica. Quando Otaviano cortou a barba pela primeira vez (quatro anos haviam se

---

130 Deodoro de Sicília, 13, 84.
131 Hiller Von Gaertringen, *Die Inschriften von Priene*, n.109, 1.162-168.
132 Cícero, *Philippiques*, 2, 45-116: "(Caesar) *muneribus, monumentis, congiariis, epulis multitudinem imperitam delenierat*".
133 Ver n.25.
134 Mommsen, *Staatrecht*, v.3, p.894-895.
135 Ibid., p.894, n.2; Wissowa, *Religion und Kultus*, p.500, n.2; Marquardt, *Privatleben*, p.208-209, e *Staatsverwaltung*, v.3, p.349-350.
136 Wissowa, *Religion und Kultus*, p.419-420. A carne das vítimas públicas era revendida pelos questores a favor do Tesouro (Mommsen, *Staatsrecht*, v.2, p.Xii, n.1). – As festanças das quais a população participava por toda parte eram aquelas oferecidas por particulares para funerais ou como dízimo para Hércules; e havia as que o editor oferecia, ao mesmo título que *missili*, durante alguns jogos públicos (Friedländer, *Sittengestchichte*, v.2, p.16; Friedländer em Marquardt, *Staatsverwaltung*, v.3, p.495); enfim, as velhas irmandades populares, como os *Septimontium* (Wissowa, p.439, n.4; Marquardt, *Privatleben*, p.208, n.4; *Staatsverwaltung*, v.3, p.190). Estudarei alhures, em um trabalho sobre a ode *Nunc est bibendum*, as festas celebradas pelos particulares no momento de uma solenidade pública ou de uma festa nacional e também as festas nas quais nas mesmas circunstâncias, os senadores convidavam a plebe à sua mesa.

passado desde que havia começado a usar sua fortuna, ele era agora o senhor do Ocidente romano), ele "realizou uma esplêndida festa com seus próprios recursos e ofereceu um banquete a todos os cidadãos com os recursos do Estado".[137]

Eram os funerais que na maioria das vezes forneciam a ocasião ou o pretexto para os banquetes; para as grandes famílias da oligarquia, as cerimônias funerárias, durante as quais os retratos dos ancestrais eram exibidos, eram um tipo de cerimônia dinástica. As boas refeições pela memória de um morto ilustre ritmavam, no decorrer dos anos, a vida da plebe em Roma; para o mercado também representavam pequenos eventos: nos anos em que ocorriam festanças, o preço dos sabiás subia.[138] A memória coletiva conservava caridosamente a lembrança de alguns grandes festejos: a festa realizada em 59 por Ários pela memória de seu pai (e sem dúvida também por sua própria candidatura ao consulado) virou provérbio.[139] Um vocabulário técnico havia se constituído: o *epulum* é um banquete, a *visceratio* é uma distribuição de carne, o *crustum* e o *mulsum* são docinhos; oficialmente, essas festividades eram fúnebres, mas ninguém pensava nisso, sendo inclusive inconveniente aparecer na festa com trajes de luto.[140] Para os banquetes, arrumavam-se as camas de refeições no Fórum e o povo se instalava ali, enquanto os senadores tinham mesas reservadas no Capitólio.[141] A mais antiga *visceratio* sobre a qual os anais conservaram lembrança foi a do ano de 328: um certo Flávio distribuiu carne para o cortejo fúnebre de sua mãe; "essa distribuição valeu-lhe também uma honra pública: nas eleições seguintes, apesar de ser dada a preferência aos candidatos presentes, ele foi nomeado tribuno da plebe mesmo não tendo comparecido ao evento".[142] Docinhos foram oferecidos ao povo no funeral de Cipião, o Africano, o vencedor de Aníbal: um amigo da família que tinha grandes obrigações para com o defunto "mandou distribuir na Porta Capena *mulsum* e *crustum* aos que compunham a multidão que havia

---

137 Dião Cássio, 48, 34.
138 Varro, *De la vie rustique*, 3, 2, 16; pássaros constavam no cardápio de todo banquete digno desse nome: Sêneca, *A Lucilius*, 122, 4. – Sobre o funeral e seu caráter público, ver um famoso texto de Políbio, 6, 53.
139 Cícero, *Contra Vatinius*, 12, 30; Horácio, *Sátiras*, 2, 3, 86: *epulum arbirio Arri*.
140 Cícero, *Contra Vatinius*, 13, 31. A explicação dessa regra de conveniência é provavelmente o fato de as festas funerárias serem mais dinásticas que fúnebres: eram festas pela honra de *heres factus* que sucede o chefe de família.
141 Tito Lívio, 39, 46: "*funeris causa... toto foro strata triclinia*"; para os senadores, referências em Mommsen, *Stattsrecht*, v.3, p.894, n.3.
142 Tito Lívio, 8; 22.

acompanhado o comboio".[143] Além dos prazeres gulosos, os funerais traziam festejos mais intensos: os gladiadores; pois os combates de gladiadores são, de acordo com sua origem, um rito funerário; no ano de 174, um certo Flaminimo doou ao povo, em lembrança de seu pai, um banquete, uma distribuição de carne, jogos cênicos no lugar de jogos fúnebres e, enfim, um espetáculo de gladiadores (*múnus*) no qual 74 gladiadores combateram.[144]

A partir de então, a evolução vai bifurcar-se em uma certa variedade de evergetismo e em corrupção eleitoral. Não era raro que o defunto tivesse acertado seu funeral em seu testamento e que ele mesmo tenha prescrito a seu herdeiro o oferecimento de prazeres ao povo nessa circunstância, a fim de perpetuar a memória de seu nome e de realçar a cerimônia; logo, outros prazeres além daqueles que o costume admitia foram oferecidos à plebe. Sêneca, um dia, faria uma sátira daqueles que, por desejo de imortalidade, pretendiam determinar o que acontece depois de sua morte, estabelecendo que combates de gladiadores e a consagração de um edifício público acompanhariam sua cremação.[145] O ditador Sula encarrega seu herdeiro de organizar, em seu nome, uma festança e espetáculo de gladiadores para o povo e de lhe oferecer entrada gratuita às termas com o óleo necessário para se lavar.[146] Assim se desenvolve um evergetismo testamentário, que se parece com as fundações pela memória de um defunto, sendo a cerimônia funerária é apenas um pretexto: os filhos de Sula executam as liberalidades paternas, que foram muito aguardadas,[147] quase vinte anos depois da morte do ditador. Faltava somente um passo para que começassem a deixar dinheiro: Balbo legará 100 sestércios para cada cidadão romano.[148] O conhecimento de tal fato é importante para que as origens dos legados às cidades no direito romano sejam mais compreensíveis.[149]

---

143 Id., 38, 55; *mulsum* e *crustum* equivalem ao γλυκισμός sobre o qual falamos no capítulo precedente.
144 Id., 41, 28: "*mortis causa partis sui*".
145 Sêneca, *La brièveté de la vie*, 20, 6: "*operum publicorum dedicationes et ad rogum munera*"; comparar *Digeste*, 31, 49, 4.
146 Dião Cássio, 37, 51 (em 60 antes da nossa era).
147 Cícero, *Para Sula*, XIX, 54: "*gladiadores quos testamento patris videmus deberi*" (em 62); ver *Contra Vatinius*, XV, 37: "*cum mea lex vetet gladiatores dare nisi ex testamento*". Agripa legará ao povo, além de seus jardins (P. Grimal, *Les jardins romans*, p.193), termas gratuitas (Dião Cássio, 54, 29). Comparar, nas cidades municipais, *Corpus*, I, 2.ed., 1903 A (Dessau, n.5671; Degrassi, n.617): *lavationemin perpetuom*; *Digeste*, 32, 35, 3; ver também Dião Cássio, 49, 43.
148 Dião Cássio, 48, 32.
149 Os legados à coletividade (*universitas*) ou a uma multidão, homem por homem (*viritim*), têm duas origens, creio: uma deve-se à influência helenística; estudaremos, inclusive, uma inscrição *osque* que comemora o legado de um edifício público em Pompeia; a outra origem

Mas o mais belo exemplo de prática funerária que virou evergesia são os gladiadores, essa instituição, única na história universal, que é uma das criações mais originais do caráter itálico.[150]

Aquiles celebrou com concursos o funeral de Pátroclo; as pinturas das tumbas etruscas representavam jogos fúnebres. Em Roma, os cidadãos não atuavam nos espetáculos: estes eram exercidos por profissionais, que são admirados e desprezados;[151] foi isso o que aconteceu com os jogos privados que eram jogos fúnebres celebrados pelas grandes famílias na morte de um de seus membros. Desde o século III, esses jogos consistiam principal ou unicamente em combates de gladiadores,[152] cuja introdução em Roma pode ser atribuída a um dos clãs oligárquicos que então dominavam a República, o clã de Júnio Bruto e Emílio Lépido.[153] Sob a cobertura ou sob o nome de jogos fúnebres, os gladiadores tiveram, em um primeiro momento, um caráter funerário, e até o fim da República os funerais dos grandes serão um pretexto para isso, quase sem exceção. Todos tinham a autorização para assistir aos combates, que eram anunciados por um comunicado público[154] e cujo organizador tinha o direito de ser precedido por três oficiais litores.[155]

    é a que descrevemos aqui e deriva dos costumes funerários. Na própria cidade de Roma, os legados ao povo logo chegarão ao fim, pois o imperador reservará para si o monopólio do evergetismo em sua capital; mas, nas cidades, eles serão muito frequentes e nessa questão o fato precederá e ultrapassará o direito; não esqueçamos que os *jus civile* refletem sobre as práticas efetivas e as introduzem bem ou mal em seus conceitos (ver Capítulo IV, n.135), com mais frequência do que fixam a regra do jogo. Sobre os legados às cidades, o melhor argumento é sem dúvida o de L. Mitteis, *Römisches Privatrecht*, v.1, Leipzig, 1908, p.377-380, que escreve que sua capacidade de receber legados sem dúvida sempre tinha sido reconhecida de fato nas cidades.

150 G. Ville, "Les jeux de gladiateurs dans l'Empire chrétien", em *Mélanges d'archéologie et d'histoire de l'École française de Rome*, 1960, p.307; E. F. Bruck, *Ueber römisches Recht im Rahmen der Kulturgeschichte*, p.64-67.

151 Max Weber opõe os concursos gregos, dos quais a aristocracia participa, aos jogos e espetáculos romanos nas duas últimas páginas de seu estudo sobre a cidade; o orgulho dos oligarcas romanos proibia que rivalizassem sob os olhos da multidão.

152 Ver n.145 (*ludi scaenici* como *ludi funebres*); outras menções de gladiadores funerários: Tito Lívio, *periocha* 16 (ver Valério Máximo, 2, 4, 7; 23, 30; 28, 21; 31, 50; 39, 46; 41, 28). Os *Adelphes* de Terêncio foram jogados pelos jogos fúnebres de Paul-Émile (Marquardt, *Staatsverwaltung*, v.3, p.529, n.8).

153 F. Münzer, *Römische Adelsparteien und Adelsfamilien*, reimpresso em 1963, p.168, n.1.

154 Cícero, *Cartas familiares*, 2, 3, 1: *declarandorum munerum*; *Des lois*, 2, XXXIV, 61: *funus indicatur*; ver em Varro, *De la langue latine*, as expressões *indictivum funus* e *indicere funus*.

155 Cícero, *Des lois*, 2, XXIV, 61: "*dominus funeris utatur accenso ac lictoribus*"; Mommsen, *Staatsrecht*, v.1, p.391, n.6; sobre os baixos-relevos funerários da época imperial que comemoram os gladiadores oferecidos por algum evérgeta: I. Scott Ryberg, *Rites of the State Regilion in Roman Art*, American Academy in Rome, 1955, p.99-101.

O povo passa a ser, então, o verdadeiro destinatário de tais espetáculos, e não mais a memória do defunto: "oferecer gladiadores" é o melhor meio de virar popular; "jogos fúnebres", os gladiadores tornam-se também um "presente" que se oferece ao povo, um *munus*:[156] foi assim que a palavra adotou o sentido de "espetáculo de gladiadores". Constituiu-se, dessa forma, a dupla oposição que domina a organização dos espetáculos sob a República e durante todo o Alto Império, tanto em Roma quanto nas cidades municipais: de um lado, os "jogos", os jogos públicos no teatro ou no circo organizados pelo Estado, presididos por um magistrado, oferecidos anualmente conforme o calendário cultual, e do outro lado, os gladiadores, espetáculo laico e privado[157] oferecido irregularmente quando um evérgeta, em seu próprio nome, toma a iniciativa. Tendo se tornado uma evergesia pura e simples, o *munus* nem se preocupa mais em usar um pretexto funerário:[158] outros pretextos são igualmente úteis para que esse "presente" seja oferecido ao povo: em Pompeia, eram oferecidos combates pela honra da casa imperial ou pela consagração de um edifício público qualquer.

Como passar desses presentes funerários à corrupção eleitoral? De duas maneiras: os futuros candidatos atrasavam a celebração de seu *munus* até o ano de sua candidatura e convidavam toda a plebe ou pelo menos todos os membros de sua circunscrição eleitoral, de sua "tribo", para usufruir de seus dons, como era precisamente o costume. César enfatiza ainda mais o brilho de sua edilidade, fundamento de uma bela carreira, acrescentando em seus jogos públicos um *munus* pela memória de seu pai, morto vinte anos antes.[159] As leis contra esse estratagema multiplicam-se no século I, mas seus autores eram às vezes os primeiros a violá-la,[160] tentando, em vão, proibir

---

156 Diziam, em um primeiro tempo, um *munus gladiatorium*, um "presente que consistia em gladiadores", expressão que deve ter surgido em algum anúncio público de funerais, redigido em estilo "publicitário"; comparar o estilo enfático da sátira feita por Cícero, *I Verrines*, XII, 36, citado antes, n.61. – O vocabulário do evergetismo romano é muito compósito: *munus* é de origem indo-europeia, mas *liberalitas* copia o grego *eleutheriôtès* e *largitio* é de origem etrusca (J. Heurgon, "Lars, largus et Lare Aineia", em *Mélanges André Piganiol*, 1966, p.656); quanto à *sportula*, é o grego σφυρίς (L. Robert, *Hellenica*, XI-XII, p.479).

157 Como demonstrou G. Ville (*Mélanges... de l'École française de Rome*, 1960, p.306), é um erro acreditar que, em 105, o *munus gladiatorium* tornou-se um espetáculo público regular, como afirmou Buecheler em seus *Kleine Schriften*, reimpresso em 1965, v.3, p.497.

158 Ver P. Veyne, *Latomus*, 1967, p.735.

159 Referências em M. Gelzer, *Caesar, Politician and Statesman*, p.37-38.

160 Ver n.113. Cícero, no ano de seu consulado, fez que adotassem uma lei contra estratagemas e assume a defesa de um acusado, Murena, culpado desse ato. Devemos julgar Cícero sob a acusação de "favorecimento" político? Louvá-lo por ter sabido considerar imperativos superiores de alta política (se Murena fosse condenado, portas seriam abertas para

os candidatos de oferecerem um *munus* no ano em que tentavam sua sorte convidando toda a população.[161] Mas como proibir decentemente um filho de celebrar, nem que seja com algum atraso, a memória de seu pai?[162] Subitamente os candidatos começaram a se lembrar muito de seus caros defuntos durante os períodos eleitorais e convidavam toda a plebe à festa ou pelo menos seus "tríbulos"; inutilmente a lei admitia que se realizasse uma fraude eleitoral quando um candidato, conforme o antigo costume funerário, convidava todo mundo para a festa, para os gladiadores, ou reservava, aos eleitores de sua tribo, os melhores lugares nos jogos públicos, em vez de lançar convites nominais.[163] Não é necessário dizer que o *munus* e todos os tipos de presentes que os candidatos reservavam a seus eleitores eram, como os jogos públicos, um muro de dinheiro que deixava passar somente as grandes fortunas. Desde o século dos Cipiões, um belo *munus* funerário equivalia a uma ou a várias centenas de milhões de antigos francos;[164] nas eleições de 54 explode um escândalo: dois candidatos se declararam prontos para distribuir uma quantia que se calcularia hoje em meio bilhão de antigos francos para algumas dezenas de eleitores da "centúria prerrogativa" (cujo voto era geralmente decisivo), caso se pronunciassem a seu favor.[165]

Sociologia eleitoral

Mas qual era a influência real dos espetáculos e dos presentes sobre o resultado dos votos? Devemos responder a essa pergunta com outra: qual era a influência real que os resultados das eleições tinham sobre a política?

---

os catilinianos)? O dilema não se impõe e as duas explicações são ambas verdadeiras (ver n.112).
161 Mommsen, *Strafrecht*, p.865-872.
162 *Sub titulo "patri se id dare"*, escreve Ascônio, p.88, Clark; a lei de Cícero contra estratagemas proibia oferecer espetáculos de gladiadores quando se era candidato, exceto na execução de um fideicomisso (*Contra Vatinius*, XV, 37; *Para Séstio*, 133). – Para poder doar um outro *munus*, César usou o pretexto de celebrar a memória de sua filha, o que nunca havia sido feito (Suetônio, *César*, 26): honrava-se somente a memória de seu pai e de sua mãe.
163 Mommsen, *Gesammelte Schriften, Jurist, Schriften*, v.1, p.229; *Strafrecht*, p.868, n.1 e p.875; *Lex Genetivae*, artigo 132; Cícero, *Para Murena*, XXXII, XXXIV e XXXV, 73; sobre os convites a toda tribo (*tributin*), XXXII, 67. Sobre a corrupção eleitoral sob o Império, Mommsen, *Strafrecht*, p.86, n.8, e p.869, n.3; nas cidades municipais, *Digeste*, 48, 14.
164 No século II, um belo *munus* custava mais de 700 mil sestércios (Políbio, 31, 28), ou seja, o soldo anual de 1,5 mil soldados na mesma época (P. A. Brunt, *Italian Manpower*, p.411). Sobre a importância da riqueza na vida política, Gelzer, *Kleine Schriften*, v.1, p.110-121.
165 Referências e discussão sobre números em Gelzer, p.118, n.463. "Prometer" dinheiro aos eleitores sob a condição de ser eleito dizia-se *pronuntiare*: Cícero, *Para Plâncio*, XVIII, 45; Sêneca, *A Lucílius*, 118, 3.

Os eleitores romanos podiam levar a sério a cédula de votação? Os presentes desempenhavam um papel na escolha dos eleitores, mas pretender que esse papel era decisivo seria deformar caricaturalmente a verdade: as eleições colocavam outros interesses em jogo, interesses pessoais, regionais, interesses sentimentais também;[166] contudo, eram raramente (ou nunca) interesses referentes à grande política. O verdadeiro objeto das eleições não dizia respeito aos eleitores, que geralmente viam nelas apenas uma farsa da qual esperavam, no máximo, algumas pequenas vantagens, mas dizia respeito à oligarquia, que disputava ali suas honras em uma sociedade na qual a dignidade política não era uma carreira como as outras, mas a única carreira digna de uma oligarquia.[167]

Será que era decisivo ter oferecido presentes quando se era edil e será que era redibitório não tê-los oferecido?

> Sula, acreditando que a glória que havia adquirido pelas armas era suficiente para a evolução de sua carreira política, introduziu-se nas fileiras para a pretória, mas foi recusado e atribuiu esse fracasso à plebe: ele afirma que essas pessoas achavam que se ele começasse assumindo a edilidade antes da pretória, daria espetáculos magníficos, e nomearam outros pretores para forçá-lo a passar primeiramente pela edilidade.[168]

Em compensação, um certo Flávio foi eleito tribuno da plebe por ter feito uma distribuição de carne, e um vencedor chegou à censura por ter distribuído óleo;[169] para que Murena se tornasse pretor, faltou uma vantagem que não lhe faltou para ser cônsul: jogos esplêndidos.[170]

Os interesses dos eleitores são múltiplos e os meios que os candidatos possuem para se tornarem populares são consequentemente numerosos: cada um escolhe seu caminho de acordo com suas capacidades; não vimos, algumas vezes, que o público se cotiza para reembolsar o valor dos jogos a

---

166 Os dois irmãos Lúculo que se amavam muito são candidatos à edilidade ao mesmo tempo; o povo, que sabia que o mais velho esperou que seu irmão tivesse a idade mínima exigida para ser candidato, fica emocionado e elege ambos: Plutarco, *Lúculo*, 1.
167 Ver a anedota relativa à Mámerco em Cícero, *Sobre os deveres*, 2, XVII, 58; ver mais tarde n. 273.
168 Plutarco, *Sula*, 5 (conforme as memórias de Sula), que acrescenta: "Mas Sula parecia ter disfarçado a verdadeira razão de seu fracasso e efetivamente chega à prefeitura no ano seguinte, obtendo os sufrágios através de lisonjas e gratificações".
169 Tito Lívio, 8, 22 e 37, 57, 11: *congiaria habuerat*.
170 Cícero, *Para Murena*, XVIII, 37.

um magistrado particularmente respeitado?[171] "O que se espera dos outros pretores", diz Cássio a Bruto, confessando-lhe seu projeto de conspiração, "são presentes, jogos, gladiadores; mas de um pretor como tu se espera outra coisa, a supressão da tirania de César".[172] Em 53, Curião perde seu pai e não para de pensar em oferecer à plebe um *munus* funerário; Cícero, que colocou esse jovem sob sua proteção, queria fazê-lo desistir de tal projeto: Curião recebeu vantagens da natureza e da fortuna suficientes para atingir o que existe de mais elevado na carreira sem precisa recorrer a gladiadores; ele tem outros serviços a prestar ao Estado e a seus amigos, bem superiores a um *munus*.[173] Mas era importante lembrar a esse jovem que os eleitores não eram os únicos a decidirem sobre a escolha dos eleitos, e que a proteção de Cícero, as intrigas e a influência dos oligarcas, a manipulação dos procedimentos de voto pelo presidente das assembleias eram tão úteis a um ambicioso quanto uma má publicidade; era como lhe dizer que, se ele merecesse a estima da ordem senatorial, ela e Cícero estariam ali para ajudá-lo.

Os espetáculos eram simplesmente um argumento eleitoral entre outros; as relações que o clientelismo, no sentido amplo da palavra, estabelecia entre candidatos e eleitores contavam da mesma forma, quaisquer que fossem elas. "Eu nunca vi candidatos oferecendo uma igualdade de oportunidades como essa", escreve Cícero a um correspondente antes das eleições ao consulado de 54; "se queres saber, a candidatura de Escauro não despertou grande simpatia; contudo, sua edilidade não deixou más lembranças e a memória de seu pai é capaz de influenciar as circunscrições eleitorais fora de Roma"; esse Escauro é aquele que, durante sua edilidade, havia oferecido jogos de

---

171 Existem três exemplos: L. Cipião (Plínio, *História natural*, 33, 48), M. Ópio, que se tornou famoso porque, no momento das prescrições dos triunviratos, salvou seu pai carregando-o em seus ombros (Dião Cássio, 48, 53; Apiano, *Guerras civis*, 4, 41) e Egnácio Rufo, que tinha, através do evergetismo, organizado uma corporação de bombeiros privados em Roma (Dião, 53, 24). Essas coletas feitas no próprio teatro (Dião, 48, 53) são evidentemente a continuação da antiga prescrição do vidente Márcio (ver acima, n.51). O produto dessas coletas devia representar um total mínimo que reembolsaria simbolicamente o magistrado, parece-me desnecessário lembrar.
172 Plutarco, *Bruto*, 10; ver o *Auctor de viris illustribus*, 82, 4: um edil pobre *"juri reddendo magis quam muneri edendo studuit"*.
173 Cícero, *Cartas familiares*, 2, 2 e 3; sobre o brilho do *munus* de Curião (pois Curião, apesar dos conselhos de Cícero, oferece um *munus*), Plínio, *História natural*, 36, 116-120; dois anos mais tarde, Curião foi eleito tribuno da plebe. Ao aconselhar Curião a fazer carreira por méritos mais nobres, Cícero pensava nele mesmo, que se havia destacado por sua coragem diante dos protegidos de Sula e que havia sido feito cônsul apesar do brilho relativo de sua edilidade (*De officiis*, 2, XVII, 59).

um inesquecível esplendor;[174] seu pai, ardente defensor dos privilégios oligárquicos, tinha com isso conquistado o coração dos notáveis italianos e proprietários de terras. Cícero continua:

> Os outros, os dois candidatos plebeus, têm também oportunidades iguais: Domício tem muitos *amigos* e, além disso, ofereceu jogos que não obtiveram, no entanto, um grande sucesso. Mêmmio, por sua vez, é apoiado pelos soldados de César e pelos eleitores de Cisalpina, devotos de Pompeu.

Da mesma forma ou até mesmo mais que os presentes, o aparato que envolvia o candidato também contava como – não nos esqueçamos – seu prestígio pessoal, caso ele o tivesse: Cícero foi eleito para suas quatro magistraturas com uma ampla maioria;[175] esse prestígio, ou *existimatio*, dependia de muita coisa: do nascimento, das conquistas dos ancestrais, do mérito pessoal, dos modos, das liberalidades, do número de partidários. Os eleitores votavam no candidato que seus protetores ou seus amigos haviam lhes pedido para votar, como se fosse um serviço pessoal; respeitosos das autoridades naturais, eles escolhiam o homem que membros eminentes do Senado se esforçavam para recomendar; não se preocupando particularmente em respeitar as orientações do grande senhor, eles atribuíam seu sufrágio àquele que uma impressionante sucessão de partidários e clientes seguiam por todos os lugares para honrar: esses cortejos eram o elemento pitoresco das eleições romanas.[176] Mas o aparato e o clientelismo tinham, por sua vez, como os presentes, uma importância relativa, na falta de um objeto político mais sério. Pois essas eleições eram pouco sérias: elas não podiam conduzir

---

174 Cícero, *Cartas a Ático*, IV, 18, 2 (IV, 16, 6); sobre a edilidade de Escauro, ver n.63 e 64. Parece-me importante citar as *Cartas familiares*, XI, 16 e 17 e, sobretudo, a carta II, 6, 3, na qual aparecem os diferentes fatores de uma eleição: as posições políticas (que tinham mais importância do que as análises modernas nos deixarão acreditar, pois enfatizam somente o clientelismo), os espetáculos (*munera*), as recomendações dos consulares.
175 Cícero, *Contra Pisão*, I, 2; sobre o *existimatio*, Meier, *Res publica amissa*, p.8.
176 Sobre o clientelismo e a recomendação, basta remeter à Gelzer, *Kleine Schriften*, v.1, p.62-132. Sobre os cortejos aos quais os eleitores não eram insensíveis, ver ibid., p.63, 66, 67, 99 e n.313. Nessa brigada de aclamações, havia muitos plebeus que vinham apenas para fazer figuração, pois "supondo que eles votem, não podem contrabalançar o voto dos outros" (*Para Murena*, XXXIV, 71); os cortejos de figurantes, que, na rua ou no Fórum, permitiam distinguir um senhor de um simples mortal, terão como continuação uma forma muito particular de clientelismo que florescerá sob o Império (ver mais tarde, Capítulo IV, n.462). Além disso, esses cortejos eram usados para garantir a proteção física dos candidatos, a violência sempre tendo integrado os hábitos políticos em Roma: A. W. Lintott, *Violence in Republican Roma*, p.74.

a uma revolução política; os eleitores simplesmente escolhiam entre candidatos politicamente intercambiáveis e que pertenciam à mesma classe dirigente.

Os eleitores não votavam para escolher seus governantes, mas para atribuir aproximadamente trinta encargos a cada ano, a fim de que os detentores cumprissem tarefas militares, judiciárias ou administrativas que eram confiadas, em sua maioria, a técnicos ou a funcionários. Os textos latinos falam muito de eleições, não porque a vida da cidade dependia delas, mas porque as magistraturas eram honras das quais dependia a *dignitas* de cada oligarca; as promoções às honras eram, aos olhos da oligarquia, o principal ingrediente da política. Os oligarcas as cobiçavam mais pelo que vinha depois do que pelo poder que elas proporcionavam durante aquele ano: até seu último dia, eles teriam, no Senado e por todos os lugares, a primazia e o prestígio que eram reconhecidos unanimamente naqueles que haviam sido pretores ou cônsules; as magistraturas eram consideradas mais por seus títulos de nobreza do que como um tipo de ministério.

Os eleitores pouco se importavam com essa corrida pelos títulos. Quanto à política, ela era controlada pelo Senado, onde uma maioria, unida, apesar das lutas de clãs e das rivalidades de ambições, garantia a preponderância da oligarquia, apesar dos golpes que alguns senadores *populares* podiam operar; guerrilha que atuava mais no terreno legislativo do que nas urnas. As eleições levavam, a cada ano, à modificação de aproximadamente 3% da composição do Senado;[177] quem quer que tivesse sido eleito uma única vez a uma única magistratura era senador eternamente, e os eleitos eram sempre oriundos da classe superior: as eleições "reproduziam" o domínio da oligarquia; *omnes boni semper nobilitati favemus*, diz Cícero.[178]

A classe média, que o sistema eleitoral muito complicado e muito particular transformava em senhora das eleições, confiava em seus chefes naturais; ela tinha uma atitude sentimental para com a oligarquia, deixando-se emocionar pelos espetáculos das virtudes de um ou outro senador,[179] elegendo o irmão ou o primo do senador que presidia o voto.[180] Com certeza, os jogos não eram feitos antecipadamente: muitas influências imponderáveis e a rede de clientelismo se cruzavam, fazendo que o resultado das urnas não fosse aleatório; mas sempre elegiam senadores ou candidatos recomendados por uma facção de senadores. A escolha, sendo assim limitada, instaurou

---

177 Chr. Meier, *Res publica amissa*, p.194.
178 *Para Séstio*, IX, 21.
179 Ver n.172 e mais tarde n.188; ver também Valério Máximo, 4, 5, 3.
180 Meier, p.191; ver n.166.

uma estranha instituição, a "centúria prerrogativa".[181] É importante ressaltar que a eleição de pretores e de cônsules estava nas mãos dos eleitores mais ricos; ora, antes do início das operações de voto, sorteava-se uma de suas circunscrições, de suas "centúrias", que se submetia ao voto de todas as outras: geralmente a outra centúria de ricos se associava docilmente ao candidato escolhido e sua adesão era suficiente para garantir ao feliz candidato a maioria absoluta. De onde vem esse estranho privilégio da centúria prerrogativa? Vimos nela o efeito de uma superstição religiosa, e Cícero certamente apresentava o voto da prerrogativa como um tipo de presságio que se impõe às outras centúrias;[182] isso é apenas uma racionalização; na realidade, desejosa de manter sua unidade, apesar das rivalidades internas, a oligarquia instaurou o privilégio da prerrogativa como se fosse o equivalente a um sorteio ao qual se submete;[183] os eleitores ricos, por sua vez, divididos entre fidelidades e influências múltiplas, ficavam contentes em ter um pretexto honesto, já que assumia uma conotação religiosa, para decidir por um candidato sem que sua responsabilidade fosse comprometida e sem divisões trágicas.

Era raro que os eleitores fossem politizados. Não que essa sociedade tivesse sido preservada dos antagonismos sociais ou políticos, e que as lutas do Fórum tenham se limitado a rivalidades de clãs; mas a arena eleitoral não era uma esfera de grandes antagonismos; estes se encontravam no plano legislativo: a ação política dos *populares* consistia em fazer que votassem leis revolucionárias.[184] Nos casos graves, a classe proprietária sempre ganhava;[185] nos casos ordinários, os eleitores escolhiam entre senhores, e não votavam a favor de uma política; com certeza, muitos plebeus eram favoráveis aos

---

181 L. R. Taylor, *Party Politics*, p.56 e, sobretudo, Meier, *Res publica amissa*, p.311, ver p.196 e p.8, n.12. Sobre o decorrer dos votos, U. Hall, "Voting procedure in Romam assembleis", em *Historia*, 1964, p.267-306. Eu não abordarei a questão da Lei Valeria Cornelia e da *destinatio*.
182 Cícero, *De la divination*, I, 103 e 2, 83, com o comentário de Pease, reimpresso em 1963, Wissensch. Buchg.; *Para Murena*, XVIII, 38: *omen praerogativum*.
183 Meier, p.311.
184 Cícero, *Para Séstio*, LII, 114, sobre um tribuno muito demagogo: *tulerat nihil (sc. Nullam legem)*.
185 Chr. Meier, artigo *"populares"* de Pauly-Wissowa, suplemento, v.10, coleção 561 (esse admirável artigo deveria ser o ponto de partida obrigatório de toda a sociologia dos partidos políticos em Roma). As reeleições de Mário no consulado, as eleições de 71, de 55, de 52 (Asconius, *in Milonianam*, p.314, Clark) e de 50 foram politizadas; mas, em 60, as clivagens políticas não se impuseram diante dos laços de clientelismo (Meier, *Res publica amissa*, p.197-199). A eleição de Cícero em 64 foi politizada? Tudo depende da data em que se especifica a ameaça cataliniana cuja lenda parece ter antecipado (Ibid., p.18, n.67; R. Syne, *Sallust*, 1964, p.66, 75, 89; R. Seager, "The first catilinian conspiracy", em *Historia*, 1964, p.338-347).

populares, mas um partido popular existia somente potencialmente; não era um partido de massa, os candidatos não faziam campanha sob sua legenda, e a política popular não apresentava continuidade: não havia candidato popular todo ano. A ação dos *populares* se reduzia a fazer uma guerrilha política; mas os *optimates* controlavam o país.

Ser eleito era importante para a *dignitas* de cada oligarca, mas pouco importava politicamente aos eleitores que tal oligarca fosse eleito em vez de outro; o que explica a desmoralização do eleitorado e o triunfo da corrupção: as razões mais apolíticas (nobreza, serviços prestados, jogos, clientelismo...)[186] determinavam ordinariamente os sufrágios; às vezes os presentes sob a forma mais crua bastavam para fazer que preferissem um candidato em detrimento de outro: o modo mais simples de ganhar eleitores ainda era distribuir dinheiro no próprio dia do voto; os candidatos procuravam, para isso, profissionais, os *divisores*, que distribuíam quantias a quem era de direito; era uma das pequenas profissões da Roma antiga.[187] Contudo, vamos nos abster de caricaturar; não vamos esquecer que os eleitores, devido ao sistema eleitoral romano, obtinham a decisão, não eram pobres coitados dos quais se podia comprar a cédula em troca de um jantar ou um par de sapatos, mas ricos proprietários; eles também se vendiam, é certo, por uma quantia maior, é bem verdade, mas provavelmente também não se vendiam sempre e escolhiam seus compradores: a cortesania não é prostituição. Vejamos alguns textos: Catão de Útica é candidato à pretura; contra ele, "os consulares promoveram alguns de seus clientes e amigos, distribuíram dinheiro com seus próprios recursos para comprar os sufrágios e solicitaram a presidência das operações de voto"; em vão: "O valor e a reputação de Catão triunfariam diante de tudo, pois o povo, cheio de respeito por ele, temia a desonra se vendesse a eleição de um homem que a cidade teria a honra de comprar; a centúria prerrogativa dá seu voto a Catão"; a eleição parecia assim garantida, quando Pompeu, para impedi-la, manipulou a religião de Estado: "Ele fingiu ter ouvido trovões e, graças a essa vergonhosa mentira, suspendeu a sessão".[188] Não se comprava quem se queria; quando Cícero candidatou-se à edilidade, Verres trabalhou para que ele perdesse, encarregando os *divisores* de prometer a lua a quem quer que votasse em outros candidatos. Em vão: todas as circunscrições, as

---

186 Sobre os fatores das eleições, M. Gelzer, *Kleine Schriften*, v.1, p.622 et seq., Chr. Meier, *Res publica amissa*, p.8 e índice s.v. "Wahlen", p.330.
187 Referências em Meier, p.194, n.199; Gelzer, v.1, p.113; sobre os divisores, Mommsen, *Staatsrecht*, v.3, p.196, n.2; *Strafrecht*, p.869, n.4; T. P. Wiseman, *New Men in the Roman Senate*, 139 B. C. – 14 A. D., Oxford, 1971, p.83 e p.134, n.1.
188 Plutarco, *Catão, o jovem*, 42.

"tribos", recusaram-se em se vender, com exceção de Romília, onde o próprio Verres estava inscrito e cujos eleitores, com a habitual deferência das tribos para com seus membros eminentes, teriam de qualquer forma votado conforme os desejos do senhor: não era incomum e uma desonra para um candidato não ter os votos de sua própria tribo? Esse tipo de acidente quase virou provérbio. Os sufrágios de Romília já estavam previamente obtidos a favor de Verres: foi por isso que essa tribo aceitou seu dinheiro, interpretando-o simplesmente como uma gratificação tradicional; pois era costume os candidatos corromperem sua própria tribo,[189] com a aprovação da lei.

Por outro lado, oferecer dinheiro a outras tribos era proibido por lei; era então uma compra de consciências pura e simples que constituía o delito de manobra. Precisamente no fim da República, por volta dos anos 50, o estratagema começa a ser praticado em uma escala até então desconhecida: lembramos que em 54 a centúria prerrogativa recebeu a proposta de meio bilhão de antigos francos. Para compreender melhor essa pouca vergonha, que foi uma exceção, e não a regra, ou até mesmo o limite do permitido, devemos considerá-la como o delírio de um momento, muito comparável com a febre especulativa que dominou, por exemplo, a Inglaterra por volta de 1720, durante o caso dos mares do Sul, ou os Estados Unidos em 1927-1929; contudo, em Roma, especulava-se no Fórum, e não na Bolsa, com cédulas de votação, e não com ações. O gosto pela especulação, em compensação, era o mesmo; favorecido na França pela separação da propriedade e da profissão de empresário, em Roma, era favorecido pelo gosto do dinheiro, pela habilidade em ganhá-lo, acompanhado da recusa em considerar a empresa como uma verdadeira profissão: eles queriam ser ricos mantendo-se ociosos; para isso, era preciso especular, para ter uma atividade econômica talvez envolvente, porém disseminada, e aproveitar eventuais oportunidades em vez de se dedicar a sua única tarefa. A vida econômica na classe alta tinha então um caráter variado, improvisado, descontínuo; senadores, cavaleiros, ricos de todos os tipos estavam à procura de oportunidades que não queriam deixar

---

189 Cícero, *I Verrines*, VIII, 22-23; sobre a Romília, tribo de Verrès, L. R. Taylor, *The Voting Districts of the Roman Republic*, American Academy in Rome, 1960, p.264, ver 294. Era vergonhoso não ter os votos de sua própria tribo (Cícero, *Para Séstio*, LIII, 114; ver *Pour sa maison*, XIX, 49: *tribum suam non tulit;* Suetônio, *César*, 13). Murena distribui dinheiro a seus contribules (*Para Murena*, XXXIV, 72). Plâncio, que, como veremos, controlava sua cidade de Átina e sua tribo, distribui dinheiro a essa tribo não para comprá-la, mas porque o laço de clientelismo fazia que fosse um dever oferecer presentes a seus contribules (Cícero, *Para Plâncio*, XIX, 46-47). Sobre o papel eleitoral das tribos, Mommsen, *Staatsrecht*, v.3, p.197-198; sobre o peso dos votos municipais nas assembleias, L. R. Taylor, *Roman Voting Assemblies*, Ann Arbor, 1966, p.67; T. P. Wiseman, *New Men in the Roman Senate*, p.137-142.

passar e de golpes a serem tentados. Tudo valia a pena: penúrias regionais, empréstimo de dinheiro para uma cidade ou para um rei, vendas em leilões (muito na moda naqueles tempos), fazendas do Estado, sem esquecer a caça aos legados, a compra de bens dos proscritos e a extorsão pura e simples; o que veríamos como formas normais de empreendimento (comércio marítimo, transportes em mulas, fábricas de cerâmica), era visto como uma variedade da extorsão: quem especula pode ao menos considerar que não trabalha; cada um se especializava em uma ou em diversas espécies de especulações e, na mesma classe elevada, entre os diferentes indivíduos, a variedade das atividades era grande e pitoresca: alguns fabricavam ânforas, outros vendiam livros e Crassos comprava propriedades aterradas ou terrenos de casas incendiadas a preços baixos.[190] Nesse clima animado e engenhoso, a venda dos sufrágios tornou-se um momento de especulação como qualquer outro e um delírio coletivo.

Enfim, para terminar de entender a psicologia desse punhado de ricos eleitores e votantes que controlavam as assembleias, devemos levar em conta uma outra de suas atitudes, que era desinteressada: será que quando faziam que o candidato que tinha oferecido os mais belos jogos ganhasse, eles o

---

190 Cada membro da ordem equestre (e cada senador: nessa área não devemos distinguir essas duas ordens) inventa um meio de enriquecer; o pai de Emílio Escauro, patrício, fazia o comércio de carvão (*Auctor de viris illustribus*, 82, 1) e Ático, como sabemos, o comércio de livros; para a empresa de transportes em mulas, à qual o futuro imperador Vespasiano se dedicará durante algum tempo, ver Wiseman, *New Men*, p.84, 88, 104. Além das empresas duráveis, diferentes de uma para outra família e que são como especulações prolongadas, deve-se indubitavelmente supor também que as especulações reduzidas a um único golpe floresceriam: Petrônio não pintará os negócios de Trimalcião de outra forma e os de Áticos também eram assim (G. Boissier, *Cícero e seus amigos*, p.134-135). Duas anedotas modernas ilustrarão esse clima improvisado, engenhoso, empreendedor, que é importante compreender antes de empregar as palavras "empresa", da atitude diante do "trabalho" e do "capitalismo"; primeiramente Samuel Pepys, *Journal*, 26/9/1966, depois do grande incêndio de Londres; Pepys é um alto funcionário da Marinha: "Eu saí com *sir* Willliam Pen (vice-almirante da frota) e fomos passear no jardim ao luar; ele me propôs mandar trazer madeira da Escócia, pois vai precisar de muita madeira para reconstruir a City. Sua ideia me agrada: sem dúvida, é bastante proveitosa". Em seguida, Tallemant das Redes, *Historiettes*, v.2, p.733 – Adam: o humanista Peirarède "é um pedante huguenote, de Bergerac e de boa família. Ele tem um arrendamento perto de Bergerac e ouviu dizer que em Bordeaux, onde se faziam provisões para um embarque, vendia-se muito caro o boi salgado. Ele corta a garganta dos seus bois, salga-os e os coloca no barco onde ele também embarca. Certa vez, tinha observado que as árvores para lagar se vendiam muito bem em Bordeaux. Ele mandou cortar um pequeno bosque com altos arvoredos e viu que, plantando árvores para lagar um meio-pé menor que o normal, encontraria ali algum lucro, as cultivou então menores e as transportou para Bordeaux". As atividades econômicas da nobreza romana mereceriam um estudo sistemático.

faziam em seu próprio nome porque gostavam desse pequeno jogo? Diferentemente dos eleitores de base, quem sabe eles talvez se considerassem como espécies de jurados encarregados de representar a opinião da plebe cujos sufrágios pouco contavam? Diziam: "Os jogos de Escauro me agradaram, eu voto nele", ou então: "Escauro soube se tornar popular, seus jogos agradaram à plebe: é ele que merece ganhar"? Afinal, vimos antes que os oligarcas ofereciam presentes para se tornarem populares, e não necessariamente para conquistar utilmente eleitores: por que os eleitores, que pertenciam à mesma classe social que os candidatos, não teriam visto as coisas com os mesmos olhos e estimado, como eles, que a popularidade junto à plebe era uma vantagem? Na França de Luís Filipe, os partidários do sufrágio censitário defendiam o sistema explicando que cada eleitor se sentia responsável pelos cidadãos passivos; o mesmo devia acontecer em Roma, se considerarmos uma frase de Cícero: "O povo solicita presentes e as pessoas de bem, caso não desejem tais presentes, aprovam ao menos que sejam oferecidos"; os espetáculos, efetivamente, "eram as verdadeiras assembleias das massas populares":[191] os que não votavam, ou aqueles cujos sufrágios não contavam, julgavam os grandes personagens baseando-se no que viam e compreendiam, através de seus jogos, e os ricos eleitores levavam tais julgamentos em conta, já que um homem político não deve apenas ser poderoso, mas também popular.

As distribuições de dinheiro às tribos acabaram se tornando finalmente um presente automático e sem consequências, como "especiarias" que os litigantes davam outrora a seus juízes; o que não convinha aos candidatos. As leis contra os estratagemas multiplicavam-se no último século da República: apesar de o estado social ser dominado pelo clientelismo, a fachada legalista era mantida; contudo, por uma particularidade característica, essas leis dirigiam-se aos candidatos que corrompiam e nunca aos eleitores que se deixavam corromper: o legislador os compreendia muito bem. Um outro fato significativo, essas leis contra os estratagemas agradavam amplamente os próprios candidatos:[192] será que elas não levavam ao término de uma especulação devastadora para todos os candidatos (a escalada de valores era a praga do evergetismo) e de uma concorrência desleal? Se a República não tivesse deixado espaço para a monarquia imperial que acabou suprimindo as eleições, podemos deduzir então para onde as coisas teriam sido levadas: ao estabelecimento de uma tarifa; uma decisão de Augusto permite prever tal fato: mesmo ao reprimir o estratagema através de múltiplas sanções, o

---

191 Cícero, *Sobre os deveres*, 2, XVII, 88; *Para Murena*, XIX, 38.
192 Mommsen, *Strafrecht*, p.868; Cícero, *Para Murena*, XXXII, 67.

príncipe consola os membros de sua própria circunscrição eleitoral, que lamentavam os presentes dos candidatos dos velhos tempos: ele mandou distribuir, em um dia de eleições, uma indenização estabelecida em mil sestércios por eleitor.[193]

Evergetismo na Itália

As distribuições de dinheiro eram apenas um argumento entre diversos presentes e entre todos os laços de clientelismo; ora, uma particularidade do sistema eleitoral fazia que fosse mais importante para os candidatos estabelecer tais laços através da Itália do que na cidade de Roma. Sabemos que o desenrolar das operações de voto se situava exclusivamente em Roma; não se podia depositar o voto em outro lugar, nem votar por correspondência;[194] a campanha eleitoral tinha Roma como seu único palco, tanto que a primeira preocupação dos candidatos era alugar uma casa que não ficasse muito distante do Fórum;[195] a cidade-Estado tornou-se muito grande. Em compensação, os eleitores italianos tinham muito mais peso do que os de Roma; votava-se por corporação, não por cabeça, cada uma das trinta e cinco circunscrições eleitorais ou "tribos" representavam um voto; ora, nessas 35 tribos, apenas 4 eram romanas, "urbanas"; as outras 31 eram "rústicas", italianas. Seria ainda necessário que os eleitores fizessem a viagem até Roma; eles a faziam se fossem ricos, e se o candidato conseguisse convencê-los a fazer a viagem para votar nele.

Para ganhar as eleições, bastava participar com frequência; ora, o grande negócio dos candidatos não era conquistar os hesitantes que não sabiam ainda para quem atribuir seu voto, mas reunir partidários, "clientes" que iriam votar.[196] Um dos deveres da amizade era ir colocar sua cédula de votação na urna quando um amigo era candidato: Ático fazia, para isso, a viagem de Atenas a Roma.[197] Não havia quórum no interior de toda tribo; em compensação, todas as tribos deviam ser representadas: então o magistrado que presidia o voto enviava soberanamente cinco eleitores de uma outra tribo votar pela tribo deficiente.[198] A presença incomum de alguns eleitores desorganizava os resultados; as eleições de 63 foram determinadas, em parte, pela

---

193 Suetônio, *Augusto*, 40, 2.
194 Augusto pensa em instituir o voto por correspondência: Suetônio, *Augusto*, 46, 3.
195 Plutarco, *Pompeu*, 66.
196 E. S. Stavely, *Greek and Roman Voting*, Thames and Hudson, 1972, p.221.
197 Cornélio Nepos, *Vie d'Atticus*, 4, 3; ver Taylor, *Party Politics*, p.57; Meier, *Res publica amissa*, p.193.
198 Cícero, *Para Séstio*, 109; Mommsen, *Staatsrecht*, v.3, p.408.

chegada a Roma de uma multidão de veteranos vindo participar da vitória de Lúculo;[199] durante a guerra das Gálias, César sempre liberava seus soldados para irem a Roma votar nos aliados políticos de seu general.[200]

A presença de notáveis italianos era mais comum e garantia o domínio da classe média nas eleições; as assembleias eleitorais coincidiam com os jogos públicos que atraíam muitos italianos a Roma;[201] se os ricos certamente dominassem as assembleias das centúrias, eles podiam controlar as assembleias tributas somente se os notáveis viessem a Roma contrabalançar os sufrágios da plebe romana;[202] enquanto estavam lá, a oligarquia senatorial aproveitava para fazer que as assembleias adotassem leis de acordo com os desejos dos *optimates*.[203] As honras e as leis de Roma eram assim amplamente controladas por alguns punhados de notáveis italianos, algumas ricas famílias de Átina, de Lanúvio ou de Arpino; além disso, esses mesmos notáveis mostravam-se ardentes defensores do voto corporativista, que garantia sua supremacia, sobre a qual os historiadores geralmente evocam os "burgos de bolso" e os "burgos podres" do século XVIII inglês; eles se opunham a qualquer proposição a favor do estabelecimento do voto por cabeça, considerado como a "confusão dos sufrágios".[204]

Para obter suas honras, um ambicioso devia cultivar a benevolência das cidades italianas e dos notáveis municipais que as controlavam; o resultado disso era essa necessidade que os oligarcas romanos tinham de estabelecer ou manter laços estreitos com o que chamaríamos de província e o desenvolvimento de um evergetismo senatorial na Itália. Na província, as lembranças

---

199 Cícero, *Para Murena*, XVIII, 37-39 e XXXIII, 69. Lúculo devia celebrar seu triunfo há três anos e a coincidência entre o triunfo e a candidatura de seu tenente Murena era evidentemente intencional. Depois de uma guerra, os soldados voltavam para a casa deles, e depois voltavam para Roma para o triunfo: Plutarco, *Pompeu*, 43.
200 Plutarco, *Crasso*, 1; *Pompeu*, 51 e 58.
201 Cícero, *I Verrines*, 54; Meier, op. Cit. p.193, n.191 e 192.
202 Taylor, *Party Politics*, p.59-61. As assembleias tributas que exilaram Cícero são um punhado de bandidos, ou seja, de plebeus romanos; as assembleias centuriatas que o tiraram do exílio são a flor de toda a Itália, *cuncta Italia*: os notáveis italianos viajaram de Roma para votar e foram chamados em Roma por Pompeu (procedimento excepcional: Marquardt, *Staatsverwaltung*, v.1, p.65); ver também P. Grenade, *Essai sur les origines du principat*, De Boccard, 1960, p.231.
203 Taylor, *Party Politics*, p.60 e p.206, n.59.
204 Cícero, *Para Murena*, XXIII, 47: os "*homines honesti atque in suis civitatibus et municipiis gratiosi*" são hostis à *confusio suffragiorum*. O próprio Cícero desejava uma *lex tabellaria* que pusesse um fim ao segredo do voto: a plebe "votaria livremente, mas sob os olhos dos *optimates*" (*Leis*, 3, 10, ver 33-39); sobre *leges tabellariae*, ver J. A. O. Larsen, "The origin f the counting of votes", em *Classical Philology*, 44, 1949, partic. p.180.

são perenes: um serviço prestado não se esquece, e um clientelismo dura muito tempo; Cícero recomenda a Bruto seus compatriotas de Arpino: "São boas pessoas que se tornarão tuas amigas; é uma cidade municipal naturalmente disposta ao reconhecimento, à qual tu te apegarás para sempre".[205] O reconhecimento municipal não era em vão. Murena foi eleito cônsul em parte graças aos votos de sua própria tribo, na Mécia, onde estavam inscritas principalmente pessoas de Lanúvio, seu vilarejo de origem,[206] e que ficava a aproximadamente 20 quilômetros de Roma: podemos apostar, com certeza, que essas pessoas haviam percorrido esses 20 quilômetros no dia das eleições; as outras cidades inscritas na Mécia, como Nápoles, Brindisi e Pesto,[207] ficavam muito mais distantes: Murena podia negligenciá-las sem correr o risco de vê-las vir votar contra ele. Seu adversário Sulpício tinha como feudo a tribo Aniense.[208] Mas Murena tinha Úmbria e as tribos de Úmbria a seu favor: "Ele ficou encarregado de levantar as tropas na Úmbria, o que lhe deu a possibilidade de mostrar sua compreensão; através disso, ele se envolveu com numerosas tribos, entre as quais as cidades da Úmbria".[209] Para obter os votos da tribo, bastava ter praticamente uma das cidades dessa tribo em sua clientela,[210] caso ela não se situasse em algum lugar muito remoto na Itália.

Mas, não contente em se tornar o benfeitor de algumas cidades italianas, todo senador romano queria ir ainda mais longe: ele se torna italiano ou, se é originário de algum vilarejo, mantém-se italiano. Os números são eloquentes: dos mais de duzentos senadores cuja tribo é conhecida com relativa

---

205 Cícero, *Cartas familiares*, XIII, 11. Cícero cultivava, por sua vez, a amizade de Rieti (*a Ático*, IV, 15, 5; *Pour Scaurus*, 27, p.481, Schoell: "*Reatini qui essent in fide mea*"; ver Nissen, *Italische Landeskunde*, reimpresso em 1967, v.1, p.313; sobre Axios, notável local e senador, Syme, *Sallust*, p.9).
206 *Para Murena*, XL, 86.
207 L. R. Taylor, *The Voting Districts*, p.273.
208 Ibid., p.257.
209 *Para Murena*, XX, 42; ver W. V. Harris, *Rome in Etruria and Umbria*, Oxford, 1971, p.241-245; T. P. Wiseman, *New Men in the Roman Senate*, p.139. – *Liberalitas* (essa palavra tem diversos significados) é aqui a qualidade de um magistrado que, no contexto da legalidade, aplica o regulamento com humanidade: mesmo significado em Verrines: *Sur les blés*, LXXXII, 189: "*ex liberalitate atque accomodatione magistratuum*"; Berve, artigo "*liberalitas*" do Pauly-Wissowa, XIII, coleção 82. – Sobre a retirada das tropas, não nos esqueçamos de que, mesmo depois de Mário, nem todos os legionários eram soldados profissionais e um bom número deles estava mobilizado contra sua vontade ou contra a vontade de seu patrão: Murena talvez tenha-se associado a notáveis e a latifundiários ombrianos tomando-lhes seus camponeses para o exército; a lenda que diz que Mário pôs um fim à circunscrição foi invalidada por P. A. Brunt, *Italian Manpower*, Oxford, 1971, p.408 et seq. E por R. E. Smith, *Service in the Post-Marian Roman Army*, University of Manchester, 1958, p.46-50.
210 Pois se a tribo representa o contexto eleitoral, o vilarejo era a base eleitoral real: Stavely, *Greek and Roman Voting*, p.198 e n.372.

certeza, Lily Ross Taylor desmembrou no mínimo dez que tenham sido inscritos em uma das quatro tribos de Roma; todos as outros repartiam-se pelas tribos rústicas.[211] César – o único escritor latino nascido na própria cidade de Roma – pertencia a uma cidade rústica, a Fabia. Os senadores nunca perdem o contato com suas vilas de origem, visitam-nas periodicamente, mantêm boas relações com os notáveis locais, com aqueles "cuja influência municipal e local o torna poderoso junto a uma facção mais ou menos importante de sua tribo".[212] Eles não deixam de exercer as magistraturas locais: Clódio e Milão, seguidos de seus capatazes (como na Itália de Stendhal, um grande senhor nunca se deslocava sem uma escolta de *buli*), se encontraram por acaso em pleno campo quando um matou o outro; Milão voltava de Lanúvio, que era sua pátria e da qual ele era ditador naquele ano, enquanto Clódio tinha acabado de fazer um sermão para os conselheiros municipais de Arícia:[213] ambos são vilarejos dos arredores de Roma. Ao se tornarem todo-poderosos em uma cidade, os senadores podem usar sua influência para favorecer o aliado do momento e fazer que seus concidadãos votem nele; assim, certo ano, Pláucio e Plancius cederam suas respectivas tribos a amigos: o primeiro cedeu a Aniense a cidade de Trébula Sufenas, e Plancius cedeu a Teretina[214] o vilarejo de Átina, no qual ele era o grande homem, como veremos.

Em *Pour Plancius* [Sobre Plancius], Cícero esclarece efetivamente e muito concretamente essa sociologia eleitoral,[215] basta-nos simplesmente corroborar algumas linhas. Em um determinado ano, um certo lateranense, de uma família da antiga nobreza,[216] e Plancius, um "novo homem" (seu pai, o principal notável de Átina, era um simples cavaleiro), são rivais nas assembleias tributas. O candidato nobre pertence à tribo Papiria, que envolve em

---

211 *Voting Districts*, p.184-294, com as notas críticas de R. Syme, "Senators, Tribes and Towns", em *Historia*, 1964, p.105-124. Sete senadores, descendentes de antigos *gentes majores*, estão inscritos na Palatina, misturados aos libertos de Roma e da Itália.
212 Quintus Cícero, *La candidature au consulat*, VIII. Sobre as relações constantes dos senadores com as cidades italianas e seus notáveis, T. P. Wiseman, *New Men in the Roman Senate*, p.47 et seq. e 136 seq.: E. Fraenkel, *Horace*, p.305.
213 Ascônio, *In Milonianam*, p.31 Clark, ver p.53; sobre os senadores que assumem encargos municipais, Wiseman, p.45 e 87; sobre os cavaleiros, Nicolet, *Ordre équestre*, p.420.
214 *Para Plâncio*, XXII, 54; Taylor, *Voting Districs*, p.243; T. P., *New Man in the Roman Senate*, p.141 e 252, n.324. Sobre a origem da família Plautia, ainda há discussão: K. Beloch, *Römische Geschichte bis zum Beginn der punischen Kriege*, De Gruyter, 1926, p.338.
215 Em geral, sobre as relações dos *homines novi* com sua cidade de origem e sua tribo, Wiseman, p.137 et seq.
216 Sobre Juventius Lateranensis, F. Münzer, *Römische Adelsparteien und Adelsfamilien*, p.48, n.1; sobre sua tribo Papiria e Tusculum, sua pátria, Taylor, *Voting Districts*, p.222 e 273 (ver Syme em *Historia*, 1964, p.125).

particular um vilarejo próximo a Roma, Túsculo, enquanto o filho do cavaleiro reina sobre Átina e, através dela, sobre a tribo Teretina. Ora, para a infelicidade do nobre, Túsculo "tem mais fasces consulares do que todas as outras cidades municipais reunidas", e seus habitantes, indiferentes, não se locomovem até as assembleias; ao contrário, toda Átina ficou fascinada pela candidatura de seu grande notável: os cavaleiros do lugar foram votar nele, a própria plebe foi assistir ao voto em massa e em outros vilarejos da mesma tribo nos arredores de Átina também foi assim, pois o poder da família de Plancius irradiava por toda a região. Em suma, Plancius foi eleito; eis, conclui Cícero com humor (ele tinha bastante), as vantagens das quais poderemos gozar, nós que viemos de modestos vilarejos; "estarei falando de meu irmão? De mim mesmo?", acrescenta: "nos campos e nas montanhas aplaudiram nossa eleição, e se vós encontrais alguém de Arpino, devereis ouvi-lo vos falar de nós".[217]

O peso eleitoral das tribos rústicas favorecia, assim, os "novos homens", protetores e benfeitores de seu vilarejo; mas a antiga nobreza em seus feudos eleitorais, submetida a uma dinâmica de grupo bem diferente daquela praticada em Roma, moldou sua essência conforme os contornos do vilarejo e exprimia ali sua grandeza municipalmente através de construções. Citemos ainda o exemplo do Brasil de hoje ou de ontem:

> Além das despesas eleitorais (o transporte dos eleitores a suas zonas eleitorais aumenta o custo das eleições), os caciques suportam permanentemente os gastos de uma clientela eleitoral a quem eles dão assistência antes, durante e depois da eleição; em termos de assistência pública, eles mesmos fazem muito do que os poderes públicos deveriam fazer, os quais, em alguns *municípios*, nem mesmo existem.[218]

Os senadores romanos transformavam-se em evérgetas das cidades de origem ou das que haviam tomado sob seu clientelismo; eles deixam como legado a sua cidade uma área com fábricas de telhas,[219] pavimentam as ruas,[220] constroem uma basílica,[221] constroem muralhas;[222] um cônsul propõe pagar as calçadas e o esgoto de Átina.[223] Algumas vezes, os senadores

---

217 *Para Plâncio*, VIII, 19-20; sobre Átina, Taylor, p.243 e 275, ver 290.
218 J. Lambert, *Amérique latine, structures sociales et institutions publiques*, p.211-213.
219 A. Degrassi, *Inscriptiones latinae liberae rei publicae*, La Nuova Italia, 1963, v.1, n.430 e v.2, add. p.386.
220 Degrassi, n.438 (*Corpus*, I, 2.ed., 2515).
221 *Corpus*, I, 1745; IX, 2174 e add. p.673 (Degrassi, n.568; Dessau, n.5528).
222 *Corpus*, I, 1686; X, 291 e add. p.1004 (Degrassi, n.395; Dessau, n.5321).
223 *Corpus*, X, 5055 (Dessau, n.5349).

tornam-se fundadores, os χτίσται, de um vilarejo. Ao mencionar incidentalmente a pequena cidade de Cíngulo, nos mercados, César afirma que seu antigo embaixador Labieno "havia lhe dado suas instituições, que tinham sido inteiramente construídas com seus denários";[224] entendamos que ele havia construído os edifícios públicos, o centro monumental. Em Castro Novo, não muito longe de Civitavecchia, um senador ou parente de senadores, ao assumir a magistratura local suprema, mandou construir com seus próprios recursos a cúria, o prédio dos arquivos, um teatro e um claustro com vários andares.[225] Pois fundar uma cidade é um ato admirável, digno de um herói ou de um rei; nada é mais divino.[226] A patronagem dos oligarcas nas cidades proporcionava-lhes uma influência durável. Nessa sociedade, na qual não se chegava a lugar nenhum sem proteção, sempre apostavam no grande homem local, quando havia um; um século depois do fim da República, veremos, por exemplo, o sul da Gália se unir a Vespasiano pelo amor de um procurador, originário de Frejus, que tinha a confiança de seus compatriotas; esses se reuniram em torno dele pelo que chamaríamos de chauvinismo, e também porque deduziam a influência que ele teria um dia: *favore municipali et futurae potentiae spe*.[227] Em Ístria, mais de um século depois da morte de Crasso, os domínios, o clientelismo e a influência de sua família ainda subsistiam.[228]

No campo, nas cidades municipais, laços pessoais e informais podiam ser estabelecidos entre um grande homem, mesmo um simples notável, e seus camponeses ou a plebe da cidade. O mesmo não ocorria em Roma: a

---

224 *Guerra civil*, I, 15, 2: *oppidum constituerat suaque pecunia exaedificaverat*; ver R. Syme, *Roman Revolution*, p.31, n.6.
225 *Corpus*, I, 1341; XI, 3583 (Dessau, n.5515). Ver *Prosopographia imperii Romani*, v.1, p.260, n.1279 (Ateus Capito). Um teatro: *scaenrium, subsellarium*; comparar os atos dos jogos seculares de Augusto (Dessau, n.5050, 100); "*ludi... sunt commissi in scanea quod theatrum cus, cenacula*; uma *taberna* é uma loja situada no térreo (e que também é usada como casa do artesão); um *cenaculum* é um cômodo ou um apartamento em andares; "*tabernae et cenacula*" equivalia a: "o térreo e o primeiro andar"; talvez o pórtico comportasse *tabernae* no térreo; ver em grego τήν στοὰν χαὶ τὰ οἰχήματα (Wilhelm, *Attische Urkunden*, v.5, p.67); τὰς στοὰς... χαὶ τὰς ἐν αὐταῖς ἐργαστῶν οἰχητήρια (L. Robert na *Revue de philologie*, 1929, p.136, n.2); ver também *Nouveau Choix d'inscriptions grecques* pelo Instituto Fernand-Courby, *Les Belles Lettres*, 1971, p.100. As cidades colocavam os *tabernae* dos pórticos para serem alugados (Liebenam, *Städteverwaltung*, p.20); voltaremos a isso quando nos referirmos a uma inscrição inédita de Útica. Os ἐργαστήρια de um pórtico são também *tabernae* (Dião de Prusa, XLVI, 9).
226 "*Nulla est res in qua propius ad deorum numen virtus accedat*", diz Cícero, *República*, I, 12; ver A. D. Nock, *Essays on Religion and the Ancient World*, Oxford, 1972, v.1, p.141, n.31.
227 Tácito, *Histórias*, 3, 43; H. G. Pflaum, *Les Carrières procuratoriennes équestres*, v.1, p.95.
228 Tácito, *Histórias*, 2, 72; Wiseman, *New Men*, p.40; A. von Premerstein, *Vom Werden und Wesen des Prinzipats*, reimpresso em 1964, Johnson Reprints, p.17.

aglomeração humana de Roma era muito grande para isso; além disso, as relações pessoais eram esmagadas sob o peso das instituições centrais de um vasto Império; em vez de notáveis e de pessoas do povo, encontravam-se ali apenas senadores e eleitores. E os oligarcas de Roma pouco se conduziam como evérgetas, seu evergetismo tinha uma coloração particular nessa cidade.

5. Evergetismo político, e não social

Não encontramos em Roma nem a proliferação nem a diversidade das evergesias que encontramos nas cidades gregas e que encontraríamos, quase idênticas, nas cidades municipais da Itália; em particular, o evergetismo livre não existe em Roma; quanto ao evergetismo *ob honorem*, seus motivos se referem mais à ambição política do que à paixão social. Além disso, ele diz respeito unicamente aos homens políticos, a algumas centenas de senadores, e não às ordens equestres, à classe média ou aos ricos em geral. Um pequeno fato pode ser considerado um símbolo: Pompeia possuía um anfiteatro há um século e meio, e Roma ainda não possuía nenhum;[229] podemos compreender por que: em Pompeia ele foi construído por evérgetas, enquanto em Roma não havia verdadeiros evérgetas; os vencedores, os únicos que tinham o hábito de mandar erigir edifícios públicos, construíam somente monumentos religiosos.

Um trecho de Tácito nos ajudará a compreender a ausência de um verdadeiro evergetismo em Roma:[230]

> Antigamente, as ricas famílias nobres ou notáveis deixavam-se levar pela paixão da magnificência, pois ainda era permitido, naqueles tempos, conciliar a plebe, os aliados,[231] e os reis reciprocamente; sua opulência, seu hotel, seu aparato proporcionavam-lhes a notoriedade[232] e clientes[233] que realçavam seu brilho.

---

229 Com exceção do pequeno anfiteatro de Estatílio Tauro.
230 *Annales*, 3, 55.
231 Sobre esse patronato de cidades romanas ou peregrinas, Gelzer, *Kleine Schiften*, v.1, p.89-102; Wiseman, *New Man*, p.38-46; E. Badian, *Foreign Clientelae*, p.160.
232 Sobre a riqueza dos hotéis (*domus*), Cícero, *De officiis*, I, XXXIX, 138: um candidato ao consulado mandou construir para si "um belíssimo hotel de nobre aparência: a multidão corria para vê-lo"; o candidato foi eleito.
233 Sobre a atitude para com os clientes, ver mais tarde, n.236 e Syme, *Roman Revolution*, p.70, sobre a atitude mais restrita dos "novos homens": "Os *homines novi* ficavam muito ansiosamente preocupados em esquecer sua origem, em ampliar suas perspetivas de futuro e em

Mas [quando o Império se instaurou] rios de sangue nobre jorraram, a notoriedade virou uma condenação de morte, os sobreviventes viraram sábios; ao mesmo tempo, a multidão de *novos homens*, arrancados de seus municípios, de suas colônias e até mesmo de províncias para preencher o Senado, transportou os hábitos da economia de suas localidades.

Tácito nos lembra, então, que as grandes famílias da oligarquia conduziam uma política dinástica em Roma e no Império e não sofriam verdadeiramente a pressão de uma opinião pública municipal; elas se preocupavam, por exemplo, em ter clientes – os homens políticos eram ao mesmo tempo chefes de facções apegados a sua fortuna – ou em exercer uma patronagem nas cidades da Itália ou do Oriente grego: elas não se preocupavam tanto em agradar a plebe romana, exceto por determinadas razões ou em determinadas circunstâncias bem precisas. Tácito nos ensina também que, em sua época, essa política dinástica era simplesmente uma lembrança: a nova oligarquia imperial é uma nobreza de serviços suficientemente aburguesada; mas veremos que essa mediocridade burguesa dos "novos homens" já não era totalmente desconhecida no fim da República: um célebre texto de Cícero confirma involuntariamente esse fato.

Salústio afirma em algum lugar que a liberalidade era uma virtude ancestral dos romanos; Políbio admirava, ao contrário, a magnificência de Cipião como uma qualidade "surpreendente em Roma, onde nunca se doa facilmente parte de seus bens".[234] Seria perder tempo tentar resolver essas aparentes contradições e estudar a evolução "da" liberalidade em Roma. Nos tempos de Políbio, os romanos não eram magníficos como evérgetas e reis helenísticos; nos tempos de Cícero, o mesmo senhor que matava de fome os pretores que se recusavam a pagá-lo também podia manter sua palavra quando havia prometido proteger um cliente e abrir generosamente sua carteira a seus amigos políticos.[235] Os oligarcas também podiam fazer evergesias parecidas com as dos notáveis gregos ou italianos; contudo, os motivos de seu evergetismo eram diferentes e a guerrilha de classes não tinha nenhuma influência nisso: era uma questão de honra, quer dizer, de busca pelas honras; eles oferecem jogos, dão presentes quando são edis, corrompem seus eleitores e às vezes contribuem com seus próprios recursos para a política mais ou menos pessoal que praticam quando são cônsules ou pretores. A

---

ganhar boas graças da nobreza para achar tempo de valorizar amigos que os haviam servido à altura do que eles próprios tinham tão laboriosamente atingido".

234 Políbio, 22, 12; Salústio, *Catilina*, 7, 6.
235 Ver Syme, *Roman Revolution*, p.57, n.4.

mesma questão de honra exige também que eles exprimam seu esplendor; porém, essa oligarquia desconfiada não permite a seus membros monumentalizar sua glória na própria cidade de Roma, exceto em uma circunstância muito precisa: o triunfo. Um dia chegará, no fim da República, em que os presentes, esse financiamento privado da política e de monumentos triunfais, anunciarão o absolutismo que estava próximo; Augusto reinará sobre um Estado que administrará como um mecenas graças a sua gigantesca fortuna.

O "orçamento"

Se há pouco evergetismo em Roma, é porque, em parte, não faltava receita à República. Em 62, a plebe se agita porque o trigo está caro; Catão de Útica convence o Senado a distribuir trigo ao povo à custa do Tesouro, evidentemente: o orador não propôs a seus colegas que fizessem isso com seus recursos, os edis não se ofereceram para fazer uma policitação e ninguém tentou induzir um evérgeta a sacrificar-se para isso, como teria acontecido em uma cidade grega ou italiana.

Não somos totalmente alheios às ordens de grandeza e às proporções do "orçamento" da República. Como mostrou Knapowski, em 168, as rendas ordinárias eram de aproximadamente 40 milhões de sestércios, às quais se acrescentam mais uma dezena de milhões a título extraordinário; o que representa um orçamento dezenas de vezes menor que o da França sob a monarquia de julho, quando, pela primeira vez, a barreira do bilhão foi ultrapassada – estamos falando de francos balzaquianos, como se poderia supor. A esses 50 milhões, somam-se as entregas em produtos que as províncias faziam aos exércitos a título de tributo e cuja ordem de grandeza podia ser de aproximadamente 20 milhões. O principal posto de receitas ordinárias eram as minas da Espanha, que arrecadavam talvez 24 milhões. Quanto às despesas, os gastos de funcionamento e os subsídios dos funcionários representavam apenas uma porção insignificante; o Estado romano não era burocrático. A construção e a manutenção dos edifícios públicos absorviam menos de um milhão. As principais despesas eram os jogos públicos (o Estado os financiava em até 3 milhões aproximadamente) e sobretudo as legiões: 38 milhões; assim, três quartos das rendas do Estado eram destinados ao pão e ao pagamento de uns cinquenta milhares de soldados.[236] Mas falamos até aqui do "orçamento" de Roma como o de um Estado moderno, apesar de duas grandes diferenças: Roma não devorava sua receita, ela economizava; nessa época, as rendas anuais podiam facilmente financiar uma

---

236 R. Knapowski, *Der Staatshaushalt der römischen Republik*, V. Klostermann, 1961.

ou duas campanhas, mas não permitiam sustentar uma guerra, o Tesouro, esse sacrossanto (*aerarium sanctius*), mantinha em reserva uma quantia equivalente a vários anos de receitas: César se apropriará dessa soma um dia e a utilizará para fazer uma guerra civil.[237] Uma outra diferença são os saques; depois da conquista do único reino da Macedônia, por exemplo, o Tesouro recebe uma massa de renda equivalente às receitas ordinárias de oito anos.

Atravessemos uma centena de anos: em 62, na sequência de suas conquistas no Oriente grego, Pompeu acrescentou às receitas públicas, que eram então de 200 milhões de sestércios, mais de 300 milhões e, além disso, depositou no Tesouro um saque de mais de 500 milhões.[238] Recursos consideráveis: a estrutura do orçamento mudou; o exército, que custa somente 50 milhões, não absorvia mais a maior parte desses recursos; não que as tarefas e os postos orçamentários do Estado romano tenham se multiplicado: foram seus recursos que aumentaram, graças à exploração fiscal dos povos conquistados. Roma tem rendas muito mais elevadas do que suas despesas para o exército e para as distribuições de grãos; o que ela faz com o excedente? Com muita verossimilhança, P. A. Brunt suspeita que os governadores de província embolsavam esse excedente sob a forma de gastos com missões;[239] Cícero também reclama frequentemente que os cofres estão vazios, acrescentando que os presentes que os demagogos fazem à plebe são a causa disso. Em resumo, a República não tem dinheiro para tudo.

E como todo crédito especial deve ser concedido aos magistrados por um ato formal do Senado,[240] que detesta os presentes, e os magistrados são frequentemente diletantes e seus créditos ordinários são insuficientes nos casos mais graves (uma penúria, uma estrada ou um edifício para construir ou consertar), os negócios são suspensos, falta trigo frequentemente, e a República deixará como legado a Augusto uma cidade na qual todos os edifícios estavam caindo em ruínas e cujas estradas eram verdadeiros caldeirões;[241] não só os censores não mandam construir mais nada na Itália, ou quase nada,[242] mas eles também praticamente não tomam iniciativas em Roma: nem teatro, nem anfiteatro. As instituições regulares não podiam mais garantir o funcionamento da vida pública; ao mesmo tempo, essa oligarquia, cujo sentido da

---

237 M. Gelzer, *Caesar, Politician and Statesman*, p.209; P. A. Brunt, *Italian Manpower*, p.549.
238 Plutarco, *Pompeu*, 45, segundo a interpretação de E. Badian, *Roman Imperialism in the Late Republic*, Oxford, 1968, p.78.
239 P. A. Brunt, *Social Conflicts in the Roman Republic*, Chatto and Windus, 1971, p.39, a quem devemos as estimações que precedem.
240 Mommsen, *Staatsrecht*, v.1, p.240 e v.3, p.1126-1140.
241 Ibid., v.2, p.452.
242 Voltaremos a isso no capítulo seguinte.

organização nos acostumamos a contrapor ao amável estetismo dos gregos, não podia mais realizar a reforma administrativa por mais simples que fosse, pois vivia emaranhada em suas rivalidades internas e em sua fascinação pelo poder, e todo abuso e preconceito era considerado o disfarce de uma sabedoria escondida que questionava muitos interesses.[243] Sinais dos tempos,[244] a iniciativa mais simples não era mais tomada pelos magistrados competentes; era necessário recorrer a comissários extraordinários munidos de créditos também extraordinários: comissário para o trigo,[245] comissário para o conserto de um viaduto.[246] Se, pelo testemunho de uma moeda, a cidade pública pôde ser restaurada, foi graças a um triunfador que quis dedicar sua parcela do saque a essa obra útil, mas sem brilho.[247] Somente o Império colocará um pouco de ordem nessa área.

Em circunstâncias semelhantes nas cidades gregas ou italianas, magistrados, curadores ou mecenas corriam para retirar recursos de sua carteira ou eram "levados" por seus pares a fazê-lo; na própria cidade de Roma, os senadores começam a abrir seus bolsos no último século da República e, funesto presságio, o primeiro a fazê-lo é César, que, dizem, mandou consertar com seus próprios recursos a Via Ápia, da qual era curador;[248] como edifício construído ou reconstruído por um evérgeta que não era um triunfador,

---

243 Por exemplo, será necessário esperar o Império para que um *aerarium militare* atribua regularmente a aposentadoria aos veteranos: a República deixa cada *imperator* obter uma lei especial para estabelecer seus veteranos em terras e, através disso, fazer de seus veteranos uma clientela; ver J. Harmand, *L'Armée et le Soldat à Rome de 107 a 50*, p.474. Em Cícero, homem político e não homem de Estado, que mal conhece os negócios, e não vendo nada além dos muros do Senado e de uma ótica "parlamentar" estreita, mais interessado em ter nobres convicções do que em perceber os problemas reais, em propor soluções concretas e prever a solução dos eventos, um patriotismo romano ardente leva a um amor conservador, romântico, de um passado idealizado.

244 Mommsen, *Staatsrecht*, v.2, p.453.

245 Além da *cura annonae* de Pompeu em 55, eis aqui um pretor que está ausente de seu tribunal: ele era *avocatus propter publici frumenti curam* (Asconius, *In Cornelianam*, p.59 Clark), a título extraordinário garantidamente (*Staatsrecht*, v.2, p.238 e 671).

246 Suponho que Q. Márcio Rex, pretor, encarregado pelo Senado (Plínio, *História natural*, 36, 15, 121) de consertar a antiga *aqua Marcia*, o fez a título extraordinário: talvez porque o edifício era uma construção de seus ancestrais (argumento que contava muito: ver, por exemplo, Cícero, *Des statues*, XXXVI-XXXVII); uma moeda representa a estátua que foi construída para eles; Sydenham, p.153, n.919. Sobre os curadores de edifícios públicos, *Staatrecht*, v.2, p.670. Márcio recebeu 180 milhões de sestércios (Frontin, *Aqueducs*, VII, 4).

247 T. Didio triunfou em Celtiberos em 93 (*Fasti Capitolini*, edição Degrassi, *Paravia*, 1954, p.107), de acordo com a moeda Sydenham, p.149, n.901: T Didi Imp Vil Pvb; nenhum outro testemunho.

248 Plutarco, *César*, 5; ver H. Strasburger, *Caesars Eintritt in die Geschichte*, 1938, p.13 e 86.

vejo apenas a Basílica Emília, que Emílio Paulo reconstruiu porque um de seus ancestrais tinha associado seu nome a esse monumento, e para a qual César, por cálculo político, lhe deu, com o saque da Gália, o dinheiro necessário para a obra:[249] mas veremos mais tarde que essa empreitada teve César como o verdadeiro inspirador e anunciou a chegada da era do poder pessoal e do mecenato de Estado.

Os triunfadores

Edifícios não são tão úteis em uma carreira política quanto os jogos ou as distribuições. Os triunfadores são quase os únicos a mandar construir porque eles não mexem, para isso, em seu patrimônio: eles recorrem a seus saques. Ora, a decência ditava que o general não guardasse o saque para si, embora pertencesse a ele; o que fazer com essa parcela maldita senão fazer que o povo e os deuses tirem proveito dela? Os triunfadores oferecem um banquete e consagram um edifício cultual aos deuses.

Mommsen, como vimos,[250] construiu uma ficção jurídica: o saque pertence ao Estado, que o devolve com toda propriedade ao vencedor, e este fica encarregado de usá-lo para o interesse geral. Na realidade, as coisas

---

249 Restaurada em 78 pelo senátus-consulto (Sydenham, p.147, n.833: AIMILIA REF S C M LEPIDVS), ela é reconstruída por Emílio Paulo, a quem César ofereceu 36 milhões de sestércios (Plutarco, *César*, 29; *Pompeu*, 58 etc.) por cálculo político (M. Gelzer, *Caesar, Politician and Statesman*, p.178). Um caso duvidoso é o de inscrições como *Corpus*, VI, 31602: "P. *Barronius Barba aed. cur. Grados refecit*", ou como a inscrição do pretor Névio Surdino sobre a pavimentação do Fórum (P. Romanelli, "L'inscrizione di Nevio Surdino nel lastricato del Foro Romano", em *Gli archeologi italiani, in onore di A. Maiuri*, 1965, p.381-389): o edil e o pretor custearam o trabalho ou receberam uma quantia do Tesouro? Suponho que se eles tivessem pago com seu dinheiro, eles o diriam; o papel de construtor assumido pelos edis se explica facilmente (Mommsen, *Staatsrecht*, v.2, p.507); quanto ao pretor, ele pode ter agido como curador ou como responsável desse bairro da cidade (v.2, p.238 e 516); comparar o texto diferente das inscrições citadas, v.3, p.1136, n.3. Sabe-se que de 74 a 22 não houve censores, cônsules, pretores e edis que os substituíram em uma parte de suas atribuições. – Não vejo outro exemplo de edifícios públicos construídos ou restaurados por particulares. A Basílica Pórcia foi construída com fundos públicos (Plutarco, *Caton l'Ancien*, 19); a Basílica Semprônia também (Tito Lívio, 44, 16); o templo de Hércules e Museus foram *ex pecunia censória* (*Panégyryques latins*, VII, 3); o Tabularium foi *de senatu sententia* (Dessau, n.35 e 35 A; Degrassi, *Inscriptiones liberae rei publicae*, n.367 e 368); o Capitólio foi restaurado com fundos públicos, já que César pressionava Catulo para prestar contas (Dião Cássio, 43, 14; Apiano, *Guerras civis*, 2, 26, 101 etc.). Ver uma lista de outros monumentos em T. Frank, *An Economic Survey of Ancient Rome*, v.I, p.183-187, 286-287, 331-333, 369-371.

250 Ver n.39.

acontecem de outra forma: o saque pertence àqueles que o conquistaram[251] e com quem os civis teriam dificuldades de disputar; mas enquanto os simples soldados não hesitam em se apropriar de sua parte, o general tem mais escrúpulos ou o faz com uma certa elegância: sua parte pertence a ele, e não ao Estado nem a mais ninguém, mas ele é delicado ao apropriar-se dela; por essa razão, sacrificará uma parte, que será dedicada aos deuses: o que leva a uma conduta religiosa ou considerada religiosa. A opinião acabará transformando sua delicadeza em dever e, um dia, um tribuno exigirá que os triunfadores reembolsem a parte do saque que não foi gasta no monumento em questão, nem depositado no Tesouro.[252] Pois não se ignorava que, de fato, os triunfadores se apropriavam de uma parte mais ou menos substancial do saque e que as grandes famílias se enriqueciam dessa forma;[253] a consagração de uma parte do saque aos deuses é, por conseguinte, um desses gestos simbólicos que servem para desarmar os afetos secundários – que os antigos chamavam Nêmesis ou inveja. Contudo, a princípio, o saque pertence ao general, tanto que o monumento que o triunfador dedica aos deuses será considerado um presente feito com seus próprios denários.[254] O mesmo acontece com os jogos extraordinários que frequentemente o general vencedor oferece ao povo depois de sua vitória.[255]

Não enumeraremos os monumentos construídos pelos triunfadores: lembraremos somente que troféus,[256] templos, pórticos de templos,[257] ou teatros-templos, são todos edifícios religiosos ou com pretextos religiosos. Assim se explica o enigma do teatro de Pompeu: no topo desse monumento consagrado ao triunfo de 61, havia um templo da Vênus vitoriosa e,

---

251 Vogel, artigo *"praeda"* do Pauly-Wissowa, XXII, coleção 1201 e 1206. O general dedica o saque aos deuses ou doa uma parte, cuja proporção é definida por ele, ao Tesouro.
252 Cícero, *De la loi agraire*, 1, 4, 12 e 2, 22, 59.
253 O que explica o elogio de Pompeu a Lucano, 9, 197: *"immodicas possedit opes, sed plura retentis intulit"*.
254 Por exemplo, Valério Máximo fala da despesa pessoal que Marcelo fez para o templo da Honra e do Valor (1, 1, 8); os Propileus, por analogia, serão uma liberalidade pessoal de Péricles (Cícero, *De officiis*, 2, 60), assim como o saque de Mícale (Cornélio Nepos, *Cimon*, 2); ver também *Velleius Paterculus*, 1, 11 e 2, 1.
255 Depois do triunfo com o qual Cipião celebrou sua vitória de Zama, foram vários dias de jogos, todos eles pagos com a generosidade de Cipião (Políbio, 16, 23).
256 Sobre os troféus e fornisses (arco dos Fabii, de Cipião, de Dolabela e Silano, de Xenofonte...), M. Nilsson, "Les bases votives à double colonne", em suas *Opuscula seleta*, v.2, 992, e "The origin of the triumphal arch", v.2, p.1012.
257 O pórtico de Metelo realçava os templos de Júpiter Stator e de Juno Rainha (Wissowa, *Religion und Kultus*, p.123); o *porticus Minucia* relacionava-se com o templo dos *Lares permaniri* (no dia 22 de dezembro comemorava-se o *natalis* dos *Lares permarini in porticu Minucia*).

teoricamente, o teatro era simplesmente um anexo do templo, "que tinha como escada no final as arquibancadas onde os espectadores se sentavam";[258] o conjunto foi consagrado como santuário.[259] Por quê? Foram dadas explicações religiosas, lembraram que para os gregos o teatro era um rito sagrado e que eles conheciam a ligação de um povo com um teatro.[260]

A explicação correta é que os triunfadores deviam construir monumentos que fossem religiosos e que Pompeu, querendo oferecer um teatro ao povo, simplesmente prolongou um santuário dedicado à deusa cuja proteção havia garantido sua vitória. Essa passagem de monumentos religiosos para laicos concretizou-se no início do reino de Augusto, no qual, como veremos, vencedores ficarão encarregados de mandar consertar as estradas.

Do mesmo modo, todo vencedor podia oferecer uma festança ao povo usando o pretexto de convidar um deus ao evento (*invitare deum*),[261] consagrando à divindade o dízimo de seus ganhos para desarmar os afetos secundários e a inveja. Um antigo costume romano exigia que os negociantes consagrassem a Hércules, deus do mercado de Roma, a décima parte dos lucros que atribuíam à proteção do deus:[262] essa soma servia mais frequentemente para organizar um banquete oferecido a qualquer um que viesse (*cena popularis*)[263] e que (é necessário lembrar?), a princípio, não tinha nenhum outro objeto além de consumir a carne das vítimas sacrificadas ao deus. Um comerciante de frutas pôde, assim, pagar o dízimo três vezes em sua vida,[264] pela grande eficácia da proteção do deus. Os triunfadores usaram esse costume como pretexto, do mesmo modo que candidatos usavam os jogos

---

258 Tirão, citado por Aulu-Gelle, 10, 1: "*cujus gradus vicem theatri essent*"; sobre *theatrum*, "parte do teatro na qual os espectadores sentam-se", ver n.225.

259 Tertuliano, *Des spectacles*, 10, 5: "*non theatrum, sed Veneris templum nuncupavit*".

260 Encontraremos os fatos, pelo menos sua correta interpretação, em J. A. Hansen, *Roman Theater-Temples*, Princeton, 1959, p.43-55. A explicação que se dá frequentemente é que Pompeu quis "escapar da interdição de construir um teatro permanente" (Platner-Ashby, p.516; J. Van Ooteghem, *Pompée le Grand, bâtisseur d'empire*, 1954, p.407).

261 Estudarei alhures essas teoxenias romanas; citemos somente Dessau, n.154, linha 10 et seq. E remetamos ao *Thesaurus linguae latinae*, s.v. "*invitare*", que dedica uma seção à *invitare deos*.

262 Wissowa, *Religion und Kultus*, p.277; J. Bayet, *Les origines de l'Hercule romain*, p.326. A palavra técnica é *pollucere* (Dessau, n.3411, Degrassi, n.136: *decuma facta, poloucta*; ver a admirável correção de Godefroy ao texto da *Agobardinus* em Tertuliano, *Ad nationes*, 2, 7, 17).

263 Plauto, *Trinummus*, 468; E. Fraenkel, *Elementi plautini in Plauto*, p.22. Um simples negociante convidava apenas sua família e seus amigos (Dessau, n.3428, em 184 de nossa era); depois de Augusto, quando os imperadores reservarão para si o monopólio do evergetismo em Roma, como veremos no Capítulo IV, Seção 8, os dízimos para Hércules que todos eram convidados a pagar desaparecerão de Roma.

264 Dessau, n.3413.

fúnebres, e Pompeu usou como pretexto o agradecimento à Vênus vitoriosa: depois do triunfo, eles ofereciam banquete para todo o povo.[265] Sula, depois de sua vitória, "dedicou a Hércules o dízimo de seus bens e ofereceu uma magnífica festa ao povo";[266] depois de seu pequeno triunfo (*ovatio*), Crasso "ofereceu um banquete de dez mil mesas e distribuiu trigo durante três meses para cada cidadão".[267]

Pois, como vemos, a plebe se acostumou a ver o triunfador acrescentar alguns presentes a seu banquete: o mais frequente era uma distribuição de medidas (ou "côngios") de óleo, o que deu o nome de congiários à distribuição do óleo e mais tarde às distribuições em geral, inclusive as de dinheiro. Lúculo mandou distribuir vinho aos cidadãos; César foi o primeiro a mandar distribuir dinheiro[268] para celebrar sua vitória de 46. O inventor do gênero talvez tenha sido Acílio Glábrio, que foi, lembremos,[269] eleito à censura por ter distribuído congiários de óleo ao povo: foi, imagino, pelo triunfo em Antíoco celebrado em 189.

Cícero sobre o evergetismo

Essas são as especificidades do evergetismo senatorial: os motivos são políticos (torna-se evérgeta porque é indispensável para se eleger, ou de forma mais ampla, para se tornar popular junto aos cidadãos); por outro lado, a opinião pública exerce muito pouca pressão social sobre esses grandes senhores e a ausência dessa guerrilha de opinião permite que um certo egoísmo de classe se manifeste; enfim, a oligarquia pouco se interessa pelo mecenato, pela expressão pública de seu esplendor. Todos esses traços são reunidos e são bem visíveis nos textos de Cícero,[270] que em seu livro sobre a moral,[271] dedica três páginas ao evergetismo, classificado sob o conceito de

---

265 D. van Berchem, *Les Distributions de blé et d'argent à la plèbe romaine sous l'Empire*, 1939, p.120.
266 Plutarco, *Sula*, 35. Joga-se a carne não consumida no Tigre: detalhe certamente ritual; na Grécia era considerado desrespeitoso deixar os comensais levarem-na.
267 Plutarco, *Crasso*, 2 e 12; Ateneu, 5, 65.
268 Plutarco, *Luculo*, 37; Suetônio, *César*, 38; Dião Cássio, 43, 21; Apiano, *Guerras civis*, 2, 102.
269 Ver n.169. Tito Lívio, XXXVII, 46. – Os vencedores não são os únicos a pagarem o dízimo a Hércules: ver em *Devoirs de Cicéron*, 2, XVII, 58, a descrição da festança dada por Aufidio Orestes.
270 Cícero, *Sobre os deveres*, 2, XVI-XVII, 55-60. Sobre esse texto, a homília que M. Pohlenz publicou em 1934 sob o título de *Antikes Führertum* (reimpresso por Hakkert em 1967) é menos útil do que *L'Éthique stoïcienne chez Cicéron*, de P. Milton Valente, 1956.
271 P. Boyancé, *Études sur le songe de Scipion*, p.158. Devia existir, ali, algo estranho, mais para os contemporâneos do que para nós, em ver um filósofo ser categórico sobre questões de alta política, falar de Pompeu como se fosse um companheiro e parabenizar ou culpar o Senado,

prodigalidade. Analisemos rapidamente esse famoso texto, no qual a filosofia justifica bem ou mal as opiniões de um homem e de um meio e, ao justificá-las, as trai: esse é o real interesse do texto. Imaginemos que uma página de Victor Cousin sobre a caridade pudesse desvendar o que a burguesia do século passado pensava sobre a caridade.

O que é a liberalidade? Qualquer característica, como sabemos, encontra-se situada em dois extremos: a liberalidade tem em seus extremos a prodigalidade e a avareza. Cícero, em um primeiro momento mais interessado em prestar serviço aos indivíduos do que em oferecer presentes à plebe, qualificará de liberalidade o exercício de caridade e de assistência, e depreciará os presentes coletivos ou as evergesias, qualificando-os de prodigalidade, o que ele considera simplesmente um desperdício. Mas ele não esquece, em um segundo momento, que em Roma, "se o sistema dos presentes é essencialmente ruim, ele se impõe por suas condições históricas";[272] pois já vimos "Mamerco, um homem muito rico, fracassar no consulado por não ter exercido a edilidade"?[273] O evergetismo será justificado em alguns casos por um fim superior, a serviço da cidade: deve-se oferecer presentes, se esse é o preço para se chegar ao consulado; "um presente deve ser justificado se for indispensável ou simplesmente útil".[274] Cícero não chega a dizer, como

---

como Cícero o fará referindo-se ao evergetismo: na ótica romana, um homem comum seria arrogante se começasse, mesmo sendo um filósofo, a ter opiniões categóricas sobre questões de alta política, em vez de se limitar a uma atitude deferente e patriótica: somente um senador pode permitir-se tal comportamento; quando Cícero, em um livro de filosofia, é categórico sobre o evergetismo, é porque ele é senador, e não porque um pensador pode pensar sobre tudo. Comparemos o estatuto da história em Roma. Um historiador romano, se é um homem ordinário, escreverá uma história patriótica, deferente e divertida (Tito Lívio); se ele começa a julgar e a adotar o tom da grande política, é porque ele escreve a história como senador (Salústio, *Tácito*). O que explica uma dificuldade. Escrever a história cientificamente, como nossos historiadores universitários, nossos profissionais da história o fazem, era, em Roma, um privilégio praticamente reservado aos senadores, já que essa história científica, "pragmática" no sentido de Políbio, explica e, através disso, julga as decisões dos homens de Estado, com as ciências morais e políticas. Em Roma, essas nobres matérias situam-se acima dos homens comuns. Então, um historiador de vocação, que infelizmente não é um senador, mas que também não se preocupa com narrações deferentes e patrióticas, refugia-se na erudição: é o caso de Suetônio, que recorre ao gênero biográfico, um gênero de erudição, no qual "filólogos" derramavam os resultados de suas pesquisas, e não era visto como uma variedade do gênero histórico. Suponho que, para a filosofia, a problemática era a mesma e que Cícero não teria falado sem arrogância dos problemas políticos da época em um livro de filosofia se não fosse senador.

272 2, 60: *"Tota igitur ratio talium largitionum genere vitiosa est, temporibus necessaria"*.
273 2, 58: ver n.167-168.
274 2, 88: *"Causa largitionis est si aut necesse est aut utile"*.

logicamente deveria tê-lo feito, que conceder um presente útil à plebe é praticar a liberalidade: pronunciar o nome dessa virtude ao se referir aos dons à plebe queimaria sua boca; ele se contenta em exprimir a ideia pelo seu contrário e em dizer que se deve "evitar o espectro da avareza".[275] O raciocínio parece ser coerente: já que em algumas circunstâncias as evergesias são justificadas, seria excessivo recusá-las sistematicamente e esse excesso se chamaria naturalmente avareza. Parece-nos curioso, contudo, que Cícero não chegue a admitir serenamente que os critérios da verdadeira liberalidade são múltiplos, que a utilidade econômica (o não desperdício) é um deles, que o objetivo visado (eleger-se) é outro, e que todos esses critérios se situam no mesmo plano; os estoicos admitiam facilmente que a saudável prática dos deveres exige uma casuística, na qual a oportunidade, a utilidade superior, o respeito pelo decoro, contam; os aristotélicos diziam que, para dar e receber, deve-se considerar tudo: as pessoas, as circunstâncias, a própria coisa dada.[276] Cícero, por sua vez, prefere visivelmente hierarquizar os critérios: existe uma essência (*genus*) da liberalidade, diante da qual os presentes oferecidos à multidão são essencialmente vulgares prodigalidades; contudo, contingências históricas (*tempora*), por serem lamentáveis e referirem-se à imperfeição das coisas humanas, impõem uma moderação da condenação de princípio.

O interesse que essas pequenas ajudas e reticências, certamente pouco filosóficas, têm para nós é trair a atitude do homem ou de seu meio. Fica faltando observar por qual milagre a prodigalidade consiste sempre em oferecer presentes à plebe e somente isso, a julgar pela exemplificação feita por Cícero: banquetes, gladiadores, jogos; será que não seria possível haver ali cem outras maneiras de empregar seu dinheiro, cem outras maneiras inevitáveis que não mereceriam recebê-lo? Essa maravilhosa coincidência entre a extensão do conceito ciceroniano de prodigalidade e do conceito de evergetismo mostra que aqui a filosofia é apenas uma polêmica disfarçada; Cícero adverte que, se alguém decide oferecer presentes à plebe, os pensadores lhe recusarão o belo título de liberal e o degradarão com o título de pródigo.

---

275 2, 88: "*Vitanda tamen est suspicio avaritiae*".
276 Ver, por exemplo, Nicolas de Damas, fr. 138 Jacoby (*Fragmente der griechischen Historiker*, v.2 A, p.426); Quintiliano, 12, 8, 11: "Deve-se calcular o que foi feito (*tenendus est modus*) e é capital saber de quem se recebe, quanto, durante quanto tempo"; e sobretudo *Digeste*, I, 16, 6, 3 (Ulpiano): um advogado, um governador têm o direito de aceitar presentes de seus clientes ou administrados? "Os imperadores Severo e Caracala resolveram esse aspecto com uma extrema elegância; eis aqui os próprios termos de sua carta: no que concerne a esses presentes (*xenia*), saiba qual é nossa opinião: um antigo provérbio diz: 'Nada, nunca, ninguém'".

A compreensão do conceito de prodigalidade é tão instrutiva quanto sua extensão. Citemos o próprio texto:[277]

> Geralmente, duas espécies de homens oferecem presentes, os pródigos e os liberais. Pródigos são os que esbanjam fortunas para festas, distribuições de carne, espetáculos de gladiadores, jogos esplêndidos e caça na arena,[278] coisas que farão que deixem apenas uma lembrança efêmera ou até mesmo nenhuma; liberais são os que, com seus próprios denários, compram prisioneiros dos piratas, pagam as dívidas de seus amigos, ajudam-nos no estabelecimento de suas filhas,[279] assistem-nos na aquisição ou no desenvolvimento de seu patrimônio.

Assim, aos olhos do filósofo, os únicos presentes verdadeiramente louváveis são destinados a indivíduos – e, como se têm seus amigos da mesma forma que se têm seus pobres, ele se refere fatalmente aos indivíduos que o benfeitor conhece, aqueles que pertencem ao mesmo meio; obras caritativas, dever de assistência para com os pobres e os doentes, tudo isso parecia pouco provável antes do cristianismo; mas Cícero também não quer o evergetismo, essa redistribuição de bens que é social, pois é feita a uma coletividade. Ele conhece somente as pessoas de seu mundo; a verdadeira liberalidade situa-se, para ele, no contexto do clientelismo e da solidariedade dos membros de uma mesma classe.[280]

---

277 2, XVI, 55. Comparar, entre outros, Musônio, XIX, p.108, Hense, que se opõe, contrariamente a Cícero, às despesas de luxo feitas egoistamente para si e à beneficência.
278 Distribuições de carne: ver n.142. Para as caças que eram oferecidas no *ludi* como prazeres suplementares, ver J. Aymard, *Essai sur les chasses romaines*, p.80-82.
279 Dar um dote às moças era um dos deveres da beneficência grega; Cipião também não deixava de fazê-lo, segundo um testemunho de Políbio (Pohlenz, *Führertum*, p.109, n.1); mas devemos acrescentar que era também um dever em Roma, onde o Senado recompensava bons cidadãos oferecendo dotes a suas filhas (Mommsen, *Staatsrecht*, v.3, p.1121, n.4). Cícero fala, aqui, como senador: em 2, XVIII, 63, ele elogiará as obras de assistência do Senado romano.
280 A exemplificação de Cícero da verdadeira liberalidade o confirma: "A beneficência deverá ser particularmente dirigida para aqueles que sofreram algum tipo de problema, exceto se eles precisamente mereceram esse problema" (2, XVIII, 62); "É altamente conveniente que os hotéis dos personagens ilustres sejam abertos aos hóspedes ilustres" (2, XVIII, 62); ver P. Milton Valente, *L'Éthique stoïcienne chez Cicéron*, p.229. Se a vida social é troca de benefícios, os pobres correm o risco de ficarem fora do circuito da beneficência paga, já que não podem retribuir tais benefícios: J. Kabiersch, *Untersuchungen zum Begriff der Philanthropia bei dem Kaiser Julian*, Harrassowitz, 1960, p.31. Santo Agostinho dirá que é melhor dar aos pobres o dinheiro destinado aos jogos: W. Weismann, *Kirche und Schauspiele: Die Schauspiele im Urteil der lateinischen Kirchenvater*, J. J. Augustin, 1972, p.164. – Para incitar os deveres da caridade, Musônio ou Sêneca terão um tom muito mais caloroso e firme do que Cícero.

Ele também condena os presentes evérgetas porque "deixam apenas uma lembrança efêmera ou até mesmo nenhuma"; o argumento, que pode parecer misterioso, fica mais claro à luz de outro trecho:[281]

> Um benefício concedido a um homem reconhecedor conduz a um lucro que vem do beneficiário e também de todos os outros homens. A liberalidade é, por conseguinte, uma qualidade muito apreciada e a maioria das pessoas a elogia com tanto ardor, confirmando que a bonomia dos grandes é o refúgio comum de todos; devemos, então, nos preocupar em fazer beneficências que sejam tão importantes que a sua lembrança passe para seus filhos e netos, para que eles não tenham a possibilidade de se tornar ingratos. Pois todos os homens detestam aquele que esquece seu benfeitor, consideram que ele comete, com isso, uma injustiça contra todos, pois desestimula a liberalidade.

O argumento pode parecer interessado. Errado: Cícero não pensa unicamente no interesse do benfeitor quando recomenda fazer apenas benevolências que impliquem o dever de reconhecimento: no que diz respeito às trocas de benefícios que tecem a trama da vida social, ele raciocina como raciocinam os economistas sobre as trocas de bens e serviços; quanto maior o volume de transações, mais intensas serão as trocas e mais alto será o nível de vida de todos: todos se beneficiarão com o dinamismo das atividades comerciais, e não somente o benfeitor que receberá a contrapartida de seu benefício. Dedicar-se à beneficência sem contrapartida é como jogar mercadorias no mar: o movimento diminui, do mesmo modo que a ingratidão destrói a confiança necessária para o bom desenvolvimento das trocas.

Isso quer dizer que em termos de benefícios a troca proporciona garantidamente uma otimização? E seria pelo fato de as evergesias não iniciarem um processo de trocas que Cícero as recrimina? Limitar a vida social unicamente aos benefícios que conduzem a uma contraprestação garantiria uma otimização sob duas condições: se todos os benefícios fossem substituíveis entre si, e se todos os benefícios pudessem ser feitos para todos os homens, independentemente da classe social a que pertencem. Mas e se a plebe ficar fora do circuito? Se, naturalmente, os benefícios que conduzem ao dever de reconhecimento se dirigissem somente aos homens que são socialmente parceiros do benfeitor? A sociedade seria, então, cortada em duas: uma classe elevada e uma plebe. Além disso, um tipo de benefício não substitui o outro;

---

281 *Sobre os deveres*, 2, XVIII, 63. A palavra *memoria* é incessantemente associada a *beneficium*: Cornélio Nepos, *Ático*, XI, fim; E. Norde, *Aeneis Buch VI*, reimpresso em 1957, Teubner, p.36, n.2.

sem dúvida, é importante que as moças pobres de boa família tenham um dote, mas é também importante que os cidadãos tenham festas e uma coisa não substitui a outra; quem sabe as moças, mesmo com dotes, também não queiram ir aos espetáculos? Reduzir a vida social aos benefícios que podem ser prestados é meramente semelhante ao fato de considerar apenas os bens contabilizáveis quando se exerce política econômica: seria esquecer a "qualidade da vida", seria empobrecer a existência e fazer a promessa de um mundo entediante.

O senador e a plebe

De fato, esse filósofo e "novo homem" têm um moralismo um pouco restrito. Sua perplexidade mostra isso:[282]

> Eu me pergunto como Teofrasto, em seu tratado *Sur la richesse* [Sobre a riqueza], no qual encontramos tantas páginas admiráveis, pôde ter a absurda ideia de elogiar a magnificência e o esplendor demagógicos[283] das liturgias, e considerar a possibilidade de fazer despesas similares como se fosse o verdadeiro uso[284] da riqueza!

Na realidade, Cícero não forneceu as verdadeiras razões pelas quais condena o evergetismo. Não é que ele admita unicamente os benefícios que podem ser prestados; pois não dirá mais tarde que "um homem com pouca riqueza, mas um homem de bem, pode ao menos receber o reconhecimento, mesmo que não possa retribuí-lo"?[285] Esse jogo de palavras, não desprovido de generosidade, desmente a doutrina do comércio dos benefícios. Ela revela

---

[282] *Sobre os deveres*, 2, XVI, 56. Acredito encontrar um eco desse fragmento em *Éloge de la patrie*, 7, atribuído a Luciano: "Se acumulamos riquezas, é para sermos evérgetas (literalmente: para fins de filotimia) e para poder suprir as despesas coletivas de sua pátria".

[283] "Esplendor", *apparatione*, mesmo sentido que *apparatus* algumas linhas antes; comparar o sentido de *apparatus* e de *ludi apparatissimi* em *Lettre familière*, VII, 1, *Munera* devia traduzir χορηγιαι nos textos de Teofrasto e significar "liturgias, evergesias em geral" e não "espetáculos" (para *munus* no sentido de "evergesias", de "presentes", ver n.61). *Popularis*, palavra consagrada quando se trata de espetáculos e de presentes (*occidunt populariter*, Juvenal 3, 37), é tomada tanto positivamente (n.86) quanto pejorativamente, como aqui.

[284] *Fructus*, que sem dúvida traduz χρῆσις: ver E. Norden, *Aeneis Buch* VI, p.288; Nicolas de Damas, citado na n.276, e a citação de Teofrasto em Plutarco, *Éloge de la richesse* (*Moralia*, 527 B); a riqueza, diz Teofrasto, é verdadeiramente riqueza somente se a usamos para seu verdadeiro fim; mas Cícero entende, por essa palavra, a utilidade que o benfeitor pode obter, ou seja, o reconhecimento do devedor (2, XVI, 56: *fructus major et certior*).

[285] 2, XX, 69.

a doutrina de Sêneca, para quem os benefícios têm como verdadeira recompensa o prazer que o benfeitor sente em ajudar o próximo:[286] o pensamento de Cícero é, aqui, mais amplo do que a formulação que ele fornece. Contudo, o modo como ele apreende a gratuidade não abrange o elogio dos espetáculos; na verdade, ele os culpa porque não quer, como homem rico, pagar prazeres a uma plebe que não pertence a seu mundo e não faz parte de suas relações de clientelismo ou de amizade e porque, como intelectual e senador, ele considera que os prazeres vulgares são frívolos; a beneficência privada "é o fato de homens sérios, de grandes espíritos, enquanto os espetáculos são o fato de bajuladores do povo que vangloriam a leviandade da multidão".[287]

Como não ver, ali, um contraste entre o caráter grego e o caráter romano, ou melhor, entre o grupo estreito que era a cidade grega e o vasto Estado oligárquico que Roma se tornou? A unanimidade cívica, quer se trate das festas ou das coisas sérias, não existia mais: os jogos eram simplesmente júbilos populares proporcionais a uma cidade, enquanto a seriedade da vida, a política, assumia a proporção de um Império: os homens graves, estima Cícero, não devem mais se interessar pelas festas folclóricas. Ele contrapõe Teofrasto a uma página de seu próprio mestre, Aristóteles, que condena os prazeres "bons para as crianças, as mulheres, os escravos e os homens livres que pouco se diferenciam dos escravos".[288] De fato, a atitude aristotélica era mais complexa; os peripatéticos tinham um senso agudo de gratuidade (eles tinham que olhar para si mesmos, em sua atividade de erudito, para adquiri-lo: o conhecimento ou a "contemplação" não seria, a seus olhos, a atividade que visa atingir a si mesma revelando-se, assim, divina?). "Vamos ao Olimpo somente para contemplar, mesmo se essa contemplação não nos acrescentar nada", escrevia o jovem Aristóteles; "o espetáculo em si vale amplamente uma grande soma; não contemplamos os Dionísios para tirarmos proveito dos atores: ao contrário, pagamos por isso".[289] Distinguimos ou deciframos em Aristóteles três pontos de vista diferentes sobre as festas cívicas. Primeiramente, como acabamos de ver, esse estudioso devia ter um certo desprezo

---

[286] M. Pohlenz, *La Stoa*, tradução italiana, 1967, v.2, p.82.
[287] 2, XVIII, 63; sobre *levitas*, ver essa palavra no índice de *Plebs and Princeps*, de Z. Yavetz, Oxford, 1969, onde seu sentido é estudado.
[288] 2, XVI, 56; é o fragmento reproduzido na p.57 por W. D. Ross, *Aristotelis Fragmenta Selecta*, Oxford, 1969, 1955, e comentado por P. Thillet em *Aristote: cinq oeuvres perdues, gragments et témoignages édités sous la direction de P. M. Schuhl*, PUF, 1968, p.13 et seq.
[289] *Protreptique*, B 44 Dühring ("Quellen der Philosophie", Klostermann, 1969), de acordo com Jamblique, *Protreptique*, IX, p.53, 19 Pistelli; ver Cícero, *Tusculanes*, 5, III, 8.

pelas curiosidades vulgares,[290] como Cícero, que aproveitava os dias de jogos, quando a cidade estava em festa, para escrever seus livros.[291] Contudo, se a atividade contempladora é a mais elevada na escala ontológica (ela é divina, quer dizer, não é redutível às forças naturais), o contemplador, por outro lado, não o é, pois ele não existe: não se pode contemplar o tempo todo, pois "uma vida desse tipo seria muito elevada para a condição humana e não é como homem que se vive dessa maneira, mas na medida em que o elemento divino se encontra em nós".[292] Na vida completa, ética e cívica, cada coisa encontra seu lugar apropriado, e o lugar dos prazeres e dos dons deverá ser medido pelo entendimento, que poderá estimar que "é preferível impedir os ricos de organizar liturgias onerosas e inúteis como coregias e corridas com tochas, mesmo se geralmente eles aceitam fazê-lo".[293]

Deve-se, por conseguinte, pensar politicamente e com prudência; o que se deve considerar para calcularmos as evergesias? Muita coisa e, em particular, seu rendimento: como tudo é igual, é melhor investir em um prazer que dure do que em um prazer mais curto que é esquecido pouco depois de ter terminado. Os prazeres da multidão "são curtos e, com a saciedade, a lembrança desaparece";[294] Cícero cita essas linhas e, sem dúvida, quando critica as evergesias porque não deixam lembranças, ele permite que sua crítica adote, nos dois sentidos que pode ter, aquele que agradará ao leitor: os presentes oferecidos ao povo não trazem reconhecimento, não produzem satisfação durável. Meio milênio depois de Aristóteles, ou quase, o imperador Antonino parabenizará um evérgeta de Efésio por ter mandado construir edifícios em vez de ter oferecido um espetáculo: ele preferiu tornar sua cidade mais venerável no futuro em vez de lhe oferecer presentes que lhe

---

290 Comparar seu desprezo pela atividade econômica: "Aqueles que têm a possibilidade de evitar os incômodos domésticos empregam um administrador e dedicam-se à política ou à filosofia" (*Política*, I, 7; 1255 B 35). Sobre o desprezo de Aristóteles pelo jogo, ver todo o capítulo X, 6, de *Ética a Nicômaco*.
291 Cícero, *Para Plâncio*, XXVII, 67; *A Ático*, 2, 1, 1. Uma vez ele decide assistir aos jogos em Âncio para levar sua filha, Túlia, que desejava vê-los, e não consegue se decidir: *A Ático*, 2, 8 e 2, 10. Suponho que o Senado não podia se reunir nos dias de jogos e das festas de Roma (*ludis et feriis*), quando os tribunais e as assembleias fechavam; embora, para o Senado, a regra não seja documentada (Mommsen, *Staatsrecht*, v.3, p.373, 921 e 1055; mas também Wissowa, *Religion und Kultus*, p.451): Cícero não estava, por conseguinte, ocupado nem no Fórum nem no Senado durante os jogos. Se, durante os *ludi* de Pompeu em 55, ele apoia Caninio (*Cartas familiares*, VII, 1, 4), eram *ludi* extraordinários, realizados para a inauguração do teatro.
292 *Ética a Nicômaco*, X, 7 (1177 B 25).
293 *Política*, V, 8 (1309 A 15); ver 1320 B 1.
294 Aristóteles em Cícero, *Sobre os deveres*, 2 XVI, 56.

teriam trazido somente um instante de glória.²⁹⁵ Mas o tempo de duração dos investimentos não é o único critério: devem-se considerar também seus destinatários; "Já que existem duas classes de espectadores, uma de homens livres e educados e a outra de pessoas grosseiras, composta de artesãos, de proletários e de pessoas dessa espécie, deve-se colocar ao alcance dessa gente concursos e espetáculos para que possam relaxar".²⁹⁶

Mas, enfim, quando se aprofunda no problema e quando assume o ponto de vista do próprio evérgeta, Aristóteles pensa como Teofrasto. Se, como ele, não nos dermos conta da necessidade de se insurgir gratuitamente, se reduzirmos a vida a um equilíbrio com o meio ambiente ou a trocas com os outros, se não virmos além do interesse, a necessidade de gastar e, além da ideologia, a necessidade de se exprimir, nós não compreenderemos nada do evergetismo. Mesmo os animais superiores sentem a necessidade de explorar inutilmente os arredores de seu território e não permanecer no seu canto; os homens também não são feitos para a felicidade, segundo Epicuro, para ficar descansando em um quarto: eles se entediariam. Vimos, no primeiro capítulo, os elogios que Aristóteles fez ao se referir à magnificência; essa virtude cai no excesso, nos presentes vulgares, não quando se dá muito, mas quando se dá por razões vãs de *conspicuous consumption*, "não por um motivo nobre, mas para exibir sua riqueza, acreditando assim suscitar a admiração".²⁹⁷ Essa simpatia que os peripatéticos têm pelos presentes é filosoficamente fundada: todo ser gosta da existência, ou seja, gosta de si mesmo, quer existir plenamente; se ele é magnânimo, adquire essa plenitude, atualizando suas possibilidades, agindo ou se exprimindo; ao contrário, dirá São Tomé, o pecado da mediocridade do espírito é não atualizar seu poder: *pusillanimus deficit a propositione suae potentiae*.²⁹⁸ Por essa razão, "os beneficentes gostam daqueles a quem fizeram o bem, mais do que os assistidos gostam de seu beneficente",²⁹⁹ como explica um célebre capítulo da *Ética a Nicômaco*, no qual a

---

295 Dittenberger, *Sylloge*, n.850: τοῦ [παρ]α χρῆμ[α εὐδοχιμ]εῖν χά[ρ]ιν.
296 Aristóteles, *Política*, VIII, 7 (1342 A 15).
297 *Ética a Nicômaco*, IV, 6 (1123 A 25).
298 Ver E. Gilson, *Les Idées et les Lettres*, Vrin, 1955, p.191.
299 *Ética a Nicômaco*, IX, 7 (1167 B 15); ver também 1175 A 10. Ver J. Rawls, *A Theory of Justice*, Oxford, 1972, p.426: tudo sendo igual, de duas atividades que atualizam nossas capacidades, a mais difícil e a mais complicada proporciona mais prazer; o evergetismo era mais divertido que o imposto, dissemos no segundo capítulo, pois ele se fazia passo a passo e era mais complicado. A felicidade não é o preenchimento de uma falta, um retorno ao equilíbrio, mas o desenvolvimento de nossas faculdades e, nesse sentido, seu contrário seria o tédio (ou um dos estados que confundimos sob o nome de tédio). Sobre a gratuidade, a diversão e o conhecimento desinteressado, não resistamos ao prazer de citar também Hume, *A Treatise of Human Nature*, 2, 10.

ênfase é colocada no próprio benefício, e não no dever de reconhecimento que cabe aos beneficiários; pois um benefício é uma obra, e toda obra é uma atualização de seu autor que, podemos dizer, faz o bem para fugir da asfixia, e não pela troca de serviços. A sociedade grega, como sabemos, ignorava o clientelismo.

Evérgeta com relutância

Um senador romano tem outros meios para evitar a asfixia que não seja oferecendo presentes à plebe; se ele aceita fazê-lo é apenas para não fracassar diante das assembleias. Ele se vê forçado a um gesto de generosidade que repugna profundamente; como ele poderia sair dessa situação? Fazendo concessão: como Cícero havia lhe ensinado, "aqui a regra da ponderação ainda é a melhor";[300] "já que todo o sistema dos dons é essencialmente ruim, mas nos é imposto por razões de oportunidade, é importante que o apliquemos proporcionalmente a nossa fortuna e o moderemos com o senso da justa medida".[301] Esse conselho deve ter feito muito sucesso.[302]

O ponto de equilíbrio... Para os filósofos, essa expressão é interpretada, parece-me, em dois sentidos.[303] Quando dizem que a liberalidade é o ponto de equilíbrio entre a prodigalidade e a avareza, como vimos acima, eles não sustentam, com isso, que em uma determinada circunstância a atitude certa seja ponderar. Eles constatam simplesmente que a virtude da liberalidade encontra-se enquadrada entre duas imperfeições, e que o mesmo ocorre com a maioria das atividades humanas. E com razão; se essas atividades colocassem apenas um único fator em risco, se a liberalidade consistisse somente em gastar muito, a virtude aumentaria linearmente e proporcionalmente a esse fato: quanto mais gastássemos, mais seríamos virtuosos. Mas as coisas raramente são tão simples assim, e muito poucas atividades humanas são traduzíveis em equações lineares. Além da quantidade que se dá, deve-se considerar a quem se dá, por que se dá etc., esses fatores não se adicionam, eles se

---

300 *Sobre os deveres*, 2, XVII, 58: "*In his autem ipsis mediocritatis regula optima est*".
301 Ibid., 2, XVII, 60.
302 Tácito, *Vie d'Agricola*, 6: Agrícola "supriu os jogos, as vãs obrigações de seu encargo, mantendo o equilíbrio entre a economia e a profusão"; Marco Aurélio, I, 16, 25.
303 Distinção esboçada em D. J. Allan, *Aristote le philosophe*, Nauwelaerts, 1962, p.179: "Primeiramente, o ponto de equilíbrio é relativo: ele não é uma média aritmética, mas supõe uma interpretação concreta dos temas e das circunstâncias. Além disso, segundo Aristóteles, o distanciamento dos extremos regeria nossas disposições (a igualdade de humor, a temperança, a coragem etc.) e não as ações particulares que dependem de nossas diversas escolhas".

multiplicam: se fica faltando algum deles, o produto dos outros é anulado, e a virtude é destruída; se um evérgeta que distribui muito age aleatoriamente, ele é simplesmente louco e não pode se consolar dizendo que ao menos possui outro mérito que subsiste, o de não guardar seu dinheiro para si. Se os fatores de uma virtude simplesmente se adicionassem, essa virtude não teria outra unidade além de seu nome. Ora, seria um milagre que todos esses diferentes fatores variassem juntos no mesmo sentido; além disso, em vez de uma reta ascendente, seu resultado seria uma curva; essa curva tem um limite máximo, que é a virtude, e seu limite mínimo é o mérito que se situa à direita e à esquerda da virtude: a partir de certo ponto, quanto mais se gasta, menos virtuoso se torna; antes de atingir esse ponto, não se considerava plenamente virtuoso quem não gastasse o suficiente. Essa é a primeira concepção do ponto de equilíbrio: é uma ideia inerente à praxeologia. A segunda concepção que nos interessa agora é uma ideia inerente à engenharia; ela se refere ao estudo de casos determinados: em uma dada circunstância, a arte da questão consiste em calcular os meios para adaptá-los exatamente aos fins; o que os Antigos chamavam, com uma palavra que mudou de sentido desde então, de moderação ou de temperança. Não se exclui absolutamente e evidentemente que, em alguns casos, o fim exija o emprego de meios extremos e que seja preciso fornecer um impulso máximo; o ponto de equilíbrio se situará então em uma das extremidades: ninguém disse isso de um modo mais claro do que São Tomás.[304]

E Cícero? Ele evidentemente admite que todo gasto deve ser calculado em função de seus fins; o que importa é saber quais são esses fins; eles são a decência, o decoro: "No que se refere às aparências externas da vida liberal, ao seu prestígio, deve-se manter moderado; ora, a melhor atitude é limitar-se

---

304 São Tomás, *Contre les Gentils*, 3, 134: "O ponto de equilíbrio não deve ser considerado de acordo com a quantidade de bens externos que se colocam em uso, mas de acordo com a regra da razão. As coisas extremas segundo a quantidade dos bens externos também podem ser, porém, o meio segundo a regra da razão. De fato, ninguém, além do magnânimo, tende para esses objetivos mais vastos, nem ultrapassa o magnífico na grandeza de suas despesas: eles controlam assim o meio, não pela quantidade da despesa ou das considerações do mesmo gênero, mas pelo fato de não estarem aquém ou além da regra da razão. Essa regra considera não somente a quantidade da despesa, mas a condição do doador, sua intenção, oportunidades de tempo e de lugar e de todas as outras considerações que exigem ações virtuosas"; 3, 136: "O meio da virtude não é apreendido de acordo com a quantidade da coisa que a razão ordena a seu fim, mas de acordo com a regra da razão que permite atingir o fim legítimo, e ele se mede de acordo com as conveniências das circunstâncias"; *Somme théologique*, Secunda secundae, qu. 129, art. 3, ad I: "O magnífico situa-se no extremo pela sua própria grandeza, mas situa-se no ponto de equilíbrio porque ele é como deve ser"; ver também qu. 135, art. 2, *sed contra*.

ao que é conveniente".³⁰⁵ Mas o que seria esse conveniente? Digamos que um senador mande construir um hotel para si, esse edifício deverá ser habitável, confortável e prestigioso, pois a condição de seu proprietário assim o exige; mas ele não se esquecerá de que seu prestígio de senador realça ainda mais o hotel do que já é realçado: ele deverá então evitar se investir desmedidamente no gasto e no fausto, mas conduzi-los ao ponto de equilíbrio.³⁰⁶ Não poderíamos expressar melhor tal ideia, pois a definição do que é conveniente somente pode ser medida de acordo com os costumes de uma determinada sociedade. Agimos, então, como se estivéssemos nela; por que os presentes para a plebe devem ser considerados prodigalidades que ultrapassam a justa medida? Porque Cícero os considera assim, porque ele tem um senso de esplendor público e privado menos desenvolvido do que os outros. O comportamento conveniente sobre o qual ele fala não são nem os costumes reais da sociedade na qual ele vive, nem as conclusões de uma crítica pensada desses costumes; ele chama os costumes efetivos de conveniências; à crítica pensada, ele concede o direito de se constituir uma ideia pessoal do que é conveniente, mas sem calculá-la: é um procedimento de argumentação retórica ao qual já havia recorrido antes para qualificar o evergetismo de prodigalidade. Procedimento que consiste em impor uma definição de palavra como se fosse a definição de uma coisa, deixando a conotação laudativa ou pejorativa que sobra de sua significação anterior à palavra da qual se faz um novo uso.

O sentimento profundo de Cícero é estimar que sentir prazer em oferecer presentes à plebe é indigno de um senador; poderia ser simplesmente um excesso contra o qual ele preconiza o ponto de equilíbrio ao atribuir a essa noção sua significação popular: é importante moderar-se, não se abandonar completamente aos seus desejos; preconiza-se esse ponto de equilíbrio às pessoas que se abandonam a ações que são profundamente recrimináveis, sem ousarem condená-las radicalmente. Cícero lamenta os tempos em que se poderia se eleger sem ter sido evérgeta, e o elogio que faz do ponto de equilíbrio quer dizer simplesmente isso: "A regra do ponto de equilíbrio é a melhor: Márcio Filipo, grande intelectual, figura ilustre, gostava de se vangloriar por ter conquistado a mais alta posição sem ter feito o menor dom".³⁰⁷ O ponto de equilíbrio seria o zero, mas como esse sonho é irrealizável, um senador deve pelo menos limitar-se ao mínimo, e não ir espontaneamente além do que se exige dele. Ele também pode, acrescenta Cícero, escolher

---

305 *Sobre os deveres*, 1, XXXIX, 141.
306 Ibid., 1, XXXIX, 138-140.
307 Ibid., 2, XVII, 59.

judiciosamente os presentes que quer oferecer: em vez de prazeres efêmeros, ele poderá fazer investimentos duráveis, "muralhas, canteiros navais, viadutos, construções de utilidade pública"; quanto aos pórticos, aos teatros, aos novos templos, às construções de um Péricles ou de um Pompeu, elas são muito menos úteis e louváveis.[308] Era como condenar o hábito que os triunfadores tinham de monumentalizar sua glória; esse trecho transmite um som bastante irreal (onde já se viu um evérgeta, em Roma, mandar construir muralhas ou canteiros navais?), para não dizer livresco: ele provém de autores gregos que Cícero tinha acabado de reler antes de escrever essas linhas, como Panaitos ou Demétrio de Falera.[309] Em Roma, desejar que um triunfador mande construir um arsenal em vez de um templo vinha somente de um desejo piedoso, e os desejos piedosos são sempre suspeitos: o único evergetismo que Cícero aprova é um evergetismo imaginário. Ele mesmo se vangloria de ter sido pouco munificente quando foi edil e a única evergesia que se sabe dele destinara-se às Ideias: ele mandou construir um pórtico em Atenas, na Academia, como um dia outros construirão um Templo da Natureza na beira do Mar de Gelo.[310]

Essa frieza implica uma antropologia e revela um temperamento. Cícero acredita na futilidade da gratuidade e dos prazeres; ele estima que um homem político derroga ao ser mais complacente com essa situação do que seria estritamente necessário ser. A gratuidade seria tão fútil? Para os aristotélicos, como P. Boyancé demonstrou, a festa tem um fundamento antropológico: a alma precisa de descontração, e, além disso, a festa é um tipo de imitação humana da felicidade dos deuses. Por que essa necessidade de descontração? Aristóteles, que ficou por muito tempo ligado à psicologia platônica, atribuiu essa necessidade primeiramente ao conflito entre a parte racional da alma e sua parte irracional;[311] no fim de sua vida, o filósofo, podemos supor, teria associado essa necessidade à matéria da alma; pois essa

---

308 Ibid., XVII, 60; Cícero opõe os presentes agradáveis aos presentes construtivos, cujo interesse aumenta com o tempo (*in posterum gratiora*).
309 Sobre Panécio, ver M. M. van Straaten, *Panaetii Rhodii fragmenta*, 2.ed., Brill, 1962, p.47, fr. 122. Sobre Demétrio, não se sabe se Cícero o havia lido ou relido para escrever os *Deveres*, ou se ele o conhecia através de Panécio; ver E. Bayer, *Demetrios Phalereus der Athener*, 1942, p.173, n.1 e 2, e p.47, n.1; P. Boyancé, "Le stoïcisme à Rome", em *Association Guillaume-Budé, VIIe Congrès, Aix-en-Provence*, 1963, Actes, p.228; sobre a citação de Demétrio em nosso trecho de Cícero (fragmento 8 Jacoby), Bayer, p.159.
310 *Sobre os deveres*, 2, XVII, 59; *A Ático*, VI, I, 26.
311 P. Boyancé, *Le culte des musses chez les philosophes grecs*, De Boccard, 1937, p.201-227. Ver *Politique*, I, 13 (1260 A 5) e VII, 14 (1333 A 15), com a nota de Tricot em sua tradução da *Politique*, p.76, n.2, sobre a cronologia.

última não é ato puro, e não se reduz a suas representações e suas operações: ela é simplesmente a forma de um corpo organizado, sua expressão, e se esse corpo se sente cansado, ela também se sentirá; ela sofre pelo corpo, que é a sua matéria, e deve se distrair como ele e por ele. A distração é, para ela, uma necessidade, ou até mesmo um fim em si (não se descansa indefinidamente); mas a tensão e o esforço também não são um fim; são meios que a natureza humana torna necessários. O único objetivo e, podemos dizer, a única verdadeira dignidade é a felicidade, da qual os seres divinos que não precisam de nada gozam plenamente; para os homens, a festa é apenas uma pausa, não é uma felicidade perpétua. Contudo, se a festa difere da felicidade divina por seu fim, ambas se assemelham pela matéria; ela é uma imagem muito breve dessa felicidade. Consequentemente, a diversão, o jogo e a festa não são fúteis abusos com os quais se pode esperar curar os homens.

Ora, cada homem tem seus próprios prazeres: para as pessoas grosseiras, para os artesãos, são necessários prazeres grosseiros. Um homem político que aceita os homens como são, e não os escolhe, não deveria, por conseguinte, ser esnobe diante de prazeres populares; somente os intelectuais poderão se permitir desprezá-los. Mas Cícero é precisamente um intelectual autoritarista, e não um homem político autoritário; ele não se resigna a fazer o que se deve, como Catão, seu contemporâneo, sabia fazê-lo: ele quer se conformar a uma imagem ideal ou arbitrária da política e do homem.

6. O pão do Estado e a ordem moral

Com o pão, ou melhor, com o trigo de Estado, estamos por definição com os antípodas do evergetismo. Os presentes dos senadores tinham motivações políticas, como acabamos de ver; por outro lado, as distribuições (ou pretensas distribuições) de trigo gratuito ou barato para a plebe da cidade de Roma eram uma instituição incontestavelmente social, mas uma instituição de Estado, estabelecida por lei. Pois o evergetismo privado não tinha condições de substituir o Estado nessa área: os edis pouco queriam se arruinar pela plebe; o custo de todo esse trigo não se situava na mesma escala das riquezas privadas e era enorme a nossos olhos; enfim, a organização das distribuições era uma tarefa muito complexa para ser confiada a iniciativas privadas, que são mais diletantes que generosas. Permanece como uma característica de Roma o fato de essa instituição social, que era autenticamente política, não ter sido patrocinada por evérgetas e ter sido arrancada do Estado pela luta de classes. Mas vamos começar analisando a própria instituição, que pouco se parece com o que pensamos às vezes.

Sabemos que todos os cidadãos de Roma, ou uma parte deles, recebiam mensalmente, a preços baixos ou gratuitamente, uma quantidade determinada de trigo, que essas distribuições foram estabelecidas em 123 por uma lei do tribuno Caio Graco e que duraram até o fim do Império. Podemos considerá-las como uma medida de *Welfare State* ou, como Cícero, estigmatizá-la como um bônus à preguiça:

> Caio Graco propunha sua lei sobre o trigo; medida agradável para a plebe que, sem trabalhar, receberia alimentos abundantemente; as pessoas de bem se opunham a tal medida, pois estimavam que a lei desviaria a plebe do trabalho, a induziria à preguiça e esvaziaria sensivelmente o Tesouro.[312]

Essa é a imagem idealizada; a verdade nos parece mais complicada e mais interessante. Nos tempos de Caio Graco ainda não existiam tais distribuições: o Estado se contentava em garantir a venda de certa quantidade de trigo a todo consumidor que tinha o dinheiro necessário para comprá-la. Depois, sob as pressões opostas dos *optimates* e dos *populares*, a instituição evoluiu e acabou sendo fossilizada, isolada: a partir de César e até o fim do Império, o Estado distribuiu 150 mil "bolsas" de trigo gratuito, e essas bolsas possuíam um caráter praticamente honorífico; o centro de gravidade do problema deslocou-se: para assegurar o abastecimento, a anona, o romano ordinário contava doravante com o serviço imperial da anona, que supervisionava o mercado de trigo e a livre empresa; o pão do Estado, por sua vez, tornou-se apenas um resquício pitoresco. Luta de classes, fracasso do evergetismo, ajuda do Estado: eis aqui, para nós, o interesse dessa história.[313]

O problema do trigo

A lei de Graco não pretendia que a plebe se tornasse preguiçosa nem mesmo pretendia comprar seu apolitismo ao preço de sua covardia; a lei não era uma empreitada de assistencialismo ou de caridade; e não tinha como princípio repartir os lucros da conquista entre todos os cidadãos do povo

---

312 Cícero, *Para Séstio*, XLVIII, 103. Ver o estudo de extrema elegância de J. Béranger, "Les jugements de Cicéron sur les Gracques", em *Aufstieg und Niedergang der römischen Welt*, H. Temporini, De Gruyter, 1972, v.1, p.732.

313 A bibliografia é considerável, mas o *corpus* das fontes é muito limitado: para uma visão geral, estudar de preferência: Marquartdt, *Staatsverwaltung*, v.2, p.114-135; G. Cardinali, artigo *"frumentatio"* do *Dizionario epigráfico de De Ruggiero*, reimpresso em 1961, Bretschneider; D. van Berchem, *Les Distributions de blé et d'argent à la plebe de Rome sous l'Empire*, tese de Genebra, 1939; P. A. Brunt, *Italian Manpower*, 225 B. C. – A. D. 14, Oxford, 1971, p.376-382.

conquistador: ela queria simplesmente aplicar seriamente o princípio que afirmava que o trigo não era uma mercadoria como as outras, e que o Estado tinha a tarefa de fazer que o mercado estivesse sempre abastecido. Princípio que era bem anterior aos Gracos e que não era específico de Roma; as cidades gregas também o reconheciam. Mas, em Roma, esse princípio era aplicado pelos edis com diletantismo:[314] essa é a palavra que resume a história do trigo em Roma antes da lei de Caio Graco.

O homem vivia do pão e ganhava seu pão; o trigo lhe era tão necessário quanto o ar e a água. Não é um bem coletivo como esses elementos, mas, como era tão indispensável quanto eles, as cidades tinham a tendência de querer compensar a natureza[315] e de garantir o trigo a todos os seus cidadãos, ou pelo menos àqueles que tinham dinheiro para comprá-lo e que queriam encontrá-lo à venda no mercado, sem com isso estarem dispostos a pagar pelos necessitados. Desse modo, as cidades deviam fazer que o mercado fosse regularmente abastecido, para que ali tivesse quantidade de trigo suficiente e que esse trigo fosse vendido a um preço justo. A anona era colocada no mesmo nível que a defesa nacional: em Atenas, a ordem do dia da assembleia, considerada como a mais importante, referia-se sobretudo "ao trigo e à defesa do território".[316] Em uma página de seus *Deveres*, Cícero enuncia os princípios fundamentais da sociedade: a propriedade privada é sagrada, o

---

314 Van Berchem, *Distributions*, p.18; Chr. Meier, *Res publica amissa*, p.110, n.277.

315 O que nos dá a oportunidade de rever a noção de bens e serviços coletivos que constitui nesse momento o objeto de discussões entre os profissionais. Vimos, no Capítulo I, que esses bens são os que não apresentam concorrência, cada indivíduo tendo sua parte e todos os possuindo juntos; o sol ou um farol na beira do mar são bens coletivos: a sociedade não tem nenhuma despesa suplementar para cobrir ao deixar um navio a mais aproveitar da luz do farol, que é um bem coletivo porque produz efeitos de externalidade. Mas se definimos assim os bens coletivos, chegaremos a uma noção preciosa para o pensamento político ou somente a uma curiosidade ardente? A educação nacional é um bem coletivo, exceto se tivermos que brigar para entrar em anfiteatros que se tornaram pequenos demais; ela voltará a sê-lo se o ensino for difundido no rádio. Talvez fosse mais interessante tomar a noção de bens coletivos em um sentido voluntarista: aqueles que a coletividade supostamente assegura a todos sem restrições. Senão, caímos nas dificuldades do liberalismo clássico: o Estado deveria assumir somente o encargo dos bens coletivos por natureza: a segurança das estradas, os faróis, pesos e medidas, a legislação comercial. Dever-se-ia colocar, então, que o Estado deixaria as escolas para a iniciativa privada, mas em compensação assumiria o ensino difundido pelas rádios.

316 Aristóteles, *Constituição de Atenas*, 43, 4, citado por J. Hasebroek, *Staat und Handel im alten Griechenland*, reimpresso em 1966, Olms, p.119 et seq. e 158 et seq.; H. Michell, *The Economics of Ancient Greece*, Cambridge, 1957, p.270 et seq. Sobre a política frumentária das cidades gregas, ver o planejamento de Ph. Gauthier, *Symbola: les étrangers et la justice dans les cités grecques*, p.91, n.72-74.

imposto deve ser apenas uma medida excepcional, e enfim, "todos aqueles que se encontrarão na direção do Estado deverão cuidar para que haja abundância dos bens que são indispensáveis", ou seja, o trigo.[317]

Não era fácil; eram necessárias quantidades enormes, sem nenhuma comparação com as dos outros produtos: aproximadamente um quilo de grão por dia e por pessoa. As regiões que possuíam trigo não o cediam facilmente àquelas onde havia penúria, e quando elas o cediam, o problema do transporte se impunha; política e tecnicamente, essas dificuldades ultrapassavam a empresa privada. A solução mais segura era a autarquia: mas vinham as más recoltas; como assegurar a autarquia das enormes concentrações que eram as maiores cidades ou, sob o Império, os exércitos permanentes?[318] Cada cidade vivia do grão que seu território ou as legiões mais próximas produziam; imaginar que, na Itália da República, os pastos, as vinhas e as oliveiras tinham substituído o plantio é como escrever um trágico romance: as pessoas teriam morrido de fome[319] se Baco, um capitalista, tivesse, então, suplantado Ceres. Dificuldade de transporte, dificuldades políticas:[320] a primeira explica que, por um retorno aparente à economia de produtos cuja "lei de Dopsch" basta para descrever,[321] os Estados preferiam os impostos em produtos às contribuições em dinheiro cada vez que a escolha lhes fosse possível: é preferível que um agricultor forneça grãos do que o valor desses grãos, pois o Estado, querendo reconverter o dinheiro do imposto em trigo,

---

317 Cícero, *Sobre os deveres*, 2, XXI, 74.
318 Sobre o peso econômico dos exércitos imperiais, E. Gren, *Kleinasien und der Ostbalken in der wirtschaftlichen Entwicklung der römischen Karserzeit*, Harrossiwtz, 1941, Capítulo IV, p.89-155.
319 Ver um admirável texto de P. A. Brunt, *Social Conflicts in the Roman Republic*, p.26-27. – Cada um sabe que a agricultura italiana, no fim da República, apresenta um desenvolvimento especulativo, "capitalista", os *latifundia* passando para uma economia que visa ao lucro. A partir desse fato, Rostowzew e Toynbee supõem como evidente que as culturas arbustivas tivessem completamente substituído o trigo, uma cultura de subsistência; mas tal transformação é inverossímil antes do século XIX: ela necessita de rendimentos elevados por alqueire (adubo) e uma revolução nos transportes; se essas duas condições não são reunidas, uma especialização regional das produções de cereal é impossível.
320 Sobre essas duas dificuldades na Antiguidade grega, A. Jardé, *Les céréales dans l'Antiquité grecque: la production*, p.192-200. Sobre a enorme questão da dificuldade dos transportes, remetemos somente a P. A. Brunt em *Journal of Roman Studies*, 1972, p.156.
321 A. Dopsch, *Naturalwirtschaft und Geldwirtschaft in der Weltgeschichte*, 1930, partic. p.254-255; para a anona militar do século III e as entregas de trigo ao exército que não são absolutamente o sintoma de um retrocesso da economia monetária, ver p.244; sobre a carta de Plínio, IX, 37, 3, ver p.87. Precedentemente, F. Preisigke, *Girowesen im griechischen Aegypten*, reimpresso em 1971, Olms, p.5, havia analisado precisamente esse fenômeno.

deverá buscá-lo e, em seguida, organizar o transporte.[322] Dificuldades políticas, enfim: as cidades gregas usavam sua influência internacional para assinar tratados de importação de trigo com reis ou com outras cidades, ou então honravam como evérgetas os comerciantes que traziam trigo aos seus portos.

Em Roma, o pão era, com o circo, uma das duas grandes tarefas dos edis: a *cura annonae* valia a *cura ludorum*; os edis deviam garantir os grãos no mercado em quantidade suficiente e a preço justo. Tarefa árdua e urgente: os poderes e o talento dos edis, os créditos dos quais eles dispunham, não bastavam mais para uma cidade que se tornou muito grande: no fim da República, Roma contava com no mínimo meio milhão de habitantes, em uma Itália peninsular que tinha menos de 5 milhões (os escravos não contavam). Era necessária uma quantidade tão grande de trigo para essa gigantesca aglomeração que as regiões vizinhas não eram suficientes: o modelo de Thünem expande-se consideravelmente e, por consequência, o preço do transporte pesa sensivelmente no do trigo, ou teria pesado, se Roma não fosse, felizmente, vizinha do mar; ainda assim é importante saber onde buscar esse trigo: a "mão invisível" não bastava, era preciso que o Estado usasse suas próprias fontes de informação e seus meios de pressão: os negociantes eram muito mal informados e muito pouco poderosos. Pois logo que a penúria ameaça, começa a especulação. Em 57, em Roma, instala-se a penúria e estouram os motins: a plebe faminta considera que a onerosidade é uma punição celeste porque os ricos tiraram Cícero do exílio; as razões da onerosidade devem-se às províncias fornecedoras de grãos, pois, por um lado, "elas preferiram enviá-los para outras regiões por causa dos diferentes preços e, por outro lado, preferiram conservá-los na reserva" para enviá-los mais tarde, quando a escassez atingir seu auge.[323]

Os magistrados com cargos nas províncias tinham o dever de lutar contra a especulação e ajudar seus colegas de Roma: Cícero, questor na Sicília, "mandou enviar uma enorme quantidade de trigo a Roma, onde havia escassez", usando sua influência sobre os produtores e negociantes;[324] governador da Cilícia, sem usar a força, sem humilhar ninguém, simplesmente com

---

322 Um texto essencial parece-nos ser Cícero, *Verrines: Des blés*, LXXXII, 189, que tem tanta importância para os primeiros séculos de nossa era quanto para o Baixo Império, o que S. Mazzarino esclareceu em seus *Aspetti sociali del quarto secolo*: quando o Estado romano requisitava trigo a um agricultor ou a uma cidade da Sicília, o interessado "pedia-lhe, como um benefício e um favor, a permissão de dar o valor do trigo em dinheiro, em vez do próprio trigo; ou ele preferia guardar o trigo ou não queria ficar responsável pelo transporte até o lugar onde se era requisitado". O interesse do Estado romano era evidentemente oposto.

323 Cícero, *Pour sa maison*, V, 9.

324 Id., *Para Plâncio*, XXXVI, 64.

autoridade e persuasão, ele obtém dos gregos e dos homens de negócios romanos a entrega do trigo que eles, sem dúvida, pretendiam estocar até que os preços tivessem subido ainda mais.[325] A tradição analística transpõe imaginariamente, em pleno século V antes da nossa era, intervenções autoritárias do mesmo gênero, que deviam ser comuns nos últimos séculos da República; pouco depois da queda da realeza, afirma, "a fome teria levado a mortes, sobretudo de plebeus e escravos, se os cônsules" (pois a edilidade ainda não existia) "não tivessem corrido atrás do trigo por todos os lugares, na Etrúria[326] e na Sicília". Como as cidades regulamentavam as exportações de trigo, negociações diplomáticas eram necessárias para que comerciantes fossem autorizados a vender trigo aos romanos: Roma negocia com os tiranos da Sicília.[327] Como várias aristocracias, os senadores romanos tinham um verdadeiro talento de negociante (nossa nobreza do Antigo Regime, que quase não tinha tal talento, é a exceção, e não a regra); realmente, nesses tempos distantes, a atividade econômica era mais uma questão de organização de homens, de comando, do que uma tarefa técnica: vimos Cícero em ação; além disso, um comerciante era apenas um plebeu e não sabia dizer não a um senhor.

Mas tudo isso não ia muito longe, ou melhor, de acordo com a tendência da época, o serviço da anona era uma sucessão de improvisações, e não um empreendimento contínuo; anualmente, as autoridades competentes inventavam, quando inventavam, uma solução diferente. A República não organizava o abastecimento (o Império o fará) e também parece nunca ter fixado um limite máximo dos preços de mercado.[328] Na média, os edis ou o Senado recorriam a três soluções: forçar os comerciantes, colocar no mercado uma parte do trigo que o Estado arrecadava com o saque ou a título de impostos,

---

325 Id., A Ático, V, 21, 8.
326 Tito Lívio, 2, 34; ver também 4, 52. Sobre os *frumentatores* e *mercatores*, 2, 34 e 30, 38; o próprio Estado não comercializa: ele abre o caminho para os comerciantes e pode assim tomar conta do benefício dos *frumentatores* (se devemos interpretar dessa forma o pequeno romance de Tito Lívio, 2, 34, 7). É excepcional que ele reserve o monopólio de um produto para si (o sal, em 2, 9; mas isso se deve à gravidade da situação: Porsena anda em Roma). Em 169, Roma autoriza Rodes a comprar trigo na Sicília (Políbio, 28, 2 e 16).
327 Dionísio de Halicarnasso, *Antiquités romaines*, 7, 1. Em 210, uma embaixada romana obtém trigo de Ptolomeu Filopator (Políbio, 9, 11 A).
328 O pequeno romance que Tito Lívio conta, 2, 34, 7, pode, efetivamente, se explicar por uma inconsequência do autor ou de sua fonte, que terá transposto ao século V uma fixação autoritária do preço dos trigos que a República, bem mais tarde, receberá de sua província da Sicília a título de imposto ou de requisição. Quando um censor fixa o preço máximo de um vinho (Plínio, XIV, 14, 95), é no contexto da sua censura relativa aos bons modos (Mommsen, *Staatsrecht*, v.2, p.382).

fixando o preço e a quantidade que cada cidadão podia adquirir,[329] mandar comprar trigo através de corretores com crédito aberto por senátus-consulto;[330] a primeira solução era aleatória e as duas outras se chocavam com a má vontade do Senado, que dizia temer o esgotamento de seus cofres, pois o dinheiro do Estado não devia ser desperdiçado. Restava ao povo consolar-se com a ideia de que alguns anos eram melhores que outros,[331] e aos edis dizer para si mesmos que ninguém poderia realizar um ato que se revelava irrealizável. Em suma, fosse algum acontecimento inesperado, a lei ou o senátus-consulto, a anona somente recebia soluções extraordinárias.

Os edis faziam o que todo diletante podia fazer; teriam recorrido a uma quarta solução, o mecenato?[332] Creio poder responder que sim, no que se refere ao último século antes de nossa era. Suas distribuições de trigo barato são qualificadas de presentes, mas a palavra *largitio* em si não é conclusiva: ela qualifica a intenção democrática ou demagógica dos tribunos que esvaziavam os cofres públicos em favor da plebe. Vamos entreabrir o dossiê diante do leitor; Cícero escreveu em algum lugar:

> Se a questão do trigo dependesse somente das recolhas e da cotação dos preços, sem que se devessem considerar os números absolutos dos preços e da quantidade, nunca, oh, Hortêncio, tua saca e meia por pessoa teria dado tanto prazer: ao atribuir uma quantidade de trigo por cabeça ao povo romano, tão parcimoniosamente medida, deste a todos o maior prazer, pois o alto preço das

---

329 Cícero, *Verrines: Des blés*, CXII, 215, Tito Lívio, 31, 4: "Cipião tinha enviado da África uma imensa quantidade de trigo que os edis distribuíram ao povo pelo preço de quatro dinheiros a saca de trigo, pelo preço de dois dinheiros, que os sicilianos tinham feito transportar em Roma pela honra de Flamínio" (ver E. Badian, *Foreign Clientelae*, p.158 e 161). Podemos supor que o óleo que César mandou distribuir em 46 a título de congiário (Suetônio, *César*, 38; Dião Cássio, 43, 21) era fornecido pela África a título de imposto (Plutarco, *César*, 55).

330 Sobre sua *cura annonae* de 57, Pompeu recebe 40 milhões de sestércios (Cícero, *A son frère Quintus*, II, 5, 1). Do mesmo modo, a Lei Terentia Cássia, de 73, e o senátus-consulto (Mommsen, *Staatsrecht*, v.3, p.1130) abrem um crédito anual de quase 3 milhões de sestércios para compras de trigo na Sicília: Cícero, *Des blés*, LXX, 163-164, LXXV, 173; *Des supplices*, XXI, 52-56; ver J. Carcopino, *La Loi de Hiéron et les Romains*, 1914, p.178-180 e 273; o ano de 75 tinha sido conturbado por causa da escassez (Salústio, *Histoires*, 2, 45, Maurenbrecher) e Hortêncio tinha sido obrigado, como edil, a distribuir trigo (*Des blés*, CXII, 215).

331 As reviravoltas monetárias comemoram edis do passado que tinham distribuído trigo por preços baixos: Sydenham, *The Coinage of the Roman Republic*, p.54, n.463 e p.60, n.494 (Plínio, *História natural*, XVIII, 4, e XXXIV, II); p.61, n.500 (Plínio, XVIII, 3).

332 Lista de presentes dos edis em Marquardt, *Staatsverwaltung*, v.2, p.114 e 136; Mommsen, *Staatsrecht*, v.2, p.503, n.1, que conclui: "Na maioria dos casos, não se pode dizer se os edis foram os órgãos da liberalidade pública ou ofereceram seus presentes com seus próprios recursos".

cotações fazia que uma quantidade aparentemente pequena parecesse grande naquela circunstância; mas se tu tivesses querido oferecer o mesmo presente em um momento em que a cotação estivesse baixa, teriam zombado de teu dom e o teriam desprezado.[333]

O edil Hortêncio teria aberto a própria carteira para esse presente? Acredito que sim, pois teria sido necessária uma lei ou um senátus-consulto para que abrissem os cofres do Tesouro, o que teria sido um grande problema; e, além disso, seu presente parecia um gesto feito apenas uma vez: não nos foi dito que foi renovado a intervalos regulares ao longo do ano;[334] esse gesto era mais propício a tornar o caridoso edil popular do que a resolver o problema de abastecimento no decorrer dos meses. Distribuir a algumas centenas de milhares de cidadãos 12 litros de trigo, perdendo alguns sestércios em cada medida, não era devastador: os jogos públicos que esse mesmo Hortêncio tinha oferecido, provavelmente lhe custaram muito mais caro. Mas, enfim, todos os edis não eram tão generosos, e o nome daqueles que haviam sido não era esquecido.[335]

O mecenato dos edis reduzia-se a gestos simbólicos que contribuíam para a eleição de pretores ou cônsules. Gestos que os situavam no mesmo nível que o esplendor de seus jogos. A edilidade tornara-se uma magistratura em si: a verdadeira função de seu detentor era oferecer presentes;[336] ele distribuía um pouco de trigo ou de óleo da mesma forma que oferecia jogos. "Eis aqui quais foram, naquele ano, os presentes dos edis: os jogos romanos, celebrados magnificamente, ao menos para aquela época, com um dia suplementar, e a distribuição de um *conge* de óleo por rua."[337] No fim da República, o problema do trigo, sempre resolvido de um modo extraordinário e diletante, servirá de pretexto aos magnatas para obter do Senado o acordo desses mandamentos também extraordinários que, mais do que as magistraturas, tinham se tornado os verdadeiros instrumentos do poder político;

---

333 Cícero, *Des blés*, CXII, 215.
334 Os presentes editários são sempre um gesto único (n.330) e quando Seio distribui óleo *per totum annum*, Plínio o diz expressamente.
335 O mais conhecido foi o edil Seio, que vendeu a preços baixos uma saca ao povo e óleo o ano inteiro: Cícero, *Sobre os deveres*, 2, XVII, 58; Plínio, *História natural*, XV, 2 e XVIII, 16: o próprio Seio pagou as despesas; Cícero acrescenta que isso não podia arruiná-lo (*"nec turpi jactura, nec maxima"*).
336 Cícero, *Sobre os deveres*, 2, XVI, 57: "Vejo bem que, em nossa sociedade, através de costume dedicado aos mais belos momentos da República, os melhores cidadãos querem que os edis realizem seus encargos com esplendor".
337 Tito Lívio, 25, 2, comentado por F. Münzer, *Adelsparteien und Adelsfamilien*, p.188.

Pompeu foi nomeado comissário para o trigo em 57, obtendo plenos poderes para isso em todo o Império durante cinco anos.[338]

Do preço justo ao trigo gratuito

A Lei Frumentária de Caio Graco destinava-se a pôr um fim nesse diletantismo, sem contudo esvaziar o Tesouro. Ela obrigava o Estado romano a repor o trigo para venda permanentemente, a um preço igual[339] ou inferior[340]

---

338 Ver Mommsen, *Staatsrecht*, v.2, p.672; E. Meyer, *Caesars Monarchie*, p.118. Em junho de 44, Bruto e Cássio são nomeados comissários para o trigo e ficam encarregados de ir comprar na Ásia e na Sicília (Cícero, *A Ático*, XV, 9 e 12): eles precisavam deixar Roma, efetivamente. – Sobre os comissários extraordinários para o trigo, ver n.245 e Mommsen, *Staatsrecht*, v.2, p.671, 238, 571-572.
339 F. Heichelheim, *Wirtschaftliche Schwankungen der Zeit von Alexander bis Augustus*, 1930, p.74.
340 P. A. Brunt, *Italian Manpower*, p.376 (na lei de Caio, o grão era vendido por um pouco mais de um sestércio e meio a saca, ou seja, aparentemente menos da metade do preço normal). – Durante todo o Alto Império, o "justo preço" da saca de grãos (8 litros) era, aos olhos de todos, 4 sestércios (ou 1 denário); ver, por exemplo, no século II, plebeus agradecendo a um evérgeta por ter-lhes vendido o grão por 1 denário a saca em pleno período de escassez (*Corpus*, XI, 6117); em Antioquia da Picídea, durante uma penúria, o governador da província taxa a saca em 1 denário (D. M. Robinson, "A New Latin Economic Edict from Pisidian Antioch", em *Transactions of the American Philologica Association*, LV, 1924, p.7); na Sicília, já sob Verres, o *frumentum aestimatum* era estimado em 1 denário a saca (Cícero, *Verrines*, 3, *Des blés*, passim); em *Res gestae* (15, 2 e 4), Augusto deixa de contar em sestércios para contar em denários quando se trata de distribuições de trigo, pois ele tem na mente a equivalência da saca em relação ao denário (U. Wilcken, *Berliner Akademieschriften*, v.2, p.6, n.1). Na verdade, deveríamos primeiramente nos perguntar se o problema do preço do trigo tem somente um sentido. Eis como, na minha opinião, convém representar as coisas. A maior parte desse trigo consumido não constituía o objeto de transações monetárias: muitos camponeses utilizavam o trigo para seu uso pessoal e não o revendiam. Além disso, como a moeda em Roma era uma medida de valor, tinha proverbialmente o costume de calcular o valor do trigo por um denário a saca; esse era o *justum pretium*. O que era verbal e irrefutável, já que esse trigo não era adquirido no mercado e não era trocado; simplesmente, podia-se contratar um operário por um salário nominal de tantos denários, que era pago em trigo: nunca o trigo esteve confrontado a outras mercadorias constituindo o objeto de transações realmente monetárias. Esse preço verbal do trigo podia ser fixo e proverbial durante décadas, como o índice salarial. Mas quando uma penúria advém, o autoconsumo e o pagamento em trigo dos serviços não alimentam mais as pessoas do povo: as pessoas precisam comprar trigo no mercado, onde naturalmente o trigo vale bem mais que um denário a saca. Existem, então, dois circuitos do trigo; em um, o trigo não tem preço, exceto verbalmente; em outro, ele tem seu preço de mercado. Em caso de penúria, as autoridades começam a vender o trigo a seu *justum pretium*, pelo seu preço verbal, o que tem efeitos nulos ou catastróficos. Uma consequência dedutiva é que as camadas sociais remuneradas em trigo eram favorecidas em relação às que eram pagas em dinheiro.

à cotação normal; todo cidadão de Roma, rico ou pobre,[341] que desejasse comprar esse trigo do Estado e podia pagar por ele, tinha o direito de fazê-lo; contudo, para impedir a especulação e para não arruinar o Estado, temos praticamente certeza[342] de que nem todo cidadão podia comprar mais que um determinado número de sacas por mês – não sabemos quanto. Nem distribuição, nem assistencialismo: a lei de Graco organizava a venda do trigo a preço fixo determinado pelo Estado, para impedir a penúria e a especulação. Será que o Estado retirava o trigo de suas províncias a título de imposto? Será que comprava esse trigo? Não sabemos; a lei previa ao menos instaurar a organização necessária, em particular, uma rede de celeiros públicos.[343] Não se tratava de alimentar a plebe sem fazer nada, já que o trigo não era gratuito, já que não se vive somente de trigo, e os cidadãos tinham que alimentar, além de si mesmos, sua família e seus escravos; parece-nos difícil que eles não tenham sido obrigados a comprar um complemento de grãos no mercado privado. Para o Tesouro, que era muito rico, o fardo era fácil de suportar: o cálculo havia sido feito.[344] Veremos adiante como uma lei tão sensata pôde suscitar a ira dos *optimates*.

Quando o preço cotado era superior ao preço fixado para o trigo do Estado, a perda que o Estado tinha ou a soma que deixava de ganhar recaía sobre o Tesouro; ora, o Tesouro era alimentado principalmente pelos tributos das províncias; é, então, em detrimento dos súditos do Império, que a lei de Graco promove, para os cidadãos que moram em Roma, a certeza de poder sempre comprar certa quantidade de pão barato. A reforma de Caio Graco tornou-se possível pela redução da riquíssima Ásia Menor em província romana uma dezena de anos antes; além disso, a plebe romana era patriota e imperialista.[345] Podemos estimar, com isso, que o princípio da lei de Graco era repartir mais equilibradamente os frutos da conquista entre todos os membros do povo conquistador? Não creio; o empreendimento de

---

341 Um antigo cônsul foi visto comprando seu trigo de Estado (Cícero, *Tusculanes*, 3, XX, 48).
342 As leis frumentárias posteriores fixam uma quantia máxima de cinco sacas por mês (Brunt, p.378). Catão dava a seus escravos quatro sacas por mês (*De l'agriculture*, 56).
343 G. E. Rickman, *Roman Granaries and Store Buildings*, Cambridge, 1971, p.173.
344 P. A. Brunt, op. cit., p.240; no mesmo sentido, E. Badian, *Roman Imperialism in the Late Republic*, Blackwell, 1968, p.49. Sobre o conjunto da ação de Caio, P. A. Brunt, "The army and the landi n Roman revolution", em *Journal of Roman Studies*, 1962, p.70; "The Roman mob", em *Past and Present*, 1966, p.18.
345 E. Badian, *Roman Imperialism in the Late Republic*, p.47-48; em compensação, a organização dos impostos da Ásia por Caio Graco era, na intenção de seu autor, tão favorável aos próprios provincianos quanto ao Tesouro: ver E. Badian, *Foreign Clientelae*, 264-70 B. C., Oxford, 1958, p.184 e 287.

Graco nasceu com o espetáculo da miséria em Roma e na Itália, e não da ideia abstrata de que os dividendos não eram escrupulosamente repartidos; se a plebe romana tivesse tido condições de vida em um nível decente, de acordo com as normas do tempo, Caio não teria ficado preocupado em aumentar ainda mais esse nível, dividindo, por princípio, a herança comum; ele não teria visto nenhum inconveniente em deixar as rendas da Ásia nos cofres da República, seu real proprietário; seu critério era o mínimo vital absoluto, não a repartição igual do que foi adquirido entre todas as partes participantes ou uma diminuição da desigualdade relativa. A riqueza do Tesouro, graças à Ásia e às outras conquistas, tornava doravante inexcusável qualquer recusa de tirar a plebe da miséria: essa é a verdade; "O que haverá de mais justo, para o pobre povo, do que viver do Tesouro que lhe pertence?"[346] Deveria ser garantido o mínimo a esse povo, já que a partir daquele momento isso era possível. Para que o ideal de uma repartição igualitária da renda nacional seja mais do que uma justificação retórica, é preciso que se adote uma posição intelectual aeriana que permita dominar toda a sociedade e calcular se os frutos são equilibradamente repartidos; mas as coisas não acontecem dessa forma; ninguém adota originalmente essa posição, a não ser que disponha de dados documentais, de conhecimentos técnicos e, nesse caso, um saber tão livresco teria pouco poder de despertar a comoção social. Caio e seus plebeus tinham, como todo mundo, uma visão muito limitada de sua sociedade; na extensão social que caía diante de seus olhares, eles bem viam que havia ricos e pobres, que os cofres do Estado não estavam vazios e, enfim, que a miséria dos pobres ultrapassava o nível absoluto admissível. Por isso, eles começaram a falar de partilha desigual dos dividendos, a protestar que aqueles que derramavam seu sangue para aumentar o Império não recebiam uma parte justa da conquista;[347] dito isso, eles não reivindicavam um princípio (no qual, sem a miséria absoluta, eles nem mesmo teriam pensado), mas desenvolviam uma ideologia, uma alegoria da justiça na qual a sociedade política é assimilada a uma sociedade por ações, para tornar mais palpável a ideia de que todo mundo tem o direito de viver.

Era o suficiente para suscitar a indignação da oligarquia conservadora; pouco tempo depois do linchamento de Caio Graco, sua lei foi revogada, ou melhor, edulcorada, tanto que Cícero escreveu que, sob sua nova forma, ela

---

346 Florus, 2, 1, que transmite sem dúvida um eco autêntico das polêmicas da época de Graco.
347 A ideia de uma partilha muito desigual dos benefícios da conquista era muito difundida: "Um punhado de indivíduos, sob pretexto de comando militar, tomou o controle do Tesouro, dos exércitos, dos reinos, das províncias... Combate-se e se vence somente por alguns" (Salústio, *Histoires*, discursos de Licínio Macero, 6 e 28).

era aceitável por todas as pessoas de bem.[348] O mecanismo fatal foi então desencadeado: os *optimates* tinham suprimido a lei, os *populares* tentaram restabelecê-la através de uma inevitável escalada; naquele momento, os próprios *optimates* faziam promessas oportunistas: dissemos que em 62, quando o exército catiliano ainda era ameaçador, Catão tomou apressadamente a iniciativa de criar uma lei sobre os grãos. Parece-me inútil entrar no detalhe dessas leis sucessivas que são, além disso, pouco conhecidas; o fato que considero importante ressaltar é, na minha opinião, que sob os golpes sucessivos ou conjugados dos conservadores e dos *populares*, o princípio da lei de Graco será desnaturado: as leis frumentárias terminarão por organizar não mais a venda a preço fixo de uma quantidade máxima de grãos a qualquer comprador que fosse cidadão e morasse em Roma, mas a distribuição gratuita de uma quantidade determinada para qualquer cidadão que estivesse em Roma: a gratuidade foi uma inovação do tribuno da plebe Clódio[349] em 58. Foi assim que, durante aproximadamente doze anos, de Clódio a César, o estereótipo correspondeu à realidade: a plebe de Roma era alimentada gratuitamente pelo Estado.

Se quisermos compreender o que aconteceu durante esses doze anos e, em seguida, sob César, creio que devemos supor coisas muito atrozes, análogas ao que vemos hoje em muitas cidades da Índia ou em algumas regiões da América do Sul: o drama da fome em uma favela; nossas fontes, oriundas do Senado, não mencionam tal situação por desprezo, desgosto ou bons modos, mas simplesmente porque os olhos de seus autores não eram os nossos; ou melhor, essas fontes a mencionam, porém sob um modo ao mesmo tempo desdenhoso, político, abstrato e moralizante: Roma inchou-se um esgoto, ela se tornou, diremos, um abcesso que deve ser rompido. O problema era bastante urgente, pois, em 63, quando Rulo tentou fazer com que o Senado adotasse sua lei agrária, esse tribuno da plebe alegou que "a aglomeração de Roma tomava muita importância na vida do Estado: era preciso esvaziá-la"[350] e, para isso, era necessário estabelecer a plebe miserável em colônias

---

348 *Sobre os deveres*, 2, XXI, 72 (lei frumentária de M. Otaviano, que foi, de fato, a revogação da de Caio: Cícero, *Bruto*, 222).

349 Dião Cássio, 38, 13: προῖκα. Cícero, *Para Séstio*, XXV, 55, implica que Clódio é efetivamente o primeiro autor da gratuidade do grão; também com Ascônio, p.8, Clark. Sobre o estado das finanças romanas depois da lei de 58, P. A. Brunt, "Porcius Cato and the Annexatio of Cyprus", em *Journal of Roman Studies*, 55, 1965, partic. p.117.

350 Citado por Cícero, *De la loi agraire*, 2, 70; Cícero acrescenta demagogicamente "esvaziar esse porão", pois ele tenta enganar Rulo e a plebe; mas três anos mais tarde ele retomará a expressão por sua conta, como vamos ver adiante; ver Gelzer, *Cicero*, p.74-75. Os *Conseils politiques à César*, de Salústio, 2, 6, 1, parecem caricaturar uma réplica das objeções

agrícolas que queria fundar em Campânia; de fato, a ideia de uma colonização da Campânia para transferir para lá a plebe de Roma foi uma grande questão sobre a qual se falou durante praticamente vinte anos. Em 60, Cícero, que não é mais hostil às leis agrárias quando é seu amigo Pompeu que as propõe, retoma esse tema por sua conta: deve-se esvaziar a latrina que Roma se tornou e repovoar os campos italianos.[351] O trigo gratuito atraía todos os miseráveis para Roma; há muito tempo os desenraizados, as vítimas da crise agrária, vinham para Roma correndo atrás da fortuna: "aqueles que nos campos tinham apenas o salário de seus braços para viver eram atraídos a Roma pelos presentes privados",[352] diz Salústio sobre os anos 60, quando Roma já tinha uma imagem de latrina; depois de 58, eles devem ter sido atraídos, além disso, pelos presentes públicos. Na própria Roma, os senhores liberavam seus escravos precipitadamente para que esses novos cidadãos lhes trouxessem trigo gratuito.[353] A lei de Clódio tinha como consequência provocar um déficit financeiro e um drama social; um drama ou, se preferirmos, um perigo, uma vergonha.

Doze anos depois de Clódio, César, que não conseguia resolver o problema, encontrou uma solução oportunista, que não deveria durar quatro séculos: ele fossiliza a instituição; 320 mil pessoas se beneficiavam do trigo gratuito; César decidiu que o Estado continuaria distribuindo o pão gratuitamente, mas a um número de cidadãos que seria limitado e fixado definitivamente a 150 mil. Essa medida deveria limitar a evasão de fundos públicos e a inundação demográfica; como não podia suprimir uma instituição popular, César aparava suas arestas e, sobretudo, a fossilizava.

demagógicas desse discurso de Cícero. Desde 187, 12 mil latinos estabelecidos em Roma foram expulsos (Tito Lívio, 39, 3) e em 65 uma lei proíbe a estada em Roma de qualquer um que não seja italiano (Cícero, *Sobre os deveres*, 3, XI, 47); ver R. von Pöhlmann, *Die Uebervölkerung der antiken Grosstädte*, p.164.

351 Cícero, *A Ático*, I, 19, 4 (ver I, 18, 6).
352 Salústio, *Catilina*, 37. De acordo com E. Badian, *Publicans and Sinners*, p.46, exagera-se a gravidade da crise agrária nos tempos dos Gracos: como na mesma época havia um importante desenvolvimento urbano na Itália, esses camponeses desenraizados encontraram certamente nas profissões relacionadas a obras um *ready employmet*. Antes de transformar também idilicamente, no papel, "os" camponeses em marceneiros, eu me pergunto se todos os camponeses falidos puderam ser absorvidos pelas profissões ligadas a obras nas quais se empregavam também certamente escravos; essas coisas devem ser discutidas com probabilidade estatística, não com substantivos.
353 Dionísio de Halicarnasso, *Antiquités*, 4, 24, 5. Sobre as condições de vida da plebe urbana sob a República, R. von Pöhlmann, *Die Uebervölkerung der antiken Grosstädte*, 1884; reimpressão Leipzig, 1967, dezembro 1966, p.3-27; Z. Yavetz, "The Living Conditions of the Urban Plebs", em *Latomus*, 1958, p.500-517 (refere-se sobretudo às condições de hospedagem); J. Le Gall, "La 'nouvelle plèbe' et la sportule quotidienne", em *Mélanges A. Piganio*, 1966, v.3, p.1449-1453.

Esse pragmatismo desestabilizou diversos historiadores. Em sua grande *Histoire romaine* [História romana], Mommsen quer acreditar que seu herói César tenha inventado ou reinventado o assistencialismo público: ele supõe, naturalmente, que as 150 mil "bolsas" de pão gratuito tivessem sido distribuídas aos mais necessitados. Mais ninguém acredita nisso hoje;[354] nunca o pão do Estado teve nem terá a menor relação com o assistencialismo, nada indica que os mais pobres tivessem sido escolhidos preferencialmente e, como veremos, tudo indica o contrário; a ideia de assistencialismo não existia naquela época e, além disso, César pertencia à dura raça dos homens de Estado que tratam as coisas no geral e manifestam, na melhor das hipóteses, gestos de impotência quando são abordados, junto a eles, as injustiças ou os problemas que deixaram passar ou que são o preço a pagar pela felicidade dos outros. Gelzer[355] constata que César suprimiu o pão gratuito para 170 mil plebeus; como seu herói fundava ao mesmo tempo colônias por todo o Império, ele prefere acreditar que esses 170 mil foram instalados em um lote de terras para cultivo e que sua supressão das listas frumentárias é apenas a consequência de sua feliz reinstalação; infelizmente, os números não conferem: algumas dezenas de milhares de pobres se beneficiaram da colonização de César.[356] E as centenas de milhares que não tinham mais pão nem terra? Devem ter morrido de desnutrição ou de miséria. Haveria uma outra solução? Certamente, mas, para essas pessoas carentes, César não deve ter feito grandes esforços de imaginação.

A instituição fossilizada

Sob o Império, a instituição fossilizada subsistiu como forma de sobrevivência: veremos mais tarde que os imperadores a conservavam para realçar o brilho de sua capital.[357] Para o plebeu ordinário, o pão cotidiano não era esse pão gratuito reservado aos privilegiados, mas o pão que ele podia comprar no mercado ou que o imperador lhe vendia quando havia escassez: quando os historiadores antigos falam da plebe romana sob o Império, eles não a veem como uma população alimentada sem fazer nada, mas como uma "massa popular que compra seu alimento dia após dia e cujo único interesse que manifesta pela política diz respeito ao abastecimento".[358] O Império pôs

---

354 H. Bolkestein, *Wohltätigkeit und Armenpflege*, p.376-377.
355 *Caesar, Politician and Statesman*, p.83 e 287. Mesma interpretação em E. Meyer, *Caesars Monarchie und das Prinzipat des Pompejus*, p.417 e 495.
356 P. A. Brunt, *Italian Manpower*; p.257 e 319.
357 Ver Capítulo IV, Seção 8.
358 Tácito, *Histórias*, 4, 38.

um fim nesse diletantismo, nessa e em outras áreas: a *cura annonae* tinha sido transferida dos quatro edis ao muito poderoso serviço imperial da anona; penúrias e motins pela fome não desapareceram (basta folhear Tácito e Amiano Marcelino para confirmar), mas a situação havia melhorado sensivelmente; o preço do trigo variava conforme os anos: pelo menos o serviço da anona se aplicava a seu ofício com uma seriedade e uma continuidade em seus esforços que a edilidade não havia tido; ele dispunha, é bem verdade, de recursos muito mais importantes.[359] O abastecimento de Roma era assegurado de diversas formas, sem nem mesmo mencionarmos outra vez o pão gratuito. Primeiramente, a iniciativa privada: os comerciantes vendiam trigo em Roma e os ricos proprietários deviam mandar levar o grão produzido para suas próprias propriedades. Algumas vezes o imperador intervinha para impedir a alta: em um determinado ano em que o povo reclamava do preço, Tibério "fixou o preço de venda do trigo e se comprometeu a pagar aos vendedores uma compensação de dois sestércios por saca".[360] Mas, sobretudo, o serviço da anona dispunha de enormes quantidades de grãos que certas províncias davam a título de imposto; em caso de penúria, o imperador vendia seu trigo para a plebe.[361] Pois apenas o Estado podia organizar o abastecimento regular desse enorme acúmulo de população: ele era o único que dispunha de trigo obtido em condições não econômicas; o único que podia mandar transportá-lo até Roma sem pensar no custo, recorrendo ao serviço de armadores que obtinham, em troca, subvenções e imunidades, garantindo o lucro dos transportadores e assumindo os prejuízos por sua conta em caso de naufrágio;[362] ele era o único que dispunha da rede de informantes necessária nas províncias;[363] e também tinha muitos meios de persuasão.[364] A principal razão da superioridade do Estado sobre a empresa privada é que, graças a uma eficiente política na capital, ele não hesitava em vender seu

---

[359] Sobre os serviços imperiais da anona, ver os *Verwaltungsbeamtn* de O. Hirschfeld; sobre as corporações, naviculares e comerciantes, J. P. Waltzing, *Étude historique sur les corporations professionnelles chez les romains*, v.2, p.19-115 *passim*; em geral, Maquardt, *Staatsverwaltung*, v.2, p.125-135; ver também P. Baldacci, "'Negotiatores' e 'mercatores frumentarii' nel período imperiale", em *Istituto Lombardo, Rendiconti (Classe di Lettere)*, v.101, 1967, p.273-291, que pude ler graças à amizade de André Tchernia.

[360] Tácito, *Annales*, 2, 87; o preço do grão em Roma era, segundo cotações e o ano, de 2, 3 ou 4 sestércios a saca (Baldacci, p.279-282).

[361] Marquardt, v.2, p.125-127.

[362] Suetônio, *Claude*, 18.

[363] O prefeito da anona tinha agentes nas diferentes províncias: Mommsen, *Staatsrecht*, v.2, p.1043, n.4.

[364] Plínio elogia Trajano por nunca ter extorquido trigo com o pretexto de comprá-lo (Panegírico, 29, 5).

trigo a preço de custo. Afinal, o que o Estado fazia com seu trigo? Dois usos, de acordo com as poucas indicações que temos;[365] o primeiro refere-se a um certo número de privilegiados, dentre os quais os soldados da guarda imperial, que tinham o direito permanente de comprar uma certa quantidade de grãos do serviço da anona por um preço decente; o segundo, em caso de escassez, o imperador vendia trigo a preços baixos aos plebeus. Então, assim, além das 150 mil "bolsas" de trigo gratuito, o serviço da anona havia recriado alguma coisa de comparável à lei de Caio Graco, a título permanente para os privilegiados e para todos os cidadãos em tempos de penúria.

Compreendemos, então, por que o abastecimento de Roma não pôde ser deixado sob a responsabilidade dos evérgetas como edis: uma tarefa tão vasta e assoladora requeria o Estado. Compreendemos também por que o Estado distribuía o trigo gratuitamente ou a preços baixos para a população de Roma: por que essa aglomeração, muito grande para a empresa privada da época, não podia ser abastecida pelas leis do mercado; o Estado, apenas ele, podia se permitir vender sem obter lucro. Se a República, e mais tarde o Império, garantiu o pão barato ao povo romano, não era para despolitizá-lo ou alimentá-lo sem que esse precisasse trabalhar, mas porque antes da revolução industrial o custo dos transportes era muito elevado, e mais amplamente porque a empresa privada não estava à altura do problema. O Estado doava parcial ou totalmente seu grão para que este não fosse vendido muito caro a uma população pobre: e ponto final.

Voltemos agora aos 150 mil que tinham direito ao trigo gratuito, mesmo que precisemos usar três páginas para os detalhes técnicos, que divertirão o leitor se ele tiver uma vocação para detetive. Essas pessoas podem ser consideradas, creio, como privilegiadas se julgarmos por seu recrutamento e pelo orgulho que manifestam em seus epitáfios por ter recebido pão do

---

365 Suetônio, *Augusto*, 41: "Durante os períodos de abastecimento difícil, Augusto distribuiu rações individuais de trigo, muito frequentemente a preços muito baixos, às vezes gratuitamente, e duplicou os tíquetes pagos (*tesserae nummariae*)": assim, os privilegiados têm o direito de comprar o tempo inteiro uma certa quantidade de trigo do imperador, evidentemente a um preço vantajoso, e a *tessera nummaria* é o sinal desse direito. Em caso de penúria, o imperador dobra o número de *tickets* dos quais cada privilegiado dispõe (esse poderá, assim, abastecer-se completamente com a anona, sem precisar comprar um complemento de trigo no mercado privado); além disso, o imperador manda vender trigo a preços muito baixos para todos os plebeus em períodos de penúria. Parece que os pretorianos, antes de terem direito a uma ração de trigo gratuita, começaram integrando o grupo dos privilegiados que tinham o direito permanente de comprar seu trigo do imperador (Tácito, *Annales*, 15, 72; Suetônio, *Néron*, 10; ver Rostowzew no Pauly-Wissowa, VII, s.v. *"frumentum"*, partic. col. 181; M. Durry, *Les cohortes prétoriennes*, reimpresso em 1968, De Boccard, p.269).

Estado:[366] se víssemos, nelas, necessitados envergonhados pela caridade pública, estaríamos nos enganando completamente. Mas seu orgulho também nos parece uma estranha "ideologia" que demonstra o prestígio que tinham, naqueles tempos longínquos, o *farniente* ou o título de descendentes dos conquistadores do Império, que herdaram o direito de serem alimentados pelas províncias de seus gloriosos ancestrais. Além disso, o verbo "alimentar" seria um exagero: algumas sacas mensais de trigo gratuito não bastavam para viver, tanto que, em caso de onerosidade, o imperador devia dobrar ou quadruplicar as rações para dispensar os beneficiários de irem comprar um complemento de trigo no mercado privado;[367] o trigo gratuito era, assim, um suplemento de renda, um privilégio comparável àquele que, na Rússia, os membros do partido possuíam para seu fornecimento em lojas que lhes eram reservadas. Privilégio que suscita inveja; além disso, depois do grande incêndio de 64, Nero suprimiu momentaneamente as distribuições de trigo gratuito;[368] todo o grão do qual o Estado dispunha foi dedicado ao abastecimento da plebe.

Mas como eram escolhidos os 150 mil felizardos? Ignoramos sob que critério César fez a seleção inicial; sabemos que, mais tarde, os beneficiários defuntos transmitiam seus privilégios após suas mortes progressivamente a novos beneficiários designados por sorteio (*subsortitio*) entre os cidadãos.[369] Essa é a verdade, mas não é, creio, toda a verdade: o Império, autor e senhor dos privilégios e também garantidor do pão cotidiano para o resto da plebe, não resistiu à tentação de reservar algumas "bolsas" de trigo gratuito, não evidentemente aos mais necessitados, mas a seus bons servidores: aos soldados da guarda imperial a partir do reino de Nero[370] e a algumas corporações que se colocavam a serviço do Estado, como as dos flautistas e instrumentistas.[371] Mas, sobretudo, o Império também não resistiu à tentação de colocar um certo número de bolsas de trigo à venda; efetivamente, três trechos do *Digeste*, que pareciam bastante misteriosos,[372] falam da compra de "tésseras

---

366 Sobre os epitáfios, Dessau, n.6063-6070; *L'Année épigraphique*, 1928, n.70; D. van Berchem, *Les distributions de blé et d'argent*, p.36-43.
367 Dião Cássio, 53, 2 e 55, 26.
368 Id., 62, 18; ver Van Berchem, p.75. Medida enérgica na qual – como frequentemente sob Nero – podemos reconhecer a ação de um conselho do príncipe que parece ter sido particularmente talentoso no início desse reino.
369 Suetônio, *César*, 41.
370 Ver n.365, no fim.
371 J. P. Waltzing, *Étude historique sur les corporations*, v.1, Addenda, p.519.
372 Van Berchem, *Distributions*, p.49.

frumentárias", tíquetes de trigo gratuito;[373] havia, então, dois e até mesmo três modos de obter esse privilégio: por sorteio, pelo exercício de determinados empregos públicos ou pela compra. Um dos trechos em questão diz efetivamente:

> Uma testadora havia encarregado seu fideicomissário de comprar de fulano uma téssera frumentária trinta dias após sua morte; mas como fulano começou a dispor dessa téssera por doação (*ex causa lucrativa*) ainda vivo, e não pôde solicitar o que já possuía, perguntou se ele poderia entrar com uma ação na Justiça: Paulo responde que ele deve receber o valor da téssera, pois esse tipo de fideicomisso consiste em um valor (*quantitas*), e não necessariamente no produto.[374]

Deve-se compreender que ninguém tinha o direito de dispor de duas bolsas de trigo: tendo recebido uma por doação, fulano não pode herdar uma segunda. O Estado vendia, assim, um certo número de privilégios de trigo gratuito ou, como também se dizia, um certo número de "tribos":[375] pois essas antigas circunscrições eleitorais eram usadas praticamente apenas como estrutura para as distribuições de grãos, desde que as eleições foram suprimidas. O *Digeste* examina alhures[376] o caso de um testador que legou uma tribo a um de seus libertos, o qual tinha um senador como herdeiro; ora, é importante saber que os membros da ordem senatorial não tinham o direito de se beneficiar do trigo do Estado;[377] será, então, que o senador herdará a bolsa de trigo? Com certeza, não, responde o jurisconsulto, mas o valor dessa bolsa.[378] Sem dúvida o Império precisava de dinheiro e vendia tudo de que dispunha: os privilégios e também empregos de funcionários; pois, do mesmo modo que tinha instituído a venalidade do trigo, ele instituiu a venalidade dos empregos de pequenos funcionários (*militia*) e de porteiro

---

[373] *Digeste*, 31, 49, 1; 5, 1, 52; 1: "Se um testador encarrega seu fideicomissário de comprar pastilhas frumentárias para seus libertos..."; 31, p.87 pr.

[374] *Digeste*, 31, 87 pr., que é muito próximo dos *Institutes* de Justiniano, 2, 20, 6; sobre a causa lucrativa nesse texto, Jacques Michel, *Gratuité en droit romain*, Universidade livre de Bruxelas, *Institut Solvay*, 1962, p.419. Ver também B. Biondi, *Successione testamentaria e donazioni*, 2.ed., Milão, Giuffrè, 1995, p.394.

[375] *Fragmenta Vaticana*, 272, e *Digeste*, 32, 35 pr.; Mommsen, *Staatsrecht*, v.2, p.447, n.4.

[376] *Digeste*, 32, 35 pr.

[377] Mommsen, *Staatsrecht*, v.2, p.447, n.4; p.461; ver p.472.

[378] Mesma solução em *Digeste*, 31, 87 pr. (citado n.374), em 32, 11, 16 (uma *militia* é legada por erro a um escravo, o qual, como escravo, não pode exercer esse cargo; o dono do escravo receberá o valor da *militia*) e em 31, 49, 1 (citado n.380).

(*decuria*), e esses empregos se vendiam e se legavam, à condição de o novo proprietário ser qualificado para exercê-los.[379]

> Se uma pastilha frumentária foi legada a fulano e esse fulano morre, alguns estimam que o legado chegou ao fim; isso é um erro, pois quando se lega uma pastilha ou uma *militia*, lega-se o valor da coisa, e não a própria coisa.[380]

Sorteio, mas também venda e recompensa associadas a alguns serviços: em Constantinopla, a nova capital do Baixo Império, o pão gratuito era, em parte, distribuído aos pobres (o cristianismo já havia passado por ali), mas também atribuído a funcionários e aos guardas imperiais, aos *scholares* e aos *palatini*; quando um bolsista morria, seu privilégio era transmitido a um empregado da mesma categoria. Mas a ideia de fazer do trigo do Estado uma recompensa deve ser muito mais antiga, pelo menos se pudermos acreditar que os *Conseils à César* [Conselhos para César] atribuídos a Salústio provêm efetivamente dele; essa questão é muito controversa: podemos imaginar a dificuldade que ela apresenta ao constatarmos que Mathias Gelzer acredita em sua autenticidade, e Eduard Fraenkel e Ronald Syme, não. Ora, isso significa que o gênio desconhecido que se apresentou sob o nome de Salústio propõe "que as distribuições de trigo, que tinham até então somente a preguiça como recompensa, sejam, através dos municípios e das colônias, pagas aos veteranos que voltam para suas casas depois de ter terminado seu tempo de serviço"; o autor dessas linhas[381] é audacioso e concreto: ele previu o

---

379 Pois um escravo não podia ocupar esse emprego. Sobre a venda dos *militiae* e seus legados, *Código Justiniano*, 8, 13, 27; *Digeste*, 4, 4, 3, 7; 31, 22 ("uma *militia* ou a quantia que pode-se retirar vendendo-a"); 31, 11, 16; 32, 102, 3 (se você legar uma *militia*, seu herdeiro deve pagar também ao legatário a gratificação ou *introitus* que o novo funcionário deverá pagar a seus superiores ou a seus colegas ao entrar em função); 34, 1, 18, 2 (um liberto exerce uma *militia* somente quando ela lhe é legada). Sobre a venda dos *decuriae*, ver *Fragmenta Vaticana*, 272, e o fato de que alguns porteiros eram *immunes* (ver Capítulo IV, n.424). Não pude ler G. Kolias, *Aenter-und Würdenkauf im frühbyzantinischen Reich*, 1939.
380 *Digeste*, 31, 49, 1. Todos esses textos, nos quais os cargos de funcionários são assimilados a ofícios militares (*militiae*), referem-se, evidentemente, à administração romana tal qual ela era no século IV (ou no fim do século III) e podem ser interpolações tardias ao *Digeste*.
381 *Conseils à César*, I, 7, 2 e I, 8, 6. Devemos tomar posição sobre um texto tão discutido. 1° Em virtude do "círculo hermenêutico", todos os critérios internos podem ser contestados. Uma grande semelhança literal entre os *Conseils à César* e as obras autênticas de Salústio prova a autenticidade ou senão o talento e a subserviência de um imitador. 2° O círculo se quebra quando Ronald Syme, em seu *Sallust*, introduz dois argumentos dos quais pelo menos o segundo prova com certeza que os *Conselhos* foram feitos por um falsário; *primo*, Salústio criou seu estilo característico de Tucídides somente sob Otaviano (Salústio é um escritor do século de Augusto): vê-lo escrever ao pai de Otaviano em estilo salustiano é

problema das aposentadorias militares,[382] ele ousa retirar a cidade-Estado de uma posição privilegiada que não se justifica mais desde que "Roma" deixou de ser uma cidade, mas tornou-se um Império.[383] Inclusive o cérebro político não se preocupa mais com a miséria da plebe urbana do que César ou Cícero; seu sonho (o texto inteiro o confirma) é suscitar uma nova oligarquia dirigente que seja digna de retomar o poder que caiu nas mãos de uma facção aristocrática esclerosada e corrupta; ele espera converter "César" a esse grande projeto, com o pretexto de aconselhá-lo. A plebe urbana, incapaz de se tornar uma classe política, não o interessaria, e ele conclui como Rulo e Cícero: é preciso romper o abcesso de Roma.

Cícero e o trigo

Cícero pensava assim, intermitentemente, é bem verdade;[384] mas ele tinha outras razões para pensar assim: o pão do Estado revoltava o detentor, o intelectual conservador e o oligarca que ele era, o que faz dele um bom revelador dos conflitos sociais de sua época.

Ele parece ter um certo espírito conservador. Uma mudança política que visa a uma melhora implica ordinariamente um risco e promete novos

---

tão inverosímil quanto dizer que Mallarmé, em sua juventude baudelairiana, tivesse escrito pedaços rimados no estilo hermético de seu apogeu. Mais precisamente, um imitador veria não Salústio ou Mallarmé em sua evolução real, mas Salústio ou Mallarmé tais quais a posteridade os perceberia. *Secundo*, em 2, 4, 2, a menção de quarenta senadores massacrados pelos pompeienses é uma enorme confusão com os quarenta senadores mortos por Sila: nosso imitador confundiu; esse é o argumento de peso de Syme, e na minha opinião, ele resolve a questão de inautenticidade. 3° Resta saber de quando data a imitação e se ela é um jogo literário ou se é um panfleto político sob a forma de imitação (como o discurso do pseudomecenas a Augusto em Dião Cássio). Certamente, é perfeitamente crível que nossa imitação seja simplesmente um jogo. Supomos, portanto, que não o seja: em que época da história de Roma remetê-la então? Notemos que nosso imitador é um homem muito inteligente e acredito até que seu senso histórico e sua habilidade política sejam superiores... as do próprio Salústio! Se o texto realmente contém intenções e não é um jogo, não poderíamos situá-lo no início do século IV? Os ataques contra o Senado (2, 11) coincidiam com a transformação do título de claríssimo sob Constantino (ver n.263 do nosso Capítulo IV).

382 O autor se interessa também pela circunscrição e pela desigualdade do imposto do sangue (I, 8, 6).

383 Ver n.1; o autor dos *Conselhos* tem um senso agudo dos problemas do Império e vê as coisas com muita distância um pouco de *cant*: ler 1, 5, 2 e 2, 13, 6.

384 Quando Pompeu propõe uma lei agrária em 60, Cícero, que não se preocupa com esse tipo de problema, mas que quer agradar Pompeu (ele sonha em se tornar o conselheiro desse *princeps*, o Platão desse Denis), descobre oportunamente que o problema existe e que Pompeu tem razão: é preciso agir (*A Ático*, I, 19). As colonizações ainda preocupam os *optimates* por razões que podem ser lidas na segunda *Catilinaire*, IX, 20.

direitos em detrimento de outros direitos adquiridos; pode-se ser mais sensível às ameaças que vêm do medo da desordem ou, ao contrário, às ameaças que vêm do descontentamento que a desigualdade engendra. Cícero é mais sensível ao risco do que à melhoria, à desordem do que à desigualdade, mais sensível também à frustração que sentirão aqueles cujos direitos adquiridos serão violados do que à frustração dos que ainda não adquiriram direitos. "Não há nada de mais funesto do que tirar de uns para dar aos outros".[385] É por essa razão que a propriedade é sagrada:

> O tribuno Márcio Filipo se comportou de um modo funesto quando erroneamente declarou que, dentre os cidadãos, não havia dois mil que possuíssem bens; frase catastrófica: ela pretendia igualar fortunas, o pior flagelo que existe; pois foi antes de tudo para conservar seus bens que os homens fundaram Estados e cidades; por mais que a natureza estimule os homens a se reunirem-se, é para proteger seus bens[386], no entanto, que eles procuravam a proteção das cidades.[387]

O Estado deve, então, se limitar a assegurar os bens coletivos que "não diminuem ao se comunicarem",[388] o fogo, a água, os conselhos da razão, os edifícios públicos, as instituições e os costumes, a ordem social; ele deve assegurar as condições gerais da vida econômica, o crédito, por exemplo;[389] ele deve garantir a cada categoria social seus meios tradicionais de subsistência:[390] o Senado não deve contrariar os interesses das sociedades por ações

---

385 *Sobre os deveres*, 2, XXIV, 85, e todo o contexto que é muito sentido.
386 Existem, então, duas raízes da sociabilidade; o instinto natural e o cálculo praxeológico, φύσις e χρῆσις; ora, essa ideia das duas fontes se encontra em um texto peripatetizante, citado em Estobeu, v.2, p.152, Wachsmuth: texto frequentemente atribuído a Antíoco de Ascalão. Deixemos os mais sábios que nós dizerem o que se deve pensar de tudo isso.
387 *Sobres os deveres*, 2, XXI, 73. Para Cícero, como para Locke, a conservação da propriedade privada é o objeto mais importante da vida política.
388 Ibid., 1, XVI, 52.
389 Fides: Cícero, *Para Séstio*, XLVI, 98. Comparar a conduta de Tibério em 33 (Capítulo IV, n.322) e a do próprio Cícero em 63.
390 Política tradicional do Estado romano: César "proibiu os agricultores de terem menos de um terço de homens livres entre seus pastores" (Suetônio, *César*, 42); Vespasiano recusou-se a usar máquinas para a reconstrução do Capitólio para não tirar o pão da plebe (Suetônio, *Vespasiano*, 18); do mesmo modo, ele dava festanças ao povo para fazer que os comerciantes pudessem obter recursos (Suetônio, ibid., 19); Augusto "fazia que houvesse um equilíbrio entre os interesses dos cultivadores e os dos negociantes com os da plebe" (Suetônio, *Augusto*, 42). Ainda em 408, Honório proibiu os decuriões de comerciarem (*Código Justiniano*, 4, 63, 3). Não é impossível que a famosa frase da inscrição de Popílio Lena (Degrassi, n.454) – "fui o primeiro a fazer que, no domínio público, os pastores cedessem diante dos trabalhadores" – signifique não que Popílio promovesse uma política

A oligarquia republicana em Roma

que enriqueceriam a ordem equestre;[391] o Estado deve fazer que os bens necessários a todos nunca faltem e que sempre haja grãos à venda no mercado;[392] mas ele não deve mexer nos direitos individuais e ainda menos modificar a condição das diferentes categorias sociais. É por isso que a lei agrária de Tibério Graco, que tirava as terras públicas que os ricos tinham usurpado para distribuí-las aos camponeses pobres, era intolerável: sobre esse aspecto, Cícero compartilha o ponto de vista dos proprietários.

> A multidão era favorável a essa lei, que parecia garantir a situação material dos indigentes, mas as pessoas de bem se opunham a ela porque reconheciam nela uma fonte de discórdia, os ricos proprietários sendo expulsos de terras que possuíam havia muito tempo.[393]

Esse estilo não era o estilo de toda uma época;[394] o de Tibério Graco era diferente, se julgarmos por seu famoso discurso:

> Os animais selvagens possuem seu covil, enquanto os que morrem pela defesa da Itália não possuem nenhum outro patrimônio além do ar que respiram; eles erram com suas mulheres e seus filhos sem um teto onde se abrigarem. Eles morrem apenas para alimentar o luxo e a opulência de alguns; dizem que são os senhores do mundo, mas eles não possuem o menor pedaço de terra.[395]

---

a favor dos sedentários em detrimento dos nômades, mas sim que *restabelecesse* os sedentários em seus direitos cujo terreno os nômades usurpavam para que seus animais pastassem ou passassem na transumância.

391 C. Nicolet, *L'Ordre équestre à l'époque républicaine*, p.642-644.
392 Ver n.317.
393 *Para Séstio*, XLVIII, 103.
394 Em compensação, a época não se questionava sobre a escravidão, instituição mais familiar do que política; em seu Inferno, Virgílio condena ao suplício, entre outros vilões, "aqueles que se associaram aos exércitos ímpios e não temeram fracassar na fé que deviam a seus senhores" (*Eneida*, VI, 612; edição Norden, p.289): foram os escravos que participaram das guerras servis. Sua revolta é a abominação da desolação, mas levantava muito menos indignações e menos polêmicas ideológicas que os Gracos: do mesmo modo, na Rússia de Pushkin, a grande rebelião camponesa de Pugachev tinha perturbado e indignado muito menos os nobres e a *intelligentsia* do que o Terror de 1793: os terroristas eram pessoas de seu mundo, e argumentavam. – Depois das guerras dos escravos, o segundo grau de abominação é a partilha do solo e a abolição das dívidas: é Catilina; ver *Sobre os deveres*, 2, XXII, 78 e o sermão de Itanos (Dittenberger, *Sylloge*, n.526): "Eu juro não trair minha cidade, não conspirar e não dividir as terras e não abolir as dívidas".
395 Plutarco, *Tibério Graco*, 9; ver J. Geffcken, "Ein Wort des Tiberius Gracchus" em Klio, 23, 1930, p.453-456.

Para dizer as coisas claramente, a reforma agrária estava bloqueada por uma classe de latifundiários todo-poderosos, da qual Cícero era partidário.

Toda mudança é perigosa e frustrante. Ora, dentre as categorias sociais, existe uma espécie de homem que, por natureza, é hostil à mudança, que são os ricos: mas eles são também bons cidadãos, a quem Cícero preconiza a concórdia com o Senado e de quem ele quer ser o líder: "Meu exército de ricos..."[396] É melhor não recriminarmos Cícero atribuindo-lhe palavras que ele não proferiu; nesse famoso discurso, os ricos não são uma classe social com a qual Cícero se sente solidário, como se afirmou: eles formam uma classe política que permite governar com ordem e legalidade. E eles não a formam sozinhos: os ricos pertencem quase automaticamente a essa classe, pois é de seu interesse comum se reunirem,[397] mas outros menos ricos juntam-se a eles se forem apegados à ordem e levarem uma vida opulenta ou pobre, porém honesta, e que seja suficientemente comportada para que não desejem a revolução.[398] Cícero considera os ricos e os outros bons cidadãos sob um ângulo político: eles formam ou devem formar a classe dirigente.

O intelectual Cícero se encontra, por razões que lhe são próprias, em posições políticas da classe proprietária, que é conservadora simplesmente porque possui bens que quer conservar. Entendo que a política consista, frequentemente, não em fazer que reine a justiça, mas em que se prefira uma injustiça menor do que maior; é necessário, contudo, confessar que tirar terras dos latifundiários não era um crime e muito menos um erro político, como veremos, que a distância entre as duas injustiças era enorme, e que o respeito dos direitos adquiridos era dificilmente defensável por conseguinte. Parece-nos ainda mais fácil defender a atitude de Cícero, não diante da reforma agrária de Tibério, mas diante da lei do trigo de Caio Graco; já

---

396 Cícero, *A Ático*, I, 19, 4: "*noster exercitus locupletium*".

397 *Treizième Phillipique*, VIII, 16-17: "Não temo que um homem que possui imensas riquezas, e somente pode gozar delas se os bons cidadãos vençam, nos traia e traia a si mesmo; a natureza primeiramente faz bons cidadãos, depois a riqueza participa dessa empreitada; se todos os bons cidadãos desejam a conservação do Estado, esse desejo se manifesta ainda mais nos ricos".

398 Esse é o verdadeiro sentido das famosas linhas de *Para Séstio*, XLV, 97: os bons cidadãos são aqueles "que não são nem malfeitores, nem desonestos, nem raivosos, nem têm uma situação de fortuna malsã", *non malis domsticis impediti*; estas últimas palavras não querem dizer "os ricos, aqueles que não se encontram em uma situação de fortuna indigente", mas "aqueles que, ricos ou pobres, não estão endividados", e devemos aproximá-las da *Seconde Catilinaire*, VIII, 18: os ricos eram frequentemente os primeiros a endividarem-se (ver Salústio, *Conseils à César*, I, 5, 5-8), o que fazia deles catilinianos virtuais. Um pequeno artesão, pobre, mas honesto, e que não tem nada a ganhar com a desordem (Catilinaires, 4, VIII, 17), é um bom cidadão.

citamos³⁹⁹ seu injusto discurso sobre essa lei que "permitia à plebe viver tranquilamente sem trabalhar e que esvaziava o Tesouro". Por que essa parcialidade de Cícero para com os proprietários ou contra a plebe? Por que ele mesmo é proprietário? Provavelmente, mas não somente: uma opção automaticamente política se soma a essa; encontramo-nos, aqui, diante de uma das grandes alternativas da política antiga, diante do grande dilema do evergetismo. Mas, antes de chegarmos a esse ponto, vamos expor primeiramente as falsas razões pelas quais Cícero defende sua opinião e por que elas são falsas.

Por que a lei de Graco sobre o trigo era demagógica? Porque, segundo Cícero, ela favorecia os particulares em detrimento do Estado. Em *Deveres*, o filósofo analisa os serviços que um homem político pode prestar à coletividade, ou seja, a todos os cidadãos ou à própria cidade: pois, entre esses serviços, "alguns atingem os cidadãos em seu conjunto, e outros os atingem individualmente; são ordinariamente os mais apreciados".⁴⁰⁰ Mas as duas espécies são igualmente necessárias; aparentemente podem se opor e pode parecer, às vezes, que "os desejos da população (*multitudo*), a vantagem da maioria, não estejam de acordo com o interesse do Estado".⁴⁰¹ Cícero poderia facilmente responder que o interesse do Estado é, em si, o interesse de cada indivíduo, que a paz é tão agradável quanto o pão, mas que esses ou aqueles bens não são desejados com a mesma intensidade porque é humano preferir uma vantagem imediata ou garantir para si uma vantagem maior, mesmo quando é diferida ou aleatória. Quem não concordaria com essas evidências? Mas segue um exemplo: "O enorme dom de trigo que Caio Graco fez esvaziava o Tesouro; em compensação, o que Marco Otaviano⁴⁰² propôs podia ser suportado pelo Estado e era indispensável para a plebe; esse era, assim, vantajoso para o Estado e para os cidadãos".⁴⁰³ Devemos nos deixar impressionar por esse estilo responsável? A verdadeira questão, que é muito positiva, é saber se realmente a lei de Graco esvaziava o Tesouro, quer dizer, se as outras despesas públicas eram mais indispensáveis ou urgentes, o que Cícero não examina, satisfeito por ter elevado suas opiniões à dignidade filosófica.

Cícero afirma que "quanto mais Caio Graco falava em economizar os denários públicos, menos ele o fazia; se lêssemos apenas seus discursos, nós o consideraríamos o protetor oficial do Tesouro".⁴⁰⁴ Devemos acreditar

---

399 Ver n.312.
400 *Sobres os deveres*, 2, XXI, 72.
401 *Para Séstio*, XLVIII, 103. *Multitudo* não é pejorativo, não mais que o grego πληθος.
402 Ver n.348.
403 *Sobre os deveres*, 2, XXI, 72.
404 *Tusculanes*, 2, XX, 48.

nas palavras de Cícero? O esvaziamento do Tesouro era um espectro que os *optimates* agitavam cada vez que uma despesa não os agradava:[405] quando a província de Creta recebia um abatimento fiscal[406] ou quando Antônio estimulava ativamente a colonização da Campânia.[407] Sobre um "orçamento" de várias centenas de milhões, cuja principal e quase única despesa confessável era o exército com seus 50 milhões, o grão absorvia uma centena de milhões, mas não nos tempos de Caio: foi somente depois que Clódio instaurou as distribuições gratuitas.[408] Mas isso pouco importa, pois invocar o esvaziamento do Tesouro é sofístico e suficiente para julgar a falta de seriedade da argumentação; sempre existe dinheiro para as despesas que consideramos mais necessárias; dizer que o Tesouro está vazio é simplesmente dizer que se deu preferência a algumas despesas em detrimento de outras. Por que Cícero estima, então, com o conjunto de proprietários, que a venda do pão a preços fixos para a plebe era uma despesa que realmente não se impunha?

Primeiramente, por uma razão cuja importância seria ridículo exagerar e seria ingênuo considerá-la nula: a oligarquia governante devorava uma grande parte das rendas públicas em despesas de missões, o que implica certa hipocrisia em suas indignações contra os presentes para a plebe. É importante saber que o princípio da fixação do preço era sagrado na administração romana e simplificava sua tarefa à custa dos cofres do Estado;[409] os magistrados que iam governar alguma província não recebiam pagamento (as funções públicas eram gratuitas!); em compensação, recebiam antecipadamente indenizações colossais e predeterminadas. O governo recebia créditos para comprar trigo para seus funcionários. Se pudesse extorquir o grão dos nativos por um bom preço, o lucro ficaria legalmente para ele; o governador gastou somente uma pequena parte de suas indenizações? Ele podia, por escolha, embolsar o resto ou distribuí-lo generosamente aos jovens de boa família que o haviam acompanhado em sua província para se iniciarem aos segredos da carreira.[410] Deve-se ter, como Cícero, uma alma filosófica para devolvê-lo ao

---

405 Por exemplo, *Rhétorique à Hérennius*, I, XII, 21: quando Saturnino propõe sua lei agrária, o questor previne o Senado de que o Tesouro não podia suportar um presente desse porte.
406 *Seconde Philippique*, XXXVIII, 97: sobre essa política, R. Syme, *Roman Revolution*, p.272.
407 *Seconde Philippique*, XXXIX, 101: P. A. Brunt, *Italian Manpower*, p.324.
408 P. A. Brunt, *Social Conflicts*, p.39; *Italian Manpower*, p.379.
409 Mommsen, *Staatsrecht*, v.I, p.295.
410 O poeta Catulo voltou de Bitínia com a carteira vazia e fez que a posteridade conhecesse a avareza de seu governador, que tinha guardado todo o dinheiro para si: esse é o sentido de seus poemas 10 e 28; quando ele começa a acreditar que voltou de Bitínia com a carteira vazia porque essa província é pobre, ele ironiza: ele repete o que o governador pretendeu por não ter nada para distribuir às pessoas de sua escolta. – Deve-se distinguir

Tesouro, já que ninguém exigia isso dele; é verdade que, governador de Cilícia durante um ano, Cícero mostrou ali uma escrupulosa honestidade, pois conservou para si apenas pouco mais de 2 milhões de sestércios;[411] não estou sendo irônico: era muito pouco. Outro governador, indo para a Macedônia por dois anos, atribuiu a si 18 milhões para isso.[412] Mas qual é o problema? Quando o conde Mosca demitiu-se de suas funções de primeiro-ministro, a Sanseverina deu à grande duquesa uma prova irrefutável da honestidade do conde: tendo chegado nos negócios com 130 mil francos, ele possuía apenas 500 mil ao deixá-los. Somente as pessoas humildes do século XX poderiam recriminar essas coisas.

A ordem moral contra o trigo público

Tendo em vista que as razões de Cícero para condenar a lei sobre o trigo não são as verdadeiras razões, quais seriam então as verdadeiras? Dizemos efetivamente as razões, e não as motivações individuais: essas últimas são muito evidentes para serem interessantes. Ótica banal de classe, primeiramente; para Cícero, a plebe era "o lodo de Roma, a corja da população", a "pequena plebe miserável e faminta que suga o Tesouro";[413] cada um pensa o mundo a partir do lugar humano em que se situa, e os interesses daqueles que se encontram além de nosso horizonte social nos parecem menos importantes e legítimos do que os dos membros do nosso mundo. Acrescentemos, no caso de Cícero, que ele podia manifestar certo egocentrismo de artista, de tenor, uma sensibilidade de esteta cujo reverso é uma certa frieza sentimental. E, além disso, ele fica indubitavelmente assustado com essa plebe que despreza, porque ele não sabe como se dirigir a ela; os Gracos, como Catão, tinham instintivamente uma ligação fácil com seu povo; Cícero não é

---

cuidadosamente essa pilhagem dos fundos públicos da pilhagem dos provinciais, como foi feito por Verres.
411 Mommsen, *Staatrecht*, v.1, p.298, n.1; E. Badian, *Publicans and Sinners*, p.77 etc. Esses 2 milhões são o que resta de suas indenizações de missão: Cícero não extorquia seus administrados.
412 Mommsen, *Staatrecht*, v.1, p.296, n.1 e 4 e p.300, n.4. – Os senadores pilhavam o Tesouro de acordo com quem oferecesse mais, eles exibiam falsas dívidas e os jovens questores, que arriscavam suas carreiras, não ousavam recusar pagá-los: Plutarco, *Catão, o jovem*, 18.
413 Cícero, *A Ático*, I, 16, 11. Suponho que esse tom de senhor desdenhoso era comum na época; mas quando lemos Sêneca, parece que um século mais tarde os costumes de linguagem tinham mudado e que o tom de Cícero teria feito escândalo nesse período. Certamente, Juvenal é sarcástico com o povo que deseja apenas pão e circo; mas não devemos nos esquecer que ele próprio pertence a esse povo e que, ao escrever isso, é sarcástico consigo mesmo, com um certo deleite melancólico.

um homem das multidões, ele não sabe como se comportar com os homens que não pertencem ao seu mesmo meio e, consequentemente, ele os teme: a plebe é, a seus olhos, o espaço de uma agitação incoerente, intimidante e subalterna.

Mas deixemos as fofocas e voltemos às coisas sérias. Cícero é hostil à lei agrária de Tibério, que ameaçava os proprietários ao tomar as terras de uns para dá-las a outros; mas ele também é hostil à lei frumentária de Caio, que não representava uma ameaça para os proprietários e que também não questionava o princípio de propriedade: a lei se contentava em colocar à venda o trigo que somente aqueles que tinham dinheiro podiam comprar; Cícero acusa Caio de esvaziar o Tesouro, e não de atentar contra os direitos individuais. Seria então supérfluo explicar a atitude de Cícero somente pelos seus interesses de classe, ou melhor, havia várias políticas de classe concebíveis: uma, que era a de Cícero, defendia a propriedade oligárquica e se opunha a Tibério, além disso, eximia-se de reconhecer os direitos sociais da plebe pelo pão barato que o Tesouro ou os evérgetas lhe proporcionavam, em troca poderia manter o princípio de propriedade e salvar os interesses dos proprietários. Começamos a ver o esboço de uma grande alternativa.

E não é tudo. Citamos acima os trechos nos quais Políbio denuncia a situação política que havia se estabelecido na Beócia em sua época: os demagogos impediam os tribunais, defensores dos pretores, de funcionar, as cidades aplicavam uma política social que esvaziava seus cofres, e, enfim, a recriminável moda das evergesias testamentárias vinha confirmar certa degradação moral. Ora, como Políbio, Cícero, vimos isso demoradamente, percebe o evergetismo com pouca condescendência; e Políbio, como Cícero, também não gosta dos demagogos do tipo de Graco, que reconhecem os direitos sociais da plebe: em 232, ele afirma que

> os romanos dividiram o território piceniano, anteriormente ocupado pelos gauleses senones; o instigador dessa medida a favor da plebe era Flamínio, cuja política, digamos, seria o início dessa degradação da moralidade política que se observa nos plebeus de Roma.[414]

A defesa da grande propriedade, a recusa dos direitos sociais para a plebe e a hostilidade para com o evergetismo são visivelmente três atitudes que, por serem diferentes em seus princípios e em suas consequências, podem se encontrar separadas em outras mentes, mas se encontram reunidas na mente

---

414 Políbio, 2, 21, tradução Roussel; sobre a Beócia, Políbio, 2, 20, 4-6.

de Políbio e de Cícero, constituindo assim três peças de um único sistema político cuja articulação deve ser especificada.

O sistema tem uma grande amplitude: ele envolve até mesmo a missão histórica dos povos; sem uma oligarquia confirmada por seus bens, a grande política não existe. Ao expulsar os ricos proprietários de suas posses, afirma Cícero, a lei de Tibério privava a República de seus campeões.[415] A Beócia, segundo Políbio, revela com seu exemplo o que acontece a um povo cuja elite foi arrancada de suas raízes: "Depois de ter conquistado a glória e o poder na época de Leuctra, a Beócia perdeu ambos progressivamente"; os beócios não realizaram nenhum empreendimento glorioso, suas ambições se limitavam a comer e beber; completamente entregue ao espírito de prazeres, a Beócia perdeu toda a sua grandeza entre as nações. Os povos, assim como os indivíduos, podem atribuir objetivos diferentes a sua existência: a felicidade privada, ou a glória no cenário público; Políbio e Cícero optaram pela glória, pela grandeza nacional, e não concebem que ela seja possível sem uma elite solidamente instaurada. Seria fácil replicar a Cícero, dizendo que os Gracos também se preocupavam com a grandeza romana, sem mencionar os oligarcas: suas leis não tinham nenhum outro objetivo além de proporcionar o suporte popular necessário para a grandeza e o imperialismo de Roma; seria ainda mais fácil revidar Políbio, afirmando que essa mesma Beócia sobre a qual ele descreve com repulsa a falta de senso de grandeza nacional era, na mesma época, um dos bastiões da resistência grega contra a hegemonia romana, enquanto Políbio, por sua vez, colaborava ativamente com o vencedor. Decididamente, a questão não é simples e é preciso expor o mapa global dessa região ideológica.

Entre Cícero e os Gracos, entre Políbio e os "demagogos" de seu tempo, o debate sobre os direitos sociais da plebe não está focado nos objetivos: ambos querem a grandeza nacional e afirmam que uma nação deve deixar sua marca na história, e não se contentar em viver feliz como o rei de Yvetot; o debate também não está focado nos meios: ambos são oligarcas e reivindicam o princípio de autoridade. Mas trata-se de saber se a autoridade é suficiente: será que também não seria necessário que a plebe tivesse a impressão de participar dos negócios da cidade, de ter um patrimônio, e que a miséria não a reduzisse ao estado de massa apolítica? Será que seria suficiente levantar a voz para que tudo funcionasse bem na cidade? É sobre esse aspecto que o debate vai se deteriorar; uma mente pura se surpreenderia com isso: os Gracos e Cícero não concordam com todo o resto? Por que esse ponto no detalhe tornou-se uma linha de ruptura? Porque o raciocínio político não era mais

---

415 Cícero, *Para Séstio*, XLVIII, 103.

o único a se manifestar nesse debate; fantasmas haviam entrado em cena, como acontece sempre quando se devem partilhar satisfações ou bens e não há quantidade suficiente para todo mundo. Era preciso dividir a propriedade e o poder político por todos; somente seria possível proporcionar terras e reconhecer os direitos sociais da plebe expropriando os latifundiários e limitando a autoridade de uma oligarquia que evidentemente preferia conservá-la totalmente para si. Inevitavelmente, a oligarquia ameaçada desejará que os reformadores de Graco levem em conta os fins supremos, a grandeza nacional e a necessidade de uma autoridade, o que não era verdade.

O evergetismo também se tornou um dos objetos do grande debate; por que Políbio e Cícero lhe são hostis? Ele evidentemente não esvazia o Tesouro público, não atenta ao princípio de propriedade, mas habitua a plebe à ideia de que ela tem direitos sociais, de que ela tem direito à felicidade, de que ela não tem simplesmente o direito de obedecer silenciosamente à elite pela grandeza da pátria; o evergetismo seria, assim, um atentado a outro princípio, o da autoridade: é nisso que ele é demagógico; ele não é uma ameaça para os proprietários, mas para os governantes. Dependendo do ângulo em que nos posicionemos, se olharmos com os olhos de um demagogo ou com os de Cícero, o evergetismo pode ser interpretado de duas maneiras: como o fato de uma oligarquia que se modera habilmente, ou como corrupção da verdadeira oligarquia. As duas modalidades eram efetivamente concebíveis. Ou então podemos imaginar que a obediência do povo é um todo e sempre se acha um jeito para que a ordem moral reine em todas as áreas: professa-se que não se deve deixar o jogo na máquina social, que toda máquina será derrotada progressivamente se o menor parafuso estiver frouxo e, nesse caso, recusa-se a oferecer o pão e o circo ao povo. É a política de Políbio e de Cícero, que considera a recusa do evergetismo uma peça de ordem moral. Ou então, ao contrário, tem-se uma visão mais fundamentada e amável das coisas, considera-se que a autoridade não é ameaçada por inocentes liberdades, que se deve deixar as diversões ao povo e não descontentá-lo com intimidações sobre questões que são politicamente sem consequência, e que um bom cavaleiro sabe segurar, mas também soltar, quando necessário, as rédeas de sua montaria; assim, ter-se-á indulgência para com o evergetismo. Podemos inclusive exagerar o grau de cinismo a ponto de racionalizarmos sua indulgência: pretender-se-á que o evergetismo desempenha o papel de válvula de segurança, que ele compensa com satisfações sociais as frustrações políticas, que ele permite despolitizar as massas; tentar-se-á também justificar essa indulgência junto aos partidários da ordem moral. Esse era o grande debate sobre o evergetismo; o objetivo não era bens materiais, satisfações sociais, mas a partilha da autoridade, ou mais exatamente as duas concepções dessa autoridade. Sabe-se que os grupos e as classes lutam tão ardorosamente pela partilha do poder ou do prestígio quanto pela partilha dos bens.

Mencionamos duas concepções de poder: a oligarquia que pretende reservar para si a autoridade pode transformá-la em uma concepção totalitária e pode querer fazer que reine a ordem moral, ou então pode ter uma visão mais serena de sua autoridade. As lições do passado provam que os regimes autoritários funcionam tão bem com uma ordem moral quanto sem uma ordem moral, e visivelmente as razões que os hábeis dão a favor de um ou de outro partido são apenas vulgares racionalizações. A ideia de despolitização e de válvula de segurança é dificilmente demonstrável ou até mesmo puramente verbal; eu não sei se o evergetismo despolitizava realmente as massas, mas é mais simples dizer que se limitava a não politizá-las contra o governo pela recusa de inocentes prazeres. Também não sei se a obediência é realmente um todo, e se o menor jogo compromete a solidez de um edifício inteiro: acreditar-se-ia, ao contrário, que existe, frequentemente, nos reis ou nos filósofos, um autoritarismo que os leva a querer impor sua vontade sobre tudo e sobre todos os aspectos: já não vimos acima que todo poder se contenta raramente em calcular em termos de confrontação, que ele tende a irradiar, a reinar por reinar, a estabelecer por todos os lugares e, frequentemente, inutilmente, uma ordem conforme a sua concepção das coisas? É desagradável para ele ver que subsistem zonas de liberdade onde se dança sem se preocupar com ele. Para os filósofos-reis, essa tendência é ainda mais forte: eles dificilmente se resignam em não fazer que os heróis de suas utopias vivam em perfeita conformidade com suas teorias filosóficas; no fundo, o totalitarismo de Platão, sobre o qual tanto se falou há quinze anos, talvez se reduza a isso. E também o de Cícero; vimos que, no plano teórico, o autor dos *Deveres* recusava o evergetismo no plano dos princípios, mas o permitia no plano da prática política.

A racionalização da ordem moral consiste em pretender que uma ou outra liberdade, que é politicamente inofensiva em aparência (amar a música decadente, não professar a mesma religião que seu príncipe, desejar pão e circo), representa na realidade um elo, ou o elo mais delicado da corrente que mantém os povos na disciplina: se esse único elo cede, tudo se desfaz; em virtude desse raciocínio, Platão afirma em algum lugar que a corrupção dos povos começa pela decadência da música. Quando Políbio coloca as evergesias testamentárias no mesmo nível que o bloqueio da atividade judiciária e que a política social e vê ali o sinal de uma mesma corrupção, ele raciocina provavelmente em termos do ponto fraco da corrente. É certamente inútil discutir esse tipo de raciocínio: o autoritarismo que o inspira, e do qual é apenas uma racionalização, emerge da enorme parte fantasma (no sentido que psicanalistas dão a essa palavra) que a política comporta: hipersensibilidade pela desordem, busca angustiada de uma disciplina etc.

Como Políbio, Cícero não é partidário da oligarquia moderada: ele recusa o evergetismo porque a ordem moral é um todo; ele também recusa a lei sobre o trigo de Caio Graco, pois não se deve reconhecer o direito do povo de pensar em outra coisa que não seja o bem público; enfim, ele recusa a lei agrária de Tibério Graco, pois a grandeza nacional e a ordem interna têm como condição a existência e a prosperidade de uma elite que exerce o poder; essa elite de "campeões do Estado" não pode se perpetuar sem possuir terras; com a melhor vontade do mundo, os Gracos (cuja sinceridade Cícero nunca nega nem rebaixa a estatura) teriam marcado o fim da grandeza romana.

Os interesses de Cícero

Cícero não é completamente justo com os Gracos; eles também eram oligarcas, como Cícero, e não queriam em momento nenhum o fracasso da oligarquia; eles buscavam, ao contrário, obter tropas. Pois, conforme uma ideia antiga, o verdadeiro soldado deve ser um cidadão, porém, não existe um verdadeiro cidadão sem patrimônio, sem independência econômica; aquele que depende de outros para viver é um tipo de escravo. Uma passagem bem conhecida de Apiano afirma isso: Tibério temia que a crise agrária privasse Roma de cidadãos e de soldados. Roma não é a única república antiga onde o egoísmo dos oligarcas proprietários tenha comprometido os interesses desses mesmos oligarcas dirigentes e onde a mesma política agrária reformista tenha sido inutilmente tentada; essa política de reforma tinha uma longa tradição em Esparta com Ágis e Cleômenes, Nábis e Caronte.

À primeira vista, esses reformadores de Roma ou de Esparta apresentam uma semelhança substancial com o tipo moderno do agitador, do homem de esquerda, do radical: o que existe de mais progressista do que uma política de redistribuição de terras? É esquecer que a noção de agitador não tem um sentido substancial, mas simplesmente formal: um agitador é um homem que tem o mérito de chamar a atenção da opinião para as alternativas negligenciadas ou para os grupos sacrificados, quaisquer que sejam (tanto que, em uma determinada época, o agitador do momento chamará a atenção para uma coisa muito diferente de uma outra época ou até mesmo de alguma coisa exatamente contrária). Em Esparta, Cleômenes, um reformador vanguardista partidário de Graco, era ao mesmo tempo nacionalista e imperialista convicto; ele queria redistribuir a propriedade das terras para aumentar o número de cidadãos e devolver à sua cidade, cuja oligarquia havia se acomodado na satisfação de sua riqueza, de sua capacidade ofensiva e de sua ambição histórica. Mas os proprietários de Esparta, embora se interessassem pela grandeza nacional, não quiseram pagar esse preço; Cícero também não, mesmo se o nacionalismo dos Gracos não desejasse esse tipo de nacionalismo.

Ele não queria esse nacionalismo: nada mostra melhor com que facilidade, na política, interesses passionais vêm falsear o raciocínio, mesmo entre pessoas que estão de acordo sobre os princípios; quando esses interesses são, em si, contraditórios, a situação é quase desesperadora. Cícero quer a grandeza de Roma, mas não quer sacrificar nada, nem do seu poder nem da sua riqueza; ora, os interesses do patriota entravam em contradição com os do latifundiário e com os do senador (porque os diferentes interesses de uma classe, mesmo dominante, estariam em harmonia entre si, efetivamente?). Seria dogmático pretender que um desses sentimentos era uma vulgar cobertura ideológica ou o instrumento dos outros; todos esses sentimentos eram sinceros e inconciliáveis, foi preciso que Cícero escolhesse entre duas sinceridades: a propriedade e a autoridade venceram, mas não no que se refere aos Gracos. Seria então humano que o choque das duas aspirações igualmente sinceras fosse camuflado com mais ou menos má-fé: Cícero estava convencido de que somente a obediência passiva da plebe e a riqueza dos oligarcas permitiriam a grandeza de Roma. O evergetismo, entre outras coisas, sofreu as consequências dessa operação, e Cícero não lhe era favorável porque sentia ali uma condescendência com os interesses populares que ameaçava o princípio de autoridade.

Devemos concluir que o proprietário e o político falaram mais alto que o homem de Estado e que o filósofo, e que essa foi psicologicamente a gênese de suas convicções? Não posso fazer tal afirmação e não vejo como poderíamos saber isso um dia: percebo o que Cícero pensa, mas não poderia dizer por que ele pensa assim e duvido que exista, hoje, um método que permita explicar a formação das opiniões de um indivíduo: feliz aquele que estima saber por que Pascal, Goethe ou seu vizinho pense isso ou aquilo. Quando se considera, ao contrário, uma classe social inteira, a situação é diferente, pois a lei dos grandes números desempenha um papel; a correlação entre os interesses materiais de um grande número de pessoas e suas opiniões é alta; podemos apostar com certeza que um conjunto de proprietários será favorável à propriedade, o que mostra adequadamente a importância de seus interesses materiais na formação das convicções. Mas, no caso de um indivíduo... Cícero é a favor da propriedade porque ele possui muitos alqueires? Quem pode afirmá-lo? Com os intelectuais não se pode saber nunca: e se ele tivesse menos interesse nos alqueires do que em seus livros? Existem tantos outros intelectuais que assumem posições contrárias às de sua classe que podemos atribuir um desinteresse semelhante àqueles que não o fazem.

Se devemos absolutamente formular uma hipótese sobre a gênese das opiniões ciceronianas, convém ressaltar duas explicações formais, e não substanciais. Primeiramente, uma inércia bastante conhecida faz que toda modificação da ordem estabelecida passe por uma ameaça contra a ordem em geral; temos dificuldade em admitir outra coisa além do que já existe e exigimos dos reformadores a necessidade de uma prova que não exigimos da ordem estabelecida. Em seguida, o egoísmo de classe é mais difundido do que o senso político: ora, Cícero não é um pensador suficientemente próximo do rigor para que isso venha a contrabalançar aquilo. Ficamos até mesmo surpresos com o caráter pouco inesperado de seus textos políticos; ele não é desses pensadores que, de direita ou de esquerda, são inclassificáveis. Cícero não era, portanto, um filósofo a ser desprezado; não devemos compará-lo a Platão ou a Carnéade, mas aos pensadores de sua época: ele tinha, evidentemente, dez vezes mais talento do que Filodemo de Gadara; mas talvez devemos dizer sobre Cícero o que Taine dizia sobre Victor Cousin: seu profundo gosto pela filosofia era menos o de analisar e mais o de orquestrar ideias gerais (com exceção de uma área, a estética, na qual tudo o que ele escreve é sentido e frequentemente profundo).

7. O mecenato de Estado

Para terminar, abordaremos uma sequência de fatos que é inteiramente nova: no fim da República, quando tem início a era dos magnatas, com Pompeu e sobretudo com César, e depois com Otaviano, e o poder pessoal triunfa, surge o mecenato de Estado; o senhor do dia, que confunde sua personalidade de homem público e de homem privado, paga com seus recursos pessoais, que são imensos, algumas despesas públicas.

A política como empreendimento privado

Aparentemente, esse é o simples desenvolvimento de tudo o que descrevemos acima; se reduzíssemos o estudo das realidades humanas ao estudo dos valores, e o estudo dos valores ao das palavras, a *liberalitas* de César ou de Otaviano Augusto seria a continuação da *liberalitas* de Cipião. Na realidade, houve uma dupla ruptura. Primeiramente, quantitativa: os magnatas não se contentam em oferecer festas à plebe; eles entretêm exércitos, enfeitam Roma para fazer dela uma capital real, mesmo que não seja chamada assim. Podemos também dizer que, mesmo se as evergesias são as mesmas, espetáculos e edifícios, seu significado mudou bem com suas proporções;

elas possuem novas motivações porque a estrutura política que induz tais motivações também é uma novidade; o absolutismo sucedeu à oligarquia. O poder político dos magnatas é em si uma novidade em Roma; ele não consiste no poder ampliado de um magistrado ou de senadores: suas próprias características mudaram, pois se tornou supremo. O Estado é a coisa dos magnatas; o que explica os dons por duas razões: são os magnatas que fazem que a máquina funcione, mesmo que usem seus recursos pessoais, já que são os senhores absolutos, e que expressem sua majestade suprema através dos presentes. Essas são as duas grandes motivações das despesas feitas pelos imperadores. Além disso, a fronteira que separa um magnata de um imperador é imprecisa: Otaviano Augusto foi os dois; até a morte de Nero, o Estado romano viverá com metade de sua renda proveniente dos impostos e a outra metade, da fortuna privada da dinastia júlio-claudiana.

Os oligarcas romanos não eram notáveis helênicos: eles não assumiam, como estes últimos, as despesas de seu encargo; ao contrário, eles enriqueciam em seus governos e, quando eventualmente pagavam algo com seu próprio dinheiro, ficavam revoltados. Eles se consideravam, no entanto, os proprietários, e não os gestores de seu *imperium*, e o exploravam sem escrúpulos para atingir objetivos pessoais; além disso, todo grande personagem, mesmo se não fosse investido de uma missão oficial, era considerado um homem público e a ele era reconhecido o direito de iniciativa política. Ambicioso ou empreendedor, o grande homem retirava recursos de seu patrimônio pessoal para o mecenato de sua própria política: Crasso dizia que ninguém podia querer se tornar um magnata (*princeps*) se não tivesse renda suficiente para manter um exército.[416] Pompeu, ao defender na Espanha a causa da República contra a rebelião de Sertório, reclamou amargamente não ter recebido dinheiro: "Cansado de enviar-lhes cartas e deputados", diz ao Senado, "gastei todos os meus recursos pessoais e meu crédito; acreditais, então, grandes deuses, que eu possa suprir o Tesouro?".[417] Mas esse mesmo Pompeu tinha começado sua carreira durante a guerra civil, formando um

---

[416] Plutarco, *Grácio*, 2; deve-se compreender "um exército" e não "uma legião" (como o propõe J. Harmand, *L'Armée et le Soldat à Rome*, p.171, n.170), pois Cícero também usa a palavra (*Sobre os deveres*, I, VIII, 25) escrevendo *"exercitum alere"*; ver também Plínio, *História natural*, 33, 134. Para a interpretação de *princeps* nessa frase, Gelzer, *Caesar*, p.40, n.2; mas ressaltaremos que *princeps* pode significar "chefe de partido" (César, *Guerre des Gaules*, 6, 11: cada facção celta tem seu *princeps*) e parece-me que é esse o sentido.

[417] Salústio, *Histoire, Lettre de Pompée*, 2 e 9 (2, 98 Maurenbrecher); ver Plutarco, *Sertório*, 21; *Pompeu*, 20.

exército privado em Piceno, que era totalmente cliente de sua família.[418] Esse tipo de iniciativa anunciava a chegada da era do poder pessoal. Alguns anos mais tarde, o jovem César vai a Rodes ouvir as lições de um professor de retórica, quando fica sabendo que o rei Mitrídates introduziu-se na província da Ásia; como El Cid, que reuniu trezentos de seus amigos contra os mouros que desembarcavam, César levantou um pequeno exército privado, tomou o comando das tropas indígenas e parou o inimigo. Como se a província da Ásia não tivesse governador.[419] Vinte anos mais tarde, César conduzirá uma política conquistadora na Gália, que é, para ele, absolutamente pessoal, rompendo com a tradição política romana,[420] e a conduzirá, em parte, com seus recursos (quer dizer, com o enorme saque que terá extorquido dos templos gauleses):[421] ele retirará de seus recursos pessoais quatro das oito legiões com as quais conquistou a Gália; o Senado decidiu, além disso, assumir por sua própria conta o soldo das quatro legiões.[422] Do mesmo modo, Otaviano obterá desde 44 o reembolso pelo Senado das quantias que havia gasto com o exército privado que havia formado para proteger a República.[423] Chegaram os tempos em que os magnatas que lutam entre si pelo poder supremo roubam o Tesouro e acusam-se mutuamente de tê-lo feito;[424] o que o imperador Otaviano Augusto poderá escrever em seu próprio elogio fúnebre: "Com 19 anos, formei um exército por iniciativa própria e com meus recursos pessoais, exército com o qual libertei o Estado que era oprimido pela tirania de uma facção".

---

418 Veleio Patérculo, 2, 29: *"ex agro Piceno, qui totus paternis ejus clientelis refertus erat"*; Plutarco, *Pompeu*, 6. Ver C. Cichorius, *Römische Studien*, reimpresso em 1961, Wissensch. Buchgesell., p.158; M. Gelzer, *Kleine Schrften*, v.1, p.95; Syme, *Roman Revolution*, p.28 e 92; Wiseman, *New Men in the Senate*, p.41; E. Badian, *Foreign Clientelae*, p.228; J. Harmand, *L'Armée et le Soldat à Rome*, p.446; M. Gelzer, *Pompeius*, Bruckmann, 1949, p.36.

419 A história "mostra a administração provincial dessa época sob um estranho ângulo", escreve Gelzer, *Caesear, Politician and Statesman*, p.24; sobre esses fatos, H. Strasburger, *Caesars Eintritt in die Geschichte*, 1938, p.84.

420 D. Timpe, "Caesars gallischer Krieg und das Problem des römischen Imperialismus", em *Historia*, 1965, p.189.

421 M. Gelzer, *Caesar*, p.167-168.

422 *Guerre des Gaules*, I, 10, 3 e 2, 1, 1; Suetônio, *César*, 24; M. Gelzer, *Caesar*, p.124, n.1; P. A. Brunt, *Italian Manpower*, p.467; J. Harmand, *L'Armée et le Soldat*, p.171.

423 Dião Cássio, 46, 29.

424 R. Syme, *The Roman Revolution*, p.130-131; E. Gabba, *Appiano e la storia delle guerre civili*, La Nuova Italia, 1956, p.194, n.1; assim, Dião Cássio, 46, 53, 22; Apiano, *Guerras civis*, 3, 94, 387.

Uma grande teoria: "luxo" e "decadência"

De que modo se chegou ao poder pessoal e, correlativamente, ao mecenato de Estado? Os contemporâneos tinham uma explicação, ela é tão curiosa que merece que entremos um pouco nos detalhes; segundo eles, o luxo era o responsável pela queda da República e pela instauração do absolutismo; pois o luxo implica decadência e ambição: os Estados pobres são virtuosos, os Estados ricos sucumbem à indolência ou às rivalidades internas. Quem não reconhece a teoria, famosa durante mais de dois mil anos, que assumiu um caráter evidente aos olhos de Platão,[425] de Políbio,[426] de Santo Agostinho,[427] de Dante,[428] de Swift,[429] de Montesquieu, de Rousseau, até cair no esquecimento? O argumento mais conciso é o de Políbio:

> Quando um regime, depois de ter escapado de diversos grandes perigos, atinge uma supremacia fundada em um poder incontestado, é evidente que, na medida em que a prosperidade se estenda à população, as pessoas comecem a levar uma vida mais confortável e os cidadãos disputem entre si, com mais rispidez, as magistraturas e outras funções. Mais tarde, quando essa evolução tiver tomado uma certa amplitude, o declínio se anunciará, provocado pela paixão pelo poder, pelo descrédito associado à obscuridade, pelo gosto do luxo e pela insolente exibição da riqueza.

Políbio pensa no desenvolvimento econômico e nas crises políticas e sociais das cidades helenísticas; pensa nos "demagogos" que, ao oferecerem "presentes" ao povo com suas fortunas pessoais, ou mesmo com fundos públicos, estabelecem uma oligarquia moderada na qual o povo perde o hábito de obedecer docilmente (como vimos anteriormente) e na qual a competição pelo poder é mais animada, pois, como dizemos hoje para descrever nossas próprias democracias, o regime é pluralista:[430] o poder constitui o objeto de uma competição entre diversos homens ou diversos grupos e não

---

425 *República*, 372 E et seq.; 422 A et seq.; *Leis*, 677 B-679 D.
426 Políbio, 6, 57, tradução para o francês de Roussel.
427 *Cité de Dieu*, 1, 30-33; 2, 18-21.
428 *Inferno*, 16, 73; ver *Paradiso*, 15, 97; 16, 49.
429 *Gulliver*, 3, 9 fim. Ver também N. Nassar, *La Pensée realiste d'Ibn Khaldun*, PUF, 1967, p.169, 178, 205.
430 Políbio, 6, 9, tradução para o francês de Roussel. O tema dos presentes dos demagogos, presentes feitos à custa do Tesouro, é bastante conhecido em Cícero e vem de Políbio, 20, 6 e 24, 7. Políbio suspeita esses demagogos de quererem estabelecer sua tirania (assim como fez Cairão em Esparta, Políbio, 24, 7; Molpágora, em *Cio*, 15, 21, tornou seu poder popular pelos mesmos caminhos).

tem nada de totalitário. Políbio vê ali uma decadência e atribui essa irritante evolução a uma sequência de causas às quais dá uma importância maior que a outras causas, a saber, o desenvolvimento da riqueza, do "luxo", da "prosperidade"; os conceitos são muito vagos (em que ponto começa a prosperidade e no que consiste?) e a ligação causal muito imprecisa (que evolução não tem, entre outras, causas econômicas?) para que esse esquema teórico pudesse ser usado para explicar mais ou menos qualquer processo histórico.

É isso que explica o sucesso franco e massivo que a teoria do luxo e da decadência teve até o fim do século XVIII,[431] quando desapareceu quase imediatamente, e quando a economia política começou a acostumar as mentes a pensar os conceitos econômicos com mais rigor. Antes dessa época, ela se impunha aos historiadores com tanta autoridade ilusória quanto o marxismo popular nos dias de hoje ("as forças e as relações econômicas são a mais importante causa") e pelas mesmas razões: a imprecisão dos conceitos e das relações permite privilegiar uma ordem de causas sem que a teoria possa ser invalidada, pois ela é suficientemente vaga para explicar tudo. Porém, na teoria do luxo e da decadência, a mediação entre a economia e a evolução política não é garantida pelas relações sociais, mas pela psicologia: a riqueza torna as pessoas gananciosas, ambiciosas, indóceis... O que explica o caráter moralizante da teoria e do vocabulário no qual era tradicionalmente exposta e que faz que hoje nos pareça muito estranha e quase incompreensível: para nós, a teoria se assemelha a um sermão; suspeitamos, com certa razão, que essa teoria deve seu sucesso em parte a sua coloração ética; por que o luxo conduz à decadência e através de que relação causal? Porque o luxo é um pecado e parece lógico e moral que o mal conduza ao mal. Ainda estamos no século XVIII, com sua apologia do luxo que descreditará essa teoria inimiga da riqueza.

A teoria era bastante imprecisa por ter assumido mil formas diferentes e, às vezes, até mesmo opostas; bastava que a sociedade em questão tivesse atravessado ou simulado atravessar uma fase de desenvolvimento econômico

---

431 Ela desapareceu quando o desenvolvimento da análise econômica permitiu ao pensamento sociológico ser mais exigente, em termos de causalidade, e quando a ideia de luxo deixou de ser moral para tornar-se econômica: ficaremos convencidos disso ao lermos um pequeno autor que já sabe melhor analisar o problema do que Platão ou Montesquieu o faziam: Joseph Gorani, *Recherches sur la science du gouvernement*, 1792, capítulo 62. Sobre isso, Montchrestien, em 1615, era um visionário: "Aqueles que medem a felicidade de um Estado unicamente pela virtude se enganam... Não estamos mais nos tempos nos quais as pessoas se alimentavam com as frutas caídas ao sacudirem as árvores" (*Traité d'économie politique*, edição Funck-Brentano, p.21 e 138). Sem esquecer, evidentemente, a apologia do luxo em Mandeville, citemos pelo menos, sobre o tema da natureza e do luxo, a frase de Tertuliano: "O diabo é interpolador da natureza" (*De la parure des femmes*, I, 8, 2 Turcan-Déléani).

("prosperidade") ou cultural ("luxo") para que atribuíssemos a essa sequência de causas toda a responsabilidade pelos males políticos, quaisquer que fossem, que afligiam ou tinham a reputação de afligir essa sociedade. A proporção de males concebíveis é equivalente ao número de variantes da teoria. Duas dessas variantes são muito difundidas e serviram conjuntamente para explicar a decadência da República romana: a versão "espartana" e a versão oligárquica; de acordo com a primeira, o luxo amolece os povos e retira deles seu valor militar; de acordo com a segunda, a riqueza transforma as aristocracias em oligarquias cujos membros perseguem suas ambições pessoais em vez do bem público e brigam pelo poder.

O luxo amolece os povos: essa ideia se funda em uma analogia moral ou médica; Políbio teve em mente, sem dúvida, a medicina dietética de seu tempo quando escreveu:[432] "Existe uma regra aplicável a todos os casos, quer se trate de um exército, de uma cidade ou de nosso corpo: não se deve nunca lhes permitir viver muito tempo na facilidade e no lazer, sobretudo nos períodos de prosperidade e de abundância material"; pois a preguiça e a negligência criam a indisciplina e a revolta. Mais amplamente, a riqueza retira o vigor das nações outrora frugais; diríamos que a decadência da virtude cívica (cujo valor militar é a forma por excelência) começa quando uma classe de empresários suplanta a casta militar: grandeza e decadência de Roma, fatal progresso das ciências e das artes. Hitler considerava a plutocracia britânica incapaz de lutar e o grande Estado-maior japonês, por não ter lido *la Démocratie en Amérique* [A democracia na América], pensava que uma democracia se cansaria rapidamente devido aos esforços de uma guerra; ao contrário, os japoneses lutariam apropriadamente porque eram um povo composto por camponeses e os camponeses são melhores soldados.[433] Já que os povos caem em decadência quando o espírito de júbilo é mais forte que o espírito de sacrifício, o evergetismo é, podemos acreditar, um fermento de corrupção. Já sabíamos que, o povo sendo considerado como a plebe feita para obedecer, o evergetismo tira essa plebe da docilidade e lhes inspira a ideia de que ela tem direito à felicidade; podemos acrescentar que, como esse mesmo povo é considerado um corpo cívico, o evergetismo pode corrompê-lo de outra maneira: ele retira dos cidadãos o que Montesquieu chamaria de virtude e Tucídides, *polypragmosyné*, ou seja, seu interesse e sua devoção pela vida e pelo destino de sua cidade; esse é o sentido dos famosos versos de Juvenal: "o mesmo povo que distribuía há muito tempo o poder, os fasces, as legiões, enfim, tudo, aprendeu, hoje, a ficar no seu lugar e deseja ansiosamente apenas duas

---

432 Políbio, 11, 25.
433 R. Aron, *Paix et Guerre entre les nations*, p.44, 74, 258-260.

coisas: seu pão e o circo". Uma democracia, na ausência de obrigação superior, funciona somente se individualmente os cidadãos possuírem a virtude cívica; uma oligarquia funciona através da coerção que os dirigentes exercem sobre o povo. Juvenal é um democrata: ele deplora que o evergetismo elimine a virtude cívica em vez de deplorar, como Políbio, que ele elimine a docilidade.

Se o luxo amolece os povos, a riqueza corrompe as oligarquias. Ela dá aos pobres o desejo de estar acima de sua condição, o que é fatal para a ordem social, ou então ela suscita novos-ricos que não possuem as virtudes da antiga nobreza; Plutarco pensa que a mobilidade social contribui para a queda da República romana: antes da época das guerras civis, escreve, "era um igual opróbrio dissipar sua fortuna, e não conservar a pobreza de seus pares"; para Dante, a "decadência" de Florença se deve aos novos nobres:

> *La gente nova e' subiti guadagni*
> *Orgoglio e dismisura han generata,*
> *Fiorenza, in te, sí ché tu già ten piagni.*

A riqueza corrompe sobretudo a antiga nobreza, inspirando em seus membros um espírito de ambição e de rivalidade que é fatal ao funcionamento pacífico da sociedade. A relação causal é psicológica, como vemos; sob o nome de oligarca (palavra quase sempre pejorativa na Grécia, onde todo mundo era o oligarca de alguém), Teofrasto conceitualizou o que chamaríamos de "personalidade oligárquica", quer dizer, um tipo psicopolítico, espécie de caracterologia das opiniões políticas; seu oligarca é o homem que deseja poder e riqueza. Para Salústio, a riqueza desperta a "personalidade oligárquica", que arruína as nações; o luxo cria a ganância, a ambição, a impiedade, a venalidade e a deslealdade; a oligarquia não é nada além de uma casta esclerosada e gananciosa, que se recusa a se abrir aos novos homens que ainda possuem o ideal de governar a cidade. E já que a riqueza é a primeira causa dessa decadência, Salústio (e também Cícero) atribuirá uma importância desmedida a um detalhe que lhe parece um elo capital da corrente: o endividamento da oligarquia; o gosto do luxo faz que jovens senadores que querem viver confortavelmente façam empréstimos, pois eles não querem vender seu patrimônio e diminuir seu capital; depois disso eles veem a política somente como a fonte de dinheiro que lhes permitirá reembolsar seus pretores e governam os súditos de Roma como se fossem vacas leiteiras; se proibissem o empréstimo a juros, a jovem nobreza voltaria a ver a política como um ideal: seria o remédio-milagre.[434]

---

[434] Dante, *Inferno*, 16, 73: "A nobreza recente e os enriquecimentos súbitos tornaram-te, oh, Florença, recinto do orgulho e do excesso, e tu já choras por isso"; ver *Paradiso*, 16, 67.

Essa é a teoria que foi a primeira explicação econômica da história. Ela é desconcertante para nós, porque implica dois postulados que desconhecemos: que o ideal em política é manter a sociedade com a maior uniformidade possível, pois os conflitos nasceriam da diversidade que a riqueza provoca; e também que existe um nível absoluto das necessidades e, consequentemente, da pobreza e do luxo; quando esse nível é ultrapassado começa a decadência das nações. Nada mais estranho para nossa própria experiência do que essa última afirmação; vemos o poder militar e a riqueza das nações caminhar paralelamente a seu desenvolvimento; sabemos também que, para a tenacidade e o imperialismo, as democracias, sejam elas pluralistas ou ditatoriais, são como Lacedemônia. Sendo o desenvolvimento das necessidades indefinido, não existe nível absoluto de satisfação acima do qual todo crescimento conduziria necessariamente a uma decadência fatal. Ora, a teoria do luxo e da decadência implica a existência de tal nível e é o que há de mais desconcertante: a "riqueza", causa de todos os males, age por sua quantidade absoluta, e não como diferencial; quando Políbio e Salústio questionam o enriquecimento, eles não fazem alusão, como faríamos, ao efeito de choque que produziria a injeção de um suplemento de riqueza, que distorce ou transtorna as estruturas sociais até que o choque seja absorvido, deixando depois dele mais ou menos destruição e benefícios; eles querem dizer, ao contrário, que existe um nível de vida natural das sociedades que pode ser definido em valor absoluto, acima do qual a natureza se corrompe. O ideal que se encontra na base da teoria é uma sociedade pobre e pouco diferenciada, na qual o povo e os aristocratas vivem em uma paz patriarcal, na qual nenhuma cabeça pode ultrapassar as outras cabeças e na qual nenhum luxo suscita inveja. Mas se a sociedade se torna muito rica, as oportunidades, os meios e as tentações de conflito surgem por todos os lados; a ambição entra nos corações suscetíveis a recebê-la, e a avareza invade todo mundo. Se a riqueza for igualmente repartida, ela contraria os corajosos; se a repartição é muito desigual, ela fornece outros objetivos às ambições, além do bem público (busca-se o poder ou o luxo), e proporciona aos ricos os meios de satisfazerem suas novas ambições. Mas o mais grave é que os dirigentes fiquem divididos por suas rivalidades e não constituam um bloco.

Teofrasto, *Caractères*, 26, 1. Salústio, *Catilina*, 10 et seq.: *Jugurtha*, 41 et seq.; Salústio ou Pseudo-Salústio, *Cartas a César*, 1, 5; 1, 7-8; 2, 5, 10. Cícero, *Sobre os deveres*, 2, XXI, 75 a XXII, 78; XXIII, 84 a XXIV, 85.

Os recursos dos magnatas

Estamos agora diante do nosso argumento que consiste em mostrar como, no fim da República, o poder pessoal estava relacionado a um novo fenômeno, o mecenato de Estado; a teoria econômica da decadência ressalta, sem dúvida muito unilateralmente, um dos fatores que fizeram que o poder pessoal triunfasse. Os magnatas do século I possuem recursos financeiros que os senadores do século II ainda não tinham: o Senado controlava as finanças e nada podia ser feito sem o seu consentimento. Políbio podia escrever:[435]

> O Senado tem autoridade sobre o Tesouro; quando um cônsul entra em campanha com seu exército, ele dispõe aparentemente de uma autoridade ilimitada, mas precisa do Senado, pois sem o acordo dessa assembleia não se pode abastecer as tropas com trigo, nem com roupas, nem mesmo pagar seus soldos.

Dessa forma, a oligarquia sempre conseguiu impor sua autoridade aos membros de sua ordem que tentavam se sobressair; mas no século I, ao se tornar um império, a cidade oferece meios de ação tão grandes para aqueles que sabem se apropriar disso que o poder pessoal acabava se instaurando pela simples razão de que era possível fazê-lo; as províncias são uma reserva de dinheiro e de recursos, uma arena onde era possível conquistar a glória; a plebe pode ser seduzida ou manipulada nas assembleias tributas, as enormes possibilidades que um homem político tem para "ganhar dinheiro" lhe permitem ampliar sua rede de clientelismo, e o exército se dedica a seus chefes contando com eles para receber terras. Esses são os quatro meios de ação que desaparecerão sob o Império, quando Augusto, pouco se importando em deixar ou não o caminho livre para seus rivais, instaurará mecanismos administrativos dignos de um grande império: o que vem confirmar a ideia de que o triunfo do poder pessoal se explica pelas lacunas institucionais da República; ao se tornar Estado, a cidade se desenvolveu sem se transformar, sem se adaptar a sua nova ordem de grandeza; foi preciso a "revolução romana" de Otaviano Augusto para que essa adaptação acontecesse. Quanto às lutas de classes, como ignorar sua intensidade? Como negar que elas forneceram partidários e soldados aos magnatas? Creio, no entanto, que elas não são a principal razão da revolução romana, apesar do que dizem.[436]

---

435 Políbio, 6, 13-15.
436 A explicação para a luta de classes é perfeitamente desenvolvida em Fustel de Coulanges, *Histoire des institutions politiques de l'ancienne France*, v.4: *Les origines du système féodal*, p.94.

"Ganhar dinheiro"... César, Otaviano e Agripa tinham rendas que não eram desproporcionais às despesas de um Estado; não creio que a *General Motors* possa dizer o mesmo sobre seus lucros. De onde vinha a gigantesca fortuna de César e da dinastia júlio-claudiana? Não encontraremos respostas detalhadas para essa pergunta nos textos dos antigos historiadores[437] (do mesmo modo, se os arquivos não tivessem sido conservados, pouco saberíamos sobre os negócios desse outro mecenas de Estado que foi Wallenstein). Pelo menos podemos ver o essencial: eram a política e a guerra que alimentavam a política; para Pompeu, César ou Agripa, o talento político precedeu a riqueza, foi o talento que lhes proporcionou sua riqueza no decorrer de suas respectivas trajetórias. O homem poderoso recolhia o saque das nações que havia conquistado;[438] além disso, toda função pública, da menor[439] à maior, trazia oportunidades para enriquecer desonestamente à custa do Estado ou dos administrados; podemos supor que os poderosos, pelo intermédio dos bodes expiatórios, se apropriam de grandes partes dos lucros das empresas capitalistas a serviço do Estado, dos mercados de materiais e das fazendas públicas; sabemos como os fiéis e os libertos de Sula, de César e dos triunvirais enriqueciam comprando, a preços baixos, os bens dos proscritos que eram colocados à venda a favor do Tesouro[440] ou os bens confiscados dos pompeianos mortos.[441] Previamente convencidos de que a política lhes permitiria pagar suas dívidas, os magnatas não hesitavam em tomar emprestado quantias enormes, encontrando pretores para especular sobre sua

---

Otaviano tem os veteranos de seu pai como partidários; e os figurantes das guerras civis não são todos filhos ou netos de camponeses falidos. Sem crise agrária, a história das guerras civis seria incompreensível.

437 E. Meyer, *Caesars Monarchie*, p.500.
438 Ver n.421. Após a morte de César, encontrou-se em seu hotel uma centena de milhões de sestércios em dinheiro líquido; Plutarco, *Cicéron*, 43; *Antoine*, 15; ver E. Meyer, *Caesars Monarchie*, p.504, n.2.
439 Assim ocorreu com a percentagem que Verres pagou a seu escriba sobre suas malversações: Cícero, *Verrines: Des blés*, LXXVIII, 181.
440 Sobre as proscrições (cidadãos romanos são condenados à morte sem julgamento e em sua ausência, em virtude de uma lei que os designa nominalmente e os condena por *perduellio*; qualquer um tem o direito de matá-los; seus bens são vendidos em leilões a favor do Tesouro), ver as indicações institucionais dispersas em Mommsen, *Staatsrecht*, v.2, p.725, n.1 e p.736, n.2; v.3, p.336, n.1; *Strafrecht*, p.256, n.4; p.934-935; p.938 e n.1; p.1006; p.1024. Sobre os motivos financeiros das proscrições triunvirais, Syme, *Roman Revolution*, p.190 et seq.; *Sallust*, p.42. Sobre os domínios dos imperadores, Pauly-Wissowa, Supplementband, IV, s.v. "Domänen", col. 240-261.
441 César mandou vender em leilão os bens de Pompeu, Antônio os comprou e ficou surpreso quando lhe pediram para pagar (Plutarco, *Antoine*, 10; Gelzer, *Caesar*, p.262; Meyer, *Caesars Monarchie*, p.382 e 399).

futura vitória.⁴⁴² Eles possuem um outro meio, creio, para obter liquidez: cada grande personagem se cerca de um círculo de libertos que, graças a seu senso de negócios e à influência de seu patrão, ficam responsáveis pela coleta de dinheiro de todas as maneiras concebíveis (a vida econômica era, naqueles tempos, uma guerrilha proteiforme, como a vida política);⁴⁴³ o grande homem usa mais ou menos livremente os recursos dos cofres de seus libertos, que associaram seu destino ao dele e de quem ele será, o que quer que aconteça, o herdeiro ou o legatário; mesmo se seus respectivos patrimônios são, a princípio, distintos, eles ganham dinheiro somente para seu patrão. Os "amigos", por sua vez, deviam moralmente deixar algum legado para seu protetor, o que representava um recurso considerável: em apenas vinte anos, Augusto herdará 1.400 milhões.⁴⁴⁴ Enfim, na guerra e na vitória, quando os ditadores impõem empréstimos forçados, impostos extraordinários ou confiscos⁴⁴⁵ em nome do Estado, ninguém pode saber que somas vão realmente para o Tesouro e que somas ficam nos cofres do ditador. No fim das guerras civis, Otaviano, Agripa e todos os seus partidários haviam se tornado grandes proprietários de terra;⁴⁴⁶ perguntamo-nos: como Agripa adquiriu os enormes bens que possuía na Sicília e no Egito e em toda a península de Gallipoli?⁴⁴⁷ Mesmo nos períodos de paz, o século estava acostumado a um estado endêmico de violência; não havia polícia e os campos italianos se pareciam com o lendário faroeste; uma rica viúva possuía bens invejáveis perto de Tarquinias; quando ela morreu, seu administrador e amante armou os escravos, atacou o domínio e o arrancou de seus herdeiros: isso é um exemplo do que acontecia todos os dias.⁴⁴⁸

---

442 Assim como Crasso visando César: Meyer, *Caesars Monarchie*, p.56, n.1; Gelzer, *Kleine Schriften*, v.1, p.112. Ver M. W. Frederiksen, "Caesar, Cicero and the problem of debt", em *Journal of Roman Studies*, 66, 1966, p.128-141.
443 Ver n.190.
444 Sobre o atrevimento com o qual Otaviano retirava dinheiro dos cofres de seus libertos, Macróbio, *As Saturnais*, 2, 4, 24. Sobre Demétrio de Gadara, liberto de Pompeu e banqueiro, que ajuda Pompeu a construir seu teatro, Syme, *Roman Revolution*, p.76; os libertos de César ajudam o jovem Otaviano: Apiano, *Guerras civis*, 3, 94, 391. Sobre os legados para Augusto, Suetônio, *Auguste*, 101.
445 E. Meyer, *Caesars Monarchie*, p.500-504; ver Dião Cássio, 42, 50.
446 Syme, *Roman Revolution*, p.381.
447 M. Reinhold, *Marcus Agrippa, a Biography*, reimpresso em 1965, Bretschneider, p.42, n.100; p.61, n.54; p.109 e 129.
448 Cícero, *Pour Cécina*, IV, 11 et seq.; a anedota do *Pour Tullius* também é pitoresca; P. A. Brunt, *Italian Manpower*, append. p.551-557: "*Violence in the Italian Countryside*".

Metamorfose do evergetismo: exprimir a soberania

Dispondo de recursos gigantescos, o evergetismo de César, de Otaviano e de Agripa não tem nada em comum com o evergetismo da oligarquia senatorial, porque seu próprio poder não tem nada em comum com o poder de um magistrado ou de um senador: é um poder soberano, é o poder dos imperadores. Ora, quando um homem é todo-poderoso, ele mesmo já não manda mais; ele plana, não é responsável pelos erros de seus ministros, de seus pequenos santos. A partir do momento em que se governa sozinho, governa-se indiretamente, mantém-se o controle das outras autoridades sem, contudo, substituí-las. Em troca, encarna-se a majestade do Estado; Otaviano e até mesmo César são soberanos e seu evergetismo é o de um soberano; seus presentes não são comparáveis aos de um magistrado, de um triunfador ou de um candidato; eles não oferecem presentes a título privado: eles já se comportam como imperadores.

Suas liberalidades são usadas para exprimir sua majestade soberana. Esse é um traço característico: na Antiguidade greco-romana, no mundo da *polis*, um soberano não expressa sua majestade mandando construir um palácio para si mesmo: seria uma conduta de déspota oriental; mas ele oferece presentes a seus concidadãos ou constrói edifícios públicos. A Florença de Dante e dos Médicis, que era uma *polis* em quase todos os aspectos, não tinha, no entanto, a mentalidade completa de uma *polis*; como prova, o Palácio Pitti: durante os últimos anos de Cosme, o Velho, Maquiavel[449] nos conta que Pitti havia se tornado o verdadeiro senhor de Florença, "a ponto de não ser mais Cosme, mas Pitti quem governava a cidade"; Pitti então "adquiriu tanta confiança em seu poder que iniciou a construção de um edifício de uma magnificência realmente digna da realeza; nunca se viu um simples cidadão construir semelhante palácio". Se Pitti tivesse sido um senador romano, em vez de expressar sua grandeza pelas dimensões de seu palácio, teria pensado em uma máxima que a oligarquia romana tinha extraído de sua longa experiência, que condensava, para Cícero, a sabedoria do evergetismo: "O povo romano detesta o luxo privado, ele prefere que a magnificência seja pública".[450]

Podemos dizer que Pompeu a usou na prática: "Foi somente depois de ter construído seu magnífico teatro que ele mandou erguer, como um acessório a esse edifício, um hotel mais bonito do que aquele onde havia morado até

---

449 *Istorie Fiorentine*, 7, 4.
450 Cícero, *Para Murena*, XXXVI, 76: "*Odit populus Romanus privatam luxuriam, publicam magnificentiam diligit*".

então, mas que não era suscetível de provocar inveja";[451] Otaviano Augusto, que nunca teve palácio, também morou toda a sua vida no Hotel Hortêncio, no Palatino (era o Palácio do Eliseu: não era o Louvre), e mandou destruir a casa de sua neta porque era grande demais.[452] Para realçar a residência imperial, Otaviano recorreu a um desvio religioso: ele mandou construir um templo público para Apolo em uma parte do jardim de seu hotel, no Palatino, onde um raio havia caído, o que significava, segundo os arúspices, que o deus desejava uma morada nesse lugar; Otaviano acrescentou ao templo um pórtico com uma biblioteca latina e outra grega. Eram considerados edifícios públicos, que não se confundiam com a residência do príncipe, apesar de os arqueólogos modernos tratarem frequentemente todos como se formassem um único conjunto; Suetônio, por sua vez, vangloria-se da modéstia do Hotel Hortêncio, moradia do príncipe, e diferencia com cuidado o templo do pórtico, sobre o qual ele fala em outro capítulo, dedicado exclusivamente aos edifícios públicos.[453]

Otaviano, como César antes dele, não é um déspota: é um bom imperador. Ambos, Otaviano e César, celebram as festas de seu regime. Usando, contudo, os jogos públicos como pretexto. Em vez de mandarem construir um palácio para si, eles constroem templos, enfeitam a capital para construir ali monumentos como triunfadores ou evérgetas; ainda como evérgetas, usam seus próprios recursos como se fossem do Tesouro público. "Por seus gladiadores, seus monumentos, seus congiários, suas festas, César havia ganhado o coração das populações ingênuas; ele fez que seus partidários se apegassem a ele através de recompensas, e seus adversários através de atribuições de clemência", afirma Cícero; mas a clemência é uma virtude de déspota, e não de cidadão: Salústio não conhecia nenhuma clemência além da do povo romano;[454] ademais, acrescenta Cícero, César conseguiu se tornar rei por sua generosidade.

---

451 Plutarco, *Pompeu*, 40.
452 Suetônio, *Augusto*, 72, ver 57: G. Lugli, *Roma antiqua: il centro monumentale*, Rome, Bardi, 1946, p.409 et seq.
453 Suetônio, *Augusto*, 29. Em compensação, não havia, no jardim da casa de Augusto, templo de Vesta, rival daquele do Fórum romano, mas somente um altar, como o mostrou A. Degrassi, *Scritti varri di anthichità*, v.1, p.451-465. Sobre um outro sinal da modéstia de Augusto, a recusa de ter uma entrada monumental com frontão (o *fastigium* sendo reservado aos templos), ver A. Alföldi, *Die zwei Lorbeergäume des Augustus*, Habelt, 1973, p.14.
454 *Seconde Philippique*, XLV, 116; Syme, *Sallust*, p.119; Salústio, *Jugurtha*, 33, 4. – Sob um outro ponto de vista, M. Treu, "Zur clementia Caesaris", em *Museum Helveticum*, 5, 1948, p.187.

Roma capital: César e Augusto

Desde 54, durante a Guerra dos Gauleses, o futuro ditador soube mostrar, através de seus edifícios, que tinha um destino nacional e a dimensão de um rei. Estávamos tão acostumados a ver os senadores oferecerem presentes, que as construções de César no Fórum não pareciam ter surpreendido seus historiadores;[455] mas existiam presentes e presentes: como vimos anteriormente, ninguém havia ousado ainda oferecer ao povo romano um monumento público se não fosse um triunfador; César ousou. Não é difícil adivinhar qual foi sua intenção. Nesse ano de 54, ele possuía apenas a metade do poder, a outra metade pertencia a Pompeu; os dois gloriosos procônsules tinham feito um acordo para controlar Roma e o Império. Porém, César estava longe, ele tinha acabado de ultrapassar o Reno e faria, em seguida, uma incursão pela Inglaterra, enquanto em Roma Pompeu havia inaugurado, em 55, seu templo e seu teatro com um brilho excepcional, esses edifícios eram maiores do que tudo o que podia ter sido construído até então pelos triunfadores. Sem esperar por seu triunfo, César queria ter seus próprios monumentos em Roma: o Fórum e a basílica receberão seu nome e também a Basílica Emília, cuja reconstrução ele confia gentilmente a um descendente de seu construtor, Emílio Paulo, dando-lhe as quantias necessárias para isso; o saque dos gauleses era a fonte de centenas de milhões[456] que foram investidos nesse conjunto monumental capaz de competir com o de Pompeu.

---

455 Entre César e os diferentes *príncipes* que o precederam (ver sua lista no artigo *"princeps"* do Pauly-Wissowa, volume XXII, coleção 2014-2029, por Wickert), existe uma ruptura; Cipião inventa um novo estilo de relações públicas: como general, como candidato, ele oferece presentes; nem Mário, nem Sula foram particularmente munificentes.

456 Cícero, *A Ático*, IV, 16, 14 (IV, 17, 7); Suetônio, *César*, 26; Plínio, *História natural*, 36, 103 (a compra do terreno para o Fórum de César custou 100 milhões de sestércios); Meyer, *Caesars Monarchie*, p.200; Gelzer, *Caesar, Politician and Statesman*, p.140, 168, 177. César foi evidentemente autorizado por uma lei a mandar construir no terreno. Para a Basílica Emilia, notemos que o costume era confiar a curatela de reconstruir um edifício público a um descendente do magistrado que (com fundos públicos, evidentemente) o havia construído (n.246 e 249); a *Curia Hostilia*, reconstruída por Sula, foi reconstruída por seu filho Fausto Sula). Considerava-se, efetivamente, que os descendentes das grandes famílias tinham um direito e dever moral sobre os monumentos que perpetuavam os nomes de seus ancestrais (n.246). Delicadamente, César respeitou esse sentimento; praticamente, o fato de ele ter confiado a reconstrução do edifício a Emílio Paulo significa que ele deixou ao edifício o nome de Emílio e que a basílica reconstruída não adotou o nome Basílica Julia (como os gregos, os romanos davam muita importância ao direito para o construtor de dar seu nome a seu monumento: ver Mommsen, *Staatsrecht*, índex s.v. "Bauwesen"). – César também tinha boas razões políticas para se conciliar com Paulo: ver Suetônio, *César*, 29, que

Passemos aos grandes trabalhos e às construções[457] que César, ao se tornar ditador, realizou ou projetou entre 48 e 44: Otaviano Augusto e seu partido tinham a prerrogativa, enquanto estivessem no poder, de fazer o que a administração republicana não havia feito e proporcionar ao novo regime o mérito de ter oferecido a Roma os contornos de uma capital. O "envelope" orçamentário que a República concedia a seus censores, pretores ou edis, era insuficiente para grandes obras, e o evergetismo privado limitava-se ao dos triunfadores: Augusto mandou fazer construções com sua renda pessoal, estimulou os homens de seu partido e os triunfadores a restaurarem os monumentos e as estradas e incitou os particulares a embelezarem a cidade com construções públicas e privadas; veremos mais tarde como Roma passou de uma cidade-Estado a uma cidade imperial, e o que a capital representava para seus imperadores.

A metamorfose edilitária em Roma, muito sensível aos seus contemporâneos, teve como autores Otaviano e os principais membros de seu partido.[458] Contudo, entre eles e o príncipe, ficou estabelecida uma distinção que iria, acima de tudo, fundar uma tradição: somente o príncipe tinha o direito de mandar construir ou consertar os edifícios públicos quando quisesse, pelo menos em Roma, e ele não se privou disso (no seu próprio elogio que mandará gravar em sua tumba e que se chama *Res gestae*, ele estabelece uma lista impressionante dos edifícios romanos de sua autoria e dos quais apenas alguns são triunfais); os membros de seu partido mandavam construir em Roma somente como triunfadores, conforme um costume imemorial os autorizava a fazê-lo. A regra será absoluta sob o Alto Império: os príncipes reservarão para si o monopólio do evergetismo em Roma, sua capital; qualquer particular que quisesse virar evérgeta livre devia endereçar sua generosidade

---

escreve brutalmente que "César comprou caro o apoio do cônsul Paulo" para que ele não fosse declarado procônsul na Gália.

457 Gelzer, p.314; Meyer, p.388, 427, 497. Essas construções constituíam o objeto de leis que César fazia votar (Cícero, *A Ático*, 13, 33, A 2).

458 Estrabão, 5, 3, 8, p.236: "Os romanos de antigamente pouco embelezavam sua cidade, pois eles tinham preocupações mais importantes e mais urgentes; contudo, mais recentemente e particularmente nos dias de hoje, eles não quiseram mais ficar atrás nesse aspecto e consagraram à sua cidade um grande número de belos monumentos". Estudaremos no Capítulo IV os edifícios triunfais construídos pelos *viri triumphales* sob Augusto. O príncipe incitava seu partido e todos os ricos a embelezarem Roma: Suetônio, *Augusto*, 29: "*principes viros saepe hortatus est*"; Agripa, por sua vez, convida os ricos a oferecerem as obras de arte que possuíam ao público (Plínio, *História natural*, 35, 26). Ver Capítulo IV, n.397. – Quando Tigrane fundou Tigranocertos, sua capital, "todos os habitantes, os simples particulares e os grandes, imitaram o zelo do rei para engrandecer a cidade e mandaram construir ali" (Plutarco, *Luculos*, 26).

a uma outra cidade que não fosse Roma. A regra já havia sido tacitamente estabelecida sob Otaviano Augusto, creio, uma vez que as construções da família e dos partidários do príncipe são exclusivamente os edifícios triunfais. Um caso discutível é, contudo, o do homem de confiança do príncipe, seu grande almirante Agripa; esse gênio estrategista havia destruído a frota de Sexto Pompeu e foi o verdadeiro autor da vitória de Áccio sobre Antônio e Cleópatra; mas ao fundar outra tradição através da qual o triunfo também se tornará um monopólio dos príncipes, ele continua se recusando a triunfar. Contudo, o admirável conjunto monumental que, cinco anos depois de Áccio, ele mandará erigir no Campo de Marte, era espiritualmente triunfal, ou pelo menos literalmente: "Ele construiu, em memória a suas vitórias no mar, o Pórtico de Netuno e o decorou com uma pintura representando os argonautas";[459] o Panteão, "templo de todos os deuses", também era um santuário militar e dinástico dedicado a Marte, à Vênus vitoriosa, a César, "e a todos os outros deuses": esse *et caetera* era destinado, suponho, a englobar implicitamente Apolo, o deus de Áccio, que Otaviano havia reservado para si, da mesma forma como havia atribuído a si mesmo o mérito da sua própria vitória. Quanto aos edifícios não triunfais de Agripa, eles eram construídos longe de Roma, em Nîmes ou em Mérida, longínquas colônias que o regime queria transformar em fortalezas do partido de Otaviano e em pontos de apoio da dominação romana nas províncias.

Na própria cidade de Roma, Otaviano Augusto mandava construir somente para edificar o espírito público. Ao fazer de Roma, que era uma

---

[459] Dião Cássio, 53, 27; do mesmo modo, Agripa mandou construir os Saepta Julia "porque não se comprometeu em construir estrada nenhuma" (53, 23): ora, sabemos que Augusto mandou os vencedores consertarem as estradas como monumento triunfal (Capítulo IV, n.420 e 422). Para o Panteão, J. Beaujeu, *La religion romaine à l'apogée de l'Empire: la politique religieuse des Antonins*, Les Belles Lettres, 1955, p.118-123. Não ignoro que a adjunção "e a todos os outros deuses" é frequente nas preces ou nos hinos (G. Boissier, *La Religion romaine d'Auguste aux Antonins*, v.1, p.101, n.5) e destinada a acalmar a inveja dos outros deuses: mais precisamente essa adjunção é rara nas inscrições (Veyne em *Latomus*, 1965, p.936, n.1) e nem todo templo era um Panteão. Para os textos do tipo "a Zeus, a Héracles, a Posêidon e a todos os outros deuses", ver Dittenberger, *Sylloge*, n.1122; Servius, *Ad Georgica*, 1, 21; nota da edição Kiessling-Heinze de Horácio, *Carmem saeculare*, 73; G. Appel, *De Romanorum precationibus, Religionsgesch. Vers und Vorarb.*, VII, 1909, p.83, n.3; e sobretudo E. Fraenkel, *Aeschylus: Agamennon, a commentary*, v.2, p.262. Para os *monumenta Agrippae* no Campo de Marte, bastará remeter a M. Reinhold, *Marcus Agrippa, a Biography*, reimpresso em 1965. Bretschneider, p.74-75 e 96; para suas construções em Nîmes (Casa Quadrada, em particular; Muralhas de Nîmes era um presente do próprio Otaviano) e em Emérita (teatro), ver Reinhold, p.90 e 94; para o significado das muralhas de Nîmes, P. A. Février, "Enceinte et colonie de Nîmes à Vérone, Toulouse et Tipasa", na *Revue d'études lígures*, 35, 1969, p.277.

cidade construída com tijolos, uma cidade de mármore, o regime de Augusto queria sugerir a todos que, em vez de perseguir objetivos partidários, ele havia assumido o interesse superior do Estado, cujos edifícios eram, naqueles tempos, o corpo visível; os particulares, por respeito a esse grande objetivo que os ultrapassava, deviam também respeitar o regime que era o responsável por tal empreitada.

Festas nacionais

Uma evolução semelhante ocorre em relação ao triunfo e à edilidade: essas duas antigas ocasiões de evergesias abrem espaço para gestos de política simbólica; quando César ou Agripa triunfam ou são edis, eles não dão continuidade aos triunfadores e edis de outrora, mesmo se externamente fazem a mesma coisa, porém em maior tamanho: a partir do momento em que são senhores do dia, as festas que organizam não são mais presentes de evérgetas; são festas do regime no poder e assumem um alcance político; elas não servem mais apenas para alimentar a história da palavra *liberalitas*. Os quatro triunfos em um só, que César celebra em 46, depois de ter voltado como o vencedor, sem inimigos para derrotar, e de ter sido nomeado ditador por dez anos, são a festa do novo regime; seu esplendor e os presentes mais diversos que foram distribuídos durante a festa deixaram uma forte lembrança no povo;[460] a opinião pública apoiava por maioria o vencedor, já que ela participou da festa. Do mesmo modo, a suntuosa edilidade que Agripa[461] exerceu em 33 foi uma função excepcional (Agripa foi investido, embora já tivesse assumido o consulado),[462] em circunstâncias excepcionais: o ano de 33 devia ser o último no qual Otaviano teria os poderes de triunvirato; a princípio, no dia 1º de janeiro de 32, ele não deveria ter mais nenhum poder acima dos cônsules, e não seria nada mais do que um simples particular.[463] Ele não precisou ser mais para permanecer senhor; pois ele passou o

---

460 Meyer, *Caesars Monarchie*, p.385-387; Gelzer, *Caesar*, p.284-286; D. van Berchem, *Distributions de blé et d'argent*, p.120. Veleio Patérculo, 2, 56, mostra que lembrança o povo guardou.
461 Sobre os fatos, ver M. Reinhold, *Marcus Agrippa, a Biography*, reimpresso em 1965, Bretschneider, p.46-52; ver sobretudo Dião Cássio, 49, 43.
462 Sobre essa *aedilitas post consulatum*, Mommsen, *Staatsrecht*, v.1, p.537, n.1: não conhecemos nenhum outro exemplo de edil consular.
463 Syme, *Roman Revolution*, p.276-280; ver Mommsen, *Staatsrecht*, v.2, p.719. Para uma interpretação diferente, U. Wilcken, *Berliner Akademieschriften zur alten Geschichte*, Leipzig, 1970, v.1, p.208-227: *Das angebliche Staatsstreich Octavians in Jahre 32* (os poderes de Otaviano duraram até o dia 31 de dezembro de 32 e não até o dia 31 de dezembro de 33). Ver agora P. Herrmann, *Der römische Kaisereid*, Vandenhoeck e Ruprecht, 1968, p.87.

ano de 33 provocando uma guerra entre Roma e o Egito de Antônio e Cleópatra, imaginando ser levado por uma onda de nacionalismo italiano que o manteria no poder quando não tivesse mais o título oficial para exercê-lo. E foi o que aconteceu; mas era preciso primeiramente que ele assegurasse o apoio da opinião pública; creio que foi por essa razão que ele tentou tirar proveito desse ano de 33, durante o qual ainda era o senhor, para conceder a seu homem de confiança, Agripa, essa edilidade que garantia assim uma importância política decisiva e que deixaria uma lembrança inesquecível. As razões eram muitas: Agripa

> exerceu voluntariamente[464] a edilidade, restaurou todos os edifícios públicos e todas as estradas sem receber nada do Tesouro, organizou uma distribuição de óleo e de sal para todos os cidadãos, tornou as termas gratuitas durante o ano inteiro, ofereceu numerosos e variados espetáculos e alugou os serviços dos barbeiros para que ninguém precisasse pagar para se barbear no dia da festa.[465]

Essa excepcional edilidade anuncia a instituição da prefeitura da cidade.

Ao oferecer prazeres, Agripa conquista os corações da plebe a favor de Otaviano, e se Otaviano obtiver, com isso, o coração de toda a população, a oposição não ousará fazer mais nada contra ele: isso parece evidente, mas, como tudo o que é evidente, é também um tanto estranho: o que o regime poderia fazer com o apoio da plebe romana e por que as festas representavam esse apoio? Otaviano tinha, na Itália, seu partido, seus veteranos, os colonos de seu pai adotivo a seu favor; sua popularidade junto à população desarmada de Roma em si não podia lhe ser útil para muita coisa. Mas acontece que, se seu regime se mostrasse muito popular, a oposição não ousaria mais, definitivamente, agir contra ele: ela ficaria psicologicamente paralisada, não pela ideia de suas possibilidades de fracasso friamente calculadas, mas pelo sentimento de se posicionar moralmente como banidos da humanidade, de se expor ao pelourinho no centro do horizonte dos seres razoáveis. Quanto à massa da população romana, ela tinha pouca escolha: Otaviano era o senhor; ela podia simplesmente se acomodar nesse estado de fato, "reduzindo a dissonância", e amar o senhor, desde que este último, por um gesto simbólico,

---

464 Voluntariamente, εκων: Dião Cássio fala a língua do evergetismo municipal grego; é verdade que na época sobre a qual ele fala, tinha-se cada vez mais dificuldade em encontrar edis, pois a honra era devastadora (Dião Cássio, 49, 16 e 53, 2). Dião tem na mente a imagem de um evérgeta generoso que "não espera que peçam" para assumir uma função e que oferece presentes; Agripa tendo feito dons, Dião supõe que ele não esperou que pedissem para aceitar uma edilidade.
465 Dião Cássio, 49, 43; ver Plínio, *História natural*, 36, 121.

fizesse o primeiro passo e lhe permitisse aderir sem se humilhar. Agripa se encarregou de fazer esse gesto em nome de Otaviano. É graças a gestos simbólicos que um regime não se contenta em impor sua autoridade, mas consegue, como dizem, fazer que o amem.

Mecenato, e não patrimonialismo: Augusto

Chefe legítimo do Império e logo chefe legal, Otaviano Augusto sempre interpretará um duplo personagem; por um lado, será uma espécie de magistrado supremo, armado de poderes legais ou quase legais; mas, por outro lado, continuará se apresentando como um simples particular que, por amor ao bem público, reuniu um exército privado um dia e libertou o Estado, como El Cid ou o jovem César: méritos resplandecentes que lhe dão acesso a uma autoridade pessoal excepcional (*auctoritas*); em suma, meio príncipe e meio herói nacional ou, como se dizia, o salvador. Como simples particular salvador, ele continuará sua obra se tornando evérgeta: sua fortuna privada se tornará praticamente um dos dois ou três cofres públicos do Tesouro; Augusto será um mecenas de Estado. Sabemos disso graças a uma excelente interpretação que Nilsson e Wilcken[466] fizeram dos *Res gestae*.

O que encontramos, efetivamente, nos *Res gestae*? Duas coisas distintas, como o título completo desse elogio fúnebre nos indica: as "ações políticas (*res gestae*), através das quais Augusto submeteu o mundo habitado ao domínio do povo romano, e as despesas (*impensae*) feitas para o Estado e o povo romanos". Essas despesas são enumeradas com uma exatidão de contador, e não se parecem com as despesas ordinárias de um Estado: por exemplo, não consta o soldo das legiões; são apenas contribuições em dinheiro à população de Roma, congiários, trigo comprado a título privado para ser distribuído à plebe, evergesias com o produto de saques; o total, recapitulado pomposamente no fim do texto, é de 600 milhões de sestércios. Para tantas liberalidades, entre as quais muitas eram em dinheiro líquido, foi necessário impreterivelmente aumentar a massa de metal em circulação, que não devia ser considerável nessa época (o que deve ter conduzido não a uma inflação,

---

[466] M. Nilsson, em um artigo publicado em sueco, em 1912, e republicado traduzido em suas *Opuscula seleta*, Lund. Gleerup, 1952, v.2, p.930-937: "The Economic Basis of the Principate of Augustus": descoberta feita independentemente por U. Wilcken em 1931: ver agora seus *Berliner Akademieschriften zur alten Geschichte und Papyruskunde, Zentralantiquariat der deutschen Demokratischen Republik*, 1970, v.1, p.342-355: *Zu den impensae der Res gestae divi August*, com uma correção no detalhe no v.2, p.8, n.1; *Zur Genesisi der Res gestae*. Ver em seguida T. Frank, "On Augustus and the Aerarium", em *Journal of Roman Studies*, 23, 1933, p.143; W. Ensslin em *Rheinisches Museum*, 81, 1932, p.335; Garzetti, p.143; *Garzetti em Athenaeum*, 41, 1953, p.321.

mas a um recuo das trocas em produtos).[467] Algumas vezes, é possível ver claramente a relação entre esses presentes e as despesas públicas que visivelmente constam ali distintamente: "Em quatro momentos eu socorri o Tesouro com meu próprio dinheiro; quando, sob minha proposta, foi criada uma caixa especial, o Tesouro militar, contribuí para essa caixa com 42 milhões de minha fortuna pessoal...". Nenhuma dúvida é possível: Augusto não fala como um chefe de Estado que se beneficia das despesas públicas que ordenou, mas como um mecenas de Estado que se beneficia dos presentes feitos ao povo ou ao Estado com sua fortuna privada, com a enorme

---

[467] Eis aqui minhas presunções sobre esse assunto. Sabe-se que é muito difícil, em qualquer época, calcular a massa de metal cunhado em circulação (sobre os ensaios estimativos no século XX, ver Jacques Rueff, *Théorie des phénomènes monétaires: statique*, Payot, 1922, p.104). As estimações vão de um quinto a um terço do produto nacional anual, cada autor tentando representar que massa de metal é necessária para garantir as transações; ver Alfred Marshall, *Money, Credit and Commerce*, Macmillan, 1924, p.45, n.7. Por exemplo, Galiani estimava que os 18 milhões de ducados existentes no reino de Nápoles bastavam para que fossem realizadas, ali, anualmente, 144 milhões de transações (Ch. Rist, *Histoire des doctrines relatives au crédit et à la monnaie*, p.98). Nossa ignorância da massa e da velocidade de circulação é, na realidade, quase total (W. S. Jevons, *La monnaie et le mécanisme de l'échange*, 1876, p.275). Os ensaios de estimas do número de moedas que foram cunhadas, elas próprias muito hipotéticas (R. Turcan, "Pour une étude quantitative de la frappé du bronze sous le Haut-Empire", em *Congresso internazionale di numismática*, 1965, p.353-361; P. R. Franke, e M. Hiermer, *La monnaie grecque*, Flammarion, 1966, p.29 e bibliografia, p.146), não permitem dizer qual era o número total de moedas que circulavam em um determinado instante. Contudo, podemos saber a ordem de grandeza desse número; sabemos, por exemplo, que Tibério deixou no Tesouro 2 bilhões e 700 milhões de sestércios (Suetônio, *Caligula*, 37) e que um fundo de crédito público de 100 milhões basta para restabelecer a circulação do dinheiro (Tácito, *Annales*, 6, 17; Suetônio, *Tibère*, 48). Podemos, então, supor que sob o Alto Império a massa metálica podia chegar a um número de bilhões de sestércios que se podia contar no máximo com os dedos das duas mãos. Que efeito os 600 milhões de Augusto podem ter tido, nessas condições? Sem falar dos efeitos não quantitativos, uma injeção de nova moeda pode aumentar os preços, mas ela também pode ser absorvida por um aumento da população, ou por uma diversificação dos estágios da produção e da venda (o volume das transações intermediárias aumentando com relação ao produto final inalterado), ou pela diminuição da velocidade de circulação (em particular, se bens onerosos como os bens patrimoniais constituem mais frequentemente o objeto de transações, será preciso economizar para se obter a liquidez necessária para a aquisição desses bens); mas o efeito mais provável é que trocas mais numerosas serão feitas através da moeda, e não pelo escambo. Não nos esqueçamos que em Roma uma parte dos aluguéis e a maioria dos salários se pagavam com produtos: o operário recebia seu alimento através de uma quantia determinada de trigo; uma anedota relativa a Augusto, em Macróbio, *As Saturnais*, 2, 4, 28, é esclarecedora. Comparar Cantillon, *Essai sur la nature du commerce*, reimpresso em 1952, Institut National D'Études Démographiques, p.70 e 98; J. Marchal e J. Lecaillon, *Théorie des flux monétaires*, Cujas, 1967, p.27 e 31. J. M. Kelly detectou adequadamente o problema em um livro cujo assunto é bem diferente: *Roman Litigation*, Oxford, 1966, p.76-79.

fortuna que César havia lhe deixado como legado, metade da qual ele mesmo deixará como legado a seu sucessor Tibério; e também com o saque de seus triunfos que, como todos os triunfadores, ele considerava como se lhe pertencesse. Essa evidência teria sido reconhecida desde o início se Mommsen não tivesse imposto sua autoridade, dessa vez, erradamente. Mommsen foi um desses raros gênios com os quais a ciência poderá contar somente dois ou três a cada milênio, e seu *Droit public* [Direito público] é um dos maiores monumentos das ciências morais e políticas; ademais, esse é um dos livros mais esclarecedores do mundo. Mas um dia ele se enganou e nunca quis admitir tal erro: ele pretendeu convictamente que o principal cofre do Império Romano, chamado de Fisco, tivesse sido a propriedade privada dos imperadores; para ele, Augusto não tinha sido um mecenas de Estado: ao contrário, era o Estado que havia sido sua propriedade; a partir de então, quando os *Res gestae* diziam que Augusto havia oferecido presentes com sua fortuna, devia-se compreender que ele os havia feito à custa do Fisco... Veremos mais tarde que "preconceitos" do século XIX se encontram na origem dessa teoria que foi abandonada há mais de cinquenta anos; abandono que permitiu a Nilsson e a Wilcken constituir, em detrimento das *Res gestae*, os verdadeiros contornos das evergesias.

A isso devemos acrescentar mais recentemente uma bela descoberta de Jean Béranger, que mostrou que o mecenato dos príncipes não terminou com a morte de Augusto, mas durou até o fim trágico de Nero, enquanto a dinastia fundada por Augusto subsistiu e a fortuna privada de César e de Augusto, aumentada incessantemente pelos legados e saques dos triunfos imperiais, foi transmitida por herança, de príncipe para príncipe, junto com a coroa. Isso transforma a imagem que se tinha das finanças imperiais no século I e, sobretudo, a da sucessão dinástica: o Senado e o Exército sabiam bem que ninguém tinha recursos para reinar se não dispusesse de uma fortuna tão gigantesca; a coroa mantinha-se fatalmente propriedade dos descendentes de Augusto. O que bastou para revelar uma frase de Tácito que Béranger foi o primeiro a traduzir corretamente: Augusto morreu "como um príncipe envelhecido durante um longo exercício de poder que proporcionou a riqueza a seus herdeiros para permitir que eles governassem, *provisis heredum in rem publicam opibus*".[468] Dessa forma, de Augusto até a morte de Nero,

---

468 J. Béranger, "Fortune privée impériale et Etat", em *Mélanges offerts à Georges Bonnard*, Genebra, Droz, 1966, p.151-160, comentando Tácito, *Annales*, I, 8. M. Béranger afirma: "É através do direito de sucessão privado que Augusto garante sua sucessão política, o princípio sendo uma conquista ganha antecipadamente graças aos recursos que o príncipe deixava aos seus herdeiros. Na falta de um regulamento constitucional (impensável porque

o Império Romano dispôs de duas fontes de renda; a maior parte das despesas provinha do cofre do Estado (ou melhor, os dois cofres que doravante ele possuía: o antigo Tesouro e o Fisco, que tinham acabado de ser organizados); mas outras despesas, de preferência as que podiam tornar seu autor popular, eram assumidas pelos príncipes com sua fortuna privada; quando Nero, em tempos de baixas finanças, prometeu pagar anualmente ao Estado 60 milhões, creio que acreditava que essa soma seria assumida por ele das suas rendas particulares.[469] O mecenato imperial terminará com a morte de Nero: depois dele, a dinastia de novos-ricos que suplanta a que Augusto havia fundado confiscará a fortuna privada de seus predecessores derrotados: as terras que tinham pertencido a Augusto, a seus herdeiros e a seus sucessores pertencem, a partir de então, ao Estado ou a essa nova dinastia; suas rendas alimentarão um terceiro cofre público, chamado de Patrimônio,[470] como dizem.

Encontraremos o Patrimônio em nosso último capítulo nos contornos de uma frase, quando estudaremos o que o evergetismo imperial se tornou depois de Nero; constataremos, então, que esse evergetismo não era nada além do que uma palavra enganadora; Augusto oferecia presentes com sua fortuna privada; depois de Nero, os imperadores, por estilo monárquico, chamam de liberalidades as despesas que farão com um dos cofres públicos, querendo dizer com isso que, em uma monarquia, toda despesa do Estado,

---

incompatível com a ficção da *res publica*, dogma intangível), eram os *opes* que davam, transmitiam e perpetuavam o principado".

469 Tácito, *Annales*, 15, 18: "*se annuum sescenties sestertium rei publicae largiri*". A dificuldade é a seguinte: quando os imperadores falam de seus presentes, essa palavra designa às vezes (e sem dúvida sobretudo no início do Império) um presente que o príncipe oferece pelo mecenato com *sua fortuna privada:* a palavra presente deve então ser tomada ao pé da letra. Porém, bem mais frequentemente, e quase constantemente a partir de Vespasiano, os "presentes" dos príncipes são despesas feitas com fundos públicos (do Fisco, do Patrimônio, ou mesmo do Tesouro), mas que se atribuem verbalmente à generosidade do príncipe, pelo que chamamos um efeito de estilo monárquico, do mesmo modo que se atribui à "bondade do rei" o ato administrativo mais banal. Nero empregou o estilo monárquico? Nesse caso, deve-se compreender que ele mandou transferir aos cofres do Tesouro (gerado pelo Senado) 60 milhões retirados dos cofres do Fisco (gerado pela administração imperial), ou seja, mais simplesmente ainda, ele decidiu... aumentar o total ordinário das despesas públicas em 60 milhões, quaisquer que sejam os cofres públicos usados. Nero teria usado uma linguagem a ser tomada ao pé da letra? Nesse caso, como um bom mecenas, ele doa ao Estado 60 milhões tomados de sua renda privada e os dá ao Fisco (ou ao Tesouro, tanto faz). O que me faz optar pela segunda interpretação é que Nero pretende, com sua generosidade, preencher o vazio do Fisco, esvaziado pelos precedentes príncipes: não se trata, então, de um pagamento do Fisco ao Tesouro nem de um suplemento de despesa, mas de um pagamento da carteira privada de Nero ao Fisco.

470 O. Hirschfeld, *Die kaiserlichen Verwaltungsbeamte*, p.9 e 19. Ver Capítulo IV, n.125.

mesmo as mais rotineiras, deve ter a reputação de um presente do monarca. Digamos logo que o equívoco dessas duas linguagens e desses efeitos de estilo confundiu bastante a história das finanças imperiais[471] e também a ideia que se fez dos imperadores como evérgetas. Termina, assim, com Nero, o

---

471 E às vezes as ideias dos historiadores antigos; assim, Dião Cássio, 53, 22: "A Via Flaminiana foi consertada à custa do Tesouro, a menos que prefiramos dizer que foi à custa de Augusto: não consigo efetivamente distinguir esses dois cofres; apesar de Augusto ter mandado quebrar, para convertê-las em moedas, diversas estátuas de prata que haviam sido construídas por seus amigos e por centenas de povos para fazer que considerem como oriundas de seus próprios denários todas as quantias que, dizia, ele gastava: também não tenho a intenção de dizer que os imperadores sucessivos tomaram, algumas vezes, do dinheiro público ou, algumas vezes, deram de seus próprios recursos: ambos, efetivamente, aconteceram frequentemente; por que chamar, inclusive, isso de empréstimos ou dons, já que o povo e os imperadores aproveitam-se conjuntamente de tais recursos?" Proponho, aqui, como devemos compreender esse trecho: Dião Cássio, que escreveu dois séculos depois de Augusto, ignora que existiu um mecenato imperial no início do Império, no qual o imperador oferecia presentes com seus recursos privados. Quando Augusto distingue sua fortuna privada e o conjunto dos cofres públicos, Dião Cássio acredita que o imperador tergiversa sobre a distinção dos dois grandes cofres públicos, o Tesouro e o Fisco. Ora, Dião conhece bem a distinção, clássica na sua época, entre o primeiro cofre público, o Tesouro (gerado pelo Senado e chamado também cofre do "povo": o que explica a palavra "povo" no fim do texto que acabamos de citar) e os dois outros cofres públicos, o Fisco e o Patrimônio (administrados pelo imperador e considerados estilisticamente como cofres do imperador). Ora, Dião Cássio sabe: 1°) que essa distinção tem somente um valor gestionário e estilístico: não se segue o mesmo procedimento para ordenar as despesas com um ou outro cofre e pronuncia-se a palavra "povo" quando uma despesa é ordenada pelo Tesouro. Mas, no essencial, são dois cofres públicos; e já que o imperador é o senhor absoluto, ele pode retirar dos dois cofres indiscriminadamente: o que leva à expressão de frases sobre o "povo" quando ele retira dos cofres do Tesouro. Melhor ainda, segundo as circunstâncias, os mesmos orçamentos serão alimentados tanto por um cofre quanto por outro (como se é obrigado fatalmente a fazer quando, na sequência da pluralidade dos cofres, alguns esvaziam-se antes dos outros); em outras palavras, as mesmas despesas nem sempre eram afetadas aos mesmos cofres, o que tornava ainda mais ilusória a distinção entre o Tesouro e o Fisco; Dião pode, assim, afirmar justamente: "O povo e os imperadores aproveitam-se conjuntamente de tais recursos". Ele não ignora que a distinção dos cofres era mais um "enigma" para os alunos de ciências políticas de sua época, do que algo realmente importante. 2°) Dião também sabe que, na sua época, os imperadores, por estilo monárquico, chamavam de "presentes com seus recursos próprios" os presentes que ofereciam com as rendas do Estado (já que eles eram o Estado); ele sabe até que essa frase podia ter dois sentidos: no primeiro, o imperador brinca com a distinção entre o Tesouro, gerado pela administração senatorial, e o Fisco, gerado pela administração imperial, e considera que fez uma liberalidade com "seu" dinheiro quando a despesa foi imputada ao Fisco e não ao Tesouro; no segundo, ele vai ainda mais longe: já que o Estado é ele e como é ele quem ordena os presentes, todo presente, mesmo imputado ao Tesouro, será uma liberalidade imperial, pois foi desejado pelo imperador. 3°) Isso é o que Dião Cássio sabia muito bem. Mas o que ele ignorava é o mesmo que os historiadores

evergetismo imperial no sentido verdadeiro da palavra, o mecenato de Estado. Depois dele, na realidade, não haverá mais evergetismo imperial, mas, proverbialmente, haverá evergetismo somente na conduta dos imperadores.

Insistimos ainda na verdadeira natureza do mecenato augustiniano e vamos manter as ideias claras; é difícil acreditar que a época mal sabia distinguir, em um soberano, o homem público e o homem privado, que a separação dessas duas esferas era vaga... Não falaremos de patrimonialismo para empregar a palavra apropriada: Augusto não trata o Estado como uma propriedade de família, nem os cofres públicos como seu próprio patrimônio; muito pelo contrário, a distinção era perfeitamente clara para ele: ele legará a Tibério e ao povo romano seu patrimônio privado, não as rendas dos impostos; eventualmente, ele pagava com seu dinheiro as despesas públicas: nada mais, nada menos. Também não vamos confundir seu mecenato de Estado com um outro fenômeno, por conseguinte ilusório: Augusto e seus sucessores empregavam, como funcionários públicos, escravos chamados de escravos do imperador; isso é patrimonialismo, ou melhor, isso parece ser patrimonialismo – mas veremos mais tarde que esses escravos pertenciam ao imperador regente apenas por um efeito de estilo monárquico, eles eram escravos da Coroa, ou seja, do Estado.

Augusto magistrado e evérgeta

Na conclusão deste capítulo, surge a verdadeira natureza dos *Res gestae*: é o discurso de um magistrado e o epitáfio de um evérgeta; não o de um soberano; também não é um testamento político, como Mommsen o afirmava, nem algo comparável às inscrições triunfais dos potentados orientais e de alguns reis helenísticos. Augusto, dando continuidade à tradição republicana de munificência, em seu elogio fúnebre, simplesmente se beneficia de seus presentes privados e não menciona as despesas públicas que ordenou como primeiro magistrado do Estado. O fundador do Império não se considera um soberano: ele se define em relação ao Estado e distingue seu mecenato pessoal. Menos de um século mais tarde, seu sucessor Trajano terá uma visão

---

até Nilsson, Wilcken e Béranger também ignoravam: que de Augusto a Nero houve *verdadeiros* presentes dos imperadores, no sentido em que eram feitos com a fortuna privada da família júlio-claudiana. Em particular, os consertos de estradas sobre os quais Dião Cássio fala, executados por Augusto com suas rendas privadas: e precisamente as *Res gestae* (20, 5) nos ensinam que Augusto tinha mandado consertar a Via Flaminiana, como o afirma Dião Cássio. Já que as *Res gestae* nos mostram tal fato, isso implica que Augusto mandou consertar a Via Flaminiana com seus recursos próprios ou (o que era a mesma coisa) com o saque que ele havia conquistado no Egito.

mais imperial das coisas: com seu panegirista oficial, ele fará que o felicitem por ter distribuído um congiário "com suas rendas", ou seja, com os cofres públicos do Fisco;[472] será o raciocínio de um verdadeiro soberano que enaltece a si mesmo por suas decisões públicas. Mas Augusto, por sua vez, não pretende prestar contas de seus atos públicos, e os *Res gestae* não são seu testamento político: seus *Res gestae* enumeram tudo o que, na atividade política do príncipe, se deve pessoalmente a sua honra. O que compreendemos muito bem quando os comparamos aos modestos epitáfios dos magistrados municipais, encontrados em centenas por todo o Império por arqueólogos, e que começamos a estudar em um outro livro. O que lemos nesses epitáfios efetivamente? Duas coisas, as mesmas que nos *Res gestae* e que justificavam do que um homem poderia se beneficiar de acordo com o ideal de seu tempo: sua atividade política (e em particular as "honras" ou funções públicas que sua cidade lhe conferiu) e suas evergesias. Todos esses epitáfios são parecidos com o que segue: "Fulano foi duúnviro de sua cidade e foi o primeiro a exibir gladiadores para a plebe"; o defunto se aproveita desses gladiadores porque, por definição, ele não tinha a obrigação de fazer essa evergesia e de pagá-la com seus próprios recursos; ele os inscreve, assim, na lista de seus méritos pessoais. Melhor ainda: talvez quinze gladiadores tenham combatido; mas ele falará dos dez pelos quais pagou, os cinco outros tendo sido exibidos graças a um *lucar* público. Se ele foi o primeiro a oferecer tal presente, ele glorificará a si mesmo excessivamente; do mesmo modo que nos *Res gestae* se repetem como um refrão as palavras: "Eu, o primeiro,..." *primus feci*.

Como os epitáfios municipais, os *Res gestae* têm um sabor popular e também republicano; os *impensae*, ou evergesias, constituem a metade da autoglorificação de Augusto. A intenção do príncipe devia ser perfeitamente clara aos olhos de seus pares da oligarquia senatorial: isso havia sido escrito pela ótica da plebe de Roma. Um Tácito, historiador senador, tem somente desprezo pelo pão e pelo circo e se recusa a falar de tais coisas em seus *Annales*; mas ele também sabe que elas são necessárias para o povo, e que a classe dirigente deve mostrar interesse por isso. Pois o povo de Roma, ao julgar seus príncipes, dava tanta importância a suas evergesias quanto à grande política ou à alta estratégia, confiando totalmente neles, tanto que eram muito pouco julgados por essas últimas; em suas biografias imperiais, Suetônio, escritor bem-sucedido, descreve com tanta precisão os *impensae* de cada príncipe quanto seus atos políticos.[473]

---

472 Ver Capítulo IV, n.346.
473 Sobre Suetônio e os *Res gestae*, J. Gagé, *Res gestae divi Augusti*, p.40-42; W. Seidle, *Sueton und die antique Biographie*, C. H. Beck, 1951, apêndice p.178-183.

A própria forma dessa autoglorificação é republicana. Coisa rara em epigrafia, os *Res gestae* são uma inscrição redigida na primeira pessoa,[474] um "louvor" (cujo caráter funerário, sepulcral, não é essencial); tais glorificações, pouco habituais para os notáveis helenísticos,[475] não ofendiam a modéstia dos oligarcas romanos. Um século e meio antes de Augusto, um cônsul da República mandou gravar, ainda vivo, seu elogio nas colinas de Lucânia, palco de suas conquistas: "Eu mandei buscar na Sicília 917 escravos que haviam fugido e os devolvi a seus senhores; eu fui o primeiro a fazer que os pastores cedessem espaço para os cultivadores nas terras públicas; eu mandei construir aqui o Fórum e os templos".[476] Para quem seria destinado esse tipo de elogio? À humanidade, à posteridade, à eternidade. Os *Res gestae* também.[477] Muito nos perguntamos a quem Augusto se dirigia em sua autoglorificação; seria para a plebe de Roma que ele enumerava suas evergesias? Mas os *Res gestae* foram reproduzidos em todo o Império, o texto tinha sido gravado nos santuários da

---

[474] Sobre os *Res gestae* como *elogium* e não como testamento político, Dessau, em *Klio*, 22, 1929, p.266; E. Hohl, em *Klio*, 30, 1937, p.323; sobre o uso da primeira pessoa, J. Gagé, *Res gestae divi Augustii*, 2.ed., Les Belles Lettres, 1950, p.28; H. H. Armstrong, "Autobriographic Elements in Latin Inscriptions", em University of Michigan Studies, *Humanistic Series*, v.3: *Latin Philology*, editado por C. L. Meader, Macmillan, 1910; reimpresso em 1967, Johnson Reprint, p.261: *Autobiographic Record* (cujo caráter funerário, sepulcral, não é essencial); G. Misch, *Geschichte der Autobiographie*, Berna, Francke, 1949, v.1, p.230, sobre o uso da primeira pessoa na epigrafia grega e romana.

[475] A autoglorificação na primeira ou na terceira pessoa, sepulcral ou não sepulcral, era alheia aos notáveis helenísticos: eles se glorificavam gravando os decretos através dos quais sua cidade lhes havia concedido honras públicas. "Sob o Império, os epitáfios romanos atingiram um luxo de detalhes pessoais que tem pouco em comum com os epitáfios gregos; desde a época republicana, as grandes famílias satisfaziam-se nos *elogia*", afirma A. D. Nock, *Essays on Religion and the Ancient World*, Oxford, 1972, p.778, v.2. Opomos às *Res gestae* um epitáfio do tipo autenticamente helenístico, o de Virgílio: "Manto me deu à Calábria" (diríamos: a Apúlia) "tirou minha vida, agora Nápoles me possui; cantei os pastos, as culturas, os heróis". Esse epitáfio não diz ou quase não diz o que um homem foi ou fez (ele parece supor que todas as vidas humanas assemelham-se no seio da condição humana comum): as únicas variantes individuais são o lugar onde se nasce e onde se morre; se é homem: não se faz conquistas individuais; comparar *Eneida*, 12, 546: "Eis aqui os limites de tua carreira mortal: uma bela morada nos pés da Ida, em Lirnesse, uma bela morada, e nas terras dos Laurentes, uma tumba". Esse epitáfio pode ser dito etiológico pelo modo como as historiografias, para contar a história de uma cidade, limitavam-se a contar sobre sua fundação: todas as cidades se parecem e sua vida é feita mais ou menos do mesmo tipo de eventos; elas todas possuem a mesma essência e acontecem-lhes as mesmas coisas; o único ponto que resta a saber é sua existência: como elas começaram a existir? – Para esse tipo de epitáfio, comparar N. I. Herescu em *Ovidiana*, 1958, p.422.

[476] *Corpus*, v.1, n.638 (e p.725) e n.833; Degrassi, n.454.

[477] G. Misch, *Geschichte der Autobiographie*, Berna, Francke, 1949, v.1, partic. p.288; Seidle, *Sueton und die antike Biographie*, p.179.

longínqua Ásia; perguntamo-nos, então, por que Augusto não deixou uma única palavra para o público provincial? O texto não deveria, nesse caso, constituir-se de um conjunto díspar, cujas peças não seriam todas da mesma época e seriam dirigidas a públicos diferentes? Perguntas vãs, erro eterno que faz que tomemos a glorificação da majestade soberana por uma "propaganda imperial" e a expressão dessa majestade por uma ideologia. Se Augusto menciona os presentes feitos à cidade de Roma (e, de acordo com o costume, unicamente para essa cidade), não estamos diante de uma propaganda que visaria a um público determinado, o de Roma: esses presentes se inserem em seu mérito pessoal, e ele quer simplesmente proclamá-lo diante do céu. Um texto epigráfico – os *Res gestae* são uma inscrição – não é um documento, como um cartaz de publicidade que se cola nos muros para que seja visto por seus contemporâneos: é um monumento que se grava para a posteridade.

Conclusões da análise

Façamos o balanço. O evergetismo da oligarquia romana, diferentemente do evergetismo dos notáveis helênicos, não era a expressão de sua superioridade (as honras oficiais, o aparato do poder, os lictores ou a toga bordada bastavam); também não era a gratificação de uma sinecura honorífica: o império do mundo não era uma sinecura. Mas seria:

1. O desejo de reinar também nas consciências, e não somente de ser obedecido; pois a política também é isso. Um magistrado oferece jogos não para agradar a seus futuros eleitores (que eram apenas um pequeno punhado), mas para adquirir prestígio na mente de todos os plebeus de Roma, portanto, politicamente impotentes; Agripa exerce suntuosamente sua famosa edilidade para seduzir os corações romanos ao novo regime: ele não sabia, no entanto, o que fazer com seus corpos, pois os plebeus se situavam no exterior da arena política. Foi assim que ele perdeu esses corações para o partido inimigo que, repentinamente, se sente paralisado. Mesmo para um homem político, o semelhante não é uma coisa, mas uma consciência.

2. Roma é uma democracia somente em teoria. Mas a oligarquia, para "despolitizar" os corpos e, mais ainda, para não alienar os corações, demonstra consideração em relação aos simples cidadãos: esses não devem ignorar que, quaisquer que sejam os duros imperativos da política, os sentimentos íntimos da oligarquia são, no fundo, democráticos. Consequentemente, os soldados recebem *donativa* para perceberem que, mesmo não sendo mais um exército de cidadãos, eles também não são os escravos de seus generais; o *donativum* é um presente simbólico. Outros presentes simbólicos: os dos candidatos a seus eleitores; não é corrupção eleitoral; esses presentes

demonstram aos eleitores que, mesmo se os candidatos não se apresentarem como simples mandatários, isso não quer dizer que são arrogantes. Em poucas palavras, os presentes simbólicos provam que, mesmo pertencendo a uma oligarquia, ainda se pode ter um caráter republicano.

3. O triunfo é um caso à parte. A autoglorificação do triunfador se traduz em evergesias: o vencedor quer exprimir sua superioridade através de dons, de monumentos; esse caso quase único se explica pelo caráter popular do triunfo: a glória militar é o aspecto popular do imperialismo (saborear as delícias da própria hegemonia pode ser apenas um prazer de *happy few*). Contudo, até a era de Pompeu, as evergesias monumentais dos vencedores permanecem relativamente modestas. Com a construção do teatro de Pompeu, o significado desse costume se transforma: ao construírem monumentos nacionais, ao oferecerem festas nacionais, os magnatas demonstram que eles têm um destino nacional que se funda em seu prestígio pessoal (Pompeu) ou que consiste em seu poder pessoal (César).

4. Chegamos, assim, a uma singularidade histórica: a primeira dinastia de imperadores romanos fará funcionar a máquina do Estado em parte graças a uma gigantesca fortuna pessoal que ela distingue claramente do Tesouro público. Não estamos diante do "patrimonialismo", essa conduta não consiste em tratar o Estado como uma propriedade privada; é o inverso: estamos diante do mecenato de Estado. O mesmo ocorreu em Meiji, em 1945, quando o imperador do Japão financiava sua política pessoal (ou a de um clã que se escondia atrás de sua sombra) graças a uma enorme fortuna privada.

5. O evergetismo romano é menos disposto à redistribuição do que o grego. Não se "leva" um cônsul a ser caridoso exercendo uma pressão moral corpo a corpo; ele não é forçado por uma doce violência a abrir seu celeiro em caso de penúria: contra ele, um charivari seria uma verdadeira sedição. É por essa razão que, em Roma, a redistribuição tornou-se um problema de Estado e quase não se transformou em mecenato privado; o pão barato é um pão do Estado.

O quadro do evergetismo em Roma apresenta pouca unidade porque, politicamente, o regime oligárquico possui um conjunto de características díspares. Se tivéssemos que determinar o traço mais importante ou definir a essência desse evergetismo, diríamos o seguinte: a origem de todo poder vem, como sabemos, dos homens, dos deuses ou da natureza das coisas; um poder é delegado (um deputado), ou é um direito subjetivo (um rei, pela graça de Deus), ou é imposto pelos fatos (um notável que tem tempo e conhecimentos). Para os oligarcas romanos, o poder considerado é bem mais político do que social: eles foram evérgetas como senadores de Roma, e não como latifundiários influentes. Se eles fazem evergesias, é para transformar simbolicamente em direito subjetivo, em poder dos quais eles seriam proprietários, uma magistratura eletiva que é apenas teoricamente um poder delegado; eles oferecem presentes ao povo pretensamente soberano para marcar que não lhe devem mais nada. Mas também o fazem por uma razão quase oposta: para justificar o seu regime no coração do povo; eles querem provar ao povo que fazem tudo por ele, apesar de não fazerem nada para ele; oferecendo-lhe jogos, os oligarcas provam que se interessam pelo povo e até mesmo por seus prazeres. Não ficaremos surpresos com o duplo significado do dom: mostrar ao povo que temos deveres para com ele e prestar-lhe homenagem, mostrar ao povo que não lhe devem nada e que possuem uma superioridade essencial, como um grande senhor que distribui gorjetas à população. Não vimos no primeiro capítulo que o dom era ambíguo e que não estava muito claro se o principal beneficiário era aquele que dava ou aquele que recebia?

O poder da oligarquia não se apoiava no pão e no circo. As eleições eram feitas por redes de influência e de clientelismo; quanto ao pão, ele era distribuído com relutância pelo Estado. Quase não se pode acusar a oligarquia de ter adormecido o povo em suas satisfações materialistas: socialmente, esses latifundiários eram um tanto ferozes. Eles não ofereciam presentes para adquirir ou manter o poder, mas porque tinham o poder: um poder político consiste em reinar nos corações, em ser amado. O coronel que "sabe se fazer amado" por seu regimento é bom porque seu papel de coronel comporta tal relação: ele não é bom para ser promovido general por sua tropa. A ideia de despolitização é profundamente anacrônica; ela seria concebível em um Estado ocidental moderno, cujos dirigentes têm um poder por delegação e devem convencer seus eleitores; ela não faz sentido nas épocas em que os dirigentes são senhores, chefes que comandam por direito.

Contudo, esses chefes fazem evergesias porque são chefes; toda autoridade, mesmo pelo direito subjetivo, comporta efetivamente duas particularidades: deve se justificar, deixando entender que tem como objetivo o bem dos governados; sua relação com os governados não é uma relação com robôs, mas com consciências. Essas duas particularidades explicam as evergesias e se encontram na origem do anacronismo acima mencionado: toma-se a relação com humildes súditos, diante dos quais o senhor quer ser popular, como uma relação com mandantes que o candidato deve convencer.

A verdade é que, por racionalismo, se recusa uma evidência: os oligarcas não tinham nenhuma necessidade racional de se tornarem populares; eles não precisavam ser amados pela plebe para manter seu poder. Contudo, havia algo mais forte do que eles: eles queriam ser amados. Será que a política não é o que se diz ou somente o que se diz? Será que ela é uma relação interna das consciências? O período imperial que vamos analisar agora nos mostrará, com uma clareza límpida de filosofia política, que é exatamente assim.

IV
O imperador e sua capital

O imperador garantia à cidade de Roma o pão e os espetáculos mencionados por Juvenal; ele às vezes lhe proporcionava termas gratuitas:[1] os notáveis municipais faziam o mesmo em suas respectivas cidades. Os monarcas, segundo o evangelho de São Lucas, "exercem sua soberania sobre as nações, e aqueles que detêm esse poder querem ser chamados de evérgetas";[2] os *Res gestae* de Augusto são a inscrição sepulcral de um mecenas de Estado. Os sucessores de Augusto seriam simplesmente evérgetas de Roma e de todo o seu Império? Sua propaganda, ou o que chamamos assim, exalta sua liberalidade, suas evergesias são idênticas às dos oligarcas da República e dos notáveis municipais. Se devêssemos sempre acreditar nas palavras dos antigos, diríamos que a liberalidade, virtude aristocrática, também era uma virtude da realeza: pois o rei não é o modelo supremo, a perfeição da humanidade, conforme dizia Dião de Prusa? Deveríamos nos perguntar se o fundamento do poder imperial era a liberalidade, virtude humana, ou o carisma, virtude divina, e concluiríamos que o príncipe reinava como evérgeta, e era divinizado por seu bem-fazer.

O imperador seria um evérgeta como um notável ou como um membro do Senado? Não, apenas verbalmente. Como escreveu um dia Louis Robert, o manto imperial não pode ser retirado assim, ele não pode ser deixado no vestiário. Os notáveis municipais oferecem jogos para impor uma distância

---

[1] Dião Cássio, 54, 25, 1; ver Dessau, n.5671-5673 e 6256.
[2] São Lucas 22, 25.

social e porque sua relação com a política (com a pequena política dos municípios autônomos) é delicada. Os senadores republicanos, que fazem a grande política, oferecem jogos para provar que, mesmo fazendo pouco, eles fazem muito para o povo e também para mostrar que seus eleitores são seus beneficiários, e não os seus mandantes. Mas e o príncipe? Ele não se contenta em participar da grande política: ele é o único soberano, ele é o Estado.

O Estado republicano era uma pessoa moral diferente de seus representantes transitórios; era também uma entidade suscitada pelo patriotismo ou pelo dever de Estado do "coletivo" senatorial. Como pessoa e entidade, ele expressava sua majestade através da utilização de um aparato oficial; ele justificava até mesmo sua autoridade apresentando seus mandamentos como os deveres aos quais cada um devia se submeter por obediência e patriotismo. Mas, agora, o Estado é o imperador: o estilo monárquico vai substituir a incitação ao senso cívico de todos pela exaltação das virtudes pessoais do príncipe; em vez de obedecer por devoção ao Estado, os súditos confiarão na providência do soberano. Quanto ao aparato republicano, ele envolverá doravante a própria pessoa do monarca.

Apresentar a lei impessoal como uma vontade individual do soberano virtuoso que oferece o pão e o circo por evergetismo; inversamente, apresentar a individualidade do monarca que permite que o vejam no circo como uma encarnação da majestade do Estado, todo o evergetismo imperial encontra-se ali. As três primeiras seções do texto que segue foram atualizadas há dois anos no seminário "Raymond Aron de Sociologia Histórica".

1. Autonomia e heteronomia

"Os dois corpos do rei"

O presidente dos Estados Unidos é o chefe de um Estado e o senhor de um império, mas ficaríamos surpresos se o víssemos oferecer espetáculos; no entanto, a coisa não seria impensável para alguns chefes de Estado do Terceiro Mundo. Mas o presidente dos Estados Unidos tem menos prestígio que sua função; como um bom funcionário que exerce seu *job*, ele se esconde impessoalmente por trás do encargo que o povo soberano lhe confere.

Comparada ao principado romano, a presidência dos Estados Unidos é a simplicidade encarnada. Pois o imperador romano, por sua vez, era duplo: função e indivíduo ao mesmo tempo; o evergetismo imperial tem como suporte a dimensão individual dos atos do monarca em oposição à dimensão funcional.

Essa dualidade encontra-se na maioria dos soberanos de outrora. No momento de datilografar esse livro, fiquei sabendo, graças a Michel Foucault, da existência de um livro de Kantorowitz sobre "os dois corpos do rei".[3] Na Idade Média, o corpo do rei é duplo; ele comporta

> além do elemento transitório que nasce e morre, outro que, por sua vez, permanece através do tempo e se mantém como o suporte intangível do reino; em torno dessa dualidade que se encontrava originalmente próxima do modelo cristológico, organiza-se uma iconografia, uma teoria política da monarquia, dos mecanismos jurídicos que distinguem e associam ao mesmo tempo a pessoa do rei e as exigências da Coroa, e todo um ritual que tem no coroamento, nos funerais, nas cerimônias de submissão, seus momentos mais intensos.

O culto dos reis na Antiguidade greco-romana também era dualista e ambíguo; os adoradores sabiam tão bem quanto nós que o príncipe era um simples mortal, mas tinham excelentes razões para tratá-lo como um deus. No Egito, a ambiguidade atingia seu apogeu; grande sacerdote de todos os deuses e ele mesmo sendo um deus, o faraó dedicava um culto a si mesmo e adorava sua própria estátua, como Stalin que, na Batalha de Stalingrado, coloca em seu eletrofone uma cantata para Stalin. Em sua morte, o faraó torna-se Osíris, mas seu cadáver mumificado é o de um homem que, como todos os defuntos, será julgado pelo mesmo Osíris; as inscrições das tumbas reais contêm ao mesmo tempo o titular divino do potentado e os livros osirianos habituais que ensinam ao rei e aos outros mortos como se justificar diante de deus. Nessa monarquia que teve seus momentos de desordem e suas revoluções internas, a arraia-miúda não se iludia com seu senhor e narrava divertidos contos sobre ele, quando o rei-deus, destituído de sua afabulação mitológica oficial, não oferecia nada além de uma imagem prosaica de um potentado oriental; no *Conte du paysan* [Conto do camponês], um *fellah* vai pedir justiça ao faraó, lembrando-lhe do dever de equidade com frases dignas dos Salmos, e conclui: "Tu não ouviste minha reclamação, irei então reclamar com o deus dos mortos"; e ele obtém justiça.[4] Georges Posener mostrou, em um livro pouco conformista,[5] através de que tipo de bovarismo os egiptólogos têm tendência em majorar a divindade do faraó, preservando apenas os textos oficiais ou as fórmulas litúrgicas: voltaremos a essa tendência que nos

---

3 M. Foucault, *Surveiller et punir: naissance de la prison*, p.33.
4 Baillet, *Le régime pharaonique dans ses rapports avec l'évolution de la morale en Égypte*, passim.
5 "De la divinité du pharaon", em *Cahiers de la Société Asiatique*, XV, 1960, p.2 e 12.

leva a acreditar que a "ideologia" é única, e que ela exprime a realidade social, do mesmo modo que a alma individual corresponde ao corpo.

Os reis passam, o fundamento extra-humano da realeza permanece. Mas por que é assim? Porque a relação dos governantes com os governados é, em si, ambígua: a obediência política é feita de autonomia e de heteronomia; eu obedeço para o meu bem (pelo menos quero acreditar nisso), mas frequentemente contra a minha vontade; aquele que manda em mim tem o altruísmo de governar por mim, apesar de não ter sido escolhido por mim para essa função já que é rei pela graça dos deuses, ele é o senhor porque é o senhor. A dupla personalidade do imperador, primeiro magistrado e evérgeta, reflete a bipolaridade da obediência política.

Heteronomia, direito subjetivo, opinião

A obediência política tem dois polos: eu pretendo obedecer somente para o meu bem e como se eu fosse meu próprio legislador, nisso eu sou autônomo e obedeço aos outros. As razões formais desse dualismo são muitas. Os outros talvez não queiram sempre o meu bem (a política comporta divisões de opiniões ou de interesses) ou o queiram contra mim (é proibido me debruçar perigosamente na janela do vagão); ou então queiram em meu lugar (eu sonho apenas em brigar com o inimigo hereditário, mas é necessário que o chefe do Estado faça os gestos de declaração de guerra, pois eu não sei, pessoalmente, como fazê-los). Eu obedeço, então, definitiva e perpetuamente a crédito; eu não negocio a minha submissão caso a caso. Mesmo porque a política deve ser feita "em tempo real" e não pode esperar; temos tempo para convencer todo mundo e temos que atingir o *compelle intrare*, pois o tempo passa rápido.

Até hoje, essas verdades formais são "eternas" e verdadeiras para os Estados Unidos e para o Império Romano; mas a política e a realidade social as diversificam. A autoridade política pode ter três origens, como sabemos: ela vem dos governados, dos deuses (direito subjetivo) ou da natureza das coisas. Se o poder do rei não é uma delegação dos governados, mas ele reina por seu direito subjetivo, o rei não será incorporado em sua função: ele será ele mesmo; reinará porque é o senhor, o que exige algum aparato. Sendo o senhor, é somente por virtude, por evergetismo, que ele faz o bem a seus súditos, mesmo não estando a seu serviço. Enfim ele será deus, ou rei, pela graça de Deus, pois de onde poderia vir o direito de comandar os homens como sendo seu superior, se tal direito não vier dos homens? Evergetismo imperial e divinização dos imperadores são dois efeitos de uma mesma causa.

O rei poderia distinguir-se de sua função somente se fosse suscetível de fracassar em seu exercício; mas ele não pode fracassar já que essa função é um direito que lhe pertence: um proprietário não falha em sua propriedade. Em compensação, o rei possui tamanhas virtudes que, para fazer a minha felicidade, basta-lhe ser ele mesmo. O evergetismo imperial é um tipo de culto da universalidade na individualidade real; ele comporta duas espécies opostas, o estilo monárquico e o aparato. O primeiro reporta a universalidade às virtudes individuais do rei, e o segundo confere a essa individualidade um valor universal: o rei é o Estado e tem a majestade do Estado.

O estilo monárquico atribui as próprias instituições públicas e até mesmo as decisões administrativas mais cotidianas (ouvi dizer que na Inglaterra dos dias de hoje, o serviço dos correios é um favor que a rainha faz a seus súditos) à bondade do imperador. Se tomássemos (e a tomamos) essa fraseologia ao pé da letra, acreditaríamos que o imperador era o proprietário de seu império, e não haveria nenhuma outra lei além de sua vontade, como também o faziam os reis helenísticos.[6] Pelo efeito de sua bondade, o príncipe garante o abastecimento de pão a Roma; pelo efeito de sua clemência, admite que seus funcionários e os soldados de sua cavalaria garantam seus direitos à aposentadoria.[7]

Por outro lado, a pessoa real tem um caráter público; o príncipe tem as relações privadas de um pai ou de um patrão com a plebe de sua capital. Os eventos em sua família são momentos de alegria ou de luto para todos os súditos que prestam ou permitem prestar homenagens divinas a seus favoritos.[8] O príncipe exibe um aparato em Roma ou no circo que transforma a cidade eterna em uma corte real.

O que é privado torna-se público e o que é público torna-se privado: a função real é uma propriedade privada, mas essa propriedade presta serviços públicos. As coisas não teriam sido assim se não considerassem o príncipe como o detentor de um direito subjetivo para reinar. Mas, para isso, teria sido necessário que o Estado social, econômico e mental do mundo romano não tivesse deixado a multidão dos governados tão passiva, a ponto de somente

---

6 W. Schmitthenner, "Ueber eine Formänderung der Monarchie seit Alexander", em *Saeculum*, 19, 1968, p.31. Em geral, W. Schubart, "Das hellenistische Königsideal", em *Archiv für Papyrusforschung*, 12, 1936, p.1; A. J. Festugière, "Les inscriptions d'Asoka et l'idéal du roi hellénistique", em *Mélanges J. Lebreton*, 1951, v.1, p.31. Sobre o imperador autor e responsável pela lei, protetor dos fracos, W. Schubart, "Das Gesetz und der Kaiser in griechischen Urkunden", em *Klio*, 30, 1937, p.54. Ver A. von Premerstein, *Vom Werden und Wesen des Prinzipats*, p.174.

7 Ver: "Os soldados de Lambesse colocam no mesmo plano seu soldo e as liberalidades do imperador" Dessau, n.2445, 9099, 9100.

8 O Antíoco de Adriano tem como predecessor Temisso, favorito de Antíoco Teos divinizado (Ateneu, 289 F).

ser capaz de se submeter a seus senhores, sem julgá-los; em outras palavras, não existia o fenômeno da opinião pública, o qual não coabita passivamente por muito tempo com o direito subjetivo nem, consequentemente, com o evergetismo de um soberano divinizado ou do direito divino. Pois a opinião pública não consiste em se revoltar, em sofrer em silêncio ou em ficar descontente, mas em impor o direito de ficar descontente, e o rei, mesmo quando seus ministros o enganavam, pode estar errado. Ao passo que um proprietário nunca poderia estar errado. Com certeza o rei não é um proprietário como os outros: ele tem deveres para com seus súditos; mas não ignoramos que ele não falharia em seus deveres, já que é infalivelmente bom e evérgeta. Não poderíamos, então, julgá-lo.

2. Submissão ou opinião pública

Todo mundo sempre julgou os reis, nem que fosse secretamente ou depois de sua morte, ou nos livros de história ou até mesmo com mexericos; mas existe o lugar, o modo, a instauração efetiva do descontentamento; enquanto julgarmos furtivamente sem acreditarmos no direito de fazê-lo, e enquanto não conseguirmos nos livrar de um primeiro magistrado do Estado que não cumpre o seu papel, não há opinião pública, mas existe apenas uma pueril submissão.

A época na qual não se falava de política

Sob todos os regimes existem manifestações de opinião pública (nem que seja através de canções populares que celebram a última vitória do rei) e, inversamente, existe submissão por todos os lugares (o governo são "eles"): por todos os lados, existem autonomia e heteronomia. E também apolitismo: quando se manifesta, a opinião não é, em si, um exercício político; ela julga as decisões daqueles a quem entregou o cuidado de exercer a política depois que tais decisões já tenham sido tomadas. Dito isso, um abismo que separa a vida política do Império Romano ou de uma monarquia do Antigo Regime não é menor que o de uma democracia moderna; aqui uma opinião julga o governo, lá o povo venera seu soberano, e as mentes benevolentes exaltam a submissão como dever de todo súdito fiel. A casta senatorial, a restrita classe dirigente que estava a par dos negócios e das notícias, era a única que representava uma opinião; mesmo que a decência a obrigasse a se comportar com responsabilidade e a não desmentir a imagem popular que se tinha do príncipe.

A capacidade que o povo tinha em não julgar o rei e confiar nele equivale à de uma criança diante de seu pai, de um doente ignorante diante de seu médico ou de um modesto funcionário de um antigo banco nos tempos áureos, cuja dedicação já não se encontra mais hoje em dia. Imaginemos idilicamente a *Weltanschauung* desse empregado: o que ele sabe da vida de sua empresa? Será que ele sabe quem é o diretor (o último camponês do império sabia que havia um imperador), personagem distante, mas feérico? ele está a par dos eventos oficiais, das mudanças de diretor, mas ignora pacificamente a política bancária da empresa; ele sente um certo orgulho desinteressado ao saber que sua empresa tem boa reputação. Ele venera e ama o diretor por sua dignidade e benevolência para com os funcionários: a empresa não tem uma política de recursos humanos; o bem-estar dos empregados é garantido pela própria existência e prosperidade do banco; a benevolência do diretor prova a seus subordinados que ele se sente incumbido do dever de fazer bons negócios pelo amor que tem por seus funcionários, e não por egoísmo.

Somente aqueles que subestimam estranhamente as realidades do passado ignoram que o amor do povo por seu soberano é um sentimento que sempre ou quase sempre existiu e que, quando se pronunciava o nome do imperador, devia-se adotar um tom respeitoso e afetuoso semelhante ao que os católicos adotavam, ainda há pouco, ao pronunciar o nome do papa. Os testemunhos desse amor encontram-se por todos os lugares: nas festas e cerimônias, no retrato do imperador exibido em todas as lojas,[9] nas

---

9 Frontão, *Epist. Ad. Caes*, IV, 12; Tertuliano, *Apol.* 35; *De idolatria*, 15 (Friedländer, *Sittengeschichte*, v.1, p.166 e v.3, p.62). O estudo das imagens populares dos imperadores, sobre as quais existem numerosas monografias e nenhuma síntese, exigiria todo um volume; citemos somente, com certa lamentação, o estudo de A. Alföldi sobre as formas de bolo das províncias danubianas, publicadas em *Laureae Aquincenses V. Kuzsinsky dicatae*, Budapeste, 1938, v.1, p.312-341. No momento das "boas novas" imperiais (ver *Inscriptiones Graecae in Bulgaria*, v.2, n.659) levadas pelos mensageiros (ver os *cenotaphia Pisana*, em *Corpus inscriptiones latinarum* [CIL], XI, 1421), os particulares coroavam sua porta: *quod januam ejus, subito adnuntiatis gaudiis publicis, servi coronassent*, escreve Tertuliano, *De idolatria*, 15, 7-8 (ver *Código Justiniano*, XII, 63 e Teodósio, VIII, 11, 1: *publicae laetitiae nuntii*). Os retratos dos soberanos eram considerados amuletos da sorte: H. Stern, *Le calendrier de 354*, Geuthner, 1953, p.89; o que explica provavelmente sua frequência entre as pedras gravadas pouco onerosas e as massas de vidro; ver também G. Picard, *Les trophées romanis*, De Boccard, 1957, p.336. Sobre a arte imperial sendo usada como modelo para a iconografia cultual, E. Will, *Le relief cultuel gréco-romain*. De Boccard, 1955, p.350. Notemos, em Chiusi, o epitáfio de um *pinctor Augustorum sive omnium bonorum virorum* (CIL, XI, 7126). Os rituais da vida cotidiana que exaltavam os imperadores são um vasto tema de estudos: brindes para saudar o nome do soberano (Petrônio, 60, 7); o hábito de dedicar todo edifício público, nem que fosse um relógio solar, a um grande deus, ao imperador e à cidade (voltaremos a falar disso mais tarde); o hábito de associar o imperador ao deus a quem se agradece pelo

representações populares. Não é um sentimento eletivo, mas induzido, como o amor que as crianças têm pelo seu pai; que logo se transferiria automaticamente para o próximo imperador ou para o usurpador triunfante.

O povo gosta de seu soberano, acha que os impostos são muito pesados e instala uma divisão impermeável entre essas duas ideias; ele despreza os publicanos[10] (que fazem abstração do ressentimento, como a polícia na França) por não terem que se exprimir sobre César. Pronuncia-se o nome do imperador com respeito, mas não se manifestam opiniões políticas e a conversa sobre política é totalmente inexistente. Para os senadores, isso devia ser um pouco mais complicado: quando conversavam entre si, deviam deixar transparecer que, a seus olhos, as questões públicas iam de mal a pior: mas aquele que falasse dessa forma parava ou era interrompido antes de chegar ao questionamento da pessoa do príncipe regente; se ele tivesse rompido essa proibição, isso teria significado que um complô contra o imperador estava sendo tecido, e que ele era o sargento recrutador dessa operação.

Então, sobre o que se fala, no povo, quando se conversa sobre os assuntos públicos? Os milhares de grafites e inscrições pintadas que lemos nos muros de Pompeia são surpreendentes: não há nenhum grafite sobre o que chamaríamos de política, mas somente "Vivas ao imperador" (*Augusto feliciter*). O imperador não é a política; essa última, com suas desavenças e discussões, é puramente local e refere-se às eleições (se são eleições, e não aclamações, como creio) e à subsistência; centenas de aclamações "eleitorais" pintadas nos muros de Pompeia conservaram, para nós, os nomes dos notáveis e evérgetas locais, que oferecem espetáculos de gladiadores ou garantem o mercado do pão. O mesmo acontece no *Satiricon*: os convidados de Trimalcião falam das sessões do conselho municipal, dos notáveis que se enriquecem à custa do pobre povo, da onerosidade do pão, do último combate de gladiadores oferecido por um evérgeta local que é apenas um pretencioso, de um

---

ex-voto (são as inscrições do tipo *Augusto sacrum, Apollini v.s.l.m.*); na liderança dos atos públicos e privados, o hábito de saudar o imperador (como no regulamento de um colégio de Lanúvio, CIL, XIV, 2112, col. 1, 14: *quod faustum Felix salutareque sit imp. Caesari Trajano Hadriano Aug..., nobis, nostris collegioque nostro*): havia, na França, o hábito de saudar o nome do rei no cabeçalho dos testamentos – como o fez Villon em seu *Grand Testament*, 56. Nas fundações funerárias, escolhia-se frequentemente um aniversário imperial para as distribuições de espórtulas (E.F. Bruck, *Ueber römisches Recht im Rahmen der Kulturgeschichte*, 1954, p.98); como CIL, VI, 10234 e 33885; um banquete fundado para a salvação do imperador ocorrerá no seu aniversário: CIL, X, 444; em todos os acontecimentos, proclamam "Viva o imperador!" (*Augusto feliciter, Felix Augustus*; ou *popitium habeas Augustum*); uma fundação perpétua será protegida pelo nome do imperador: não respeitá-la seria uma impiedade para com os Augustos (Dunant e Pouilloux, *Thasos*, v.2, 78).

10 Além dos evangelhos, ver Dião de Prusa, 4, 98 e 14, 14.

notável dos bons tempos que era respeitado e amado por todo o povo pela sua autoridade e honestidade; e, ao mesmo tempo, os convidados levantam-se para brindar pelo imperador, conforme os bons modos.

A submissão na revolta

Fala-se do príncipe, de sua fisionomia; se a cena se situa na própria cidade de Roma, fala-se dos espetáculos que ele oferece; fala-se das "boas notícias" (*evangelia*), quer dizer, do anúncio oficial de uma vitória ou de um feliz acontecimento familiar na casa regente. Ou então, vinga-se do imperador fazendo piadas sobre ele; apesar do que eu disse antes, existe um grafite político e anti-Nero em Pompeia, mas é um grafite obsceno.[11] Pois, *primo*, é normal que uma oposição impotente tome essa forma. *Secundo*, a oposição política podia dificilmente argumentar, criticar uma política que não sirva ao povo adequadamente, já que os governantes tinham a reputação de governar porque tinham pessoalmente o direito de governar, e não para servir ao povo; além disso, a polêmica política sempre adotou, em Roma, um caráter de inventivas mais ou menos ignóbeis e sem relação com a realidade (em compensação, essas injúrias eram esquecidas assim que os antigos adversários encontrassem algum interesse em se reconciliar);[12] as *Filípicas* de Demóstenes são deliberações políticas, as de Cícero são, de vez em quando, um monte de mexericos e de injúrias que lembram o *Livre abominable* [Livro abominável], o *Maquereau royal* [Proxeneta real], a literatura de oposição sob Luís XIV. *Tertio*, os sentimentos induzidos são ambivalentes, sobretudo quando sua expressão pública é socialmente obrigatória, e quando detestamos aqueles que amamos. A revanche zombeteira contra o príncipe nem sempre é da oposição, é uma revanche dos criados que querem provar que seu amor pelo senhor é recompensado pelo seu direito de tratá-lo com insolência, e que o observam viver com uma mistura de curiosidade, de inveja, de admiração e de incômodo, fazendo que os domésticos sejam os *voyeurs* de seu senhor. Basta ler Tácito para constatar o quanto os grandes eram obcecados pela pessoa do soberano e pela sua vida privada. O que explica as paródias contra os imperadores, as músicas satíricas através das quais os soldados de César riam dos modos de seu general adorado, e todos os epigramas políticos que

---

11 *Corpus* das inscrições latinas, v.IV, n.2338; ver Carcopino em *Bulletin de la Société Nationale des Antiquaires*, 1960, p.155.
12 R. Syme, *The Roman Revolution*, XI; ver F. G. Bailey, *Stratagems and Spoils, a Social Anthropology of Politics*, Blackwell, 1969, p.89. Em geral, ver R. Mac Mullen, *Enemies of the Roman Order: Treason, Unrest and Alienation in the Empire*, Harvard, 1966, p.40.

encontraremos ao folhearmos Suetônio. Os soberanos evitavam repreender essas ousadas familiaridades. Segundo a senhora Campan, na corte de Versalhes, as mulheres desbocadas "arrogaram-se o direito de se dirigir aos soberanos usando sua ridícula e grosseira linguagem"; quando o primogênito demorava a nascer, elas, um dia, perseguiram Maria Antonieta "até as portas de seu banheiro gritando com expressões muito indecentes que ela devia dar herdeiros ao trono". Em Roma, durante os funerais de Vespasiano, um mímico ficou encarregado, "conforme o costume", de acompanhar o comboio imitando a voz e os modos do príncipe defunto e fazendo zombarias sobre sua avareza.[13]

A verdadeira oposição se exprime em nome do imperador ou contra seus maus ministros e para melhor servi-lo. Na Rússia, as revoltas eram feitas em nome de um falso edil do czar e, em Roma, a plebe acreditou mais de uma vez que Nero não estava morto, e que ele voltaria: existiram vários "falsos Neros".[14]

E ademais, existem revoltas e revoltas. Dião de Prusa, como vimos, tratava os rebeldes de sua cidade como vulgares rebeldes: ele não duvidava, em instante nenhum, do direito que os notáveis tinham de governar. Os rebeldes duvidavam menos ainda. Lemos em São Simão como, em agosto de 1710, os poderes públicos conseguiram controlar uma rebelião na qual o povo de Paris reivindicava pão:

> O marechal de Boufflers avançou a pé no meio desse povo infinito e furioso, a quem ele perguntou o que era aquilo, por que todo aquele barulho, prometendo-lhe pão e falando com eles com muita doçura e firmeza, mostrando-lhes que não era assim que se devia pedir. O povo pedia-lhe para que representasse sua miséria ao rei e obtivesse pão para eles. Ele fez tal promessa e, com sua palavra

---

13 Suetônio, *Vespasiano*, 19; ver M. Nilsson, "Der Ursprung der Tragödie", em *Opuscula minora selecta*, v.1, p.104. Sobre a injúria que desarma o azar e a vingança da falta de sorte, Frazer, *The Golden Bough (abridged edition)*, Macmillan, 1971, p.750; Enid Welsford, *The Fool*, Faber and Faber, 1935, p.66.

14 Há muito a ser dito sobre o messianismo revolucionário em Roma. A revolta não é contra o czar, mas em seu nome: foi somente no século XIX que o proletariado começou a se apropriar dos mecanismos do Estado por uma revolução social (Lorenz von Stein, no prefácio de *Geschichte der sozialen Bewegung in Frankreich*, vê nisso a originalidade do século XIX). Antes dessa época, os levantes eram coisa dos iluminados ou revoltados que conceberam o projeto, aparentemente delirante, mas que conseguiram algumas vezes se tornar imperadores: pois esse delírio de ambição é um traço das antigas sociedades; ver Tácito, *Annales*, 2, 39 e 4, 27, e identificar um texto de Sun Yat-sen em Simon Leys, *Les habits neufs du président Mao*, p.75: no início do século XX, o fundador do partido revolucionário chinês que deveria pôr um fim nesse velho império caiu em um certo número de delirantes desse tipo, que se inscreviam no partido com esse objetivo.

dada, tudo se acalmou e se dissipou com agradecimentos e aclamações de: Viva o senhor Marechal de Boufflers!

O marechal foi corajoso, ele poderia ter sido linchado; em Roma, quando faltava o mínimo para a subsistência, a multidão queimava o hotel do prefeito da cidade, fosse ele Símaco ou Lampádio. Mas uma coisa é se revoltar contra um mau ministro, outra coisa é apresentar reivindicações diante de um servidor do povo soberano, que é inferior a sua função.

Outras vezes o descontentamento se torna amor infeliz: se o rei soubesse! Seus ministros o enganam. A voz popular[15] recriminava Antíoco VII por confiar muito nos malvados cortesãos. O justo sofredor prefere acreditar que o rei não sabe de nada, pois, se o rei soubesse, seria um desespero total; já que o rei age somente por virtude, ele não poderia ser mau com conhecimento de causa. Restar-lhe-ia apenas suspirar: "Deus é muito elevado e o czar está muito longe".[16]

Ademais, a vida política era muito simples. O rei tinha, para com o povo, unicamente o dever de se tornar "popular", veremos o que essa palavra significava. Mas em sua atividade política não simbólica, ele tinha que considerar somente a opinião senatorial e a atitude do prefeito da pretoria, dos governadores de província e dos comandantes das Forças Armadas; ele não era obrigado a acompanhar as reações do povo, cuja docilidade era evidente: se uma rebelião estourasse, ela adviria como um terremoto. A política consistia em tapar buracos: uma invasão aqui, um levante camponês ou nacionalista acolá, às vezes uma crise do crédito. Uma política que era frequentemente tão sumária quanto uma operação da polícia; a receita era destruir tudo o que aparecia pela frente sem se questionar: dessa forma era mais seguro. Algumas perseguições religiosas não exigiram nenhuma explicação mais sutil do que essa.

As relações de direito

Heteronomia e autonomia sendo indissociáveis, o rei assusta e reconforta ao mesmo tempo, mas, como seu poder não vem dos homens,[17] todo crime contra o direito é ao mesmo tempo uma revolta contra a autoridade

---

15 Plutarco, *Apophtegmes des rois*, artigo "Antiochos" (*Moralia*, 184 E); ver E. Bikerman, *Institutions des Séleucides*, p.50, n.2.
16 J.-L. Van Regemorter, *Le déclin du servage*, Hatier, 1971, p.38-40. A dupla do rei generoso e o malvado vizir (do gentil comandante de navio e de seu malvado ajudante) é conhecida em dinâmica de grupo.
17 São Paulo, *Epístola aos romanos*, 13, 1.

pessoal do soberano ou de seus representantes, e ele é castigado em função disso. Quando se referia aos não cidadãos, a prática penal romana não tinha lei: ela exercia uma coerção e as penalidades eram deixadas ao arbítrio do governador, o qual, como afirma a *Primeira Epístola de Pedro*,[18] era "enviado pelo imperador para punir aqueles que se conduziam mal e para favorecer as pessoas de bem". Aos olhos do governador, pode haver erro mesmo quando não há delito, quando um provincial se obstina em uma atitude que talvez seja inocente nos termos da lei, mas que é rebelde para com a ordem que o governador lhe deu. Eu não sei se o cristianismo é, em si, um delito, escreve o governador Plínio para seu imperador, e enquanto aguardo sabê-lo de ti, tomei medidas provisórias:

> Pedi-lhes para me dizer se eram cristãos; quando responderam "sim", perguntei-lhes uma segunda vez, depois uma terceira, ameaçando-lhes com a pena de morte; mandei executar, sem hesitar, aqueles que se obstinaram, pois mesmo se a coisa que confessavam não fosse criminosa, sua teimosia, sua obstinação inflexível devia, no mínimo, ser punida.[19]

Pune-se a indocilidade, mas nem sempre se reprime um delito. Inversamente, não se honra um cidadão merecedor: no máximo, expressam-lhe satisfação. O imperador e os governadores não concedem honras ou estátuas, como as cidades ou as ligas provinciais das cidades o fazem: eles se limitam a testemunhar publicamente os méritos do interessado através de uma carta oficial; às "honras" cívicas opõem-se os "testemunhos" (*testimonia, martyriai*) das autoridades imperiais. Na própria cidade de Roma, as estátuas erigidas oficialmente aos magistrados merecedores foram construídas pelo Senado, e não pelo príncipe, que é honrado mas não honra.[20] Os súditos do Império estão a serviço do príncipe, não são cidadãos autônomos que agem mais ou menos corretamente; o imperador é um indivíduo e não poderia prestar homenagem a outro indivíduo sem se rebaixar; somente uma cidade, que é uma entidade, pode fazê-lo.

O imperador não é uma entidade, e as relações de direito que ele tem com seus súditos não apresentam a frieza anônima da lei; ele não age somente como legislador ou juiz: além de suas leis ou constituições, ele

---

18 *Prima Petri*, 2, 13.
19 Plínio, o Jovem, *Cartas*, 10, 96, 3; Mommsen, *Strasfrecht*, p.80. A questão é muito discutida; ver Sherwin-White, *The Lettres of Pliny, Commentary*, p.699; o texto parece claro: a coerção é uma coisa, o direito penal (no sentido estrito da palavra "direito") é outra.
20 Mommsen, *Staatsrecht*, v.3, p.1186.

pode se dirigir ao povo através dos éditos que são espécies de mandamentos episcopais. Neles, o príncipe dá ordens, mas muito frequentemente conselhos, informações ou recriminações; pois um pai que se dirige a seus filhos pode lhes dizer tudo.[21] Pelo édito, o príncipe replica os insultos, explica as boas intenções de suas decisões,[22] deplora uma briga entre torcedores de gladiadores rivais, convida os cavaleiros para virem ouvir suas súplicas.[23] Ele reconforta o povo quando tem um eclipse, ele o educa: "Augusto pôde mostrar ao povo um livro inteiro, através de éditos, o de Rutílio sobre as dimensões excessivas dos edifícios."[24] A civilidade pueril e honesta ou a ortografia não são indignas de sua decisão; Cláudio leva as coisas muito longe nessas duas áreas, mas ele não foi o único; Tibério tinha "proibido por édito beijar-se todos os dias do ano e trocar carinhos depois do dia primeiro de janeiro"[25] e poderíamos suspeitar que Adriano tivesse decidido que doravante se ortografaria *servos* ou *vivos* em vez de *servus* e *vivus*.[26]

As legislações das nações modernas contêm disposições de tutela através das quais o Estado pretende defender os indivíduos contra eles mesmos; ele proíbe os narcóticos. Contudo, esse papel protetor é exercido em um estilo impessoal. Quando um imperador romano o exerce, e também quando se comporta, de um modo geral, como um legislador, ele se expressa como se falasse com crianças; ele culpa, ameaça, enquadra. Augusto repreende por édito os espectadores que, no teatro, o tinham cumprimentado chamando-o de senhor. Uma outra vez, o povo lhe pedia uma distribuição que havia prometido, ele mandou informar que cumpriria sua promessa (pois os imperadores fazem promessas como simples particulares que são, livres de se comprometer ou recusar sua palavra); outro dia, porém, ao lhe solicitar um congiário cuja policitação ele não havia feito (pois os imperadores fazem policitações como simples evérgetas), ele recrimina o povo por sua impudência e declara por édito que "não daria nada, mesmo que tivesse tido a intenção de dar".[27] Em uma mensagem ao povo de Alexandria, cujos papiros

---

21 A coisa é indicada rapidamente por Mommsen, *Staatsrecht*, v.2, p.905, n.1: "Diferentemente da lei, o édito não contém necessariamente uma ordem, mas simples comunicações, conselhos, avisos"; ver v.1, p.202 e 208.
22 Suetônio, *Augusto*, 28, 31 fim, 56.
23 Id., *Calígula*, 30, 54.
24 Id., *Augusto*, 89; Dião Cássio, LX, 26.
25 Suetônio, *Tibério*, 34.
26 A grafia *vos* no lugar de *vus*, comum na época republicana, reaparece no decorrer do século II do Império e parece que essa moda começou sob Adriano.
27 Suetônio, *Augusto*, 53 e 42; ver Veleio Patérculo, 2, 81, 3. Exemplos de policitações imperiais: Tibério promete ao Senado restaurar o teatro de Pompeia (Tácito, *Annales*, III, 72).

nos permitiram ter acesso ao texto,[28] Cláudio informa a esse povo amador de massacres que desta vez ele consente em não procurar saber, mas que reserva a si mesmo o direito de punir "aqueles que recomeçassem".

A própria legislação imperial é uma criação prolongada. O imperador não espera que as leis se mantenham voluntariamente em vigor; ele lembra constantemente a seus filhos as regras das quais estão se esquecendo. Frequentemente suas constituições são apenas proclamações destinadas a lembrar a execução de uma lei (aqui na França, a Constituição de 1791 autorizava o rei a fazer qualquer tipo de proclamações). Quando vemos o *Código de Teodósio* lembrar periodicamente as mesmas interdições, opor-se cem vezes, nos mesmos termos, à patronagem dos fracos pelos poderosos ou à recomendação[29] e ao clientelismo, dizemo-nos, primeiramente, que a lei é impotente para transformar o estado social, ou então que essas constituições emanam de um poder fraco cuja autoridade se afunda na resistência passiva dos campos e das autonomias locais. O que surpreende, no entanto, não é o fato de essas ordens não terem sido executadas, mas que tenham sido dadas; como se o imperador preferisse provar a seu povo que ele compartilha os princípios e o sofrimento de seus súditos e não se importasse tanto em ser obedecido; como se a lei não fosse essencialmente imperativa, mas visasse também testemunhar (diríamos o mesmo sobre os éditos dos imperadores chineses ou das bulas pontifícias da Idade Média).

Quando as leis decorrem das decisões de um povo soberano, este último não precisa justificá-las diante de si mesmo; no máximo, explica suas verdadeiras intenções para o uso do Poder Executivo. Mas quando as leis emanam

---

Augusto tinha prometido consertar os aquedutos de Roma (Frontin, *De aquae ductu*, 125); Nero promete contribuir para a reconstrução das residências privadas depois do incêndio de Roma (Tácito, *Annales*, XV, 43); Tito prometia mais do que podia dar (Suetônio, *Titus*, 8). Conhecemos policitações de Antonino em Óstia (C., XIV, 98; Dessau, n.334) e Pouzzoles (C., X, 1640; Dessau, n.336). Lembramos que o rei Antíoco Epífano, como bom evérgeta, também fazia policitações às *poleis* (Tito Lívio, XLI, 20). – Ver também *Panégyriques latins*, XII, 19, 1.

28 A carta de Cláudio pode ser lida nos *Select Papyri* de Hunt e Edgar, v.2, n.212.
29 Favoritismo e corrupção: *suffragium*; ver G. E. M. De Sainte-Croix, "Suffragium", em *British Journal of Sociology*, 5, 1954, p.33; A. H. M. Jones, *The Late Roman Empire*, v.1, p.391. De fato, algumas vezes os poderosos recusam-se em inclinarem-se diante da lei, outras vezes todo mundo concorda em preferir o favoritismo ao *fair play*, pois todos esperam ganhar individualmente; ver Amiano Marcelino, 20, 5: As tropas de Juliano obtêm do novo Augusto que as promoções se façam exclusivamente de acordo com o mérito; logo depois, um dos corpos da tropa reivindica a seu benefício um favor contrário ao regulamento. Sabemos que as coisas aconteceram assim em Roma, como na Córsega ou na Calábria dos dias de hoje: relações regulamentares e relações de clientelismo coexistem e entretêm relações complicadas entre si.

de um senhor, este deve justificá-las para se justificar diante de seus súditos. As constituições dos imperadores são eticamente fundadas. É pena que muito frequentemente os códigos nos quais elas são recolhidas não tenham conservado os motivos que originaram tais leis. Quando o texto completo chegou em nossas mãos, vimos o soberano exprimir um profundo senso social, afirmar seu desejo de melhorar as partes do edifício imperial que estão decadentes e "promovê-lo através de sua filantropia e suas evergesias";[30] o príncipe exalta os nobres princípios que o inspiraram e a prosperidade de seu reino; ele assume a defesa dos humildes contra os tiranos locais, os notáveis municipais e seus próprios agentes;[31] se ele fixa por édito o preço máximo de todas as mercadorias, o preâmbulo lembra que os comerciantes são autores da onerosidade e estigmatiza o amor desenfreado pelo lucro.[32] De um modo geral, o estilo legislativo não se abstém em qualificar moralmente, *en passant*, os atos proibidos: "Que os proprietários não sejam tão ousados em oferecer seu patronato aos camponeses", e esse estilo será o mesmo das ordenanças dos reis da França.

Os historiadores ficam, às vezes, tentados em acreditar que essa legislação pregadora é específica do Baixo Império: a impressão de opressão barroca que a Antiguidade tardia nos transmite não se deveria, em boa parte, a essa retórica? É apenas uma ilusão, vinda dos acasos da conservação dos documentos; os raros éditos do Alto Império, cujo preâmbulo ficou conservado,[33] também são moralizantes e alambicados. Pensemos na dupla imagem

---

30 Papiros de Alexandre Severo sobre o ouro coronário: Grenfell e Hunt, *Fayum Papyri*, n.20; Hunt e Edgar, *Select Papyri*, v.2, n.216; ver W. Schubart em *Archiv fur Papyrusforschung*, 14, 1941, p.58; Sh. Wallace, *Taxation in Egypt*, Princeton, 1938, p.282 e 351; J. Moreau, *Scripta minora*, Carl Winter, 1964, p.34. Sobre o tema da prosperidade do reino atual, ver a nota 266 do nosso Capítulo II e acrescentar: Plínio, *Cartas*, 10, 23 e 37; Pseudo-Sêneca, *Octavie*, 834 (*saeculi nostri bonis corrupta turba*); *Panégyriques latins*, V, 18, 1. Ver A. Alföidi, *Studien zur Geschichte der Weltkrise des dritten Jahrhunderts*, Darmstadt, 1967, p.41; sobre uma forma de bolo do Danúbio, produto da arte popular e testemunho do sentimento monárquico, lemos "Como o imperador passava bem, assistimos a um século de ouro" (Alföidi em *Laureae Aquincenses*, v.1, p.319). Portanto, cada reino tinha seus detratores, seus *obtrectatores temporum*: uma lei de 393 ordena desprezá-los e castigá-los (*Código de Teodósio*, IX, 4: *si quis imperatori male dixerit*, 1). Ver adiante n.287.

31 *Código de Teodósio*, I, 29, 3: "Aplicamo-nos em estabelecer instituições pelo interesse da populaça"; ibid., 5: os camponeses inofensivos e pacíficos não devem sofrer vexames; ibid., 1, 16, 7: "*Cessent rapaces officialium manus, cessent, inquam*"; ibid., X, 4, 1: o imperador toma a defesa dos pequenos contra seus próprios administradores.

32 Dessau, n.642.

33 Ver o édito de Nerva citado por Plínio, *Cartas*, 10, 58, 7, retraduzo o início que é de um estilo tão claro quanto o *Código de Teodósio*: "Romanos, sem dúvida nenhuma alguns éditos são a obra da felicidade atual em pessoa, sem que devamos, contudo, admirar nesses éditos a

que o regime imperial sempre propôs, e não em duas etapas sucessivas de uma evolução.

Por que esse estilo moralizante? Porque a autonomia está presente no centro da heteronomia: não deve recair sobre o soberano a suspeita de agir arbitrariamente ou por motivos egoístas. Externamente, sua liberalidade de legislador é tão absoluta quanto a de um simples particular que cria as obrigações que quer quando conclui um contrato; mas o arbitrário de uma vontade privada não poderia pertencer a um homem público que é reputado por visar ao bem comum.

Além disso, o homem público em questão é um senhor; nele, o funcionário público e o homem público não se separam. Consequentemente, ele deverá justificar todas as suas ações diante de seus súditos, até mesmo as de sua vida privada e familiar. Temos o hábito de distinguir, nas ações de um chefe de Estado, seus atos formais que produzem um efeito de direito, seus atos materiais que são muito frequentemente cerimoniais ("inaugurar os crisântemos"), e seus atos privados. Mas não os romanos. Augusto explicou ao Senado e ao povo romanos por que ele era tão severo com sua filha Júlia, Calígula enumerará por édito as razões que ele tinha para se casar; depois da morte de Britânico, Nero declarou por édito que "privado do apoio de um irmão, ele tinha esperança somente no Estado: era, para o Senado e o povo, uma razão a mais de envolver com sua afeição um príncipe que era o único sobrevivente de uma casa feita para a posição suprema".[34]

---

bondade do príncipe (basta observá-lo), já que meus concidadãos estão convencidos, sem que seja necessário sugerir-lhes que o sejam, que eles podem prometer que eu teria preferido a tranquilidade de todos diante da minha própria (*quieti*: sobre esse sentido da palavra, Wissowa, *Religion und Kultus*, p.333) com o único objetivo de conceder-lhes novos benefícios ou manter os benefícios concedidos por meus predecessores". Estaríamos errados em opor o estilo da chancelaria do Baixo Império ao do Alto Império; o verdadeiro contraste encontra-se entre a precisão do pensamento (mas não na do vocabulário: ver mais tarde) do direito privado e a confusa imprecisão de linguagem do direito público em todas as épocas. O *Digeste* é um caos de ideias claras, o *Código* é um império de retórica confusa. A imprecisão do vocabulário e o estilo pomposo são tão numerosos que seria impossível que algumas dessas constituições tenham sido compreensíveis, inclusive nas áreas como o Fisco, na qual o imperador tinha a clara intenção de ver suas leis aplicadas: questões como a faixa do imposto territorial ou os diferentes cofres públicos são quase insolúveis. A razão disso é dupla: o *Digeste* é feito de extratos de jurisconsultas que falam em seu próprio nome e que formam uma seita orgulhosa de sua tradição de rigor e de clareza; enquanto a formação retórica dos funcionários da chancelaria, verdadeiro mandarinato humanista, torna-o incapaz de precisão, mas muito desejosos de revanche em exprimir-se com uma pompa majestosa.

34 Suetônio, *Augusto*, 65; *Calígula*, 25; Tácito, *Annales*, 13, 17. Comparar os numerosos éditos dos imperadores da China traduzidos por E. Backhouse e J. O. P. Bland, *Les empereurs mandchous, mémoires de la cour de Pékin*, 1934.

Sob a República, o povo era teoricamente soberano, mas, na prática, e também de acordo com Cícero, o soberano era o Senado. O mesmo equívoco ocorreu sob o Império, a ideologia pelos gestos, que é o cerimonial, comprova isso: no ritual do palácio, às vezes, o imperador é o continuador dos magistrados republicanos, o par dos senadores, outras vezes é um monarca helenístico ou oriental.[35] Os legistas consideram o príncipe como um mandatário, o povo e os ideólogos veem nele um "bom rei", ou seja, um pai. O *Digeste*, principal resquício desse velho império, é a obra de jurisconsultos cujo estilo era límpido e o espírito claro (ou sistemático); é a única obra da reflexão romana que sustenta a comparação com a razão helenística. Para os juristas, o imperador é simplesmente um legislador e, quando tratam do fundamento de sua autoridade, eles o posicionam expressamente no mandato popular: "O que o príncipe decidiu tem a mesma autoridade de uma lei do povo, porque o povo conferiu sua própria soberania ao príncipe."[36] Consideremos, ao contrário, os *Códigos*; neles, o próprio imperador assume a palavra e apresenta seus mandamentos benevolentes e imponentes a seus súditos; ele o faz em um estilo pomposo que corresponde à ideia sublime que seus súditos têm dele.[37]

Nada nos dá maior impressão de arcaísmo do que essa submissão dos súditos. Quando Aristóteles pensava nesses escravos-natos, que eram os súditos do Grande Rei, ele tinha a mesma impressão que nós; ele observava com surpresa e desprezo a submissão instintiva das massas diante de um senhor do qual elas são separadas por uma barreira de respeito, e que parece ser mais que um homem. Para nós, o que impõe uma diferença radical entre nossas sociedades (e até mesmo nossos ditadores) e as sociedades antigas e exóticas é, além do atraso técnico, a diferença natural de tamanho entre governantes e governados; e, se consideramos Atenas como uma democracia, apesar da escravidão e dos estrangeiros, é porque o povo ateniense não era uma criança para quem seus magistrados seriam adultos.

---

35 A. Alföldi, *Die monarchische Repräsentation im römischen Kaiserreiche*, Darmstadt, 1970. A segunda imagem eclipsa completamente a primeira no decorrer do século III, é o que chamamos de passagem do principado ao dominado (Alföldi, *Studien zur... Weltkrise*, p.374). A razão disso é o enfraquecimento da nobreza senatorial diante da nova nobreza de serviço.

36 Ulpiano, *Digeste*, I, 4, 1 pr.; ver Léon Duguit, *Traité de droit constitutionnel*, v.2, p.640 e v.1, p.595.

37 Mesmo desdobramento na consciência dos imperadores. Marco Aurélio recusava as aclamações oficiais (*Pensées*, I, 16, 13), mas permitiu conceder a apoteose à sua mulher (Juliano, *Banquets*, 9 e 35). Juliano, que recrimina tal conduta, mostrava seu próprio desprezo pelas formas externas de prestígio, atitude que seus súditos não apreciavam (E. Stein, *Histoire du Bas-Empire*, ed. Palanque, v.1, 2, p.504, n.44).

Como se tornar adulto? Como passar da submissão ao apolitismo de opinião? Como quase tudo na história, a passagem é contingente; sua determinação é diferente de um caso para outro e praticamente foge da previsão. Em nossa sociedade, o regime de opinião se formou muito antes da revolução industrial, no decorrer do século XVIII; as pessoas começaram a conversar sobre política. Enquanto ainda no século XVII, em Amiens, por exemplo,[38] era como em Pompeia: falava-se somente de assuntos comunais. No início do século XIX, a opinião pública era um fenômeno ainda novo que surpreendia.[39]

Quando nossos filhos, em seu nono ano ou até mesmo antes disso, deixam de acreditar que as regras morais caem do céu e começam a respeitá-las como formas de contratos que teriam concluído entre si, essa passagem para a autonomia tem suas razões:[40] o desenvolvimento de sua inteligência, a multiplicação das relações de colaboração com seus camaradas, uma remuneração mais igualitária vinda dos adultos. Do mesmo modo, o surgimento de uma opinião pública não tem uma data absoluta nem uma infraestrutura forçada; a Atenas escravagista era um regime de opinião; por essa razão, pode existir opinião em algumas camadas sociais: as aristocracias, que têm o poder e a informação, possuem raramente um candor infantil na política. Milhares de fatores podem desempenhar um papel, da difusão da informação ao tamanho absoluto do grupo; mesmo sendo pobre, o Terceiro Mundo perdeu sua antiga ingenuidade e os beduínos, que possuem transistores, não acreditam mais na *baraka* do sultão.

3. O soberano pelo direito subjetivo

A ideia segundo a qual um governo não possui, em si, o direito de governar e é um simples mandatário, marca provavelmente a data cardinal de toda a história política.[41]

---

38 P. Goubert, *Cent mille provinciaux au XVIII siècle*, Flammarion, 1968, p.387 e 392. Casanova, *Mémoires*, v.2, p.16, Pléiade: "Naqueles tempos, os parisienses imaginavam amar seu rei; eles faziam caretas por boa-fé e por hábito".

39 Sobre a opinião, S. Landshut, *Kritik der Soziologie und andere Schriften zur Politik*, Luchterhand, 1969, p.325; W. Hennis, *Politik als praktische Wissenschaft, Ausfsätze sur politischen Theorie*, R. Piper, 1968, p.125.

40 J. Piaget, *Le Jugement moral chez l'enfant*, passim.

41 R. Aron, *Études politiques*, p.119.

Senhor, bom senhor, único senhor

Quando o estado geral da sociedade cria uma opinião embrionária, o soberano reina porque esse é o seu direito; o polo heteronômico é revelado pelas instituições, pelo cerimonial, pela sensibilidade popular. Sociologicamente, a ausência de opinião conduz politicamente à soberania pelo direito subjetivo, o qual conduz ideologicamente ao evergetismo soberano.

Sob todos os regimes, a realidade política mantém características semelhantes: para obedecer ao bem, quer dizer, a mim mesmo, eu obedeço a outros; essa triste realidade não é atribuível a razões econômicas, pois ela tem como causa a pluralidade das vontades, e não a raridade dos bens. Mas essa verdade essencial não é tão importante quanto as contingências que a modificam. Quando o povo é soberano, a ideologia se aplica em explicar que, apesar de eu obedecer a mim mesmo, eu me submeto a uma vontade que nem sempre é a minha; é a heteronomia que traz dificuldade. Dir-me-ão que me submeto democraticamente à vontade da maioria ou que o partido é, para mim mesmo, minha própria vanguarda. Quando, ao contrário, o rei é o verdadeiro soberano, a ideologia aplica-se em explicar que, apesar de eu obedecer a uma vontade que não é a minha, obedeço a mim mesmo para dizer que obedeço para o meu próprio bem; é a autonomia que não é evidente. A ideologia me dirá, então, que o rei é bom, que ele é evérgeta. No polo heteronômico, o rei reina por si, no polo autonômico, ele reina para mim. É um senhor evérgeta: ele é majestoso e bom; o evergetismo imperial prova essa bondade e essa majestade.

Um soberano que seria um simples mandatário não teria que ser evérgeta. A opinião espera de um presidente da República (*dixit* Valéry Giscard d'Estaing), uma certa segurança, pois os governados sempre são levados a delegar aos governantes uma certa sinceridade, que é a garantia de que ele não trairá o programa para o qual assumiu o mandato, e uma certa simplicidade, pois ele é simplesmente um mandatário. Em compensação, espera-se de um imperador romano a mesma segurança, mas, quanto ao resto, as qualidades correspondentes eram a bondade, a única garantia de que ele governaria para seu povo, e não para si, e a majestade, pois esse soberano era um senhor. O evergetismo, por um lado, considerará verbalmente os atos públicos do príncipe como evergesias, provas de sua bondade; por outro lado, ele considerará sua pessoa privada como pública, que efetivamente fará algumas evergesias para expressar sua majestade.

Resumindo: o povo se entrega ao rei para que seja governado por ele (apolitismo), aguarda suas ordens (heteronomia) e submete-se às obrigações (dissimetria); ele nasce na rede de direitos que o rei possui, e não o escolhe, da mesma forma que uma criança não escolhe seu pai (direito subjetivo). Intervém, aqui, um fato exógeno e contingente: o povo não se rebela a ponto de julgar seu pai, ou melhor, a ponto de acreditar que tem o direito de julgá-lo (ausência de opinião). Contudo, criança ou adulto, ele quer acreditar que obedece apenas por seu interesse próprio (autonomia) e deve se submeter para seu bem (evergetismo) ou em seu próprio nome (democracia direta ou indireta).

Seguem-se consequências divertidas. No estranho cantão do universo onde nasci, um proprietário reina, chamado rei, imperador ou qualquer outra coisa, e é meu senhor: nasci nessa rede de direitos que ele tem em seu domínio. Ele mora na casa mais bonita do país, como seria normal, e seu aparato é definitivamente o de um senhor; a ideia de que seja apenas uma aparência e de que não governa mais do que a proa governa o navio nunca passou pela minha cabeça. Até mesmo, é a esse patrão de direito divino que devo o fato de comer e de existir, pois o que seria de mim se ele não existisse, nem esse vasto domínio onde moro e que lhe pertence? Ele é, assim, um bom senhor, não no sentido de existirem senhores ruins, mas porque é uma boa coisa o senhor existir e, com ele, seu domínio.

1. Consequentemente, a estatura desse senhor real ou imperial me parece gigantesca, muito mais do que a dos presidentes de repúblicas, que, no entanto, possuem muito mais poder do que ele.

Qualquer um que possua, por direito subjetivo, um poder sobre uma coletividade é maior do que ela: ele tem direitos sobre ela e ela não tem direitos sobre ele. Pouco importa se exerce somente uma porção mínima desses direitos, que o rei não seja praticamente nada mais que um grande juiz ou um chefe de guerra: ele é o senhor e, caso se limite a um papel limitado, é porque quer assim; ele não é limitado por ninguém, não é acuado em uma função determinada. A origem do seu poder importa mais do que a extensão do que ele possui: como arrecada o imposto ou instaura a justiça, ele é o soberano em geral, pois somente o próprio corpo social ou o rei podem legitimamente arrecadar impostos, instaurar a justiça ou fazer a guerra; senão os impostos se chamariam extorsão, a justiça se chamaria vingança pessoal e a guerra, vendeta privada. Qualquer um que tenha o monopólio de uma única dessas legitimidades será considerado o soberano em geral.

Tanto que nesses tempos longínquos nos quais o Estado era tão distante e leviano, um príncipe podia ser considerado o soberano sem que sua intervenção fosse muito percebida na vida cotidiana de seus súditos. Mesmo que o imperador romano os visse como contribuintes e criminosos e somente um pouco como conscritos, ainda assim ele passava para assegurar a ordem pública, ajustar os esforços individuais, garantir a coesão da sociedade; os indivíduos tendo que, supostamente, se entregar por contrato a sua soberania, deveriam, então, entregar suas famílias, sua cidade a seu protetor ou às leis do mercado. Um livro muito conhecido descreveu o crescimento do poder soberano através da história, dos juízes de Israel ao Estado-providência; o mais curioso é que, quando esse poder estava apenas começando a crescer, ele tinha mais majestade do que nos tempos do Estado-providência.

2. Se o imperador é meu senhor, e um bom senhor, ele deve ser infalível: eu não posso duvidar dele; ele toma, assim, decisões com firmeza graças a um tipo de instinto, sem deliberar e, consequentemente, sozinho. O fato de os desvios do palácio estarem fechados para mim faz que eu acredite nisso com mais facilidade. Para mim, toda soberania é pessoal; se o imperador nomeia um grande vizir, um prefeito da pretória, esse será apenas um delegado, mesmo que ele exerça a realidade do poder, pois o imperador pode revogá-lo em um piscar de olhos.

Todo poder que descende do céu é monárquico, pois como poderíamos ser infalíveis em grupo? Podemos imaginar um corpo de balé composto por membros de um conselho soberano que, por uma harmonia preestabelecida, abririam a boca para proferir a verdade em uma só voz? E se não houver concordância, se eles deliberam, eles são falíveis; as decisões colegiais são suspeitas de serem medíocres compromissos, e apenas os oráculos trazem segurança, pois possuem apenas uma voz. Podemos dizer, nesse sentido, que a multidão "precisa" personalizar o poder: ela acredita que o monarca comanda realmente e, se ela não pode acreditar nisso, ela duvida de tudo.

O regime monárquico que existiu realmente apenas sob reinos excepcionais atravessou milênios fazendo que acreditassem em sua existência; seu principal mérito, o que lhe permitiu durar, foi não ser monárquico e servir de cobertura para governos de equipe informais. Através da história, a maioria dos reis foram *Dilettanten*, como afirma Weber, amadores que bebiam e caçavam. Pelo menos os imperadores romanos, por sua vez, trabalhavam mais do que os reis que criaram a França com certeza; mas será que tomavam decisões e o que isso quer dizer? Dispondo apenas das informações que o conselho do príncipe lhes transmitia, eles não tomavam decisões: faziam que fossem tomadas.

3. O que resulta em uma "personalização do poder", o que pode querer dizer muita coisa.

Primeiramente, desconhecemos no geral que todo poder, teoricamente monárquico ou democrático, seja, em um desses estágios, a resultante de uma obscura dinâmica de um grupo restrito.

Em seguida, confundimos o Estado e seu chefe; como afirma Jellinek,[42] é uma ideia muito evoluída considerar o Estado como um órgão, um aparelho

---

[42] G. Jellinek, *Allgemeine Staatslehre*, edição de 1922, p.145 e 147; poucos livros são tão úteis para um historiador quanto esse tratado de Jellinek, que não é um trabalho de jurista, mas de cientista político.

funcional; espontaneamente, define-se o Estado como sendo o povo ou o rei. Os súditos não consideram seu rei como um "símbolo": eles o consideram efetivamente como o próprio Estado; eles se enganam nisso, mas uma visão inexata da realidade não é a mesma coisa que uma visão simbólica. Os súditos respeitam seu rei porque acreditam que ele é o senhor e o próprio Estado: eles não respeitam, nele, um personagem de aparato e de convenção que simbolizaria, para eles, o Estado. Se o imperador tivesse sido apenas o símbolo do Império, teria sido necessário (*horresco referens*) que uma outra instância tivesse realmente sido o Império. Bagehot dizia que a utilidade do rei da Inglaterra não era fazer política, mas tornar a política compreensível e interessante para o povo através da sua pessoa; existiam, então, na Inglaterra, duas concepções do rei: aos olhos de Bagehot e de seus leitores, o rei era apenas um símbolo, aos olhos do povo ele ainda era o verdadeiro soberano.

Tertio, quando o soberano é do direito subjetivo (ou, se preferirmos, do direito divino), a função se confunde com o homem, o aparato de Estado envolve a individualidade do monarca e sua vida privada; o círculo no qual ele vive se torna sua corte (em Roma, era toda a cidade eterna com seu circo que representava a corte).

Acontece que as particularidades individuais e a vida privada do soberano tomam uma importância enorme aos olhos de seus súditos. O que não tem nada a ver com o "estrelato". As estrelas encarnam publicamente uma coisa privada, a humana condição de seus sonhos, enquanto a curiosidade obsessiva pela individualidade real é política.

Quando Cômodo se exibia no anfiteatro como gladiador, ele não se oferecia para realçar o brilho da coroa vestindo os louros de campeão, e o público não o admirava como uma estrela da gladiatura esquecendo que era o príncipe: os espectadores admiravam que seu soberano tivesse todos os dons e realizasse todas as virtualidades humanas (os ricos e os poderosos devem atualizar toda a condição humana, já que possuem os recursos para isso); os espectadores gostavam também quando o senhor mostrava à plebe que ele compartilhava seus gostos esportivos, e não desprezava a cultura do povo. Cômodo tornava-se popular como soberano.

O estrelato, ao contrário, resolve um problema da sociologia do conhecimento: sobre que objetos satisfazer a universal curiosidade pela condição humana, ao mesmo tempo ordinária e feérica? Pois a difusão da informação é limitada pela hipocrisia e por regras sociais; um indivíduo qualquer não tem o direito de fazer que o público se interesse por sua vida privada muito ordinária, e somente os homens públicos têm o direito de escrever suas memórias. A única solução é se interessar pela vida privada dos cantores ou, quando se é culto, dos grandes escritores.

Os soberanos de antigamente, que eram potentados, não assumiram o papel de estrelas; escrutava-se seu caráter para adivinhar qual seria sua política e sua vida privada interessava por suas eventuais consequências públicas. Quando Luís XVI teve um filho, "o nascimento de um primogênito parecia satisfazer a todos os desejos", escreve a inteligente senhora Campan;

> a alegria foi universal, o povo, os grandes, todos pareciam, naquele momento, pertencer a uma mesma família: as pessoas paravam nas ruas, todos os conhecidos se abraçavam. Infelizmente, o interesse pessoal dita essas formas de transposições que são mais excitantes do que o apego sincero por aqueles que parecem ser o objeto de tal acontecimento: cada um vê, no nascimento de um legítimo herdeiro do poder soberano, uma garantia de prosperidade e de tranquilidade públicas.

A plebe romana julgava o imperador, com seus ares afáveis e sua atitude distante ou popular nos jogos do circo, porque somente uma mente instruída e racional pode julgar um especialista diretamente sobre sua competência profissional: nós julgamos mais frequentemente nos baseando na impressão de sinceridade ou de autoconfiança que ele sabe transmitir; e ademais a plebe preferia ter um senhor benevolente do que um especialista da alta política. "O vulgar", escreve Tácito, "julga ordinariamente os imperadores por sua beleza e pela estética de seus modos"; mas o próprio Tácito agia como o vulgar: ele julgava os imperadores pelas indicações indiretas das quais ele dispunha e com relação a seus próprios interesses políticos; ele os julgava pela seriedade de sua vida privada, pelos modos igualitários com os senadores. Em um príncipe, a dignidade da vida privada deixa presumir que ele não será um tirano massacrando senadores (ora, Tácito é senador); além disso, essa dignidade é interessante em si: um príncipe devassado ofende o ideal de gravidade senatorial e desafia a autoridade senatorial em termos de gestão dos hábitos.

Autor do bem e irresponsável pelo mal

Ora, a existência individual de todos parece depender do imperador, bom ou mau, pois confundem o imperador com o Estado e com a sociedade; "o terror de seu nome tornará as cidades mais fortes, a colheita de nossos campos deixará suas foices cansadas e os frutos serão maiores do que a promessa das flores"; é a ele que se devem as boas colheitas, filhas do tempo bom e, inversamente, o tempo ruim é um castigo dos deuses pelos pecados de Israel ou até mesmo de seu rei.[43] Graças a Augusto, os bois pastam com segurança, os campos são férteis, os navegantes navegam em mares pacíficos e a castidade do lar não tem mais os problemas do adultério.[44]

Confusão, sem dúvida, mas existem diferentes formas de confusão. Na França, como para os romanos, a autoridade é difundida por todo o corpo social, e nossa vida cotidiana depende mais frequentemente da família e da empresa; o detentor do telefone vermelho não se mete muito nisso tudo. Contudo, como são raras, suas intervenções são também gigantescas; elas são "históricas", irreversíveis, a vida e a morte de milhares de homens dependem delas.[45] Podemos afirmar, porém, que não fazemos o que os romanos teriam feito: imputar ao homem do telefone vermelho a criação contínua do mundo social nos seus menores detalhes e, sob o pretexto de que ele tem a mão no detonador da bomba atômica, atribuir-lhe o fato de que o mundo inteiro continue a existir – o mais estranho é que, se ele aperta o detonador, independentemente do que possamos fazer, assistiremos a uma tragédia humana que nos compromete mais intimamente e também cruelmente do que uma catástrofe natural ou que a mesma explosão caso ela tivesse sido acidental.

Na França, apesar de seu gigantesco poder, o homem do telefone vermelho é apenas um funcionário público: simples peça do mecanismo estatal. O imperador, por sua vez, era dono desse mecanismo social; é, por conseguinte, graças a ele que eu vivo e me alimento (o que aconteceria aos operários dos Schneiders se os Schneiders não existissem, e também não existisse a sua fábrica?). Nem todas as forças sociais passam por ele e podem frequentemente viver sem ele: mas foi ele quem decidiu que convinha deixá-las funcionar sozinhas; se a máquina funciona corretamente, o mérito é dele, já que somente ele tem o poder soberano de intervir no mecanismo: afinal, não é ele o proprietário? E o proprietário é insubstituível: eu, que não tenho um caráter de soberano, não saberia me livrar sozinho das dificuldades se meu senhor natural não existisse, da mesma forma que os operários de Schneider, por não serem os próprios patrões pelo direito divino, não podiam, como os Schneider, captar as energias físicas e sociais e organizar uma fábrica no lugar deles.

---

43 Amiano Marcelino, 28, 5, 14: "Nos burgúndios, o costume é depor o rei se a fortuna da guerra oscila ou se as colheitas não são abundantes; os egípcios também atribuem os mesmos acasos a seus soberanos".

44 Horácio, *Odes*, 4, 5, 13; comparar P. Margouliès, *Anthologie de la littérature chinoise*, p.147.

45 R. Aron, *Études politiques*, p.119.

Toda a felicidade e a tristeza do mundo dependerão finalmente do rei, até mesmo o tempo bom, pois as catástrofes são pecados[46] para nós, e a sorte é um mérito.[47] Afinal, a penúria é um fato social e natural e o governo consequentemente tem alguma influência nisso. Já os magistrados da República Romana, dentre eles o velho Catão,[48] se beneficiaram do fato de que, durante

---

46 O *Evangelho Segundo São João*, 9, 1-2, pode ser citado como *locus classicus* sobre esse ponto. Peste e fome são enviadas para punir os crimes da terra (Jeremias, XIV) ou cometidos pelo imperador: foi assim na China (Max Weber, *Religionssoziologie*, v.1, p.298, 311 e n.2, 397, ver 426; *Économie et société*, v.1, p.472; *Le judaïsme antique*, p.28). Evitemos supor, contudo, que a "mentalidade primitiva" acreditava nisso piamente: um texto surpreendente traduzido por Margouliès, *Anthologie chinoise*, p.177, ver 145 e 208, abre abismos sobre a complicação da "crença".

47 Não é uma ideia absurda julgar um chefe sobre sua sorte e não sobre seu mérito; pois as concatenações causais tendo estado escondidas em grande parte, existe alguma probabilidade de que essa sorte deva-se, na realidade, ao mérito do chefe, conforme nos diz um teórico das probabilidades, Georgescu-Roegen, *La Science économique, ses problèmes, ses difficultés*, Dunod, 1970, p.200. Ver também F. Bailey, *Stratagems and Spoils, a Social Anthropology of Politics*, Blackwell, 1969, p.131 e 148; M. Nilsson, "Natural Catastrophes", em seus *Opuscula minora selecta*, v.3, p.427; sobre o tema do *annus Félix*, ver o *Thesaurus linguae latinae*, II, 118, *s.v. annus*; ver Alföldi em *Jahrbuch fur Antike und Christentum*, VIII-IX, 1965-1966, p.68. Eis aqui algumas referências: Nero, ao pronunciar o elogio fúnebre do imperador Cláudio, elogia o defunto pela sorte de seu reino (Tácito, *Annales*, XIII, 3). Roma se nega a responsabilizar Cômodo pela peste, pela fome e pelo incêndio (Herodiano, I, 14, 7; p.28-29 Stav.). A fome é sempre considerada um prodígio, um sinal (Tácito, *Annales*, XII, 43). Mais tarde, quando ocorrerão más recolhas, acusarão os cristãos (Tertuliano, *Apol.*, 40). Em seu último esforço contra o cristianismo, o paganismo atribuirá a penúria à cólera dos deuses abandonados (Símaco, *Relatio*, 16). O tema, como vemos, é próximo de muitos outros: que a sorte de um chefe de Estado é um mérito (Cícero, *Pro lege Manilia*); que o tempo ruim prove a cólera dos deuses (*Ilíade*, XVI, 385-388: uma tempestade prova a cólera de Zeus contra os juízes injustos); que o bom rei proporcione a seus súditos boas recolhas (*Odisseia*, XIX, 111). Políbio concede desdenhosamente ao vulgar essa crença de que o mau tempo é sinal da cólera dos deuses (XXXVI, 17). Não nos surpreendamos em ver que em Tibur, edis erigem uma consagração (sem dúvida no final de seu encargo) para a deusa das boas recolhas, *Felicitati* (*Corpus des inscriptions latines*, I, 1481, XIV, 3538, Dessau 3700, Degrassi, 89). Ver também um texto estranho e mal estabelecido, de Sêneca, *Questions naturelles*, IV, 7; ver Mommsen, *Strafrecht*, p.122, n.2. – Ver também Petrônio, 44, 10.

48 Em seu discurso *De felicitate lustri sui*. Recriminavam Cipião dizendo que sua censura havia sido *infelix* (Lucilio, 394, Marx): compreendamos que as recolhas foram ruins (opor *lustrum felix* ao *Panégyrique VIII, Remerciement à Constantin*, 13, 3). É uma ideia comum que os felizes eventos de um ano devam-se ao mérito do magistrado epônimo daquele ano (L. Robert, *Hellenica*, I, p.11 e XI-XII, p.547); Veleio Patérculo (2, 36) parabeniza Cícero por ter sido cônsul no ano em que Augusto nasceu; Virgílio felicita Polião por ter sido cônsul no ano em que a criança messiânica nasceu (parece-me inútil supor que Polião deve ser o próprio pai da criança por ter sido parabenizado assim). O mau tempo prova a cólera dos deuses contra Catilina (*Catilinaire*, III, 8); desde que o exílio de Cícero terminou, as recolhas foram

os seus anos de encargo, fez tempo bom e a "soldagem" foi fácil. Naturalmente, acreditávamos piamente nisso: eram ideias, e não percepções; mas dependendo dos humores ou das conveniências requeridas, abandonavam-se essas ideias.

Acreditava-se "um pouco" e conforme o momento, porque, como o mundo social não era transparente, hesitava-se entre duas noções sobre a ação do imperador: ou o soberano é o governo, que governa mais ou menos bem, ou o soberano faz não que a sociedade seja boa ou ruim, mas a própria sociedade. Algumas vezes reclamarão do imperador através de seus ministros indignos, outras vezes atribuir-lhe-ão as boas colheitas. Na segunda hipótese, o rei é bom simplesmente pelo fato de reinar; acrescenta-se a isso uma boa metade do evergetismo imperial, como veremos com alguns detalhes.

O rei faz a sociedade existir e secundariamente governa; isso é verdadeiro para todos os soberanos, é inerente à sua função. No entanto, eu atribuiria esse papel funcional a uma virtude individual do soberano (afastando, porém, a ideia lógica de que o soberano poderia ser mau) e então passaria a gostar do rei pela sua bondade, pois, espontaneamente, confundimos os sentimentos de eleição e os sentimentos induzidos: todo mundo "gosta de seu pai".

Qual o resultado se o soberano é, a meu ver, pelo menos de vez em quando, autor de tudo o que é bom e sem responsabilidade por tudo o que é ruim, privilégio que compartilha com o Deus providencial, os chefes geniais e a musa inspiradora? A Providência faz que as coisas deem certo e, quando dão errado, ela se apresenta como um recurso que permite ao justo sofredor encontrar uma justificativa para si mesmo contra todos e pensar que no céu existe um ser que o entende.

Para melhor acreditar nele, evito representar o imperador tomando uma decisão política específica (em caso de crise, é pela sua calma existência que ele inspirará a ação salvadora de seus servidores). Além disso, o imperador não pode ser considerado hábil ou inteligente como os deuses: sua individualidade será exclusivamente ética, suas virtudes serão louvadas, mas seria falta de respeito falar de suas qualidades políticas; ele não pode tê-las ou não tê-las, já que ele e sua função confundem-se, e que essa função é imóvel e providencial. É um soberano virtuoso, não é um "chefe genial", noção muito moderna, adequada para as sociedades com opinião pública nas quais o chefe

---

boas (*Post reditum in senatu*, XIV; *Ad Quirites*, VIII; *Pro domo*, V-VIII; ver, ao contrário, a *Carta a Ático*, IV, 1). Sobre a responsabilidade do rei em caso de tempo ruim, o essencial foi dito por B. de Jouvenel, *De la souveraineté*, Librairie de Médicis, 1955, p.52, 55, 63. – Quando os flagelos públicos não são atribuídos ao rei, são atribuídos a "marginais", judeus, leprosos etc., ou mendigos (Filóstrato, *Vie d'Apollonios*, 4, 10).

é levado ao poder não por um direito que teria, mas pela natureza das coisas, pelo fato objetivo que diz que ele é o melhor de todos, o que vale a delegação popular que lhe é atribuída e pode ser assim considerada.

Já que todos os regimes são simultaneamente heterônomos e autônomos, um soberano reinará pelo direito que possui de governar, mas para o meu bem. Seu direito subjetivo será, então, erigido em direito divino ou em divinização do imperador, e erigir-se-á o fato de que ele reina pelo meu bem através do evergetismo imperial. E já que o Estado é ele, ele exibirá o aparato de um grande proprietário, e o Império será conhecido como seu patrimônio. Tudo isso é lógico, não é necessário procurar ali o carisma, a mentalidade primitiva ou a psicologia das profundezas.

4. A divinização dos imperadores e a noção de carisma

O culto do rei é um assunto sobre o qual é mais fácil escrever duzentas páginas do que vinte, pois a documentação é enorme e foi muito estudada;[49] o que parece difícil é explicar os fatos sem atribuir a si mesmo a facilidade de admitir que as pessoas sejam suficientemente estranhas a ponto de acreditar em qualquer coisa e por qualquer razão. É importante dar ao leitor os meios de dizer a si mesmo que, no lugar delas, ele também teria acreditado em tudo.

A crença na divindade do soberano parece-nos surpreendente sob dois aspectos: surpreendemo-nos sobre nós mesmos e sobre os outros. Como podemos nos colocar em tal estado e exaltar um homem a ponto de transformá-lo em uma espécie de deus? De onde vêm os delírios de Nuremberg e o "culto da personalidade"? A outra surpresa é etnográfica: como alguns povos podem ser suficientemente exóticos a ponto de dizer que um mortal é um deus? A palavra nos surpreende no universo deles, o sentimento nos surpreende no nosso.

---

49 F. Taeger, Charisma, *Studien zur Geschichte des antiken Herrscherkultes*, v.2, Kohlhammer, 1957 e 1960; ver L. Cerfaux e J. Tondriau, *Un concurrent du christianisme: le culte des souverains dans la civilisation gréco-romaine*, Desclée, 1957. O argumento mais contundente é o de Nilsson, *Geschichte der griech. Religion*, v.2, p.132-185 e 385-393. A opinião vulgar se lê em G. Gurvitch, *La vocation actuelle de la sociologie*, v.1, p.446 (que concede inclusive que não é certo que os reis do Daomé e do Sudão – presos primeiramente por ele como últimos exemplos de reis tomados verdadeiramente por deuses – tenham sido realmente tomados por deuses). Não li *Le culte des souverains dans l'Empire roman*, Fondation Hardt, *Entretiens sur l'Antiquité classique*, v.XIX, 1974. Enfim, os *Essays on Religion and the Ancient World* de A. D. Nock, Oxford, 1972, contêm textos excepcionais.

Acreditava-se realmente que o rei era deus?

O primeiro ponto é o mais fácil de resolver. Ninguém, mesmo o mais primitivo dos primitivos ou o último súdito dos faraós, nunca acreditou que seu soberano fosse um deus, mesmo porque não se ignorava que o soberano morreria e também porque ele era visto como um ser do nosso mundo, visível a nossos olhos, enquanto os deuses geralmente não são visíveis para os humanos e pertencem a um horizonte ontológico diferente dos objetos reais. O primitivo tem pelo soberano sentimentos muito fortes, mas que não são os mesmos sentimentos que aqueles, também muito fortes, suscitados pela ideia de um verdadeiro deus, Osíris ou Apolo. O primitivo pode considerar seu rei como um ser sobre-humano, um homem que tem o dom sobrenatural de curar os escrofulosos: acreditar que um mortal é divino é banal e fácil, acreditar que é um deus é uma outra história.

Os egípcios, lembremo-nos disso, consideravam o faraó simultaneamente um "deus" e um homem que os deuses julgariam depois de sua morte. Os gregos e os romanos não eram muito mais cândidos. Como os egípcios, eles "acreditavam" teoricamente que reis e imperadores, vivos ou mortos, eram deuses; mas quando se tratava da ação... Reagindo contra a tendência de tomar ao pé da letra os textos religiosos, Nock fez uma observação reveladora: não existe um único ex-voto para a divindade de um imperador vivo ou morto. Milhares de inscrições gregas ou latinas dizem que o imperador é um deus; milhares de outras inscrições são ex-votos para algum deus por algum favor: cura, parto, viagem bem-sucedida, objeto perdido...; mas nem mesmo um único desses ex-votos considerava deus um imperador ou um rei. Quando um grego ou um romano, mesmo saudando o imperador como um deus com sentimentos sinceros, precisava de um verdadeiro deus, ele nunca se dirigia a esses imperadores que pretendem, às vezes, captar a sensibilidade religiosa de seus súbitos para seu próprio benefício.[50]

Também não deve nos surpreender que a mudança tenha sido pouco visível depois que os imperadores se converteram ao cristianismo; um mesmo sentimento subsistia sob uma mudança de palavras ou de conceitos que estavam prontos para se tornarem o contrário de si mesmos, desde que o sentimento permanecesse. Quando o imperador Hirohito, no dia 1º de janeiro de 1946, declarou no rádio: "Não sou um deus",[51] nada mudou nos sentimentos

---

[50] Essa esclarecedora observação deve-se a D. Nock, *Essays on Religion*, p.833, ver 780; e em *Gnomon*, 8, 1932, p.518 e 27, 1955, p.245.

[51] J. Stoetzel, *Jeunesse sans chrysanthème ni sabre*, p.91. R. Guillain, *Le peuple japonais et la guerre, choses vues*, 1948, p.40: "Transformar o imperador em um deus vivo é falso; para os japoneses, ele é simplesmente um ser superior, excepcional, mas não um deus, e seria preciso,

do povo japonês: em um certo sentido, o povo sempre soube disso e, em outro, ele continuava não querendo saber disso.

Os antigos também não se deixavam enganar; eles sabiam e repetiam que divinizar um príncipe era uma decisão, e não uma crença religiosa, a decisão de lhe conceder "honras iguais às dos deuses" (*isotheoi timai*), quer dizer, sacrifícios e altares,[52] sinais externos do respeito que tinham pelos deuses. A divinização dos soberanos prova que os sentimentos políticos endereçados a eles eram intensos; ela prova também que, entre nossos sentimentos e nossos atos públicos, abre-se uma vasta zona de expressões impostas ou no mínimo organizadas, oficializadas, ou simplesmente ritualizadas e estabelecidas; é a diferença entre a paixão e os laços mais ou menos pesados do casamento.

Durante muito tempo, repetimos que o culto monárquico foi instaurado pelos soberanos para fundar seu poder no sentimento religioso;[53] devemos então ficar maravilhados pelo fato de seu povo ter acreditado em sua palavra conforme a sua vontade; mas também nos parece surpreendente que a natureza humana tenha mudado tanto em trinta séculos a ponto de os fundamentos da política, nesses tempos distantes, terem sido tão diferentes do que são hoje em nosso país. Na realidade, quem não entende que o faraó ou o imperador eram deuses porque eram soberanos e não eram soberanos porque eram deuses? E o que quer dizer "religioso"? Uma festa patriótica e monárquica, mesmo quando começa com um sacrifício oferecido à divindade do rei, seria religião com o mesmo sentido que uma prece dirigida a um deus em um momento de desespero? Não estamos insinuando que o culto monárquico fosse insincero: também não há nada de mais sincero do que o culto à bandeira nacional para um patriota;[54] contudo, mesmo que o amor pela bandeira seja um sentimento intenso, não é um sentimento religioso: apesar

---

inclusive, para que ele o seja, que o espírito nipônico fosse suficientemente metafísico para compreender o próprio sentido que associamos à palavra 'deus'. A verdade talvez seja que o imperador é o homem que não tem direito de ser homem: ele é a autoridade". Um livro excepcional é o de L. Bréhier e P. Batiffol, *Les survivances du culte imperial romain, à propos des cultes shintoïstes*, 1920, que estudam o culto imperial nos tempos dos imperadores cristãos, para analisar se era possível autorizar os japoneses convertidos ao cristianismo a celebrar os ritos de adoração do Mikado exigidos dos funcionários.

52 Dittenberger, *Sylloge*, n.390, linha 25 e n.624; Wendland, em *Zeitschrift für neutestam. Wissenschaft*, v.5, p.339; A. D. Nock, *Essays*, p.724, n.23; Chr. Habicht, *Gottmenschentum*, p.196, n.23 e p.212. Em um édito de Germanicus (Edgar; Hunt, *Select Papyri*, v.2, n.211), o príncipe recusa as "aclamações que o igualam aos deuses" com as quais os alexandrinos o recebem.

53 Contra E. Bikerman, *Institutions des Séleucides*, p.257.

54 A analogia entre o culto imperial e o culto romano dos sinais é precisamente enfatizada por Nock, *Essays*, p.657 e 780.

de não explicar o patriotismo, sua sinceridade vem do amor pela pátria. O amor pela bandeira não é o fundamento do patriotismo, e não vamos colocar a filosofia política do lado do avesso usando o pretexto segundo o qual, em alguns exércitos, as cores nacionais recebem homenagens que poderiam ser consideradas religiosas.

Uma interpretação mais recente, que não decifrou essas dificuldades, teve o mérito de ressaltar a sinceridade do culto monárquico e torná-lo "compreensível": ela não analisou esse sentimento confuso que os antigos não explicavam, mas se aplicou em fazer que pudéssemos revivê-lo como eles o vivenciavam, em sua confusão; ela multiplicou, para isso, as sugestões impressionistas.

Seu grande mérito foi perceber que o culto monárquico era espontâneo e sincero. No mundo greco-romano, a adoração pelo soberano é com maior frequência uma iniciativa dos súditos, ou melhor, das cidades autônomas, e não um decreto do próprio soberano; o imperador não faz que o adorem, como costumamos dizer distraidamente: ele permite que o adorem; ou então é um tirano, caso ele mesmo organize seu próprio culto. O culto de Augusto, organizado nas cidades italianas em torno dos servos augustos, foi a invenção de algumas cidades que imitaram progressivamente as outras cidades (o que explica as variantes locais da instituição serviçal);[55] não foi uma criação do poder central. Outras vezes, uma cidade grega ou a associação das cidades de uma mesma província criaram o projeto de oferecer um sacrifício anual ao príncipe regente, realizá-lo no próprio altar da principal divindade da cidade, posicionar a imagem sagrada do imperador no templo dessa divindade, instalá-la ao lado dessa última, no mesmo trono,[56] ou então celebrar uma festa provincial pela honra do deus dominante. A cidade ou a província fazem que o imperador fique sabendo de sua intenção de honrá-lo e pedem-lhe a autorização para isso:[57] elas não recebem dele a ordem para fazê-lo; foi espontaneamente que numerosas cidades gregas endeusaram o imperador vivo (ou melhor, reconheceram nele uma natureza divina, segundo a fórmula sacramental).[58] Com certeza, a divinização também pôde ter sido instituída pelo

---

[55] Ver Veyne em *Bulletin de correspondance hellénique*, 90, 1966, p.146, texto em que me esqueci da referência capital: Mommsen, *Hermes*, 17, p.640; ver *Staatsrecht*, v.3, p.803.

[56] Nock, *Essays*, p.202-251; L. Robert, *Études anatoliennes*, p.64.

[57] Ver, por exemplo, a carta de Calígula ao *koinon* dos beocianos (*Inscriptiones Graecae*, v.VII, n.2711, coleção 3, linha 29), as cartas de Tibério a Gytheion (L. Wenger em *Zeitschrift der Savigny-Stiftung, Roman. Abt.*, 49, 1929, p.300) ou a carta de Cláudio aos alexandrinos (*Select Papyri*, v.2, n.212).

[58] Chr. Habicht, *Gottmenschentum und griechische Städte*, C. H. Beck, 1970, p.173: "A divindade do personagem homenageado é a condição do estabelecimento do culto e não seu

próprio poder central: Antíoco, o Grande, introduziu seu próprio culto e tornou-se seu próprio grande pontífice. Mas mesmo nesses casos desprovidos de espontaneidade, a sinceridade das populações não deixa dúvidas; os testemunhos sobre o fervor, com o qual as cerimônias do culto imperial eram celebradas, são abundantes.

O amor pelo rei, sentimento induzido

Resta fazer que esse fervor seja compreendido. Toda uma escola fez um grande esforço para sugerir à imaginação do leitor o componente afetivo do culto monárquico (mesmo que seja preciso majorá-la e creditar a hipérbole mais convencional de uma grande carga de emotividade); ela estudou os desenvolvimentos oficiais ou sofisticados que os padres e os poetas atribuíram à teologia do poder imperial; ela acompanhou as associações de ideias que realçam o culto monárquico (pelo exemplo da ligação do ritual imperial com o circo). Ela mostrou a riqueza do tema e não posicionou necessariamente o centro do problema; efetivamente, conforme o princípio de Lucien Febvre (um fato religioso tem causas religiosas), ela tentou explicar religiosamente esse fenômeno aparentemente religioso, cuja verdadeira explicação deve ser buscada na estrutura política. Um afeto, seja ele religioso ou não, não explica nada; ele se explica, ao contrário, pela estrutura que o induziu. A afetividade é pouco variada e sentimentos semelhantes podem ser induzidos por organizações muito distintas, por uma monarquia do direito divino ou por um simples subgrupo como a família patriarcal. Não saberíamos explicar melhor o sentimento monárquico através das associações de ideias que ele suscitava. Não estamos nem mesmo convencidos de que tenha sido colocado no centro do panorama o sentimento que não deveria ter sido esquecido, que deveria ter sido visto antes de qualquer outro: o

---

resultado". Isso pode ser compreendido em dois sentidos. Primeiro, as cidades gregas não divinizam automaticamente os reis e mais tarde os governos romanos porque são a autoridade; elas os divinizam para reconhecer neles um mérito pessoal de "salvador" ou de "evérgeta", quer dizer, de proeza heroica, ou de "fundador" (ora, elas prestavam um culto aos fundadores); sobre essa divinização não automática, ver também C. Werhli, *Antigone et Démétrios*, p.94. Heróis, fundadores e benfeitores são reconhecidos como deuses através de suas proezas pessoais. Mas em um sentido mais geral, ninguém decide que um homem ou um lugar são divinos: *descobre-se* que já o eram e adapta-se sua conduta a esse fato; o resultado desse procedimento é aquilo que os decretos de fundações de culto dizem frequentemente: "o deus fulano receberá um culto da cidade"; que "fulano será deus e receberá um culto"; nessa área, dizer é fazer e cumprimentamos, *en passant*, fulano pelo título de deus, sem dizer expressamente que esse título lhe foi *conferido*; ver Veyne em *Latomus*, 21, 1961, p.61, n.1.

amor pelo rei, esse sentimento tão natural que somente sua ausência seria surpreendente.

O que quer dizer, então, "explicar" o culto e o amor pelo rei? O amor das crianças por seu pai é também um sentimento evidente; ele é muito diferente do amor pelo rei (que não é um sentimento interindividual: os súditos do rei são muito mais numerosos e não vivem diretamente com seu senhor). Porém, explicar um ou outro amor é dizer em que estruturas os mesmos ocorrem em oposição às estruturas nas quais eles não ocorrem; é designar a forma de dependência e o tipo de organização nos quais o amor em questão acontece automaticamente, em oposição a outros tipos que não o induzem (burocracia, trabalho de equipe etc.). Seria necessário, para isso, uma teoria geral das organizações, políticas ou não, cuja construção está apenas começando; seria necessário, também, uma psicologia dos afetos que explicasse por que algumas situações levam aos sentimentos. Podemos, contudo, tentar acomodar o amor pelo rei provisoriamente em um canto da futura teoria.

Não é raro que os homens reajam afetivamente a situações que não conceitualizam: eles têm apenas consciência de sentir emoções fortes. A exaltação do monarca é induzida por uma submissão indireta de uma soberania pelo direito subjetivo; o monarca será chamado de deus, rei pela graça de Deus, protegido pelos deuses, grande sacerdote, chefe genial ou chefe providencial por razões contingentes que provêm da cultura considerada.

O afeto é a reação psicológica a uma situação na qual um chefe político recebe seu poder somente dele mesmo; o que significa, entre outras coisas, que os governados não teriam o direito de destituí-lo quando, diante do impossível, eles compreenderem que querem substituir o melhor dos senhores. Tal condição engendra afetos; por quê? A resposta depende de uma teoria da afetividade: por exemplo, se detectamos nas emoções condutas intencionais ou deliberadas, o amor pelo chefe surgirá como uma conduta de evitamento para fugir do desespero ou da alienação; cada um pensará o que quiser dessa teoria. O importante, para nós, é constatar que, quando o chefe distante é um senhor, ele assume, aos olhos de seus súditos, uma estatura maior do que a dos homens e parece pertencer a uma espécie superior; sua autoridade não é feita de uma obediência maior do que a que seus súditos parecem lhe atribuir, se eles considerarem que tal atribuição é correta (*oboedientia facit imperantem*): ela parece se explicar, ao contrário, por um tipo de influxo que irradia do próprio chefe. Temos aqui alguns homens, entre eles encontra-se seu chefe que possui o direito de sê-lo, mas cujo direito não provém dos homens: esse chefe deve ser como um deus que desceu entre nós; a partir do momento em que um soberano não é um mandatário ou não se impôs por suas qualidades ou seus trunfos pessoais, ele deve ser um tipo de deus, a não ser que seja um tirano. Pois se um deus, um verdadeiro, descesse do céu para ficar entre nós, como não seria ele o escolhido para ser nosso chefe? E nós nos dirigiríamos naturalmente a ele no estilo que convém quando se dirige a um deus; o culto monárquico não é nada além do que a afetação desse estilo.

Psicologicamente, isso permanece obscuro, mas os limites políticos entre os quais essa obscuridade acontece são claramente visíveis. Há meio século, o jurista Léon Diguit, que pouco pensava no culto dos reis, criticava a teoria do direito subjetivo do Estado nos seguintes termos:

> Que algumas vontades terrestres sejam de uma essência superior a algumas outras, isso é uma superioridade que somente pode existir em benefício de uma vontade humana sobre outras vontades humanas. É por essa razão que ficamos natural e logicamente tentados a fazer que uma vontade supra-humana interviesse, ela teria investido alguns homens do poder de mandar; é essa ideia, lógica e natural, confesso, que todas as doutrinas teocráticas representam.[59]

O soberano é um deus porque os homens não têm o poder de fabricar deuses, mas ao mesmo tempo podem com muita frequência fazer e desfazer reis. As democracias aplicaram algumas vezes a mesma lógica a suas próprias leis que qualificaram de divinas; Demóstenes diz em algum momento que a lei, mesmo sendo uma regra instaurada pelos cidadãos, é uma descoberta e um dom dos deuses.[60] Ele não quer simplesmente dizer que os homens visam o direito como uma norma, em vez de um fenômeno natural ou cultural: ele quer acreditar que as leis positivas existem com uma força superior àquela que poderiam lhes conferir os homens que as instauraram e poderiam desfazê-las; ele insinua que só merecerá o belo nome de lei uma regra suficientemente justa para poder realizar a obra dos deuses.

É melhor ser chamado de deus do que ser considerado um semideus

Certo homem, por sua função, é mais do que os homens: essa é a atitude sincera e espontânea na qual a representação e o afeto são inseparáveis. Daí a dizer que esse homem é um deus, existe um profundo abismo: seria menos absurdo e mais apropriado ver nessa moral um homem divino (ou, em nossa própria mitologia, um "homem genial"). Como pudemos chamá-lo de deus

---

59 *Traité de droit constitutionnel*, v.1, p.552, ver 688.
60 Demóstenes, *Contre Aristogiton*, p.774, citado pelo *Digeste*, I, 3, 2.

e por que não o chamamos, devidamente, de semideus? Passamos, aqui, da espontaneidade à instituição. "É um deus!" é uma expressão conscientemente paradoxal, que quer acrescentar humildade e justificar outro acréscimo, em atos, dessa vez: prestar um culto. A palavra deus é uma metonímia usada para a própria violência feita contra a evidência. Essa violência pressupõe primeiramente uma certa credibilidade (ela é possível no paganismo, mas seria impensável com o Deus cristão); ela pressupõe também que uma autoridade pública a imponha ou pelo menos que a coletividade a imponha a si mesma ou a permita fazer dela uma instituição ou, no mínimo, um costume que podemos respeitar sem que seja risível.

Efetivamente, a divinização do soberano é simplesmente a institucionalização ou a imitação, com uma certa distância, de uma atitude de exaltação devota, do mesmo modo que o casamento é um ato público que institui um momento de exaltação no qual se diz: "Eu o amarei para sempre". Essa exaltação de piedade é um fato bastante conhecido. "Aquele que vive entre nós não é um homem",[61] dizem sobre o faraó em um papiro: a hipérbole tem consciência de si. Ela torna-se um procedimento quando afeta um desvio da mente sob a influência da qual se multiplicam declarações exageradas, que possuem simplesmente um mérito maior, pois elas traem a autêntica emoção do fiel.

Porém, nunca ocorreu a ninguém a ideia de proclamar que Júpiter era um deus, pois ninguém duvidaria disso; o enunciado "sim, é um deus!" nunca se usa quando se refere aos deuses. Mas é meritório usá-lo quando se refere ao imperador. Para os verdadeiros deuses, recorre-se a outras hipérboles, por exemplo, ao henoteísmo: "Tu és para mim o único deus, ou melhor, tu és todos os deuses ao mesmo tempo!". Para o soberano, ficamos no andar inferior: tu és realmente um deus para mim! "É a um deus que devo a paz da qual eu gozo" é a frase que um poeta faz um ingênuo pastor dizer, "pois, para mim, Otaviano será um deus para sempre e seu altar receberá frequentemente meus sacrifícios."[62] O procedimento é atribuído a um pastor fictício, mas era usado por fiéis reais. Ele começa a ser a expressão de um momento de emoção: Otaviano é, aqui, um dos "deuses do momento" sobre o qual fala

---

61 Citado por Baillet, *De la divinité du pharaon*, p.7; sobre Posener, p.21 e 102, a dualidade da coroa e do indivíduo é a chave do problema do culto faraônico.

62 Virgílio, *Bucólicas*, 1, 6; sobre o enunciado, "é um deus!" ou "será um deus para mim", ver Usener, *Götternamen*, p.291 e n.17, e A. D. Nock, *Essays*, v.1, p.145, n.51. Não podemos seguir O. Weinreich, *Ausgewählte Schriften*, v.2, B. R. Grüner, 1973, p.171-197: "*Antikes Gottmenschentum*", que associa a divinização dos imperados e dos homens divinos como Epicuro (ver aqui n.65); preferiríamos seguir L. Bieler, citado aqui n.67.

Usener.[63] Basta ritualizar o procedimento para que Otaviano seja deus para sempre. Ora, como não ritualizá-lo? Dizer já é fazer: basta que eu reconheça alguém como deus para que ele o seja para mim; tanto que eu não o teria reconhecido como tal se ele já não o fosse: não se fabrica o sagrado, descobre-se o sagrado simplesmente.

O rei é um deus; o que quer dizer que ele reina em seu direito pleno e, também, o que é paradoxal, é mais um simples herói do que um semideus. Um semideus mereceu seu poder por seus méritos pessoais, julgados por suas obras, enquanto o título de deus é associado à coroa e passa automaticamente para seu sucessor.[64] O soberano poderá, assim, continuar a ser um deus, mesmo nas épocas nas quais pronunciamentos ou revoluções internas fazem os tronos mudarem de dono.

Os antigos chamavam os grandes escritores, os conquistadores ou os grandes inspirados, que diríamos homens de gênio, quase indiferentemente de deuses,[65] heróis[66] ou semideuses;[67] mas no caso dos reis, eles saíram dessa indistinção e comportamente adotaram o partido de chamá-los de deuses e nunca de heróis ou de homens divinos: diante dos soberanos, o vocabulário foi reclassificado para formar um par de oposição. E com razão: o rei, para ser deus, deve simplesmente reinar; do mesmo modo que os deuses são o que são sem precisar merecê-lo. Um deus faz proezas porque é deus; ao contrário, um herói torna-se herói porque faz proezas. Na Idade Média, durante a qual os reis, mesmo não sendo deuses, são sagrados e reis pela graça de Deus, é excepcional que sejam santos depois da época merovíngia: Luís IX foi canonizado por seus méritos pessoais, que são diferentes da graça divina

---

63 H. Usener, *Götternamen: Versuch einer Lehre von der religiösen Begriffsbildung*, reimpresso em 1948, Frankfurt, Schulte-Bulmke; esse imenso livro, que não teve posteridade, ainda é, nos dias de hoje, um dos mais promissores de uma ciência das religiões; sobre o uso que se pode fazer dele e sobre a capacidade que ele tem de dissolver os chavões em torno do *mana* e outras ideias durkheimianas (cobertas desde então por Wagenvoort com um véu fenomenológico que tem da fenomenologia somente uma certa virtuosidade dos escritos para estabelecer uma noite na qual todos os gatos são pardos), ver P. Boyancé, *Études sur la religion romaine*, p.4-7.

64 Não estamos falando do culto espontâneo que as cidades gregas prestam aos reis, aos governadores e até mesmo, em parte, aos imperadores.

65 Ver Políbio, 12, 23, 3; "Epicuro é um deus, sim, um deus", exclama duas vezes Lucrécio sob o efeito da emoção.

66 Sobre os "heróis" no sentido de "escritor genial", ver *Du sublime*, 4, 4; 14, 2; 36, 2.

67 Sobre os semideuses, ou melhor, os "homens divinos", como Sócrates, Homero, Apolônio de Tiana e também Jesus, ver L. Bieler, *Theios Aner, das Bild des g¨ttlichen Menschen in Spätantike und Frünchristentum*, Wissenschaftl, Buchgesellschaft, 1967, partc. p.12, sobre os imperadores.

associada à monarquia como tal.[68] O imperador era deus, e não meio deus, porque não se é mais ou menos imperador; ele era o único homem vivo de seu império que seus súditos tinham o direito de proclamar deus, se assim o desejassem: ele tinha esse monopólio.

Não se deve, então, repetir que os reis gregos e os imperadores puderam ser divinizados porque, na época helenística, a fronteira entre os deuses e os homens (e pelo henoteísmo, entre os próprios deuses) torna-se incerta; é exatamente o inverso: restaurou-se, a favor do soberano, a noção de deus em toda a sua limpidez clássica. O que se apagou, aqui, não foi essa limpidez, mas a regra de modéstia que ordenava aos homens se conhecerem e saber que eles não eram deuses; era também o respeito à moda antiga, que ordenava devolver aos diferentes deuses o que lhes pertencia, proibia os caprichos sentimentais e não permitia a um fiel eleger um dos deuses e proclamar que esse deus eleito era todos os deuses a seus olhos.

Não se diviniza o imperador porque os deuses não se diferenciam propriamente dos heróis e dos homens (o imperador se diferencia admiravelmente de ambos), mas por que os homens não achavam mais escandaloso divinizar sentimentalmente outros: eles divinizavam os defuntos. É por essa razão que o culto greco-romano dos soberanos é algo anódino, moderado e até mesmo voltairiano algumas vezes; não tem nada a ver com o peso "oriental" do culto faraônico. Pois os egípcios, por sua vez, continuavam estimando que um homem não é um deus: divinizar o faraó era, por conseguinte, um ato de violência quase tirânico, o atentado de um potentado contra a humana modéstia. Ao contrário, um rei helenístico pouco viola as consciências quando faz que o adorem ou permite tal ato: simples lassidão sentimentalista.

As graduações da divinização

Vemos, então, que as diferentes sociedades passam, cada uma a seu modo, do sentimento da sublimidade real à divinização instituída. Frequentemente elas não passam de um para outro: o soberano, pelo direito subjetivo, se limita a ser grande sacerdote ou a fazer que o sacralizem; o faraó é um deus, o imperador do Japão também, mas seus vizinhos, os reis do Oriente Médio antigo e o imperador da China, são simplesmente mortais protegidos pelos deuses ou que exercem um poder divino. Além disso, a palavra deus não tem o mesmo sentido por todos os lugares e um deus, para os romanos, tem apenas em comum o seu nome com o que chamamos de deus; mas remetamos isso ao apêndice.

---

68 A. D. Nock em *Gnonom*, 8, 1932, p.518.

A passagem do sentimento à divinização acontece tão irregularmente que se torna um evento histórico e até mesmo um ato voluntarista ou uma decisão política. As cidades helenísticas divinizam espontaneamente os reis pelo modelo do culto que elas prestavam a seus fundadores e evérgetas;[69] para Platão,[70] os filósofos, protetores da cidade, receberão após sua morte "sacrifícios públicos como se costuma oferecer a divindades ou, senão, a seres bem-aventurados e divinos". Na Itália romana, os imperadores recusam, vivos, o culto de seus súditos italianos, como Gandhi e Nehru[71] recusaram que erigissem templos para eles; o culto do soberano vivo era autorizado somente para os provincianos. Elaborado por padres e magistrados, esse culto sempre teve alguma coisa de convencional e desejado; os intelectuais e notáveis que são seus autores apostaram no aumento da humildade das massas populares para com seu soberano. O culto monárquico nunca correspondeu a uma crença popular, mas a um sentimento popular.

A esse sentimento, induzido pela submissão, o culto instituído teria acrescentado alguma coisa e reforçado a submissão como se costuma fazer sobre as ideologias? É variável. O próprio sentimento que não é interindividual como o amor filial, nem mesmo estabelece laços de fidelidade pessoal entre o príncipe e seus súditos: depois do próximo pronunciamento, o novo Pai do povo verá o amor de todo um povo se transferir automaticamente para si. Mas o sentimento serve como pretexto para um culto, para comportamentos regrados, para expressões socialmente obrigatórias (como o são os bons modos e o luto)?

Comecemos a fazer a distinção, à qual os antigos eram muito sensíveis, entre os príncipes que são adorados e aqueles que fazem que o adorem; esses últimos são tiranos que querem ser amados sob uma ordem. Em uma tragédia de Sêneca, um satélite do tirano diz a seu senhor: "Não crês que a opinião popular seja contra ti?"; o privilégio mais saboroso da realeza, responde-lhe o tirano, é forçar o povo a suportar, – o que estou dizendo? –, a louvar os atos do senhor. O homem verdadeiramente poderoso se reconhece nos elogios que pode arrancar; quando um rei permite a si mesmo somente

---

69 Além de Habicht, *Gottmenschentum*, ver Nock, *Essays*, p.249 e L. Robert em *Bulletin de correspondance hellénique*, 1926, p.499, e em *Comptes rendus de l'Académie des inscriptions*, 1969, p.60, n.1.
70 *República*, 540 BC. O que coloca, infelizmente, o grande problema dos deuses *em* Platão e *do* Deus *de* Platão; a dificuldade é que Platão nunca fala de seu Deus, exceto quando o Bem é Deus para ele. É verdade que se Deus existiu para Platão, ele não podia ser nada além do que o Bem. Mas Platão nunca fala sobre isso.
71 W. Mühlmann, *Messianismes révolutionnaires du Tiers Monde*, Gallimard, 1968, p.291.

fazer o bem, ele não é verdadeiramente proprietário da realeza (*precario regnatur*, termo de direito).[72]

Esses versos, que são de um conhecedor, mostram qual era, para o príncipe, o objeto desse acréscimo simbólico da opressão: um objeto relativamente platônico, a modalidade de obediência; o rei não procura tornar seus súditos mais dóceis do que já eram, controlar uma oposição, ele também não os prepara para a obediência das ordens despóticas ou revolucionárias, mas ele quer que tenha consciência de obedecer a um grande homem ou a um ser sobre-humano. Quando Antíoco, o Grande, de volta da longa expedição na qual quase conseguiu outra vez as proezas de Alexandre, estabelece um culto monárquico de Estado, ele pretende receber homenagens devidas ao herói de seus súditos: não estaria ele disputando com Aníbal o privilégio de ser o homem mais famoso de seu tempo? Quando Calígula faz que o adorem, ele pretende que, em sua mente, seus súditos confessem a si mesmos que o fundamento do poder imperial encontra-se além do alcance humano.[73] Tentativa vã e tirânica, pois é vão querer dar a muitas pessoas sentimentos fortes que não sentem espontaneamente; quando se tenta politizar, ou então se contrata convictamente um punhado de militantes ou multidões somente superficialmente, corre-se o risco de deixá-los atordoados. Parece-me que Antíoco consegue tal façanha, pois ele era universalmente admirado; e definitivamente não deixou a lembrança de um tirano; Calígula, que atraía menos espontaneamente a admiração, deixou uma lembrança ruim.

A existência de um culto do soberano é sempre um sintoma político; não é por acaso que, na Macedônia, realeza nacional e patriarcal, na qual os grandes falavam em pé de igualdade com seu rei,[74] o retrato do monarca nem mesmo aparece nas moedas, pelo menos até o reino do autoritário Filipe V.[75] Sintoma, certamente, mas cuja significação depende do contexto. Por exemplo, sob o Império, as cidades gregas multiplicavam espontaneamente os cultos ao príncipe vivo ou aos membros da família imperial; "adulações" de gregos "degenerados"? É quase o inverso. Essas cidades se consideravam pequenos Estados autônomos, e não municípios do Império nem "satélites"

---

72 Sêneca, *Thyeste*, 204-215; ver também um texto explícito de Plutarco, *Demétrio*, 30.
73 Filão de Alexandria, *Ambassade à Caligula*, XI, 76 Smallwood: "No início de sua loucura, Calígula sustenta o seguinte raciocínio: os pastores de animais, de gados, de cabras, não são bois, cabras e carneiros; são homens superiores aos animais; do mesmo modo, eu, que sou pastor dessa espécie superior, devo pertencer a outra espécie ainda mais superior, ou seja, divina e não humana".
74 Políbio, 5, 27, 6.
75 Taeger, *Charisma*, v.1, p.353; W. W. Tarn, *Antigonos Gonatas*, p.250. Não falamos do culto decidido pelas cidades, mas de um culto exigido pelo próprio rei.

de uma cidade estrangeira; efetivamente sua relação com o Império era mais próxima de uma dependência informal, de um recorte administrativo bem regulado.[76] Elas não realizam um culto ao imperador estrangeiro como humildes súditos que adoram o senhor que se encontra acima de suas cabeças; o culto tem, para os gregos, uma significação diplomática, internacional (que sucedeu o culto do povo romano). Ele é comparável à exaltação da amizade soviética nas democracias populares. A cidade que adora o imperador romano confessa ser e quer ser satélite de Roma nos fatos; é então necessário que no direito suas relações com Roma sejam as de dois Estados distintos. A partir do século II antes da nossa era, quando a Grécia, já transformada em satélite de Roma, não era uma província e não tinha nenhum soldado romano estacionado em seu solo, a exaltação da amizade dos romanos, "evérgetas do universo",[77] era usada pelos partidos pró-romanos nas cidades para proclamar seu apego a seus muito poderosos protetores.

O culto instituído com certeza acrescentava alguma coisa aos sentimentos naturais, e não se limitava a expressá-los; a partir do momento em que uma declaração de amor é mais do que uma efusão e adota uma forma canônica, ela se torna promessa, obediência a si mesma, contra si mesma e finalmente obediência ao outro. O simples fato de tornar obrigatória a expressão de sentimentos faz que se sinta a presença de uma autoridade e de uma sanção eventual contra os contraventores. Evitemos, contudo, esquematizar. A vida política não se compartilha completamente entre os polos da espontaneidade e da obrigatoriedade; ela é mais variada, e não se reduz a segurar as pessoas pela mão, ela também considera necessidades acessórias. Frequentemente, o culto monárquico é apenas um cerimonial; ora, um cerimonial nos parece um meio de fugir de um desses desconfortos trazidos pela sua confusão pitoresca à vida cotidiana, e não tem como objetivo a violência simbólica, ele tem suas interferências de interesses que atrapalham uns aos outros. De vez em quando, um rei deve fazer que constatem publicamente sua existência, por razões que não nos interessam aqui, e isso se chama uma festa pública; ora, o rei não pode fazê-lo sem se envolver na solenidade para preencher o intervalo entre a significação de sua augusta presença e a mediocridade do instante vivido. Infelizmente, todo cerimonial inclui um texto,

---

76 D. Nörr, *Imperium und Polis in der hohen Prinzipatszelt*, partic. p.115-123.
77 Sobre os romanos, evérgetas do universo ou evérgetas de todos os gregos, L. Robert em *Comptes rendus de l'Académie des inscriptions*, 1969, p.57; H. Volkman, "Griechische Rhetorik oder römische Politik?", em *Hermes*, 82, 1954, p.467; mais tarde o tema será estendido a todos os súditos do imperador, que será chamado pacificador do universo ou fundador da paz (Alföldi, *Monarchische Repräsentation*, p.217; F. Schulz, *Principles of Roman Law*, p.112). – Sobre esse tema, ver também Habicht em *Athenische Mitteilungen*, 72, 1957, p.248.

como um balé, e esse texto deve ser composto; colocar-se-ão aspectos do culto imperial para preenchê-lo. Tudo isso é apenas cerimonial, não vamos recriminar um cerimonial por ser um cerimonial.

Os sinais externos do respeito

A divinização do imperador trai, nos dois sentidos do verbo, um sentimento sincero que permite entrever e falsificar; a divinização é frequentemente um inocente cerimonial. Por essas duas razões, poderíamos ter cometido uma bela gafe se perguntássemos a um romano que oferece alguns grãos de incenso à divindade de um imperador: "Tu acreditas realmente que ele é um deus?", nós o teríamos deixado constrangido. Ele sabia pertinentemente que o príncipe havia sido apenas um homem, mas não podia dizê-lo, pois essa resposta sincera teria contradito sentimentos também sinceros; e, além disso, ele teria perguntado a si mesmo que projeto perverso recobriria uma pergunta tão vã; pois o que existe de mais vão do que um cerimonial? Ele é arbitrário como o são todos os sinais, e seria tão vão contestá-lo quanto questionar um dicionário.

Um cerimonial é inocente enquanto se está de acordo com os princípios, e ele não acrescenta nada a esses princípios; ele começa a parecer pesado quando os princípios implícitos ou inconscientes são contestados. Para os cristãos, o culto imperial não era arbitrário, já que implicava uma noção da divindade que não podia ser a deles. Ademais, os pagãos não podiam nem mesmo compreender a ideia cristã da divindade, tanto que em vez de considerar os mártires como oponentes, eles viam, neles, teimosos estúpidos ou perversos.[78] Eis aqui por que os símbolos possuem uma espessura própria, são dificilmente separáveis daquilo que simbolizam, e não são vãos; é sempre delicado demonstrar desprezo por uma bandeira, mesmo ressaltando que se respeita a pátria da qual ela é simplesmente um símbolo vão; pode ser verdade que a respeitemos, mas é também verdade que, ao recursar o símbolo, faltamos com respeito por outra coisa que, mesmo não sendo a pátria, existe efetivamente.

Os cristãos aprenderam essa lição por experiência própria. O culto imperial, por um lado, era apenas o símbolo de uma fidelidade política ao soberano que muito poucos cristãos recusavam; por outro lado, ele existia em si e implicava todo um sistema religioso que, para os pagãos, era tão evidente que eles nem podiam imaginar que pudesse haver outro. O conflito dos cristãos com o culto dos imperadores foi o de uma religião de dogmas e uma

---

[78] Sobre a teimosia cristã, Marco Aurélio, XI, 3, 2, que nega a sábia coragem dos mártires: para ele, são simplesmente oponentes temperamentais.

religião de ritos. Dóceis aos evangelhos de São Paulo, os mártires estavam prontos para respeitar a majestade do imperador, mas se recusavam a manifestar sua lealdade por um rito de adoração. Os poderes públicos e o povo estavam furiosos com essa distinção, eles não se preocupavam em compreender e também estavam muito furiosos com a indocilidade dessas teimosas incompreensões. Essa incompreensão acrescida desse autoritarismo conduzia a um ódio anticristão que não desvendava suas razões; os poderes públicos, na confusão de seu pensamento, acabavam castigando os cristãos, explicando sua severidade uma vez que os cristãos contestavam a majestade do próprio imperador. Esse processo frequente de falsa conceitualização daria uma falsa impressão de que os símbolos "colam" à coisa simbolizada e que atacá-la seria atacar também essa última. Assim nasce a visão dualista que esquece que o símbolo tem uma existência própria e o transforma em um simples reflexo, com o qual se fica surpreso quando ele tem consistência suficiente para provocar o ódio.

O que ocorria com a perseguição dos cristãos ocorria também com o próprio culto imperial: política em sua causa final, religiosa em sua causa material, nos símbolos aos quais se associava; detestam-se, por conseguinte, os cristãos como rebeldes e como ateus, e essas duas "causas" se completavam: uma não era o simples reflexo simbólico da outra. São Policarpo[79] recebe do governador a ordem de tratar o imperador como um deus: "Jures pela fortuna do imperador e farei com que te soltem"; a população, por sua vez, gritava "Morte aos ateus". Policarpo responde que está pronto para honrar o soberano, pois "ensinaram-lhe honrar com bons modos os chefes e as autoridades que são estabelecidos por Deus", mas não a adorá-lo.

Observemos que as autoridades romanas e a multidão não pedem ao mártir para acreditar na divindade do imperador, para confessá-la; elas exigem dele o que chamamos em nossos exércitos de sinais externos de respeito. Pois o culto imperial agarrava-se ao ritualismo do paganismo clássico; ele consistia em festas e em ritos que a piedade se empenhava em realizar com todo o escrúpulo possível.[80] O que não quer dizer que tudo era externo; nada permite melhor compreender as religiões ritualistas do que nossas cerimônias militares, em que o meio de manifestar o zelo mais autêntico é desfilar "em uma ordem impecável", sem que a bandeira fique amarrotada.

---

79 *Martyrium Polycarpi*, 10. Sobre a perseguição de Décio e a exigência para sacrificar os deuses como prova de lealdade, Alföldi em *Klio*, 31, 1938, p.323.
80 P. Boyancé, *La Religion de Virgile*, p.73. Sobre o fato de que as autoridades exigiam dos cristãos não uma fé (*religio*), mas rituais (*cerimoniae*), ver L. Koep em *Jahrbuch für Antike und Christentum*, 1961, p.58-76.

Imaginemos, além disso, que o desfile seja sucedido de uma festa popular e folclórica. Ora, o ritualismo tem o grande mérito de permitir que se coloque no piloto automático em termos de afetividade; não se pensa em ser cuidadoso, mas isso não quer dizer que não o seja.

Os assistentes dessas cerimônias acompanhavam com uma atenção piedosa ou distraída o desenrolar de um ritual elaborado por especialistas. Eles não se interessavam pelo detalhe; eles queriam apenas que fosse uma verdadeira cerimônia; no máximo, um deles pediria curiosamente que explicassem o sentido de uma particularidade do ritual e admiraria sua engenhosidade piedosa. Pois os ritos não simbolizam essencialmente nada, como a música; eles não remetem obrigatoriamente a uma outra realidade, a crenças. Eles formam uma espécie de conduta *sui generis* na qual o importante é fazer as coisas cerimoniosamente, o detalhe sendo arbitrário; esse detalhe poderia ser a música, a dança ou uma complicação gratuita de gestos técnicos, como os modos à mesa. Por que tal gesto, tal traje ritual? Por que não outro? Por nada: o importante é que seja esse, e não outro. Por que se deve construir o altar do sacrifício em forma de losango, e não quadrado? Para não construí-lo *ad libitum*: o essencial se encontra ali. Com certeza inventam-se depois do evento explicações para tudo: uma parte da literatura bramânica é feita de interpretações simbólicas do ritual, cada uma mais engenhosa do que as outras. Essas interpretações podem não ter sido *post eventum* e constituírem a verdadeira explicação; pois quando se deve inventar um ritual, pode-se facilitar a invenção recorrendo ao simbolismo; é passar da música pura à música de programa, recurso das imaginações limitadas. O fato é que os ritos são essencialmente expressões, um modo de ser educado com os deuses, e não símbolos. Se analisássemos no detalhe a teologia e a liturgia imperiais, aprenderíamos com certeza muita coisa sobre o contexto cultural e religioso de seu tempo, mas não aprenderíamos nada mais sobre o imperador e sobre a ideia que se tinha dele; com exceção, talvez, dessa afirmação repetida sob milhares de variações: ele reina por si, consequentemente, ele é mais que um homem. Ela pode representar também uma dúvida secreta: por ser mais que um homem, ele é realmente um deus? É sintomático, efetivamente, que no Império Romano, o culto dos soberanos tenha raramente adotado uma forma extrema, a do sacrifício sangrento; mais frequentemente, contentava-se em oferecer alguns grãos de incenso. Era somente em algumas cerimônias públicas que se ofereciam vítimas aos príncipes divinizados[81] como se oferecem aos verdadeiros deuses.

---

81 Wissowa, *Religion und Kultus*, p.425. Geralmente é impossível dizer onde começam as honras humanas e onde começa a adoração. O imperador pode ter sua estátua no templo de

Plurifuncionalidade do culto imperial

Além dessa explicação principal, o culto dos soberanos tinha outras funções; não escapava da probabilidade segundo a qual um único fato social tinha várias funções, resultava em diversas satisfações (por que teria de fato apenas uma função?). Entre essas, citamos o evergetismo e o cerimonial.

O gênio do paganismo é feito de ritos e de festas. O culto imperial também será usado para proporcionar júbilos públicos às cidades oferecidos evidentemente pelos evérgetas; um pretexto tão louvável quanto o de adorar o príncipe não podia ser recusado de modo respeitoso. No século I da nossa era, os espetáculos de gladiadores usam geralmente o pretexto de celebrar a dinastia reinante.[82] As "assembleias provinciais" do Império Romano também respondem ao desejo de festas (combates de gladiadores, prazer devastador, era o auge dos júbilos suntuosos);[83] elas respondem também à necessidade que as cidades tinham de se agrupar para confrontar o governador romano da província. Uma razão a mais para usar o culto do imperador como pretexto de sua reunião, a fim de reafirmar sua lealdade para com o poder central.

O cerimonial, enfim. Nessa época em que os lazeres não ocupavam o mercado dos prazeres, mas eram coletivos, gratuitos e públicos, sempre havia alguma solenidade. Ora, na Antiguidade, quase tudo o que é solene e uma boa parte do que é ideológico vêm da religião, que parece, consequentemente, inundar toda a vida social (é a parte verídica da tese de Fustel de Coulanges). Uma cidade, um colégio, um evérgeta projetam organizar festas ou banquetes, ou até mesmo um concurso; a festa será cultual, o banquete sucederá um sacrifício e o concurso será dedicado a um deus; mas a que deus? O único que agrega todos é o príncipe regente (ou os imperadores mortos e

---

um deus como estátua de culto, ou como estátua ofertada à divindade como um tipo de ex-voto; ele pode decidir que todo insulto a suas "imagens sagradas" será um sacrilégio; ele pode ser assimilado por aposição a uma divindade ("Nero Dionísio") ou ser considerado a segunda edição de uma divindade ("Nero novo Dionísio"). O imperador ou a imperatriz podem também ser assimilados a uma abstração, personificada ou divinizada ("Sabina Concórdia"). O que complica ainda mais as coisas é que os próprios verdadeiros deuses perdiam sua personalidade em favor de conceitos ou de forças (Nock, *Essays*, p.34). Podemos assimilar o imperador a uma... deusa: Demétrio a Demetra (Nilsson, *Geschichte*, v.2, p.151); Calígula se fantasiava de Vênus (Suetônio, *Calígula*, 52); outros exemplos em Alföldi, *Studien zur Geschichte des 3. Jahrhunderts*, p.46; ver Veyne em *Latomus*, 1962, p.52 e 83. Ver mais tarde o que dizemos sobre o culto das virtudes imperiais.

82 O mesmo ocorreu em Pompeia; que eu saiba, o único exemplo de *munus* funerário em plena época imperial encontra-se em Plínio, *Cartas*, 6, 34; ver Suetônio, *Tibério*, 37.
83 Ver o livro de L. Robert sobre os gladiadores no Oriente grego.

divinizados). Na realidade, uma outra divindade pode desempenhar o papel do deus que convém a todos, é o deus que protege a cidade. Ambos são usados com muita frequência. Um edifício público, uma ponte, uma porta de cidade, um relógio solar serão construídos? Seria conveniente colocar ali uma bela inscrição, nem que fosse apenas para que se pudesse ler, nela, o nome do evérgeta construtor; inscrevia-se, então, que o edifício havia sido dedicado pelo mecenas ao deus local, ao imperador e à própria cidade.[84]

Soberano pelo direito subjetivo e nessa mesma ocasião deus profícuo: assim é o imperador e a experiência de análise *in vivo* que constituiu o triunfo do cristianismo confirma nossa análise, pois, ao se tornar cristão, o imperador permanece sendo o que era.

Bem antes do triunfo do cristianismo, o culto imperial tinha se tornado pouco a pouco pomposo e despótico. O protocolo era cada vez mais solene; o conjunto de títulos, oficiais ou inventados pela "lisonja", estendia-se incessantemente, e os súditos do príncipe disputavam a humildade diante do senhor, o *dominus*; os retratos oficiais tornavam-se gradativamente mais hieráticos (os imperadores do século I eram representados como intelectuais ou jovens deuses, como os reis helenísticos; os do século IV se pareciam com Cristos bizantinos ou hierarcas mussolinianos). O peso barroco do Baixo Império funda-se em duas coisas: nessa ritualização do simbolismo político e na retórica afetada e "desrealizante"[85] que domina a prosa dessa época.

Por que esse peso pomposo? Reação de defesa de um Império que, ameaçado pelos bárbaros e pelos pronunciamentos, se espreme ansiosamente em torno de seu chefe? Não acredito nem um pouco nisso. A verdade é mais simples; a exaltação do príncipe chocou-se contra dois obstáculos: a aristocracia senatorial não gostava de ver o imperador adotar ares de senhor; a estrutura hegemônica "colonial" do Império fazia que a divinização do soberano vivo, admissível e até mesmo louvável para parte dos provincianos, fosse intolerável para os italianos, cidadãos da metrópole. Ora, com a transformação institucional do século III, Roma se municipaliza, a Itália se torna uma província e a aristocracia senatorial perde todo o poder. Nada mais intervém doravante nos protestos de humildade diante da majestade soberana.

Mesmo quando essa majestade encarna um imperador cristão. Os soberanos cristãos ou arianos continuam exigindo o *adoratio* de seus cortesãos; "um oráculo sagrado ou um divino privilégio assinado por nosso divino querer":

---

[84] Veyne em *Latomus*, 21, 1962, p.65 e 82; 26, 1967, p.746-748; acrescentar *Corpus* das inscrições latinas, XIII, n.1449; templo de um Plutão celta dedicado à divindade dos imperadores.
[85] Retórica admiravelmente analisada por E. Auerbach, *Mimesis*, sobre exemplos de Amiano Marcelino e de São Jerônimo.

era nesses termos que um príncipe cristão, em 424, falava sobre seus éditos e privilégios.[86] Política em sua essência, a divinização dos imperadores se manteve ou quase se manteve a favor dos imperadores cristãos que reinavam graças a Deus;[87] nunca os imperadores e suas leis foram tão fortemente qualificados de divinos e de sagrados quanto no século cristão do Império: foi ali que, pela primeira vez, os soberanos foram chamados de *divi* ainda vivos.

Os padres do culto imperial, por sua vez, continuaram existindo porque a divindade do imperador era pretexto para evergesias e festas. Haverá padres imperiais cristãos na África romana;[88] na Gália, um epitáfio cristão encontrado perto de Saint-Gaudens[89] celebra a piedade e o esplendor de um notável que foi, imagino, flâmine imperial de sua província e que ofereceu uma caça no anfiteatro, com aplausos do povo. Depois disso, a caridade domina; Amiano Marcelino conta que um prefeito de Roma chamado Lampádio, "ao oferecer com magnificência os jogos de sua pretura e enormes liberalidades, vê-se ultrapassado pelo tumulto de uma plebe que solicitava, a favor de uma ou outra estrela, presentes na maioria das vezes não merecidos; ele mandou, então, trazer pobres do Vaticano e distribuiu-lhes grandes quantias de dinheiro, para mostrar ao mesmo tempo sua liberalidade e seu orgulhoso desdenho pelo popular";[90] é um pagão que o diz.

---

86 *Código de Teodósio*, XI, 21, 3; sobre "*adnotatio*" (traduzi por "privilégio"), ver I, 2, 1 e VIII, 5, 14: é um decreto assinado pela própria mão do príncipe. Foi somente em 425 que o próprio imperador proibiu definitivamente o culto das imagens imperiais (XV, 4).

87 O texto clássico é o sermão dos soldados, conhecido por Vegécio, 2, 5: "Logo depois de alistados e marcados, os novos legionários juram por Deus, pelo Cristo, pelo Espírito Santo e pela majestade do imperador que o gênero humano deve amar e venerar [o imperador] imediatamente depois de Deus; pois, quando o imperador recebeu o título de Augusto, devemos-lhe uma dedicação leal como a (um) deus presente entre os homens e corporal" (voltaremos mais tarde, no apêndice, a essa admirável expressão, muito pagã, de "deus presente entre os homens"). – Não pude ler o estudo de W. Ensslin, "Gottkaiser und Kaiser Von Gottes Gnaden", em *Sitzungsberichte der bayer. Akad*, 1943, 6.

88 *Corpus* das inscrições latinas, VIII, n.450, 10516 (no ano de 525), 23045 A, completado por Diehl, *Inscriptiones latinae christianae*, n.126 e 387-389. Mgr. Duchesne, "Le concile d'Elvire et les flâmines chrétiens», em *Mélanges Louis Renier*, p.159.

89 Inscrição de Valentina publicada por Le Blant, *Inscriptions chrétiennes de Gaulle*, v.1, p.xcv e n.595 A; Diehl, n.391. Deve tratar-se de um pastor imperial de Novempopulânia que ofereceu uma *venatio* no anfiteatro (exceto se *cuneos* for apenas uma reminiscência de *Geórgiques*, 2, 509) e que, como representante de sua cidade, transmitiu um decreto municipal à assembleia da Novempopulânia. Ver inclusive A. Bigelmair, *Die Beteilung der Christen amöffentlichen Leben in vorkonstantinischer Zeit*, p.114-119; sobre os deveres do evérgeta e magistrado cristão, ver em Hefele os cânones 2, 3, 55 e 56 do concílio de Elvira e o cânone 7 do concílio de Arles.

90 Amiano Marcelino 27, 3, 5.

Carismas: o rei, de Gaulle, Hitler, Stalin

Passemos agora da história sociológica à sociologia histórica. Vemos remotas semelhanças e numerosas diferenças entre a divinização dos reis de outrora e os exemplos contemporâneos de exaltação dos chefes de Estado. Parece-nos que a noção de carisma em Max Weber é muito vaga, e que devemos tentar introduzir, nela, distinções. O carisma seria "a qualidade extraordinária de um homem (pouco importa que ela seja real, pretensa ou suposta), qualidade que não é banal";[91] o carisma não se exerce somente na política.

Fora da política, são carismáticos os chefes de seitas religiosas, poéticas, filosóficas, psicanalíticas etc., nos quais seus fiéis enxergam o conhecimento de verdades que foram transmitidas somente a eles ou cuja descoberta seria inacessível a outras inteligências que não a deles; além disso, uma certa autoridade irradia do personagem, a ponto de a admiração ser acrescida de um sentimento de dependência. Sabemos com que inacreditável fervor o padre Enfantin ou Stefan George foram seguidos; o Quarto Evangelho permite, ainda mais que os sinóticos, perceber quanto carisma Cristo exercia sobre seus discípulos.

Com frequência, o carisma acompanha o dom de fazer milagres, sobre o qual ele não tem exclusividade; é frequente, em qualquer sociedade, que um personagem excepcional ou simplesmente um grande senhor seja considerado possuidor de um dom, e que lhe peçam que cure uma criança doente. O rei também pode ter poderes; Pirro tinha o dom de curar; um cego foi curado pelo imperador Adriano.[92] Os reis da França e da Inglaterra curavam os tuberculosos, e esse dom era mais associado a sua coroa do que a sua pessoa ou a sua linhagem. É desnecessário dizer que o rei faz milagres porque é rei, ele não é rei porque faz milagres; a ideia sublime, ou mesmo sagrada, que se tinha do poder real basta para explicar que se atribuiu facilmente a seus detentores o dom dos milagres. É apenas um detalhe anedótico; o que é menos anedótico é a ideia sobre-humana do poder soberano.

---

91 Weber, *Religionssoziologie*, v.1, p.268.
92 Os fatos antigos são reunidos por Marc Bloch, *Les rois thaumaturges*, p.59-63. Não sei como convém interpretar o fato de que os reis helenísticos eram invocados nos mistérios (Nilsson, *Opuscula minora selecta*, v.3, p.326) e que havia mistérios imperiais na Ásia romana (H. W. Pleket, "An aspect of the Emperor's cult: imperial mysteries", em *Harvard Theological Review*, 58, 1965, p.331). Entre as superstições que diziam respeito à pessoa do soberano, eis aqui uma que não foi notada: a plebe de Roma acreditava que Domiciano tinha um sortilégio que fazia que seu grupo preferido no circo, os verdes, ganhasse sempre: é preciso explicar através disso o epigrama XI, 33, de Marcial. No protocolo bizantino, em compensação, o imperador será reputado vencedor por qualquer facção que ganhe a corrida de bigas: A. Grabar, *L'Empereur dans l'art byzantin*, p.65.

Encontramo-nos em pleno terreno político. Constatamos, então, que a noção de carisma não é nem clara nem homogênea; seria verbal aproximar o culto a Stefan George, a Hitler e a lealdade que todo bom inglês demonstrava pontualmente a seus sucessivos reis ou a seus grandes homens a uma mesma raiz "psicológica"; no mínimo deveríamos fazer a distinção entre os sentimentos de eleição e os sentimentos induzidos que se desviam da consciência espontânea, que acreditam amar o "patrão" por suas virtudes; mesmo se, para essa própria consciência, o amor pelo rei e o culto a um ditador não tiverem o mesmo sabor.

Distinguimos três fundamentos da legitimidade: pelo direito subjetivo, por delegação e pela natureza das coisas; eles induzem a três carismas diferentes: o amor pelos reis sucessivos, o culto a um grande homem e a conduta de evitamento para se comprimir em torno de um ditador que a opinião pública delegou ou aceitou para ser seu chefe.

1. Reinando por direito subjetivo para o bem dos seus súditos, o bom rei é deus, protegido pelos deuses, ou rei pela graça de Deus. Não há nada de menos pessoal do que esse carisma, que é associado à função como tal e passa automaticamente a seus sucessores; ele é pouco compatível, sabemos, com a existência de uma opinião pública.

2. Em um campo diametralmente oposto, encontra-se o carisma heroico que um indivíduo conquistou por suas proezas ou por um mérito excepcional que o qualifica para a soberania conforme a natureza das coisas; Augusto, depois da tomada de Alexandria, e de Gaulle, depois de 1944, são alguns exemplos. Mais de uma vez, um culto monárquico teve como ponto de partida o carisma pela proeza, totalmente comparável à *aura* que envolve o talento artístico, estratégico ou científico; se o salvador nacional se torna rei, ele adquire, além disso, *ès qualités*, um carisma pelo direito subjetivo que seu sucessor herdará; essa é, creio, a verdadeira explicação do que Weber chama de banalização do carisma.[93] Augusto teve esses dois carismas ao mesmo tempo; o verdadeiro fundamento e a origem histórica de sua soberania, diz Alföldi, não foram seu título de *princeps* nem essa *auctoritas* longamente e pouco utilmente criticada: foi simplesmente por ele ter sido o "salvador" da pátria (diríamos: um herói nacional).[94] Depois, quando já estava instalado no trono, Augusto teve o carisma

---

[93] *Économie et societé*, v.1, p.253; essa banalização foi admiravelmente discernida no mundo romano por Nilsson, *Geschichte der griech. Religion*, v.2, p.392.

[94] A. Alföldi, *Der Vater des Vaterlandes im römischen Denken*, Wissenschaftl. Buchgesellschaft, 1971, p.70. Voltaremos ao *auctoritas* na seção seguinte. – Não devemos misturar tudo: o culto dedicado a De Gaulle não era o mesmo de Pétain, e o culto dedicado a De Gaulle de 1944 não era o de chefe do Rassemblement du people français (RPF), e Colombey não é o Kremlin.

real que transmitiu à sua dinastia; acrescentemos que, como chefe de partido, ele havia tido também uma ligação de devoção pessoal com seus partidários.

3. Hitler chefe de partido, Pétain ou Stalin sem o culto oficial: esses personagens seriam impensáveis fora da era do poder por delegação e das democracias. O povo ou o partido precisam de um mandatário e não são tão sensíveis ao talento natural de um herói, qualquer que seja, para o que querem fazer: conquistar o poder, a Terra prometida, ou garantir sua própria salvação; o ditador tem partidários, e não súditos ou admiradores. Caso se chamasse Moisés, ele existiria somente graças a uma opinião pública que exige ou espera alguma coisa que foi capaz de proporcionar; esse carisma de *leadership* implica uma responsabilidade coletiva.

Enquanto o carisma pela proeza pode ser sentido pelo cidadão mais orgulhoso e mais ferozmente independente, o carisma por delegação, por sua vez, exalta um líder em seu papel de chefe; a opinião adorará esse chefe para se livrar do direito de poder revogar esse mandatário que ela atribuiu a si mesma: como o destituiria, já que ela o ama? Ela passa, assim, do polo autonômico ao polo heteronômico: nas épocas conturbadas ou conquistadoras, convém não mais "fazer política" e ser disciplinado. Pois o carisma da *leadership* é próprio às épocas durante as quais se aspira à salvação nacional, ou então aos "partidos empreendedores" que têm como objetivo alguma conquista, a do poder ou a da Europa (o meio apropriado de classificar os partidos políticos é, na minha opinião, considerar seus fins, e não suas estruturas). O carisma real resulta da heteronomia; sua música pacífica é a de uma época sem "acontecimentos", enquanto o carisma de *leadership* é uma reação de autonomia contra si mesmo e sua música é guerreira; nada lhe parece menos adequado do que a metáfora trivial do Pai.

Os delírios de Nuremberg eram praticamente os de uma sociedade que adorava a si mesma, ao modo de Durkheim, os delírios de um grupo que, antes de empreender um malévolo golpe arriscado, se reúne para fazer promessas a si mesmo, verificar seu número e sua resolução. Isso permite ressuscitar, em um Estado muito grande, as condições de entusiasmo nas quais um grupo concreto como Atenas podia encontrar-se mais facilmente no dia da partida para a expedição contra a Sicília. O grupo quer fazer algo grande, mas, por causa da dissimetria entre governantes e governados, não pode fazê-lo sozinho: sem órgãos, sem aparelho de Estado, ele não tem mãos; um chefe deve assumir iniciativas ou opções. Acrescente-se a isso a psicologia muito particular do risco ou da incerteza:[95] quando uma empreitada é

---

[95] Estamos estudando a racionalidade, ou as racionalidades, inclusive as irracionais (pois o irracional pode ser coerente com ele mesmo, com seus axiomas implícitos); os economistas

incerta, prefere-se apostar incondicionalmente no chefe, por razões de reconforto e segurança; sabemos qual era o culto dos líderes na social-democracia desde o início de nosso século.[96] O grupo exalta o chefe que executa, em seu lugar, seus próprios desejos, e que é sua única garantia; além disso, os líderes cobriam-se, no passado, de um carisma de oráculo,[97] como fez Moisés ao conduzir o povo judeu.

Em um bote à deriva, os passageiros exaltarão a *leadership* do capitão em duas condições: que a participação voluntária de cada um no sucesso comum não seja nula, a ponto de todos vibrarem e não se contentarem em obedecer filialmente, como súditos fiéis; e que a parte material de cada um seja ínfima ou parcial, senão os náufragos não aplaudiriam ninguém além de si mesmos. Eles "precisam de um salvador" no sentido de que querem salvar a si mesmos e não podem fazê-lo; eles acabam encontrando um salvador porque precisavam dele e o procuravam, e não porque um herói se apresentou diante deles, repleto de proezas; eles pouco observam a escolha que fazem. Pois o carisma de *leadership* é paradoxal: ele é ao mesmo tempo intenso e maquinal; intenso como um carisma de proeza ou um amor eletivo, automático como um carisma real (Pétain, ditador astucioso, manipulava essa semelhança). Todo ditador no poder se beneficia desse carisma, mesmo sendo um velho retrógrado e antissemita; todos os líderes social-democratas, depois comunistas, se beneficiam automaticamente de tal carisma alternativamente. O que pode ser feito somente se o salvador não é responsável pelo que acontece de ruim, a culpa sendo de seus ministros; pensar que Stalin era pessoalmente o autor das remoções era "uma ideia considerada blasfêmia",[98] e o mito de

---

estudam a racionalidade da incerteza, os matemáticos estudam o critério de Bayes, as probabilidades subjetivas; no seminário do CNRS de 1960 sobre a "decisão", lê-se um excelente estudo de Jenssen sobre o princípio *"is est pater quem nuptiae demonstrant"*: é mais seguro supor que a criança é do marido para maximizar a vantagem dessa solução se a criança for realmente dele ou para minimizar a perda caso ela não seja ou, então, para ter "o mínimo arrependimento", a menor perda possível; pois é melhor absolver um culpado do que condenar um inocente. Sobre os aspectos psicológicos, eu me lembro de ter lido um livro divertido de John Cohen sobre a psicologia dos jogos de azar.

96 Ver o livro clássico e profético de Robert Michels, *Les partis politiques, essai sur les tendances oligarchiques des démocraties*, reimpresso em 1971, Flammarion.

97 E não de um profetismo, se as palavras possuem um sentido: "Quando vós tendes um profeta, eu, Jeová, apresento-me diante dele em um sonho; o mesmo não acontece com meu servidor Moisés: ele é o homem de confiança de toda minha casa e eu falo com ele face a face e em visão, não por enigmas" (*Números*, XII, 6-7). Moisés é profeta somente em um sentido mais amplo da palavra (e mais tardio: *Deuteronômio*, XVIII, 15 e 18; XXXIV, 10).

98 Roy Medvedev, *Le stalinisme*, Seuil, 1972, p.415-454; ver um texto surpreendente de W. Leonhard, *Die Revolution entlässt ihre Kinder*, Ulstein Bücher, 1955, p.58.

Pétain ainda está vivo. A intensidade desse carisma provém da escolha pessoal feita pela opinião, e o automatismo vem da docilidade que ela impõe em relação ao chefe que elegeu.

4. Ou da docilidade que o chefe impõe a ela. Stalin submeteu o carisma de *leadership* ao mesmo tratamento que Calígula havia infligido ao carisma pelo direito subjetivo: não se deixar simplesmente adorar, mas fazer que o adorem; isso pode pegar ou não, mas em todo caso a exigência de sentimentos obrigatórios constitui uma "informação de ameaça": o senhor informa que ele não permitirá que se brinque com o fundamento sagrado de seu poder, a fim de retirar, dele, uma satisfação narcisista (Calígula) ou então se declarar inamovível (Stalin). A "genialidade" de Stalin foi uma tentativa desesperada de restaurar o direito subjetivo em uma era de opinião democrática na qual somente o poder por delegação é legítimo; o ângulo adotado foi o de imitar o carisma pela proeza: Stalin deve conservar o poder porque ele é feito para isso; a receita foi imitada um pouco por todo o Terceiro Mundo.

O "culto da personalidade" desenvolve-se depois dos fracassos de 1929; naquele momento tudo vai mal, então[99] as pessoas se agrupam em torno do líder. Elas poderiam também destituí-lo um dia, mas como o destituirão se ele é genial, se ele é "o melhor entre nós"? O gênio é a variedade natural do divino.

Infelizmente, o gênio é uma qualidade de herói, e não de deus, se é genial somente a título pessoal. Os imperadores romanos preferiam prudentemente ser deuses, e não semideuses; Stalin, por sua vez, não tinha escolha, pois ele devia contar com uma opinião pública, que havia atingido um certo nível de consciência, e com o racionalismo bolchevique, filho ilegítimo do *Aufklärung*. O que explica seu fracasso parcial: o carisma de genialidade não é transmissível automaticamente a um sucessor, pois ele seria contrário à lei dos grandes números que acredita que todos os secretários gerais tenham tido alternativamente essa genialidade; o *credibility gap* não o permitiria.

Em uma época na qual os governados julgam os governantes, Stalin não podia ressuscitar e se tornar o imperador da Rússia; ele não detinha o direito subjetivo, nesse caso a genialidade era apenas um substituto imperfeito. Consequentemente, ficaram faltando também o evergetismo e a majestade: nenhuma pompa envolvia sua pessoa e sua vida privada; não existe nada de mais anônimo do que sua existência de funcionário uniformizado: os dirigentes bolcheviques, que são chefes modernos, escondem-se por trás de sua função, pois eles a exercem em nome do proletariado e não em seu próprio nome; o que explica seu puritanismo.

---

99 Medvedev, op. cit.

Os imperadores romanos, ao contrário, eram considerados, pela sensibilidade popular, os proprietários de seu império; eles eram autênticos, vivendo para si, instalando-se confortavelmente como os ricos sabem fazer, e via-se bem, pelos seus presentes e pelo fausto de suas residências, que eram os donos do lugar. Bons donos: havia, em seu caráter, uma liberalidade natural que fazia que se tornassem evérgetas.

Essa era a filosofia política popular; mas será que ela correspondia às realidades administrativas? A imensa maquinaria do Império funcionava segundo os mesmos princípios que a gestão de um patrimônio privado? Isso deve ser verificado.

Apêndice – os deuses: história natural ou fenomenologia?

A divinização dos soberanos não é mais difícil de "compreender" do que as canonizações da Igreja Católica: existe o sentimento popular que gerou muitos santos e existem as decisões da hierarquia e os teólogos. Basta dizer que a palavra deus na Antiguidade designava um ser que se parecia muito mais com uma simples criatura, tais como os santos, e muito menos com o nosso Deus criador, o que explica as razões da divinização dos imperadores; há muito tempo, de um deus antigo ao Deus do Novo Testamento ou o do Alcorão, Harnack pôde escrever um longo texto,[100] não para indicar que a palavra deus não designa a mesma entidade para os pagãos e para os cristãos, mas para mostrar surpresa, uma vez que entidades tão diferentes puderam ser designadas pela mesma palavra.

O que é um deus antigo, de fato? Coisa curiosa, pouco se questionou sobre isso; segundo o argumento de um dos meus amigos filósofos, os filólogos disseram quem eram os deuses antigos, mas não o que eram: é que os filólogos acreditam nos deuses, seu trabalho consiste em acreditar piamente no que dizem os textos.

O que era, então, um deus? Duas respostas são possíveis, já que os deuses são figuras de fabulação. Podemos fazer como se admitíssemos sua existência, e sob o nome de fenomenologia religiosa escrever sua história natural; podemos também, com o verdadeiro sentido da palavra fenomenologia, esquecer quem eles eram e descrever a estranha atitude que os homens possuem diante das fabulações em geral. Suponhamos que nos perguntem o que era Sherlock Holmes ou James Bond; se lhes atribuíssemos uma realidade (abusando da imparcial *epochè*), nos encontraríamos em uma situação muito embaraçosa; deveríamos supor que James Bond tivesse sempre a

---

100 *Lehrbuch der Dogmengeschichte*, v.1, p.138.

mesma idade, pois, de um livro para outro, não o vemos envelhecer. Talvez possamos supor que ele tinha o dom da ubiquidade para resolver contradições em seu estado civil ou sua cronologia; nos perguntaríamos também se a ordem de sucessão de suas proezas é a mesma ordem de publicação dos livros que as contam. Mas podemos também, mais fenomenologicamente, admitir que a existência de James Bond deve ser colocada entre parênteses, e que o verdadeiro método é se perguntar se, em sua visão de James Bond, o autor e os leitores levantavam as mesmas questões, como as teriam certamente colocado se tivessem considerado o herói como um homem de carne e osso.

Se os deuses antigos existiram, então eles foram uma das três espécies de criaturas vivas (ou, mais precisamente, automotoras, no sentido de Aristóteles) que povoaram a natureza: o universo carrega deuses que são racionais e imortais, homens que são racionais e mortais, e animais que não são racionais; todos são sexuados e todo deus é macho ou fêmea, *sive deus, sive dea*.[101] São homens imortais (mas não eternamente jovens) que se locomovem facilmente no espaço, o que os homens não fazem. Em resumo, eles existem no espaço e no tempo, mas no seu caso, o espaço e o tempo não parecem ter a mesma consistência que têm para nós; um deus não envelhece e surge onde quiser no pouco tempo necessário para que se conte sobre ele; somente James Bond, que pula de um canto a outro do mundo sem que o leitor sinta o tempo passar, se iguala nessa velocidade. Essas figuras de conto não atormentavam de modo supremo os filósofos que faziam perguntas sobre o mundo como as que outros faziam sobre Deus: seria ele eterno? Seria ele divino?

A raça imortal dos deuses tem uma outra particularidade: ela mantém uma certa distância em relação aos deuses de outras espécies; homens e animais percebem os deuses apenas excepcionalmente. Os deuses se escondem: a Antiguidade nunca deixou de afirmar isso, e os panegiristas acrescentavam engenhosamente que o imperador era precisamente o único deus que viveu entre os homens. Foi durante a Idade de Ouro que deuses, homens e felinos se frequentavam familiarmente, e até mesmo alguns homens se tornavam deuses; "infelizmente, hoje, quando a perversidade atingiu o nível que sabemos, os homens não se transformam mais em deuses, exceto na vã retórica segundo a qual a bajulação dirige ao soberano".[102]

---

101 Boyancé, *Études sur la religion romaine*, p.5. – Sabemos que o estatuto das plantas como ser vivo foi durante muito tempo duvidoso (G. Lebrun, *Kant et la fin de la métaphysique*, p.247).
102 Pausânias, 8, 2, 5; os imperadores são deuses presentes entre nós: Vegécio, 2, 5; *Panégyriques latins*, X, 14, 1; Valério Máximo, prefácio; hino dos atenienses a Demétrio Poliorcetes (*Collectanea Alexandrina*, Powell, p.160); o imperador é *praesens deus* (*Panég.*, II, 2, 1),

Assim falam sacristãos, poetas e panegiristas; mas será que os fiéis de deus, aqueles que têm sentimentos religiosos, que se arrepiam diante do pressentimento do divino, aqueles que, durante esse Alto Império, enquanto se afirmava a perda da fé em Júpiter ou em Mercúrio, multiplicavam os *ex-voto* para Júpiter e Mercúrio – será que esses fiéis acreditam nisso tudo? Sem dúvida eles acreditavam nisso, mas eles pouco refletiam sobre isso; para ter sua lenda, um ser é também real a nossos olhos se tivermos uma experiência pessoal com ele; nesse caso, pouco nos importa a lenda.

Seres invisíveis que não envelhecem e que se locomovem muito rápido: a humanidade teria colocado nesses deuses seus tormentos existenciais e seus sonhos de imortalidade e de ubiquidade? Não, ela simplesmente se submeteu às leis gerais de toda fabulação que começa, hoje, a conceitualizar a teoria do relato. Os deuses antigos não são eternos jovens, muitos são velhos, mas jovens ou velhos, eles mantêm eternamente a mesma idade, que constitui sua identidade, e nesse sentido, são imortais. James Bond também tem sempre a mesma idade e para que ele morra deve ser "assassinado" por seu criador, pois ele não poderia morrer espontaneamente; a velhice perpétua de Nestor também é um atributo de sua identidade.

O tempo e o espaço de um mundo imaginário não têm relação com o tempo e o espaço reais, nem com os de outros mundos imaginários; o encontro entre Sherlock Holmes e Arsène Lupin nos surpreende por sua puerilidade concretizante.[103] O que é o Olimpo? Uma montanha? O céu? E como podem se sentar no céu? Essas são dificuldades que as crianças ignoram, que

---

praesentissimus deus (VII, 22, 1). Sem esquecer Horácio, *Odes*, I, 2, 45 e Virgílio, *Eneida*, VI, 871 (sobre Marcelo), com a nota de Norden. Hoje os deuses se escondem dos homens, mas durante a Idade de Ouro e no mundo dos contos de fadas eles viviam juntos: o tema segue Hesíodo, fragmento 82 Rzach, na Quarta Bucólica e em Plotino, 5, 8; 1, linha 38: "se Zeus fosse condescendente em se mostrar a nossa visão [...]". O texto fundamental poderia ser Xenofonte, *Memoráveis*, 4, 3, 13. O trecho mais bonito no qual se exprime o tormento de não ver os deuses, exceto em "epifanias" muito curtas, deve ser o *vera incessu patuit dea* do canto I da *Eneida*; ver também Lucano, 5, 88. Platão parodia o tema: ele afirma que os Antigos valem mais do que nós e moravam mais perto dos deuses (*Filebo*, 16 C). Sobre os contos de fadas, seria melhor comentar em detalhe a peça 64 de Catulo, verso 385 *sqq.*, com as notas de Kroll, e a lenda de Amor e Psique em Apuleio, que brinca com o tema dos deuses que se escondem dos homens; Psique é uma nova Vênus, uma *nea Aphrodite*, como teria dito um Antigo (Crispina, se minha memória é boa, foi divinizada sob esse nome – e em todo caso poderia tê-lo sido); e essa nova Vênus não se esconde dos mortais. – Mas não esquecer que a palavra "epifania" tinha diversos sentidos e podia designar não somente a presença visível de um deus por muito tempo ou por alguns instantes, mas também a manifestação do poder de um deus inclusive invisível, em resumo, um milagre: P. Roussel em *Bulletin de correspondance hellénique*, 1931, p.37.

103 Husserl, *Expérience et jugement*, tradução para o francês Souche, p.206.

pensam, ao contrário, que a direção "para cima" é um lugar, que se pode chegar até lá e que montanhas e foguetes o alcançam; é difícil para elas conceber que "o céu" não esteja em lugar nenhum.

O mesmo acontece com a personalidade; "não existe nenhum sentido em se perguntar se a Gretel de um conto e a Gretel de outro conto são uma mesma e única Gretel, e se o que é imaginado para uma concorda com o que foi imaginado para outra".[104] Quando Balzac concorre ao estado civil e atribui biografias coerentes a seus heróis como se tivessem realmente existido, esse zelo comovente e supérfluo é imperceptível para a maioria dos leitores; Petrônio, que multiplica as contradições cronológicas em Satiricon, não se esforçou tanto, o que não impede alguns filólogos de se questionar fortemente sobre a estação do ano durante a qual supostamente decorreu a ação.

Quando um ser é fictício, quando ele não é individualizado por seu corpo em um ponto do espaço, por que haveria apenas um único exemplar feito a partir de sua forma? Ele seria um ou vários? Nem um, nem outro, e poderíamos dizer o mesmo para "Gretel". Também não sabíamos muito bem se havia Pã, Fauna e Sileno ou os Pãs, as Faunas e os Silenos; hesitávamos entre a Musa ou as Musas, e foi tardiamente que professores decidiram que existiriam nove.

Tudo isso é normal. A experiência do divino encontra uma força, não uma individualidade; essa força não apresenta a unicidade e a resistência de um ser em carne e osso, de cabelos grisalhos e que se move lentamente. O viajante inquieto que encontra Pã ou um Pã em sua solidão[105] guarda uma dessas experiências do instante sobre o qual Usener fala em seu grande livro sobre os deuses cuja individualidade é construída em torno de seu nome; ele não teve experiência do infinito nem a de uma individualidade assumida, mas a de um certo ser infinito, de uma força no sentido que Bergson atribui a essa palavra em *Les Deus Sources* [As duas fontes]. Essa força existiria em um ou em vários exemplares? A questão é absurda, já que não possui nenhum suporte corporal; existiria o triângulo isósceles ou triângulos isósceles, e se existem vários, quantos seriam? O ser infinito que o fiel experimentou é, dizem, imortal; digamos que uma experiência religiosa é supostamente e indefinidamente repetível, como toda experiência (a eletricidade é imortal); e que a questão da morte de um ser de ficção não se impõe. É preciso que os seres reais morram, do mesmo modo que é preciso que seus olhos sejam pretos ou azuis; mas qual era a cor dos olhos de Vulcano? Dos olhos

---

104 Ibid.
105 Hérodote, 6, 105-106.

de Trimalcião? A morte de James Bond seria inesperada e seria uma grande paródia da realidade.

O verdadeiro fiel quase não pensa nisso tudo: ele tem suas verdadeiras razões para crer. Cabe aos poetas, assim como aos *ciceroni* que guiavam as visitas no santuário, fazer o resto.

Eles atribuirão um nome aos deuses, eles o transformarão em um indivíduo de ficção, e traços pessoais e aventuras vão se agarrar a esse nome como a um cabide. É por essa razão que os deuses não envelhecerão e terão a ubiquidade dos heróis de ficção romanesca. Será preciso, efetivamente, conciliar as experiências religiosas entre si, e as ficções entre si; em todas as partes do mundo, fiéis podem pressentir Pã no mesmo momento; o Zeus dos tempos da guerra de Troia e o Zeus de hoje têm a mesma idade. O fiel sentiu uma força na solidão das montanhas ou na necessidade de se dedicar a alguma coisa sobrenatural; mas se essa alguma coisa tem um nome e um corpo de ficção, ele deverá supor o tempo material necessário para poder se aproximar de seu fiel? Ou será que ele vai tão rápido quanto o pensamento que seu fiel tem dele? Nos romances, os heróis aparecem conforme os desejos do autor e o tempo de sua viagem nunca é sentido: nada é mais difícil do que transmitir a ideia de duração em uma ficção; que leitor percebe, ao ler *A Cartuxa de Parma*, que se passaram nove anos da prisão de Fabrício até sua morte?

Outras vezes a individualidade atinge uma força, não de um nome, mas de um ser real do qual é a duplicata: é assim que ocorre com as divindades que os romanos chamavam de gênios. Apenas os seres que têm uma individualidade (e, através disso, um nome próprio) possuem um gênio, ou seja, os homens e os lugares; cada um de meus leitores possui um gênio, eu também, Tito também, o imperador também, e existe também um gênio de Cartago, um gênio de Pompeia ou de Campânia. Esses gênios não são, apesar do que dizem, protetores ou "duplicatas" imortais; nunca os vemos tomando posição com relação ao homem ou ao lugar onde são considerados gênios, intervir para protegê-los; eles nunca fazem nada, e distinguem-se uns dos outros somente modalmente; eles são sua individualidade abstrata e divinizada. Quando uma terceira pessoa quer honrar um homem, um lugar onde ela vem morar, ou então o imperador, ela dirigirá suas preces para seus gênios respectivos. Quando o indivíduo morre, seu gênio não "morre", mas também não sobrevive a ele; sua sombra também não morre: não faz mais sentido que ela viva, apenas isso. A individualidade de um homem que não existe mais simplesmente não existe.[106]

---

106 Veyne, em *Mélanges d'archéologie de l'École de Rome*, 1961, p.270.

Um deus não possui nenhuma outra substância além do pensamento que se tem dele, quando se pensa nele, mas se alguém pensa nele, isso quer dizer que ele já subsistia. Existiria um gênio do meu vizinho? Praticamente, sim, se eu dirijo minhas preces a ele, mas eu começo a lhe fazer preces simplesmente porque ele existia. Dizem, às vezes, que os romanos consideravam os montes e rios como divindades; digamos que, quando viajavam, eles geralmente dirigiam votos a tal montanha ou a tal rio que marcavam uma etapa característica de sua viagem e lhes pediam um retorno tranquilo; esse rio é deus somente para esses viajantes, nessa circunstância específica, mas como seria então se, conforme o direito, ele o fosse o tempo todo? É importante que Papai Noel exista entre dois natais sucessivos.

O verdadeiro fiel também acredita em tudo o que se conta dos deuses e o repete, sem sombra de dúvida, mesmo que seja sem paixão: ele tem suas próprias razões de acreditar, razões que fazem que acredite no resto. Porém, tais razões são sentidas enquanto o resto é apenas crível. E é por isso que puderam dizer que o imperador era um deus. Quando um verdadeiro fiel invoca um deus com todo o fervor e sentimento, ele se posiciona aquém da fabulação que fabrica individualidades divinas e a aceita sem refletir muito sobre ela. O imperador é um deus apesar de ser mortal: isso nos parece contraditório, mas essa contradição na fabulação é muito mais grave do que teria sido uma contradição nos sentimentos; pode-se acreditar ou fazer que se acreditasse que o imperador é um deus porque existe o sentimento da sublimidade real. Apenas teólogos poderiam ficar pedantemente chocados com uma contradição entre fábulas: mas não havia teólogos. Havia, em compensação, uma censura cívica, um puritanismo que proibia um homem de se considerar deus; mas esse puritanismo desapareceria na época helenística, quando triunfa, em termos religiosos, o que Hegel chamaria de lei do coração ou o delírio da presunção.

Graças à fabulação, os deuses subsistem entre duas experiências que são feitas com eles, têm um nome, uma personalidade e uma biografia. Contudo, a experiência do divino é sempre mais garantida por si mesma e potencialmente mais vasta do que seriam todas as fábulas. E é por esse ângulo que os soberanos foram divinizados. É comum, em muitas sociedades, que um homem ou um animal admirável, um traço característico ou expressivo da paisagem, ou mesmo uma atividade, sejam considerados divinos e recebam homenagens ou oferendas; esse fato é conhecido na Antiguidade Clássica e helenística. O que não impede o divino de ser quase inteiramente monopolizado pelos deuses, os deuses individualizados, que haviam se tornado o padrão do divino. A ideia de homens divinos ainda persistia, mas era comparada a esses titulares do divino que eram os deuses; na *Ilíada*, os troianos dirigem preces a Heitor, seu salvador, "como para um deus";[107] isso quer dizer que o consideravam como um homem divino (e mortal, eles não sabiam muito bem), que o comparavam ao modelo dos verdadeiros deuses e constatavam, então, que lhe dirigiam espontaneamente verdadeiras preces, totalmente semelhantes àquelas que dirigimos aos deuses. Em um momento de emoção ou de pompa, eles puderam se livrar de seus modelos e escrúpulos e gritar: "Um deus, tu és verdadeiramente um deus!" Foi assim que o ingênuo pastor que divinizou Otaviano Augusto agiu por conta própria: "Ele será sempre um deus para mim!" A continuação é um inocente cerimonial monárquico ou um cálculo político não tão inocente.

Podemos então esclarecer o que é, finalmente, o nó da questão: que relação existe entre a intuição do divino e a divinização dos imperadores? O culto dos soberanos é política ou religião? E o que quer dizer "religião"? As páginas que seguem devem muito a Hélène Flacelière. Toda a dificuldade deve-se ao fato de se ter confundido a religião – que é simplesmente uma modificação histórica, uma limitação, um vulgar agregado – com a experiência do divino, que é mais ampla e indeterminada e que surge em uma intuição de essência. Não se devem confrontar o imperador e os deuses: deve-se procurar a relação que ambos possuem com a experiência original do divino, do "numinoso".[108]

---

107 *Ilíada*, 22, 394.
108 Fazemos alusão à admirável fenomenologia do divino e do "numinoso", devido a Rudolf Otto, *Das Heilige*, 1917 (tradução Jundt, *Le sacré*, Payot); o divino é uma intuição de essência "inefável", no sentido de uma qualidade (no sentido vago dessa palavra: algo irredutível ao qual não se pode dar o equivalente), e que é feita de uma tensão entre um momento terrificante, o *tremendum*, e um momento fascinante de suavidade (no livro de Otto Augustin, no admirável Capítulo VII, 10 das *Confissões*). – Seria desnecessário dizer que uma intuição de essência não significa que exista um objeto real que a preencha: a fenomenologia não é tão "idealista" quanto os bem-pensantes de todas as tendências acreditam ser. Somente a intuição de essência depende da fenomenologia: os objetos intramundanos, por sua vez, dependem do conhecimento positivo e das ciências; a essência do *tremendum* pode ser preenchida por fantasmas, mas isso não implica que os fantasmas existam e em todo caso não é a fenomenologia que estabelecerá ou recusará sua existência. Ver Husserl, *Recherches logiques*, tradução francesa PUF, 1969, v.2, 1ª parte, p.19. A fenomenologia diz simplesmente que nós não apreendemos do mesmo modo um objeto corporal, um ser sobrenatural ou um teorema: não se acredita em Deus como se acredita na existência de uma mesa ou de uma cidade que nunca se viu e que se conhece apenas através da boa-fé de outros; não somente porque as razões dessas crenças são de diferentes tipos, mas também porque esses objetos caem sob horizontes diferentes. Seria preciso considerar isso em uma psicologia da crença religiosa: é precisamente o que o empirismo de Hume, para o qual nada é mais estranho do que a ideia que essências possam ser institucionalizas, foi incapaz de fazer, e é por isso que a crítica de Hume sobre a religião não vai até o fim de seu pensamento. O lugar de Otto na filosofia religiosa atual é comparável apenas a de Schleiermacher no século passado; ficaremos convencidos disso ao folhearmos o manual de J. Hessen,

O que é, então, o divino, e qual é a relação entre o sentimento divino e o sentimento político de dependência heteronômica?

Aqui, é melhor falarmos francamente: ignoro totalmente se a intuição do divino, do numinoso, refere-se a um objeto autêntico e, nesse caso, qual objeto (é um agnóstico que está falando); mas quem quer que tenha tido a experiência do divino, nem que tivesse sido uma única vez, mesmo em sonho, captura de uma só vez o caráter irredutível dessa experiência, não fica mais tentado a negar a especificidade do núcleo essencial das religiões históricas e se recusará doravante a toda redução do divino. É uma grande surpresa (parecida com aquela de um surdo de nascença que, curado de repente, descobre a originalidade qualitativa da audição) ver quanta radiação esmagadora de majestade, de terror e de suavidade pode envolver alguns objetos reais ou imaginários em um momento de emoção; simples emoção, aceito isso: contudo, ela não se parece com nenhuma outra. E ela dá a chave para acessar estados menos intensos (a sublimidade de algumas paisagens, por exemplo) cuja originalidade não é tão sensível. Eu me permitirei acrescentar que aqueles que não tiveram essa experiência acharão estranho o presente parágrafo; pois, por mais que a intuição do divino seja antropológica, já que é irredutível a uma essência vizinha, ela é distribuída irregularmente entre os indivíduos: para uma metade da humanidade ela é evidente; a outra metade a ignora e a nega com irritação; no máximo pensa que se trata de uma vaga sentimentalidade, cultivada com uma condescendência suspeita: enquanto

---

Religionsphilosophie, Reinhardt, 1955, v.1, p.269-296 e v.2, p.111-119. – Para compreender a ligação entre o divino e o sentimento monárquico, deve-se ver: 1°) que o *tremendum* comporta um elemento representativo: a todo-poderosa potência divina; um deus é senhor do futuro, dos ventos ou dos corações. Um rei também é poderoso, um poder que, garantidamente, não tem nada de sobrenatural: nisso, ele é complementar ao poder divino e não semelhante a ele. Acontece que, metonimicamente, o poder dos deuses pode ser assimilado ao dos reis; 2°) que o *adorandum* se parece abstratamente com a heteronomia política: aprova-se em seu coração a superioridade de outro; pouco importa, para a metáfora, que essa superioridade seja política em um caso e religiosa em outro. – Vê-se, em todo caso, que um abismo separa o carisma monárquico do culto de um ditador e os delírios de Nuremberg: em Nuremberg, uma coletividade decidida a esmagar tudo sob ela adora a si mesma, ao modo de Durkheim, e inebria-se com o sentimento de sua *força*, de seu número, de sua resolução; no culto monárquico, como no culto dos deuses, súditos ou fiéis têm o sentimento de sua *insignificância* diante do poder sobrenatural e "inquietante" dos deuses ou diante do poder natural dos reis. – Precisemos que apesar de a intuição do divino ser "inefável", ela não é, por isso, ininteligível: não se pode explicar com palavras o que é o azul a um cego de nascença, nem inventar e descrever, em um romance de ficção científica, uma qualidade imaginária que revelaria aos marcianos um sexto sentido que eles teriam e nós não. Em compensação, *distinguem-se* muito bem o azul do verde e as cores dos sons; do mesmo modo, parece-me que a intuição do divino é muito diferente dos sentimentos místicos de fusão.

na verdade se trata de uma tempestade afetiva da qual o indivíduo desorganizado procura em vão escapar. Essa intuição de essência do divino está além dos diferentes objetos intramundanos aos quais ela pode se referir: um pai ou algum outro *rex tremendae majestatis*, um deus, uma figura feminina revista em sonho que proíbe o incesto, o doce terror silencioso dos mundos que não são os dos homens, as altas montanhas ou os desertos; ou mesmo, para dizê-lo francamente, algumas vezes, a guerra.

As religiões, por sua vez, modificam historicamente essa intuição, agregando a ela, além disso, milhares de outros sentimentos que constituem a diversidade das religiões históricas. Acontece que a intuição do divino, o sentimento de insignificância do homem diante de uma força (eu nem mesmo disse uma pessoa) esmagadora e adorável, permite reconhecer um núcleo essencial nas religiões históricas diferente de tudo o que elas agregam de externo e que as distingue de outras espécies, por exemplo, da política. Não, as ideologias políticas não são substitutos da religião nem das religiões equivocadas; o que elas têm em comum com as religiões históricas é precisamente o que, nesses agregados, é externo à essência do divino e depende de outras essências: os livros santos, o zelo prosélito e conquistador, a gana em moralizar, os ritos, as festas, o exclusivismo das seitas. O marxismo não se parece em nada com o que existe de religioso em uma religião. Uma palavra basta para sugerir o abismo que os separa: existe efetivamente um sentimento que se parece com o divino: ele é seu aspecto noturno, parcial (reduzido ao *tremendum* sem o *adorandum*), inferior se preferirmos, mas em todo caso tão irredutíveis quanto ele: é o medo do sobrenatural, do inquietante, do sinistro, que não é um medo mais intenso que qualquer outro, mas um medo que visa a um objeto que não se parece com nenhum outro. Ora, nada é menos assombrado do que uma reunião de célula. Uma religião não é essencialmente uma espécie de filosofia, uma tentativa de responder ao enigma do mundo, da vida ou do mal, mas uma reação a uma intuição de essência, a do divino que, como a dor, o prazer, as cores ou o belo, é o objeto de uma experiência específica que não pode ser explicada àqueles que nunca a tiveram, mas somente sugerida de um modo ou de outro através do quase. Não é necessário que a experiência do divino tome a forma da emoção que evocamos para fazer que as coisas sejam vistas com uma lente de aumento: a sensação sagrada é apenas o acidente extremo de uma sensibilidade e de uma crença, difundida e específica.

Compreendemos, assim, o que aconteceu no caso do rei divinizado. A obediência política (que comporta a heteronomia), a soberania pelo direito subjetivo, na qual os súditos nascem para servir o rei, a ausência de opinião que faz que o senhor não seja julgado, fazem que os governados pertençam a uma espécie viva inferior à dos governantes. Ora, a intuição da majestade divina, por sua vez, comporta o sentimento da insignificância humana diante do divino. A emoção que se tem diante de uma estátua divina ou uma montanha sagrada, também a sentimos quando nos introduzimos diante da presença do rei. Com certeza, os dois sentimentos e os dois horizontes de representações permanecem diferentes; a submissão heteronômica a um senhor e a adoração do divino possuem em comum o que elas têm de abstrato: nos dois casos, aprovamos em nosso coração uma superioridade, que é autoritária em um caso, inefavelmente suave em outro. Além disso, o divino é visado no horizonte do sobrenatural (um deus tem, por exemplo, o poder de satisfazer os desejos de seus fiéis), enquanto o rei é visado no horizonte dos seres humanos que podem comandar outros homens, mas não o destino. De fato, cotidianamente, cortesãos, soldados e pessoas do povo obedecem ao rei e o veneram, mas sem sentir a grande emoção; eles nunca lhe dedicam um ex-voto; eles até mesmo zombam um pouco do senhor. Somente as crianças muito pequenas consideram os grandes personagens divindades (um sonho nos lembra tal fato às vezes); mas os súditos do rei não são mais crianças. Para que sua veneração chegue ao sentimento de que o rei é divino, é preciso uma certa infantilização induzida, manipulada ou consentida; é preciso ter a sensação em um instante durante o qual se grita: "É um deus!", é preciso uma cerimônia para a emoção comunicativa, é preciso a parcela de comédia edificante que a política comporta. No entanto, a criança nunca está muito distante do homem, e essas criancices cúmplices são facilmente obtidas.

Infantilização ou não, "divino" é uma coisa e "deus" é outra; o divino não se encontra em lugar nenhum em seu "estado selvagem": as religiões históricas o cultivam e fazem dele seres imortais. O que pode ser entendido em dois sentidos. Primeiramente, uma religião histórica é, para nossa mente, um "conjunto confuso" que começa a ficar claro somente quando se percebe um núcleo essencial ou pelo menos característico, o divino: à confusão de toda história se opõe nossa conceitualização. Em seguida, toda religião histórica, mesmo que ela nos permita mais ou menos conceitualizar o divino, modifica-o e limita-o: o possível se opõe à arbitragem cultural. Então, já que as religiões históricas convertem o divino em deuses, a política é obrigada a acompanhar seu tempo: ao infantilizar os súditos do soberano, ela declara que o rei é um deus. Mas, ao mesmo tempo, por um movimento inverso, ela volta implicitamente à historização e reconverte os deuses em divino: ela somente pode qualificar de deus o mortal que reina, sob o risco do absurdo da palavra, ao aumentar a palavra deus com sua reserva, que é o sentimento do divino no qual o absurdo desfalece.

Não era muito difícil, pois, a divinização do imperador, como dissemos, correspondia, por um lado, ao sentimento popular, à humildade diante do senhor, e, por outro lado, a um culto organizado, instituído, oficial; mas ela não correspondia a uma crença: amava-se humildemente o rei e ofereciam-se a ele sacrifícios, mas ninguém dizia a si mesmo: "Júpiter é um deus, Marco Aurélio também", o que teria sido impossível de acreditar. Ora, um culto oficial implica um cerimonial, uma liturgia, textos sagrados, poesias, enfim; e a poesia sempre caminhou junto com a infantilização e com os exageros da linguagem política. A poesia é criancice, sabemos disso; ela regressa à idade dos símbolos e das hipérboles, na qual se consideram os reis e os pais como seres divinos. Essa infantilização simbólica acomodava-se muito bem com o sentimento popular, e a hipérbole convinha às mentes políticas; quando o sacerdote ou o poeta gritava, "Marco Aurélio é um deus presente entre os homens!", nesse instante oficial de emoção patriótica, todo mundo ficava contente. (Não esqueça, no entanto, que o poder do soberano se situava em um horizonte empírico e não era um todo-poderoso sobrenatural, o único a quem eram endereçados os ex-votos). O único descontente teria sido um crente, pois ele teria entendido esse credo ao pé da letra; mais precisamente, a divindade dos soberanos não tinha crentes. Em compensação, ela teve seus incrédulos, os cristãos.

Zelo inútil: que os fiéis tenham claramente consciência disso ou não, o espaço-tempo, o modo de existência e a eficácia dos deuses não têm nada em comum com as do mundo empírico. Por exemplo, se os deuses nunca morrem, é porque em geral nunca lhes acontece nada: eles não têm uma biografia "em tempo real"; imaginemos os gregos repetindo a si mesmos, em 407 ou em 278, a notícia de que o Vulcano tinha acabado de brigar outra vez com Zeus ou que havia se casado outra vez? Os gregos creem que os deuses vivem no céu empírico: eles teriam sido os primeiros a ficarem surpresos se, ao escrutarem o céu real, tivessem percebido ali um deus entre as nuvens e os pássaros; sua presença anormal, sobrenatural, teria sido considerada uma aparição, uma "epifania", ou seja, uma passagem de um mundo imaginário ao mundo real. Enfim, os deuses possuem um poder sobre o futuro cujos objetos e o modo de ação são especificamente diferentes do poder humano. São três as razões que fazem que nunca ninguém tenha literalmente considerado os soberanos como deuses: indivíduos empíricos e seres sobrenaturais são considerados em horizontes heterogêneos. É verdade que os cristãos recriminavam os imperadores por serem falsos deuses, em oposição à verdadeira natureza da divindade, e não por serem deuses falsos, em oposição aos verdadeiros deuses, pois somente a verdadeira natureza da divindade representa o Deus único.

5. O imperador é proprietário e patrono?

A Biblioteca Nacional de Paris foi chamada, durante muito tempo, de Biblioteca do Rei; os navios de guerra britânicos são embarcações de Sua Majestade. No Império Romano, quando se fala sobre o Tesouro público ou sobre os domínios públicos, fala-se do "dinheiro de César" e dos "domínios de César". Devemos concluir que o soberano era proprietário de seu império? Devido ao fato de alguns de seus súditos lhe prestarem sermão de fidelidade, de a plebe de sua capital ser algumas vezes cliente do príncipe, de os soldados receberem de cada príncipe um dom por um acontecimento feliz chamado *donativum*, devemos concluir que o Império Romano era uma sociedade prodigiosamente arcaica na qual os laços de fidelidade pessoal substituíam a obediência política, e que o príncipe era o "chefão", o *capomafioso* de seu próprio império? Problema difícil e, pior ainda, árido: se eu fosse um leitor de meu livro, eu pularia o presente capítulo.

O Império é uma empresa privada?

No século passado, sob a influência do Código de Napoleão, os juristas construíram o sistema jurídico em torno da noção de direito subjetivo: cada sujeito jurídico tinha um certo número de direitos reconhecidos. Alguns juristas tentaram, então, construir também o direito público com a mesma noção: o soberano comanda porque possui o direito de comandar. A partir disso, o deslize para a ideia de que o soberano seria o proprietário do próprio reino seria fácil, o reino seria uma espécie de propriedade privada.

Historiadores e sociólogos foram influenciados por tal ideia. Mommsen pensou que o Fisco, Tesouro do Estado, pertencia ao imperador, que poderia legar a quem quisesse os domínios da coroa e o produto dos impostos; Anton von Premerstein reduzia a política imperial à sociologia e considerava o principado como a continuação, em gigantesca escala de um monopólio, das redes de devoção pessoal que os magnatas do fim da República tinham com seus partidários; Max Weber estimava que o regime imperial era "patrimonialista": o soberano governava através de seus escravos, dos seus libertos, dos seus procuradores e recrutava os funcionários entre indivíduos que dependiam pessoalmente dele.[109]

---

109 A. Von Premerstein, *Vom Wesen und Werden des Prinzipats*, reimpresso em 1964, Johnson Reprint Corporation; Weber, *Économie et société*, v.1, p.234; *Religionssoziologie*, v.2, p.69 e 253; *Rechtssoziologie*, p.262 e 306 Winckelmann. Ver ainda o artigo "Princeps" do Pauly-Wissowa, por Wickert, XXII, 2, coleção 2500-2508.

No sentido que a palavra possui na teoria política,[110] o patrimonialismo é uma doutrina segundo a qual a propriedade privada, ou mais amplamente as relações econômicas, é cronologicamente ou logicamente anterior à sociedade política. O marxismo é um patrimonialismo. Platão, Cícero ou Locke são patrimonialistas. No segundo livro da *República*, a sociedade nasce do fato de que "cada um de nós, em vez de sermos autossuficientes, precisa, ao contrário, de um grande número de pessoas" para nos alimentarmos, para morarmos, para nos vestirmos; a sociedade provém da divisão do trabalho.[111] Para Cícero, o Estado tem a função de garantir o gozo tranquilo da propriedade privada.[112] Essa redução da política à economia é uma ideia amplamente difundida sob formas às vezes implícitas; alguns pensadores da Atenas clássica estimavam que a solidariedade cívica se fundava na ajuda mútua, no empréstimo de dinheiro entre particulares, nas liturgias que faziam que a riqueza circulasse: e isso mantinha a concórdia.[113] O que poderia engendrar uma apologia inédita do evergetismo: corrigiremos ligeiramente a desigualdade das riquezas (o evergetismo é simplesmente revolucionário) e tudo irá bem, pois os homens não possuem nenhum outro interesse para viver junto ou para brigar além das relações econômicas que estabelecem uns com os outros.

Mas em um sentido um pouco diferente da palavra patrimonialismo, a economia pode ser o fundamento do próprio Estado, e não da sociedade: existem países nos quais a relação de soberania se reduz a um direito de posse sobre as coisas ou os homens e no qual o rei é o proprietário de seu reino. Um pequeno rei carolíngio não tinha nenhuma outra renda, além do produto de seus domínios como um rico latifundiário, e recorria a seus cofres para as necessidades de sua empresa de "Estado" e para suas necessidades individuais; um *sheik* tem como "funcionários" seus fiéis ou seus escravos.

E o imperador romano? O império é imenso. Quando uma sociedade é pequena, um pequeno rei pode ser proprietário de seu reino ou do aparelho do Estado se a sociedade global e o subgrupo forem a mesma coisa, os diferentes chefes de tribos tendo uma ligação de fidelidade pessoal com o rei; ou então se o aparelho de Estado é um subgrupo entre outros, se é uma tribo especializada cujo chefe possui tradicionalmente o ofício de chefe de guerra. Mas quando o Estado se encontra abaixo dos subgrupos, quando os súditos cultivam suas próprias terras, e não são os responsáveis por seu rajá, o aparelho de Estado se torna um órgão; ele não possui a sociedade: mas tem a

---

110 G. Jellinek, *Allgemeine Staatslehre*, edição de 1922, p.199-201.
111 Platão, *República*, 369-B.
112 Cícero, *Dos deveres*, 2, 21, 73. Mesma ideia em Locke.
113 Ver Édouard Will, *Le monde grec et l'Orient*, I: *Le Ve siècle*, p.511 e 674.

autoridade sobre os administrados. Apesar das afirmações de Premerstein, o Império não podia ser uma gigantesca rede de clientelismo porque era gigantesco; se milhares de pessoas, para quem o governo não era nada mais que o governo, prestassem sermão, esse sermão se tornaria puramente cerimonial:[114] era muito pouco para submetê-los ao príncipe e ao mesmo tempo era muito, pois para se manter no dever cívico, eles tinham outras razões que são as mesmas que as nossas.

Com certeza, o príncipe possui, para administrar o império, altos funcionários chamados procuradores, sob o modelo dos "procuradores" que os ricos particulares encarregavam da administração de seu patrimônio;[115] a multidão de empregados de escritório era escrava ou liberta do imperador.[116] Mas esses escravos imperiais nem por isso constituíam sua domesticidade privada: eles eram, diríamos, "escravos da coroa", permanecendo em sua função quando o imperador mudava, e não trabalhavam para os herdeiros do imperador segundo o direito privado, mas se tornavam os escravos daquele que sobe ao trono.[117] O imperador não se assemelha a um *sheik* que envia um dos servidores que conhece bem para resolver uma questão importante sob sua autoridade; ele não escolhe seus funcionários entre seus escravos, mas compra escravos para transformá-los em funcionários. Estes são escravos, e não assalariados, porque o mercado não tinha, naqueles tempos, a extensão que adquiriu desde então (não se comprava o trabalho das pessoas: elas eram pessoalmente anexadas) e porque o compromisso era para sempre, era uma solução que as antigas sociedades davam comumente ao problema do recrutamento; as ordens monásticas confirmam tal fato ainda

---

114 Sobre o sermão ao imperador, devemos seguir agora não mais Premerstein, mas P. Herrmann, *Der römische Kaisereid*, Göttingen, 1968. Sobre o sermão da Itália a Otaviano em 32, que foi um tipo de plebiscito, ver Syme, *The Roman Revolution*, p.284.

115 Sobre os procuradores imperiais, O. Hirschfeld, *Die kaiserlichen Verwaltungsbeamten bis auf Diokletian*, 1905, reimpresso em 1963, Weidmann; H. G. Pflaum, *Les procurateurs équestres sous le Haut-Empire romain*, Maisonneuve, 1950 e *Les carrières procuratoriennes equestres*, 3 volumes, 1960-1961; ver também seu artigo "Procurador" na Encyclopédie de Pauly-Wissowa, v.XXIII, 1, 1957, coleção 1240-1279.

116 Três estudos se completam: H. Chantraine, *Freigelassene und Sklaven im Dienst der römischen Kaiser, Studien zu ihren Nomenklatur*, Franz Steiner, 1967; G. Boulvert, *Esclaves et Affranchis impériaux sous le Haut-Empire: rôle politique et administratif*, Nápoles, Jovene, 1970; R. P. C. Weaver, *Familia Caesaris, a Social Study of the Emperor's Freedmen and Slaves*, Cambridge, 1972.

117 Boulvert, *Esclaves et Affranchis impériaux*, p.447. Weaver, *Familia Caesaris*, p.6. O mesmo ocorria com os "amigos" do imperador: seu papel era mais oficial do que seu título nos faria pensar; "eles não perderiam sua posição na morte do príncipe de quem haviam sido amigos" (Friedländer, *Sittengeschichte*, v.1, p.84); "eram eles que garantiam essencialmente a continuidade da política imperial" (J. Crook, *Consilium principis: imperial councils and counsellors*, p.29 e 115).

hoje.[118] Os funcionários eram escravos do imperador, e não do Estado (*servi publici*) por razões históricas: Augusto é um soldado bem-sucedido que progressivamente se transformou em rei e que completou, com sua própria iniciativa, as antigas instituições que se tornaram insuficientes, agregando seus burocratas e seus procuradores.

É público o que satisfaz fins públicos; os outros critérios são inconsistentes. Consideremos esses altos funcionários que eram os procuradores imperiais: são funcionários uma vez que, em caso de malversação, podem ser acusados diante do Senado, como os magistrados;[119] mas, no fundo, eles não teriam sido menos funcionários se tivessem sido considerados servidores de seu senhor e se, para obterem justiça, fosse preciso atacá-los diante de um tribunal ordinário, como quando se pleiteava contra os procuradores de um simples particular: o que importa, efetivamente, é que o recurso passe pelos tribunais ordinários, como na Inglaterra, ou por nosso Conselho de Estado? É um ponto de direito administrativo, nada mais.

Distinguiremos, então, quatro ordens de fatos. Primeiramente, o estilo monárquico; as áreas do Fisco são ditas propriedades do príncipe e os blocos de pedra tirados das carreiras públicas têm gravadas as letras C(*aesaris*) N(*ostri*), "propriedade de nosso imperador", do mesmo modo que o casco dos navios de guerra inglês levam as iniciais H(*er*) M(*ajesty's*) S(*hip*). Mas isso não vai muito longe. O mais importante é que o Fisco e a administração dependiam diretamente do monarca, como em toda realeza digna desse nome. Augusto havia construído um novo aparelho de Estado que fugia do controle do Senado; seu pretenso patrimonialismo não é nada além do que sua monarquia simplesmente, em oposição à oligarquia senatorial, à qual ele foi obrigado deixar o resto do poder. Mas nem tudo é assim tão esquemático. Naqueles tempos a dependência não tinha sempre a transparência de uma obediência puramente regulamentar; um burocrata não era um simples assalariado e os soldados da guarda imperial não se contentavam em receber salário em troca de serviço: eles queriam, além disso, ter uma relação pessoal e simbólica com o príncipe, como veremos mais tarde. Mas ainda tem mais. Lembramos que Augusto era mecenas de Estado e que, em vez de retirar dinheiro dos cofres públicos como se fosse seu próprio cofre, ele retirava recursos de seu bolso para as necessidades do Estado; seus sucessores não teriam continuado seu exemplo? Os imperadores do Japão e da Etiópia agiram assim até 1945 e 1974, respectivamente. Os sucessores de Augusto também, como veremos, o que permite colocar alguma ordem na muito discutida

---

118 M. Crozier, *Le phénomène bureaucratique*, Seuil 1963, p.243.
119 Pflaum, *Les procurateurs équestres*, p.8.

questão dos cofres do Império Romano, que foi falseada por preconceitos vindos do direito moderno.

Os quatro tesouros do Império

Tentaremos ser rápidos e claros. O Império Romano tinha no mínimo quatro tesouros; é muito. Essa pluralidade se explica em parte por razões históricas, mas ela pode corresponder também a uma pluralidade de proprietários: talvez, apesar das aparências, alguns desses cofres não pertencessem ao Estado. É aí que se encontra todo o problema.

O primeiro cofre era o Tesouro propriamente dito ou *aerarium*; era o antigo cofre da República, pois não houve nenhum outro. Ele continuava dependendo do Senado e, como lembrança do passado, era chamado de "público" por excelência; fala-se até do Tesouro do povo. A importância desse Tesouro tornou-se, entretanto, mínima. O que importava era o Fisco criado por Augusto; suas rendas eram calculadas na escala do meio bilhão de sestércios e dependiam exclusivamente do imperador.[120] Os dois outros cofres são

---

[120] O Fisco levanta questões difíceis e confusas muito discutidas nesse momento. Vamos enumerá-las precisando, primeiramente, que a questão do caráter público do Fisco é uma coisa e que a de sua personalidade moral é outra: 1°) A palavra *fiscus*, antes de designar o Fisco, designava "um cofre", o do particular, ou um cofre provincial do *aerarium* em uma província senatorial, ou então um cofre do que será, um dia, o Fisco; isso é algo que agora já está esclarecido. 2°) A partir de Vespasiano talvez, os diferentes cofres (*fisci*) dos impostos que dependiam do imperador são realmente reunidos sob um serviço central palatino, o Fisco. 3°) Ou pelo menos foi por volta de meados do século I que o singular *fiscus* tornou-se pouco a pouco usual para designar o conjunto desses cofres, quer dizer, o Fisco; esse uso nos parece atestado desde Sêneca, *Benef*, 4, 39, 3. 4°) Seria interessante saber se o Fisco, ou um fisco, tinha a "personalidade moral" e se, quando um procurador fazia que um contribuinte indócil se executasse, ele agia em seu nome ou em nome do Fisco como pessoa: simples questão de técnica jurídica. 5°) É uma outra questão saber se o Fisco era uma entidade a serviço do Estado ou se era literalmente a propriedade do príncipe que, como Mommsen pensava, podia legar a um simples particular o conteúdo dos cofres do Fisco. 6°) É ainda uma outra questão saber se existia um direito fiscal, diferente do direito privado ou do direito público. 7°) Enfim, os textos literários dizem que o conteúdo dos cofres do Fisco pertencia ao príncipe; em outras palavras, em nossa perspectiva, não há nada a ser retirado da passagem de Sêneca, *Benef*, 7, 6, 3. Para outra interpretação dos dois trechos de Sêneca, ver o artigo de nosso colega G. Boulvert, "Le fiscus chez Sénèque", em *Labeo*, 18, 1972, p.201. Sobre o Fisco, o essencial pode ser lido em Hirschfeld, *Verwaltungsbeamten*, p.1-29; C. H. V. Sutherland, "Aerarium and Fiscus during the early Empire", "The Aerarium and the Fiscus", em *Journal of Roman Studies*, 40, 1950, p.22. A discussão, abordada por F. Millar (*Journal of Roman Studies*, 53, 1963, p.29), suscitou um estudo de P. A. Brunt que parece decisivo, "The Fiscus and its development", na mesma revista (56, 1966, p.75). Ver o artigo "Fiscus" do *Dizionario epigrafico de Ruggiero*, v.3, p.96, por *Rostowzew* e

pouco conhecidos e o que melhor conhecemos é o seu nome. Um é muito antigo e talvez provenha da época de Augusto; ele se chama "patrimônio do imperador" ou "patrimônio dos Césares", o que pode ser significativo ou não querer dizer nada.[121] O mesmo ocorre com outro que se chama "fortuna privada" ou "conta privada" (*res privatae, ratio privata*), atestada pelo menos a partir de Antonino, o Piedoso.[122] Seria muito simples supor que a diferença entre Tesouro, Fisco, Patrimônio e fortuna privada se resolva em uma pura distinção contábil, em uma repartição entre os diversos capítulos do balanço; é sem dúvida verdade no que se refere a dois ou três desses cofres,[123] mas não a todos, pois textos deixam a entender que o imperador dispunha de algumas rendas a título privado.

Todo mundo admite que a distinção entre o antigo Tesouro e os outros tesouros, que são da época imperial, é de origem histórica. Quanto a esses três tesouros, uma trilogia que os modernos apreciam parece ser feita sob medida para eles: os bens do Estado pertencem à nação e são gerados pelo soberano. Os bens da coroa pertencem aos detentores sucessivos da coroa; a cada mudança de reino ou de dinastia, eles são atribuídos automaticamente ao novo príncipe ou à nova casa regente. O patrimônio privado pertence ao soberano como simples particular: ele pode dispor de tal patrimônio como bem entender em seu testamento e deixá-lo como legado a quem quiser;[124] esse patrimônio pode ser a fortuna que um imperador possuía quando era simples senador, e nada parecia sugerir sua presença no Império. Tudo isso nos parece correto. Resta fazer que os três cofres romanos correspondam às

---

os artigos "Fiscus" do Pauly-Wissowa, v.VI, 2, 385 (Rostowzew) e *Supplementband* X, coleção 22 (*Uerödgi*). A palavra *fiscus* acabou de aparecer em uma inscrição da Ásia: Hermann e Polatkan, "Das Testament des Epikrates", em *Sitzungsberichte der Akad. Wien, phil.-hist. Klasse*, 265, 1, 1969. Sobre os "privilégios do Fisco", argumentação detalhada de Mitteis, *Römisches Privatercht*, v.1, p.366-375, e resumo notável de Sohm, Mitteis e Wenger, *Institutionen, Geschchte und System des römischen Privatrechts*, edição de 1926, p.199, n.5. Por exemplo, o Fisco pode herdar (enquanto em Roma as pessoas não físicas podem somente receber legados).

121 A partir de Cláudio, fala-se do Patrimônio dos Césares no plural; trata-se, então, se não dos predecessores de Cláudio, no mínimo de todos os membros (*Caesares*) da família reinante: Dessau n.1447; Pflaum, *Carrières procuratoriennes équestres*, v.1, p.88; *Corpus* das inscrições latinas, XI, 3885 e 5028. Ver o artigo "Patrimonium" do Pauly-Wissowa, *Supplementband* X, por A. Kärnzlein.

122 Sobre a data, ver agora Pflaum, *Carrières procuratoriennes*, v.2, p.598, 811 e sobretudo v.3, p.1005; ver H. Nesselhauf, "*Patrimonium und res privata*", em *Historia Augusta, Colloquium*, Bonn, 1963, p.73.

123 R. Orestano, *Problema dele persone giuridiche in diritto romano*, Turino, Giappichelli, 1968, p.252: "A oposição decide por uma pura distinção contábil em uma repartição entre diferentes capítulos do balanço".

124 F. Preisigke, *Girowesen im griechischen Aegypten*, reimpresso em 1971, Olms, p.188.

três noções modernas. Depois de uma certa hesitação por respeito a Mommsen, acabamos admitindo, contra seu argumento, que o principal tesouro, o Fisco, pertencia ao Estado ao mesmo título que o Tesouro republicano e, na verdade, nunca mais duvidamos disso, e seria muito difícil duvidarmos um dia. Mas e quanto ao patrimônio privado do príncipe? Corresponderia ao Patrimônio? À fortuna privada? Mitteis opta pelo primeiro, Hirschfeld, pelo segundo.

A doutrina de Hirschfeld[125] tornou-se quase um clássico. O Tesouro, que data da República, e o Fisco, que data de Augusto, são bens do Estado. No momento da sangrenta morte de Nero, quando a dinastia júlio-claudiana terminou, a enorme fortuna privada que a família júlio-claudiana tinha herdado de Augusto foi sequestrada e se tornou bem da coroa atribuído às sucessivas famílias; o Patrimônio são esses bens da coroa. Quanto à Fortuna privada, ela é o que seu nome indica; ela é a riqueza que um imperador possui quando sobe ao trono ou que adquire durante seu reino a título privado.

Vamos tentar mostrar que essa tripartição é anacrônica: a noção de bens da coroa não existia para os romanos, pois ela não é natural em um regime no qual o trono é uma magistratura não hereditária. O Tesouro e o Fisco eram efetivamente cofres públicos, ninguém duvida. Mas, paralelamente a eles, havia apenas a fortuna privada de diferentes príncipes; acontece que, pelos caminhos que veremos mais tarde, esse patrimônio privado do imperador regente passava frequentemente, na totalidade ou parcialmente, para o imperador que o sucedia um dia, a título de legado ou herança. Isso quer dizer que o sistema do mecenato de Estado de Augusto nunca deixou de se perpetuar. Esse patrimônio privado corresponde provavelmente ao cofre chamado Patrimônio, como afirma Mitteis.[126] Quanto à fortuna privada, que é tão privada quanto a Biblioteca do Rei, era um terceiro cofre público: ela se distinguia do Fisco apenas por uma separação contábil.

Porém, em primeiro lugar, é preciso voltar a um problema já morto, mas que de vez em quando ressuscita: o Fisco seria realmente um tesouro público? Não deveríamos levar a sério um texto jurídico que afirma que os domínios do Fisco são propriedade privada do príncipe? O Fisco não seria, então, patrimônio privado de César, como o havia afirmado Mommsen?[127]

---

125 *Verwaltungsbeamten*, p.18; continuado sem novos argumentos por A. Masi, *Ricerche sula res privata del princeps*, Milão, Giuffrè, 1971.

126 L. Mitteis, *Römisches Privatrecht bis auf die Zeit Diokletians*, 1908, p.361; continuado por E. Stein, *Histoire du Bas-Empire*, edição Palanque, v.1, I, p.45 e n.131; e por Max Kaser em seu admirável *Römisches Privatrecht*, v.2, Beck, 1959, p.103, n.2. Havia a tese de Karlowa, mas por más razões Hirschfeld a refutou.

127 *Staatsrecht*, v.2, 998, 1003, 1007 e 1135.

Deixemos bem claro: Mommsen não pretendeu absolutamente que a palavra Fisco designasse a fortuna privada que o imperador possuía ao subir ao trono; ele não podia duvidar, efetivamente, de que os cofres do Fisco eram alimentados pelo imposto e seriam usados para as necessidades do Estado. Mas ele se perguntava se, por uma particularidade do direito romano, esse cofre não seria formalmente tratado como uma propriedade privada do príncipe, ao mesmo tempo que permanecia materialmente público pela origem das quantias que continha e por seu uso.[128] O interesse por esse pequeno problema será o de nos lembrar que, longe de ser a majestosa construção que se poderia esperar, o direito romano, mesmo onde é claramente enunciado (isso é feito no *Digeste*, mas certamente não nas leis, nos éditos e nos códigos), conceitualiza mal e é ainda menos sistemático do que o direito inglês.[129]

A teoria de Mommsen

Nada é mais entediante que o direito; porém, o "direito" romano se parece tão pouco com sua lenda e com o que chamamos de direito, que ele não nos parece entediante. Com certeza, as páginas seguintes serão, em um primeiro momento, um pouco técnicas; mas essa rude etapa de abordagem terá sua recompensa, pois logo em seguida a paisagem se tornará cada vez mais exótica.

A teoria de Mommsen é complicada; ela procura conciliar algumas evidências de bom senso com a linguagem de nossas fontes que afirmam que o Fisco não é público (resta saber se esse qualificativo tem efetivamente o sentido que Mommsen lhe atribui). As fontes repetem que o Fisco pertence ao príncipe[130] e o opõem regularmente ao antigo Tesouro, que é o único que se diz público e que pertence ao público, tanto que *populus* era sinônimo de

---

128 Ibid., v.2, p.999, n.1: *"Der formell dem Kaiser, reell dem Staate gehörige Fiscus"*.
129 É primeiramente um direito não sistemático: ele procede por tópicos e o aspecto sistemático é o mais frequentemente "vagamente sentido" (P. Koschaker, *L'Europa e il diritto romano*, Sansoni, 1962, p.160, n.2, 289, 328). Ademais, ele faz um uso mais tradicional do que rigoroso dos conceitos (F. Wieacker, *Vom römischen Recht*, Leipzig, 1944, p.28); esse direito com tópicos opõe-se ao código civil, direito axiomático (Th. Viehweg, *Topik und Jurisprudenz*, 1953); sobre a analogia, ver U. Wesel, *Rhetorische Statuslehre der römischen Juristen*, Heymanns, 1967, p.89. O estudo fundamental é provavelmente o de Max Kaser, "Zur Methode der römischen Rechtsfindung", em *Narchrichten der Akademie in Göttingen*, 1962, n.2.
130 Por exemplo, Plínio, *Panegírico*, 27, 3 e 41-42; ver Mommsen, *Staatsrecht*, v.2, p.998, n.2. Certamente no *Digeste* os imperadores repetem *fiscus meus* ou *fiscus noster*; mas isso significa "o fisco que está sob minha autoridade" e não "o fisco que me pertence". Eles dizem também "meu procurador" (*Código Justiniano*, 1, 54, 2 e 10, 8, 1), "nosso procurador" (3, 3, 1; 3, 13, 1; 3, 26, 1 e 2), "meu amigo e conde" (*Dessau*, n.206), "meu amigo e procurador" (*Corpus*, I, 8038), "nosso legado e amigo" (*Dessau*, n.423), "nossos soldados" (*Table de*

Tesouro; ademais, os questores do Tesouro são excluídos da administração do Fisco, que é o espaço reservado aos procuradores do príncipe. Por conseguinte, o Fisco pertence ao príncipe, pois ele deve pertencer a alguém, já que não pertence ao povo.

Parece-me inútil dizer que o Fisco não se parecia nem um pouco com uma propriedade privada; era uma instituição de Estado e era idêntico a qualquer sistema fiscal de ontem ou de hoje. Era alimentado parcialmente pelos impostos; ora, um simples particular não arrecada impostos; o conteúdo de seus cofres era usado para fazer que a máquina do Estado funcionasse. Enfim, Mommsen decreta que o imperador regente não podia legar o Fisco a quem bem entendesse: o Fisco, como qualquer instituição pública, permanecia a serviço daquele que o sucederia no trono; é provável também (Mommsen não é muito claro sobre isso) que o imperador regente dispusesse do Fisco por testamento, como de uma propriedade privada, mas tomasse cuidado em legá-lo àquele que provavelmente seria seu sucessor, senão seu testamento não seria respeitado.[131]

Se entendemos corretamente o pensamento de Mommsen, o caráter privado do Fisco seria uma ficção jurídica. A especificidade de uma ficção, efetivamente, é não se ter o direito de tirar dela nenhuma outra consequência que não aquela para a qual foi criada. O Fisco não é propriedade do príncipe, a fim de permitir que ele deixe como legado o Tesouro do Império a um favorito, como se legasse seus anéis: o príncipe possui o Fisco porque esse tesouro deve pertencer a um sujeito de direito; senão, seria possível pilhar os cofres do Fisco sem roubar ninguém.

Então, se esse é o pensamento de Mommsen, perguntamo-nos a que poderia servir essa ficção; pois, precisamente, a pilhagem dos fundos de um Fisco seria comparada não a um roubo (*furtum*) cometido em detrimento de um simples particular, como a ficção o exigiria, mas a uma malversação de recursos públicos, como quando se pilha o Tesouro público.[132] De um modo geral,

---

Brigétio). Mas eles não teriam dito, imagino, "meu procônsul", pois um procônsul depende do Senado e não do imperador.
131 *Staatsrecht*, v.2, p.1135, ver 1007.
132 Seria importante saber se, desde o início, o roubo do dinheiro do Fisco foi considerado uma malversação e não um *furtum*; ora, temos textos antigos sobre a questão, já que são de Labeão: infelizmente, por uma vez, a interpolação parece certa, pois a palavra *aerarium* é, ali, absurdamente retomada por *fiscus* algumas linhas mais tarde (*Digeste*, 48, 13, 11, 6): então Labeão tratava da malversação do Tesouro, e não do Fisco. Labeão era, ademais, o último homem a pensar que o Fisco podia ser público, se julgarmos sua atitude em termos de municípios, aos quais ele nega o caráter público (ver mais tarde). Mesma interpolação certa da palavra *fiscus* em vez de *aerarium* em um outro trecho de Labeão (49, 14, 1, 1): o

o Fisco não entrava na órbita dos tribunais ordinários nem do direito civil; ele também não era totalmente público: ele situava-se à parte.

De qualquer forma, Mommsen construiu sua ficção, até o fim, sobre um *distingo*. Como acreditar, podemos dizer assim, que o Fisco seja a fortuna privada do príncipe, se ele o usa apenas para suprir as enormes despesas do Império, e não para suas necessidades particulares? Vã objeção, replica Mommsen: uma coisa é saber se o Fisco é o patrimônio do príncipe, outra coisa é saber se ele tem o direito de utilizá-lo para fins particulares, pois essas duas coisas são distintas. Mommsen menciona, *en passant*, os dois conceitos sobre a analogia que constituem o fundamento implícito de sua teoria, o empréstimo e o depósito. Quando um cofre público confia uma quantia a um magistrado para as despesas de sua função, podemos dizer que é um tipo de depósito: o magistrado não se torna proprietário desse dinheiro e não pode deixá-lo para seus herdeiros; em compensação, as rendas do Império são entregues ao Fisco a título de empréstimo; o imperador torna-se seu legítimo proprietário, da mesma forma que, quando tomamos dinheiro ou trigo emprestado, ele é nosso e podemos dá-lo a quem quisermos. Devemos apenas devolver uma quantidade similar de trigo ou de dinheiro; assim também o imperador deve compensar as necessidades do Império por uma quantia equivalente às rendas do Fisco. Acontece que tudo o que os cofres do Fisco contêm pertence ao imperador, mesmo que lhe seja recusado o direito de legá-lo ao primeiro romano que apareça.

O Fisco não depende do direito privado; o imperador também não pode utilizá-lo como se fosse uma propriedade privada. Então, como poderíamos reconhecer que era privado, como nossas fontes parecem afirmar? A que consequência prática essa ficção se reduziria? Ao lermos Mommsen, percebemos apenas uma única consequência: conforme afirmam vários testemunhos, e um dentre eles tem um grande peso,[133] o primeiro cuidado de alguns novos imperadores no dia em que subiam ao trono era transferir a seus filhos tudo o que possuíam. Poderia ser por bondade da alma: qual a necessidade de possuírem fortuna a partir de então? Poderia também ser por precaução, para

---

que o Fisco deve fazer se uma herança cheia de dívidas chega até ele por vacância? Sabemos que primitivamente os bens vacantes retornavam ao Tesouro e não ao Fisco (Ulpiano, *Regras*, 28, 7; Gaio, 2, 150); então, Labeão tinha escrito *aerarium, fiscus* sendo apenas uma interpolação. – Outro texto em Labeão, 48, 13, 11 (9), 3: também suspeito de interpolação já que os outros o são; do mesmo modo que em 48, 13, 14 (12). Ver sobre a malversação, além disso, as *Sentenças* de Paulo, 5, 27; Mommsen, *Strafrecht*, p.766, n.3 e 768, n.3.

[133] O de Dião Cássio, 74, 7, 3. Os outros testemunhos encontram-se na *Histoire Auguste*, Antonino, 7, 9 e 12, 8 (ver 4, 7 e talvez 4, 8), e em Dídio Juliano, 8, 9. Proporemos na n.163 uma outra interpretação desses testemunhos.

que esse patrimônio familiar não fosse sequestrado e que seus filhos não o perdessem no caso de serem vítimas de uma revolução. Mommsen prefere pensar que os imperadores querem modificar a regra de direito que assimila a propriedade do imperador ao Fisco, o que teria tido como consequência o fim da transmissão do patrimônio do príncipe a seus herdeiros, mas passaria àquele que o sucederia no trono; em resumo, sob o pretexto de que os bens do Fisco eram formalmente propriedade do imperador, Mommsen conclui que as propriedades do imperador pertenciam materialmente ao Fisco.[134]

Exotismo do direito romano: um direito sem conceitos

Fica faltando, senão um fato, no mínimo algumas palavras: o Fisco é dito privado. A língua do direito romano é muito menos rigorosa do que a dos direitos mais recentes (foi na Idade Média, em torno do século de São Tomé, que o "direito romano", estudado como um modelo de verdade que nunca se enganaria, tornou-se conceitual, sistemático e dedutivo). Sob a escrita dos juristas romanos, uma palavra e um conceito são distintos; é um direito que instaura incessantemente as noções de pessoa jurídica, contrato, obrigação ou direito real, mas não tem vocábulos para designá-las (as palavras latinas de onde proveem esses termos jurídicos franceses não correspondem a elas, ultrapassam-nas ou são muito restritas);[135] além disso, quando o direito romano recorre a tais noções, ele o faz sem nomeá-las ou referindo-se a elas por aproximações; contudo, ele não está disposto a tirar todas as consequências práticas de suas aproximações.

As diferentes fontes, jurídicas ou não, afirmam em dois sentidos que os bens do Fisco são propriedade do príncipe. Com muita frequência, é por

---

134 Em virtude do mesmo raciocínio, Mommsen deveria ter concluído que todo vencedor que guardava a propriedade de seus *manubiae* e todo magistrado que se tornava proprietário do *lucar* de seus jogos perdiam repentinamente o patrimônio que possuíam e deviam devorá-lo inteiro em seus jogos em seu monumento triunfal, caso não tivessem tomado a precaução de transferi-lo para seus filhos na véspera de seu triunfo ou de seus jogos! Efetivamente, Mommsen associa o caso do Fisco ao do *lucar* e do saque; ver *Staatsrecht*, v.3, p.1129 e v.1, p.241; v.2, p.1000, n.2.

135 F. Schulz, *Principles of Roman Law*, p.44. Lembremos que o direito romano multiplica as distinções e as regras, mas tem uma incapacidade congenital em instaurar um princípio ou em construir um conceito. Os fragmentos dos jurisconsultos, no *Digeste*, quando são um pouco longos e mostram a verdadeira fisionomia dos tratados jurídicos de onde são retirados, são bastante reveladores: eles se apresentam como uma sucessão de casos particulares, discutidos um a um, sem nunca obedecer a uma regra geral; acreditaríamos ler o detalhe das regras conforme o acordo do particípio em uma gramática francesa normativa: todos os detalhes encontram-se ali, todas as exceções, mas nenhum princípio.

O imperador e sua capital

puro estilo monárquico. Reagindo contra esse estilo, um "bom" imperador, Pertinaz, decidiu um dia que os domínios de César deixariam de se chamar assim, pois na realidade eles pertenciam ao Estado;[136] a rainha da Inglaterra poderia também proscrever as letras *H(er) M(ajesty's) S(hip)*.

Mas, de novo, isso é mais do que um efeito de estilo, pois o qualificativo do privado se encontra sob a escrita de um jurista, Ulpiano, que tira consequências disso.[137] Em Roma, quando um particular abusava do solo público, atrapalhava a circulação na via pública ou deixava um tecido pendurado no alto de seu balcão tirando a luz dos que se encontravam nos andares inferiores, o magistrado tinha o poder de impedi-lo de cometer tais atos; ele pronunciava um "proibido" e exigia-lhe que retirasse aquilo; ele dava uma ordem: não havia nenhuma necessidade de ação judiciária. Ulpiano se pergunta, então, se a proibição pode ser pronunciada sobre o solo dos domínios do Fisco, assim como sobre o solo público, e tende a acreditar que não: "Estimo que essa proibição não se aplica ao solo que pertence ao Fisco; pois sobre esse solo um simples particular não pode fazer nada e também nada pode impedir". Ulpiano explicou, efetivamente,[138] que o solo público seria reconhecido pelo fato de não pertencer a ninguém em particular, e que ninguém poderia tomá-lo para si ou causar-lhe impedimentos. Em virtude desse critério, o solo dos domínios fiscais não é público; eram, efetivamente, domínios semeados e cultivados, e não espécies de jardins públicos abertos a todos. Ulpiano retoma então nos seguintes termos: "Os domínios do Fisco, efetivamente, são praticamente (*quasi*) considerados coisas próprias e privadas do príncipe". Esse texto é muito discutido. Quem não vê que os domínios do Fisco só são qualificados de privados em relação ao critério adotado e em oposição a um jardim público ou uma via pública?[139]

O que a próxima sequência vem confirmar: "Se alguém comete ali uma infração, essa proibição terá aplicação nula, mas caso haja contestação, aqueles que se encontram no comando de tais domínios podem julgar"; Ulpiano

---

136 Herodiano, 2, 4, 7.
137 *Digeste*, 43, 8, 2, 4. Essa questão da proibição *ne quid in loco publico vel itinere fiat* é pouco encontrada nos manuais de direito civil romano porque, aos nossos olhos modernos, não se trata de um direito civil. Mas, aos olhos dos romanos, o direito civil é tudo o que se refere ao interesse dos particulares (*Digeste*, 1, 1, 1, 2); esse simples detalhe mostra o quanto o estudo do direito romano ainda é pouco histórico e feito em função das ideias modernas.
138 *Digeste*, 43, 8, 2, 2.
139 Na mesa alimentar das ligúrias bibianas, os proprietários cujos bens patrimoniais são limítrofes a uma via pública dizem ter o povo como vizinho (*adfinis populus*), enquanto aqueles cujas terras são contíguas a um domínio imperial têm como vizinho o imperador (*adfinis Caesar noster*).

faz alusão a um desses "privilégios do Fisco" que tirava do direito comum a administração dos domínios imperiais e a constituía como único juiz dos conflitos que os particulares poderiam ter com o Fisco.[140] Estranha lógica: Ulpiano começa afirmando que, já que os domínios do Fisco não são públicos, eles são privados: já que são privados, a proibição é inaplicável. Ele deveria concluir, a partir disso, que, nos domínios do Fisco, a palavra final cabe aos juízes ordinários, e que, como um particular que visse um terceiro se instalar em suas terras faria, cabe ao Fisco reclamar seu direito na Justiça, por exemplo, através de uma "ação proibitória". Ele conclui, ao contrário, que o próprio representante do Fisco decidiria a controvérsia, sendo juiz e parte constituinte. Não poderíamos ter melhor prova de que os domínios do Fisco não são públicos, em um sentido muito particular dessa palavra, nem são privados: eles são públicos em um sentido diferente da palavra.

Nesse trecho de Ulpiano, os domínios do Fisco são privados porque não são "abertos ao público". Mas, na maioria dos textos e no estilo monárquico, eles são privados porque são alheios às antigas instituições públicas da época republicana; "público" tem, aqui, um sentido histórico. O velho Tesouro era público, sempre soubemos disso; o Fisco é um recém-chegado que entrou tão timidamente quanto a monarquia imperial e que obteve progressivamente sua terceira posição; ele a conquistou a pequenos passos. Acontece que, desde o primeiro dia, não duvidamos que se tratava de uma instituição que chamaríamos de pública, e não a propriedade do príncipe; mas, para a tradução em atos desse príncipe, fizemos isso empírica e prudentemente. O princípio, de fato, "era evidente": não foi tematizado. O que explica a dificuldade do estudo: devemos evitar fazer perguntas ao direito romano que, do ponto de vista da norma racional, se colocam, mas que são perguntas que o próprio direito não fez, provavelmente porque ainda não pôde solucioná-las de fato. Dificuldade que se encontra em todas as disciplinas cujo objeto está submetido a uma norma: será que devemos questionar uma filosofia com perguntas feitas em nome de sua coerência interna e que ela não soube perguntar a si mesma? Historicamente, a resposta me parece óbvia à primeira vista: devemos nos limitar ao que o filósofo ou o jurista disseram, certamente. Mas e se a lógica desprezada, vendo que a porta está fechada, entrasse pela janela?

As quantias que os cofres do Tesouro republicano continham eram conhecidas como públicas (*pecunia publica*); isso queria dizer que toda contestação relativa a esse dinheiro entre o Estado e um indivíduo se resolvia conforme o princípio de autoridade; o direito e o procedimento privado não eram aplicáveis. Contra o Tesouro, os particulares não tinham recurso na

---

140 P. A. Brunt, "Procuratorial jurisdiction", em *Latomus*, 25, 1966, p.461.

justiça; eles podiam apenas suplicar ao censor que reconsiderasse sua questão, e o censor, como o juiz e a parte constituinte, decidia o que queria. O Estado submetia-se à lei comum.[141]

Quando Augusto edificou o Fisco e as outras instituições monárquicas fora do aparelho do Estado republicano e contra ele, houve primeiramente um momento de hesitação. O Fisco é um cofre público, mas não aquele que havia sido considerado até então como *pecunia publica*; os procuradores do Fisco são com certeza agentes públicos, mas não se situam no mesmo nível que os antigos magistrados; algumas "proibições" só podem ser pronunciadas no solo público: essa é a fórmula sacramentada; será tomada ao pé da letra ou apenas por seu espírito? Comecemos por sua adoção literal; sabendo, no fundo, que o Fisco era público, ele é primeiramente submetido à lei comum; depois, a partir de Cláudio, o Fisco, como o Tesouro, torna-se juiz e parte constituinte. A continuação da evolução é complicada;[142] mas, enfim, muito rapidamente, o Fisco, graças a seus privilégios, escapa dos juízes ordinários para depender unicamente da *cognitio*. Chega-se, assim, a uma tripartição: havia os processos públicos, os processos fiscais e os processos privados.[143]

Como afirma Max Kaser, os juristas antigos "em geral não procuraram fazer uma construção jurídica precisa; não se ganha nada lhes aplicando esquemas de pensamento modernos".[144] A mesma mistura de tradicionalismo, de imprecisão e de empirismo, tão desconcertante para a inspiração humanista, normativa e sistemática que influenciava ainda recentemente o estudo do direito romano, encontra-se em uma outra área: os estatutos dos vilarejos comunais, das cidades, mesmo que as soluções trazidas tenham sido diferentes, a comparação merecesse ser feita e indica uma confirmação indireta.

Tradicionalmente, no que diz respeito à cidade de Roma, seu solo, seu Tesouro, tudo é público; mas e nas outras cidades romanas? Assim como os particulares e também o Tesouro de Roma, uma cidade pode emprestar a juros; eventualmente, seus cofres podem ser pilhados, como os do Tesouro público ou os de um indivíduo. Ora, o direito é diferente quando se trata do

---

141 F. Schulz, *Principles of Roman Law*, p.177.
142 Mitteis, *Privatrecht*, p.364; Mommsen, *Staatsrecht*, v.2, p.203, 226, 964, 1007, 1021-1025. Sobre a situação antes de Cláudio e sob Cláudio, Tácito, *Anais*, 4, 6 e 4, 15; 12, 60; Suetônio, *Cláudio*, 12; Dião Cássio, 57, 23, 5.
143 Sobre essa tripartição, *Código Justiniano*, 7, 49, 1: "*causa sive privata sive publica sive fiscalis*"; Mommsen trata esse texto de um modo estranho e consegue encontrar nele uma bipartição: *publica* de um lado, *privata* e *fiscalis* do outro (*Staatsrecht*, v.2, p.999, n.1); portanto, os textos opõem no momento *privatus* a *fiscalis* (assim em *Código Justiniano*, 8, 40, 11 e 7, 75, 3).
144 *Das römische Privatrecht*, v.1, edição de 1971, p.303.

público ou de um simples cidadão. Se um particular é enganado, é roubo, mas se os fundos públicos são pilhados, é malversação; o procedimento e as sanções não são os mesmos: a malversação é um delito público contra o qual todo cidadão pode ser acusador, enquanto o roubo é, no direito romano, um delito privado contra o qual o Estado deixa à vítima a responsabilidade de exercer o processo. Da mesma forma, entre simples particulares, o empréstimo ou *mutuum* é gratuito; se um indivíduo exige juros, ele deverá prever, além do contrato de empréstimo, um segundo contrato, e, no caso de não reembolso, deverá entrar com duas ações diferentes. Mas o Estado, por sua vez, não é obrigado a se submeter a essa complicação: quando ele empresta dinheiro, impõe as condições que quer sem seguir as regras do direito privado e, em caso de problema, ele mesmo faz justiça. Então, quando uma cidade empresta dinheiro ou é roubada, ela deverá seguir o direito público ou privado? Nem um nem outro parecem possíveis, em um primeiro momento; seguindo ao pé da letra, o direito público é aplicado exclusivamente em Roma; quanto ao direito privado, ele é feito para os indivíduos, os cidadãos, ora, uma cidade não é um cidadão: podemos imaginá-la se apresentando diante de um juiz?

No entanto, era preciso fazer alguma coisa pelas cidades. Os jurisconsultos decidiam caso a caso, sem coerência; não em virtude de um empirismo próprio ao gênio romano, de um instinto que seria uma sabedoria escondida, mas pela razão que vamos ver em seguida. Eles terminaram inventando, pela metade e inconscientemente, a noção moderna da pessoa moral,[145] porque, por respeito à palavra, eles hesitavam em aplicar às cidades a qualificação de públicas. O mesmo Ulpiano, que afirma que os domínios do Fisco são privados, escreve alhures:[146] "É por um abuso que os bens de uma cidade são ditos públicos, pois somente são públicos os bens do povo romano". Como ele sabe disso?

O direito romano e o "bom costume" segundo Vaugelas

Compreendamos qual é sua atitude: nosso jurisconsulto não pretende fazer o direito (ele não é legislador como o imperador), ele acredita constatá-lo, como um gramático de antigamente que consultaríamos para saber qual é o bom costume; para Ulpiano, o direito é um estado de fato que oferece

---

145 Sobre a personalidade moral, Mitteis, *Privatrecht*, p.339-416; Max Kaser, *Privatrecht*, v.1, edição de 1971, p.302-310. A obra de R. Orestano, *Problema dele persone giuridiche in diritto romano*, 1968, testemunha também o novo espírito que influencia o estudo do direito romano.
146 *Digeste*, 50, 16, 15; Ulpiano não pretende recusar seus direitos soberanos para a cidade, escreve H. Siber, *Römisches Recht*, p.50: mas é detalhista sobre a carta do direito.

matéria para reflexões apaixonadas. Não se dá conta de que, pelo fruto de sua própria reflexão, ele estende o bom costume a casos até então não concebidos, sobre os quais ele legifera sem conhecê-los; acredita que esses casos estavam previamente contidos no bom costume.

Mas qual era esse costume? Sobre os empréstimos, os jurisconsultos acabaram concedendo a mesma liberdade do Tesouro público às cidades,[147] mas sobre o roubo e a malversação ficaram divididos:[148] alguns se recusavam em ver na cidade algo diferente de uma pessoa privada. Foi somente depois de serem assimiladas a indivíduos que as cidades tiveram, como sabemos, sua capacidade de receber legados reconhecida, de serem instituídas herdeiras e de se beneficiarem do direito civil; ora, uma coletividade que depende do direito civil como se fosse uma pessoa física é o que chamamos de pessoa moral. De fato, as cidades como tais foram finalmente admitidas para poder pleitear na Justiça, representadas por um magistrado ou por um de seus administradores. Esse é um terceiro sentido da oposição entre o que é público e o que é privado: é a oposição entre o Estado, que é subtraído do direito comum, e as pessoas morais; pois, quando um jurisconsulto diz que uma coletividade é uma pessoa privada, ele pretende reconhecer que essa coletividade é uma coletividade pelo direito, e não recusar, com isso, seu caráter público.

Assim, a negação do caráter público do Fisco levou a transformá-lo em um *tertium quid* que é literalmente público; e a negação do caráter público das cidades levou a iguaLá-las a pessoas privadas, ou seja, a criar a seu favor a entidade que chamamos de pessoa moral, na falta da própria noção dessa entidade que os romanos nunca conceberam e também não tiveram uma palavra para nomeá-la. Tudo isso foi feito sem conceitos e sem princípios, ao acaso das reflexões que os jurisconsultos faziam sobre os casos particulares que lhes eram submetidos. É interessante ver esses amantes apaixonados em ação.[149] Encontramos ali o que o direito romano tem de mais original, o que

---

147 *Digeste*, 22, 1 30.
148 Ibid., 48, 13, 4, 7 (5, 4): malversações; *"et hoc jure utimur"*; 47, 2, 31, 1: roubo, segundo Labeão; 47, 2, 82: roubo, segundo Papiniano. Ver A. Pernice, *Labeo*, reimpresso em 1963, Scientia Verlag, v.1, p.285; Mommsen, *Strafrecht*, p.767.
149 Assim, sobre a personalidade de uma cidade, sobre a diferença entre a cidade e o conjunto dos cidadãos, ler *Digeste*, 2, 4, 10, 4 e 1, 8, 6, 1 (*Institutes de Justiniano*, 2, 1, 6). Vemos o jurisconsulto confrontado a uma situação real: uma cidade tem uma realidade durável, enquanto seus membros passam e se movimentam incessantemente. Ele deve começar pela conceitualização, de um modo ou de outro, dessa diferença e chama a cidade de *universitas*. Ele dispõe inclusive de regras jurídicas, que deve aplicar e interpretar. Enfim, ele concebe essas regras como garantidamente concernentes ao bom uso e à razão: elas não podem errar, basta compreendê-las, a interpretação mais inteligente que daremos será também a mais autêntica.

o torna ao mesmo tempo diferente dos direitos modernos e muito superior a todos os outros direitos antigos: ele é, se não precisamente uma jurisprudência, no mínimo uma reflexão sobre o direito. Os juristas romanos têm a glória de terem sido os primeiros a refletir sobre as regras de um direito, do mesmo modo que os gramáticos indianos possuem a glória de terem sido os primeiros a refletir sobre as regras de uma língua; precisamente, nada se parece mais com a atitude dos jurisconsultos romanos do que a dos gramáticos antigos.

Os gregos não inventaram a ciência positiva do direito e muito menos a jurisprudência; sem dúvida eles eram muito ingênuos para criticar com seriedade as regras convencionais: diante de uma regra de direito, ou teriam se perguntado se ela era justa ou injusta, ou então teriam procurado o que era o direito em geral e o que o fundava. Os juristas modernos, por sua vez, não são mais ingênuos, mas mais modestos. São praticantes cujo ofício consiste em aplicar regras que eles não instauraram. Para isso, devem interpretá-las; é necessário determinar o sentido de uma proposição jurídica no interior do sistema do direito, conforme os cânones de interpretação jurídica ou filológica, ou então procurar qual foi "a intenção do legislador".

Os romanos são mais cândidos: para eles, a regra não depende mais do capricho do legislador, como a significação das palavras não depende de nenhum Grande Onomatóteta: ela é conforme a natureza que o próprio legislador simplesmente traduz; tanto que eles não distinguem entre uma ciência positiva do direito e uma jurisprudência autorizada (a "verdadeira" gramática descritiva deveria ser ao mesmo tempo normativa). Esse é o "erro feliz" que os gregos teriam sido incapazes de cometer. A jurisprudência romana produz, assim, sem saber, um novo direito através da interpretação do direito em vigor: como fazem os intérpretes dos textos sagrados que sabem antecipadamente que a Escritura contém eternamente a verdadeira resposta a todo novo problema que o futuro pode engendrar: então, eles a procuram e sempre a encontram.

Atitude original, que se explica pela fraca vocação que os romanos têm pelo conceito e pela situação social dos jurisconsultos clássicos. Antes do Baixo Império, os juristas não eram praticantes, mas ricos amadores para quem o direito é uma "profissão" escolhida que eles cultivam por prazer. Uma mistura de irresponsabilidade e de ingenuidade que conduziu a uma jurisprudência involuntariamente normativa que podemos considerar, por uma falso senso indulgente, como a arqueologia da moderna ciência positiva do direito. Acontece que, historicamente, nenhuma ciência do direito saiu dali. No Baixo Império e antes de Justiniano, durante o período escolar e vulgar do direito, os praticantes e os professores sucederão os livros "profissionais" da época clássica; constataremos que, em vez de se elevar a uma ciência do direito, a jurisprudência normativa cairá ao nível de receitas servilmente ensinadas e aplicadas.

Citar Vaugelas ou senão aplicar servilmente as regras de ortografia estabelecidas pelo ministério dos Correios e Telégrafos: eis aqui toda a abertura do direito romano, e o que constitui sua importância histórica. Mas ainda seria necessário não lhe fazer perguntas sobre as quais ele nunca havia pensado; esse direito critica a última precisão sobre o detalhe das regras, mas é incapaz de se elevar às ideias gerais ou, se o fizer, será desajeitadamente, e estaríamos errados em tomar ao pé da letra: dali sairiam apenas falsos problemas. Devemos acreditar em um antigo gramático quando ele detalha as regras de concordância dos particípios, mas não quando tenta definir um dos universais da linguagem.

Seria preciso discutir demoradamente a teoria de Mommsen porque, em nosso nível, alguns detalhes ainda deviam ser especificados e porque permanece a ideia de que o Fisco havia, pelo menos primitivamente, pertencido aos imperadores.[150] É um erro: a simples verdade é que o Fisco era uma instituição monárquica e que o Estado romano, inclusive, retirava uma grande parte de seus recursos não dos impostos, mas de imensos domínios fiscais que ele explorava, como um rico proprietário teria feito; o Estado, através do Fisco, era o maior latifundiário de todo o Império. Encontramos, ali, uma dualidade familiar: na França, também, o Estado é ao mesmo tempo autoridade pública (ele ordena que paguemos os impostos) e proprietário privado (podemos dizer proprietário privado privilegiado, segundo o sistema francês do "domínio público" e segundo o sistema romano dos privilégios dos domínios fiscais).

A quem pertence o território nacional?

Todavia, a errônea ideia de que o Império era patrimônio do príncipe é muito explicável. Não é muito fácil conceber exatamente o que é a entidade chamada Estado (as discussões dos filósofos ou dos teóricos do direito público são testemunhas disso), e também não é fácil conceitualizar o que é um território nacional; o erro no qual a consciência ingênua desliza naturalmente é, por um lado, confundir o Estado com o rei e, por outro lado, assimilar o território nacional a uma verdadeira propriedade privada que pertenceria ao rei ou ao povo: uma nação que defende seu território contra uma invasão

---

150 Mesmo F. Schulz acredita nisso: *Principles*, p.177, n.6. É curioso que ele não pareça atingido pela impossibilidade histórica da hipótese: monarca astuto e precário, ditador com aparência de magistrado, Augusto também se encontrava um pouco na situação que possibilita tratar o dinheiro dos impostos como seu próprio bem.

seria comparável a um proprietário que defende seu bem contra a intrusão de um estrangeiro. Os juristas modernos tiveram certa dificuldade em dissipar essas confusões;[151] devemos mencionar isso, pois os juristas antigos foram vítimas de tal confusão, o que engendrou um falso problema de História Antiga, o da propriedade eminente do povo romano sobre o solo de seu Império.

Um território nacional não é propriedade da coletividade que o ocupa: essa última não cultiva o solo e não realiza colheitas nele; ela abandona esse solo aos indivíduos (exceto no que diz respeito aos pedaços de terra que reserva para si sob o nome de domínio público, domínio do Fisco etc.). A coletividade limita-se a defender o território contra as coletividades estrangeiras e em exercer sua autoridade sobre os indivíduos que se encontram no interior das fronteiras: o território nacional representa o limite espacial da competência que a autoridade pública possui. Essa autoridade não exerce direitos reais sobre o território, mas tem simplesmente um direito que é o reflexo de seu poder sobre os cidadãos. O Estado não semeia nem colhe, mas pode ordenar aos proprietários, por exemplo, não deixarem suas terras abandonadas.

Tudo isso é válido para o Estado romano como para qualquer outro Estado moderno, mas é dificilmente concebido pelos juristas romanos que não dominavam as noções de direito real, de direito reflexo ou de direito subjetivo; além disso, eles às vezes assimilaram em palavras, ou até mesmo em atos, o território do Império a uma propriedade privada: "A maioria estima que o solo provincial pertence ao povo romano ou ao imperador", escreve o jurisconsulto Gaio,[152] "e devemos supostamente ter apenas a posse ou o usufruto". Estranha afirmação de um príncipe, que nunca teve a menor consequência prática; no entanto, Mommsen levou a sério essa declaração de um autor vulgar de manual; ele viu na propriedade que o povo romano teria tido sobre o solo de suas províncias o fundamento do imposto pago pelos

---

151 Jellinek, *Allgemeine Staatslehre*, p.385, 400-401, 622.
152 Gaio, *Institutes*, 2, 7, ver 2, 21. Mommsen, *Staatsrecht*, v.2, p.731, n.3. Bibliografia recente no excelente livro de A. Cérati, *Caractère annonaire et assiette de l'impôt foncier au Bas-Empire*, Livraria geral de direito e de jurisprudência, 1975, p.4, n.11. Ver sobretudo os artigos de Tenney Frank e de A. H. M. Jones no *Journal of Roman Studies*, de 1927 e 1941. A doutrina de Mommsen encontra-se em quase todos os manuais: mas eu me lembro de ter ouvido *sir* Ronald Syme refutá-la e recusar-se em examiná-la demoradamente. Em *La Gaule romaine*, p.275, n.1, Fustel de Coulanges dizia: "Sei bem que essa opinião funda-se em um texto formal de Gaio; mas eu o vejo ser desmentido por todos os fatos; tenho tendência, então, em pensar que ali existe apenas uma teoria de escola". Mas em *Les origines du système féodal*, p.66, n.5, Fustel, sem dúvida impressionado pela autoridade de Mommsen, mudou de doutrina e aceitou a afirmação de Gaio.

provinciais: quando, alguns séculos antes de Gaio, Roma conquistava um território, ela teria tomado para si o direito de propriedade e teria deixado aos nativos apenas o direito de gozo, contra o pagamento de um imposto que teria sido, na verdade, uma multa paga ao povo romano como eminente proprietário. Toda uma polêmica foi gerada por isso.

Quem diria que os romanos teriam pensado nisso por tanto tempo e que um povo vencedor se incomodaria com fundamentos jurídicos para impor um tributo a seus vencidos, que já pagavam impostos aos senhores precedentes? Mas releiamos o texto de Gaio e veremos que raciocínio orientou seu pensamento. O que ele quer fazer, no fundo, ao pretender que Roma era proprietária das províncias? – Ele quer explicar por que nas províncias não se usa a expressão jurídica *locus religious* para falar das sepulturas como era usada na Itália, apesar de as consequências jurídicas serem idênticas:

> Depende de nossa intenção tornar um lugar religioso quando enterramos um morto em um lugar do qual somos proprietários; a maioria estima, contudo, que sobre o solo provincial não pode haver lugar religioso porque os proprietários dali são o povo romano ou o imperador... De qualquer forma, mesmo se o lugar não for religioso, ele é considerado como tal.

Vimos Ulpiano afirmar intrepidamente que o Fisco era propriedade do imperador, simplesmente para explicar por que a antiga palavra *publicus* era historicamente reservada às instituições da era republicana. Deve ter acontecido aqui alguma coisa comparável; se eu estiver certo, Gaio confirma a eminente propriedade de Roma sobre as províncias com o único fim de explicar uma particularidade equivalente: a expressão do lugar sagrado ou lugar religioso era historicamente reservada ao antigo território romano, em oposição ao solo estrangeiro e provincial, como sabem os historiadores da religião romana.[153] Essa particularidade histórica parece corresponder à relação hegemônica que o povo romano estabelece com suas províncias, relação que ele interpreta em termos de propriedade privada. Os juristas romanos são muito respeitosos das regras sobre as quais refletem para ousar confessar que elas podem ser arbitrárias ou puramente históricas; eles devem absolutamente inventar uma justificação para elas. Isso explica por que o Fisco foi tomado como propriedade do príncipe, o Império como propriedade do imperador ou do povo, e o regime imperial como patrimonialismo.

---

153 Wissowa, *Religion und Kultus der Römer*, p.408; ver Mommsen, *Staatsrecht*, v.3, p.735, nota 2.

A riqueza privada do príncipe, instrumento de reino

Se o imperador não era patrimonialista, ele era em compensação o mecenas de seu império: um breve estudo dos dois outros cofres públicos, Patrimônio e fortuna privada, vai nos permitir estabelecê-lo. Mais precisamente um texto de Plínio, o Jovem, se o compreendemos corretamente, deixa a entender que, um século depois de Augusto, os imperadores continuavam a dispor de uma enorme fortuna privada que deixavam como herança ou legado ao senador que queriam que se tornasse seu sucessor, como o próprio Augusto havia feito. Plínio, porém, ao revelar a existência desse patrimônio privado não pronuncia oficialmente seu nome. Seria Patrimônio, como acreditamos, ou fortuna privada, como afirma a doutrina mais difundida? Pouco importa qual desses dois cofres correspondia à riqueza privada dos imperadores: bastará, para nós, estabelecer que, ao lado dos cofres públicos e dessa riqueza privada, não existia uma terceira categoria, os bens da coroa que os modernos tanto prezavam.

No *Panegírico* de Trajano que Plínio pronunciou pouco depois da subida do imperador ao trono, o orador louva o príncipe por seu desapego: em vez de guardar sua gigantesca fortuna para si, ele colocou à venda "a maior parte de seu patrimônio",[154] e um longo catálogo de lotes à venda encontrava-se em circulação; além disso, o imperador distribuía gratuitamente, através de dons, algumas de suas mais belas propriedades.

De onde vinha essa enorme fortuna? Certamente não vinha de seu pai biológico, um velho senador que não era dos mais ricos, mas de seu predecessor e pai adotivo, o imperador Nerva, que o havia escolhido como sucessor; "Tu ofereces", grita o panegirista, "bens para os quais tinhas sido designado e adotado; transferes a outros o que havias recebido em virtude da escolha que havia sido feita de tua pessoa". Nerva era tão rico assim? A enorme herança que deixou para seu filho adotivo e da qual dispõe tão livremente compreendia, entre outras coisas, uma casa que nunca havia tido outros proprietários que não fossem imperadores,[155] e um parque que tinha pertencido há muito tempo a um "grande general", verossimilmente o Grande Pompeu. Na realidade, essa herança é feita da espoliação de nobres famílias, de residências de senadores que ficam felizes, afirma o orador, ao verem voltar para seus muros novos proprietários que também são senadores. No entanto, Plínio não pronuncia a palavra confisco, não evoca lembranças sangrentas; poderíamos acreditar que esse patrimônio imemorial dos Césares era composto de

---

154 Plínio, *Panegírico*, 50; "*multa ex patrimonio*", 50, 2.
155 *Panegírico*, 50, 6: "*nunquam nisi Caesaris suburganum*".

heranças e desses legados que, dóceis diante das regras, os senadores nunca deixavam de oferecer aos imperadores regentes.

Acreditamos, então, que Trajano tem em sua posse o enorme patrimônio de Augusto consideravelmente aumentado havia um século; através de legados, de herança ou de sequestros, esse patrimônio passava de um imperador a outro; na morte de Nero, a nova dinastia dos flavianos teve que se apoderar da enorme herança da família augustiniana; depois veio Nerva, que instituiu como herdeiro, conforme o direito privado, seu filho adotivo Trajano. Foi assim que Trajano se tornou proprietário desse domínio do Posilipo que há muitos anos Védio Polião havia legado a Augusto.[156]

O núcleo do raciocínio é que o patrimônio privado da casa augustiniana foi sequestrado pela casa dos flavianos: hipótese esclarecedora que devemos a Hirschfeld.[157] Ressalve-se que Hirschfeld se recusou a acreditar que os flavianos o haviam guardado para si: segundo ele, eles o teriam erigido em bem da coroa. O resto do sistema geralmente adotado hoje é consequência disso: desde esse sequestro existiria o cofre chamado Patrimônio, que compreenderia os bens da coroa: ficaria faltando o cofre chamado fortuna privada; seria então este que corresponderia à última categoria de bens imperiais que me parece lógico distinguir, ou seja, a fortuna privada dos diferentes imperadores.

Mas por que os flavianos teriam transformado a herança dos Césares em posse da coroa? Citemos o raciocínio de Hirschfeld: "A nova dinastia dos flavianos, assim como os imperadores que o sucederam, apoderou-se do patrimônio dos Césares bem como se apropriaram do nome de César"; de fato, a partir dos flavianos, o apelido César, próprio da família augustiniana, torna-se o nome de todo imperador regente e também de seu herdeiro presumido;[158] "mas esse patrimônio perdeu, necessariamente, desde essa época, seu caráter de propriedade de família e assumiu o caráter de bens da coroa, associado à posse do trono". Essa necessidade existe somente para os olhos modernos; em Roma, onde o trono nunca foi considerado hereditário,[159] não pode haver bens dinásticos: o imperador é um magistrado que não pode prejulgar seu sucessor, mesmo se ele lhe facilita o caminho. Creio que ao se apoderar do apelido familiar de César, os flavianos quiseram se associar artificialmente à dinastia destituída cuja herança eles haviam recuperado em circunstâncias sangrentas nos anos 68-70. Trajano ainda herdará e não manterá em sua posse os bens da coroa. Mais de um século mais tarde, o

---

156 Hirschfeld, *Verwaltungsbeamten*, p.19, n.4 e p.18, n.2.
157 Ibid., p.19.
158 Mommsen, *Staatsrecht*, v.2, p.770.
159 Ibid., v.2, p.1135.

imperador Macrino colocará à venda os bens de outra dinastia destituída, a dos Severos.[160]

Praticamente, a herança ou os legados do patrimônio privado decidiam a sucessão ao trono, exceto em caso de revolução e sequestro. Com certeza, quando Augusto deixa os dois terços de sua fortuna para Tibério e um terço para Lívio, não estamos diante de uma partilha do trono;[161] ademais, ele não tinha o direito de compartilhar nem de legar; mas como Jean Béranger mostrou muito bem, essa fortuna atribuía tal poder ao herdeiro que ele se tornava, a partir de então, predisposto ao trono. "Não era uma coincidência sem consequência o príncipe ser o homem mais rico de seu império".[162] Foi assim para a família augustiniana e também, creio, para as dinastias seguintes.

Essa fortuna privada, que era ao mesmo tempo o mais poderoso instrumento do reino, era a arma e o objeto de cada pronunciamento. Mas, repentinamente, o imperador destituído ou seus herdeiros se viam despojados não somente da colossal herança, mas também do patrimônio particular que pertencia ao infeliz príncipe antes de sua subida ao trono; assim se explica uma particularidade que intrigou Mommsen.[163] Imaginemos um senador e o patrimônio que ele possui; ele torna-se imperador: por herança ou sequestro, ele apodera-se da enorme riqueza de seu predecessor a título de propriedade privada, e não de bens da coroa; essa riqueza entra em seu patrimônio, exatamente como se ele tivesse herdado de um de seus tios. Em caso de revolução,

---

160 Dião Cássio, 78, 11, 3.
161 *Staatsrecht*, v.2, p.1007 e 1135; o herdeiro do príncipe geralmente é seu próprio sucessor. Lembremos que, no direito privado romano, todo testamento é essencialmente a instituição de um ou de alguns herdeiros (o testamento consiste em designar o continuador moral do testador e não exatamente em transmitir seus bens; através dessa via, esses continuadores recebem os bens do defunto ou uma fração deles); institui-se o herdeiro que se quer: não há nada mais simples do que deserdar seus filhos ou o filho mais velho. O pai de família não transmite apenas seus bens, ele resolve também com isso o futuro da casa. Com o regime dotal, nada mais forte modelou a sociedade romana, seu paternalismo e seu aparente respeito pela mulher, com tanto poder (o casamento romano é um estado de fato, como a concubinagem ou a posse material de um objeto, mas esse fato tem consequências de direito; o que o distingue da concubinagem é o dote: não se pode devolver uma esposa sem devolver-lhe também seu dote).
162 H. Nesselhauf em *Historia Augusta Colloquium*, Bonn, 1963, Habelt, 1964, p.79; "sem essa sólida base financeira, o principal teria sido muito mais frágil na base, que era o regulamento de sucessão; herdar esse patrimônio gigantesco predispunha o herdeiro a sua sucessão ao trono". Sobre as relações entre os legados do patrimônio e a sucessão ao trono, Suetônio, *Calígula*, 14, é muito claro: o Senado e o povo proclamam com entusiasmo Calígula imperador, "apesar das intenções (*voluntas*) de Tibério que, em seu testamento, havia feito um outro sobrinho coerdeiro de Calígula".
163 Ver n.133.

tudo isso será sequestrado em bloco, pois o feliz vencedor não será cortês a ponto de devolver aos herdeiros da dinastia destituída os bens que deveria lhes pertencer se seu pai não tivesse subido tão alto: sequestrar heranças sob qualquer pretexto era, em Roma, um dos principais recursos dos príncipes. Compreendemos, assim, a sábia precaução de Pertinaz (que reinaria três meses): no próprio dia em que subiu ao trono, distribuiu seu patrimônio a seus filhos.[164] A filha de seu sucessor, Dídio Juliano (que reinou algumas semanas), teve menos sorte: quando seu pai foi condenado à morte pelo Senado, ela foi despojada não somente de seu título de princesa de sangue, de *Augusta*, mas também do patrimônio que seu pai, em vão, tivera a precaução de transferir imediatamente para ela.[165]

Era assim que se constituía essa herança privada que permitia aos príncipes continuarem a ser mecenas do Estado. Resta saber se devemos saudá-la com o nome de Patrimônio ou de fortuna privada.

Certamente, de Patrimônio: pois esse cofre existe desde Cláudio, desde a dinastia oriunda de Augusto; ora, acabamos de ver que não houve ruptura na história do patrimônio imperial: ele não nasceu em 69 como bens da coroa. O que se chama Patrimônio no século II é o mesmo patrimônio que havia pertencido a Augusto. Ao contrário, a fortuna privada é atestada somente em meados do século II. Segunda razão, quando um súdito do príncipe fazia do soberano seu herdeiro ou seu legatário, a herança ia, parece-me, para o Patrimônio, e não para o Fisco ou para a fortuna privada; o Patrimônio compreendia, então, os bens que o príncipe possuía ou adquiria a título pessoal.[166] Restaria também examinar um texto de Ulpiano muito discutido. Dispensemos o leitor dessa empreitada, pois ele já viu as armadilhas que o direito romano armava aos juristas modernos, e revejamos isso em nota.[167]

---

164 Dião Cássio, 74, 7, 3.
165 *Histoire Auguste*, Dídio Juliano, 8, 9.
166 Em que cofre entravam os legados ao imperador? O único texto é o *Digeste*, 31, 56 e 57 (ver Dião Cássio, 69, 15, 1). Existe sob Cláudio um procurador do Patrimônio e heranças (Dessau, n.1447) e sob Severo, um procurador das heranças do Patrimônio privado (*Pflaum, Carrières procuratoriennes*, v.2, p.599, n.225), mas, como ressalta nosso mestre H. G. Pflaum, seu percurso deve ser reinterpretado (v.3, p.1006), já que sabemos que a *Ratio privata* já existia sob Antonino.
167 *Digeste*, 30, 39, 7-10 e 30, 40. Karlowa tendo mal explicado esse texto, Hirschfeld, ao refutá-lo, caiu no erro oposto (Verwalt., p.21-25); portanto, Karlowa tinha razão: o Patrimônio é efetivamente a riqueza privada do príncipe. Outro comentário sobre esse trecho de Ulpiano se encontra em F. De Martino, *Storia dela costituzione romana*, v.4, edição de 1965, Nápoles, *Jovene*, p.819. Eis como, no que me diz respeito, fico tentado a compreendê-lo. No direito romano, o herdeiro – o continuador moral do defunto e executator de seus legados – pode ser encarregado pelo defunto de comprar um bem determinado que será destinado a um de

Quanto ao último cofre, a fortuna privada, tudo indica que era público.[168] Ele é subtraído do direito comum e goza dos mesmos privilégios que o Fisco;[169] sua papelada é às vezes a mesma que a do Fisco.[170] Acredito que sejam os domínios da fortuna "privada" que devem ser reconhecidos nas "posses

> seus legatários. Pode ser que esse bem não seja comprável e, por isso, o testamento não pode ser executável ao pé da letra. Os juristas se perguntam, então, em que caso o herdeiro deve remeter ao legatário, na falta do bem em questão, o valor (*aestimatio*) em dinheiro líquido desse bem. Sobre essa questão, Ulpiano faz uma observação: se um testador lega bens que não têm praticamente nenhuma possibilidade de serem comprados, deve-se concluir que ele não tinha bom senso; o herdeiro não verte a contrapartida em dinheiro, não porque o princípio de poder legar bens que não possuímos não valeria, mas simplesmente porque visivelmente o testador não tinha sã consciência naquele momento. E Ulpiano dá alguns exemplos. Teoricamente, diríamos, Luís XIV teria podido colocar Versalhes à venda, mas era pouco provável que o fizesse e que um de seus súditos encarregasse seu herdeiro de comprá-lo para uma terceira pessoa. Ulpiano diz que não se poderia comprar a "mansão" imperial de Albano (que foi o Versalhes de Domiciano), pois ela era usada como residência dos imperadores (*usibus Caesaris deservit*, saudaremos aqui uma expressão que era certamente técnica, pois a encontramos em Dessau, n.9024 e 9025). Indo mais longe, Ulpiano considera o caso de um domínio privado absolutamente privado, mas cujo proprietário era o imperador, e que integra seu patrimônio (ele evidentemente não fala dos domínios do Fisco, que são o domínio publico do Estado romano); Ulpiano lembra então uma verdade de bom senso: um herdeiro pode dificilmente encontrar o imperador (ou melhor, seu procurador do patrimônio) para propor-lhe comprar sua terra. Sabemos disso, mas o imperador podia colocar à venda em leilão sua riqueza privada, e vimos Trajano fazê-lo (digo que Trajano teve que vender seu patrimônio em leilão porque era a maneira normal de vender alguma coisa: ver Mommsen, *Juristische Schriften*, v.3, p.225). Mas isso é uma grande decisão "histórica" muito marcante; em tempos normais, um procurador do patrimônio não vende nada sem a ordem expressa do príncipe, e é impossível para o herdeiro pedir ao príncipe, como um favor, vender-lhe uma terra para que um legado seja executável... Essas são considerações de bom senso e não devemos ver, ali, uma teoria e conceitos "jurídicos". Ocorre que o texto de Ulpiano prova que o patrimônio era a riqueza privada dos príncipes: senão Ulpiano não teria tomado como exemplo esse caso particular de bens privados, já que nenhum testador de bom senso os consideraria facilmente compráveis. Traduzindo em linguagem moderna: "se um testador me encarrega de comprar a Praça dos Três Poderes" (Ulpiano diz em seu texto: o Fórum e o Campo de Marte), "o Palácio da Alvorada ou a Granja do Torto [...]"; todos conviriam que a Granja do Torto é considerada, ali, propriedade privada de um chefe de Estado, senão, por que tomá-la como exemplo?

168 Contra a opinião mais difundida, propomos a convicção de E. Beaudouin, *Les grands domaines dans l'Empire romain*, 1899, p.31; de L. Mitteis, *Privatrecht*, p.361; de M. Kaser, *Privatrecht*, v.2, edição de 1959, p.103, n.2; de Tenney Frank, *An Economic Survey*, v.5, p.78.
169 *Digeste*; 49, 14, 6, 4: "Tudo o que se destaca do estatuto privilegiado do Fisco também pertence à fortuna privada de César e da Augusta"; o que parece indicar uma distinção entre a fortuna do imperador e a da imperatriz.
170 *Código Justiniano*, 2, 7, 1 (esse texto deixaria supor que a fortuna privada era uma subdivisão do Fisco e não um quarto cofre; de fato, Mitteis e E. Stein, *Histoire du Bas-Empire*, v.1,

de César" sobre as quais falam alguns textos; em Roma, quando um tesouro era descoberto em uma propriedade privada, o inventor guardava a metade e a outra metade revendia ao proprietário do terreno; se ele fosse descoberto em solo público, essa metade ia para a cidade; em um solo do Fisco, ia para o Fisco; e se a descoberta fosse feita em uma posse de César, a metade não ia para César ou para seu Patrimônio, mas de novo para o Fisco.[171] Imagino que Pertinaz quis retirar dessas posses o nome de posses de César porque eram públicas.

O que era então essa fortuna privada? Não temos a menor ideia. Um cofre diferente do Fisco? Uma simples subdivisão do Fisco, encarregada da gestão dos domínios, como Mitteis pressupõe? Um tipo de lista civil na qual poderíamos distinguir a conta do imperador e a da imperatriz? De qualquer forma, não suponhamos algo muito simples: as finanças do Império eram tão complicadas e confusas quanto as do nosso Antigo Regime; elas não tinham essa bela ordem que permite levantar hipóteses sedutoras e fabricar, na ausência de documentos, histórias verossímeis.

O imperador e o exército: soldados à venda?

O imperador dispõe de uma enorme fortuna privada que permite a ele ser o primeiro evérgeta de seu império; o Tesouro público do Império depende exclusivamente dele; ele tem o controle da burocracia, e apenas os grandes comandos militares e quase todos os governos de província continuam a ser reservados à casta senatorial. E não é tudo: o imperador é o chefe supremo das forças armadas.

Mas era a título oficial ou pessoal? Reaparece, aqui, a questão do patrimonialismo. Alguns consideram, de fato, que os soldados eram menos

---

p.115, supõem que os bens confiscados e os bens inativos eram recolhidos pelo Fisco que transmitia a gestão dessas terras à fortuna privada). Dois outros argumentos, vindos do Baixo Império, tendem a confirmar que a *Ratio privata* era pública. Primeiramente, sabemos que as terras da *Ratio privata* (ou *Res privata*, como também se dizia) estavam submetidas ao arrendamento enquanto os *fundi patrimoniales* eram "vendidos" perpetuamente, *salvo canone*: ora, este último regime era também o que prevalecia nos domínios dos simples particulares; ver Mitteis, *Privatrecht*, p.361. Em segundo lugar, o *Código de Teodósio*, XI, 1, 6, 2, mostra que ainda em 323 os *fundi patrimoniales* do imperador pagavam imposto, enquanto originalmente os da *Res privata* não pagavam; ver Beaudouin, *Grands domaines*, p.151-155.

171 *Digeste*, 49, 14, 3, 10 (rescrito de Marco e Veros, parece-me). O resumo dos *Institutos* de Justiniano, 2, 1, 39 é tão lacônico que mal vemos se Adriano já havia resolvido o caso dos tesouros encontrados nas posses de César: seria importante sabê-lo para determinar a data do nascimento da *Ratio privata* (sabemos apenas que ela já existia sob Antonino); não creio que Adriano o tenha resolvido: nos *Institutos*, a palavra *convenienter*, "com coerência", parece indicar que se trata de uma consequência lógica do rescrito de Marco e não uma medida de Adriano.

agentes de poder e mais fiéis ao príncipe, a quem se uniam pelo sermão militar. Além disso, o dinheiro parece ter uma importância muito grande nas relações entre o príncipe e os exércitos, tem-se até a impressão de que o imperador frequentemente compra a obediência das tropas; ele lhes distribui moedas, ou *donativa*, consideradas uma das exóticas e escandalosas singularidades do cesarismo. O exército ou a guarda imperial, dizem os historiadores antigos e modernos, colocavam-se à venda de quem desse mais e colocavam no trono o pretendente que fizesse a oferta mais vantajosa. Fiéis ou vendidos? A verdade é mais banal e menos simples.

A relação direta entre o poder imperial e o exército era dupla: os príncipes comandavam os exércitos e estes nomeavam ou permitiam nomear os príncipes. O imperador era o senhor exclusivo da política externa: as nações estrangeiras que tinham tremido diante do Senado republicano tremiam agora unicamente diante do imperador.[172] Ele era o senhor do exército, nomeava todas as graduações,[173] fazia o recrutamento e levava quantos soldados quisesse.[174] Os militares faziam sermão em seu nome e diante de suas imagens que ornavam suas insígnias.[175] Caso ele inspecionasse um exército, o imperador vestia-se com trajes militares e ele próprio assumia o comando.

---

172 Mommsen, *Staatsrecht*, v.2, p.953-957; ver v.3, p.1158 e 1173.
173 Era por uma honra excepcional que uma tropa vitoriosa era autorizada a nomear, ela mesma, seus oficiais (Tácito, *Histoires*, 3, 49) ou a conceder condecorações (Dessau, n.2313). Devido ao fato de o imperador nomear todas as graduações, Calígula havia inferido que todo testamento de oficial, incluindo o primeiro centurião, no qual o defunto não teria agradecido o imperador por sua promoção fazendo-lhe um legado, seria anulado como "testamento ingrato" (Suetônio, *Calígula*, 38); pois o costume era agradecer o imperador com um legado por toda a carreira civil ou militar e, se ele fosse senador, fazer-lhe um legado (pois o imperador é também senador, ora, os senadores redistribuíam em legados uma parte de seu patrimônio a seus colegas preferidos). Calígula tinha razão sobre o princípio: aos olhos dos romanos, o único aspecto ridículo era o imperador descer até o primeiro centurião; ver Hirschfeld, *Kleine Schriften*, p.516; *Verwaltungsbeamten*, p.110; Marquardt; *Staatsverwaltung*, v.2, p.294; J. Gaudemet, "Testamenta ingrata et peitas Augusti, contribution à l'étude du sentiment imperial", em *Studi in onore di Arangio-Ruiz*, v.3, p.115-137; não li R. S. Rogers em *Transactions of the American Philological Association*, 1947, p.140. Cina (o conspirador) legou todos os seus bens a Augusto (Sêneca, *Clémence*, 16). Deve-se explicar pelos legados ao imperador Petrônio, 76, 2: "meu senhor me fez coerdeiro do imperador". Sobre os oficiais, ver uma anedota reveladora de Valério Máximo, 7, 8, 6 (7, 9, 2) e notar que o personagem T. Mário Urbino existiu e encontrou-se seu epitáfio (Groag em *Klio*, XIV, p.51, sobre *Corpus* das inscrições latinas, XI, n.6058; Premerstein, *Vom Wesen und Werden des Prinzipats*, p.105).
174 Mommsen, *Staatsrecht*, v.2, p.847-854.
175 Sobre o sermão militar e o culto das imagens imperiais no exército, Premerstein, p.73-99. Notar que, até os Severos, não há, contudo, um verdadeiro culto do imperador vivo nem mesmo de seu gênio nas forças armadas.

Fora do cerimonial militar e das inspeções, a relação do príncipe com seus soldados era tão impessoal quanto com a multidão de seus funcionários. Aparecem como líderes apenas os imperadores combatentes, como um Trajano, um Severo e, mais tarde, um Constantino ou um Juliano, o Apóstata, envolvidos com seus *comitatenses*; outros chefes militares que não eram soberanos também eram adorados por seus soldados que haviam conduzido à vitória, e sua popularidade junto às tropas ameaçava o trono.[176] Acontece que, por não ser um exército de cidadãos, o exército imperial não era um bando de fiéis devotos ao seu chefe soberano; era um exército de profissionais providos de um trabalho que os paga; eles sabiam que seu soldo e sua carreira dependiam da administração do imperador, eles não se preocupavam com o Senado.

Premerstein também tem razão à sua maneira: esses profissionais não são uma espécie de funcionários; a relação impessoal que estabelecem com sua profissão, com o soberano, qualquer que seja, e com a sua bandeira é a de uma corporação privilegiada que erige seus interesses em um espírito corporativista; ela tem o fervor de um patriotismo de subgrupo; entrar nas forças armadas era como entrar nas ordens religiosas e, até Severo, os soldados não tinham o direito de se casar; eles pertenciam a um mundo à parte e privilegiado; diante das massas camponesas, aqueles que têm a sorte de ser soldados representam o Poder, pois possuem espadas e dinheiro. Nesse império no qual o Estado é jogado sobre a sociedade como um grande bloco de rocha, o aparelho estatal se sente superior à sociedade, e não se mistura com ela. Ser soldado não é uma profissão como as outras.

Entre esse corpo constituído e os imperadores, as relações regulamentares desdobram-se em uma relação de outro tipo: em diversas circunstâncias e principalmente por seu advento, os príncipes devem, conforme um costume, pagar um *donativum* a suas tropas, um presente em dinheiro. Parece-me interessante nos demorar nessa instituição cuja história, apesar de ser muito conhecida, ainda não foi retraçada em seu aspecto anedótico, a não ser que eu me engane.

O *donativum* era o dom de alguns milhares ou de algumas dezenas de milhares de sestércios por cabeça;[177] um simples atraso no pagamento

---

[176] Por exemplo, Germânico (Suetônio, *Tibério*, 25), Córbulo ou Lúsio Quieto.
[177] Em geral, sobre o *donativum*, o estudo fundamental permanece o de Fiebiger no Pauly-Wissowa, coleção 1543-1544 do v.5, que tem o mérito de reunir todas as referências, pelo menos do Alto Império. A instituição foi pouco estudada; ver, contudo, E. Sander, "Das Recht der römischen Soldaten", em *Rheinisches Museum*, 101, 1958, p.187 e H. Kloft, *Liberalitas principis*, Böhlau, 1970, p.104-110. O *donativum* está curiosamente ausente dos

custou, como dizem, o trono de mais de um imperador.[178] Esse dom de feliz advento era pago aos soldados das legiões, estabelecidos em longínquas fronteiras do Império, assim como aos pretorianos que, na própria cidade de Roma, protegiam o imperador;[179] contudo, nossas fontes falam principalmente do *donativum* dos pretorianos que são acusados de ter vendido o trono mais de uma vez; assim, em 193, depois que Pertinaz, um imperador favorável ao Senado, foi assassinado pela guarda, teriam ocorrido cenas escandalosas, segundo as palavras de um historiador senatorial:

> Roma com seu império foi leiloada como em uma sala de vendas; os vendedores eram os soldados assassinos de Pertinaz, e os compradores chamavam-se Sulpiciano e Dídio Juliano; um tentava dar mais que o outro, e o leilão não demorou a atingir os 20 mil sestércios por cabeça graças a mensageiros que iam dizer a Dídio: Sulpiciano oferece tanto, e tu?[180]

Caricatura partidária? Apenas parcialmente. Pretorianos e senadores eram as únicas forças políticas que podiam fazer um imperador na própria cidade de Roma; um pretendente que agradava muito a alguns corria o risco de desagradar a outros. Os soberanos conhecidos por terem perdido ou ganhado seu trono graças a um *donativum* (Cláudio em 41, Galba em 68, Dídio em 193) foram também soberanos cuja nomeação foi disputada pelo Senado e pela guarda pretoriana; a guarda assassina os imperadores muito senatoriais, se pagaram apressadamente seu *donativum*, como Pertinaz,[181] ou se demoraram muito a pagar, como Galba. Acontece que, nesses conflitos

---

problemas monetários (ele é gratuito, ver nas legendas *moneta avg* uma alusão a um *donativum*, como Mattingly e Sydenham o fazem).
178 Ver Tácito, *Histoires*, I, Capítulo 5, 25, 37 e 41.
179 Os legionários tinham direito ao *donativum* como os pretorianos? As fontes o atestam sobre os legados de Augusto ao exército, assim como sobre os de Tibério distribuídos por Calígula; sobre o primeiro *donativum* propriamente dito, distribuído por Cláudio em seu advento, Joseph afirma que as legiões participaram (*Antiquités judaïques*, XIX, 247); o *donativum* sobre o qual Tácito fala, *Histoires*, 4, 36 e 58, deve ser uma recompensa e não deve ser associado a Dião Cássio, 65, 22. As alas e coortes tinham direito ao *donativum*? As fontes não mencionam, pois Tácito, *Histórias*, 4, 19, fala de uma recompensa militar. Domaszewski pensa que os auxiliares não tinham direito ao *donativum* (*Neue Heidelberger Jahrbücher*, 9, 1899, p.218); Sander diz que eles têm direito ao *donativum* desde os Severos; sobre o século III, J.-P. Callu, *Politique monétaire des empereurs*, p.311.
180 Dião Cássio, 73, 11; imputa-se aos *donativa* de 193 uma responsabilidade parcial na desvalorização do denário: J. Guey, em *Bulletin de la Société Nationale des Antiquaires*, 1952-1953, p.89; Th. Pekary, "Studien zur röm. Wahrungspolitik", em *Historia*, 8, 1959, p.456.
181 Dião Cássio, 73, 1, 5 e 8.

políticos, o *donativum* sempre se impõe. A recusa do dom de advento parece exasperar a guarda pela negação do príncipe, e não pelo que deixavam de ganhar; Galba, escreve o senador Tácito, errou em dizer muito alto que os soldados eram dirigidos, e não comprados; "Um presente, grande ou pequeno, desse idoso teria incontestavelmente bastado para conquistar a opinião: ele foi vítima de sua rigidez ultrapassada e de seu espírito de seriedade exagerado".[182] Os pretorianos irritam-se por causa do *donativum* de imperadores dos quais, por sinal, eles nem gostam: o dom de advento tem um valor de símbolo e, podemos dizer, de questão sensível. A hostilidade da guarda contra um imperador do Senado se concentra na questão do *donativum* e vamos ver que, depois de ter feito a escolha de um imperador, segundo a vontade, a escolha se sela também pelo *donativum*.

Outras fontes, efetivamente, apresentam o dom de advento sob um olhar menos caricatural. A cena que vamos apresentar ocorre em Paris, no ano de 360, e quem fala é Amiano Marcelino, um homem sólido.[183] Juliano, o futuro apóstata, é ainda apenas um tipo de vice-imperador de César, e acabou de conduzir uma campanha triunfal no Reno, que salvou os gauleses da invasão bárbara; esse jovem herói é adorado por suas tropas, que reclamam do soberano atual, Augusto Constâncio: ele pretende arrancá-las de seu chefe e enviá-las para lutar longe de suas famílias, do outro lado do mundo. A Corte havia feito o que pôde para impedir Juliano de conquistar o coração de seus soldados, havia cortado sua renda;[184] o jovem príncipe tinha somente o suficiente para alimentar e vestir suas tropas: ele não podia lhes distribuir, além disso, presentes em metais preciosos que se tornaram habituais no Baixo Império e que se juntavam à ajuda em espécie;[185] ainda assim os soldados queriam Juliano, e somente ele.

---

182 Tácito, *Histórias*, 1, 5 e 18.
183 Amiano Marcelino, 20, 4; C. Jullian, *Histoires de la Gaule*, v.7, p.222.
184 Amiano, 17, 9, 6 e 22, 3, 7 (ver, contudo, sobre um *donativum* que Juliano César distribuiu na Gália, Sulpício Severo, *Vie de saint Martin*, 4, Fontaine, v.2, p.597. Notar que *donativum* e saque são distintos; ver mais tarde, n.218). Juliano reclamou disso em sua carta 17 Bidez.
185 Os soldados primeiramente tiveram direito a "anonas" em trigo e em roupas (ou seu valor em dinheiro, o *canon vestium*), em seguida eles recebem anualmente prêmios em dinheiro chamados *stipendium* (é o *annuum stipendium* sobre o qual Juliano fala, carta 17, 8 Bidez; pago a título ordinário, *more solito*, diz Amiano, 17, 9, 6); *decennalia impériaux* (E. Seeck, *Untergang der antiken Welt*, v.2, Anhang, p.545, n.27 e com documentos novos, A. H. M. Jones, *The Later Romam Empire*, v.2, p.623 e v.3, p.187, n.31). Mas *stipendium* e *donativum* são sentidos, ambos, como dons e não como um direito, e as duas palavras, depois de terem caminhado juntas durante muito tempo (*Código Justiniano*, 12, 35, 1; *Histoire Auguste*, Tácito, 9, 1; Diocleciano, édito do máximo, preâmbulo; Amiano Marcelino, 17, 9, 6: Paul em *Digeste*, 49, 16, 10, 1, diante de 49, 16, 15), são em Amiano Marcelino quase sinônimas (basta ler

Então, um belo dia de 360, o exército e a população parisiense foram tirar o jovem César do palácio onde se escondia – pois ele duvidava da perigosa honra que queriam lhe oferecer, embora a desejasse profundamente – e o proclamaram soberano integral ou Augusto. Usurpador, apesar de sua vontade, ou quase, Juliano tem como única escolha a morte, que seria seu destino caso fracassasse, ou o Império. Enquanto aguardava, ele promete a suas tropas cinco moedas de ouro e uma libra de prata por cabeça como dom de feliz advento, pois essa era a tarifa habitual.[186] Temos certeza de que, ao ouvirem a notícia, o velho Constâncio e sua Corte terão reclamado dizendo que Juliano havia comprado o título imperial por cinco moedas, e que os soldados da Gália estavam à venda; isso é tão provável que o próprio Juliano acusa agentes de Constâncio em Paris de terem tentado subornar suas tropas.[187]

---

o capítulo 28, 6). *Stipendium* e *donativum* são ambos pressentidos como parte de um salário em dinheiro. Isso se opõe à parte em produtos, ou seja, alimentos e roupas, pois essas duas palavras também caminham juntas; o soldado *"veste et annona publica pascebatur"* (Vegécio, 2, 19), exceto se existe *adaeratio* para a roupa (sobre o *canon vestium*, ver *Código de Teodósio*, 7, 6, 5, Justiniano, 12, 39, 4). Nos textos "ideológicos", o soldado é alimentado e vestido (Juliano, *Éloge de Constance*, 32; *Lettres* 109 Bidez: os alunos da escola imperial de música sagrada também serão alimentados e vestidos como remuneração). No que diz respeito ao pagamento com metais preciosos, ele aparece, em compensação, como presente; "é praticamente uma questão de moeda no *Código de Teodósio* sobre o soldo", escreve Godefroy em seus paratitlos no livro VII do código. E, portanto, ao lermos Vegécio, 2, 20, que reproduz a atmosfera do século III, sentimos que o *donativum* tinha se tornado um tipo de gratificação ordinária: mas essa evolução foi "ultrapassada" por outra evolução, que nos faz considerar qualquer pagamento em metal precioso como presente (R. MacMullen, "The Emperor's Largesses", em *Latomus*, 21, 1962, p.159). O *stipendium* é sentido como um pagamento necessário para que o soldado pudesse viver: efetivamente, será que ele não seria alimentado e vestido de outra forma? O soldado é grato quando o recebe, o *stipendium* surge como uma recompensa, tanto que é distribuído, por exemplo, durante um evento (Amiano, 22, 9, 2). Por essa razão, *stipendium* e *donativum* tornam-se sinônimos; o estudo dessas palavras em *Histoire Auguste* leva à esperada conclusão, e basta resumi-la, aqui, em uma frase, na qual essas palavras são usadas em seu sentido do século IX e não mais nos séculos II e III. Sobre *stipendium* no sentido de *donativum*, ver *Histoire Auguste*, Caracalla, 2, 8; *Maximini duo*, 18, 4; Max. E Balb., 12, 8; Albino, 2. Sobre a evolução do salário no século III, J.-P. Callu, *La politique monétaire des empereurs romains de 238 à 311*, De Boccard, 1969, p.295-300. Sobre *adaeratio*, ver o admirável relatório de Santo-Mazzarino por Marrou em Gnomon, 25, 1953, p.187; Callu, p.290-294; documento novo: W. L. Westermann e A. A. Schiller, *Apokirmata, Decisions of Septimius Severus on Legal Matters*, 1954, discutido por Pekary em *Historia*, 1959, p.468. Somente o estudo da *adaeratio* acaba de ser reatualizado por A. Cérati, *Caractère annonaire et Assiette de l'impôt*, 1975, p.153-180, que é agora fundamental. – Sobre o fenômeno nos exércitos helenísticos, comparar com as *Recherches sur les armées hellénistiques* de Launey, v.2, p.779.

186 E. Stein, *Histoire du Bas-Empire*, v.1, p.429, n.209.
187 Juliano, *Au conseil et au peuple d'Athènes*, 11. O próprio Amiano Marcelino acusa o usurpador Procópio, de quem ele não gosta e que é um fracassado, de ter comprado suas tropas,

Os presentes para os soldados

Depois de ter acreditado que o *donativum* era o verdadeiro valor de compra de um trono posto a leilão, passaremos a vê-lo apenas como uma formalidade sem consequências? Nada mais que isso, pois os símbolos não são a simples duplicata do real; eles são parte da realidade que nossos olhos apreendem como indícios do todo; a fumaça é parte de alguns fenômenos de combustão. Mais nem toda combustão faz fumaça; para que o dom de advento tenha sido capaz de selar o acordo de um príncipe popular e seu exército, para que, em outras vezes, ele tenha se tornado o "ponto sensível" de uma hostilidade política, a relação dos imperadores com seu exército conteve necessariamente alguma coisa de particular, sem a qual nenhum símbolo teria sido gerado.

Digamos logo: essa particularidade era histórica. Não vamos ficar tentados a explicá-la muito apressadamente pela tendência natural em colocar símbolos em toda relação que não é estritamente regulamentada; sabemos que a escolha do dom, entre todos os outros símbolos possíveis, é sempre amplamente histórica e que outros símbolos poderiam ter sido escolhidos. Os dons oferecidos ao exército durante os adventos, ou em qualquer outra ocasião, não são absolutamente um fenômeno universal das antigas monarquias. Os soldados romanos recebiam um *donativum* e a plebe de Roma também, mas os funcionários imperiais não. Em compensação, há alguns anos o atual xá da Pérsia pagou um *donativum* a seus funcionários em sua coroação. Mais recentemente ainda, na Inglaterra, o dom evoluiu na direção inversa: os soldados foram vigorosamente convidados a se cotizarem para oferecer um presente de casamento à princesa Anne; pois, para simbolizar uma relação pessoal entre o soberano e o exército, o dom pode funcionar em uma ou em outra direção: se o soberano é um pai, o exército deve manifestar uma afeição filial. É bem verdade que poderia manifestá-la com palavras e gestos em vez de dinheiro.

A existência do *donativum* em Roma se explica por razões históricas, porém, essas razões não são aquelas que foram ditas; o dom de advento não dá continuidade aos presentes feitos aos exércitos na época das guerras civis. Suas origens são mais inesperadas: elas são testamentárias.

---

que eram apenas soldados à venda (*vendibiles milites*, 26, 6, 14); mas vemos, ao lê-lo, que os partidários desse usurpador, o único talvez que tenha existido no Oriente nesse século, respeitavam o sangue de Constantino que corria em suas veias. Em compensação, Amiano não pronuncia uma palavra de crítica quando Valentiniano promete dinheiro aos soldados para sua eleição depois de uma assembleia agitada (26, 2, 1): Amiano é um partidário da legalidade.

Durante as guerras civis do fim da República,[188] os magnatas Sula, César, Otaviano e Bruto distribuíam dinheiro para suas tropas cada vez que era preciso reconfortar o zelo dos soldados para com eles,[189] e seus tenentes faziam a mesma coisa.[190] Gostaríamos de saber qual era a psicologia das tropas que recebiam esses "presentes" (era a palavra sagrada); dois textos são instrutivos. Alguns meses depois do assassinato de César, Otaviano tentou fazer que combatentes se associassem a ele contra Antônio; ele conseguiu conquistar todos os veteranos que moravam em Casilino e Calácia, escreve Cícero, "o que não era surpreendente; ele deu a cada um 2 mil sestércios": a quantia parece substancial, e não simbólica; no entanto, ela não basta para que seu homem se estabeleça: esses veteranos deverão esperar a vitória para ter seu futuro garantido; os 2 mil sestércios são uma antecipação dos lucros futuros. Cícero acrescenta:[191] "As legiões da Macedônia recusaram uma liberalidade de Antônio; elas o ofenderam e o abandonaram lá em pleno discurso". Parece-nos que esses combatentes eram interesseiros, mas não corruptíveis; eram honestos trabalhadores da espada, e não mercenários no sentido pejorativo do termo.

Um outro dia, Otaviano tenta contratar partidários de Antônio. Ele lhes oferece alguns presentes simbólicos logo de entrada, e depois, promessas cada vez mais substanciais, garantindo-lhes que serão considerados como leais partidários, e não soldados; dos dez mil entre eles, somente mil se deixam convencer (outros pensam que foram três mil). O resto deixa a praça, mas, em seguida, "pensando no cansativo trabalho agrícola e nos lucros da profissão de militar, buscam um pretexto honesto", trocando o partido de Antônio pelo de Otaviano, que parecia mais promissor.[192] A alma desses profissionais parece dúbia; eles brigam por dinheiro, mas parecem também demonstrar uma fidelidade pessoal, ou até mesmo uma preferência política por tal ou tal chefe, César ou Antônio, e dificilmente mudam de partido. Talvez sua alma seja mais simples e a fidelidade pessoal, naqueles tempos

---

188 Referências no artigo *"Donativum"* do Pauly-Wissowa, por Fiebiger, v.5, coleção 1543.
189 Texto característico, César, *Guerra civil*, 1, 39, 3: *"largitione militum voluntates redemit"*. Enfatizamos o fato de que a palavra *donativum* surgiu durante o Império.
190 *Guerre d'Alexandrie*, 48 e 52. Distinguiremos todos esses presentes daqueles sobre os quais falamos no capítulo precedente: o costume ordenava os generais a abandonar uma parte do saque para os soldados (Tito Lívio, 30, 45, 3: a partir de então, Suetônio, *César*, 38: *"praedae nomine"*, e *Res gestae*, 3, 18: *"ex manubiis"*). No mundo helenístico, prometia-se uma gratificação para as tropas em caso de vitória.
191 *Carta a Ático*, 18, 6, 2.
192 Apiano, *Guerras civis*, 3, 42; esse texto apresenta uma grande qualidade por suas gradações e sua precisão: Apiano deve, aqui, seguir sua fonte atentamente.

antigos, o equivalente do que chamamos hoje, na França, de inércias profissionais; essas pessoas rejeitam abandonar Otaviano ou Antônio, do mesmo modo que na França uma pessoa da classe média se nega a mudar de profissão ou um operário qualificado se recusa a ir morar do outro lado do país por causa do mercado de trabalho. Os soldados de Antônio não querem sacrificar seus hábitos, seus camaradas e os investimentos materiais e morais que já tinham em um partido.

Os "presentes" das guerras civis eram suplementos informais de salário na espera da vitória; os soldados esperavam não ficar reduzidos a seu soldo. Os presentes lhes davam, no entanto, um certo prazer quando chegavam, pois, por serem tacitamente desejados, eles não eram esperados em datas fixas e sua chegada era sempre excitante. Com os *donativa* do Império não era assim. Antes de se tornar o dom de advento de um novo imperador, eles foram o legado que o defunto imperador havia feito a dois tipos de pessoas, ao exército e à plebe da cidade de Roma. De fato, *donativum* aos soldados e "congiário" à plebe romana caminham sempre juntos.[193] O que quer dizer que os imperadores consideravam que soldados e cidadãos de Roma estavam sob sua proteção particular.

E é assim mesmo que as coisas aconteciam. Em seu panegírico de Constâncio, Juliano compara o imperador a um pastor; seus súditos são seus carneirinhos e os soldados são seus fiéis cães de guarda. Essas são as duas categorias da população.[194] São visões muito antigas. Quando Augusto construiu seu poder pessoal contra a oligarquia senatorial, ele reservou para si dois meios de comando: o exército e a cidade de Roma, que era o resumo de todo o povo romano; Augusto queria ter os soldados para si e proibir Roma a eventuais rivais que poderiam tomar a cidade como palco de sua popularidade. Em termos constitucionais, isso se chamava *imperium proconsulare* nas províncias[195] e *cura Urbis* na cidade de Roma, que deixa de ser um município autônomo.[196] Ora, naqueles tempos, o costume era mostrar-se muito liberal em seu testamento: legava-se alguma coisa a todos os seus amigos, a seus familiares, a seus protegidos, sem exceção. Quando Augusto morreu, ficaram sabendo, na leitura de seu testamento, que legava 43 milhões aos cidadãos de Roma e aproximadamente 50 milhões aos soldados.[197] Enquanto estava

---

193 Por exemplo, Tácito, *Anais*, 12, 41 e 14, 11; Suetônio, *Nero*, 7; Plínio, *Panegírico*, 25, 2; Herodiano, 7, 6, 4 e 3, 8, 4; Dião Cássio, 73, 1, 5 e 8, 1.
194 Juliano, *Sur la royauté*, 28.
195 Sobre as províncias armadas: *Staatsrecht*, v.2, p.840; ver p.847 e 869.
196 Ibid., v.2, p.1032.
197 Tácito, *Anais*, 1, 8; Dião Cássio, 56, 32, ver 57, 5 e 6; Suetônio, *Augusto*, 101.

vivo, Augusto sempre teve o cuidado de tratar seus súditos como se fossem uma grande família; quando seu neto Caio César entrou no exército, ele havia oferecido um presente em dinheiro às tropas "porque elas tinham Caio em suas fileiras pela primeira vez".[198]

Os legados de Augusto aos soldados e à plebe foram executados por seu herdeiro Tibério, que o sucedia no trono; Tibério, por sua vez, legou milhões aos soldados e à plebe, que foram distribuídos por seu herdeiro e sucessor Calígula.[199] Esse último enlouqueceu e foi assassinado. Nossas fontes dizem, então, que assim nasceu o *donativum*:[200] instalado no trono pelos pretorianos em circunstâncias dramáticas, o novo imperador Cláudio não recebeu legados de seu predecessor para distribuir; ele devia agradecer aos soldados por seu favor e selar o acordo, tanto que o Senado demorou a confirmar a escolha dos pretorianos. Cláudio "deixou então os soldados armados prestarem sermão em seu nome; ele prometeu 15 mil sestércios para cada um".[201] O legado tornou-se dom de advento e a tradição permanece; na morte de Cláudio, Nero ofereceu um *donativum* "como exemplo da generosidade de seu pai".[202]

Durante dois séculos aproximadamente, o *donativum* permanece o que havia sido: o sinal de uma relação familiar entre o imperador e o exército. Ele distribui *donativum* em cada advento,[203] e quando o herdeiro presumível atingisse a idade adulta[204] ou recebesse o título de César.[205] Enfim, um *donativum* pode recompensar cortes que se mostraram fiéis ao príncipe durante uma tentativa de golpe de Estado.[206]

A natureza do poder imperial

O *donativum* havia permitido a Augusto manifestar, aos olhos de todos, que o exército dependia unicamente dele. Depois dele, qual poderia ter sido

---

198 Dião Cássio, 55, 6.
199 Id., 59, 2 e 3; Suetônio, *Tibério*, 76.
200 Suetônio, *Cláudio*, 10: "Cláudio foi o primeiro dos Césares a se apegar à lealdade dos soldados mesmo tendo que pagá-los". Cláudio renova seu *donativum* um ano depois: Dião Cássio, 60, 12.
201 Flávio José, *Antiquités judaïques*, XIX, 247.
202 Tácito, *Anais*, 12, 69; ver Dião Cássio, 61, 3.
203 Referências no artigo de Fiebiger no Pauly-Wissowa.
204 Tácito, *Anais*, 12, 41; Suetônio, *Nero*, 7.
205 *Histoire Auguste*, Adriano, 23, 12 e 14; Dião Cássio, 78, 19 e 34. Quando Galba adotou Pisão, ele fez um escândalo dizendo que não ofereceria *donativum* (Tácito, *Histórias*, 1, 18; Suetônio, *Galba*, 17).
206 Tibério depois da queda de Sejano (Suetônio, *Tibério*, 48) ou Nero depois da conspiração de Pisão (Tácito, *Anais*, 15, 72; Dião Cássio, 62, 27).

o alcance político desses presentes ao mesmo tempo simbólicos e substanciais (em cada mudança de reino, um pretoriano recebia uma quantia que equivalia a vários trimestres de soldo)? Esse alcance dependia do peso político da corporação da tropa em questão. Enquanto os legionários constituíam uma corporação muito distante do centro do poder para fazer imperadores, exceto em circunstâncias revolucionárias, o *donativum* era, a seus olhos, apenas um direito adquirido, mas desprovido de significado particular; somente a negação desse direito teria assumido um significado e feito escândalo. Pois quando as causas puramente históricas fizeram que se elegesse um símbolo qualquer que fosse ele, isso resultou em dois efeitos: o símbolo deixa de ser tematizado, torna-se impossível voltar atrás; quem quer que recuse o símbolo, ao mesmo tempo indiferente e consagrado, é considerado como alguém que quer romper o pacto social.

Aos olhos da guarda pretoriana, em compensação, o *donativum* era sempre uma questão sensível que nunca era evidente, pois a guarda sempre tinha alguma coisa a dizer na eleição de um novo príncipe. Isso se deve a uma singularidade do regime imperial.

Em termos weberianos, o império é um regime tradicional que atribui a si mesmo falsas aparências formais, constitucionais;[207] "tradicional" significa que é fundado nas relações de força que, por mais informais que sejam, têm o apoio da opinião e são consideradas legítimas e também duráveis: na morte de Augusto, o regime se "reproduziu".[208] Essas relações de força foram vestidas de trapos constitucionais arbitrariamente cortados; as discussões dos eruditos sobre os fundamentos jurídicos do poder imperial foram voluminosas e pobres em resultados convincentes. As discussões mais recentes sobre os fundamentos jurídicos foram ainda mais bizantinas; muito buscaram por trás da "autoridade" da qual Augusto se dizia investido! Essa palavra é

---

207 Vimos que é também um regime carismático, mas em um sentido diferente do de Weber: a crença na divindade do príncipe e o amor pelo príncipe não são o fundamento da legitimidade e do fato de que se obedece sem força nem convicção caso a caso, mas são um sentimento induzido pela existência reconhecida (legitimada) do poder, por seu caráter tradicional (ver nota seguinte); o pai é adorado porque é pai e não é pai porque é adorado. Não tem nada a ver com o chefe genial a título individual ou com o ditador que se quer acreditar ser genial em circunstâncias excepcionais.

208 Ver a muito sutil crítica da noção confusa da ação tradicional em Max Weber que Alfred Schutz faz: *Phenomenology of the Social World*, tradução do inglês para o francês, Heinemann, 1972, p.91 e 197-198. Reagindo contra o nominalismo expeditivo e voluntariamente um pouco sucinto de Weber, Schutz mostra que a inércia, o hábito, não poderiam ser a explicação derradeira, e que consequentemente a famosa teoria dos três fundamentos do poder de Weber não é sustentável.

apenas o modo laudativo que ele tinha de falar sobre a sua posição de força;[209] ele podia se permitir falar disso em termos nobres porque a opinião aceitava seu poder. O direito público não tem nada para fazer aqui. Escreveremos, por exemplo, que no mais tardar, desde Vespasiano, a criação do imperador pelo exército era considerada legal (*rechtsgültig*)?[210] Trata-se efetivamente de legalidade! Um imperador morre, então as forças políticas que ocupam o terreno procuram um novo imperador: isso é improvisado em função das realidades do momento; ninguém pensa em consultar a Constituição, nem em se lembrar do costume; se o Senado, aterrorizado, se cala, não pediremos sua opinião e o imperador, dessa vez, será feito pelo exército; e o Senado, para não ser destruído, se apressará em confirmar a escolha. Se o Senado, uma

---

[209] Sobre o regime imperial, ver os excelentes textos de R. Orestano, *Problema delle persone giuridiche*, p.217-232, sobre o caráter não institucional do poder imperial: "O príncipe não é nem um magistrado, nem um *privatus*", do mesmo modo que o Fisco, que depende dele, não é nem público, nem privado. Atribuíram-lhe o poder tribunício e o *imperium* proconsular, mas trata-se apenas de uma linguagem analógica, pois "esses poderes foram doravante distintos do exercício das magistraturas correspondentes". E com razão: eles eram perpétuos e não limitados geograficamente. O principado não tem nada a ver com as antigas magistraturas republicanas e a "Constituição". Contudo, constatamos que ele também não é um simples Estado de fato, uma relação de força ou, em termos nobre, o *auctoritas* pessoal de um indivíduo, já que na morte desse indivíduo um novo príncipe será criado com o mesmo poder sob os mesmos trapos constitucionais. Fundou-se, assim, um regime cujos fundamentos são tradicionais, diria Weber. Não há nada de mais frequente em Roma, confessemo-lo, do que esses Estados de fato informais e legítimos: as relações do imperador e do Senado, os da Grécia e de Roma, entre 190 e 60 aproximadamente, os de um governador com as cidades romanas ou gregas de sua província, são alguns de seus exemplos. Sábio empirismo, que discerne por todos os lugares as razões escondidas? Não acredito nem um segundo nisso; Constituição não escrita e respeito de regras tradicionais? Justamente, não; nem o imperador, nem Roma diante dos gregos, nem os governadores são *fair play*: eles tomam todo o poder que podem tomar. A verdade é que Roma não tem nem um pouco do espírito burocrático, nem organizador (estaríamos errados em confundir "hegemonia" e "organização", "superstição da norma e dos precedentes" e "espírito jurídico"), e que ela também não tem a ideia de uma regra do jogo para respeitar entre seus pares: ela tem o sentido da hegemonia e, sob o nome de *fides*, exige, além disso, que lhe sejamos fiéis por senso moral. – Sobre a noção pouco utilmente escrutada de *auctoritas*, que constitui esses trapos com os quais Roma cobre as relações de força erigidas em submissão fiel e altamente moral, ver Afóldi, *Monarchische Repräsentation*, p.192-195, e as páginas definitivas de J. Béranger, *Recherches sur l'aspect idéologique du principat*, Basileia, Reinhardt, 1953, p.114-113. Outra conceitualização, através de outro ponto de vista, em Karl Loewenstein, *Beiträge zur Staatssoziologie*, Mohr, 1961, p.3-33: "O absolutismo constitucional de Augusto, por uma morfologia dos tipos de regime". Sobre os aspectos ditos carismáticos do poder imperial (no sentido mais vago dessa palavra), F. Schulz, *Principles of Roman Law*, p.180-183.

[210] Mommsen, *Staatsrecht*, v.2, p.843, n.3.

outra vez, se sente forte para propor um nome, ele procurará conhecer os sentimentos da guarda para ver se ela está disposta a aclamar seu candidato.

Quais eram, então, as forças que se encontravam ordinariamente presentes na arena política? A autoridade do príncipe defunto, se ele foi capaz de impor um príncipe herdeiro diante da opinião geral, o Senado, pelo seu prestígio, e a guarda, por suas espadas. Em tempos de revolução, as legiões das fronteiras e suas espadas. Muito excepcionalmente, a população de Roma desce à rua.[211] Roma conheceu muitas dessas rebeliões que tentam destituir a dinastia e terminam fundando uma outra quando são bem-sucedidas, assim como a China ou a Rússia; mas nenhuma conseguiu se desenvolver tanto quanto, há muito tempo, a de Espártaco. Quanto aos notáveis, eles dirigem ou tiranizam suas cidades, mas o aparelho de Estado permanece, para eles, uma máquina estrangeira.

Mantém-se face a face o poder do Senado e o da guarda. Ora, os pretorianos nem sempre pretendem impor um imperador conforme alguns interesses políticos: eles querem acima de tudo que o imperador não se faça sem eles, pois a simples detenção de um poder político é uma satisfação, como o uso que se pode fazer dela. O que explica o ciúme entre os pretorianos e o Senado: o príncipe aparecerá como o homem do Senado ou de sua guarda? Nesse conflito de amor-próprio político, o modo como o príncipe oferece seu *donativum* é um índice que não engana; um imperador que o concede de má vontade será um homem que tentará reduzir a guarda a um papel de pura obediência, negando-lhe a dignidade de força política sobre a qual se apoia. Negá-la em atos? Ele teria poucos momentos para se arriscar nisso; mas já é muito que em sua mente ele tenha pensamentos depreciadores sobre os pretorianos.

Esse é o *donativum* do Alto Império: afirmação do controle dos imperadores sobre o exército aos olhos de todos os cidadãos, simples direito adquirido aos olhos das legiões e, aos olhos da guarda, índice de seu prestígio político, sobre o qual ela é muito sensível. Vamos ver, para terminar, as transformações dos séculos III e IV; o *donativum* torna-se, por um lado, algo que faz pensar nas "remunerações" dos domésticos de antigamente e, por outro lado, em uma oferta através da qual os imperadores provam a seus homens que os consideram como íntimos do poder.

No Baixo Império: "remunerações" e gratificações

Ao lermos Molière e até mesmo Balzac, percebemos que os domésticos recebem de seus senhores três tipos de retribuições: eles são alimentados e

---

211 Tácito, *Histórias*, 3, 79-80.

vestidos, têm direito a remunerações em dinheiro que lhes são pagas mais ou menos regularmente (um senhor pobre ou avarento pode negligenciar durante anos seu pagamento) e podem receber, além disso, gratificações se seu senhor está satisfeito com seus serviços. Essa é mais ou menos a situação dos soldados do Baixo Império; pois as "anonas" em produtos tornaram-se a parte certa do soldo quando a desvalorização atingia o dinheiro; enfim, o *donativum* (essa palavra mudou de sentido) tornou-se um suplemento regular do soldo, desde quando os imperadores adquiriram o hábito de pagar um a cada cinco anos para celebrar os quintos e décimos aniversários de sua subida ao trono, celebrações que se transformaram em grandes festas.[212] Em resumo, a manutenção com produtos é garantida aos soldados; em compensação, os suplementos em metais preciosos que se acrescentam a esse mínimo necessário nem sempre são quitados regularmente; Juliano, lembremo-nos disso, nunca pôde pagar tal suplemento. Ademais, quando esses suplementos, chamados soldos (*stipendium*) e *donativum*, são enfim pagos, o príncipe age como se estivesse oferecendo um presente, exorta seus soldados a serem corajosos e leais em troca,[213] conquista a benevolência da tropa[214] e reconforta o zelo para com ele.[215] O *donativum* tornou-se tão regular, a princípio, quanto o *stipendium*; efetivamente ambos são pagos quando o soberano tem condições de fazê-lo.

Isso dava aos soldados daqueles tempos uma falsa impressão de não terem mais um ideal profissional e pensarem somente no dinheiro;[216] não diremos nada mais nem nada menos sobre os exércitos do Alto Império: no entanto, eles recebiam seu soldo automaticamente. Os militares do século IV, por sua vez, aproveitam-se da familiaridade que possuem com um imperador combatente para tentar arrancar-lhe suas remunerações quando acreditam

---

212 Em Dião Cássio, 76, 1, já se falava de um *donativum* para *quinquennalia*. Sobre o *donativum* quinquenal, A. H. M. Jones, *The Late Roman Empire*, v.3, p.187, n.31; E. Stein, *Histoire du Bas Empire*, edição Palanque, v.1, p.116; Mattingly e Sydendham, *The Roman Imperial Coinage*, v.7, por Bruun, p.57. Sobre a importância dos presentes em metais, além do soldo, Alföldi, *Studien zur... Welkrise des 3. Jahrhunderts*, p.415. Sobre as relações entre o imposto territorial e a anona militar, a questão acabou de ser revista por A. Cérati, *Caractère annonaire et assiette de l'impôt*, p.103-151.
213 Amiano Marcelino, 15, 6, 3.
214 Id.; 22, 9, 2.
215 Id.; 29, 5, 37; 31, 11, 1.
216 Juliano, *Histoire de la Gaule*, v.8, p.120. "O verdadeiro culto do soldado é o dinheiro; entre os soldados e seus chefes existe uma perpétua negociação". Os domésticos de Molière, alimentados e vestidos por seu senhor, permanecem-lhe fiéis mesmo quando não são pagos; eles reivindicam, contudo, suas remunerações explicitamente; não porque eram gananciosos, mas porque seu senhor não os pagava regularmente.

tê-lo a sua disposição. Depois da tomada de uma cidade da Assíria, os soldados de Juliano abordam a questão do dinheiro com seu príncipe; este os recrimina e eles não insistem.[217] Eles não se tornaram gananciosos: foi o sistema de retribuição que se tornou informal pela metade, o que explica cenas dignas de Molière. O Estado, sendo mal pagador, parece oferecer presentes quando se põe a pagar. Assim, é preciso cobrar com fervor o que ele deve.

Além disso, ele oferece verdadeiros presentes nos momentos de vitórias[218] e nos adventos; pois desde que o *donativum* se tornou uma parte do soldo, um autêntico dom de advento nasceu sem ser chamado assim.[219] O exército do quarto século é algo de muito original. Ele não se desloca mais em longínquas fronteiras como as legiões de outrora (a guarda das fronteiras será em breve abandonada a medíocres soldados-trabalhadores); o ferro de lança do exército é constituído, agora, de um grupo de algumas dezenas de milhares de homens, os *comitatenses*, que envolvem o imperador e correm atrás das guerras com ele; esses homens têm um contato direto com seu soberano que os consulta, suplica-lhes e tem, com eles, discussões sobre alta estratégia.[220] Em cada mudança de reino, aqueles que lá se encontravam fazem que ratifiquem a criação do novo imperador por aclamação, assim como a nominação do príncipe herdeiro.[221]

Esse vasto exército não possui, portanto, tantas pretensões políticas quanto alguns milhares de pretorianos de antigamente; mas tem um orgulho corporativo: ele quer ser uma corporação privilegiada cujos favores imperiais

---

217 Amiano Marcelino, 24, 3, 3; "os soldados, frequentemente manipulados no passado, reivindicam seu *stipendium* em dinheiro líquido", escreve o *Panegírico*, XI, 1, 4. Ademais, sob sua forma vaga, existe uma forte alusão específica em Claudiano, *Éloge de Stilicon*, 2, 148: "Tu não negligencias em tempos de paz as cortes para enriquecê-las quando a guerra está no auge; sabes que os presentes não têm nada de agradável, que são oferecidos muito tarde por medo daqueles que haviam sido desprezados".

218 Amiano, 24, 3, 3; em compensação, 17, 13, 31, Constâncio diz a suas tropas que o saque será uma recompensa suficiente. Então o *donativum* feito em metais preciosos se opõe ao saque, pago em produtos.

219 Já sob os Severos, as tropas que fazem um pronunciamento solicitam como remuneração uma distribuição de dinheiro: Dião Cássio, 46, 46 (ver Herodiano, 3, 6, 8) e 79, 1. Juliano dispõe seus soldados a obedecerem a seu novo poder fazendo-lhes um dom: Amiano, 22, 9, 2.

220 Amiano, 14, 10 ou 24, 7.

221 Quando as pessoas influentes da Corte ou do exército são reunidas e fazem a escolha de um imperador, fica faltando a parte mais delicada: fazer que o exército o aclame (Amiano, 26, 1). Algumas vezes ele o aprova "com um consentimento geral, porque ninguém ousa protestar" (26, 4, 3); mas outras vezes gritos são ouvidos: se o orador sabe adotar um tom de autoridade, tudo talvez ficará em ordem (26, 2, 11). A mesma coisa ocorre para a proclamação de um príncipe herdeiro (27, 6).

distinguem da multidão.[222] O dom do advento prova-lhe que o novo Augusto é o que se espera de qualquer soberano a esse respeito. Esses militares são apolíticos; eles não pretendem fazer o imperador; mas querem que, com seus favores, o príncipe que aclamam com seu testemunho os trate como seus cães fiéis e não os confunda com a multidão de carneirinhos. Em muitas sociedades antigas, integrar os servos do príncipe tem um prestígio para o povo que não podemos imaginar: não há nada além disso que distinga um homem do outro.

Em resumo, se voltamos às suas origens, o *donativum* é um acaso histórico. Augusto, rei precário, foi forçado a simbolizar o controle que tinha sobre o exército; ora, segundo um costume testamentário romano, o símbolo por excelência era um dom ou um legado em dinheiro.

Ampliemos essa pequena história do *donativum* com uma conclusão sociológica. Os historiadores modernos se questionaram principalmente sobre a origem social do exército romano ou de sua corporação de oficiais e sua posição de classe: os pronunciamentos seriam, no fundo, uma revolta das multidões rurais, dentre as quais eram recrutados os soldados contra a "burguesia" das cidades? É ver apenas metade do problema e, provavelmente, a menos relevante. Um exército também é uma instituição que tem um espírito corporativo e que reage como tal. Os pretorianos não querem governar porque são de origem burguesa italiana, mas porque a guarda tem força e prestígio; os exércitos das diferentes províncias não fazem pronunciamentos contra o Senado como órgão da "burguesia", mas para eliminar os falastrões, expulsar um incapaz, salvar o Império, ou simplesmente para que não se diga que é um exército rival que, em uma outra província, faz todos os imperadores. Os exércitos representavam simplesmente a si mesmos e a seus ideais, mitos e interesses corporativos. Quanto à origem social, às disposições de classe e a outras ideias de civis, os soldados e os oficiais as haviam esquecido ao ingressarem no exército.

Modificação romana do tipo ideal

Esse longo subcapítulo sobre o exército, as finanças e a administração imperial conduz a conclusões negativas: não há traços de patrimonialismo nas instituições romanas a não ser no vocabulário (os pequenos funcionários

---

222 Dião de Prusa, I, 22: o Bom Rei chama seus soldados de companheiros de armas, aqueles que vivem com ele, amigos, e a multidão dos governados são seus filhos. Juliano, *Éloge de Constance*, 6: a multidão dos súditos vê o rei como seu soberano, mas os soldados esperam mais dele: presentes e favores.

eram ditos escravos ou libertos do príncipe, não do Estado). Na prática, a separação entre o aparelho do Estado e a pessoa dos príncipes sucessivos era rigorosa. Uma única exceção: ao lado dos diferentes cofres públicos (que eram propriedade do príncipe somente no vocabulário), alguns imperadores transmitiram uns aos outros um enorme patrimônio pessoal, do qual fizeram um uso político; nisso, eles eram evérgetas de Estado. Quanto ao resto, eram magistrados.

No que se refere às pretensas relações de clientelismo entre o príncipe e seus súditos ou seus soldados, elas também não existiam; o *donativum* não era a remuneração de tais laços. Imaginar que um imenso Estado, em que as relações de soberano a súdito são anônimas e de obediência, tenha sido assimilável a um bando de fiéis é, para ser categórico, perder o sentido das realidades históricas. Não vamos permitir que a peneira tape o sol. Premerstein exagerou estranhamente sobre a importância dos sermões dos imperadores. Textos, inscrições e papiros nos permitem ver com quanta evidência as dezenas de milhões de súditos do imperador, como contribuintes, justiçáveis, patriotas e soldados, obedeciam-lhe como todos os súditos de todos os Estados do mundo: como a um chefe de Estado. Quase todos os detalhes do livro de Premerstein são verdadeiros, mas o conjunto é muito falso; o grande historiador foi vítima de uma convenção de origem filosófica: querer interpretar as realidades de uma época somente a partir de conceitos ou de símbolos daquela época. Seria preciso, então, renunciar em saber que o céu em Roma era azul, e que os homens ali tinham dois braços e duas pernas, se o acaso fizesse que a coisa não fosse afirmada em nenhum dos textos antigos conservados.

Para ver que diferença separa, em termos de patrimonialismo, Roma e os Estados helenísticos, bastará lembrar um fato considerável: os reis gregos podiam legar a quem bem entendessem, indubitavelmente, não a coroa, não as terras do reino, não o conteúdo dos cofres, mas em todos os casos seu reino inteiro; eles o legavam como se fosse um pedaço de terra e como se seu testamento tivesse força de lei.[223] Sabemos que Roma herdou, assim, com a maior legalidade do mundo, a Ásia e a Cirene. Essa singularidade, na minha

---

223 O exemplo clássico é o testamento de Ptolomeu VIII Evérgeta II, *Supplementum Epigraphicum Graecum*, v.9, n.7. Ver U. Wilcken, *Akademische Schriften*, v.2, p.23; E. Will, *Histoire... hellénistique*, v.2, p.305; sobre o testamento de Átalo de Pérgamo, ibid., p.351. Apesar do que se tenha dito recentemente, o testamento de Ptolomeu VIII é efetivamente um testamento: não são conselhos políticos. – Contra a ideia difundida de que o Egito era o domínio particular dos imperadores romanos, ver Arthur Stein, *Aegypten unter römischer Herrschaft*, p.98, e M. Gelzer, *Kleine Schriften*, v.2, p.368-370.

opinião, estava de acordo com o modo de agir no Oriente meio bárbaro;[224] ela era também a consequência do fato de um rei grego ser visto como um conquistador, um aventureiro coroado, um acumulador de terras. Vemos o contraste com Roma, onde o imperador não tinha nem mesmo o direito de designar por testamento seu sucessor. A realeza grega tem como fundamento o direito das armas (o reino é "terra conquistada pela lança"); o regime imperial, por sua vez, é uma magistratura.

Eis, então, como o tipo ideal do soberano pelo direito subjetivo foi modificado em Roma. Ali, o papel do imperador é profundamente marcado pelo fato de Roma ter sido uma cidade antes de se tornar um império. O pensamento helenístico e as realidades opunham muito fortemente cidades e reinos; era a grande ruptura do tempo. O imperador é um personagem cívico: ele é magistrado e evérgeta; ele não é proprietário de seu império, mas pode ser seu mecenas, como acabamos de ver; veremos também que, quando oferece presentes, não é com a abundância e a desfaçatez de um potentado oriental ou de um rei helenístico.

Entretanto, mesmo quando ele não oferece presentes, mesmo quando ele age conforme o direito, seus atos são chamados de evergesias, de "beneficências" do bom rei que ele é por definição.

6. As beneficências do príncipe

Se o imperador tivesse sido o proprietário do Império, tudo seria simples: não haveria direito público e a vida política seria improvisada conforme a arbitrariedade do potentado. Mas as coisas não aconteceram dessa forma, sabemos disso, e a maquinaria do Império era mais complicada e formal do que uma vida de família: era necessário ter leis, regulamentos, burocratas. Contudo, como vamos ver, o estilo monárquico atribuía verbalmente os atos públicos e privados do soberano às virtudes do príncipe e sobretudo à sua liberalidade; esses atos também eram beneficências. Pretendia-se, assim, acreditar que não podia haver, neles, relações abstratas como as estabelecidas com o Estado e, consequentemente, qualquer relação dos súditos do príncipe com o aparelho de Estado era uma relação com a pessoa do rei, que é um beneficente.

---

224 Justino, 37, 4, 5 (ver Will, *Histoire... hellénistique*, v.2, p.392); 38, 7, 10; Mitrídates herdou reinos estrangeiros que lhe foram legados por sua magnificência. Políbio, 25, 2, 7: Eumenes de Pérgamo, por pura bondade, ofereceu a cidade de Tios a Prúsias.

"Ao tornar-se imperador, Antonino distribuiu um congiário ao povo de Roma, um *donativum* aos soldados e fundou alocações alimentares para os órfãos, pela honra da imperatriz; quanto a seus edifícios [...]": essa enumeração, que tomamos emprestada de um historiador tardio,[225] era canônica. As liberalidades, ou o que chamamos assim, são uma parte importante da atividade dos imperadores aos olhos do romano ordinário. A *liberalitas* é o nome latino da qualidade constituinte dos evérgetas; o mundo grego de evergesia, ou boa ação, traduzia-se por *beneficium*, beneficência.[226] Os historiadores antigos falam incessantemente das liberalidades e das beneficências do príncipe e as aprovam ou as criticam conforme suas opiniões políticas e religiosas.[227]

Contudo, o imperador não poderia ser um evérgeta ordinário: como distinguir, nele, o homem privado que presta serviços públicos como um notável, e o soberano que simplesmente exerce suas tarefas? Os textos falam de sua bondade e devemos "compreendê-los", falar sua língua; mas devemos também duvidar de sua palavra e distinguir entre o que os romanos fazem e o que eles acreditam fazer. Quando Vespasiano, "através de sua liberalidade", criou cadeiras de retórica com o dinheiro do Fisco, ou seja, com o produto dos impostos, ele pouco se distinguia de um ministro da instrução pública que cria cadeiras na Sorbonne e é qualificado de evérgeta apenas por um efeito de estilo monárquico; esse estilo, por sua vez, assemelha-se à fraseologia monárquica de nosso Antigo Regime e não se parece muito com a retórica das inscrições que celebram as evergesias dos notáveis. Quando estudamos o evergetismo imperial, a questão que se impõe não é saber por quais motivos privados um simples particular sacrifica seus bens para o público, mas por que um personagem público associa suas ações públicas a suas virtudes privadas.

A questão não é simples, pois a atividade de um soberano não é verdadeiramente uma atividade; as diferentes medidas que ele toma são mais ou menos regulamentares, mais ou menos decisórias. A aplicação automática da

---

225 *Histoire Auguste*, Antonino, 8, 1; Suetônio, *Domiciano*, 12: "Arruinado por seus edifícios, seus espetáculos e pelo aumento do soldo dos soldados...". Texto discutido por R. Syme, "The imperial inances under Dominitian, Nerva and Trajan", em *Journal of Roman Studies*, 20, 1930, p.55, e C. H. V. Sutherland, *"The state of the imperial treasury"*, na mesma revista, 25, 1935, p.150.

226 Sobre *"beneficium"* como equivalente de "evergesia", ver, por exemplo, uma inscrição bilíngue de Delos, Degrassi, *Inscriptiones liberae rei publicae*, n.363; ou os *Grammatici latini*, edição Keil, v.4, p.567.

227 O pagão Zósimo (2, 38) critica os presentes de Constantino (A. Chastagnol, em *Historia Augusta, Colloquium* 1964-1965), Habelt, 1966, p.34), mas na *Vie de Constantin* (I, 43, 1) do cristão Eusébio aprova-os fortemente.

lei a um caso individual, a concessão da graça a um condenado que os textos de uma lei muito geral teriam assassinado, e não simplesmente castigado, as decisões de política externa, esses são três tipos de ações públicas que decorrem de princípios muito diferentes. Será que o evergetismo imperial é um desses tipos e as palavras liberalidade e beneficência são termos técnicos? Ou tudo isso é simplesmente ideológico e o estilo monárquico qualificaria de beneficência os mais diversos tipos de ações públicas ou privadas, a partir do momento em que os beneficiários se regozijam com elas?

O benefício da lei

A segunda hipótese é a certa. Consideremos, por exemplo, a palavra beneficência. Apesar do que possamos ter dito algumas vezes, ela não é um termo técnico e cobre as mais diversas ações do príncipe. *A priori*, uma beneficência do príncipe poderia ser três coisas: a aplicação mecânica de uma regra a um caso individual, como quando um veterano é admitido para validar seus direitos à aposentadoria;[228] a individualização dos textos da lei em nome da equidade ou da simples caridade; ou, enfim, um favor injustificável, um capricho real que receberá o nome de graça. Nos fatos, *beneficium* pode ser tudo isso indistintamente; na prática, a palavra é usada sobretudo ao se referir às decisões administrativas mais banais, porque são as mais frequentes: concessão do direito à cidadania,[229] inscrição na ordem equestre,[230] autorização dada a um simples particular para pegar água em um aqueduto.[231] As

---

228 Por exemplo, Higino nos *Gromatici veteres*, p.121, 9; Rudorff-Lachmann: *"agros veteranis ex voluntate et liberalitate imperatoris [...] assignavit"*.
229 Mommsen, *Staatsrecht*, v.2, p.890, ver v.3, p.134. A cidadania deve-se ao "benfazer" imperial, *Corpus das inscrições latinas*, v.2, n.1610 e 2096; Ulpiano, *Règles*, 3, 22; Plínio, *Panegírico*, 37, 3; Dessau, n.9059, 2. Ela deve-se também à "indulgência" (*indulgentia*) imperial: Seston e Euzénnat em *Comptes rendus de l'Académie des inscriptions*, 1971, p.470 e 480.
230 Dião Cássio, 55, 13; Sêneca, *Des beneficiis*, 3, 9, 2: *"beneficium vocas dedisse civitatem, in quattuordecim deduxisse"*; ver A. Stein, *Der römischen Ritterstand*, p.23 e 73.
231 Frontino, *Aqueducs*, 99, 3. Corroborando meus dizeres, esse texto mostra apropriadamente que *beneficium* equivale à "decisão": Augusto, efetivamente, reserva a si o direito de decidir quem receberia o privilégio de pegar água de um aqueduto, diríamos; em latim e em estilo monárquico, dizemos que ele "colocou a totalidade desse tipo de coisa de um modo proporcional à quantidade de suas beneficências", *"tota re in sua beneficia translata"*. O que implica, além disso, que a concessão de água era um favor que se tinha o direito de solicitar: pois não se tinha o direito de pedir-lhe qualquer coisa (ver n.237). A mesma ideia se encontra em Suetônio, *Cláudio*, 23: o imperador decide que as autorizações de folga, que se pediam até então ao Senado, dependeriam doravante de suas beneficências. Explicaríamos do mesmo modo *Digeste*, 1, 2, 2, 49, sobre o *jus publice respondendi*.

beneficências são todos os atos públicos, quaisquer que sejam, cujo conteúdo somente pode agradar.

É no entanto raro que a beneficência seja uma "graça" real. O direito de graça do soberano existia efetivamente, mas a Antiguidade pagã falava menos desse direito do que a Idade Média;[232] ao contrário, quando se pensava nas virtudes do imperador ou em suas beneficências, pouco se pensava nos condenados que ele podia ter agraciado, pois a imagem do sabre do carrasco suspenso no meio do caminho evoca associações de ideias pouco propícias para fazer que o príncipe seja amado. A palavra beneficência se dizia mais frequentemente em referência aos privilégios: imunidades fiscais, rendas de domínios públicos que são atribuídas a uma cidade autônoma,[233] cidadania concedida a veteranos que tinham direito a ela ou a uma cidade inteira que a tivesse merecido. Poderíamos dizer, com Mommsen, que um *beneficium* é um direito útil? Com Alvaro d'Ors,[234] que não é um privilégio, mas uma medida discricionária que, em vez de contradizer as outras regras como um privilégio, concordava com elas? As duas definições se complementam e a dificuldade não se encontra aí; uma imunidade é um privilégio, a cidadania não é um direito útil. Na realidade, *beneficium* não possui uma significação determinada e é frequentemente apenas uma redundância que integrou nossa linguagem jurídica. "Receber a cidadania através de uma beneficência do príncipe,

---

[232] Sobre o direito de graça, Mommsen, *Strafrecht*, p.262, n.1 (verificar as referências, pois as fichas de Mommsen misturaram-se); ver Suetônio, *Tibério*, 35; *Claude*, 14; Tácito, *Annales*, 3, 24, p.483 e p.1042, *Código de Teodósio*, títulos IX, 37 (*De abolitionibus*) e IX, 38 (*De indulgentiis criminum*); Mommsen, *Staatsrecht*, v.2, p.884; v.3, p.358 e 1069. Sobre a individualização do castigo e o que chamaríamos de circunstâncias atenuantes, *Strafrecht*, p.1039; sobre a anistia, a intercessão e a provocação, *Strafrecht*, p.452. Um estudo teórico do direito "supõe que se considere o Estado como um ser transcendente" (p.51), pertencente a uma monarquia de direito divino ou a um rei divinizado; ele coincide cronologicamente com o direito divino e o tema da bondade real (p.59). – Mas não é, creio, a única justificativa ou racionalização possível para o direito de graça.

[233] Mommsen, *Staatsrecht*, v.2, p.1126. Em geral, sobre a "beneficência" real, *Thesaurus linguae latinae*, v.2, s.v. coleção 1886, linha 66; *Dizionario epigrafico*, v.2, s.v., p.966. Sobre as origens helenísticas, M.-Th. Lenger, "La notion de bienfait (philanthropon) royal et les ordonnances des rois lagides", nos *Studi in onore di V. Arangio-Ruiz*, 1952, v.1, p.483: os *philanthropa* não são um tipo particular de atos de direito e essa palavra não é um termo técnico; é o nome de algumas ordenanças, de alguns *prostagmata*.

[234] A. D'Ors, *Epigrafía jurídica de la España romana*, Madrid, 1953, p.20; ouvi o grande jurista espanhol explicar que a beneficência se chamava assim porque não era um ato espontâneo do imperador: era necessário solicitá-la ao príncipe; ela podia ser concedida automaticamente e era frequentemente o mais banal dos direitos: mas era preciso "fazer o pedido". – Algumas beneficências se pediam (*petere*); para outras, devia-se esperar que fossem eventualmente concedidas (*praestari*) sem precisar pedir: Digeste, 1, 2, 2, 49.

beneficio imperatoris" queria dizer simplesmente recebê-la "em virtude de uma decisão do imperador"; e "gozar dos direitos que a Lei Júlia atribui às mães de família" podia se dizer "gozar pelo benefício dessa lei", *benefício legis Juliae*, beneficiar das disposições da lei.

A questão é saber em que casos havia decisão pessoal do imperador, e não uma aplicação automática de uma regra, a beneficência do príncipe, e não simplesmente o benefício da lei. *A priori* em dois casos: quando o imperador viola a lei, e quando o imperador eventualmente decide se ela é aplicável ao pé da letra. No primeiro caso, ele concede uma graça, uma imunidade ou um privilégio; no segundo, ele decide discricionariamente em virtude do Poder Executivo que lhe pertence; ele constata que o veterano preenche adequadamente as condições que o permitem reivindicar a cidadania. E se não existe regra que o príncipe possa aplicar ou cujo efeito seja suspenso por ele, constatamos, surpresos, que a palavra beneficência pouco aparece nos textos dos antigos escritores; eles pouco mencionam, por exemplo, o fato de um oficial ter sido condecorado por atos de guerra com a beneficência do imperador. Pois nenhum legislador se dispôs a tentar definir formal e previamente que fatos de guerra seriam suscetíveis de condecorações; o imperador apreciava a materialidade dos fatos em sua sã consciência. Se tivessem chamado uma condecoração militar de beneficência, seria como insinuar que o favor poderia ter-lhe sido concedido tanto quanto o mérito.[235]

Quando Frontino afirma que Augusto "transferiu, de acordo com o número de suas beneficências", as concessões de água dos aquedutos,[236]

---

[235] Uma outra palavra que, como *beneficium*, não é um termo técnico, é *judicium*, sobre a qual preparamos um estudo detalhado; *judicium* não é um "julgamento", mas a boa opinião que se tem de alguém, o fato de "bem julgá-lo", é também uma "decisão" decalcando-se o grego *krima* ou *krisis*, que, na língua helenística, adotou esse sentido. Praticamente, *beneficium* e *judicium* se completam: o primeiro pode ser um favor da bondade, e o segundo, uma decisão fundada na estima pessoal que se tem por alguém, tanto que *judicium*, em latim imperial, pode se dizer "nominação a um cargo" (e esse sentido da palavra se encontra em... *La Chanson de Roland*, verso 262).

[236] Ver n.231. – Respondamos a uma possível objeção: as "beneficências" não eram uma espécie determinada de atos do rei, pois se solicitava de cada príncipe, no início de seu reino, a confirmação das beneficências concedidas por seu predecessor (Mommsen, *Staatsrecht*, v.2, p.1127, sobre Suetônio, *Titus*, 8; Sherwin-White, *The Letters of Pliny*, p.644)? Entendamos bem: o Estado romano é muito pouco formalista e os agentes do príncipe têm tendência em abusar; algumas beneficências são concessões fiscais, imunidades de impostos, concessões de terras públicas: a tendência dos agentes do príncipe é retomá-las ou ignorá-las; então, os infelizes beneficiários *multiplicam as precauções* para fugirem dessas calúnias (*calumniae*); eles pedem a confirmação ao novo príncipe não porque é formalmente necessário para uma ou outra espécie de atos jurídicos, mas porque isso pode sempre ser útil, pois contra a rapacidade dos agentes do Estado há poucos recursos. No dia em que se deixar de acreditar que

ele quer dizer com isso que esse imperador "reservou para si a decisão" de conceder tais concessões, agradáveis para o beneficiário. Essas concessões eram atribuídas, e até mesmo solicitadas, em um contexto regulamentar; havia uma regra e o imperador podia decidir que doravante não se poderia mais solicitar tal ou tal favor.[237] Outras vantagens eram concedidas sob simples pedido: mas, como o beneficiário tinha que, primeiramente, fazer a tal demanda, o estilo monárquico não deixava de atribuir a concessão da vantagem à beneficência do príncipe.

Em resumo, a noção de beneficência decorre de um pensamento essencialista. As beneficências não são reconhecidas por sua natureza própria de graça real ou de privilégio, mas pela índole daquele que as concede: sendo bom em sua essência, o príncipe faz somente o bem. O leitor talvez se lembre de quando discutimos sobre a concepção antiga do trabalho, constatamos que ela se fundava em uma classificação dos homens, e não em uma classificação das atividades: conforme a posição do indivíduo, caso ele seja ou não um ilustre, a questão será considerada como atividade não essencial ou pela profissão

---

o Império Romano era organizado, formalista e jurídico, abriremos nossos olhos sobre a perpétua tendência que todo mundo tem em multiplicar as precauções, como se as regras formais não garantissem nenhuma proteção. Em resumo, uma beneficência que era um privilégio corria o risco de ser devorada pelo Fisco a cada mudança de reino; então "se recarrega" seu valor jurídico fazendo que seja confirmada, como se "recarrega" uma bateria de carro. Isso não quer dizer que a beneficência era um ato de direito *determinado* e que devia *em direito* ser renovado por todo novo príncipe. – Uma outra precaução possível era fazer gravar na pedra ou no bronze o texto da beneficência e expô-la diante de todos; os epigráficos devem a isso diversas "inscrições jurídicas", que são também precauções contra a calúnia (nunca é evidente que um documento jurídico seja gravado, deve-se sempre perguntar por que o foi).

237 No discurso de "Mecenas" a "Augusto" em Dião Cássio (52, 37; ver 54, 24), Mecenas aconselha Augusto a não mais autorizar as cidades a atribuírem-se títulos pomposos que suscitavam o ciúme das cidades rivais, e acrescenta: "Tu serás facilmente obedecido nisso, se não abrires exceção em favor de ninguém; não deves nem mesmo permitir que te peçam uma autorização que não concederás". Uma constituição de 338 (*Código de Teodósio*, 15, 1, 5) proíbe aos governadores de província concederem uma certa imunidade: "Doravante tais pedidos não serão mais recebíveis, *in posterum aditus similia cupientibus obstruatur*"; esse *aditus* é o que a *Novelle* 4 de Majoriano chama de *licentia competendi*, o direito de solicitar uma determinada beneficência. Esse *aditus* traduz o grego helenístico *enteuxis* (assim na Vulgata diante dos *Septuaginta*: P. Collomb, *Recherches sur la chancellerie et la diplomatique des Lagides*, 1926, p.52); é um pedido dirigido nominalmente ao rei ou diretamente a um funcionário e tendo ou não como objeto a introdução de uma instância (ver o latim *adire praetorem, adire judicem*); sobre o *enteuxis* introdutor de instância, ver E. Seidl, *Ptolemäische Rechtsgeschichte*, J. J. Augustin, 1962, p.65 e 89. O latim diria que, por um pedido escrito ou oral (*aditus, aditio*), obtém-se um *beneficium*; o grego helenístico entende que, por um *enteuxis*, obtém-se um *philanthropon*.

que o define socialmente. O imperador é bom mesmo quando se limita a aplicar a lei; não que a tentação de ser mau possa passar por sua cabeça: mas ele não sofre as limitações da lei como um vulgar funcionário; ele é livre, portanto, virtuoso. Enquanto o procurador do príncipe, modesto burocrata que toma a decisão cujo mérito vai todo para o imperador, não é um benfeitor, já que não é livre: ele não é a lei encarnada e trabalha para alguém.

A mesma ideologia do benefício, da gratuidade, encontra-se no direito privado e trai, ali, a realidade. Para os jurisconsultos, quando se contratam os serviços de um artesão, estamos diante de um contrato que obriga a pagar um salário ao pobre-diabo; caso não seja pago, ele poderá reclamá-lo. Um pobre-diabo trabalha: ele não é o benfeitor de seu empregador. Em compensação, quando se recorre aos esclarecimentos de um notável cuja "profissão" é ser retor, advogado ou médico, não estamos diante da locação de um trabalho: esses profissionais tinham a reputação de fazer uma beneficência àquele que os emprega e, durante longos séculos, não receberam salário; não se deixava de agradecê-los por sua beneficência oferecendo-lhes presentes, é verdade. Contudo, durante longos séculos, eles não tiveram recurso judiciário quando não recebiam nada de seu devedor.[238] Era assim que os romanos enganavam a si mesmos e eram enganados por sua ideologia.

A imagem do rei autor das beneficências está de acordo, se não com o direito constitucional e com as realidades administrativas, pelo menos com a mentalidade popular e com as declarações dos panegiristas. Para Dião de Prusa, a profissão de rei é constituída de duas partes: uma, é obrigatória, a outra é livre e é a parte evergética, aquela que um bom príncipe prefere. Esse príncipe "não é nem um pouco avarento com seus bens e age como se fossem inesgotáveis". Liberalidade que prova um bom caráter: o bom rei "gosta de oferecer presentes a seus amigos".[239] Dião não se pergunta se tais presentes

---

[238] Sobre essa enorme questão, ver, a título de amostra, *Digeste*, 11, 6, 1 pr. e 50, 13, 1; Max Kaser, *Röm. Privatrecht*, v.1, edição de 1971, p.569.

[239] Dião de Prusa, I 23-24 e 3, 110; ver n.222. Para Dião, que pela retórica conduz o tema do Bom Rei pelo direito subjetivo ao extremo, o rei é realmente concebido como um rico particular que possui a realeza; esse rico proprietário tem sua vida privada tal qual todos nós e seus amigos, o que é seu direito; ele oferece-lhes presentes, o que o honra; aqueles que o conhecem bem podem contar aos outros esses traços de generosidade que inspiram uma ideia favorável de seu caráter. Inclusive, como explicaremos no fim da presente seção, esse rei é *essencialmente bom*: é o modo que Dião tem de dizer que esse rico proprietário privado exerce, através de sua propriedade, uma *função pública*, que ele está "a serviço do público", que se "beneficia" do ofício que ele exerce. Ele reina por si e para nós, porque ele é bom. Considera-se geralmente que, quando Dião exalta a bondade do príncipe, ele quer lembrar ao príncipe o sentimento de seus deveres e que isso anuncia a "idade de ouro" do século dos Antoninos. Mas poder-se-ia considerar também que, ao reduzir a função soberana a

vêm de seus recursos próprios ou se são oferecidos com os recursos dos contribuintes, e se esses amigos são favoritos ou agentes do príncipe que os recebem como salário; basta-lhe pensar que o rei é generoso, pois é agradável pensar que se é dirigido por um príncipe amável, mesmo quando não se beneficie diretamente de seus favores.

O rei, a clemência e a caridade

São palavras de panegirista. Em compensação, existe um texto de um outro alcance que propõe distinguir, com profundidade, espécies na atividade soberana: o tratado de Sêneca *Sobre a clemência* merece que nos atardemos; Sêneca conhecia a filosofia e, frequentemente, o que ele escreveu e que pertence a um gênero ameno, a direção de consciência ou parênese, é subentendido por um pensamento muito preciso (como nas últimas *Cartas a Lucílio*). Ademais, antes de falar de Sêneca, comecemos por um outro desvio que nos conduzirá a Platão. *A Política* de Platão é um dos textos fundadores da "ciência política"; para situá-lo, um terceiro desvio nos levará a um provérbio que afirma que o cúmulo da legalidade é o cúmulo da injustiça: *summum jus, summa injuria*.

Esse brocardo pode ser interpretado em dois sentidos bem diferentes: ou essa legalidade está de acordo com a estrita justiça, mas não com a justiça superior, que é a caridade ou a clemência; ou então essa legalidade não está de acordo com a própria justiça. Na primeira acepção, o provérbio adota uma significação confucionista ou evangélica:[240] não se deve reivindicar a totali-

---

uma bondade privada, apesar de essencial, Dião é um teórico da monarquia absoluta. O tema da bondade do rei que reina para nós serve somente para "cobrir ideologicamente" o fato de que ele reina por si e não em nome dos governados. E, objetivamente, os discursos de Dião têm essas duas significações ao mesmo tempo. Resta saber somente quais foram, naqueles tempos, as intenções subjetivas de Dião: será que enfatizava o direito subjetivo somente para lembrar ao príncipe seu dever de bondade? Ou, ao contrário, ele ressaltava a bondade com o objetivo de afirmar o direito subjetivo e o absolutismo monárquico? Estudarei isso alhures.

240 Esse confucionismo se opõe à racionalidade moderna do direito, a única a tornar as decisões judiciárias previsíveis, o que permite os contratos e uma atividade normal, que exige que o futuro seja um pouco previsível: a racionalidade do direito tem, assim, as mesmas vantagens e as mesmas desvantagens que a fixação do sentido das palavras, das convenções e da moeda. Podemos atribuir essa racionalidade ao capitalismo, que precisava de previsibilidade em seus contratos; parece-nos contudo duvidoso que essa causa tenha influenciado muito, pois os negociantes são muito capazes de atribuírem a si mesmos uma regra de jogo e de respeitá-la sem se preocupar com os tribunais (como o "direito romano" ou o que se chama assim e que foi uma ficção acadêmica e um direito realmente aplicado, pois frequentemente os rescritos imperiais dependem de uma "justiça do cádi" alheia a todo

dade de seu direito, mesmo se esse direito é, em si, justo aos olhos de Deus ou do costume ancestral; é melhor sacrificar parte de tal direito por seu próximo. Aquele que exige todo o seu direito é justo, porém duro; ao contrário, afirma Cícero,[241] ceder alguma coisa de seu direito revela uma liberalidade.

Nesse primeiro sentido, o brocardo expressa a recusa de uma dominação absoluta do direito, de um pedantismo jurídico: todo direito é histórico, os valores que ele encarna não são todos os valores e existem mais coisas na história do que o que cabe no racionalismo jurídico ou político de um momento; a caridade encontra, ali, seu verdadeiro sentido, que é irresponsável e popular (fora dali, ela é apenas conversa santificadora: o responsável que aplica o regulamento, como todo mundo, justifica que age assim, acima de tudo, pelo bem daqueles que submete e de quem quer ser amado em troca; em resumo, ele quer ser como os bons reis). A recusa caritativa do racionalismo jurídico tem o defeito de impedir as condutas de serem previsíveis; o juiz confucionista que decide que um rico agiota não terá direito aos juros que seus pobres devedores lhe devem porque, naquele momento, ele não precisa de dinheiro, freia evidentemente o desenvolvimento do capitalismo. Interesses econômicos, mas também políticos ou carreiristas, levam, assim, ao racionalismo jurídico; a mania da autoridade pela autoridade também conduz a isso (qualquer disciplina tende a ir além do necessário); o fato mais poderoso permanece sendo provavelmente o próprio racionalismo, o gosto lúdico de não fazer as coisas de qualquer maneira, sobretudo se ele incar o espírito corporativista de uma casta profissional do direito.

Tomado nesse sentido, o brocardo contradiz um outro provérbio que é racionalista: "ninguém terá a reputação de lesar seu próximo ao fazer o que seu bom direito exige; *qui suo jure utitur neminem laedit*".[242] Suponhamos

---

pedantismo acadêmico – e o direito romano, digo, ignora o direito comercial e o despreza sem dúvida). Sobre a racionalização do direito, é melhor pensar na tendência geral de todos os profissionais em racionalizar sua própria atividade: os juízes são profissionais em nossa época, e tudo é racional em torno deles; eles não querem fazer pior que seu vizinho. Um juiz confucionista, por sua vez, não tinha essa preocupação, ao contrário: seu ideal era o que chamaríamos de justiça do Cádi ou de Salomão. Ele não hesitava em conceder prazos a um devedor sem formalidades, se o credor fosse rico ou não precisasse do dinheiro naquele momento; ver René David, *Les grands systèmes de droit contemporain*, p.542, 547, 563.

241 Cícero, *Deveres*, 2, 64: a liberalidade consiste em *"de suo jure cedere"*.
242 Sobre o duplo sentido desses brocardos, ver em geral J. Stroux, *Römische Rechtswissenschaft und Rhetorik*, Postdam, 1949, p.12-19 e 40: 1° Ninguém deve reivindicar seu direito; 2° A lei é injusta quando não pode prever todos os casos de espécie. Ver também F. Wiaecker, "Vulgarismus und Klassizismus im Recht der Spätantike", em *Sitzungsberichte der Akademie in Heidelberg*, 1955; sobre o "direito de equidade" de Justiniano, no sentido evangélico da expressão, ver F. Pringsheim, *Gesammelte Abhandlungen*, Carl Winter, 1961, p.131-246.

que um imperador seja imbuído do primeiro brocardo; ele não deixará de suspender ou de amenizar (por clemência, dirão alguns, por fraqueza ou demagogia, dirão outros) os rigores da lei. Ele também poderia, é bem verdade, violar a lei de um modo diametralmente oposto: exigindo mais do que prescreve ou apagando-a para seu benefício pessoal; é assim que os tiranos fazem.

Os atenienses não gostavam da tirania; eles também não eram muito evangélicos. Eles preferiam o reino da lei diante do arbitrário, fosse ele tirânico ou não, pois a lei não faz acepção de ninguém e é universal; enquanto os governantes e os governados agirem de acordo com a lei e respeitarem as regras do jogo, ninguém dá ordens a ninguém, e a liberdade reina (como se encontram entre cidadãos, um outro princípio influencia, é verdade: a benevolência, a amizade, que terão efeitos confucionistas, mas vamos negligenciar essas sutilidades). Escravo da lei, o cidadão não pertence a ninguém. A lei é o ápice da justiça em oposição à arbitrariedade de um senhor. Esse é o princípio que cobre indubitavelmente duas ideias diferentes: a liberdade é inerente ao exercício do poder, a liberdade é inerente à modalidade da obediência. De acordo com a primeira ideia, o importante é saber quem manda: o cidadão que obedece somente à lei é seu próprio governante; de acordo com a segunda, o importante é saber como se é comandado, se conforme uma regra válida o tempo inteiro ou, ao contrário, caso a caso, como um soldado que muda conforme as exigências táticas de cada instante (nesse caso, o soldado obedece necessariamente a um outro homem).

Encontramos aqui o terrível problema do direito no Baixo Império: ele é vulgar ou é influenciado pela ética cristã? Observaremos primeiramente que, *em parte*, a moral cristã retoma a moral popular contra a moral aristocrática; ora, o desaparecimento da aristocracia senatorial e a subida de uma nova nobreza de serviços colocam o imperador diante de seu povo; o imperador quer fazer o que agrada ao povo e, além disso, ele é cristão; o povo é cristão, mas também tem ideias populares, o que é frequente, mas nem sempre é a mesma coisa; a partir de então, existirão casos de espécie nesse problema histórico. Por exemplo, preferir o abrandamento da lei à racionalidade do direito é concernente à ideia popular da justiça e é também uma ideia cristã; infelizmente uma outra ideia popular que, por sua vez, não é cristã, é a regra de ouro em termos de justiça de talião; ver A. Dihele, *Die goldene Regel, eine Einführung in die Geschichte der antiken und frühchristlichen Vulgärethik*, Vandenhoeck und Ruprecht, 1962, p.29; ver também J. Straub, *Heidnische Geschichtapologetik in der christlichen Antike*, Habelt, 1963, p.106-124. Quando Constantino reprime com atrocidade os delitos sexuais, misturam-se, ali, um elemento popular não cristão (a atrocidade) e um elemento popular e cristão (em termos de sexualidade, a moral popular não brincava, infidelidade e mães solteiras eram coisas muito sérias, aborto e homossexualidade também; assim testemunham os pitagoristas, ao retomarem a moral popular como rigorismo sectário, as leis sagradas dos templos gregos e às vezes os romanos gregos).

Aqui o texto de Platão intervém,[243] é quando o brocardo assume sua segunda significação: a lei nunca pode corresponder à justiça; e isso não por razões fundadas na história (como na concepção caritativa), mas por uma razão que se repete indefinidamente: nunca uma ideia esgotará a diversidade do real, nunca uma lei poderá prever todos os casos particulares. Platão fez que os atenienses, que viam na democracia o reino da lei, observassem que em nome de seus próprios princípios sua posição era insustentável e que toda lei exigiria, um dia ou outro, um rei que restabelecesse, sob o nome de equidade, a própria lei. A equidade não é um princípio superior à justiça; é a própria justiça, em aspectos nos quais os casos individuais a fazem falhar; o espírito da lei não pode prever em seus textos todos os casos individuais. Não é possível haver uma lei escrita perfeita como também não é possível haver, nela, um ensino perfeitamente escrito, pois cada discípulo ou leitor é diferente um do outro. É necessário um senhor, preceptor ou rei; apesar do racionalismo jurídico, não podemos nos limitar às regras do jogo, pois a realidade não é um jogo, mas algo sério (é sério o que possui uma matéria e não é formal). Esse rei será o juiz ou então o imperador, juiz supremo; eles considerarão a materialidade infinita dos casos.

Os textos de lei não podendo prever todos os casos, a legislação terá como corretivo uma jurisprudência; o artigo 4 do Código de Napoleão, que proíbe o juiz de se recusar a realizar um julgamento, usando como pretexto dúvidas de direito, supõe que o juiz deverá compensar as lacunas da lei.[244] Na área administrativa, sabemos que a falta de zelo e a aplicação estrita dos regulamentos levam a absurdos e bloqueiam os negócios: li, de um autor que conhece bem o direito, que a moderna teoria das organizações descobriu que o dilema "era inerente à ação diretorial, e não um simples erro de aplicação da teoria administrativa";[245] assumirá o papel de rei aquele que pode decidir flexibilizar o regulamento, aceitar um dossiê, portanto, incompleto

---

243 Platão, *Política*, 293 E-298 E; texto comentado por Hegel, *Sur les méthodes scientifiques dans le droit naturel*, tradução para o francês de Kaan, Gallimard, 1972, p.121.

244 Esse é efetivamente o sentido do artigo 4 como transparece na *Analyse raisonnée de la discussion du Code civil au Conseil d'État*, de J. de Maleville, edição de 1807, v.1, p.13. Papiniano escrevia: "Os juízes não devem omitir o que a lei omitiu em dizer" (*Digeste*, 22, 5, 13). Do mesmo modo que, em Atenas, os membros dos tribunais juravam julgar conforme as leis escritas e, em caso de lacuna da lei, conforme à máxima mais justa (Demóstenes, *Contre Leptine*, 118; Dittenberger, *Sylloge*, n.145 início); também no direito helenístico: ver H. J. Wolff no coletivo *Zur griechischen Rechtsgeschichte*, publicado em 1968; *Berneker a Wissenschaftliche Buchgesellschaft*, p.101, 117, 119, 492. Sobre os elogios "evangélicos" da benevolência e da equidade na Grécia, ver J. Stroux, *Römische Rechtswiss. und Rhetorik*, p.14-19 e H. Meyer-Laurin, *Gesetz und Billigkeit im attschen Prozess*, Böhlau, 1965, p.28-31.

245 M. Crozier, *Le phénomène bureaucratique*, p.220.

etc. É ali que vemos quem realmente comanda. Enfim, em termos penais, intervém um direito penal, soberano, o de conceder graça ao condenado e mostrar clemência.

Mas essa clemência, segundo Platão, não tem nada de evangélica; ela restabelece a lei, e não a elimina. Um moderno diria que ela é universalizável: ela é equidade, é justiça verdadeira.[246] "A equidade", afirma a *Ética a Nicômaco*,[247] "mesmo sendo justa, não é o justo conforme a lei, pois a lei é sempre geral e existem casos específicos". O juiz decidirá de acordo com essa verdadeira justiça, e não de acordo com seu capricho, se sua decisão é universalizável no sentido de Kant; um famoso texto de inspiração kantiana, o primeiro artigo do Código Civil suíço, prescreve ao juiz, nos casos não previstos pela lei e pelo costume, julgar de acordo com a regra que ele adotaria como legislador.

Diferentemente da caridade que quebra barreiras, a equidade se fecha em seu horizonte histórico de pensamento e se contenta em rasurar indefinidamente o mesmo texto. Essa equidade segundo Platão não é nada além do que a clemência do imperador segundo Sêneca, apesar de algumas aparências evangélicas.

O "espelho do verdadeiro príncipe" que Sêneca endereçou a Nero com o título de *A Clemência* é um convite à equidade; por não ter visto que a problemática de tal tratado tem sua origem em Platão, acreditamos erradamente que existe uma contradição nesse tratado e que Sêneca fornece, nele, duas definições sucessivas da clemência: amenizar a equidade ou justiça, restabelecer a equidade.[248] Certamente um pensador latino pode se contradizer, mas Sêneca tinha uma mente filosófica, tanto ou mais que Lucrécia; em *A Clemência*, como no resto de sua obra, apenas as necessidades e a duração psicagógica da parênese (para convencer não se deve ter pressa) afogam, aparentemente, a clareza conceitual.[249]

Aparentemente, Sêneca se associa à concepção popular da clemência, a do Evangelho ou a de Confúcio: "Ela consiste em diminuir uma pena

---

246 Por exemplo, Jehring, *Der Zweck im Recht*, v.1, p.333.
247 *A Nicômaco*, 5, 14 (1137 B 10), tradução Tricot; ver H. Coing, "Zum Einfluss der Philosophie des Aristoteles auf die Entwicklung des römischen Rechts", em *Zeitschrift der Savigny-Stifung*, 69, 1952, partic. p.43. O próprio rei helenístico, a quem são endereçadas as petições (*enteuxis*), julgará um caso em vez de deixar os tribunais ordinários julgarem e será possível julgar com equidade (ou a justiça de Cádi?): Meyer-Laurin, p.31.
248 Como Traute Adam, *Clementia principis, der Einfluss hellenistischer Fürstenspiegel auf den Versuch einer rechtlichen Fundierung des Prinzipats durch Seneca*, Stuttgart, Klett, 1970.
249 Concordamos no essencial com M. Fuhrmann, "Die Alleinherrschaft und das Problem der Gerechtigkeit: Seneca, De Clementia", em *Gymnasium*, 70, 1963, p.481-514. Mas talvez esclareçamos os fatos de outra maneira.

merecida e devida, em limitar-se aquém do que se poderia infligir com razão". Mas que razão seria essa? A equidade ou os textos da lei? Sêneca não especifica. Ele não ignora que aos olhos de um filósofo não é recomendável reduzir uma pena dada com equidade; ele o explicará um pouco mais tarde. Mas ele também sabe que aos olhos de seu aluno imperial, mais esteta do que racional, a distinção das duas clemências poderia passar por uma briga de palavras, de *verbo controversia*; o sentido comum mistura as duas concepções, tão próximas em aparência. Vamos deixá-lo continuar confundindo e, em vez de chocá-lo pedantemente, lembremo-nos dos dois princípios de qualquer verdadeira retórica: *primo*, não se trata de (ou não basta) ter razão, é preciso também ganhar o coração dos ouvintes; *secundo*, para fazê-lo, partamos do que os ouvintes sabem ou pensam, senão eles não ouvirão. Vamos tirar proveito de sua confusão de pensamento para levá-los a praticar a verdadeira clemência, a de Platão e da equidade; se eles não aprenderem a defini-la, pelo menos saberão reconhecê-la, pois mostraremos o que ela é exemplificando em vez de conceitualizar.[250]

Para o leitor que nos vê como filósofos, conquistaremos nosso objetivo em um piscar de olhos: mostraremos que sabemos definir a verdadeira clemência, acrescentando astutamente que não assumimos essas sutilezas (o leitor instruído saberá reconhecer, em nossa linguagem, que sabemos do que estamos falando; ele reconhecerá até mesmo por nosso tom, em vinte lugares de nossas *Cartas a Lucílio*, que não reduzimos absolutamente a filosofia a sua parte moral, e que a ontologia e a lógica estoicas nos interessam profundamente, apesar do que pudemos dizer).

No que se refere ao uso do jovem príncipe, nos limitaremos aos símbolos confusos do senso comum; é até mesmo desejável que ele tome a clemência de Platão pela outra, por mais excessiva que seja: ela é mais atraente, efetivamente, e é melhor agraciar um criminoso acreditando ser bom do que punir um inocente acreditando aplicar a equidade; se Nero pode acreditar ser bom,

---

[250] Ver o belo livro de I. Hadot, *Seneca und die griechisch-römische Tradition der Seelenleitung*, De Gruyter, 1969. Encontra-se a mesma relação entre o elemento conceitual e o elemento parenético em *De beneficiis*, a mesma leve ajuda destinada a tornar os conceitos mais persuasivos: em vez de expor as ideias em sua imparcial precisão, Sêneca ressalta paralelamente que os homens teriam tendência em negligenciar ou esquecer (o capítulo 1, 4 é muito claro a esse respeito). Tendo colocado que as beneficências devem ser cumpridas e que a liberalidade não deve ser nem deficiente nem transbordante, ele ressalta o fato de que não deve ser deficiente: "Deve-se ensinar a alguns a não se considerarem credores, a outros a não acreditem ser mais devedores do que não são"; não é uma moral "evangélica", é apenas a parênese, a pedagogia: as pessoas precisam aprender mais a generosidade em vez da exatidão. E para convencê-las, será preciso explicar e repetir: o *De beneficiis* é um pouco longo.

ele ficará lisonjeado e se considerará mais apto a passar até mesmo aos atos. Teremos razão apenas parcialmente aos olhos de um pedante; em compensação, teremos ganhado.

Nos direitos modernos, a clemência com equidade tomou forma de lei: circunstâncias atenuantes, sursis, individualização da pena; coisas que o direito romano conhecia pouco, a ponto de a decisão individual do rei compensar as lacunas da lei. Não inflijamos ao leitor uma questão de curso de direito romano sobre o papel judiciário dos imperadores. Pode ser mais útil lembrar que através da história existe um tipo ideal do poder judiciário do rei que se encontra mais ou menos completamente realizado e modificado em um grande número de sociedades, seja o Egito ptolemaico ou o Império dos Negus. O soberano intervém de quatro maneiras no exercício da justiça: ele próprio julga os casos que considera particularmente graves; as partes, em vez de recorrerem aos tribunais ordinários, podem se dirigir diretamente à justiça de Salomão (à "justiça de Cádi", dizem os juristas alemães) que o rei exerce em virtude de sua prerrogativa, ou então ele mesmo julga sob um carvalho, ou responde por rescrito a petições ou *enteuxeis*; o rei observa processos chegarem até ele através de recursos; enfim, o rei exerce um direito de graça em relação a sutilidades das quais não trataremos.

Classificação das tarefas do Estado

O espelho lisonjeiro que Sêneca mostrava a seu aluno imperial refletia uma única das atividades do príncipe, a de juiz. Se quisermos revisar as principais ações dos imperadores consideradas beneficências, devemos distinguir primeiramente algumas espécies, para nos orientarmos:

1. O príncipe individualiza a regra, segundo Platão, ou a ameniza, segundo o Evangelho.

2. Em alguns atos, o príncipe age como homem privado; neles, ele aplica o fausto de um bilionário e a bondade de um bom pastor.

3. O "capricho real"! O soberano satisfaz mais ou menos arbitrariamente seus favoritos ou seus partidários com favores públicos ou privados.

4. O rei, desmentindo seus ministros quando necessário, reage contra a tendência do aparelho de Estado em abusar de seu poder, em ir além do necessário pelo excesso de zelo ou ignorando os valores não políticos.

5. O ofício do soberano não é somente fazer a lei ou dar ordens: ele também presta serviços; a autoridade tem tarefas sociais, promove os interesses econômicos ou espirituais;[251] além da obrigação, ela exerce a iniciativa.

---

251 Jellineck, *Allgemeine Staatslehre*, p.180 e 622.

6. A lista das tarefas de um Estado varia historicamente; ela é, assim, suscetível de extensão. Quando um príncipe assume o controle da assistência pública ou do ensino isso será considerado beneficência.

Observamos que, ao enumerarmos todos os cantos onde a ideologia do evergetismo real podia se aninhar, negligenciamos a atividade mais característica de um soberano: a política propriamente dita, os atos de governo. A bondade se associa ao aspecto não político do trabalho do rei, e Dião de Prusa parece ter percebido isso de maneira confusa. Uma vitória dos exércitos imperiais não é propriamente uma beneficência: um salvador não é um evérgeta; essa vitória é um evento e nada se parece menos com um evento do que o exercício regular de uma virtude. Existem duas partes na vida pública; uma é feita de "eventos", o que não permite prever nada de bom, pois nesse caso é melhor que não aconteça nada; a outra parte, que não tem complicações, é a que vamos descrever. O poder fica ocupado com duas coisas: ele tem uma atividade que consiste em difundir suas beneficências e erige obras, como edifícios de pedra ou de mármore, e também instituições. A enumeração é sem dúvida canônica, pois podemos ler no *Mémorial de Sainte-Hélène* esse texto irrelevante: "Meus velhos dias foram dedicados à visita de todas as regiões do Império, semeando por todos os lados e por todos os lugares monumentos e beneficências"; durante aqueles tempos, acrescenta o ditador córsego, "a política teria sido exercida por meu filho".

Monumentos, beneficências: um terceiro termo poderia ter sido acrescentado, os presentes; mas Napoleão, como um verdadeiro romano, estimava, como os imperadores de Roma, que não era um magistrado que devia distribuir dons.

Um rei que derrama seus presentes sobre todos os indivíduos que se aproximam dele sob um ou outro pretexto é, portanto, um *topos* milenário. "Eumênio de Pérgamo", dizem,[252] "gostava mais da notoriedade do que qualquer outro rei de seu tempo; ele virou evérgeta de numerosas cidades gregas e contribuiu com a fortuna de numerosos particulares"; pois os reis helenísticos rivalizavam em prestígio, na cena internacional, com as cidades e com outros reis. Mas o mesmo não ocorria com os imperadores romanos que ocupam a cena sozinhos: para os romanos, de certo modo, existe apenas um único Estado no mundo, o deles (Tácito fala dos partos como se fossem bárbaros cujos potentados apresentam traços proverbiais dos potentados orientais, incluindo o fausto). O que convém aos bárbaros não convém ao primeiro magistrado do Império; os textos latinos celebram os presentes do imperador somente com uma certa discrição; a única exceção é o mecenato, no sentido

---

252 Políbio, 32, 8.

italiano da palavra: Vespasiano deixa uma reputação de mecenas generoso para com os homens de cultura. O presente sob sua forma crua é uma conduta de qualquer reizinho bárbaro. Pois, para os bárbaros, a arena política é ocupada apenas por algumas dezenas de senhores, tanto que o potentado terá certeza de obter o trono, caso obtenha alguns grandes para seu partido, oferecendo-lhes presentes que serão o preço ou o símbolo de seu apoio. O império, em compensação, é uma máquina cujos empregados políticos são numerosos e especializados; é uma "república" civilizada e constitucional cujo soberano deve ser sério.

Certamente o imperador pode eventualmente distribuir dinheiro ou terras a seus amigos, a seus partidários, à casta senatorial, e os textos atribuem em bloco tais presentes a sua liberalidade.[253] A realidade das condutas é mais diferenciada; alguns desses dons eram puramente privados; outros eram públicos, mas supunham ter sido feitos a título de recompensas. Entremos no detalhe, que parece muito pouco conhecido.

1. Como qualquer cidadão, o príncipe tem o direito de oferecer presentes com sua fortuna pessoal. Na morte de Britânico, Nero mandou distribuir os domínios do pobre príncipe a seus favoritos; compreendamos que, segundo o costume da oligarquia senatorial, ele redistribuiu a seus amigos uma parte da herança de Britânico que lhe era devida de acordo com o direito civil; pois Nero, imagino, teria herdado de Britânico, que era seu agnato por adoção, não tinha *heredes sui* e deve ter morrido intestado.[254]

2. Mas o imperador podia também distribuir domínios públicos que pertenciam a um dos Tesouros do império. Contudo, esses presentes eram feitos sob um pretexto oficial que datava da época republicana: recompensar aqueles que haviam bem merecido o reconhecimento do Estado (*bene meriti*); eram também beneficências do príncipe, e a Idade Média guardará a palavra em um sentido técnico ao falar de benefícios.[255]

A prática é conhecida sobretudo na época dos imperadores cristãos, graças ao *Código de Teodósio*. Aproximadamente vinte constituições falam de terras que tinham pertencido ao Fisco ou à fortuna privada antes de serem dadas

---

253 Sobre o detalhe das referências, remetemos uma vez por todas a H. Kloft, *Liberalitas principis: Herkunft und Bedeutung; Studien zur Prinzipatsideologie*, Böhau, 1970.
254 A existência de liberalidades privadas do príncipe me parece expressamente atestada em um édito de Nerva citado por Plínio, *Cartas*, 10, 58, 9: "*quod alio principe vel privatim vel publice consecutus sit*".
255 A filiação da palavra e a diferença de sentido são indicadas por Fustel de Coulanges, *Origines du système féodal*, p.179, n.1.

a indivíduos pelos imperadores;[256] entrevê-se um vasto deslocamento de propriedade territorial, mas em detrimento e em benefício de quem? As leis não o dizem, e Godefroy supunha que os bens dos templos pagãos, vacantes e caducos, tinham sido dados à Igreja, era sobre esses domínios que tratavam as ditas constituições;[257] os modernos pensam nas terras distribuídas a partidários do príncipe regente.[258] O que surpreende ao lermos essas verbosas leis é que nenhuma menciona a Igreja ou os méritos dos veteranos; elas são muito discretas sobre os títulos que os beneficiários puderam obter com a liberalidade imperial. Uma dessas leis permite entrever que, em torno dos domínios confiscados de Constantino II, decretado inimigo público, aglutinava-se uma espessa nuvem de sanguessugas: eram solicitados presentes do príncipe a quem desse mais, e as petições não paravam de chegar.[259]

Contudo, por três vezes, essas leis justificam as doações em termos vagos; as terras foram dadas, dizem, como recompensa pelo cansaço e por méritos, àqueles que haviam bem merecido o reconhecimento do Estado.[260] Identificamos, ali, uma fórmula tradicional antiga de vários séculos; no fim da República, quando *imperatores* fundavam colônias ou procediam em nome de uma lei à distribuição de terras, era-lhes concedido o privilégio de eliminar da partilha alguns bens patrimoniais e atribuí-los como posse plena e integral a quem quisessem; seus adversários políticos podiam ficar escandalizados com essa *loca excepta, concessa, possessa*, mas a prática permanecia.[261] Ela era justificada ao ser considerada uma recompensa dada pelo *imperator*

---

256 *Código de Teodósio*, V, 12, 3 e 16, 3; X, 1, 1 e 2 e 8; X, 8; X 9, 2 e 3; X, 10; XI, 20; XI, 28, 13 e 15, XII, 11, 1.
257 Godefroy, paratitlos em *Código*, X, 8 e notas em X, 1, 2; X, 10, 6; XI, 20, 5 e 6. São bens caducos (X, 8, *passim*) que pertencem ao Fisco (lei de Constantino, X, 1, 2) ou à fortuna privada (X, 10, 6). Ora, segundo as épocas, os bens vacantes e caducos voltam para um ou outro desses cofres; eu não pude ler R. His, *Die Domänen der römischen Kaiserzeit*, 1896, p.33.
258 C. Pharr, *The Theodosian Code and Novels*, Princeton, 1952, nota em X, 1, 2.
259 *Código*, X, 8, 4.
260 *Código*, X, 1, 1: "*pro meritis obsequiisque*"; X, 8, 3: "*pro laboribus suis et meritis*"; XI, 20, 4: "*in bene meritos de re publica*".
261 Cícero, *De la loi agraire*, II, 2, 11, 12. Por que ela era consagrada? Pela mesma razão que atribuía ao general vitorioso um direito de propriedade sobre pelo menos uma parte do saque, ou que autorizava os governadores de província a guardar para si ou a distribuir aos membros de sua coorte de amigos as vantagens e poupanças que eles podiam fazer com seus créditos e que eram, como vimos no capítulo precedente, consideráveis: por que são grandes senhores e não servidores do Estado. Isso não tem nada a ver com o direito e Mommsen esforçou-se inutilmente, historicamente é uma característica da esfera jurídica do século passado que funda o direito de propriedade do general sobre uma distinção entre o empréstimo e o depósito: a pilhagem dos fundos públicos é o fato mais universal da história universal e os saqueadores ficam raramente incomodados com as ficções jurídicas. O aparelho

a pessoas que a tinham bem merecido (*locum bene merenti dedit*).²⁶² Os imperadores simplesmente herdaram esse direito dos *imperatores* da República e, apesar do silêncio das nossas fontes, esses presentes puderam desempenhar um grande papel em algumas circunstâncias políticas.²⁶³ É característico que

    de Estado existe em si, como uma confraria, e existe para o bem público, como um órgão: a confraria trata os fundos públicos como seu bem próprio e atribui-se pequenos favores com tanta simplicidade quanto os empregados de uma grande loja compram mercadorias na loja com descontos que a direção não fornece aos clientes. Contudo, o aparelho deve também desempenhar de alguma forma seu papel de órgão: ele deve no mínimo "fazer um gesto". Então o general que guarda o saque para si sente que esse dinheiro queima nas suas mãos e o gasta parcialmente mandando construir um monumento público. Certamente não é porque o saque havia-lhe sido atribuído apenas a título provisório de depósito! E ademais o general tem o saque em suas garras: quem irá brigar com ele levando suas armas? Do mesmo modo, o *imperator* que distribui terras encontra-se ali e poderia fazer o que quisesse: isso torna muito compreensível que ele cedesse à tentação, sua fraqueza é natural e é melhor legitimá-la, já que não se pode nem se quer impedi-lo. Contudo, o Estado sendo um órgão do bem público, ele deverá "fazer um gesto": proclamar que os bens patrimoniais que distribuiu por favoritismo são a recompensa do mérito.

262 Referências em *Gromatici veteres, Schriften der römischen Feldmesser*, Lachmann-Rudorff, v.2, p.387-389; v.1, p.197, 10: "*Excepti sunt fundi bene meritorum*". Resta saber se as concessões de terras a indivíduos merecedores eram inscritas em algum *Liber Beneficiorum* ou eram consignadas pelo menos as concessões imperiais de terras públicas às cidades (*Gromatici*, v.1, p.203, 1; 295, 12; 400, 12). Difícil dizer, o único texto é *Gromatici*, 295, 13, onde a palavra "*alicui*" é bem vaga: ela pode designar um veterano que obteve muito normalmente uma terra para sua aposentadoria regular! O que continha então esse misterioso *Livro das beneficências*? Tudo o que sabemos é que, no mínimo, desde Trajano, um funcionário era responsável pelas beneficências (Dessau, n.1792 e 9030); *Corpus*, v.VI, n.8626 e 8627); no Baixo Império existirá o "*scrinium beneficiorum*" (*Notitia dignitatum*, Occident, XII, 32).

263 Seria importante evocar demoradamente a dupla política de Constantino: *primo*, ganhar o apoio da nova casta dirigente, da nova nobreza de serviço, do "*clarissimat*" no sentido que essa palavra tem no Baixo Império (um claríssimo do século IV é tão diferente de um claríssimo do século II quanto um barão de Napoleão é diferente de qualquer outro barão; no Baixo Império, a ordem equestre praticamente desaparece e qualquer alto funcionário é no mínimo claríssimo). Essa nova casta dirigente é oriunda não de uma revolução política ou social, mas da transformação das instituições e do exército entre 260 e 310: os funcionários políticos dos tempos de Constantino são tão diferentes, sob todos os pontos de vista (inclusive pela cultura literária), dos funcionários do Alto Império como os do século XIX são distintos daqueles antes da Revolução Francesa. Terminou assim o período helenístico-romano da história antiga. Constantino pretende satisfazer com favores essa nova casta, como Napoleão criando novos barões e condes e enriquecendo-os. Mas, *secundo*, Constantino também quer se reconciliar com o Senado propriamente dito, com a ordem dos claríssimos no sentido antigo da palavra (como Napoleão tentando se reconciliar com a nobreza do Antigo Regime e colocá-la a seu serviço). Em suma, Constantino sabia enriquecer seus amigos (Europa, 10, 7; Eusébio, *Vie de Constantin*, I, 43, 1). Sobre as aberturas que Constantino faz para a antiga ordem de claríssimos de Roma, Alföldi, *The Conversion of Constantine and Pagan Rome*, p.118-122.

esses favores reais tenham sido cobertos por um princípio universalizável: é o que se chama ter o senso do Estado.

O Senado: ordem ou órgão?

Havia uma outra espécie de presentes imperiais cuja importância política contribuía, por sua vez, para o funcionamento regular das instituições (se apreendemos essa regularidade como regras costumeiras, tácitas, ou mesmo preconceituais): estamos falando dos presentes que os príncipes ofereciam a senadores pouco afortunados; eles permitiam, além das regras oficiais de recrutamento, assegurar a cooptação da casta dirigente. Se uma família senatorial estivesse coberta de dívidas e não possuísse mais o capital exigido pela lei a todo membro do senado; se um cavaleiro digno de entrar no Senado não dispusesse desse capital; se um senador não pudesse assumir uma magistratura por não poder oferecer os jogos que essa dignidade comportava, em todos esses casos o imperador podia, por sua liberalidade,[264] dar aos interessados a quantia necessária, se julgasse correto fazê-lo.

À primeira vista não há nada de mais simples do que esse favoritismo; ao observarmos melhor, os presentes do príncipe aos senadores mostram que existiam dois sistemas de recrutamento no Senado, o verdadeiro e o falso. Oficialmente, regras determinavam as condições de admissão na alta assembleia; era necessário possuir um capital patrimonial de um milhão de sestércios (o que era o caso de milhares e milhares de cidadãos); era necessário também, como afirmou A. Chastagnol, gozar de um direito expresso de competir pelas honras públicas em Roma (o que não era o caso de muitos cidadãos de origem provincial);[265] era necessário, enfim, ser designado magistrado pelo Senado e pelo imperador ou, então, ser filho de senador.[266] Na verdade, o que realmente importa é ser julgado e desejado pelos senadores e pelo primeiro dentre eles, que é o príncipe; a ordem senatorial entende escolher livremente quem é digno de entrar ou permanecer em seu seio e,

---

264 O imperador paga suas dívidas: Kloft, *Liberalitas*, p.77-78 e 101-104; o imperador paga os jogos: Suetônio, *Augusto*, 43; Adriano, *Histoire Auguste*, 3, 8 e 7, 10. Muitos ricos fugiam da devastadora ordem senatorial (Dião Cássio, 54, 26; ver 48, 53 e 60, 27) ou prefeririam o serviço do príncipe e as procuradorias (Tácito, *Histórias*, 2, 86); ver A. Stein, *Der römische Ritterstand*, p.189-200.

265 A. Chastagnol em *Mélanges Pierre Boyancé*, p.165.

266 Mommsen, *Staatsrecht*, v.1, p.498 e v.3, p.466. Sobre a relação entre a ordem senatorial, quer dizer, as pessoas que participam do Senado e a posição senatorial no sentido amplo (isto é, as mulheres dos senadores e seus agnatos até o terceiro grau), ver Mommsen, *Staatsrecht*, v.3, p.468 e acrescentar o *Código Justiniano*, XII, 1, 1.

para isso, ela nivelará as regras formais, se necessário; a liberalidade do príncipe permite, quando necessário, transformar o regime censitário em um sistema de cooptação, como, por exemplo, em benefício de um camponês pobre, mas fervorosamente recomendado. O mesmo ocorria na admissão para a ordem dos cavaleiros, exceto que, nesse caso, as liberalidades que permitiam contornar a regra censitária eram privadas e dependiam do clientelismo, do *patrocinium* ou *suffragium*.[267] Por trás das aparências formais, a cooptação é a grande máxima da oligarquia romana por todos os lugares e, com ela, o clientelismo político.

Mas por quê? Porque a relação do Senado com a sociedade global não é a que costumamos, às vezes, supor. Que a "ordem" senatorial não seja uma classe social é uma evidência e a própria palavra basta para mostrar isso; mas também não é uma ordem no sentido de nosso Antigo Regime, nem no sentido que se falava da ordem dos cavaleiros romanos: o Senado era um órgão, e não um grupo; ele era composto de algumas centenas de pessoas, como convém a uma assembleia, e não de algumas dezenas de milhares, como convém a uma nobreza. Era uma ordem da mesma forma que se falava da ordem dos servos augustos, esse órgão de culto municipal dos imperadores que contava, no máximo, com algumas dezenas de libertos. Como o Parlamento de nosso Antigo Regime, o Senado era heterogêneo com relação à sociedade global como convém a um órgão especializado; ele não era feito para resumi-la, representá-la e nem mesmo coroá-la, mas para formar a alta classe. Ademais, ele pretendia ser o único juiz de seu recrutamento e não se embaraçar com regras mecânicas: apenas ele sabia o que o Senado devia ser, o que devia perpetuar, e não tinha que prestar contas a uma sociedade global da qual ele não era o ápice: ele era um certo edifício, o mais alto que se via na cidade. Sua psicologia não é a de uma delegação de classe ou de casta, mas a de um conservatório, de uma academia ou de uma ordem de cavalaria (no sentido de nosso Antigo Regime); ele não é um clube de latifundiários, mas o conservatório de uma sabedoria política e do serviço do Estado.

Estaríamos errados em representar a entrada nessa academia política como o desfecho normal de uma ascensão social; o Senado não era o apogeu da sociedade, da mesma forma que o Parlamento de nosso Antigo Regime não é o apogeu da "burguesia". Em uma grande família, um filho podia tornar-se senador enquanto outro permanecia cavaleiro e, em proporções aritméticas, era até mesmo um caso frequente; riquíssimas famílias gregas nunca

---

267 Plínio, *Cartas*, I, 19; Marcial, 4, 67.

tentaram ingressar no Senado:[268] elas não escolheram a missão de servir ao príncipe e sem dúvida achavam que o triunfo de uma grande casa era tiranizar sua cidade ou a província e fazer que até o governador romano tremesse. O ingresso no Senado era mais uma especialização que uma consagração; o aparelho do Estado não era homotético ao agregado de cidades que era o Império. A composição da ordem senatorial não é uma boa amostra da sociedade global e a entrada de africanos no Senado prova muito indireta e parcialmente o enriquecimento da África romana; a escolha de Richelieu como primeiro-ministro também não prova uma ascensão social do Sudoeste da França. A origem geográfica dos senadores foi muito estudada; é muito interessante para melhor conhecer o Senado, mas isso não nos permite conhecer melhor a sociedade imperial nem mesmo as tendências da política: a dinâmica da Igreja Católica também não se reduz unicamente ao fato de a origem geográfica dos papas ser sempre italiana.

A cooptação desse conservatório político tinha como agente o próprio príncipe, cuja liberalidade resolvia os conflitos entre os textos e o espírito da regra. O que evita ao Senado a tarefa desagradável de purificar a si mesmo: quando uma grande família se arruinava e era ameaçada de exclusão, o imperador tornava-se o senhor de seu destino; ele podia pagar suas dívidas ou deixar a regra funcionar contra ela. Nesse último caso, os senadores ficavam secretamente aliviados por se livrarem de um colega que diminuía a honra de toda a corporação e de cada um de seus membros e ainda mais aliviados por não terem que realizar a sua execução; eles tinham, além disso, o alívio de poder recriminar o soberano pelo mal-estar que a execução de um de seus semelhantes lhes provocava. Ademais, eles criticavam não a coisa em si, mas o modo como ela havia sido feita, e acusavam o imperador de não ter tido delicadeza; "não convém, mesmo para um príncipe, ajuda e depois humilhar", escreve Sêneca;[269] "muitos senadores pediram ajuda financeira a Tibério: ele fez que todos prestassem conta sobre a origem de suas dívidas diante do Senado, ajudando-os com a quantia necessária unicamente sob essa condição. Isso não é ser liberal, mas brincar de censor". O pobre coitado do Tibério nunca teve sorte: esse imperador-senador, inimaginavelmente fascinado pela ordem senatorial a que pertencia com todos os poros de sua pele, quis evidentemente marcar seu respeito pela alta assembleia, deixá-la julgar o destino de seus membros e contornar uma possível aparência de arbitrariedade monárquica. Ele não podia ter escolhido um pior momento; no fundo,

---

[268] F. Millar, "Herennius Dexippus: the Greek world and the third-century invasions", em *Journal of Roman Studies*, 1969, 21.
[269] *De beneficiis*, 2, 7-8.

o Senado não queria nunca decidir, e nesse caso ainda menos que qualquer outro. O que ele desejava secretamente era não ter nenhuma responsabilidade em nenhuma área e poder ter ressentimento para com os príncipes que o despojaram de toda responsabilidade; mas, ao darem-lhe realmente alguma responsabilidade, ele rapidamente encontrou um pretexto para se mostrar difícil, inacessível e contornar essa responsabilidade; veremos por que no fim deste livro.

Um sistema fiscal de um outro tempo

Os presentes para os senadores eram uma necessidade política tácita e preenchiam uma função que convinha ignorar; era cômodo ver ali a arbitrariedade do príncipe e sua liberalidade. Observemos agora, juntos, as outras liberalidades imperiais. Algumas são tarefas públicas do Estado que o estilo monárquico traduz verbalmente como evergetismo do príncipe; outras são autênticas evergesias do imperador que se tornaram tarefas públicas, unicamente pelo fato de o imperador não poder deixar de ser um personagem público. Foi assim que a lista histórica das tarefas tradicionais do Estado se estendeu; é o caso do mecenato e da ajuda às vítimas de catástrofes. Quanto às falsas evergesias, elas compreendem os edifícios públicos e as devoluções de impostos.

Um príncipe não podia ter o reconhecimento de seus súditos de melhor maneira que suprimindo uma taxa, diminuindo momentaneamente um encargo fiscal de uma província ou devolvendo ao contribuinte impostos atrasados que deviam ao Fisco;[270] uma célebre escultura do Fórum representa o imperador Adriano queimando os credores do Tesouro público.[271] Atribuía-se esse tipo de reduções à liberalidade do príncipe por um efeito do estilo monárquico, mas também porque o aparelho de Estado era representado sob os traços de um malfeitor que espoliava os contribuintes para seu interesse pessoal, o que era parcialmente verdade.

---

270 Sobre os descontos fiscais, Mommsen, *Staatsrecht*, v.2, p.1015; Marquardt, *Staatsverwaltung*, v.2, p.217; Kloft, *Liberalitas*, p.120-124; índice da edição Godefroy do *Código de Teodósio*, as palavras *"indulgentia"* e *"reliqua"*. As devoluções de imposto são uma *liberalitas*: essa palavra é usada por Amiano Marcelino, 25, 4, 15 e pelo *Panégyrique latin*, VIII, 14, I. Numerosos documentos sobre papiros, por exemplo, um édito de Adriano em 135, em *Preisigke-Bilabel, Sammelbuch griech. Urknden aus Aegypten*, v.3, 1, n.6944.

271 Dião Cássio, 69, 8; sobre esses relevos, W. Seston em *Mélanges d'archéologie... de l'École française de Rome*, 44, 1927, p.154 que mostrou que eles se referiam a Adriano e não a Trajano; ver M. Hammond em *Memoirs of the American Academy in Rome*, 21, 1953, p.127; R. Brilliant, *Gesture and Rank in Roman Art, Memoirs of the Connecticut Academy*, 14, 1963, p.108 e 128.

Acontece que as devoluções de impostos não eram caprichos privados, mas decisões públicas em termos de Fisco público; elas tinham dois fins públicos: evitar cortar a lã das ovelhas muito curta para não machucá-las e evitar o desperdício público de prestígio. A importância econômica dessas reduções de impostos naqueles tempos podia ser considerável; ela referia-se mais à estrutura do que à conjuntura; a própria possibilidade de variações muito amplas nos encargos fiscais é um outro traço arcaico.

Nas sociedades pré-industriais as ovelhas têm a lã muito curta, e o sistema fiscal tem, ali, consequências de dimensões geográficas; leiamos os viajantes dos séculos passados; eles se deparavam com uma cidade culta e próspera? Eles logo supunham que o príncipe que reinava naquele lugar não oprimia seus súditos com elevados impostos; ao contrário, uma tributação muito pesada bastava para empobrecer um principado vizinho.[272] Vemos o quanto o encargo fiscal variava de acordo com o capricho do senhor ou do costume regional; no Império Romano, algumas regiões áridas e até mesmo desérticas também eram, por outro lado, habitadas e cultivadas "porque a população era isenta de imposto":[273] o sistema fiscal tinha sobre a habitação efeitos tão potentes quanto a geografia física. Os impostos romanos são um assunto mal conhecido; entrevemos, contudo, que o peso das taxas, devido a razões puramente históricas, era muito desigual entre as diferentes províncias; algumas variações econômicas consideráveis, como por exemplo o crescimento da província da Ásia a partir dos flavianos, puderam ter uma causa fiscal. Alguns impostos eram taxas fixas, outros eram modulados por longos períodos e assentados conforme recenseamentos muito raramente revisados. Um príncipe sábio deverá então intervir, diminuir a taxa de imposto se em um determinado ano as colheitas forem ruins em uma província; o ato do príncipe corrigirá a regra imperfeita e será uma evergesia. Ele a corrigirá também para tirar uma província de sua pobreza secular; quando o filelênico Nero,[274] pela "grandeza de sua alma", "fez o bem" à antiga Grécia, então arruinada,[275] concedendo-lhe "a independência e a imunidade de impostos", não estamos diante de um dom-quixotismo, mas provavelmente da verdadeira grande política. Quando Juliano, o Apóstata, era o príncipe da Gália, os

---

272 Ver Charles Wilson, *Economic History and the Historian, Collected Essays*, Weidenfeld and Nicolson, 1969, p.114: *"Taxation and the Decline of Empires, an Unfashionable Theme"*.
273 Sulpício Severo, *Dialogues*, I, 3 (trata-se do deserto da costa de Cirenaico ou de Tripolitânia).
274 Dittenberger, *Sylloge*, n.814; Vero teve uma outra vez a intenção de suprimir as taxas de aduana (Tácito, *Anais*, 13, 50-51), o que não tinha nada de absurdo; ver B. H. Warmington, *Nero: Reality and Legend*, Chatto and Windus, 1969, p.65 e 118.
275 U. Kahrstedt, *Das wirtschaftliche Gesicht Griechenlands in der Kaiserzeit: Kleinstadt, Villa und Domäne*, Dissertationes Bernenses, 1954.

impostos desse país baixaram de 25 para 7 moedas de ouro;[276] na realidade isso representava jogar o fardo para outras províncias.[277] O bom pastor deve equilibrar ao mesmo tempo as necessidades do Estado e os interesses econômicos, duráveis ou temporários, das diferentes províncias.[278]

A realidade e os pastoreios são duas coisas distintas. O peso do Fisco variava principal e claramente de acordo com o comportamento do príncipe regente caso fosse moderado ou ávido de luxo e de construções; "enormes edifícios desnecessários ou multidões de funcionários de alto escalão (*aulici*: essa palavra não significa "cortesãos") podem facilmente se tornar mais caros do que legiões".[279] De Calígula a Constantino, imperadores mereceram sua reputação de pródigos. Além do fausto monárquico, podemos incriminar sem grande risco de erro a pilhagem dos fundos públicos em escala gigantesca, pois essa é a regra, e não a exceção ao longo da história.[280]

Por todas essas razões e por algumas outras, os imperadores podiam fazer que o fardo sobre seus súditos variasse muito mais do que em um governo moderno; eles não ignoravam que dependia deles se portarem como maus ricos ou serem clementes com seus súditos, o que lhes causava, algumas vezes, peso na consciência. A economia daqueles tempos não era, como a nossa, delicada como um relógio; a questão era saber se haveria comida ou não, e se os negócios e a demanda de trabalho iriam bem ou mal; um burro de carga que anda ou morre é menos frágil e específico do que um avião. As rendas anuais do Estado eram da ordem de 1 bilhão ou 2 bilhões de sestércios sob o Alto Império,[281] para uma população de 50 milhões ou

---

276 Amiano Marcelino, 16, 5, 14.
277 Tendo-se tornado Augusto, Juliano "proibia a si mesmo prejudicar a fortuna pública para conceder favores particulares a uma província" (*Cartas*, n.73 Bidez); ele recusava-se a devolver os impostos atrasados (*reliqua*), pois isso representava uma vantagem principalmente para os ricos, os únicos que puderam obter prazos: os pobres eram obrigados a pagar imediatamente (Amiano, 16, 5, 15).
278 Tornar o imposto proporcional à situação econômica de cada região: dois exemplos flagrantes são o édito de Adriano, citado na nota 270, e o *Panégyrique latin*, VIII, comentado por A. Cérati, *Caractère annonaire et assiette de l'impôt foncier*, p.315.
279 *Panégyrique latin*, XI, 11, 2.
280 Sombart, *Der Moderne Kapitalismus*, I, 2, p.664.
281 Sobre a ordem de grandeza das rendas públicas, Marquardt, *Staatsvewaltung*, v.2, p.296-298; Fustel de Coulanges, *L'Invasion germanique*, p.52-53; Tenney Frank, *An Economic Survey of Ancient Rome*, v.5, p.53; ver E. Cavaignac, *Population et capital dans le monde méditerranéen antique*, 1923, p.158. Um "orçamento" arcaico se calcula por dezenas de milhões de francos Balzac; um orçamento do Antigo Regime, por centenas; um orçamento do século XIX, por bilhões; um orçamento dos meados do século XX, por centenas de bilhões (cuja metade é usada para o pagamento dos funcionários públicos).

100 milhões de indivíduos;[282] isso representa um bilhão de francos Balzac ou metade (em 1831, o orçamento da França atingiu a fronteira do bilhão; contudo, ele compreendia as despesas municipais que não estavam sob o encargo do imperador romano). Quanto ao produto nacional, podemos estimá-lo grosseiramente em algumas dezenas de bilhões de sestércios; tudo o que podemos exigir nessa área é que as estimativas de dois historiadores tenham o mesmo número de cifras: não exijamos que a primeira cifra seja idêntica. Enquanto isso, as estimativas do nosso produto nacional comportam, segundo Oskar Morgenstern, um erro de 10% ou 15%, ou seja, muito mais do que a taxa anual de crescimento, objeto de tantas paixões, e do orçamento total da defesa nacional, no caso dos Estados Unidos!

E não havia grande diferença entre os métodos financeiros do Estado romano e os de um rico particular. As tarefas do Estado eram pouco numerosas e frequentemente descontínuas e discricionárias; um príncipe aumenta o soldo de sua guarda, constrói um palácio de ouro para si mesmo, entra em guerra ou não faz nada disso. Se ele constrói ou entra em guerra, ele esgotará o Tesouro que podia conter em reserva o equivalente a um ou dois anos de impostos;[283] pois, como os particulares, o Estado tem suas rendas e também tem a intenção de economizar dinheiro em caso de problema. Um imperador pródigo devora as economias de seu predecessor, como um filho de família que diminui seu patrimônio. Quando o Tesouro estiver vazio, ele aumentará o fardo de seus súditos; ele não poderá, como os Estados contemporâneos, pagar a guerra sem pressão fiscal, deixando de renovar o capital nacional. Mas ele poderá renunciar a sua guerra ou a seu palácio.

Conscientes de sua margem de liberdade, os príncipes não hesitam em falar mal de seus predecessores gananciosos, já que o fardo fiscal é mais uma escolha política do que uma necessidade estatal; eles confessam que o imposto poderia ser usado para os interesses mais egoístas do poder; "eu não sou desses imperadores que consideram simplesmente sua vantagem própria", declara Juliano a seus povos, "minha principal preocupação não é acumular dinheiro em detrimento de meus súditos".[284] Moedas imperiais

---

282 J. Beloch, *Die Bevölkerung der griechsch-römischen Welt*, reimpresso em 1968, Bretschneider, p.502; ver H. Delbrück, *Geschichte der Kriegskunst*, v.2; *Die Germanen*, reimpresso em 1966, De Gruyter, p.273 e 311.

283 Dião Cássio, 73, 8, 3: na morte de Antonino, os cofres públicos contavam 2,7 bilhões de sestércios. Nero e Domiciano, príncipes pródigos, dilapidaram o Tesouro, de acordo com os dizeres de Suetônio.

284 Juliano, *Cartas*, n.73 Bidez; em um édito ao qual já fizemos alusão (n.30), Alexandre Severo escreve: "Eu não me interesso pelo dinheiro, quero promover o Império pela minha filantropia e minhas evergesias; tanto que os governadores e os procuradores enviados por

celebram cruamente a supressão dos abusos e calúnias (*calumnia*) do Fisco.[285] Ficou estabelecido que os súditos poderiam impunemente condenar fervorosamente a dinastia precedente e as prevaricações de seus funcionários de alto escalão,[286] pois a idade de ouro havia começado somente no presente reinado.[287] As opções políticas da Antiguidade não estavam lá onde a procurávamos, nos programas rivais de política constitucional ou de bem social, elas estavam onde não esperávamos, em opções administrativas ou até mesmo na modalidade de obediência e no estilo de comando. Um imperador faz que o aclamem ou não, gosta de construir ou não. Já que o imposto é uma escolha política, e não continuidade administrativa, os imperadores não se sentem necessariamente solidários com seus predecessores em termos fiscais e não temem semear essas dúvidas no espírito dos povos que são fatais a todos os governos: o imposto depende de escolhas políticas, e não da continuidade do Estado; um imperador tem o direito de escolher uma política diferente daquela adotada por seu predecessor.

Mandar construir era uma questão de escolha política

Assim, as deduções fiscais dependem parcialmente de uma racionalidade orçamentária e parcialmente de uma escolha política e, por consequência, da escolha pessoal do príncipe. O mesmo acontecia com outras tarefas dos Estados daqueles tempos, que são as construções dos edifícios públicos. O imperador manda construir edifícios úteis, o que é seu dever, e somente poderia ser considerado uma evergesia pelo estilo monárquico; ele manda construir outros edifícios para satisfazer seu prazer em construir, seu desejo de exprimir sua majestade ou simplesmente o capricho real para com uma cidade que é sua favorita. Devemos acrescentar que antes de se tornar uma das tarefas do Estado ou um capricho do príncipe, a atividade ligada às edilidades foi uma evergesia pessoal: ela teve origem, efetivamente, no mecenato de Augusto. Foi assim que a lista das tarefas do poder central se estendeu.

---

mim, que triei com o maior cuidado, devem se inspirar em meu exemplo e mostrar a maior moderação possível; pois os governadores de província aprenderão cada dia um pouco mais que devem investir todo o seu zelo em poupar as nações das quais eles são prepostos se puderem ver o próprio soberano governar o Império com tanto autorrespeito, moderação e discrição".

285 Mattingly, *Coins of the Roman Empire in the British Museum*, v.3, p.xlvii: *fisci ivdaici calvmnia svblata*; ver Suetônio, *Domitilo*, 12.
286 *Panégyrique latin*, XI, 4, 2.
287 Acrescentar às referências já citadas, Capítulo IV, n.30; Tertuliano, *De pallio*, I, 1 e 2, 7; Símaco, *Relatio*, 1.

Instauremos rapidamente as grandes linhas:[288] durante o Alto Império, os edifícios públicos, quando construídos na própria cidade de Roma, eram obras do príncipe ou do Senado exclusivamente: magistrados e evérgetas não tinham o direito de construir no interior da *Urbs*; fora de Roma, na Itália e nas províncias, os edifícios públicos eram obras de cidades ou de magistrados locais que mandavam construí-los *ob honorem*, ou de mecenas, de governadores e excepcionalmente do Senado[289] ou do imperador. O poder central se manifesta, assim, por construções em Roma e em todo o Império.

Isso é uma inovação com relação à República; ela tem como autor o mecenato de Augusto. O Estado republicano cuidava exclusivamente de Roma e negligenciava a construção em outras cidades romanas, sem mencionar as cidades peregrinas; no mínimo, desde a guerra social, os censores romanos tinham deixado de mandar construir nas cidades municipais[290] que, até mesmo nisso, tornaram-se também cidades independentes da *Urbs*; em compensação, os aristocratas romanos, evérgetas ou "caciques" locais, construíam geralmente nas cidades italianas; vimos, por exemplo, Calpúrnio

---

288 Não existe estudo do conjunto; o livro de E. De Ruggiero, *Lo Stato et le opere pubbliche in Roma antica*, Turino, 1925, p.78-111, aborda apenas a cidade de Roma. As grandes linhas podem ser encontradas em Marquardt, *Staatsverwaltung*, v.2, p.90-92; Hirschfeld, *Verwaltungsbeamten*, p.266; Mommsen, *Staatsrecht*, v.2, p.1100, n.2 (entendemos o *fiscus* por "cofre privado do imperador", Mommsen, conforme sua teoria) e v.3, p.1145; Friedländer, *Sittengeschchte*, v.3, p.28-32. Algumas monografias: F. C. Bourne, *Public Works of the Julio-Claudians and the Flavians*, Princeton, 1946; R. Mac Mullen, "Roman Imperial Building in the Provinces" em *Harvard Studies in Classical Philology*, 64, 1959, p.207-235 (estuda particularmente as construções feitas pelas forças armadas); D. Tudor, "Les constructions publiques de la Dacie romaine d'après les inscriptions", em *Latomus*, 1964, p.271; C. E. Van Sickle, "Public Works in Africa in the Reign of Diocletian", em *Classical Philology*, 1930, p.173. Algumas vezes o imperador e um evérgeta colaboram: Herodes Ático escreveu para Adriano que faltava água em Alexandria de Trôade e pediu-lhe 12 milhões de sestércios para levar água para a cidade; como a despesa foi superior, Herodes pagou a diferença, ou melhor, fez que seu filho a pagasse nominalmente, dando-lhe a quantia necessária (Filóstrato, *Vie des sophistes*, I, 26, p.537 início. Olearius e II, 1, p.548 fim).

289 As construções feitas fora de Roma pelo Senado e pelo povo romanos (sobre o valor da fórmula S. P. Q. R., Mommsen, *Staatsrecht*, v.3, p.1258) são erigidas frequentemente pela honra do imperador; cf. Suetônio, *Tibério*, 5 (*Fundi*); Dião Cássio, 51, 19 (*Actium*). Citemos o arco de Rimini e o arco de Benevento. O templo de Vênus Ericina foi restaurado pelo Tesouro pela iniciativa de Cláudio (Suetônio, *Cláudio*, 25; Mommsen, *Staatsrecht*, v.3, p.1145, n.1); sobre *opera publica* na Ásia e na Bitínia, ver o *Corpus*, V, 977 e Hirschfeld, *Verwaltungsbeamten*, p.266, n.1. Ver F. J. Hassel, *Der Trajansbogen in Benevent: ein Bauwerk des römischen Senates*, Verlag Philipp von Zabern, 1966, p.2-9.

290 Mommsen, *Staatsrecht*, v.2, p.249; Marquardt, *Staatsverwaltung*, v.2, p.88; D. Kienast, *Cato der Zensor, seine Persönlichkeit und seine Zeit*, Heidelberg, 1954, estuda as construções dos censores de 174 em Pisauro, Fundi e Potencia.

Pisão, cônsul em 58 e irmão de Cássio, assumir o duunvirato quinquenal em Pola e oferecer suas muralhas a essa colônia;[291] Augusto imitou os aristocratas; dessa forma foi preenchida uma lacuna administrativa, pois seu exemplo seria imitado pelos imperadores que o sucederam. As muralhas de Trieste, Fano, Nïmes ou Jader foram obras de Augusto, assim como o aqueduto de Venafro.[292] Não precisamos enumerar as construções imperiais na Itália e nas províncias: basta-nos enfatizar que o mecenato de Augusto se encontra na origem de um serviço público e fez que o governo imperial passasse da ótica limitada da cidade, que era a dos censores republicanos, à ótica de um grande Estado.

Mas não é porque Augusto se conduziu como um mecenas que as construções imperiais de seus sucessores serão atribuídas a sua liberalidade ou a sua *indulgentia*: mas porque o edifício não existiria sem uma decisão do príncipe, ou porque o Fisco tenha fornecido a quantia necessária ou então porque o poder central tenha simplesmente autorizado a cidade a construí-los por sua própria conta.[293]

A liberalidade do soberano é tão palpável que, quando ele financia um edifício na Itália ou em uma província, o dinheiro não vem de Roma; o príncipe autoriza o governador a retirar fundos do cofre do Fisco de sua província, através do qual o produto dos impostos transitava antes de ser enviado a Roma, para o palácio imperial do Palatino, no centro da Cidade Eterna, onde se encontrava o Tesouro do Império; pois o princípio de unicidade dos cofres não existia. Quando Domiciano escreve a um governador de Bitínia:[294]

---

291 *Corpus*, V, 54; Degrassi, *Inscriptiones liberae rei publicae*, n.639; *Inscriptiones Italiae*, X, 1, n.81, ver A. Degrassi, *Scritti vari*, v.2, p.913; R. Syme, *The Roman Revolution*, p.465, n.1: "From his father, Cássio inherited a connexion with the Transpadani"; Tácito, *Histórias*, II, 72: "Em Ístria, onde outrora a família de Crasso havia tido clientelas, terras e uma popularidade que ainda está associada a seu nome".

292 *Corpus*, XI, 6219 (Dessau, n.104: *murum dedit*); V, 525 e add. p.1022 (Dessau, n.77: *murum turresque fecit*); XII, 3151 (*portas murosque coloniae dat*); III, 13264 (*parens coloniae, murum et turris dedit*); X, 48842 (Dessau, n.5743), com as novas leituras em *L'année épigraphique*, 1962, n.92.

293 Quando um governador manda consertar uma ponte impondo uma contribuição e trabalhos penosos à cidade vizinha, é o imperador que *pontem restitui* (*Corpus*, III, 3202; Dessau, n.393): o imperador o autorizou a fazê-lo. É bem verdade que esse imperador é Cômodo, cujas tendências egocêntricas eram sem dúvida conhecidas por seus encarregados políticos. Os imperadores, em geral, tinham tendência em subordinar toda construção pública a sua autorização: Plínio, *Cartas*, 10, 37-42 e Macer, *Digeste*, 50, 10, 3, 1.

294 Plínio, *Cartas*, 10, 58, 5, explicada por Otto Hiltbrunner, "Miszellen", em *Hermes*, 77, 1942, p.381. Quando uma construção deve-se à *indulgentia* do príncipe, pode-se compreender, no total, que o imperador autorizou a construção ou então que ele autorizou o governador a impor contribuições extraordinárias para fazê-la, ou até mesmo que enviou dinheiro, ou permitiu afetar na construção parte dos impostos da província (ver, por exemplo, *Corpus*, III,

"Tu efetuarás essa despesa por conta da minha liberalidade", ele também entende que deverá inscrever a quantia a título de despesas graciosas (pois essa ordem não seria dada a um governador de província, mas aos serviços centrais do palácio): ele autoriza o governador a fazer que o Fisco da província lhe remeta a quantia em questão e justifique a ausência da quantia quando o produto dos impostos for expedido para Roma, inscrevendo-a nas contas como liberalidade do príncipe. Eis porque numerosas inscrições atribuem edifícios à liberalidade ou à indulgência (*indulgentia*) do soberano: este se despoja de quantias que lhe eram devidas a título do imposto e abandona-as para a cidade, que pode, assim, construir seu edifício.

Na verdade, nada de bom deve ser feito por ninguém no Império sem que o imperador seja seu verdadeiro evérgeta. Digamos duas palavras de um célebre e mal compreendido texto. Em 298, um rico notável de Autun decide restaurar com seus recursos próprios as escolas públicas dessa grande cidade. Pois nosso evérgeta havia abraçado a profissão de retórico; ele havia ensinado durante muito tempo, em seguida, suas qualidades de humanista fizeram que fosse nomeado secretário de um dos príncipes. Quando essa função terminou, os imperadores mantiveram sua remuneração de secretário, cujo montante seria alto até para o presidente de uma grande multinacional. Quando sua generosa decisão foi tomada, nosso evérgeta correu para informar seus compatriotas de Autun sobre tal decisão; seu discurso, que podemos ler ainda hoje,[295] deve ser acrescentado a outros numerosos discursos municipais que são anúncios públicos de policitações[296] através das quais os

---

7409; P.-A. Février em *Mélanges André Piganiol*, p.223). Um caso particular é aquele no qual o imperador afeta as rendas de um templo a construções: devemos concluir que essas rendas haviam sido atribuídas ao Fisco (*Corpus*, III, 7118, Dessau, n.97; *Corpus*, III, 14120; ver *Inscriptiones Creticae*, v.2, p.139, n.6 e v.4, p.356, n.333: o imperador restaura edifícios *ex reditu Dianae* ou *ex sacris pecuniis Dictynnae*).

[295] *Panégyrique latin*, V, discurso de Eumênio em Autun.

[296] Sobre os anúncios públicos que o evérgeta policitador faz de sua futura evergesia por carta ou por discursos que ainda são uma promessa, ver Plínio, *Cartas*, I, 8: o discurso de Plínio a seus concidadãos de Como é o paralelo oposto de nosso *Panegírico*, V. Um belo exemplo imaginário de tal discurso pode ser lido em um romance latino traduzido do grego (J. P. Enk em *Mnemosyne*, 1948, p.231), a *Histoire d'Apollonius roi de Tyr*, capítulo XLVII Riese (todo esse romance, que deveria ser analisado detalhadamente, é capital para o evergetismo grego imperial; ver os capítulos IX, X). Um exemplo real é Apuleio, *Florides*, XVI, 35-39; ou Luciano, *Mort de Pérégrinos*, 15. Os exemplos não são raros em epígrafes latinas e sobretudo gregas; ver principalmente no *Corpus* latino, v.X, n.4643, em Cales. Em geral ver Waltzing, *Corporations professionnelles chez les Romains*, v.2, p.454, e L. Robert, *Études anatoliennes*, p.379. Esse discurso ou essa carta que o evérgeta endereça a sua cidade têm uma grande importância, porque constituem um compromisso público de execução de uma promessa; ademais, em Narbonne, um evérgeta diz no fim de sua carta: "Vós considereis a presente

evérgetas assumiam um compromisso público diante de seus concidadãos e saboreavam, antecipadamente, seu reconhecimento. Os habitantes de Autun não foram os únicos ouvintes do discurso; o governador da província também estava lá, e por uma boa razão: somente ele podia ratificar o decreto municipal, que aceitaria a promessa solene, e autorizar a construção, se ele a considerasse oportuna. Pois as relações entre as cidades de uma província e os governadores sempre foram confusas, como tantas outras coisas no direito público romano, praticamente o governador intervinha nos assuntos municipais quando considerava certo fazê-lo, exceto se a cidade tivesse suficientemente poder para se opor; quando despesas entravam em jogo, o governador intervinha com ainda mais frequência, pois as cidades ficavam muito impressionadas pelas despesas de prestígio. Ele também intervinha em casos de "decreto ambicioso", ou seja, votado sob a pressão de um tirano local levado a isso por seus compatriotas. A posição de nosso evérgeta de Autun era mais delicada do que se podia acreditar[297], tanto que um outro cérbero estava ali; um nobre idoso chamado Glauco estava efetivamente assistindo à sessão, seu papel nesse caso parece, em um primeiro momento, misterioso. Não hesitaremos em reconhecer, nele, o curador da cidade, vigiando atentamente as finanças municipais. Na África, as dedicatórias inscritas nos monumentos

---

carta como o equivalente de um ato jurídico em boa-fé", *epistulam pro perfecto instrumento retinebitis* (*Corpus*, XII, n.4393). O evérgeta faria seu discurso diante do povo reunido em assembleia ou unicamente diante do Conselho? Eumênio de Autun escolheu a primeira solução, Plínio, o Jovem, se orgulha de ter escolhido a segunda (*Cartas*, I, 8, 16). Em todo caso, era necessário demonstrar à cidade a intenção de evergesia que se tinha assumido, pois a cidade devia aceitar ou recusar a promessa (Gaio, *Institutes*, 2, 195, sobre o legado; mas deve-se generalizar: como a evergesia será um monumento sobre o solo público, a cidade deve decidir se autoriza o evérgeta a ocupar uma parte do solo público para seu edifício). Para agradecer o evérgeta por sua carta ou seu discurso, a cidade envia-lhe um decreto de honras ou de "testemunho" que tem a vantagem de comprometê-lo ainda um pouco mais em executar realmente sua promessa; exemplos de tais decretos: Degrassi, *Inscriptiones liberae rei publicae*, n.558; Dessau, n.154 ("*ut gratiae agerentur munificentiae ejus*"). Restava a grande questão: a promessa por carta ou discurso público comprometia o evérgeta juridicamente? Seu discurso permitia à cidade exigir diante do tribunal do governador que a promessa fosse cumprida? É a grande questão das policitações em direito "privado" romano: basta ler *Digeste*, 50, 12. Em resumo, o discurso de Eumênio de Autun "entra em série" sob todos os pontos de vista.
297 Sobre os "decretos ambiciosos", *Digeste*, 50, 9, 4, pr. O governador cuida dos edifícios públicos das cidades e se reporta ao imperador (Plínio, *Cartas*, 10, 37-42; *Digeste*, 50, 10, 3. I, 16, 7, 1.I, 18, 7). Sobre as relações entre o governador e a cidade autônoma, ver D. Nörr, *Imperium und polis in der hohen Prinzipatszeit*, p.36; Olivier, "The Roman governor's permission for a decree", em *Hesperia*, 23, 1954, p.163. Um belo exemplo pode ser lido em *Tituli Asiae minoris*, v.2, n.175: a cidade de Sidima pede por decreto ao governador de Lícia a autorização para mandar construir uma gerúsia.

públicos no Baixo Império associam quase regularmente o nome do governador da província e o do curador da cidade ao nome do evérgeta; o discurso de Autun faz a mesma coisa antecipadamente.[298] Essa seria uma evergesia do tipo banal. No entanto, era preciso que o imperador tivesse algum papel nisso e que tudo o que acontecesse de opulento fosse devido à "felicidade dos tempos atuais". Nosso retor de Autun não deixou de atribuir sua própria evergesia "a um presente sagrado", ou seja, à liberalidade imperial: ele diz e repete que o príncipe, ao continuar lhe pagando uma remuneração suntuosa, é propriamente o autor do edifício.[299]

Pois o Estado ou a cidade se manifestam por meio de suas construções, que são "monumentos" de sua providencial majestade e que permanecem, enquanto os indivíduos passam; "a majestade do Império", escrevia um arquiteto,[300] "tem eminentemente como testemunhos os edifícios públicos". Flávio José recrimina Calígula por ter preferido seu narcisismo egoísta em vez do bem de seus súditos e por não ter empreendido nenhuma dessas grandes obras realmente reais que permitem às gerações presentes e futuras tirarem proveito delas.[301]

---

298 Papel central do *curator rei publicae* no Baixo Império durante o qual ele dirige realmente a cidade (os magistrados são simplesmente litúrgicos), faz as consagrações etc.: ver, por exemplo, *Corpus*, XIV, n.2071, 2124, 2806, 3593, 3900, 3902, 3933... Antes de conceder a um evérgeta um lugar público onde ele erigirá um edifício, solicita-se a permissão ao curador: *Corpus*, XI, 3614 ou X, 1814. A respeito do papel do curador em termos de construções públicas, *Année épigraphique*, 1960, n.202. Nas inscrições, lê-se que um edifício, ou até mesmo uma estátua, é erigida "com confirmação do curador da cidade e sob a autoridade do governador" (assim, em *Corpus*, VIII, n.5357, cf. 1296). De um modo geral, ver L. Robert, *Hellenica*, I, p.43; H. Seyrig, *Antiquités syriennes*, v.3, p.188 (retomado de *Syria*, 1941, p.188); Jouget, *Vie municipale de l'Égypte romaine*, p.463; H. Seyrig em *Bulletin de correspondance hellénique*, 51, 1927, p.139; S. Cassario, "Il curator rei publicae nela storia dell'impero romano", em *Annali del seminario giuridico*, Università di Catania, 2, 1947-1948, p.338-359 (Paris, na biblioteca da Faculdade de Direito). Lembremos rapidamente a diferença entre o *curator rei publicae* do Alto Império, que é alheio à cidade, nomeado pelas cartas imperiais, e contenta-se em tomar a cidade sob tutela; e o *curator rei publicae* que se transforma no decorrer do século III, escolhido entre os notáveis locais, nomeado por um período indeterminado, eleito pelo próprio Conselho e encarregado de dirigir realmente a cidade e seu orçamento; ademais, ele não faz evergesias (enquanto os magistrados não têm mais a direção efetiva da cidade e são simplesmente vacas leiteiras).

299 *Panegírico*, V, 3, 4; 11, 1; 16, 5. – Estudamos acima, n.84, o costume de dedicar os edifícios ao imperador regente; um edifício pode legar o nome do imperador sem ter sido construído por ele: em Tuga, o aqueduto Comodiano foi construído pela cidade (Poinssot em *Mélanges Carcopino*, p.775), e em Apameia, as termas de Adriano foram erigidas *ex pecunia publica* (*Corpus* III, n.6992).

300 Vitrúvio, I, 1, 2.

301 *Antiquités judaïques*, 19, 2, 5.

Nossos espíritos muito racionais perguntar-se-iam normalmente se esses edifícios eram realmente úteis, se três aquedutos eram indispensáveis unicamente para a cidade de Aix-en-Provence na época romana, e se o gosto que o romano tem em construir não seria "lúdico", no sentido multiforme que Huizinga atribui a essa palavra. Digamos que os edifícios públicos eram expressivos e que seu racionalismo era adaptado às possibilidades de ação dessa época. Em suas construções, o Estado, frequentemente tão distante, tornava-se palpável e deixava de ser prosaico e ávido como seus próprios publicanos; por serem públicos, os edifícios provam que o poder não é egoísta, e sua solidez mostra que o Estado permanece e vê mais longe o futuro do que os indivíduos; a enormidade das construções revela que o soberano pode realizar o que os indivíduos nunca poderiam fazer. E ademais, o que importa é que o governo faça alguma coisa, e não demonstre que se acomoda na autossatisfação e na incúria. Isso é o que diziam os notáveis empreendedores e os poderes públicos, aplaudindo a si mesmos por fazerem maravilhas quando edificavam mais um aqueduto devastador. E o povo? Será que ele sentia realmente os arrepios de respeito que se esperavam dele? Menos do que o previsto, e é nisso que os edifícios eram expressivos; eles falavam por falar, e não para serem ouvidos. Mas até isso era uma "violência simbólica"; os povos constatavam com seus próprios olhos que acima deles havia uma autoridade que fazia coisas impressionantes e um pouco misteriosas, cuidando apenas de si mesma e de seus próprios projetos; como discutir com ela? Como se comparar a seu poder e a sua inteligência?[302]

---

302 Isso não é tudo: as necessidades e desejos variam em natureza de acordo com os recursos; o povo, nessa época, podia atribuir aos edifícios públicos, ou seja, ao contexto cotidiano, uma importância muito maior do que atualmente, quando a vida cotidiana é representada pelo domicílio privado e a rede de transportes. Ora, o povo daqueles tempos vive nos *tabernae*, em um cômodo único que é usado ao mesmo tempo como moradia e ateliê ou loja; quase não possui móveis (ter mobília em vez de não tê-la é um indício de luxo); os únicos bens mobiliários generalizados são as roupas, que são caras (suas roupas eram colocadas em penhor quando se queria tomar dinheiro emprestado dos agiotas, como o operário do século XIX colocará seu colchão no penhor nos órgãos autorizados). Em outras palavras, a maior parte do ambiente privado é pública: viver no meio de belos edifícios públicos inúteis era como viver em um belo apartamento, no meio de belos móveis; era uma satisfação real e individual; eis aqui como Pausânias descreve um belo vilarejo de Fócida: "Podemos chamar de cidade esse lugar que não tem nem edifícios públicos, nem ginásio, nem teatro, nem praça pública, nem adução de água em nenhum chafariz, e no qual as pessoas vivem em barracos tais quais tendas armadas na beira de uma cova" (10, 4, 1); traduzo muito deliberadamente *kalybai* como barraco [*gourbi*], pois, para os bilíngues, *kalybè* era a tradução da palavra latina *mappalia*: podemos dizer o mesmo sobre a tradução grega de *Eneida* no *Papyrus Rylands* 478 B (Cavenaile, p.11) e nos *Grammatici Latini*, v.4, p.583 Keil: "*magalia,*

O tempo, o progresso e as escolhas

Quanto a essa autoridade, ela tinha seu racionalismo, que era mais restrito que o nosso e que às vezes parece se prolongar no vazio. Essas pessoas tinham a mentalidade de um simples particular que mobilia e decora o apartamento onde morará toda a sua vida, pois ele sabe que nunca se mudará, e que as paredes que o envolvem ficarão sempre no mesmo lugar; ele também pensa que as artes domésticas nunca vão evoluir. Nós sabemos que o tempo passa, que as técnicas se aperfeiçoam e as circunstâncias mudam; se somos homens públicos e queremos "fazer alguma coisa" pelo bem comum, não consideramos que essa alguma coisa possa ser eternamente útil; em vez de supormos que tudo se prolongará indefinidamente por inércia, vivemos em um horizonte temporal mais limitado. Queremos fazer coisas úteis. Mas não nos enganemos sobre isso: os antigos também o queriam; porém, a integralidade da utilidade de um bem não pode ser calculada sem levar em conta o futuro, afinal, até onde convém visar esse futuro? Um museu é socialmente menos útil do que uma estrada de ferro; mas se acreditamos que ambos serão úteis eternamente para todas as gerações futuras, as duas utilidades se valem: nem um nem outro terão fim. Sob duas condições; primeiramente, deve-se estar certo de que uma técnica melhor não substituirá nunca o vapor; em seguida, as duas utilidades que se prolongam infinitamente também são finitas e desiguais; no dia do Julgamento Final, mais pessoas terão apreciado a estrada de ferro do que o museu; e, em cada momento no decorrer do tempo, cada geração os apreciará desigualmente. Ademais, é importante saber se convém sacrificar a geração presente pelas gerações futuras. As reservas de petróleo se esgotam? Elas durarão ainda um ou dois séculos, talvez três, se continuarmos a consumir abundantemente ou se nos privarmos por nossos descendentes. Sem dúvida, mas até que geração estenderemos nossa solicitude paternalista? A decisão seria necessariamente arbitrária; planificar sobre um horizonte temporal limitado pressupõe que se atribua uma utilidade determinada ao petróleo que subsistirá até o fim do período futuro considerado, e essa utilidade não pode ser fixada racionalmente; e, se ela não for fixada, restam-nos apenas duas soluções: consumir tudo logo, ou economizar de geração em geração, para que o petróleo esteja ainda lá no dia do Julgamento Final.[303]

---

    kalybè". Ninguém gostaria de morar no lugar descrito por Pausânias e os pobres coitados do lugar deviam sonhar com o "êxodo rural" e emigrar para uma outra cidade.

303 Sobre esse problema e sobre a integral da utilidade futura, R. M. Solow, *Théorie de la croissance économique*, tradução francesa A. Colin, 1972, p.117.

O imperador e sua capital

Para sermos precisos, esse problema de racionalidade não podia ser colocado para os antigos, e é por isso que eles construíam tanto. Eles não podiam supor que as técnicas e as preferências fossem evoluir muito: o mundo estava terminado, todas as técnicas a serem descobertas já haviam sido descobertas ou quase, a vasta morada que é o universo estava pronta e praticamente equipada; sua mentalidade era semelhante à dessa criança de 5 anos que, vendo um prédio ser construído, perguntava-me com uma desolada surpresa: "Papai, quando é que todas as construções serão feitas?" Os antigos também não tinham escolha entre as despesas úteis e as menos úteis, e eles pouco queriam tê-la. Porque os mecanismos e as instituições da economia eram mais grosseiros (é mais fácil construir um aqueduto do que elaborar um plano de desenvolvimento); por egoísmo social e político, por ostentação de classe ou para exprimir a autoridade do Estado; e também por imprevidência para com os pobres, que possuem tão poucos prazeres que um copo de vinho bebido logo toma um valor considerável, tanto que a seus olhos as utilidades futuras diminuem rapidamente, e eles pouco se preocupam em poupar para ter pão amanhã. O que é racional (e o que não seria, na verdade?): a palavra "desperdício" tem vários sentidos.[304]

---

[304] Sobre a atitude dos antigos diante do tempo (o mundo está concluído, adulto, doravante ele pode somente envelhecer), ver Veyne, *Comment on écrit l'histoire*, p.91, n.4, sobre o tema do declínio e do pretenso progresso em Lucrécia. Eis porque, no papiro citado n.30, Alexandre Severo fala do declínio do Império sob seu reinado; o saudoso Jacques Moreau ficou surpreso com isso (*Scripta minora*, p.34); mas o imperador não quer dizer que o Império declina por sua culpa: ele designa esse fato conhecido de todos afirmando que o mundo se encontra na velhice; mas ele não tem nenhuma incidência sobre isso; como o ano, a história tem suas estações e nosso imperador tem a má sorte de viver, como todos os seus súditos, durante o inverno do universo. Basta citar, além de Lucrécia, Lucano; como esse estoico pode ao mesmo tempo acreditar na Providência e estimar que, desde a vitória de César, a humanidade atual entrou na estação mais sombria de sua história? Porque a Providência não impede as leis naturais de funcionar e as estações de se sucederem, ela também não impede os seres vivos de envelhecerem. É uma infelicidade, pelo menos aparente, para gerações inteiras, vir ao mundo na idade do declínio do universo. Nem os imperadores nem o deus cósmico são responsáveis pela morte térmica de nosso universo ou da próxima *ekpyrosis* (essa mistura de incêndio e de iluminação *a giorno* que, segundo os estoicos, destrói ciclicamente o cosmos). É verdade que a Providência estoica preocupa-se com o destino dos indivíduos, não dos povos: ela exerceu seu ofício se ela permitiu ao sábio, por exemplo, Catão, ser um sábio, pois o bem interior é o único que não é puramente aparente. Do mesmo modo, diante do inverno cósmico, Alexandre Severo faz o que ele pode e deve. Em resumo, para os antigos, a história é uma parte da história natural, cósmica. Na França, onde a história é humana, um chefe de Estado que falasse do declínio do Estado sob sua administração seria admirável por sua franqueza ou irresponsabilidade.

Por milhares de razões técnicas, políticas, sociais etc. (deixemos as almas piedosas decidir que razão determina as outras "em última instância"), o tempo dos antigos é inércia, e não evolução criativa; além disso, a escolha entre duas utilidades desiguais ou mesmo heterogêneas, entre o agradável e o aproveitável, lhes é dada com menos frequência do que para nós. A partir de então, seu racionalismo será diferente do nosso e mais sumário: ele escolherá não entre duas utilidades heterogêneas e duráveis, mas entre uma utilidade durável e um uso imediato, como o pobre que bebe com o dinheiro da esmola ou que prefere comprar pão. Praticamente, a escolha que se impunha era entre os edifícios e os espetáculos. Construir ou oferecer jogos. A *Ética a Nicômaco* e os *Deveres* de Cícero o dizem: um homem inteligente e munificente oferecerá presentes que permanecem, e não oferecerá prazeres efêmeros. A racionalidade mandava oferecer presentes duráveis; não se falava, como nós, de "presentes úteis". E por uma boa razão. Voltemos a nosso simples particular que mobilia e decora seu apartamento; ele morará ali até sua morte, e tudo em torno dele subsistirá "por inércia" no estado atual. A partir de então, tudo o que ele pode comprar é louvável já que é "para sempre"; se ele compra "objetos de arte", não é uma despesa idiota já que esses objetos permanecerão. A única coisa que importa é que não gaste seu dinheiro dia após dia com pequenos prazeres que não deixam nada de corporal; seria desperdício.[305]

Construir para a eternidade edifícios inúteis tinha sua racionalidade, um pouco ultrapassada, e também sua expressividade. Mas havia também o "capricho real". As construções permitem a cada príncipe manifestar os sentimentos pessoais que ele tem o direito de ter, sendo o senhor pelo direito subjetivo. Eis aqui em que termos um texto moderno, a *Satire menippée* [Sátira menipeia], recrimina no povo de Paris o ódio que ele sente por Henrique III: "Tu não podes suportar teu rei, que, ao se comportar como cidadão e burguês de tua cidade, a enriqueceu, embelezou-a com suntuosas construções, expandiu-a com fortes e estupendas muralhas, ornamentou com privilégios e derrogações honráveis"; nem uma palavra desse texto parece ser traduzida do latim ou do grego helenístico ("expandir" seria compreendida pelo verbo *auxanein*).[306] O senhor tem o direito de ter suas cidades favoritas e amar quem ele quiser; ninguém o recriminará por satisfazer com seus favores a cidade onde nasceu e enfeitá-la com belos edifícios.[307]

---

305 Sobre as evergesias duráveis, Aristóteles, *Ética a Nicômaco*, IV, 5 (1123 A 5); Cícero, *Deveres*, II, XVI, 55 e XVII, 60.
306 Sobre *auxanein*, Ad. Wilhelm em *Mélanges Gustave Glotz*, v.2, p.902.
307 Adriano satisfaz Itálica com beneficências, sua cidade de origem: R. Syme, "Hadrian and Italica", em *Journal of Roman Studies*, 54, 1964, p.144; ele imita seu pai, um ilustre de Itálica cujo

Mas o senhor também deve ser justo e todas as grandes cidades do Império devem poder mostrar algum testemunho da benevolência dos imperadores. Adriano embelezou a cidade espanhola de Itálica, onde sua família tinha o direito de burguesia, mas no decorrer da viagem que fez a Nîmes, erigiu uma basílica cujos baixos-relevos, que se encontram no museu de arqueologia, são tão bonitos que podemos supor que o príncipe havia enviado os escultores do ateliê imperial para executá-los (podemos também nos perguntar se as esculturas de vulto encontradas em Itálica, que são de ótima qualidade, não seriam obra do mesmo escultor, seria necessário compará-las às duas estátuas encontradas nas beiras do Euripo do palácio de Adriano em Tiburo). Nîmes romana era uma cidade importante.[308]

---

horóscopo, pelo maior dos acasos, chegou a nossas mãos: a Lua, Saturno e Júpiter tinham feito dele "um homem afortunado, muito rico, doador de muitos presentes e liberalidades a sua pátria" (F. H. Cramer, *Astrology in Roman Law and Politics*, American Philosophical Society, 1954, p.163. Seria muito demorado falar das beneficências dos Severos para sua cidade de origem, Léptis Magna. Juliano embelezou Constantinopla porque, afirma, ele havia nascido ali (W. Ensslin em *Klio*, 18, 1923, p.164). – Outras vezes não se trata de um capricho real, mas de uma política partidária; tomemos como exemplo Nîmes, cheia de favores feitos por Augusto e Agripa, que construíram ali um imenso edifício, uma adução de água e o templo da Casa Quadrada. Certamente o Sul da Gália precisava de um imenso edifício-refúgio onde todo um exército pudesse se colocar, e já que era necessário ter um, era melhor colocá-lo em Nîmes do que alhures; contudo, a escolha de Nîmes teve uma razão positiva também. Meu amigo Christian Goudineau chamou minha atenção sobre um trecho da *Guerre civile* de César, I, 35, 4, no qual ele diz que Pompeu, patrono de Marselha, atribuiu a essa cidade o território dos Volcas Arecômicos, ou seja, o território do centro celta de Nîmes. Tudo se explica então; as guerras civis do fim da República presenciaram, na Gália e alhures, a mesma coisa que é bastante conhecida na Grécia e na Ásia porque temos os testemunhos de Estrabão, de Plutarco etc.: as diferentes cidades nativas tomam partido por um ou outro dos magnatas romanos que disputam, em função das beneficências que esperavam de um ou de outro, em função também de suas inimizades entre cidades vizinhas. Nîmes foi privada por Pompeu de parte de seu território a favor de Marselha: então, quando César domina Marselha, ela se declara por César e se manterá fiel ao seu filho adotivo, Otaviano Augusto. Nîmes é cidade cesariana, base de César na Gália; depois de sua vitória, César devolveu Nîmes aos Volcas (foi assim que se reformou o vasto território que Nîmes possui sob o Império), do mesmo modo que reduziu consideravelmente o território de Marselha em benefício de Arles e de Aix-en-Provence (ver as obras de M. Clerc). Citemos um único paralelo: por ter sido fiel a Otaviano contra Cássio, a cidade de Tarso recebeu a autonomia, um vasto território, o controle do mar e do rio etc. (o território da Nîmes imperial se estende até o Ródano, que era capital durante um tempo no qual os únicos meios de transporte eram fluviais); ver Dião de Prusa, 34, 8; Dião Cássio, 57, 31, e Apiano, *Guerres civiles*, 5, 7.

308 Sobre a basílica de Plotina e suas esculturas, referências reunidas por E. Linckenheld em seu excelente artigo *"Nemausus"* do Pauly-Wissowa, v.XVI, coleção 2297-2298. Sobre Hermes e Afrodite de Itálica, no museu de Sevilha, Garcia y Bellido, em *Les Empereurs romains*

O que explica um costume curioso que tem precedentes helenísticos[309] e republicanos e que permite ver que o Império e o velho sistema da cidade[310] eram justapostos, e não integrados: frequentemente os imperadores aceitavam a magistratura suprema de uma cidade de seu império, cidade grande ou ínfimo vilarejo, e delegavam um prefeito para exercê-la em seu nome;[311] o

---

    d'Espagne, seminário do CNRS, 1965, p.20-21. Sobres as esculturas da mansão de Adriano em Tiburo, ver *Fasti archaeologici*, v.IX, n.5028 e v.X, n.3682 sqq., 4441 sqq.

309 L. Robert, *Études épigraphiques et philologiques*, p.139 ("a quantia honorária paga por um rei não devia ser particularmente esplêndida?"; quando um rei torna-se epônimo de uma cidade, ele oferece-lhe um belo presente) e 143-150.

310 Sobre os imperadores, magistrados de cidades, ver Mommsen, *Staatsrecht*, v.2, p.813 e 828; Id., *Juristische Schriften*, v.1, p.304, 308 e 324; Marquardt, *Staatsverwaltung*, v.1, p.169; W. Liebenam, *Städteverwaltung im römischen Kaiserreiche*, reimpresso em 1967, Bretschneider, p.261; L. Robert, *Hellenica*, VIII, p.75.

311 Em compensação, não há exemplo, depois do reino de Augusto, de um imperador que se torne patrono de uma cidade (digamos mais exatamente: "que receba o título honorífico de patrono de uma cidade", pois o patronato não é uma coisa, uma função formal ou informal, mas sim um *título* honorífico, uma palavra: não se é evérgeta porque se foi escolhido como patrono da cidade, mas recebe-se o título de patrono pelas evergesias feitas ou que serão feitas. A suposta "instituição" do patronato de cidade deve ser associada aos *títulos* honoríficos que as cidades gregas atribuem a seus benfeitores; um título de evérgeta, de provedor da cidade, de filho ou pai da cidade. O estudo do patronato de cidade está por ser retomado por completo). O imperador não quer mais o título de patrono de cidade, que é conveniente para simples particulares; depois de Augusto, nenhum imperador reinante é *patronus* (L. Harmand, *Le patronat sur les collectivités publiques*, p.155-166; a única suposta exceção, p.164, não existe: o Nerva em questão não é imperador, mas um de seus ancestrais, que foi governador da Ásia nos tempos dos triunviratos. Em *Latomus*, 1962, p.68, n.4, eu mesmo cometi a mesma confusão que foi diversas vezes denunciada na 2.ed. da *Proscopographia imperii Romani*, letra C, n.1224, s.v. "Cocceius"; por Syme, *Roman Revollution*, p.266, n.3; por J. e L. Robert, *La Carie*, v.2, p.103, n.7). O título de patrono é "tabuado" pelo imperador; do mesmo modo, dentre os títulos que as cidades gregas atribuem a seus evérgetas, o de "pai da pátria" desaparece sob o Império, porque lembrava muito o título imperial de *pater patriae*; ele é substituído por um modesto "pai da cidade" (L. Robert em *Antiquité classique*, 1966, p.421, n.5). Senadores podem ser magistrados de uma cidade, como o imperador; um magistrado também pode se ausentar e ser substituído por um prefeito. Mas então se estabelece uma gradação protocolar entre eles, e um imperador é substituído por seu prefeito: o senador não é substituído por um prefeito (existe, assim, dois duúnviros em exercício, dentre os quais um é senador de Roma) e o magistrado ausente é substituído por um colega (existem, então, dois magistrados na frente da cidade: um é duúnviro e o outro é o prefeito do duúnviro ausente). Em compensação, quando um imperador é magistrado de cidade, um único personagem encontra-se à frente da cidade, ou seja, o prefeito que o representa e que não tem colega. Isso se estabelece depois de Augusto: ainda sob Augusto, conhecemos numerosos casos nos quais um senador duúnviro é substituído por um prefeito; foi assim que Estatílio Tauros fez em Dirráquio, *Corpus*, v.III, n.605. Sobre isso, ver G. L. Cheesman, "The family of the Caristanii at Antioch in Pisidia", em *Journal of*

que lhes dava a oportunidade de oferecer um belo presente à cidade durante o ano em que exercia seu encargo: eles se conduziam como evérgetas *ob honorem*.[312] O imperador Adriano foi, assim, magistrado municipal de Nápoles, de Atenas, de vários vilarejos do Lácio e de Itálica, sua cidade de origem; "em quase todas essas cidades, ele mandou construir alguma coisa e ofereceu jogos".[313] O imperador Constantino foi magistrado de Atenas e teve uma estátua que lhe foi concedida pela cidade, como se fazia com os notáveis locais; "querendo retribuir a cidade, ele mandou distribuir ali, gratuitamente, diversas vezes por ano, milhares e milhares de sacas de trigo".[314]

Do capricho real à estatização

O senhor soberano tem o direito de ser ele mesmo; e isso explica seu mecenato. Acontece com os príncipes o que acontece com os ricos em geral: eles devem realizar todas as excelências para não correrem o risco de se sentirem inferiores a sua imagem, já que possuem recursos para isso. Na sociedade imperial, os grandes que queriam se destacar tinham a escolha entre o

---

Roman Studies, 3, 1913, p.256. Como os fatos assinalados na nota precedente e como aqueles que descreveremos sobre o monopólio do imperador nas evergesias na própria cidade de Roma, são detalhes de protocolo que dão ao imperador um lugar de soberano único, e não de magistrado entre seus pares. Ver n.400-402.

312 É pelo menos a minha hipótese; mas, com exceção de dois exemplos levantados, as fontes nos mostram evergesias imperiais para cidades ou imperadores magistrados de cidades, mas nunca os dois ao mesmo tempo; estamos diante de uma incômoda coincidência que se deve à natureza da documentação. – Notemos inclusive que a instituição evoluiu antes e depois de Augusto e Tibério. Sob Augusto, a instituição ainda tem um caráter republicano e helenístico; a cidade elege o imperador duúnviro como ela teria elegido um senador e como as cidades gregas autônomas elegem um rei: como um tipo de nobre e poderoso estrangeiro; é quase uma relação política internacional; a cidade também elege príncipes de sangue (como Germânico) que são substituídos por prefeitos. Esses prefeitos que substituem o imperador ou o príncipe de sangue são designados pela própria cidade (Dessau, n.2689). Essas são relações sentimentais entre poderes desiguais, mas independentes ou no mínimo autônomos: é a época em que o poder imperial é magistratura e carisma pessoal. Depois de Tibério, não há exemplos de um príncipe de sangue, quando ele é magistrado de uma cidade (o que ele pode continuar a ser, como qualquer senador), que ousa fazer que o substituam por um prefeito, único ou não. Além disso, o prefeito único que substitui o imperador, e apenas ele, não é mais nomeado pela cidade, e sim pelo próprio imperador (ver a Mesa de Salpensa, Dessau n.6088, artigo XXIV: "se Domiciano Augusto aceita o duunvirato e nomeia um prefeito...").

313 *Histoire Auguste*, Adriano, 19, 1-3.
314 Juliano, *Éloge de Constance*, 6.

evergetismo e o ascetismo:[315] eles tornavam-se esses grandes evérgetas sobre os quais falamos quando nos referimos a Opramoas de Rodiápolis, ou então se convertiam ao pitagorismo ou ao neoplatonismo e obedeciam a uma regra de vida e a uma organização de devoto. Contudo, outras excelências convêm melhor a um soberano, como é o caso do mecenato: o príncipe tem a alma relativamente pouco devorada por seu emprego real, o que o permite que se sensibilize aos valores estéticos que são os menos políticos que se possa imaginar; o que quer dizer que através de sua pessoa o Estado não despreza nada do que é humano. Em Roma, Vespasiano foi o imperador mecenas por excelência;

> ele estimula particularmente os talentos e as artes; ele foi o primeiro imperador a constituir, com as rendas do Fisco, pensões anuais de 100 mil sestércios para professores de retórica grega e latina; ele ofereceu presentes magníficos ou pagou honorários elevados a poetas e artistas.[316]

Para saudar os valores não políticos de civilização, Vespasiano usa meios políticos que lhe são exclusivos, retira dinheiro do Fisco e cria um ensino superior de Estado.

Pois nada do que é humano é essencialmente alheio ao Estado; esse último pode interferir em tudo o que interessa às pessoas, até mesmo a religião, a literatura, a economia e a moral. Quando o Estado é caracterizado pela soberania, pelo direito de dar ordens supremas, pelo uso legítimo da violência, pelo direito exclusivo de decidir quem será o inimigo, procura-se um critério histórico que permita distinguir o Estado de outros subgrupos ou estruturas políticas mais arcaicas, mas não se define a essência do Estado. A coletividade que se submete ao aparelho de Estado também o trata como um órgão sobre o qual tem atribuição;[317] o Estado sendo essencialmente o instrumento da sociedade, essa última pode utilizá-lo para qualquer coisa (desde que o limite prático desse uso não se volte contra a ferramenta e o utilizador e, nesse sentido, os Estados são essencialmente conservadores). Já que o instrumento existe, todo cidadão pode se sentir legítimo para recorrer ao órgão coletivo em caso de necessidade, seja ele um desempregado ou um poeta; um dia pode-se dirigir ao Estado por qualquer necessidade, e foi o que aconteceu ao longo da história. Ademais, é historicamente impossível fazer

---

315 Marco Aurélio o deixa entender, I, 7, 2. Ver Ptolomeu, *Tétrabible*, 3, 13, p.158, 159-160 e 163.
316 Suetônio, *Vespasiano*, 17-19; ver Marrou, *Histoire de l'éducation dans l'Antiquité*, p.403.
317 Jellinek, *Allgemeine Staatslehre*, p.264, ver p.490.

uma lista limitativa das tarefas do Estado; também não é impossível definir teoricamente um ideal do Estado "liberal" que seja coerente; pretende-se, às vezes, limitar as intervenções do Estado unicamente aos interesses da totalidade do corpo social; o que acontecerá, então, se um cidadão não comparecer? Nem todo mundo é desempregado, e também nem todo mundo é vítima de ladrões ou foi vítima de incêndio em casa; a justiça seria, então, um abuso do estatismo e o corpo de bombeiros seria as balizas no caminho da servidão?

O Estado não se limita a dar ordens; ele pode ajudar, socorrer, aconselhar, gerar, fazer o que fazem ou poderiam fazer as iniciativas privadas; porém, ele o faz servindo-se dos recursos do Estado e do direito de comandar sobre o que lhe pertence. Historicamente, a lista das tarefas do Estado difere de uma sociedade para outra, e em uma única sociedade essa lista pode ser dobrada; uma lista estreita compreende deveres tradicionais que são obrigatórios e em uma lista mais longa acrescentam-se deveres mais recentes que podem ser vistos como graciosos: um soberano não pode negligenciá-los, mas seus súditos o considerarão um príncipe pouco amável.

O prolongamento da lista pode ser feito de duas maneiras principais. O Estado permite que os particulares se utilizem de uma atividade que ele havia primeiramente desenvolvido para seu próprio uso (o serviço dos correios ou dos transportes públicos); o mecenato privado do soberano, seu evergetismo, sua caridade etc., que emprega meios públicos, torna-se serviço público. Em uma sociedade que exalta o evergetismo ou a caridade, como o rei poderia não exercer seus deveres sem decepcionar seus súditos? Em uma sociedade na qual o Estado tem recursos, ele chocaria o sentimento natural se deixasse as pessoas morrerem de fome sem fazer nada, como Burke, agindo como um energúmeno, aconselha a fazer.[318]

Em caso de catástrofe natural, incêndio ou terremoto, o imperador socorre os sinistrados, como os evérgetas privados e os reis helenísticos faziam;[319] foi assim com Tibério e Nero depois dos incêndios de Roma (a ação de Nero, ou melhor, da equipe formal que governava sob seu nome, e cujo dirigente talvez fosse Sêneca, foi particularmente admirável).[320] Além

---

318 Terceira *Letter on a Regicide Peace*, 1797.
319 Assim foi com os dons dos reis a Rodes depois do terremoto, ou os dons de Opramoas às cidades de Lícia depois de um outro terremoto (*Tituli Asiae minoris*, III, n.905, XVII B, cap. 59). Acrescentemos outra forma de liberalidade: quando não havia trigo em uma província ou uma cidade de província encontrava-se na penúria, os imperadores enviavam-lhes trigo (Rostowzew, artigo *"Frumentum"* do Pauly-Wissowa, VII, 1, coleção 184-185); essa liberalidade é às vezes atestada em moedas imperiais gregas.
320 Sobre os fatos, Kloft, *Liberalitas*, p.118; Liebenam, *Städteverwaltung*, p.172; Friedländer, *Sittengeschchte*, v.3, p.28. Sobre a *munificentia* de Tibério depois do incêndio do Célio, Suetônio,

dos *acts of God*, o imperador socorre seus súditos em casos de *acts of King and enemies*, mas se investe muito menos do que em caso de catástrofes naturais; o Estado pareceria reconhecer uma culpabilidade caso consertasse os males nos quais se encontra implicado; e, além disso, ele é um órgão de comando: não quer ser considerado uma sociedade amigável que conserta os erros que sua atividade pôde provocar a alguns de seus aderentes livres. Contudo, Vespasiano exortou os notáveis de Cremona a reconstruir sua cidade que havia sido pilhada durante a guerra civil que o levou ao trono.[321] Inclusive, o príncipe pode ter interferido em caso de crise financeira para sustentar o crédito em um ano durante o qual não se encontrava mais dinheiro, que estava escondido, para empréstimos:[322] a moeda e o crédito, que são "convenções", dependem da iniciativa estatal da mesma forma que os pesos e medidas ou que o alfabeto no Oriente antigo. Todas essas intervenções gratuitas que exalam o odor do dinheiro são consideradas *ipso fato* evergesias.[323]

Assistencialismo, demografia e racionalidade das condutas

Para terminar, devemos nos tardar um pouco mais em uma instituição original: as alocações familiares ou *alimenta* que o imperador pagava a cidadãos italianos para ajudá-los a criar seus filhos; era uma obra de caridade? Era política de natalidade? Os *alimenta*, cujo regulamento é conhecido com algum detalhe, levantam um tipo de problema histórico bastante conhecido: a explicação racional de uma conduta teria alguma possibilidade de ser a verdadeira? Se não for, como reconhecer a verdadeira motivação? A dificuldade de um problema desse tipo sempre se situa nos detalhes.

Eis aqui como funcionava a instituição cujo benefício se estendia por toda Itália e unicamente nela. Em diferentes cidades da península, Trajano ou seus sucessores haviam instituído uma vez por todas um fundo fixo de

---

Tibério, 48. Em compensação, Laodiceia, destruída por um terremoto, "reergue-se sozinha" (Tácito, *Anais*, 15, 27).
321 Tácito, *Histórias*, 3, 34: é um apelo público ao evergetismo: existem exemplos em Plínio, *Cartas*, 10, 8 (24), 1 (Nerva).
322 É a famosa crise de 33 provocada por medidas desajeitadas (Tácito, *Anais*, 6, 16-17; Suetônio, *Tibério*, 48; ver Dião Cássio, 58, 21). Ela foi mais de uma vez comentada em Cantillon (*Essai sur la nature du commerce en général*, reimpresso em 1952, Institut National D'Études Démographiques, p.168), em H. Crawford ("Le problème des liquidités dans l'Antiquité classique", em *Annales, Économies, Sociétés*, 1971, p.1229) e sobretudo em J. M. Kelly, *Roman Litigation*, Oxford, 1966, p.76-79.
323 A palavra *munificentia* pode ser lida em Suetônio, *Tibério*, 48. Sobre a concepção moderna (a nação como sociedade de ajuda mútua), ver Léon Duguit, *Traité de droit constitutionnel*, v.2, p.73 e v.3, p.469.

empréstimo, do qual os proprietários podiam tomar dinheiro emprestado para sempre, ficando a seu encargo o pagamento de leves juros e o empenho de bens patrimoniais; o imperador nunca pedia seus capitais, e não recuperava a garantia enquanto o devedor pagasse seus juros. Contudo, esses juros não entravam nos cofres do príncipe: eles permitiam, em cada cidade, pagar um certo número de pensões aos filhos de cidadãos pobres; por exemplo, no vilarejo de Veleia, 245 filhos legítimos recebiam uma pensão mensal de 16 sestércios, 34 filhas legítimas recebiam 12, um filho ilegítimo, também 12, e uma filha ilegítima, 10.[324] Essas cifras tinham sido fixadas uma vez por todas, já que o imperador tinha instituído definitivamente um fundo específico cuja taxa de juros também era fixa. Ignoramos, infelizmente, um ponto capital: os proprietários que haviam se comprometido e aos quais o imperador havia pago um capital a fundo perdido, que nunca solicitava, poderiam recuperar esse capital e deixar de pagar os juros, mesmo que fosse à condição de encontrar um outro proprietário que tomasse seu lugar? Ou será que estariam comprometidos pessoalmente para sempre?[325]

A instituição foi abundantemente celebrada; seus humildes beneficiários agradeciam o imperador pela sua liberalidade,[326] enquanto o pessoal político enaltecia o príncipe por ter garantido a perpetuidade da raça italiana.[327] Todo mundo concordava em saudar os *alimenta* com "indulgência",[328] um efeito

---

324 Dessau, n.6675, início.

325 Sobre os *alimenta*, bibliografia em Veyne, "Les alimenta", em *Les Empereurs romains d'Espagne*, coloques du CNRS, 1965, p.163-179 e apêndice; acrescentar agora P. Garnesey, "Trajan's Alimenta: Some Problems", em *Histoire*, 17, 1968, p.381; M. Pfeffer, *Einrichtungen der sozialen Sicherung in der griechischen und römischen Antike*, Duncker e Humblot, 1969, p.122-127 e 175. – Evitamos, aqui, reproduzir as conclusões de estudos que publicamos anteriormente sobre os *alimenta*.

326 Referências em H. Kloft, *Liberalitas principis*, p.97; um relevo de Terracine refere-se a esse tema; esse baixo-relevo é estudado por P. Strack, *Reichsprägung, Trajan*, p.47 e reproduzido por Lugli. Infelizmente pouco difundido nas bibliotecas francesas o texto que ele publicou sobre "Anxur-Tarracina", na *Forma Italiae*, em 1927.

327 Dessau, n.6106: Trajano "buscava a eternidade da Itália"; Plínio, *Panegírico*, 26: as crianças assistidas "povoarão as casernas e as tribos". Tomaremos cuidado, contudo, para não cometer um erro que eu cometi há vinte anos e não atribuir um sentido muito específico a essa eternidade da Itália: não é a eternidade da raça italiana, condição da duração do Estado. Encontramo-nos em um estilo monárquico e não na ideologia: toda decisão imperial, a qualquer objeto que se refira, assegura a eternidade do Estado quando é boa e salvadora; por exemplo, se o príncipe preocupa-se em frear a especulação territorial e impedir as cidades de encherem-se de casas em ruínas, ele estará também cuidando, com isso, da eternidade da Itália (Dessau, n.6043, início).

328 Sobre *indulgentia*, J. Gaudemet, *Indulgentia principis*, Università di Trieste, *Conferenze romanistiche*, 1962; outras referências em P. Veyne em *Les empereurs romains d'Espagne*, seminário do

da complacência do príncipe que, por beneficência ou pela natalidade, havia gasto seu dinheiro em uma nova e graciosa tarefa. Nesse ímpeto, imperatrizes instituíram, por sua vez, pensões a favor das meninas pobres. [329]

O objetivo dessa instituição era somente socorrer crianças? Trajano também não se ofereceu para socorrer a agricultura italiana, e os proprietários comprometidos não seriam os verdadeiros beneficiários dos *alimenta* em vez de permanecerem vacas leiteiras? A instituição não seria ao mesmo tempo um crédito territorial e uma obra de assistencialismo? Esse é o primeiro problema. O segundo é saber se esse assistencialismo era humanitário, como fundações privadas que os evérgetas daqueles tempos estabeleciam a favor de crianças pobres, ou se a razão de Estado havia aconselhado o soberano a "multiplicar os súditos do rei e o gado", de acordo com a profunda frase de Turmeau de la Morandière.

Ajudar as crianças pobres foi certamente um objetivo para Trajano: se ele quisesse criar um crédito agrícola, ele teria embolsado os juros de seus empréstimos. Mas será que ele quis criar esse crédito e desenvolver a agricultura italiana? São suas intenções que nos interessam: perguntamo-nos se o evergetismo imperial pôde ser o veículo de uma política econômica e se um Estado antigo propunha a si mesmo a tarefa de intervir na economia.

Coloquemo-nos na posição do imperador. Se ele fosse indiferente à natalidade ou ao assistencialismo e à agricultura, a instituição teria sido pouco diferente do que é. Trajano teria instaurado fundos de Estado da mesma forma nas empresas agrícolas, pois não havia melhor investimento para um pai da pátria; essas empresas são duráveis, elas não se fazem caso a caso como a "grande aventura" marítima, elas são economicamente estáveis; juridicamente, ou melhor, administrativamente (os *alimenta* eram uma instituição pública que não se submetia às regras do direito civil), essas empresas são facilmente atingíveis. Qualquer que tenha sido seu verdadeiro objetivo, Trajano tinha interesse em emprestar aos proprietários de terra.

CNRS, 1965, p.166, n.20; W. Waldestein, *Untersuchungen zum römischen Begnadigungsrecht: abolitio, indulgentia, venia, Dissertationes Aenipontanae*, XVIII, Innsbrück, 1964; *Dizionario epigrafico*, v.IV, p.50, s.v. *indulgentia*. Um exemplo muito antigo da palavra seria uma moeda de Patras mencionada por M. Grant, *From Imperium to Auctoritas*, p.295, se ela realmente datasse de Tibério. Sobre a *indulgentia* em termos de combates de gladiadores, Mommsen, *Epigraphische Schriften*, v.1, p.513; Louis Robert, *Gladiateurs en orient grec*, p.274. – A inscrição *Corpus*, XI, n.5375, em Assis, oferece um exemplo de *indulgentia* usado para falar de outras pessoas além do imperador: *ex indulgentia dominorum*; mas é um escravo que fala.

329 *Histoire Auguste*, Antonino Pio, 8, 1; Alexandre Severo, 57, 7; Antonino, o Filósofo, 25, 6. Um relevo da coleção Albani refere-se a essas caridades (S. Reinach, *Répertoire des reliefs*, v.3, p.147).

Entretanto, sob seu próprio ponto de vista, esses proprietários também tinham interesse em aceitar esses pagamentos, já que o fizeram sem terem sido obrigados; parece certo, efetivamente, que os bens patrimoniais que ficaram comprometidos para o imperador foram feitos livremente e que os pagamentos imperiais não eram empréstimos forçados. Já que os agricultores tiveram algum interesse em subscrever, as crianças não são os únicos beneficiários da instituição. Objetivamente, Trajano socorreu ambos.

E subjetivamente? Trajano não forçou; talvez porque os agricultores o interessassem por si mesmos, e não eram, a seus olhos, simplesmente vacas leiteiras para as crianças assistidas; e talvez também porque fosse um príncipe liberal em termos econômicos (efetivamente ele o era)[330] e desejasse que as vacas dessem seu leite livremente.

O detalhe do regulamento, as condições impostas aos subscritores permitiam, então, julgar as intenções do poder?

Não ignoremos que os proprietários comprometidos podiam ser liberados, se quisessem, para encontrar um substituto. Se esse fosse o caso, os *alimenta* mereceriam o belo nome de crédito agrícola; se não o merecessem, pouco importa, já que os subscritores perpétuos subscreveram-no livremente. Contudo, seu livre arbítrio pode ter sido seduzido, e não convencido por razões econômicas saudáveis; eles podem ter esquecido os juros perpétuos (que eram, além disso, baixos: duodécimo da renda dos bens patrimoniais mais fortemente dotados)[331] e terem visto somente a grande quantia recebida imediatamente e de uma só vez; ora, como eles precisavam justamente pintar sua sala de jantar... Se as coisas aconteceram assim, Trajano terá dado dinheiro a agricultores, mas não terá ajudado a agricultura italiana.

Contudo, isso não provará nada quanto a suas intenções, porque os métodos de política econômica daqueles tempos eram muito sumários. Nenhuma condição parece ter sido imposta aos emprestadores no que diz respeito ao uso que eles deveriam fazer dos pagamentos imperiais. Sem dúvida os métodos seletivos de crédito para a empresa, sobre o qual se fala muito nesse ano de 1975, não foram inventados. Em compensação, constatamos que Trajano se mostrou severo na seleção dos candidatos à subscrição: ele recusa as ofertas de compromisso muito altas, aceita somente os bens patrimoniais de um valor superior a 20 mil sestércios; talvez ele quisesse favorecer as grandes empresas que são mais dinâmicas; talvez, e até mesmo com certeza, seus agentes tenham se recusado a "regar" pequenos empresários, o que teria complicado inutilmente a tarefa da administração que teria

---

330 Plínio, *Cartas*, 10, 54-55.
331 *Les empereurs romains d'Espagne*, p.173.

de cobrar juros. Como vemos, o imperador e seus agentes nunca sacrificam as crianças pelos agricultores. Trajano fez o que pôde, o que sua época conhecia em termos de racionalidade e o que era conciliável com seu outro objetivo, que era o assistencialismo; ele não quis sacrificar nenhum de seus dois objetivos, um pelo outro. A parte agrária de sua instituição é mal esboçada; será que é por que ele se interessava pouco por ela? Não, mas porque ele não foi buscar ideias muito longe; todo proprietário de terras poderá receber um pagamento se oferecer garantias suficientes; para que a agricultura italiana se desenvolva, basta injetar-lhe dinheiro. Os *alimenta* foram construídos com cimento romano: é sólido, mas a moldagem é tão sumária que não podemos ver se Trajano teve um outro objetivo além da natalidade e se desejou também favorecer a lavoura e a pastagem.

Mas o que importam os detalhes da moldagem quando o monumento em si tem valor? Os *alimenta* comportaram uma enorme distribuição de créditos para a agricultura italiana; por conseguinte, Trajano ajudou essa agricultura, já que injetou dinheiro nela; ele matou dois coelhos com uma cajadada só, e não é possível que não tivesse percebido que solucionava duas questões e não se considerasse como um príncipe que se atribuiu o nobre objetivo de ajudar o campesinato. Se um simples particular é evérgeta e investe em um fundo de assistencialismo, ele tem uma visão limitada; ele pouco se preocupa com os efeitos econômicos de seus investimentos, pensa apenas nas crianças às quais sua fundação é destinada; mas um soberano tem uma visão mais ampla: o assistencialismo conta para ele, a agricultura também. Os *alimenta* constituirão o objeto de longas discussões para os historiadores modernos; em nossa opinião, dois erros de método devem ser evitados: não se devem julgar as intenções de Trajano a partir da racionalidade de suas medidas tal como é percebida aos olhos modernos; e não se deve reduzir um soberano evérgeta à dimensão de um evérgeta privado, sob o pretexto de respeitar a originalidade incomparável de cada período histórico, e explicar os romanos a partir de seus próprios valores exclusivamente, ou do que chamamos assim.

Tendo, então, feito alguma coisa para a agricultura e paralelamente para a criança carente, o príncipe parou ali; os *alimenta* não abriram portas para uma política de intervenção econômica em geral. Isso é frequente na política antiga: ela pode se limitar a uma obra isolada sem se tornar uma atividade contínua; um soberano estima que fez maravilhas quando erigiu um monumento institucional frequentemente pitoresco, cuja utilidade é mais que discutível ou que se transformará em ruínas, mas que permite não se preocupar mais com o problema e continue a provar, através da sua existência, a solicitude do poder. Uma obra é menos racional do que uma atividade, mas ela é mais visível e autoriza a descansar depois de ter sido julgada uma boa obra.

Para as crianças, e não mais para os agricultores, os *alimenta* são também uma obra, mas teriam sido uma obra de beneficência? O príncipe não teria sido mais natalício do que filantropo? Não sejamos categóricos, pois devemos distinguir o que Trajano fez, o que ele podia fazer, o que ele queria fazer, o que ele acreditava estar fazendo e o grau de conscientização que pôde ter tido de sua própria crença.

A demografia de antigamente

A obra parece mais propícia a socorrer um certo número de infelizes do que a incitar pais a terem filhos. Em Veleia, no total, 281 pensões alimentares foram distribuídas; suponhamos que os beneficiários tivessem tido direito a tal benefício até seus 16 anos de idade.[332] Em cada ano, seriam menos de vinte novas crianças que estariam inscritas na lista dos pensionistas; quando o território de Veleia teria tido apenas 10 mil habitantes e a taxa de reprodução teria sido de somente vinte em mil, uma criança em cada dez, no máximo, teria direito a uma pensão, e os futuros pais não poderiam absolutamente estar certos antecipadamente de poder contar com a ajuda do príncipe; incerteza pouco propícia para interferir na decisão de se ter mais um filho. Sem dinheiro, o príncipe não podia oferecer mais do que essa loteria: Veleia é simplesmente uma cidade italiana entre mil outras cidades, ora, os *alimenta* custaram ao Fisco, nessa cidade, um milhão de sestércios.

A instituição foi mal concebida; porém, sua intenção era certamente a natalidade, e não a caridade. Os romanos tinham perfeita consciência dos problemas demográficos, embora seus recursos de intervenção nessa área tenham sido muito limitados. Recenseamentos periódicos permitiam-lhes conhecer com muita precisão o número de habitantes do Império;[333] contudo, dados mais elaborados, como as taxas de reprodução, eram evidentemente

---

332 Ver *Digeste*, 34, 1, 14, 1.
333 Ver, por exemplo, os recenseamentos de Augusto em P. A. Brunt, *Italian Manpower*, Oxford, 1971, p.121-130. Sabemos que o brusco crescimento aparente do número de cidadãos romanos, entre o último recenseamento republicano e os censos de Augusto, não se deve a um crescimento massivo e rápido da população cívica, como imaginava curiosamente Tenney Frank, mas simplesmente a uma mudança de método: os censos republicanos contabilizam somente os cidadãos masculinos com idade para servir e os censos imperiais contabilizam todos os cidadãos de todas as idades e sexo: Beloch tinha compreendido, pois tinha uma boa noção dos grandes números e Brunt teve o mérito de segui-lo. Eu me pergunto se não existem trechos dos registros do censo em uma lista de idosos centenários reunidos, cidade por cidade na Itália, por Flégon de Trales, e nos quais constam mulheres e homens (*Fragmenta historicorum Graecorum Müller*, v.3, p.608-610; Jacoby, *Fragmente der griechischen Historiker*, 2B, 1185, n.37; ver Plínio, *Histoire naturelle*, 7, 163).

indiferentes.[334] Enquanto isso, longe de subestimar a importância da demografia, os antigos teriam, ao contrário, burlado esse assunto, como nós mesmos fazemos quando responsabilizamos as guerras pela superpopulação ou quando atribuímos maquinalmente o "declínio" do Império Romano a um recuo demográfico enfatizando que essa seria a explicação aparentemente mais óbvia. Políbio também atribui maquinalmente a um despovoamento (que remete ao seu mito dos "bons velhos tempos") o recuo relativo da antiga Grécia com relação ao mundo helenístico em pleno crescimento; perguntamo-nos sobre que dados numéricos ele teria se fundado.[335]

Contudo, Políbio tem o senso dos agregados e dos números elevados. Nem todo mundo era como ele; quando se tratava de exércitos ou de populações, os antigos tinham raramente o senso das ordens de grandeza; milhares ou milhões eram, às vezes, a mesma coisa para eles. Por exemplo, eles facilmente responsabilizavam a decadência de um Estado pelas perdas de vidas humanas em uma batalha politicamente fatal, como Farsalos ou Mursa.[336] Trajano quer fazer alguma coisa pela natalidade, mas não tem meios para agir: ele faz o que pode, e distribui dinheiro aleatoriamente.

As declarações oficiais não provam nada quanto às verdadeiras intenções do príncipe. Elas atribuem efetivamente aos *alimenta* um objetivo natalício, mas com uma excessiva seriedade, o que legitima nossa dúvida metódica. As

---

334 Um trecho de César me parece dar uma ideia dos métodos da demografia antiga. Na *Guerre des Gaules*, I, 29, César escreve: "Dentre os Helvécios, havia 92 mil combatentes; a população total contava 368 mil cabeças". Ora, o primeiro número é exatamente um quarto do segundo. Ademais, conhecemos a tendência que os antigos têm em superestimar o número de combatentes inimigos (remetamos a uma palavra que Delbrück, em sua *Geschichte der Kriegskunst*, mostrou sobre os efetivos persas nas guerras greco-persas e nas conquistas de Alexandre); conhecemos também a lenda que diz que, para os bárbaros, o número de guerreiros era igual ao número de homens livres e adultos. César não ficaria descontente de fazer que acreditassem que venceu três vezes mais inimigos com seis legiões. Então, ele fez o seguinte: ele sabia que, grosseiramente, o número de cidadãos, incluindo mulheres e crianças, é o quádruplo do número de cidadãos homens com idade para servir (vimos na nota precedente que, sob a República, unicamente esses últimos eram recenseados, o que deve ter incitado os espíritos curiosos a perguntarem-se qual era a fração da população cívica total; tivemos que nos entender proverbialmente sobre um número redondo de um quarto). Ora, César encontra por escrito, nos arquivos dos Helvécios, conforme ele nos diz, que esse povo contava 392 mil pessoas: ele dividiu esse número por quatro e afirmou corajosamente que todos os homens com idade para servir eram combatentes.

335 Políbio, 36, 17. Ver, em compensação, n.2, 62, a muito admirável discussão que Políbio faz sobre a riqueza nacional do Peloponeso.

336 Sobre Farsalos, *Lucano*, 7, 387 et seq.; sobre Mursa, *Eutrópio*, 10, 12. O tema é eterno: na Idade Média, explicar-se-á a impotência franca diante das invasões normandas pelas perdas em vidas humanas dos anos 80-853.

crianças assistidas, escreve Plínio,[337] "povoarão as casernas e as tribos"; em outras palavras, serão futuros soldados e futuros eleitores; se acreditarmos no orador, a instituição alimentar seria assim um viveiro de cidadãos ativos. Encontramo-nos diante de um simples *topos* desgastado; há um século as tribos não votavam mais e os exércitos eram recrutados principalmente nas províncias. Mas o *topos* tinha sua possibilidade e sua razão de ser. Trajano não reconhecia que a verdadeira força do Império se situava fora da Itália e queria manter a estrutura hegemônica, "colonial", da dominação romana. E acreditava, dessa forma, naturalmente, em uma essência eterna do "povo romano" (quer dizer, da Itália), nação de cidadãos-soldados; há muitos longos anos a Itália já não era isso. Mas Trajano ou Plínio a viam, não como ela era, mas como ela deveria ser, porque eles tinham dela uma representação etiológica, essencialista: havia um gênio nacional da Itália, ou, mais precisamente, um modo de ser, um caráter e uma atividade que não tinham nada a ver com os "eventos" que compunham a biografia da pessoa que era a Itália.

Acima de tudo, constatamos, através da história, que cada vez que um publicista quer elogiar algum soberano por ter estimulado a natalidade, ele se foca com predileção no tema do exército: o príncipe encontrou futuros soldados. Foi assim desde os *Panégyriques latins* [Panegíricos latinos] até Daniel Defoe;[338] o exército é o índice mais palpável de uma abundante população e o argumento mais propício para sensibilizar um príncipe. Pois os problemas demográficos eram colocados no plano militar e político, e não no plano econômico.

Se fosse assim, "eles povoarão as casernas" poderia ser apenas uma racionalização destinada a parecer politicamente sério. Seria imaginável que os *alimenta* tenham sido menos racionais em suas intenções do que pretendiam as declarações oficiais; não basta confessar seu interesse, ele deve ser provado. O mesmo excesso suspeito é encontrado na seriedade do cristão Constantino. Ele também institui os *alimenta*, mas seu objetivo não é demográfico; ele também não é exclusivamente caridoso, se nos basearmos nas considerações de sua lei:[339] o príncipe cristão pretende estar atento à moralidade de seus

---

337 Plínio, *Panegírico*, 26.
338 *Panégyriques latins*, VI, 2, 4; Defoe citado por Sombart, *Der Moderne Kapitalismus*, v.I, 2, p.810.
339 *Código de Teodósio*, XI, 27, 1-2; sobre os reflexos iconográficos e epigráficos dos *alimenta* do século IV, ver Veyne em *Les Empereurs romains d'Espagne*, p.169, n.35 e L. Robert em *Revue de philologie*, 41, 1967, p.82. Deve-se provar que se está interessado, não basta pretender tal interesse. Jules Ferry ou Lyautey pretendiam conquistar a Indochina e o Marrocos para abrir mercados "para nossos negociantes, nossos banqueiros" (nem todos acreditavam): era importante que parecessem sérios, efetivamente. Seu verdadeiro motivo era vingar-se da derrota de 1871, fazendo que "a presença francesa se irradiasse" pelo resto do mundo.

súditos; essa ajuda às famílias necessitadas impedirá as crianças de morrerem de fome e seus pais de serem levados ao crime, ao infanticídio, à venda de recém-nascidos. Podemos supor que Constantino queria exibir a face severa de um censor, pois um príncipe não deve parecer emotivo; ele deve fazer a caridade com ares de durão.

Populacionismo e colonialismo

Diferentemente de Trajano, Constantino não oferece vantagens aos meninos em relação às meninas: ele ajuda quem quer que precise ser ajudado. Trajano, por sua vez, destinava um maior número de pensões aos meninos e às crianças legítimas; seria a prova de que sua instituição era mais cívica e preocupada com a natalidade do que beneficente? Não; Trajano pôde também querer conciliar aritmeticamente um objetivo caritativo com considerações secundárias, tais quais os privilégios do primeiro sexo e a preocupação com os usos e costumes, equilibrando-os, ao mesmo tempo, com os interesses das crianças e dos agricultores. Tais conflitos de interesses mútuos (o "nivelamento-impedimento" de Leibniz) sempre confundem a racionalidade da ação e a tornam pouco decifrável.

Assistencialismo ou populacionismo? Eis-nos aqui reduzidos a julgar sua conduta de acordo com o contexto histórico ou a ideia que temos da natureza humana; a resposta será complicada.

Dois fatos revelam que o populacionismo foi o verdadeiro objetivo de Trajano: o custo da instituição e sua extensão por toda a Itália. Os *alimenta* devem ter custado bilhões ao Fisco; não é natural que o Estado se arruíne pelos pobres na ausência de luta de classes, em uma civilização que considera a beneficência como o ornamento moral das belas almas, e não um imperativo de conformidade ética e teológica. Desde a época helenística e mais ainda no século de Trajano, evérgetas privados[340] e também rainhas[341] instituíam um fundo de assistência aos filhos de cidadãos de determinada cidade; contudo, essas fundações beneficentes parecem ser muito mais raras do que as evergesias de ostentação e de festas. Para que um Estado estenda essa prática beneficente a toda uma nação, é necessário que haja um objetivo político importante. Não que um Estado seja insensível aos valores não políticos quando pode

---

Eu sempre me perguntei por que as pessoas, para detestar o imperialismo e o colonialismo, querem que eles sejam absolutamente econômicos; não vejo em que eles seriam menos detestáveis se as razões fossem de outra ordem.

340 *Les empereurs romains d'Espagne*, 1971, p.516.
341 L. Robert no *Annuaire du Collège de France*, 1971, p.516.

conciliá-los com seus objetivos ou sacrificar-lhes apenas uma margem caritativa. A agricultura é politicamente importante, mas as crianças também, quando se vê nelas o futuro da raça, e não pobres que precisam de ajuda.

Obra de natalidade acima de tudo, os *alimenta* também não possuem como objetivo principal a ostentação além da beneficência. Certamente, o aparato ocupava um lugar importante na conduta dos imperadores; mas um detalhe decisivo no contexto daquele tempo revela que a motivação de Trajano não era exibir o evergetismo; os *alimenta* são uma liberalidade imperial que estende seus benefícios por toda a Itália, e não unicamente por Roma. Ora, ficou convencionado que Roma seria usada como palco para a ostentação dos imperadores e seus presentes; apenas Roma receberia deles o pão e o circo. As outras cidades do Império eram deixadas para o evergetismo privado, que era rigorosamente excluído da capital. Já que Trajano estabelece seus *alimenta* por toda a Itália, ele persegue um objetivo político não "simbólico"; ele quer fortificar a raça italiana, esse suporte do poder.

Antes de agradar seus súditos esforçando-se para ser rei, um rei deve sustentar o Estado e seu aparelho; ele deve garantir algumas subsistências, impedir as saídas de ouro, ter uma população abundante. A esse respeito, duas políticas eram concebíveis naqueles tempos: ou o Império Romano exerce uma hegemonia da Itália sobre as províncias, ou a monarquia imperial unificaria e igualaria tudo sob ela, transformando a hegemonia em um Estado multinacional.

A segunda política tinha o futuro diante dela e começaria, creio, com o sucessor do próprio Trajano, o filelênico Adriano, que será um Nero bem-sucedido, um esteta com senso político; o amor pelo helenismo foi a primeira etapa da "descolonização" do Império, pois a nação grega era a mais civilizada (ela era considerada a própria civilização) e vivia em cidades. Esse papel histórico de Adriano aparece somente se pudermos compreender que as manifestações da colonização devem ser buscadas não nos detentores da hegemonia sobre as províncias, nem no conteúdo da hegemonia, mas na relação em si, na modalidade de obediência. Política ou economicamente nada mudou, Adriano não modifica nada no sistema dos governadores de província (era, ao contrário, a Itália que se destinava a ser reduzida um dia à norma administrativa provincial), ele não elimina os impostos; mas trata os provinciais como súditos, e faz que sintam que ele é seu imperador, e não o rei de uma raça de senhores estrangeiros. Ele passou uma grande parte de seu reinado longe de Roma e da Itália, hospedando-se alternativamente nas diferentes províncias, inovação que rompia com a tradição arrogantemente caseira dos imperadores de permanecer com seu povo romano; a significação "simbólica" que essas viagens tiveram nos espíritos deve ter sido considerável:

não ser mais desprezado é um desafio político. Os historiadores são levados a se esquecer disso, tanto quanto os homens políticos, e é por essa razão que a importância histórica de Adriano é ainda pouco conhecida.

No decorrer do século II, durante a cunhagem de Adriano e os baixos-relevos de seu reino, como na obra romanesca de Apuleio, as províncias deixaram de ser vistas como uma alteridade exótica e subalterna, é quando o tema do povo romano como povo-rei desaparece. Os *alimenta* de Trajano são a última manifestação da política hegemônica que prolongava, na escala de um império, a ótica ultrapassada da cidade. Mas, por isso mesmo, essa obra de política de natalidade era objetivamente a mesma coisa que uma obra de assistencialismo cívica, que uma evergesia a favor de crianças carentes; apenas o tamanho da instituição a distinguia externamente das fundações privadas sobre as quais falamos. Certamente, as motivações de Trajano e as dos evérgetas eram muito diferentes; mas a estreiteza do antigo ideal de solidariedade cívica fazia que os resultados se parecessem muito nos dois casos.

Os equívocos da beneficência

No sistema da cidade, um ideal de solidariedade entre privilegiados unia os membros do corpo cívico e determinava a ajuda mútua em nome da amizade entre iguais para garantir a solidez do edifício político. Motivação política e bondade da alma associam-se para realizar esse ideal: a razão de Estado precisava se apoiar em sentimentos de benevolência, desde que esse sentimento "tivesse seus pobres" e, com as melhores intenções do mundo, não visse além do círculo político dos concidadãos, como uma senhora com ações muito caridosas que acredita que, antes de cuidar dos trabalhadores imigrados, deve-se ajudar primeiramente os verdadeiros franceses. A partir de então, toda instituição de assistência cívica podia engendrar duas interpretações parciais, uma dentre as quais era exclusivamente política, enquanto a outra elucidava os motivos generosos; uma não é a "cobertura ideológica" da outra! A mesma fundação privada poderia ter sido tanto cívica quanto beneficente; isso dependia apenas da psicologia de seu autor, supondo que esse último tenha enxergado claramente a si mesmo. Em resumo, a palavra política pode ser interpretada em um sentido material ou em um sentido final, do mesmo modo que "econômico" quer dizer "material" ou "interessado"; uma finalidade política não se realiza apenas com motivações políticas. Ademais, dizia-se que a vida cívica exigia também alguma amizade entre todos os cidadãos.[342]

---

342 É o tema "patrimonialista" (ver n.113) segundo o qual empréstimos entre cidadãos, ajuda mútua ou liturgias entretêm ou até mesmo estabelecem os laços cívicos. No contexto do

Devemos concluir que os *alimenta* eram ao mesmo tempo populacionismo e assistencialismo, e deixar a Deus, caso ele exista, o cuidado de sondar os corações de seu fundador? Não, pois civismo e benevolência entram em harmonia um com o outro apenas em princípio: eles não precisam necessariamente um do outro; uma cidade continuará a subsistir e a ser a morada comum dos bem-aventurados mesmo se alguns cidadãos morrem de fome; apenas verdadeiros filantropos se preocuparão com essa margem sem consequências políticas. Política e beneficência são duas finalidades distintas; elas transbordam uma na outra por seus efeitos e se superpõem somente sobre uma parte de duas atividades, nas quais uma pode usar a outra mutuamente, como meio ou fim, conforme o ponto de vista escolhido; sobre essa parte, elas engendram duas leituras complementares.

Um homem político sabe que em geral a solidariedade é necessária à sobrevivência do grupo; em caso de espécie, ele fará objetivamente uma obra assistencialista e gastará bilhões somente se encontrar ali um objetivo político sério. Trajano raciocinou como os Gracos: se o povo romano definhar, o poder ficará suspenso no vazio. Isso pode ser dito e sentido sob uma forma generosa: nossos concidadãos não devem viver como animais, e seus filhos não devem crescer em um covil. Mas a obra de assistencialismo teria ficado no estágio das boas intenções se ela não tivesse coincidido com o interesse do príncipe. Um acaso histórico deixa o equívoco subsistir: a moral do "cresçam e multipliquem-se" era desconhecida nessa época (que ignorava também a "moral do trabalho"); para aumentar a natalidade, Trajano não podia recorrer ao terrorismo ético. Somente os meios liberais estavam à disposição do príncipe: despertar o desejo dos italianos em ter filhos e dar-lhes dinheiro para isso.

O equívoco parcial entre a razão de Estado e a beneficência se encontra em uma outra corrente política e ideológica do momento: os legistas e o Conselho do príncipe geralmente afirmavam os interesses e os direitos

---

corpo cívico e na ideologia igualitária da cidade grega, evergetismo e beneficência entre cidadãos dependem das mesmas motivações e se diferem em grandeza, e não por sua natureza: um bom cidadão fará o bem a todos os seus pares e a cada um, ele será ao mesmo tempo evérgeta e filantropo; seu evergetismo não será nem ostentação de superioridade, nem oferta que paga o monopólio dos direitos políticos: ele será feito de igual para igual. As inscrições municipais romanas na época imperial dirão o mesmo, que tal ou tal evérgeta era liberal "para com a totalidade dos cidadãos e para com cada um dentre eles", *universis* et *singulis*. Em seu *Discours sur la Chersonnèse*, 107 (70), Demóstenes enumera lado a lado evergesias e beneficências: "Se me perguntassem que bem eu fiz para Atenas, eu poderia responder que eu fui várias vezes trierarca, corego, que eu paguei *eisphorai* e o resgate de prisioneiros e fiz outras ações filantrópicas". Poderíamos dizer o mesmo do evergetismo americano.

superiores do Estado contra todas as disputas internas, contra os latifundiários absenteístas que abandonam suas terras enquanto os camponeses das vizinhanças morrem de fome; contra os próprios agentes do príncipe, procuradores e soldados que oprimem os fracos pelo excesso de zelo ou para lhes arrancar dinheiro. O príncipe toma o partido dos humildes, sejam eles cidadãos romanos ou camponeses em uma distante província, pois seu interesse evidentemente é defendê-los contra os pequenos tiranos locais que os podaria contra sua vontade. Essa política confunde-se com uma corrente de opinião filantrópica, representada, para nós, por Dião de Prusa.[343]

Para concluir, os *alimenta* são, ao mesmo tempo, uma ajuda à infância e uma ajuda à agricultura, já que o Estado distribui dinheiro para ambas: a racionalidade financeira da época não procuraria ir mais longe do que isso. Essa ajuda à infância tem uma motivação política, de natalidade; mas, objetivamente, ela se confunde com uma obra de solidariedade cívica. Seria divertido saber que consciência o próprio Trajano teve de sua obra. Ele certamente não censurou suas motivações políticas que sua época aprovava; mas a época era percorrida também por uma corrente filantrópica; Trajano teve que tirar proveito do equívoco para aplaudir a si mesmo por ter merecido o belo nome de evérgeta, pois ele objetivamente era um. Não que ele tenha se enganado sobre suas verdadeiras motivações e tenha falsamente atribuído sua obra à sua filantropia em vez de atribuí-la à sua prudência política: era a distinção entre essas próprias virtudes que devia ser confusa em sua mente; a política devia aparecer a seus olhos como a forma séria, adulta, de ambições generosas e ingênuas. Os evérgetas de seu século faziam fundações privadas a favor da infância carente; Trajano, com os *alimenta*, acreditou fazer a mesma coisa que eles, mas de um modo verdadeiramente imperial e responsável. Acontece que um homem político da época republicana teria ficado envergonhado de ser considerado um filantropo: ele devia "exercer sua disciplina", e não se sensibilizar; para isso, ele estava pronto a ultrapassar esse objetivo, e não ficar aquém. Vemos o nó inextricável que forma a consciência desigual que atribuímos a nossas motivações, o arbitrário das classificações históricas das virtudes, o impedimento mútuo de interesses, a concretização das "causas" materiais e finais, a tendência das atitudes heterogêneas em ultrapassar seu objetivo. Querer colocar ordem em tudo isso partindo em dois (a realidade, de um lado, as ideologias ou "derivações", de outro) é sabotar a análise histórica. Já que a política e a assistência podiam se sobrepor parcialmente em seus efeitos e que a época admitia que se falasse de filantropia, no decorrer das décadas os aspectos de assistencialismo dos *alimenta* serão

---

[343] *Les Empereurs romains d'Espagne*, p.167.

marginalmente desenvolvidos por si mesmos: os sucessores de Trajano instituirão na Itália, em nome das imperatrizes, fundos de ajuda suplementares, mas dessa vez o segundo sexo não será esquecido; as imperatrizes podiam reivindicar para si a antiga solidariedade cívica: dotar as órfãs era do interesse do corpo cívico e o dever de todo bom cidadão, aos olhos dos atenienses e do Senado da República romana; é útil ao Estado que as mulheres tenham dotes e possam, assim, casar-se, escreverá um jurisconsulto.[344] Sem dúvida, mas era mais verdadeiro para a filha de um senador do que para a filha de um pobre homem; ora, os *alimenta* das imperatrizes eram destinados evidentemente aos pobres coitados. É assim que os bons sentimentos, que "têm seus pobres" e se mantêm prisioneiros das estruturas de pensamento de sua época (pois querer e saber são duas coisas distintas e a boa vontade não é uma ciência exata), também tendem a ultrapassar as mesmas estruturas; ademais, o pensamento de uma época não se forma em um recinto fechado; ele depende da personalidade inteira, incluindo os bons sentimentos.

O bom rei reina por si e reina para mim

Teria sido por suas boas intenções que a instituição alimentar foi considerada uma evergesia, uma liberalidade do príncipe? Não, e essa é a ocasião de especificar o que era uma evergesia. Os *alimenta* poderiam ser considerados um evergetismo imperial sob dois aspectos: substancialmente, porque era assistencialismo, independentemente das intenções de seu fundador e dos enormes recursos do qual dispunham; formalmente, porque haviam sido instituídos pelo príncipe e tudo o que o príncipe faz é essencialmente benefício.

Em que podemos reconhecer uma evergesia? Pelas intenções de seu autor ou pela obra em si? Uma obra talvez seja merecedora somente se representou algum custo para seu autor; talvez ela também seja meritória a partir do instante em que presta serviço aos outros. Se uma evergesia pode ser reconhecida pela intenção ou pelo custo, um príncipe dificilmente passará por um evérgeta: ele está simplesmente fazendo o seu dever ao assegurar o bem público, suas intenções são políticas e ele dispõe de meios gigantescos que são os do próprio Estado.

Os antigos hesitavam entre as definições subjetiva e objetiva do evergetismo. A primeira associava o mecenato a uma nobre ambição, ao desejo de se distinguir e ser distinguido, ao desejo das honras, resumindo, à *filotimia*. A outra interpretação é objetiva: se é evérgeta a partir do momento em que se presta serviço à coletividade, mesmo se o custo é mínimo ou se o interesse

---

344 *Digeste*, 23, 3, 2.

em fazê-lo é puramente material. Com certeza, para ser um mecenas, é preciso ser mais rico ou influente do que a maioria dos cidadãos; o mérito da evergesia não se vê diminuído por isso. Políbio chega a dizer[345] que Bizâncio, famoso pólo comercial, era "o evérgeta comum da Grécia": graças a sua posição geográfica excepcionalmente favorável, era o principal centro de trocas comerciais entre a Hélade e o Mar Negro. Era fácil para os bizantinos serem evérgetas; bastava-lhes apenas ocupar a posição geográfica que já lhes pertencia e perseguir seu interesse comercial.

Um soberano, por sua vez, é evérgeta a outro título: automaticamente; tudo o que ele faz é benefício, do mesmo modo que, quando eu recebo uma carta, eu me "beneficio" de um "serviço" público, o dos correios e das telecomunicações. Ele é evérgeta *ès qualités* porque seu ofício é sê-lo; ele se torna evérgeta assim que começa a exercer seu ofício e a reinar.

É, por conseguinte, um evérgeta público. Constatamos, inclusive, que diferentemente de um soberano oriental, ele oferece poucos presentes privados; o que chamavam de beneficências eram os atos públicos ou as tarefas do Estado realizadas com recursos públicos.

Existe, assim, uma grande diferença entre o evergetismo imperial e o mecenato de Augusto; para o fundador do Império, o critério de suas liberalidades era que tivessem sido feitas com sua fortuna pessoal; as "liberalidades" dos imperadores que o sucederam foram feitas principalmente usando o dinheiro dos cofres do Fisco.[346]

Esse evergetismo automático também não tem nada a ver com os méritos individuais de um rei que, no decorrer da história, mereceu ser distinguido pela alcunha de bom. Mérito individual: esse rei bom terá evitado impor a seus súditos uma política que não queria, ou então terá evitado todos os excessos de zelo, todo exagero de disciplina, e terá mostrado que suas intenções eram melhores do que sua política, que terá sido decepcionante como sempre.[347]

Quando falamos de um bom rei, de um imperador evérgeta, é um adjetivo natural. A bondade do rei é reinar para mim, ao mesmo tempo que reina por si. Todo rei é um pastor; ele é proprietário de seu rebanho, mas em vez de explorá-lo para seu próprio benefício, ele é suficientemente bom para se colocar a serviço de seu próprio rebanho e é nisso que é evérgeta. É como se os Correios expedissem as cartas não porque são delegados para isso, mas por bondade, nada os obrigaria a fazê-lo. O rei é bom porque é um

---

345 Políbio, 4, 38, 10.
346 H. Kloft, *Liberalitas principis*, p.129-133; P. Strack, *Reichsprägung, Traian*, p.143.
347 Políbio, 5, 11, 6 (e o desenvolvimento que precede).

personagem público, apesar de parecer possuir seu rebanho como faria um proprietário privado.

Não é difícil ser um bom rei: basta reinar.[348] Os súditos do rei não deixarão de se surpreender quando um homem, que eles não escolheram para esse ofício público (ao contrário, eles próprios são sua propriedade), exercer, contudo, tal função; com certeza, é por bondade. Mesmo se ele for pessoalmente mau e tirânico: mesmo que seja um rei malvado, ele não deixará, portanto, de exercer gratuitamente o ofício real. Se os Correios não fossem um ofício público, nós os agradeceríamos por expedir as cartas, e não deveríamos recriminá-los por sua incompetência.

Dito isso, sejamos francos: será que as pessoas realmente acreditam nisso? As ovelhas do rebanho real não perceberiam que nada era idílico quando elas tinham uma sensação de fome na barriga? Infelizmente, as coisas não são tão simples assim; diferentemente do mundo físico, o mundo político-social não é feito de sensações, mas de ideias: não podemos fotografar a sociedade como fotografamos uma paisagem. Ora, é possível ter ideias contraditórias sobre um mesmo assunto, enquanto, ao contrário, uma contradição nas sensações nos surpreenderia e faria que nos perguntássemos se não estamos sonhando.

7. Para que serve a ideologia e como acreditar nela

O rei é o "evérgeta comum a todos".[349] Pouco se falava da profissão de rei naqueles tempos; em compensação, as virtudes do príncipe regente eram exaltadas. A partir do século II da nossa era, a arte oficial desenvolve, nos baixos-relevos oficiais e nos reversos monetários, toda uma iconografia nas quais essas diferentes virtudes são simbolizadas através de figuras femininas

---

348 Sobre o título de rei evérgeta, sobre o tema do soberano benfeitor, filantropo e também salvador, ver A. D. Nock, "Soter and Euergetes", em seus *Essays on Religion and the Ancient World*, Oxford, 1972, p.720-735; B. Kötting em *Reallexicon für Antike und Christentum*, v.VI, 1966, p.849-856; outras referências em W. Spoerri, *Späthellenistische Berichte über Welt, Kultur und Götter*, diss. Basileia, 1959, p.194, n.30; sobre a filantropia real, referências em J. H. Olivier, *The Ruling Power, a Study of the Roman Empire through the Roman Oration of Aelius Aristides, Transactions of the American Philosophical Society*, 43, 4, 1953, p.930. Sobre a origem não filosófica dessa ideia, A.-J. Festugière, *La Révélation d'Hermès Trismégiste*, v.2, p.303-309. – Em Juliano, o Apóstata, o ideal de filantropia leva a marca cristã: J. Kabiersch, *Untersuchungen zum Begriff der Philanthropia bei Julian*, Harrassowitz, 1960.
349 Placet para Ptolemeu Filopator em 220 antes da nossa era (papiro *Enteuxeis* n.82), em Edgar e Hunt, *Select Papyri*, v.2, n.211.

que, algumas vezes, recebem um culto.[350] O estilo de chancelaria que herdamos do Baixo Império, no qual os imperadores designavam a si mesmos como Nossa Serenidade ou Nossa Liberalidade, perpetua até a nossa época a veneração pelas virtudes dos imperadores romanos.[351] Em seu *Journal Intime*, Marco Aurélio interioriza seus deveres de príncipe e constata (com uma extrema autossatisfação, confessemos) que possui numerosas qualidades, dentre as quais a de ser democrata, pois essa é a sua palavra-chave;[352] entendamos que ele deixava seus conselheiros e senadores se expressarem com toda liberdade. Esse era o modo através do qual Marco Aurélio via a si mesmo e como queria ser. Em compensação, a ideologia que exaltava publicamente suas virtudes devia ser, a seus olhos, uma espécie de traje de aparato ao qual o príncipe filósofo se resignava, sem dúvida, como a um de seus deveres de soberano ou como a um detalhe cerimonial sem consequências.[353]

---

350 Sobre as virtudes, G.-Ch. Picard, *Les tophées romaines*, De Boccad, 1957, p.371-464; Syme, *Tacitus*, v.2, p.754. Os limites são flutuantes entre o jogo alegórico (no qual se fala da liberalidade imperial, como Zola, durante o caso Dreyfus, invocava a Verdade e a Justiça), a divinização (pois erigiram altares para a liberalidade e ofereceram-lhe sacrifícios) e o nome concreto (pois "uma" liberalidade é um congiário); ver L. Robert, *Hellenica*, IX, p.55, n.2. Sobre as personificações nas moedas, os três livros de Strack substituem os antigos estudos de W. Koehler, *Personifikationen abstrakter Begriffe auf römischen Münzen*, Diss. Königsberg, 1910 e de Gnecchi, "Personificazioni allegoriche sulle monete imperiali", em *Rivista italiana di numismática*, XVIII, 1905. Encontramos muitas referências em um rico estudo de G. Manganaro, "La dea dela casa e la Euphrosyne nel Basso Impero", em *Archaeologia Classica*, XII, 1960, p.189. Sobre o limite flutuante entre personificações e gênios, P. Veyne, "Ordo et Populus, génies et chefs de file", em *Mélanges de l'École française de Rome*, 1961, p.264-274. Sobre as personificações divinizadas na religião helênica e helenística, ver a 2.ed. da *Geschichte der griech. Religion de Nilsson*, v.1; p.812; v.2, p.198, 206, 282, 296 e 378. Sobre as sacerdotisas das Virtudes imperiais divinizadas no mundo grego, ver Veyne em Latomus, XXI, 1962, p.55, n.1. Sobre o culto de Pistes, ou seja, de Fides, ver L. Robert, *Laodicée du Lycos*, p.321, n.7. Sobre uma estátua da *Educatio* imperial, L. Robert em *Revue de philologie*, XLI, 1967, p.82. Sobre os baixos-relevos históricos, as personificações são frequentemente difíceis de serem identificadas: a chave dessa iconografia é frequentemente perdida; não nos esqueceremos que esses relevos apresentavam frequentemente inscrições pintadas (e excepcionalmente gravadas) que davam os nomes das personificações; ver *Mélanges de l'École de Rome*, 1960, p.198, n.1.
351 *Código de Teodósio*, X, 10, 12: *ex consensu Nostrae Liberalitatis*: ver R. M. Honig, *Humanitas und Rhetorik in spätrömischen Kaisergesetzen*, Göttingen, O. Schwartz, 1960, p.71-73; esse estudo é dedicado ao *pathos* moralizante e à "retorização" da legislação do Baixo Império; encontramos, ali, uma contribuição ao estudo da ideologia das virtudes imperiais. Ver também, sobre o Alto Império, R. Frei-Stolba; "Inoffizielle Kaisertitulaturen", no *Museum Helveticum*, 1969, p.18-39.
352 Marco Aurélio, I, 14.
353 Sobre o uso de trajes de aparato por Marco Aurélio (que se recusava a usá-los no palácio, fora das cerimônias), ver Marco Aurélio, I, 7, 4, bem explicado por A. S. L. Farquharson, *The Meditations of Marcus Antoninus*, Oxford, 1968, v.2, p.445.

O bom rei: propaganda ou ideologia?

Para designar esse aparato de virtudes, os historiadores modernos adquiriram o hábito de falar de propaganda imperial. A palavra não é muito apropriada ("expressão" seria mais exata do que "propaganda", como veremos mais tarde) e, politicamente, soa falsa. Seria grave se a exaltação das virtudes fosse propaganda, pois isso equivaleria a um *"il Duce a sempre raggione"* e anunciaria um regime ditatorial e mobilizador. A propaganda e a ditadura são possíveis somente nas sociedades em que existe uma opinião pública: como ser ditador em uma velha monarquia onde não existe opinião para se fragilizar e intoxicar? E o que se quer que ela faça? Quando Calígula ou Cômodo fazem que a plebe os aclame no circo, no teatro ou na arena, não é por um objetivo político material, mas unicamente pelo prazer de ser aclamado ou de reinar absolutamente em seus corações. Ao contrário, uma propaganda manipula uma opinião para que se faça ou se aceite uma empreitada política; a mobiliza para tirá-la do apolitismo, para infundir-lhe sentimentos fortes e prepará-la para "eventos". A ideologia do bom rei, por sua vez, o nobre estilo monárquico, entretém os povos na incúria e exalta o cotidiano pouco inquietante sob o mais paternalista dos regimes.[354]

---

354 Não que a Antiguidade ignore a propaganda, muito pelo contrário! A propaganda existe somente quando se pretende *convencer* (por boas ou más razões, pouco importa) e é possível convencer somente aqueles que mantiverem certa autonomia; a propaganda distingue-se da expressão (do ritual, se preferirmos assim) e também da "violência simbólica", ou seja, de uma ameaça de eventual violência efetiva. Esses aspectos misturam-se com a realidade: um bom propagandista se cerca de insígnias oficiais do poder para inspirar um virtuoso respeito da autoridade legítima àqueles que ele tenta convencer; ademais, a intensidade de uma propaganda ou a paixão que as autoridades investem é uma ameaça disfarçada, simbolizada: se o poder é suficientemente forte para instalar alto-falantes em todas as ruas, ou se ele associa uma paixão religiosa à ideologia oficial, isso anuncia a cada cidadão que o mesmo poder não suportará a menor blasfêmia contra o dogma oficial e que ele disporá de tanques da mesma forma que dispõe de alto-falantes. Dito isso, propaganda, aparato oficial e ameaça simbolizada distinguem-se conceitualmente e distinguem-se também na realidade: um partido que não está no poder fará unicamente propaganda (ou vai se expressar). Colocando assim esses critérios, existe propaganda na Antiguidade; durante as guerras civis do fim da República, os magnatas tentavam ganhar partidários com uma guerra de panfletos; durante as guerras dos Diádocos, os sucessores de Alexandre tentam convencer as cidades gregas independentes ou autônomas a aderirem à sua causa. Em compensação, quando Virgílio ou Horácio louvam Otaviano Augusto no poder, eles não estão fazendo propaganda: eles expressam um sentimento de amor pelo salvador nacional cujo coração transborda (há expressão quando se fala por si mesmo e não por outros); *secundo*, eles retransmitem, assim, conscientemente ou não, a "violência simbólica" que constitui o conformismo moralizador e monarquista instaurado pelo partido de Augusto no poder: o leitor de Horácio sente que não poderia opor-se ao conformismo em questão sem correr

Os imperadores romanos não faziam mais "propaganda" do que os reis da França. Mesmo um tirano (no sentido antigo da palavra) como Luís XIV não buscava a adesão de novos "partidários" quando seu narcisismo saboreava as homenagens que os povos prestavam aos grandes reis. O aparato monárquico não é um programa político, e não ensina nada às massas que elas já não saibam: quando os súditos consideram seu rei uma espécie de santo, é normal que eles o tratem como tal, pois quando se tem fé em um santo, ele é venerado; a veneração expressa essa humildade preexistente, e não acrescenta nada a ela. A propaganda *informa* e *age* sobre os espíritos, enquanto o aparato *exprime*.[355]

Pois a ideologia do bom rei, ou melhor, a ideologia em geral, não é aquela que pensávamos. O que é uma ideologia? Para propor uma definição de ideologia, vamos nos referir à raposa da fábula que achava que as uvas que queria e que não podia alcançar estavam muito verdes. Substancialmente, uma ideologia é uma ideia justificadora (mais exatamente, é o uso justificador de uma ideia, e veremos que essa sutileza é importante); em sua gênese, uma ideologia é uma crença que serve... podemos dizer: para resolver uma tensão? Digamos somente que ela resulta de uma tensão.

Quando a raposa se convenceu de que as uvas estavam muito verdes porque ela não podia alcançá-las, sua persuasão era a consequência, e não a causa de sua impotência, e ela não pensava em mistificar ninguém além de si mesma. Assim ocorre com a crença na bondade do rei que é usada para tornar os súditos mais dóceis: sua docilidade forçada escondia em si essa crença

---

    um risco real de ser ridículo diante dos espíritos rebeldes. Dito isso, Horácio ou Virgílio não se empenham em *convencer* seus leitores: no máximo eles tentariam impressioná-los, fazer-lhes violência, apresentando-lhes o dogma monarquista como uma evidência "óbvia" e que ninguém poderia questionar, eles "testemunham", como dizem, e quando um testemunho tem todo um aparelho do Estado o apoiando, seu testemunho faz violência.

355 Sobre o valor da pretensa "propaganda" imperial, L. Wickert fez observações significativas ("Der Prinzipat und die Freiheit", em *Symbola Coloniensia: Festschrift für Joseph Kroll*, partic. p.123): Antonino Pio manda celebrar a *libertas* em suas medalhas; ao contrário, seu sucessor Marco Aurélio, que atribuiu a si mesmo como ideal um reinado que garantiria a todos os seus súditos do Império a liberdade (*Pensées pour moi-même*, 1, 14), nunca mandou celebrar a *libertas*; em compensação, o tirano Cômodo mandou celebrar a *libertas* na cunhagem do ouro, de prata e de bronze. Wickert escreve então: "Não é na primeira linha uma propaganda que tentaria influenciar a opinião pública, mas a constatação solene de um ideal. [...] Não é exatamente uma propaganda que, para enganar a opinião, insiste nas máximas de governo que são justamente as menos aplicadas, mas uma homenagem, relativamente platônica, prestada ao ideal do principado [...]" – Em compensação, tomaremos muito mais no sentido trágico o monopólio da informação pelo imperador: W. Riepl, *Nachrichtenwesen des Altertums*, p.408, 435.

consoladora que a ideologia oficial se contenta em adotar como se fosse sua, do mesmo modo que, nas famílias, os pais repetem a seus filhos que devem amar seus pais. E, quando o rei se vangloria de sua bondade paternal, ele não procura condicionar seus súditos: ele não quer decepcionar sua expectativa e, mais ainda, ele quer acreditar em sua própria excelência. Entendo que uma ideologia também pode ser instaurada como barreira social, propaganda etc. Mas então não basta falar de ideologia para estudar esses fenômenos; deve-se analisar e distinguir a barreira, a propaganda, a expressão etc. No caso do bom rei, a ideologia foi instaurada simplesmente a título de aparato expressivo: uma monarquia praticamente não pode evitar o cerimonial.

É fazer o mundo mais fino do que ele realmente é imaginar que a ideologia é uma conduta racional e levar em consideração as motivações do mistificador e nunca a dos mistificados; a ideologia responde, para alguns, à necessidade incoercível de justificar, e para outros, a de se justificar.

Justificação indispensável, pois até hoje os regimes políticos tiveram como principal atributo não se limitar a existir em um canto por si mesmos: eles querem acreditar e acreditamos que eles estão a serviço de todos; eles se justificam e são justificados por existirem. Por mais que o imperador possua o poder ao modo de um simples particular que tem um direito de propriedade sobre uma terra ou uma empresa, ele se distingue profundamente desse proprietário. Um empresário que contrata operários persegue seu interesse pessoal de patrão e seus operários se colocam a seu serviço por razões também egoístas, que se articulam com o egoísmo econômico do empregador graças à "mão invisível" da economia liberal. Mas o rei, por sua vez, não é egoísta, senão pode passar por um tirano; ele reina apenas para mim. Como o piloto de um navio, ele está a serviço dos passageiros: esse empregador também é um empregado; "colocado naturalmente na popa e segurando firmemente o leme, ele dirige o navio ao porto com segurança e coloca sua alegria e seu deleite em fazer essa beneficência para seus súditos".[356] Se, em vez de ser proprietário do navio e dos próprios passageiros, o rei tivesse sido eleito, seria mais fácil acreditar que estava a serviço deles.

Devo acreditar, já que não tenho escolha; como diz Weber, o Estado é um *Anstalt* (basta que eu nasça para me encontrar sob sua dependência), e não um *Verein* no qual eu teria entrado livremente e de onde eu poderia sair e entrar quando quisesse. Ora, as coisas evoluem mal nesse *Anstalt*; parece, inclusive, que foi matematicamente demonstrado que a agregação de uma pluralidade de vontades diversas é um problema sem solução democrática ideal. De acordo com seu temperamento, cada um tirará as conclusões

---

356 Filão de Alexandria, *Ambassade à Caligula*, VII, 50.

práticas que quiser desse fato trágico; o importante é não dissimular o fato para nós mesmos; pois a ideologia ocupa um lugar tão grande na história simplesmente porque a história ou a política, no sentido amplo, reúnem muitas tensões. Ora, uma particularidade de nossa psicologia é que as tensões induzem em nós sentimentos como o amor pelo bom rei, ou algumas ideias como a da bondade do rei (crença ou afeto, não distinguiremos: um fenômeno afetivo sempre é acompanhado de uma representação). A ideologia é uma crença induzida por uma condição objetiva, do mesmo modo que o amor pelo pai é um sentimento induzido.

Acredito que o rei é bom, o que o justifica sê-lo. Isso levanta dois problemas: como se formam os julgamentos, verdadeiros ou falsos, e as crenças? E por que essa fúria em justificar, correndo o risco de cair no desespero?

A ideologia é um fenômeno específico, uma atividade do sujeito; se não fosse assim, nos perguntaríamos qual mistério seria necessário a um rei para que tentasse convencer todos de sua bondade e para que seus súditos acreditassem nele passivamente, em detrimento da verdade e de seus interesses. Não podem nos fazer acreditar em tudo que se quer e também não acreditamos em qualquer coisa: uma ideologia não se parece com outra e acreditar no bom rei não é acreditar na obediência consentida e no povo soberano. Pois a ideologia não é uma pulsão cega, mas um julgamento que considera fatos e a condição que é historicamente a nossa. Ela é sugerida pela realidade, que é tendenciosamente extrapolada; em outras palavras, a tendência em justificar o que é constitui um dos fatores que contribuem com a formação das opiniões, paralelamente a outras razões, boas ou não tão boas, que são as causas de nossas crenças. Por exemplo, confundimos espontaneamente a sociedade e seu soberano (somente um especialista treinado terá ideias distintas sobre esse aspecto); em particular, tomamos o rei como o autor de nossa felicidade ou, inversamente, como o autor de todos os nossos problemas. Afinal, não é ele o responsável pelo mau tempo ou, em todo caso, pela penúria? Algumas indicações evoluem nessa direção (se o rei não deixasse seus especuladores agirem, haveria pão para todo mundo), outros a contradizem (os especuladores são os únicos culpados?); mas uma das minhas razões para extrapolar as indicações positivas é minha amargura pela falta de pão. Para que uma ideologia pudesse pegar, os fatos não deviam desmenti-la muito, o *credibility gap* não devia ser intransponível; veremos mais tarde por que existe uma margem na política.

Aproveitamos essa margem para extrapolar justificações. Afinal, nada nos obriga a acreditar na bondade do rei; poderíamos nos limitar a constatar a tragédia. Mas suportamos mal essa dura evidência devido a nosso grande desejo de acreditar na ideia do Bem. Pois esse é o fundamento metafísico da atividade psicológica chamada ideologia.

É por essa razão que os poderes públicos não precisam fazer que se acredite na bondade: os súditos acreditam espontaneamente na bondade do Pai. É tão útil fazer que acreditem que o rei é bom quanto fazer que acreditem que ele é o rei; eles veem que é o rei, ora, basta que o rei reine para que sejam induzidos a amá-lo pela sua bondade. Vimos que o imperador era automaticamente bom pelo simples fato de ser imperador.

Apesar das lendas sobre a "mistificação", a ideologia do bom rei é primeiramente escondida, não pelo rei, mas pelos seus próprios súditos; o poder não tem nenhuma necessidade de inculcar-lhes essa crença: sua condição lhe basta; a ideologia não reproduz a ordem estabelecida, mas essa ordem a reproduz no espírito das gerações sucessivas.

O rei assume por conta própria essa ideologia espontânea; quando se dirige a seus súditos, ele lhes fala de sua bondade. Por quê? Para não destruir seu crédito ao não corresponder à ideia que o povo tem dele e também para se justificar a seus próprios olhos; essa segunda razão poderia ser a principal. Basta ler as *Memórias* de homens públicos para constatar que o que acontece com a função do príncipe é o mesmo que acontece com outras corporações profissionais: a função real precisa acreditar na atividade que cria sua dignidade, do mesmo modo que os professores de latim acreditam no latim e os negociantes de vinho na dignidade dos vinhos franceses. Em vez de uma propaganda destinada a condicionar a opinião, os discursos oficiais sobre o evergetismo do rei são uma apologética corporativa. Pode-se pretender, no papel, que essa fúria apologética se confunda com a defesa dos interesses materiais; a experiência desmente esse monismo. A autojustificação não é universal; o príncipe também pode se fechar em sua arrogância e tratar seus povos como sub-homens (era assim que os antigos representavam o tirano). E, ademais, a apologética não é uma conduta racional; perde freqüentemente seus efeitos. Além disso, ela visa proclamar ao mundo inteiro que o príncipe é justo, e não defender eficazmente sua mercadoria (o estilo, o tom de voz, não enganam nesse ponto). Ninguém é malvado voluntariamente, pois ninguém consente em confessar a si mesmo que é malvado e decide se manter voluntariamente no erro.[357]

As maneiras de crer

Mas o que os auditores do rei pensavam disso? Queremos tanto desmistificar as ideologias que acabamos dramatizando um pouco; esquecemo-nos

---

[357] Santo Agostinho, *Confissões*, X, 23: "Eu vi muitas pessoas com intenção de enganar; mas ninguém que consinta em ser enganado; os homens gostam tanto da verdade que, aquilo do que eles gostam, querem que seja verdade".

de que o que chamamos de ideologia pode ser um grande número de coisas muito diferentes: aparato público, filosofia abstrusa, provérbio, doutrina oficial etc., cuja eficácia é muito desigual. Frequentemente a ideologia é reduzida a discursos oficiais e as pessoas às vezes ouvem discursos oficiais como se fossem um ruído convencional. No balcão de seu palácio, o rei fraseia; seus súditos, por sua vez, riem baixinho ou dormem; o rei percebe e o grande vizir, em seu cantinho, também. A cerimônia desenvolve-se, portanto, em uma ordem impecável e na hora de ir embora o povo inteiro se inclina muito baixo.

Nascida da necessidade de crer, a ideologia do bom rei é um traço da sensibilidade popular; é uma crença adquirida previamente que seus fiéis não pensam em confrontar à realidade. Tanto que, quando o rei, por sua vez, fala da sua bondade, eles o ouvem simplesmente pelas conveniências ou rindo desconfortavelmente, pois sabem que necessidade o leva a falar dessa forma e sabiam previamente que ele se exprimiria assim. Não é uma questão de grau de sinceridade, mas de pluralidade dos modos de crença; a imagem do rei é dúbia e a crença em sua bondade se refere simplesmente à imagem ideal, a qual sabemos que, no fundo, é diferente da imagem real. Cada imagem é sincera e parece haver, ali, má intenção somente no fato de existirem duas imagens.

Mas será realmente má intenção? Pois as duas imagens não interferem, já que uma não pode anular a outra. Não são esperadas demonstrações do rei para amá-lo idealmente, e será assim também para seu sucessor; Henrique IV exprimia uma certa amargura sobre isso: "O povo me aclama, ele também aclamaria meu pior inimigo se ele triunfasse". O rei é uma entidade distante de quem se espera tudo e nada; sua bondade não o obriga a muita coisa, pois seus súditos sabem muito bem que não se pode esperar maravilhas de um governo real.

Existe, então, uma margem para a extrapolação ideológica. O rei ideal é irresponsável pelo que é ruim, sabemos disso; quanto ao rei real, como julgá-lo? Ordinariamente, ele não é nem bom nem ruim, mas médio; ele faz o que pode, sem dúvida, mas como saber se ele poderia mais? É frequentemente difícil julgar; Roosevelt, com o *new deal*, fazia o máximo que podia? Resta presumir as capacidades do rei segundo as boas intenções que sua linguagem revela. E ademais, a política é feita a crédito e raramente paga à prestação, assim como, na guerra, a "violência simbólica" dos teóricos permanece sempre no estado de ameaça. Confiaremos durante muito tempo no poder se a linguagem que ele usa inspira confiança.

Em outras palavras, a relação do soberano com os governados é impessoal, mediada e unilateral; é por essa razão que devemos desconfiar da metáfora desgastada do rei-pai e do assassinato do pai. O rei é conhecido pelos seus súditos apenas através de um aparelho de Estado, do mesmo modo que entrevemos a Providência somente através das causas secundárias cuja trama é pouco clara, tanto que podemos continuar acreditando no príncipe e na Providência mesmo quando acontecem as piores desgraças. Entre o indivíduo soberano e a multidão dos governados, a reação vai sempre em uma mesma direção; "o corpo inteiro do povo não afeta, não bajula nem dissimula", escreveu Montesquieu, pois o povo não modela sua atitude para agir em relação ao rei com o qual não tem contato interindividual. Os governados estão em contato com os agentes reais, centuriões ou publicanos, mas não têm sentimentos pessoais pelo rei, como também não se apaixonam pela rainha.

Quando, então, a "lógica afetiva" da ideologia precisa acreditar no evergetismo do rei, é fácil para ele acreditar, pois a verificação ou a anulação dessa bondade seria longa e difícil: seria uma questão de julgamento político e de entendimento, não uma intuição. Existe uma grande diferença entre o mundo físico e o mundo humano; por mais que o segundo nos pareça tão imediato quanto o primeiro (basta que abramos os olhos para nos encontrarmos em uma sociedade), esse mundo tão próximo também é uma construção intelectual, feita de princípios e conceitos culturalmente herdados, que são tão problemáticos quanto aqueles que as ciências se atribuem nas diferentes etapas de sua evolução; não me surpreende que essa construção não seja mais completa e coerente que as imagens científicas do mundo: suas contradições não são tão visíveis. Isso é capital para as ideologias e para o impacto que elas podem ter sobre nossas atitudes. O rei, afirmam por todos os lugares, é evérgeta; julgaremos tal afirmação imediatamente depois do estado de repleção de nossos estômagos? Não é assim tão simples; milhares de outros dados devem ser apreciados e integrados, entre os quais as boas intenções do rei, que são, apesar de tudo, indícios, presunções. E talvez nos limitaremos às presunções. O historiador ou o sociólogo agem assim.[358]

---

[358] A vida cotidiana é cheia de julgamentos a partir de índices: para viver, não é possível não julgar e fazêmo-lo a partir daquilo de que dispomos; o que explica o fenômeno moderno da publicidade: se uma empresa é suficientemente poderosa para financiar uma campanha publicitária cara, e suficientemente hábil para apresentar cartazes bonitos, é o índice que ela também quer esclarecer e fortalecer na fabricação dos produtos que anuncia ao público. Normalmente, a publicidade é a *expressão* da empresa e do que ela é: a empresa é ao mesmo tempo causação (ou força) e informação dada (ou índice). Do mesmo modo, julgam-se os homens políticos pelos índices, pela apresentação, pela vida privada, pela fisionomia, pela aparência etc.; e somente um racionalismo limitado desconhecerá que ele faz a mesma coisa em todas as áreas. O paradigma correto seria o modo como, na ausência de qualquer

Precisamente, como mostrou Schutz em seu grande livro sobre a construção de nossa representação da sociedade,[359] não existe diferença, exceto de rigor, entre nossa construção desse mundo e aquela que fazem os homens da arte. Por exemplo, em ambos os casos, no lugar de uma diversidade pitoresca, tudo está situado em tipos ideais ou estereótipos; "vemos" empregados, estrangeiros, um judeu que tem um ar muito judeu. Não é o modo como percebemos volumes no espaço ou a expressão de um sorriso: é como um historiador que acredita perceber, no passado, burgueses, segundo Sombart. Assim, entre nossos interesses e a realidade, interpõe-se essa zona que é suficientemente vasta para permitir amplas evoluções históricas das mentalidades e suficientemente intelectual para que as ideologias, ou melhor, as ideias, tenham, ali, seu impacto; um proletariado não se revoltará cada vez que sua barriga lhe diz que está com fome, mas depois da difusão das doutrinas socialistas.

Seria necessário um imenso esforço para conferir a toda essa construção de ideias uma coerência completa, ou melhor, a coerência em questão seria a ciência concretizada (enquanto a física não é uma percepção sistematizada). O que explica a eficácia das ideologias: elas podem ter um efeito sobre si mesmas, inclusive quando o resto não as ajuda ou até mesmo as desmente. Nossa visão aparentemente espontânea do mundo é feita de crenças, e uma falsa crença pode ter tanta influência sobre nossa conduta quanto uma verdadeira. Nossa visão de sociedade é uma construção muito mais ambiciosa do que uma constatação real, e ela não reflete unicamente nossos interesses (é frequente que uma sociedade ou uma classe seja, em seus interesses, vítima de sua própria ideologia). Em resumo, antes de serem "coberturas", as ideologias são preconceitos; a lógica passional dos interesses contribui para sua falsidade, mas, por outro lado, abusa dela. Pois os interesses não têm um sexto sentido que lhe permitirá decifrar a obscura confusão do real para localizar imediatamente seu objetivo.

O que explica que podemos acreditar ao mesmo tempo que o rei é a ideal providência, e que o rei é o governo real que nos oprime com impostos; essas são ideias, e não percepções, e nossas ideias são geralmente incoerentes. Com certeza, a ideologia do bom rei não é apenas incoerente: esse suave idílio que a mediocridade cotidiana desmente todos os dias parece gritar de

---

    erudição em termos médicos, escolhe-se um médico de família. A ideia de mistificação ideológica e a de *conspicuous consumption* têm em comum a mesma banalidade racionalista que faz que o fenômeno muito mais amplo da expressão seja desconhecido.
359 Alfred Schutz, *Der sinnliche Aufbau der sozialen Welt*, 1932; tradução de *The Phenomenology of the Social World*, Heinemann, 1972; devo o conhecimento de Schutz a Raymond Aron.

longe sua irrealidade. Contudo, não vemos a realidade e, por isso, acreditamos em muitos outros idílios. Por exemplo, Sombart encontra-se na presença de um velho imperador muito piedoso e protetor das artes; ele abstrai desse indivíduo a parte comerciante e constrói o tipo ideal da racionalidade empresarial. Depois, para atribuir a esse mecanismo parcial um mínimo de animação, ele o batiza de "empreendedor", e não de "fato de empreender"; ele imagina então que esse "empreendedor" estereotipado é o mesmo que o empreendedor em carne e osso, do qual ele observará apenas o mecenato e a caridade. Não existe nada de mais raro do que esse sofisma; graças a ele, a senhora Bovary pôde acreditar que em Nápoles ou na Escócia a felicidade e o amor possuem uma densidade de granito; graças a ele, uma heroína de *A náusea* pode desejar uma existência que teria a mesma densidade do em-si que as inocentes imagens de sua *História da França*; graças a ele, Sartre pôde acreditar que a burguesia é uma espécie. Os tipos ideais nos permitem imaginar que os homens de antigamente valiam mais do que os de hoje, que os esquerdistas são simplesmente esnobes ou que uma humanidade melhor vive nas Ilhas Afortunadas ou sob o regime maoísta cuja realidade cotidiana nos pareceria insuportável se estivéssemos realmente mergulhados nela.

Contudo, se Sombart tivesse encontrado todos os dias seu empreendedor em carne e osso, ele acabaria tendo duas imagens: a de um empreendedor e a de um caridoso comerciante de seus amigos. Será que ele teria conseguido tornar a visão do capitalismo mais coerente? Os súditos dos reis de antigamente acreditavam, sem coerência, que o rei era bom, mas que nem sempre ele era bom.

Nossas ideologias podem ser contraditórias porque são preconceitos ou, em outras palavras, ideias. Infelizmente, isso é apenas a metade do problema da crença. Pois a ideologia do rei evérgeta não é um preconceito como os outros; ela procede também da necessidade que temos de acreditar, e da nossa capacidade de "mentir" para nós mesmos caso seja necessário. Voluntariamente cegos? Nós o seríamos se nossas crenças fossem sentenças imparciais dadas por nosso juiz interior que teria tapado suas orelhas, e se elas não fossem conduzidas e incomodadas pela nossa personalidade inteira, e por toda nossa experiência; nós o seríamos se fôssemos livres para sermos livres; nós o seríamos se pudéssemos usar o conhecimento para contemplar e que ele não fosse usado primeiramente para nossa sobrevida.

As diferentes crenças não são atos simples da vontade, mas processos inconscientes e complexos. Por que acreditamos em bruxas ou na existência de micróbios ou em uma cidade estrangeira aonde nunca fomos? Porque confiamos no testemunho dos antigos da tribo, dos microbiologistas, dos geógrafos ou das agências de viagem, pois não vemos que interesse eles teriam em nos enganar; bastaria que eles nos parecessem muito interessados e ansiosos em fazer que acreditemos para que a crença se tornasse suspeita. A partir do momento em que se trata do mundo externo que vemos com nossos próprios olhos, todo mundo acredita nele; em compensação, os espetáculos do mundo humano são construções; eles podem levantar modalidades de crença que são diferentes e desigualmente vigorosas; não é assim que acontece com todas as nossas ideias? O burguês do século XIX acredita na sua ideologia da propriedade privada como se fosse uma evidência ainda mais perfeita do que a verdade; em compensação, os súditos do bom rei hesitam: seu príncipe é o governo que faz o bem ou o mal, ou a providência? A bondade do rei é uma ideia sobre a qual não se pensa com muita frequência e que não é usada metodicamente. Assim, para sermos igualmente sinceros, as diferentes modalidades de crença não se apoiam nas mesmas razões, não consideram as mesmas motivações e fazem que se aja de modo desigual; "o Paraíso, tomara que seja o mais tarde possível", como dizem. Os homens são semelhantes às crianças segundo Piaget; as crianças acreditam no Papai Noel, mas sabem que os presentes vêm de seus pais; para elas, o real observável, o mundo do jogo, as afirmações dos adultos, tudo isso forma mundos independentes e incoerentes; a partir de então, quando a criança passa do trabalho ao jogo ou do estado de submissão à palavra adulta, suas crenças sobre um mesmo assunto variam completamente.[360] Temos, como ela, crenças cerimoniais.

Se a consciência não fosse a menor parte da atividade psíquica, se ela fosse consciente de seus próprios processos e de suas motivações, nesse caso, quando ela "faz que se acredite", poderíamos acusá-la de má-fé sartriana.[361] Se a crença fosse um julgamento pronunciado pela liberdade cartesiana, as ideologias seriam mentiras que contaríamos a nós mesmos; contudo, sentir não é querer:[362] não está em nosso poder decidir se o mel nos parece doce

---

360 J. Piaget, *Le jugement et le raisonnement chez l'enfant*, Delachaux e Niestlé, 1924, p.217 e 325.
361 Remetamos ao livro instrutivo de G. Durandin, *Les fondements du mensonge*, Flammarion, 1972.
362 Em resumo, não depende de nossa vontade achar que o rei é bom: somos "condicionados" a considerá-lo assim. Ver Leibniz, *Réflexions sur la partie générale des Principes de M. Descartes*, capítulo 6, 31-35 e 39. Na verdade, a maioria dos psicólogos (Gompertz, Jerusalém, Brentano) atribui a crença a um ato de vontade; mas, se não me engano, o *Willensakt* sobre o qual eles falam tem apenas o nome em comum com a liberdade cartesiana; eles constatam simplesmente que nenhuma prova força todos os espíritos, que a convicção não é automaticamente iniciada por argumentos, que ela depende dos indivíduos; o que obriga alguns espíritos a encontrar outros espíritos irredutíveis. O que não quer dizer que cada um conceda ou recuse deliberadamente seu consentimento; no máximo podemos constatar que

ou amargo, se um teorema é falso ou verdadeiro, e se o rei é bom ou não. Se a verdade fosse seu próprio índice, a impressão que uma coisa exerce sobre nosso espírito seria proporcional à realidade dessa coisa; de fato, uma crença falsa, um erro, podem ter os mesmos efeitos que uma crença verdadeira, e uma verdadeira pode não ter efeito nenhum. "Falsa consciência" e má-fé são mitos moralizantes.

E, no entanto, as diferentes modalidades de crença, por serem igualmente sinceras, não têm o mesmo sabor; se nos exercitarmos, seremos capazes de distinguir os diferentes sabores, apesar de igualmente confusos, da crença assertiva,[363] da crença deliberativa, do ato de fé, da crença-promessa, da lógica ideológica etc., e podemos até mesmo evitar alguns alimentos perigosos; os indivíduos são desigualmente refratários às ideologias. Nisso, a "liberdade", a razão, têm alguma influência em nossas crenças. Porém, essa liberdade não é acessível a todo mundo, e não é uma capacidade geral; é o resultado frágil de um treinamento específico que pode ser oferecido a si mesmo ou não. Não somos livres para dá-lo a nós mesmos: é necessário pensar nisso e ter o caráter adaptado a isso. Ora, não se pode pensar em pensar nisso, nem querer querer isso; ser livre é uma sorte, e não um mérito, pois ninguém é livre de ser livre, exceto aos olhos dos tribunais e de muitos filósofos. Além disso, a modalidade de crença não tem nada a ver com a verdade da coisa crua; Leibniz ou Spinoza não acreditavam por simples fideísmo à religião de sua sociedade; nenhuma liberdade garante a apreensão da verdade através da história.

A ideologia não é uma coisa

A temática do bom rei que acabamos de analisar é um exemplo de ideologia, ou melhor, ela permite atribuir convencionalmente um sentido mais restrito a essa palavra muito vaga e polêmica. Chamemos ideologia o uso de ideias políticas para fins justificadores, essas ideias sendo verdadeiras ou falsas. Nesse sentido, quando a expressão "elas estão muito verdes" da fábula for a alegoria, a ideologia não será nada além do que o sofisma de justificação sobre o qual fala Aristóteles,[364] mas no plano das representações coletivas. O marxismo pode reivindicar a noção de ideologia como seu bem próprio

---

um homem não se parece com um outro (sem ser livre, por isso, de ter um outro caráter que o seu, nem de se deixar "convencer à vontade").
363 Sobre a crença assertiva, essa crença imediata, anterior à distinção entre o certo e o duvidoso e ligada à simples apresentação de uma realidade qualquer ao pensamento, ver Pierre Janet, *De l'angoisse à l'extase*, v.I, p.244-332.
364 *Ética a Nicômaco*, 7, 5 (1146 A 25-B 5).

porque foi o primeiro a tomar consciência do enorme espaço que os sofismas coletivos ocupavam na história; a cadeia de montanhas assim descoberta é tão pitoresca quanto imponente: o autor de uma ideologia não se limita a ceder para uma lógica afetiva, seu erro apaixonado é também uma astúcia e essa astúcia é dirigida contra si mesmo.

Antes de irmos mais longe, parece-me urgente dissipar uma confusão que é comum. A ideologia não é uma coisa, mas somente o uso justificador que se faz de algumas coisas. Uma sociedade não possui uma ideologia como possui uma moral, uma filosofia reinante, uma sensibilidade coletiva, um cerimonial etc.: a ideologia é o papel justificador que algumas dessas entidades podem desempenhar, e ela mesma não é uma dessas identidades. Pois a ideologia não é um pensamento que plaina nos ares: é preciso que ela assuma uma realidade social, que ela encarne uma moral, um cerimonial, uma doutrina oficial, uma sabedoria das nações...[365]

Somente esse *distingo* aparentemente estéril permite falar concretamente sobre o impacto das ideologias. É nobre repetir que a ideologia reforça as relações sociais reais, mas é ainda mais nobre especificar se a ideologia sobre a qual falamos era ditado popular, verbiagem acadêmica ou doutrina imposta por um aparelho de Estado, a eficácia dessas diversas realidades não sendo a mesma. Tomemos um exemplo. "Existem aqueles que oram, aqueles que combatem e aqueles que trabalham", isso foi frequentemente dito na Idade Média, e com certeza essa enumeração pôde reforçar espíritos infantis na ideia de que cada um estava no seu lugar em tudo; mas somente um

---

[365] Concordo com J. Molino, "Critique sémiologique de l'idéologie," em *Sociologie et Sociétés*, v.5, n.2, 1973, p.17-44, que efetua o estudo detalhado dos textos de Marx. A mesma crítica valeria para Pareto. Nada é mais confuso, nos dias de hoje, do que o estudo dos fatos da mentalidade, e essa situação não melhorará enquanto o dualismo reinar e não se decidir em analisar espécies, em vez de falar de ideologia, de mentalidade ou de simbolismo. No uso corrente, "ideologia" é apenas o sinônimo de "preconceito" e toma sentidos tão numerosos que seria ingênuo estudá-los para se perguntar qual é "o verdadeiro". Mas eis aqui dois exemplos que são mais interessantes: 1°) A ideologia designará os preconceitos explícitos em oposição a suas implicações que "são evidentes" e permanecem preconceituais: Vidal-Naquet opõe utilmente "a ideologia, quer dizer, uma escolha orientando a descrição, ao que *é evidente* e constitui com isso o mesmo testemunho mais revelador" que uma sociedade possa deixar sobre si mesma, porque é o menos deliberado. 2°) "Ideologia" designa os preconceitos que são objetos de paixões prosélitas, como "símbolos" (no sentido em que *credo* se chama "símbolo da fé") de não recusa de pertença à sociedade humana (assim, recusa-se em confessar ser deísta no século dos filósofos), ou como objeto na luta pela partilha e pela dominação no império das ideias. "Ideologia" nos lembra então que as ideias, como as mercadorias, são objetos de comunhão, de comunicação, de convenção e de dominação. Sendo objeto ou símbolo de grupos, as ideias tomam um aspecto étnico: existe ideologia quando "se pensa bem" ou mal, e não verdadeiro ou falso.

medievalista poderá nos dizer se essa afirmação era ensinada e comentada pelas autoridades ou se era apenas uma lista proverbial das atividades humanas, tão inofensiva quanto a lista das sete maravilhas do mundo ou a lista indiana das 64 artes. Muitas ideologias são simplesmente descrições ingênuas do mundo, e não uma crença reconfortante ou uma tentativa de mistificação de estilo edificante. Os homens sempre quiseram explicar o mundo para si mesmos e elaboram sociologias tão nativamente quanto cosmologias; contudo, essas sociologias primitivas são espontaneamente justificadoras: não se pergunta se uma instituição ou um costume é justificado, mas qual é sua justificação, pois não se duvida que exista uma. Com isso, essas apologéticas involuntárias são ideologias; a faca é para cortar, o governo é para governar.

A essência de uma ideologia é, efetivamente, ser justificadora. Não é ser um erro ou uma mentira: nem todo erro é uma ideologia e inversamente pode-se fazer um uso edificante e interessado de uma verdade. Não é como se fosse um vulgar reflexo do real, um produto social: toda ideia, falsa ou verdadeira, é um produto social, correndo o risco de não nascer. A ideologia se define por seu fim, que é o de justificar o que é; ela é uma homenagem que os interesses mais distintos prestam à ideia do Bem, e o enorme espaço que as ideologias ocupam na paisagem histórica mostra que importância essa ideia tem para os homens. Pois mesmo se o pensamento é mais usado para viver do que para contemplar a verdade, as pessoas são, contudo, infelizes se não puderem imaginar que estão no que é verdadeiro.

Por todas essas razões, estaríamos errados em pensar que, por essência, uma ideologia é uma arma nas lutas sociais ou nacionais, que é um instrumento para a defesa dos interesses. Na realidade, frequentemente, as ideologias não servem para nada; não são armas, mas raciocínios acadêmicos que ninguém lê e nos quais expressamos nossa fúria. Uma ideologia, dissemos, não é uma coisa: para existir, ela deve se encarnar; que arma ela será caso se encarne nos *in-octavo* empoeirados de uma filosofia abstrusa? Uma ideologia, dissemos, responde a uma necessidade de justificação; essa necessidade é mais platônica e racional do que a estratégia das lutas políticas. Frequentemente, recorremos às ideologias somente para nos justificarmos diante de nós mesmos; podemos recorrer a ela também para nos consolarmos, nos magnificarmos, nos darmos boa consciência. Podemos também, como diplomatas e traficantes nos mercados, empregar a ideologia como linguagem indireta nas negociações com o campo inimigo; a linguagem indireta, o recurso a argumentos elevados, permitem aos dois campos evitar o afrontamento brutal das reivindicações opostas, no qual nenhum compromisso poderia ser concretizado. Evitando definir as coisas devidamente, podemos assim dar delicadamente ao adversário uma "informação de ameaça", podemos colocar um unificador na negociação ou, ao contrário, brigar por ideias interpostas, ou ainda permitir ao inimigo salvar sua honra quando sente que a perdeu. Em resumo, a necessidade muito humana de justificação está presente nas condutas mais diversas. Tomemos dois exemplos extremos. No caso do bom rei, a ideologia era comum aos dois campos; o cerimonial monárquico, que magnificava a bondade do rei, tinha seu eco na sensibilidade popular mais espontânea, no amor do povo por seu soberano. Consideremos, por outro lado, a ideologia burguesa nos tempos de Marx; ela consistia em um certo número de *in-octavo* que o proletariado não lia e que convencia somente os convictos; essas publicações eram destinadas aos próprios burgueses que, caso as lessem, encontravam, ali, uma saída para sua convicção de serem criaturas admiráveis e para a indignação que seus contestatários lhes inspiravam.

Meus leitores estão decepcionados e estimam que eu observei a ideologia pela pequena lente do monóculo; eles têm razão. Pois no uso corrente, a palavra ideologia não está reservada unicamente para as ideias justificadoras; ela é cada vez mais usada para designar qualquer representação coletiva falsa, sejam elas justificadoras ou não, desde o Deus escondido dos jansenistas até os preconceitos sociais; em poucas palavras, todos os produtos culturais de má qualidade. O que nos leva ao centro da questão: a ideologia é um pensamento verdadeiro ou falso, ou um produto social? A ideologia é o reflexo, a duplicata, da realidade social?

Chamemos então de ideologia não mais o emprego justificador que se pode fazer dos fatos de mentalidade coletiva, mas os próprios fatos, quando são falsos, incoerentes ou arbitrários. Nesse caso, a quase totalidade de cada cultura será ideologia, desde as teorias científicas, que são perpetuamente provisórias, até os usos e costumes com suas particularidades ou sua gratuidade. Toda cultura é ideologia, já que ela é arbitrária, limitada, já que ela poderia ser outra diferente da que é, pois a cultura não é a natureza.

O emprego inflacionista da palavra ideologia tem, então, o grande mérito de esclarecer uma verdade inquietante: os homens possuem o estranho dom de aceitar como evidente a cultura na qual o acaso os fez nascer. Eles não começam observando uma dúvida metódica sobre tudo para conceder sua adesão apenas com discernimento; eles também não aceitam sua cultura como uma convenção arbitrária, mas indispensável; não, eles acreditam nela. O arbitrário e a diversidade das culturas são equivalentes somente ao candor e à tenacidade com as quais aderimos a elas. A palavra ideologia significa, assim, que o pensamento não é o senhor da maior parte do que ele pensa acreditar sem saber; sem dúvida, ela não foi feita para contemplar, mas para nos permitir viver. Vemos, então, o que faz a ligação entre as duas definições da ideologia que acabamos de distinguir: tanto no arbitrário cultural quanto no sofisma de justificação, nosso pensamento nos ajuda a resolver tensões ou a produzir efeitos, e não a descrever os fenômenos.

Além disso, nas duas definições, a ênfase é colocada na gênese das ideias, e não em sua relação com a verdade. Pois toda ideia pode ser considerada pelos dois pontos de vista; de um lado, ela depende da norma do verdadeiro e do falso e, do outro lado, ela é um fenômeno a ser explicado, um produto psicológico e social. Desse segundo ponto de vista, toda ideia, verdadeira ou falsa, é também ideologia: tal indivíduo ou tal grupo acredita em tal coisa, verdadeira ou falsa, porque ele é condicionado a acreditar nela, ou então para produzir tal efeito; toda ideia é ao mesmo tempo um produto ou um instrumento. O povo acredita na bondade do rei porque a opinião pública é inexistente, e também para se consolar. O que funda a legitimidade da sociologia do conhecimento.[366]

Nem máscara, nem espelho

Infelizmente, quando tomamos as ideologias como fatos mentais, e não como a utilização desses fatos, corremos o risco de também cairmos em uma ilusão fatal. Essa ilusão, da qual Marx e Pareto não escaparam, é a ilusão dualista: imaginamos que a ideologia é única, que ela é a duplicata da realidade, seu reflexo ou sua máscara. Reflexo ingênuo quando uma ideologia é o produto de um condicionamento de classe; máscara mentirosa quando é um instrumento usado para encobrir os interesses de classe. Tudo isso é exato, mas muito esquemático; a ilusão dualista é responsável por numerosas logomaquias e por falsas dificuldades que freiam a pesquisa; por exemplo, acreditamos encontrar muito inutilmente dificuldades no seguinte fato: frequentemente uma ideologia vai muito longe e ultrapassa a infraestrutura da qual é a imagem. Ela continua subsistindo mesmo quando sua infraestrutura deixou de existir, ela é uma rotina ou uma sobrevivência. Ou então, no lugar de uma sombra inútil, ela tem espessura suficiente e eficácia própria para retornar em sua infraestrutura: a imagem sai do espelho para sacudir um pouco seu modelo. Ela pode até mesmo ser suficientemente cruel para se voltar contra os interesses dos quais ela deveria ser apenas a máscara; cada um sabe que Stalin, Hitler ou a burguesia triunfante foram frequentemente

---

366 Ver R. Aron, *La sociologie allemande contemporaine*, p.74-94. Seria muito demorado perguntar-se porque a sociologia do conhecimento, por mais legítima que seja, tenha chegado, de Max Scheler a Lukács e seus epígonos, a resultados tão medíocres e superestimados.

vítimas de sua própria ideologia e foram pegos em sua própria armadilha. O que tem de surpreendente nisso? Vão me responder: tudo isso é dialético; não digo nada mais, o que significa dizer que a teoria do reflexo de Marx e de Pareto é insustentável.

Nosso erro foi acreditar que, de um lado, havia a realidade e os interesses e, do outro, seu reflexo; fizemos como se a ideologia fosse o pensamento do grande indivíduo e a sociedade fosse a alma de seu corpo. Esquecemo-nos de que o pretenso reflexo era, em si, uma realidade; que ele era, por exemplo, religião estabelecida e instituída, ou então rotina inextirpável; e que a esse título ele poderia ser, em si, um interesse, em vez de disfarçar outros interesses: podemos, por exemplo, ter um interesse apaixonado, fanático, pelas diferenças religiosas ou étnicas; o proselitismo e o fanatismo nessas disciplinas são paixões que se alimentam em si mesmas e que comprometem frequentemente os outros interesses. Além disso, podemos evidentemente fazer um uso justificador dessas paixões coletivas, apoiar um imperialismo sobre fanatismos religiosos ou racistas; pois, como repetimos diversas vezes, a ideologia não é uma coisa, mas o uso apologético de coisas que existem por si.

Evitemos ter em mente a imagem dualista de um espelho ou de uma máscara. Representemos, em vez disso, o tabuleiro de xadrez histórico no qual são espalhados peões que se chamam classe social, religião, ensino etc. Um desses peões pode ser usado por um outro pelos mais variados fins justificadores: para enganar alguém, para levantar uma barreira social, para se consolar ou se magnificar etc. Acontece que cada um desses peões existe e age individualmente e também em relação aos outros; e todos estabelecem entre si intrigas históricas muito mais complicadas e variadas que um sempiterno face a face com o espelho.

Esse pluralismo tem uma consequência derradeira, sobre a qual terminaremos: já que não existe espelho, já que a relação entre as ideologias e os interesses não têm reflexo, mas intriga, essa relação não é necessariamente uma relação de semelhança; efetivamente, uma ferramenta não se parece com seu utilizador. Há muito tempo vimos uma religião de paz e de amor ser usada para justificar o imperialismo das cruzadas e, mais recentemente, a França revolucionária invadir e submeter a Europa ao grito de liberdade. Mas o exemplo que deve ser enfatizado é o da conquista islâmica do mundo. Eis então os árabes, esse povo de pastores e guerreiros que vive isolado em tribos rivais; incessantes desavenças entre essas tribos permitem aos guerreiros satisfazerem seu prazer pela pilhagem e pelos grandes golpes de espada; aos olhos desses especialistas da vingança intertribal, praticar o esquecimento das injúrias seria perder a dignidade. Algo surpreendente acontece: uma nova religião estabelece-se nesse povo, e com ela as tribos partem, juntas, à conquista do mundo. Em que a nova religião refletia esse imperialismo? Em nada: ela não tinha primitivamente nada de conquistadora, ela não era absolutamente uma ideologia guerreira. A verdade é a seguinte: ela foi usada por essas tribos rivais como alto pretexto para esquecer suas acusações mútuas; ela permitiu que se reconciliassem para uma conquista comum proveitosa e, ao mesmo tempo, sem perder a dignidade. Reflexo? Não, intriga; disfarce? Não, diversão.

Em vez de dizer que uma ideologia é um reflexo que, paradoxalmente, tem uma certa realidade e reage a ela, digamos simplesmente que existem numerosas realidades, ativas como se deve, da qual podemos fazer um uso ideológico. O amor pelo rei era uma realidade espontaneamente induzida, a que o rei podia utilmente se referir para justificar seu regime. Ou menos utilmente para exprimir sua majestade diante dos séculos futuros, como vamos ver.

8. A expressão da majestade

Depois da bondade do rei, sua majestade. Vimos até agora por que o imperador era teoricamente evérgeta: seus atos públicos eram também beneficências, já que, reinando por si, ele não precisa reinar para os outros. Mas o evergetismo imperial cobre também uma outra área, na qual o príncipe não se contenta em batizar seus atos sob a alcunha de evergesias; nessa nova área ele faz evergesias que não teria feito caso não tivesse a necessidade de exprimir sua majestade. A beneficiária desses benfazeres é exclusivamente a cidade de Roma: o imperador lhe garante o pão e os espetáculos.

Essa tendência do soberano em exprimir sua majestade é tão racional quanto sua necessidade de se justificar: ele não calcula seus meios por seus fins. Justificação e expressão representam acessoriamente recursos para usos ideológicos ou para racionalizações "maquiavélicas", mas, sobretudo, não são armas, e é por essa razão que elas podem ser valiosas para os dois campos. O povo ficaria decepcionado se o rei não se mostrasse bom, e não exibisse sua grandeza; por sua vez, o rei quer satisfazer a si mesmo e calcula mal o efeito que sua ostentação produz sobre o espectador; quando erige arcos do triunfo, ele quer acima de tudo deixar monumentos que o enaltecem para a posteridade diante do mundo; ele não busca necessariamente a "propaganda imperial", ele quer proclamar sua própria glória, mesmo se ninguém o ouve. Chamemos de expressão essa ostentação irracional, esse narcisismo ou, ao menos, essa necessidade de falar por si.

Ação, informação, expressão, expressividade

Acima do Fórum de Trajano, a coluna trajana exibe ainda hoje seu cilindro em torno do qual gira, como uma charada de um mirlitão sobre 23 espirais, um mural no qual 124 cenas celebram episódios da conquista da Dácia por Trajano, exaltando o papel desempenhado pelo príncipe; os arqueólogos as examinam usando binóculos. Podemos supor que os súditos de Trajano as tenham observado muito mais do que os romanos de hoje e tenham se precipitado para esse espetáculo violentando sua própria consciência ao rodar, para isso, 23 vezes em volta da coluna, com o pescoço para cima.

Podemos considerar que a coluna é propaganda, da mesma forma que as catedrais góticas eram catecismos em imagens; ela é ornamentada com relevos figurativos porque, sendo um monumento, não poderia existir sem se exprimir nem se exprimir sem dizer nada. Ela contém, assim, uma mensagem, informa os detalhes das campanhas de Trajano para expressar sua glória, mas esse detalhe parece ter interessado mais ao próprio escultor do que aos transeuntes. O que ocorre com a majestade imperial é equivalente ao que ocorre com o céu estrelado que exprime a glória de Deus: o que existe de mais expressivo do que o céu? Mas para perceber sua expressão, é inútil detalhar as estrelas uma a uma, o efeito global já é suficiente; é até melhor nem detalhar, pois o céu pareceria se repetir como uma cerimônia muito longa. Monumento da glória de Trajano diante do céu, a coluna confirma que Roma, capital imperial, era, como a maioria das capitais nas sociedades pré-industriais, um palco onde o esplendor dos soberanos regentes ou mortos se exprimia através de monumentos, de cerimônias e de instituições. O poder obtinha um prestígio suplementar da própria irracionalidade de suas expressões, que falavam por si e ignoravam soberanamente seus ouvintes; o galimatias sempre foi o privilégio e o sinal dos deuses, dos oráculos e dos "patrões". Monumentos e cerimônias são como o vento que se manifesta e desvia o olhar para muito acima de nossas cabeças em uma língua desconhecida cujo sentido, de uma certa forma, conhecemos.

O uso de qualquer linguagem responde, em proporções variáveis, a três necessidades, a de informar o interlocutor ("está um dia bonito"), a de agir sobre ele ("vamos passear!"), a de exprimir o que o locutor tem no coração ("sinto-me totalmente em paz!"). A expressão da majestade real não se destina a agir sobre os espectadores como a propaganda ou uma cerimônia militar, mesmo se ela atinge de alguma forma resultado similar; e também não é destinada a informar-lhes sobre essa majestade, como os galões oficiais que indicam a graduação de um militar, mesmo se ocasionalmente ela o faça ("supomos que esse desconhecido é um príncipe por tanta majestade expressa"). Ela parece irradiar por si, como a expressividade das estrelas e das montanhas.[367]

Observamos, nesse momento, que os objetos naturais que possuem expressividade permaneceram os mesmos desde sempre: o céu, as tempestades, os picos onde santuários são erigidos e rochas.[368] Qualquer paisagem parece significar alguma coisa, mas o quê? E a quem ela se endereçaria? O céu não tem destinatário; porém, diferentemente da coluna de Trajano, é um significante sem significado: ele não envia mensagens, não conta as campanhas de Jeová. Em compensação, permite que se pense algo sobre seu locutor: ele é o índice de sua própria majestade ou de seu criador; a glória de Deus é a alta opinião que os homens adotam do criador nos espetáculos das obras que são seus indícios, mas Deus não criou suas obras para se expressar através delas, nem para fornecer aos homens alguma coisa que os faça pensar nele. Quando um objeto parece significante sem sê-lo e é o indício não intencional de seu locutor, podemos falar de expressividade, e não mais de expressão. Mas a consciência espontânea não faz essa distinção; para ela, a fisionomia do céu é expressiva: ela crê ler, ali, uma mensagem, o que pressupõe um divino locutor. O pensamento arcaico não personifica, e não diviniza o céu ou o raio, como dizia Max Müller; ele toma a expressividade das forças naturais como a expressão de algum deus. Pois, em termos de mensagens, suas exigências de clareza não são muito elevadas e o galimatias o atrai.

Deus não submete suas obras aos sentimentos humanos; como o Estado, ele não se situa na mesma escala que os indivíduos e não lhes dirige seus monumentos utilitariamente; ele satisfaz primeiramente a si mesmo em suas criações. Do mesmo modo que uma pessoa elegante não se veste para anunciar sua riqueza, e um poeta não escreve para emitir mensagens e se comunicar com os outros; ademais, o primeiro pode, quando vestido, não sair de seu quarto, e o segundo, não se preocupar se é hermético. Contestamos que os autores querem ser lidos; é um erro, eles querem ser publicados para que o livro exista. Os autores de panfletos, de inscrições murais e de relatórios políticos em reuniões de célula se importam muito mais em expressar suas

---

[367] A distinção da informação, da ação e da expressão tendo-se tornado clássica começou com K. Bühler, "Die Axiomatik der Sprachwissenschaften", nos *Kant-Studien*, 38, 1933, p.74-90, artigo cujo conhecimento eu devo a J. Molino. – Sobre a coluna de Trajano como instrumento de informação em imagens, ver, por exemplo, W. Riepl, *Das Nachrichtenwesen des Altertums*, p.366.

[368] Sobre a expressividade na percepção, Cassirer, *The Philosophy of Symbolic Forms*, v.3, p.58-91; R. Ruyer, "L'expressivité", na *Revue de métaphysique et de morale*, 1955, n.1-2. Sobre o lugar da expressão em uma teoria dos sinais, Husserl, *Recherches logiques*, tradução francesa Elie, PUF, 1961, v.2, 1ª parte, p.37.

convicções do que em convencer os não convictos ou informar seus camaradas; além disso, eles são tão entediantes quanto poetas são obscuros, e muitos dos baixos-relevos são dificilmente legíveis porque são colocados muito alto, acima da cabeça dos transeuntes.

Contudo, se gostamos de poesia ou do reino onde o acaso nos fez nascer, ficaremos felizes em passear sob poemas ou monumentos nacionais, mesmo se não conseguimos decifrá-los; um saguão coberto de uma universidade repleto de grafites políticos tem, para seus usuários que pouco os observam, a vantagem de não ser frio como um saguão de um banco e fazer que sintam que se encontram em um pequeno mundo que lhes corresponde. Pois o desejo de exprimir e de ver a expressão é muito natural. Carregada de expressões inúteis, pirâmides, cidades capitais, cerimônias, poemas e panfletos, a história se parece com quadros de Tintoretto nos quais cem rostos abatidos, mas que não pedem nada a ninguém, exprimem individualmente emoções que não se identificam com suas próprias expressões; eles parecem obcecados por outra coisa que não é o que estão fazendo, nenhum rosto olha para outro rosto e, no entanto, os gestos de todos os personagens harmonizam-se em alguma ação coletiva, frequentemente bastante sinistra, como uma crucificação, por exemplo.

A confusão entre expressão e informação é responsável por alguns erros em iconografia e em filologia. Quando uma mensagem informa apenas para exprimir, como a coluna de Trajano ou um ritual simbólico, o conteúdo informativo é simplesmente um pretexto, e não deve ser analisado palavra por palavra; o locutor não se preocupa em ser redundante ou obscuro, em dizer muito ou não dizer o suficiente. Não devemos interpretar um poema ou um panfleto partindo do postulado de que o autor queria comunicar alguma coisa ou convencer o leitor; argumentos deliberados podem ter tido como regra, para alguns poetas, proporcionar ao leitor todas as indicações necessárias para decifrar seu poema; Horácio, com sua falsa obscuridade, observa essa regra,[369] mas os maiores não o fazem sistematicamente. É um outro erro interpretar um baixo-relevo alegórico, por exemplo, uma cena mitológica esculpida em um sarcófago romano simbolizando automaticamente as crenças do defunto sobre o além ou pelo menos as do escultor e as dos meios artísticos e cultos: uma expressão não é um símbolo. Sobre esse terrível problema do simbolismo funerário, pretendem nos reduzir à seguinte alternativa: a alegoria simboliza a crença do defunto (ou dos meios cultos) ou então ela é simplesmente uma decoração fútil, indigna da majestade da morte. É esquecer que a cena pode exprimir a majestade da morte sem informar sua

---

369 O problema é admiravelmente colocado por E. Fraenkel, *Horace*, Oxford, 1958, p.62.

crença; o mesmo que representará uma cruz cristã na tumba de um agnóstico. O "decorativo" não é "fútil" quando é expressivo, exceto aos olhos de um monismo pedantesco. Em um texto expressivo, a grande dificuldade é distinguir o que é pertinente do que não é; um baixo-relevo destinado não a "decorar", mas a solenizar uma tumba, narrará uma lenda dionisíaca não pertinente; um pavão que se exibe exprime alguma coisa bem simples, mas as graduações das plumas não são pertinentes.

A racionalidade da expressão, sua adaptação a seus fins, têm alguma coisa de paradoxal: se ela for muito racional perde seus efeitos. Quando alguém se satisfaz consigo mesmo e com sua grandeza, pouco se preocupa com a impressão que produz sobre os outros, e ela é mal calculada. Ora, os outros sabem disso; sabem que uma expressão autêntica ignora o espectador, e não proporciona efeitos; as pessoas importantes que calculam muito não veem os riscos em suas costas. O espectador suspeita de uma expressão calculada: uma verdadeira grandeza não se satisfaria mais unicamente em si? Apenas uma expressão que não procura fazer efeito produz algum e se revela.

Uma superioridade que não se exprime não teria dúvidas: será que ela não seria mais transbordante se fosse tão grande quanto pretende? Não basta ser rei, é necessário ainda mostrá-lo, correndo o risco de deixar dúvidas sobre a sua realeza. Toda majestade é acompanhada de algum aparato; o rei não se contenta em informar o público sobre sua qualidade e ressaltá-la através de suas insígnias: ele deve avançar em um traje extravagante e radiante como as plumas, cristas e crinas dos animais. Esse aparato revela a riqueza ou a grandeza, pois ele não se limita a afirmar; ele é um pedaço da riqueza ou um dos gestos da grandeza. A informação não se confirma automaticamente, pois é fácil mentir; somente a expressão surge como o transbordamento natural de uma verdadeira grandeza.

O aparato monárquico e a violência simbólica

Fica assim estabelecido entre os homens que uma superioridade política ou qualquer outra superioridade deve se exprimir irrepreensivelmente. Resta saber em que reside essa superioridade. Quando o chefe é um simples mandatário, o próprio Estado se envolverá de majestade; quando o Estado é o rei, o aparato envolve a pessoa física do monarca, em seu palácio ou em sua capital.

A majestade do imperador exprimia as relações políticas existentes, e não lhes acrescentava muita coisa; apenas sua ausência teria desconcertado. É preciso uma imaginação bastante apurada para considerar o Grande Senhor como um homem ordinário, quando se constata o quanto as mentes de seus súditos lhe são submissas; além disso, o palácio onde ele vive é tão sublime quanto convém a um senhor dessa dimensão. Se os súditos não se submetessem a ele, esse belíssimo palácio seria apenas um capricho de bilionário.

Distinguimos dois tipos de fatos no confuso conjunto que chamamos de ideologia ou aparato; alguns são propícios ao condicionamento das mentes, mas outros são simplesmente a continuidade de um condicionamento. É assim que (1°) o aparato através do qual o soberano se eterniza através da história ou revela sua majestade a seus súditos simplesmente decorre das relações estabelecidas; do mesmo modo que (2°) a ideologia no sentido próprio, ou a necessidade de acreditar que o que é ideologia tem a sua justificação; diremos o mesmo sobre a (3°) festa patriótica, o culto monárquico, desde que os súditos exprimam, ali, o amor que são induzidos a sentir pelo príncipe ou a admiração seletiva que eles têm por um salvador. É difícil imaginar uma monarquia pacífica sem aparato e sem veneração pela pessoa real; contestar esses apêndices seria um modo indireto de participar da polêmica que se refere ao edifício principal.

Em compensação, outras condutas podiam ser usadas para reforçar a submissão e, ao impedi-las, privaríamos o regime de um suporte suplementar. Essas condutas implicavam uma ameaça de violência real que exercia o papel de reserva por trás das diversas espécies de violência simbólica. Era símbolo de uma eventual violência real (4°) a expressão obrigatória dos sentimentos, quando o soberano exigia homenagens, um culto ou o estudo de seu pensamento como um dever; não que esses gestos de homenagens consigam dominar a máquina e induzir os sentimentos correspondentes (somente o fiel que quer crer consegue acreditar na força dos gestos): mas a exigência de homenagens mergulha os súditos em uma perplexa passividade, faz que sintam sua impotência política. Um outro meio de controle é (5°) impor uma disciplina, impor uma religião de Estado para deixar claro aos súditos que eles devem confundir até mesmo seu pensamento com o do senhor, e não com a religião propriamente dita. Contudo, o meio mais apolítico e consequentemente o mais eficaz de preparar a opinião é (6°) fazer que percebam a onipresença da autoridade pública em todas as avenidas da vida, desde os júbilos populares até a literatura; não que o poder os oriente necessariamente em um sentido determinado: mas ele está ali. Ele está no circo, junto a Virgílio; ele não é suficientemente idiota para dar a Virgílio o tema das *Geórgicas*, mas ao aprovar a intenção do poeta, qualquer que ela seja, ele deixa claro que esse evento literário não deve acontecer sem ele.

Sabemos a importância que as sociedades antigas atribuem ao aparato expressivo; a dignidade real, mas também os "ofícios" de interesse coletivo são carregados de símbolos e de solenidade.[370] Porque todo "oficial" é proprietário (às vezes literalmente) de seu ofício, e porque a sociedade é hierarquizada em ordens: comandar é uma superioridade, e não uma missão ou um trabalho.

A superioridade pessoal que o aparato exprime se estende a tudo, já que o senhor comanda pelo direito de comandar que essa espécie superior possui; os membros dessa espécie comem melhor e vivem com mais riqueza. O luxo e os prazeres constituem o aparato. Existem príncipes e ricos quando a opinião admite a superioridade de sua riqueza: eles devem distinguir-se da humanidade média realizando todas as potencialidades de sua riqueza. Que potencialidades? É uma questão de bom gosto; tal rei será condutor ou gladiador, tal outro beberá. O rei deve ser o homem mais feliz de seu reino. Aristóteles constatava com surpresa que "tiranos queriam que todo mundo estivesse a par de suas libertinagens, para que se prostrassem de admiração diante de sua sorte e de sua felicidade".[371] Considerava-se um mérito para os reis helenísticos levar uma boa vida, a *tryphè*;[372] "aqueles que usam trajes de aparato e vivem na *tryphè* residem nos palácios dos reis", diz o Evangelho segundo São Lucas.[373] Nos banquetes de Demétrio Poliorcetes, a bebedeira era parte do aparato; o tomador de cidades embebedava-se pela mesma razão que recusava, com arrogância, a requisição que uma pobre mulher lhe entregava, apesar da tradição patriarcal da monarquia macedônia:[374] ele queria se posicionar acima dos outros homens. Uma outra excelência é a ociosidade; a multidão não se pergunta se o rei trabalha; o aparato de sua felicidade exige que ele fuja dessa servidão; sua providência conforta simplesmente porque existe, mesmo se não faz nada, não toma decisões políticas concretas que fariam reaparecer a imagem do governante real que governa bem ou mal; enfim, o rei não faz nada: ele exprime a monarquia, quer dizer, ele se exprime.

Contudo, o imperador romano tem menos facilidades do que outros soberanos em se distinguir assim; ele não beberá e se tornará evérgeta. Ele é magistrado e príncipe; ora, Cícero o afirma: o povo romano detesta o luxo privado, mas aprova o luxo que beneficia o público. O luxo imperial não será apenas consumo egoísta; será também o de um evérgeta que oferece

---

370 Everett Hughes, *Men and their Work*, Glencoe, Free Press, 1958, p.62.
371 *Politique*, 1314 B 30.
372 J. Tondriau, "La tryphé, philosophie royale ptolémaïque", na *Revue des études anciennes*, 50, 1948, p.49; Doro Levi, *Antioch Mosaic Pavements*, Princeton, 1947, v.1, p.206, n.41; L. Robert, *Hellenica*, XI-XII, p.344.
373 São Lucas, 7, 25.
374 Ver *La Vie de Démétrios* por Plutarco.

espetáculos a sua capital. O egoísmo do soberano que bebe sozinho passava, erradamente, por uma conduta de tirano; por um gesto de propaganda no verdadeiro sentido da palavra, Vespasiano mandou destruir o palácio de ouro que Nero havia mandado construir[375] e edificou no mesmo local o anfiteatro do Coliseu, destinado a receber o povo romano.

A cidade eterna ocupa o lugar da corte

O povo romano no sentido estrito da palavra: a população da cidade de Roma; a única que recebe do imperador o pão e o circo, que não são um meio de reinar na imensidão do Império.

Enquanto o evergetismo consiste em chamar os atos públicos do soberano de bondades, seu raio de ação estende-se evidentemente a todo o Império; mas quando ele é o aparato que envolve a pessoa do soberano, ambos se deslocam juntos e seu raio de ação equivale à escala de um indivíduo: uma residência, uma cidade, uma corte ou uma capital. Contudo, a Antiguidade é a era das cidades, e não das cortes; a cidade de Roma, a cidade por excelência, assumirá o lugar da corte para os imperadores, que lhe darão o pão e o circo da mesma forma que teriam alimentado seus cortesãos e lhes teriam oferecido balé. Pois os imperadores não tinham cortesãos; eles viviam na companhia de alguns amigos escolhidos, companheiros habituais dos banquetes e das viagens do príncipe.[376] Não nos surpreendamos que Suetônio fale tão demoradamente dos espetáculos oferecidos em Roma pelos imperadores; sob nosso Antigo Regime, também se falava muito demoradamente do que acontecia na corte.

Até o fim do Império do Ocidente, Roma manterá o prestígio e alguns dos privilégios da antiga capital histórica que ela havia sido durante longos séculos. Pela sobrevivência cerimonial da era das cidades-Estado, supunha-se que a população de Roma fosse o povo-rei, a raça conquistadora, e o pão e o circo eram seu direito senhorial. Contudo, desde Augusto, esses senhores locais são também espécies de cortesãos, pois Roma, de cidade-Estado tornou-se a capital (mais exatamente uma capital do tipo pré-industrial, como veremos). Acontece que as duas funções se dissociam; quando o imperador

---

375 A. Boethius, *The Golden House of Nero*, Ann Arbor, 1960, partic. p.108 e 127.
376 J. Gagé, *Les classes sociales dans l'Empire romain*, p.197: "Não teve corte imperial propriamente dita"; Fustel de Coulanges, *Origines du système féodal*, p.229: o imperador não teve cortesãos, mas companheiros de banquete e de viagem que compartilham sua sociedade. Esse era efetivamente o costume dos grandes senhores: eles tinham sua comitiva titular de *convictores* (ver K. Meister em *Gymnasium*, 57, 1960, p.6). Sobre os deveres desses companheiros e convidados, Marco Aurélio, I, 16, 8; ver Friedländer, *Sittengeschichte*, v.I, p.85.

viaja, ele leva seu evergetismo com ele e oferece espetáculos por todos os lugares por onde passa.[377] Três bons séculos depois de Augusto, Constantino, por um capricho real, mudará de capital e fará de Constantinopla a rival de Roma; a nova cidade imperial terá, como Roma, seu palácio, seu fórum, seu Senado, seu circo e seu pão de Estado.[378]

Nos conselhos apócrifos que Dião Cássio manda Mecenas dar a Augusto, lemos: "Tu ornamentarás Roma com toda a magnificência possível, tu realçarás teu esplendor com festas públicas, *panegíricas* de todos os tipos".[379] Roma, capital do tipo pré-industrial de uma monarquia de direito subjetivo, é uma "vitrine", como Versalhes ou a Paris de Napoleão. No Império turco, escreve Volney, a única cidade "onde o sultão admitia cuidar de si mesmo, coisa que efetivamente ele não fazia em nenhum outro lugar", era sua capital.[380] Todos os esforços e poucos recursos de uma sociedade concentram-se na encenação do aparato soberano. O imperador tem uma relação muito especial com Roma; duas expressões que foram, algumas vezes, interpretadas com inexatidão afirmam: Roma, *urbs sacra*, é a cidade sagrada, ou seja, imperial; ela é a *urbs sua*, a cidade que lhe é totalmente dedicada, que lhe pertence completamente.[381]

O que explica a estrutura urbana muito particular da cidade. Não é mais uma cidade da Antiguidade clássica e helenística construída em torno de seu fórum e de sua acrópole: é uma residência real como muitas cidades orientais. A Roma de Augusto é governada por prefeitos em nome do monarca, como Alexandria e Pérgamo, de um certo modo.[382] Não pensaremos mais nas sete colinas; representaremos uma aglomeração humana atraída ali pela presença única do aparelho monárquico e suas despesas colossais; essa popula-

---

377 Dião Cássio, 77, 9 e 19; Tácito, *Histórias*, 2, 61; Suetônio, *Calígula*, 20; *Histoire Auguste*, Adriano, 18. Em Trier, ao tornar-se capital, edificou-se um Grande Circo que podia rivalizar com o de Roma: *Panégyriques latins*, VII, 22, 5.
378 Ver, por exemplo, Alföldi, *The Conversion of Constantine and Pagan Rome*, p.112-114; E. Stein, *Histoire du Bas-Empire*, Palanque, v.1, p.127; sobre o pão de Estado em Constantinopla, ver o artigo "Grumentatio" do *Dizionario epigrafico de De Ruggiero*, v.3, coleção 282-287.
379 Dião Cássio, 52, 30.
380 *Voyage en Syrie*, capítulo XII.
381 Sobre esse uso de *meus, tuus, suus*, detectei aproximadamente trinta exemplos em *Latomus*, 1967, p.742-744; acrescentar Dessau, n.396, 487, 5592 (*urbis suae*); *Código de Teodósio*, VIII, 5, 32 (*populi Romani nostri*); Símaco, *Relatio*, 1 (*senatus amplissimus semperque vester*); Dittenberger, *Sylloge*, n.835 A ("sua Grécia"); L. Robert em *Comptes rendus de l'Académie des inscriptions*, 1970, p.14 ("seu universo", ao falar do poder do imperador sobre o Império universal); Dessau, n.6090 (*per universum orbem nostrum*).
382 Alexandria: Mommsen, *Staatsrecht*, v.2, p.1032, n.2. Pérgamo: Dittenberger, *Orientis Graeci inscriptiones*, n.217, n.12.

ção é dominada pela massa elevada do palácio imperial no centro, e é vigiada pelo exterior por essa enorme caserna da guarda, construída em um ponto de sua periferia, como a Bastilha, a Torre de Londres ou a Torre Antônia em Jerusalém.

Roma é a capital real, e não mais uma cidade-Estado: esse é, no fundo, o sentido do *panem et circenses* de Juvenal. O último laço foi cortado quando Augusto suprimiu a eleição dos magistrados pelo povo de Roma; reduzido a seus tribunos da plebe e a alguns figurantes, esse povo desempenhará apenas um papel cerimonial em algumas pompas oficiais.[383]

Mas o regime imperial também perdeu com isso. A coexistência dessa população local e do imperador, a obsessão da capital-vitrine, municipalizaram a ótica governamental; Roma, como a corte de Versalhes, ganhou uma importância desproporcional nas preocupações do poder. Ao lermos Suetônio, acreditaríamos que a metade da política imperial se reduz ao pão e ao circo e os *res gestae* confirmam que essa impressão é totalmente exata.

Essa desproporção não é o efeito de um cálculo maquiavélico, mas de uma hipersensibilidade à popularidade e ao aparato. Roma não era uma cidade de barricadas e, desde a criação da guarda pretoriana, a única coisa que contava politicamente eram as espadas pretorianas.[384] Agripina, depois da morte de Britânico, tem seu crédito arruinado: que apoios ela ainda possui? Ela pensa nos pretorianos, nos senadores (eles tinham um tal prestígio que, se o imperador se virasse contra eles, estaria escolhendo, com isso, uma linha política fundamental, o que não pode ser feito com leviandade; os senadores controlavam províncias e exércitos; além disso, eles entretinham um velho sonho, mais vingativo do que realista: armar seus clientes e seus libertos contra a guarda imperial);[385] ela não pensa em um único instante na população romana. Se os imperadores tivessem podido se contentar em governar, e não tivessem se expressado, não teriam dado nenhuma importância à cidade-capital. Trajano proclamava que seu poder se baseava nas diversões e nos espetáculos na mesma proporção que nas coisas sérias

---

383 Sobre esse papel cerimonial da plebe, Syme, "*Seianus on the Aventine*", em *Hermes*, 84, 1956, p.260; ver, sobre a iconografia, P. Veyne em *Mélanges de l'École de Rome*, 1961, p.256, em sua entrada solene em Roma, a imperatriz Eusébia mandou distribuir dinheiro "aos presidentes das tribos e aos centuriões da plebe" (Juliano, *Panégyrique d'Eusèbie*, 19).

384 A plebe não pode resistir aos soldados de profissão: Tácito, *Anais*, 14, 61. O que Roma conhece são motins de fome nos quais a plebe vai de encontro aos prefeitos da cidade ou da anona (por exemplo, Tácito, *Anais*, 6, 13; Amiano Marcelino, 19, 10; Símaco, *Cartas*, edição Seeck, nas "*Auctores antiquissimi*" das *Monumenta Germaniae*, reimpresso em 1961, prefácio p. LXX.

385 Tácito, *Anais*, 13, 18.

(*seria*), mas confessava que ao negligenciar essas últimas corria o risco de provocar uma catástrofe, enquanto ao negligenciar as futilidades corria somente o risco de ser impopular (*invidia*); que aqueles que não se importam em ser impopulares joguem a primeira pedra. No bestiário político, ao lado dos animais de Maquiavel, do leão e da raposa, existe um lugar para o pavão.[386]

A proximidade da cidade e a obsessão dos espetáculos são as causas de um fato pitoresco: a afetação de alguns "maus" imperadores que se exibem em pessoa diante do povo como condutores ou gladiadores: já que os mais poderosos entre os homens devem atualizar as potencialidades humanas, por que não essas potencialidades? Nero mostrou pelo menos uma vez seu talento de condutor de bigas diante do público romano, antes de concorrer vitoriosamente como artista nos concursos gregos; Cômodo, como gladiador, combateu animais selvagens no Coliseu.[387] As atividades esportivas eram muito cultivadas e muitos imperadores tateavam na esfera privada a arte do gladiador, ou seja, a esgrima.[388] Mas existe um grande abismo entre a prática privada e a exibição diante de seus povos reunidos, que foi superado com menos frequência do que pensamos;[389] existem dois abismos: um imperador pode submeter-se ao julgamento do vulgar? Pode dedicar-se

---

[386] Frontão, p.199 Van den Hout; ver Syme, *Tacitus*, p.41. Em *Plebs and Princeps*, p.136, Yavetz estima que os imperadores cultivavam sua popularidade junto à plebe pelo apoio que podia lhes dar; as coisas me parecem menos racionais.

[387] Exagerou-se o exibicionismo dos próprios "Césares loucos". Mais frequentemente, os imperadores exibem-se como condutores, gladiadores ou caçadores, atores no interior de seu palácio, em seu teatro privado ou no anfiteatro da corte (*amphitheatrum castrense*; ver Hirschfeld, *Verwaltungsbeamten*, p.314, retificando um contrassenso tradicional sobre os *ludi castrenses* de Suetônio, *Tibério*, 72). Esses espetáculos não eram abertos ao público; as guardas e os senadores que eram os convidados do príncipe o assistiam ("*privato spectaculo*", diz *Histoire Auguste*, Élagabal, 22). Nero começou sendo condutor e ator na esfera privada. Dião Cássio, 72, 17, diz expressamente sobre Cômodo que ele nunca conduziu bigas em público, que se exibiu como gladiador somente em seu palácio e que em compensação ele se exibiu como caçador em público e na esfera privada (sobre esse ponto, ver mais tarde n.526). Caracala e Elagábalo conduziram bigas apenas na esfera privada (77, 10 e 79). Somente Nero se exibiu como condutor no Grande Circo em Roma (Suetônio, *Néron*, 22).

[388] Por exemplo, *Histoire Auguste*, Dídio Juliano, 9 ("*armis gladiatoriis exerceri*"). Distingamos a exibição em público e a ganância de se interessar em privado por esportes vulgares; tudo se situa nas sutilezas. Era nobre, na Grécia, conduzir bigas no Olimpo e as *Inschriften von Olympia* de Dittenberger mostram que muitos príncipes de sangue o fizeram, por exemplo, Tibério, antes de sua subida ao trono; mas se exibir em público como ator era, mesmo na Grécia, uma outra história: era mais que fazer competir uma biga da qual não se era o condutor.

[389] Friedländler em Marquartdt, *Staatsverwaltung*, v.3, p.490 e 491.

a esportes vulgares? Pois existem esportes e esportes: a caça era nobre, a esgrima e as bigas já não eram; mais precisamente, era preciso decidir se era conveniente se exibir em espetáculos (era a opinião dos gregos) ou se isso consistia em derrogar (era a opinião dos romanos); era preciso decidir se a atividade esportiva ou artística era uma profissão nobre ou uma profissão de saltimbancos. Na cultura greco-romana, as duas estimações se confrontavam; a maioria dos senadores considerava a esgrima um jogo sem valor e como a última das profissões, mas alguns membros da melhor sociedade, apesar disso, desceram para combater na arena; um ou dois imperadores também.[390]

Quando se é todo-poderoso, somente uma grande falta de gosto ou uma tradição protocolar podem impedir que se aproveite de sua posição para fazer que seus talentos sejam admirados, quando existe uma questão de honra esportiva ou artística. Os reis cristãos retiveram-se somente pela etiqueta, no verdadeiro sentido da palavra,[391] e pela mesquinhez de sua corte; Luís XIII, rei que o estetismo conduziu a comportamentos detestáveis, tinha um belo talento para compor balés de corte; ele não convidava a cidade. Hoje, a *mass media* faz mais que a cidade; os principais dirigentes chineses impõem seus poemas diante da admiração das massas e o rei do Camboja havia fundado em Phnom Penh um festival internacional do filme no qual recebia

---

[390] Os combates de gladiadores poderiam ter-se tornado tão nobres quanto os torneios mais tarde; os cavaleiros já participavam de tais eventos, mas a opinião pública não conseguia se decidir se considerava um espetáculo difamatório (essa é, por vocação, a opinião dos poetas satíricos) ou um esporte nobre; ver Dião Cássio, 56, 25 e 57, 14; o problema é que esse esporte era praticado profissionalmente por pessoas das camadas mais baixas (é o problema da condição de saltimbancos e atores através da história). A oposição é clara entre a Grécia, onde os cidadãos participam das disputas, e Roma, onde os "jogos" são praticados pelos saltimbancos (a condição dos atores de teatro era mais problemática). Oposição bem demonstrada por Tácito, *Anais*, 14, 20, e por Cornélio Nepo, prefácio em *Atticus*. Restam os esportes propriamente ditos, que não supõem a presença de um público, como a caça, que era o esporte nobre por excelência; mas era cômodo apresentar-se em uma arena, lugar de espetáculos e, até mesmo, usado por um público popular, os imperadores organizavam espetáculos públicos de caça na arena: foi assim que Cômodo pôde realizar uma exibição pública de seus talentos de caçador na arena (sob Domiciano, o imperador e os senadores que ele convidava limitavam-se em caçar no anfiteatro privado do palácio de Domiciano em Albano: Juvenal, 4, 99).

[391] "Falando, aqui, de etiqueta, não quero designar essa ordem majestosa estabelecida em todas as cortes para os dias de cerimônia; refiro-me a essa regra minuciosa que nossos reis respeitavam em seu mais secreto interior, em suas horas de sofrimento, nas horas de prazeres e até em suas enfermidades humanas mais assustadoras" (Senhora Campano). A etiqueta protege o grande homem contra si mesmo, da mesma forma que o protege dos riscos de seus empregados domésticos.

anualmente o grande prêmio, a ponto de a imprensa celebrá-lo como o melhor cineasta do Camboja e um músico e ator excepcional.[392]

Monopólio do evergetismo imperial em Roma

Depois do circo, o pão. Todos os imperadores têm cuidados com sua capital que não podiam ter com todo o Império. Nenhuma cidade pode se comparar a Roma nisso; argumento importante naqueles tempos nos quais os menores vilarejos rivalizam entre si como pequenas nações.[393] Apenas Roma tem pão gratuito, congiários e uma anona: o *panem* de Juvenal não é o pão gratuito, mas o que a anona consegue fazer chegar até o mercado de Roma a título de impostos ou organizando a atividade dos comerciantes.

Por que tantos esforços? Pela boa política: é o prestígio do príncipe, que deve ser mais liberal com sua "cidade" do que os evérgetas privados com seus respectivos vilarejos. E através do aparato: o soberano tem relações pessoais com a plebe urbana como as de um rei do Antigo Regime com seus cortesãos. Mas para que Roma seja a joia que reflete o esplendor soberano, é necessário que o soberano seja o único a brilhar e que senadores e evérgetas não rivalizem com ele em suas munificências. O superintendente Fouquet aprendeu por experiência que, nas monarquias, a decência proíbe qualquer um de brilhar mais que o rei, o que freia as iniciativas individuais.[394]

---

392 Simon Leys, *Ombres chinoises*, 1975; J. C. Pomonti e S. Thion, *Des courtisans aux partisans, essai sur la crise cambodgienne*, 1971, p.37 e 64.
393 Durante a guerra civil de 69, Plaisance foi devastada porque seu magnífico anfiteatro tinha suscitado inveja das outras cidades; numerosos fatos desse tipo foram reunidos por R. Mac Mullen, *Enemies of the Roman Order*, p.168 e 185. Era proibido construir edifícios públicos sem autorização imperial, sobretudo se uma cidade constrói simplesmente para rivalizar com uma cidade vizinha, *ad aemulationem alterius civitatis*, diz o *Digeste*, 50, 10, 3. Um governador escreve para uma cidade grega dizendo que ela era "uma cidade nobre e antiga e, ao mesmo tempo, por suas construções recentes, não era em nada inferior àquelas que se mostram prósperas" (L. Robert, *Études anatoliennes*, p.302; ver *Digeste*, 1, 16, 7 pr.: "Se um governador vem a uma cidade que não é importante nem capital da província, ele deve sofrer pelo fato de não a vangloriarem e não se recusará a ouvir um elogio público, pois é uma questão de honra para os provinciais": nosso governador, em sua carta para a cidade, apenas retoma os termos de um elogio que os habitantes fizeram diante dele sobre sua própria cidade). Um evérgeta de Oxirrincos faz um dom à cidade "para que essa cidade não seja em nada inferior às outras" *Oxyrr. Papyri*, v.4, n.705). Ver também *An Economic Survey of Ancient Rome*, v.4, p.809. Era, assim, necessário que nenhuma outra cidade pudesse rivalizar com Roma: a era das capitais "funcionais" instaladas nas cidades secundárias ainda não havia chegado.
394 Tácito, *Anais*, 13, 53: "*quo plerumque cohibentur conatus honesti*".

Ora, em Roma havia uma herança republicana que incomodava a exclusividade imperial e que foi preciso suprimir ou limitar. Foi obra de Augusto; ele pôs fim às evergesias republicanas, dividiu com os magistrados o direito de oferecer espetáculos, reservou para si o quase monopólio das construções públicas e embelezou Roma para que ela fosse digna de ser a capital de sua monarquia. Essa história parece pouco conhecida e vamos contá-la com algum detalhe; esse detalhe é complicado: antes de reservar o monopólio do evergetismo em Roma a seu mecenato, Augusto começou estimulando o mecenato de seus próprios tenentes; tanto que o desaparecimento do evergetismo privado em Roma sucede, sem transição, o seu apogeu. O que pode ser explicado: Augusto foi ao mesmo tempo chefe de partido e chefe de Estado; o chefe de partido estimulava seus partidários a conquistar os corações da plebe para o partido, mas o soberano tendia a reservar esse monopólio para si. Ora, o soberano não se afasta imediatamente do chefe de partido, o que explica a peripécia inicial.

Aos olhos de Tácito, é evidente que a munificência privada está excluída da cidade e que os príncipes reservam esse exercício para si. O historiador senatorial conta melancolicamente o último sucesso do evergetismo republicano, aproximadamente no início do reino de Tibério:

> Nessa época, Emílio Lépido pediu ao Senado a autorização[395] para consolidar e decorar com seus recursos próprios a basílica de Paulo, monumento que perpetuava a lembrança de Emílio; pois a munificência a serviço do público ainda estava presente nos hábitos de então. Augusto também não tinha impedido um Tauro, um Filipo, um Balbo de fazer que contribuíssem para a ornamentação de Roma ou para a sua notoriedade na posteridade com os restos mortais do inimigo ou com o excedente de sua riqueza. Imitando seu exemplo, Lépido renovou a ilustração de sua raça, apesar de sua medíocre fortuna. Mas como o teatro de Pompeu havia sido destruído acidentalmente por um incêndio, o príncipe fez a policitação para reconstruí-lo: aparentemente os membros da família não eram suficientemente ricos para fazê-lo e, apesar disso, o monumento conservaria o nome de Pompeu.[396]

---

395 Ele deve pedir a autorização porque a basílica, erigida por um evérgeta, tornou-se um monumento público: ninguém pode tocar nela sem a autorização do Senado, que ainda tinha a responsabilidade pelos edifícios públicos (Mommsen, *Staatsrecht*, v.3, p.1136, n.3; v.2, p.1044; p.1046, n.1 e p.1051).

396 Tácito, *Anais*, 3, 72.

Filipo, Balbo e Tauro, três vencedores que Augusto havia permitido ornamentar Roma, tinham respectivamente restaurado um templo de Hércules, um templo de Diana e erigido o primeiro anfiteatro de pedra que a *Urbs* possuiu; poderíamos tranquilamente prolongar a lista das construções da época de Augusto que são obras de triunfadores, *viri triumphales*, e que foram construídas com o dinheiro dos saques, os *manubiae*, segundo a tradição.[397]

Esse apogeu é sucedido por uma queda muito rápida. Como triunfadores, poderiam ainda construir quando já não há mais vencedores e o imperador reservava para si a exclusividade do triunfo?[398] O mesmo monopólio imperial referente ao evergetismo se estende a Roma e, no Império, ele diz respeito a muitas outras coisas: não se consagra mais, na *Urbs*[399] e alhures, *opera publica* a alguém que não seja o soberano ou membros da família regente;[400] os gregos devem renunciar em conceder templos, concursos ou honras divinas aos governadores de suas províncias.[401] A evolução é lenta e se desenrola pelos fatos, e não se inscreve necessariamente no direito, mas tudo termina no fim do reino de Tibério, no mais tardar. No que diz respeito ao evergetismo, o

---

[397] Augusto incentiva os *viri triumphales* a embelezar Roma (ver n.321), nos diz Veleio Patérculo, 2, 89, retomado quase textualmente por Suetônio, *Augusto*, 29. Sósio conserta ou constrói o templo de Apolo, Enobarbo, o de Netuno, Munácio Planco, o de Saturno, Domício Calvino, a Régia, Cornifício, o templo de Diana. Ver Platner-Ashby, ou *Rome et l'Urbanisme dans l'Antiquité* de L. Homo, p.339; R. Syme, *The Roman Revolution*, p.141 e 402. Sob o Império, as construções dos generais vitoriosos são interrompidas por uma excelente razão: o saque não pertence mais aos generais, mas unicamente ao imperador (E. Sander em *Rheinisches Museum*, 101, 1985, p.184).

[398] Mommsen, *Staatsrecht*, v.1, p.135; v.2, p.854 e 885; v.3, p.1234.

[399] A única exceção possível: Trajano teria deixado o *Kingmaker* Licínio Sura construir as *Thermae Suranae* no Aventino sob seu nome: Aurélio Vítor, *Epitome*, 13, 6; Dião Cássio, 68, 15; ver R. Syme, *Tacitus*, p.35, n.5 e p.231.

[400] Pode-se dedicar um monumento a um indivíduo como dedicamos um livro: os gregos dedicavam edifícios aos imperadores e governadores romanos, em vez de dedicá-los aos deuses, conforme o costume. Sob o Império, constata-se que os *opera publica* são dedicados unicamente à dinastia reinante ou aos imperadores em geral (Dessau, n.3976: *Numinibus Augustis, fanum Plutonis posuerunt*) e interpretamos nesse sentido um texto do *Digeste* (*Latomus*, 1967, p.746, n.1); ver Mommsen, *Staatsrecht*, v.2, p.950. Quando vemos em Roma, sob o Império, uma capela consagrada ao claríssimo que a construiu (Dessau, n.1203), podemos concluir com certeza que era um santuário privado. Relevemos o caso quase excepcional da biblioteca de Efésio, dedicada ao consular Ti. Júlio Celso Polemiano: seu nome aparece no acusativo da inscrição do edifício, que abrigava sua estátua e as de suas virtudes e que era "como um vasto monumento em sua honra"; J.Keil em *Forschungen in Ephesos*, v.5 1 (2°., Oesterr. Archäol. Instituto, 1953), p.626.

[401] Siracusa tinha celebrado *Marcellia* e *Verria*: ele não poderia mais fazê-lo sob o Império; ver Nilsson, *Gesch. Griech. Religion*, 2.ed., v.2, p.38; L. Robert, *Hellenica*, II, p.38; Syme, *The Roman Revolution*, p.405 e 473; *Tacitus*, p.513. Ver também n.311.

próprio Augusto pôde constatar seus perigos políticos durante o caso Enácio Rufo:[402] esse edil tornou-se popular organizando, a título privado, uma corporação de bombeiros; o povo o elege pretor e se cotiza para reembolsar as despesas que ele teve com essa honra; o homem se deixa levar pela popularidade e se candidata ao consulado: preso sob a acusação de conspiração, ele é executado, e o imperador cria uma corporação pública de bombeiros. O último combate ocorreu sob Vespasiano, pela ação de um retardatário.[403] Quando precisou reconstruir o Capitólio, Helvídio Prisco propôs que o templo fosse restaurado com os recursos do *aerarium* e sob os cuidados do Senado, e o príncipe limitou-se a contribuir com a despesa; "os espíritos moderados fizeram que essa proposição passasse sem barulho, depois caiu no esquecimento". O imperador não podia tolerar, em sua capital, evérgetas ao seu lado.

Então se estabelece uma partilha que durará até o Baixo Império, quando Roma, municipalizada, volta a ser uma cidade ordinária, vive sob a autoridade de seu prefeito como as outras cidades vivem sob a autoridade de seus curadores, e terá evérgetas como estas últimas, o monopólio imperial sobre Roma tendo chegado ao fim.[404] Antes dessa época e durante todo o Alto Império, a partilha se estabelece da seguinte maneira: em Roma, o imperador é o único que tem o direito de erigir monumentos públicos; nenhum evérgeta pode fazê-lo. Em princípio, o Senado também tem o direito de construir, mas ele constrói somente estátuas honoríficas de imperadores e de magistrados, ou monumentos para a glória dos imperadores.[405] Unicamente o imperador

---

402 Dião Cássio, 53, 24; Veleio Patérculo, 2, 92; R. Syme, *The Roman Revolution*, p.371 e 402.

403 Tácito, *Histórias*, 4, 9 (Mommsen, *Staatsrecht*, v.2, p.950, n.1 e v.3, p.1145, n.2).

404 No Baixo Império, Roma é municipalizada; o Senado não é nada mais que o equivalente de um conselho dos decuriões e as relações do prefeito da cidade com o Senado são as de um *curator civitatis* com a cúria local. Ver E. Stein, *Histoire du Bas-Empire*, v.1, p.121; A. H. M. Jones, *The Later Roman Empire*, v.2, p.687 e, sobre os espetáculos, p.537. No século IV, os edifícios públicos de Roma levam o nome do prefeito da cidade, o nome do imperador e do Senado vinham acrescentar-se a esse somente se tivessem contribuído com a despesa (A. Chastagnol, *La Préfecture urbaine à Rome au Bas-Empire*, p.353): do mesmo modo, nas cidades municipais, os *opera publica* mencionam o *curator civitatis*. Além disso, o prefeito da cidade começa a levar frequentemente o título honorífico de *patronus*: pela primeira vez, Roma tem *patroni* como as outras cidades. Enfim, simples particulares adquirem no século IV o direito de construir em Roma: Chastagnol (*Fastes des préfets de la Ville*, p.16) cita uma lista de senadores que subscreveram para a construção de um edifício; o *Código de Teodósio*, 15, 1, 11, concede a todos o direito de consertar os edifícios de Roma. Quanto às termas de Nerácio Cirial (Dessau, n.1254-1246), ignoro se eram públicas ou privadas.

405 O último edifício erigido em Roma antes do século IV por alguém que não fosse o imperador ou o Senado foi, sem dúvida, o teatro de Balbos ou então o *porticus Vipsaniae*, construído pela irmã de Agripa. Em virtude da diarquia, o Senado, em nome do povo e em seu próprio (o que engendra a fórmula S. P. Q. R., que surge... sob o Império: Mommsen, *Staatsrecht*,

tem o direito de oferecer jogos e *munera* extraordinários à Roma; em compensação, os jogos e *munera* ordinários continuam a ser oferecidos pelos magistrados.[406] Em boa lógica, o imperador deveria ter reservado para si o monopólio integral dos espetáculos: mas como as instituições republicanas permaneciam, o príncipe teve que compactuar com elas. Parece desnecessário dizer que, fora de Roma, nas cidades municipais e nas cidades peregrinas, espetáculos e construções mantêm-se livres.[407] E enfim, os presentes públicos de qualquer tipo, que continuam lícitos em Roma, são reservados ao imperador na capital; apenas ele, doravante, concederá à plebe distribuições de dinheiro, banquetes ou *epulae* e congiários, e apenas ele será honrado pela plebe: é evidente que a cidade de Roma não tinha outro *patronus* além do imperador, "pai da pátria". O último a distribuir dinheiro ao povo romano a título privado foi, se não me engano, o rei Herodes, o Grande, durante uma estada em Roma.[408] O imperador é o único evérgeta e o único *patronus* de sua cidade. Inclusive, enquanto os legados às outras cidades se multiplicam, torna-se inusitado fazer legados à plebe romana, como César ou Balbo haviam feito, sem mencionar Aca Laurência: daquele momento em diante, somente os imperadores legaram dinheiro ao povo romano; quanto aos simples particulares, sem dúvida legaram ao próprio imperador o que em outros tempos eles teriam legado ao povo.[409] Devemos acrescentar, para sermos justos, que todas essas limitações têm sua compensação lógica; Roma é a única cidade do Império onde nenhum encargo coletivo recai sobre a população e onde os

---

v.3, p.1257), manda construir em Roma monumentos para a glória dos príncipes: templos de Vespasiano e de Tito (*Corpus*, VI, 938), arco de Constantino (VI, 1139): como se uma regra de pudor impedisse os imperadores de honrarem a si mesmos. Além dos monumentos desse tipo, a autoridade do Senado reduz-se à construção de estátuas em solo público (*Staatsrecht*, v.3, p.1185), mesmo os fóruns imperiais (*Staatsrecht*, v.1, p.450; acrescentar Tácito, *Anais*, 15, 72; ver Dessau, n.273; Suetônio, *Vitellius*, 3, 1), e a fazer que retirem (*Staatsrecht*, v.3, p.1190). Sobre a dualidade do *curator operum publicorum* e do *procurator operum publicorum*, ver Hirschfeld, *Verwaltungsbeamten*, p.265-272, e Pflaum, *Carrières procuratoriennes équestres*, v.2, p.600.

406 Friedländer, em Marquardt, *Staatswaltung*, v.3, p.490.
407 Respeitando a lei que proíbe a um liberto oferecer *munera* sem autorização especial e os regulamentos que fixam um máximo para as despesas para os gladiadores. Além disso, os governadores de província, senatoriais ou equestres, não têm o direito de oferecer *munera* (Tácito, *Anais*, XIII, 31; ver Mommsen, *Epigraphische Schriften*, v.1, p.523): eles teriam arruinado seus administrados oferecendo-lhes espetáculos à custa deles e fazendo que os perdoassem, graças aos espetáculos, por terem-nos pilhado.
408 Josèphe, *Antiquités judaïques*, XVI, 128: exceto se compreendermos que Herodes os ofereceu a Augusto para que ele mesmo os distribuísse.
409 Ademais, quando o *Digeste* evoca os legados para as cidades, ele nunca evoca o caso de um legado ao povo romano.

munera municipalia são desconhecidos.[410] É verdade que ela também não tem autonomia municipal.

Um trecho de Dião Cássio[411] permite perceber como Augusto apagou o brilho dos espetáculos e dos presentes oferecidos por outras pessoas que não fossem o príncipe:

> Augusto suprimiu alguns banquetes públicos[412] e trouxe de volta outros mais frugais.[413] Ele confia todos os jogos públicos aos pretores fazendo que lhes fossem atribuídos fundos públicos para isso, sendo, contudo, proibido que um pretor gaste além de seus recursos próprios, que ofereça combates de gladiadores ou qualquer outro prazer mais de duas vezes por ano e com mais de 120 combatentes sem decreto do Senado.[414]

Enquanto somente o imperador oferece espetáculos extraordinários, que são os mais bonitos, manda construir todos os edifícios públicos (com exceção dos monumentos que o Senado e o povo romano erigem em sua honra) e distribui sozinho presentes para o povo de Roma, os membros da aristocracia senatorial organizam espetáculos de rotina e entretêm com seus próprios recursos as estradas e os aquedutos de Roma que não levam seu nome. No Baixo Império, com a municipalização de Roma, as grandes magistraturas senatoriais serão, por sua vez, municipalizadas; a fortuna dos senadores será imobilizada como penhor do Senado, e a de um decurião municipal será um penhor de sua cúria;[415] os jogos que os cônsules e os pretores oferecem deverão ser superiores a um mínimo fixado pela lei, como nos municípios, a menos que os pretores e os cônsules, em vez de espetáculos e de *sparsio*,

---

410 Abstração feita das prestações dos *corporati*, não existem outras *munera civilia* em Roma além dos *tutelae*. Consequentemente, quando a *Histoire Auguste* apresenta como um *munus* os legados do Senado para o imperador (o único que podia recebê-los: *Straatsrecht*, v.2, p.680), concluiremos que uma vez mais, a *Histoire Auguste* transpõe ao século III as instituições do século IV (Gordiani, 32). Sobre a *immunitas* senatorial, E. Khun, *Die stästche und bürgerliche Verfassung des römischen Reichs*, 1864, reimpresso em 1968, Aalen, Scientia Verlag, v.1, p.223-224.

411 Dião Cássio, 54, 2: ver Hirschfeld, *Verwaltungsbeamnten*, p.286.

412 Sobre esses banquetes que, durante algumas festas, os senadores ofereciam à plebe ou a seus clientes, ver, por exemplo, Marquardt, *Privatleben*, p.208.

413 Sem dúvida, a festança (*recta cena*) foi substituída por uma distribuição de esportules (ver Suetônio, *Néron*, 16: *publicae cenae ad sportulas redactae*).

414 Cláudio renovou essa interdição (Dião Cássio, 60, 5).

415 No Baixo Império, o patrimônio dos curiais, como o dos decuriões, não pode sair da cúria: inscrito nos registros públicos, ele é imobilizado (*Código de Teodósio*, 6, 2, 8) e é uma garantia para a cúria (Ch. Lécrivain, *Le Sénat romani depuis Diolclétien*, p.86).

O imperador e sua capital

consertem os aquedutos.[416] Porém, essa municipalização começa desde o Alto Império, apesar de os fatos serem mal conhecidos e a evolução hesitante.[417] A primeira tendência pretendia limitar os gastos dos senadores e o esplendor de seus espetáculos; os pretores não poderão gastar três vezes mais do que a soma paga pelo Tesouro;[418] Cláudio limita a um único dia o *instauratio* dos jogos do circo.[419] Como nas cidades municipais, passou-se, em seguida, da despesa com os jogos às despesas *pro ludis*; já Augusto havia pedido aos *viri triumphales* dedicar seus *manubiae* ao conserto das estradas.[420] Agripa, por sua vez, ficou encarregado dos Saepta Julia, "pois", afirma Dião Cássio, "ele não se prontificou a consertar nenhuma estrada";[421] traduzimos esse "pois" na língua da epigrafia municipal: Agripa dedicou os Saepta *pro pollicitatione straturae* como policitação de estradas. Suetônio nos ensina também que Cláudio impôs aos questores, *pro stratura viarum* (são suas palavras), um espetáculo de gladiadores:[422] devemos concluir que, antes dele, os questores de Roma, como vulgares magistrados municipais, deviam assumir os custos de manutenção das estradas. Enfim, em seu opúsculo sobre os aquedutos, Frontão[423] diz que as bacias onde a água chegava chamavam-se *opera publica* ou *munera* e que esses últimos eram os mais bonitos: o leitor não duvidará que esses *munera*, como o nome indica, foram construídos pelos curadores

---

416 Sobre as despesas e somas honorárias dos pretores e cônsules do Baixo Império para os jogos (a menos que, *pro ludis*, consertem os aquedutos), ver *Código de Teodósio*, VI, 4, passim; *Código de Justino*, XII, 3, 2 (ver R. Delbrück, *Consulardiptychen, Textband*, p.68). Em geral, E. Kuhn, *Die stadtische und bürgerliche Verfassung*, v.1, p.206-207. Sobre as suntuosidades do filho de Símaco nos espetáculos (Símaco, *Cartas*, 4, 8, 3; Olympiodoro, fragmento 44), A. Chastagnol em *Historia-Augusta Colloquium*, 1964-1965, p.62; Friedländer, *Sittengerschichte*, v.2, p.41; Alföldi, *Kontorniaten*, p.40).
417 Mommsen, *Staatrecht*, v.3, p.900, nega em geral a existência de uma soma honorária para as magistraturas em Roma, mesmo sob o Alto Império; quanto à venda em leilão de sacerdócios por Calígula (Suetônio, *Calígula*, 22; ver Dião Cássio, 59, 28), ela lembra as vendas de sacerdócios da época helenística sobre as quais falamos no Capítulo II.
418 Dião Cássio, 54, 17, mas ver 55, 31.
419 Id., 60, 6.
420 Ver sobretudo Suetônio, *Augusto*, 30 e Tíbulo, 1, 7, 57-62; R. Syme, *Roman Revol.*, p.402. O próprio imperador também mandou consertar as estradas: Mommsen, *Staatsrecht*, v.3, p.1146, n.1.
421 Dião Cássio, 53, 23.
422 Suetônio, *Cláudio*, 24; Mommsen, *Staatsrecht*, v.2, p.534; ver Tácito, *Anais*, XI, 22 e XIII, 5; Suetônio, *Domiciano*, 4; *Vita Lucani*, 2, 10; Friedländer em Marquardt, *Staatsverwaltung*, v.3, p.487. Ver Veyne na *Revue de philologie*, 1975, p.92, n.1.
423 *De aquae ductu*, 3, 2.

dos aquedutos com seus próprios recursos, ou talvez pelos questores, no lugar de seus espetáculos de gladiadores. Injúria suprema, já na época de Cláudio, os padres romanos pagam uma soma *pro introitu* ao Tesouro.[424]

A plebe, "cliente" do príncipe

As evergesias dos aristocratas se perdem, assim, no anonimato de um conserto ou nos cofres do Tesouro. As do imperador são personalizadas: espetáculos, construções, distribuições são obras de suas decisões pessoais. Pois o príncipe tem com a plebe de sua capital relações particulares: ele a trata como sua família, ele lhe deixa legados; quando Otaviano Augusto corta sua primeira barba ou celebra seu aniversário, ele convida todo mundo para a festa e, em seu testamento,[425] legará um milhão a cada uma das tribos; os cidadãos, por sua vez, oferecem gratificações ao príncipe; no século III, quando Elagábalo se casa, todo o povo de Roma convidado para a festa, em júbilo, mergulha sua alegria nos copos.[426] Agradecem ao imperador por seus presentes como se fazia para um evérgeta; por exemplo, as 35 tribos erigem uma estátua a Trajano que lhes ofereceu lugares suplementares no circo.[427] Entre o imperador, de um lado, e o Senado e o povo de Roma, do outro, as trocas de presentes e de honras são efetivamente intermináveis;

> Quando Calígula teve uma filha, ele reclamou [por édito, como podemos supor] de sua pobreza e dos encargos familiares que se acrescentariam doravante a seus encargos de imperador: ele aceitou, assim, coletas para seus cuidados e para o dote de sua filha; ele fez que soubessem também, por édito, que ele aceitaria gratificações de fim de ano e permaneceu no vestíbulo do palácio no dia

---

424 Suetônio, *Cláudio*, 9. – Sobre passar a simples funcionários em uma posição extremamente inferior, a inscrição *Corpus*, XIV, 4012 (Dessau, n.5387) cria um problema; um *accensus velatus* é dito ali *immunis*; será que devemos acreditar, com Mommsen (*Staatsrecht*, v.3, p.289, n.3), que a soma honorária era dispensada para a entrada em sua decúria? Ou que se trata de uma imunidade dos *munera* de Óstia ou dos *corporati* de Roma (*Fragmanta Vaticana*, 138, citado por Dessau)?

425 Suetônio, *Augusto*, 57; *Calígula*, 42; Dessau, 92, 93, 99; Dião Cássio, 48, 34; 54, 30; 55, 26. Sobre o testamento de Augusto, ver sobretudo Suetônio, *Augusto*, 101; comparar os outros testamentos imperiais conhecidos (não falo aqui daqueles que encontramos em *Histoire Auguste*); o de Tibério (Suetônio, *Tibério*, 76), de Calígula (*Calígula*, 24), de Cláudio (*Claude*, 44). Sobre as gratificações de fim de ano do povo para seu imperador, ver as associações etnográficas de M. Nilsson, *Opuscula minora selecta*, v.1, p.274.

426 Dião Cássio, 79, 9.

427 Dessau, n.286: *liberalitate optimi principis*.

1º de janeiro para recebê-las da multidão muito confusa que as colocava, diante dele, com suas próprias mãos.[428]

As esquisitices de Calígula não se situam propriamente em sua conduta (Augusto também recebia gratificações de fim de ano da plebe de Roma), mas na falta de tato e de desinteresse; Augusto tinha agido de outra forma:

> O Senado e o povo tendo mais uma vez se cotizado para construir uma estátua em sua honra, [Augusto] não erigiu nenhuma estátua de si mesmo, mas da saúde pública, da concórdia e da paz. Devemos dizer que contribuições desse tipo vinham incessantemente e em qualquer ocasião: finalmente, para o dia 1º de janeiro as coletas não eram mais feitas a título privado: vinham trazê-las para o próprio imperador. Mas o príncipe respondia a tais ofertas com presentes de igual valor ou de valor superior que oferecia aos senadores e também àqueles que não eram senadores.[429]

As relações entre o imperador e o povo de Roma são mais familiares do que cívicas.

Comparáveis aos *donativa* que separam a guarda imperial dos simples cidadãos, os congiários indicam que existe uma relação privilegiada entre o soberano e sua capital. Essas distribuições de dinheiro para a plebe ocorrem em intervalos irregulares, em particular no advento de qualquer novo imperador;[430] ignoramos se toda a população livre tinha direito a isso ou somente os cidadãos que também se beneficiavam das distribuições de trigo gratuito.

---

428 Suetônio, *Calígula*, 42. Friedländer, *Sittengeschichte*, v.I, p.90. Ver Dião Cássio, 72, 16 (Mommsen, *Staatsrecht*, v.3, p.900).

429 Dião Cássio, 54, 30 e 35. – Um evérgeta que é honrado com uma estátua demonstra tato se ele usa os créditos públicos destinados a sua estátua para erigir a imagem de um deus ou do príncipe, e não sua própria efígie; assim se explica o epigrama da *Anthologie grecque*, XVI, 267, que os editores recriminaram a Plínio, *Cartas*, I, 17. Mais geralmente, deve-se sempre fazer contradons e não ficar para trás. Eis aqui um exemplo tirado da *Histoire d'Appolonios de Tyr*, capítulo 10, sobre o qual falamos na nota 296. Fugindo do rei de Antíoco, cuja filha ele seduziu, Apolônio faz escala em Tarso, que está passando por uma penúria; ele faz um discurso público de policitação na cidade: Apolônio daria à cidade 100 mil sacas de trigo por 8 (*octo aeris*) cada se ela o protegesse em sua fuga. A cidade aceita e compra o trigo por esse preço (o grego diria que Apolônio fez uma *paraprasis*); "mas Apolônio, não querendo perder sua dignidade real e merecer o nome de doador em vez de mercador, rendeu-o à cidade, para seu uso (*utilitati*; ver Dessau, n.6252: "*voluptatibus et utilitatibus populi plúrima contulit*"." Porém, a cidade, não querendo ficar atrás com relação aos presentes, utiliza o dinheiro do evérgeta para erigir no fórum uma estátua de Apolônio em uma biga.

430 O estudo de D. van Berchem, *Les Distributions de blé et d'argent à la plebe romaine sous l'Empire*, tese de Genebra, 1939, p.119-176, dispensa de nos prolongarmos sobre os congiários.

O montante dessas liberalidades era de algumas dezenas de milhões. Como o imperador reservou para si mesmo o monopólio desse presente de origem privada, a plebe se torna sua cliente, ou se tornaria se ela pudesse considerar o príncipe como um simples particular, e se ela não soubesse que seu sucessor, qualquer que fosse, lhe ofereceria os mesmos presentes. A essas distribuições de dinheiro acrescentavam-se o pão, o óleo e a carne que os serviços da anona distribuíam com cada vez mais frequência e que se tornariam regulares no século III; introduzimos no dossiê um texto dessa época que mostra que os privilégios da capital impressionavam as pessoas: o grego Filóstrato compara esses presentes à economia ciclópica; "Os ciclopes, dizem, eram alimentados pela Terra sem fazer nada, sem cultivar nem semear; a propriedade e a troca não existiam, tudo crescia sem ter preço e sem pertencer a ninguém: era como no Fórum Boário",[431] onde se erigia a Estação da Anona.

Quanto ao trigo gratuito, era um resquício pitoresco que o estilo monárquico atribuirá, evidentemente, à liberalidade do príncipe. Com a transformação de Roma em cidade imperial, a instituição de Graco adotará um novo sentido: a plebe frumentária será considerada expressamente cliente do príncipe: quando os textos falam de clientes do imperador, eles não querem dizer nada além disso.[432]

Indolência urbana e moral do trabalho

Materialmente, existe pouca diferença entre o evergetismo dos imperadores e o dos simples particulares. Os príncipes distribuem congiários para os habitantes de Roma, como os oligarcas da República haviam feito; os *alimenta* de Trajano são externamente comparáveis a algumas fundações privadas; Nerva assegura a gratuidade dos funerais para a plebe da capital durante algum tempo, conforme o exemplo dos evérgetas privados.[433] Roma tem seus espetáculos e enormes estabelecimentos de termas públicas (as termas eram

---

431 Filóstrato, *Heroïkos*, 664, p.248 (Opera, *Kayser*, v.2, p.129).
432 Sobre o trigo gratuito e a anona, ver a Seção 6 do Capítulo III. Sobre o trigo como liberalidade, Kloft, *Liberalitas principis*, p.88-95. Sobre o problema discutido dos clientes da plebe romana, ver D. van Berchem em *Rendiconti della Pontificia Accademia*, 18, 1941-1942, p.183-190, sobre a inscrição *Corpus*, VI, 32098 F. Ou simplesmente Mommsen, *Staatsrecht*, v.3, p.444, n.4; ver p.173, n.4 e p.461.
433 A. Degrassi, *Scritti varï di antichità*, v.I, p.697: "*Nerva funeraticium plebi urbanae instituit*"; um evérgeta de Bérgamo paga a seus concidadãos a taxa sobre as pompas fúnebres (Dessau, n.6726, bem explicado por B. Laum, *Stiftungen*, v.1, p.114, ver v.2, p.184, n.84 A). Em compensação, é falso dizer que Septímio Severo tenha garantido um serviço gratuito de remédios para a plebe romana: a passagem de Galiano, *De theriacis ad Pisonem*, 1, 2 (v.14, p.217 Kühn) explica-se mais categoricamente: são as banalidades de estilo monárquico que fazem

naqueles tempos tão sagradas quanto os banhos públicos nos países islâmicos; era um rito de sociabilidade); ora, termas e espetáculos eram as vantagens (*commoda*) que toda cidade devia proporcionar a seu corpo cívico, e que os mecenas pagavam quando os cofres da cidade estavam vazios.[434] O evergetismo imperial não é mais assistencialista do que o dos particulares; ele não oferece aos indigentes o que precisam, mas faz que os habitantes de Roma, concidadãos do imperador, tirem proveito da fortuna dos ricos.[435]

Pão gratuito, distribuições de dinheiro, edifícios suntuosos, festas públicas: o evergetismo, imperial ou não, é sinônimo de luxo e de ociosidade; o que é chocante para nossa moral do trabalho: Roma, cidade de preguiçosos que os imperadores bajulavam por razões de decoro e que os papas sustentarão com esmolas...

Mais precisamente, os antigos não tinham o que chamamos de moral do trabalho, e é por isso que o imperador podia achar bonito permitir a toda uma cidade não fazer nada, o que parece estranho vindo de um rei muito cristão que tem súditos em vez de cidadãos. Quando se trata de sua corte, um rei cristão não hesita em lhe proporcionar uma ociosidade dourada que convém aos senhores, mas vetada ao povo; aos olhos dos antigos, porém, qualquer cidadão é um senhor, e a ociosidade é recusada somente aos escravos. De fato, muitos cidadãos eram mais miseráveis e esmagados pelo trabalho do que muitos escravos; mas, por solidariedade de casta, ninguém tinha de exaltar a necessidade onde se trabalhava sob o nome de moral do trabalho; quanto aos escravos, davam-lhes ordens.

---

de tudo um mérito para seu imperador; A. Birley recusou a interpretação em uma frase em seu *Septimius Severus*, Eyre and Spottiswoode, 1971, p.287.

434 Uma cidade proporciona a seus cidadãos certo número de vantagens: usufruto dos estabelecimentos públicos, participação nas evergesias etc.; são os *commoda*, e são reservados aos cidadãos (ou a uma categoria de cidadãos, por exemplo, aos decuriões). Pergunto-me se a cidadania honorífica dava direito a esses *commoda* (uma cidade podia conceder seu direito de burguesia a um estrangeiro que ela queria honrar: o caso é frequente na Espanha, onde vemos cidadãos de diferentes cidades ao mesmo tempo; ver uma interessante hipótese de D. Julia, *Les stèles funéraires de Vigo*, Heidelberg, Kerle, 1971, p.22). Sobre a palavra *commoda*, citemos *Digeste*, 50, 1, 271; a *lex métalli vipascensis* (Dessau, n.6891); ver *Digeste*, 50, 1, 35; *Corpus*, IX, n.5899 e XI, n.1944 (trata-se do cofre municipal destinado aos *commoda*), Frontão (carta *Ad amicos*, 2, 7): *commoda decurionatus*.

435 Quando o imperador dirige-se aos romanos (como em Tácito, *Anais*, 15, 36, e em cem outros lugares), ele os chama de *cives*, o que, na Antiguidade, não queria dizer "cidadãos!", mas "meus concidadãos" (a palavra *concivis* não existia; em compensação, um general dizia *commilitones* a seus soldados); do mesmo modo, *fratres* deve ser interpretada por "meus caros confrades". Não esquecer que um imperador é senador e que todo senador tem a reputação de ter a própria Roma como cidade (senão, como ele poderia tornar-se magistrado? Outras indicações em Mommsen, *Staatsrecht*, v.3, p.473-474).

Na verdade, a solidariedade de todos os homens livres não tinha um grande peso diante de certas superioridades. Oligarcas como Salústio ou Cícero não hesitavam em tratar o povo romano de bando de preguiçosos, e o ideal cívico não impediu a César deixar discretamente uma parte da plebe frumentária morrer de fome, pois o interesse superior do Tesouro estava em jogo. Mas quando nenhum interesse se opunha e quando se tratava simplesmente de decoro, o príncipe era respeitado: essa era a margem.

Essa margem de solidariedade desdenhosa subsistia pela seguinte razão: não se conhecia ainda a possibilidade de fazer a plebe romana trabalhar, porque fazer uma população urbana trabalhar é uma ideia de altíssima cultura que os antigos ainda não podiam ter. Eles consideravam a indolência da plebe repugnante, mas inevitável; eles teriam deixado os pobres morrerem de fome sem nenhum escrúpulo, mas nunca teriam pensado em vangloriar o trabalho diante deles, já que não podiam forçá-los a trabalhar; eles não tinham os plebeus sob suas ordens em suas casas, como seus escravos.[436] O único remédio contra a preguiça urbana era oferecer um patrimônio aos plebeus para transformá-los em agricultores e enviá-los para as colônias.

Pois existe uma grande diferença entre o trabalho urbano e a agricultura. Se um homem livre tem um patrimônio, se possui um pequeno campo, ele trabalhará espontaneamente; seu interesse e as estações bastarão para que suas tarefas sejam entendidas. Em compensação, o trabalho urbano supõe contrariedade ou educação secular; a iniciativa, efetivamente, não vem das coisas: o trabalhador urbano deve aprender a respeitar horários abstratos.

A terra é concreta e é inútil forçar proprietários a trabalhar; a ociosidade urbana, em compensação, foi um flagelo milenar cujos *lazzaroni* da velha Nápoles são um exemplo extremo. A linguagem do imperador Juliano mostra que a seus olhos é evidente ser preguiçoso nas cidades: "O imperador não sofrerá com a ociosidade e a arrogância das cidades, em compensação ele não permitirá que falte o necessário; cuidará para que os campos, a classe dos cultivadores que labora ou planta paguem seus impostos".[437] Leiamos

---

436 Ademais, sua política em termos de trabalho mantinha-se aos votos piedosos (ou ao trabalho forçado para os condenados das minas imperiais e para os operários das manufaturas imperiais); "honre aqueles que trabalham e deteste os preguiçosos e os que possuem ocupações vis", diz o falso Mecenas ao falso Augusto, em Dião Cássio, 52, 37; as ocupações vis devem ser as profissões de atleta e de condutor sobre as quais falamos em 52, 30, nas quais "Mecenas" reclama que os espetáculos multiplicam as profissões inúteis. Trata-se de moralismo e não de produtivismo.

437 Juliano, *Éloge de Constance (Sur la royauté)*, 32. Varrão, *Agriculture*, 2, 1: as mãos que cultivavam há muito tempo o trigo e as vinhas estão ocupadas apenas em aplaudir no teatro e no circo.

as impressionantes páginas de Sombart[438] sobre os esforços que Colbert fez contra a preguiça nas cidades: o ministro trata as populações urbanas como pequenos estudantes a quem devemos mandar estudar, o que significava mais ou menos: trabalho forçado; isso se chamava aprendizado do trabalho. O nome de Colbert pode simbolizar o início de uma era das manufaturas e dos horários.

Em uma realeza do Antigo Regime, um pobre não tem dignidade cívica; se a razão de Estado o exigisse e se a autoridade do rei ou o estado das técnicas o permitisse, não hesitariam em forçá-lo a trabalhar, pois a moral dominante considerava que tirar o pobre da preguiça era salvá-lo; mais tarde, uma moral do trabalho não dirá mais que a obrigação de trabalhar imposta aos pobres é um dever, mas que a necessidade de trabalhar na qual todos se encontravam tornou-se uma dignidade.

Um pobre da Antiguidade pagã tinha teoricamente direito a um patrimônio se fosse cidadão; ora, qualquer um que tenha um patrimônio é um membro autônomo da coletividade: ele é o único juiz de seu interesse, e se ele não quiser trabalhar, ninguém deve intervir. Ora, a moral que a Antiguidade professa (evidentemente diferente da "moral" que suas condutas implicam a nossos olhos) sai da boca do cidadão; ela não proclamará que para todo agente moral é indispensável ou honorável trabalhar: o trabalho é para os outros. Uma moral do trabalho professada aparecerá somente quando os outros, as pessoas do povo, falarem através de uma nova moral: a moral cristã, que retoma a moral popular contra a moral cívica e oligárquica, fará que as pessoas modestas trabalhem usando sua própria linguagem.

Esquematizemos, efetivamente, as diferentes atitudes pagãs diante do trabalho:

1. A Antiguidade lembrava-se da época distante na qual ela era tão pobre que, como Cincinato, todo mundo trabalhava, e não somente os escravos. Em plena época helenística, na rude população das montanhas da Arcádia, trabalhar com as mãos (*autourgia*) ainda era o fardo de todos.[439] Nas épocas mais prósperas, fazer alguma coisa manualmente poderá ser uma regra de vida que ricos vão impor deliberadamente a si mesmos para forjar um caráter (como Catão, o Antigo, fazia) ou por ascetismo, e mais tarde por caridade (como fará São Martinho de Tours, que compartilhará as tarefas domésticas com seu único escravo);[440] o trabalho em questão consiste, na verdade, em

---

438 Sombart, *Der Moderne Kapitalismus*, v.1, 2, p.802 e 823.
439 Políbio, 4, 21, 1.
440 Catão: Plutarco, *Catão, o Velho*, 1. Sobre a *autourgia*, ver também Marco Aurélio, 1, 5, 2; ver 3, 5, 3. Sulpício Severo, *Vie de Saint Martin*, 4. No *Pédagogue*, 3, 4, 26, 1, Clemente de Alexandria

se vestir sozinho e coisas simples desse tipo. O neoplatônico Porfírio aconselhará sua mulher a não deixar todas as tarefas para os domésticos, pois ela se exporia, dessa forma, às tentações da fúria e da indolência; imagino que a esposa em questão deveria se contentar com uma única servente.[441]

2. A regra consiste em acreditar que o trabalho, no verdadeiro sentido da palavra, aquele que cansa e que se faz apenas sob pressão da necessidade e da obrigatoriedade, degrada o caráter.[442] Contudo, recomenda-se a qualquer indivíduo se dedicar a atividade não essencial que lhe proporcionará recursos em vez de viver na nobre mendicância; assim se explica um texto curioso de Xenofonte, no qual nos enganaríamos em ver a moral do trabalho; o visconde de Bonald, pouco suspeito de esquerdismo, dava o mesmo conselho à nobreza de sua época. Não tem nada a ver com o "crescimento de uma burguesia".[443]

Os modernos atribuem geralmente aos estoicos, que não mereceram isso, uma moral do trabalho.[444] Na verdade, os estoicos não trataram tanto assim do trabalho; quando eles o fazem, eles aplicam sua filosofia à moral professada ou implícita de sua época, apenas isso. *Primo*, como qualquer notável, o sábio deverá escolher uma atividade não essencial que lhe proporcionará uma renda; qual delas ele deve preferir, levando-se em conta sua profissão filosófica? É o problema clássico da escolha dos meios de vida (*bios*) e dos recursos (*porismos*) ao qual Crisipo dedicará um tratado.[445] Em uma utopia banal, Musônio sonha que o sábio será pastor ou até mesmo agricultor,

---

aconselha usar suas mãos (*autourgia*) e não recorrer exclusivamente aos domésticos para os cuidados pessoais.

441 Porfírio, *Lettre à Marcella*, 35. Isso permitirá a Marcela ser "independente", quer dizer, não depender de seus domésticos para as menores coisas da vida cotidiana e não achar estar perdida se suas serventes não estão a seu lado. Conviremos que, aqui, "trabalho" e "autossuficiência" não têm o mesmo conteúdo que na *Primeira Epístola aos Tessalonicenses* de São Paulo, 4, 11 e 12, na qual se trata, para os pobres, de trabalhar para não ficarem sob o encargo de ninguém.

442 Um belíssimo texto é o *Éloge de Constance*, 10, de Juliano; ter um trabalho, quer dizer, ser ganancioso, correr atrás do lucro por uma atividade mercantil, corrompe a alma das crianças. Bidez remete ao capítulo de Estobeu, 5, 789 Wachsmuth-Hense, intitulado "Culpa da pobreza".

443 Nem com o tema, de origem inglesa, de uma nobreza mercantil, de uma *gentry*; trata-se do antigo tema, estudado no primeiro capítulo, da especulação ocasional (*Gelegenheitsunternehmung*), forma normal de enriquecimento das altas classes no passado. Xenofonte, *Mémorables*, 2, 7.

444 Por exemplo, A. Bonhöffer, *Die Ethik des Stoikers Epiktet*, 1894, p.73 e 233; artigo "Arbeit" do *Reallexicon für Antike und Christentum*, com as referências em Epitete.

445 Diógenes Laércio, 7, 188.

pois isso deixa mais tempo para os lazeres![446] De qualquer forma, as coisas exteriores sendo indiferentes, incluindo doença e tortura, e o trabalho sendo externo, o sábio não recusará a si mesmo nenhum tipo de trabalho: reduz-se a isso a moral do trabalho atribuída a Epíteto, que não afirma que todas as profissões são honoráveis, mas que todas são indiferentes. *Secundo*, como cada um deve exercer o ofício que lhe foi atribuído pela providencial necessidade e colaborar com o destino que o conduz, o sábio exercerá seu dever de homem, de cidadão ou de imperador [447]com zelo (*philoponia*); é uma moral do dever, e não do trabalho; ela deve ser aplicada às pessoas que não são forçadas a fazê-lo, ela não exalta a necessidade de trabalhar que alguns sentem.

3. Com certeza, ninguém negava a evidência: trabalhadores e artesãos, quer dizer, os outros, eram indispensáveis ao Estado; eles deviam ser controlados e deviam assumir sua tarefa. Assim fazia o velho Catão e o Eclesiástico, que foi seu contemporâneo ou quase, e que também pensava dessa maneira:[448]

> Convém ao mau servidor a tortura e a questão; envie teu servidor ao labor e que ele não fique ocioso, pois a ociosidade é a mãe de todos os vícios; mas não se deve exagerar: és um servidor? Guie-o como um irmão, já que precisas dele.

---

446 Musônio, p.57 Hercher (Estobeu, v.4, p.380 Wachsmuth-Hense). Quando os estoicos aconselham o sábio a procurar recursos para ser independente, eles pensam no interesse do próprio sábio, que deve ser "autossuficiente", independente, invulnerável às coisas externas. Quando São Paulo prescreveu para cada fiel trabalhar, ele pensou nos outros fiéis cuja preguiça não deve ficar sob seu encargo. O que é "evidente" nessas duas perspectivas, o que está implícito ali inconsciente ou ideologicamente não mencionado, é que os estoicos, sem pensar nisso, colocam-se no lugar de notáveis que tomaram a decisão de encontrar recursos, nem que fosse por "especulação ocasional"; enquanto São Paulo coloca-se no lugar dos pobres coitados cujos parentes e amigos recriminam-lhes deixarem-se sustentar sem fazer nada.

447 Sobre a *philoponia*, Marco Aurélio, I, 16 início e 6, 30; essa palavra combina, nos textos, com "perseverança". Aqui também, o que é "evidente" é um ponto de vista de notável, de rico: não se trata de trabalhar para comer, trata-se de querer agir com seriedade e perseverança no papel social no qual se nasceu, seja o de proprietário de terras (Xenofonte, *Économique*, 20, 25; *Mémorables*, 3, 4, 9) ou o de imperador. Compreendemos que esse tema tenha muita importância: nada forçava os notáveis a cuidarem seriamente de suas terras ou das funções públicas; eles teriam sempre recursos suficientes para viver e sua tendência natural teria sido o *farniente*; diferentemente do comércio, até mesmo a agricultura não se exerce contra concorrentes e pode-se investir pouco sem ser, por isso, condenado à falência; enfim, as instituições e profissões econômicas eram muito pouco articuladas por não constituírem, como na França, uma obrigação. Quanto às funções públicas, mal imaginamos a aristocracia romana preocupando-se muito em saber se o imperador ou os governadores de província ficam em seus escritórios oito horas por dia. Assim, a obrigação do trabalho podia ser unicamente de origem moral: era uma questão de educação, de estilo de vida, exatamente como o puritanismo segundo Weber.

448 *Eclesiástico*, 33, 27 et seq.

4. Mas o que pensava disso o próprio servidor? Um ditado difundido por São Paulo nos ensina: "Que aquele que não trabalha não come!"; a coletividade dos pobres não quer ficar parasitada por aquele entre eles que é sustentado sem fazer nada.[449] Esse preguiçoso morrerá de fome: é o destino traçado para ele, o castigo que o ameaça e o infortúnio que lhe desejam; a moral popular interioriza a necessidade de trabalhar como uma obrigação e essa moral recai sobre aqueles que tentam transferir o fardo para os outros ou para os cegos que se arriscam na aventura da preguiça que os fará morrer de fome. Foi assim inventado o pecado da preguiça.

Contudo, esse pecado não teve grande repercussão até a era mercantilista e, mais tarde, a era industrial; o que São Tomé ou Dante chamavam de preguiça era a *acedia*, um tipo de deleite moroso, ou então a displicência, indolência de caráter ou diletantismo. Tendo-se tornado ética professada, a moral popular substitui a do cidadão livre, a do homem de lazer. Porém, uma ética professada tem apenas uma relação distante com a realidade; ela se acomoda com a exigência de ociosidade senhorial; ela é, inclusive, desnecessária: pregar o trabalho, santa lei do mundo, seria redundante com as obrigações de fato ou seria inaplicável.

Acontece que o dever de trabalhar e de ganhar seu pão com o suor de seu corpo estava inscrito nas Escrituras; acontece também que a moral cristã não era uma receita de felicidade, como a moral antiga, mas um dever de obediência feliz. O que dará boa consciência aos Estados quando esses se sentirão suficientemente fortes para erigir em máximas de governo as regras de vida monástica e para lutar nas manufaturas contra a preguiça natural das populações urbanas. Tendo-se tornado moral professada, a ética popular, interiorização da obrigação, foi usada como pretexto para forçar os outros para seu próprio bem.

Sociologia urbana de Roma

Roma imperial: uma população composta por aqueles que vivem diretamente das despesas dos grandes e do palácio e por aqueles que vivem indiretamente disso, parasitando os primeiros ou trabalhando para eles. Essa plebe tem reações que as multidões industriais não conhecem: a paixão

---

449 O ditado é citado por São Paulo na *Segunda Epístola aos Tessalonicenses*, 3, 10. Ver os paralelos judeus citados por Strack e Billerbeck, *Kommentar zum Neuen Testament aus Talmud und Midrasch*, reimpresso em 1969, C. H. Beck, v.3, p.641. Sobre a atitude do próprio São Paulo, ver o v.2 da *Histoire du droit et des institutions de l'Église por J. Dauvillier: Les Temps apostoliques*, Sirey, 1970, p.609-615.

pelos espetáculos e uma relação muito original com a política, ou melhor, com o palácio.

O contraste com as multidões surpreendentemente autodisciplinadas dos países industriais de nosso século é grande, onde ninguém mais se deixa esmagar nos dias de grande agitação (como ocorria no coroamento dos czares ou nos funerais de Nasser e Stalin). A plebe romana, na qual os *lazzaroni* eram numerosos, era fascinada pelas vedetes do teatro e da arena ou pelos times de condutores, as "facções" do circo.[450] Brigas apolíticas opunham os clãs dos torcedores reunidos em clubes.[451] Ademais, a polícia dos espetáculos era um grande caso; os historiadores antigos retiveram os nomes das vedetes executadas ou exiladas por causa das confusões em que haviam se metido ou que haviam provocado.[452] Ótica de um Estado autoritário que desconfiava de tudo o que se mexe? Não somente; as brigas pelo esporte ou pelas "pantomimas" (essa mistura de ópera e balé) eram realmente incontroláveis, pois elas podiam estimular movimentos de grupo mais sérios.[453] Toda a Antiguidade esperou ou temeu o motim geral que finalmente aconteceu e, por ter começado no circo, quase provocou a perda do trono para Justiniano.[454] Também temíveis ou policialmente suspeitos eram os clubes ou *collegia* de qualquer tipo, profissionais ou religiosos.

O que agravava as coisas era que, em Roma, as facções do circo eram consideradas, parece-me, como desigualmente distintas;[455] elas não tinham cores

---

450 A palavra *factio* designava as cores ou equipes de bigas, as "escuderias" e também as tropas teatrais: e não os clubes populares de *torcedores*, de *fãs* dessas facções; esses clubes, por sua vez, chamavam-se *populus* ou *pars*; foi assim que A. Maricq estabeleceu, "Factions du cirque et partis populaires", em *Académie royale de Belgique, Bulletin de la classe des Lettres*, 36, 1950, partic., p.400-402.

451 O mesmo proselitismo de *lazzaroni* fazia-os ficarem fascinados pelas revoluções do palácio (Tácito, *Histórias*, I, 35 e 36); estaríamos errados em assimilar essa paixão das multidões heterônomas, a favor e contra os grandes personagens, à paixão revolucionária das multidões modernas; Tácito, *Anais*, XIV, 61, fala, em vez disso, de clientelismo.

452 Por exemplo, um pantomime, o primeiro Pilada exilado por Augusto (Dião Cássio, 54, 17; Suetônio, 37); o biógrafo de Adriano assinala como uma curiosidade que esse imperador nunca tenha exilado nenhum pantomime ou condutor de bigas. Sobre o século IV, Amiano Marcelino, XV, 7, 2.

453 Tácito, *Anais*, 13, 25: *gravioris motus terrore*.

454 Além da sedição Nika, a guerra civil de 609-610, dizem, é uma guerra de azuis e verdes; mas isso se deve à organização muito particular do Hipódromo em Bizâncio e não devemos concluir nada sobre as *factiones*, nem sobre os clubes do Alto Império.

455 Esse nos parece ser o centro da questão; em casos desse tipo, as nuances são tudo. As facções não são partidos políticos disfarçados, nem sociedades parcialmente políticas (em virtude da plurifuncionalidade habitual das sociedades): elas simplesmente têm coeficientes de esnobismo desiguais. Preferir o polo ao futebol ou a compra de uma vitrola à de

políticas, não se disfarçavam sob as tendências políticas (Roma não é Bizâncio; e ademais, em Bizâncio, as épocas devem ser diferenciadas). Contudo, tem-se a impressão de que as pessoas de bom gosto e os "bons" imperadores eram torcedores da facção dos azuis, enquanto a tendência popular torcia pelos verdes; porém, isso tudo era mais uma questão de temperamento pessoal do que de linhas político-sociais bem definidas: no fundo, nada era mais verde do que as pessoas que se acreditavam azuis, e pessoas que deveriam ser azuis tinham o coração verde. O inconveniente é que o próprio imperador tinha suas preferências e suas estrelas; assim, vaiar seus gladiadores favoritos podia ser considerado um comportamento de oposição ou podia realmente ser isso. Calígula mandou executar pessoas honradas "por terem criticado um de seus

uma televisão também não são uma opinião política travestida. Fica-se tentado até mesmo a negar que as facções, sob o Alto Império, tenham tido a menor coloração permanente. Simplesmente, quando um imperador, diziam, era partidário dos verdes, a oposição gritava "abaixo os verdes", do mesmo modo que ela vaiava um ator se o imperador concedesse-lhe sua preferência. O que vem confirmar esse ceticismo é que Vitélio e Caracala, que acreditávamos *a priori* partidários dos verdes, facção popular, torciam para os azuis. Parece-me, contudo, que os azuis e os verdes tinham uma coloração de esnobismo permanente, os azuis sendo a escuderia favorita da elite, e não tomavam indiferentemente uma cor de equipe oficial e de equipe de oposição segundo as escolhas do imperador; o que o faria acreditar é que, no *Satíricon*, 70, 10, Trimalcião, homem muito elegante, torce para os azuis e recrimina seus convivas, homens de posição inferior à dele, por torcer pelos verdes (isso não deve ser um acaso, mas nos textos de Petrônio seria um *ethos*, um traço característico). Concluamos: duas opções desigualmente levantadas, sem nenhuma implicação político-social; melhor ainda, a classe alta e os imperadores repartiam-se entre essas duas opções desiguais: a escolha era mais uma questão de temperamento individual do que de *standing* de classe (houve um tempo em que futebol e tênis, *bourbon* e uísque, televisão e vitrola, eram desigualmente considerados em si: o que não impede que, no interior da própria alta classe, as escolhas nesses termos permanecessem amplamente individuais). Como Marco Aurélio I, 5 fala dos verdes e dos azuis, poderíamos acreditar que ele poderia ser partidário de ambos. Sobre isso tudo, ver as tomadas de posição muito diferentes de R. Mac Mullen, *Enemies of the Roman Order*, p.170, e de R. Goossens no *Byzantion* de 1939 (que me parece exagerar gravemente as coisas). – Sobre as facções do circo na própria Bizâncio, sobre a famosa tese de Manijlovic sobre seu alcance político-social, consultar agora A. Cameron, *Porphyrius the Charioteer*, Oxford, 1973, p.232-239, que sugere que o problema é um pouco mais complicado e sutil do que o das causas da Revolução de Maio de 1968 na França, implica um pouco mais de paixões pessoais nos historiadores e leva a escrever tolices. Mas o importante para nós é que Roma, mesmo no século IV, não é Bizâncio; as brigas não tinham como único objeto os azuis e os verdes (mas um gladiador ou uma pantomima); além do proselitismo esportivo ou artístico que permanece sua grande explicação, elas adotavam coloração política apenas ocasional e acessoriamente (ver as duas notas seguintes). Poderíamos dizer o mesmo sobre os aplausos no teatro ou na Ópera, no século XVIII ou sob o Império: o zelo nas artes bastava para fazer que batessem com as bengalas, mas além disso, algumas vezes, paixões políticas misturavam-se a eles.

espetáculos de gladiadores",[456] e Vitélio "mandou executar plebeus que tinham gritado: abaixo os azuis! estimando que haviam feito isso para mostrar seu desprezo pelo imperador na esperança de fazer estourar uma revolução". [457]

Os antigos eram os primeiros a se surpreender com tudo isso, mas eles sabiam pelo menos uma coisa: a loucura dos espetáculos era uma doença de suas grandes cidades, Roma, Alexandria ou Antíoco. É desconfortável fazer uma análise psicossociológica urbana com dois milênios de atraso ou quase; a sociologia de Roma é praticamente desconhecida, e apesar de uma imensidão de textos e dezenas de milhares de inscrições, ela é incognoscível. Restam as probabilidades, também chamadas de "leis da história", e uma frase de Tácito na qual acreditei encontrar meu fio condutor; na morte de Nero, o historiador escreve[458] "a parte sã da população romana anexada (*annexa*) às grandes famílias, os clientes e os libertos dos condenados e dos exilados, retomava confiança; mas a plebe sórdida, habituada ao circo e aos teatros, e com ela a escória dos escravos, estava no desalento".

A dificuldade desse texto é que ele analisa as relações de clientelismo, enquanto nós recorreríamos a uma análise diferente; perguntaríamos se na plebe havia muitos desempregados, *disoccupati* ou *lazzaroni*, se ela vivia de seu trabalho ou das esmolas de seus protetores. Mas Tácito não despreza a "plebe

---

456 Suetônio, *Calígula*, 27.
457 Id., *Vitélio*, 14, que cita o hábitos de Vitélio e de Calígula como esquisitices de tiranos. O que quer dizer o seguinte: a paixão partidária levava às vezes as pessoas a criticarem um ator ou todo um espetáculo por razões puramente políticas; mas isso era relativamente acessório para que o poder pudesse permitir-se fechar os olhos para esses suspiros partidários. A politização dos espetáculos não é suficientemente forte para que o imperador tivesse que sacrificar dois princípios sacrossantos à manutenção da ordem: que o imperador devesse se colocar a serviço dos cidadãos quando oferecesse jogos (ele os chama de "senhores" ou "meus senhores", como veremos); ele é seu fornecedor e cada um tem o direito de ficar descontente (comparar Petrônio, 45, 13); o outro princípio é que o povo romano, no circo ou nos espetáculos, tem o direito de ser franco (*libertas*, Amiano Marcelino, 16, 10, 13), e é ele quem julga cada artista ou cada campeão: o presidente deve simplesmente inclinar-se. De um modo geral, os espetáculos são uma festa, um lazer: o "circo" é o contrário da política. Calígula e Vitélio são duplamente odiosos: eles "politizaram" o circo e recusaram ao público o direito que todo público tem de não gostar do que lhe mostram.
458 Tácito, *Histórias*, 1, 4; sobre essa frase, Friedländer, *Sittengeschichte*, v.1, p.223; R. Syme, *The Roman Revolution*, p.404, n.5; Z. Yavetz, *Plebs and Princeps*, p.152 e o admirável artigo de R. Marache, "La revendication sociale chez Martial et Juvénal", em *Rivista di cultura classica e medioevale*, 3, 1961, partic. p.41. Mesmo recorte da plebe em duas partes quando os Flavianos atacam Vitélio: enquanto uma parte da plebe se arma para defender Vitélio (Tácito, *Histórias*, 3, 58, 69, 79-80; ver Suetônio, *Néron*, 44), os grandes armam seus homens contra ele (*Histórias*, 3, 64). Do mesmo modo, a multidão tomando o partido de Otaviano contra Popeia, os partidários de Popeia declaram que essa multidão não é a plebe, mas somente a clientela privada da imperatriz (Tácito, *Anais*, 14, 61).

sórdida" pela sua preguiça; ele vive em um mundo onde o trabalho não é a melhor maneira de ganhar a vida e onde o serviço pessoal é honorável; ele despreza a plebe sórdida porque, não sendo de ninguém, ela não é nada: nenhuma fidelidade lhe proporciona uma certa consistência. Ela é o mais baixo do gênero humano que se arrasta na poeira; como não tem disciplina social, não existe nada para ser levado a sério nela, e ela dedica o seu tempo inteiro a seus lazeres. Como passar da análise clientes-não clientes à análise trabalhadores-ociosos?

A plebe romana trabalhava;[459] essa mesma plebe vivia, por um lado e de diversas maneiras, na dependência dos grandes (o clientelismo no sentido estrito da palavra, o pior deles, aquele que alimentava seus homens); enfim, Roma tinha seus ociosos, seus *lazzaroni*, suas "classes perigosas"; quando refletimos sobre a economia das cidades antigas que consomem sem produzir muito, ficamos tentados a representar as grandes cidades do Império sob o modelo das cidades atuais da América Latina, imensas aglomerações nas quais centenas de milhares de antigos camponeses vivem miseravelmente em bairros pobres. Não existe, apesar das lendas, nenhuma relação regular a ser estabelecida entre essa classe ociosa e as distribuições de pão gratuito, às quais atribuímos todas as desmoralizações; o pão gratuito mal alimentava um homem, não se vive apenas de pão, esse pão era um privilégio honorável que se comprava ou se adquiria graças à proteção de um patrão; enfim, ele era distribuído a apenas 150 mil privilegiados em uma cidade que podia ter 1 milhão de habitantes; o pão gratuito não era esmola. Quanto ao serviço de anona imperial, que representava muito mais que o antigo privilégio do pão gratuito, ele garantia o pão a preço normal: mas era necessário trabalhar para comprá-lo. A plebe romana não procurava esmolas, mas trabalho: Vespasiano recusou-se a utilizar uma máquina para o transporte de uma coluna para não privar o pobre povo de seu pão.[460] O Coliseu sem dúvida foi construído com os braços da plebe. Podemos imaginar quatro categorias na população pobre de Roma: a enorme domesticidade das grandes famílias composta de escravos e de libertos; os lojistas e os artesãos que, ingênuos ou libertos, abasteciam os ricos e o resto da população e que conhecemos bem graças a seus epitáfios; uma massa de semidesempregados em busca de trabalho; enfim, os *lazzaroni*, que eram mais numerosos porque, na pior miséria, conseguiam

---

[459] Encontraremos uma visão original das coisas em I. Hahn, "Zur politischen Rolle der städtrömischen Plebs unter dem Prinzipat", em *Die Rolle der Plebs im spätrömischen Reich*, Akademie-Verlag, Berlim, 1969, p.49. Na síntese que vamos tentar fazer, apoiamo-nos mais nas semelhanças e na comparação do que nos documentos (eles são raros e pouco propícios a satisfazer as exigências da economia e da geografia); na verdade, seria também o caso de qualquer outra síntese que pudéssemos propor sobre essa questão.

[460] Suetônio, *Vespasiano*, 18.

meios de sobreviver em uma grande cidade, no contato com os ricos e no anonimato de uma multidão inorgânica, que não existe no campo. E os clientes? Estamos chegando lá.

Quando Tácito diz que a parte sã do povo é "anexada" ou "associada" aos grandes, ele provavelmente não pretende dizer que a plebe tinha afeição pela antiga oligarquia em geral e lhe era politicamente favorável; mas que os diferentes plebeus dependiam de alguma forma de tal ou tal família. Imagino que eles formavam três espécies: os libertos, os protegidos e os clientes no sentido estrito da palavra.

As grandes famílias se cercavam de um círculo de dependentes, necessário para seu brilho: "clientes e libertos fiéis e trabalhadores rendiam-lhes seus deveres".[461] Esses libertos trabalhadores eram antigos escravos da casa que permaneciam sob o teto de seu antigo senhor e o serviam como antes; eram também libertos que haviam se estabelecido como artesãos ou lojistas e que deviam juridicamente pagar prestações em dinheiro ou em produtos a seu senhor e tinham que lhe prestar homenagens.

Quanto aos protegidos, suponho que eram em número maior do que eu possa provar. Podemos acreditar que as pessoas modestas contavam com a proteção de uma ou outra grande família, trabalhavam para ela, amavam essa família, e que as relações de vizinhança eram decisivas para a escolha de um protetor. Montesquieu escreve em suas lembranças de viagem:

> O povo de Veneza é o melhor do mundo. Sofrem pacientemente porque um grande não lhes paga, e se forem três vezes à casa de um credor e esse lhes disser que se voltarem mais uma vez mandará bater neles, eles se controlam e não voltam mais. É verdade que, se um grande prometer sua proteção, ela será concedida não importa o que aconteça.

Enfim, os clientes, no sentido estrito que a palavra assumiu sob o Império. É uma instituição de aparato:[462] as grandes residências precisam de pessoas que venham encher seus salões de manhã e as cortejem na rua, pois um senhor romano nunca está sozinho, até mesmo nos momentos mais íntimos.[463] Em troca desse serviço bem específico, o cliente recebe um salário

---

461 Frontão, p.127, Van den Hout.
462 Marquardt, *Privatleben*, v.1, p.204-212; Friedländer, *Sittengeschchte*, v.1, p.223-232. Acontece que o patrão hospeda os clientes gratuitamente (*Digeste*, 9, 3, 5, 1 e 33, 9, 3, 6).
463 Tácito, *Anais*, 13, 44, citado por Paul Lacombe, *La famille dans la société romaine*, Paris, Biblioteca Antropológica, v.VII, 1889, p.308; é o momento de recomendar calorosamente esse livro admirável que surgiu muito cedo, foi pouco conhecido e caiu no esquecimento quando sua hora havia chegado.

formal, a "espórtula",[464] no momento de sua visita; ela vale seis sestércios por dia, ou seja, um bom salário para um operário nos tempos de Balzac. É muito para um homem do povo, é muito pouco para a classe elevada: os clientes são privilegiados que brigam por isso, pois não são oriundos do povo, mas pobres coitados que possuem recomendações ou poetas famintos.[465]

Esqueçamos o que forma, sob o Império, o verdadeiro clientelismo: os salões dos grandes também recebiam a visita de "amigos" (que às vezes se autoproclamavam "clientes" para reivindicar sua deferência);[466] eram jovens ou não tão jovens, cavaleiros ou senadores que cultivavam suas relações por sua carreira política, já que tudo era feito por cooptação e recomendações.

Essas redes de dependência das famílias senatoriais não encerram toda a plebe. Numerosos libertos viviam independentemente delas, liberavam-se de seus patrões e não lhes prestavam mais homenagens: essa infidelidade era uma das calamidades proverbiais que a época deplorava. Os numerosos libertos imperiais eram ainda outra coisa: funcionários na ativa ou aposentados, eles se posicionavam no alto da escala social da plebe; eles tinham seus próprios clientes, "muitos clientes" talvez,[467] pois todo mundo fazia questão de proteger alguém e qualquer pobre coitado achava sempre um mais pobre que ele. Sobravam: os desempregados que esperavam trabalho do imperador ou dos grandes; os *lazzaroni* que não esperavam e tinham força de caráter suficiente para viver sem se angustiar com a ideia do futuro (nem todo mundo poder ser um *lazzarone*); enfim, a "escória dos escravos", que podemos representar sob o modelo dos "lacaios audaciosos" do nosso século XVIII, gatunos e desordeiros; eles tinham sua parte de responsabilidade nas desordens dos espetáculos.[468]

Disponibilidade afetiva e atitude de cortesão

Efetivamente, toda essa população, sã ou não, de uma certa forma, ia aos espetáculos, e os senadores eram os primeiros a comparecer por dever[469] e por prazer (nos salões, discutia-se a favor ou contra o interesse pelo circo,

---

464 Sobre sua tarifa, Marquardt, *Privatleben*, v.1, p.211, n.7.
465 Sobre os poetas, ver o artigo de Marache citado na nota 458.
466 Por exemplo, Tácito, *Histórias*, 3, 66 (Vespasiano, antigo cliente de um Vitélio).
467 O tesoureiro-pagador de Trimalcião fala de uma roupa que um de seus próprios clientes lhe deu por seu aniversário (*Satíricon*, 30, 11); uma liberta diz em seu epitáfio: "Tive muitos *clientes*" (*Corpus*, VI, n.21975).
468 *Digeste*, 11, 3, 1, 5: Um escravo *"in spectaculis nimius vel seditiosus"*.
469 Quando Cômodo combate animais na arena, seria melhor, para os senadores, não perderem o espetáculo: Dião Cássio, 72, 20-21.

como se faz hoje na França sobre a televisão).[470] Contudo, Tácito recrimina os espetáculos somente para uma parte da plebe que não dependia das grandes famílias, e essa acusação é política; enquanto a plebe dependente é social e politicamente enquadrada pela oligarquia senatorial, a plebe inorgânica, em sua incúria política, demonstra algum sentimento somente para o soberano, doador de jogos e príncipe visível que permite ser amado sem exigir, em troca, a dependência da plebe.

A recriminação do amor excessivo pelos espetáculos é duplamente mitológica. A plebe inorgânica talvez frequente mais o circo que a outra; todavia, em seu caso, esse aspecto de seus costumes passa por uma característica: a disponibilidade afetiva que ela tem por seus espetáculos e por suas estrelas é apreendida como símbolo de sua disponibilidade social. Essa plebe é uma poeira humana que flutua conforme os ventos do momento ou da atualidade. Além disso, existia realmente uma categoria de indivíduos para quem o circo era a melhor das ocupações: os *lazzaroni*, que eram recrutados por critérios característicos, e não socioeconômicos. Como os notáveis das cidades, esses indigentes eram homens de lazer que se interessavam pela cultura. Movido por uma intenção polêmica, Tácito identifica-os a toda plebe inorgânica.

Foi por causa dos *lazzaroni* que Roma ganhou sua reputação de cidade que vive apenas para os espetáculos, porque eles permitem ver, através de um aumento caricatural, um traço comum a toda a plebe de Roma e a muitas populações urbanas antes da era dos Colberts e das fábricas: a disponibilidade afetiva.

Ainda no século passado, os *lazzaroni* de Nápoles eram os mais numerosos e os mais entusiastas a assistir ao milagre de Santo Janeiro; eles praticamente não tinham outros interesses na vida. Esse tipo de disponibilidade merece ser explicado: apenas a autocensura seria problemática, pois ela pode tomar diferentes caminhos – horários de trabalho, dependência de um protetor por quem se tem deveres morais, vida devota ou puritana, estrutura militante. As altas classes tiveram a mesma disponibilidade afetiva, enquanto os ociosos não cederam seu lugar aos profissionais da economia; uma parte de nossa nobreza professava a moral severa da mãe da princesa de Clèves, a outra parte dedicava-se à galanteria. Os romanos também sabiam que, quando um membro da alta classe não impunha a si mesmo as preocupações de uma carreira política e vivia na ociosidade, ele era a presa ideal das tempestades da vida amorosa.[471] A plebe que não se censura é designada, por sua vez, por sua paixão pelos espetáculos e pelas suas estrelas, atores ou

---

470 Plínio, *Cartas*, 9, 6.
471 Catulo, 51, 13: *"Otium, Catulle, tibi molestumst"*.

condutores; ela não precisa da ordem e da segurança do futuro, ela saboreia a plenitude da vida cotidiana, que é tão rica e diversa em prazeres dignos de uma "cidade real".

Pois Roma mudou muito desde o fim da República: tendo sido cidade, tornou-se uma capital onde o trabalho não é a preocupação principal de todos, e é usada como corte pelo soberano; em resumo, ela é uma "cidade real". Sua população é inapta à vida cívica, como foi o caso outrora de Alexandria;[472] ela não se sente mais senhora e cidadã da cidade, mas doméstica do monarca. Ao lermos Tácito, percebemos que ela tem um espírito comparável ao das cortesãs de Versalhes. A plebe observa a existência do soberano, cuja imensa imagem se torna uma obsessão (só se fala disso); ela busca os prazeres que o príncipe lhe oferece e que compõem as coisas de sua vida juntamente com o pão cotidiano.

Os modernos não têm o hábito de ver esse tipo de relação estendido a toda a cidade. Diferentemente da multidão imensa dos governados, súditos do imperador, Roma não tem uma relação impessoal e unilateral com o soberano; como uma cortesã, ela pode afligir, dissimular e bajular o príncipe. De um modo geral, ela se sente integrante do palácio. Ela critica os vencidos publicamente e insulta os poderosos derrotados; ela não tenta pressionar o senhor do dia, mas se mantém a seu lado para ouvir e repercutir seus sentimentos, como um coral de tragédia; ela o aclama. Pois a manifestação política, gênero desconhecido em Pompeia (que se preocupava somente com atividades públicas dos notáveis locais e suas brigas fúteis com as cidades vizinhas), é cultivada em Roma e na Alexandria, onde a multidão aclama ou vaia, exibe faixas que insultam mais do que reivindicam para ofender o senhor e se divertir, e desenha caricaturas nas paredes durante a noite.[473] Ela não tentava impor, através dessa agitação, suas reivindicações ao governo: ela participava das brigas do palácio; o que explica a aparente versatilidade dessa multidão, que intervinha pelos sentimentos e em coro, mas tinha um simples papel de acompanhante.

Tanto que, finalmente, a atitude da capital para com o senhor do Império, que é muito diferente da atitude dos habitantes do Império para com seu soberano, é muito comparável com a desses mesmos habitantes para com os notáveis locais de suas cidades respectivas.

Leiamos as inscrições gregas: vemos que, aos olhos dos governados, o governo representa duas espécies muito diferentes. Bem perto havia os senhores familiares, os notáveis, que eram concidadãos; mas acima de todos,

---

472 Sobre Alexandre, Políbio, 34, 14.
473 Políbio, 15, 27, 3 e os capítulos seguintes (brigas internas).

muito acima e muito distante, havia "as autoridades", entendemos as autoridades romanas como o imperador e o governador da província. Essas "autoridades" por excelência são chamadas nas inscrições de *hoi hêgoumenoi* e Dião de Prusa (devemos desconfiar de alguns de seus tradutores) faz a mesma coisa; essas autoridades são os poderosos aos quais São Paulo quer que se obedeça e que, na tradução da Bíblia por Lutero, tornar-se-iam a tristemente famosa *Obrigkeit*.[474]

Sob as autoridades imperiais, as multidões das cidades abaixam a cabeça e submetem-se a uma relação política impessoal e unilateral; mas com os notáveis, a relação é familiar e circula nos dois sentidos: a multidão toma partido nas brigas internas do Conselho da cidade, faz coro nas rivalidades de notáveis locais e compõe em qualquer circunstância uma plateia que aclama, vaia ou "leva" um evérgeta a ser generoso.

O que nos conduz ao reexame da questão da despolitização da cidade de Roma pelo circo.

9. O circo e a politização

O amor não se reduz a uma relação assimétrica ou desigual e a satisfações pessoais; ele é também "desejo do desejo do outro"; a política também não é apenas poder e interesses materiais. Entre o imperador, a plebe e um *terzo incomodo*, ou seja, o Senado, entrava em cena um drama sentimental cujos espetáculos eram o palco ou o símbolo. Doados pelo príncipe ou em sua presença, os espetáculos são uma satisfação material, mas também permitem ao soberano mostrar à sua capital que ele tem sentimentos populares (*popularis esse*); eles também são uma cerimônia na qual o príncipe faz que o aclamem. Poderíamos, então, falar de despolitização: as satisfações materiais e simbólicas do circo submetem a plebe a seu senhor; poderíamos também estimar que existe alguma coisa de democrático nesse presente e nessa homenagem que o imperador presta à cidade mais representativa de seu império.

As palavras pouco importam. Democracia? Mas se o imperador reina para o povo, ele não reina por ele. Despolitização? No fundo dessa noção confusa, encontra-se a vaga ideia de uma troca de satisfações; mas a política não é troca, mesmo desigual, de quantidades homogêneas, ela é acomodação a situações heterogêneas.[475] Apresentemos primeiramente o pitoresco quadro

---

474 Sobre "as autoridades romanas" nas inscrições gregas, L. Robert, *Études anatoliennes*, p.51 e n.2.
475 R. Aron, *Études politiques*, Gallimard, 1972, p.156.

dos espetáculos e do ano romano com seus numerosos lazeres, depois tentaremos especificar essas sutilidades.[476]

Os espetáculos: quatro meses de férias

Sob o Império, os espetáculos em Roma eram oferecidos exclusivamente pelos magistrados e pelo imperador; os simples particulares perderam o direito de doar *munera* de gladiadores. Os magistrados recebiam uma quantia do Tesouro, mas ultrapassavam amplamente seus créditos e o custo dos jogos se calculava por centenas de milhares de sestércios, ou melhor, por milhões. Eles ofereciam os *ludi* regulares, quer dizer, espetáculos teatrais e corridas de bigas no circo; o imperador, por sua vez, reservava para si todos os espetáculos extraordinários que eram frequentes e, especialmente, espetáculos na arena e combates de gladiadores no anfiteatro (mas também *venationes*, caças aos felinos); era ali que os condenados eram decapitados, queimados ou entregues aos animais, era um espetáculo suplementar. Como vemos, subsiste a antiga distinção entre os *ludi*, jogos solenes e públicos do circo e do teatro, e os *munera* de gladiadores que lutavam entre si ou combatiam os animais; esses *munera* permaneciam extraordinários e deixaram de ser privados simplesmente para se tornarem imperiais: a expressão moderna de "jogos de gladiadores" é um absurdo que o latim cometeu depois do século III.[477] Contudo, além dos gladiadores imperiais, qualquer magistrado podia acrescentar uma exibição de gladiadores ao programa normal de seus jogos; e sobretudo, sob o Império, existe um *munus* que em Roma se tornou público e obrigatório: ele é editado pelos questores que, em Preneste, deixaram de oferecer os jogos que Sula havia consagrado à fortuna dessa cidade em nome do Estado romano, como, inclusive, tentarei mostrar.

O *munus* ordinário dos questores e os jogos ordinários que são editados pelos edis, pelos pretores e pelos cônsules contam, anualmente, um total de

---

476 Sobre essas grandes linhas, completam-se: Friedländer em Marquardt, *Staatsverwaltung*, v.3, p.482-487 e 503; Hirschfeld, *Verwaltungsbeamten*, p.285-287; Mommsen, *Staatsrecht*, index, s.v. "*Spiele*" e *Epigraphische Schriften*, v.1, p.509. – Não confundamos os jogos e *munera* públicos com os espetáculos de corte que o imperador organiza em seu palácio: quando Calígula e Nero desempenharam papéis de condutores, foi sem dúvida no interior de sua corte (Marquardt, v.3, p.490).

477 O mais antigo exemplo encontra-se em Minúcio Félix, 37, 11; na vida de Adriano da *Histoire Auguste*, encontramos ao mesmo tempo *gladiatorium munus* (7, 12) e *ludi gladiatorii* (9, 9): é a marca de um conserto tardio; na vida de Treboniano Galo, 3, 7, lemos *ludos gladiatorios*. Em compensação, em 357, o *Código de Teodósio* ainda diz *gladiatorium munus* (15, 12, 2). Ver Wissowa, *Religion und Kultus*, p.465, n.9.

feriados de dois meses no início do Império, três meses sob Tibério, quatro meses no fim do século II e seis meses no Baixo Império;[478] acrescentam-se a isso os jogos extraordinários e os *munera* oferecidos pelo príncipe. Em 112, Trajano assume o consulado e, "no dia 30 de janeiro, dá o sinal de quinze dias de jogos nos três teatros, com três dias de distribuição de presentes e bilhetes de loteria ao público; no dia 1° de março, ele dá o sinal do circo com trinta corridas"; quatro anos antes, ele havia oferecido um *munus* com mais de quatro mil duplas de gladiadores, que se estendeu por 117 dias, compreendidos entre o dia 4 de junho de 108, quando os espetáculos começaram, e o dia 1° de novembro de 109: pois foi preciso pular os dias em que os tribunais funcionavam e os dias em que estavam ocupados com festividades ordinárias.[479]

O imperador assiste em pessoa a alguns desses espetáculos: àqueles que ele mesmo edita, àqueles que são oferecidos pela sua boa saúde e prosperidade ou por seu aniversário e até mesmo a alguns jogos editados e presididos por um magistrado (pois os dois vão juntos): o imperador honra o magistrado (esse é o verdadeiro sentido do verbo *praesidere*).[480] Suetônio ressalta uma singularidade de Tibério que fez muita coisa no sentido oposto de seus sucessores (pois a monarquia imperial ainda estava em gestação sob o seu reinado): ele não editou nenhum espetáculo e assistiu muito raramente aos que foram editados por outros;[481] Suetônio força o traço: na realidade, no início de seu reino, Tibério mostrava sentimentos pró-senatoriais indo "presidir" os jogos dos magistrados para honrá-los. Em suma, tanto no circo, no teatro, quanto no anfiteatro, o soberano está frequentemente presente na primeira fila ou em seu camarote do circo (que, na minha opinião, não era originalmente um santuário da pessoa imperial).[482] Mesmo tendo sido

---

478 Sobre a duração dos jogos, Friedländer, *Sittengeschichte*, v.2, p.13; H. Stern, *Le calendrier de 354*, Geuthner, 1953, p.70.

479 L. Vidman, "Fasti Ostienses", em *Rozpravy Ceskoslovenske Akademie Ved*, 67, 1957, fasc. 6, anos 108 e 112.

480 Sobre *praesidere*, Mommsen, *Staatsrecht*, v.1, p.402 e 407; v.2, p.824. É evidente que o editor dos jogos que os organiza (*ederé*) tem, ali, a primazia (*praesidere*) quando o imperador está ausente (ver Suetônio, *Augusto*, 45: *suam vicem... praesidendo*); também *edere* e *praesidere* são sinônimos em Tácito, *Anais*, 3, 64.

481 Suetônio, *Tibério*, 47; mas ver Dião Cássio, 57, 11; comparar *Histoire Auguste*, Adriano, 8, 2.

482 Questão polêmica; ver Alföldi, Monarchische, *Repräsentation*, p.160 e J. Gagé, *Les classes sociales dans l'Empire romain*, 2.ed., Payot, 1971, p.203. Muitos fatos são reunidos por Tr. Bollinger, *Theatralis licentia, die Publikums demonstrationen and en öffentlichen Spielen*, Winterthur, Schellengerg, 1969, p.74-77. Notemos somente três problemas: 1°) Trata-se de saber se o *pulvinar* de Augusto no circo (*Res gestae*, 19, 1 e apêndice 2) é o santuário no qual depositavam as imagens levadas nas *pompa circensis* ou se ele é confundido com o camarote imperial; portanto, é certo que, sob o Alto Império, esse camarote é um simples camarote; o

oferecido por outra pessoa, o espetáculo que ele "preside" se torna uma cerimônia em sua honra.

Tudo isso significa que a cidade de Roma vivia uma vida de festas, com vários meses de celebrações por ano, marcados por séries de alguns dias de acordo com o calendário religioso; esses meses de lazer eram passados na companhia do príncipe: o público coexistia com o príncipe quase tanto quanto os cortesãos conviviam com seu rei. Príncipe e espectadores passavam um terço ou um quarto de seus dias juntos nos espetáculos. Mesmo se ele estivesse ausente, os jogos começavam com uma homenagem pública ao imperador: eles são o equivalente das festas da corte nas quais é impossível que a pessoa do príncipe não seja a estrela. Lemos, nos textos de um fabulista de Fedra,[483] o autêntico relato de um desses espetáculos: um nobre magistrado oferecia jogos no teatro; a cortina se levantava (ou melhor "caía") dando início a uma tragédia ou uma "pantomima", e os corais entoavam uma cantata: "Regozije-se, Roma, não tens nada a temer, pois o príncipe vai bem!"; o público inteiro se levantava respeitosamente com essas palavras. Desejar boa saúde ao príncipe era efetivamente a fórmula adequada para as homenagens que lhe eram prestadas no espetáculo:[484] o Senado, a ordem equestre e a plebe aclamavam, ali, o soberano, e suas aclamações ritmadas foram sendo pouco a pouco codificadas, acompanhadas de música, e conduziam ao cerimonial bizantino do circo.[485] A vitória de uma das facções de

---

imperador exibe-se para seus súditos sentando-se na frente ou então se retira para o fundo de seu camarote, por detrás das cortinas. Poderíamos distinguir o *pulvinar ad Circum*, santuário chamado assim por causa do divã onde eram depositadas as imagens da *pompa*, por um lado; e, por outro, um *pulvinar* ou divã de honra no qual o imperador e sua família instalavam-se (Suetônio, *Claude*, 4) e que ficava no camarote imperial no circo, o qual não era um santuário? 2°) O camarote do circo de Constantinopla é a reprodução do camarote imperial de Roma? Ver A. Piganiol em *Byzantion*, 1936, p.383. 3°) Onde se encontrava o camarote do editor dos jogos? Notemos que o lugar de honra era diante do editor, *contra munerarium*, nos termos de um decreto honorífico de Cumes estudado por A. Degrassi, *Scritti vari*, v.1, p.480. Associaremos a isso um traço de orgulho do tribuno Anfíloco que, no circo de Antíoco, sentava-se diante do camarote imperial, *ex adverso imperatoris* (Amiano Marcelino, 21, 6, 3).

483 Fedra, *Fables*, 5, 5 (fábula 100): "*Erat facturus ludos quidam nobilis*".
484 "*Laetare, incolumis Roma salvo principe*", em Fedra. O herói dessa anedota é conhecido: seu epitáfio foi encontrado (Dessau, n.5239). Bücheler acreditou erradamente que se tratava de *ludi* extraordinários oferecidos pela saúde de Augusto: em todos os espetáculos, o público desejava inevitavelmente boa saúde ao príncipe (Dião Cássio, 72, 2). Comparar, nos Atos dos Arvales, as aclamações do tipo *imperator Augustus, ex cujus incolumitate omnium salus constat*; Dessau, n.451: *te salvo, salvi et securi sumus*; *Corpus*, IV, 1074 (grafite de Pompeia): *vobis salvis, felices sumus perpetuo*.
485 Alföldi, *Monarchische Repräsentation*, p.79-84.

condutores no circo era uma bela oportunidade para saudar, em um ritual simbólico, a vitória perpétua do soberano e transformar as cerimônias do circo em um tipo de triunfo.[486] Além disso, os espetáculos não eram a única circunstância pública na qual a população de Roma via o imperador com seus próprios olhos: ela o via também prestar justiça pessoalmente no Fórum (a atitude dos príncipes nessa circunstância é uma parte essencial da análise de seu caráter em Suetônio), distribuir com suas próprias mãos os congiários (os relevos oficiais e os versos de moedas mostram a cena),[487] jogar com suas mãos presentes ou bilhetes de loteria para o povo (Calígula sentia prazer ao ver o povo brigando para pegá-los),[488] presidir os sacrifícios solenes, sem falar das entradas solenes do príncipe em sua capital. Assim, "a maior parte do ano era dedicada aos sacrifícios e às festas".[489]

Segue que, de diversas maneiras, os espetáculos se tornam uma arena política, porque a plebe e seu soberano encontram-se ali face a face: é o lugar onde a multidão romana honra o príncipe, solicita-lhe prazeres, fala de suas reivindicações políticas, enfim, aclama-o ou ataca-o sob o disfarce de aplaudir ou vaiar os espetáculos. Foi assim que o circo e o anfiteatro tomaram uma importância desproporcional na vida política romana. Mesmo quando o imperador não assistia pessoalmente a algum espetáculo (o próprio Cômodo estava de vez em quando ausente),[490] as insígnias imperiais estavam, aparentemente, sempre instaladas em seu lugar e visíveis diante de todos:[491] o espetáculo era uma cerimônia oficial. Ora, a multidão sabe que o espetáculo é feito para ela, que ela é a rainha da festa e que as autoridades

---

486 *L'Empereur dans l'art byzantin*, p.144-147.
487 Kloft, *Liberalitas principis*, p.99-101; R. Brilliant, *Gesture and Rank in Roman Art*, p.170-173. O que explica as eventuais discussões, no momento da distribuição de um congiário, entre um dos beneficiários e o próprio príncipe: "Hermeneumata pseudodositheana", em *Corpus dos glossários latinos* de Goetz, v.3, p.36.
488 Josèphe, *Antiquités judaïques*, XIX, 1, 13. Sobre os *missilia* e *sparsiones*, Friedländer, *Sittengeschichte*, v.2, p.17; Regling no Pauly-Wissowa, v.V, 1, coleção 852, s.v. "*missilia*"; H. Stern, *Le Calendrier de 354*, p.152.
489 Dião Cássio, 60, 17.
490 Id., 72, 13.
491 Id., 72, 17: "Que Cômodo estivesse presente ou ausente, (era) sua pele de leão e sua clava (que) eram colocadas nos (anfi)teatros em seu assento de ouro"; a novidade me parece ser não que as insígnias imperiais sejam colocadas em um trono vazio (nada era mais normal), mas que essas insígnias sejam uma clava e uma pele de leão que implicam que o imperador vivo era um novo Hércules. Não existe nada de mais banal que o uso cerimonial e a iconografia do trono vazio no qual são colocadas as insígnias do poder: J. W. Salomonson, *Chair, Scepter and Wreath: Historical Aspects of their Representation*, tese de Groningue, 1956; não existe ali nenhum "simbolismo funerário", exceto secundariamente, mas uma realidade do cerimonial.

querem agradá-la;[492] a multidão se sente em casa no circo e nos teatros (tanto que, nos dias de agitação política, é para lá que ela corre para se reunir e manifestar).[493] Como os espetáculos eram a sua festa, quando o editor dos jogos era o imperador, ele se colocava, nesses dias, a seu serviço e se humilhava diante dela:[494] Cláudio chamava os espectadores de "senhores" (*domini*) – ele que, como soberano, era normalmente chamado pela multidão de "nosso senhor" (*dominus noster*); quando Augusto se ausentava dos espetáculos (ele podia eventualmente se ausentar "durante longas horas, às vezes durante dias inteiros"), ele primeiramente pedia desculpas ao público e recomendava-lhe o presidente efetivo que ficava encarregado de substituí-lo.[495] Os soberanos mostram-se indulgentes concedendo ao público suplementos de prazeres que lhes foram solicitados; Domiciano assistia muito regularmente aos combates de gladiadores editados pelos questores, o que permitia ao povo lhe pedir que apresentasse ali alguns de seus gladiadores imperiais que se produziam diante do povo em seus trajes de corte.[496] O príncipe torna-se particularmente popular ao aceitar recompensar os atores ou os campeões que o público prefere. Quando os espectadores desejavam que o imperador recompensasse uma de suas estrelas jogando-lhe uma bolsa na pista, eles agiam, creio, da seguinte maneira: eles dirigiam-se à própria estrela, gritando: "Que o imperador possa ser-te favorável!" (*habeas propitium Caesarem*).[497] Mas a multidão aproveita também a ocasião para se manifestar politicamente, e os espetáculos tornam-se o lugar de agitações políticas.[498] Foi no espetáculo que a multidão arrancou de Galba a

---

492 Considerava-se como hábil e louvável, vindo de um grande personagem, pensar em compartilhar das paixões populares pelos espetáculos; tal conduta era *popularis* (Tácito, *Histórias*, 2, 91).

493 Tácito, *Histórias*, 1, 72; nas cidades da Ásia Menor, na época imperial, o teatro desempenha o mesmo papel.

494 Alföldi, *Monarchische Repräsentation*, p.64-65; outras referências em Z. Yavetz, *Plebs and Princeps*, Oxford, 1969, p.98; ver Suetônio, *Claude*, 21.

495 Suetônio, *Augusto*, 45.

496 Id., *Domiciano*, 4; ver *Histoire Auguste*, Adriano, 19, 6: *histriones aulicos publicavit*.

497 Isso vem de Plínio, *Cartas*, 6, 5, 5: *propitium Caesarem, ut in ludicro, precabantur*; a fórmula é conhecida nas inscrições: Dessau, n.5084 A (*habeas propitium Caesarem*) e n.2610; *Corpus*, VI, 632 e 9223; XI, 8; XIV, 2163.

498 Sobre as manifestações políticas durante os espetáculos, Friedländer, *Sittengeschichte*, v.2, p.7; R. Mac Mullen, *Enemies of the Roman Order*, Harvard, 1967, com muitas referências e uma argumentação muito relativizada; Yavetz, *Plebs and Princeps*, p.18-24; Tr. Bollinger, *Theatralis licentia* (citado aqui, nota 482); acrescentar *Digeste*, 11, 3, 1, 5: um escravo *in spectaculis nimius vel seditiosus*.

execução de Tigelino,[499] reclamou dos preços do trigo,[500] "pediu insistentemente a Calígula que reduzisse o peso dos impostos"[501] e pediu a paz sob a luz dos lampiões.[502] Os espetáculos são um cerimonial da corte e um face a face entre o príncipe e seu cortejo de cidadãos.

Os imperadores que gostavam de trabalhar ficavam incomodados pela tirania dos espetáculos; César havia desagradado ao povo ao ler o jornal oficial ou as atas de procedimentos legais durante os jogos[503] (na França dos dias de hoje, ao contrário, um ministro que pega o avião Paris-Nice deve se mostrar trabalhando durante o voo). Augusto evita fazer como César; "ele se mostra interessado pelos espetáculos e pensava que participar dos prazeres da população (*vulgus*) era conforme ao espírito das instituições (*civile*)".[504] Marco Aurélio, por sua vez, não gostava das pompas oficiais; no início de seu diário íntimo, ele anota que seu professor, Rústico, havia lhe ensinado a não viver em trajes de aparato em seu palácio; os deuses e seu pai e predecessor haviam lhe ensinado que, no palácio, não é necessário guardas, roupas de aparato, tochas e estátuas. Os espetáculos o entediavam, pois os gritos da multidão o impediam de se concentrar em seus dossiês,[505] e ademais, não havia nada mais monótono do que o anfiteatro: os espetáculos eram sempre iguais.[506] Apesar disso, ele teve que encontrar um equilíbrio, pelas mesmas razões que outrora Cícero o havia feito; Antonino havia lhe ensinado a não fazer muito, nem muito pouco em termos de evergesias imperiais.[507] Ele mesmo se orgulhava "de não ser ganancioso por popularidade, de não querer

---

499 Plutarco, *Galba*, 17.
500 Tácito, *Anais*, 6, 13.
501 Josèphe, *Antiquités judaïques*, XIX, 1, 4.
502 Dião Cássio, 75, 4; o historiador espanta-se com o fato sempre um pouco surpreendente de que uma multidão de manifestantes acabe concordando em gritar a mesma coisa ao mesmo tempo; ademais, é frequentemente difícil distinguir, nos textos antigos a respeito, quais aclamações saudaram tal grande personagem e quantas vezes elas foram repetidas, se eram aclamações espontâneas (assim contar-se-ia o número de "chamadas" de um cantor que se aplaude) ou de *slogans* citados pelo poder; as aclamações são citadas em Dião Cássio, 72, 20. Ver Alföldi, *Monarchische Repräsentation*, p.79-87; E. Peterson, *Heis Theos: epigraphische, formgeschichtliche und religionsgeschichtliche Untersuchungen*, Göttingen, 1926, p.141-145. Mesmo o público estudante aplaudia os retores com aclamações estereotipadas: Filóstrato, *Vies des sophistes*, 2, 24, p.270, 282 e 286 da edição Wright (Loeb). Tácito, *Anais*, 16, 4: *certis modis plausuque composito*.
503 Suetônio, *Augusto*, 45.
504 Tácito, *Anais*, I, 54.
505 Se acreditarmos na *Histoire Auguste*, Marco Aurélio, 4, 1; ver Friedländer, *Sittengeschichte*, v.2, p.4-5.
506 Marco Aurélio, 6, 46.
507 Id., I, 16, 25; sobre a tripartição espetáculos-edifícios-congiários, ver Syme, *Tacitus*, p.226.

agradar, de não buscar as boas graças da plebe, mas ser reservado e responsável, mantendo o bom-tom, mas sem querer inovar":[508] são algumas das alusões ao problema dos espetáculos através das quais o imperador filósofo se vangloriava por não ser arrogante, mas respeitar a tradição que exigia que um príncipe não menosprezasse o que agradava ao povo. Juliano, o Apóstata, ao contrário, era ambicioso; ele atraía, assim, a animosidade da população de Antíoco porque não ia frequentemente ao teatro e dedicava-se aos espetáculos somente em seus momentos de folga; consequentemente, a multidão o recebia com gritos hostis.[509] Mas a maioria dos imperadores não detestava os espetáculos que pediam que sua majestade fosse aclamada, mostrava seu amor por seus concidadãos e saboreava sua popularidade. Marco Aurélio, que não gostava dos jogos, também não gostava das "aclamações e bajulações",[510] ou seja, ele não gostava da liturgia da corte e das aclamações regradas.

As opções heterogêneas e seus paradoxos

Meio milhão de cortesãos divide seu tempo entre o trabalho, os protetores, o acompanhamento das brigas internas e as festas oferecidas pelo soberano. A nobreza de Versalhes tinha renunciado a seu papel político para disputar, entre si, as satisfações "simbólicas" que, apesar de parecerem platônicas, também contavam. O ditado sobre o circo e a despolitização é colocado, assim, sob sua verdadeira intenção. Sabemos quais erros implicam a ideia de despolitização: que o interesse pela política é mais essencial do que outros, que a reciprocidade entre o Estado e o cidadão é a realidade normal, tanto que a assimetria seria o produto de uma ação governamental, o mesmo que o condicionamento de uma população. Mas esse ainda não é o fundo do problema: o ditado também comete o erro de apresentar como uma troca de satisfações a plasticidade dos homens para se acomodar a situações heterogêneas, ou seja, todas são insatisfatórias, mas de maneira desigual e diferentemente. O imperador não deu a Roma (em que mercado?) uma quantidade de circo equivalente ao direito de voto estimado na mesma moeda; mas a história situou Roma em condições heterogêneas (uma cidade real não é uma cidade qualquer) às quais a plebe se submeteu refutando, sistematicamente, frustrações diferentes e recebendo satisfações diferentes e evidentemente

---

[508] Marco Aurélio, I, 16, 15; a alusão aos espetáculos nos parece precisa e o trecho deveria ser comentado nesse sentido.

[509] Zósimo, 3, 11, 4-5; Juliano se vinga disso escrevendo o *Misopogon* (ver sobretudo os capítulos 4, 5 e 9 desse texto). Juliano teve que renunciar em reformar os espetáculos (*Cartas*, n.89 Bidez, 304 BC).

[510] Marco Aurélio, I, 16, 13, ver I, 17, 5 e I, 7, 4.

desiguais. Não se deve concluir que a paixão que os romanos têm pelos jogos sob o Império era preexistente, e que eles teriam vendido tudo para satisfazê-la.

Ora, não existe nada de mais comum, na história e na sociologia, do que as relações dialéticas entre interesses e alternativas que não são feitas sob medidas para ambos, mas que são descontínuas ou heterogêneas; é o tipo de causalidade mais comum na área humana e os paradoxos que engendra se encontram por todos os lugares. Digamos algo sobre essa uniformização, ou melhor, sobre esse delicado problema.

Partimos de fatos maliciosamente minúsculos da vida privada. Quando uma coisa ou um ser nos agrada, seus defeitos tornam-se qualidades para nós, mas quando deixamos de gostar, nossos olhos se abrem para algumas acusações de coisas que antes, cremos, estavam dissimuladas. Se isso ocorre é porque nem todas as opções nos haviam sido dadas. Supondo que meu leitor hesite entre uma morena e uma loura (ou, se for uma leitora, entre um moreno e um louro), os dois seres possuem méritos diferentes, ou desiguais, e cada um traria satisfações parciais e diferentes. Um ser castanho talvez tivesse sido a solução ideal, mas a possibilidade de escolher no continuum das cores não nos foi dada. Depois de algumas hesitações, o louro é escolhido e essa escolha é o resultado de numerosas motivações, também heterogêneas e frequentemente opostas, que se organizaram entre si da melhor forma possível e que são, evidentemente, inconscientes ou implícitas na maioria dos casos. Depois de ter feito sua escolha, minha leitora se permitirá saborear plenamente os bons lados do ser escolhido e refutar seus próprios interesses insatisfeitos; ela chegará até a imaginar que esses lados bons, cujo excepcional sabor é o efeito de sua escolha, são a razão dessa escolha. A desilusão começará somente no dia da ruptura e parecerá falsamente ser a causa da ruptura.[511]

Isso consiste em afirmar que nossos motivos são simplesmente falsas racionalizações, coberturas ideológicas, ou que nosso espírito seleciona razões próprias para justificar suas escolhas, que seriam arbitrárias? Eterna ilusão dualista! Não existe disfarce nem seleção, mas plasticidade; quando a única solução que poderíamos escolher é parcial, tornamo-nos parciais e vemos apenas os motivos de descontentamento; se tivéssemos motivos para preferir definitivamente uma outra opção, o peso relativo de nossos diferentes motivos mudaria, pois as satisfações a serem atendidas não seriam as mesmas.

---

[511] O que explica o célebre "efeito Tocqueville" (*Ancien Régime*, p.99 da edição das *Oeuvres complètes*): um regime duro nunca é tão ameaçado quanto no dia em que começa a se liberalizar, porque, somente então, as pessoas podem vê-lo como realmente era.

Tudo parece acontecer como se a futura opção determinasse retroativamente o peso relativo de seus motivos.

Resumindo em poucas palavras: (1°) Muito frequentemente, as opções que nos são apresentadas são como ilhotas esparsas no oceano das possibilidades: existe muito espaço vazio entre elas. É assim porque os bens são raros, porque algumas vezes eles se apresentam "em números inteiros" (pode-se optar entre um supersônico e um navio, mas não a metade de um navio), porque os outros nos impedem de fazer do nosso jeito, porque nossos próprios interesses se anulam mutuamente, porque sua heterogeneidade desafia a agregação (em que moeda comum convertê-las, na verdade?), ou então porque algumas estranhezas psicológicas parecem proibir partilhas que seriam otimizadas, mas que são muito delicadas ("as pessoas têm tendência a exagerar, não podemos confiar nelas, é melhor ir fundo nas precauções a serem tomadas; e depois, essa partilha que parece ideal criaria um desconforto que estragaria tudo"). Naturalmente, tudo isso pode ser verdade como pode ser uma "mentira" ideológica útil: mas sobre o que não poderíamos dizer isso? (2°) O resultado é que frequentemente os movimentos históricos são violentos ou descontínuos porque podem apenas pular de uma ilhota para outra. E também, toda solução tem a tendência de ultrapassar seu objetivo, de ocupar toda a ilhota, e não corresponder ao ponto de equilíbrio: quando se começa a "praticar a disciplina", frequentemente se vai até o fim. (3°) Depois de instalados na ilhota, adaptamo-nos às vantagens que ela oferece e, para aqueles a quem ela não oferece nada, dizemos: "Estão muito verdes". É por isso que podemos lamentar a posição do sociólogo e a do historiador: quando eles devem decifrar as motivações de nossas opções, encontram-se diante de um texto duplamente confuso; a solução que escolhemos nunca coincide com a racionalidade que poderíamos supor, e o peso de nossas diferentes motivações parece modificado pelas obrigações da solução.

Os motivos de nossas escolhas mudam de importância relativa conforme as futuras opções que recapitulamos, porque eles deverão entrar forçadamente nas estruturas heterogêneas que não possuem as mesmas saídas nem as mesmas entradas. Preocupemo-nos, por exemplo, com a questão do nacionalismo: o que faz a unidade de um povo? Em uma determinada nação, a unidade linguística parece ter sido o fator decisivo, mas esse não foi o caso na Suíça; a ausência de unificação religiosa ou econômica é redibitória ou não. Determinar "o" fundamento do sentimento nacional parece uma empreitada desesperada devido à enormidade da diversidade; a solução desesperada é dizer que uma nação é a vontade de viver junto; parece tão fácil, efetivamente, atribuir a diversidade das condutas humanas à humana liberdade de decisão! Essa diversidade se explica de maneira mais simples: nenhum recorte nacional poderia ser inteiramente satisfatório (as extensões geográficas de nossos diferentes interesses não são, certamente, empilháveis, e variam da rua ou do nosso bairro à humanidade inteira). No entanto, uma escolha deve ser feita, e ela ofenderá no mínimo à agregação de interesses heterogêneos, sem falar das realidades políticas internacionais. Depois de feita ou aceita tal escolha, os interesses que eventualmente serão satisfeitos por ela tomarão uma importância mais que proporcional; não há nada mais diverso do que os fundamentos do sentimento nacional, porque cada nacionalidade se desenvolve sobre interesses parciais e tendenciosos. Como os homens têm a capacidade de enganarem a si mesmos, sua conduta nem sempre se explica por causas antecedentes que iriam do passado para o futuro sem voltar atrás.

Em resumo, Juvenal nos diz que a plebe romana havia se resignado ao regime imperial e desfrutava das vantagens que ele podia oferecer. O soberano, por sua vez, respeitava a tradição e exibia-se durante os espetáculos para demonstrar seus sentimentos populares. Quando um governante não é visto como o mandatário dos governados, ele multiplica, efetivamente, as provas que atestam que ele pelo menos reina para eles. Democracia? Não, e ademais os espetáculos eram também uma liturgia do poder pelo direito subjetivo. A velha palavra popularidade em nosso Antigo Regime exprimia as duas faces da moeda; "que o rei se torne popular!", exclama Montesquieu:[512] "o povo solicita tão pouca consideração que é justo conceder-lhe. A infinita distância que existe entre ele o soberano não permite que esse último seja incomodado".

Ao assistir aos espetáculos com frequência ou, na falta disso, ao oferecer espetáculos com frequência, um príncipe quer provar que não despreza a plebe. Na sua presença, os espectadores não se comportam como um público que está ali por prazer e que se limita a observar curiosamente o grande homem; eles adotam uma atitude de familiaridade deferente. Até mesmo o rígido Constâncio, de quem se podia temer o pior, soube discernir essa sutilidade: "Ao editar os jogos do circo, ele ficou feliz mais de uma vez com o comportamento do público que não se mostrava arrogante, sem renunciar, no entanto, a sua franqueza nacional; e Constâncio, por sua vez, soube permanecer no ponto de equilíbrio", como Marco Aurélio.[513] Essa franqueza, ou *libertas*, ajudava a provar a si mesmo que o imperador era um senhor familiar, complacente e amoroso.

---

512 *Espírito das leis*, 12, 27.
513 Amiano Marcelino, 16, 10, 13. Amiano, que fala grego e latim, essa última sendo para ele uma língua estrangeira (Norden, *Kunstprosa*, p.647), fala de *"ludi equestres"* porque pensa em grego (*âgon hipikos*); trata-se dos *circenses*.

As antigas concepções de liberdade

A plebe romana não queria votar; ela também não se contentava em exigir seu pão sob a ameaça de um motim: ela queria ser amada. Não concluímos diante disso que os espetáculos eram simbolismo político; eles não ilustravam princípios abstratos, também não serviam para inferir que a atitude do príncipe no circo devia ser sua atitude em áreas mais importantes como, por exemplo, a política externa: a atitude complacente do príncipe é, em si, uma satisfação para os espectadores, que atribuem uma grande importância à ideia que o soberano tem do povo e de seu próprio poder; eles são sensíveis ao que o soberano pensa deles. Essa era, na Antiguidade e ainda hoje, a importância da modalidade de obediência; o príncipe não deve se considerar em seu reino como em um país conquistado. Todo poder político deve se exprimir, gesticular, por dois objetivos; um é informar, anunciar satisfações, porque é claro que a vida coletiva não pode funcionar sem que informações circulem; o outro objetivo é interno: para o ouvinte, a expressão é uma satisfação em si, como quando se ouve dizer "te amo", e o poder deve proporcionar-lhe periodicamente essa satisfação, como a satisfação de comer. Não existe nada de muito misterioso na necessidade que o Estado tem de se manifestar de vez em quando; além disso, ele pode fazer que suas manifestações e as festas periódicas coincidam, satisfazendo de uma só vez interesses postergados ao longo dos meses. Não é um grande mistério saber que existem festas patrióticas ao estilo de Rousseau.[514]

Pois o exercício do poder implica sentimentos nos dois parceiros e conta tanto quanto a posse do poder e o que está em jogo em termos materiais; se o esquecêssemos, não compreenderíamos muita coisa nas guerras de liberação das colônias ou na mística republicana por volta de 1875: questão de orgulho. A importância dos espetáculos em Roma tinha como causa essa dialética interna das consciências políticas. Se fosse preciso escrever um livro sobre a noção helenístico-romana de liberdade, poderíamos usar como epígrafe uma frase de Políbio: "Os homens são intransigentes quando se trata do direito de falar de igual para igual, da franqueza, do que todo mundo chama de liberdade".[515]

---

[514] Disseram-me que P. M. Blau, *Exchange and Power in Social Life*, J. Wiley, 1964, distingue satisfações externas e satisfações internas nas manifestações da autoridade pública; mas ainda não pude adquirir esse livro.

[515] Políbio, 4, 31, 4; ver 2, 38, 6; 5, 27, 6; 6, 9; 4; 7, 10, 1. Sobre a liberdade como franqueza, Syme, *Tácito*, p.558; Ch. Wirszubski, *Libertas als politische Idee im Rom des frühen Prinzipats*, Wiss. Buchgesellschatf, 1967, p.201; MacMullen, *Enemies of the Roman Order*, p.63. Suetônio,

Afinal, existiram três concepções antigas de liberdade, já que a política tem três objetos. A primeira é a concepção da cidade clássica: um cidadão é livre quando, ao possuir o poder, dá ordens apenas a si mesmo. A outra concepção é bem menos atestada no naufrágio quase geral da historiografia antiga, que um francês diria de esquerda; eis aqui uma amostra: "O demagogo Hipona agitou o povo de Siracusa para redistribuir a propriedade de terras, dizendo que a igualdade era o fundamento da liberdade, e a pobreza o da escravidão para aqueles que não possuíam nada".[516] Plutarco, que reporta esse discurso, opõe essa execrável liberdade à verdadeira, que ele também chama de *parrêsia*: poder dirigir-se ao soberano sem medo, falar com ele de igual para igual (*isêgoria*), essa é a *libertas*, a franqueza; isso é a liberdade sob o Império. Aquela que Marco Aurélio ficava feliz em conceder a seus súditos: "A representação que faço de um Estado é aquela em que a lei é a mesma para todos, governado de igual para igual e com franqueza; uma monarquia que respeite, acima de tudo, a liberdade dos governados";[517] na prática isso significa que Marco Aurélio será um "bom" imperador, respeitoso do Senado, a quem ele solicitará conselhos (do ponto de vista da modalidade de obediência, é mais importante honrar as pessoas solicitando-lhes sua opinião do que segui-las: o poder deve "dialogar"); isso quer dizer também que Marco Aurélio realmente ouvirá as divergentes opiniões de seus conselheiros privados. A *libertas* imperial é o bem dos agentes políticos que são o Senado e o Conselho, e apenas deles (nada a ver com os direitos do homem e do cidadão); enquanto os plebeus têm direito ao amor do príncipe, o Senado tem o direito de ser ouvido; na continuidade desse pensamento, sua liberdade se parece falsamente com a da cidade clássica que se estendia também unicamente aos agentes políticos; mas esses agentes, na cidade, eram o corpo cívico soberano; sob o Império, são os conselheiros do soberano. A noção de conselho, um pouco esquecida dos modernos,[518] teve durante milênios uma

---

Tibério, 28: "Em um Estado livre, a língua e a opinião (*mentem*) devem ser livres"; 29 "como senador, não deixarei de me exprimir com uma certa *libertas*".
516 Plutarco, *Dião*, 37; ver os capítulos 4; 6; 28 fim; 29; 34. Marco Aurélio aprendeu a admirar Dião (I, 14, 2).
517 Marco Aurélio, I, 14, 2. Liberdade, no primeiro sentido da palavra, designa então uma democracia direta, em oposição a uma não reciprocidade entre governantes e governados. Mas sob o Império, fala-se dessa liberdade como das uvas, "elas estão muito verdes": os homens são muito corrompidos, o corpo do Império é muito vasto, é preciso um soberano, pois os homens se tornaram incapazes de autodisciplina; é a grande ideia de Tácito, mas ela se encontra por todos os lugares, por exemplo, no *Du sublime*, 44, 10 (não alegar em compensação 44, 5, no qual o autor fala na realidade de "justa" hegemonia romana sobre a Grécia).
518 W. Hennis, *Politik als praktische Wissenschaft*, Piper, 1968, p.65: "*Rat und Beratung im modernen Staat*".

importância equivalente à da democracia representativa na França; se Marco Aurélio ouve seus conselheiros, ele não o faz simplesmente por uma autêntica generosidade: ele sabe que é de seu interesse político ouvi-los.

Pluralismo, conselho e despotismo

Seu interesse é "não se cesarizar";[519] pois o orgulho impede de suportar as opiniões muito sinceras, de ouvir aqueles que têm algo de útil a dizer ao Estado, de permitir ser contraditado.[520] Isso parece ter exigido algum esforço dos imperadores todo-poderosos e quase adorados; naqueles tempos distantes, não existia regime pluralista no qual vários grupos se repartem e disputam a posse do poder. O que de uma certa forma representava isso era o Conselho: o soberano exclusivo devia exercer o poder conforme uma modalidade que o fez sair de seu solipsismo; ele devia ver com olhos que não fossem os seus, fazendo que conselheiros se exprimissem resumindo, para ele, os interesses dos governos ou, no mínimo, o horizonte dos seres lúcidos: os conselheiros não representam o povo, eles permitiam ao soberano estudar profundamente os problemas principescos.

Basta uma vez: que o soberano tenha uma única crise de fúria contra um de seus conselheiros, e todos os outros compreenderão a lição; eles se calarão para sempre e o príncipe terá apenas "bajuladores", o que não quer dizer adoradores, mas pessoas que veem apenas através dos olhos do príncipe; elas usarão antolhos. O que é catastrófico, por mais genial que o príncipe possa ser. Se efetivamente fosse suficiente conhecer os problemas para resolvê-los, à condição de ser muito inteligente para isso, um soberano genial não teria necessidade de conselheiros; mas o conhecimento humano é feito de tal forma que ele ainda deve pensar nos dados ou nas soluções possíveis que talvez não tenha pensado. Ora, nenhum gênio no mundo pode pensar em pensar. Ademais, os conselheiros não devem ser responsáveis; não se deve nunca fazer como os atenienses e criticá-los por seus maus conselhos. Não somente porque seria injusto, já que os conselheiros não tomam decisões, mas porque não seria funcional: um conselheiro deve poder dizer tudo, até mesmo besteiras, pois frequentemente o erro ajuda a encontrar a verdade, nem que seja por contraste; metade dos conselhos dizia vermelho, a outra dizia verde, ninguém pensava em outras cores, um idiota qualquer diz preto e todo mundo começa a pensar na solução: o branco. O conselheiro é por definição desinteressado; ele não fala em seu nome ou em nome de interesses

---

519 Marco Aurélio, 6, 30, 1.
520 Id., I, 6, 4; I, 16, 4; 6, 30, 13.

que responderão por si: é a infinidade dos possíveis que usa sua boca e fala através dele; ele é uma ferramenta heurística.

Um déspota que tolera apenas bajuladores em torno de si e castiga aqueles que trazem más notícias (o exemplo clássico disso era Tigranes da Armênia, em *Lúculo* de Plutarco) prejudica a si mesmo de várias formas; ele receberá somente boas notícias e agirá como um cego; ele chocará o orgulho de seus súditos dando-lhes ordens sem pedir sua opinião; ele não considerará mais os interesses dos diferentes grupos de governados; enfim, ele se privará de um instrumento heurístico que se chama tópico. Cada deliberação, efetivamente, deve resolver dois problemas: encontrar a chave certa entre aquelas que foram colocadas na mesa do Conselho e se assegurar de que todas as chaves possíveis foram pensadas. Somente uma mente muito cartesiana terá a pretensão de possuir um método que verifique todos os problemas; as mentes menos megalômanas sabem que a partir do momento que não se trata mais de desenrolar, começando por um *primum verum*, essas longas cadeias de razões das quais os topógrafos tanto gostam, o tópico substitui o método,[521] cujo objetivo é tentar fazer que se pense em tudo, sem ter a certeza de conseguir atingi-lo. O tópico é uma enumeração preparada previamente de todos os dados e soluções possíveis para um tipo de problema determinado. Se não se tem o tópico ao alcance da mão, ou se o problema é um tipo à parte, tenta-se substituir o tópico pelo *brain storming*: é para isso que servem os conselheiros. Deixam-se os conselheiros falarem com total liberdade esperando que, na onda de besteiras e de opiniões desagradáveis que serão liberadas, encontrar-se-á a boa solução.

A noção de conselho pressupõe então que é tão importante ter ideias quanto adquirir conhecimentos, e que o valor supremo de conhecimento é a consciência, e não a verdade. Adotar como "conhecimento" o conhecimento da verdade é entender a palavra "em um sentido mais restrito", afirma Leibniz em um texto surpreendente no qual explica o que é o tópico:

> aquele que terá lido mais romances engenhosos e ouvido mais narrações curiosas, essa pessoa, afirmo, terá mais conhecimento que qualquer outro mesmo que não tivesse uma única palavra verdadeira em tudo o que lhe foi descrito ou contado; pois o uso que essa pessoa faz do mecanismo obtido ao criar uma representação

---

[521] W. Hennis, *Politik als praktische Philosophie*, Luchterhand, 1963, p.89: "*Topik und Politik*". Em geral, sobre o tópico, W. Krauss, *Operations research, ein Instrument der Unternehmensführung*, Moderne Industrie, 1970, p.160: "Os dois grandes métodos das ciências da natureza, o tópico e o cartesianismo".

das muitas concepções que circulam em sua mente o torna mais propício a conceber o que lhe é proposto.[522]

A noção de conselho pressupõe também que não basta conhecer os problemas para resolvê-los, pois nunca se sente suficientemente seguro antes de tê-los levantado completamente, e é por isso que o conhecimento tem um caráter dialético (quero dizer que as diferentes consciências se completam) e histórico; um diálogo de Platão que não é dos mais conhecidos, *Cármides*, diz por quê: não existe saber do saber, não existe pensamento puramente formal, tanto que não se pode reconhecer previamente o que será verdadeiro nem excluir antecipadamente as ideias que ainda não se teve. Assim, no decorrer dos dias, os destroços de nossos racionalismos percorrem o vale do esquecimento.[523]

Quando o conselho é a palavra-chave da antiga política, o amor tendo seu preço e a liberdade sendo dita em diversos sentidos, a noção antiga de tirania se esclarece; a relação do imperador com o Senado também.

Na abundante literatura antiga sobre o tirano, duas definições voltam incessantemente: o despotismo é um regime arbitrário que não tem lei, o déspota governa egoisticamente para seus próprios fins. Mas por que a lei não poderia ser tirânica? O que impede um déspota de traduzir a opressão no corpo das leis? Dizia-se que Tibério havia sido um tirano legalista.[524] E como um tirano poderia ser egoísta? Utilizando o aparelho de Estado como uma forma de extorsão que o permitiria enriquecer? No interesse dessa extorsão, ele deve então exercer o poder, deixar de cuidar, durante algumas horas, apenas de sua conta bancária; ora, ele não poderá governar sem "garantir a ordem pública" e sem fazer uma certa política. Ele será, então, extorsionário, mas também chefe de Estado; isso não quer dizer que ele deverá ser obedecido, mas que não será um bandido como os outros: nem todo bandido encontra-se no poder. E a política que ele fará certamente favorecerá alguns interesses materiais, quaisquer que sejam, que não sejam apenas os seus; ele favorecerá também, é verdade, o seu interesse em se manter no poder. Mas então a noção de interesse, como vemos, deve também ser considerada em diversos sentidos, os mesmos que os de liberdade e dos três objetos da política.

---

[522] Leibniz, *Nouveaux Essais*, início do livro IV, que trata precisamente do tópico nesse texto surpreendente.

[523] Se a condição humana é histórica, é porque não existe saber do saber e porque não se pode querer querer.

[524] Filóstrato, *Vie d'Apollonios de Tyrane*, 7, 14.

Um tirano pode primeiramente ser um homem cuja política é contrária aos interesses materiais de uma grande ou pequena parte de seus súditos; os desfavorecidos vão se sentir oprimidos, privados de liberdade material, e dirão que o tirano é egoísta porque não faz a política que os interessa, mesmo se ele também não faz a dele. Para impor sua política, o tirano talvez recorra à violência, que permanece arbitrária ou então será legalizada.

A violência também pode ser utilizada por um tirano para se manter no poder: esse seria um aparelho de Estado que aprisiona a coletividade e do qual ele é o órgão ideal. Esse caso sempre interfere no precedente, pois esse aparelho político continua necessariamente fazendo uma certa política. Contudo, eles se distinguem um do outro conceitual e sutilmente: prosélitos que impõem uma religião de Estado porque materialmente a religião os interessa não têm exatamente a mesma mentalidade que os brutos, pois esses últimos não possuem na vida nenhum outro interesse além do poder, eles impõem uma religião de Estado somente para bloquear o poder dos concorrentes.

Enfim, o tirano pode ser um homem que saboreia, no exercício do poder, apenas a modalidade de servidão que pesa sobre alguns de seus súditos; ele quer ser obedecido a qualquer preço, ou então quer ser adorado; ele beberá e exibirá sua *dolce vita*. Ele ficará indiferente ao fato de ser popular e não fará nada para que a plebe goste dele ou, então, exigirá dos grandes uma bajulação mentirosa que exclui a dignidade de caráter; ele não ouvirá mais nenhum conselho.

Para cada grupo social diferente existem espécies de interesses distintos e a mesma proporção de diferentes tiranos. Parece-me que o despotismo em Montesquieu reúne a primeira e a terceira definições: arbitrário e humilhante. Para se ter uma ideia do quanto a noção de tirano é confusa, basta pensar em Nero, tirano do Senado, popular junto à plebe unicamente da cidade de Roma, procurando ser adorado, e não necessariamente o poder, mas recorrendo à violência para se manter no poder contra seus súditos que querem destituir aquele que os humilha por nada. Ao destruir seu palácio de ouro, Vespasiano tentou fazer que acreditassem que Nero havia sido "egoísta" como todos os tiranos; é verdade que Nero queria que o adorassem e consequentemente levava uma vida privada muito divina, o que contrariava os grandes e provavelmente também os seus súditos; mas essa vida fazia que a plebe de Roma, sua cortesã, o admirasse; pouco egoísta, Nero foi o primeiro imperador a construir termas públicas para seus romanos. Mas esse foi precisamente, aos olhos de alguns, seu erro mais grave: o altruísmo de Nero tinha a plebe, e não o Senado, como beneficiário. Ora, o Senado e a plebe rivalizavam-se em ciúmes: é isso que forma o enredo, em torno do circo, do conflito triangular das consciências políticas.

O sultão, os mandarins e a plebe

Pois, no circo ou no anfiteatro, existia um terceiro personagem cuja suscetibilidade era tão melindrosa quanto a da plebe; era o Senado. A plebe quer ser amada pelo imperador, o Senado pretende ser respeitado por ele; cada clã defendia apenas sua própria liberdade, e a dignidade superior que o Senado reivindicava não significava a trincheira da liberdade de todos.

Infelizmente, o Senado tem uma concepção exclusiva de sua dignidade com relação à dignidade da plebe. No seu ponto de vista, um príncipe, conforme o seu ideal político, se contentará em se tornar popular; apenas um tirano cortejará a plebe satisfazendo-a com júbilos públicos. É útil que os príncipes façam que o regime seja amado através da sua pessoa para que o povo obedeça mais facilmente a todos os seus dirigentes; é verdade que esse povo é somente o de Roma, ou seja, 1% da população do Império. É também reconfortante que, tornando-se simplesmente popular, e nada mais, o imperador demonstre que concebe seu poder como o de um magistrado: o Senado não gosta dos tiranos, já que esses dão prioridade à plebe. Magistrado popular ou tirano, a sutilidade encontra-se na intenção; um bom imperador como Trajano poderá doar cem dias de espetáculos, pois o Senado sabe reconhecer que os cuidados de sua popularidade o exigem e, sobretudo, que o imperador é pró-senatorial no fundo do seu coração.

Mas isso não é tudo: nos espetáculos, os imperadores fazem que o povo o aclame, o que é compreensível, exceto quando é excessivo. Quando é muito forçado, não há mais sutilidade, eles traem a ideia tirânica que têm de seu poder, e essa ideia é mais intolerável para o Senado do que para a plebe. O cúmulo é que alguns pretendem fazer que o próprio Senado os aclame; são geralmente os mesmos príncipes que dizimam o grupo dirigente levando senadores ao suicídio, acusando-lhes de alta traição ou, como se costumava dizer, de crime de lesa-majestade.

Sob tais reinados, os senadores observam o imperador como o ídolo que são forçados a adorar, vermelho com seu próprio sangue. O texto surpreendente que vamos ler é concreto como um face a face; nele, o senador Dião Cássio nos conta uma cena da qual foi espectador e ator.[525] A cena ocorre no anfiteatro[526] e o tirânico imperador Cômodo estava combatendo em pessoa

---

525 Dião Cássio, 72, 20-21. Sobre Cômodo caçador, ver J. Aymard, *Essai sur les chasses romaines*, De Boccard, 1951, p.537-556; sobre as aclamações, L. Robert, *Études épigraphiques et philologiques*, p.111, n.2, Caracala também matou animais na arena: Dião Cássio, 77, 6.

526 Onde ocorre a cena? Creio que é realmente em Roma, em um espetáculo público (o povo instala-se nas arquibancadas). Dião fala de anfiteatro sem nenhuma outra precisão: poderia tratar-se do *amphiteatrum castrense*, arena privada do imperador (ver n.387) ou então da

contra animais na arena. Os senadores aclamaram-no, "como lhes havia sido ordenado", pois as aclamações não eram espontâneas, mas reguladas como *slogans* oficiais: "Tu és o senhor, tu és o primeiro, tu és vencedor para sempre". O príncipe acaba de matar um avestruz; "ele corta a cabeça do animal", conta o historiador, "caminha na direção do anfiteatro onde nós, senadores, havíamos sentado e estende, diante de nós, a cabeça do avestruz com sua mão esquerda, sem uma palavra, acenando sua cabeça e com um estranho sorriso nos lábios". Nessa homenagem que lhes é oferecida com os restos do avestruz, os senadores reconhecem ou acreditam reconhecer uma ameaça silenciosa sobre suas próprias cabeças; mas no momento, a dificuldade que encontraram foi a de conter o riso:

> Todos estávamos com mais vontade de rir do que de chorar, mas ele nos teria massacrado com sua espada se tivéssemos rido. Então decidi morder as folhas de louro da minha coroa e sugeri a meus vizinhos que fizessem o mesmo, para que o movimento incessante de nossos lábios disfarçasse nossa vontade de rir.

O Senado quer ser respeitado porque ele quer obedecer aos príncipes segundo uma modalidade que convém a seu poder político e a sua riqueza material; ora, um tirano preferirá a plebe, que ele sabe como seduzir para ser amado, do que senadores que lhe fazem sombra. Pois um príncipe ciumento de sua autoridade quer que tudo que se encontra sob ele seja povo; então, se ele não possui senso político, ou simplesmente paciência, se ele ignora que existem várias maneiras de fazer que o obedeçam, sua falta de jeito ou seu orgulho serão mais fortes que o cálculo de suas forças: em vez de tentar lidar com a suscetibilidade do Senado, ele ficará mais à vontade no meio da plebe de sua capital.

Existiam na antiga China, como em Roma, bons e maus imperadores, conforme afirmam os mandarins que escreveram sua história. Não que a política de alguns tenha sido materialmente muito diferente da política de outros; mas os bons imperadores demonstravam muito respeito à casta dos mandarins, enquanto os maus os perseguiam e os humilhavam e governavam somente com um grupo de eunucos. Podemos chamar, com Weber, a conduta

---

arena de Lanúvio (Cômodo combateu nesse anfiteatro, segundo a *Histoire Auguste*, Cômodo, 8, 5; Cômodo tinha uma residência em Lanúvio, onde nasceu; será que se tratava, então, de uma arena privada?). Mas se o "anfiteatro" sobre o qual fala nosso historiador não é o de Roma, Dião Cássio o teria sem dúvida especificado; e ademais o povo estava presente.

dos maus imperadores de sultanismo:[527] eles se recusam em mostrar respeito à casta que se situa acima de todos os seus súditos.[528]

Ambos possuem seus análogos em Roma, onde o Senado ocupa o lugar dos mandarins, enquanto os eunucos são substituídos pelos libertos do príncipe, por seus prefeitos, pelo Conselho; os primeiros podem ser verdadeiros vizires, e o Conselho é o verdadeiro órgão de governo, o verdadeiro soberano informal.[529] Contudo, um terceiro ator vem complicar a tragédia: a tradição republicana proibia o príncipe de viver fechado em uma cidade proibida, como em Pequim, tanto que o povo da capital às vezes tem o mesmo peso que todo o resto da população do Império para alguns imperadores e para os historiadores antigos.

Sultanismo ou não: o dilema não era recente; ele decorria da lógica das coisas políticas, e não de uma certa tradição de despotismo oriental. Em 222 antes da nossa era, Ptolomeu Filopator tornou-se o rei do Egito e acreditava estar protegido das rivalidades (prefigurando Nero, ou melhor, um bom número de imperadores romanos, ele havia feito cortes sombrios em sua própria família: ele tinha se livrado de seu irmão e da rainha mãe); "desde então, ele se conduziu como um soberano pomposo, recusou-se em ser atencioso e mostrar-se acessível às pessoas do palácio, aos altos funcionários"; ele negligenciou os negócios "por amores vergonhosos e contínuos excessos de bebida".[530]

Ora, Políbio esboça, inclusive, o tipo ideal de um tal potentado:

> Vieram reis que, pelo direito de nascimento, tinham sucedido a seu pai e possuíam materialmente tudo o que era necessário e até mais. Vendo essa abundância, eles cederam a seus apetites e estimaram que os governantes deviam se distinguir de seus súditos pelos trajes, que suas festas deviam ser organizadas de outra maneira... A realeza transformava-se em tirania, enquanto o regime começava a ser atingido por conspirações.

Políbio ressalta que esses complôs devem-se ao orgulho das camadas dirigentes: "Não eram as pessoas da mais baixa camada do povo que conspiravam assim, mas os homens mais bem-nascidos, os mais orgulhosos e

---

527 Max Weber, *Économie et societé*, v.1, p.237.
528 Sobre a luta entre eunucos e mandarins, Weber, *Religionssoziologie*, v.1, p.427.
529 J. Crook, *Consilium principis*, Cambridge, 1955. Dois documentos recentes: Seston e Euzénnat, em *Comptes rendus de l'Académie des inscriptions*, 1971, p.468; J. H. Oliver, "The Sacred Gerusia and the Emperor's Consilium", em *Hesperia*, 36, 1967, p.331.
530 Políbio, 5, 34.

mais corajosos, pois eles eram os que menos suportavam os abusos de seu senhor".[531] O grande historiador grego parece predizer as inúmeras conspirações senatoriais contra o sultanismo imperial. A realeza da Macedônia, onde os nobres eram francos com seu rei, opunha-se à arrogância dos reis gregos do Egito; essa franqueza prefigura a *libertas*, cara ao Senado romano.

"Césares loucos", expurgos e processo de Moscou

Comparado ao tipo ideal, o caso dos Césares é individualizado pelos espetáculos, pela presença da plebe e pela natureza muito particular do Senado; os senadores são seres muito mais complicados que os oficiais de um rei helenístico ou que nobres macedônios: eles gostariam de governar ou pelo menos dirigir, mas ao mesmo tempo não querem. Esse dilema íntimo, e somente ele, é a causa do ilustre conflito entre o Senado e o poder imperial, que suportam um ao outro somente com hipocrisias, exceto quando o segundo esmaga o primeiro. E o Senado detesta os imperadores por seu próprio não querer.

O regime dos Césares, a diarquia sobre a qual Mommsen nos fala, justapunha a monarquia e a República, resumida pelo Senado. O conflito secular entre as duas instâncias não teve a partilha do poder como objeto, apesar das aparências: o Senado encontra-se em falsa posição com relação a seu papel governante, que é muito ou muito pouco para ele; no fundo, os senadores renunciaram a governar e estão aliviados que o príncipe os desencarregue dessa tarefa. Mas, repentinamente, o conflito adota um objeto "simbólico" considerável: o respeito do príncipe pelo Senado torna-se a grande questão. Ora, um príncipe que precisa das aclamações da plebe poderá, ao mesmo tempo, respeitar o Senado?

Vamos expor rapidamente a lógica das coisas que explica tudo isso. Os reis cristãos eram hereditários, como os reis da antiga Macedônia, e eles tinham, como esses últimos, uma nobreza a respeitar; quando essas duas particularidades estão presentes, uma monarquia patriarcal emerge sem arbitrariedade e sem arrogância. Em compensação, se uma ou outra está ausente, a tentação do sultanismo está por perto: ou o potentado tratará os altos funcionários que dependem dele com arrogância, ou então o medo de perder o trono fará que veja em cada nobre um possível pretendente; no primeiro caso, teremos Ptolomeu Filopator e, no segundo, os "Césares loucos", assassinos de senadores.

---

531 Id., 6, 7; sobre a franqueza macedônica, 5, 27, 6.

Pois o cesarismo fundava-se em um absurdo: o imperador, apesar de soberano pelo direito subjetivo, era criado por seus súditos; será que esses últimos respeitavam sua criatura incondicionalmente? Será que hesitariam em retomar a coroa que haviam atribuído? Ademais, podia-se inclusive contar mais tentativas de usurpação do que imperadores bem-sucedidos. Teria sido necessário que os Césares fossem criados em virtude de uma regra mecânica, a hereditariedade, imitação terrestre das regras transcendentes: quando ninguém pode fazer reis, ninguém tem do que sentir ciúmes e os amadores de usurpação hesitarão, caso necessário, não em tomar o lugar de um príncipe transitório, mas em substituir uma dinastia; Hauriou dizia que existiam apenas três poderes legítimos, a investidura divina, a hereditariedade e o mandato popular.[532] Os imperadores sabiam do absurdo de seu estatuto; quando recebiam seu poder das mãos do Senado, eles fingiam, então, hesitar um pouco e abandonavam-se tradicionalmente na simulação de recusa do poder, que encontramos em diversas sociedades:[533] eles pretendiam aceitar a coroa somente pela insistência do Senado; fingindo reconhecer com isso que a recebiam de seus pares e que eram tão dignos quanto qualquer outro senador, fazendo que seus pares confessassem que o Senado, ao insistir que aceite a coroa, tivesse abdicado do direito de retomá-la.

O tipo do César louco é encontrado por todos os lugares onde uma soberania não delegada não possui uma legitimidade garantida.[534] Façamos uma experiência reflexiva: em vez de uma monarquia pelo direito subjetivo, teremos uma soberania pela natureza das coisas; o secretário-geral do partido se agarra ao poder em nome de sua genialidade, e, no entanto, em nome do "centralismo democrático" de Lênin, ele é apenas o mandatário do partido que poderia lhe dar um sucessor. Seria necessário então escolher ao acaso o que é bom para o exemplo; ele não procurará atingir oponentes precisos, mas a contestação permanente de sua legitimidade que representa a própria existência do partido. E ademais, a loucura logo assume a continuidade da lógica; o perigo encontra-se em todos os lugares, por conseguinte, ele é inapreensível; o senhor perde a cabeça e é o primeiro a acreditar nos crimes que ele imputa a suas vítimas; quando temos medo dos outros, acreditamos que nos odeiam e tememos quando duvidamos da nossa própria legitimidade.

---

532 Hauriou, *Traité de droit administratif*, edição de 1919, p.25.
533 J. Béranger, *Recherches sur l'aspect idéologique du principat*, p.137-169. Isso pode ser encontrado na Rússia (A. Besançon, *Le Tsarévitch immolé*, p.103), nos tiranos da Sicília (Políbio, 7, 8, 5), e alhures (Veyne em *Latomus*, 21, 1962, p.62).
534 Sobre a ausência de regra de sucessão hereditária em Roma em nome da ideologia da "escolha do melhor", L. Wickert, "Princepts und Basileus", em *Klio*, 18, 1943, p.10.

Contra tais dúvidas, nada ficará comprovado a nossos olhos, mesmo a submissão total e a adoração, porque elas nascem dentro de nós mesmos: Stalin era o primeiro a se considerar um usurpador.

O tipo do César louco é simetricamente oposto a esse. Roma teve o equivalente de expurgos e processos grandiosos e de suspeita doentia; todo senador era suspeito e foi assim até o fim do Império. "Segundo um tipo de costume recebido de toda antiguidade", escreve Amiano Marcelino, "as acusações caluniosas de lesa-majestade atingiam seu auge"; o imperador regente, Constâncio, não era nem melhor nem pior que qualquer outro; "contudo, caso ele estivesse na pista de uma acusação de conspiração pelo trono, mesmo que fosse mentirosa ou pouco fundamentada, ele a seguia até o fim, perdia o senso do bem e do mal e ultrapassava um Calígula, um Domiciano ou um Cômodo nas atrocidades".[535] Os expurgos do Senado são o contrário dos expurgos stalinianos; Stalin era um mandatário que pretendia que sua inamovibilidade fosse legítima, como se ela decorresse da natureza das coisas; os Césares loucos eram proprietários cuja inamovibilidade não era muito mais legítima nos corações de seus súditos do que se eles tivessem sido simples mandatários. Formalmente, os dois terrores assemelham-se: são doenças de carência de legitimidade, não de conflitos materiais ou de autoridade.

O príncipe e o Senado recriminam-se mutuamente por seu próprio sofrimento

Isso não é tudo: a diarquia do imperador e do Senado fundava-se em um outro absurdo. O imperador devia governar em colaboração com um órgão, o Senado, que tinha muito poder para se comportar como um simples Conselho irresponsável, sem ser, no entanto, suficientemente poderoso para impor, de vez em quando, um ponto de vista soberano. Ademais, desde o início do Império os senadores decidiram não governar e viraram câmara de registro e assembleia honorífica, caso o imperador regente os honrasse; eles são quase tão impotentes sob os bons imperadores quanto sob os maus. Pelo menos os bons demonstram-lhes consideração e pedem-lhes sua opinião, ou fingem pedi-las. O absurdo era reduzir a um papel de simples conselho um órgão cujos membros existiam por si, enquanto verdadeiros conselheiros não deviam ser nada.

---

[535] Amiano, 19, 12, 7 e 21, 16, 8; sobre o uso da tortura nesse trecho, Mommsen, *Strafrecht*, p.407, n.4.

O Senado é muita coisa para exercer a função de um Conselho irresponsável. Os conselheiros podem se permitir a franqueza somente se eles não são nada por si mesmos; os senadores, por sua vez, não foram criados pelo príncipe para esse ofício, mas entraram na alta Assembleia porque eram destinados a governar as províncias e a comandar os exércitos; vindas deles, a menor objeção teria o ar de uma revolta e a menor iniciativa pareceria negar a iniciativa imperial. Eles não podem dizer nada e também não o querem, pois seu orgulho os proíbe de dar opiniões que poderiam nem sempre ser seguidas. Eles não podem nada: o exército, o Fisco e a política estrangeira são competências do príncipe; eles têm pedaços de soberania (a administração da Itália, por exemplo) e a função de conselheiros, esses pedaços são muito pouco para eles, e eles são muito para a função. Eles próprios ficarão limitados ao registro das decisões imperiais desejando que o príncipe tenha tato suficiente para fazer que tenham a duvidosa e temível honra de lhes pedir sua opinião, e que ele seja um príncipe suficientemente bom para esperar suas aclamações sem exigi-las: elas sempre virão.[536]

Desde o início do principado, o Senado renunciou energicamente a governar; em vão, Tibério queria consultá-lo sobre tudo e até mesmo sobre o exército e a guerra, que eram sua prerrogativa:[537] o Senado não acreditava nisso e tinha razão, pois Tibério, tão dividido quanto o Senado, "detestava a bajulação, mas também temia a franqueza".[538] Essas contradições conduziram o príncipe à neurastenia e seu reino terminou em um banho de sangue; houve conflito entre o Senado e o príncipe não porque o Senado queria sua parcela de poder, mas porque não a queria.

Podemos compreendê-lo: fazer a grande política parecia-lhe impossível, fazer a pequena teria sido tão perigoso e mais humilhante. A anedota que segue é significativa.[539] Sob Nero, o senador Traseia, cheio de princípios, estimava que era necessário ao Estado que o Senado fosse mais franco (*rem publicam egere libertate senatoria*); ao agir, ele transformou em debate animado a discussão de um senátus-consulto de rotina cujo tema era insignificante (tratava-se de autorizar uma cidade a mandar combater um número de gladiadores acima do que a lei autorizava em um espetáculo). Ironizou-se sobre esse senador que pretendia saber mais que seus colegas: "Já que Traseia achava

---

[536] Pois os bons imperadores, e até mesmo os melhores, são ritualmente tão aclamados quanto os maus: basta ler Plínio, *Panegírico*, 2, 7-8.
[537] Suetônio, *Tibério*, 30; nunca, mesmo sob a República, o Senado foi teoricamente tão poderoso quanto sob Tibério.
[538] Tácito, *Anais*, 2, 87; ver I, 72; ver a página de Syme, *Tacitus*, p.427.
[539] Tácito, *Anais*, 13, 49.

que governava melhor do que o príncipe, por que não colocou na ordem do dia assuntos importantes, tais quais a política externa ou o Fisco?" É verdade que Traseia evitava esse tipo de assunto; ele respondeu que queria somente salvar a honra do Senado e manter simbolicamente o princípio da *libertas*, sem ignorar que esse exercício era impossível. Valia a pena todo esse esforço? A esmagadora maioria dos senadores provavelmente achava que seria melhor não se rebaixar em tergiversações, mas em troca, exigir considerações honoríficas: que o príncipe comande sozinho e comande o que quiser, desde que seja de um modo respeitoso da dignidade da alta Assembleia.

Duvidosa legitimidade dos imperadores, repartição desajeitada dos papéis entre o príncipe e o Senado: o sistema imperial era disfuncional, como dizem; ademais, ele engendraria doenças de carência e mal-estar mental. A saúde psíquica dos Césares era testada por essa organização capenga; eles devem interpretar muitos papéis: deus encarnado, senador modesto com seus pares, magistrado responsável (*gravis*), magistrado popular, bom rei, soberano majestoso, administrador em seu Conselho... Figuras estranhas esses príncipes do Alto Império, torturados por suas contradições aquém ou além do limite da loucura, apresentando tendências ao delírio de perseguição, versáteis, exibicionistas, cultos, passando de uma simples humanidade ao estetismo ou a uma brutalidade que era, na verdade, tradicional na casta dirigente.[540]

A atitude dos senadores também é atormentada. São altos funcionários: eles se consideram imperadores; são senadores: o príncipe é seu rival privilegiado. O soberano, com sua existência, força o Senado a abandonar sua parte de soberania: é um tirano; mas ele honra o Senado: é um bom príncipe. A solução foi proclamar que o cesarismo era ruim e que o príncipe regente era bom. O jovem senador Lucano, ligado a Nero pela camaradagem literária, escreve uma epopeia para a glória dos últimos defensores do regime republicano, mas faz um elogio ditirâmbico de seu príncipe. Muitos ficaram surpresos com isso; Plínio, o Jovem, ou Tácito também repetiram que o cesarismo era um mal necessário, que todos os príncipes precedentes foram ruins, e que o paraíso da franqueza senatorial voltou com a subida ao trono do bom príncipe que reina hoje. Marco Aurélio em pessoa admirava Bruto e Traseia;[541] os imperadores eram também senadores e, politicamente, o Senado tinha sua verdadeira família, como o partido para um líder bolchevique; suas brigas com os senadores os afligem como um drama familiar.

---

540 Anedotas contadas por Sêneca, *De la colère*, 1, 18 ou 2, 6, fazem-nos refletir, como o relato de uma fúria sangrenta de Adriano em Galiano, *De animi affectuum curatione*, v.5, p.17 Kühn.
541 Marco Aurélio, 1, 14, 2.

O amor da plebe

É por essa razão que o imperador, se for orgulhoso, não pode maltratar o Senado: essas pessoas não podem ser, para ele, uma simples nobreza de serviço, uma peça do Estado, já que existiriam sem ele, e não são sua criação. No decorrer do século III, o Senado será pouco a pouco suplantado por uma nova nobreza de função; durante o Alto Império, os imperadores brigados com o Senado deram preferência à plebe da capital, com a qual os relacionamentos eram fáceis e diante da qual eles tinham realmente a impressão de reinar. Eles a enchiam de espetáculos. Cláudio editava muitos espetáculos somente porque era jovial; Trajano, pela política e pelo fausto; Lúcio Vero, porque sua inteligência não era muito sofisticada. Mas todos os outros príncipes que, nos textos de Suetônio ou Dião Cássio, têm a reputação de grandes editores de espetáculos, fizeram isso pelo sistema; para Calígula, Nero, Domiciano, Cômodo ou Caracalla, perseguir o Senado, fazer que o adorem e agradar a plebe caminham juntos. Nero deixou a lembrança de um maldito na grande história; a memória que se tem dele é de que era muito popular na plebe de Roma, mesmo três séculos depois do seu trágico fim.[542] Para o príncipe, para o Senado e para o povo, o objeto do conflito era platônico (era um drama de ciúme), e o esplendor dos espetáculos era o índice que confirmava que o príncipe preferia a plebe à sua verdadeira família.

A plebe, por sua vez, ficava feliz por não ser mais a Cinderela; além disso, ela desconfiava, com razão, da casta senatorial. Pudemos vê-lo no ano 41. Calígula acabou de ser assassinado; "os senadores viam-se liberados de um jugo tirânico e queriam aproveitar a oportunidade para retomar sua antiga autoridade. Mas o povo, que invejava essa honra e considerava o poder imperial como um freio a sua prepotência e um recurso contra eles, regozijava-se" em ver que os soldados queriam fazer um novo imperador, "pois eles esperavam que um príncipe evitar-lhes-ia as guerras civis que Roma sofreu nos tempos de Pompeu" as vinganças da oligarquia republicana enfurecida pelas *dignitas*.[543]

---

[542] Temos a surpresa de encontrar a efígie de Nero em uma dessas medalhas contorniatas sobre as quais a aristocracia senatorial exibia ideais que pretendiam ser populares, fosse ela pagã ou cristã (segundo a feliz ajuda dada por Santo Mazzarino à tese exposta no grande livro de Alföldi); ver Mazzarino, "La propaganda senatoriale nel tardo impero", em *Doxa*, 4, 1951, p.140. Um imperador não é amado porque oferece jogos, mas na medida em que esses jogos são índice de seu pendor pela plebe; "um tipo de sexto sentido que Tácito chama de popularidade vã (*inanis favor*) fazia que a plebe preferisse um doador de presentes diante de um outro", escreve Z. Yavetz, *Plebs and Princeps*, p.43. De fato, Trajano, "bom imperador", pró-senatorial, não deixou lembranças populares apesar de seus esplêndidos jogos.

[543] Josèphe, *Antiquités judaïques*, XIX, 3 (2), 3.

Ademais, a plebe adorava observar os maus imperadores humilharem os nobres.[544] Nos processos de lesa-majestade através dos quais os príncipes levavam os senadores ao suicídio, um detalhe horrorizava as pessoas honestas: as denúncias e os testemunhos dos escravos contra seus senhores eram recebidos ali,[545] o que era sentido por alguns não como um escândalo social, mas como uma "impiedade", uma inversão das relações familiares, como o parricida;[546] outros deviam ver, nisso, uma revanche na qual os últimos se tornavam os primeiros.[547] Calígula percebia essas sutilidades e, no teatro improvisado que ele havia mandado construir sob sua sacada, "lugares não eram reservados para os senadores ou para os cavaleiros: os espectadores sentavam-se onde quisessem, os homens misturados às mulheres e os escravos aos homens livres";[548] ora, em Roma, a repartição dos lugares para o espetáculo era, na maioria dos casos, muito restrita e transpunha a imagem da ordem social (na Alemanha, até 1848, a plateia dos teatros era reservada à nobreza). Imaginamos que choque deve ter provocado a inovação de Calígula ao instituir que embaixo dele ficaria o povo nos espetáculos que assistisse de casa, do alto de sua sacada, como se fosse o senhor dos lugares, e não o primeiro magistrado do Estado.

Assim, os espetáculos, pelo menos em Roma, haviam sido politizados pelo povo, pelo imperador e pelo Senado, tendo como objeto ou significação a modalidade de suas relações; eles haviam sido politizados porque eram

---

544 Yavetz, *Plebs and Princeps*, p.114-116, adivinhou que ela gostava disso, mesmo se os textos aos quais remete pouco o mencionam. – Plínio, *Cartas*, 9, 13, 21: "Nós, senadores, somos impopulares, temos a reputação de ser severos com todos os cidadãos e não sermos delicados com nossos colegas, fechando mutuamente os olhos para nossos erros".

545 Mommsen, *Strafrecht*, p.350, n.2 e p.414, n.6 e 8. Josèphe, XIX, I, 2 (ver XIX, 1, 16), fala de "dulocracia", de reino dos escravos. A acusação pelo escravo, nos processos de lesa-majestade, é tão admissível quanto seu testemunho.

546 Virgílio, *Eneida*, 6, 613 ("*dominorum fallere dextras*", com a nota de Norden); uma revolta de escravos ameaça uma relação pessoal, não a ordem social. Quatro versos antes, Virgílio falou daqueles que bateram em seu pai, enganaram seu cliente, odiaram seu irmão ou foram adúlteros.

547 No inferno, diz Luciano, os ricos carregarão os fardos dos pobres durante 25 mil anos; sobre o tema do mundo social alterado, Bolkestein, *Wohltätigkeit und Armenpflege*, p.475; S. Luria, "Die Ersten werden die Lezten sein: zur 'sozialen Revolution' im Altertum", em *Klio*, 22, 1929, p.405.

548 Josèphe, XIX, 1, 13; Suetônio, *Calígula*, 26; sobre a gratuidade dos espetáculos estabelecida por Calígula, Bollinger, *Theatralis licentia*, p.18. D. van Berchem, *Distributions de blé et d'argent*, p.62: "O público dos jogos oferecia a imagem sistematicamente ordenada da sociedade romana". O segundo africano havia-se tornado impopular ao atribuir lugares reservados ao Senado (Valério Máximo, 4, 5, 1 e 2, 4, 3). Sobre os lugares reservados, Mommsen, *Staatsrecht*, v.1, p.406; v.3, p.519 e 893.

públicos em todo o Império: eram cerimônias oficiais que, teoricamente, pertenciam à religião do Estado (exceção feita às *munera* de gladiadores, que eram o que chamaríamos um costume folclórico). Politização que questiona o que chamamos de vida privada, lazeres, e que conduz a se perguntar o que é a política: uma coisa determinada, como a religião ou os jogos e divertimentos também são coisas? Ou o modo de ser das coisas? Ou um *tertium quid*? Que uma cidade, pelo seu aparelho de Estado, exerça a política exterior ou se atribua um novo senhor, eis o que parece conforme a ordem natural: ela faz política; mas seria ainda política se ela se aventurasse a se envolver com os júbilos populares, organizasse-os e os tornasse públicos? E se, antes de tudo, ela os "politizasse", será que ela não teria saído de seu papel e não estaria abusando do que denominamos política?

Conclusão: festa e folclore

Quando o evergetismo imperial ou privado não erige monumentos públicos, ele oferece festas e espetáculos a uma cidade. Estava tão de acordo com o espírito do tempo que as associações privadas, que se espelhavam comumente nas instituições das cidades, também o faziam; elas tinham seus evérgetas. Como, por exemplo, as associações religiosas privadas, que eram o que chamamos de escolas de filósofos. Na "escola" de Aristóteles, em Perípato, foram conservados os gostos dispendiosos e corrompidos do senhor, gostos que a Antiguidade simplesmente evocava com repugnância, a cabeleira e a vida privada, pouco dignas de um filósofo.[549] A escola tinha seus banquetes, dois por mês, e seu retor ficava encarregado de organizá-los; os participantes pagavam uma modesta contribuição e o próprio retor pagava o resto com seu próprio dinheiro. É bem verdade que se trocava de retor mensalmente, o que significava que todos os membros da escola assumiam esse cargo alternadamente: não era verdadeiramente o evergetismo, mas uma tontina. Porém, isso custava caro e no final somente os ricos podiam tornar-se aristotélicos e participar das pesquisas científicas do Perípato; "muitos renunciavam a aderir, do mesmo modo que se mantém distância de uma cidade corrupta onde existem muitas coregias e liturgias".[550] Cada um pagava quando fosse sua vez ou fazia que os ricos pagassem: o Perípato combinava as inconveniências dos dois sistemas; onde os ricos pagavam muito, a cidade era necessariamente

---

549 Essa tradição antiaristotélica é conhecida através de muitas anedotas reportadas por Eliano e por Políbio, 1, 28, 4; 12, 24, 2.
550 Ateneu, XII, 547 E; Wilamowitz, *Antigonos von Karystos*, reimpresso em 1967, Wiss. Buchgesellschaft, p.263, ver 83; Boyancé, *Culte des musses*, p.319.

corrupta. Esse é um primeiro problema político do evergetismo: os interesses materiais ou a questão de dinheiro.

Não duvidamos que essa questão dolorosa tenha sido tão importante naqueles tempos quanto nos dias de hoje, pois senão estaríamos duvidando do cotidiano humano. Acontece que, politicamente, o grande problema do evergetismo foi, aos olhos dos antigos, o da modalidade de obediência, e não o dos interesses materiais: Políbio, Cícero ou os senadores anti-Nero recusam-se a aprovar evergesias e espetáculos pela maldade de ver os esfarrapados acreditarem que têm direitos em vez de obedecerem como dedicados servidores, e não necessariamente por uma repugnância em redistribuir o bolo. Podemos compreendê-los: eles são ricos, notáveis ou senadores, até mesmo imperadores; as relações políticas contam mais para eles do que os interesses econômicos. Então, por que eles foram evérgetas apesar disso? Por que os espetáculos, naqueles tempos, eram oficiais, do mesmo modo que os monumentos erigidos pelos evérgetas eram públicos; ora, notáveis ou oligárquicos, eles são homens públicos: por mais que os espetáculos fossem, aos olhos de alguns dentre eles, uma política corrupta, eles integravam a política e, como personagens públicos, deviam se misturar.

Em outras palavras, entre a vida privada e a política no sentido restrito da palavra, os júbilos populares constituíam, naqueles tempos, um terceiro termo; o que levanta uma questão sobre nossas noções de lazer ou de folclore.

Os lazeres, nos dias de hoje, são tão coletivos quanto antigamente (a projeção de um filme no cinema é compartilhada entre todos os espectadores, como o sol, ambos permanecem inteiros; e nos parques de diversão entediamo-nos se estivermos sozinhos); contudo, nossos lazeres coletivos nos são proporcionados pelo mercado (nossa escolha é individual), enquanto os da Antiguidade eram trazidos periodicamente à existência pela tradição, não pela "livre empresa". No entanto, apesar de tradicionais, eles não são folclóricos, já que são oficiais; o Estado ou, de vez em quando, uma instituição religiosa os organiza. É porque os júbilos eram públicos que o evergetismo os oferecia; o evergetismo era, assim, conduta política, e não caridade. Reservemos o nome de folclore não ao que é antigo (existem tradições alhures que não vêm do povo) nem ao que é popular (existe um folclore aristocrático que é frequentemente o mesmo que o folclore popular), mas ao que é transmitido pelo costume, e não pela lei ou pelo livro.[551] O critério do folclore não é a origem ou o dinheiro, mas o modo de transmissão. As atividades que nascem de uma racionalidade, como as técnicas quando não são

---

551 A. Varagnac, *Civilisation traditionnelle et Genre de vie*, prefácio.

superstições, não são consideradas folclóricas, nem aquelas cujo modo de transmissão é erudito; as atividades colocadas à disposição do público pela iniciativa privada, por razões de lucro, como o cinema, por exemplo, também não são consideradas folclóricas. Será folclórico o que uma multidão de pessoas começa a fazer junta espontaneamente, sem escola, sem iniciativa interessada que faça propostas para sua escolha individual, sem poderes públicos ou religiosos que o organizem; para que um grande número de indivíduos se divirta espontaneamente com a mesma coisa ao mesmo tempo, é necessário que um "costume" o induza a fazê-lo. Eis o que é o folclore. Atualmente, os prazeres oferecidos no mercado substituíram o folclore; na Antiguidade, o folclore havia se tornado uma questão de Estado. Eis porque os antigos distinguiam três coisas quando nós distinguimos apenas duas; opomos a vida pública à vida privada ou cotidiana; eles distinguem os assuntos da cidade, a vida privada e as festas. Políbio evoca em algum lugar a volta das condições normais, no Peloponeso, quando a guerra dos aliados chegou ao fim:[552] "Livres da guerra, os acaianos elegeram Timóxeno como estrategista e retomaram seus hábitos e seu modo de vida; eles restauraram seus patrimônios pessoais, cuidaram de seus campos e restabeleceram seus sacrifícios e suas festas tradicionais". Encontramos a mesma divisão em três no *panem et circenses* de Juvenal: o povo romano, exclama o poeta, não quer mais votar, ele renunciou à vida pública; as únicas coisas que o interessam são o pão e suas festas. "Pão e Circo" reunidos seriam, para nós, a vida privada, com o que é necessário e o que é supérfluo, com seus lazeres, em oposição à atividade política, à vida pública.

O que é político?

Mas por que o folclore havia sido erigido como assunto de Estado? Por duas razões. Na medida em que a política não é uma coisa, não tem conteúdo, tudo pode se tornar político: a coletividade pode tomar tudo sob a sua proteção através do órgão do aparelho de Estado; na medida em que a política ganha um conteúdo paradoxal, que é manter seu próprio órgão, o folclore torna-se uma questão de Estado porque os júbilos são, creio, uma ameaça contra o *status quo* político.

Quando dizemos que tal assunto ou tal problema são políticos, podemos apreendê-lo em dois sentidos. Chamamos, primeiramente, de problemas políticos aqueles que são relativos a interesses muito diversos que concernem à coletividade; esses interesses, ao lermos os títulos dos jornais, vão do

---

[552] Políbio, 5, 106, 2.

desejo de não ser massacrado por um conquistador estrangeiro à organização de júbilos populares ou ao zelo que nos leva a obrigar nosso próximo a se conformar à virtude, à verdadeira estética ou à verdadeira fé. Sobre esses diferentes bens, as concepções individuais diferirão e se afrontarão; existirá política quando houver polêmica em torno da concepção do bem coletivo. Nesse primeiro sentido, a política não é nada: existem apenas interesses que se tornaram públicos ou então interesses que declararemos "politizados" se criticássemos o fato de o grupo e seu aparelho o assumirem. Sobre esses interesses, a atitude do grupo é, *a priori*, indeterminada; ele pode decidir o que quiser, o melhor ou o pior. Essa é uma coletividade que empreende a resolução de seus próprios negócios; talvez ela decida dividir equiparavelmente a propriedade territorial entre todos os seus membros, talvez ela decida queimar os heréticos. Com que padrão mediremos suas decisões? Evidentemente, com aquele com que se mede o bem nas relações com os outros, com a justiça; a política terá como definição ideal fazer que a justiça reine entre os homens. Se qualificássemos o evergetismo de político nesse primeiro sentido do adjetivo, isso significaria pretender que o evergetismo tenha sido redistribuição. É possível que essa redistribuição ou essa divisão da propriedade territorial sejam feitas com polêmicas ou exijam a força e a violência; não é, contudo, impossível, *a priori*, que a coletividade decida fazê-lo.

Certamente, é raro que um grupo faça uma política conforme o ideal de justiça; mas isso resultaria da tomada do aparelho de Estado por uma classe que o utilizaria em benefício próprio. Se essa classe for tão astuciosa quanto dominadora, ela redistribuirá um pequeno pedaço do bolo em forma de evergesias ou de Previdência Social. Acontece que somente dois termos deveriam ser considerados: o dócil aparelho de Estado e aqueles que utilizam esse órgão, esteja ela cumprindo coletividade inteira ou reduzindo-se à classe dominante. Essa é pelo menos a concepção marxista.

Contudo, o adjetivo "político" também é usado em outro sentido mais restrito. Se um poder político impõe uma religião de Estado, diremos que ele "se mete" na religião para criticá-la ou louvá-la; em compensação, se ele conclui uma aliança internacional ou modifica a Constituição, diremos que toma decisões propriamente políticas. É assim político o que se reporta ao próprio aparelho e, através das consequências, à perpetuação do grupo que utiliza o aparelho; o órgão quer se manter em estado de funcionamento e funcionará somente se o próprio grupo tiver condições de utilizá-lo, se ele não for absorvido por um grupo estrangeiro ou se transformações revolucionárias não o tornarem impotente. Não vemos como uma sociedade capitalista poderia fazer uma política que não fosse política; não porque ela é assim percebida pela classe proprietária, mas porque o aparelho de Estado não é um simples véu, reflexo enganador ou cruelmente verdadeiro. Ele existe por si e quer manter tudo em estado de funcionamento. Ao ideal de fazer que os homens vivam juntos conforme a justiça, substitui-se então o ideal de fazer que vivam em paz entre si, que se sintam tranquilos, e que o grupo utilizador sobreviva; para isso, apoiar-se-ão naturalmente nos fortes contra os fracos: "o que é bom para a General Motors é bom para os Estados Unidos"; as coisas sendo o que são, essa frase não se refere a uma política de classe, mas a uma política geral, ou melhor, a um dos dois ideais da política geral que se apoia no *status quo*.

A política é quando a coletividade assume a responsabilidade dos interesses, coletivos ou não, e tem a justiça como ideal; a política é a conservação em bom estado do funcionamento da coletividade e do Estado e tem como ideal que a máquina continue funcionando. Esses dois ideais recortam-se muito raramente; para garantir a ordem e fazer que as pessoas fiquem tranquilas, é mais indicado fazer que a dominação de uma classe poderosa contra aqueles que a contestam dure, pelo menos enquanto essas contestações são fracas, do que quebrar tudo para fazer que a justiça reine contra os poderosos. Pois a agregação de uma pluralidade de liberdades e de matérias é um problema sem solução perfeita; a partir do momento que homens vivem juntos, interesses e indivíduos são sacrificados. É por essa razão que qualquer Estado, como tal, posiciona-se do lado da classe dominante: não é pelas razões imaginadas pelos marxistas; mesmo em uma sociedade sem classes, o aparelho de Estado se comprometeria em se manter em bom estado de funcionamento e manter seu utilizador nessa situação; pois o aparelho de Estado quer continuar a ser utilizável e utilizado pelo seu possuidor oficial. O Estado coloca-se do lado dos poderosos pela mesma razão que o exército posiciona-se do lado da ordem: para exercer seu ofício. A política começa, então, a ganhar um conteúdo, a ser uma certa coisa; o Estado assume uma certa espessura, uma autonomia, ele não é mais propício a todos os fins (nem se imagina que um aparelho de Estado se torne revolucionário). Tudo isso é trágico, quer dizer, insolúvel em última instância; ademais, sentimos muita animosidade em relação às pessoas que não têm as mesmas opiniões políticas que nós: ficamos descontentes com elas pelo mal-estar provocado pela política, pelo conflito dos dois ideais políticos. Dito isso, por mais que o conflito não possa ser resolvido, ele se resolve, na realidade, por curvas mais ou menos mal recortadas, e esse "mais ou menos" deixa muita margem para discussões ou lutas (é comum que a partir dos mesmos princípios abstratos dois indivíduos cheguem a conclusões práticas diametralmente opostas).

Para ver o quanto os dois ideais da política se misturam mesmo mantendo-se distintos, consideremos o exemplo mais contundente: a política externa. Se alguma coisa pode ser tomada como especificamente política, é a política externa; se existe uma área na qual a política é entendida como responsável pelos interesses do grupo e na qual a conservação do Estado e do grupo utilizador fusionam, é essa. E no entanto... Os combatentes supostamente caminharão para a morte "para defender sua mulher e seus filhos", o que é literalmente verdadeiro quando eles têm diante de si Hitler ou Gengis Khan; mas não é sempre o caso. No século XVIII, a conquista de uma província não mudava estritamente nada no destino de seus habitantes e conduzia simplesmente à substituição de um soberano por outro; Montesquieu examina pacificamente o caso em que é do interesse de um país ser conquistado por uma nação estrangeira. Afinal, um soberano estrangeiro é praticamente tão estrangeiro para seus súditos quanto qualquer outro governo, mesmo nacional, é estrangeiro para seus governados. Uma coisa é defender o que interessa ao grupo, outra coisa é o zelo que um aparelho de Estado emprega para defender a si mesmo contra os aparelhos estrangeiros. O orgulho nacional que associa curiosamente Estado e etnia e que exige que o soberano seja um nativo é uma exigência estranha e muito recente (há poucos séculos, os ingleses entregaram-se a uma dinastia de nacionalidade alemã).

A espessura que adquire o aparelho de Estado, sua autonomia, teve enfim uma outra consequência: a própria posse desse aparelho e o exercício do poder tornam-se um objeto, não mais somente porque esse aparelho é o meio para outras satisfações, mas porque ele tem consistência suficiente para oferecer a si mesmo uma satisfação. O que será uma outra fonte do que chamamos de patriotismo: as pessoas que têm o gosto do poder não apreciarão que estrangeiros o monopolizem (o detalhe pode parecer minúsculo, mas em algumas épocas ele tem mais importância do que poderíamos acreditar). Ora, o exercício do poder não tem somente consequências reais: ele também carrega efeitos "imaginários" (no sentido dos psicanalistas). Efeitos reais: a agregação das mônadas entre si (e até mesmo de uma única mônada com ela mesma através do tempo), sendo um problema insolúvel, resolve-se com a heteronomia. Efeitos imaginários: na política também cada consciência sofre com o que outra consciência pensa dela, o que faz que a modalidade de obediência conte.

Praticamente, a política é (1°) uma noção sem conteúdo fixo: as festas podem ser públicas, a religião pode ser de Estado; (2°) será político o que mantém o grupo e seu aparelho em estado de funcionamento: se acreditarmos, com ou sem razão, que o evergetismo pode dar ideias de indisciplinas à plebe, o circo se torna um problema político; (3°) o aparelho de Estado adquirindo uma espessura própria, a multidão dos governados pode querer participar do poder, ou até mesmo pretender obedecer somente da única maneira que convenha a seu orgulho ou a sua sensibilidade.

Resumo

O pão e o circo, o evergetismo, eram assim políticos sob três aspectos diferentes e desiguais, que correspondem aos três objetos sobre os quais fala um provérbio de sociólogos: o dinheiro, o poder e o prestígio.

O primeiro aspecto, ao qual os modernos pensam muito exclusivamente (porque eles raciocinam como homens que vivem em democracias indiretas), é a redistribuição, ou seja, algo aproximado entre a justiça e o *status quo*, entre os dois objetivos da política. A explicação não é absurda e é certamente verdadeira em outras épocas da história; mas naqueles tempos distantes nos quais a economia ainda não era uma profissão, a classe política considerava suas vantagens econômicas apenas como meios para manter suas superioridades políticas e sociais. O evergetismo como redistribuição existiu, mas acessoriamente; um texto esclarecedor que temos a surpresa de ler em Frontão[553] basta para dizer por quê:

> O povo romano pode ser seduzido com duas coisas: seu pão (*anona*) e os espetáculos; isso faz que aceitem a autoridade (*imperium*) através de futilidades e de coisas sérias. Existe um risco maior em negligenciar o que é sério, e uma maior impopularidade em negligenciar o que é fútil. As distribuições de dinheiro, os "congiários", são menos solicitadas fervorosamente do que os espetáculos; pois os congiários reconfortam apenas individual e nominativamente (*singillatim et nominatim*) os plebeus em busca de pão, enquanto os espetáculos agradam ao povo coletivamente (*universum*).

O segundo aspecto era que o aparelho de Estado se sentia ou se acreditava ameaçado por alguns interesses dos governados que queriam prazeres

---

553 Três trechos constituem o melhor comentário do *panem et circenses* de Juvenal: Cícero, *Carta a Ático*, XVI, 2: "Estou triste e desolado ao ver que o povo romano não tem braços para defender o Estado, mas somente para aplaudir o teatro". Plutarco, *Conselhos políticos*, 29: "Os evérgetas, ao comprarem sua notoriedade com grandes gastos, tornam a multidão poderosa e insolente, fazendo que acredite que a notoriedade é uma grande coisa que a multidão pode dar-lhe ou retirar-lhe", Frontão, p.210 Naber, 200 Van den Hout (*Principia historiae*, 17), que acabamos de citar. Os congiários não parecem ter sido reservados para a plebe frumentária no sentido técnico da palavra, a que tinha direito ao pão de Estado; interpretamos, então, amplamente as palavras *frumentariam plebem*: o povo para quem o pão cotidiano representa um problema.

e pão. Sabemos, efetivamente, que quando o poder escolhe impor disciplina, essa é uma opção heterogênea que, por razões psicológicas, vai além do necessário: "se as festas são permitidas, mesmo sendo em si inocentes, as pessoas acreditarão ter o direito a tudo, e não quererão mais obedecer ou combater". Diversas soluções são concebíveis para esse problema. Primeiramente, a festa: os prazeres ficam bloqueados durante alguns momentos limitados; é cômodo para os governantes, que podem decidir se a festa será patriótica ou religiosa; o bloqueio em um dia proporciona efeitos de externalidade aos governados pela focalização das satisfações e dos meios materiais; além do prazer da variedade: é agradável que os dias não sejam iguais. Se a festa é oferecida aos deuses, a moral estará salva (Aristipo, filósofo do prazer, era criticado por suas doutrinas dissolúveis; "por que o prazer seria ruim?", ele pergunta: "afinal, fazem festas pela honra dos deuses").[554] Resumindo, é bom oferecer de vez em quando recreios à criança que é o povo, pelo interesse da própria autoridade.

Enfim, naquela época em que pouco existia meio-termo entre a democracia direta e a autoridade pelo direito subjetivo, a posse do poder tinha efeitos irreais. Os governantes deviam provar simbolicamente que estavam a serviço dos governados, pois o poder não pode ser nem um *job*, nem uma profissão, nem uma propriedade como as outras. O direito de ser obedecido é uma superioridade, ora, qualquer superioridade deve se exprimir, senão corre o risco de levantar dúvidas sobre si mesma; pois não existe muita diferença entre atualização e expressão (quando se fala de "consumo ostentatório",

---

[554] Diógenes Laércio, 2, 68. Para ilustrar com um exemplo a ideia de que, por razões psicológicas, as soluções heterogêneas ou descontínuas têm tendência a ir além do que é racionalmente necessário, lembremos que a teologia ascética cristã ensina que não basta renunciar aos maus prazeres, nem mesmo sacrificar também os prazeres perigosos: é preciso, ademais, privar-se de alguns dos prazeres lícitos, pois quem quer que saboreie sem restrição todas as deleitações permitidas aproxima-se daquelas que não o são. Ora, a palavra final da ideia de despolitização também é provavelmente de ordem ascética: qualquer um que saboreie os prazeres não políticos é um mau militante; é teoricamente possível, mas psicologicamente difícil, interessar-se ao mesmo tempo pela atividade política e por uma "literatura sentimental" [*presse du coeur*]. O que lembra um pouco a ideia cristã de que a sensualidade é inimiga implacável do amor divino. O historiador deve confessar que essas exclusões mútuas não são psicologicamente infundadas, no que diz respeito ao caráter. A palavra pertence aos psicanalistas (o autor tem suas razões pessoais, que não são absolutamente razões de desdém científico, ao contrário, para não se aproximar muito da psicanálise). O mito da despolitização *projeta*, no plano dos conceitos políticos, uma verdade caracterológica: aqueles que são fascinados pela política são menos fascinados pelo pão e pelo circo, pois ninguém pode ficar fascinado por duas coisas ao mesmo tempo. Do mesmo modo, "o apego a Deus e à criatura são dois opostos: ademais, eles não podem se encontrar em um único coração" (São João da Cruz, *Montée au Carmel*, I, 6).

racionaliza-se banalmente o fenômeno da expressão). Enfim, a política, como o amor, é relação interna das consciências: um senhor não é uma coisa, um *aliud*, é um homem como eu, um *alter ego*, e o que ele pensa de mim me atinge na ideia que eu tenho de mim mesmo. Isso explica as exigências que verbalmente chamamos de "simbólicas" (elas não simbolizam nada, elas existem por si mesmas) e que seria ingênuo menosprezar como se fossem muito platônicas.[555] Reencontramos os três objetos da política: Quem comanda? O que ele comanda? Com que tom ele comanda?

Aix-en-Provence, 2.74-10.75.

---

[555] Pensamos na distinção que alguns psicanalistas fazem (se entendi corretamente) entre o real, o simbólico e o imaginário.

Índice histórico[1]

Aclamação, 268, 272-6, 338, 345, 424, 524, 529, 535, 547, 619-20, 679, 684, 730-1, 734-5, 737-8, 748, 754, 769
Aditus, 627
Adriano, 656-7, 671
Agricultura, 121-2, 126, 126-7, 129-30, 147, 150, 153, 156-7, 170, 187, 408, 461, 661, 666, 671, 674, 718, 721
Agripa, 499-506
Alguma honraria legítima, 296-7, 431, 714
Algumas honrarias, 286, 301
Aristóteles, 11, 21, 26-30, 37-8, 108-9, 121-3, 129, 135, 143-4, 175-6, 181, 199-201, 212-3, 220, 236, 248, 451-4, 457, 570, 689, 701, 758
Assistência, 44- 50, 59, 219-20, 314, 372, 435, 448, 664, 666, 670, 672-5, 717
Augusto, 89, 155, 373, 331, 361, 379, 388, 407, 430-1, 440, 444, 466, 473, 476-7, 491-2, 499, 502-16, 519, 525, 531-2, 534, 543-3, 548, 563, 565, 575, 583-6, 593, 597, 600-3, 606-608, 613-6, 620, 624, 627, 640, 647, 657-9, 667, 676, 679, 703, 703, 708-13, 714-5, 718, 734, 736
Res gestae, 515-9
Beneficium, 623
Bom rei, 503, 537, 675-9, 683-6
Caridade, 39, 63, 81, 219, 240, 317, 563, 629, 633, 669
Carnéades, 328
Carreira honorífica, 292, 387, 394-6, 422
Catão de Útica, 413
Catulo, 482, 571
Centúria prerrogativa, 422
César, 441-2, 470, 502-3
Cícero, 370, 392, 438, 441, 445, 477, 483, 487-8,
Cidade, 103, 106, 109, 199, 261, 266, 347-9, 555, 648, 730-1
Fundar, ornar uma cidade, 272, 312, 437
Urbanização, 104, 436, 441, 460, 469, 506, 717, 726
ver *edifícios, Roma*

---

1 Ver também no "Índice sociológico" *Capitalista, Charivari, Festa* e *Luxo*.

Clientela, 7, 13, 130, 179, 187, 361, 405, 433, 435, 441, 725, 767
Comércio, 125-31, 626
    ver Ocasional
Competição, escalada, agonística, 187, 284-5, 304-5, 386-8, 431
Consolação (decreto), 275
Constantino, 703, 711
Corrupção eleitoral, 190, 362, 399, 405, 411, 414, 421, 427, 486, 495, 516
Curiales, buletas, 275, 302-3, 344, 346, 767
    ver *Famílias, Notáveis, Patroboulos*
Dedicatória (edifício), 217, 306, 311-2, 652
Demografia, 152, 408, 662, 667-8
Desejo, 241, 320, 331, 333, 501
Dever e espontaneidade do evergetismo, 24-6, 180-1, 230, 271, 293, 314, 319, 509
Dião de Prusa, 232, 235, 262, 273, 278, 289, 301, 303, 316, 322, 330, 331, 343, 348, 356, 519, 526, 528, 620, 628, 636, 657, 731, 767
Direito, 529-31, 590, 594, 629
Dom, 7, 78, 175-6, 228, 237, 399, 413, 517-8, 611-2, 618, 631, 715
Donativum, 406, 612, 770
Economia, 120, 125, 141, 189, 459, 471, 644-5, 720
    ver *Agricultura, Comércio, Indústria, Ocasional, Trigo*
Edifícios, 147-8, 163, 165, 205, 304, 318, 435, 438, 446, 456, 503-4, 647, 707
    ver *Dedicatória, Nome*
Édito, 531
Eisitêria, entronização, 221-2, 270, 273
Eleições, votos, nomeações, 272, 293, 294, 325, 346, 421, 432, 524
Encargos para exercer uma função, 203, 209, 236, 280, 284, 293, 298, 304, 305
    Para Roma, 374, 382, 386
Entrada solene, 268, 305, 348,

Epigrafia, gravura, 214, 278, 281, 296, 323, 514
Episódio, 206, 209, 215, 224, 229
Estátuas, 214, 234-6, 269, 271-2, 290
Estoicos, 720
Evergesias, 14, 46, 211, 215, 222, 231, 282, 285, 305, 315, 415, 437, 462, 492, 622, 636, 650, 675
Evergetismo, 14, 16, 24, 36, 50, 57, 82, 103, 116, 172, 177, 180, 202, 215, 224, 226, 231, 232, 255, 259, 258, 314, 321, 350, 358
    Imperador, 511, 522, 536, 622, 630, 666, 671, 675, 702, 707, 712, 716
    Incidência econômica, 171
    Roma, 439, 442, 516, 520
Facções dos espetáculos, 564, 689, 723, 734,
Famílias de evérgetas, 230, 311, 321
    Crianças magistradas, 293
    Hereditariedade, 273
    Vocabulário familiar, 274,
Fedra (fabulista), 734
Finanças, cidade, 224, 233, 234, 256, 272, 293, 304, 372
    Império, 584, 590, 597, 600, 621, 643, 649
    Roma, 373, 378, 439, 483, 498
    Pilhar os fundos públicos, 203, 331, 350, 440, 483, 646
Fundações, 47, 146, 216, 244, 319, 321, 670
    Evérgeta eterno, 244, 278
Funeral, 291, 417, 690
Generosidades *demagógicas*, 179, 196, 218-9, 325, 376, 441, 448, 451, 458, 464, 482, 493, 509
    Imperiais, 511, 613, 648, 649-50, 676, 716
Ginasiarco, 230, 282-5, 311
Gladiadores, 305, 315, 416, 420, 731, 732
Graco, 458, 466, 481, 488
Gymnasia, 311

Historiografia de Roma, 445-6
Honras aos evérgetas, 237, 245, 267, 280, 529
    Culto dos evérgetas, 363
    ver *Aclamações, Decretos, Dedicação, Entradas, Fundações, Nome, Patronato, Estátuas, Testemunhos, Títulos*
Hortativa (fórmula), 280
Imperador,
    Césares loucos, 705, 751-3
    Dupla personalidade, 520, 533
    Indivíduo, 520, 540, 568, 699, 707, 714
    Levar a pagar, 209, 293, 309, 357, 434
    Magistrado, 533, 621, 637, 702, 742, 743
    Magistrados das cidades, 293, 659
    Monopólio do evergetismo, 504, 672
    Riqueza privada, 508, 509, 600, 605, 622
Indústria, 126, 165-7
    ver *Ocasional*
Jogos, 377, 390, 419, 702, 706-9, 722, 728, 732-6, 743, 755-6
    ver *Gladiadores*
Juliano, o apóstata, 658, 694
Juvenal, 83, 84, 314, 389, 483, 495, 496, 519, 704, 706, 707, 741, 760, 764, 768
Lazer, 119, 123, 701, 727-8, 730
Legados, 648, 714
Liberdade, 181-2, 742, 754
Liberdades, 185
    Três concepções, 743
Liturgias 176, 180, 186, 194, 216, 222-4, 292
Lucar, 379-80
Marcial, 564
Marco Aurélio, 324, 680, 737, 743-4
Mecenato, 319, 659
    Mecenato do Estado, 491, 498, 503, 508, 512, 619-20, 646
Megalopsychia, magnânimo, 14-5, 228, 454
Militia, venalidade dos ofícios, 475
Missilia, 307

Moeda, 288, 372, 508
Mulheres magistradas, 293
    Participantes das generosidades, 223, 306, 670, 675
Munus, moenia, munera, 73, 364, 376, 420, 732
Nome de evérgeta, 205, 243, 276, 312
    ver *Dedicação*
Notáveis, 111, 192, 209, 237, 240, 267, 273, 282, 345
Ocasional (comércio), *Gelegenheitshandel*, 123, 127, 190, 195, 430, 500, 719
Óleo, 305, 311, 369
Panegírico de Eumênio, 650
Paraprasis, 222, 715
Patroboulos, 275
Patronato da cidade, 274, 710
Péricles, 325-6
Platão, 121-2, 129, 181, 186, 190-2, 200-1, 270, 326-8, 632-5
Plutarco, 326-7, 741
Políbio, 216, 485, 493-4, 667, 743, 751
Policitação, 108, 223-4, 236, 244-5, 293, 321, 530, 652, 708
Política (instituições, realidades, atividade), 113, 119, 124, 198, 201, 255-6, 261, 322, 666
    Grécia, 195, 209, 230, 261, 267-8, 269, 292, 245, 346, 731
    Império, 525, 528, 615, 647, 686, 705, 729-31, 732-44, 752
    Roma, 346, 364, 391, 397, 401, 409, 422-3, 432, 442, 466, 491, 501
Pompeu (teatro), 444, 503
Popularidade dos espetáculos, 403, 724
    Império, 731-2, 742, 748
    República, 386-97, 402, 430
Preço, 13, 130
    Terra, 154
    Trigo, 467-8
Pulvinar do circo, 733-4
Regulamentação imperial do evergertismo, 297, 315, 346, 356, 431

Religião, 203, 246, 251, 309, 328, 380, 384, 390, 440, 545-6, 559, 569, 575
Roma (cidade), urbanismo, 437, 440-2, 501, 505-6, 702-3, 713-4
   Sociologia, 470, 702, 714, 716, 717, 722, 728-9, 738, 748
Sacrifício, 306, 415
   Carne, 416
   Vítimas, 306
   ver *Banquete*
Salústio (Pseudo), 476
Senado, 359, 368, 564, 615, 640, 744, 756
   Conflito com o imperador, 645, 705, 731, 748, 751, 755
Sêneca, 629, 634
Sexto Júlio Frontino, 624, 626

Sistema fiscal, 181, 223, 321, 331, 349, 372, 459, 587, 594, 643
Sociais (conflitos), 215, 222, 234, 314-5, 320, 527, 742
Suetônio, 702
Tácito, 510, 725
   Testemunhos, 279, 529
Theoxenia, 250
Tibério, 642, 754
Tirano, 701, 756
Títulos honoríficos, 183, 209, 271
   ver *Aclamações, Fundações, Honras, Patronatos*
Trabalho, 119-21, 131, 153, 326, 343, 458, 632, 752, 758, 760
Tribo (em Roma), 436, 438

Índice sociológico[1]

Apolitismo, 83-5, 88, 193, 196, 524, 538, 555, 700
Autoridade, 86, 341
  Autoridade social, 113, 238-9
  Heteronomia, 520-2, 536, 567, 764
  Modalidades de disciplina, 88-91, 325-7, 486-8, 555, 700-1, 742-2, 747-9, 758-9
  Personalização do poder, 539
  Recusa do poder, 753-4
  Seus três fundamentos (direito subjetivo, delegação, natureza das coisas), 116, 184, 526, 550, 554, 702
  ver *Direito subjetivo* e *Para mim*
  ver *Política* (desejo simbólico)
Barreiras e cooptação, 398, 641
Capitalista (mentalidade), 120, 128, 132, 137, 139-42, 152, 167, 190
  ver *Ocasional, Profissão*
Carisma, 116, 522, 545, 564
Charivari, 219, 315
Coletivos (bens e serviços), 17, 177, 225, 241, 314, 321, 462, 481, 762

Conselho, 111, 744, 754
Contrato histórico, 93, 335, 357
Crenças (modalidades, inconsequências), 49, 244, 249-53, 521, 546, 568, 580-1, 680, 685-92
Crescimento, 133, 134-5, 145, 150, 162-3, 167, 168, 119
Despolitização, condições, 83, 87-8, 256, 414, 555, 682, 700, 738-9
Dever de Estado (constrangimento mútuo, interesse coletivo), 296, 350-1, 354-9
  Dissonância (reduzir a dissonância, necessidade de virtude), 87-9, 331, 340-5, 355, 507, 741
Direito
  Racionalismo jurídico, 181, 629-31
  ver "Índice histórico"
  ver *Equidade*
Direito subjetivo (autoridade por), 116, 255, 343, 367, 518, 521-2, 551, 566, 568-70, 676, 701, 755, 765
  ver *Autoridade* e *Para mim*

---

1 Ver também no "Índice histórico" *Agricultura, Trigo, Comércio, Indústria* e *Ocasional*.

Dom, 24, 39, 63, 65, 69, 73, 94, 145, 258, 266, 402, 413, 515, 611, 620, 628, 640
  ver *Simbólico*
Dualismo, paralelismo, teoria do reflexo, 30, 36, 51, 57, 78, 560, 611, 672-5, 738, 761
  ver *Ideologia* e *Símbolo*
Economia
  Autonomia da economia profissionalizada com relação aos fins, 134-43
  Sentido da palavra, 70, 142
  ver *Capitalista*, *Profissão*
Equidade como individualização da lei, 629-31
  Como indulgência, 629
Essencialismo, esteriótipos (em oposição ao cotidiano), 120-33, 272, 628, 681, 720
Estado, 17, 537, 599, 634-5, 659, 660, 749, 759-61, 764
Excedente econômico, 147, 149, 167
Exército, 406, 620
Expressão, atualização, gratuidade, por oposição à "ostentação, propaganda, ideologia", 36, 99, 138, 229, 234, 240, 314, 453-5, 501, 506, 561, 694, 743, 765
  Aparato, 96-9, 699, 715
Festa (descontração, gratuita, lazer), 88-93, 177, 305, 310, 345-6, 329, 381-4, 392, 398, 415, 421, 451, 458, 503, 561, 700, 742-3, 759, 764-5
Folclore, 759
Heterogêneo e descontínuo (opções, causalidade), 86, 732, 738
Ideologia, 90, 489, 672-5, 681, 688-93, 700
Inconsciente (em oposição ao preconceptual), 31-5, 673
Induzidos (sentimentos, em oposição a sentimentos eleitos), 340, 525, 546, 549, 554, 695, 567, 684-8
Interesse coletivo, 278
  ver *Materiais* e *Dever de Estado*
Interesses, 76, 136, 244, 253, 327, 346-56, 489, 693, 741
Investimento, 146-9, 166
Lúdico, 138
Luxo, 93-9, 148, 154, 158, 162, 166, 251, 334, 497, 501, 701
Luxo e decadência, 492
Materiais (bens e interesses), 95-9, 112, 117, 191, 193-5, 342, 347-9, 357, 482-4, 490, 686, 459, 764
Mecenato, 99, 115, 135, 145, 314
Mobilidade social, 343, 641
Moeda, 160, 163, 167, 169
Morte (atitudes diante da), 36, 245-9
Multiplicador keynesiano, 164, 189
Opinião pública, 524, 729
Ordens (*Stände*), 24, 342, 345-6
  Órgãos, 641
Ostentação, narcicismo, 94-9, 312, 454, 695
  ver *Expressão*, *Participação* (transparência das contribuições individuais)
Patrimonialismo, 512, 517, 580, 608, 624
Plurifuncionalidade das associações, 219-21
  da religião, 381, 385, 561
Política,
  Coditidiano (em oposição a estereótipo), 86, 90-1, 143, 685, 689, 759
  Desafio simbólico (platônico, imaginário, modalidade de disciplina, relação das consciências), 75, 116, 405, 507, 514, 555, 617, 670, 731, 738-401, 756, 764-5
  Dupla definição da política, 756, 761
  Para mim (o rei por direito subjetivo reina por si próprio e reina por mim), 255, 518, 521, 536, 675, 691, 732, 765
  Profissão, 112, 119-24, 134-8, 169, 255-7, 411-3, 628

Propaganda, 229, 515, 681, 695
Seus três desafios (poder, material ou social, "simbólico"), 60, 617, 743, 755-7, 762, 765
Sociedade como "Anstalt" monopolista, 87, 344, 351, 682
Trágico (insolúvel), 683, 688, 763-5
Redistribuição (Polanyi), 39, 65; (transferência), 39, 79, 87, 215, 218, 314, 330-2, 467, 517
Regimes políticos (Classificação), 90
Religião, 45, 63, 249, 381, 384, 546, 559, 569, 575,
Ritualização, 556-61
Simbólico,
  Símbolo e índice, 76, 100
  Duplo sentido da palavra: "que simboliza outra coisa" e "que é platônica, imaginário, que se refere à relação das consciências ou à modalidade de obediência", 76, 742
  Relativo à relação das consciências e à modalidade de obediência, 77, 96, 115, 402, 507, 555, 731, 738-9, 752, 764-5
  ver *Autoridade* e *Polítca*
  Dons simbólicos ou índices, 100, 229, 263, 399, 402, 405, 506, 617
  Simbólico ou errôneo?, 538
  O símbolo de sua espessura, 78-9 (ver "dualismo")
  Violência simbólica, 88-9, 558, 700
Sistema fiscal, 19, 22, 177, 225-9, 643
Temporal (horizonte), 654-5
Tesourização, 157-9

SOBRE O LIVRO

Formato: 16 x 23 cm
Mancha: 27 x 43 paicas
Tipografia: Iowan Old Style 10/14
Papel: Off-white 70 g/m² (miolo)
Couché fosco encartonado 115 g/m² (capa)
1ª edição: 2015

EQUIPE DE REALIZAÇÃO

Capa
Estúdio Bogari

Edição de texto
Silvio Dinardo (Copidesque)
Mariana Pires (Revisão)

Editoração Eletrônica
Sergio Gzeschnik (Diagramação)

Assistência Editorial
Alberto Bononi

Acabamento e impressão
Gráfica Elyon